Andreas Asanger

Blender

Das umfassende Handbuch

Rheinwerk
Design

Liebe Leserin, lieber Leser,

Blender lernen zu wollen, ist eine wirkliche Herausforderung, denn das Programm ist überaus komplex. Für einen Einsteiger ist es beispielsweise schwierig, sich einen sinnvollen, zielführenden Workflow selbst zu erarbeiten. Und sogar Profis kennen die Einsatzzwecke vieler nützlicher Funktionen nicht.

Freuen Sie sich daher, mit diesem Handbuch einen verlässlichen Begleiter an der Hand zu haben, der Sie beim Blender-Einsatz kompetent berät. Das Buch führt Sie von der Modellierung Ihres 3D-Objekts über Texturierung und Shading, Beleuchtung und Animation bis hin zum Rendering und Postprocessing. Unser Autor Andreas Asanger arbeitet seit vielen Jahren im 3D-Bereich und kennt nicht nur Blender, sondern auch Cinema 4D sehr genau. So hat er die Stärken, aber auch die Schwächen von Blender genau im Blick, mit vielen Tipps und Tricks weist er Sie an den passenden Stellen immer wieder darauf hin.

Sie lernen in diesem Buch nicht nur alle wichtigen 3D-Techniken, Parameter und Einstellungsmöglichkeiten kennen, sondern werden diese auch direkt in realen Anwendungen einsetzen. Denn besonders spannend sind die Projekt-Workshops: Gemeinsam mit dem Autor modellieren, texturieren und animieren Sie einen Doppeldecker und ein Seepferdchen, inszenieren eine Unterwasserlandschaft, kombinieren Realfilm mit 3D und erlernen dabei den Einsatz so anspruchsvoller Funktionen wie Tracking, Constraints, Bones, Physics, Geometry Nodes und die Renderer EEVEE und Cycles. So macht Lernen Spaß!

Wenn Sie Fragen, Anregungen oder Kritik zum Buch haben, freue ich mich über Ihre E-Mail.

Ihre Ariane Podacker
Lektorat Rheinwerk Design

ariane.podacker@rheinwerk-verlag.de
www.rheinwerk-verlag.de
Rheinwerk Verlag • Rheinwerkallee 4 • 53227 Bonn

Auf einen Blick

Wir hoffen, dass Sie Freude an diesem Buch haben und sich Ihre Erwartungen erfüllen. Ihre Anregungen und Kommentare sind uns jederzeit willkommen. Bitte bewerten Sie doch das Buch auf unserer Website unter **www.rheinwerk-verlag.de/feedback**.

An diesem Buch haben viele mitgewirkt, insbesondere:

Lektorat Ruth Lahres, Ariane Podacker
Korrektorat Petra Bromand, Düsseldorf
Herstellung Vera Brauner
Typografie und Layout Vera Brauner, Maxi Beithe
Einbandgestaltung Silke Braun
Coverbild Blender Studio
Satz Andreas Asanger
Druck mediaprint solutions, Paderborn

PEFC
PEFC/04-31-0810

Dieses Buch wurde gesetzt aus der Syntax Next (9,25 pt/13,5 pt) in Adobe InDesign.

Gedruckt wurde dieses Buch mit mineralölfreien Farben auf matt gestrichenem, PEFC®-zertifiziertem Bilderdruckpapier (115 g/m²).

Hergestellt in Deutschland.

Bibliografische Information der Deutschen Nationalbibliothek:
Die Deutsche Nationalbibliothek verzeichnet diese Publikation in der Deutschen Nationalbibliografie; detaillierte bibliografische Daten sind im Internet über *http://dnb.dnb.de* abrufbar.

ISBN 978-3-8362-9723-3

2., aktualisierte und erweiterte Auflage 2025

Informationen zu unserem Verlag und Kontaktmöglichkeiten finden Sie auf unserer Verlagswebsite **www.rheinwerk-verlag.de**. Dort können Sie sich auch umfassend über unser aktuelles Programm informieren und unsere Bücher und E-Books bestellen.

Inhalt

TEIL I Grundlagen

1 Ihr Einstieg in Blender

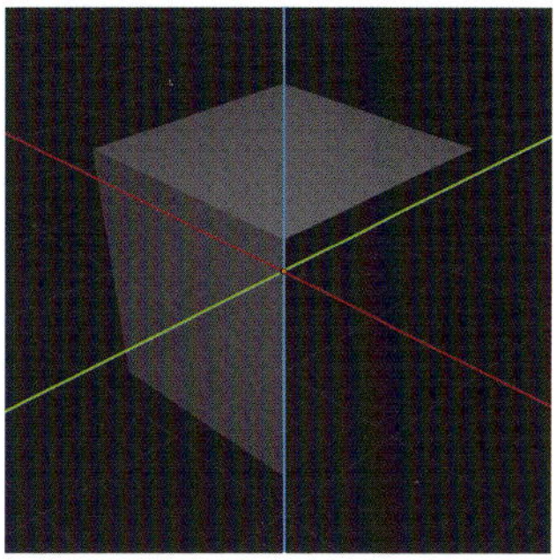

2 Arbeitsoberfläche

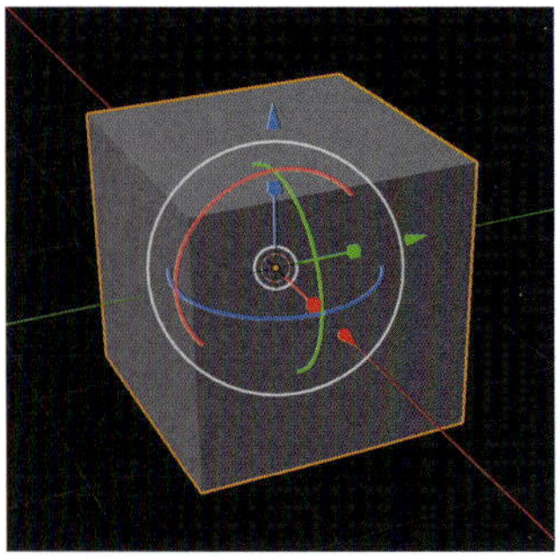

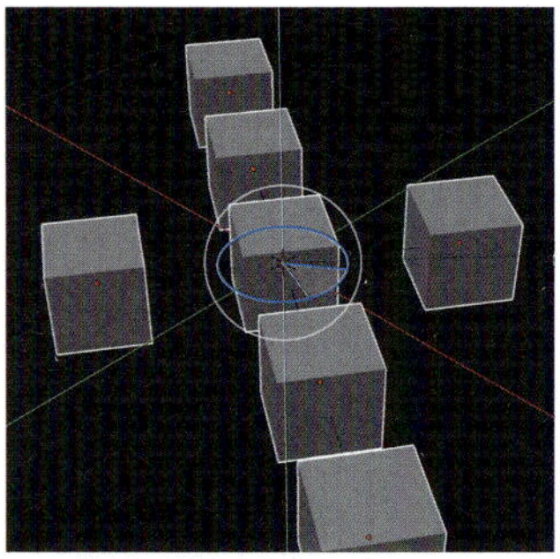

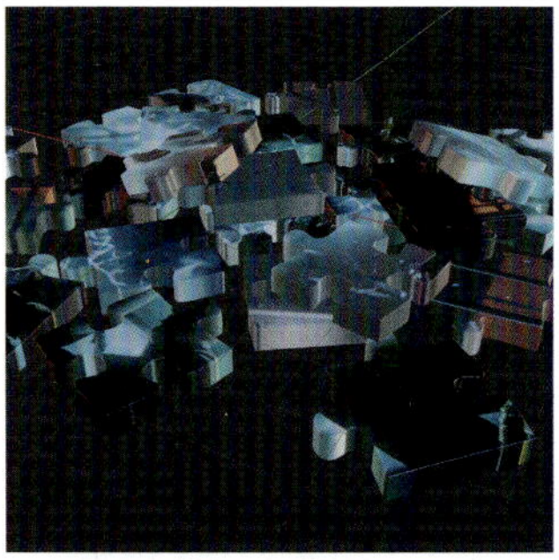

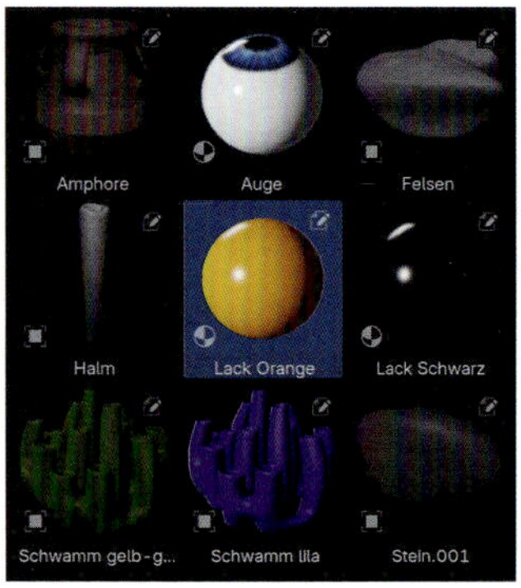
Amphore
Auge
Felsen
Halm
Lack Orange
Lack Schwarz
Schwamm gelb-g...
Schwamm lila
Stein.001

5 Blender optimal nutzen

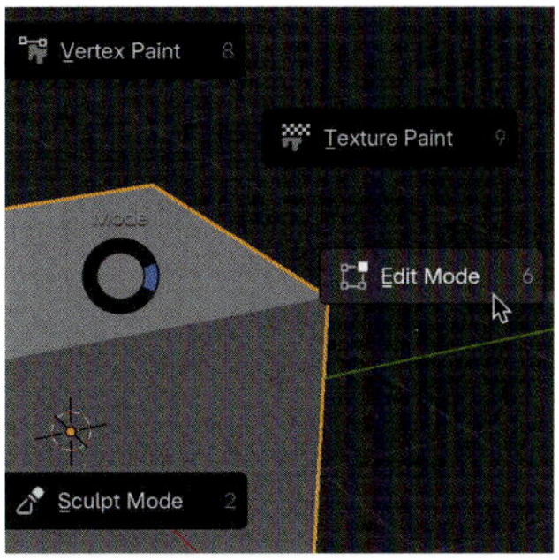

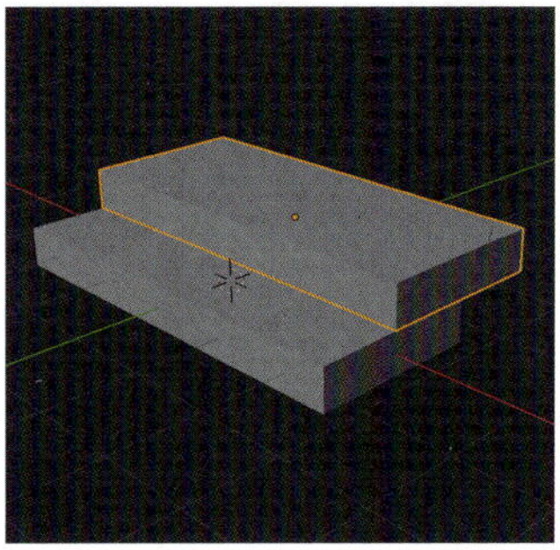

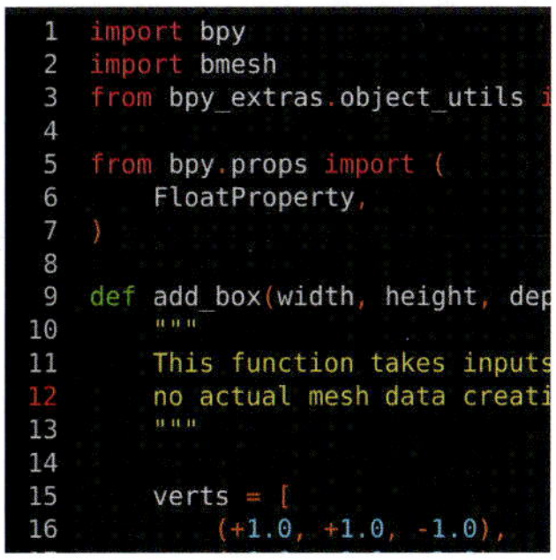

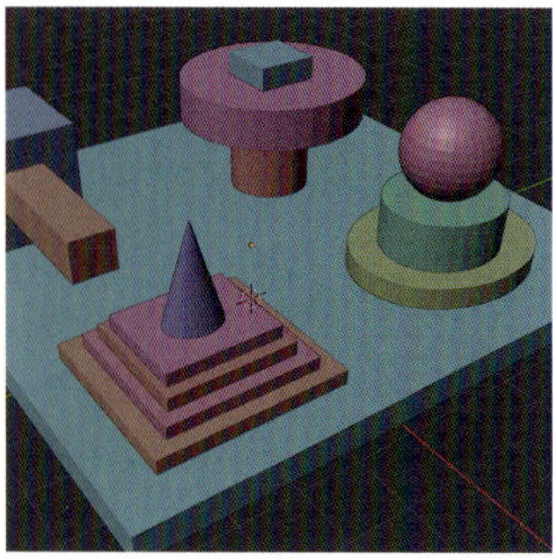

TEIL II Modelling

6 Objektarten

7 Modelling-Tools

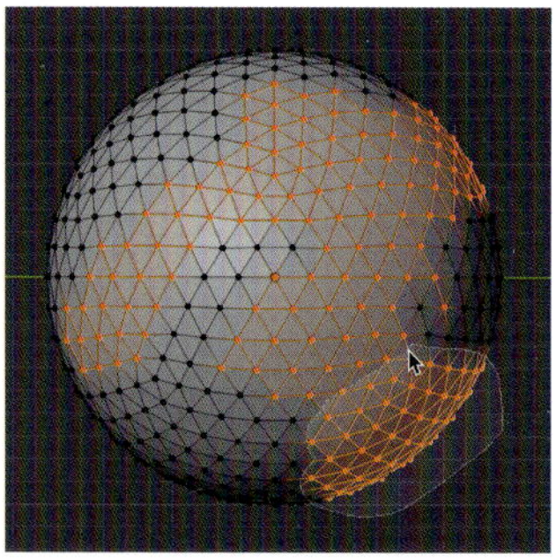

8 Modifier

9 Sculpting

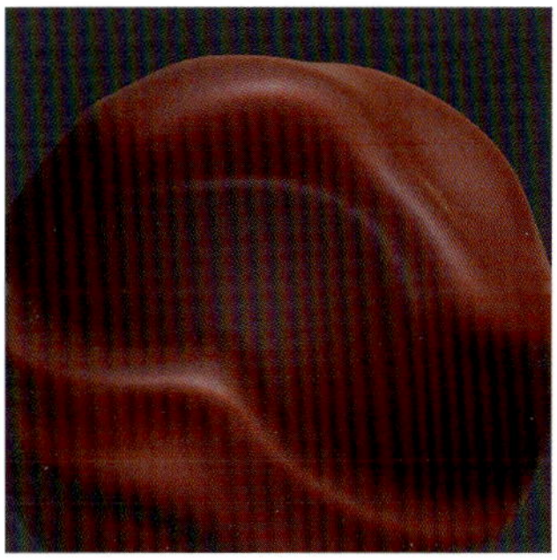

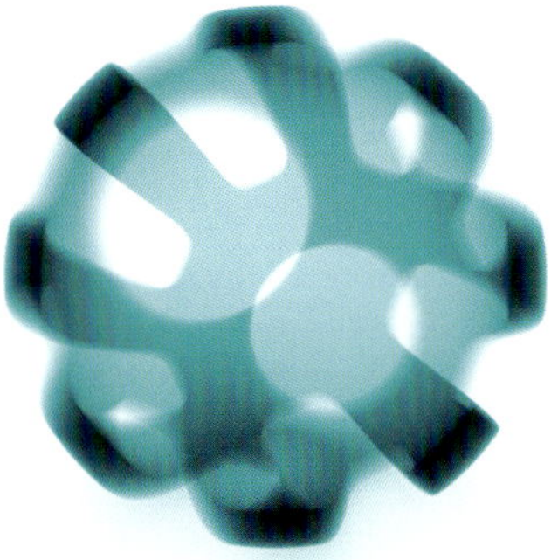

TEIL III Texturing

10 Materialien und Texturen

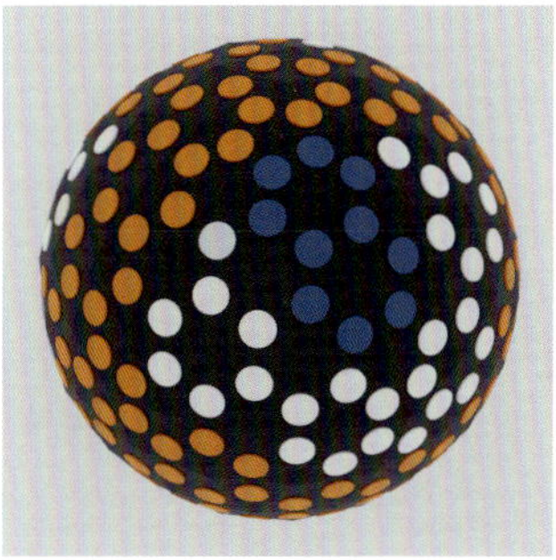

11 Textur-Mapping

TEIL IV Ausleuchtung und Inszenierung

12 Lichtquellen

13 Kamera

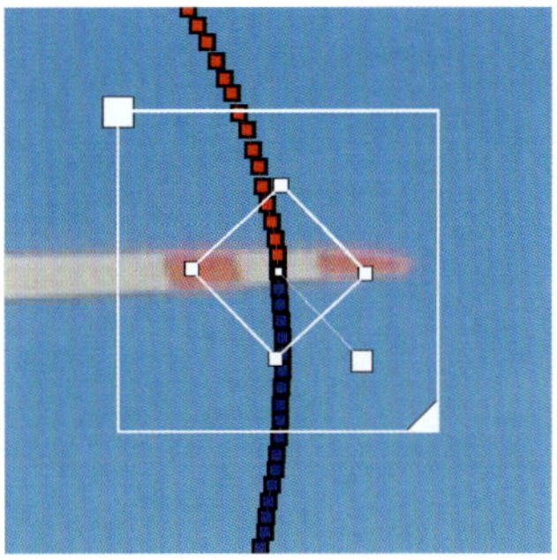

14 Tracking

TEIL V Animation und Simulation

15 Keyframe-Animation

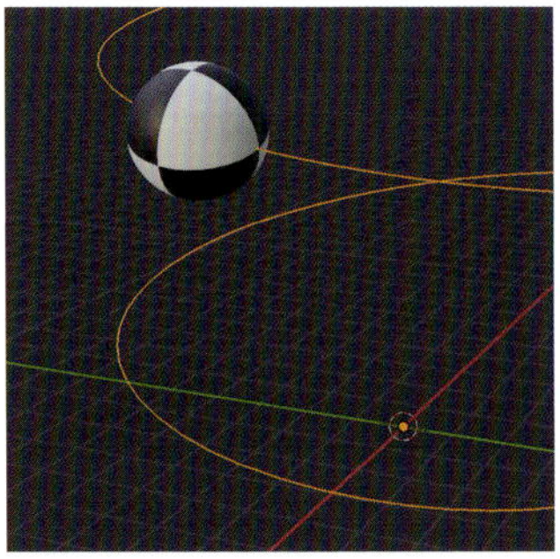

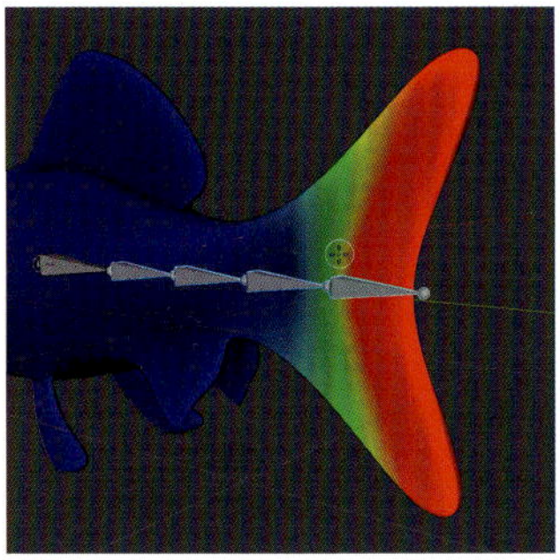

16 Character-Animation

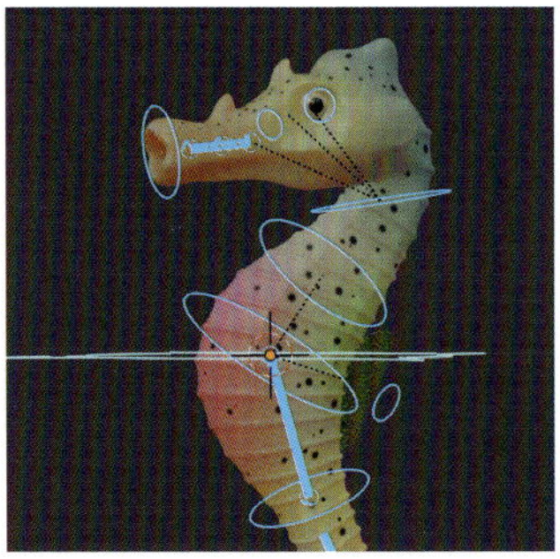

17 Simulation

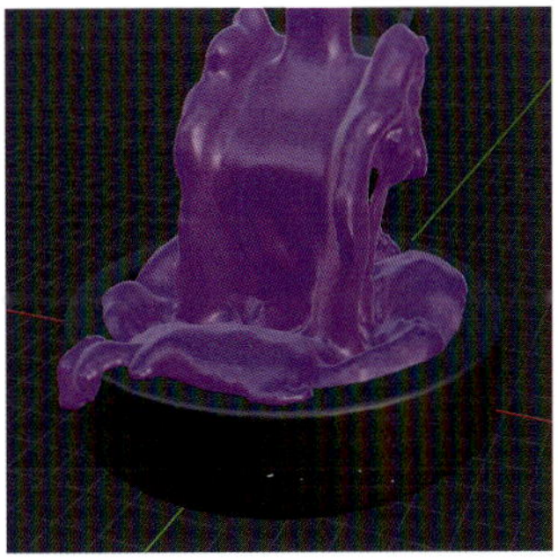

18 Geometry Nodes

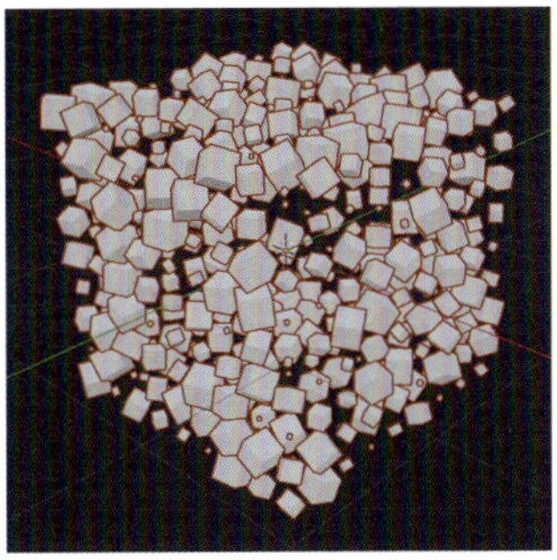

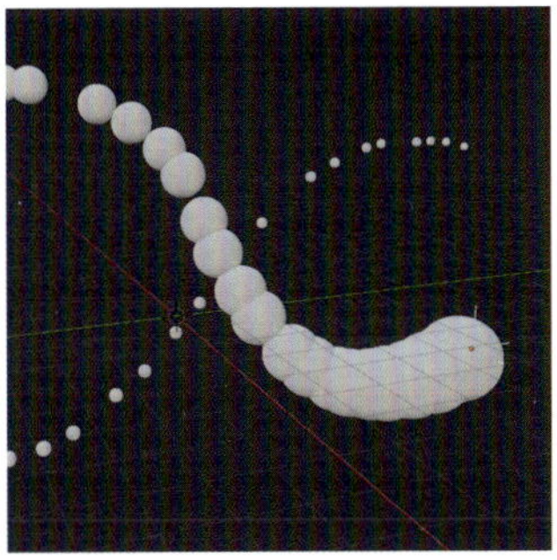

19 2D-Animation

TEIL VI Rendering, Compositing und Ausgabe

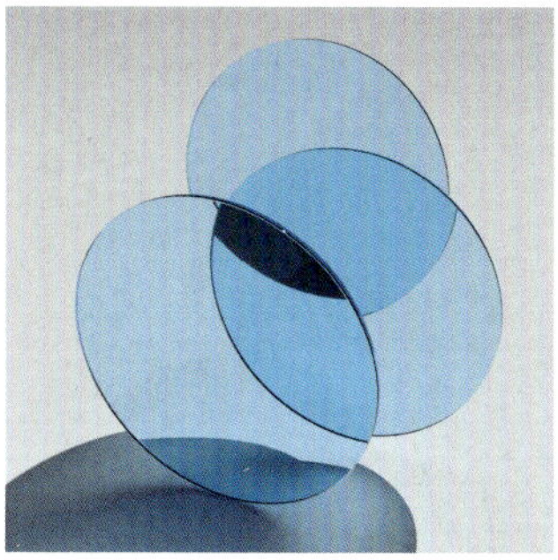

20 Rendering

21 Compositing

22 Schnitt und Ton

23 Import und Export

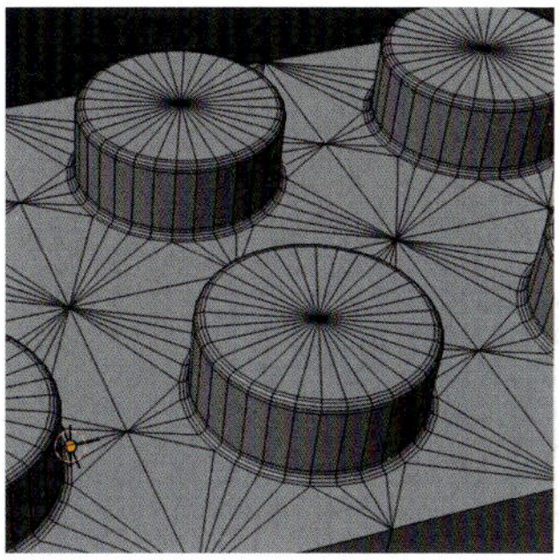

Workshops

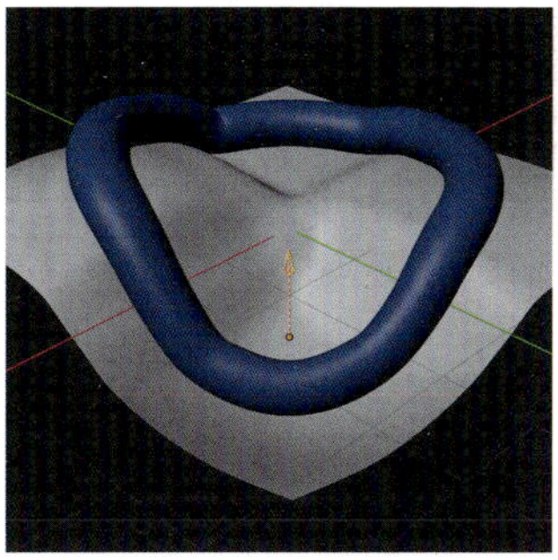

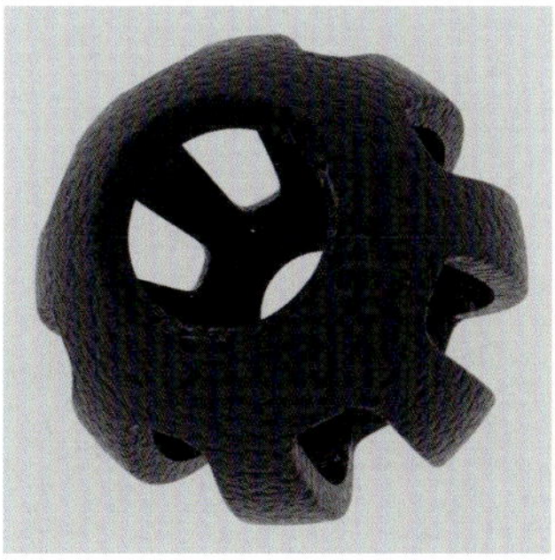

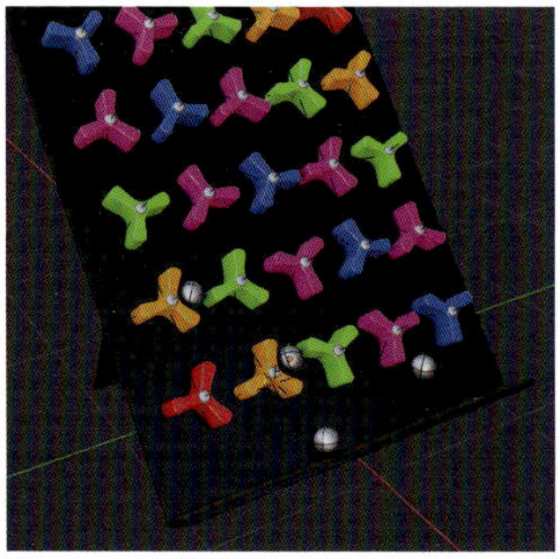

Projekte

TEIL I
Grundlagen

Kapitel 1
Ihr Einstieg in Blender

Mit diesem ersten Kapitel möchte ich Sie nicht nur auf Blender, sondern auch auf dieses Buch selbst einstimmen. Blender ist nicht nur eine faszinierende und mächtige 3D-Software, sondern Blender ist auch ein durchaus komplexes Werkzeug, für dessen Beherrschung neben dem theoretischen Basiswissen auch eine gute Portion Praxiserfahrung unabdingbar ist. Beides möchte ich Ihnen in diesem Buch auf hoffentlich spannende und unterhaltsame Weise nahebringen.

1.1 Über Blender

Blender vereint die Modellierung, Texturierung, Ausleuchtung und Inszenierung sowie die Animation und das Rendering in 3D und auch 2D in einer einzigen, großen Softwaresuite. Neben diesen klassischen Anforderungen an eine 3D-Software bietet Ihnen Blender unter anderem auch Funktionen zum Sculpting, zur Bearbeitung von Renderings, zur Programmierung und auch zum Motion-Tracking und Videoschnitt.

Egal, ob Sie Ihren Illustrationen eine dritte Dimension oder sogar Leben einhauchen möchten, Ihre konstruktiven Ideen über eine zunächst virtuelle in eine reale Existenz drucken wollen, zwei- oder dreidimensionale Charaktere für ein Computerspiel benötigen oder schon immer von einem eigenen Animationsfilm geträumt haben – mit Blender haben Sie das geeignete Werkzeug zur Hand!

Dabei ist Blender als Open-Source-Software völlig kostenfrei. Die Entwicklung und Verbreitung der 3D-Software finanziert sich ausschließlich aus freiwilligen Spenden. Neben den vielen privaten Anwenderinnen und Anwendern, die Blender unterstützen, liest sich das Feld der subventionierenden Unternehmen wie ein Who-is-Who der IT- und Grafikbranche: Unity, Ubisoft, AMD, Meta, Intel, nVIDIA, Google, Adobe oder auch Microsoft, um nur ein paar illustre Namen zu nennen. Trotzdem bewahrt sich die Blender Foundation ihre Unabhängigkeit, um neue Errungenschaften in der Grafikindustrie zeitnah und unbürokratisch in Blender zu implementieren und Blender somit stets am Puls der Zeit zu halten. All das geschieht unter völliger Transparenz, Sie können sich jederzeit über die aktuelle und künftige Entwicklung von Blender informieren. Die Blender Foundation hat sich dabei über die letzten Jahre als sehr zuverlässig erwiesen, was die Einhaltung der angekündigten Releasetermine und die Implementierung der versprochenen Features angeht. Und auch die Zusammenarbeit mit anderen Softwarepaketen steht bei Blender hoch im Kurs, so wurde für die kommenden Jahre die volle Kompatibilität mit der VFX Reference Platform zugesichert. Diese Technologieplattform hat die Minimierung von Inkompatibilitäten und die möglichst problemlose Integration von VFX-Software in Produktions-Pipelines zum Ziel.

▲ **Abbildung 1.1**
Szene aus dem Open Movie »Spring«, 2019

▲ **Abbildung 1.2**
Szene aus dem Open Movie »Coffee Run«, 2020

Die Blender Foundation beweist mit ihren Open Movies regelmäßig eindrucksvoll, zu welch erstaunlichen, professionellen Resultaten man mit dieser freien Software kommen kann. Ziemlich regelmäßig erscheinen pro Jahr ein bis zwei kurzweilige, aber auch aus technischer Sicht interessante Kurzfilme, die in den meisten Fällen dazu dienen, die gerade in Entwicklung befindlichen neuen Funktionen von Blender im echten Produktionsalltag zu testen. Gleichzeitig wissen die Blender-Anwenderinnen und -Anwender, welche Möglichkeiten ihnen mit den gezeigten neuen Funktionen künftig zur Verfügung stehen. Und weil auch hier Transparenz großgeschrieben wird, lässt sich die Konzeption und Entstehung der Open Movies

Blender Open Movies
Alle bereits veröffentlichten und derzeit in Arbeit befindlichen Open Movies finden Sie unter *studio.blender.org/films*

detailliert verfolgen, bis hin zum Download des fertigen, gerenderten Films mit allen verwendeten Produktionsdaten. Nehmen Sie sich die Zeit und lassen Sie sich von den Ergebnissen, die sich mit dieser kostenlosen 3D-Software realisieren lassen, inspirieren.

▲ **Abbildung 1.3**
Szene aus dem Open Movie »Sprite Fright«, 2021

▲ **Abbildung 1.4**
Szene aus dem Open Movie »Charge«, 2022

Womit wir bei einem Punkt sind, den ich nicht unerwähnt lassen möchte. Blender ist nicht deshalb kostenlos, weil es kommerziellen Produkten hinterherstehen würde. Es ist vielmehr kostenlos, *obwohl* es einen Funktionsumfang bietet, der den Vergleich zu richtig teurer 3D-Software nicht zu scheuen braucht. Dass dies nicht zu den gleichen Bedingungen geschehen kann, sollte klar sein. Blender befindet sich permanent in Entwicklung, so dass sich manche funktionelle Baustellen erst im Laufe der Zeit als wirklich brauchbar erweisen. Manche Funktionen erlangen vielleicht nie eine produktionstaugliche Reife. Doch ich darf Sie beruhigen, diese Ausnahmen sind dünn gesät und meistens auch als experimentell gekennzeichnet.

Die Entwicklungs-Roadmap von Blender sieht aktuell vor, alle zwei Jahre ein Major-Release, wie zuletzt Blender 4.0, zu veröffentlichen. Hier behält sich die Entwicklergemeinschaft durchaus vor, sich zugunsten von neuen, zukunftsträchtigen Technologien von veralteten Funktionen zu verabschieden. Dazwischen finden pro Jahr insgesamt drei Nachpunkt-Releases statt, mit welchen die zuvor geschaffene Basis erweitert oder auch verbessert wird. Natürlich steht bei jedem dieser Updates die Beseitigung von Fehlern bzw. Bugs mit auf der To-do-Liste, in wichtigen Fällen auch mittels eines eigenen Bugfix-Updates.

LTS (Long Term Service)

Bei aller Begeisterung, mit der neue Funktionen in den regelmäßigen Blender-Updates aufgenommen werden: Wer mit Blender größere, langfristige Projekte verwirklicht, braucht Planungssicherheit und die Gewissheit, dass neben neuen Features auch Bugs mit aller Ernsthaftigkeit angegangen werden. Für diese Zwecke bieten sich vor allem die jährlichen LTS-Versionen (zuletzt Version 4.2 LTS) an, die noch garantiert zwei Jahre nach ihrem Erscheinen mit Bugfixes weitergepflegt werden.

Was zuletzt geschah …

Dieser kurze Ausflug dürfte insbesondere dann interessant für Sie sein, wenn Sie bereits Erfahrung im 3D-Bereich oder auch mit Blender selbst gesammelt haben.

Wie zu erwarten wurden gleich mit Blender 3.1 die in der vorangegangenen Major-Version 3.0 finalisierten Geometry Nodes mit zahlreichen weiteren Nodes bedacht. Zudem sorgte die Zusammenarbeit mit einem neuen Point-Cloud-Objekt zur Simulation von Sand, Wasser und Partikeln für noch mehr Einsatzmöglichkeiten. Der Cycles-Renderer und das 2D-Animationswerkzeug Grease Pencil bekamen ebenfalls viele neue Funktionen spendiert.

Beim Update auf Blender 3.2 stand Cycles im Vordergrund, allem voran mit den neuen Light Groups, aber auch mit Volume Motion Blur und Shadow Caustics. Für das Modelling bzw. Sculpting brachte das Update ein neues Curve Pen-Tool und etliche neue Features für die Paint-, Sculpt- und Masking-Funktionen.

Mit Blender 3.3 LTS kam ein neues, auf Geometry Nodes und Sculpt-Tools beruhendes Haar-System zu seiner Premiere. Der Dauerbrenner Geometry Nodes lässt sich nun auch bei der Arbeit mit UV-Maps und vielen weiteren Modellinganforderungen einsetzen. Überarbeitete Library Overrides und neue Grease Pencil-Features rundeten die erste LTS-Version der 3er-Serie ab.

Blender 3.4 wiederum bedeutete einen Rundumschlag mit Path Guiding für Cycles, verbessertem Masking bei den Sculpting-Tools, neuen UV-Editing-Funktionen und – Sie ahnen es bereits – vielen neuen Geometry Nodes inklusive eines Viewer-Nodes als Viewport Overlay zur Voransicht.

Das Update auf Blender 3.5 wurde genutzt, um das noch junge Haar-System mit vorgefertigten Haar- und Fell-Styles, zahlreichen neuen Werkzeugen zur Arbeit mit und an Hair Curves sowie zusätzlichen Nodes auszustatten. Neuerungen und Verbesserungen erfuhren ebenso der Viewport, Cycles und der Bereich Animation.

Das letzte Update der 3er-Serie, Blender 3.6 LTS (Blender 3.7 wurde zugunsten längerer Entwicklungszeit für Blender 4.0 ausgelassen), brachte viele Performance-Verbesserungen. Überstrahlt wurden die praktischen neuen Funktionen von der lange erwarteten Erweiterung von Geometry Nodes um die Simulation Nodes zur Simulation animierter, physikalischer Eigenschaften mittels Nodes.

Der Sprung von Blender 3.6 LTS zu Blender 4.0 klingt größer, als er eigentlich ist. Doch auch Blender 4 markiert einen Meilenstein. Zum einen, weil man den Mut gefasst hat, so manch alten Zopf

Don't Look Back in Anger

Oftmals bedeutet der Sprung auf eine neue Major-Version auch das Ende der Kompatibilität mit den Vorgängerversionen. Nicht so bei Blender 4: Mit Version 3.6 LTS lassen sich Blend-Files aus Blender 4 öffnen und wieder speichern, so dass Meshes auch mit älteren Versionen von Blender genutzt werden können.

abzuschneiden und mit neuen, besseren Funktionen zu ersetzen – als Beispiel sei hier die Verwendung von Collections für Bones als Ersatz für Groups und Layer genannt. Gleichzeitig erweist sich Blender 4 auch als Startschuß für neu initiierte Projekte, wie beispielsweise die Node Tools bei den Geometry Nodes. Angefangen beim lang ersehnten Light und Shadow Linking, über den komplett überarbeiteten Principled BSDF-Shader bis hin zu den stark verbesserten Snapping-Funktionen.

Bei Blender 4.1 ließ man den Worten auch gleich Taten folgen und erweiterte die Geometry Nodes nicht nur um neue Nodes, sondern auch um Baking-Funktionen. Die Unterstützung weiterer Passes im Viewport nivelliert die Unterschiede zum Compositor zusehends, gleichzeitig konnte man sich über deutliche Performance-Steigerungen im Rendering bis hin zum Sequencer freuen.

Blender 4.2 LTE ist die Version, auf der dieses Buch basiert. Es dauerte bis zu diesem Update, bis man EEVEE Next endlich als reif genug für die Anwenderschaft ansah. Doch auch Cycles bekam mit dem RAY PORTAL und dem THIN FILM einige neue Funktionen und Verbesserungen mit auf den Weg, wie eigentlich alle Bereiche, vom Modelling bis hin zu Compositing, Rendering und auch Export.

Die wichtigsten Neuheiten und Änderungen der bei Erscheinen dieses Buches frisch veröffentlichten Version Blender 4.3 finden ebenfalls an den entsprechenden Stellen Erwähnung.

Sich in Blender wohlfühlen

Je wohler Sie sich bei der Bedienung einer ungewohnten Software fühlen, desto schneller stellen sich die ersten Erfolgserlebnisse ein. Daher an dieser Stelle ein paar Anregungen für die Eingewöhnung in Blender.

Neulinge haben im Vergleich zu erfahrenen Anwenderinnen und Anwendern einer anderen 3D-Software stets den leichten Vorteil, dass sie keine eingespielten, bewährten Abläufe über Bord werfen, neu erlernen und sich in einer anderen Bedienlogik zurechtfinden müssen. Versuchen Sie in diesem Fall nicht, bekannte Arbeitsschritte und Funktionen zwanghaft »nach Blender« zu übersetzen, sondern öffnen Sie sich für neue Sichtweisen und Methoden. An manchen Stellen mag Ihnen Blender dabei kompliziert oder undurchsichtig erscheinen, an vielen anderen Stellen aber werden Sie von den praktischen Funktionen dieser freien 3D-Software sicherlich überrascht sein.

Blender-Ressourcen

Hier eine kleine Auswahl lohnender Anlaufstellen rund um Blender:

Dokumentation:
docs.blender.org
wiki.blender.org

Tutorials (deutsch):
www.blenderhilfe.de
www.blenderdiplom.com

Tutorials (englisch):
www.blender.org/support/tutorials
www.blendercookie.com
www.blenderguru.com
www.creativeshrimp.com
www.cgboost.com
www.cgcookie.com

News zu verschiedensten Blender-Themen:
www.blendernation.com
blender.community
blender.today

Einblick und Mitarbeit bei der Entwicklung von Blender:
code.blender.org
devtalk.blender.org
developer.blender.org
www.graphicall.org

Blender-Community

Blender-Anwenderinnen und -Anwender sind über die ganze Welt verteilt und haben eine Lösung für jedes Problem:

Forum (deutsch):
www.3d-ring.de/3d/forum

Foren (englisch):
www.blenderartists.org
forums.cgsociety.org
blender.stackexchange.com

Chat (international):
blender.chat

Neue Ideen und Konzepte für Blender:
rightclickselect.com

Download von Modellen, Szenen etc.:
www.blendswap.com

Blender besitzt nach wie vor ein paar Eigenheiten, die Ihnen vermutlich schon bei Ihren ersten Schritten begegnen. Ich verwende in allen Teilen dieses Buchs die Standardeinstellungen von Blender, doch ich lege Ihnen an dieser Stelle schon ans Herz, sich Blender zu gegebener Zeit so einzurichten, dass Sie sich darin heimisch fühlen. Wie Sie dabei vorgehen und welche Möglichkeiten Sie dabei haben, erfahren Sie natürlich ausführlich in Kapitel 5, »Blender optimal nutzen«.

Der große Vorteil eines so beliebten und bekannten Open-Source-Programms wie Blender ist die große, über die ganze Welt verteilte Usergemeinde, die Ihnen in Internetforen praktisch rund um die Uhr mit Rat und Tat sowie mit einer unüberschaubaren Zahl an Tutorials, Materialien und sogar fertigen Blend-Files zur Seite steht. Nutzen Sie alle verfügbaren Informations- und Inspirationsquellen, behalten Sie aber immer im Hinterkopf, dass es nie nur eine einzige Lösung für eine Aufgabe gibt.

Der Internationalität von Blender und der CG-Branche im Allgemeinen ist es dabei geschuldet, dass die englische Bedienoberfläche in den Abbildungen und auch im Text zum Einsatz kommt. Über die Voreinstellungen lässt sich Blender zwar mit einer deutschsprachigen Bedienoberfläche versehen, doch diese ist zum einen unvollständig, zum anderen nicht wirklich gelungen. Da ist vom (Schrift-) *Setzer* die Rede, wenn es um das Compositing im *Compositor* geht, und wenn es nicht unbedingt nötig ist, sollte man *Elternteile* auch nicht einfach so *entfernen (Clear Parents)*. Sollte dies Ihr Einstieg in diesem Bereich sein, kann ich Sie beruhigen: Sie werden sich sehr schnell daran gewöhnt haben und sich gleichzeitig eine gute Basis schaffen, um sich auch in anderer 3D-Software zurechtzufinden.

1.2 Über dieses Buch

Dieses Buch folgt mit seinen Kapiteln dem üblichen 3D-Workflow. Nach diesem Buchteil über die Grundlagen folgen daher nacheinander das Modelling und Texturing, die Inszenierung und Ausleuchtung, die Animation und Simulation sowie das Rendering, Post-Processing und die Ausgabe. Alle Themen möchte ich Ihnen in so viel Theorie wie nötig und so viel Praxis wie möglich vermitteln.

Obwohl Ihnen dieses Buch einen umfassenden Einstieg in die faszinierende Welt von Blender bieten soll, versteht es sich nicht als trockenes Nachschlagewerk für jede einzelne, in Blender verfügbare Funktion. Dies wäre aufgrund des limitierten Platzes in diesem Buch und der ständigen Weiterentwicklung von Blender weder möglich noch sinnvoll.

Wie schon erwähnt, erscheint mit schöner Regelmäßigkeit eine neue Version von Blender 4.x, oftmals mit dutzenden neuen Funktionen und Verbesserungen. So erfreulich das für uns Anwenderinnen und Anwender ist, bedeutet es aber gleichzeitig, dass ein vollumfängliches Werk über Blender vermutlich kurz nach dem Erscheinungstag veraltet wäre. Und zudem in großen Teilen obsolet, denn eine umfassende und stets aktuelle Beschreibung aller Funktionen und Optionen von Blender haben Sie zu jeder Zeit über das Online-Manual (im Kasten »Blender-Ressourcen« unter »Dokumentation«) zur Hand.

Dieses Buch soll Sie beim Erlernen und bei der Arbeit mit Blender unterstützen und begleiten, indem es Ihnen die verschiedenen Konzepte und die Arbeitsweise von Blender verständlich und praxisnah vermittelt. Weil in diesem Buch die Praxis eine besondere Rolle spielen soll, ziehen sich zwei verschiedene Arten von Schritt-für-Schritt-Workshops zur Auflockerung der Theorie beständig durch das Buch. In den Kapiteln zu jedem Buchteil erfahren Sie also zunächst stets, welche Editoren, Werkzeuge und Befehle für den jeweiligen Workflow-Schritt benötigt werden und wo Sie diese in Blender finden. In vielen kurzen Kapitel-Workshops behandeln wir anschließend anhand von klassischen Problemstellungen, wie die Tools funktionieren.

Viele Kapitel enthalten außerdem projektbezogene Workshops. Hier tauchen wir komplett in die Praxis ein und lernen so viele Funktionen und Arbeitsmethoden wie möglich in verschiedenen, über mehrere Buchteile aufeinander aufbauenden und für Sie hoffentlich spannenden Workshops ausführlich kennen und anwenden. Die Projekt-Workshops sind dabei so konzipiert, dass Sie alle Arbeitsschritte des jeweiligen Projektes von der Ausgangssituation bis hin zum finalen Rendering parallel mitarbeiten und nachvollziehen können.

Im Begleitmaterial zu diesem Buch finden Sie nach den jeweiligen Buchteilen sortiert alle verwendeten Ausgangsdateien, die wichtigsten Zwischenstadien und natürlich die finalen Projektdateien aufbereitet. Ob Sie dabei die verschiedenen Workshops in voller Länge durcharbeiten oder sich zunächst auf die für Sie besonders interessanten Aufgabenstellungen konzentrieren, liegt also ganz bei Ihnen.

Begleitmaterial
Sie können sich das Begleitmaterial für die Workshops des Buchs von der Website des Verlags herunterladen. Scrollen Sie auf der Katalogseite *www.rheinwerk-verlag.de/5766* bis zum ersten Kasten. Dort klicken Sie auf »Materialien«.
Bitte halten Sie Ihr Buchexemplar bereit, damit Sie die Materialien freischalten können.

Nach der Lektüre dieses Buchs sind Sie auf jeden Fall mit allen Grundlagen und Arbeitsweisen von Blender vertraut und auf Ihre ersten eigenen Projekte bestens vorbereitet. Zugleich werden Sie sich sehr schnell mit neuen Funktionen und Werkzeugen anfreunden und sie gewinnbringend für Ihre Arbeit nutzen können. Denn dies möchte ich Ihnen noch unbedingt für Ihren weiteren Weg mit Blender ans Herz legen: Bleiben Sie neugierig und weiterhin am Ball. Freuen Sie sich mit mir über jede neue Blender-Version und das Privileg, mit einer 3D-Software zu arbeiten, die tatsächlich für Sie gemacht wurde.

Blender 3D

Blender wird stetig weiterentwickelt und steht in der aktuellsten, offiziell freigegebenen Version unter *www.blender.org/download* zum Herunterladen bereit.

Nun liegt es bei mir, Ihren Einstieg in Blender so einfach und kurzweilig wie möglich zu gestalten. Falls nicht schon geschehen – laden Sie sich die aktuellste Version von Blender über den Link im nebenstehenden Kasten für Ihr Betriebssystem auf Ihren Rechner, so dass wir endlich loslegen können.

1.3 Blender installieren

Blender ist für die Betriebssysteme Windows, macOS und Linux verfügbar und die Installation – so man denn überhaupt von einer richtigen »Installation« sprechen mag – ist im Nu erledigt. Blender benötigt weder für die Installation noch während der Arbeit zwingend eine Internetverbindung und läuft maximal flexibel quasi »vom USB-Stick«.

Hardware-Voraussetzungen

Grundsätzlich gehört 3D-Software mit zu den ressourcenhungrigsten Programmen überhaupt. Ein möglichst aktueller, gut ausgestatteter Rechner dankt es Ihnen mit entsprechender Performance während der Arbeit sowie kürzeren Wartezeiten insbesondere beim Rendering. Folgende Empfehlungen gibt Blender offiziell für die Hardware-Ausstattung vor:

Minimum

- 64-Bit Dual Core CPU mit SSE4.2-Support
- 8 GB RAM Arbeitsspeicher
- Full-HD-Display
- 2 GB RAM Grafikkarte mit OpenGL 4.3-Support
- Maus, Trackpad oder Grafiktablett

Empfohlen

- 64-Bit Eight Core CPU
- 32 GB RAM Arbeitsspeicher
- 8 GB RAM Grafikkarte
- 2.560 × 1.440 Pixel Display
- 3-Tasten-Maus sowie Grafiktablett

Unterstützte Grafikkarten

- ab GeForce 400, NVIDIA: ab Quadro-Tesla-Architektur, einschließlich RTX-basierter, mit NVIDIA-Treibern
- AMD: ab GCN erster Generation
- Intel: ab Broadwell
- macOS: ab Version 11.2 (Big Sur) für Intel-Prozessoren sowie Apple Silicon, Unterstützung für Metal 2.2

Hardware-Ansprüche
Die hier angegebenen Hardware-Voraussetzungen beziehen sich auf die zum Zeitpunkt der Drucklegung dieses Buchs aktuellen Versionen 4.2 LTS und auch 4.3. Die weiterhin verfügbaren älteren Blender-Versionen sind natürlich stets genügsamer in ihren Ansprüchen an die verwendete Hardware.

Als Faustregel könnte man festhalten, dass Blender auf einer bis zu zehn Jahre alten Ausstattung grundsätzlich laufen sollte, richtig flüssiges Arbeiten sollte mit Hardware, die jünger als fünf Jahre ist, garantiert sein.

Installation

Die Installation von Blender für alle unterstützten Betriebssysteme beschränkt sich im Normalfall auf das Entpacken eines heruntergeladenen Zip-Archivs in ein dafür vorgesehenes Verzeichnis auf Ihrer Festplatte oder auch auf einen externen Datenträger.

Suchen Sie sich auf der offiziellen Download-Seite von Blender *www.blender.org/download* das für Ihr Betriebssystem benötigte Datenpaket aus und entpacken bzw. installieren Sie es anschließend.

Windows (ab 8.1)

Für Windows steht Blender seit Version 2.81 ausschließlich als 64-Bit-Variante bereit. Sie können das komplette Softwarepaket wahlweise als Zip-Datei oder als Installationsdatei (.EXE) laden.

Wer das Zip-Archiv wählt, entpackt dieses einfach in einem Verzeichnis seiner Wahl. Wer sich lieber durch einen Installationsdialog führen lassen möchte und dabei ein paar Annehmlichkeiten wie ein Desktop-Icon oder auch die Möglichkeit, .BLEND-Files gleich automatisch mit der richtigen Software öffnen zu lassen, mitnehmen möchte, wählt dagegen die Installationsdatei.

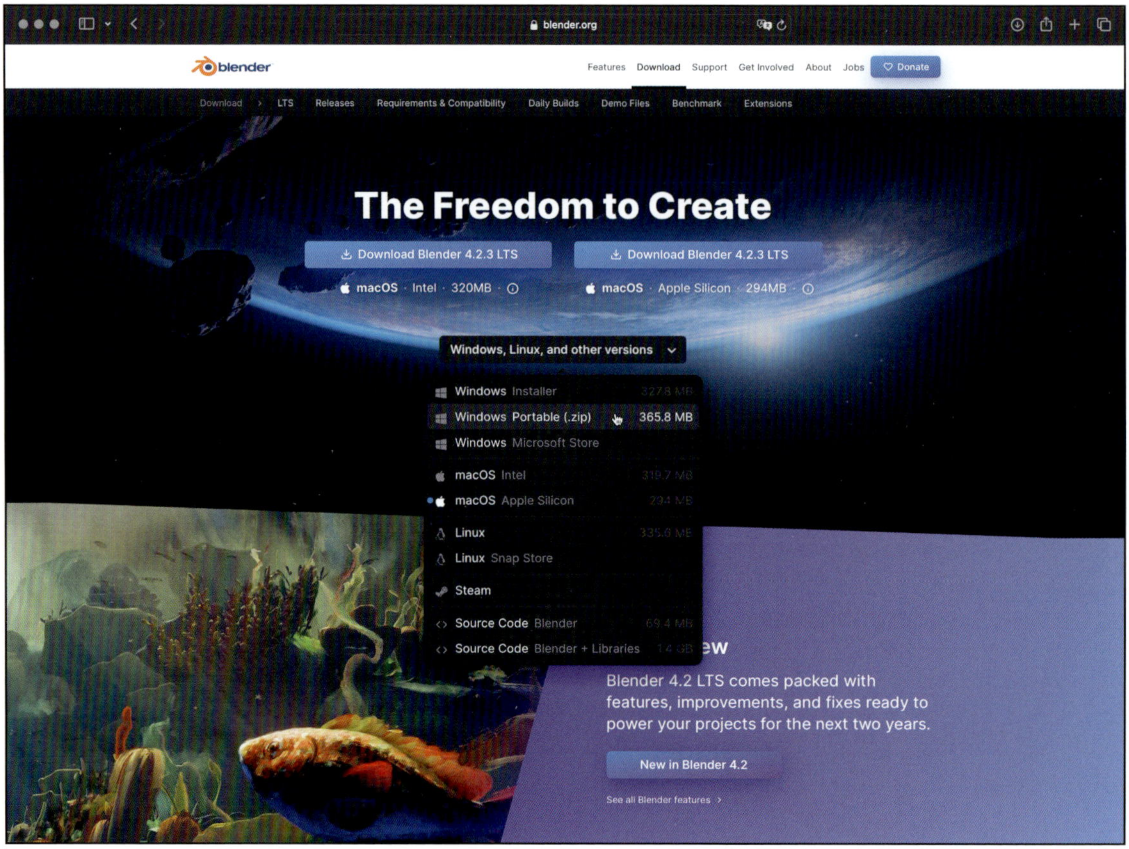

▲ **Abbildung 1.5**
Download der aktuellen Version von Blender für Ihr Betriebssystem

macOS (ab 11.2) für Intel bzw. Apple Silicon)

Für die Mac-Betriebssysteme erfolgt der Download als Disk-Image (.DMG). Nach dem Laden des Images öffnen Sie es per Doppelklick und ziehen die monolithische Blender-Applikation wahlweise auf das im Disk-Image bereitgestellte Alias des Programme-Ordners oder in ein anderes Verzeichnis Ihrer Wahl.

Linux (mit glib 2.28)

Auch unter Linux gestaltet sich die Installation entsprechend unkompliziert. Entpacken Sie das geladene Zip-Archiv in ein beliebiges Verzeichnis und Sie sind startklar.

Steam

Sollten Sie die Software-Plattform STEAM nutzen, so können Sie sich auch für diesen Vertriebsweg eine Version von Blender herunterladen. Über den Downloadeintrag im Menü gelangen Sie direkt zum Steam-Softwarekatalog.

Kapitel 2
Arbeitsoberfläche

Verschaffen wir uns nach der erfolgreichen Installation und dem ersten Start von Blender zunächst einen groben Überblick über die Elemente der Bedienoberfläche. Anschließend gehen wir etwas mehr ins Detail und sehen uns an, wie Sie mit den Fenstern, Editoren und Panels arbeiten.

2.1 Splash-Screen

Direkt nach dem Start von Blender begrüßt Sie – wie bei jeder anderen Applikation – ein Splash-Screen. Die Besonderheit bei Blender ist, dass es zwei unterschiedliche Startbildschirme gibt, die Ihnen nicht nur ein Logo und versionsabhängig ein schickes, aktuelles Rendering zeigen, sondern auch schnellen Zugriff auf Voreinstellungen, File-Templates und zuvor verwendete Blend-Files bieten.

Quick Setup

Ausschließlich beim erstmaligen Start und dem initialen Einrichten einer neu installierten Blender-Version bekommen Sie den Splash-Screen mit dem Quick Setup mit den Basiseinstellungen für Blender angezeigt (Abbildung 2.1).

Zunächst entscheiden Sie, ob Sie die Einstellungen der installierten Vorgängerversion von Blender importieren möchten ❶. Weiter geht es mit den Voreinstellungen (Preferences). Über das Menü Language ❷ legen Sie die Programmsprache fest. Wie bereits erwähnt, empfehle ich die englische Originalsprache für eine durchgängig stimmige Bedienoberfläche, und um Konfusion mit den Beschreibungen in diesem Buch zu vermeiden.

Abbildung 2.1 ▸
Splash-Screen von Blender 4.2 mit dem Quick Setup

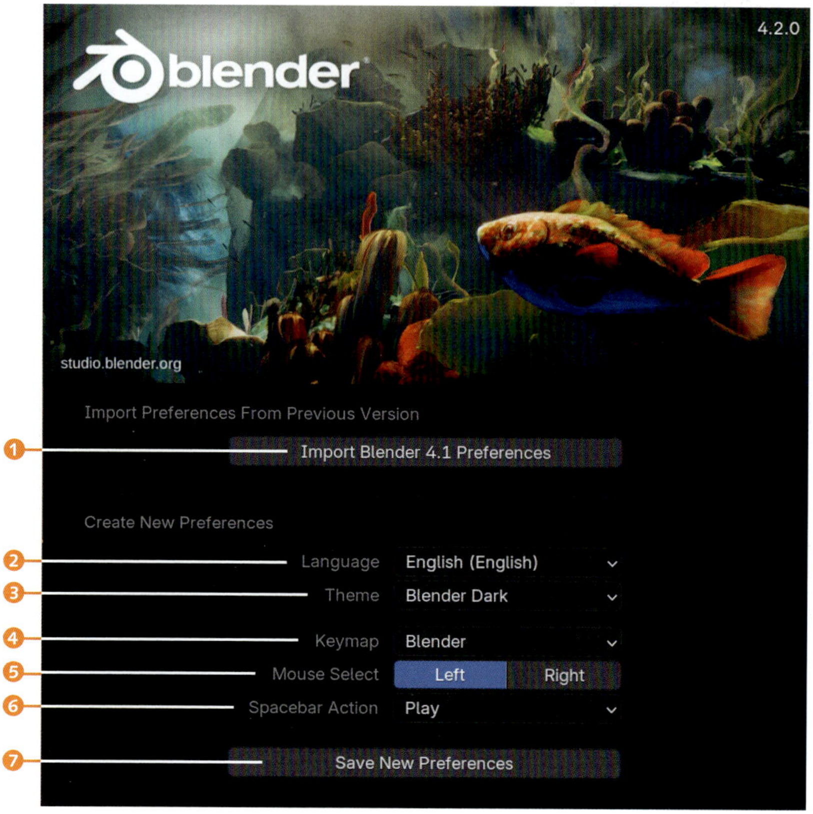

Für den Look der Bedienoberfläche stehen die verschiedensten THEMES ③ bereit, die Sie ganz nach Ihrem persönlichen Geschmack wählen und natürlich auch anpassen können. Das Menü KEYMAP ④ stellt Ihnen verschiedene Sätze an Tastatur-Kurzbefehlen, sogenannte »Keymaps«, zur Wahl. Unter MOUSE SELECT ⑤ definieren Sie die gewünschte Maustaste zur Objektauswahl. Während langjährige Blender-User oftmals weiterhin auf den Rechtsklick setzen, dürften Blender-Neulinge sicher auf den gewohnten Quasi-Standard Linksklick setzen. Die Funktion der Leertaste (SPACEBAR) ⑥ lässt sich ebenfalls an Ihre Bedürfnisse anpassen. Zum Speichern der festgelegten Einstellungen verwenden Sie schließlich den Button ⑦.

In Kapitel 5, »Blender optimal nutzen«, gehen wir noch ausführlich auf all diese Voreinstellungen ein, denn den Splash-Screen für den Quick Setup können Sie leider kein weiteres Mal aufrufen. Zum Ändern der Programm-Voreinstellungen benötigen Sie dann die PREFERENCES, die Sie über das Menü EDIT • PREFERENCES bzw. den Kurzbefehl `Strg`/`Cmd` + `,` aufrufen.

Rechts- oder Linksklick

Selten sorgte ein Thema für so hitzige Diskussionen in der Anwendergemeinde wie der Wechsel zur standardmäßigen Auswahl per Linksklick. Dabei ist die Auswahl mit der rechten Maustaste weiterhin möglich und schnell über die User-Preferences geändert. Vielleicht möchten Sie diese ungewohnte, aber durchdachte Bedienlogik auch einmal versuchen? Mehr dazu in Kapitel 5, »Blender optimal nutzen«.

Standard-Splash-Screen

Nach dem Quick Setup bzw. bei jedem künftigen Start von Blender bekommen Sie den Standard-Splash-Screen angezeigt, der Ihnen eine praktische Einstiegshilfe bei der Arbeit mit Blender ist.

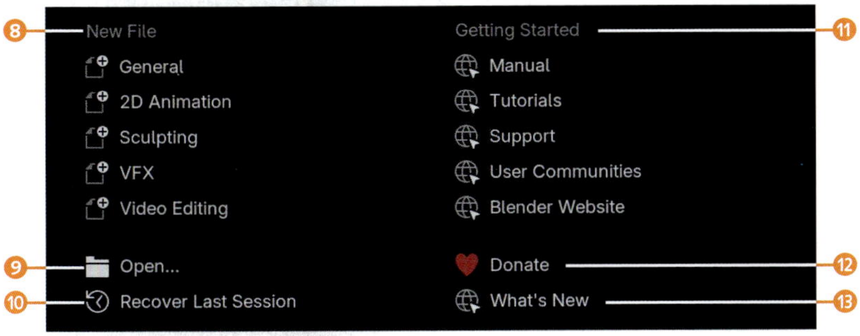

◂ **Abbildung 2.2**
Datei-Optionen und Links im unteren Bereich des Splash-Screens

Unter New File ⑧ wählen Sie eines von insgesamt fünf Templates für das anstehende Projekt aus. Alternativ können Sie auch über das Menü File • New bzw. den Kurzbefehl [Strg]/[Cmd] + [N] eine neue Datei mit dem gewünschten Template anlegen. Standardmäßig verwendet Blender das Template General, das für den Großteil Ihrer Projekte in Blender funktionieren dürfte, weil es den typischen 3D-Workflow anhand von verschiedenen Workspaces nachempfindet. Über Open ⑨ landen Sie im File Browser, dem Datei-Manager von Blender, über den Sie ein existierendes Blend-File auswählen und öffnen. Das zuletzt in Blender geöffnete File rufen Sie über Recover Last Session ⑩ auf.

In der rechten Spalte finden Sie unter Getting Started ⑪ einige Einstiegshilfen für die ersten Schritte in Blender, danach werden Ihnen im Standard-Splash-Screen die fünf zuletzt verwendeten Blend-Files als Recent Files aufgelistet. Schließlich stehen Ihnen noch zwei Links zur Unterstützung der Blender Foundation über Donate ⑫ sowie zu den für diese Version gültigen Release Notes unter What's New ⑬ sowie zur Verfügung. Diesen Standard-Splash-Screen von Blender können Sie jederzeit nachträglich über das Menü Blender • Splash Screen aufrufen (Abbildung 2.3).

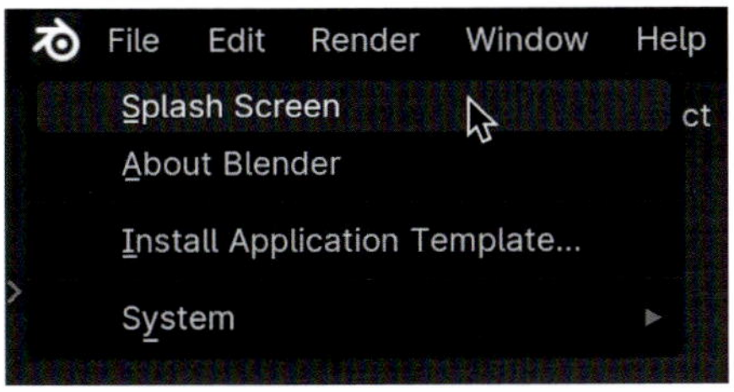

◂ **Abbildung 2.3**
Menü Blender

In diesem Menü finden Sie neben Informationen über die Blender-Version und die Systemumgebung auch die Möglichkeit, sogenannte Application Templates zu installieren, also individuelle Start-Konfigurationen von Blender mit Startup-File, User Preferences, vorinstallierten Skripten bis hin zum eigenen Splash-Screen.

2.2 Die Bedienoberfläche im Überblick

Die Bedienoberfläche von Blender ist extrem flexibel, damit Sie für die jeweilige Aufgabenstellung – sei es Szenendesign, Modelling und Sculpting oder gar 2D-Animation – sofort alle wichtigen Werkzeuge und Funktionen für Ihre Arbeit vorfinden. Sehen wir uns zunächst die Bedienoberfläche im Überblick an.

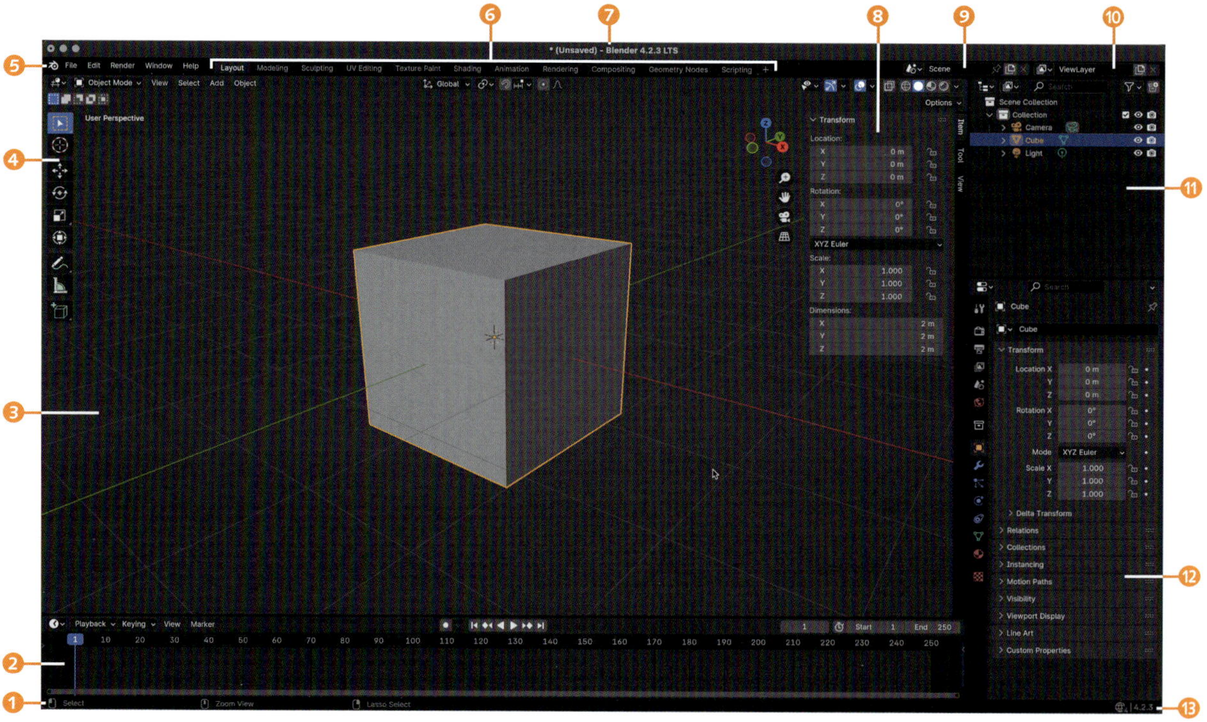

▲ **Abbildung 2.4**
Die Bedienoberfläche von Blender 4.2

Wie Sie es von vielen anderen Applikationen kennen, zeigt Ihnen der Fenstertitel 7 den Namen des geöffneten Files an sowie über einen kleinen Asterisk, ob der aktuelle Stand gespeichert wurde. Die WORKSPACES 6 und damit die Zusammenstellung der enthaltenen Editoren und die Aufteilung der Fenster ergeben sich aus dem beim Start von Blender gewählten Projekt-Template. Fenster überlappen sich in Blender grundsätzlich nicht, sie passen sich stets in den vorgegebenen Raum ein. In diese Fenster sind die verschiedenen Editoren eingesetzt, entsprechend frei lassen sich die Fensterbereiche mit Editoren bestücken, arrangieren und nach Bedarf verändern. Um in einem Editor zu arbeiten oder eine Eingabe zu machen, reicht es, mit dem Mauszeiger im betreffenden Fenster zu sein bzw. das gewünschte Element auszuwählen. Eine ausstehende Eingabe wird Sie auch nie vom Sprung in einen anderen Editor abhalten.

5 **Top Bar |** In dieser Kopfleiste der Bedienoberfläche finden Sie die Hauptmenüs zum Dateimanagement, für Voreinstellungen, zum Rendern, zur Organisation von Fenstern sowie über das Menü HELP direkten Zugriff auf das offizielle Blender-Manual, die Blender-Website, Communitys und einiges mehr. Oberhalb des Hauptarbeitsbereiches schließen sich die Tabs mit den WORKSPACES 6 an. Mit einem Klick auf einen anderen Tab wechseln Sie zum nächsten Bearbeitungsschritt im 3D-Workflow und haben alle wichtigen Werkzeuge und Funktionen griffbereit.

Umfangreiche Blender-Projekte lassen sich in Szenen aufteilen. Zur Erstellung und zum Wechsel zwischen Szenen dient dabei das Datenblock-Menü SCENE 9. Bei der Organisation von Elementen in Layern (Ebenen) zur späteren Weiterbearbeitung beim Rendering und Compositing hilft das Datenblock-Menü VIEW LAYER 10.

3 **3D Viewport |** Ihr Hauptarbeitsbereich in Blender. Mit diesem Editor blicken Sie in die Szene, platzieren und modellieren Objekte, setzen sie ins rechte Licht und vieles mehr.

4 **Toolbar und** 8 **Sidebar |** Diese Seitenleisten bieten Ihnen die für den jeweiligen Editor bzw. den gerade aktiven Arbeitsmodus und das Objekt relevanten Werkzeuge und Eigenschaften im Schnellzugriff an.

2 **Timeline |** Die Zeitleiste ist in 3D-Programmen der Standard-Editor zur Abspielsteuerung und zur Erstellung von schnellen Keyframe-Animationen, also hat sie auch in Blender einen festen Platz.

11 **Outliner |** Der Outliner stellt Ihnen hierarchisch strukturiert alle in der Szene befindlichen Daten, vom 3D-Objekt über Collections bis hinunter zur Datenebene dar.

⑫ **Properties Editor |** Wie der Name schon vermuten lässt, kümmert sich dieser mächtige Editor um alle Parameter und Eigenschaften der Szene sowie der enthaltenen Elemente.

① **Status Bar |** Ganz rechts hält die Statusleiste Informationen über die in der angezeigten Collection bzw. in der Szene befindlichen Elemente bereit ⑬ (Abbildung 2.4), während sie uns im Bereich links davon stets Hinweise zur Arbeit mit dem derzeit aktiven Werkzeug gibt. Blender bietet noch etliche zusätzliche Editoren für die verschiedensten Aufgabenstellungen an, die wir im weiteren Verlauf noch kennenlernen werden.

2.3 Fenster, Editoren, Tabs und Panels

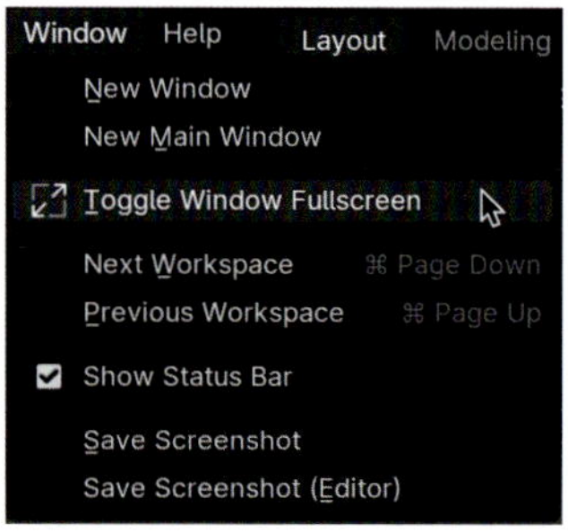

▲ **Abbildung 2.5**
Menü WINDOW

Die Arbeitsoberfläche von Blender ist kein starres Konstrukt, sie bietet Ihnen ein Spielfeld aus Fenstern, das sich beliebig anpassen, erweitern und mit Editoren bestücken lässt.

Über das Menü WINDOW (Abbildung 2.5) können Sie zusätzliche Arbeitsoberflächen erzeugen, um sie beispielsweise auf einen zweiten Monitor auszulagern. Der dortige Befehl TOGGLE WINDOW FULLSCREEN setzt die Arbeitsoberfläche auf die ganze Monitorfläche und verzichtet dabei auf den Rahmen des Fensters.

Fenster anpassen und erweitern

Um ein Fenster an einer Seite zu vergrößern bzw. zu verkleinern, fassen Sie es an der Trennlinie zum angrenzenden Fensterbereich und ziehen es mit gedrückt gehaltener linker Maustaste in die gewünschte Größe.

Sie können ein Fenster zeitweise auf die Größe der gesamten Fensterfläche maximieren (Befehl TOGGLE MAXIMIZE AREA). Drücken Sie dazu `Strg`/`Ctrl`+Leertaste, wenn sich der Mauszeiger im zu maximierenden Fenster befindet. Über den Befehl TOGGLE FULL SCREEN AREA (Tasten `Strg`/`Ctrl`+`Alt`+Leertaste) erhalten Sie eine Fullscreen-Ansicht des Fensters. Dabei werden zusätzlich die Top Bar, die Tool- und Sidebar sowie die Status Bar für ein uneingeschränktes Blickfeld ausgeblendet. Verwenden Sie den Kurzbefehl einfach ein weiteres Mal, um das Fenster wieder zurückzusetzen. Alternativ finden Sie den Button BACK TO PREVIOUS in der Top Bar bzw. in der rechten oberen Ecke des Fensters.

Fenster teilen und vereinen

Wenn Sie Platz für einen zusätzlichen Fensterbereich schaffen oder ein Fenster mitsamt Editor duplizieren möchten, um beispielsweise eine weitere Ansicht hinzuzufügen, platzieren Sie den Mauszeiger zuerst in die dafür vorgesehene Fensterecke. Der Cursor des Mauszeigers wandelt sich dabei zu einem Kreuz (1). Mit diesem Anfasser können Sie nun das neue Fenster durch Ziehen mit gedrückter linker Maustaste wahlweise horizontal (2) oder vertikal erzeugen. Der neue Fensterbereich entsteht anstelle des verschobenen Bereichs, gefüllt mit einer Kopie des jeweiligen Editors.

▲ **Abbildung 2.6**
Anfasser zum Teilen und Vereinen des Fensters

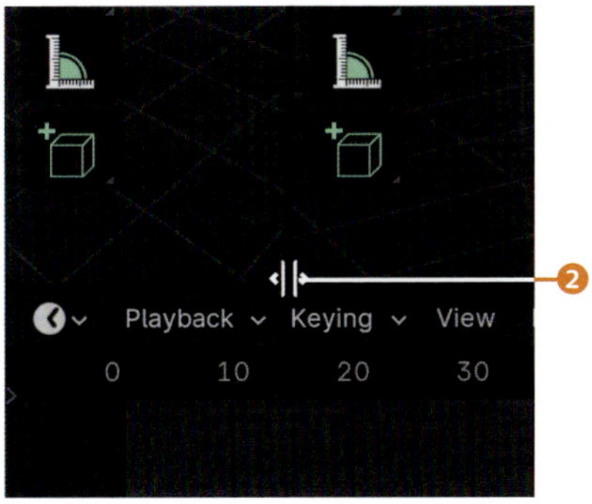

▲ **Abbildung 2.7**
Neuer Fensterbereich durch Ziehen des Anfassers

Alternativ klicken Sie mit der rechten Maustaste auf die Trennlinie zwischen zwei Fensterbereichen, um das zugehörige Kontextmenü aufzurufen (Abbildung 2.8). Hier können Sie nun entscheiden, ob Sie das Fenster senkrecht (Vertical Split) oder waagrecht (Horizontal Split) teilen möchten. Es erscheint eine vertikale bzw. horizontale Trennlinie, mit der Sie das Fenster sehr bequem per Linksklick an der gewünschten Stelle zerteilen.

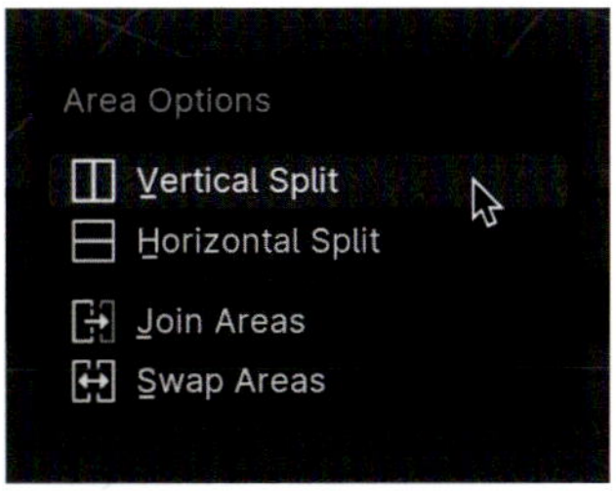

▲ **Abbildung 2.8**
Kontextmenü zum Teilen, Vereinen und Tauschen von Fensterbereichen

Fensterbereiche, die Sie in Ihrer Arbeitsoberfläche aktuell nicht benötigen, lassen sich leicht entfernen, indem Sie ein angrenzendes Fenster in diesen Fensterbereich erweitern und damit beide Fenster miteinander vereinen. Dies erfolgt ebenfalls über den Anfasser in der Fensterecke, indem Sie das zu erweiternde Fenster mit gedrückter linker Maustaste in den Zielbereich ziehen. Im zu ersetzenden Bereich erscheint nun ein Pfeil (1) (Abbildung 2.9), mit dem Sie kontrollieren, ob der Zielbereich korrekt ist. Nach dem Loslassen der Maustaste füllt der Editor des Ausgangsfensters den vereinten Fensterbereich.

Abbildung 2.9 ▸
Vereinen zweier Fensterbereiche

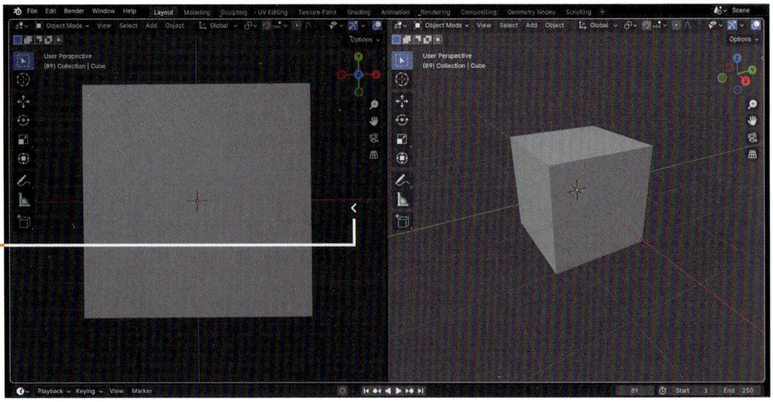

Für das Vereinen oder auch Tauschen zweier Fensterbereiche lässt sich ebenfalls das zugehörige Kontextmenü verwenden, dabei wählen Sie den Befehl JOIN AREAS für das Vereinen bzw. SWAP AREAS für den Tausch zweier Bereiche.

Sollten Sie bei einer dieser Aktionen feststellen, dass Sie im Begriff sind, ein falsches Fenster zu teilen bzw. zu vereinen, brechen Sie den Vorgang einfach über die [Esc]-Taste ab, bevor Sie die linke Maustaste loslassen.

Schwebende Fenster

Fenster, die nicht in die Arbeitsoberfläche eingebettet, sondern darüber schweben sollen, um sie beispielsweise auf einen Zweitmonitor auszulagern, fassen Sie an einem Anfasser in einer Fensterecke und halten beim Ziehen die [⇧]-Taste gedrückt. Ein kurzes Ziehen reicht, und Sie erhalten ein Duplikat des Editors in einem neuen schwebenden Fenster.

Im Menü WINDOW (Abbildung 2.10) finden Sie dazu außerdem die Befehle NEW WINDOW bzw. NEW MAIN WINDOW, über die Sie ebenfalls neue Fenster, im letzteren Fall sogar mit eigener SCENE und WORKSPACES, erzeugen können.

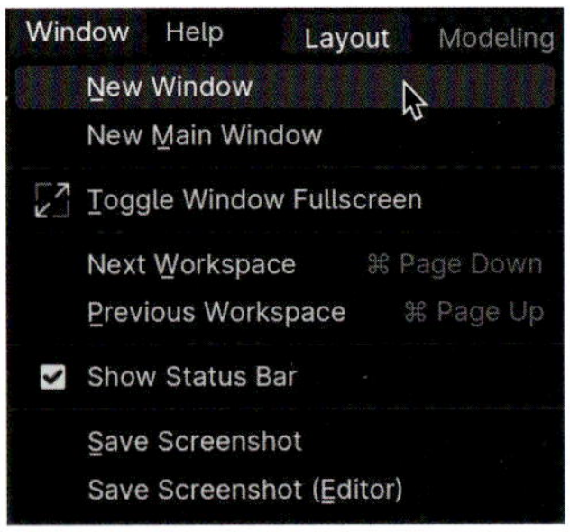

▲ Abbildung 2.10
Menü WINDOW

Editoren wählen

Die Editoren von Blender erfüllen die verschiedensten Aufgaben. Von den Voreinstellungen des Programms selbst, der Navigation im 3D-Raum über die Texturierung und Animation von Objekten bis hin zum Speichern von Dateien. Insgesamt stehen Ihnen 23 verschiedene Editoren in Blender zur Verfügung (Abbildung 2.11), die Sie alle über das Editor-Symbol ❷ in der Header-Leiste erreichen. Auf diese Weise können Sie schnell zwischen den Editoren wechseln und sich in Kombination mit den Fensterbereichen eine für jede Aufgabe ideale Arbeitsumgebung schaffen. Ein Schnelldurchlauf soll uns für den Einstieg reichen.

Im ersten Abschnitt GENERAL ❸ finden Sie die für das Szenen-Layout, das Modelling und Texturing oder auch für das Compositing und den Videoschnitt zuständigen Editoren. Ohne den Haupteditor, den 3D VIEWPORT, ist an eine Arbeit in Blender kaum zu denken. Hier erfolgen alle Arbeiten an den Objekten und an der Szene – wahlweise in orthogonaler oder perspektivischer Ansicht. Im IMAGE EDITOR erfolgt die Analyse und Bearbeitung der Bilddaten für Texturen, während das Mapping dieser Texturen und die Vorbereitung des UV-Meshes im UV EDITOR stattfindet.

Schneller Editorenwechsel

Wie Sie im Editor-Menü erkennen, besitzen die meisten Editoren einen Kurzbefehl zum schnellen Aufruf. Dass einige eng miteinander verwandte Editoren auf den gleichen Kurzbefehl hören, hat für Sie den Vorteil, dass Sie schnell zwischen diesen wechseln können.

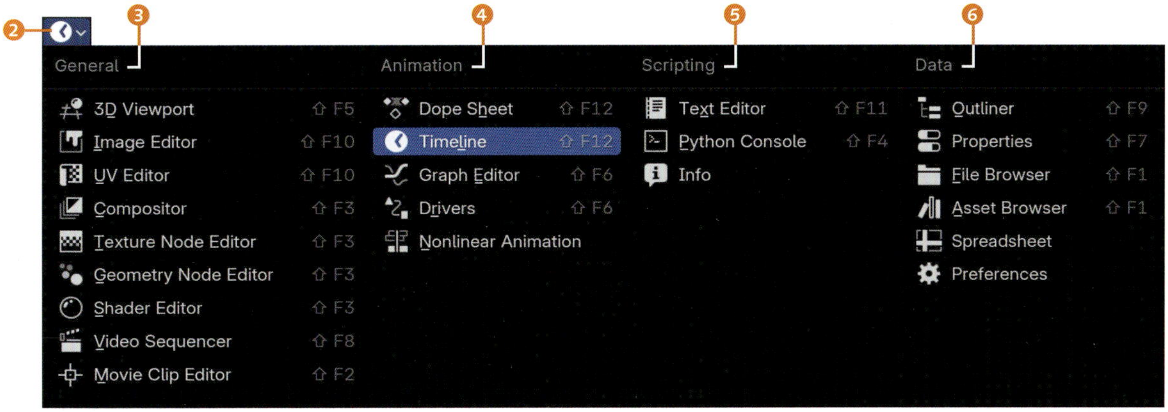

▲ **Abbildung 2.11**
Editor-Menü

Für nodebasierte Tätigkeiten bietet Blender spezielle Arbeitsbereiche, die beim Modelling mit Nodes, beim Aufbau von Shadern und Texturen, beim Umgang mit Modifiern und Partikelsystemen sowie beim Compositing zum Einsatz kommen. Entsprechend ähneln sich die Arbeitsbereiche von COMPOSITOR, TEXTURE NODE EDITOR, GEOMETRY NODE EDITOR und SHADER EDITOR. Der Analyse und Bearbeitung von Videosequenzen für Tracking und Schnitt haben sich der VIDEO SEQUENCER sowie der MOVIE CLIP EDITOR verschrieben.

Im zweiten Abschnitt ANIMATION ❹ finden Sie die Editoren versammelt, die Sie bei der Animation benötigen. Hier teilen sich DOPE SHEET und TIMELINE die vorbereitenden Tätigkeiten, während sich der GRAPH EDITOR und der Editor DRIVERS zusammen um das Feintuning der Animation kümmern. Für nicht-lineare Animationen hält Blender den Editor NONLINEAR ANIMATION bereit.

Für Scripting und Programmierung interessant sind die Editoren im Abschnitt Scripting ❺ (Abbildung 2.11). Der Text Editor als kleines, aber feines Textprogramm, die Python Console sowie der Info Editor.

Im vierten Abschnitt Data ❻ (Abbildung 2.11) befinden sich mit dem Outliner und dem Properties Editor die Hauptakteure bei der Organisation Ihrer Szene und den dazugehörigen Einstellungen. Statt des Öffnen-/Speichern-Dialogs Ihres Betriebssystems verwenden Sie in Blender den komfortablen File Browser. Der Asset Browser ermöglicht die Verwaltung oft benötigter Objekte, Materialien oder auch Posen in Bibliotheken. Der Spreadsheet Editor dient zur übersichtlichen Analyse von Geometrie-Informationen. In den Preferences tätigen Sie alle Voreinstellungen für Blender.

Jeder dieser Editoren besitzt seine eigene Menüleiste mit allen für die Aufgaben des Editors benötigten Befehlen und Werkzeugen. Dabei entscheiden Sie, ob Sie diese Menüleiste im Sinne eines »Headers« am oberen oder unteren Rand des Fensters haben möchten. Rufen Sie dazu per Rechtsklick auf die Menüleiste das Kontextmenü auf und wählen Sie Flip to Bottom (Abbildung 2.12) bzw. Flip to Top, um wieder einen »Header« zu erhalten. In diesem Kontextmenü finden Sie außerdem Optionen, um sich die Header und enthaltenen Menüs auf Wunsch aus- bzw. einzublenden (Show Header bzw. Show Menus), den Editor zu maximieren, in ein neues Fenster zu duplizieren (Duplicate Area into New Window) oder ihn aus dem Layout zu entfernen (Close Area).

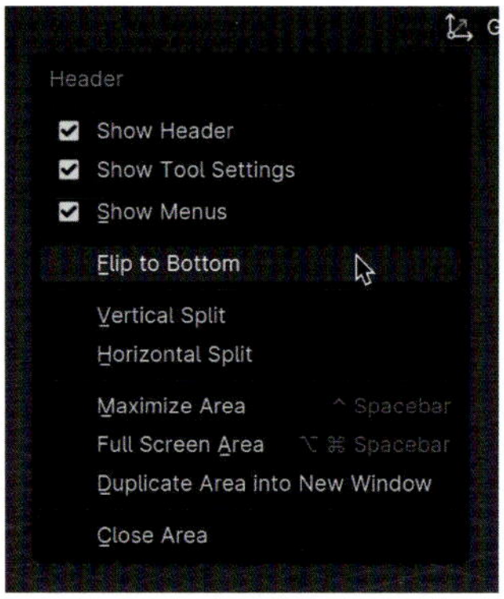

▲ **Abbildung 2.12**
Kontextmenü Header

Tabs und Panels

Um der großen Anzahl an Fensterbereichen, Editoren bzw. den dort enthaltenen Optionen und Parametern Herr zu werden, sind diese möglichst logisch in Tabs und Panels organisiert.

So sind beispielsweise die praktischen Workspaces (Abbildung 2.13) als horizontale Tabs angelegt, über die Sie schnell per Mausklick oder Verschieben bei gedrückter linker Maustaste zwischen den verschiedenen Blender-Layouts wechseln können. Vertikale Tabs ❸ begegnen Ihnen unter anderem in der Sidebar eines Editors, die Sie über die Taste `N` aus- bzw. einklappen.

▲ **Abbildung 2.13**
Tabs der Workspaces

Vertikale Tabs strukturieren auch den Properties Editor ❹, in diesem Fall mit farbigen Symbolen. Auch hier funktioniert der schnelle Wechsel durch Verschieben bei gedrückt gehaltener Maustaste, alternativ gelangen Sie über den Kurzbefehl `Strg`/`Ctrl` + `⭾`

zum nächsten Tab bzw. bei zusätzlich gedrückter [⇧]-Taste zum vorhergehenden Tab. Eine praktische Funktion zum Vergleichen oder Übertragen von Parametern und Einstellungen bietet das Pin-Symbol 5. Durch Aktivieren dieses Symbols bleibt der Inhalt des zugehörigen Tabs erhalten, auch wenn Sie ein anderes Elements selektieren. Auf diese Weise können Sie schnell und einfach Werte kopieren und übertragen.

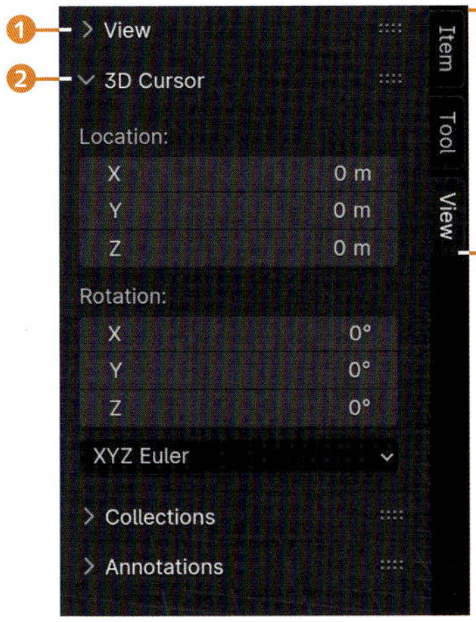

▲ **Abbildung 2.14**
Tabs und Panels in der Sidebar

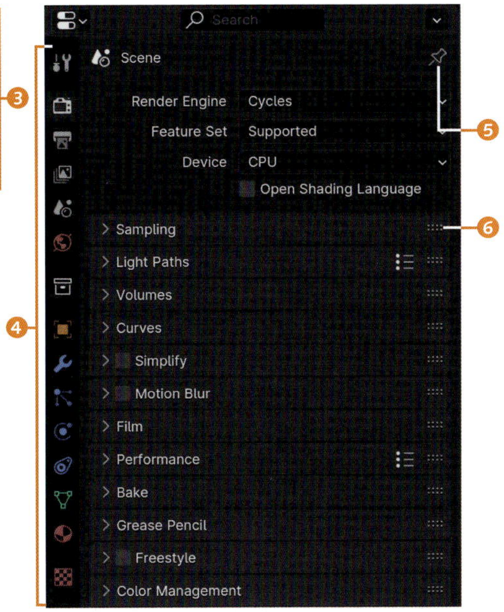

◄ **Abbildung 2.15**
Tabs und Panels im Properties Editor

Die in den Tabs enthaltenen Panels 1 dienen zur thematischen Aufteilung der Einstellungen und Parameter. Das Auf- bzw. Zuklappen der Panels geschieht per Klick auf das kleine Dreieck 2 oder auch auf den Panel-Titel. Panels lassen sich ebenso über die Taste [A] öffnen oder schließen. Wer ganz schnell eine ganze Reihe an Panels auf- bzw. zuklappen möchte, fährt einfach mit gedrückt gehaltener Maustaste über die jeweiligen Panel-Titel. Wer dagegen alle Panels bis auf das momentan benötigte Panel zuklappen möchte, hält beim Öffnen des gewünschten Panels zusätzlich die [Strg]/[Ctrl]-Taste gedrückt.

Da die Liste der Panels bei komplexeren Funktionen ziemlich lang ausfallen kann, ist es möglich, die Reihenfolge der Panels zu verändern. Dazu fassen Sie das zu verschiebende Panel an seinem Anfasser rechts 6 und ziehen es an die gewünschte Position. So können Sie sich oft benötigte Panels nach oben setzen, um sie sofort im Blick zu haben.

Zoom im Fensterbereich

Unabhängig von der Skalierung der Bedienoberfläche können Sie in den Fensterbereichen ein- bzw. auszoomen. Halten Sie dazu die [Strg]/[Cmd]-Taste fest und ändern Sie die Größe des Fensterinhalts über die mittlere Maustaste. Das Zoomen funktioniert auch schrittweise über die [+]- bzw. [−]-Taste auf dem Ziffernblock Ihrer Tastatur. Zum Zurücksetzen der Skalierung drücken Sie die Home-Taste (Windows) bzw. die [Fn] + [◄]-Taste (macOS).

2.4 Outliner, Properties Editor und 3D Viewport

An dieser Stelle wollen wir uns mit dem Outliner, dem Properties Editor und dem 3D Viewport den drei Haupteditoren bei der Arbeit in Blender widmen, die in keinem Workspace fehlen sollten.

Outliner

Obwohl der Outliner eher unscheinbar wie eine einfache Auflistung der in der Szene enthaltenen Elemente wirkt, so ist er doch ein sehr mächtiges und überaus praktisches Werkzeug, um Objekte zu selektieren, ein- bzw. auszublenden, vor Bearbeitung zu schützen, zu löschen oder auch um Element-Hierarchien und Szenendaten zu analysieren.

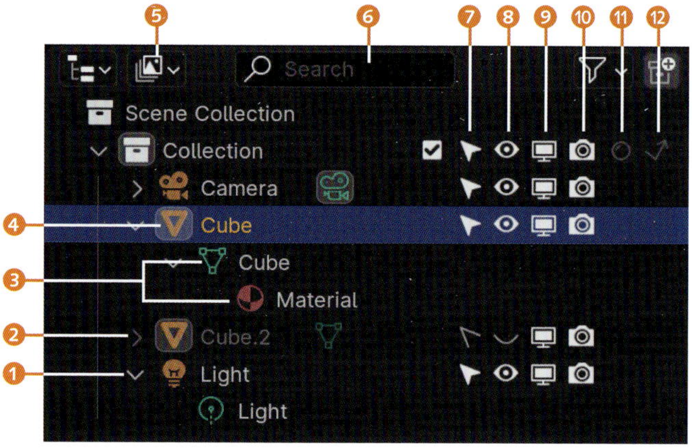

Abbildung 2.16 ▸
Der Outliner in der Ansicht View Layer

Was wir im Outliner angezeigt bekommen, sind im Grunde genommen Datenblöcke, die wiederum Datenblöcke enthalten können. So enthält beispielsweise das Objekt Cube ❹ einen Datenblock mit den Objektdaten der Geometrie, welcher wiederum einen Datenblock mit dem Material des Objekts enthält ❸. Das Aufklappen der Elemente im Outliner erfolgt über das kleine Dreieck ❶ vor dem Element-Symbol.

Wie die Daten des geöffneten Blend-Files im Outliner für uns aufbereitet werden, entscheiden wir über das Menü Display Mode (❺ bzw. Abbildung 2.17). Im Modus Blender File etwa erhalten wir unter anderem Werkzeug-Pinsel (Brushes), importierte Bilddaten (Images), Lichtquellen (Lights) oder auch Workspaces aufgelistet (Abbildung 2.18).

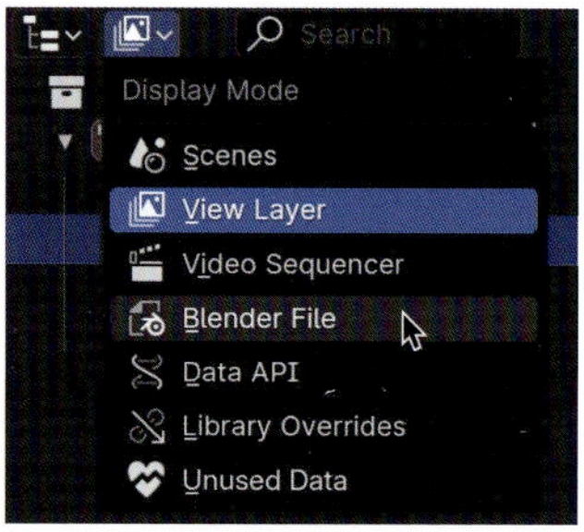

▴ Abbildung 2.17
Menü Display Mode

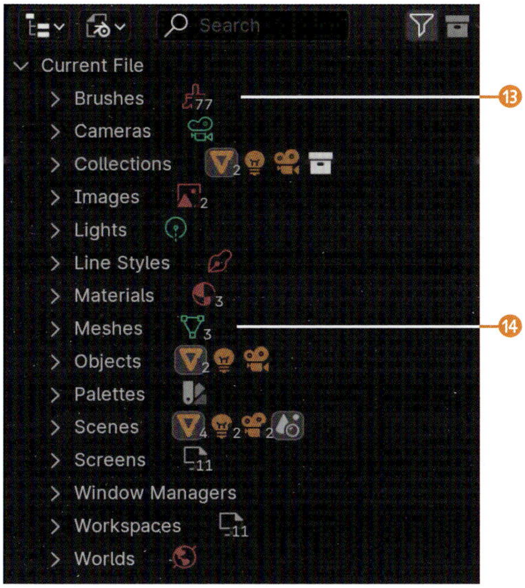

◂ **Abbildung 2.18**
Der Outliner in der Ansicht Blender File

Die kleine Zahl (⑬ und ⑭) im Symbol des jeweiligen Datenblocks zeigt, wie viele Elemente dieser Datenblock-Art in diesem Eintrag enthalten sind.

Zu jedem Datenblock lassen sich im rechten Bereich des Outliners Einschränkungen hinsichtlich Auswahl und Sichtbarkeit einstellen. Deaktivieren Sie beispielsweise den Mauszeiger ⑦, ist das Element vor unbeabsichtigter Selektion geschützt. Um ein Objekt im 3D Viewport auszublenden, verwenden Sie das Auge ⑧. Gleiches bewirkt der Bildschirm ⑨, dafür aber global für verlinkte Inhalte aus Blend-Files. Ein im 3D Viewport ausgeblendetes Objekt erscheint im Outliner ausgegraut ②. Um ein Objekt vom Rendern auszuschließen, deaktivieren Sie einfach das Kamera-Symbol ⑩. Speziell für Collections, auf die wir in Kürze noch genauer eingehen, sind Holdout ⑪ und Indirect Only ⑫ gedacht. Holdout maskiert die Elemente der Kollektion vom View Layer, Indirect Only gibt den Elementen der Kollektion die Eigenschaft, nur zur indirekten Beleuchtung beizutragen.

Sollten Sie einige dieser Restriction Toggles genannten Symbole vermissen: In den Filter-Optionen ⑮ können Sie bestimmen, welche Restriktionen ⑯ Ihnen der Outliner anbietet. Hier legen Sie außerdem fest, ob der Outliner seine Liste alphabetisch sortiert, ob der aktuelle Arbeitsmodus zum Objekt eingeblendet wird, welche Eigenschaften die Filterung ⑱ über den Suchfilter ⑥ berücksichtigt und welche Elemente der Outliner von vornherein in der Ansicht aus- bzw. einblenden soll ⑲.

▴ **Abbildung 2.19**
Filter-Optionen im Outliner

Es ist wichtig zu verstehen, dass die Selektion von Elementen im Outliner nicht zwangsläufig auch deren Selektion im 3D Viewport bedeutet. Dies erfolgt nur dann automatisch, wenn die Option SYNC SELECTION ⑰ (Abbildung 2.19) in den Filter-Optionen aktiviert ist.

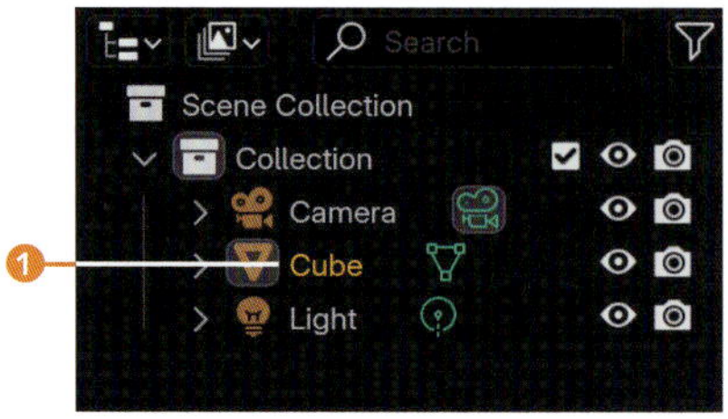

▲ **Abbildung 2.20**
Ausschließlich im Viewport selektiertes Objekt CUBE

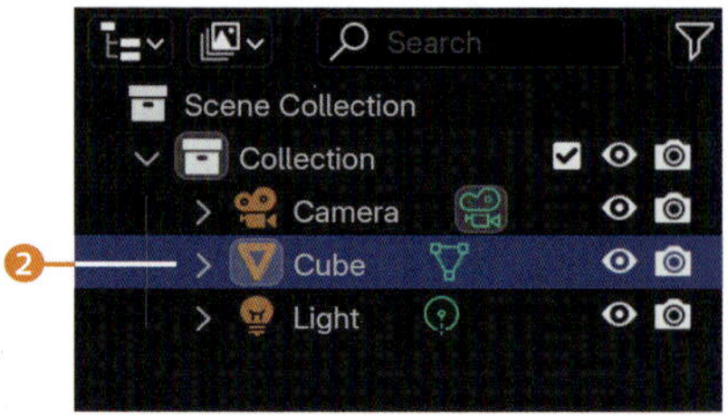

▲ **Abbildung 2.21**
Ausschließlich im Outliner selektiertes Objekt CUBE

Ist diese Option deaktiviert, so können Sie die Selektion in den Editoren getrennt vornehmen. Um ein Objekt über den Outliner zu aktivieren, klicken Sie auf den jeweiligen Datenblock. Objekte, die im 3D Viewport aktiv sind, erscheinen im Outliner orange ① hervorgehoben, während ausschließlich im Outliner selektierte Objekte blau ② hinterlegt sind. Die Kombination aus beiden Hervorhebungen ③ signalisiert Ihnen, dass ein Objekt in beiden Editoren selektiert ist.

Abbildung 2.22 ▸
Kontextmenü im Outliner

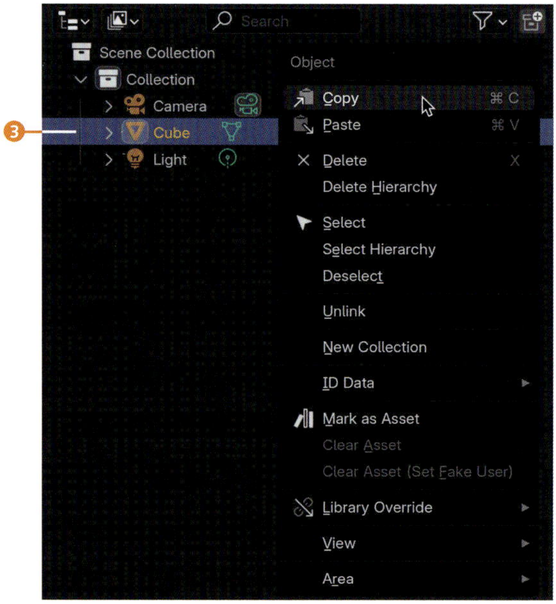

Die für den jeweiligen Datenblock sowie für den gewählten Display Mode relevanten Befehle im Outliner erhalten Sie über das Kontextmenü (Abbildung 2.22) per rechter Maustaste. Natürlich dürfen hier die üblichen Befehle zum Kopieren (COPY) und Einsetzen (PASTE) nicht fehlen, doch schon beim Löschen (DELETE) und auch beim Selektieren (SELECT) machen sich die Besonderheiten der Arbeitsweise des Outliners erneut bemerkbar.

Für beide Operationen können Sie wahlweise einzelne Elemente oder die zugehörige Hierarchie, also gegebenenfalls untergeordnete Elemente mit berücksichtigen lassen. Möglicherweise sind Sie von anderen Applikationen gewohnt, dass beim Löschen oder Selektieren eines Elements auch automatisch alle hierarchisch untergeordneten Elemente eingeschlossen sind. Dies mag zunächst ungewöhnlich erscheinen, bietet aber entscheidende Vorteile, wie wir später noch feststellen werden.

Die weiteren im Kontextmenü verfügbaren Befehle behandeln wir in Kapitel 3, »Arbeiten mit Objekten«, bzw. Kapitel 4, »Datenmanagement«, noch genauer. Erwähnt sei an dieser Stelle noch das Untermenü VIEW, über das sich die Anzeige der Elementhierarchie im Outliner anpassen lässt.

Navigation im Outliner

Sie können mit der Tastatur durch den Outliner navigieren. Über die Tasten [▲] bzw. [▼] gelangen Sie zum nächsten Eintrag nach oben bzw. unten, per [►] bzw. [◄] klappen Sie die Elemente auf bzw. wieder ein. Mit zusätzlich gedrückter [⇧]-Taste klappen Sie die komplette Hierarchie auf bzw. ein.

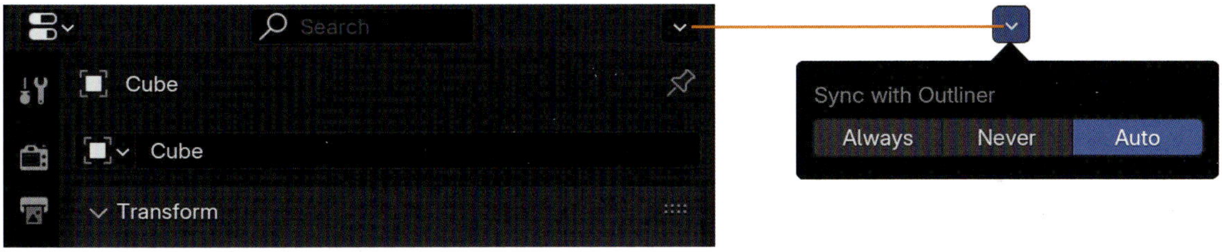

▲ **Abbildung 2.23**
Aktivieren der Synchronisation von Outliner und Properties Editor

Je nachdem, welcher Datenblock-Typ vorliegt, wechselt Blender automatisch in den zugehörigen Bearbeitungsmodus. So landen Sie beim Klick auf einen Mesh-Datenblock praktischerweise direkt im EDIT MODE, beim Klick auf einen Objekt-Datenblock im OBJECT MODE usw. Noch einen Schritt weiter geht die Option SYNC WITH OUTLINER (Abbildung 2.23), die Sie über den Properties Editor aktivieren können. Dann öffnet sich im Properties Editor stets der zum im Outliner ausgewählten Datenblock gehörende Tab.

Womit wir auch schon beim nächsten wichtigen Hauptakteur der Bedienoberfläche von Blender angelangt wären: dem Properties Editor.

Properties Editor

Wie der Name schon andeutet, ist der Properties Editor der Editor, in dem Sie die Eigenschaften von Objekten, den enthaltenen Datenblöcken sowie der ganzen Szene steuern.

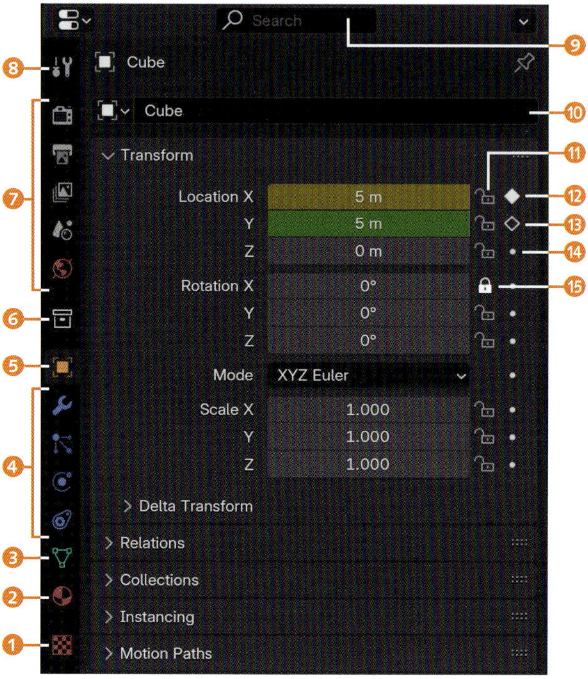

Abbildung 2.24 ▸
Properties Editor

Links besitzt der Properties Editor eine vertikale Leiste, die – je nach Art des aktiven Elements – mit unterschiedlichen Tabs bestückt ist (Abbildung 2.24).

Im obersten Tab ❽ befinden sich die Einstellungen des gerade aktiven Werkzeugs zusammen mit dem aktuellen Workspace. Die nächsten fünf Tabs Render, Output, View Layer, Scene und World sind zur Gruppe der Scene-Tabs ❼ zusammengefasst und bieten Zugriff auf die zugehörigen Parameter. Spezifische Einstellungen zu Collections finden Sie im gleichnamigen Tab ❻.

Es folgen die Object-Tabs, zu denen unter anderem die gezeigten Tabs Object ❺ sowie Modifiers, Particles, Physics und Object Constraints ❹ gehören. Grün gefärbt präsentiert sich der Tab Object Data ❸. Das gezeigte Symbol gibt Rückschluss auf die jeweilige Objektart (Mesh, Curve, Bone, Empty etc.). Im Tab Material ❷ finden Sie die zum Objekt gehörenden Materialien, demzufolge sind im Tab Texture ❶ die mit dem Objekt verlinkten Texturen hinterlegt.

Verwenden Sie das Suchfeld ⑨, den sogenannten Display Filter, um im Editor gezielt nach Eigenschaften zu suchen. Dabei genügt es meist, die ersten Buchstaben einzutippen, schon präsentiert Ihnen der Properties Editor ausschließlich die Panels und Parameter, die Ihrer Suche entsprechen.

Nach einem Doppelklick in das Feld Name ⑩ haben Sie die Möglichkeit, dem Objekt einen aussagekräftigeren Namen zu verleihen. Im Properties Editor können Sie Eigenschaften sowohl verändern als auch vor Modifikation schützen. Dazu klicken Sie auf das Schloss-Symbol neben dem Werte-Feld ⑪, ein weiterer Klick auf das Symbol ⑮ erlaubt die Bearbeitung wieder. Animierbare Eigenschaften besitzen einen kleinen Punkt ⑭ hinter dem Werte-Feld. Mit einem Klick auf den Punkt wandelt sich der Punkt zu einem gefüllten Diamanten ⑫ und signalisiert, dass ein Keyframe für den Wert der Eigenschaft zum aktuellen Zeitpunkt angelegt wurde. Keyframes, die an einem anderen Zeitpunkt für eine Eigenschaft vorliegen, sind am leeren Diamanten ⑬ zu erkennen.

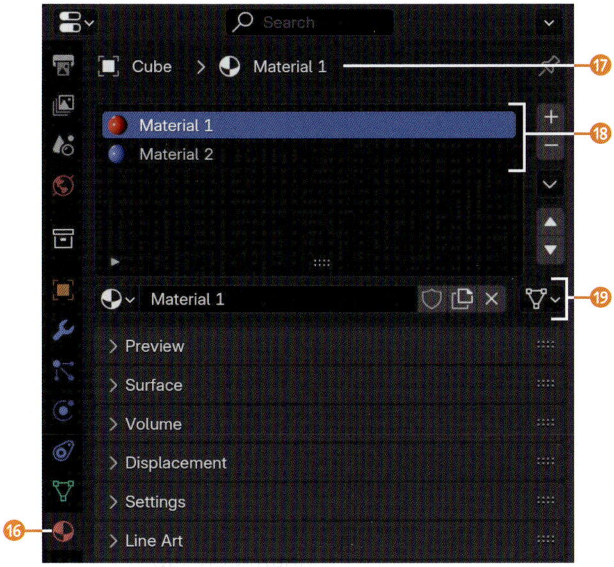

◂ **Abbildung 2.25**
Material-Tab im Properties Editor

Der Header des Properties Editors gibt stets Aufschluss über das aktive Objekt und die mit ihm verknüpften Datenblöcke. Im Beispiel in Abbildung 2.25 befinden wir uns im Material-Tab ⑯ und sehen, dass das rote Material mit dem Objekt Cube verlinkt ist ⑰ und dass der Cube insgesamt zwei Materialien besitzt ⑱. Für die Zuweisung von Datenblöcken bzw. Verlinkungen und Usern besitzt der Properties Editor eine eigene Datenblock-Zeile ⑲.

3D Viewport

Wenden wir uns dem Hauptarbeitsbereich in Blender zu, dem 3D Viewport. Hier modellieren, texturieren und animieren Sie Ihre Objekte, hier bauen Sie Ihre Szene auf, kurz: Im 3D Viewport läuft die visuelle Interaktion mit den Elementen Ihrer Szene ab.

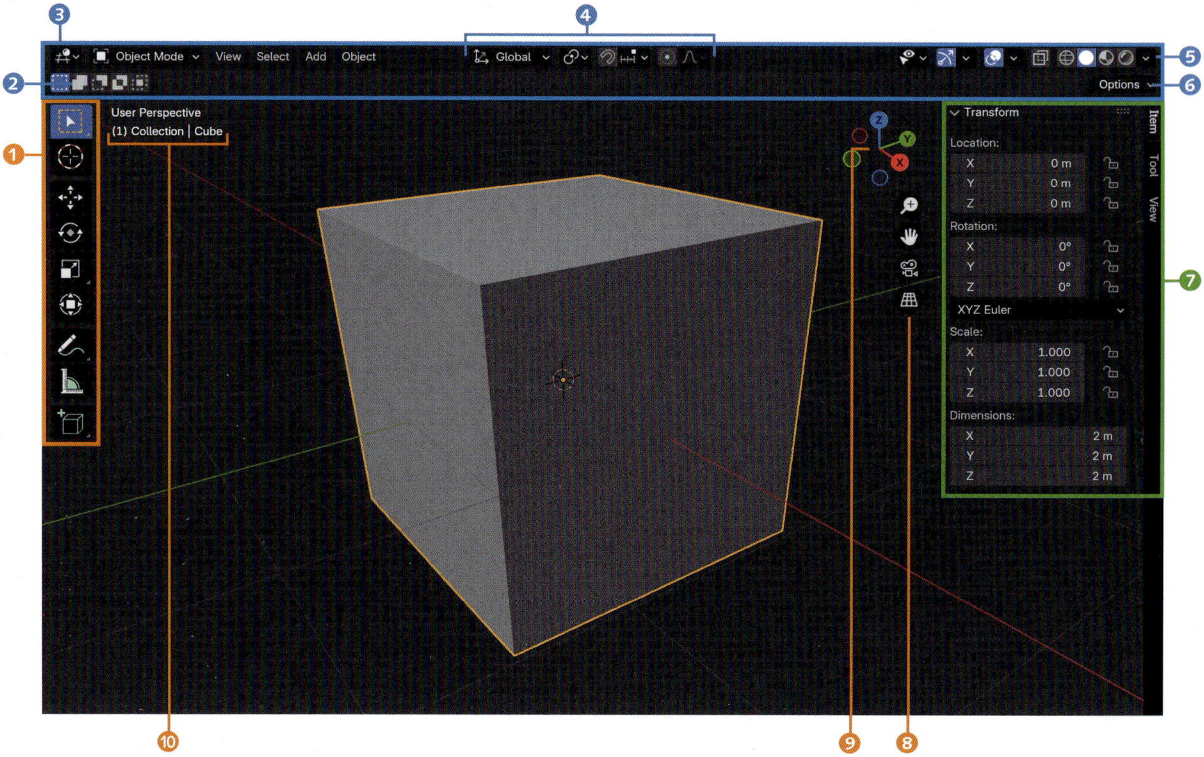

▲ **Abbildung 2.26**
3D Viewport

Wie die meisten Editoren in Blender verfügt auch der 3D Viewport (Abbildung 2.26) über eine TOOLBAR ❶ links, eine SIDEBAR ❼ rechts und einen HEADER ❸, über den die zugehörigen Funktionen erreichbar sind. Im großen Arbeitsbereich sehen Sie links eingeblendet ❿ stets die gewählte Perspektive und das derzeit aktive Objekt. Rechts gegenüber liegen mit den NAVIGATION GIZMOS (❽ und ❾) Orientierungs- und Navigationswerkzeuge, die insbesondere Ein- bzw. Umsteigern helfen dürften.

Header | Der Header teilt sich dabei in drei Funktionsgruppen: Im linken Bereich ❷ befinden sich das Menü mit den unterschiedlichen Arbeitsmodi sowie die für den jeweiligen MODE benötigten Funktionen und Werkzeuge, aufbereitet in weitere Menüs. In der Mitte des HEADERS ❹ finden Sie Einstelloptionen für die Transformation und Bearbeitung von Objekten. In Abschnitt 3.2, »Objekte transformieren«, lernen wir diese Funktionen im Einzelnen kennen. Im rechten Bereich des HEADERS ❺ bietet der 3D Viewport zahlreiche Optionen für die Anzeige, Darstellung und Sichtbarkeit der Elemente im 3D Viewport sowie umfangreiche Optionen für das Shading der enthaltenen Objekte in den verschiedenen Shading-Modi. Bevor wir hier gleich ins Detail gehen, sehen wir uns noch die anderen Elemente des 3D Viewports an.

In der oberen Zeile des Headers befinden sich außerdem die OPTIONS ❻ für das aktive Werkzeug. Wenn Sie den Header lieber auf eine Zeile verschlanken möchten und über die Sidebar oder den Properties Editor auf die Werkzeug-Einstellungen zugreifen, blenden Sie die TOOL SETTINGS über das Kontextmenü des Headers (Abbildung 2.27) per Rechtsklick einfach aus.

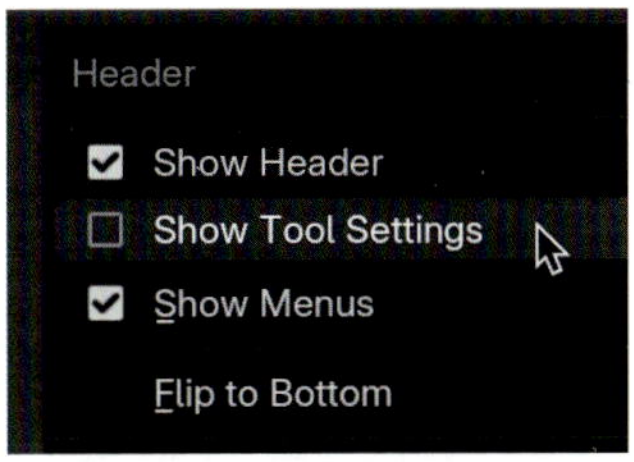

▲ **Abbildung 2.27**
Optionen für den Header

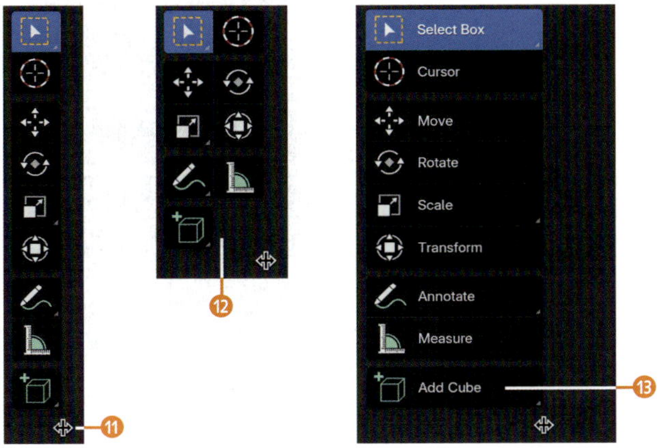

◄ **Abbildung 2.28**
Einspaltige, zweispaltige sowie mit eingeblendeten Werkzeugnamen versehene Toolbar

Toolbar | Die Toolbar kennt man als klassische Werkzeugleiste. Sie bietet stets die für den aktiven Arbeitsmodus benötigten Werkzeuge an. Über die Taste [T] ist sie schnell ein- und ausgeblendet.

An ihrem rechten Rand besitzt die Toolbar einen Kantenbereich, an dem Sie die Toolbar fassen ⓫ und durch Ziehen nach rechts zunächst in eine zweispaltige ⓬ sowie durch weiteres Ziehen in eine mit den zugehörigen Werkzeugnamen versehene Anordnung ⓭ bringen. Gerade für den Einstieg in Blender keine schlechte Option, um sich mit anfangs ungewohnten Werkzeugsymbolen vertraut zu machen.

Sidebar | Je nachdem, in welchem Arbeitsmodus Sie sich gerade befinden, hält die Sidebar ❼ die wichtigsten Einstellungen für selektierte bzw. aktive Objekte und Werkzeuge und auch für den

Editor selbst bereit – aufgegliedert in die bereits bekannten Tabs und Panels. Um die Sidebar aus- bzw. einzublenden, verwenden Sie die Taste [N].

Die Symbole im rechten Bereich des Headers (Abbildung 2.29) bieten eine Fülle an Möglichkeiten, um sich die Arbeit im 3D Viewport so übersichtlich und komfortabel wie möglich zu gestalten.

Abbildung 2.29 ▸
Optionen für Anzeige und Shading im 3D Viewport

Selectability & Visibility | Per Klick auf den Button für die SELECTABILITY & VISIBILITY ❶ öffnet sich das zugehörige Pop-up-Menü (Abbildung 2.30).

Hier können Sie für die verschiedenen Objektarten wie MESHES, CURVES, ARMATURES oder auch CAMERAS bestimmen, ob sie im 3D Viewport selektierbar sind ❷ oder ob sie gar nicht erst angezeigt werden ❸. Über den Outliner bleiben die Objekte natürlich weiterhin selektierbar.

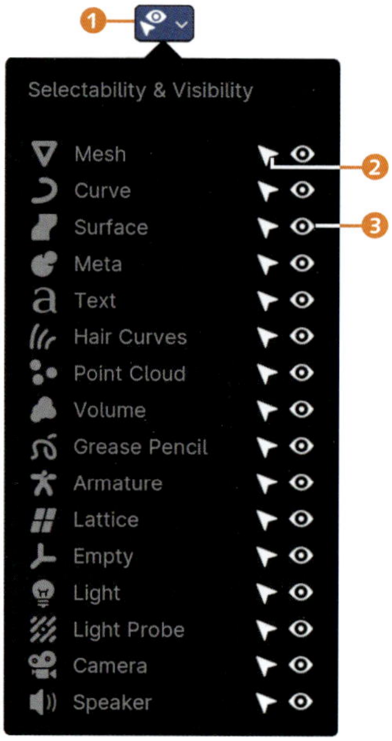

Abbildung 2.30 ▸
Pop-up-Menü SELECTABILITY & VISIBILITY

Gizmos | Die für die interaktive Arbeit mit Objekten und Werkzeugen sehr praktischen »Gizmos« (Abbildung 2.31) können Sie über den Button ❹ generell aktivieren bzw. deaktivieren oder sich über den Button ❺ die für Sie relevanten Gizmos ein- bzw. ausblenden.

So finden Sie unter den VIEWPORT GIZMOS ❻ die rechts oben im 3D Viewport eingeblendeten Navigations-Tools sowie die Anzeige des aktiven Werkzeugs und Objekts im linken oberen Bereich standardmäßig aktiviert.

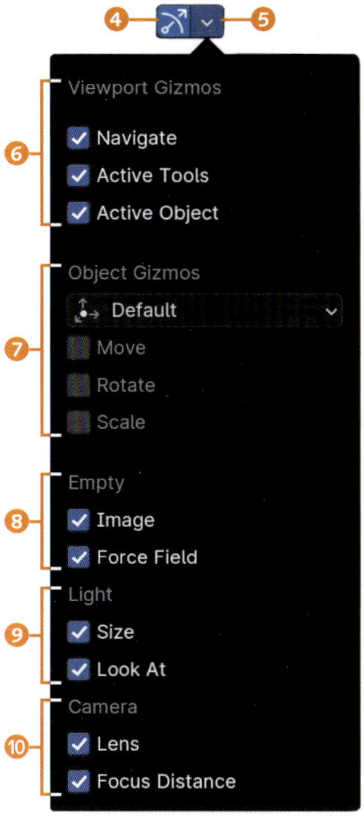

◂ **Abbildung 2.31**
Pop-up-Menü GIZMOS

Die OBJECT GIZMOS ❼ helfen durch greifbare Achsanfasser beim Verschieben (MOVE), Rotieren (ROTATE) und Skalieren (SCALE) von Objekten, während die Gizmos für EMPTIES ❽, LIGHTS ❾ und CAMERAS ❿ speziell für diese Objektarten ausgelegte Hilfslinien bzw. Anfasser bieten.

Viewport Overlays | Auch die Viewport Overlays sind Einblendungen im 3D Viewport, die Ihnen bei der Orientierung in Ihrer Szene und mit den Objekten helfen sollen. Im zugehörigen Pop-up-Menü der VIEWPORT OVERLAYS (Abbildung 2.32) finden Sie die Einstellungen dazu. Besonders praktisch dabei: Über den Button ❶ können Sie alle Overlays auf einen Schlag aus- bzw. wieder einblenden.

In den Optionen zu den GUIDES ❷ lässt sich unter anderem die Anzeige des Welt-Koordinatensystems (FLOOR) mit den Achsen und der vorliegenden Unterteilung einstellen. Für Objekte ❸ können

Sie beispielsweise Overlays wie die Anzeige der Umrandung von selektierten Objekten, integrierten BONES oder Objekt-Ursprüngen (ORIGINS) festlegen.

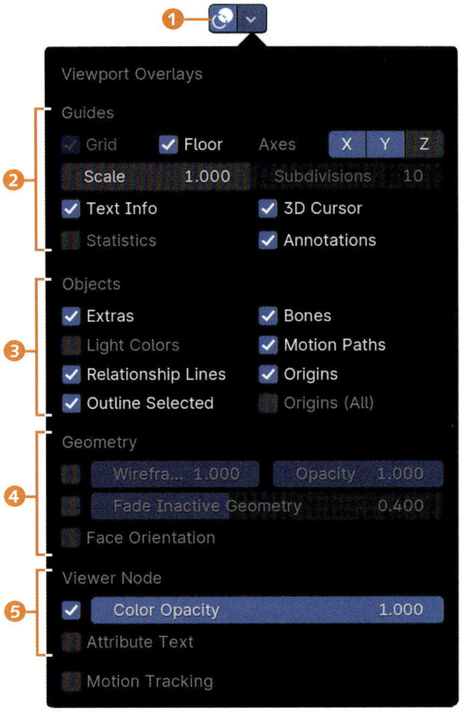

Abbildung 2.32 ▸
Pop-up-Menü VIEWPORT OVERLAYS

Um die vorliegende Geometrie nicht nur bei der Bearbeitung im EDIT MODE, sondern grundsätzlich anzeigen zu lassen, aktivieren Sie unter GEOMETRY ④ die Option WIREFRAME und setzen den zugehörigen Schwellwert für die Kantendarstellung.

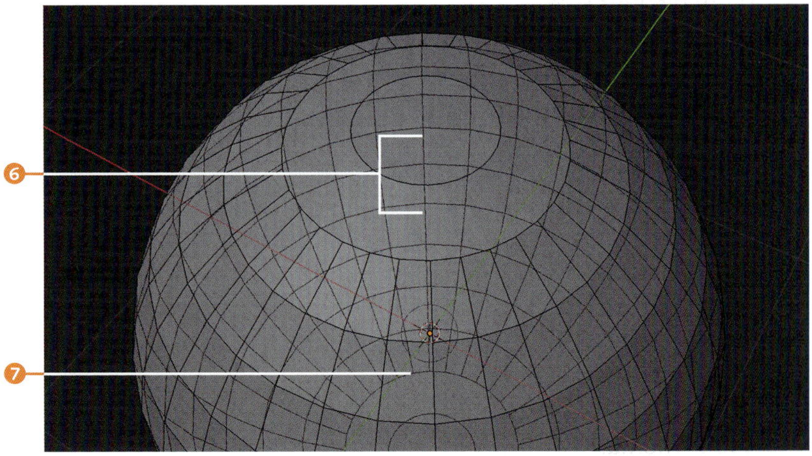

Abbildung 2.33 ▸
Darstellung mit WIREFRAMES und aktiviertem X-RAY

Bei der UV Sphere in Abbildung 2.33 sorgt ein Wert von 0.5 dafür, dass die eng zusammenlaufenden Kanten ⑥ auf der Oberseite der Kugel nicht mehr gezeichnet werden. Ähnlich verhält es sich bei der Einstellung FADE INACTIVE GEOMETRY, über diesen Regler lassen sich aktuell nicht aktive Objekte im Viewport ausblenden.

Durch die Option FACE ORIENTATION bekommen Sie visuelle Auskunft über die Ausrichtung der Face-Normalen. Problematische, weil falsch ausgerichtete Faces lassen sich über die rote Markierung schnell identifizieren.

Ob und wie auffällig visuelle Attribute bzw. Werte eines Geometry Nodes-Setups im Viewport angezeigt werden, stellen Sie für den VIEWER NODE ⑤ im gleichnamigen Abschnitt ein.

So viel wie nötig, aber so wenig wie möglich

Die große Anzahl an Symbolen, Buttons, Menüs, Tabs und Panels erschwert sowohl Einsteigern als auch fortgeschrittenen Anwenderinnen und Anwendern die Übersicht. Sobald Sie sich in der Oberfläche von Blender zurechtfinden und mit den wichtigsten Arbeitsschritten vertraut sind, lohnt es sich, Gizmos und Overlays, die Sie kaum einsetzen, einfach auszublenden. Über die Pop-up-Menüs sind diese Helfer im Bedarfsfall schnell wieder an Ort und Stelle.

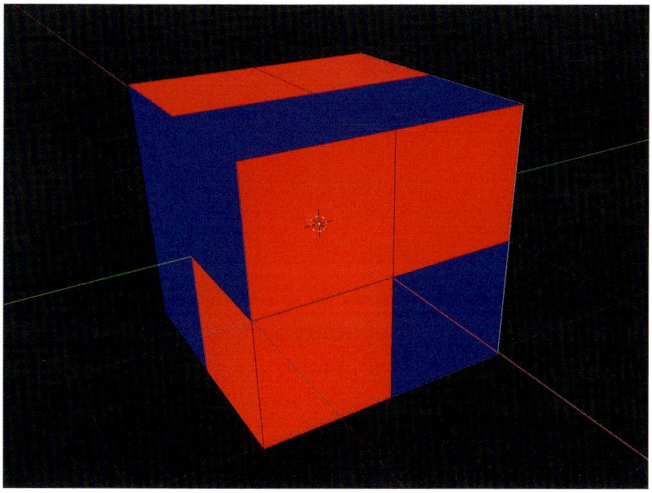

◂ **Abbildung 2.34**
Anzeige der FACE ORIENTATION

Wie der Name schon sagt, kümmert sich die Option MOTION TRACKING um die Ein- bzw. Ausblendung von Motion-Tracking-Daten im Viewport.

Modespezifische Overlays | Zusätzlich zu den Viewport Overlays erhalten Sie beim Aktivieren eines Arbeitsmodus weitere modespezifische Anzeigeoptionen für die Arbeit mit Meshes, beim Sculpting oder Painting.

So haben Sie beispielsweise im EDIT MODE zahlreiche Anzeigeoptionen für das Mesh und das zugehörige Shading (Abbildung 2.35), während Sie im SCULPT MODE Overlays zur Anzeige von Masken und Face Sets finden (Abbildung 2.36). Mehr zu den Optionen in diesen Overlays erfahren Sie natürlich im jeweiligen Kapitel zu diesem Thema.

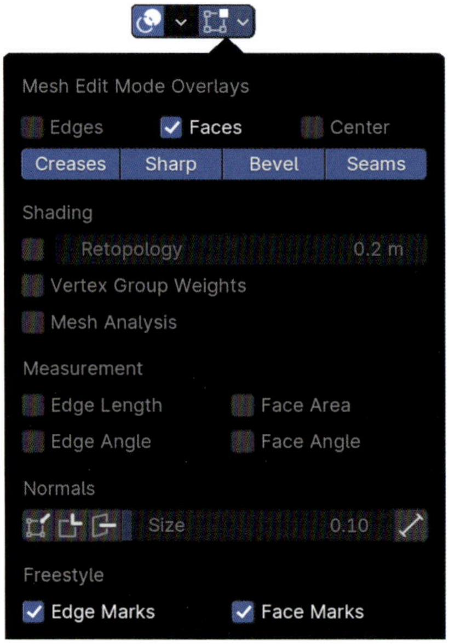

Abbildung 2.35 ►
Pop-up-Menü Mesh Edit Mode Overlays

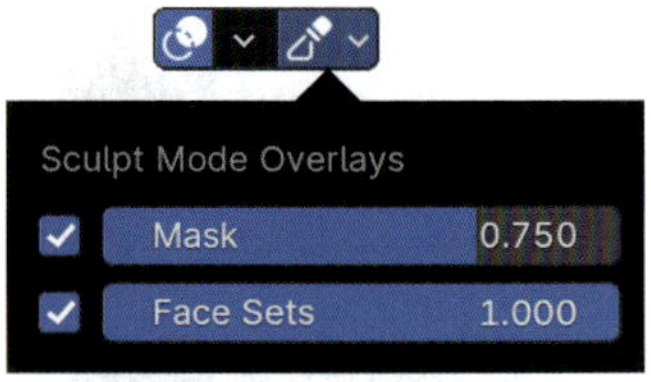

▲ **Abbildung 2.36**
Pop-up-Menü Sculpt Mode Overlay

▲ **Abbildung 2.37**
Button X-Ray

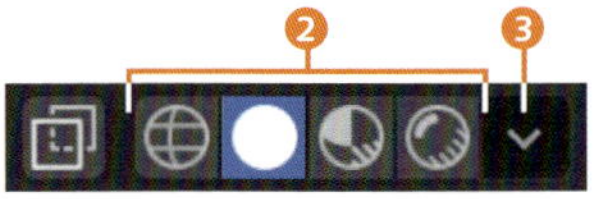

▲ **Abbildung 2.38**
Buttons Viewport Shading

X-Ray | Die über die Anzeigeoptionen aktivierte Option X-Ray ❶ sorgt dafür, dass alle Objekte transparent erscheinen und auf diese Weise auch die eigentlich verdeckten Kanten sichtbar sind. X-Ray ist für das Beispiel in Abbildung 2.33 aktiviert und blendet die auf der Rückseite des Objekts liegenden Edges (Kanten) ein ❼ (Abbildung 2.33).

Viewport Shading | Die Art, wie Ihnen die Objekte im Viewport dargestellt werden, legen Sie über die Buttons für das Viewport Shading ❷ ganz rechts im Header des Fensters fest. Je nachdem, welche Arbeit Sie im Viewport gerade verrichten müssen bzw. wie viele und wie komplexe Objekte sich dort tummeln, bietet Ihnen der Wechsel in eine der insgesamt vier verschiedenen Darstellungsarten die nötigen optischen Informationen zu Ihren Objekten oder auch eine einfache Möglichkeit, die Performance im Viewport zu erhöhen. Für jeden Shading-Modus hält das Pop-up-Menü ❸ zusätzlich Einstellmöglichkeiten bereit.

Den Wechsel in einen anderen Shading-Modus können Sie wahlweise über die vier Buttons im Viewport (Abbildung 2.38) oder auch über das Pie-Menü Shading (Abbildung 2.39) vollziehen. Dazu drücken Sie die Taste [Z] und klicken anschließend auf den gewünschten Darstellungsmodus. Wie die Ziffern ❹ hinter den Shading-Modi andeuten, reicht es auch, die entsprechende Taste ([2], [4], [6] oder [8]) nach dem Aufruf des Menüs zu drücken.

Pie-Menüs

Die Auswahl von Optionen per Pie-Menü hat sich bestens bewährt und findet sich an immer mehr Stellen in Blender. Mehr dazu in Abschnitt 5.2, »Workflow optimieren«.

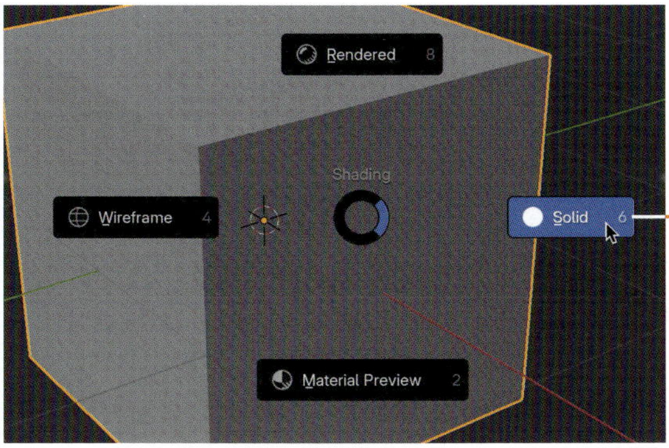

◂ **Abbildung 2.39**
Pie-Menü SHADING

Alles weitere Wissenswerte über die vier Shading-Modi WIREFRAME, SOLID, MATERIAL PREVIEW sowie RENDERED und wie Sie diese in Ihrem 3D Viewport nutzen, erfahren Sie in Abschnitt 10.1, »Shading«.

▲ **Abbildung 2.40**
Shading-Modus WIREFRAME

▲ **Abbildung 2.41**
Shading-Modus SOLID

▲ **Abbildung 2.42**
Shading-Modus MATERIAL PREVIEW

▲ **Abbildung 2.43**
Shading-Modus RENDERED

2.5 Navigation im Viewport

Da der 3D Viewport den Mittelpunkt Ihrer Arbeit darstellt, ist es extrem wichtig, dass Sie sich in dieser 3D-Ansicht zurechtfinden und wie selbstverständlich, im Idealfall ohne vorheriges Nachdenken, im Raum navigieren können.

XYZ-Koordinatensystem

Zur Definition der Lage von Objekten im Raum dient ein dreidimensionales Koordinatensystem mit X- ①, Y- ② und Z-Achse ③. Ausgehend vom Weltursprung ④ (der Koordinate 0, 0, 0) baut sich die Szene in positiver bzw. negativer Koordinatenrichtung auf.

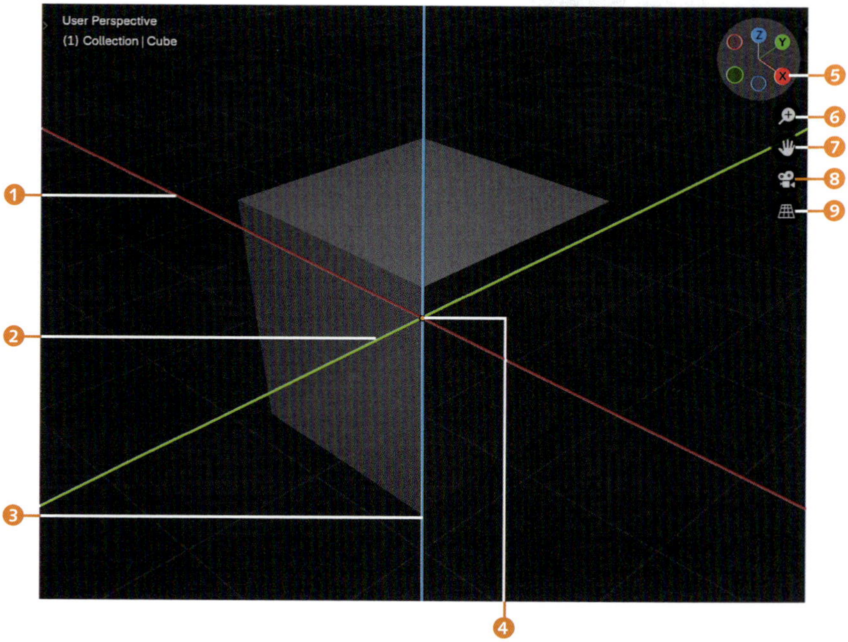

Abbildung 2.44 ▸
Koordinatensystem der Szene

Sollten Sie später im Eifer des Gefechts einmal die Orientierung verlieren, finden Sie am rechten oberen Rand des 3D Viewports ein separates Koordinatensystem ⑤ der aktuellen Lage eingeblendet.

Navigation mit den Navigation Gizmos

Wer seine ersten Schritte im dreidimensionalen Raum unternimmt, wird sich über die sogenannten NAVIGATION GIZMOS am oberen rechten Rand des Viewports (Abbildung 2.44) freuen. Klicken Sie mit der linken Maustaste in den Bereich oder direkt auf eine Achse des ORBIT GIZMOS ⑤, und halten Sie die Maustaste gedrückt, um durch Bewegen der Maus die Ansicht im Viewport zu drehen. Per Klick auf einen der runden Achsgreifer gelangen Sie in die orthogonale Ansicht aus der Blickrichtung der gewählten Achse (Abbildung 2.45).

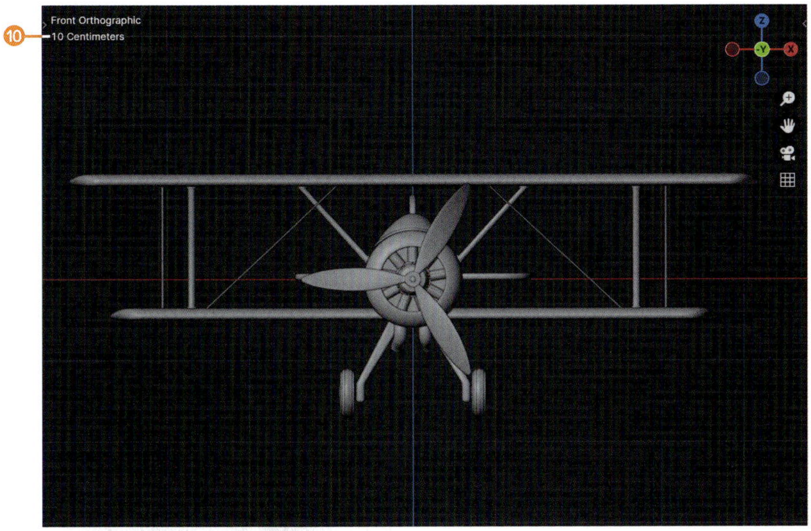

◂ **Abbildung 2.45**
Orthogonale Ansicht

> **Maßangabe**
> Besonders praktisch an den orthogonalen Ansichten ist, dass sie Ihnen neben den Szenen-Informationen auch die Szenen-Skalierung anzeigen ⑩. Die Maßangabe bezieht sich auf ein Gitterfeld des Hintergrunds.

Wählen Sie dabei die beschrifteten Achsgreifer, so wechseln Sie in die Ansicht von rechts (X-Achse), die Ansicht von hinten (Y-Achse) bzw. von oben (Z-Achse). Die unbeschrifteten Achsgreifer führen Sie in die Ansicht von links (X-Achse), die Ansicht von vorne (Y-Achse) bzw. die Ansicht von unten (Z-Achse).

Um in die Szene hinein- bzw. hinauszuzoomen, verwenden Sie das Zoom-Tool ⑥. Durch Klicken und Ziehen mit der Maus verschieben Sie dadurch die virtuelle Kamera der Viewport-Ansicht. Mit dem Panning-Tool ⑦ verschieben Sie die Ansicht, ohne dabei den Winkel der Perspektive zu verändern.

Neben diesen Hauptwerkzeugen für die Navigation im Viewport finden Sie außerdem einen Kamera-Button ⑧, mit dem Sie zwischen der Viewport-Ansicht und einer eigenen Kamera wechseln, sowie einen Projektions-Button ⑨, mit dem Sie zwischen der perspektivischen und der orthogonalen Ansicht wechseln können.

Wie bereits eingangs erwähnt, eignen sich die NAVIGATION GIZMOS insbesondere für die ersten Gehversuche. Versuchen Sie möglichst bald, auf die Navigation mit der Maus bzw. Tastatur umzusteigen – dies beschleunigt nicht nur Ihre Arbeit, Sie gewinnen durch den Verzicht auf dieses Gizmo auch wertvollen Raum im Viewport.

3-Tasten-Maus und Nummernblock

Für die Arbeit mit Blender ist eine 3-Tasten-Maus grundsätzlich empfehlenswert. Nicht nur bei der Navigation im Viewport, auch später bei der Arbeit mit den Werkzeugen haben Sie über die Mausrad-Taste eine sehr komfortable Möglichkeit, bestimmte Werkzeugeinstellungen zu verändern. Besitzen Sie einen Laptop oder ist der Nummernblock dem schicken Design Ihrer Tastatur zum Opfer gefallen? In den Preferences lassen sich sowohl die dritte Maustaste als auch der fehlende Nummernblock emulieren. Mehr dazu in Abschnitt 5.5, »Blender einrichten«.

Navigation mit der Maus

Um mithilfe der Maus in die Viewport-Ansicht hinein- bzw. herauszuzoomen, drehen Sie das Mausrad nach vorne bzw. hinten oder halten Sie die [Strg]/[Ctrl]- bzw. [Cmd]-Taste zusammen mit der mittleren Maustaste gedrückt, während Sie die Maus verschieben.

Zum Drehen der Viewport-Ansicht um die aktive Selektion halten Sie die mittlere Maustaste gedrückt, während Sie die Maus bewegen. Bei zusätzlich gedrückter [⇧]-Taste verschieben Sie die Viewport-Ansicht ohne Änderung des Perspektivwinkels in Richtung der Mausbewegung.

Wer unter macOS arbeitet und keine 3-Tasten-Maus besitzt, ist auf die Emulation der dritten Maustaste angewiesen (siehe Kasten links). Wenn Sie sich dort für den gewünschten EMULATE 3 BUTTON MODIFIER (wahlweise [Alt]- oder [Cmd]-Taste) entschieden haben, sind auch Sie startklar. Das Drehen der Viewport-Ansicht erfolgt bei gedrückt gehaltener Modifier-Taste, zum Zoomen nehmen Sie die [Ctrl]-Taste hinzu. Für das Verschieben der Viewport-Ansicht ohne Verändern des Perspektivwinkels halten Sie neben der Modifier-Taste auch die [⇧]-Taste gedrückt.

Navigation mit der Tastatur

Wenn es um den Wechsel der Viewport-Ansicht geht, sind Sie mit der Navigation per Tastatur am schnellsten am Ziel. An dieser Stelle möchte ich Ihnen aus der großen Anzahl der Tastenkürzel für die Viewport-Navigation die wichtigsten mit auf den Weg geben:

- [1] [Num] für die Ansicht von vorne ❶,
- [3] [Num] für die Ansicht von rechts ❹,
- [7] [Num] für die Ansicht von oben ❷ sowie die
- [9] [Num], um in die jeweils gegenüberliegende Ansicht von hinten, links bzw. unten zu gelangen.
- [5] [Num] wechselt für Sie zwischen dem perspektivischen ❸ und dem orthogonalen Ansichtsmodus.

Während die perspektivische Ansicht der realen Ansicht aus der Kameraperspektive entspricht, fällt die Abschätzung von Proportionen und Raumlagen in den orthogonalen Ansichten leichter. Schrittweises Hinein- bzw. Herauszoomen in bzw. aus der Ansicht ist über die Tasten [+] bzw. [-] möglich. Unbedingt merken sollten Sie sich die Home-Taste, mit der Sie stets zur Gesamtansicht zurückgelangen, falls Sie sich einmal im virtuellen Raum verirren sollten.

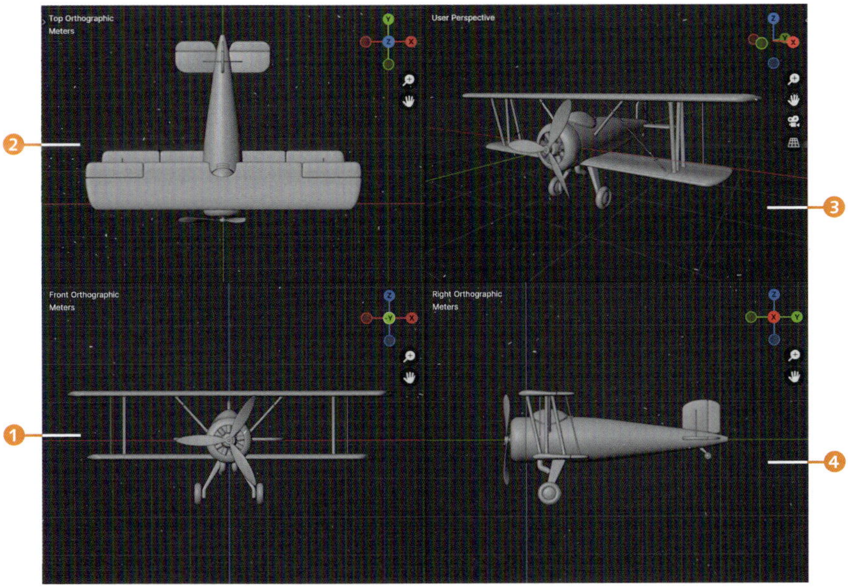

◂ **Abbildung 2.46**
Quad View mit drei orthogonalen und einer perspektivischen Ansicht

Diese und noch mehr Befehle und Standardansichten zur gezielten Navigation im Viewport finden Sie im Menü View (Abbildung 2.47) des 3D Viewports zusammen mit den jeweiligen Tastenkürzeln.

Eine ganz spezielle Art der Navigation im Viewport, die einem Flug bzw. einem Spaziergang durch die Szene entspricht, bieten die Fly bzw. die Walk Navigation 5.

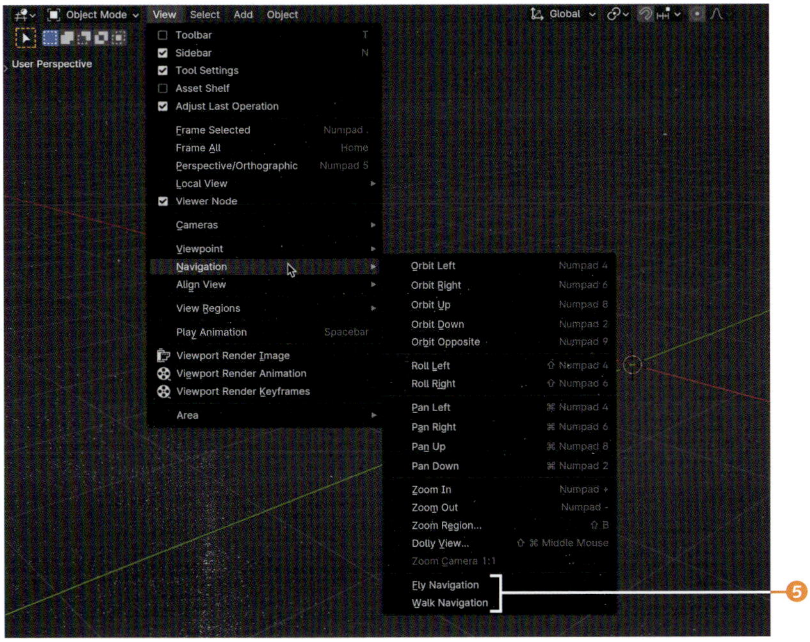

◂ **Abbildung 2.47**
Menü View des 3D Viewports

Fly und Walk Navigation | Sobald Sie eine der beiden Navigationsarten gewählt haben, ist sie auch schon aktiv. Mit Maus bzw. Tastatur können Sie nun durch Ihre Szene bzw. Ihre Objekte fliegen bzw. gehen. Für die Steuerung möchte ich auf die Status Bar am unteren Rand von Blender (Abbildung 2.48) verweisen, dort finden Sie alle Kontrollmöglichkeiten für Ihren Flug bzw. Gang durch Ihre Szene fein säuberlich aufgereiht.

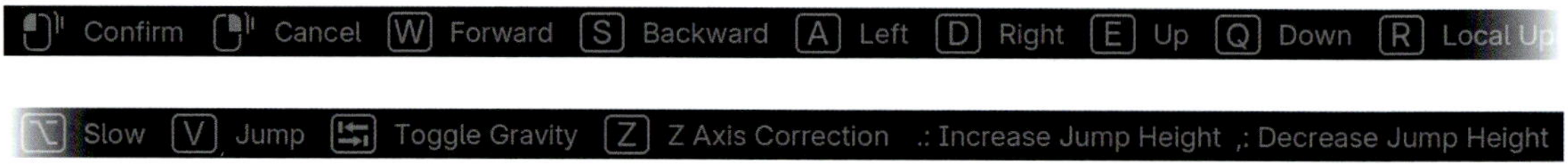

▲ **Abbildung 2.48**
Status Bar mit den Steuerbefehlen für die WALK NAVIGATION

Local View | Damit Sie sich bei der Arbeit im 3D Viewport auf ein bestimmtes Objekt konzentrieren können, richten Sie die Viewport-Ansicht über den Befehl FRAME SELECTED bzw. [,] [Num] einfach auf das selektierte Objekt. So weit, so praktisch. Damit Sie aber auch nicht von umliegenden, eventuell die Sicht versperrenden Objekten gestört werden, wechseln Sie mit dem bzw. den selektierten Objekt(en) mit der Taste [/] [Num] in die sogenannte LOCAL VIEW (Abbildung 2.49).

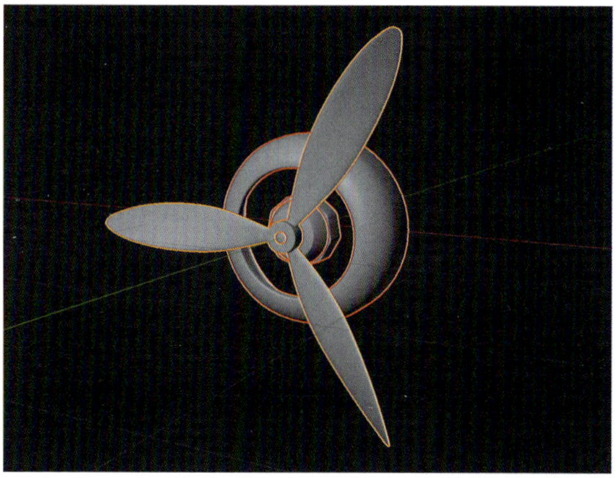

▲ **Abbildung 2.49**
Teile des Doppeldeckers in der LOCAL VIEW

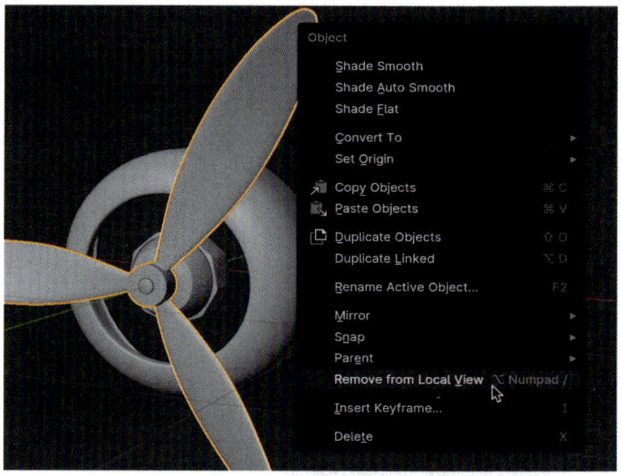

▲ **Abbildung 2.50**
Entfernen von Objekten aus der LOCAL VIEW

Alle nicht selektierten und deshalb nicht in die LOCAL VIEW übernommenen Objekte bleiben jetzt so lange ausgeblendet, bis Sie erneut mit der Taste [/] [Num] in die GLOBAL VIEW zurückkehren. Um weiterhin störende Objekte aus der LOCAL VIEW zu entfernen, selektieren Sie diese und rufen über die Taste [M] den Befehl REMOVE FROM LOCAL VIEW (Abbildung 2.50) auf.

2.6 Nodes

Den Abschluss dieses Kapitels soll ein Einstieg in die ungeheuer flexible und mächtige Welt der Nodes markieren. Bis hierher haben Sie schon einen guten Einblick in die Unmenge an Parametern und Einstellungen in Blender bekommen. Mit zunehmender Komplexität der Funktionen und Aufgaben stößt dabei allerdings ein herkömmliches User-Interface mit Tabs, Panels und Menüs an seine Grenzen. Die Steuerung und Kontrolle der Parameter wird unübersichtlich, und auch die Wiederverwendung von Elementen, beispielsweise von Texturen und Shadern, die in leicht modifizierter Form oft mehrfach vorkommen, gestaltet sich nicht gerade elegant.

Als Lösung für dieses Problem bietet Blender, wie viele andere 3D-Programme auch, eine grafische Oberfläche, um visuell Abhängigkeiten und buchstäblich Verbindungen zwischen den Eigenschaften zu schaffen. Diese Beziehungen werden aus verschiedenen Knotenpunkten, den sogenannten Nodes aufgebaut und über Ein- und Ausgabe-Sockets miteinander verknüpft. In Blender wird dieses Bedienkonzept für die Definition von Materialien, für prozedurales Modelling und Haar-Simulation sowie für das Rendering bzw. Compositing verwendet. Weil dieses System so gut funktioniert, setzt es sich auch in Blender für immer mehr Aufgaben durch.

Nodifizierung in Blender

Schon seit einiger Zeit ist das Schlagwort »Everything Nodes« bei der Entwicklung von Blender immer wieder Thema. Gemeint ist damit, dass Nodes, wo immer es für eine nachvollziehbarere, logische Bedienbarkeit in Blender sinnvoll erscheint, in Zukunft zum Einsatz kommen werden.

Node Editor

Ihr Arbeitsbereich für das Anlegen und Aufbauen der Node-Beziehungen ist der Node Editor (Tasten [⇧] + [F3]). Da Sie Nodes nicht nur für Materialien, sondern unter anderem auch beim Compositing verwenden können, entscheiden Sie über das Editor-Menü (1), welchen Node Editor Sie aufrufen möchten.

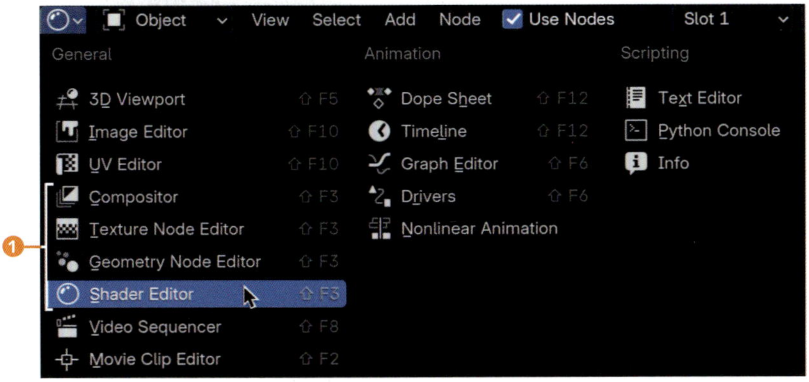

◂ **Abbildung 2.51**
Editor-Menü

Der Aufbau des Node Editors folgt sinnvollerweise der in Blender bewährten Struktur (Abbildung 2.52). Den größten Teil nimmt der Arbeitsbereich 3 ein, links und rechts flankiert von Toolbar 1 bzw. Sidebar 6, die Sie mit den bekannten Kurzbefehlen (Taste T bzw. Taste N) ein- bzw. ausblenden.

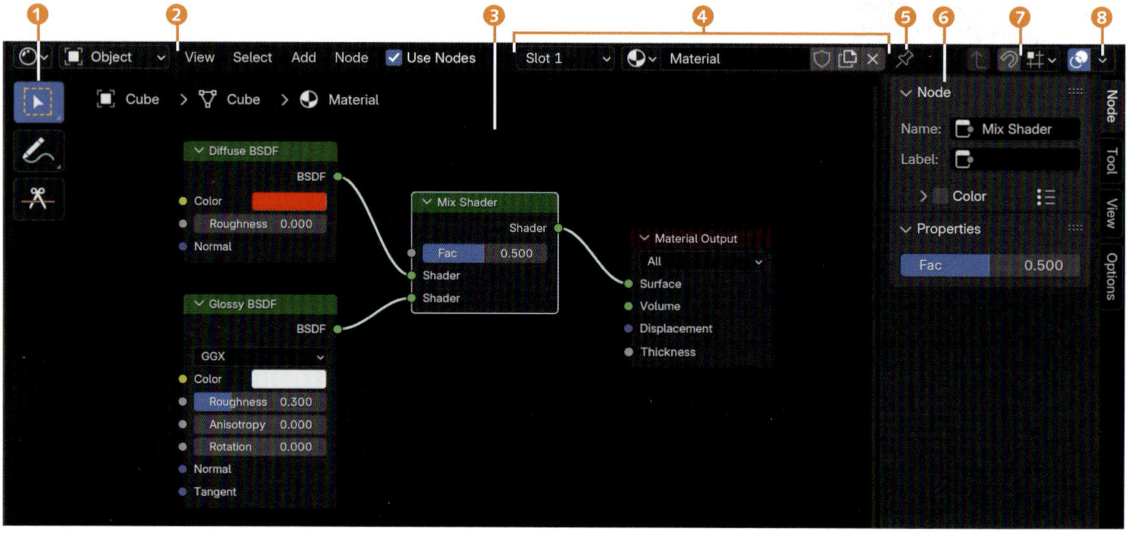

▲ **Abbildung 2.52**
Node Editor

Am oberen Rand befindet sich der Header 2, der Ihnen stets das aktuell in Arbeit befindliche Element (hier ein Material) zusammen mit seiner Datenblock-Funktionalität 4 präsentiert. In den dort befindlichen Menüs stehen Ihnen zahlreiche Befehle zum Erzeugen bzw. Bearbeiten und Organisieren von Knotenpunkten (Nodes) zur Verfügung. Mit dem Pin-Symbol 5 setzen Sie den aktuellen Node-Tree im Editor fest. Optionen wie die farbigen Verbindungslinien finden Sie im Pop-up-Menü für die Overlays 8.

Die Navigation und Selektion im Node Editor erfolgt über die gleichen Maus- bzw. Tastaturaktionen wie im 3D Viewport. Zum Verschieben einzelner Nodes reicht das Ziehen bei gedrückt gehaltener linker Maustaste. Mehrere Nodes verschieben Sie am besten durch Selektieren und anschließendes Verschieben mit dem Move-Tool (Taste G), dabei können Sie sich auf Wunsch sogar Snapping-Funktionen 7 (Einrasten) aktivieren.

Um den Aus- und Eingang zweier Nodes miteinander zu verbinden und damit einen Datenfluss herzustellen, klicken Sie auf einen der beiden Sockets und ziehen Sie die am Mauszeiger erscheinende Verbindungslinie zum Ziel-Socket. Jede vorliegende Verknüpfung wird durch eine Verbindungslinie dargestellt. Sie können den Ausgangs-Socket eines NODES auch mit mehreren Eingangs-Sockets verbinden, wichtig ist nur, dass die anliegenden Daten auch an die richtige Stelle gelangen und vom Datentyp her zusammenpassen.

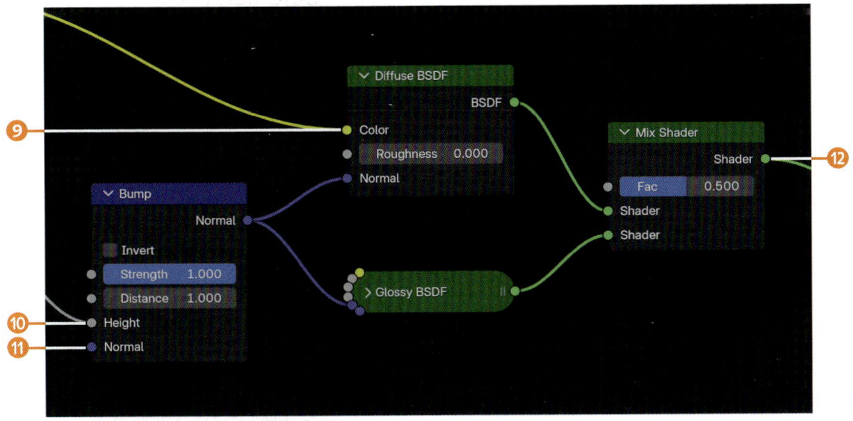

◄ **Abbildung 2.53**
Nodes und Sockets

Aufschluss über den Datentyp gibt Ihnen dabei die Farbe der Sockets (Abbildung 2.53). Graue Sockets ⑩ kommen bei einfachen Parameter-Werten und auch bei Graustufendaten zum Einsatz. Gelbe Sockets ⑨ zeigen dagegen Farbdaten an (drei RGB-Kanäle und einen Alphakanal), blaue Sockets ⑪ beinhalten bzw. verlangen Vektordaten. Grüne ⑫ Sockets sind Shadern vorbehalten.

Bei gleichfarbigen Ein- und Ausgängen zweier Sockets ist sichergestellt, dass die Daten in vollem Umfang genutzt werden. Es ist aber auch möglich, Sockets unterschiedlicher Farben zu verbinden – in diesem Fall liegt es an Ihnen, dafür zu sorgen, dass valide Daten ankommen. Eine erfolgreiche Datenumwandlung signalisiert ein über die Verbindungslinie gezogener Farbverlauf.

▲ **Abbildung 2.54**
Node-Suche per Eingabe

Nodes erzeugen und bearbeiten

Um einen neuen Node zu erzeugen, verwenden Sie das Menü ADD (Tasten [⇧] + [A]) oder das Kontextmenü per rechter Maustaste. Je nach gewähltem Node-Editor-Typ und aktiver Render Engine zeigt Ihnen das Menü zahlreiche, nach ihrer Funktion geordnete Nodes an. Schneller sind Sie meist per Texteingabe ⑬, dazu reicht es, nach dem Aufruf des Menüs einfach loszutippen (Abbildung 2.54).

Damit Sie auch bei zunehmender Anzahl an Nodes den Überblick behalten, klappen Sie eingerichtete Nodes über den Pfeil vor seinem Namen zusammen. Alternativ lassen sich Nodes auch zu Gruppen organisieren und optisch klar gestalten.

Sollten Sie einen neu erstellten Node in eine bestehende Verbindung zweier Nodes einfügen wollen, ziehen Sie den Node auf die Verbindungslinie und lassen die Maustaste los, sobald die Linie hell hervorgehoben ist.

Zum Duplizieren eines bereits vorhandenen Nodes zur Weiterverwendung funktioniert auch im Node Editor der Duplicate-Befehl (Tasten [⇧] + [D]). Natürlich können Sie ebenso die Befehlskombination COPY/PASTE (Tasten [Strg]/[Cmd] + [C] bzw. Tasten [Strg]/[Cmd] + [V]) im Node Editor verwenden. Zum Löschen eines Nodes selektieren Sie diesen per Linksklick und drücken die Taste [X].

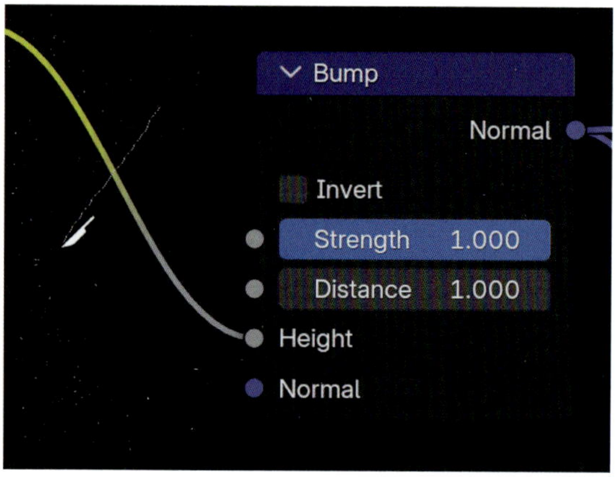

▲ **Abbildung 2.55**
Trennen der Node-Verbindung

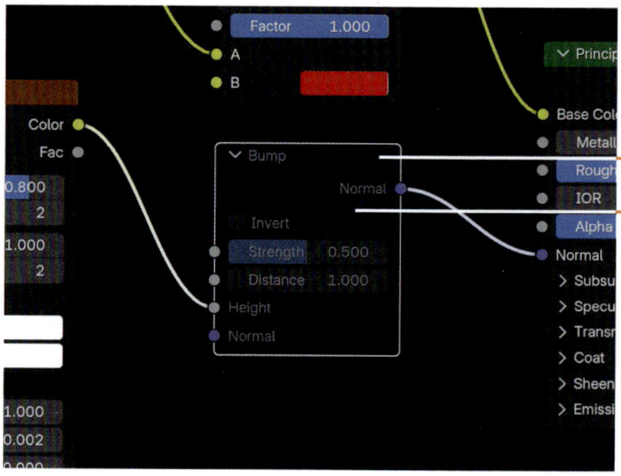

▲ **Abbildung 2.56**
Stummschaltung eines Nodes per MUTE

Wenn Sie eine bestehende Verbindung zwischen zwei Nodes lösen möchten, halten Sie die [Strg]/[Cmd]-Taste sowie die rechte Maustaste gedrückt und schneiden mit dem nun als Messer fungierenden Mauszeiger (Abbildung 2.55) die Verbindungslinie durch. Um eine bestehende Node-Verbindung durch eine andere zu ersetzen, selektieren Sie die beiden zu verbindenden NODES und rufen den Befehl MAKE AND REPLACE LINKS (Tasten [⇧] + [F]) auf. Entsprechend können Sie mit dem Befehl MAKE LINKS (Taste [F]) zwei selektierte Nodes per Kurzbefehl miteinander verbinden, ohne manuell die Verbindung von Socket zu Socket zu ziehen.

Die Mute-Schaltung ist weniger brutal und für den Fall, dass Sie einen Node nur kurz testweise deaktivieren möchten, vollkommen ausreichend. Selektieren Sie dazu den stillzulegenden Node, und drücken Sie die Taste [M]. Der deaktivierte Node erscheint im Editor ausgegraut ❶, die hinterlegte Linie ❷ signalisiert die unverändert durchgehenden Daten.

Node Wrangler

Eine Pflichtinstallation für alle, die viel mit Nodes arbeiten, ist sicherlich das Add-on NODE WRANGLER. Es bietet Ihnen viele Arbeitserleichterungen, gerade bei wiederkehrenden Aufgaben und bei der Organisation Ihrer Nodes. Mehr zum Thema »Add-ons« erfahren Sie in Abschnitt 5.5, »Blender einrichten«.

Kapitel 3

Arbeiten mit Objekten

Nachdem wir nun die Bedienoberfläche von Blender kennengelernt haben, sehen wir uns an, welche unterschiedlichen Objektarten uns zur Verfügung stehen und wie wir mit ihnen arbeiten. Zum Ende dieses Kapitels schaffen wir über Parenting Verbindungen zwischen den Objekten und widmen uns den Kollektionen (Collections).

3.1 Objekte erzeugen

Um Objekte zu erstellen, öffnen Sie das Menü ADD aus der Menüleiste des 3D Viewports (Abbildung 3.1). Hier stehen Mesh-Objekte, Curve-Objekte, Grease Pencil-Objekte, Image-Objekte, Lichtquellen, Kraftfelder und viele weitere Objekte als Arbeitsgrundlage sowie zur Ausstattung Ihrer Szene bereit.

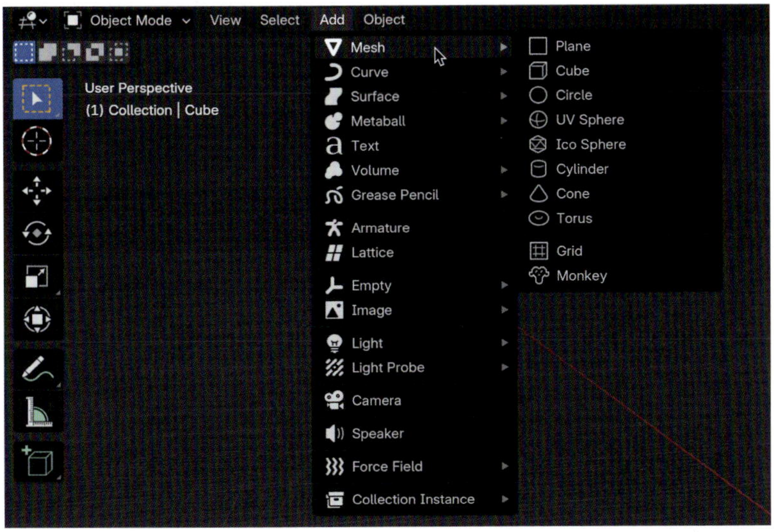

◂ **Abbildung 3.1**
Erzeugen von Objekten über das Menü ADD

Standard-Cube

Der zur Standardszene von Blender gehörende Würfel ist natürlich nicht Ausgangspunkt jedes Projektes. Um ihn zu löschen, selektieren Sie ihn mit der linken Maustaste und drücken die Taste [X].

Die schnellere Alternative ist üblicherweise der Kurzbefehl [⇧]+[A], mit dem Sie sich das Menü ADD direkt an den Ort des Geschehens holen und das gewünschte Objekt aus den sortierten Listen auswählen.

Objekte definieren

Nachdem das Objekt erzeugt ist, lässt es sich über seine Eigenschaften definieren. Direkt im Viewport bietet sich dafür als Erstes das Adjust Last Operation Panel (Abbildung 3.2) an. Es erscheint sofort nach dem Erzeugen eines neuen Objekts und bietet Zugriff auf die Parameter des zuletzt ausgeführten Befehls, in unserem Fall auf Objekteigenschaften wie Größe, Position und Rotation.

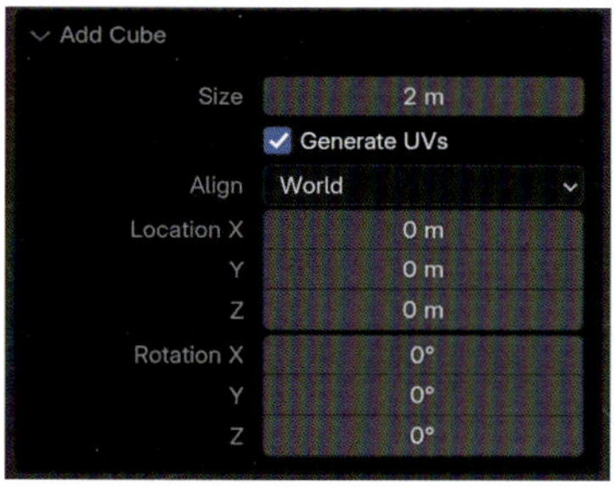

▲ **Abbildung 3.2**
Panel ADJUST LAST OPERATION

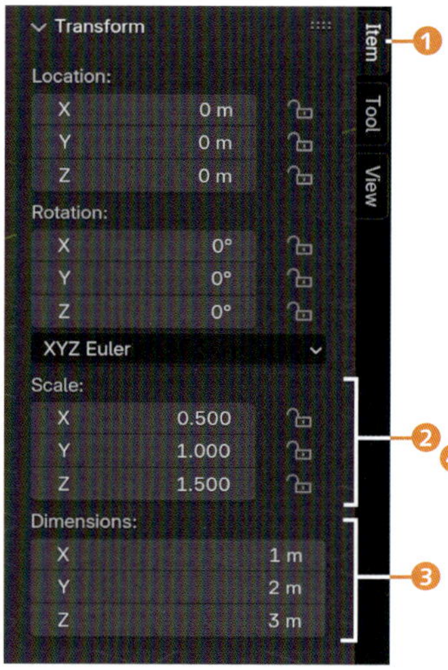

Abbildung 3.3 ▸
Panel ITEM in der Sidebar

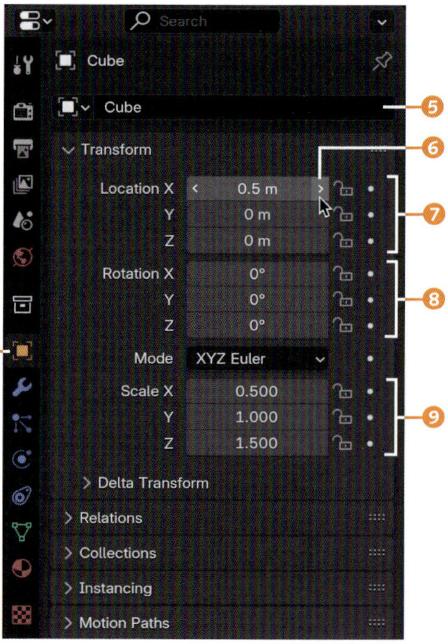

Abbildung 3.4 ▸
Object-Tab im Properties Editor

Sollten Sie dieses Panel durch einen Klick in den Viewport versehentlich ausgeblendet haben, können Sie es über die Taste [F9] wieder einblenden.

Die nächste Anlaufstelle, um Objekteigenschaften zu definieren, finden wir im Panel ITEM ❶ der Sidebar (Abbildung 3.3), hier haben wir neben der Position (Location) und Rotation auch die Dimensionen ❸ und die Skalierung ❷ des Objekts im Zugriff. Durch Ändern dieser Werte lässt sich der vorliegende Würfel in einen Quader verwandeln, was sich nicht nur in geänderten Dimensionen, sondern auch in einer Skalierung des Objekts in zwei Richtungen niederschlägt. Auf das Thema Skalierung gehen wir in Kürze noch genauer ein, für den Moment ist es nur wichtig, dieses Wertefeld zu kennen und im Auge zu behalten.

Noch mehr Möglichkeiten zur Definition der Objekteigenschaften bietet Ihnen der bereits bekannte Properties Editor (Abbildung 3.4). Hier wenden wir uns dem Object-Tab 4 zu, bei dem sofort die Parallelen zur Sidebar auffallen, denn auch hier lässt sich das Objekt positionieren 7, rotieren 8 und skalieren 9. Außerdem – und dies sollten Sie sich nach Möglichkeit von Anfang an angewöhnen – lässt sich bei dieser Gelegenheit auch gleich ein aussagekräftiger Name für das Objekt vergeben 5. Objekte mit identischem Namen sind in Blender zwar nicht möglich, es bleibt jedoch fraglich, ob Sie etwas später noch zwischen einem CUBE.001 und einem CUBE.007 unterscheiden können.

◂ **Abbildung 3.5**
Benennen des Objekts

Sie können Ihre Objekte übrigens auch direkt im Viewport umbenennen. Drücken Sie dazu die Taste F2, und tragen Sie den gewünschten Namen im dortigen Feld (Abbildung 3.5) ein.

Um Eingabefelder zu bearbeiten, klicken Sie in das jeweilige Feld und geben den gewünschten Wert per Tastatur ein. Für schrittweises Verringern oder Erhöhen der Werte setzen Sie den Mauszeiger in das Eingabefeld und klicken Sie auf den nun eingeblendeten linken bzw. rechten Pfeil 6 des Eingabefeldes.

Eine weitere Möglichkeit zum Ändern der Parameter ist das Klicken und Festhalten der linken Maustaste im Wertefeld, bei dem Sie den Wert dann wie bei einem Schieberegler durch Ziehen der Maus nach links bzw. rechts regulieren. Halten Sie dabei die ⇧-Taste gedrückt, um die Werte feiner steuern zu können. Bei gedrückt gehaltener Strg- bzw. Ctrl-Taste ändern sich die Werte schrittweise.

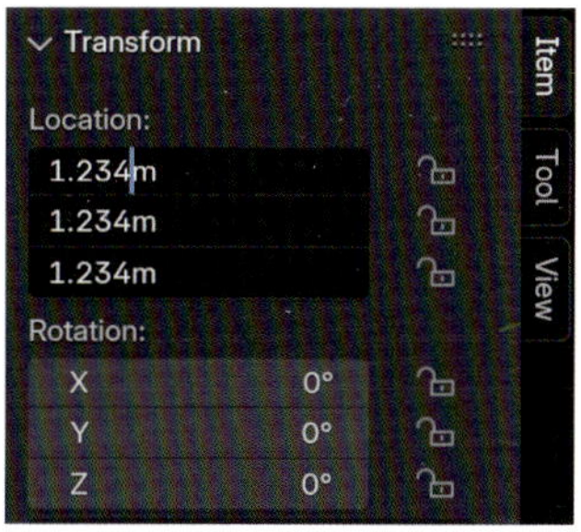

▴ **Abbildung 3.6**
Gemeinsames Ändern von Werten

Zusammenhängende Wertefelder, wie beispielsweise die Objekt-Koordinaten, lassen sich gemeinsam ändern. Ziehen Sie dazu mit der linken Maustaste über alle Wertefelder, und verschieben Sie dabei die Maus, um deren Werte gemeinsam zu modifizieren (Abbildung 3.6). Auf diese Weise können Sie auch einen bereits vorgegebenen Wert von einem Feld auf weitere Felder übertragen. Es reicht, mit gedrückter linker Maustaste vom Feld des Zielwerts über alle anzupassenden Felder zu ziehen.

Objekt-Koordinaten

Damit ein Objekt überhaupt im Welt-Koordinatensystem der Szene platziert und rotiert werden kann, benötigt es einen Bezugspunkt, den Ursprung, zusammen mit den drei Koordinatenachsen X, Y und Z. Von diesem lokalen Koordinatensystem ausgehend, ist jedes Objekt mit seinen Vertices (Punkten) aufgebaut.

Abbildung 3.7 ▸
Objekt mit Ursprung

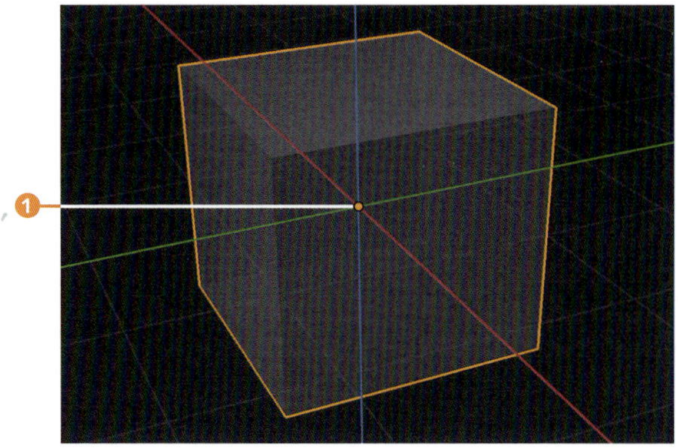

Den Ursprung eines Objekts markiert ein orangefarbener Punkt 1. Dieser Bezugspunkt muss nicht zwangsläufig in der geometrischen Mitte eines Objekts liegen, genau genommen muss der Ursprung nicht einmal im oder am Objekt liegen. In vielen Fällen ist es sogar wesentlich praktischer, den Ursprung des Objekts auf einen Vertex (Punkt) oder auf eine Face (Fläche) zu legen, um beispielsweise ein Objekt exakt auf der Oberfläche eines anderen Objekts zu platzieren oder einen bestimmten Drehpunkt zu erhalten.

Abbildung 3.8 ▸
Menü Object • Set Origin

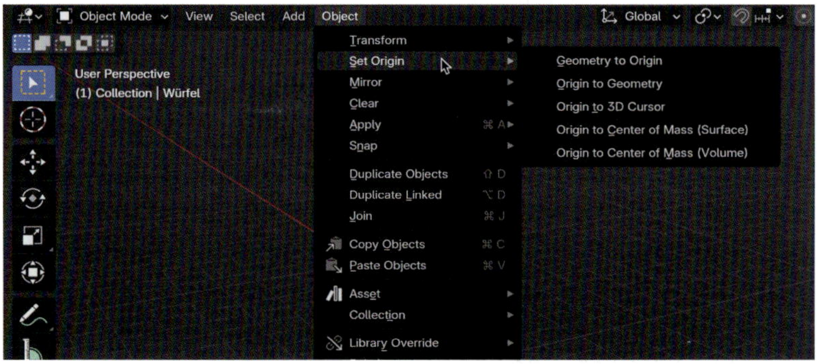

Die dazu nötigen Befehle finden Sie im Menü OBJECT • SET ORIGIN des 3D Viewports (Abbildung 3.8). Hier können Sie wählen, ob Sie die Geometrie an den anliegenden Ursprung (ORIGIN) oder den Ursprung an die Geometrie, den 3D Cursor oder das ermittelte Massenzentrum anpassen möchten.

3D Cursor

Sicherlich ist Ihnen das rot-weiß umringte Fadenkreuz im Viewport aufgefallen. Standardmäßig im Weltursprung platziert, entsteht jedes frisch erzeugte Objekt an der Position dieses 3D Cursors ❷.

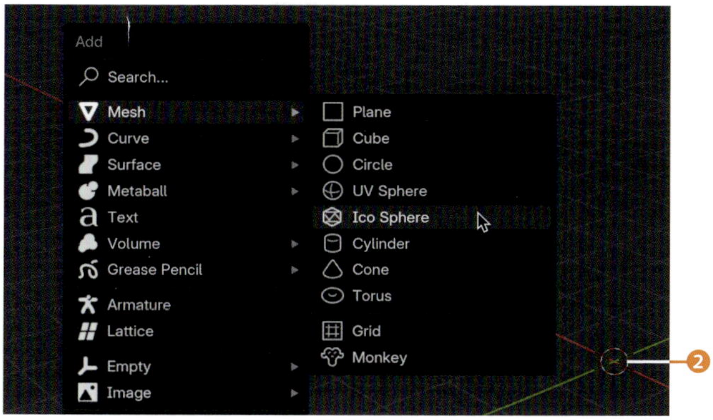

◂ **Abbildung 3.9**
Erzeugen eines Objekts am 3D Cursor

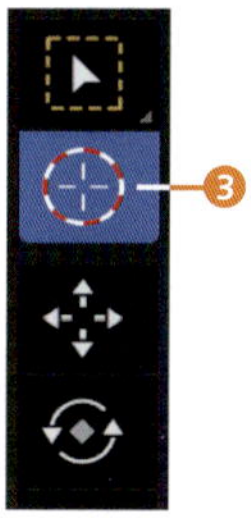

▴ **Abbildung 3.10**
3D Cursor-Werkzeug

Dabei dient Ihnen der Cursor zum einen als Positionierungshilfe im Raum, denn mit ihm können Sie eine Position im dreidimensionalen Raum trotz zweidimensionalem Viewport gezielt setzen. Zudem ist er als temporärer Bezugspunkt beim Bearbeiten von Objekten überaus praktisch. Um mit dem 3D Cursor zu arbeiten, verwenden Sie das 3D Cursor-Werkzeug ❸ aus der Toolbar (Abbildung 3.10).

Damit Sie ein Objekt mittels 3D Cursor an einer exakten Stelle erzeugen, platzieren Sie den Cursor zuvor mittels der Parameter im View-Tab in der Sidebar (Taste N) des Panels 3D CURSOR (Abbildung 3.11) auf die benötigten Koordinaten. Um den 3D Cursor zurück auf den Ursprung der Szene zu setzen, greife ich kurz auf das Thema Snapping vor – dazu verwenden Sie den Kurzbefehl ⇧ + S, um das Pie-Menü SNAPPING aufzurufen, und wählen den Befehl CURSOR TO WORLD ORIGIN bzw. die Ziffer 1.

Der 3D Cursor kann aber noch mehr. Beispielsweise eignet er sich auch hervorragend, um beliebige Objekte auf der Oberfläche von anderen Objekten zu platzieren, ohne dabei mit Koordinaten herumhantieren zu müssen.

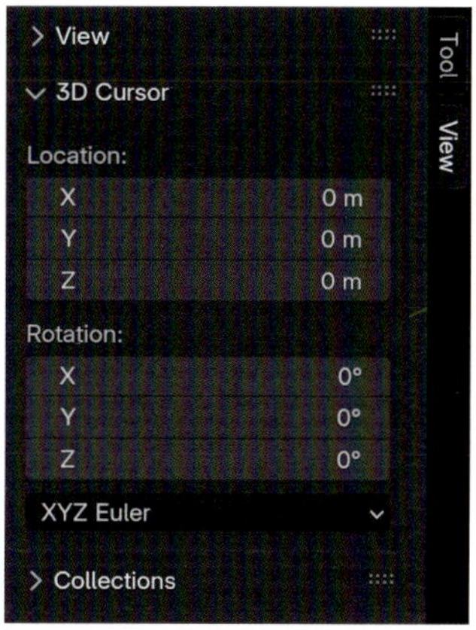

▴ **Abbildung 3.11**
Koordinaten des 3D Cursors

Sobald Sie das 3D Cursor-Tool über die Toolbar (Taste [T]) auswählen, finden Sie die zugehörigen Einstellungen für das Werkzeug im Header des Viewports (Abbildung 3.12).

Abbildung 3.12 ▸
Einstellungen für das 3D Cursor-Tool

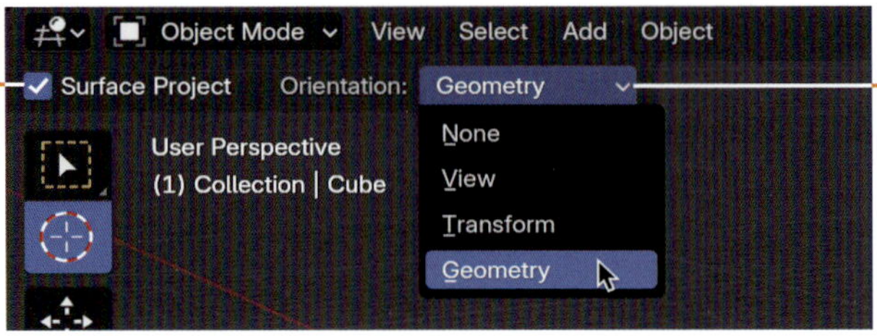

Die bereits standardmäßig aktivierte Option Surface Project ❶ sorgt dafür, dass der 3D Cursor die unter dem Mauszeiger befindliche Geometrie der Oberfläche erkennt und den 3D Cursor direkt darauf platziert. Sie können den Cursor im Viewport per Klick mit der linken Maustaste setzen oder auch die Maustaste gedrückt halten und den Cursor an die gewünschte Stelle ziehen.

Im Menü Orientation ❷ benötigt der 3D Cursor außerdem noch die Vorgabe, woran er sich nach erfolgter Platzierung ausrichten soll. Der Cursor kann sich wahlweise nach der Viewport-Ansicht (View), der aktuellen Transform Orientation (Transform) oder der darunter befindlichen Oberflächengeometrie (Geometry) ausrichten. Egal, an welche Stelle der Oberfläche des Zielobjekts anschließend geklickt bzw. der Mauszeiger gezogen wird: Der 3D Cursor sitzt nicht nur direkt auf der Oberfläche, er orientiert sich auch entsprechend der vorliegenden Geometrie.

Beim Erzeugen eines Objekts an der Position des 3D Cursors muss im Panel Adjust Last Operation (Abbildung 3.13) die Option Align • 3D Cursor ❸ gesetzt werden, damit das neue Objekt neben der Position auch die Orientierung des Cursors erhält.

Abbildung 3.13 ▸
Erzeugen eines Cylinder-Objekts auf der Position des 3D Cursors

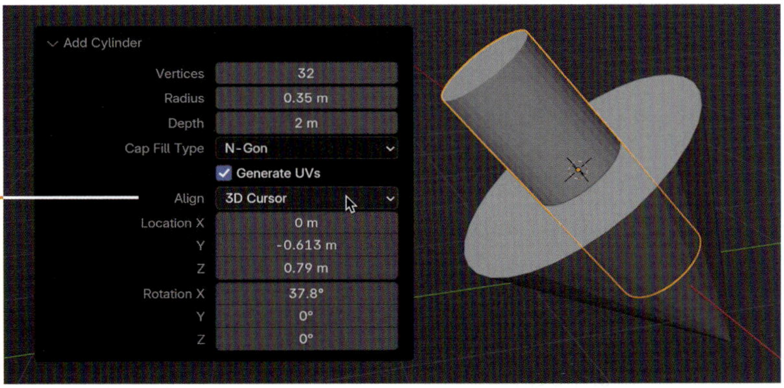

3.2 Objekte transformieren

Bevor Sie Objekte in Blender transformieren, also verschieben, rotieren oder skalieren können, müssen Sie die Objekte mit einem Auswahlwerkzeug bzw. per Linksklick selektieren.

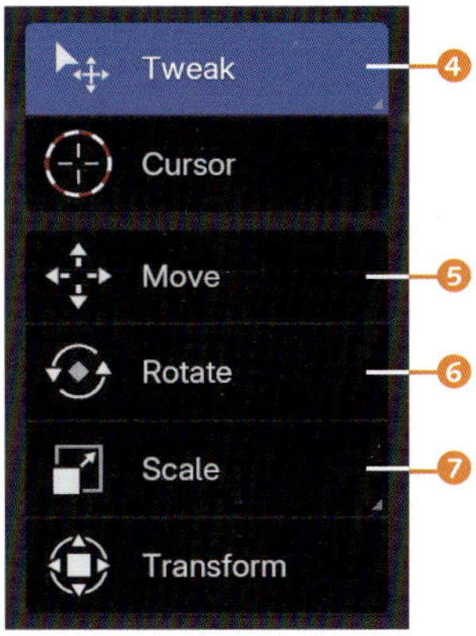

▲ **Abbildung 3.14**
Standardwerkzeuge für die Transformation von Objekten

Objekte verschieben, rotieren und skalieren

In der Toolbar (Abbildung 3.14) bietet Ihnen Blender einige Standardwerkzeuge für die Transformation von Objekten an. Mit dem Tweak-Tool ④ selektieren und verschieben Sie Objekte direkt in einem Arbeitsgang bei gedrückter linker Maustaste. Die drei Werkzeuge MOVE ⑤, ROTATE ⑥ und SCALE ⑦ aus der Toolbar besitzen Object Gizmos, die Ihnen die Arbeit im Viewport erleichtern sollen.

Das Object Gizmo des Move-Tools (Abbildung 3.15) bietet drei Achsgreifer ⑩, über die Sie das Objekt durch Ziehen entlang der jeweiligen Achse verschieben können. Um ein Objekt an einer von zwei Achsen definierten Ebene entlang zu verschieben, fassen Sie das Objekt am zugehörigen Ebenengreifer ⑨. Wenn Sie das Objekt innerhalb des weißen Rings ⑧ greifen, verschieben Sie es frei.

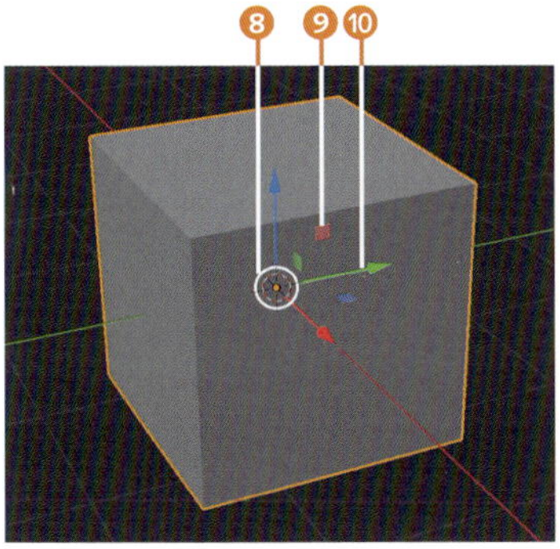

▲ **Abbildung 3.15**
Object Gizmo des Move-Tools

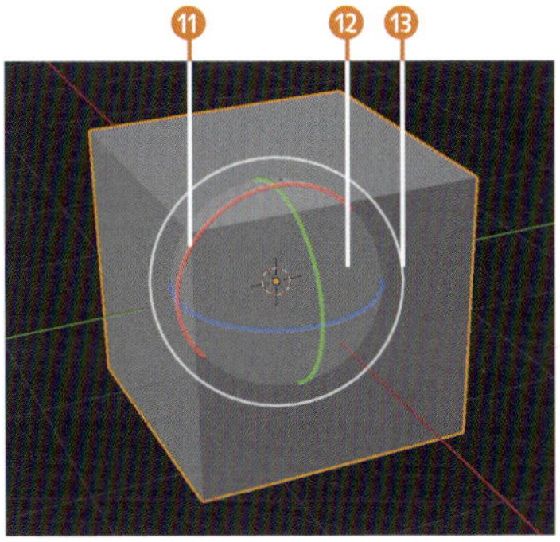

▲ **Abbildung 3.16**
Object Gizmo des Rotate-Tools

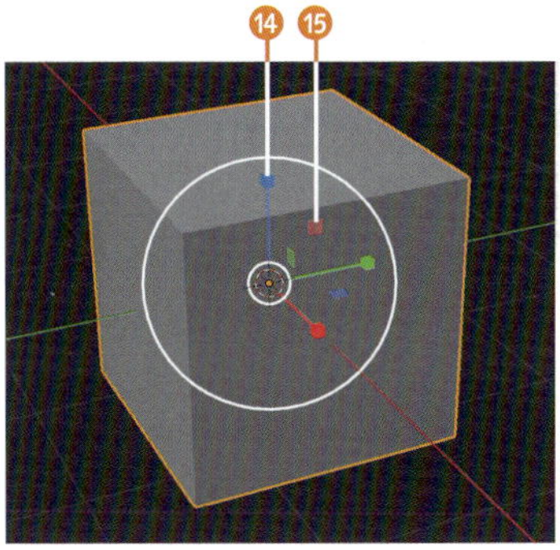

▲ **Abbildung 3.17**
Object Gizmo des Scale-Tools

Beim Rotate-Tool stellt Ihnen das Object Gizmo ein Rotationsband ⑪ für jede Achse zur Verfügung. Frei rotieren können Sie das Objekt, wenn Sie sich im hell hinterlegten Bereich ⑫ befinden. Eine Rotation um die Achse der Kamera-Ansicht erreichen Sie mit dem weißen Rotationsband ⑬.

Das Object Gizmo des Scale-Tools Ihnen drei Achsgreifer ⑭ für die Skalierung in die zugehörigen drei Achsrichtungen. Die Ebenengreifer ⑮ ermöglichen die Skalierung in zwei Achsrichtungen

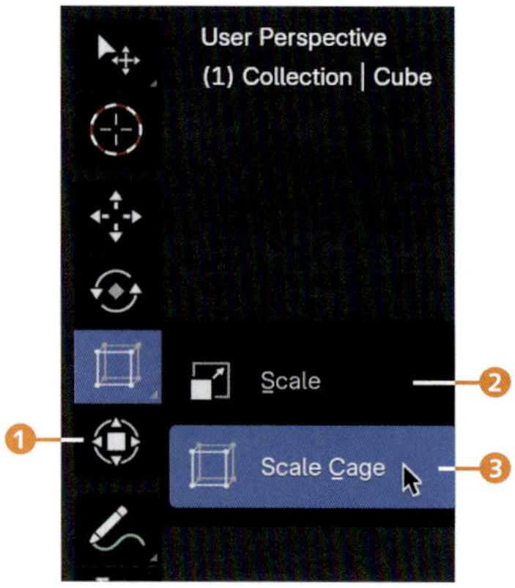

▲ **Abbildung 3.18**
Skalierungswerkzeuge

gleichzeitig. Freies, proportionales Skalieren erreichen Sie durch Ziehen bei gedrückt gehaltener Maustaste, ohne dabei einen Achs- oder Ebenengreifer zu verwenden. Dabei können Sie den Faktor der Skalierung beeinflussen, indem Sie außerhalb des Object Gizmos ansetzen (geringe Skalierung), innerhalb des Object Gizmos (mittlere Skalierung) sowie innerhalb des kleinen weißen Kreises um den Ursprung (große Skalierung).

Neben dem einfachen Scale-Tool ❷ existiert noch ein weiteres Skalierungswerkzeug in Blender, der sogenannte SCALE CAGE ❸. Dabei erhält das zu transformierende Objekt einen Skalierungskäfig mit insgesamt 26 Anfassern ❹, über die sich das Objekt sehr intuitiv in die verschiedenen Achsrichtungen skalieren lässt. Achten Sie beim Skalieren mit dem Scale Cage auf die jeweils eingeblendeten Achsen.

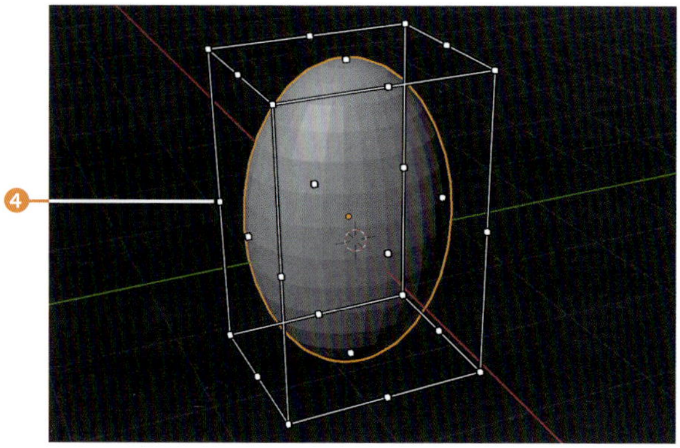

▲ **Abbildung 3.19**
Transformation einer UV Sphere per SCALE CAGE

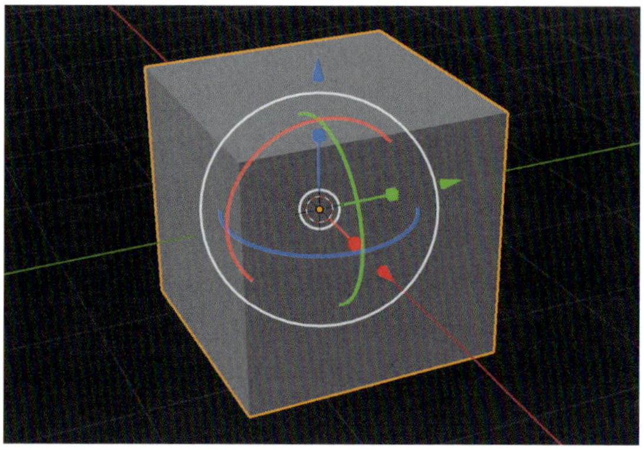

▲ **Abbildung 3.20**
Transformation Gizmo

Das letzte Werkzeug für die Objekt-Transformation aus der Toolbar ist das Transformation-Tool ❶. Im Prinzip bekommen Sie hier die wichtigsten Achsgreifer und Rotationsbänder der drei Werkzeuge MOVE, ROTATE und SCALE in einem einzelnen Gizmo (Abbildung 3.20) vereint.

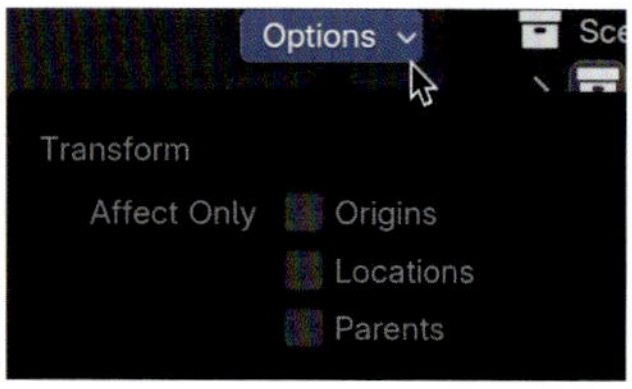

▲ **Abbildung 3.21**
Optionen für die Transformation

Transform Options | Sobald Sie eines der Transformationswerkzeuge aktiviert haben, finden Sie in einem relativ unauffälligen Menü OPTIONS rechts oben im Header (Abbildung 3.21) besondere Optionen für die Transformation. Sie können die Transformation auf den bzw. die Ursprünge (ORIGINS) beschränken, ausschließlich die Positionen (LOCATIONS) der Objekte transformieren oder die Transformation nur auf übergeordnete Objekte (PARENTS) wirken lassen.

Wir haben ja bereits besprochen, dass der Ursprung eines Objekts nicht zwangsläufig in seiner geometrischen Mitte liegen muss und sich sehr bequem über das Menü OBJECT • SET ORIGIN neu definieren lässt. Um den Ursprung 5 mit den nun bekannten Transformationswerkzeugen frei zu modifizieren (Abbildung 3.22), aktivieren Sie die Option ORIGINS in den TRANSFORM OPTIONS.

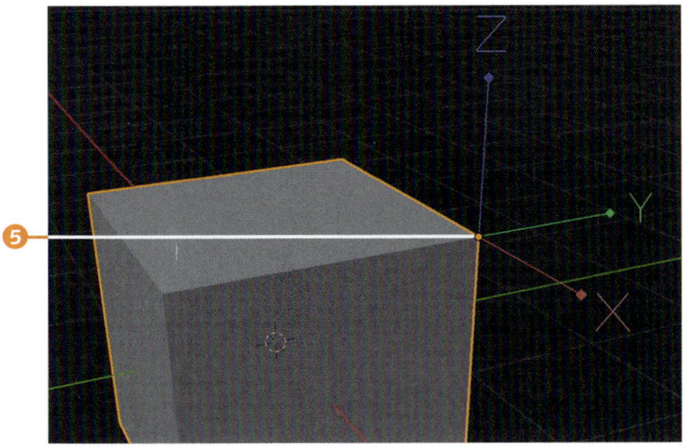

▲ **Abbildung 3.22**
Transformation des Ursprungs

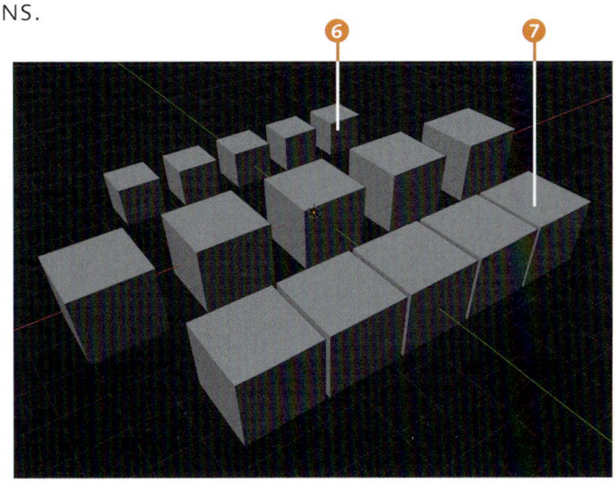

▲ **Abbildung 3.23**
Transformation der Positionen (Locations)

Die Beschränkung der Transformation auf die Positionen (Locations) lässt die Objekte selbst dabei unverändert. Im Beispiel in Abbildung 3.23 wurde die hintere Würfelreihe 6 inklusive der Locations skaliert. Die Skalierung der vorderen Würfelreihe 7 ohne Locations führt zu einer Vergrößerung bzw. Verkleinerung der Abstände zwischen den Würfeln und nicht zu einer Skalierung der Würfel selbst.

Transform Orientations | Bei der Durchführung von Transformationen mit den verschiedenen Object Gizmos kommt stets ein dreiachsiges Koordinatensystem zum Einsatz, gut zu erkennen an den drei farbigen Achsgreifern bzw. Rotationsbändern. Zu Beginn orientiert sich diese Achse in der Regel am Welt-Koordinatensystem, dort haben Sie Ihre Objekte schließlich auch erzeugt. Sobald Sie aber ein Objekt etwa mit einer Rotation transformiert haben, wird für die weitere Arbeit unter Umständen ein anderes, beispielsweise das Objekt-Koordinatensystem interessant.

Im Pop-up-Menü TRANSFORM ORIENTATIONS (Abbildung 3.24) im Header des Viewports wählen Sie daher das zu der gewünschten Transformation am besten passende Koordinatensystem. Über das +-Symbol 8 können Sie sich sogar Koordinatensysteme anderer Objekte speichern und für die Transformationen »ausleihen« 9.

▲ **Abbildung 3.24**
Menü TRANSFORM ORIENTATIONS

Sehen wir uns an einem Beispiel an, wie wir zu den unterschiedlichen Koordinatensystemen kommen. Der Cube in Abbildung 3.25 wurde um seine Z-Achse ein Stück im Uhrzeigersinn gedreht.

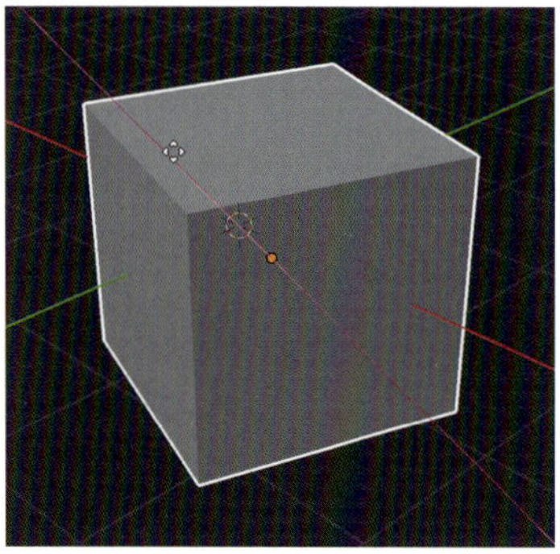

▲ **Abbildung 3.25**
Transformation mit lokalem Koordinatensystem (LOCAL)

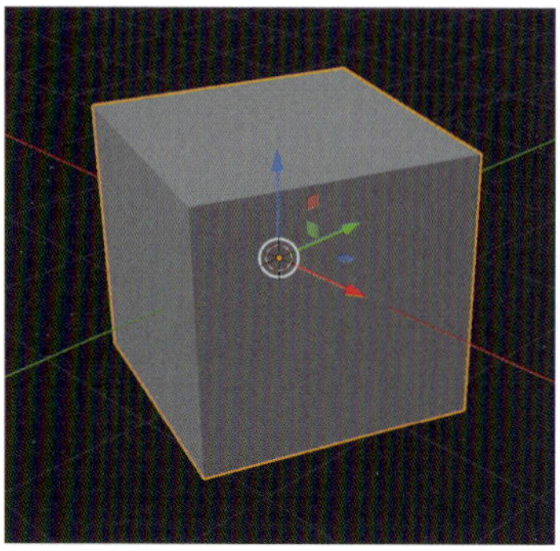

▲ **Abbildung 3.26**
Transformation mit globalem Koordinatensystem (GLOBAL)

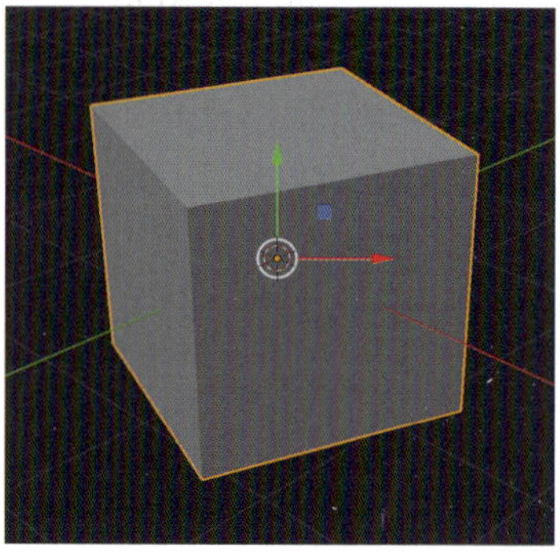

▲ **Abbildung 3.27**
Transformation mit dem Koordinatensystem der Ansicht (VIEW)

Um den Cube nun entlang seiner lokalen Achse zu verschieben, muss die Transform Orientation LOCAL eingestellt sein (Abbildung 3.25). Damit Sie den Cube unabhängig von seiner gedrehten Lage entlang des globalen Koordinatensystems transformieren können, ist die Einstellung GLOBAL erforderlich (Abbildung 3.26). Bei der Transform Orientation VIEW erfolgt die Transformation entlang der Ebene der Kamera-Ansicht (Abbildung 3.27). Auch der 3D CURSOR oder das Überobjekt (PARENT) können als Transform Orientation dienen. Wie Sie außerdem sehen, gibt das Object Gizmo Auskunft über das vorliegende Transformations-Koordinatensystem.

Neben diesen Transform Orientations finden Sie im zugehörigen Pop-up-Menü (Abbildung 3.24) außerdem die Option, die Transformation am Durchschnitt der Flächennormalen einer Selektion (NORMAL), an der eulerschen Rotationsachse (GIMBAL) oder auch am 3D Cursor (CURSOR) auszurichten.

Navigation während der Transformation

Sollten Sie bei der Arbeit mit den Transformationswerkzeugen feststellen, dass Ihnen ein etwas veränderter Blickwinkel helfen würde, müssen Sie die Arbeit nicht zwangsläufig unterbrechen. Halten Sie stattdessen einfach die [Alt]-Taste gedrückt und navigieren Sie mit der Maus in die gewünschte Perspektive.

Objekte per Tastatur verschieben, rotieren und skalieren

Die Arbeit mit den Transformationswerkzeugen aus der Toolbar und den jeweiligen Object Gizmos ist wirklich komfortabel. Doch es gibt eine deutlich schnellere Art, mit diesen Basis-Werkzeugen zu arbeiten: die Tastatur. Ein weiterer Vorteil dieser Technik ist, dass Sie mittels Tastatur nicht nur einfach zum gewünschten Werkzeug wechseln. In Blender können Sie über die Tastatur die komplette

Translation, Rotation oder Skalierung durchführen – inklusive Vorgabe der Achse(n), der Transformationsparameter und auch des dafür zu verwendenden lokalen oder globalen Koordinatensystems. Doch eines nach dem anderen.

Zunächst geht es bei allen drei Werkzeugen um die Transformationsart, das wäre die Taste G für das Verschieben mit dem Move-Tool (früher Grab-Tool, daher die Tastenbelegung), die Taste R für das Rotieren mit dem Rotate-Tool sowie die Taste S für die Skalierung mit dem Scale-Tool. Nach dieser Werkzeugvorgabe transformieren Sie bereits mit jeder Mausbewegung die selektierten Objekte. Die Objekte »hängen« an Ihrem Mauszeiger und werden, je nach gewähltem Werkzeug, verschoben, rotiert oder skaliert. Sie bestätigen die Transformation mit der linken Maustaste. Ein Klick mit der rechten Maustaste bzw. ein Druck auf die Esc-Taste bricht die aktuelle Transformation sofort ab und macht die Änderung rückgängig.

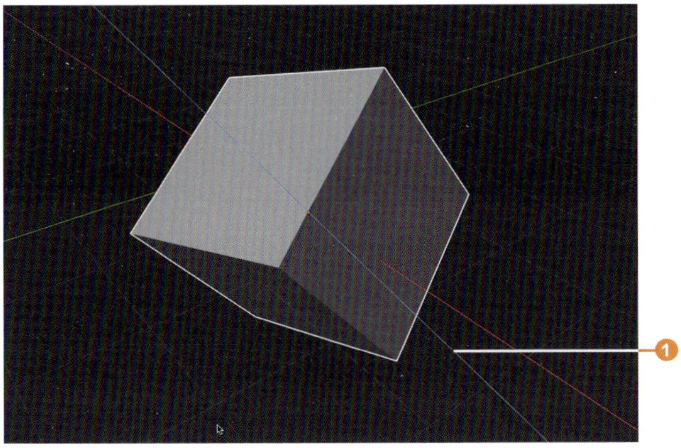

◂ **Abbildung 3.28**
Rotation über die lokale Z-Achse per Tastatur

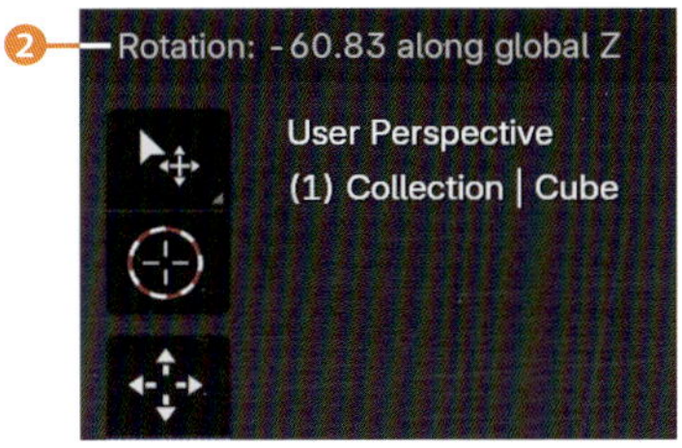

▴ **Abbildung 3.29**
Angabe der Transformationswerte

Um die Transformation einzuschränken, beispielsweise um eine Verschiebung in Z-Richtung durchzuführen oder eine Rotation um die Z-Achse, geben Sie direkt nach der Werkzeugvorgabe die entsprechende Achse X, Y bzw. Z per Tastendruck an.

Die Angaben der aktuell anliegenden Transformationswerte finden Sie dabei links oben im 3D Viewport eingeblendet 2. Im Beispiel in Abbildung 3.28 wurde über diesen Weg zunächst die Z-Achse für eine Rotation freigegeben. Durch nochmaligen Tastendruck auf die Achse ist ein Wechsel auf die lokale Z-Achse des Objekt-Koordinatensystems möglich. Im Viewport ist deshalb auch zusätzlich die blaue, lokale Z-Achse für die Transformation hervorgehoben 1.

Trackball-Rotation

Beim Aufruf des Rotate-Tools über die Tastatur ohne zusätzliche Achsangabe drehen Sie das Objekt um die Achse der Ansicht. Für freies Drehen rufen Sie die sogenannte Trackball-Rotation auf, indem Sie direkt nach der R-Taste für das Rotate-Tool ein weiteres Mal die R-Taste drücken.

Auf die gleiche Art, wie Sie Achsen zur Transformation freigeben, können Sie bestimmte Achsen auch von der Transformation ausnehmen bzw. sperren. Dazu drücken Sie zusätzlich zur zu sperrenden Achse die ⇧-Taste.

Um die Transformation feiner steuern zu können, halten Sie während der Transformation die ⇧-Taste gedrückt. Bei gedrückt gehaltener Strg- bzw. Ctrl-Taste erfolgt die Transformation stufenweise in Schritten.

Für eine exakte Vorgabe der Transformation ist die Eingabe per Tastatur wesentlich komfortabler. Nach der Eingabe von Transformationsart und Achse hängen Sie dazu einfach den gewünschten Wert für die Translation, Rotation oder Skalierung an. Über die Eingabe von R, Z, Z und 3 0 beispielsweise rotieren Sie die Selektion um die lokale Z-Achse um 30°. Wenn Sie Transformationen für mehrere Koordinatenachsen in einer einzelnen »Befehlszeile« abhandeln möchten, springen Sie mit der ▶-Taste zur nächsten Achse. Sie bestätigen die Transformation schließlich über die ↵-Taste, der Abbruch einer Aktion ist jederzeit über die Esc-Taste möglich.

Sie sehen, die Transformation per Tastatur ist extrem schnell und effizient, wenn auch anfangs etwas gewöhnungsbedürftig. Werfen Sie doch nach dem Aufruf des Werkzeugs einmal einen Blick in die Status Bar (Abbildung 3.30), dort finden Sie alle per Zusatztaste möglichen Optionen fein säuberlich aufgereiht.

▲ **Abbildung 3.30**
Status Bar mit Optionen für die Transformation

Schritt für Schritt
Mit der Navigation und der Arbeit mit den Objekten warm werden

Genug der Theorie. Falls Sie nicht bereits während des Lesens die ersten Schritte in Blender nachvollzogen haben, wird es nun Zeit, sich mit der Bedienoberfläche von Blender anzufreunden, sich an die Navigation im Viewport zu gewöhnen und die Auswahl bzw. Transformation von Objekten zu üben.

Ich hoffe, Sie haben Lust, ein kleines Puzzle in Blender zu lösen. Lassen Sie uns den gemeinsamen Einstieg in Blender spielerisch und kurzweilig beginnen.

1 Die Blender-Datei öffnen

Rufen Sie über den Befehl File • Open bzw. den Kurzbefehl `Strg`/`Cmd` + `O` den File Browser auf und navigieren Sie zum Verzeichnis mit den Begleitmaterialien zu diesem Buch (Abbildung 3.31).

Öffnen Sie das Verzeichnis *1_Grundlagen* sowie anschließend die Datei *1_Grundlagen_Puzzle.blend*, entweder per Doppelklick auf den Dateinamen (1) oder nach Anklicken des Dateinamens über den Button Open (2).

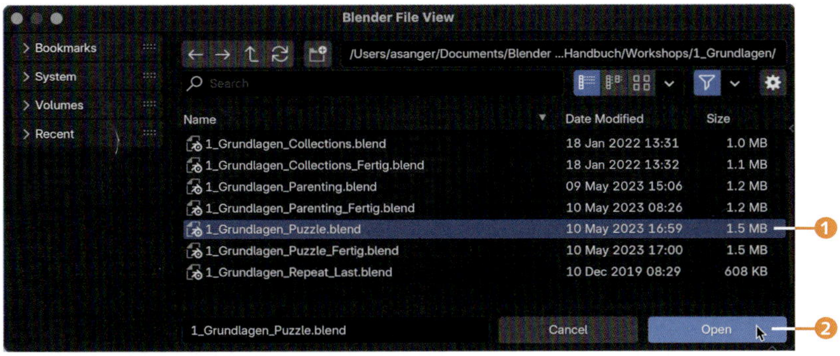

◂ **Abbildung 3.31**
Öffnen der Blender-Datei über den File Browser

2 Vorbereitung der Puzzle-Teile

Unser Übungs-Puzzle besteht aus 24 Teilen, die zusammengebaut ein Motiv aus dem Open Movie »Charge« ergeben. Im Moment herrscht aber noch ein arges Durcheinander (Abbildung 3.32).

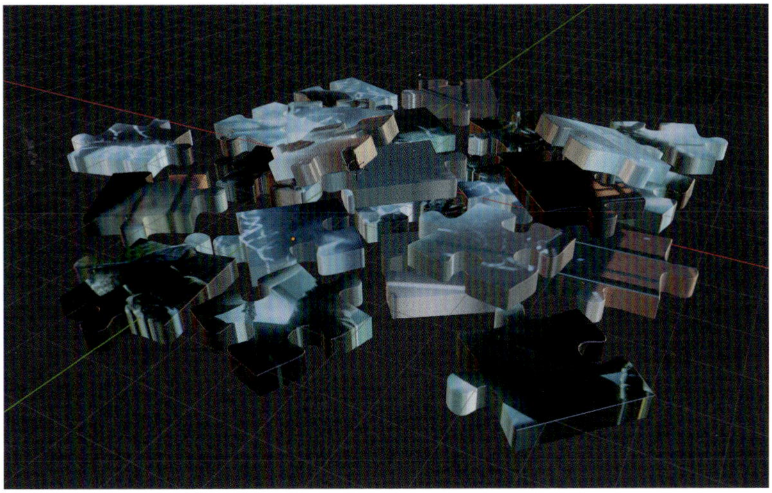

◂ **Abbildung 3.32**
Das ungelöste Puzzle im Viewport

Im ersten Schritt – wie Sie es von einem echten Puzzle her kennen – sollten wir Ordnung schaffen und einen guten Überblick gewinnen. Selektieren Sie die einzelnen Objekte per Linksklick und drehen Sie die Puzzle-Teile über das Rotate-Tool (Taste R) bzw. durch Eingabe des Rotationswerts in der Sidebar (Taste N). Verschieben Sie noch die einzelnen Puzzle-Teile mit dem Move-Tool (Taste G), so dass Sie genügend Platz zum Puzzeln haben.

3 Lösen des Puzzles

Nun kann das eigentliche Lösen des Puzzles mit den identischen Transformations-Tools beginnen. Gewöhnen Sie sich auf diese Weise langsam an die Arbeit mit Blender. Viel Spaß!

Abbildung 3.33 ▸
Gelöstes Puzzle

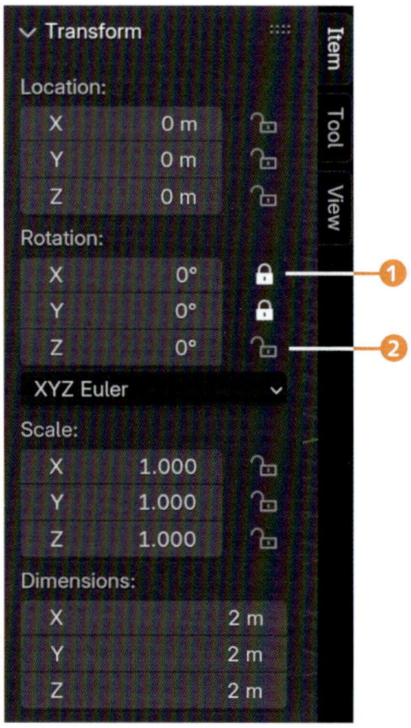

▴ Abbildung 3.34
Sperren von Achsen über die Sidebar

Achsen sperren

Ein angenehmer Nebeneffekt der Transformation per Tastatur ist der Umstand, dass Sie Achsen explizit zur Bearbeitung vorgeben, anstatt sie vor ungewollter Modifikation zu schützen bzw. zu sperren.

Für alle Fälle können Sie im Panel TRANSFORM des Item-Tabs in der Sidebar (Taste N) für jede Transformationsart und für jede Achse die Bearbeitung über die Buttons mit den Schloss-Symbolen explizit erlauben 2 oder verbieten 1.

Pivot-Punkt

Während der Ursprung eines Objekts den Bezugspunkt für die Geometrie darstellt, beschreibt der Pivot-Punkt den Bezugspunkt für die Transformation des bzw. der Objekte im Raum. Sie finden das Menü zur Auswahl des gewünschten Pivot-Punkts im Header des 3D Viewports (Abbildung 3.35).

Die Einstellung Bounding Box Center legt eine Art virtuelle Hülle über alle selektierten Objekte, deren Mittelpunkt dann den gemeinsamen Bezugspunkt für die Transformation bildet. Natürlich kann auch der an einer vorgegebenen Stelle platzierte 3D Cursor über die gleichnamige Einstellung als Pivot Point fungieren. Damit der jeweilige Ursprung jedes einzelnen Objekts für die Transformation gilt, wählen Sie Individual Origins. Einen gemeinsamen, aus allen selektierten Objekten gemittelten Ursprung verwenden Sie mit der Einstellung Median Point. Mit der Vorgabe Active Element geben Sie den Ursprung des aktiven Objekts bzw. Elements für die Transformation vor.

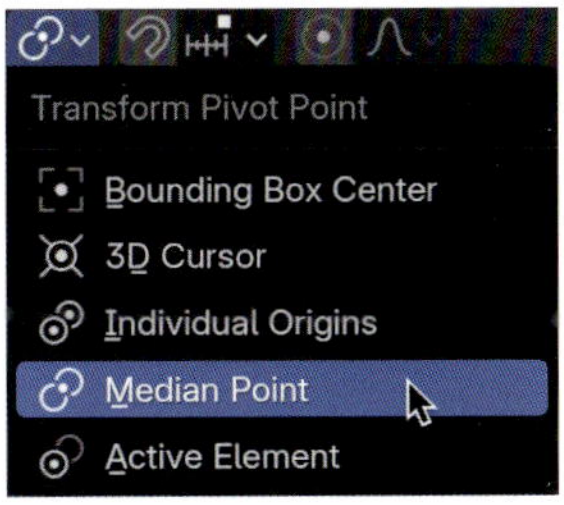

▲ **Abbildung 3.35**
Menü Transform Pivot Point

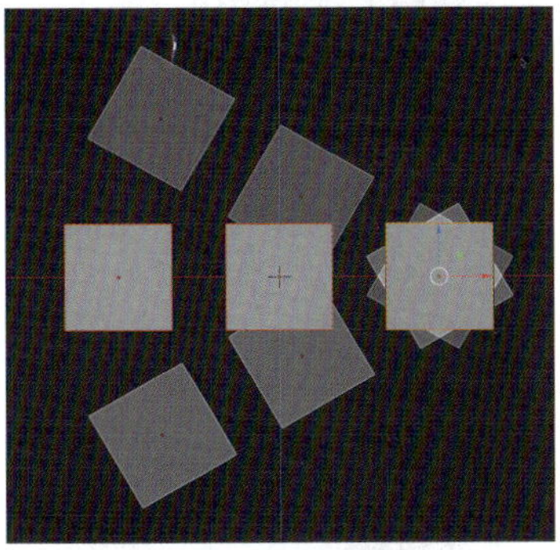

▲ **Abbildung 3.36**
Rotation mit Pivot-Punkt auf Active Object

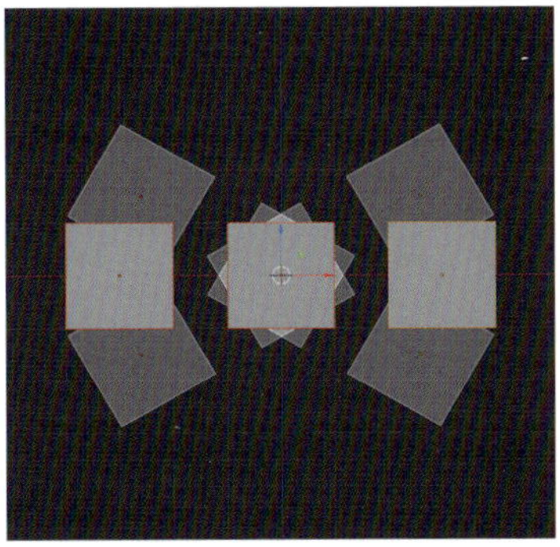

▲ **Abbildung 3.37**
Rotation mit Pivot-Punkt auf Median Point

▲ **Abbildung 3.38**
Rotation mit Pivot-Punkt auf Individual Origins

In den obigen Abbildungen sehen Sie drei der unterschiedlichen Pivot-Einstellungen auf drei zusammen selektierte Würfel angewandt. Die Transformationsart ist bei allen drei Beispielen die gleiche: eine Rotation um die Y-Achse um –30° sowie eine Rotation um +30°, lediglich der Pivot-Punkt ist ein anderer.

Transformationen zurücksetzen bzw. übernehmen

Wir haben uns bislang ausschließlich im Arbeitsmodus Object Mode aufgehalten und dabei die drei Hauptwerkzeuge zur Bearbeitung und Transformation von Objekten (aber auch von Vertices, Edges und Faces) kennengelernt.

Um ein Objekt wieder in seinen Ausgangszustand zurückzuversetzen, drücken Sie die Alt-Taste zusammen mit der Transformation, die Sie »resetten« möchten: Alt + G, Alt + R bzw. Alt + S.

Objekt-Reset

Alle Befehle zum Zurücksetzen von Transformationen finden Sie außerdem fein säuberlich im Menü Object • Clear des 3D Viewports aufgelistet.

Bei Transformationen im Object Mode ist unbedingt zu beachten, dass dabei nicht die enthaltene Geometrie, sondern lediglich das Übersystem des Objekts modifiziert wird. Obwohl es also beispielsweise den Anschein hat, dass eine Skalierung die enthaltenen Punkte bzw. Vertices auseinanderzieht, wird eigentlich nur die betroffene Achse des Objekts verzerrt. Dies kann im späteren Verlauf zu Problemen führen, beispielsweise bei der Verwendung von Modifiern oder auch wenn es an die Animation bzw. Simulation geht. Sie sollten deshalb, sobald Sie mit den Grundeigenschaften des Objekts zufrieden sind, die Transformationen übernehmen.

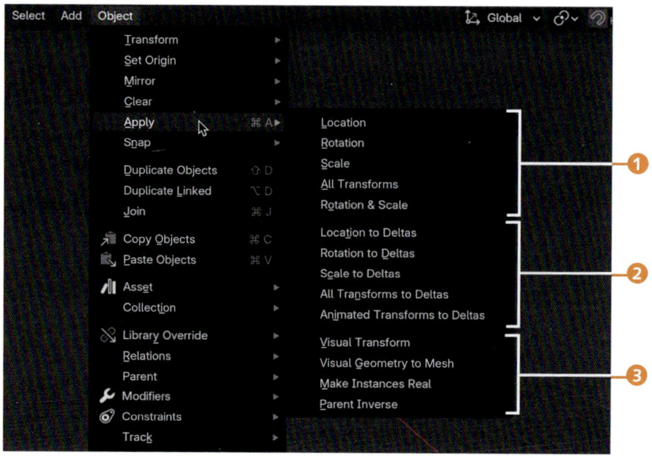

Abbildung 3.39 ▸
Menü Object • Apply

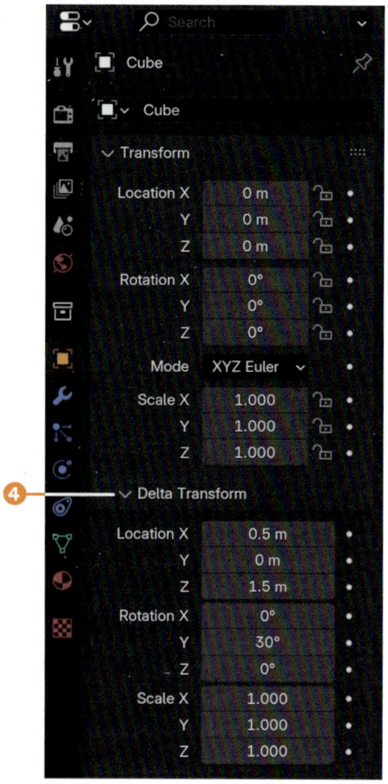

▴ **Abbildung 3.40**
Transformation als Delta gespeichert

Dazu rufen Sie über den Kurzbefehl Strg/Cmd + A das Menü Object • Apply (Abbildung 3.39) auf, und wählen Sie die Transformationsarten, die das Objekt definitiv übernehmen soll. Im oberen Bereich ❶ des Menüs finden Sie dazu die Transformationen der bekannten Hauptwerkzeuge in Blender. Nach diesem Schritt ist die Transformation angewandt und dient als neuer Ausgangszustand, auf den Sie das Objekt jederzeit zurücksetzen können.

Sie haben auch die Möglichkeit, die Transformationen als Delta ❷ zu übernehmen. Dadurch bleiben die Objekt-Informationen »sauber«, nur die Abweichung der Transformation wird im Object-Tab des Properties Editors unter Delta Transform ❹ abgelegt. Insbesondere bei der Character-Animation wird diese Option gerne genutzt, um mit möglichst klaren Werten arbeiten zu können.

Die Bedeutung der Befehle im untersten Teil ❸ zum Übernehmen von Transformationen von Modifiern (Visual Transform), zum Umwandeln von instanzierten Objekten in echte Objekte sowie zum Anwenden der Parent Inverse-Matrix klären wir in Kürze.

3.3 Duplikate, Links und Hierarchien

Am Anfang dieses Abschnitts ist es wichtig, noch einmal kurz auf das Thema Selektionen und den feinen Unterschied zwischen einem selektierten und einem aktiven Objekt einzugehen. Um mehrere Objekte gemeinsam zu selektieren, halten Sie die [⇧]-Taste gedrückt, während Sie die Objekte auswählen.

Damit Sie nicht jedes Objekt einzeln per Linksklick auswählen müssen, finden Sie in der Toolbar drei Selektionswerkzeuge (Abbildung 3.41). SELECT BOX ❺ ist eigentlich immer zur Hand, wenn Sie mit gedrückter linker Maustaste einen Rahmen um alle zu selektierenden Elemente ziehen. Bei SELECT CIRCLE ❻ wandelt sich Ihr Mauszeiger nach Druck auf die Taste [C] zu einem Kreis, mit dem Sie über alle Elemente malen, um sie zu selektieren. Mit der Lasso-Selektion SELECT LASSO ❼ zeichnen Sie eine freie Auswahlform, die alle in ihr befindlichen Elemente selektiert.

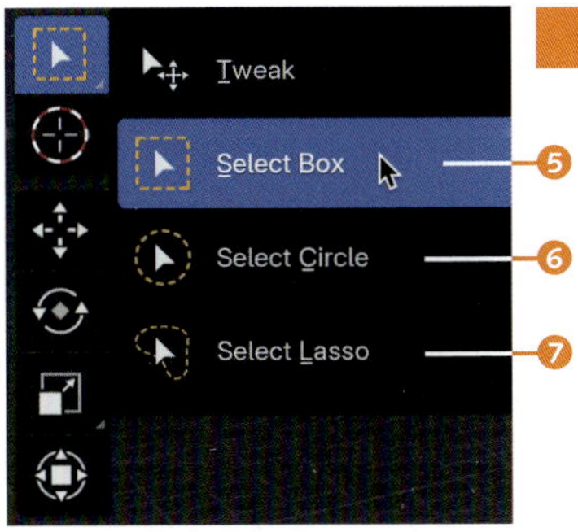

▲ **Abbildung 3.41**
Selektionswerkzeuge

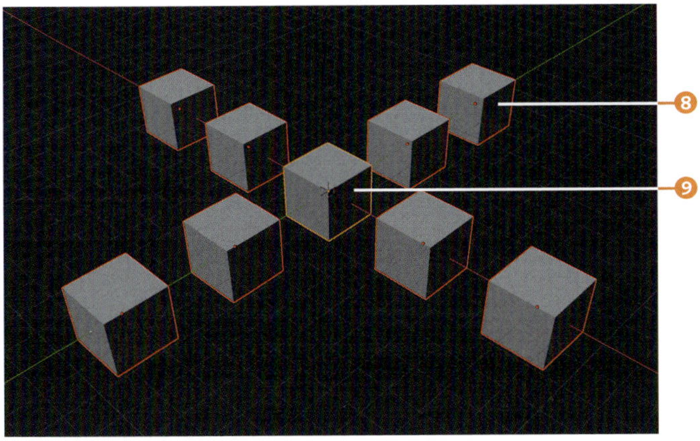

◂ **Abbildung 3.42**
Selektierte Cubes (Umrandung dunkles Orange), aktiver Cube (Umrandung helles Orange)

Unter allen selektierten Objekten ❽ gilt immer das zuletzt selektierte Objekt als aktiv ❾, es wird im Viewport durch ein helleres Orange in der Umrandung kenntlich gemacht. Um ein anderes Objekt aus der momentanen Auswahl zum aktiven Objekt zu machen, klicken Sie mit der linken Maustaste ein weiteres Mal auf das bereits selektierte Objekt, während Sie die [⇧]-Taste gedrückt halten. Mit einem erneuten Klick auf dieses jetzt aktive Objekt heben Sie dessen Selektion komplett auf.

Es wird häufiger vorkommen, dass Sie bei einer Selektion sicherstellen möchten, dass wirklich alle Objekte bzw. Elemente ausgewählt sind. Mit einem Druck auf die Taste [A] ist dies sehr einfach möglich. Umgekehrt ist es auch oft hilfreich, die momentane Selek-

Selektionen in Blender

Noch viel mehr Selektionswerkzeuge und alles zu deren Einstellungen und Möglichkeiten lernen Sie in Abschnitt 7.1, »Selektion«, kennen.

tion komplett aufzuheben, um mit der Auswahl von Objekten bzw. Elementen neu beginnen zu können. Der Kurzbefehl [Alt] + [A] erledigt das für Sie.

Objekte duplizieren

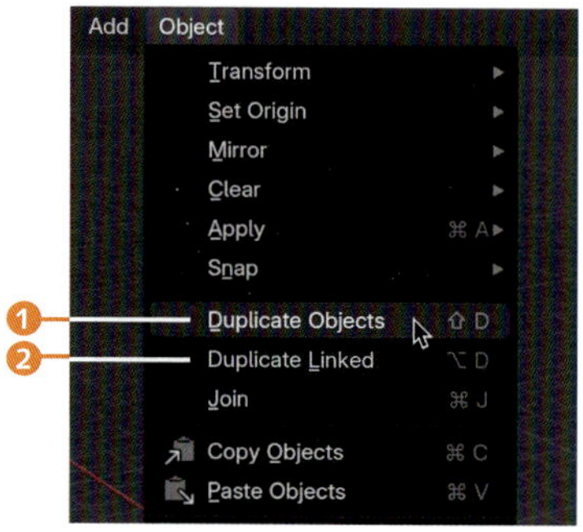

▲ **Abbildung 3.43**
Menü Object

Um eine exakte Kopie eines Objekts zu erstellen, können Sie auch in Blender auf die altbewährte Tastenkombination [Strg]/[Cmd] + [C] zum Kopieren sowie [Strg]/[Cmd] + [V] zum Einfügen zurückgreifen. Das Duplikat entsteht dabei nicht etwa am 3D Cursor, sondern auf der Position des Originals.

Einen Schritt weiter geht der Duplizieren-Befehl ①, den Sie über die Tasten [⇧] + [D] aufrufen. Auch hier entsteht das Duplikat an der gleichen Stelle wie das Original, zusätzlich ist aber das Move-Tool aktiv. Sobald Sie also die Maus bewegen, verschieben Sie das Duplikat, bis Sie die endgültige Position per Klick auf die linke Maustaste bestätigen. Der Abbruch der Transformation (nicht des Duplizierens!) erfolgt über die [Esc]-Taste; um dagegen auch das Duplikat loszuwerden, verwenden Sie den Befehl Undo (Tasten [Strg]/[Cmd] + [Z]).

Während Sie über diese Duplikationsmethoden völlig eigenständige Objekte schaffen, bietet Blender über den Duplizieren-Befehl Duplicate Linked [Alt] + [D] ② die Erstellung eines verlinkten Duplikats. Dabei entsteht ein neues Objekt, das seine Geometrie aus dem Mesh-Datenblock des Originals bezieht. Jede Änderung, die Sie an der Geometrie des Originals vornehmen ③, schlägt sich damit direkt auf das bzw. die Duplikate nieder ④. Keine Sorge, wir vertiefen das wichtige Thema Datenblöcke im nächsten Kapitel 4, »Datenmanagement«.

Verlinkte Duplikate per Drag & Drop

Ein verlinktes Duplikat lässt sich auch herstellen, indem Sie den jeweiligen Datenblock per Drag and Drop aus dem Outliner in den Viewport ziehen.

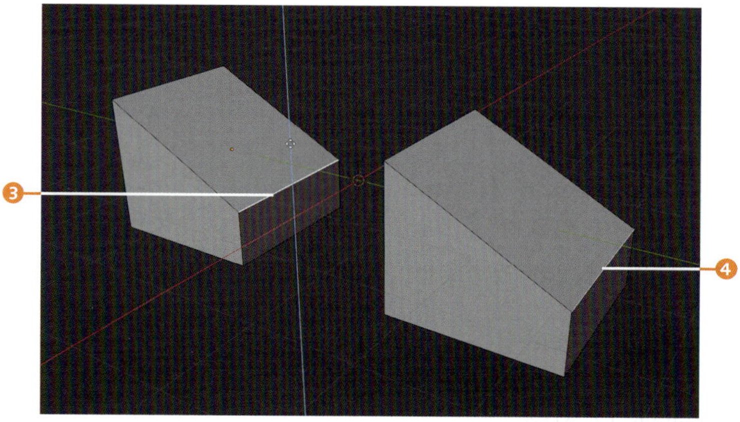

Abbildung 3.44 ▸
Original (links) und verlinktes Duplikat (rechts)

Parenting

Durch Parenting schaffen Sie eine hierarchische Verbindung zwischen Objekten. Dabei gibt es ein Überobjekt, das sogenannte Parent, sowie untergeordnete Objekte, die Children.

Bei der Durchführung des Parenting-Befehls ist ausschlaggebend, welche Objekte dabei selektiert sind bzw. welches Objekt aktiv ist. Das aktive Objekt 5 wird zum Parent, die selektierten Objekte 6 zu den Children. Die Parent-Child-Beziehung erzeugen Sie über den Befehl SET PARENT TO ([Strg]/[Cmd] + [P]) oder auch über das Menü OBJECT • PARENT im 3D Viewport.

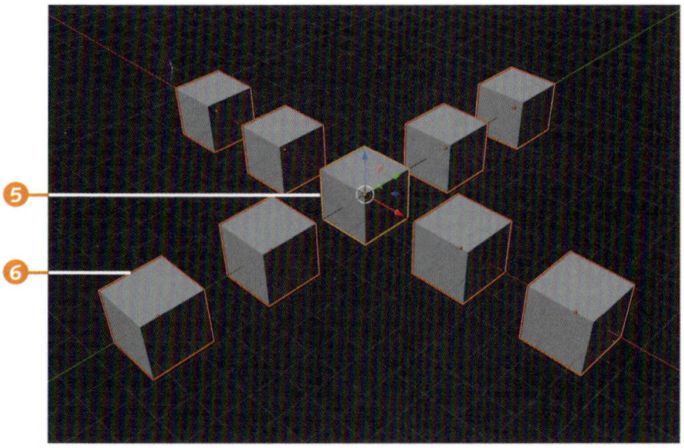

▲ **Abbildung 3.45**
Selektion für das Parenting

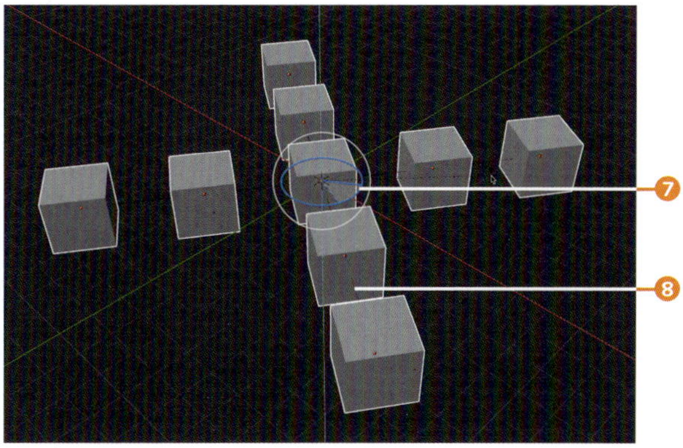

▲ **Abbildung 3.46**
Die Children folgen dem Parent.

Verbundene Objekte erkennen Sie im Viewport an den Verbindungslinien 8. Im Beispiel lassen sich alle Würfel einzeln bewegen, wird allerdings der Würfel in der Mitte transformiert 7, folgen ihm alle Child-Objekte. Lassen Sie uns nun die unterschiedlichen Optionen ansehen, die uns der Befehl SET PARENT TO (Abbildung 3.47) in seinem Menü anbietet.

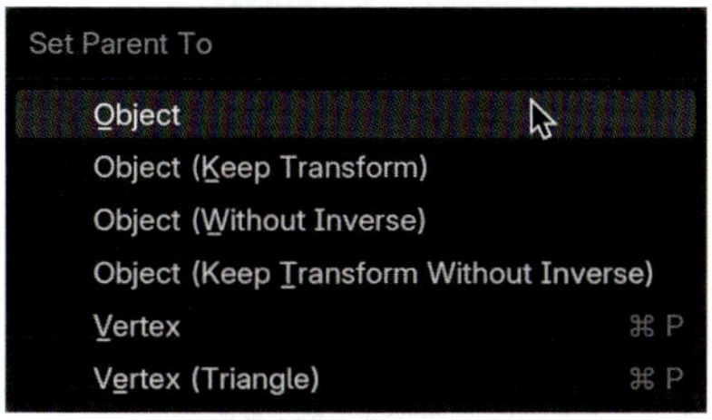

◂ **Abbildung 3.47**
Parenting über den Befehl SET PARENT TO

Grundsätzlich entscheiden Sie, ob die Children an das Objekt (OBJECT), an einen bestimmten Punkt (VERTEX) oder auch an ein Punkte-Dreieck (VERTEX (TRIANGLE)) gebunden werden. Beim

Parenting an ein Objekt bestehen verschiedene Möglichkeiten. In den meisten Fällen dürfte das Parenting unter Berücksichtigung der vorliegenden Transformationen (OBJECT) zum Einsatz kommen.

Weil Sie beim Parenting nicht unbedingt möchten, dass die Child-Objekte die Position, Rotation und Skalierung des Parent-Objekts übernehmen, gibt es in Blender die sogenannte Parent Inverse-Matrix. In dieser Matrix sind die Transformationsdaten zwischen dem Parent und dem Child gespeichert. Deshalb haben wir beim Parenting in Blender auch die Möglichkeit, zu entscheiden, wie mit eventuell vorliegenden Transformationen umgegangen wird. Und damit sind wir bei den zusätzlichen Optionen, die Sie beim Parenting an ein Objekt beim Befehl SET PARENT TO (Abbildung 3.47) angeboten bekommen.

Parent Inverse-Matrix anwenden

Sie können die Transformationsdaten aus der Parent Inverse-Matrix auch ohne Parenting anwenden. Dazu finden Sie im Menü OBJECT • APPLY (Abbildung 3.39) den Befehl PARENT INVERSE.

Wenn Sie möchten, dass die Objekte inklusive eventuell vorliegender Transformationen des Parents untergeordnet werden, verwenden Sie die Option OBJECT (KEEP TRANSFORM). Die Option OBJECT (WITHOUT INVERSE) setzt die Parent Inverse-Matrix zurück und versetzt die Ursprünge aller Children auf den Parent. Die vormalige Rotation und Skalierung der Children bleibt dabei erhalten. Die dritte Option OBJECT (KEEP TRANSFORM WITHOUT INVERSE) verbindet die beiden zuvor genannten Befehle und erhält die vorliegenden Transformationen, ohne dabei die Parent Inverse-Matrix anzusehen.

Zum Lösen einer Parent-Child-Beziehung wenden Sie den Befehl CLEAR PARENT (Tasten Alt + P) auf das Child-Objekt an (Abbildung 3.48). Sie können alternativ über den Befehl CLEAR AND KEEP TRANSFORMATION bestimmen, dass Sie die Transformationen des Parent-Objekts beibehalten möchten. Der Befehl CLEAR PARENT INVERSE löst nicht die Verbindung, sondern löscht lediglich die Parent Inverse-Matrix für das Child-Objekt. Damit übernimmt es komplett das Koordinatensystem des Parent-Objekts, als würden sich beide den Ursprung teilen.

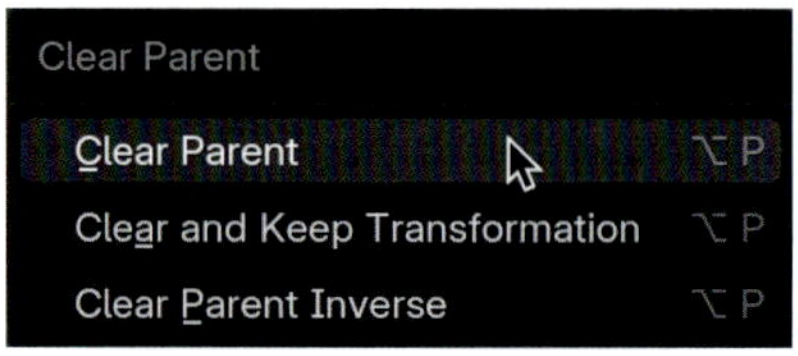

▲ **Abbildung 3.48**
Optionen für die Transformation

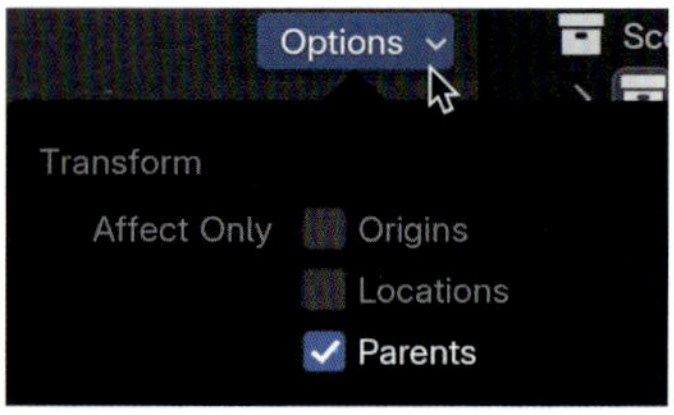

▲ **Abbildung 3.49**
Optionen der Transformation

Wenn Sie feststellen, dass Sie noch einige Transformationen am Parent-Objekt zu erledigen haben, so müssen Sie nicht das sorgsam aufgebaute Parent-Child-Konstrukt auflösen und anschließend neu erzeugen. Aktivieren Sie stattdessen temporär in den Optionen (Abbildung 3.49) die Einstellung Affect Only Parents.

Wie Parenting hierarchisch arbeitet, lässt sich gut über den Outliner nachvollziehen. Sie können Parent-Child-Verbindungen nämlich auch über den Outliner erzeugen. Dazu selektieren Sie die künftigen Children ❷ im Outliner und ziehen sie per Drag & Drop bei gedrückt gehaltener ⇧-Taste auf den gewünschten Parent ❶, um sie ihm unterzuordnen ❸. Durch Hinzunahme der Alt-Taste bleiben bereits vorliegende Transformationen (Keep Transform) erhalten.

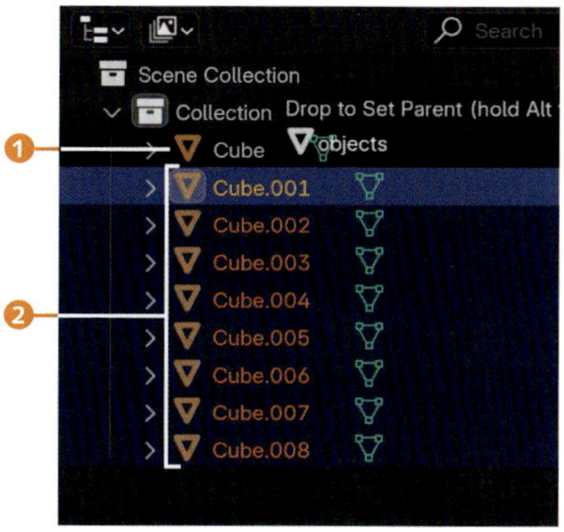

▲ **Abbildung 3.50**
Parenting per Drag & Drop

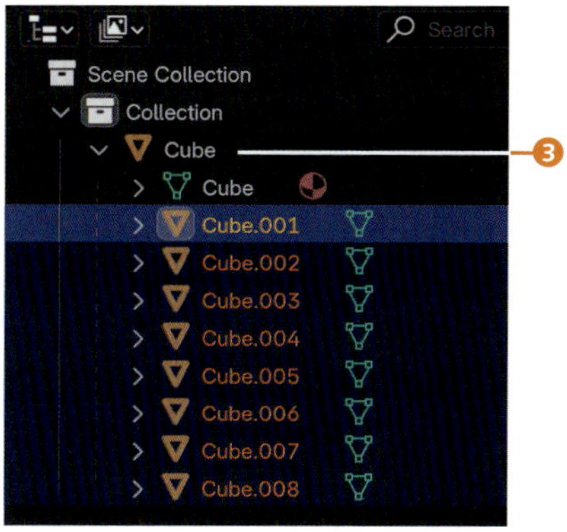

▲ **Abbildung 3.51**
Parent und Children im Outliner

Parenting dient übrigens nicht nur zur Organisation bzw. Verbindung von Objekten in Blender. Über Parenting funktioniert beispielsweise auch die Pfad-Animation oder die Anbindung eines Knochengerüsts aus Bones an einen Character für die spätere Animation. Hierfür bietet das Menü Objekt • Parent im Viewport noch zahlreiche weitere Parenting-Varianten, auf die wir später in Kapitel 16, »Character-Animation«, eingehen.

Schritt für Schritt
Verbinden von Objekten mittels Parenting

Lassen Sie uns das Parenting in Blender anhand eines kleinen Übungsbeispiels in der Praxis veranschaulichen, bei dem wir verschiedene Objekt-Hierarchien aufbauen.

1 Die Blender-Datei öffnen

Rufen Sie über den Befehl FILE • OPEN bzw. den Kurzbefehl [Strg]/[Cmd] + [O] den File Browser auf und navigieren Sie zum Verzeichnis mit den Begleitmaterialien zu diesem Buch (Abbildung 3.52). Öffnen Sie das Verzeichnis *1_Grundlagen* sowie anschließend die Datei *1_Grundlagen_Parenting.blend*, entweder per Doppelklick auf den Dateinamen oder über den Button OPEN.

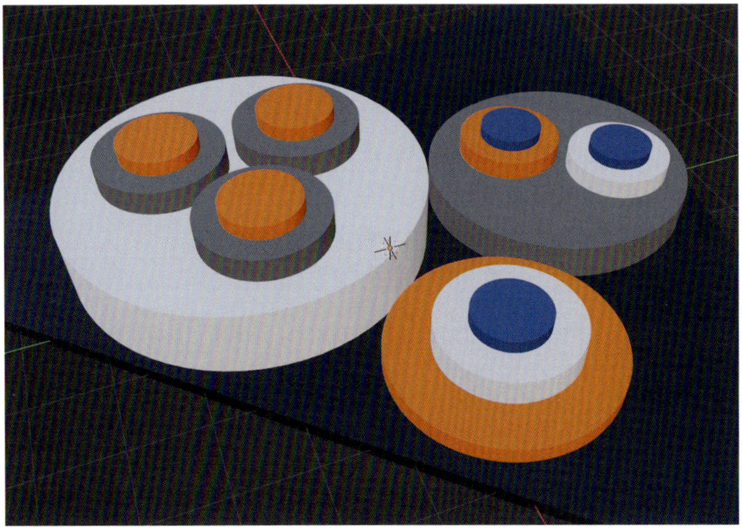

▲ **Abbildung 3.52**
Workshop-Szene im Viewport

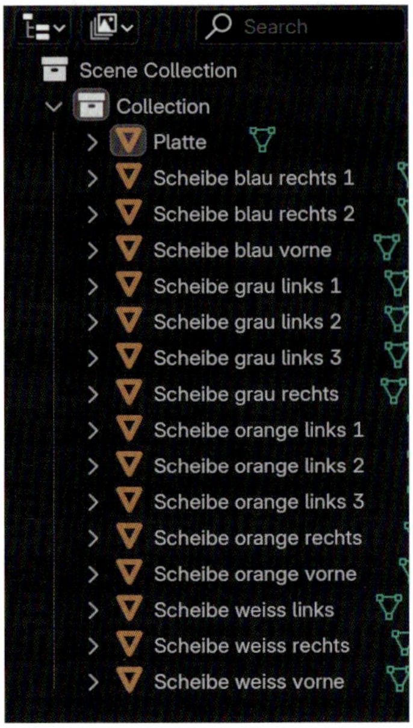

Abbildung 3.53 ▶
Objekte der Szene im Outliner

Die Szene dieses Workshops besteht aus einer Vielzahl von Scheiben, die in Gruppen aufeinandergetürmt wurden (Abbildung 3.52). Wie Sie im Outliner (Abbildung 3.53) sehen, besteht keinerlei hierarchische Beziehung zwischen den Objekten. Wenn wir also die ganz unten befindliche Trägerplatte verschieben, bewegt sich kein anderes Objekt mit. Das wollen wir nun ändern.

2 Aufbau der Hierarchie mit Parenting

Ich schlage vor, die ersten Schritte in diesem Workshop gemeinsam zu unternehmen, den Rest des sich wiederholenden Vorgangs beim Parenting übergebe ich dann in Ihre Hände.

Wir fangen beim hierarchisch letzten Element einer Gruppe an, in meinem Fall der Gruppe auf der grauen Scheibe. Halten Sie die [⇧]-Taste fest und selektieren Sie zunächst die rechte blaue und anschließend die darunter befindliche weiße Scheibe. Letztere ist damit das aktive Objekt und wird gleich zum Parent ernannt. Rufen

Sie dazu über die Tasten [Strg]/[Cmd] + [P] den Befehl Set Parent To auf, und wählen Sie Object, um die blaue Scheibe der weißen Scheibe als Child unterzuordnen (Abbildung 3.54).

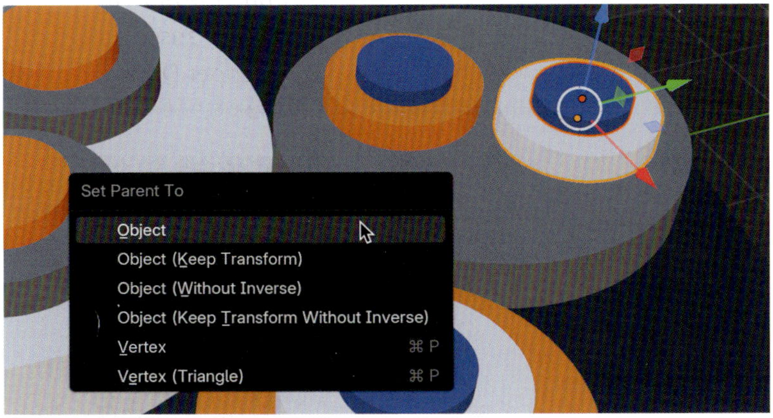

◂ **Abbildung 3.54**
Parenting der blauen an die weiße Scheibe

Verfahren Sie auf die gleiche Weise mit der linken blauen und der orangen Scheibe dieser Gruppe. Im nächsten Schritt gehen wir in der Hierarchie nach oben und ordnen die weiße und orange Scheibe der darunter befindlichen grauen Scheibe unter. Selektieren Sie dazu zunächst die weiße Scheibe und anschließend die graue Scheibe mit gedrückt gehaltener [⇧]-Taste und rufen Sie zum Parenting der beiden wiederum über die Tasten [Strg]/[Cmd] + [P] den Befehl Set Parent To • Object auf (Abbildung 3.55).

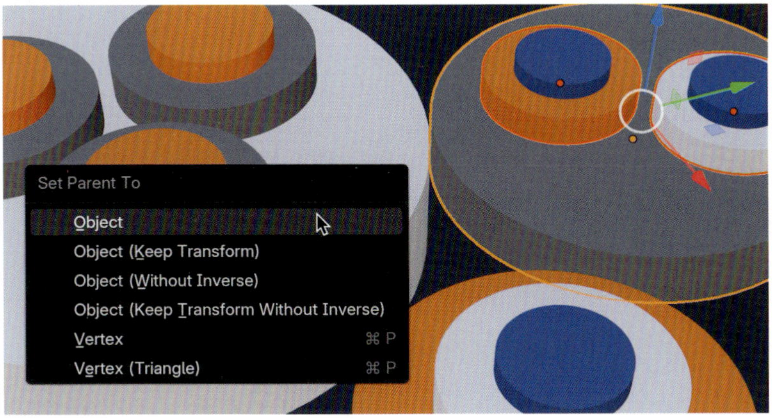

◂ **Abbildung 3.55**
Parenting der orangen und weißen Scheibe an die graue Scheibe

Achten Sie darauf, nicht versehentlich die blauen Scheiben mitzuselektieren, da sonst das von uns bereits festgelegte Parenting mit der weißen bzw. der orangen Scheibe aufgehoben würde und sowohl die blauen als auch die orange und weiße Scheibe zu vier gleichberechtigten Unterobjekten der grauen Scheibe würden. Die restlichen Parenting-Arbeiten würde ich nun Ihnen überlassen, bis hin zum letzten Schritt, dem Parenting der drei Gruppen-Scheiben an die dunkelgraue Trägerplatte.

3 Kontrolle des Parentings

Wenn alles geklappt hat, sollte die Objekt-Hierarchie Ihrer Szene der Abbildung 3.56 gleichen. Hierarchisch ganz oben steht die untere Trägerplatte, auf der nächsten Stufe folgen die weiße, gelbe und graue Scheibe der drei Gruppen.

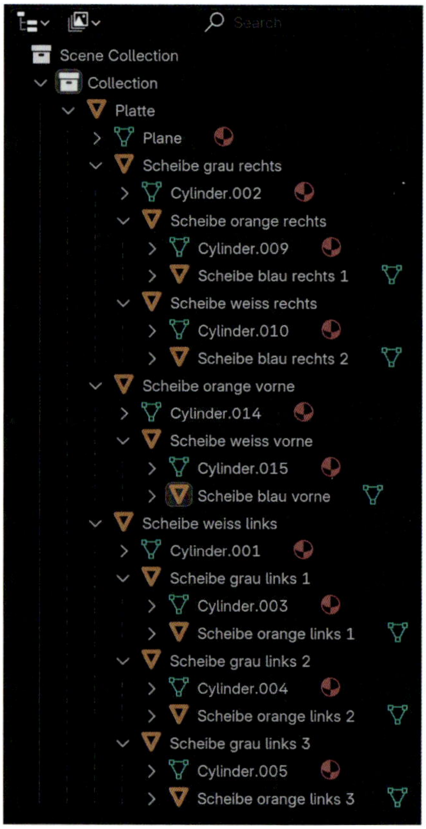

◂ Abbildung 3.56
Aufbau der Objekt-Hierarchien im Outliner

▾ Abbildung 3.57
Testen der Parenting-Hierarchien

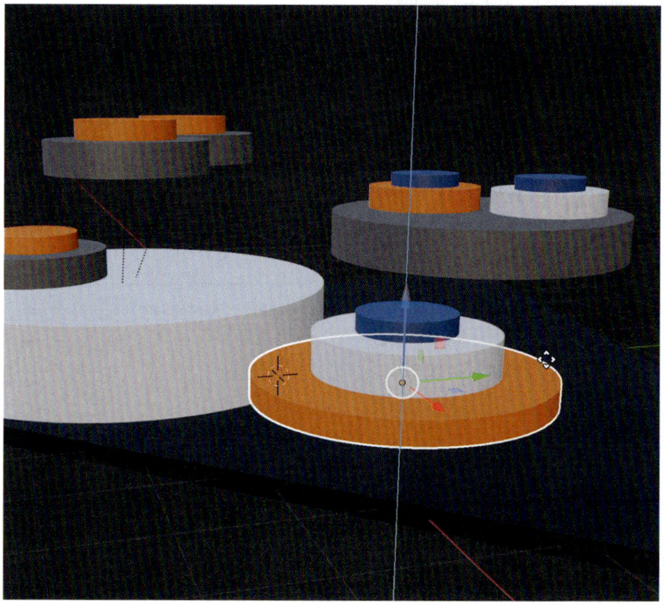

Kurzweiliger ist die Kontrolle des Parentings natürlich im Viewport, wo Sie nun die verschiedenen Gruppen selektieren und anschließend dank Parenting gemeinsam transformieren können (Abbildung 3.57). Sie können natürlich weiterhin jedes Objekt einzeln selektieren und transformieren. Sobald aber ein hierarchisch untergeordnetes Objekt vorliegt, wird dieses automatisch mit transformiert.

3.4 Collections

Eben haben wir kennengelernt, wie sich Objekte durch Parenting miteinander verbinden lassen, um sie als Gruppe gemeinsam bearbeiten bzw. transformieren zu können. Kollektionen (COLLECTIONS) bieten ebenfalls die Möglichkeit, Objekte zu Gruppen zu strukturieren, allerdings steht hier die Organisation der Objekte im Vordergrund, beispielsweise, um sie während der Arbeit gezielt ausblenden zu können oder um verschiedene Varianten einer Szene zu erstellen und natürlich, um sie beim späteren Rendering separat berechnen lassen zu können.

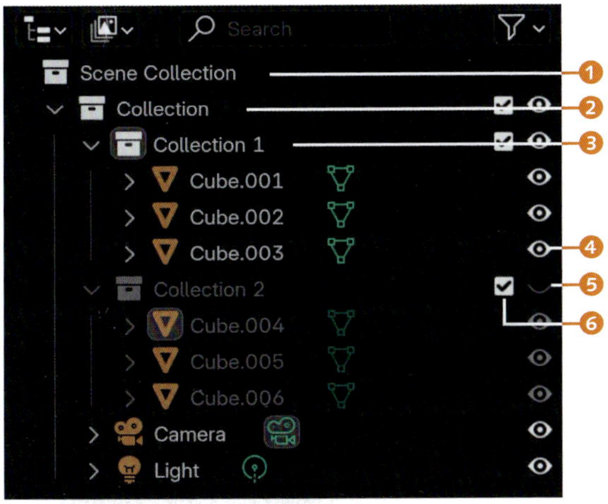

◂ **Abbildung 3.58**
Collections im Outliner

Sicher ist Ihnen nicht entgangen, dass schon beim Start von Blender zwei Collections angelegt sind (Abbildung 3.58): eine Collection für die komplette Blender-Szene ❶ sowie eine darin enthaltene Basis-Collection ❷ für alle Objekte der Szene. Sie können beliebig viele weitere Collections für Ihre Zwecke hinzufügen, entsprechend benennen und nicht zuletzt den Outliner dadurch übersichtlicher gestalten. Collections lassen sich durch Parenting ❸ ineinander verschachteln und auf diese Weise ganz nach Wunsch kombinieren.

Um die Inhalte einer Collection im 3D Viewport ein- ❹ bzw. auszublenden, verwenden Sie das bekannte Auge-Symbol ❺ im Outliner. Zum Auswählen aller in der Collection enthaltenen Elemente klicken Sie doppelt auf das Collection-Symbol. Über das Kästchen ❻ vor dem Auge-Symbol aktivieren bzw. deaktivieren Sie eine Collection, und zwar nicht nur im Viewport, sondern auch für das Rendering bzw. für den zugehörigen View Layer. Wie funktionieren nun die Objekte innerhalb der Collections?

Collections vs. Gruppen

Collections ersetzen seit Blender 2.8 die vormaligen »Gruppen« (GROUPS), über die Objekte virtuell zusammengefasst werden konnten. Der alte Befehl [Strg]/[Cmd]+[G] zum Erstellen einer Gruppe gilt weiterhin, mit ihm erzeugen Sie aber nur eine interne, nicht im Outliner verfügbare Collection.

Wie Sie bereits wissen, kann ein Objekt immer nur einmal im Outliner existieren. Damit ein Objekt aber auch Element mehrerer Collections sein kann, müssen wir mit verlinkten Objekten arbeiten, wenn es sich nicht hierarchisch lösen lässt.

Wenn Ihnen dies nun alles zu abstrakt klingt: Stellen Sie sich die Collections als Zutatenliste für verschiedene Pizza-Varianten vor. Manche Zutaten wie Teig, Mozzarella oder Tomaten sind unabdingbar, gehören also zur Basis-Collection. Pilze und Schinken schreien nach einer eigenen Collection »Regina«, könnten ihrerseits aber auch Bestandteil einer Collection »mit allem« sein.

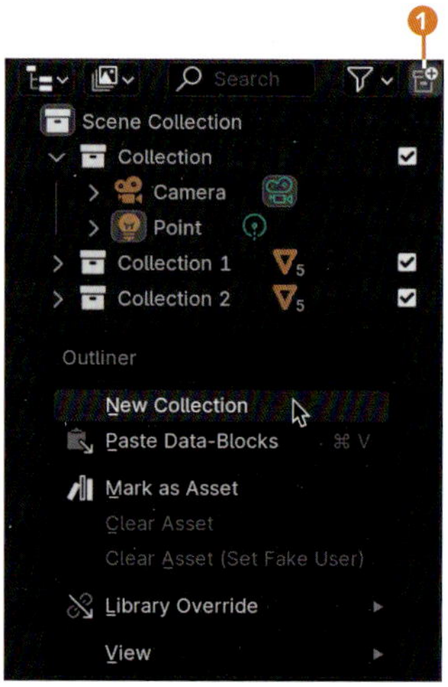

▲ **Abbildung 3.59**
Erzeugen einer neuen Collection

Collections erzeugen

Um eine neue, leere Collection im Outliner zu erzeugen, die Sie anschließend mit Elementen befüllen können, öffnen Sie per Rechtsklick im Outliner das Kontextmenü (Abbildung 3.59) und wählen New Collection aus bzw. klicken auf das Symbol ❶. Wenn Sie das Kontextmenü auf einer bereits bestehenden Collection ausführen, wird die neue Collection gleich als Unterobjekt dieser Collection angelegt, ansonsten entsteht die Collection als Element der Scene Collection. Noch schneller erstellen Sie Collections über die Taste [C] im Outliner. Selektieren Sie dazu die Collection, in der die neue Collection entstehen soll, und drücken Sie so oft die Taste [C], bis Sie die gewünschte Anzahl an Collections erzeugt haben.

Collections zuweisen und entfernen

Sobald Sie ein neues Objekt erzeugen, wird es automatisch der Collection zugewiesen, die in diesem Moment im Outliner selektiert ist. Für bereits bestehende Objekte rufen Sie über die Taste [M] den Befehl Move to Collection auf (Abbildung 3.60).

Abbildung 3.60 ▸
Zuweisen eines Objekts zu einer Collection

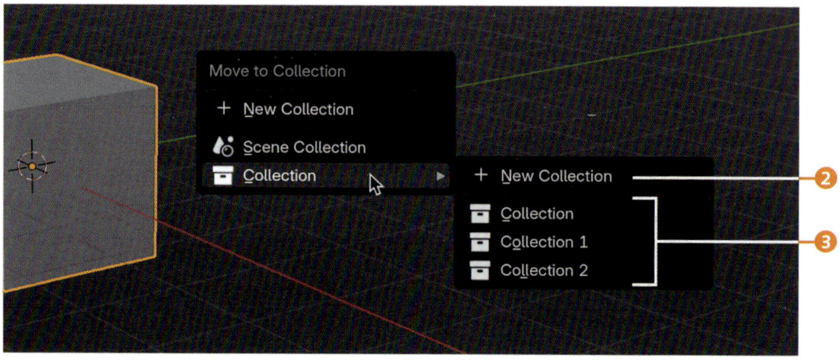

Hier finden Sie alle Collections (2 und 3) der Szene hierarchisch aufgelistet, so dass Sie beim Zuweisen des Objekts auch auf untergeordnete Collections Zugriff haben. Falls nötig, können Sie über den Eintrag New Collection auch eine neue Collection erzeugen. Anschließend dürfen Sie der neu erzeugten Collection auch gleich einen geeigneten Namen geben (Abbildung 3.61) und mit ↵ und Klick auf OK bzw. nochmaligem ↵ bestätigen.

▲ **Abbildung 3.61**
Benennen der neuen Collection

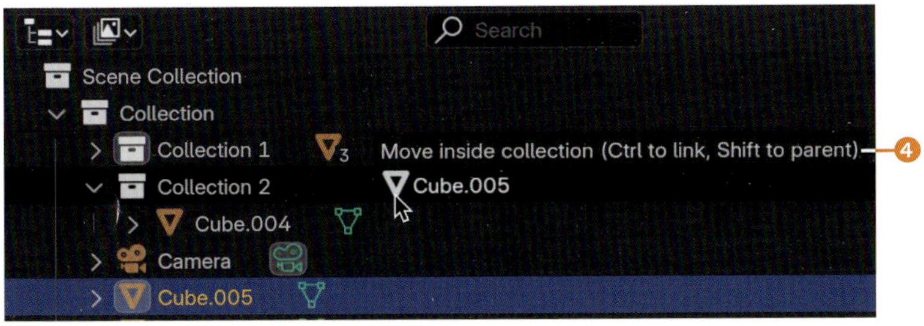

◄ **Abbildung 3.62**
Zuweisen zur Collection per Drag & Drop

Natürlich können Sie auch den Outliner verwenden, um Ihre Collections mit Objekten zu bestücken. Dazu ziehen Sie die selektierten Objekte per Drag & Drop auf die Ziel-Collection (Abbildung 3.62). Wie die Einblendung 4 besagt, ist keine zusätzliche Taste nötig, um die Objekte in die Collection zu bewegen. Sollten Sie das Objekt in verschiedenen Collections als Eintrag verwenden wollen, halten Sie zusätzlich die Ctrl-Taste gedrückt, um einen Link für das Objekt in die Collection zu legen.

Auch über den Object-Tab des Properties Editors (Abbildung 3.63) können Sie im Panel Collection Ihre Objekte Collections zuordnen 5, neue (interne) Collections anlegen 7 und auch Objekte von einer Collection entfernen 6. Das Specials-Menü 8 bietet weitere Möglichkeiten, beispielsweise um die ganze Collection zu entfernen (Unlink Collection) oder alle Objekte der Collection zu selektieren (Select Objects in Collection).

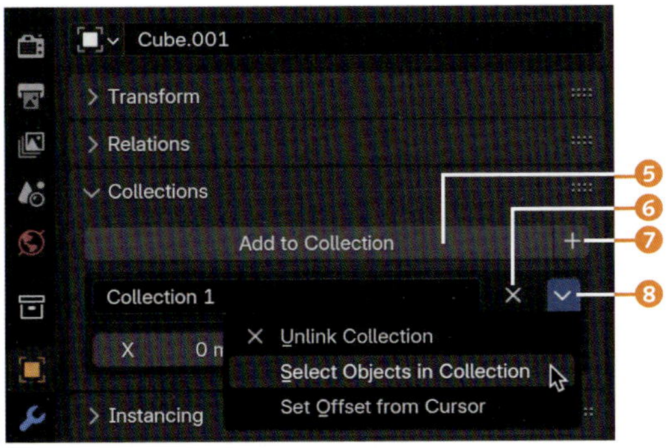

◄ **Abbildung 3.63**
Panel Collections im Object-Tab des Properties Editors

Letzterer Befehl ist insbesondere bei internen Collections interessant, die nicht im Outliner erscheinen, dafür aber während Ihrer Arbeit trotzdem als »Gruppe« von Objekten funktionieren.

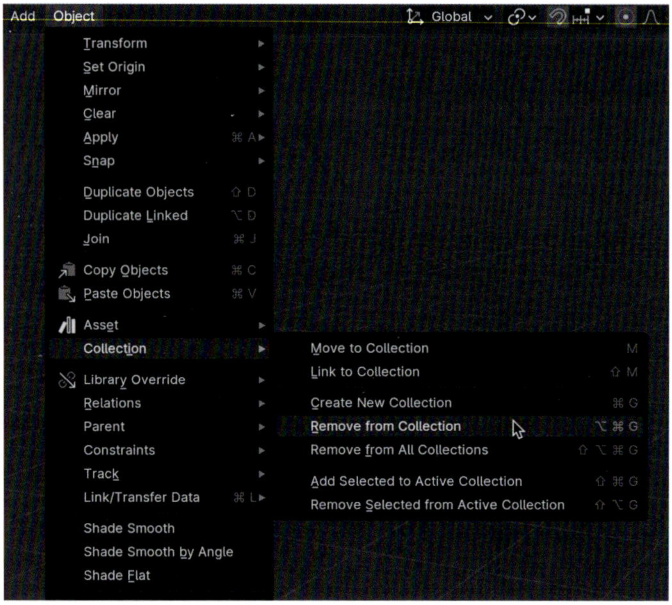

▲ **Abbildung 3.64**
Menü OBJECT • COLLECTION

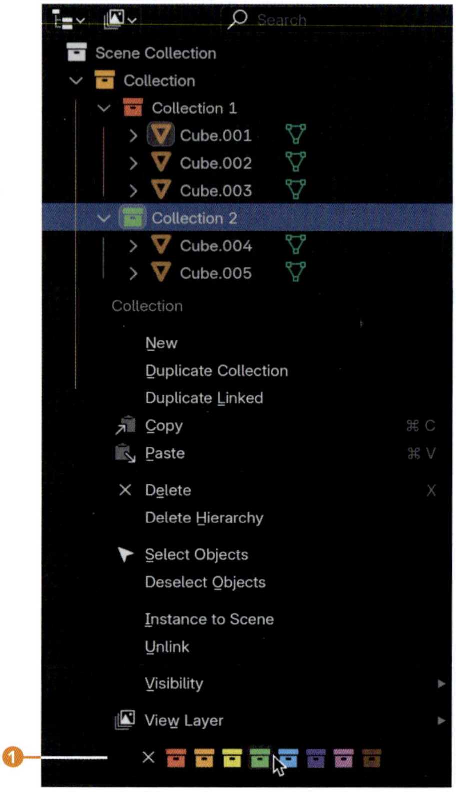

Abbildung 3.65 ▶
Kontextmenü COLLECTION im Outliner

Sie finden diese und weitere Befehle für den Umgang mit Collections (sowie die zugehörigen Kurzbefehle) im Menü OBJECT • COLLECTION (Abbildung 3.64) im 3D Viewport sowie im Kontextmenü COLLECTION im Outliner (Abbildung 3.65), das Sie per rechter Maustaste aufrufen. So können Sie Collections beispielsweise zur besseren Unterscheidbarkeit im Outliner verschiedene Farben 1 zuweisen.

Zum Entfernen eines Objekts aus einer Collection sollten Sie entweder den Outliner verwenden und das Objekt entsprechend zuordnen oder das Objekt über den Befehl MOVE TO COLLECTION (Taste M) in eine andere Collection verschieben. Ansonsten führt das Entfernen des Objekts per REMOVE FROM COLLECTION dazu, dass es in keiner Collection mehr enthalten ist (auch nicht in der Scene Collection) und verschwindet. Um es zurückzuholen und neu zu verlinken, müssen Sie sich in den Outliner begeben.

Collections löschen

Um eine nicht mehr benötigte Collection zu löschen, selektieren Sie diese im Outliner und drücken die Taste [X], oder Sie rufen das Kontextmenü per Rechtsklick auf (Abbildung 3.65) und wählen den Befehl DELETE. Beim Löschen einer Collection bleiben alle darin befindlichen Objekte ❸ erhalten und werden in die Ebene der nächsthöheren Collection ❷ hochgestuft.

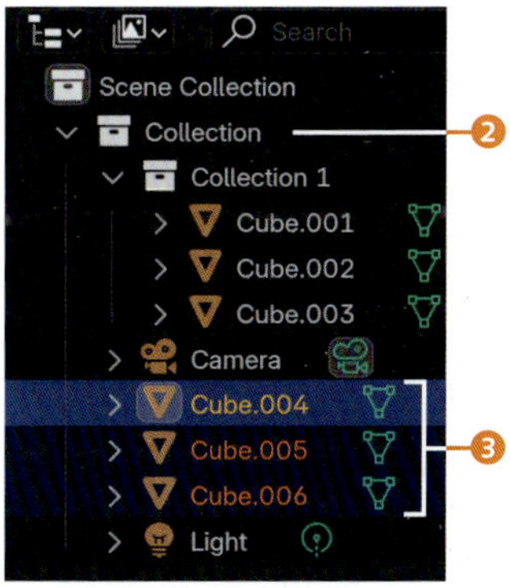

▲ **Abbildung 3.66**
Neu zugeordnete Objekte

Collection-Einstellungen

Im Tab COLLECTION des Properties Editors (Abbildung 3.67) finden Sie im Panel RESTRICTIONS Einstellungen für die Bearbeitbarkeit bzw. Sichtbarkeit der Elemente beim Rendern.

Im Panel INSTANCING können Sie über den Parameter INSTANCING OFFSET einen Versatz eingeben oder über das zugehörige Menü vom 3D Cursor oder Objekt übertragen. SET CURSOR TO OFFSET versetzt den 3D Cursor auf den Offset, um diesen sichtbar zu machen.

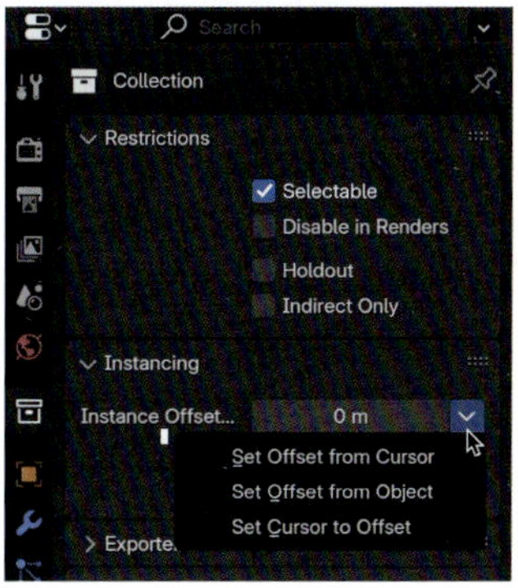

▲ **Abbildung 3.67**
Tab COLLECTION

Schritt für Schritt
Organisation von Objekten mittels Collections

Sehen wir uns die Arbeit mit Collections in einem Praxisbeispiel an. Zunächst organisieren wir die Objekte über den Outliner und bereiten sie anschließend in View Layern für das Rendering auf.

1 Die Blender-Datei öffnen

Rufen Sie über den Befehl FILE • OPEN ([Strg]/[Cmd] + [O]) den File Browser auf und navigieren Sie zum Verzeichnis mit den Begleitmaterialien zum Buch. Wählen Sie das Verzeichnis *1_Grundlagen* und öffnen Sie daraus die Datei *1_Grundlagen_Collections.blend*.

◂ **Abbildung 3.68**
Cubes und UV Spheres auf einer Plane – Startpunkt für den Workshop

2 Anlegen der Collections für die Würfel und Kugeln

Wir beginnen mit einer Collection für die Würfel, indem wir alle vier blauen Cubes selektieren und über die Taste [M] den Befehl MOVE TO COLLECTION aufrufen (Abbildung 3.69). Erzeugen Sie eine neue Collection, die Sie im nächsten Schritt mit einem eindeutigen Namen wie »Würfel« versehen (Abbildung 3.70).

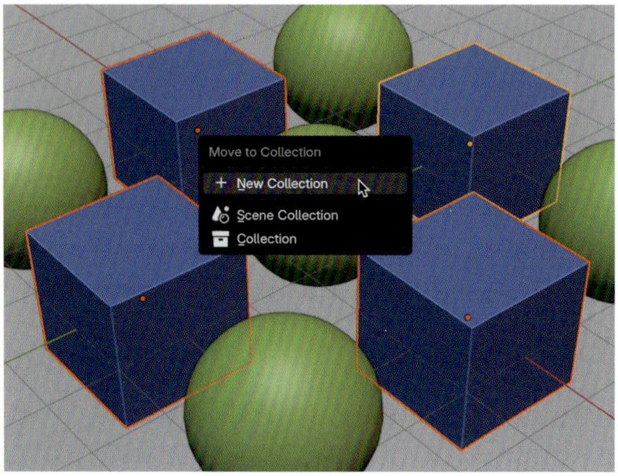

▲ **Abbildung 3.69**
Erzeugen einer neuen Collection für die Cubes

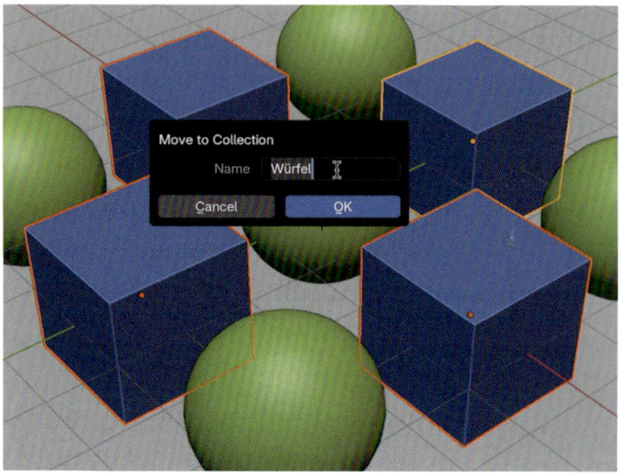

▲ **Abbildung 3.70**
Benennen der neuen Collection

Die Collection für die Kugeln erzeugen wir über den Outliner. Selektieren Sie die fünf Kugeln ❶ mit gedrückt gehaltener [⇧]-Taste und legen Sie über MOVE TO COLLECTION • NEW COLLECTION (Taste [M]) eine neue Collection an. Benennen Sie die Collection nach Doppelklick auf den Namen ❷ sinnvoll.

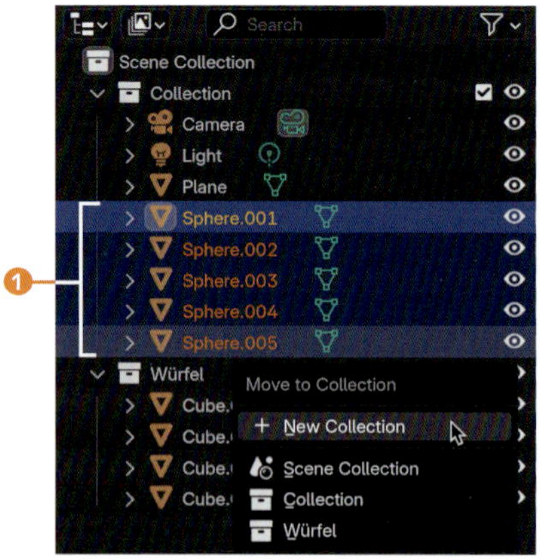

▲ **Abbildung 3.71**
Erzeugen einer neuen Collection für die UV Spheres

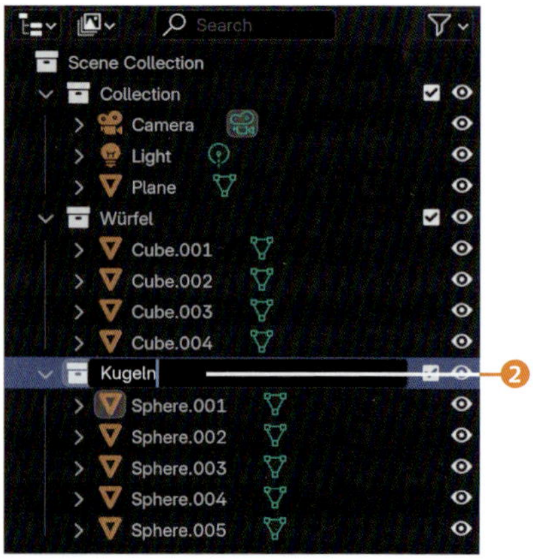

▲ **Abbildung 3.72**
Benennen der neuen Collection

3 Anlegen einer übergeordneten Collection für den Untergrund

Anstatt das Plane-Objekt für den Untergrund in unsere beiden Collections zu legen, erzeugen wir eine neue, übergeordnete Collection, in die wir die beiden zuvor erstelle Collections zusammen mit dem Plane-Objekt aufnehmen.

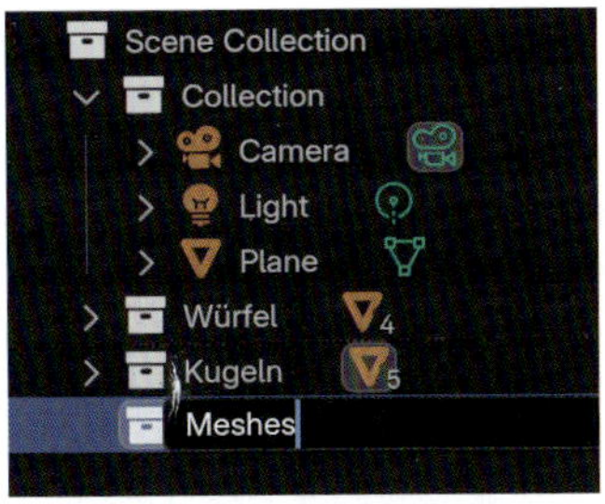

▲ **Abbildung 3.73**
Erzeugen und Benennen der neuen Collection

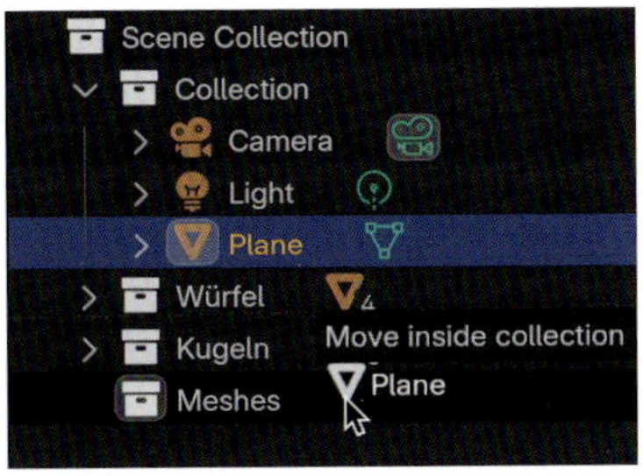

▲ **Abbildung 3.74**
Zuweisen des Plane-Objekts zur übergeordneten Collection

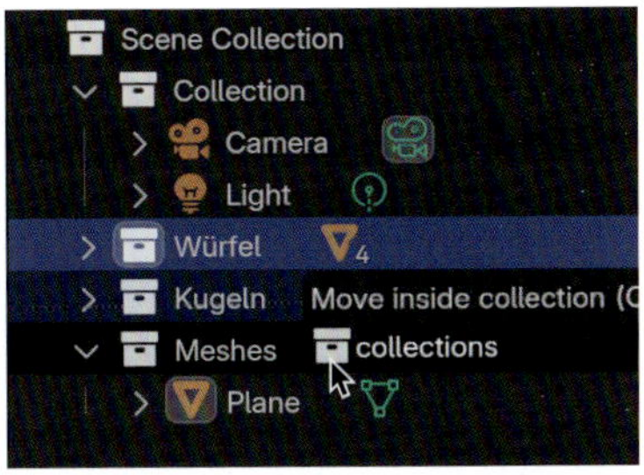

▲ **Abbildung 3.75**
Zuweisen der Collections zur übergeordneten Collection

Öffnen Sie das Kontextmenü per Rechtsklick an einer freien Stelle im Outliner und erzeugen Sie eine neue Collection, die Sie in »Meshes« umbenennen (Abbildung 3.73). Weisen Sie dieser Collection nun nacheinander das Plane-Objekt (Abbildung 3.74) sowie die beiden Würfel- und Kugel-Collections (Abbildung 3.75) per Drag & Drop zu.

4 Einrichten des View Layers für die Würfel

Damit ist auch schon alles vorbereitet, um die beiden Render-Versionen einzurichten. Benennen Sie als Erstes den aktuellen View Layer über sein Namensfeld ③ in »Layer_Würfel« um und deaktivieren Sie die nicht benötigte Collection »Kugeln« ④. Fertigen Sie über den Button Add View Layer ⑤ rechts vom Namensfeld des View Layers eine Kopie dieses View Layers an.

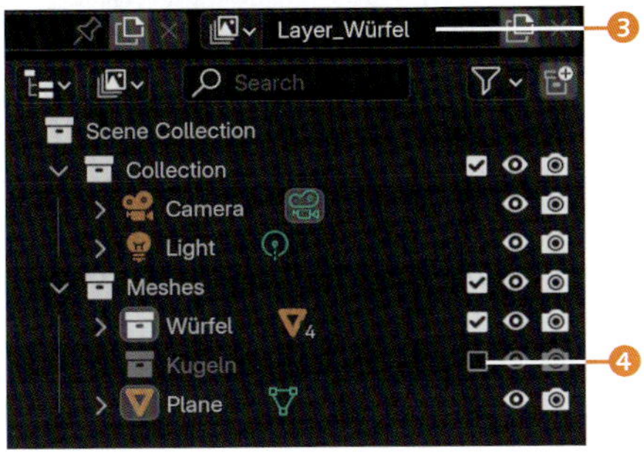

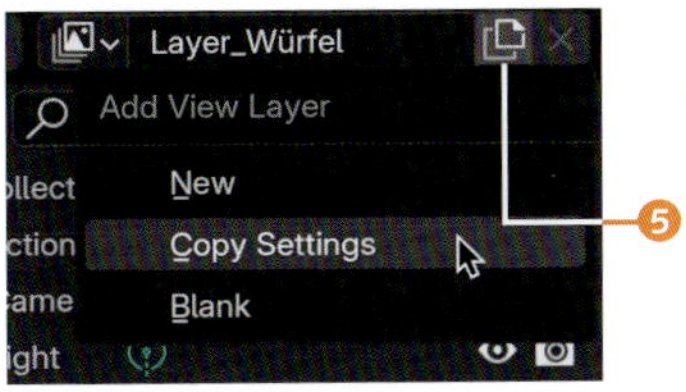

◂ **Abbildung 3.76**
Duplizieren des View Layers über Copy Settings

◂ **Abbildung 3.77**
Einstellen und Benennen des Layers für die Würfel

5 Einrichten des View Layers für die Kugeln

Das eben erstellte Duplikat des View Layers verwenden wir als Vorlage für den View Layer für die Kugeln. Benennen Sie also den neuen View Layer über sein Namensfeld ❶ (Abbildung 3.78) in »Layer_Kugeln« um und deaktivieren Sie diesmal die nicht benötigte Collection »Würfel« ❷, während Sie die Collection »Kugel« aktivieren ❸.

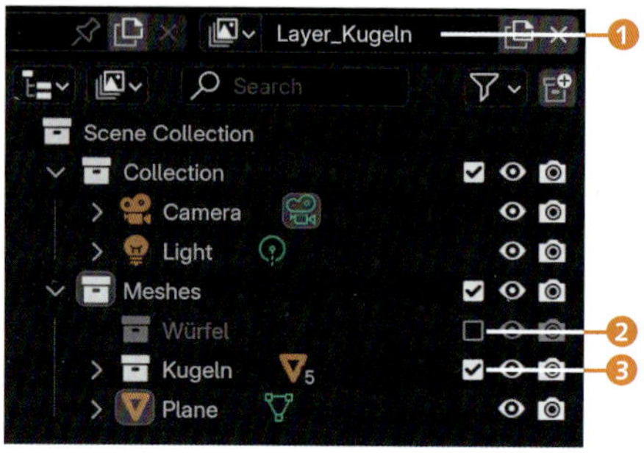

▲ **Abbildung 3.78**
Benennen und Einstellen des Layers für die Kugeln

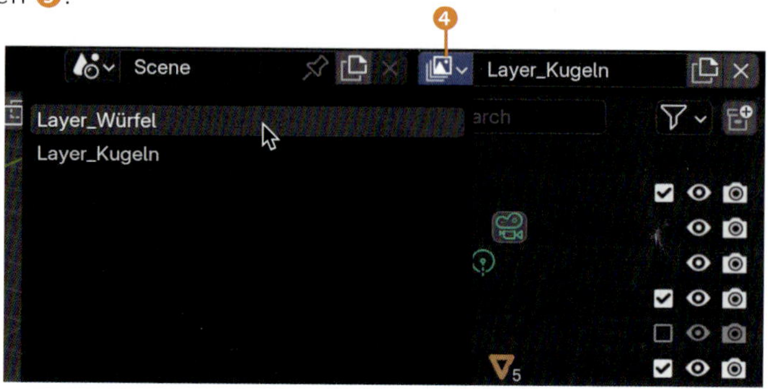

▲ **Abbildung 3.79**
Auswahl der verschiedenen View Layer

6 Auswahl der View Layer und Rendering

Über das Menü der View Layer ❹ haben Sie nun beide Varianten der Szene griffbereit. Bei einem Wechsel werden automatisch die jeweiligen Collections aktiviert bzw. deaktiviert.

Drücken Sie jetzt die Taste F12, um Ihr erstes Rendering in Blender zu starten. Das fertige Ergebnis (Abbildung 3.80) enthält ebenfalls unsere beiden mit Collections erzeugten separierten View Layer ❺.

Abbildung 3.80 ▶
Rendering der View Layer

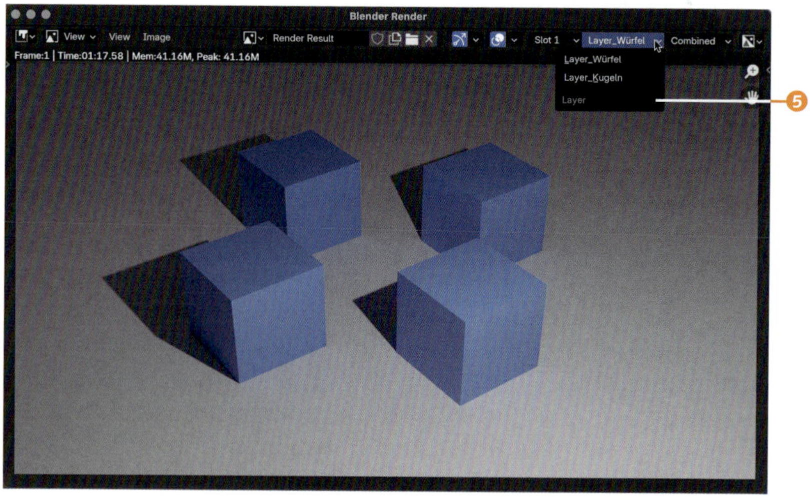

3.5 Annotation-Tool

Das Annotation-Tool ist ein unkompliziertes Zeichen-Werkzeug, mit dem Sie Anmerkungen, Erklärungen und Skizzen direkt im 3D Viewport oder auch in anderen Editoren, wie zum Beispiel dem Node Editor, hinterlegen können. Weil die Möglichkeit, Ideen und Änderungsvorschläge und -wünsche so unmittelbar weiterzugeben, eigentlich in jedem Projektstadium willkommen ist, finden Sie das Annotation-Tool in der Toolbar bei den Standardwerkzeugen (Abbildung 3.81).

Genau genommen handelt es sich dabei um insgesamt vier Annotation-Tools, denn je nach Bedarf zeichnen Sie freihändig ❻, erzeugen einzelne Linien ❼ oder verbundene Linienzüge ❽. Selbstverständlich können Sie Ihre Skizzen bei Nichtgefallen auch auchwieder wegradieren ❾. Fast wie in einem Bildbearbeitungsprogramm arbeiten Sie dabei ebenenbasiert, Sie legen also unterschiedliche Annotations über die +- bzw. –-Buttons ⓬ in eigenen Ebenen an.

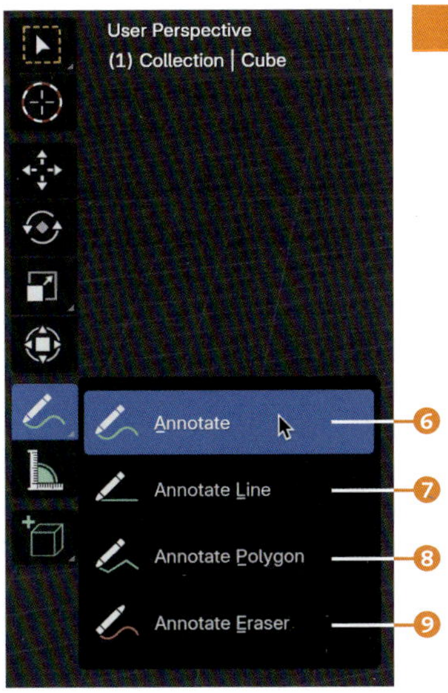

▲ Abbildung 3.81
Annotation-Tools in der Toolbar

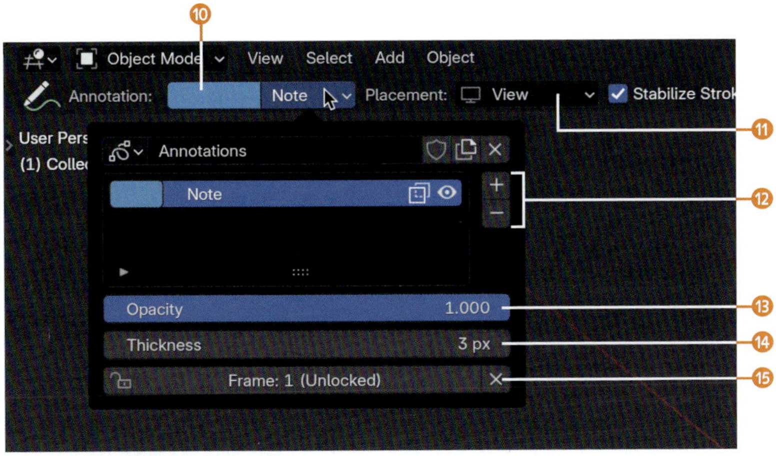

◂ Abbildung 3.82
Einstellungen für das Annotation-Tool

Im Menü mit den Einstellungen des Annotation-Tools können Sie außerdem die Farbe ❿, Opazität ⓭ (Opacity) und Dicke ⓮ (Thickness) der gezeichneten Linien vorgeben und außerdem bestimmen, auf welches Bild (Frame) sich Ihre angefertigte Skizze dabei bezieht. Wenn Sie möchten, dass die Annotation auch in den anderen Frames sichtbar ist, klicken Sie auf den Button ⓯.

Das Annotation-Tool berücksichtigt während Ihrer zeichnerischen Tätigkeit im Editor stets einen Bezugspunkt für die Annotation, den Sie über das Menü Placement ⓫ vorgeben. Standardmäßig arbeiten Sie in der Einstellung 3D CURSOR (Abbildung 3.83), was bedeutet, dass Ihre Skizze räumlich auf die Position des Cursors gesetzt bzw. ausgerichtet wird und auch beim Ändern der Ansicht dort bleibt.

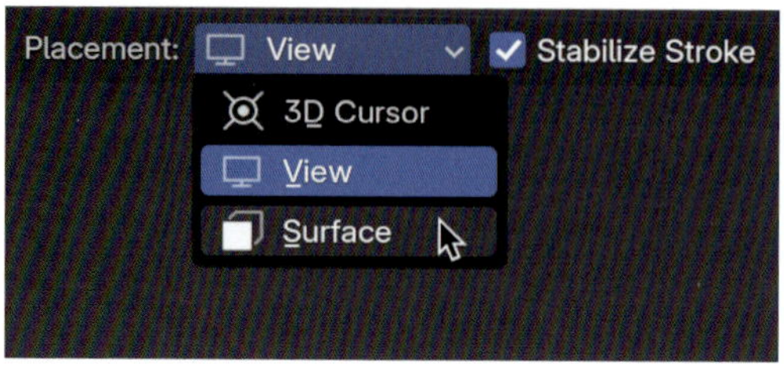

Abbildung 3.83 ▸ Einstellungsmenü PLACEMENT des Annotation-Tools

In der Einstellung VIEW bleibt Ihre Zeichnung auch beim Ändern der Ansicht im 3D Viewport an Ort und Stelle. Hier wirken Ihre ANNOTATIONS also wie direkt auf Ihren Monitor gezeichnet ①. Für besonders detaillierte Anmerkungen, die sich beispielsweise auf die Geometrie oder Textur eines Modells beziehen, ist die Option SURFACE ideal. Mit dieser Einstellung malen Sie im Viewport direkt auf das Objekt ②.

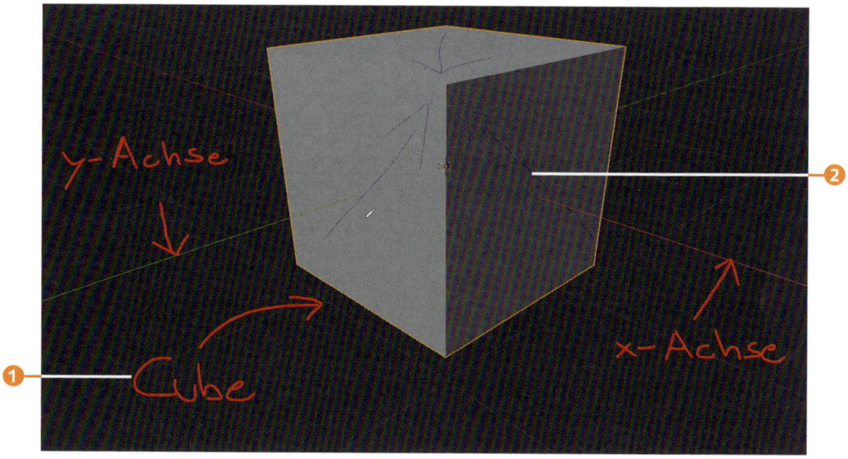

Abbildung 3.84 ▸ Annotations im Viewport

Von seiner Historie her handelt es sich beim Annotation-Tool um eine (rück-)abgespeckte und auf seine wesentlichen Funktionen reduzierte Variante von Grease Pencil. Diese in Blender integrierte und mittlerweile sehr umfangreiche 2D-Zeichen- und Animationsumgebung hatte ihren Ursprung als einfaches, praktisches Tool für Anmerkungen und Skizzen. Mehr über dieses faszinierende Werkzeug und die damit verbundenen Möglichkeiten erfahren Sie später in Kapitel 19, »2D-Animation«.

Kapitel 4
Datenmanagement

In diesem Kapitel möchte ich Sie einladen, mit mir einen Blick unter die Haube von Blender zu werfen. Blender tickt nämlich auch beim Thema Datenmanagement etwas anders. Wir sehen uns die wichtigen Eigenheiten an und klären anschließend, wie wir sie am besten in der Praxis für unsere Zwecke einsetzen können.

4.1 Datenblöcke, Links und User

Ein wenig Hintergrundwissen über Datenblöcke, Links und User in Blender hilft uns in dreierlei Hinsicht. Erstens werden die Arbeitsweise und die Logik verständlicher, zweitens eröffnen sich dadurch neue Möglichkeiten, wie beispielsweise zur Erstellung von Bibliotheken. Drittens, und damit sind wir beim kritischen Punkt: Schutz vor Datenverlust.

»Datenverlust« klingt ein wenig dramatisch, dabei handelt es sich nämlich eigentlich um eine gewollte Verschlankung der Daten, damit alte, unbenutzte Datenblöcke die Blender-Datei nicht unnötig aufblähen. Deshalb wird beim Schließen einer Blender-Datei stets aufgeräumt und in der Szene nicht verwendetes Material grundsätzlich entsorgt. Bevor wir uns ansehen, wie wir das verhindern können, sollten wir zunächst verstehen, wie Blender intern arbeitet.

Ihre Blender-Datei besteht aus einer Unmenge an Datenblöcken, die miteinander über sogenannte Links verknüpft sind. Die Objekte können diese Datenblöcke, seien es Meshes, Materialien, Texturen etc., nutzen, wodurch sie zu einem Benutzer (»User«) des Datenblocks werden. Diese Trennung der verschiedenen Datenblöcke macht das ganze System sehr flexibel.

Sicherheitsnachfrage

Früher, genauer gesagt vor Version 2.8, war das Risiko, einen unerwünschten Datenverlust in Blender zu erleben, noch deutlich höher. Beim Öffnen eines anderen Blend-Files beispielsweise wurde das momentan aktive Blend-File ohne vorherige Nachfrage einfach geschlossen. Diese klassischen Stolperfallen wurden längst durch klare Sicherheitsnachfragen beseitigt.

Sehen wir uns die Thematik an einem sehr einfachen Beispiel, einer Szene mit einem lila Würfel und einer gelben Kugel, an. Jedes der beiden Objekte besitzt als Basis einen Objekt-Datenblock ❶, verlinkt mit einem Mesh-Datenblock ❷, der für die Geometrie zuständig ist, sowie einen Material-Datenblock ❸, der für die Farbe sorgt.

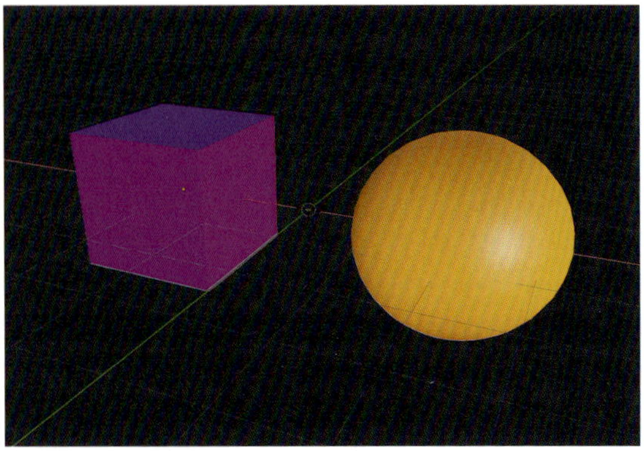

▲ **Abbildung 4.1**
Lila Cube und gelbe UV Sphere

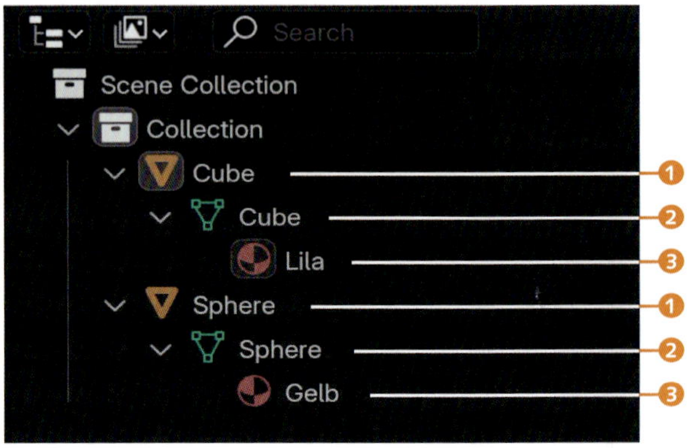

▲ **Abbildung 4.2**
Datenblöcke von Cube und UV Sphere

Die verschiedenen Datenblöcke sind lediglich durch Verknüpfungen (die Links) mit dem jeweiligen Objekt verbunden, im Prinzip aber frei in der Blender-Datei verfügbar und ebenso frei wiederverwendbar.

Die Verknüpfungen für das Mesh des Cubes finden wir im Object Data-Tab ❺, für das Material der UV Sphere im Material-Tab ❼ hinterlegt. Klicken wir dort auf den Button der Mesh- ❹ bzw. Material-Liste ❻, bekommen wir alle Mesh- bzw. Material-Datenblöcke, die in unserer Blender-Datei vorliegen, in einer Liste zur Auswahl angezeigt (Abbildungen 4.3 und 4.4).

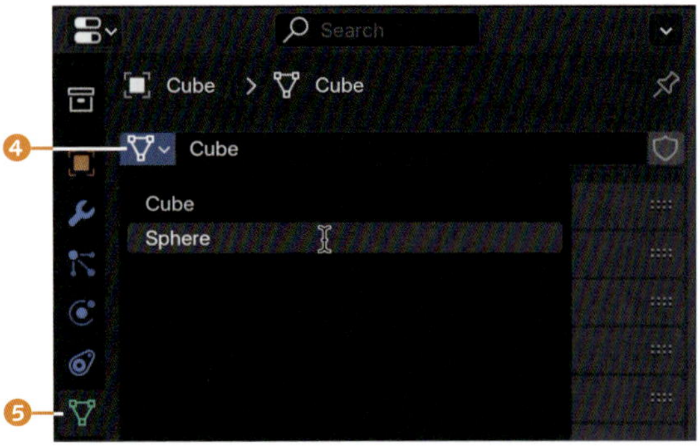

▲ **Abbildung 4.3**
Datenblock-Liste der Meshes

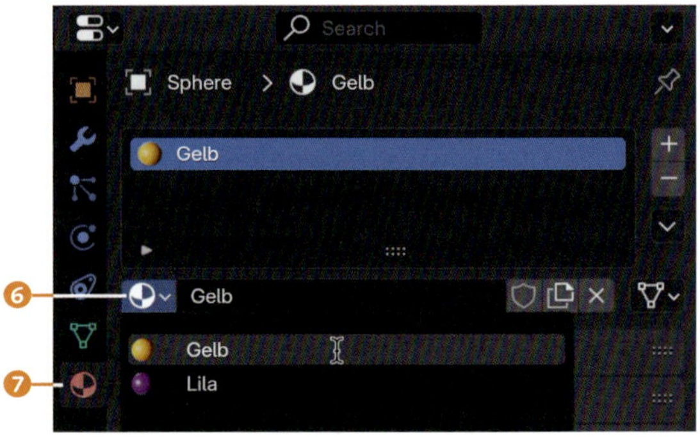

▲ **Abbildung 4.4**
Datenblock-Liste der Materialien

Nun liegt es auf der Hand, dass wir die Verknüpfungen zum Objekt-Datenblock sehr schnell ändern können, indem wir einfach einen anderen Mesh- bzw. einen anderen Material-Datenblock aus der Liste auswählen. Ein Objekt lässt sich also vereinfacht als User unterschiedlicher Datenblöcke ansehen. Umgekehrt kann ein Datenblock natürlich nicht nur einen, sondern zahlreiche User aufweisen. Die genaue Anzahl an Usern (solange es nicht nur einen User gibt) lesen Sie an der Zahl im jeweiligen Datenblock-Menü ab ❽.

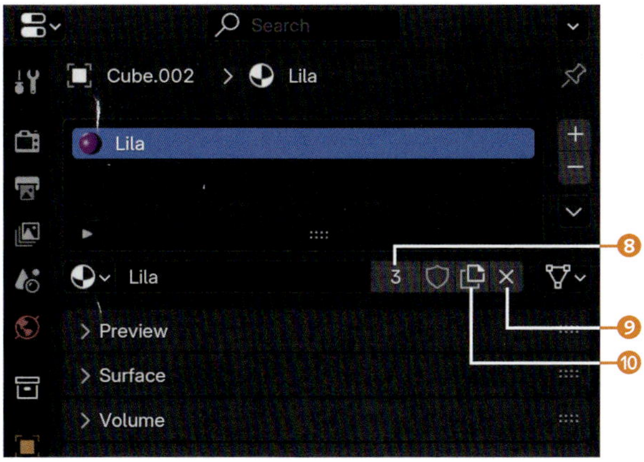

▲ **Abbildung 4.5**
Buttons am Datenblock-Menü

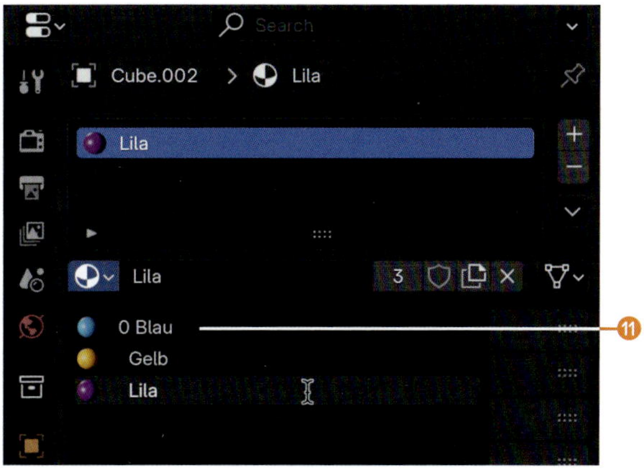

▲ **Abbildung 4.6**
Datenblock ohne User

Der Vorteil dieser Arbeitsweise: Sie haben an genau der Stelle, an der Sie beispielsweise ein bestimmtes Material benötigen, nicht nur alle Materialien der Blender-Datei zur Hand, Sie können auf Wunsch auch ganz neue Material-Datenblöcke als Duplikat des vorhandenen Datenblocks erzeugen ❿ oder den Link zum Datenblock löschen ❾. Um einen Datenblock, beispielsweise ein verlinktes Duplikat eines Mesh-Objekts, aus der Verknüpfung herauszunehmen und unabhängig damit weiterzuarbeiten, klicken Sie auf den Button der Nutzerzahl ❽. Damit besitzt das Objekt fortan einen individuellen Mesh-Datenblock.

So weit also sehr erfreuliche Nachrichten. Der einzige Haken liegt darin begründet, dass es bei aller Freiheit im Umgang mit Datenblöcken, Links und Usern auch durchaus vorkommen kann, dass ein Datenblock plötzlich überhaupt keinen User mehr hat. Einen solchen Datenblock erkennen Sie stets an der 0 vor dem Namen ⓫. Leider darf uns das nicht egal sein, denn wie wir wissen, werden Datenblöcke ohne User beim Speichern der Blender-Datei nicht

Aufräum-Kommando

Das Entfernen unbenutzter Datenblöcke können Sie auch direkt über den Befehl FILE • CLEAN UP (Abbildung 4.10) anstoßen.

berücksichtigt und sind, wie anfangs bereits beschrieben, deshalb beim nächsten Öffnen der Datei nicht mehr vorhanden. Doch Blender liefert Ihnen natürlich gleich eine Lösung für dieses vermeintliche Problem, den sogenannten Fake-User.

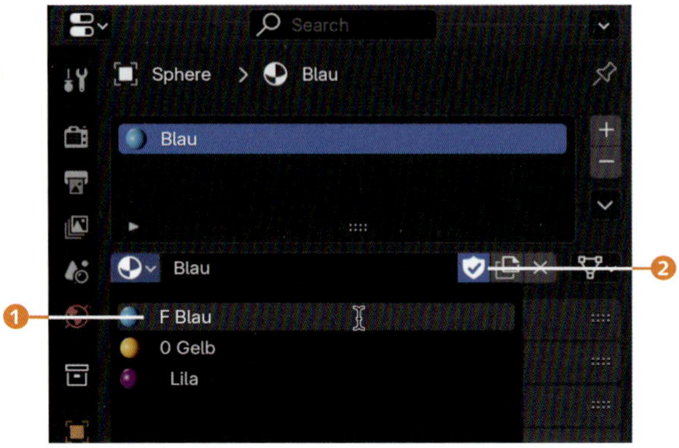

Abbildung 4.7 ▸
Fake-User für das blaue Material

Durch Fake-User teilen Sie Datenblöcken einen virtuellen Nutzer zu, um sie vor der Löschung beim Speichern und Schließen des Blend-Files zu bewahren. Sie erkennen auf diese Weise gesicherte Datenblöcke am vorgestellten F in der Datenblock-Zeile ❶. Um einen Fake-User für solch einen potenziell gefährdeten Datenblock anzulegen, klicken Sie auf den Schild-Button ❷ in der Datenblock-Zeile.

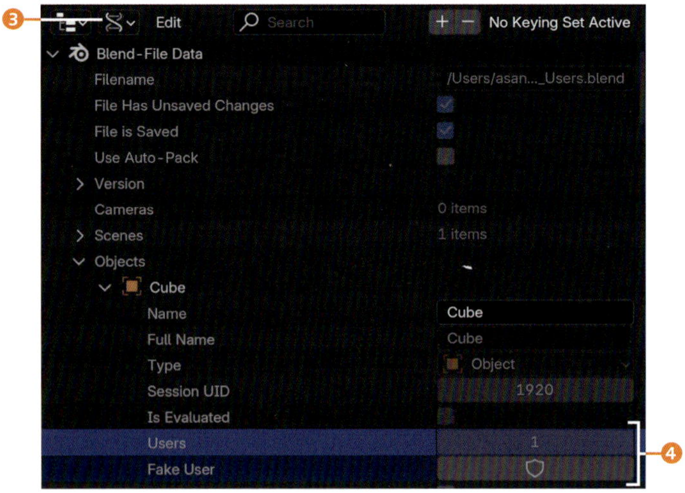

Abbildung 4.8 ▸
User und Fake-User im Data API Mode des Outliners

Weiteren Einblick in die Welt der Datenblöcke von Blender bietet übrigens der Outliner (Abbildung 4.8), wenn Sie den Anzeigemodus einmal auf DATA API ❸ setzen, dort sind auch die User und Fake-User ❹ für jeden Datenblock hinterlegt. Wie Sie sich nun abschließend sicherlich denken können, wurden in Abbildung 4.9 im Vergleich zur Abbildung 4.1 lediglich ein paar Mesh- und Material-Datenblöcke getauscht.

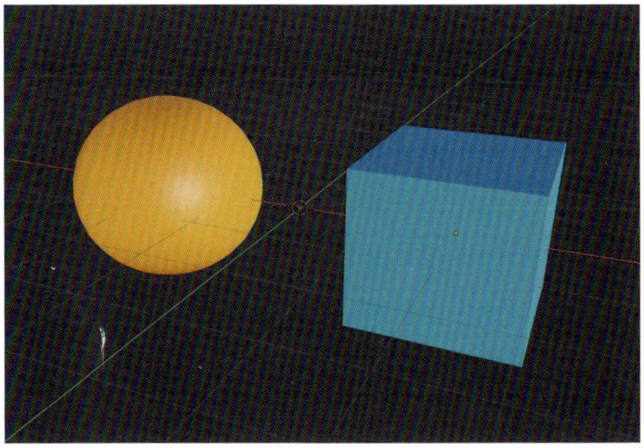

◂ **Abbildung 4.9**
Vertauschte Datenblöcke

4.2 Blend-Files

Zu den gewöhnungsbedürftigen Besonderheiten von Blender gehört, dass Sie immer nur ein Blend-File zur gleichen Zeit geöffnet haben können. Für den gezielten Import von Objekten, Materialien und anderen Elementen aus einem anderen Blend-File bietet Blender dafür aber andere, sehr komfortable Optionen.

Blend-Files öffnen

Wie Sie Blender-Dateien öffnen, haben Sie in den Kurz-Workshops bereits kennengelernt. Neben dem Befehl Open ❺ (Tasten Strg / Cmd + O) finden Sie im Menü File außerdem im Untermenü Open Recent ❻ stets die zehn zuletzt benutzten Blender-Dateien aufgelistet.

Das Untermenü Recover ❽ bietet Ihnen die Möglichkeit, beim Schließen (Last Session) bzw. während der Arbeit (Auto Save) automatisch gespeicherte Dateien wiederherzustellen. Zur zuletzt gespeicherten Version der aktuell geöffneten Datei gelangen Sie über den Befehl Revert ❼.

Auf die Import- und Exportfunktionen von Blender gehen wir übrigens zu einem späteren Zeitpunkt noch genauer ein. An dieser Stelle wollen wir uns ausschließlich mit den originalen Blend-Files beschäftigen.

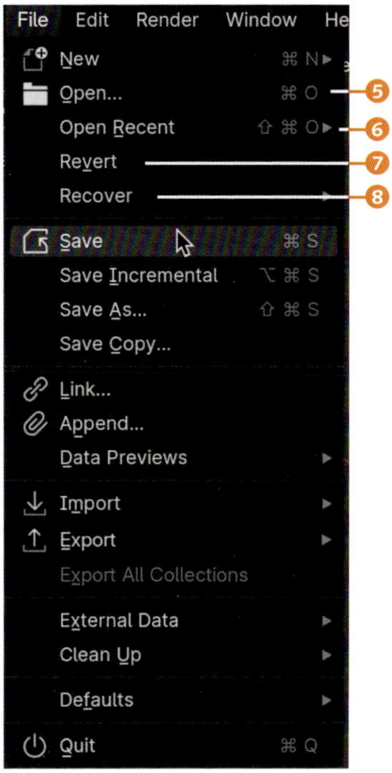

▴ **Abbildung 4.10**
Menü File

Egal ob beim Öffnen oder beim Speichern von Blender-Dateien, in jedem Fall finden Sie sich anschließend in Blenders eigenem, wirklich praktischem File Browser (Abbildung 4.11) wieder, den Sie sich übrigens auch jederzeit als Editor über die Taste [⇧] + [F1] öffnen können.

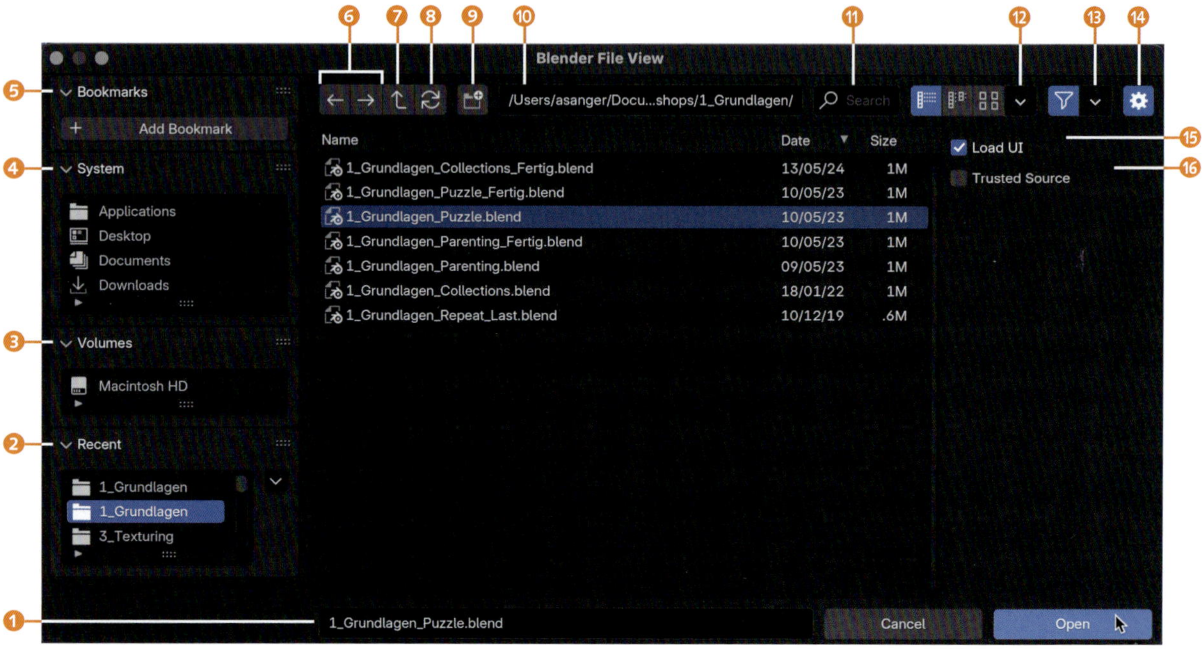

▲ **Abbildung 4.11**
File Browser

Den gewünschten Dateipfad erreichen Sie wahlweise über das Dateisystem ❸ bzw. die Lesezeichen (Bookmarks) Ihres Betriebssystems ❺, über blenderinterne Lesezeichen ❹ oder auch über die zuletzt besuchten Verzeichnisse ❷. Der aktuelle Dateipfad wird Ihnen stets im Feld ❿ angezeigt, die gewählte Datei im Feld ❶. Für Ihren Weg durch die Verzeichnisse stehen Ihnen außerdem Pfeilbuttons ❻ zur Verfügung, mit denen Sie im Browserverlauf vor- bzw. zurücknavigieren oder auch in die nächsthöhere Ebene wechseln ❼. Für eine Aktualisierung der Verzeichnisse reicht ein Klick auf den Button ❽. Ein neues Verzeichnis legen Sie über den Button ❾ an.

Zu den zahlreichen Funktionen für die Arbeit im File Browser gehören auch eine Suchzeile ⓫, umfangreiche Optionen für die Anzeige und Sortierung der Verzeichnisinhalte ⓬ sowie ein Filter-Menü ⓭, mit dem Sie nach unterschiedlichen Dateikriterien bzw. -namen aussortieren oder auch versteckte Verzeichnisse einblenden lassen können.

Über das Zahnrad-Symbol (14) klappen Sie die Sidebar des File Browsers auf, in der Sie zusätzliche Optionen für das Öffnen von Blender-Dateien finden. Mittels Load UI (15) öffnen Sie nicht nur die Datei, sondern auch das mitgespeicherte Screen Layout.

Da Blender-Dateien auch Python-Skripte und damit potenzielle Schadsoftware enthalten können, sollten Sie beim Öffnen von Dateien unbekannter Herkunft stets vorsichtig sein. Deshalb ist auch die Option Trusted Source (16), mit der Sie enthaltene Python-Skripte automatisch starten lassen, standardmäßig deaktiviert.

Stranger in a Strange Land

Die Option Load UI ist standardmäßig aktiviert. Bei einer fremden Datei ist es ratsam, diese Einstellung zu deaktivieren, wenn Sie sich nicht in einer fremden Arbeitsumgebung wiederfinden möchten.

Blend-Files speichern

Spätestens wenn Sie Blender beenden, werden Sie mit der Nachfrage konfrontiert, ob Sie die geöffnete Datei speichern möchten. In der Regel haben Sie Ihr Projekt aber bereits über den Befehl Save Strg/Cmd + S oder die zugehörigen Varianten gespeichert (17). Damit auch verknüpfte Daten sicher ankommen, finden Sie im Untermenü External Data (18) weitere Speicheroptionen.

Den Dateinamen für ein zu speicherndes Blend-File vergeben Sie in der Namenszeile (19) des File Browsers. Besonders praktisch: Ist der Dateiname bereits vorhanden und damit ein Überschreiben die Folge, wird die Namenszeile rot hinterlegt. Um Versionen einer Blender-Datei herauf- oder auch herunterzuzählen, reicht ein Klick auf den +- bzw. –-Button daneben. Über die Optionen in der Sidebar haben Sie die Möglichkeit, das Blend-File zu komprimieren (Compress (20)), enthaltene Dateipfade zu aktualisieren (Remap Relative (21)) oder auch nur den aktuellen Stand in einer Sicherung zu hinterlegen (Save Copy (22)), ohne in diesem Blend-File weiterzuarbeiten. Komprimierte Blend-Files eignen sich gut für die Weitergabe, nehmen aber beim Öffnen etwas mehr Zeit in Anspruch.

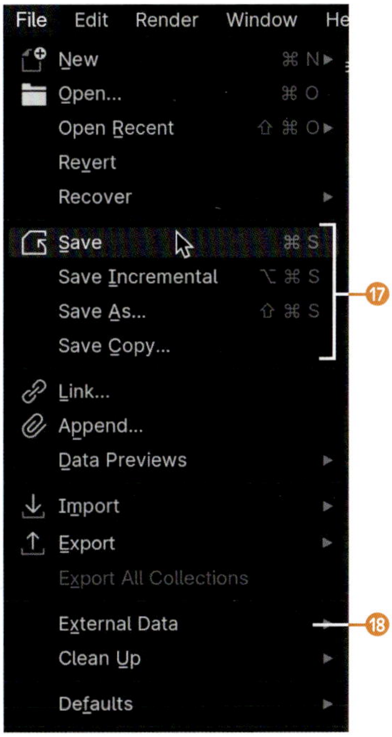

▲ **Abbildung 4.12**
Menü File

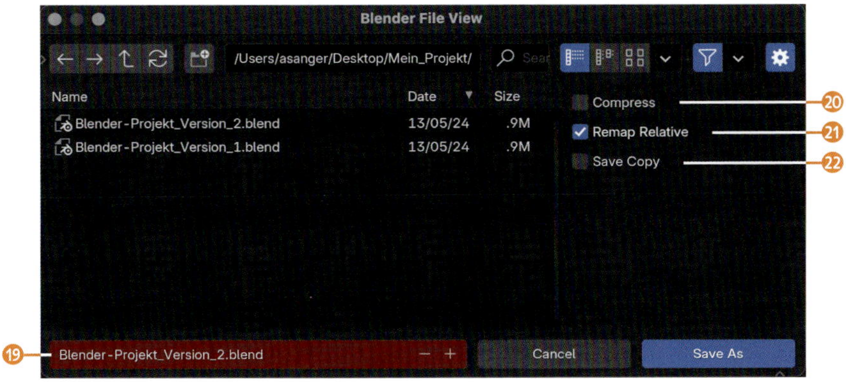

◄ **Abbildung 4.13**
Speichern im File Browser

4.3 Bibliotheken

Lassen Sie sich vom Begriff »Bibliothek« nicht abschrecken. Es handelt sich nicht um ein kompliziertes Datenmanagement-Tool, sondern schlichtweg um ein Blend-File, aus dem Sie dank Blenders Datenblock-System exakt die Daten, die Sie benötigen, extrahieren.

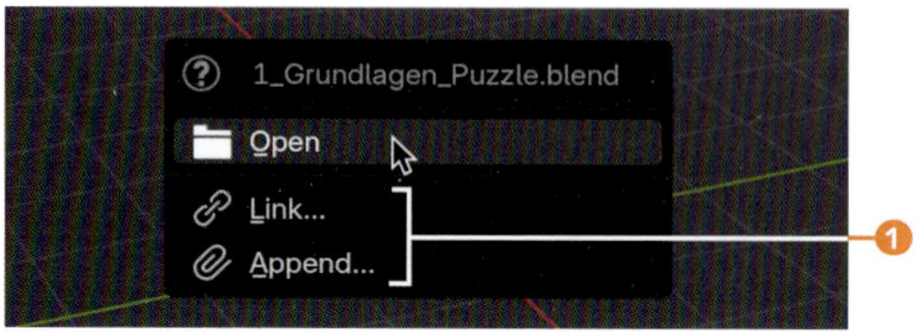

Abbildung 4.14 ▸
Öffnen und Laden von Daten per Drag & Drop

Als Einstieg möchte ich Ihnen noch eine weitere Möglichkeit vorstellen, um Blend-Files zu öffnen bzw. Daten hinzuzuladen. Ziehen Sie dazu einfach die Datei aus dem Verzeichnis oder vom Finder bzw. Desktop Ihres Betriebssystems per Drag & Drop in die Blender-Oberfläche (Abbildung 4.14). Dabei werden Sie gefragt, ob das Blend-File geöffnet werden soll oder ob Sie daraus bestimmte Daten extrahieren möchten (LINK bzw. APPEND ❶). Beide Befehle finden Sie natürlich auch im Menü FILE (Abbildung 4.12).

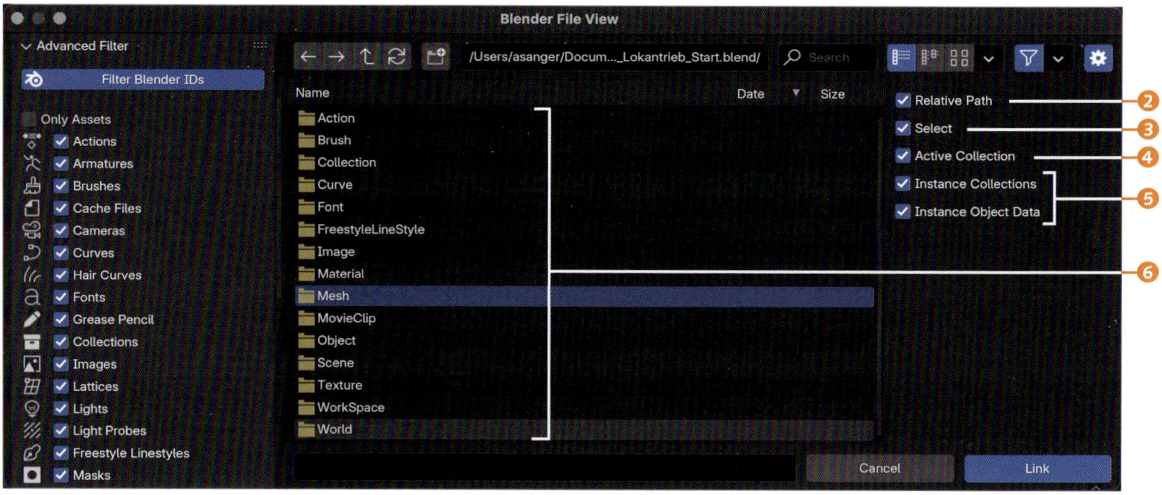

▴ **Abbildung 4.15**
Verzeichnisse der Datenblöcke im File Browser

Nachdem Sie im ersten Schritt das Bibliotheks- bzw. Blender-File definiert haben, listet Ihnen der File Browser die Datenblock-Bestandteile ❻ der Datei auf. Je nach Ausstattung der Szene mit entsprechend unterschiedlichen Verzeichnissen und Elementen. Worin unterscheiden sich nun LINK und APPEND?

Link

Über den Befehl Link importieren Sie nur eine Referenz auf einen Datenblock einer externen Datei in Ihre Szene. Das importierte Objekt befindet sich auf der Position, die es in seiner Originaldatei einnimmt, Änderungen am Objekt sind ausschließlich in der Originaldatei möglich und werden beim nächsten Aufruf aktualisiert.

In der Seitenleiste (Abbildung 4.15) des File Browsers finden Sie zusätzliche Import-Optionen. So können Sie die enthaltenen Pfade relativ setzen und aktualisieren lassen (Relative Path ②), die importierten Datenblöcke selektieren (Select ③) oder der aktiven Collection zuordnen lassen (Active Collection ④). Mit Instance Collections bzw. Object Data ⑤ bleiben Collections bzw. Objektdaten aus dem Quell-Blend-File erhalten.

Um wenigstens Transformationen am importierten Objekt vornehmen zu können, ist ein sogenannter Library Override nötig. Dazu gleich mehr, sehen wir uns erst noch den Befehl Append an.

Append

Im Gegensatz zum Befehl Link importiert der Befehl Append ohne jede Verknüpfung zur Bibliotheks-Datei. Die Datenblöcke werden der Blender-Datei angefügt und sind ab diesem Moment komplett unabhängig. Ohne weiteres Zutun können Sie die importierten Datenblöcke ändern und speichern. Im Gegenzug bietet Ihnen der Befehl Append natürlich auch nicht die Möglichkeit, durch eine einzelne Änderung in der Bibliotheks-Datei alle importierten Datenblöcke in einem Durchgang ändern zu können.

▼ Abbildung 4.16
Verzeichnisse der Datenblöcke im File Browser

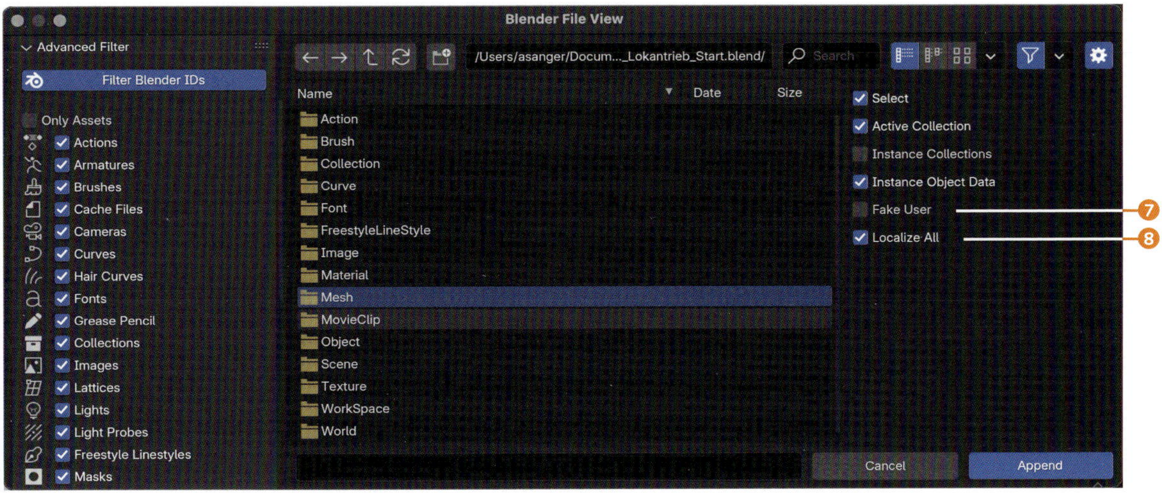

Bei den Import-Optionen in der Seitenleiste des File Browsers bietet der Append-Befehl weitere Optionen. Durch Aktivieren von FAKE USER 7 (Abbildung 4.16) schützen Sie alle importierten Datenblöcke automatisch vor dem Löschen bei Nichtverwendung. Mit LOCALIZE ALL 8 erreichen Sie, dass wirklich alle enthaltenen Datenblock-Links beim Import aufgelöst werden.

Sie können übrigens jede beliebige Blender-Datei als Bibliothek nutzen oder, besser noch, separate Blend-Files als Material-, Modell- oder auch Pinselbibliothek verwenden. Ausgefeilt wurde diese Art der Bibliothek mit den Assets, auf die wir bald eingehen.

Library Overrides

Library Overrides

Die LIBRARY OVERRIDES sind aus der Character-Animation kaum wegzudenken. Während wir sie an dieser Stelle nur theoretisch behandeln, sehen wir uns die Library Overrides in Kapitel 16, »Character-Animation«, in der Praxis an.

Warum sollten wir also Daten per LINK importieren, wenn wir doch durch APPEND die volle Kontrolle über die Daten haben? Zum einen ergibt sich dadurch die Möglichkeit, Elemente auszulagern, dort zu pflegen und gleichzeitig alles aktuell zu halten. Wir können also beispielsweise bereits mit der Animation eines Characters beginnen, während an anderer Stelle noch an den Texturen gefeilt wird. Zum anderen erhalten wir dadurch die Sicherheit, dass ausschließlich an den tatsächlich erforderlichen Stellen Eingriffe erfolgen.

Diese Eingriffe werden durch die Library Overrides, also sozusagen durch gezieltes Überschreiben der relevanten, importierten Eigenschaften der jeweiligen Datenblöcke, erreicht. Alle nicht überschriebenen Daten bleiben mit den Originaldaten der externen Quelle im Einklang.

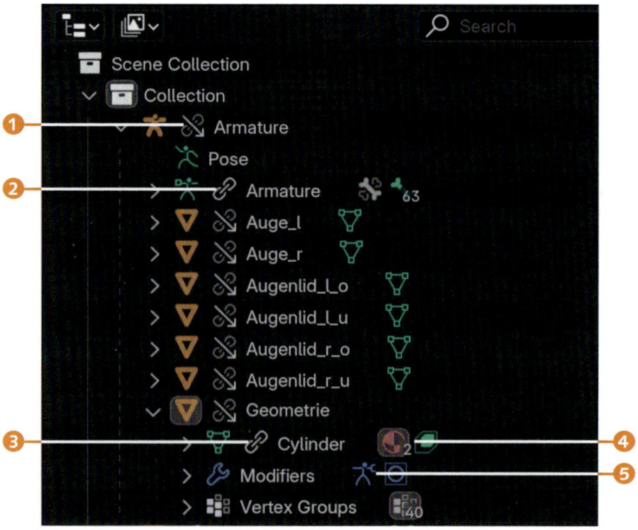

Abbildung 4.17 ▸
Per Library Override freigegebene Objekte

Lassen Sie uns das kurz am Beispiel eines per Link importierten Characters durchspielen (Abbildung 4.17). Per Library Override freigegebene Objekte sind im Outliner am per Pfeil getrennten Ketten-Symbol zu erkennen 1. Wohlgemerkt handelt es sich um eine Freigabe zur Transformation des Armature-Objekts, der Mesh-Datenblock ist nach wie vor verriegelt 3. Des Weiteren kann auch das Bone-Gerüst selbst 2 unverändert bleiben, der zugehörige Modifier 5 für die Animation ist dagegen freigeschalten. Da die Texturen des Characters 4 extern gepflegt werden, ist auch hier kein Override nötig.

Um per Link-Befehl importierte Elemente bzw. deren Eigenschaften per Library Override für die Modifikation freizuschalten, selektieren Sie das bzw. die Objekte im Outliner (Abbildung 4.18) und rufen über das Kontextmenü per rechter Maustaste das Befehlsmenü LIBRARY OVERRIDE • MAKE 6 auf.

▲ **Abbildung 4.18**
LIBRARY OVERRIDE für das selektierte Objekt

Im zugehörigen Untermenü können Sie nun noch bestimmen, ob die Overrides ausschließlich für die Elemente selbst (SELECTED), deren Inhalt (CONTENT) oder für beides (SELECTED & CONTENT) erzeugt werden sollen. Diese drei Optionen finden Sie gleichermaßen in den Untermenüs für das Zurücksetzen (RESET) sowie das Leeren (CLEAR) von existierenden Library Overrides. Beachten Sie dabei, dass Sie diese Zusatzoptionen für die Library Overrides ausschließlich beim Aufruf über den Outliner haben. Über das Menü Object • Library Overrides im Viewport können Sie die Befehle nur auf die selektierten Elemente anwenden.

Sowohl Reset als auch Clear setzen die überschriebenen Elemente bzw. Eigenschaften wieder auf die Ursprungswerte der verlinkten Referenz zurück. Während die Overrides allerdings beim Reset erhalten bleiben, werden Sie bei Clear – falls durch eine existierende Hierarchie nicht ohne Probleme möglich – entfernt. Ansonsten bleiben sie nicht editierbar.

Im Untermenü Troubleshoot (Abbildung 4.18) finden Sie Befehle, die Ihnen bei der Fehlerbehebung von überschriebenen Hierarchien helfen können. Per Resync aktualisieren Sie die verlinkten Daten manuell, für gewöhnlich geschieht das automatisch beim Öffnen einer Blender-Datei. Sollte dies aufgrund von abweichenden Hierarchien nicht fruchten, sollten Sie es mit zarter Gewalt bzw. dem Befehl Resync Enforce versuchen. Falls auch dies keinen Erfolg bringt, können Sie die erzeugten Library Overrides durch den Befehl Delete komplett rückgängig machen.

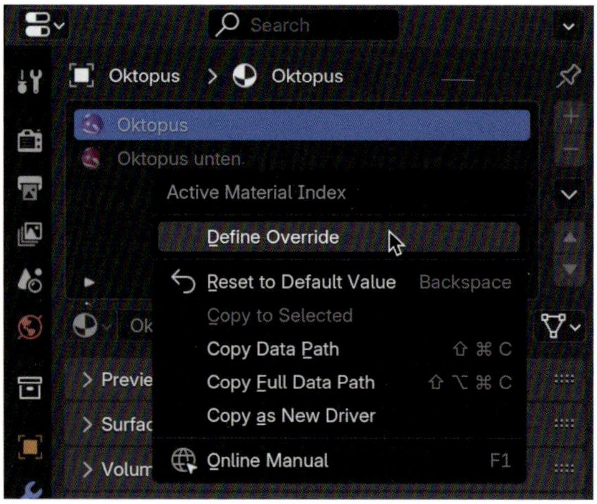

▲ Abbildung 4.19
Definieren eines Overrides im Properties Editor

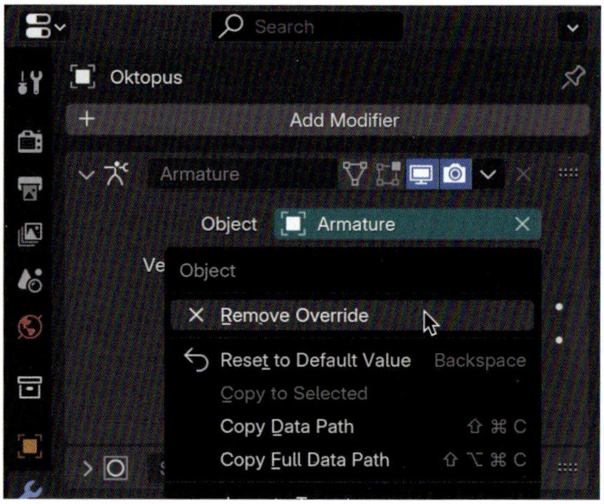

▲ Abbildung 4.20
Löschen eines Overrides im Properties Editor

Um gezielt bestimmte Eigenschaften eines verlinkten Elements per Library Override editierbar zu machen, suchen Sie diese Eigenschaft im Properties Editor und öffnen das zugehörige Kontextmenü mit dem Befehl Define Override mittels Rechtsklick (Abbildung 4.19). Auf die gleiche Weise lässt sich ein vorliegender Override per Remove Override wieder entfernen (Abbildung 4.20).

Einen Überblick über die im aktuellen Blend-File enthaltenen Overrides bietet Ihnen der Outliner im Display Mode Library Overrides mit zwei unterschiedlichen View Modes.

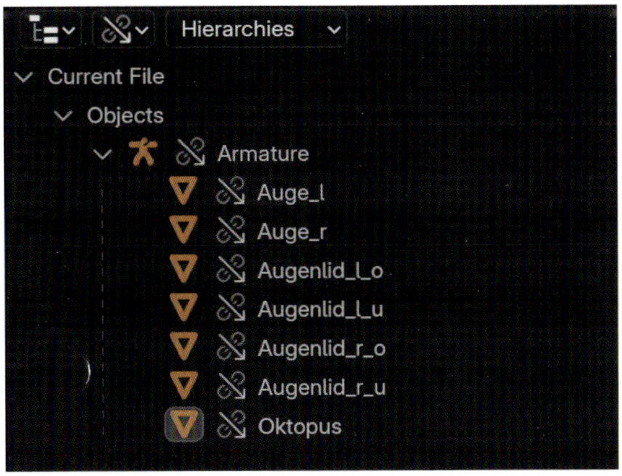

▲ **Abbildung 4.21**
Library Overrides im View Mode Hierarchies

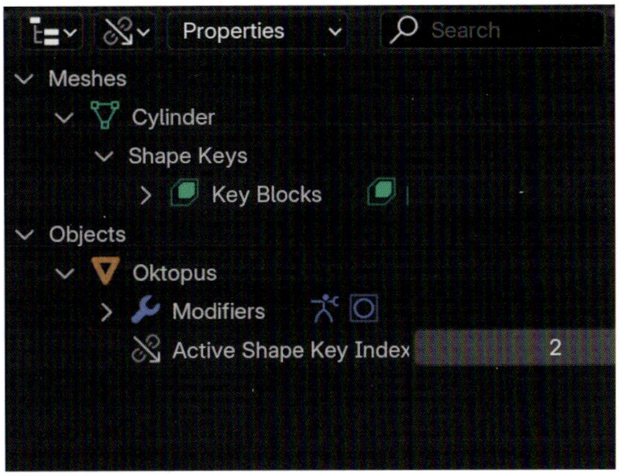

▲ **Abbildung 4.22**
Library Overrides im View Mode Properties

Im View Mode Hierarchies (Abbildung 4.21) bekommen Sie die Zuordnungen der Abhängigkeiten hierarchisch dargestellt, während Ihnen der View Mode Properties (Abbildung 4.22) die überschriebenen Datenblöcke auflistet, die Sie an dieser Stelle sogar direkt bearbeiten können.

4.4 Asset Browser

Der Asset Browser bietet Ihnen Zugriff auf Datenblöcke wie Objekte, Materialien oder Szenen, die Sie zuvor als sogenannte »Assets« markiert und so in den Blend-Files hinterlegt haben. Alternativ können Sie Assets auch über Blend-Files, die Sie als Asset Library per Verzeichnispfad definiert haben, anlegen.

Sie finden den Asset Browser im Menü der Editoren in der Spalte Data bzw. durch Aufruf der Tasten ⇧ + F1. Die erste Asset Library liefert Ihnen Blender gleich frei Haus mit, denn alle für die Simulation von Haaren mit Hair Curves gedachten Werkzeuge sind bei den Essentials als Catalog Hair bereits zu Ihrer Verfügung abgelegt. Insofern dürfte der erste Schritt im Asset Browser sein, sich über das Menü Asset Library (Abbildung 4.23) den richtigen Datenbestand auszuwählen. Neben der Einstellung All, die Ihnen alle bekannten bzw. verfügbaren Asset Libraries zeigt, können Sie

Externe Asset Libraries

Zum Anlegen einer externen Asset Library definieren Sie über die Preferences ein beliebiges Asset-Verzeichnis, auf Wunsch auch mit relativer Pfadangabe, und speichern dort Ihre Blend-Files mit den enthaltenen Assets ab. Mehr dazu in Abschnitt 5.5, »Blender einrichten«.

die Ansicht auch auf die Assets des geöffneten Blend-Files (CURRENT FILE), die mitgelieferten Presets (ESSENTIALS) oder die über die Preferences definierte USER LIBRARY beschränken.

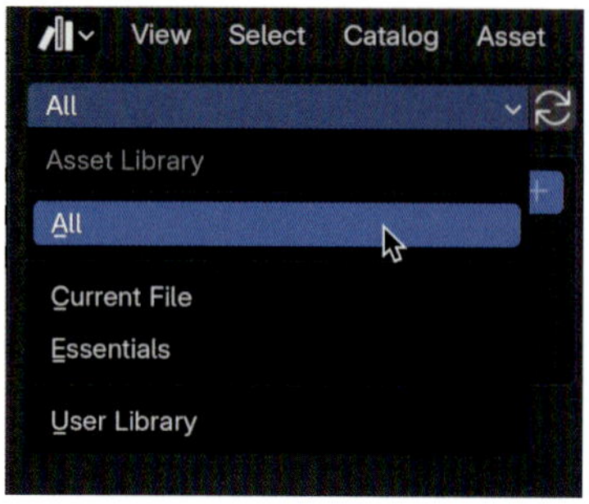

Abbildung 4.23 ►
Menü ASSET LIBRARY im Asset Browser

Es ist also durchaus wichtig, sich zuvor über die Verwendung des jeweiligen Asset-Bausteins Gedanken zu machen. Assets, die Sie innerhalb des gleichen Projekts zur Wiederverwendung aufbereiten möchten, können im aktuellen Blend-File bleiben. Geht es um projektübergreifende Assets oder auch komplexe Objekte, sollten Sie die Assets eher extern vorbereiten und als ASSET LIBRARY über Dateipfade in den Preferences in den Asset Browser holen.

Aufbau des Asset Browsers

Auch der Asset Browser folgt dem gewohnten Muster der Editoren in Blender. In der linken Spalte, analog zur Toolbar (Taste [T]), wählen Sie über das Menü ASSET LIBRARY ❷ die interne oder externe

▼ Abbildung 4.24
Asset Browser

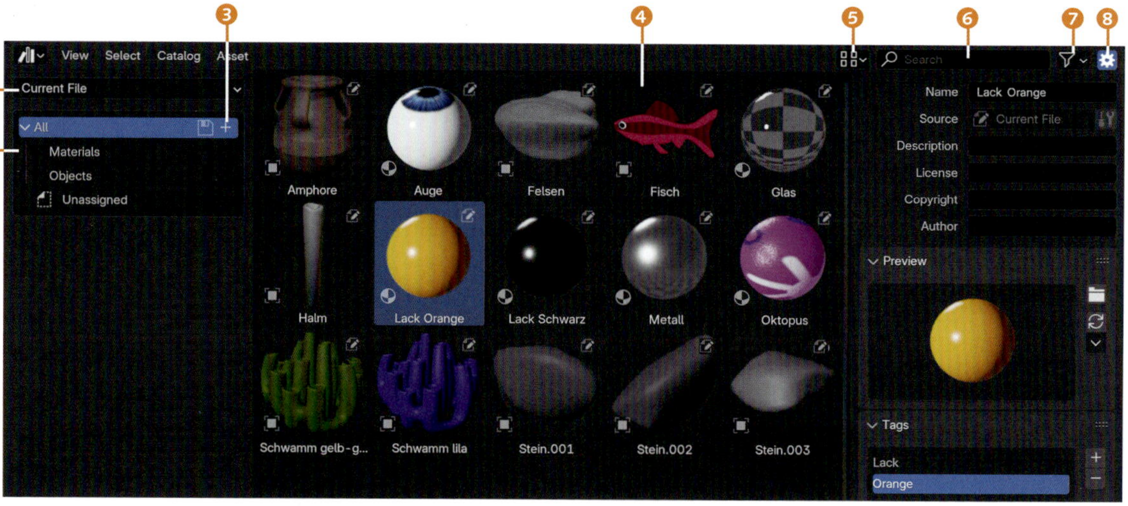

Asset-Bibliothek aus. Um Ihre Assets übersichtlich organisieren zu können, können Sie für unterschiedliche Asset-Typen sogenannte »Catalogs« 1 anlegen, mit denen Sie beispielsweise nach Materialien, Objekten, Node Trees, Collections, Szenen, Animation usw. sortieren.

Zum Anlegen eines neuen Catalogs klicken Sie auf die +-Taste 3 und vergeben einen möglichst aussagekräftigen Namen für den Catalog. Das Zuweisen eines Assets erfolgt per Drag & Drop aus dem Hauptbereich 4 in den gewünschten Catalog. Für die vorhandenen Assets können Sie die Darstellungsgröße im Asset Browser regulieren 5, eine Suche nach einem bestimmten Asset anstoßen 6, nach Asset-Typen filtern 7 oder auch über die rechte Spalte der Asset Details 8 weitere Informationen anfügen bzw. abrufen.

Assets anlegen und zuweisen

Um einen Datenblock in die Asset Library aufzunehmen, müssen Sie ihn als Asset markieren. Für ein Objekt oder eine Collection rufen Sie dazu wahlweise das Menü Object • Asset des Viewports oder im Outliner per Rechtsklick das Kontextmenü auf und wählen dort den Befehl Mark as Asset (Abbildung 4.25).

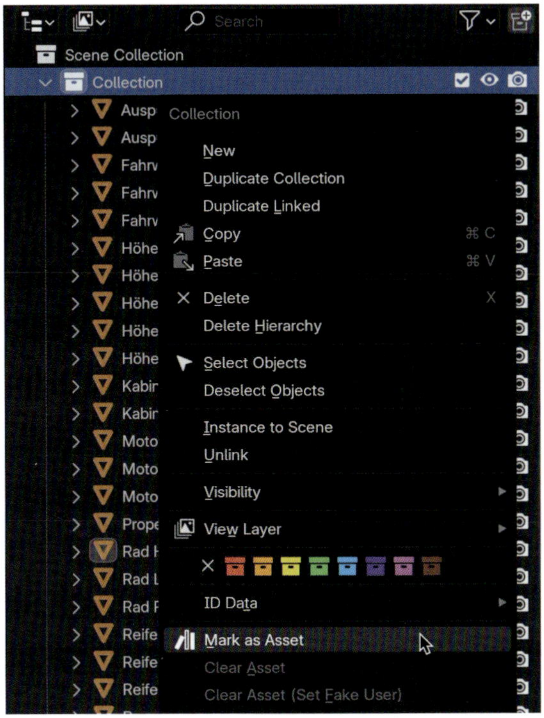

◂ **Abbildung 4.25**
Aufnehmen einer Collection als Asset

▾ **Abbildung 4.26**
Aufnehmen eines Materials als Asset

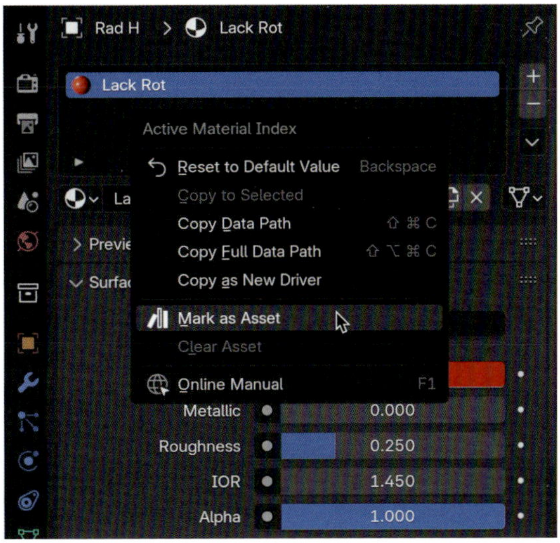

Dort finden Sie natürlich auch den Befehl CLEAR ASSET, wenn Sie ein Objekt aus der Asset Library entfernen möchten. Mit dem Befehl CLEAR ASSET (SET FAKE USER) erreichen Sie, dass für die rückverwandelten Datenblöcke Fake-User angelegt werden, um das Löschen nicht verwendeter Datenblöcke zu verhindern. Um ein Material in die Asset Library zu übernehmen, rufen Sie das Kontextmenü im Properties Editor für den jeweiligen Material-Datenblock auf (Abbildung 4.26), auch hier finden Sie die Befehle MARK bzw. CLEAR ASSET.

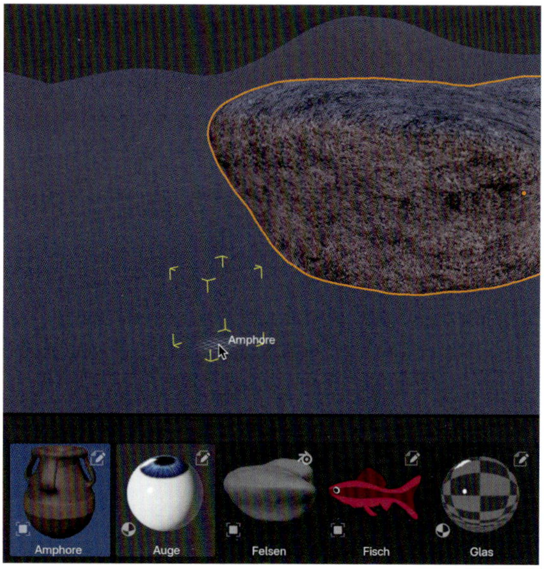

▲ **Abbildung 4.27**
Einbau eines Objekt-Assets in die Szene

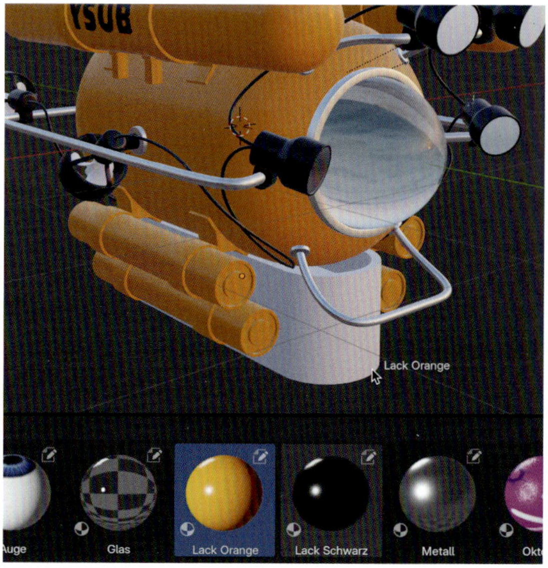

▲ **Abbildung 4.28**
Zuweisen eines Material-Assets

Pose Library

Der Asset Browser ist außerdem die Basis für die bei der Character-Animation häufig verwendeten Pose Libraries. Statt Objekten oder Materialien werden also Character-Posen als Assets angelegt und wiederverwendet. Wie das funktioniert, sehen wir uns in Kapitel 16, »Character-Animation« an.

Noch einfacher gestaltet sich die Verwendung bzw. das Zuweisen von Assets aus dem Asset Browser. Dazu ziehen Sie das gewünschte Asset per Drag & Drop an die Stelle, an der Sie das Objekt platzieren möchten (Abbildung 4.27). Um ein Objekt mit einem Material aus dem Asset Browser zu versehen, ziehen Sie es per Drag & Drop auf das Objekt, welches das Material-Asset erhalten soll (Abbildung 4.28), oder alternativ in den gewünschten Material-Slot im Properties Editor.

Handelt es sich bei dem Asset um einen Datenblock aus einem externen Verzeichnis, so können Sie über ein Auswahlmenü in der Mitte des Asset Browser-Headers entscheiden, ob Sie das Asset als LINK verknüpfen oder per APPEND komplett in das Blend-File übernehmen möchten.

Kapitel 5

Blender optimal nutzen

Um das Maximum aus einem 3D-Programm wie Blender herauszuholen, bedarf es in den seltensten Fällen eines neuen Rechners. Zum einen können wir als Anwenderinnen und Anwender unsere Arbeitsweise optimieren, zum anderen sollte auch Blender uns so weit wie möglich entgegenkommen. Vom eigenen Kurzbefehl bis hin zum Scripting neuer Funktionen sind fast keine Grenzen gesetzt.

Wenn Sie gerade Ihre ersten Schritte in Blender gemacht haben, sollen Ihnen die Tipps für den Einstieg und als Orientierungshilfe dienen. Damit Sie stets wissen, wie es weitergeht und wo Sie Hilfe finden. Wenn Sie während der Arbeit mit Blender einmal ins Grübeln kommen, ob es für eine bestimmte Aufgabe nicht einen kürzeren oder bequemeren Weg gibt, gehen Sie noch einmal durch die verschiedenen »Arbeitsbeschleuniger«. Und wenn Sie später mit jedem Tastenkürzel auf »Du und Du« sind, wäre es vielleicht an der Zeit, sich Blender so individuell einzurichten, dass wirklich jeder Griff sitzt.

Es würde mich sehr freuen, wenn Sie diesem Kapitel des Öfteren einen Besuch abstatten – egal, ob als Blender-Neuling, Fortgeschrittener oder Profi.

5.1 Einstieg und Orientierung

Sehen wir uns zunächst an, wie Ihnen Blender mit verschiedensten Anzeigen, Einblendungen und auch kleinen Werkzeugen während der Arbeit aktiv unter die Arme greift. Nicht nur beim Finden einer Funktion oder eines Werkzeugs, auch bei den vielen Optionen, die Ihnen dabei zur Verfügung stehen.

Status Bar

An dieser Stelle sei noch einmal auf die praktische und hilfreiche Status Bar (Abbildung 5.1) hingewiesen. Für jedes gewählte Werkzeug finden Sie auf der linken Seite der unteren Leiste der Bedienoberfläche eine Hilfestellung, mit welchen Tastatureingaben ❸ oder Mausklicks ❶ Sie welche Aktion auslösen, wie Sie eine Option ❷ hinzunehmen oder auch abbrechen.

▲ **Abbildung 5.1**
Status Bar mit Optionen für die Transformation

Wenn Sie sich also beispielsweise noch an den Kurzbefehl für ein Werkzeug, allerdings nicht mehr an die verschiedenen Möglichkeiten zur Vorgabe von Achsbeschränkungen oder des Detaillierungsgrads erinnern können, ist die Status Bar Ihr Freund.

Die Status Bar zeigt Ihnen außerdem Fehlermeldungen an und hält Sie – der Name lässt darauf schließen – über den Status aktueller Berechnungen, wie beispielsweise eines Renderings, auf dem Laufenden (Abbildung 5.2).

Abbildung 5.2 ►
Status Bar mit dem aktuellen Render-Status

Am rechten Rand der Status Bar finden Sie standardmäßig lediglich die Angabe der installierten Blender-Version ⓬. Zusätzlich können Sie sich aber per Rechtsklick über das Kontextmenü (Abbildung 5.3) stets aktuelle Informationen über das aktive Objekt, die Szene und das System aufbereiten lassen.

▼ **Abbildung 5.3**
Kontextmenü der Status Bar

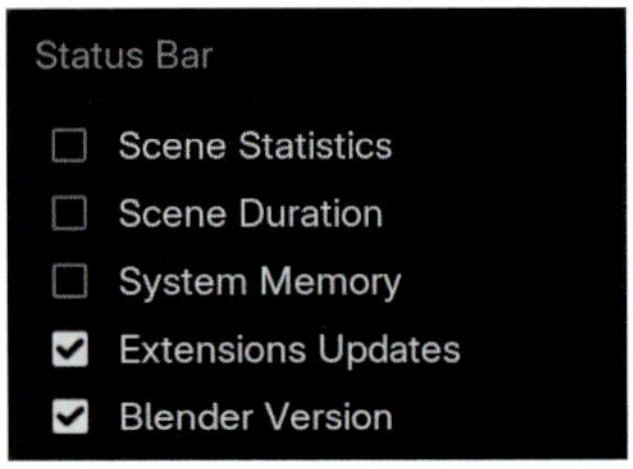

Aufgereiht sind dann die verwendete Collection ❹, das aktive Objekt ❺, die Anzahl an Vertices (Punkte) ❻, Faces (Polygone) ❼, Tris (Dreiecke) ❽ sowie Objects (Objekte) ❾ des selektierten Objekts und der gesamten Szene. Außerdem erfahren Sie Szenendauer ❿ und den momentanen Speicherbedarf der Szene ⓫.

▲ **Abbildung 5.4**
Status Bar mit aktuellen Informationen über Objekt und Szene

Sie sehen, ein Blick in die Status Bar lohnt sich eigentlich immer. Nutzen Sie diese hilfreiche Infozentrale für die Eingewöhnung, aber auch später, um stets über alle Möglichkeiten für die nächsten Schritte auf dem Laufenden zu bleiben.

Menü- und Operator-Suche

Eine schnelle Möglichkeit zur Suche nach einem Befehl bietet die Taste F3. Egal, ob Sie einen Kurzbefehl noch nicht verinnerlicht haben oder das Menü mit dem gesuchten Befehl nicht mehr finden, die Menü-Suche hilft Ihnen weiter.

Spacebar Action
Die Operator-Suche gehört zu den Aktionen, die Sie über die Preferences auch auf die Leertaste legen können.

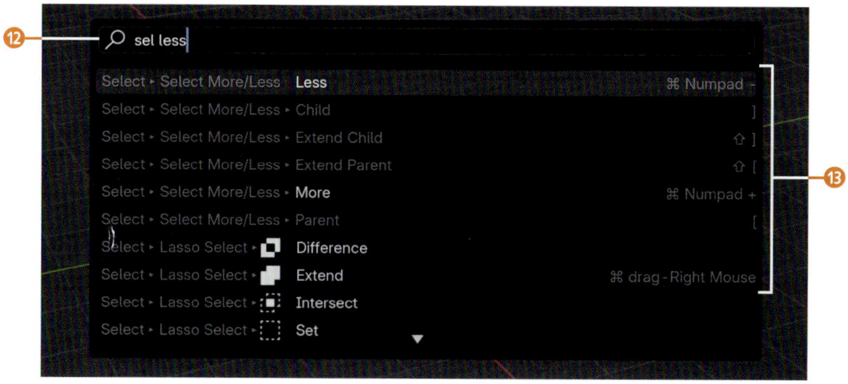

◂ **Abbildung 5.5**
Operator-Suche

Über deren Suchzeile ⓬ können Sie die Befehle in Blender nach aktuell passenden Befehlen durchforsten. Meist reichen schon ein paar Anfangsbuchstaben, um die Ergebnisse ausreichend auszufiltern. Wenn vorhanden, finden Sie rechts ⓭ auch gleich das Tastaturkürzel dazu. Um den Befehl direkt aus der Menü-Suche auszuführen, selektieren Sie ihn und drücken die Taste ↵. Bei aktivierten Developer Extras finden Sie im Menü Edit eine schlanke Operator-Suche zum Auffinden von Befehlen.

Tolerante Suche
Die Suchfunktion in Blender ist so intelligent, dass sogar versehentlich falsch geschriebene Befehle und Funktionen in den meisten Fällen gefunden werden.

Tooltips

Eine 3D-Software zu erlernen bedeutet nicht zwangsläufig, alle Befehle und deren Bedeutung auswendig zu beherrschen. Wenn Ihnen der englische Begriff nicht weiterhilft, bleiben Sie mit dem Mauszeiger kurz über dem Befehl bzw. Werkzeug, um sich zunächst die Tooltips dazu anzusehen.

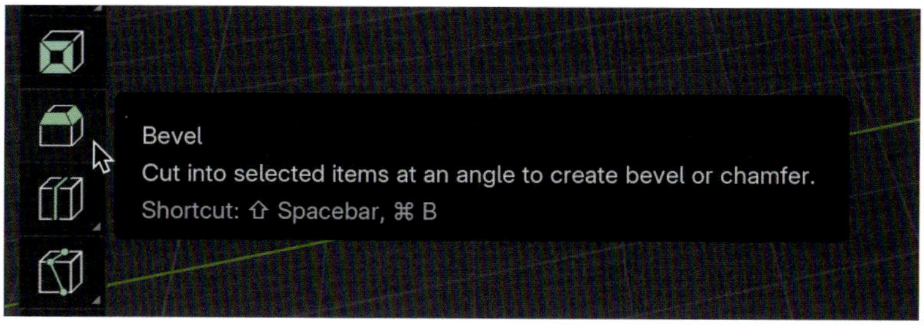

◂ **Abbildung 5.6**
Tooltip für das Bevel-Tool

Nicht alle Tooltips sind in gleichem Maße aussagekräftig, die meisten helfen aber sicher weiter. Fortgeschrittene, programmierfreudige Anwenderinnen und Anwender können von den Python-Tooltips profitieren. Dabei wird im Tooltip zusätzlich die Python Expression des Operators bzw. der Eigenschaft eingeblendet **1**.

Abbildung 5.7 ▸
Tooltip mit Python-Tooltip für den Parameter einer Lichtquelle

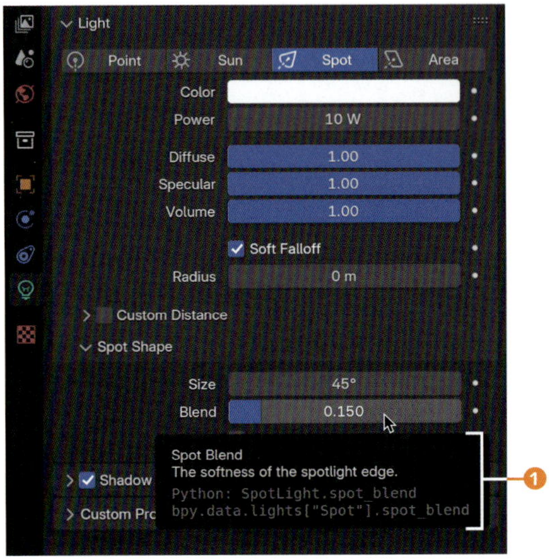

Manual

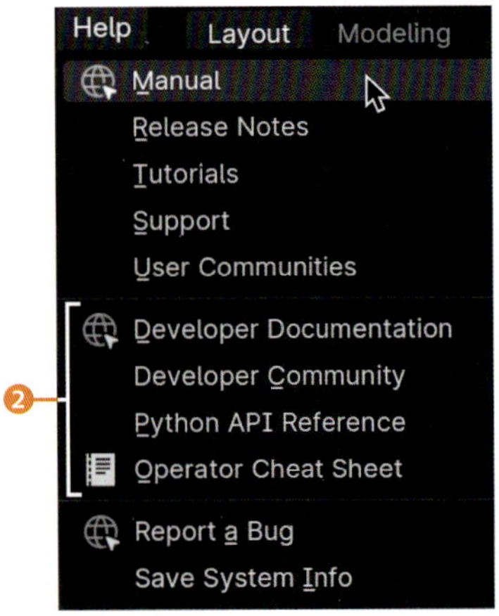

▴ Abbildung 5.8
Menü HELP

Wenn Sie trotz all dieser Helfer und auch trotz Lektüre dieses Buchs nicht weiterkommen, können Sie sich – eine Internetverbindung vorausgesetzt – direkt aus Blender zur vollständigen Online-Dokumentation auf *docs.blender.org* leiten lassen.

Die erste Anlaufstelle für das Online-Manual wird Ihnen gleich beim Start von Blender angeboten, einen weiteren Zugang haben Sie über das Menü HELP (Abbildung 5.8), das außerdem die aktuellsten Release Notes, Tutorials, den offiziellen Support, Blender-Communities und Entwickler-Informationen **2** bereithält (für Letztere aktivieren Sie in den PREFERENCES die DEVELOPER EXTRAS).

Nach dem Aufruf des Online-Manuals landen Sie auf der Einstiegsseite der Blender-Dokumentation, von wo Sie sich dann zum gewünschten Thema durchfinden müssen – hier empfiehlt sich die Suchfunktion **3**. Deutlich zielgenauer arbeitet die kontextsensitive Hilfefunktion **4**, die Ihnen angeboten wird, sobald Sie mit der rechten Maustaste das Kontextmenü für einen Befehl oder Parameter aufrufen. Nun öffnet sich das Online-Manual direkt auf der Seite, die Ihnen zum jeweiligen Befehl, Werkzeug oder Parameter die gewünschten weiterführenden Informationen gibt. Der vermutlich schnellste, direkte Weg führt über den Kurzbefehl [F1], sobald sich der Mauszeiger über dem betreffenden Befehl bzw. Werkzeug befindet.

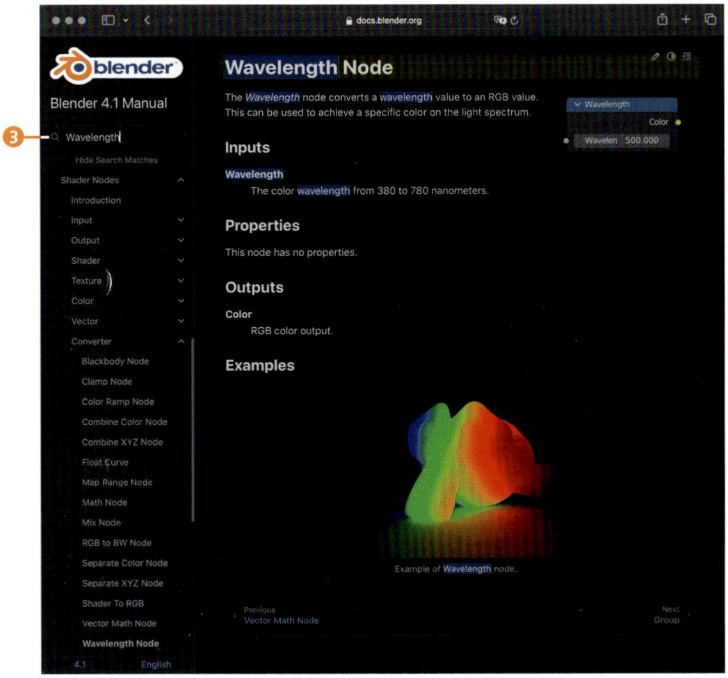

◂ **Abbildung 5.9**
Online-Manual

▾ **Abbildung 5.10**
Aufruf des Manuals über das Kontextmenü

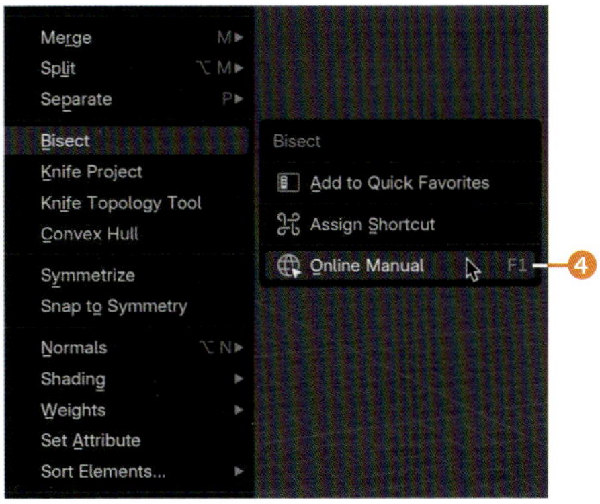

Nutzen Sie das Online-Manual als immer verfügbare, vollständige, stets aktuelle und natürlich kostenlose Dokumentation aller Befehle, Werkzeuge und Funktionen in Blender.

5.2 Workflow optimieren

Nun wollen wir uns um die echten Arbeitsbeschleuniger kümmern, die Ihre Mauswege entscheidend verkürzen und Ihren gesamten Workflow bei der Arbeit mit Blender damit schneller und entspannter gestalten.

Tastenkürzel

Der Klassiker unter den Workflow-Tipps. Sie haben in diesem Buch schon einige wichtige Tastenkürzel für Blender kennengelernt. Im weiteren Verlauf des Buchs werde ich Sie nicht mit Kurzbefehlen bombardieren, aber doch eine gute Basis schaffen, um die Arbeit in Blender möglichst flüssig zu gestalten. Selbstverständlich finden Sie alle Werkzeuge und Befehle auch in den einzelnen Editoren bzw. Menüs verstreut, doch der Weg dorthin sollte eher die Ausnahme als die Regel sein.

Weniger ist mehr

Blender war früher für seine zahlreichen, teilweise exotischen Tastenkürzel bekannt. Mittlerweile hat man die Anzahl an Tastenkürzeln dramatisch reduziert, um sich einerseits den gebräuchlichen Standards anzugleichen und um andererseits mehr Raum für eigene Tastenkürzel zu schaffen.

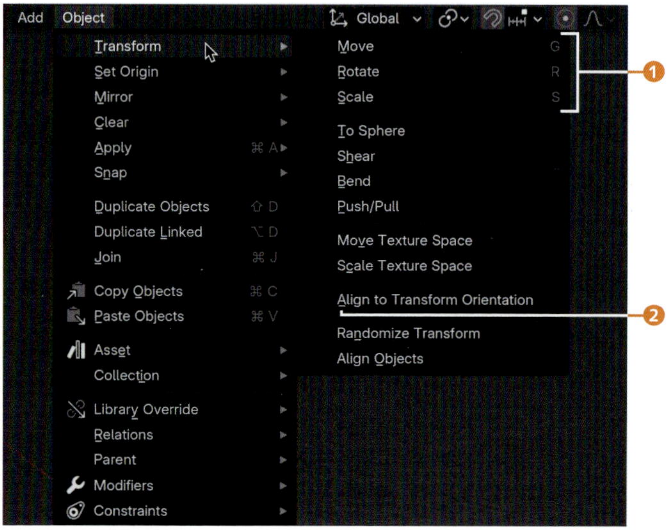

Abbildung 5.11 ▸
Menü mit Tastenkürzeln

Nutzen Sie die Menüs (Abbildung 5.11) lieber als Stichwortgeber, wenn Ihnen ein Tastenkürzel gerade nicht einfällt oder wenn Sie beim fünften Besuch eines Menüs hintereinander so langsam auf einen Kurzbefehl umsteigen möchten. Die jeweiligen Kurzbefehle, sofern vorhanden, finden Sie hinter den Befehlen angegeben ❶.

Praktisch ist auch oft ein Mittelweg: Öffnen Sie das Menü, und tippen Sie den unterstrichenen Buchstaben ❷ auf der Tastatur, um das Werkzeug zu aktivieren. Bei kurzen Listen empfiehlt sich die einfache Eingabe der Zeile [1], [2] etc., in der das Tool steht.

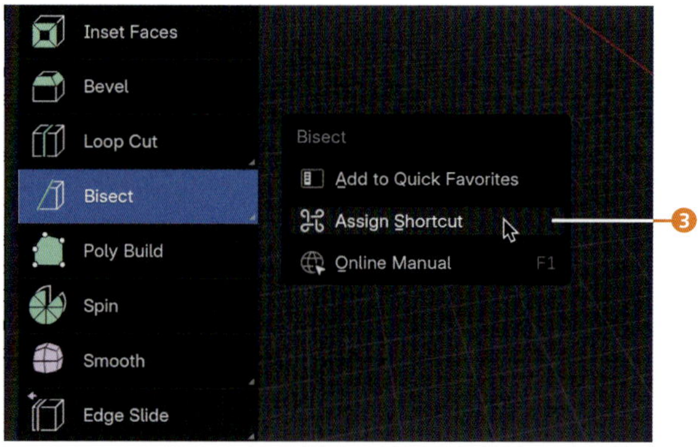

Abbildung 5.12 ▸
Zuweisen eines eigenen Tastenkürzels

Natürlich erlaubt Ihnen Blender auch, neue Kurzbefehle zu kreieren bzw. bestehende zu ändern. Der schnellste Weg führt über einen Rechtsklick auf den Befehl in ein Kontextmenü ❸, in dem Sie einen Kurzbefehl festlegen bzw. ändern, aber zum Beispiel auch die Online-Hilfe um Rat fragen können.

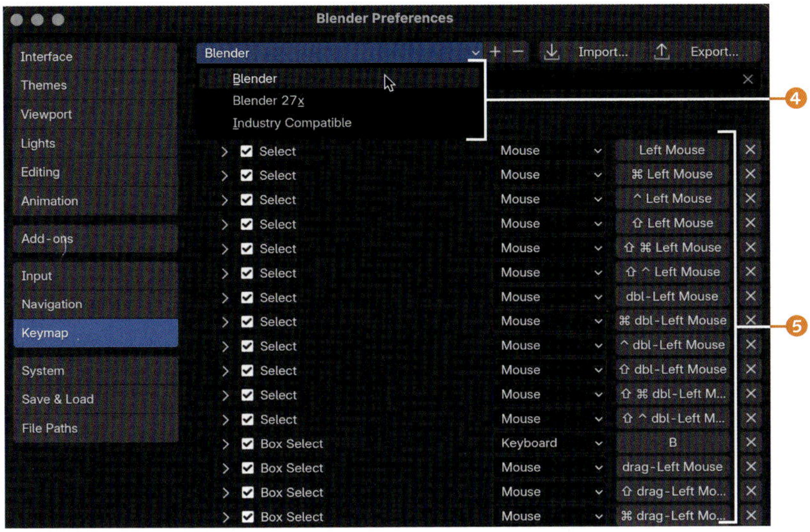

◂ **Abbildung 5.13**
Keymaps in den Preferences

Die Zuordnung der Tastenkürzel in Blender ist in einer sogenannten KEYMAP hinterlegt. In den Preferences (Abbildung 5.13), die Sie über das Menü EDIT bzw. den Kurzbefehl [Strg]/[Cmd]+[,] aufrufen, finden Sie eine lange Liste aller vergebenen Tastenkürzel ❺ für die gewählte KEYMAP. Auch über diesen Weg können Sie neue Tastenkürzel zuweisen oder ändern. Blender bietet insgesamt drei Keymaps ❹ zur Auswahl: Die überarbeitete, entschlackte KEYMAP ab Blender 2.8x (»BLENDER«), die umfangreiche, bis Blender 2.7x gültige Keymap (»BLENDER 27X«) sowie eine stark reduzierte Keymap (»INDUSTRY COMPATIBLE«), die den meisten Spielraum für Eigenkreationen bietet.

Schritt für Schritt
Zuweisen eigener Tastenkürzel

Erfahrungsgemäß ergibt sich der Bedarf für ein eigenes Tastenkürzel spätestens dann, wenn Sie sich wiederholt für einen bestimmten Befehl in das immer gleiche Menü bemühen müssen. In diesem kurzen Workshop sehen wir uns an, wie wir auf schnellem Weg ein eigenes Tastenkürzel für so einen oft benötigten Befehl vergeben.

1 Den gewünschten Befehl aussuchen

Zu den liebgewonnenen und oft gebrauchten Kurzbefehlen in Blender gehört das Rücksetzen des 3D Cursors auf den Ursprung der Szene. Falls Sie einen anderen Befehl für das Zuweisen eines Tastenkürzels verwenden möchten, können Sie dies gerne tun.

2 Optional: Vergebene Tastenkürzel prüfen

Es kann nicht schaden, vor dem Anlegen eines neuen Tastenkürzels zu überprüfen, ob es nicht bereits einem anderen Befehl zugeordnet ist. Natürlich können Sie einfach in die Tasten greifen und beobachten, was passiert, doch eleganter ist die Überprüfung im Keymap-Panel der Preferences (Tasten Strg/Cmd + ,).

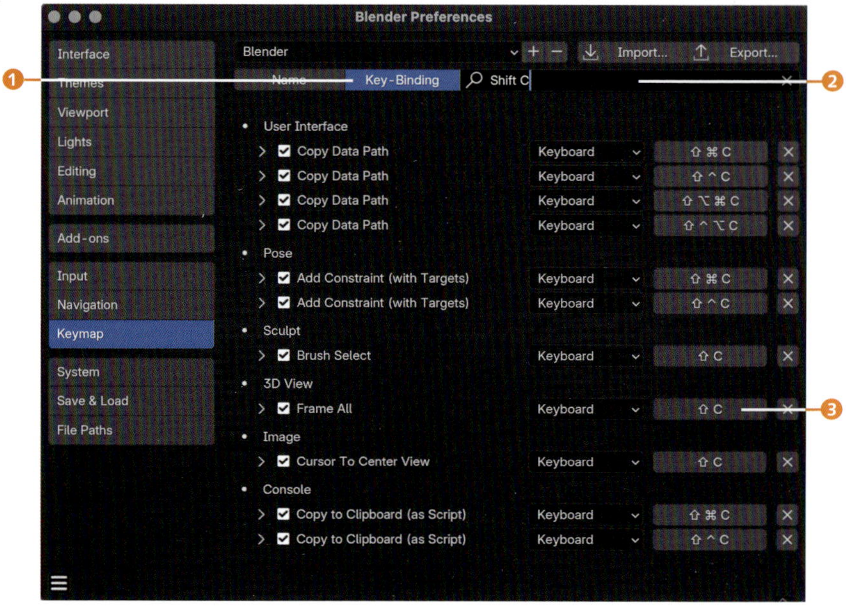

Abbildung 5.14 ▸
Keymap-Panel in den Preferences

Wenn Sie ein gewohntes Tastenkürzel einführen möchten, setzen Sie die Suchvorgabe auf Key-Binding ❶ (Abbildung 5.14) und geben im Suchfeld ❷ diese Tastenkombination (hier: ⇧ + C) ein. Wie wir sehen, ist dieses Tastenkürzel ganze drei Male, und unglücklicherweise auch noch für eine Aktion in der 3D View ❸, vergeben.

3 Neues Tastenkürzel bestimmen

Trotz dieser schlechten Nachricht ergibt sich beim Überprüfen der ebenfalls mit diesen Tasten kombinierten Tastenkürzel ein neuer Vorschlag, der bislang in keinem Editor in Blender verwendet wird: das Tastenkürzel ⇧ + Alt + C.

4 Neues Tastenkürzel zuweisen

Um nun dem Befehl Cursor to World Origin dieses neue Tastenkürzel zuzuweisen, suchen wir uns den Befehl aus dem zugehörigen Menü Object • Snap und klicken ihn mit der rechten Maustaste an, um über das Kontextmenü den Befehl Assign Shortcut ④ aufzurufen.

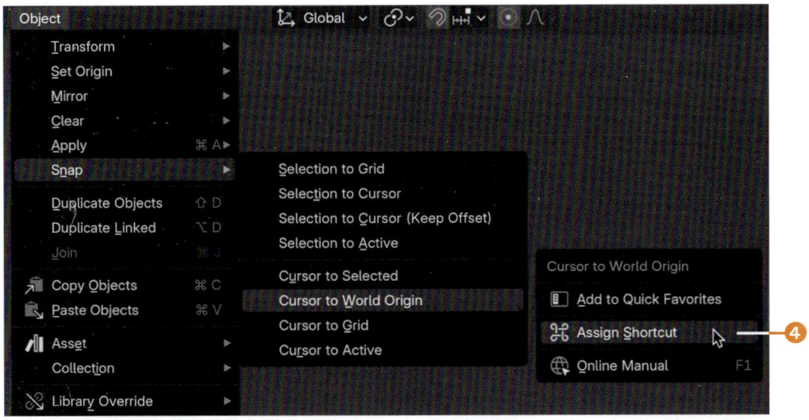

◂ **Abbildung 5.15**
Befehl Assign Shortcut

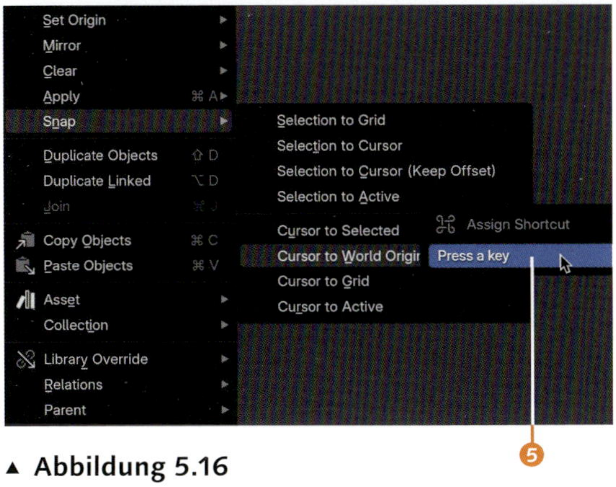

▴ **Abbildung 5.16**
Eingabe der Tastenkombination

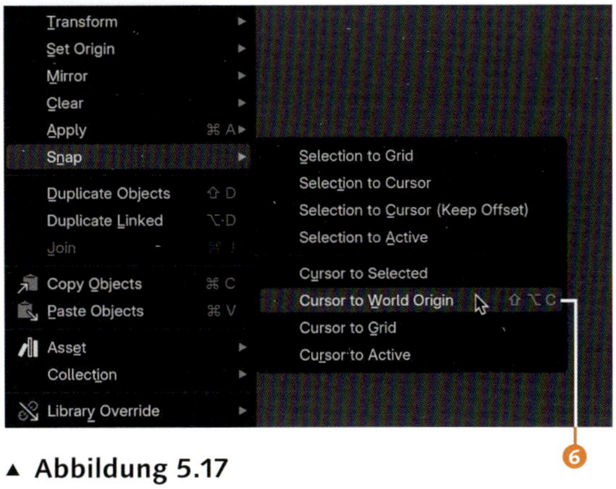

▴ **Abbildung 5.17**
Neues, eigenes Tastenkürzel

Nach diesem Schritt werden wir aufgefordert, das für diesen Befehl gewünschte, neue Tastenkürzel einzugeben ⑤, was wir gerne tun: [⇧] + [Alt] + [C].

Tatsächlich ist der neue Kurzbefehl damit auch schon festgelegt. Wenn wir uns nun den Befehl über das Menü Object • Snap (Abbildung 5.17) noch einmal auf dem althergebrachten Weg aufrufen, finden wir das neue Tastenkürzel hinter dem Befehl eingetragen ⑥. Der Kurzbefehl ist ab sofort gespeichert und bleibt auch nach dem Beenden von Blender beim nächsten Start gültig.

Kontextmenü

Durch die etablierte, ungewöhnliche Nutzung der rechten Maustaste zur Selektion in Blender gab es lange Zeit kein kontextsensitives Menü in Blender, wie es viele Anwenderinnen und Anwender aus anderen Programmen oder ihrem Betriebssystem gewohnt waren. Doch mit den flexibleren Keymaps haben auch die Kontextmenüs in Blender Einzug gehalten.

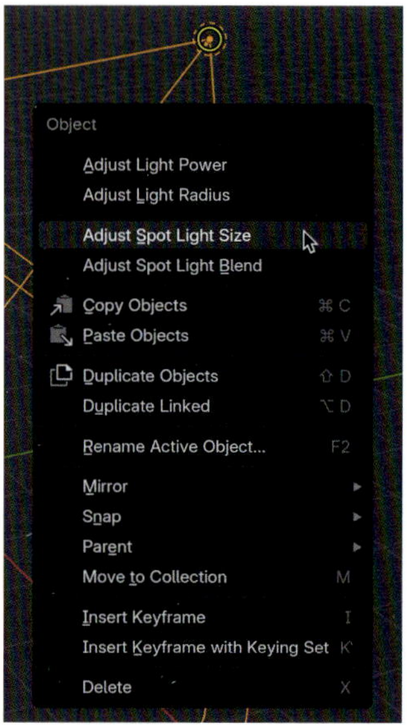

▲ **Abbildung 5.18**
Objekt-Kontextmenü einer Lichtquelle

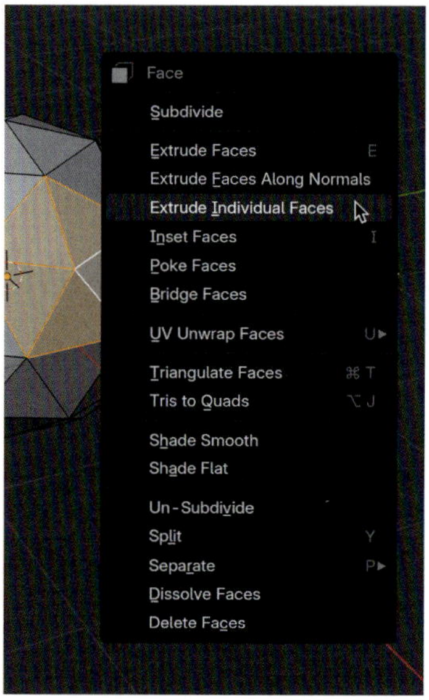

▲ **Abbildung 5.19**
Kontextmenü für Faces im EDIT MODE

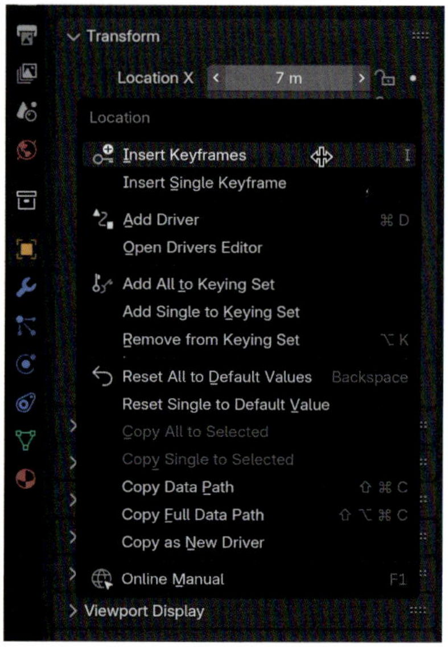

▲ **Abbildung 5.20**
Kontextmenü für einen Parameter im Properties Editor

Kontextmenü ohne die rechte Maustaste

Wenn Sie sich in Blender für die Selektion per rechter Maustaste entscheiden sollten, gelangen Sie in diesem Fall mit der Taste W in das Kontextmenü.

Die Betonung liegt dabei tatsächlich auf »kontextsensitiv«, denn Sie bekommen wirklich nur die für die aktuelle Situation relevanten Befehle und Werkzeuge im Kontextmenü angezeigt. Seien es der direkte Zugriff auf die Parameter einer Lichtquelle (Abbildung 5.18), die verschiedensten Modelling-Werkzeuge beim Bearbeiten eines Mesh-Objekts im EDIT MODE (Abbildung 5.19) oder auch zur Animation eines Parameters über den Properties Editor (Abbildung 5.20).

Bevor Sie also das nächste Mal einen unnötig weiten Weg mit der Maus zurücklegen, versuchen Sie es zuvor mit einem Klick mit der rechten Maustaste zum Kontextmenü – oft finden Sie hier griffbereit genau den Befehl, den Parameter oder das Werkzeug, das Sie für Ihre Arbeit benötigen. Die Kontextmenüs sind überaus stimmig und hilfreich in Blender umgesetzt.

Pie-Menü

Wir haben ein Beispiel für die praktischen Pie-Menüs (Abbildung 5.21) bereits vor kurzem kennengelernt. Blender bietet noch viele weitere dieser um die aktuelle Position des Mauszeigers positionierten Options- bzw. Befehlslisten.

Nach dem Aufruf des Pie-Menüs können Sie die gewünschte Option entweder per Mausklick auf den jeweiligen Button oder per Tastatur durch die im Button angegebene Ziffer auswählen. Dabei stimmen die Positionen der Buttons stets mit der Platzierung der Ziffer auf dem Nummernblock Ihrer Tastatur überein.

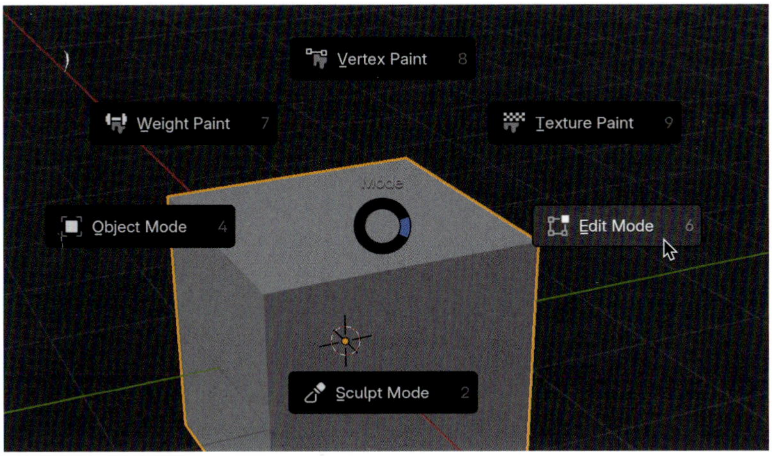

◂ **Abbildung 5.21**
Pie-Menü für den Bearbeitungsmodus

Hier eine Auswahl der standardmäßig in Blender aktivierten Pie-Menüs. Wenn Ihnen diese »Pies« in Fleisch und Blut übergegangen sind, finden Sie im offiziellen ADD-ON »3D VIEWPORT PIE MENUS« noch zahlreiche weitere Pie-Menüs, die Sie sich bei Interesse aktivieren können.

- [Strg]/[Ctrl] + [⇆] für die Bearbeitungsmodi (Abbildung 5.21),
- [Z] für das SHADING im 3D Viewport,
- [,] für die TRANSFORM ORIENTATION,
- [.] für den PIVOT POINT,
- [⇧] + [O] für das PROPORTIONAL EDITING,
- [⇧] + [S] für das SNAPPING,
- [~] (Windows) für die verschiedenen Kamera-Ansichten (VIEWS).

In den Preferences, auf die wir in Kürze noch genauer eingehen werden, befinden sich zusätzliche Einstellungen, um die Arbeit mit Pie-Menüs optimal auf Ihre Gewohnheiten und Vorlieben einzustellen.

Ziehen statt Klicken

Sobald Sie die Arbeit mit einigen Pie-Menüs verinnerlicht haben, kennen Sie sicher bald auch die Position der Optionen um den Mauszeiger auswendig. Um nochmals Zeit zu sparen, können Sie die gewünschte Option gleich direkt mit dem Aufruf des Pie-Menüs mitgeben, indem Sie die Maus gleichzeitig in die Richtung dieser Option ziehen.

Quick Favorites

Bislang sind wir in erster Linie auf Workflow-Features eingegangen, die Blender für uns vorgefertigt bereithält. Doch Blender hat auch die Möglichkeit vorgesehen, ein Menü individuell mit oft benötigten Befehlen und Werkzeugen zu bestücken.

Dieses Quick Favorites oder auch Quick Access Menu genannte Menü rufen Sie über die Taste Q auf (Abbildung 5.22). Die Quick Favorites arbeiten ebenfalls kontextsensitiv, so dass Sie beispielsweise Tools zur Bearbeitung des Meshes gar nicht angezeigt bekommen, wenn Sie sich im Object Mode befinden.

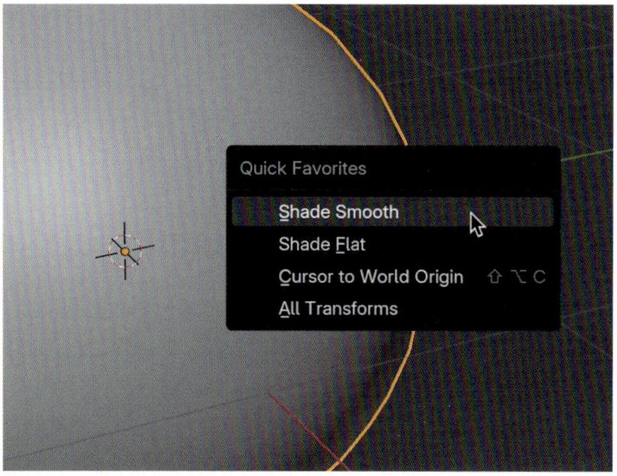

▲ **Abbildung 5.22**
Menü der Quick Favorites

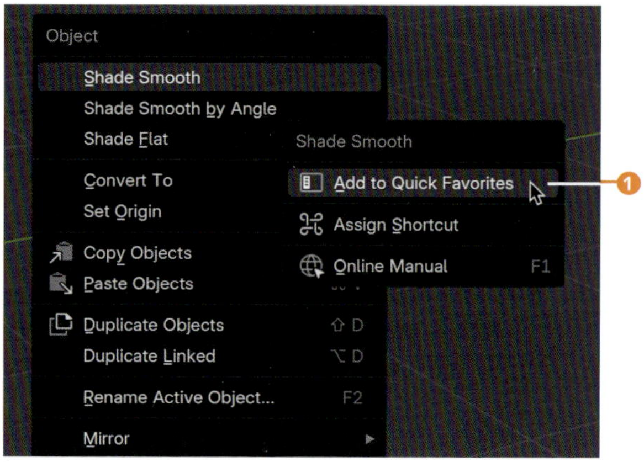

▲ **Abbildung 5.23**
Hinzufügen zu den Quick Favorites

Um nun einen häufig verwendeten Befehl in das Menü der Quick Favorites aufzunehmen, suchen Sie ihn sich aus seinem zugehörigen Menü heraus und klicken ihn mit der rechten Maustaste an, um das Kontextmenü aufzurufen (Abbildung 5.23). Wählen Sie dort den Befehl Add to Quick Favorites (1), um ihn künftig über die Taste Q bequem zur Hand zu haben.

Die Quick Favorites werden beim Beenden von Blender stets mitgespeichert und stehen Ihnen beim nächsten Öffnen von Blender natürlich wieder zur Verfügung.

Adjust Last Operation und History

Jeder Extraschritt, den Sie vermeiden, beschleunigt Sie und Ihre Arbeit in Blender. Wie Sie bereits wissen, haben Sie nach der Erstellung eines neuen Objekts über das Panel Adjust Last Operation (Taste F9) die Möglichkeit, die Eigenschaften des frisch erzeugten

Objekts zu modifizieren (Abbildung 5.24). Wie der Name Adjust Last Operation schon andeutet, funktioniert dies auch mit Werkzeugen und Befehlen.

Dass sich eine 3D-Software die letzten Arbeitsschritte merkt, ist nicht ungewöhnlich, schließlich benötigen wir diesen Verlauf, um sorglos Undo- (Strg/Cmd + Z) bzw. Redo-Schritte (Strg/Cmd + ⇧ + Z) bei der Arbeit durchführen zu können.

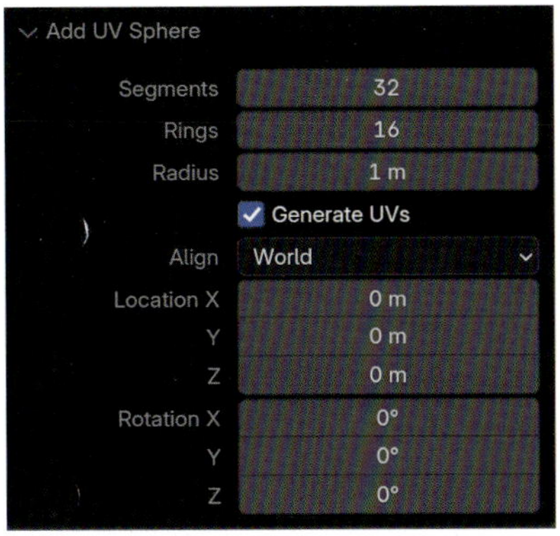

◂ **Abbildung 5.24**
Panel Adjust Last Operation

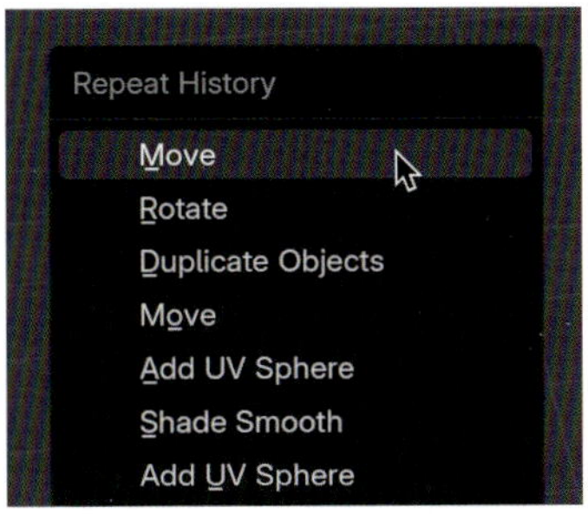

◂ **Abbildung 5.25**
Aufgezeichnete Bearbeitungsschritte

In Blender lässt sich diese sogenannte History verwenden, um bestimmte Bearbeitungsschritte ein erneutes Mal aufzurufen oder rückgängig zu machen. Um sich diesen Verlauf (Abbildung 5.25) anzeigen zu lassen, finden Sie im Menü Edit (Abbildung 5.26) den Befehl Repeat History ❹ bzw. das Menü Undo History ❷. Sie können jeden einzelnen der Bearbeitungsschritte wiederverwenden bzw. gezielt bis zu einem bestimmten Schritt zurückspringen.

Besonders praktisch ist die History-Funktion in Verbindung mit Adjust Last Operation. In Blender ist entscheidend, wann eine Operation tatsächlich abgeschlossen ist. Meist erledigen Sie dies durch Bestätigung per ↵-Taste bzw. per Linksklick. Doch Sie können ohne Weiteres direkt im Anschluss an die Erstellung eines Duplikats eine Transformation folgen lassen, um beide als eine Operation zählen zu lassen. Die Wiederholung dieser Operation erfolgt über den Befehl Repeat Last ❸ (Taste ⇧ + R).

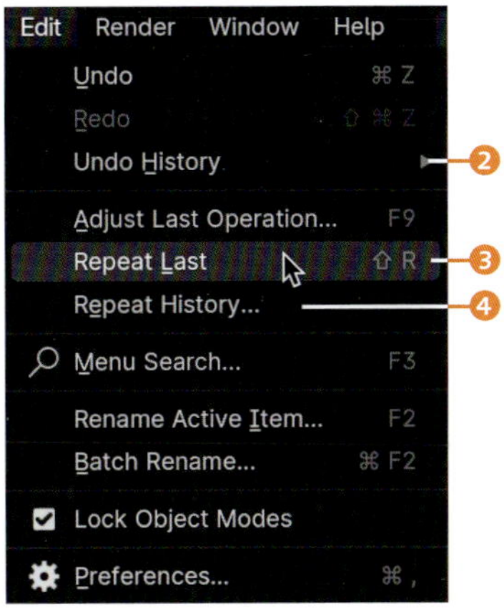

▴ **Abbildung 5.26**
Menü Edit

Schritt für Schritt
Arbeitsschritte wiederholen

Sehen wir uns in einem kleinen Praxisbeispiel an, wie wir Operationen so vorbereiten, dass wir sie anschließend gezielt wiederholt ausführen können, um dabei Zeit zu sparen.

1 Standard-Cube skalieren

Für diesen kurzen Workshop verwenden wir als Ausgangspunkt die Standard-Szene nach dem Start von Blender. Sie können die Lichtquelle und die Kamera gerne löschen. Selektieren Sie nun per Linksklick den Cube und skalieren Sie ihn über die Dimensions in der Sidebar auf eine Breite von 5 m und eine Höhe von 0.5 m, um eine Art Treppenstufe zu erhalten (Abbildung 5.27).

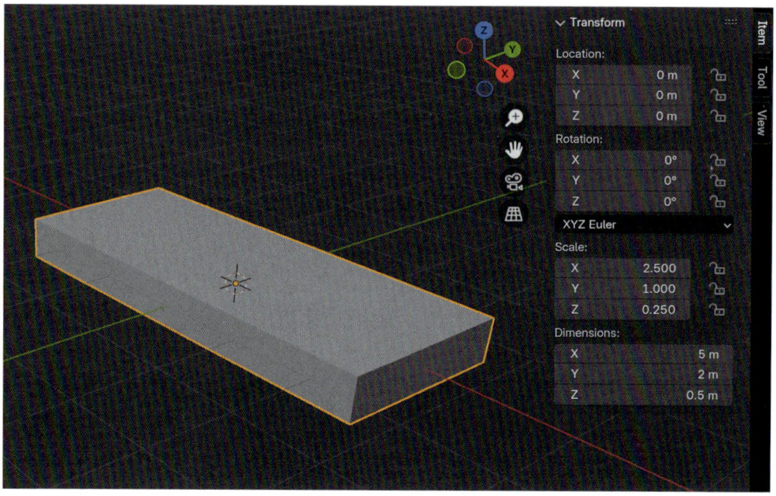

Abbildung 5.27 ▸
Skalieren des Cubes

Rufen Sie über die Tasten [Strg]/[Ctrl]+[A] das Menü APPLY auf und wenden Sie die Skalierung über den Befehl SCALE an (Abbildung 5.28). Eigentlich wäre dieser Schritt für diesen kurzen Workshop nicht unbedingt erforderlich, doch Sie sollten sich angewöhnen, solche Transformationen zeitnah anzuwenden, um später Probleme, beispielsweise bei der Verwendung von Modifiern, von vornherein zu vermeiden.

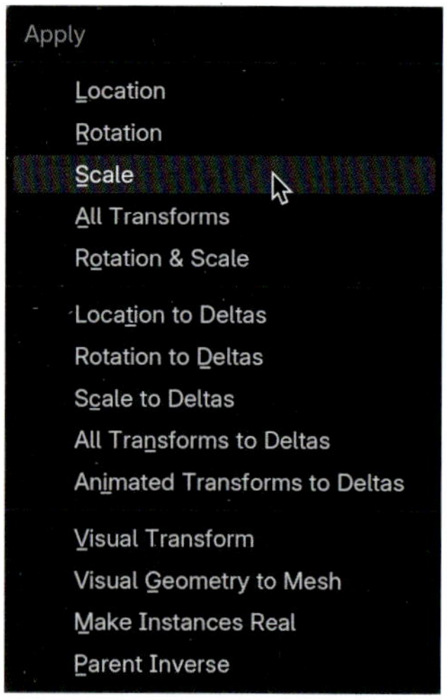

▴ **Abbildung 5.28**
Anwenden der Skalierung

2 Objekt duplizieren und verschieben

Nun folgt die eigentliche Operation. Wir fertigen ein Duplikat der Treppenstufe an und verschieben diese anschließend ein Stück nach hinten und nach oben.

Das Duplikat der Treppenstufe erzeugen wir mit den Tasten [⇧]+[D] für den Befehl DUPLICATE. Eigentlich schließt sich nach diesem Duplizieren automatisch die Möglichkeit an, eine Transformation im Viewport durchzuführen. Doch weil wir die Transformation numerisch über das Last Operation Panel erledigen wollen, bestätigen Sie den Duplizieren-Schritt direkt mit der Taste [↵] als Abschluss.

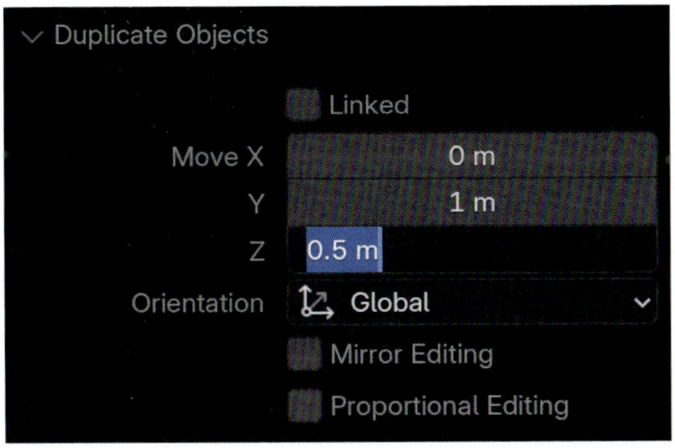

◂ **Abbildung 5.29**
Last Operation Panel für den Befehl Duplicate Objects

Klappen Sie das Last Operation Panel für den Befehl Duplicate Objects auf (Abbildung 5.29), um die Werte für den Versatz der Treppenstufe einzutragen. Ich habe mich für die halbe Stufentiefe, also 1 m, sowie die volle Stufenhöhe, also 0.5 m, entschieden. Bestätigen Sie den letzten Eintrag im Wertefeld wieder mit der Taste ↵.

Das erste Duplikat der Treppenstufe ist damit fertiggestellt (Abbildung 5.30). Die eigentliche Treppe entsteht nun durch mehrfache Wiederholung dieser Operation.

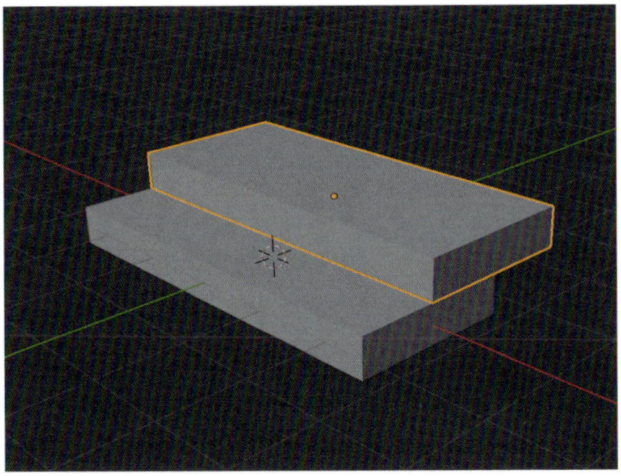

▴ **Abbildung 5.30**
Versetztes Treppenstufen-Duplikat

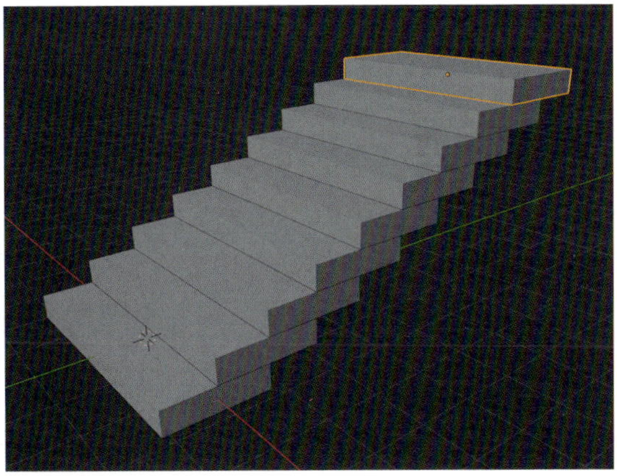

▴ **Abbildung 5.31**
Wiederholen der Operation

3 Operation mit Repeat Last wiederholen

Die abgeschlossene Operation aus Duplikation und Transformation können wir nun über den Befehl Repeat Last aus dem Menü Edit (Abbildung 5.26) bzw. den Kurzbefehl ⇧ + R bequem so oft wiederholen, bis sich die Treppe aus den Treppenstufen-Duplikaten ergibt (Abbildung 5.31).

Batch Rename

Auch wenn die Benennung von Objekten durch die Taste [F2] bzw. Doppelklick im Outliner schnell erledigt ist, geht diese Aufgabe im Eifer des Gefechts schnell unter. Sobald die Anzahl der Objekte dann unübersichtlich wird, kommt auch der Arbeitsfluss ins Stocken. Blender bietet mit dem Werkzeug BATCH RENAME aus dem Menü EDIT bzw. den Tasten [Strg]/[Cmd]+[F2] Abhilfe.

Abbildung 5.32 ▸
Einstellungen BATCH RENAME

Im zugehörigen Einstellungspanel wählen Sie zunächst den betroffenen Datentyp ❶ aus und geben an, ob nur die vorliegende Selektion (SELECTED) oder alle Datenblöcke dieses Typs betrachtet werden sollen (ALL). Als Nächstes bestimmen Sie die gewünschte Aktion ❸. Sie können suchen und ersetzen (FIND/REPLACE), umbenennen (SET NAME), unerwünschte Zeichen entfernen (STRIP CHARACTERS) oder die Groß- und Kleinschreibung ändern (CHANGE CASE). Wie die Buttons + und – ❷ bereits andeuten, lassen sich mehrere dieser Aktionen gleichzeitig anstoßen.

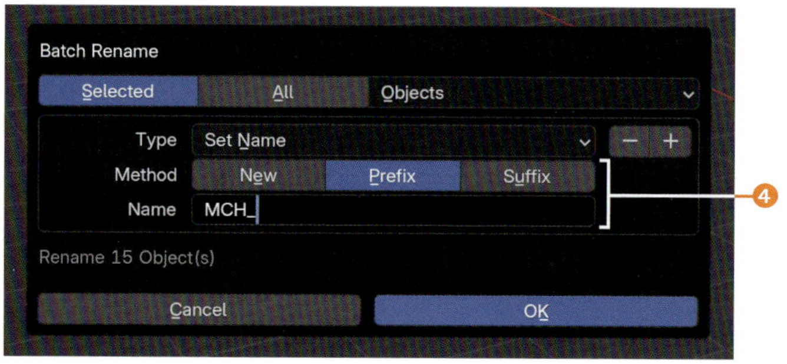

Abbildung 5.33 ▸
Wertevorgabe für die Batch Rename-Aktion

Nach der Definition der Aktion(en) geben Sie in den jeweiligen Wertefeldern ❹ die gewünschten Änderungen vor und starten die »Stapelumbenennung«. Ein paar Sekunden später sollte es im Outliner ein wenig aufgeräumter aussehen.

Informationsflut eindämmen

Die Bedienoberfläche von Blender ist grundsätzlich modern und trotz aller Informationsflut gut strukturiert. Die während der Arbeit in Blender benötigten Parameter und Einstellungen werden übersichtlich aufbereitet und – jetzt kommt der Knackpunkt – an mehreren Stellen nahezu identisch präsentiert.

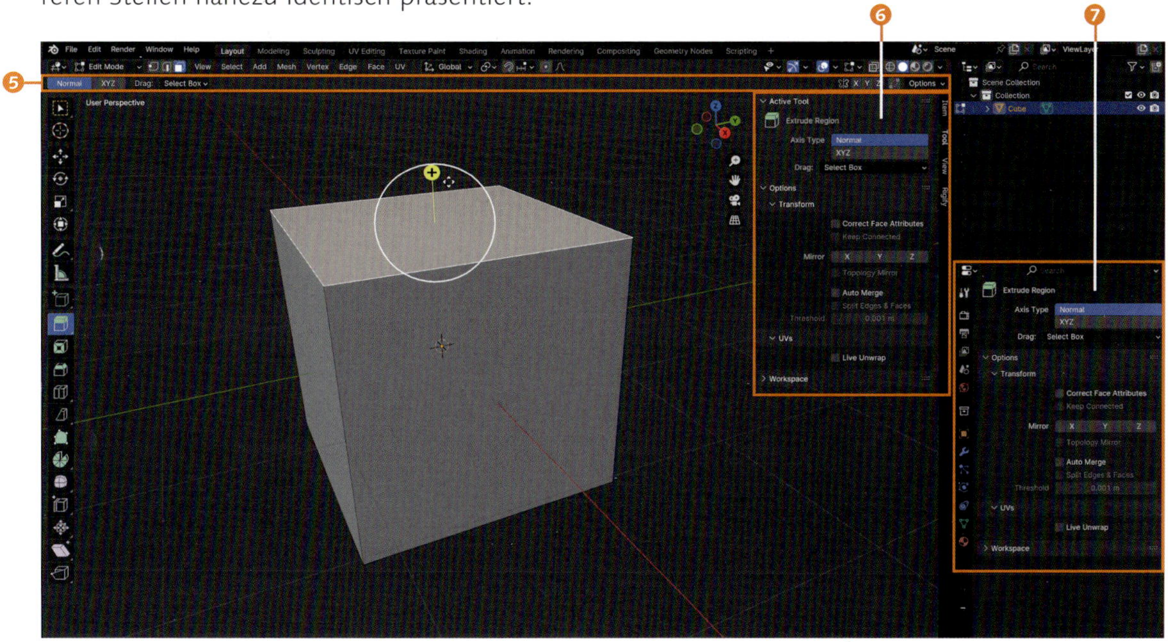

▲ **Abbildung 5.34**
Werkzeugeinstellungen im Header, in der Sidebar und im Properties Editor

In der Situation in Abbildung 5.34 ist gerade das Werkzeug EXTRUDE REGION aktiviert und zeigt uns die zur Verfügung stehenden Einstellungen im Header 5, im Panel TOOL 6 in der Sidebar sowie im Active Tool-Tab 7 des Properties Editors. Egal, welche Anlaufstelle Sie für die Festlegung der Parameter bevorzugen: Verwenden Sie diejenige, die sich für Sie am gewohntesten anfühlt, und blenden Sie nach Möglichkeit alle redundanten Informationsquellen aus, um Übersicht und Platz in Ihrer Arbeitsumgebung zu schaffen.

Startup File

Bei jedem Start von Blender und bei jedem neuen Blend-File, das Sie erzeugen, begrüßt Sie die STARTUP SCENE, bestehend aus dem Cube, einer Lichtquelle sowie einer Kamera. Außerdem finden Sie stets die mittlerweile gewohnte Bedienoberfläche zusammen mit den vordefinierten Workspaces, auf die wir gleich noch genauer eingehen, vor.

Wenn Sie stattdessen lieber eine komplett leere Szene bevorzugen, ein häufig verwendetes Licht-Setup oder ein individuelles Set von Workspaces verwenden möchten, können Sie dies ganz einfach durch Anpassen und Speichern als STARTUP FILE tun.

Abbildung 5.35 ▸
Menü FILE • DEFAULTS

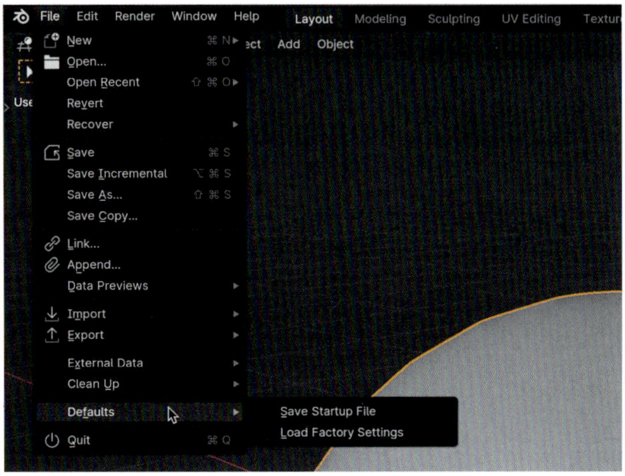

Dazu richten Sie Ihre Szene und Bedienoberfläche nach Ihren Vorstellungen ein und sichern diese anschließend über den Befehl SAVE STARTUP FILE im Menü FILE • DEFAULTS als neues STARTUP FILE. Alle neuen Blend-Files basieren künftig auf diesem Template. Um wieder zur Standard-Szene und der zugehörigen Bedienoberfläche zurückzukehren, verwenden Sie den Befehl LOAD FACTORY SETTINGS aus dem gleichen Menü.

Workspaces

Bisher haben wir uns in der Standard-Bedienoberfläche und dort im Workspace LAYOUT ❶ bewegt. Für die Arbeit an den Objekten bzw. an der Szene ist dieses Basis-Layout sehr gut geeignet.

▴ Abbildung 5.36
Workspaces

Neben diesem Workspace finden Sie noch weitere vordefinierte Workspaces am oberen Rand der Blender-Oberfläche, die allesamt zum Template GENERAL gehören. Dieses Template ❷ wählen Sie beim Start von Blender im Splash-Screen oder auch über das Menü FILE • NEW (Abbildung 5.37), wenn Sie ein neues Blend-File erzeugen. Die Workspaces dieser Standard-Konfiguration bilden im Prinzip den typischen 3D-Workflow nach. Vom Modelling und Sculpting geht es über Texturing und Shading hin zur Animation, bis Sie Ihr Projekt beim Rendering und Compositing ausgeben und finalisieren. Klicken Sie sich einfach einmal quer durch alle Workspaces. Die verschiedenen Editoren von Blender sind genau für die Ansprüche des jeweiligen Arbeitsschritts zusammengestellt.

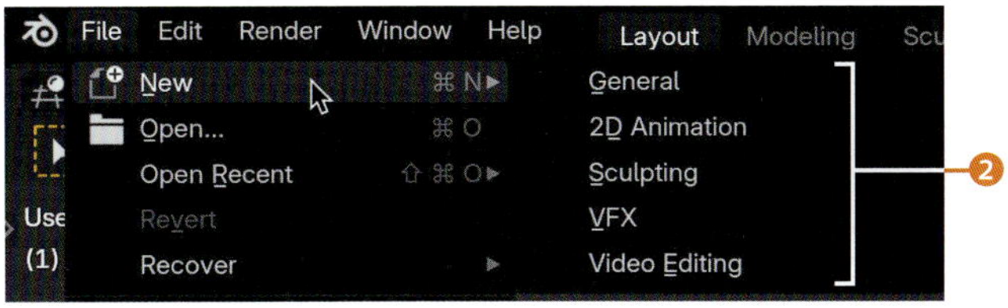

◂ **Abbildung 5.37**
Auswahl des Blend-File-Templates

Analog dazu bieten auch die anderen Templates, zwischen denen Sie beim Erzeugen eines neuen Blend-Files wählen können (Abbildung 5.37), die jeweils für diese Projektart benötigten Editoren.

Natürlich können Sie auch eigene Workspaces nach Ihren persönlichen Vorlieben erstellen. Dazu duplizieren Sie sich einen der Workspaces über das Menü im +-Button 3 und richten ihn mit allen Editoren, die Sie bei Ihrer Arbeit benötigen, ein.

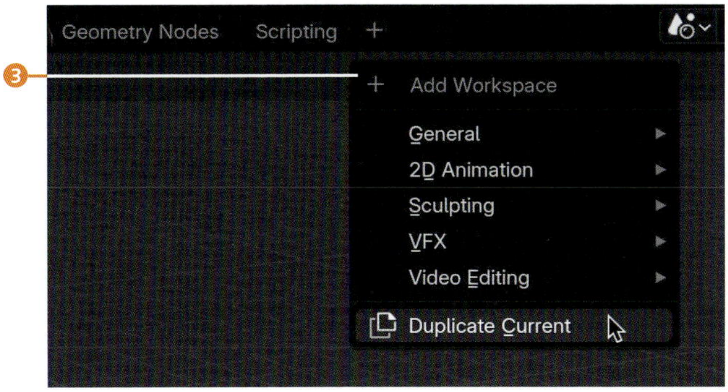

▴ **Abbildung 5.38**
Menü Add Workspace

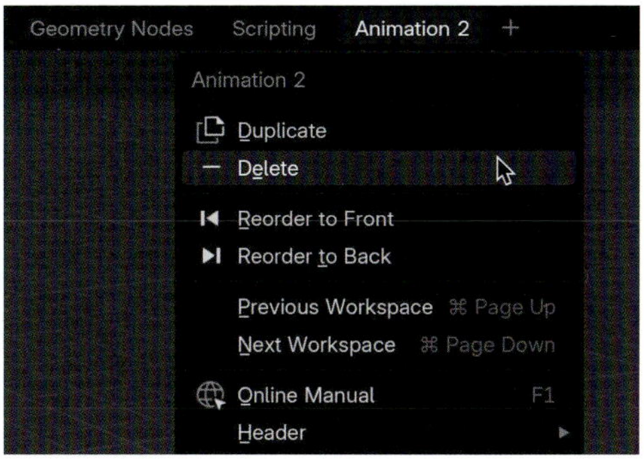

▴ **Abbildung 5.39**
Kontextmenü für die Workspaces

Um Ihren Workspace umzubenennen, klicken Sie doppelt auf den Namen des Workspace-Reiters. Zusätzliche Optionen, beispielsweise für eine Änderung der Anordnung oder auch zum Duplizieren oder Löschen, finden Sie im Kontextmenü (Abbildung 5.39), das Sie per Rechtsklick auf den Workspace-Reiter aufrufen.

Vergessen Sie nicht, Ihre individuell eingerichtete Arbeitsumgebung über den Befehl Save Startup File im Menü File • Defaults (Abbildung 5.35) als neues Startup File abzuspeichern.

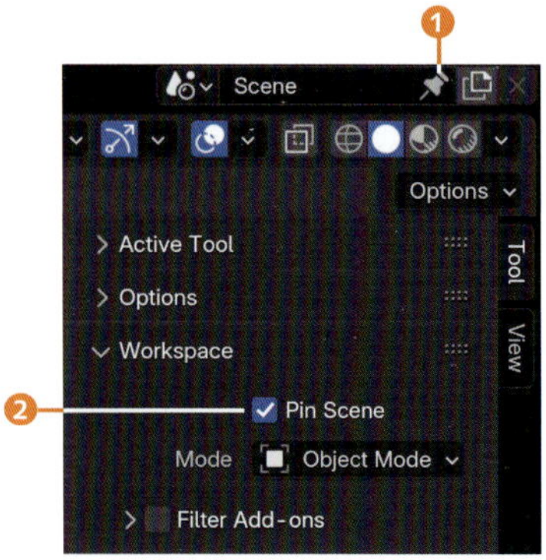

▲ **Abbildung 5.40**
Einfrieren der Scene für den Workspace

Wenn Sie die Arbeit in den verschiedenen Workspaces kennen und schätzen gelernt haben, empfehlen sich zum Wechsel zur nächsten bzw. zur vorherigen Projektstation die Kurzbefehle [Strg]/[Cmd]+[↧] bzw. [Strg]/[Cmd]+[↥]. Um eine bestimmte Scene mit einem Workspace fest zu verknüpfen, aktivieren Sie im gewünschten Workspace das Pin-Symbol im Datenblock-Menü SCENE (1) bzw. im Panel WORKSPACE (2) im Tab TOOL der Sidebar.

5.3 Einheiten

Eigentlich ist es Blender grundsätzlich egal, in welcher Einheit Sie Ihre Modelle erstellen und Ihre Szene aufbauen. Standardmäßig verwendet Blender das metrische System mit der Grundeinheit Meter ((3) und (4)) als Maßstab.

Abbildung 5.41 ▶
Parameter mit Maßeinheiten

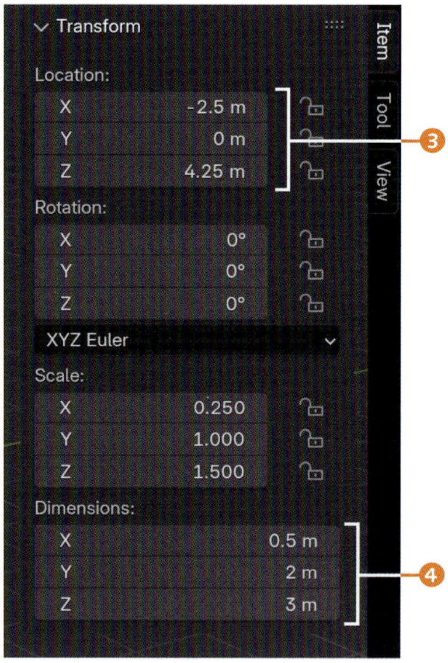

Sollten Sie sich mit Ihren Modellen bzw. Ihren Szenen in diesem Maßstab aufhalten, ist hier also keine Anpassung notwendig. Wichtig ist dann nur, dass Sie diese Vorgehensweise auch in anderen Szenen und Blend-Files durchhalten, um beim Import von Objekten keine Überraschung zu erleben.

Wenn Sie es allerdings mit sehr kleinen Objekten oder großen Szenen wie Landschaften zu tun haben, ist es meist praktisch, eine andere Bezugsgröße zu wählen. Insbesondere wenn es darum geht, 3D-Modelle später in reale Aufnahmen einzupassen, macht sich eine

1 m = 1 BU

In den Versionen vor Blender 2.8 galt die sogenannte Blender-Unit (BU) als Standard-Maßeinheit. Diese Einheit, die einem Meter entsprach und immer dann im Einsatz war, wenn (noch) keine Einheit angegeben wurde, ist aber längst Vergangenheit.

vorausschauende Arbeitsweise schnell bezahlt. Bei der 3D-Rekonstruktion von Kamera und Szene können Sie ohne Umrechnen mit den realen Distanzen arbeiten und die zuvor erzeugten Modelle sind von Anfang an stimmig.

Alle Einheiten, in denen Sie in Blender arbeiten – egal ob Längen, Gewichte oder auch Zeit- und Temperaturangaben –, finden Sie im Scene-Tab ⑥ des Properties Editors, wenn Sie das Panel UNITS ⑤ aufklappen.

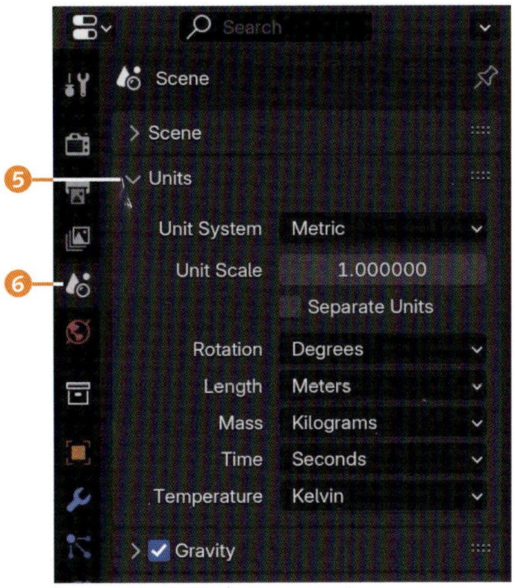

▲ **Abbildung 5.42**
Scene-Tab im Properties Editor

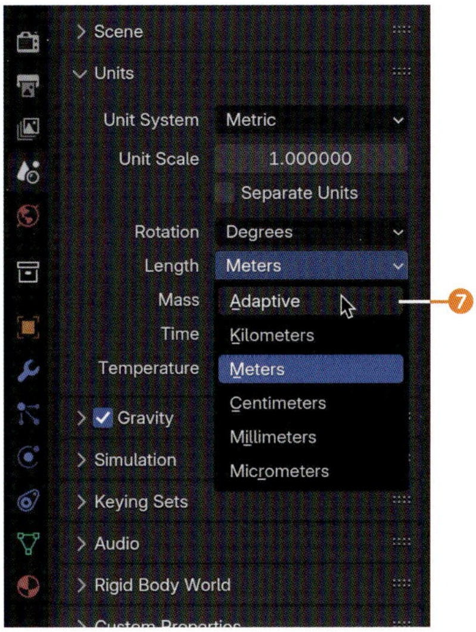

◂ **Abbildung 5.43**
Längeneinheiten

Sie können sich hier zunächst auf die Verwendung des metrischen oder imperialen Systems für die Einheiten (UNIT SYSTEM) festlegen. Außerdem lässt sich durch die Angabe einer Skalierung (UNIT SCALE) jederzeit der Maßstab anpassen, um gut handzuhabende Maßgrößen zu erhalten. Die Option SEPARATE UNITS teilt die Einheiten auf Wunsch für Sie auf – aus 2.5 m werden dann entsprechend 2 m 50 cm.

In den weiteren Feldern bestimmen Sie die Vorgabe für Winkelangaben (ROTATION), für die Längeneinheit (LENGTH), für Gewichtsangaben (MASS) sowie für Zeitangaben (TIME). Gewöhnen Sie sich an, sich möglichst schon am Anfang eines Projekts für eine passende Einheit zu entscheiden (Abbildung 5.43), denn 2 mm sind beim Modelling einfach verständlicher als 0.002 m.

Einen Kompromiss bietet die Einstellung ADAPTIVE ⑦ an: Hier bestimmt der Zahlenwert, ob Sie Zentimeter, Meter oder gar Kilometer angezeigt bekommen, dafür unter Umständen bunt gemischt …

5.4 Scripting

Es mag für Sie ungewöhnlich wirken, dass ich Sie bereits in einem Grundlagen-Kapitel mit dem Thema »Scripting« konfrontiere, da es doch eher fortgeschrittenen Anwenderinnen und Anwendern zuzuschreiben ist – insbesondere, da die Platzierung des zugehörigen Workspace (Abbildung 5.44) das Scripting eher zu einem späteren Zeitpunkt im Workflow vermuten lässt. Doch tatsächlich ziehen sich Scripts durch alle Bereiche von Blender: sei es für eine Automatisierung sich wiederholender Schritte beim Modelling, einer zusätzlichen Aufgabe bei Animation oder Rendering oder auch durch die Erweiterung von Blender mittels eines Add-ons, weshalb ich Sie bereits in diesem Kapitel dafür sensibilisieren möchte.

Abbildung 5.44 ▸
Workspace Scripting

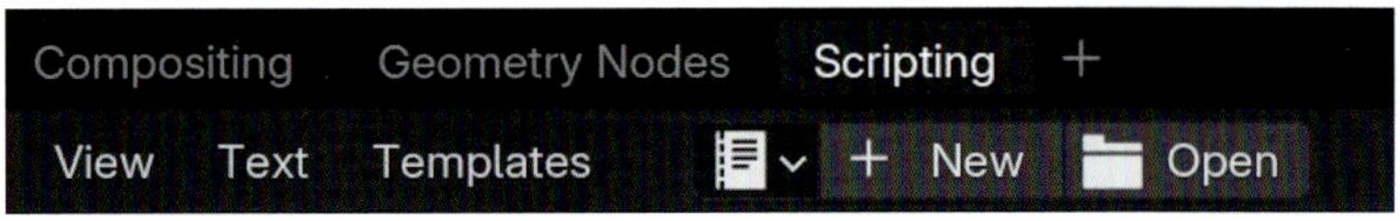

Alle genannten Beispiele besitzen die Gemeinsamkeit, dass sie in der interpretierten, objektorientierten, dabei aber trotzdem relativ gut zugänglichen Programmiersprache Python verfasst sind. Eine intensive Beschäftigung bzw. ein solides Basiswissen über diese Programmiersprache ist dabei natürlich obligatorisch. Deshalb kann und soll es sich im Folgenden nicht um einen Crashkurs in Python handeln, bei dem Sie alles über Module, Classes, Types und deren Verarbeitung erfahren. Vielmehr geht es um einen Einstieg und einen Überblick, wie Python in Blender integriert ist und welche Editoren Sie dabei unterstützen.

Python in Blender

Nicht nur Blender, auch die Programmiersprache Python wird fortwährend weiterentwickelt. Daher muss die Programmierschnittstelle, die sogenannte API (»Application Programming Interface«), von Blender stets beide Seiten in Betracht ziehen. Mit Version 4.1 von Blender wurde die Python-Version 3.11 in Blender integriert.

Sehen wir uns also zunächst die verschiedenen Editoren im Workspace Scripting an, die Sie bei der Erstellung und Verwaltung von Scripts unterstützen (Abbildung 5.45). Jeden dieser Editoren finden Sie selbstverständlich auch im Editoren-Menü in der eigenen Abteilung Scripting.

Die Python Console **1** besitzt ein Kommandozeilen-Interface, über das Sie vollen Zugriff auf die komplette Python-Programmierschnittstelle haben. Gleich hinter dem Eingabe-Prompt können Sie hier sehr schnell und unkompliziert Befehle ausführen und testen. Oberhalb des Prompts finden Sie neben einigen Hinweisen für die Arbeit in der Python Console auch die verwendete Python-Version, die aktuell verwendeten bzw. importierten Modules sowie standardmäßig eingerichtete Variablen (Variables).

Der INFO EDITOR ❷ zeichnet jeden Befehl bzw. Arbeitsschritt und auch jede Warnung bzw. Fehlermeldung auf. Damit kann der Info Editor Ihnen eventuell auch einmal bei der Fehlersuche weiterhelfen, wenn Blender auf Ihre Eingaben nicht so reagiert, wie Sie es erwarten.

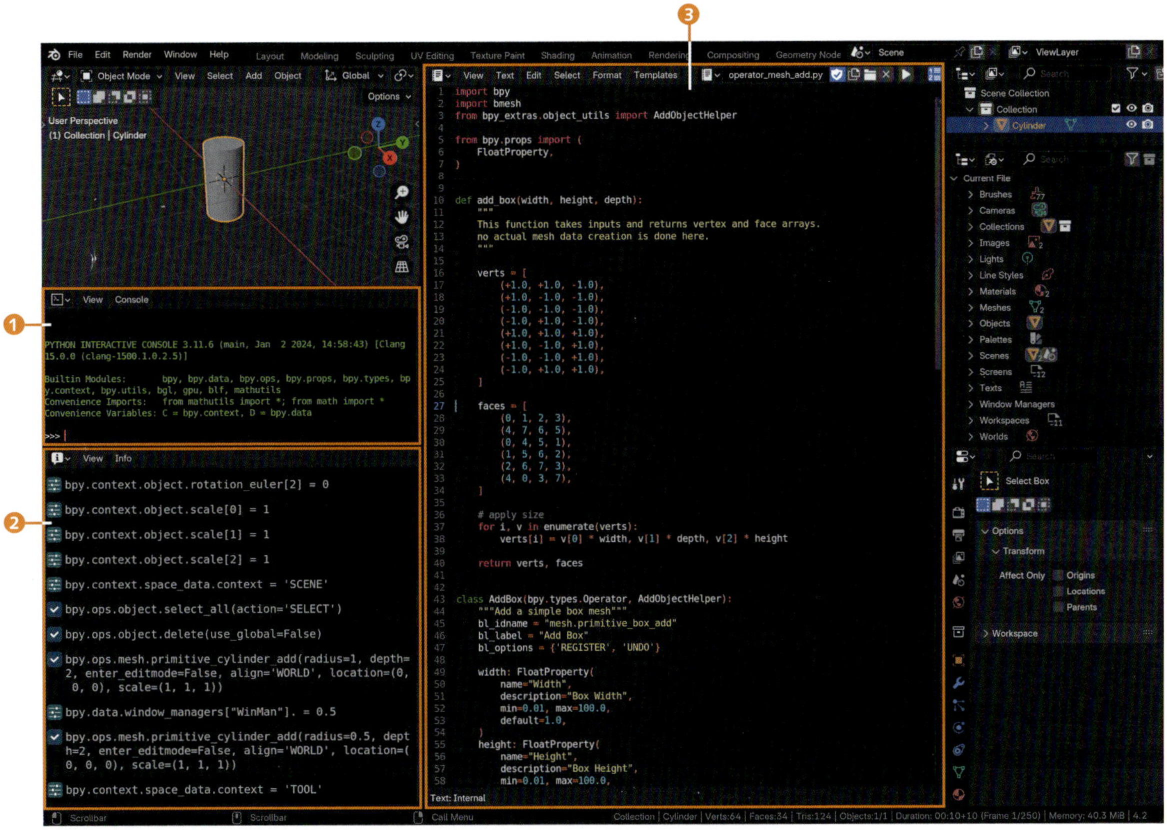

▲ **Abbildung 5.45**
Editoren im Workspace SCRIPTING

Im TEXT EDITOR ❸ findet das eigentliche Scripting statt. Hier können Sie neue Scripts erzeugen und bearbeiten, bereits vorhandene Scripts laden bzw. importieren, auf zahlreiche praktische Beispieltemplates zurückgreifen und natürlich auch Scripts in Blender ausführen.

Bevor wir uns näher mit den Scripts bzw. dem Text Editor befassen, möchte ich Ihnen noch einige Anlaufstellen zeigen, die Ihnen beim Einstieg und für ein besseres Verständnis der sehr engen Verknüpfung von Python und Blender helfen sollten. Dazu gehören die in diesem Kapitel bereits kurz angesprochenen Python Tooltips (Abbildung 5.46), die Sie sich zusätzlich oder statt der Erklärungen der normalen Tooltips anzeigen lassen können.

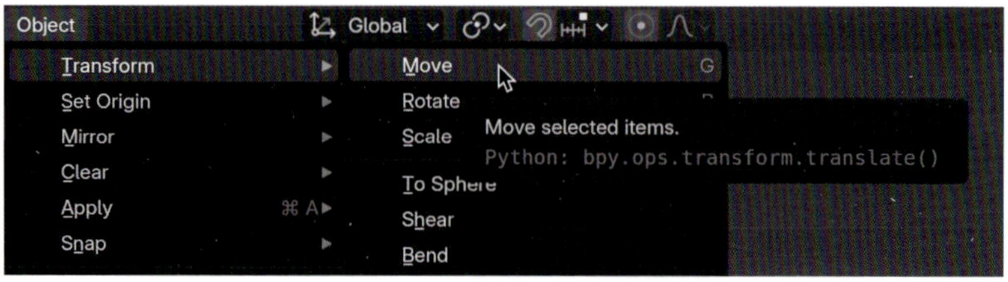

Abbildung 5.46 ▸
Python Tooltip

Sollten Sie also einen Befehl, einen bestimmten Parameter, ein Objekt oder ein anderes Element in bzw. von Blender per Python durchführen oder ansprechen wollen, so finden Sie hier einen sehr schnellen Weg, um die zugehörige Python-Entsprechung zu ermitteln. Verwenden Sie anschließend einfach den Befehl COPY (Tasten Strg/Cmd + C), um sich die Python-Zeile in die Zwischenablage zu kopieren, sowie den Befehl PASTE (Tasten Strg/Cmd + V), um die Python-Zeile in die Python Console bzw. den Text Editor einzufügen.

Info Editor

Ein weiterer, durchaus komfortabler Weg zum Scripting in Blender führt über den Info Editor (Abbildung 5.47), der alle in Blender durchgeführten Operationen aufzeichnet. Wir können diesen Umstand nutzen und uns die Abfolge an Python-Befehlen aus den erfolgten Arbeitsschritten extrahieren.

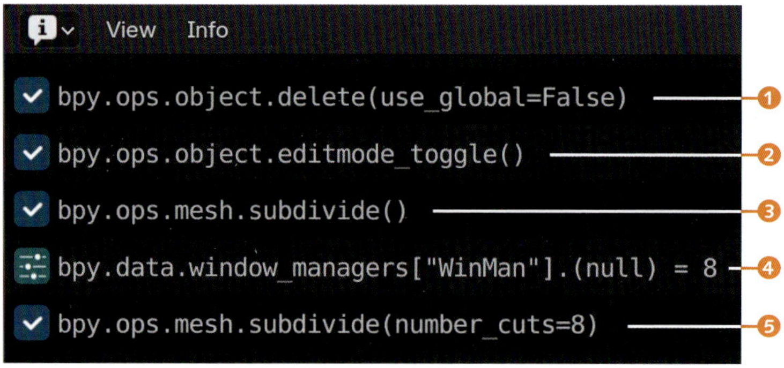

Abbildung 5.47 ▸
Abfolge von Operationen im Info Editor

Sehen wir uns zur Verdeutlichung die Abfolge an Operationen im Beispiel von Abbildung 5.47 an. Zunächst werden zuvor selektierte Objekte gelöscht (1). In diesem Fall handelte es sich schlichtweg um Standard-Licht und -Kamera, die nicht benötigt und daher aus der Szene entfernt wurden. Anschließend wird das selektierte Objekt zur Bearbeitung in den EDIT MODE versetzt (2). Der nächste Python-

Befehl ruft den Operator Subdivide auf ❸. Wie Sie an den Modulaufrufen am Anfang der Befehlszeilen erkennen, stammen die verwendeten Operationen ausschließlich aus dem Modul `bpy.ops` (für Blender Python Operations). Der nächste Arbeitsschritt ❹ dagegen bedient sich aus dem Modul `bpy.data`, zu dem auch die Windows Manager gehören. Der Grund dafür ist einfach, es handelt sich um das Adjust Operations Panel, in welchem die Parameter für die Operation spezifiziert werden. Der angegebene Wert wird im Anschluss für die Anzahl der Unterteilungen als `number_cuts` verwendet ❺.

Jeden der mit einem grünen Symbol gelisteten Python-Befehle könnten Sie problemlos in der Python Console schreiben bzw. über Copy und Paste kopieren und die entsprechende Operation mit der [↵]-Taste ausführen lassen.

Text Editor

Der Text Editor (Abbildung 5.48) ist, wie auch in jeder anderen Programmierumgebung, der Hauptarbeitsbereich beim Scripting in Blender.

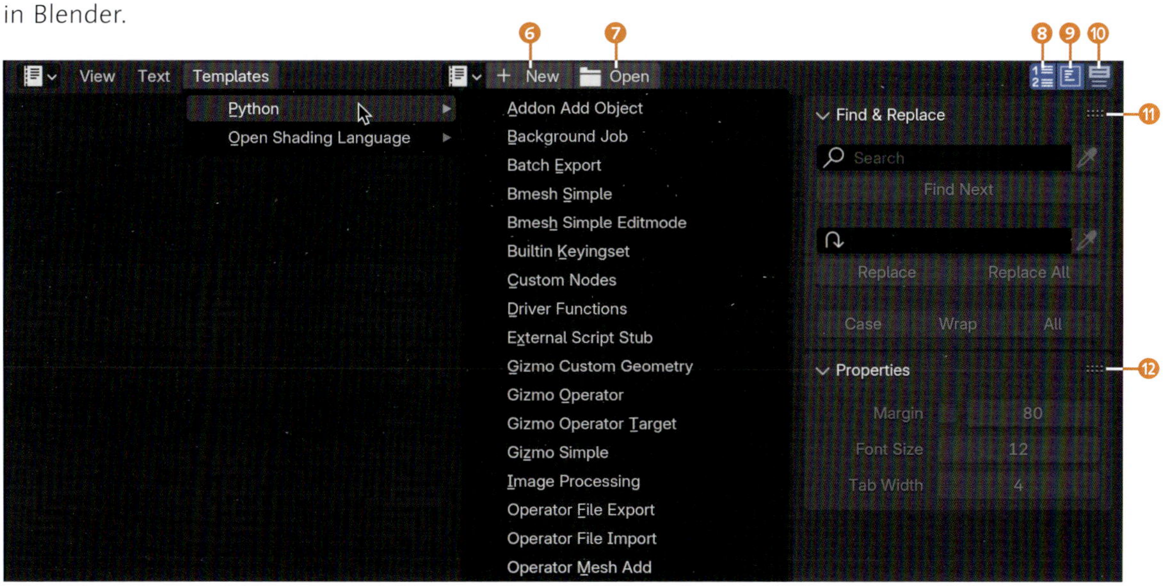

▲ **Abbildung 5.48**
Noch leerer Text Editor

Um den leeren Editor mit einem Script zu füllen, legen Sie entweder über den Button New ❻ ein neues Script an, laden ein externes Script über den Button Open ❼ ein oder verwenden eines der zahlreichen Templates aus dem gleichnamigen Menü. Wie es sich für einen programmiergerechten Text-Editor gehört, können Sie sich die Textdarstellung mit Zeilennummern ❽, Zeilenumbrüchen ❾ und auch Syntaxauszeichnung ❿ anzeigen lassen. In der Sidebar (Taste [N]) finden Sie außerdem Funktionen zum Suchen und Ersetzen in längeren Texten ⓫ sowie zusätzliche Darstellungsoptionen ⓬ (Abbildung 5.48).

Abbildung 5.49 ▸
Script im Text Editor

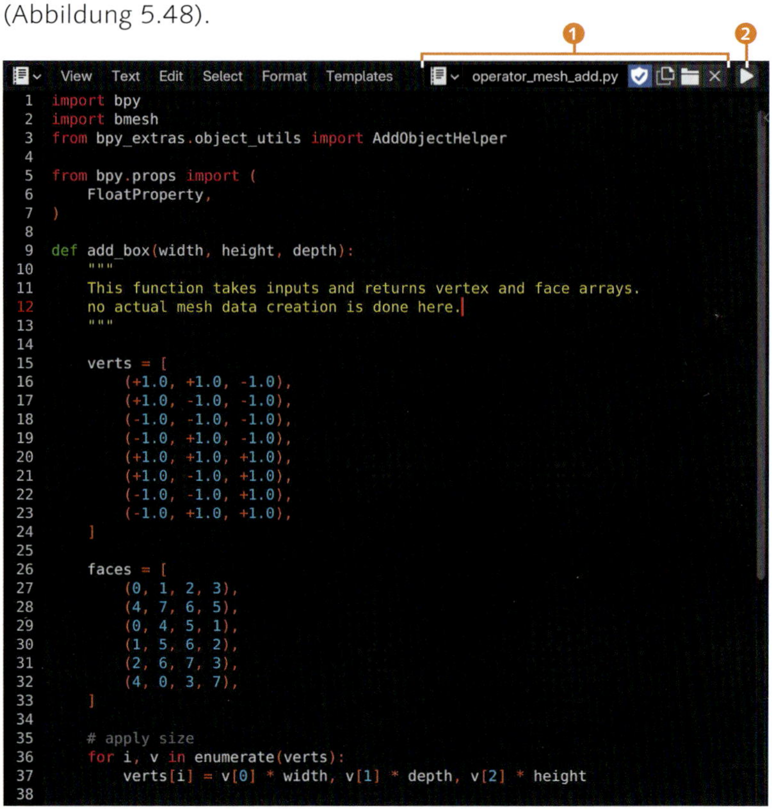

Sobald Sie ein Script angelegt oder geladen haben, finden Sie die bekannte Datenblock-Zeile ❶ im Header, denn letzten Endes sind auch Scripts für Blender Datenblöcke, die Sie entsprechend duplizieren, wiederverwenden und schützen können.

Um das im Text Editor angezeigte Script auszuführen, verwenden Sie den Button RUN SCRIPT ❷ am rechten oberen Rand bzw. die Tasten [Alt]+[P].

Script-Verzeichnis

Neben den eher systembestimmten Verzeichnissen lassen sich in den Blender Preferences unter FILE PATHS auch beliebige andere Verzeichnisse für Ihre Scripts definieren. Mehr dazu gleich.

Scripts und Add-ons

Wenn Sie Ihre Scripts dauerhaft in Blender einbinden möchten, legen Sie die gespeicherte Script-Datei (Endung ».py«) in ein Verzeichnis *scripts* in das lokale Blender-, das User- oder auch das System-Verzeichnis für Blender Ihres Betriebssystems.

Scripts, die den Funktionsumfang von Blender gewinnbringend erweitern, lassen sich der Anwendergemeinde auch als offizielle Add-ons zur Verfügung stellen. Nach einer entsprechenden Aufbereitung und Überprüfung kann dieses Add-on dann in den Add-on-Katalog aufgenommen und fortan zusammen mit Blender vertrieben werden.

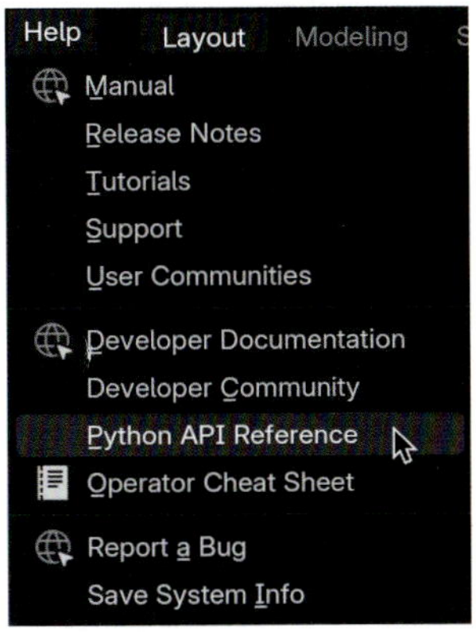

▲ **Abbildung 5.50**
Menü HELP

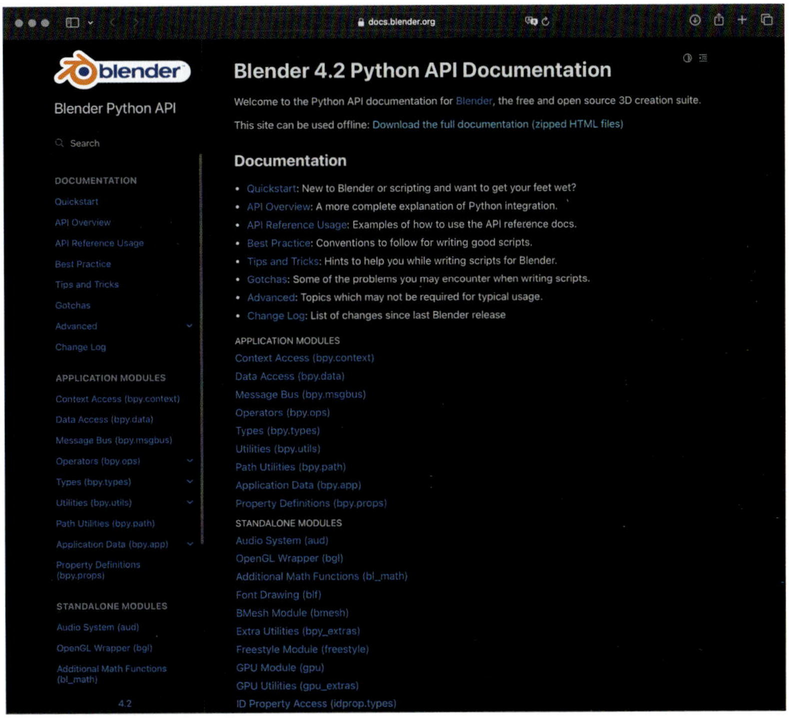

Abbildung 5.51 ▶
Python API Documentation für Blender

Ressourcen

Das wohl am häufigsten benötigte Hilfsmittel beim Scripting in Blender ist die Python API Documentation. Sie können sich stets die aktuellste Version der Online-Ressource über das Menü HELP (Abbildung 5.50) aufrufen, wenn Sie in den User Preferences unter DISPLAY • INTERFACE die DEVELOPER EXTRAS aktivieren.

Im nebenstehenden Kasten finden Sie weitere Online-Ressourcen, die Ihnen hilfreich zur Seite stehen. Wenn Sie mit Python die ersten Schritte in einer Programmiersprache unternehmen, so sollte anfangs natürlich das Erlernen der Sprache Python im Vordergrund stehen. Sobald Sie ein erstes Verständnis dafür erlangt haben, wie Arbeitsanweisungen mittels Python funktionieren, wissen Sie jetzt auch, wie Sie das Scripting in Blender umsetzen können.

Links zu Online-Ressourcen

User Manual, Python API, Developer Wiki, Developer-Informationen und Trainings:
docs.blender.org
wiki.blender.org
developer.blender.org
cloud.blender.org

Python allgemein:
python.org

5.5 Blender einrichten

Die Anzahl an Voreinstellungen, die Sie in den Blender Preferences tätigen und mit denen Sie Blender noch weiter an Ihre Bedürfnisse anpassen können, gehen in die Hunderte. Dank sinnvoller Untergliederung in verschiedene Bereiche ist die gesuchte Einstellung meist schnell gefunden.

Wir verschaffen uns an dieser Stelle einen Gesamtüberblick und gehen auf die wichtigsten Voreinstellungen für die Arbeit in Blender ein. Zu den Preferences von Blender gelangen Sie wahlweise über das Menü Edit oder noch schneller über den Kurzbefehl Strg / Cmd + ,.

Interface

Der erste Bereich Interface (Abbildung 5.52) befasst sich mit allen Einstellungen für die Darstellung der Elemente in der Bedienoberfläche.

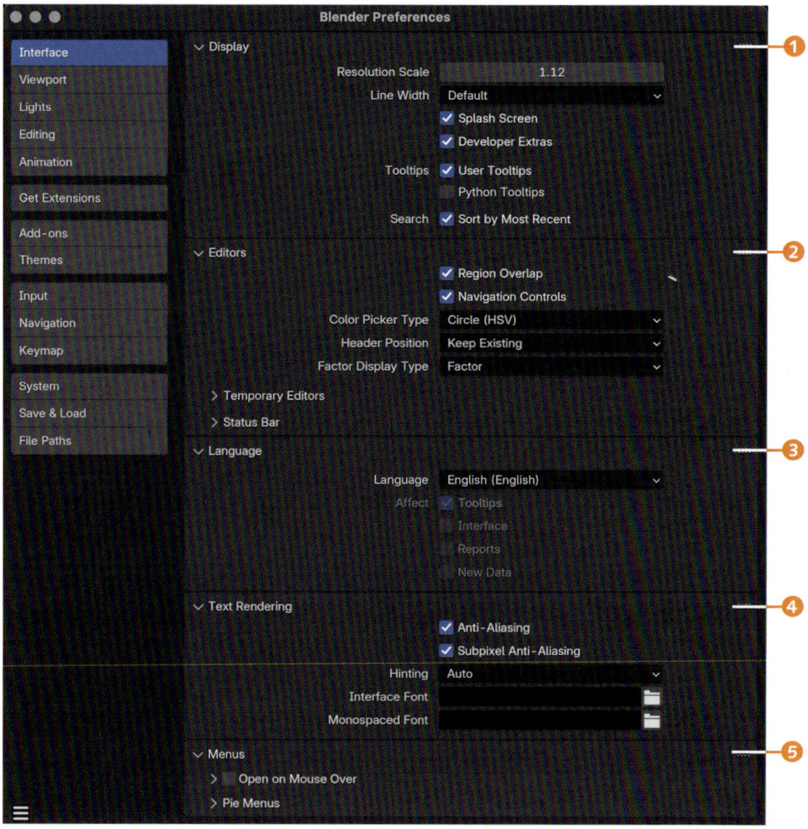

Abbildung 5.52 ▸ Blender Preferences, Bereich Interface

Extras für Developer

Durch Aktivieren der Option Developer Extras bekommen Sie außerdem eine Operator-Suche im Menü File sowie im Menü Help Zugriff auf die Developer Documentation und Operator Cheat Sheets.

Im Panel DISPLAY ❶ legen Sie unter anderem fest, wie groß die Elemente der Bedienoberfläche (Text und Buttons) erscheinen sollen (RESOLUTION SCALE), wie dick die Linien ausfallen (LINE WIDTH) und welche Arten an TOOLTIPS Blender Ihnen unterhalb des Mauszeigers anzeigen soll. Über die Option DEVELOPER EXTRAS erhalten Sie einen zusätzlichen Bereich EXPERIMENTAL, in dem Sie neue, nicht ganz ausgereifte Funktionen aktivieren und testen oder auch Funktionen aus älteren Versionen temporär wiederherstellen können.

Über das Panel EDITORS ❷ bestimmen Sie das Verhalten bestimmter Editoren. REGION OVERLAP beispielsweise sorgt dafür, dass Tool- und Sidebar den Viewport-Inhalt überlappen dürfen. Außerdem lassen sich hier unter anderem die NAVIGATION CONTROLS am rechten oberen Rand ausblenden und der Farbwähler-Typ (COLOR PICKER TYPE) definieren.

In den Panels LANGUAGE ❸, TEXT RENDERING ❹ und MENUS ❺ können Sie sich die Oberfläche (mehr schlecht als recht) übersetzen lassen, die Textdarstellung anpassen sowie das Verhalten der Menüs und Pie-Menüs einstellen.

Viewport

Der Bereich VIEWPORT (Abbildung 5.53) kümmert sich um die Art und Qualität der Darstellung der Elemente, die Ihnen im 3D Viewport angezeigt werden.

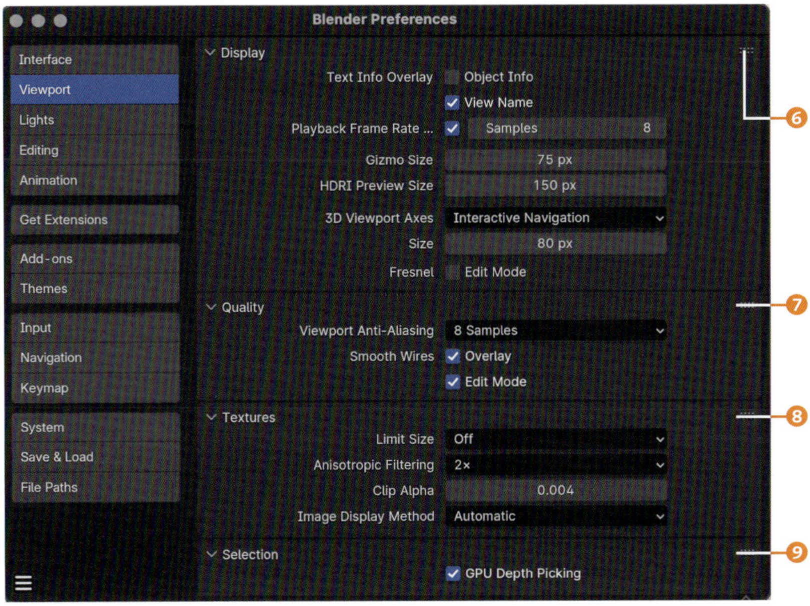

◂ **Abbildung 5.53**
Blender Preferences, Bereich VIEWPORT

Dazu gehören im Panel DISPLAY ❻ die Einblendung des Objektnamens, der Ansicht und der Abspielgeschwindigkeit. Auch die Größe der Gizmos und die Art der Viewport-Achse ist wählbar.

Die Einstellungen im Panel QUALITY ❼ definieren die Darstellungsqualität im Viewport. Je höher Sie die SAMPLES für ANTI-ALIASING setzen, desto besser die Qualität – allerdings auf Kosten der Performance im Viewport. Für die OVERLAYS und für den EDIT MODE ist eine eigene Glättung verfügbar.

Mit den Einstellungen im Panel TEXTURES ❽ können Sie die Größe und Qualität der angezeigten Texturen festlegen. Das Menü IMAGE DISPLAY METHOD lässt Sie die Render-Methode wählen. GLSL rendert über die GPU und ist außer bei großen Texturen schneller als 2D TEXTURE, wo die CPU zum Einsatz kommt. Die Einstellung AUTOMATIC wechselt je nach Bedarf automatisch zwischen beiden Methoden und ist daher als Default hinterlegt.

Das Panel SELECTION ❾ beherbergt die Option GPU DEPTH PICKING, eine Methode für die Selektion von Objekten unter dem Mauszeiger. Sollten Sie das Selektionsverhalten ungewohnt finden, versuchen Sie es bei deaktivierter Option.

Lights

Dass im Viewport von Anfang an eine brauchbare Beleuchtung der Szene vorherrscht, dafür sorgen in Blender Studio Lights, MatCaps (Materialien inklusive Beleuchtung und Reflexionen) sowie hochauflösende (HDRI-)Bilder, die Beleuchtungsaufgaben übernehmen.

Abbildung 5.54 ▸
Blender Preferences, Bereich LIGHTS

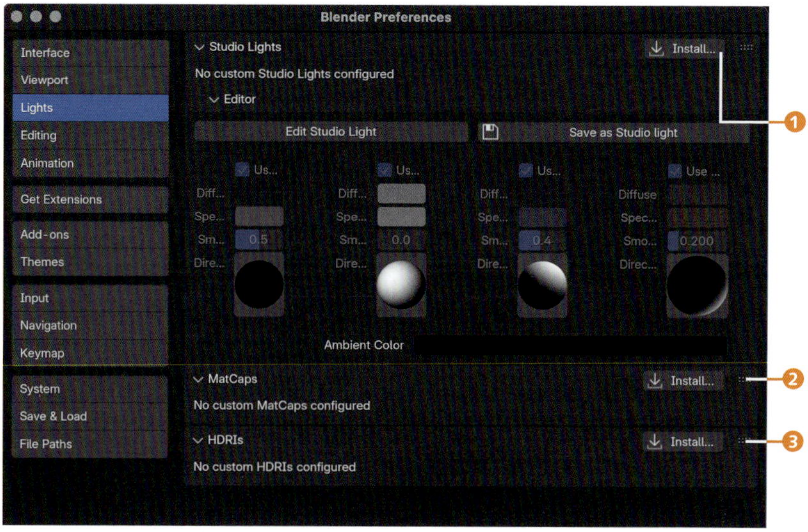

Studio Lights, MatCaps und HDRIs im Viewport

Wie Sie diese drei Beleuchtungsarten im VIEWPORT einsetzen, erfahren Sie in Abschnitt 10.1, »Shading«.

Im Bereich Lights (Abbildung 5.54) der Preferences werden alle drei »Beleuchtungsarten« für Blender installiert, editiert und verwaltet.

Studio Lights folgen stets der Viewport-Ansicht und können im Editor des gleichnamigen Panels ❶ erstellt, bearbeitet und gespeichert werden. Über den Button Install lassen sich Studio Lights aus externen Quellen hinzuladen. Für MatCaps ❷ und HDRIs ❸ existiert zwar kein eigener Editor, doch Sie können hier beide Beleuchtungsmethoden importieren und anschließend im Viewport verwenden.

Editing

Wie der Name schon andeutet, finden Sie im Bereich Editing (Abbildung 5.55) wichtige Voreinstellungen für die Arbeit mit Objekten und Werkzeugen.

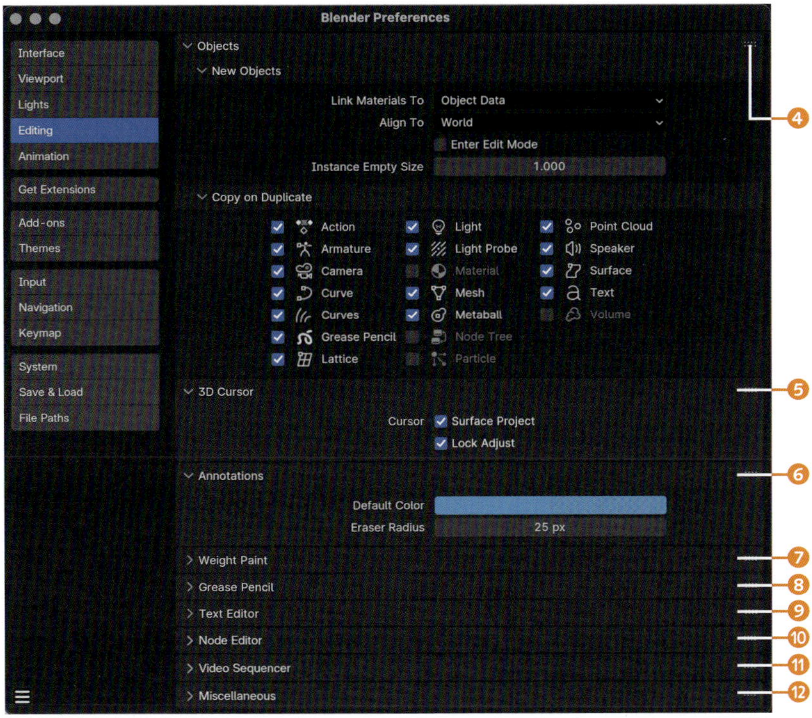

◂ **Abbildung 5.55**
Blender Preferences, Bereich Editing

Im Panel Objects ❹ beispielsweise bestimmen Sie unter New Objects, wie die Datenblöcke beim Erzeugen neuer Objekte aufgesetzt werden und ob Sie anschließend direkt im Edit Mode zum Bearbeiten des Objekts landen möchten. Welche dem Objekt zugehörigen Datenblöcke beim Duplizieren von Objekten mitdupliziert werden, legen Sie im untergeordneten Panel Copy on Duplicate fest.

Das nächste Panel behandelt die Arbeitsweise des 3D Cursors ❺ (Abbildung 5.55). Durch Surface Project ermöglichen Sie, dass der Cursor bei seiner Platzierung die Objektoberflächen beachtet. Lock Adjust unterbindet ein Springen der Viewport-Ansicht, wenn die Ansicht am 3D Cursor festgemacht ist.

Die Panels Annotations ❻, Weight Paint ❼, Grease Pencil ❽, Text Editor ❾, Node Editor ❿, Video Sequencer ⓫ sowie Miscellaneous ⓬ beinhalten eigene Voreinstellungen für diese Editoren. In der Regel handelt es sich um Farb- und Darstellungsparameter für diese Tools.

Animation

Der Bereich Animation der Blender Preferences (Abbildung 5.56) bietet zahlreiche Vorgaben für die zugehörigen Editoren und Werkzeuge.

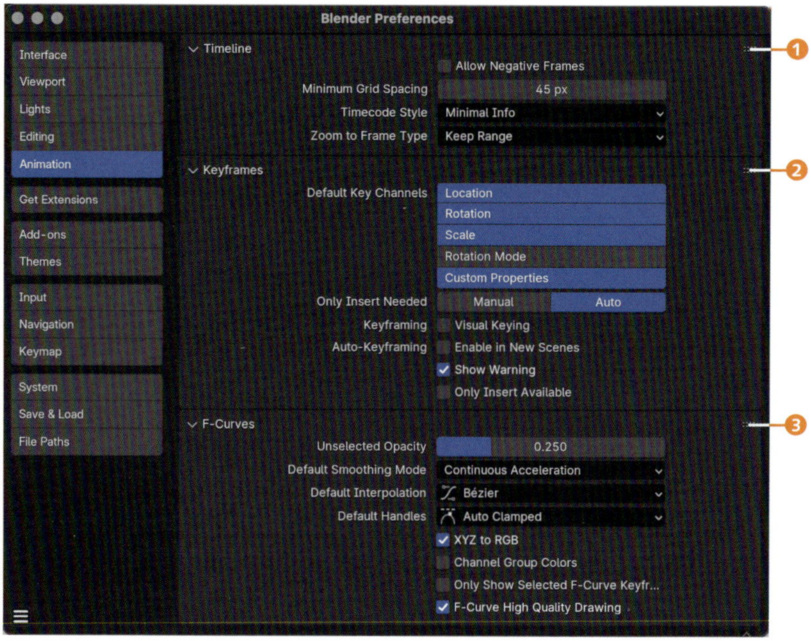

Abbildung 5.56 ▸ Blender Preferences, Bereich Animation

Gleich im ersten Panel Timeline ❶ geben Sie vor, wie sich die Zeitleiste im zugehörigen Editor präsentieren und verhalten soll. Dazu gehören die Anzeige des negativen Frame-Bereichs (Allow

NEGATIVE FRAMES), den minimalen Abstand zwischen zwei Linien des Grids (MINIMUM GRID SPACING) oder auch die Darstellung der Zeitangabe (TIMECODE STYLE).

Das Panel KEYFRAMES ❷ enthält Optionen für die Erstellung von Schlüsselbildern (Keyframes) bei der Animation. Hier können Sie die Standardkanäle (DEFAULT KEY CHANNELS) festlegen, bestimmen, ob nur bei tatsächlichen Werteänderungen Keyframes entstehen (ONLY INSERT NEEDED) und welche Einstellungen für das automatische Erzeugen von Keyframes gelten sollen.

Noch mehr ins Detail geht das Panel F-CURVES ❸. Hier finden Sie wichtige Voreinstellungen für die Anzeige und Definition der Animations- bzw. Funktionskurven (F-CURVES), die beim Erzeugen von Keyframes angelegt werden.

Extensions

Vereinfacht gesagt, fällt unter die Extensions alles, was die Funktionalität oder das Aussehen von Blender erweitert. Um Blender zugänglicher für solche Angebote zu machen, wurde die sogenannte EXTENSIONS PLATFORM ausgerufen.

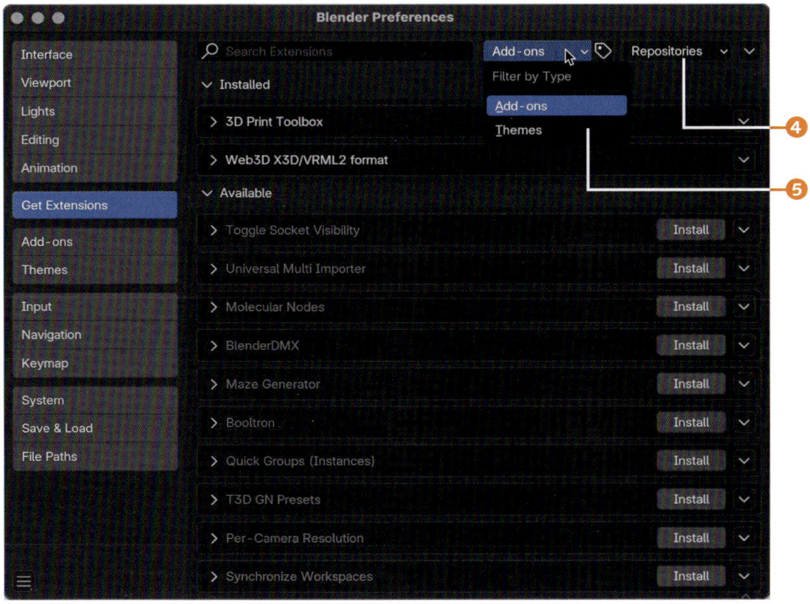

◂ **Abbildung 5.57**
Blender Preferences, Bereich GET EXTENSIONS

Über den Bereich GET EXTENSIONS (Abbildung 5.57) greifen Sie auf die Online-Datenbank der Extensions Platform zu und können, gefiltert nach ADD-ONS bzw. THEMES ❺, nach praktischen zusätzlichen Funktionen, Assets, Key Maps, Themes und vielem mehr suchen. Über das Menü REPOSITORY 4 (Abbildung 5.57) wählen Sie die Quelle der gewünschten Extension aus. Die Installation können Sie direkt in diesem Bereich der Preferences anstoßen, die Verwaltung der Add-ons und Themes erfolgt anschließend in den zugehörigen separaten Bereichen, die wir uns als nächstes ansehen.

Add-ons

Add-ons erweitern die Funktionalität von Blender über in der Programmiersprache Python entwickelte Scripts. Die Verwaltung der Add-ons erfolgt im Bereich ADD-ONS (Abbildung 5.58) der Preferences. Blender liefert bereits in der Standardinstallation zahlreiche interessante Add-ons frei Haus, die Sie nach Herzenslust ausprobieren können, indem Sie das jeweilige Add-on ganz einfach über die Checkbox aktivieren.

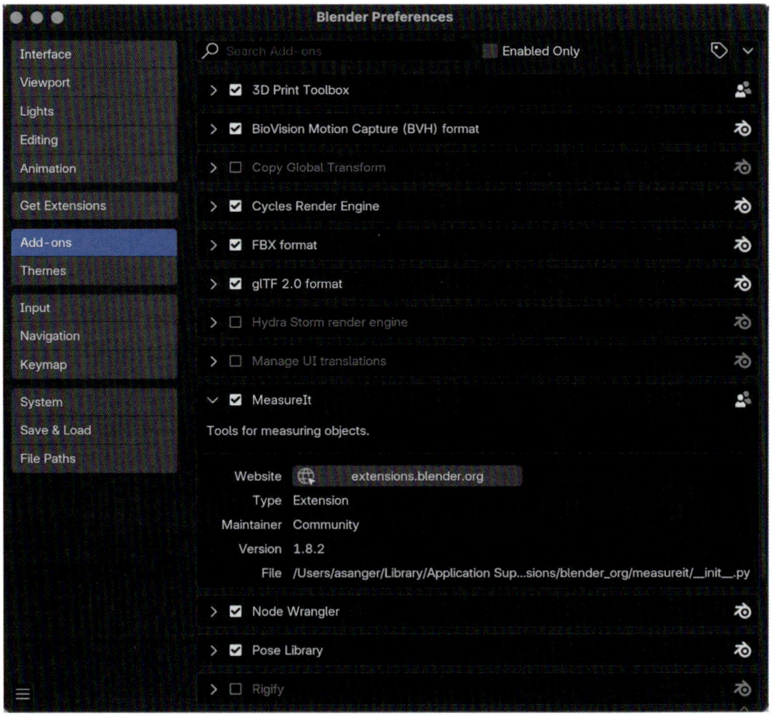

Abbildung 5.58 ▸
Blender Preferences, Bereich ADD-ONS

Wie bereits erwähnt, können Sie weitere Add-ons sehr bequem über die EXTENSIONS PLATFORM beziehen. Manche Add-ons wie beispielsweise die zusätzlichen Pie-Menüs, der NODE WRANGLER oder auch RIGIFY gehören zum Quasi-Standard.

Themes

Im Bereich THEMES (Abbildung 5.59) können Sie das Aussehen der Bedienoberfläche und aller enthaltenen Elemente Ihren Vorstellungen anpassen und damit ist wirklich jedes Element der Oberfläche gemeint. Neben dem Standard-Preset BLENDER DARK, das ich auch in diesem Buch verwende, hält Blender ein helleres Theme BLENDER LIGHT bereit.

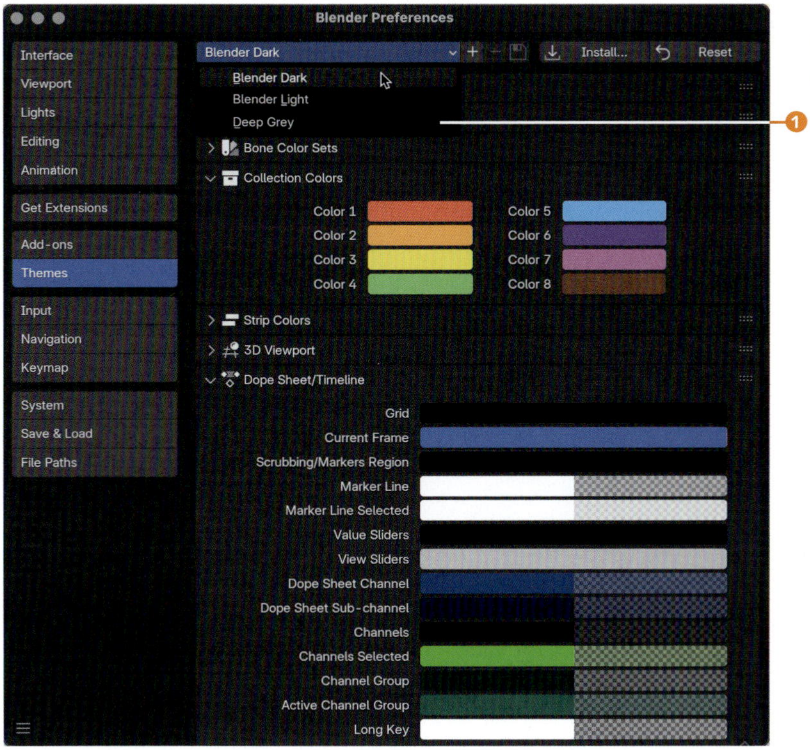

◂ **Abbildung 5.59**
Blender Preferences, Bereich THEMES

Weitere Themes beziehen Sie über den Bereich GET EXTENSIONS, in dem Sie den Filter auf »Themes« setzen. Sobald Sie die Themes geladen haben, erhalten Sie diese im Bereich THEMES über das Auswahlmenü ①. Geänderte oder selbst erzeugte Themes lassen sich speichern und über die EXTENSIONS PLATFORM oder als Datensatz weitergeben.

Input

Im Bereich INPUT (Abbildung 5.60) finden Sie alle Voreinstellungen für die Abstimmung Ihrer Eingabegeräte wie Tastatur, Maus oder auch Grafiktablett mit Blender.

Sollte Ihre Tastatur keinen Ziffernblock besitzen, können Sie diesen im Panel KEYBOARD ① emulieren lassen (EMULATE NUMPAD). In diesem Fall akzeptiert Blender die normalen Zifferntasten als Ziffernblock-Eingabe. Die etwas kryptische Option DEFAULT TO ADVANCED NUMERIC INPUT bewirkt, dass Sie nicht nur Zahlenwerte, sondern auch Rechenoperationen und Einheiten in die Parameterfelder eingeben können. Blender ermittelt dann automatisch das Ergebnis.

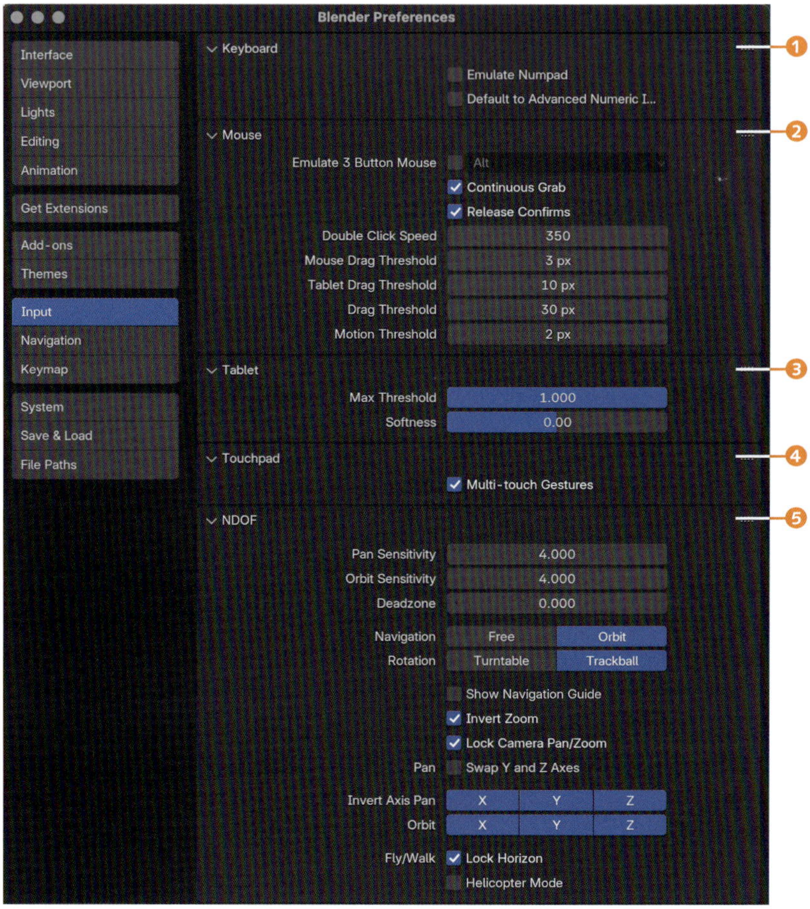

Abbildung 5.60 ▸
Blender Preferences, Bereich INPUT

Im Panel MOUSE ② befinden sich die Voreinstellungen für die Arbeit mit der Maus. Für den Fall, dass Sie keine 3-Button-Maus besitzen, können Sie hier die dritte Maustaste über die Option EMULATE 3 BUTTON MOUSE wahlweise durch die `Alt`- bzw. die Befehlstaste Ihres Betriebssystems (»OS-KEY«) emulieren lassen. Im Fall der `Alt`-Taste nicht ganz ohne Nachteil, denn bestimmte Funktionen wie die Selektion von Edge bzw. Face Loops oder das elegante Lösen von Node-Verbindungen sind auf die `Alt`-Taste angewiesen. Die Option CONTINUOUS GRAB bewirkt, dass die interaktive Steuerung per Maus nicht an den Grenzen des Viewports Halt macht, sondern auch darüber hinaus funktioniert. Bei aktivierter Option RELEASE CONFIRMS müssen Sie die linke Maustaste nur loslassen, um eine Transformation zu bestätigen. Mit den weiteren Parametern lassen sich Zeiten und Schwellwerte für die Erkennung der Maussteuerung festlegen. Sollten Sie also mit der Reaktionsgeschwindigkeit bei der Arbeit mit der Maus in Blender nicht zurechtkommen, wäre hier der erste Ansatzpunkt.

In den Panels TABLET ③ bzw. TOUCHPAD ④ richten Sie ein, wie die Eingaben auf Ihrem Grafiktablett umgesetzt bzw. ob die Multitouch-Gesten Ihres Touchpads berücksichtigt werden sollen. Das Panel NDOF ⑤ hält Einstellungsmöglichkeiten für die Zusammenarbeit mit speziellen 3D-Eingabegeräten wie 3D-Mäusen vor. Sollten Sie ein solches Gerät verwenden, passen Sie hier die Empfindlichkeit und die Navigation bzw. Rotation in Blender an.

Navigation

Im Bereich NAVIGATION finden Sie zahlreiche Optionen, um die Navigation im 3D Viewport so angenehm und effizient wie möglich zu gestalten.

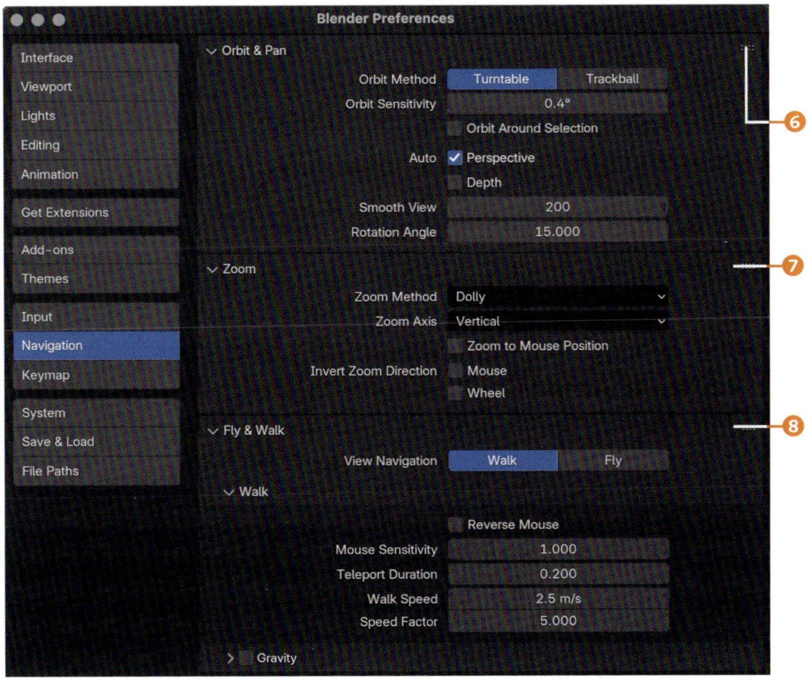

◂ **Abbildung 5.61**
Blender Preferences, Bereich NAVIGATION

Grundsätzlich möchte ich Ihnen ans Herz legen, diesen Bereich des Öfteren zu besuchen; insbesondere, wenn Ihnen bei der Arbeit auffällt, dass Sie plötzlich die Orientierung im Viewport verlieren oder dort nur mühsam an die gewünschte Position oder Perspektive gelangen. Testen Sie die verschiedenen Optionen, bis Sie Ihre idealen Einstellungen gefunden haben.

Dazu haben Sie im Panel ORBIT & PAN 6 (Abbildung 5.61) zahlreiche Optionen für das Umkreisen (ORBITTING) und für Kameraschwenks (PANNING). Die Einstellung TRACKBALL ist maximal flexibel, während sich TURNTABLE stets an der Horizontalen orientiert. ORBIT AROUND SELECTION umkreist stets die aktuelle Selektion, ist bei sehr großen Objekten aber möglicherweise ungünstig. Die Option AUTO PERSPECTIVE wechselt in die perspektivische Ansicht, wenn Sie eine Kameradrehung in einer orthogonalen Ansicht durchführen. Mit AUTO DEPTH werden die am Mauszeiger befindlichen Objekte bei der Navigation mit einbezogen.

Das Panel ZOOM 7 beschäftigt sich entsprechend mit dem Zoomen in der Viewport-Ansicht. Auch hier empfehle ich Ihnen, die verschiedenen ZOOM METHODS ausgiebig zu testen und die für Sie komfortabelste und stimmigste Variante zu übernehmen. Mit der ZOOM AXIS legen Sie fest, ob Sie das Zoomen lieber mit einer vertikalen oder horizontalen Mausbewegung erledigen möchten. Der Zoom per Maus bzw. Mausrad lässt sich auch umkehren (INVERT...). In jedem Fall empfehle ich Ihnen einen Versuch der Option ZOOM TO MOUSE POSITION, mit der Sie grundsätzlich zum Mauszeiger hin zoomen.

Für die bereits angesprochene, spezielle Navigation per FLY & WALK hält das gleichnamige Panel 8 zahlreiche Optionen bereit, um den Flug bzw. Gang durch die Szene intuitiv und dabei ansprechend zu gestalten.

Alternative Klicks

Etwas versteckt und nicht wirklich vielsagend ist im Bereich KEYMAP die Option ALT CLICK TOOL PROMPT untergebracht. Durch Aktivieren dieser Option erreichen Sie, dass die Status Bar nach kurzem Drücken der Alt-Taste Vorschläge für verwendbare Werkzeuge anzeigt.

Keymap

Den Bereich KEYMAP kennen wir bereits von der Festlegung eigener Tastenkürzel. Er bietet aber auch noch weitere interessante Voreinstellungen für die Arbeit mit der Tastatur.

Es beginnt mit der Entscheidung für die linke oder rechte Maustaste zur Selektion. Für die Leertaste können Sie unter SPACEBAR ACTION festlegen, ob Sie damit die Animation per Zeitleiste abspielen (PLAY), die Toolbar am Mauszeiger einblenden (TOOLS) oder die Operator-Suche aufrufen möchten (SEARCH).

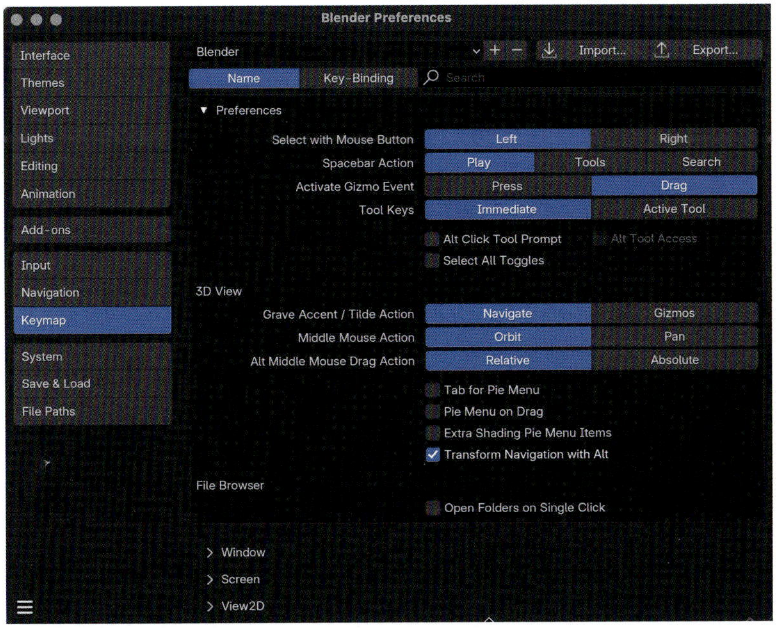

Abbildung 5.62
Blender Preferences, Bereich KEYMAP

Wenn Sie möchten, dass Gizmos sofort beim Anklicken reagieren, wählen Sie die Einstellung PRESS bei ACTIVATE GIZMO EVENT. DRAG dagegen wartet kurz, um Klicks nicht versehentlich abzufangen. Analog dazu legen Sie unter TOOL KEYS fest, ob Sie beim Aufruf eines Tools direkt beginnen (IMMEDIATE) oder nur das Tool (ACTIVE TOOL) aktivieren möchten. Durch SELECT ALL TOGGLES wechseln Sie mit der Taste [A] zwischen der Selektion aller Elemente und der Deselektion aller Elemente (auch [Alt]+[A]). Sowohl für die Accent-Grave- bzw. Tilde-Taste [~] als auch für den mittleren Mausbutton haben Sie verschiedene Verhaltensweisen zur Wahl.

Für die Arbeit mit Pie-Menüs können Sie entscheiden, ob Sie im Viewport beim Kurzbefehl [Strg]/[Ctrl]+[⇆] auf die [Strg]/[Ctrl]-Taste verzichten möchten (TAB FOR PIE MENU). Wenn Sie es dagegen vorziehen, mit den Pie-Menü-Tasten direkt zwischen den Optionen zu schalten und das Pie-Menü erst durch Halten der Taste und Ziehen der Maus aufzurufen, aktivieren Sie die Option PIE MENU ON DRAG.

System

Der Bereich SYSTEM kümmert sich detailliert um den Abgleich der vorhandenen Ressourcen Ihres Systems mit den verschiedenen Möglichkeiten von Blender.

Blender kann beim Rendern auf die oft schnellere GPU zurückgreifen. Die Grafikkarte muss dazu CUDA, HIP, Metal oder OptiX unterstützen. Im Panel Cycles Render Devices (1) entscheiden Sie, ob die CPU (None) oder eine GPU zum Einsatz kommen soll. Für den Fall, dass eine kompatible GPU zum Rendern in Cycles vorliegt, bekommen Sie diese zur Auswahl angeboten.

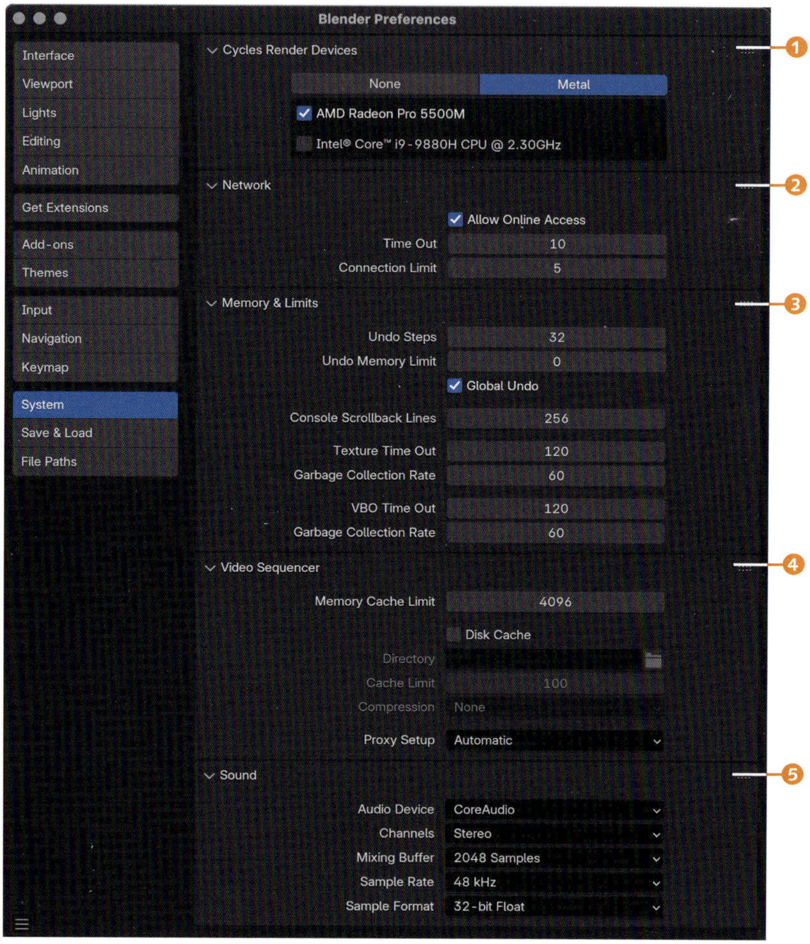

Abbildung 5.63 ▸
Blender Preferences, Bereich System

Über das Panel Network (2) gewähren Sie Blender den Zugang zum Internet, beispielsweise, um über die Extensions Plattform Add-ons oder Themes zu laden. Für die Netzwerkanbindung können Sie einen Time Out bzw. eine Begrenzung an erlaubten Verbindungen (Connection Limit) festlegen.

Im Panel Memory & Limits (3) geben Sie unter Undo Steps die Anzahl an Schritten an, die Blender speichern und zum Rückgängigmachen vorhalten soll. Mit Undo Memory Limit definieren Sie

Blender-Versionen am System registrieren

Unter Windows finden Sie im Bereich System ein weiteres Panel Operating System Settings, über das Sie Blender-Versionen am System registrieren bzw. abmelden und zuweisen bzw. freigeben können.

alternativ eine Speicherobergrenze; der Wert »0« bedeutet unlimitierte »Undos«. Global Undo speichert alle in Blender durchgeführten Arbeitsschritte und ist trotz des Mehrbedarfs an Speicher die empfehlenswerte Option.

Für die Arbeit im Video Sequence Editor empfiehlt es sich, das Memory Cache Limit im Panel Video Sequencer ❹ anzuheben, um möglichst flüssig arbeiten zu können.

Das Panel Sound ❺ enthält die Voreinstellungen für das Abspielen von Sound innerhalb von Blender. Auf den Sound-Export gehen wir in Abschnitt 20.1, »Allgemeine Render-Einstellungen«, ein.

GPU-Rendering am Mac

Apple höchstpersönlich hat ein Metal-GPU-Backend bereitgestellt, mit dem sich die GPU auch auf Macs für das Rendering nutzen lässt. Mit Blender 4.3 wird die Unterstützung von Metal für Cycles allerdings eingestellt werden.

Save & Load

Viele der im Bereich Save & Load hinterlegten Einstellungen kennen Sie von den Speichern- bzw. Lade-Einstellungen des File Browsers. Hier können Sie Ihre präferierten Vorbereitungen treffen, beispielsweise um nicht immer an das Häkchen bei Load UI zu denken, wenn Sie nur die Szene, nicht aber das Layout laden möchten.

Unter Auto Save aktivieren Sie das automatische Sichern und geben zusätzlich die Zeitspanne zwischen den Sicherungskopien des Blend-Files an.

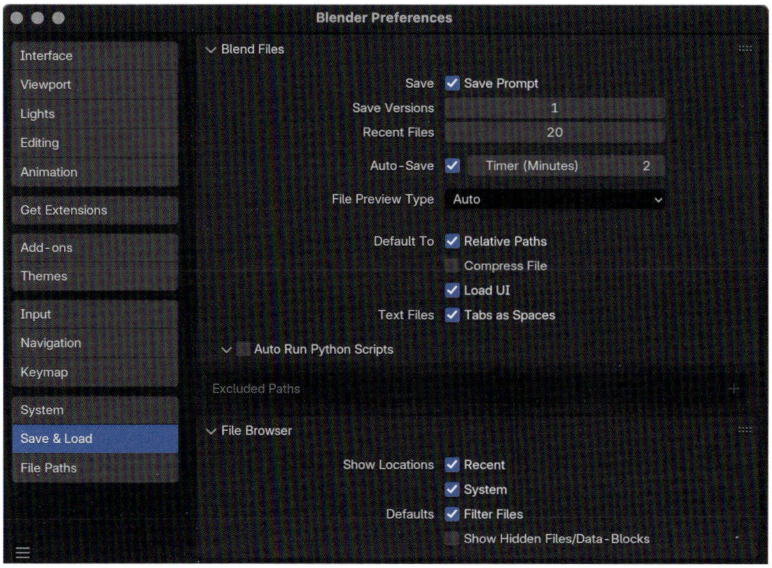

◂ **Abbildung 5.64**
Blender Preferences, Bereich Save & Load

Solange Sie Python Scripts nur aus seriösen Quellen beziehen oder selbst programmieren, können Sie die automatische Ausführung von Scripts über die Option Auto Run Python Scripts aktivieren.

File Paths

Der Bereich File Paths hält eine Liste an Pfadvorgaben parat, über die Sie Blender gezielt zu bestimmten Verzeichnissen lotsen. Wenn Sie Ihre Schriften, Texturen und Sounds in speziellen Ordnern organisiert oder einen Teil Ihrer Festplatte für temporären Speicherbedarf reserviert haben, geben Sie im Panel Data ❶ vor, wo Blender danach suchen soll. Auch für Renderings und Cache-Dateien lassen sich hier Pfade definieren.

In den Panels Asset Libraries ❷, Script Directories ❸ und Applications ❹ legen Sie die Pfad- und Importarten zu den externen Bibliotheken für den Asset Browser fest, geben Pfade für Scripts vor, binden externe Bildbearbeitungs-, Abspiel-Software oder auch einen Text-Editor an.

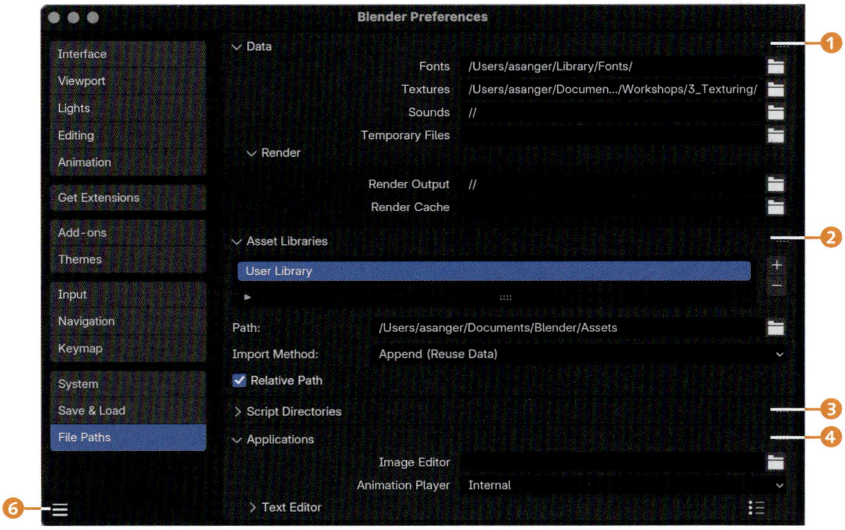

Abbildung 5.65 ▸
Blender Preferences, Bereich File Paths

Preferences speichern

Über das kleine Menü in der linken unteren Ecke ❻ der User Preferences können Sie Blender jederzeit auf die Werkseinstellungen zurücksetzen (Load Factory Preferences), zum letzten gespeicherten Stand der Preferences zurückkehren (Revert to Saved Preferences) oder den aktuellen Bearbeitungstand der Preferences speichern (Save Preferences).

Wenn Sie die Option Auto-Save Preferences aktivieren, werden geänderte Voreinstellungen automatisch gespeichert. Ansonsten müssen Sie das Speichern der Preferences nach jeder Bearbeitung explizit über einen Button Save Preferences bestätigen.

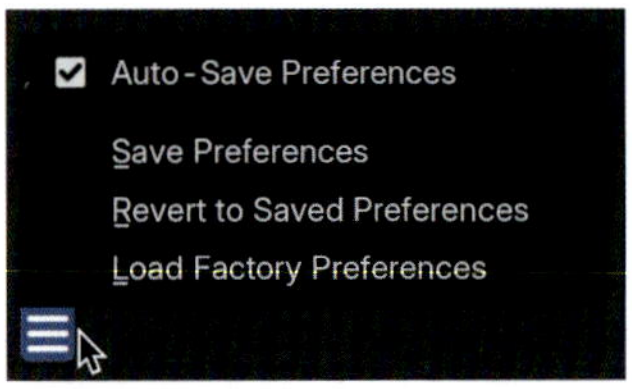

▴ **Abbildung 5.66**
Menü zum Laden und Speichern der Preferences

TEIL II

Modelling

Kapitel 6

Objektarten

Wir steigen mit einem detaillierten Überblick über die verschiedenen Objektarten in den Buchteil »Modelling« ein. Als Ausgangsbasis für unsere Modelle stehen uns Mesh-Primitives, Curves, Surfaces, Metaballs, Text, Images und auch Empties zur Verfügung. Wir sehen uns alle Objekte und ihre Besonderheiten an und klären dabei, wie wir mit ihnen modellieren können.

Alle genannten Objektarten lassen sich als Ausgangsbasis ❶ oder auch als Hilfestellung ❷ für das Modellieren beliebiger Objekte in Blender verwenden. Wir finden sie im Menü ADD des 3D Viewports bzw. über den Kurzbefehl [⇧] + [A] (Abbildung 6.1). Für viele Objektarten stehen verschiedene Formen und Typen bereit, die Sie je nach Bedarf aus dem jeweiligen Untermenü wählen.

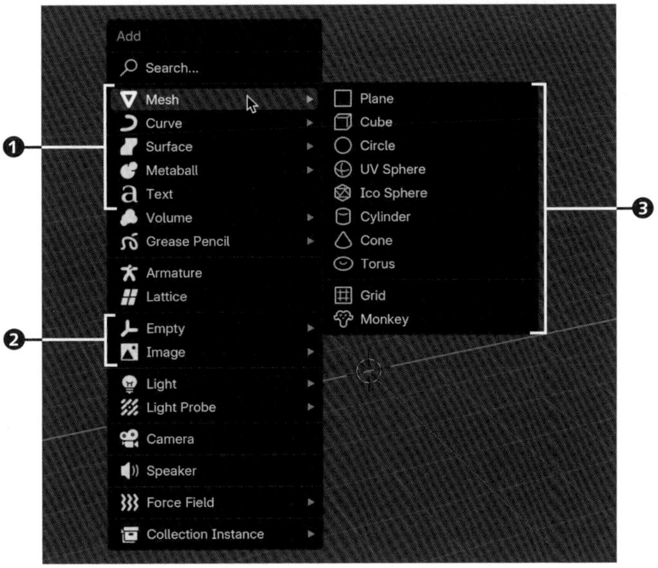

◂ **Abbildung 6.1**
Menü ADD

6.1 Mesh-Primitives

Das Menü der Mesh-Primitives ❸ (Abbildung 6.1) bietet einen Baukasten einfacher Grundkörper, die sich alle aus Vertices (Punkten), Edges (Kanten) und Faces (Flächen) zusammensetzen und eine Basis für das sogenannte Polygon-Modelling bilden.

Die Grundidee beim Polygon-Modelling ist, aus einem einfachen Grundobjekt durch gezielte Polygonmanipulation ein möglichst niedrig aufgelöstes Objekt zu schaffen, das die softwarebasierte Unterteilung in ein hoch aufgelöstes Objekt transferiert. Dort, wo man Details benötigt, müssen die Unterteilungen bzw. die Polygonanzahl höher ausfallen, an den anderen Stellen bleibt die grobe Struktur, die durch Unterteilung geglättet und gerundet wird.

Abbildung 6.2 ▸
Mesh einer UV Sphere

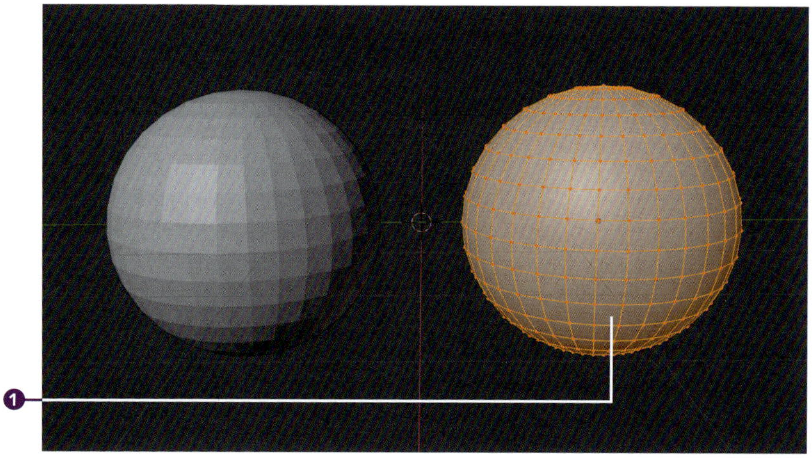

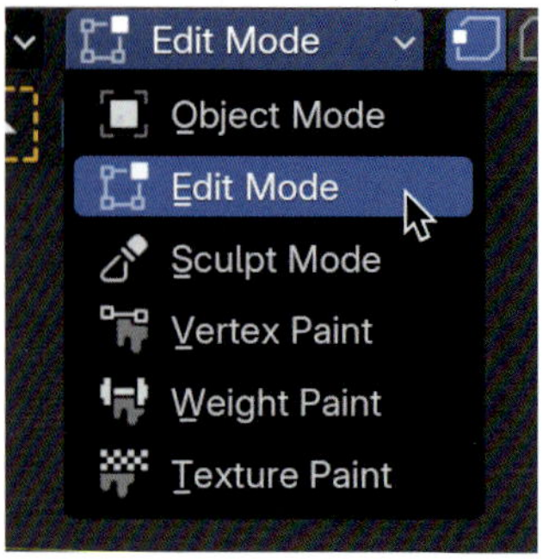

▲ Abbildung 6.3
Menü der Arbeitsmodi

Die Polygone bzw. Faces der UV Sphere (Abbildung 6.2) sind links auch ohne Einblendung des zugehörigen Polygon-Gitters (Mesh) gut zu erkennen. Um an das Mesh, die Gitterstruktur eines Mesh-Primitives, zu gelangen und dieses bearbeiten zu können, benötigen Sie stets den sogenannten EDIT MODE. Sie erreichen ihn über das Menü MODUS (Abbildung 6.3) im Header des Viewports. Über die [⇆]-Taste können Sie sehr bequem zwischen OBJECT MODE und EDIT MODE hin- und herwechseln. Nun ist das Mesh ❶ sichtbar und editierbar.

Polygon- bzw. Mesh-Objekte besitzen immer eine bestimmte Anzahl an Polygon-Flächen und zeigen daher bei gekrümmten Oberflächen wie der UV Sphere in Abbildung 6.2 ein deutlich abgestuftes Erscheinungsbild. Um diese unschöne Oberflächenstruktur zu beseitigen, könnte man die Auflösung durch weitere

Unterteilungen erhöhen. Wir werden diese Technik später noch genauer kennenlernen. Eine andere Möglichkeit besteht in der Anpassung des Shadings, also der Schattierung der einzelnen Polygon-Flächen. Durch Interpolation entsteht dabei eine optisch glatte Objektoberfläche mit weichen Übergängen an den Kanten (Abbildung 6.4). Dieses Smooth Shading aktivieren Sie im OBJECT MODE, wahlweise über das Menü OBJECT im 3D Viewport oder über das Kontextmenü für das Objekt per Klick mit der rechten Maustaste (Abbildung 6.5). Mit SHADE SMOOTH ❷ geben Sie einen Standardwinkel von 180° als Grenzwert für den Winkel zwischen den Faces, bis zu dem automatisch eine Glättung erfolgt, vor.

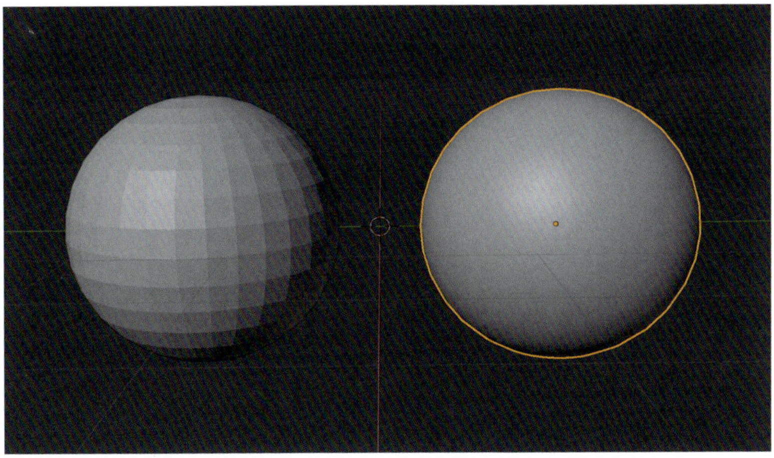

◂ **Abbildung 6.4**
Links aktiviertes Smooth Shading

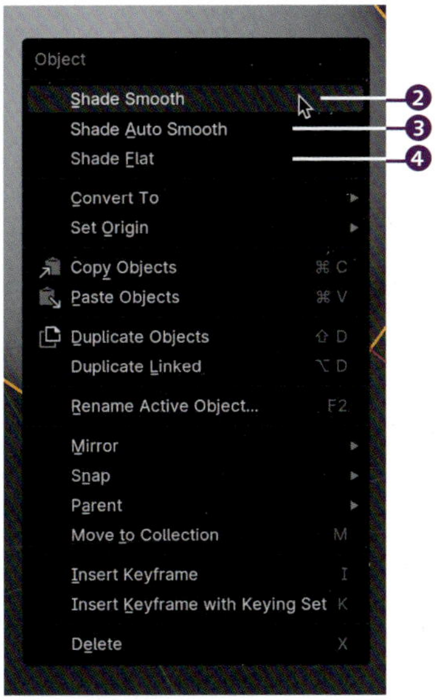

▴ **Abbildung 6.5**
Smooth Shading per Kontextmenü

Dagegen können Sie mittels SHADE AUTO SMOOTH ❸ und dem damit zugewiesenen Modifier SMOOTH BY ANGLE einen eigenen Grenzwert festlegen. Das ungeglättete Flat Shading erhalten Sie über den Befehl SHADE FLAT ❹ aus dem identischen Menü.

Vertices, Edges und Faces

Polygone sind durch Stützpunkte und lineare Kanten beschriebene zweidimensionale, einseitige Flächen. Ein Polygon setzt sich stets aus seinen Punkten, den zugehörigen Kanten und der von ihnen eingeschlossenen Fläche zusammen. Für diese drei Elemente verwende ich in diesem Buch gemäß dem Blender-Sprachgebrauch die Begriffe Vertices (Punkte), Edges (Kanten)und Faces (Flächen).

Ein Polygon besitzt immer mindestens drei, besser jedoch vier Vertices. Vierecke sind besser im Modelling zu handhaben und sparsamer im Speicherbedarf. Blender kann auch Polygone mit mehr als vier Vertices, sogenannte N-Gons, verarbeiten. N-Gons kommen eher beim konstruktiven Modelling zum Einsatz, bei organischem Modelling von Characters, die zudem noch während der Animation deformiert werden, verursachen sie Probleme.

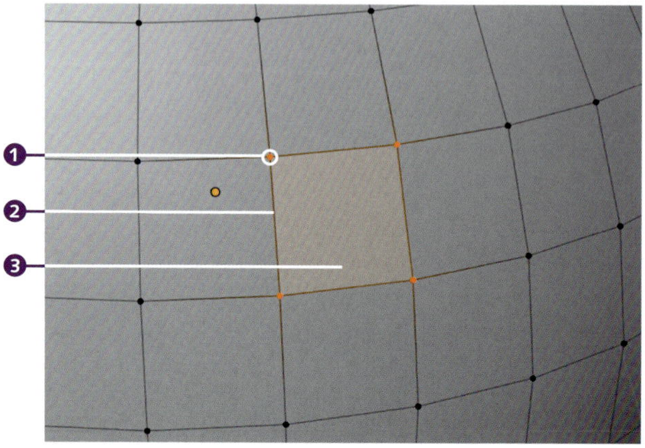

Abbildung 6.6 ▸
Vertices, Edges und Faces einer UV Sphere

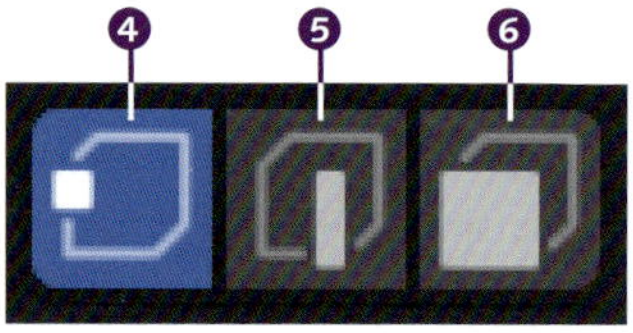

▴ **Abbildung 6.7**
Select Mode

Die Bearbeitung der Vertices ❶, Edges ❷ und Faces ❸ eines Mesh-Objekts ist natürlich mit den uns bestens bekannten Standardwerkzeugen MOVE ❽ (Taste G), ROTATE ❾ (Taste R) und SCALE ❿ (Taste S) möglich.

Vorher sollten Sie noch über den entsprechenden Auswahlmodus VERTEX SELECT ❹, EDGE SELECT ❺ bzw. FACE SELECT ❻ angeben, welche Elemente Sie transformieren möchten. Entscheidend ist, mit welchen Elementen sich die vorgesehene Modifikation am besten vornehmen lässt. Je nach Bedarf können Sie wahlweise VERTICES (Taste 1), EDGES (Taste 2) oder FACES (Taste 3), aber auch zwei oder alle drei der Mesh-Elemente in die Auswahl nehmen. Halten Sie dazu die ⇧-Taste gedrückt, während Sie einen weiteren Select-Mode per Button oder Taste aktivieren.

Die Bearbeitung der Vertices, Edges oder Faces erfolgt, wie Sie es von der Arbeit mit den Objekten kennen, entweder durch vormalige Selektion und anschließende Transformation oder direkt im Tweak-Modus ❼ durch Selektieren und Ziehen in einem Arbeitsgang.

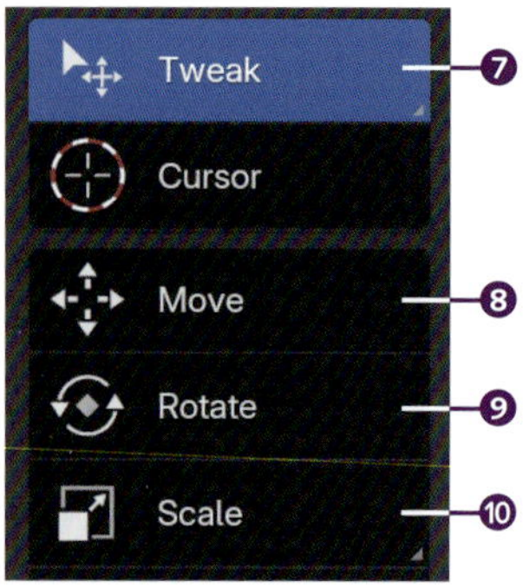

▴ **Abbildung 6.8**
Standardwerkzeuge für die Transformation von Objekten

Polygon-Normale

Polygone besitzen eine Oberseite, die im Normalfall an der Außenseite eines Mesh-Objekts liegt. Senkrecht dazu steht die sogenannte Polygon-Normale bzw. Face Normal. Sie können sich die NORMALS zu einem Mesh-Objekt über das Pop-up-Menü der MESH EDIT OVERLAYS ⓫ anzeigen lassen. Im Abschnitt NORMALS ⓬ finden Sie die Optionen zum Einblenden der Normals mittels Linien (Abbildung 6.9) im Viewport. Die Normalen von Vertices werden mit blauen Linien ⓭, die Normalen von Edges durch pinkfarbene Linien ⓯, die Normalen von Faces durch türkise Linien ⓮ gekennzeichnet. Über den Parameter SIZE können Sie die Länge der Normalen-Linien nach Bedarf einstellen.

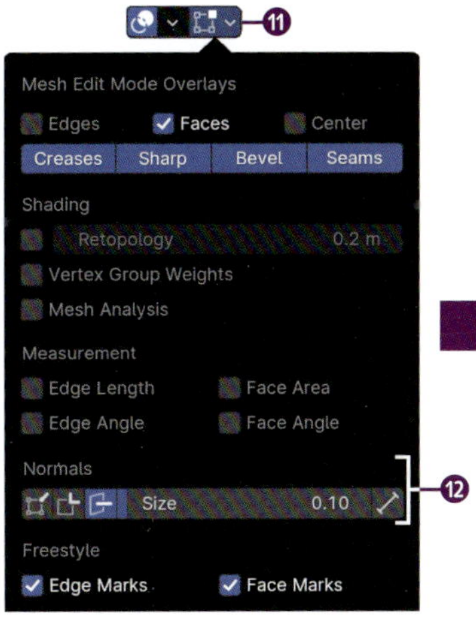

▲ **Abbildung 6.9**
Pop-up-Menü VIEWPORT OVERLAYS

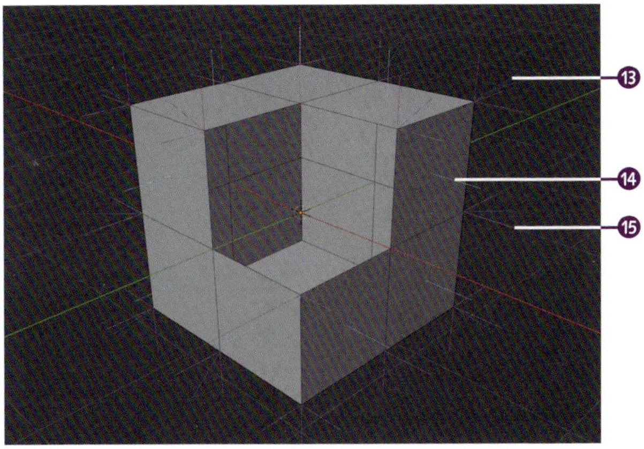

▲ **Abbildung 6.10**
Anzeige der Polygon-Normalen

Für das korrekte Shading bzw. Rendering unserer Objekte ist es unabdingbar, dass die Face Normal auch wirklich nach außen zeigt. Bei der intensiven Arbeit mit Vertices und Edges oder auch durch Anwendung bestimmter Werkzeuge kann es vorkommen, dass Face Normals versehentlich nach innen klappen und sich durch Shading-Fehler ⓰ bemerkbar machen.

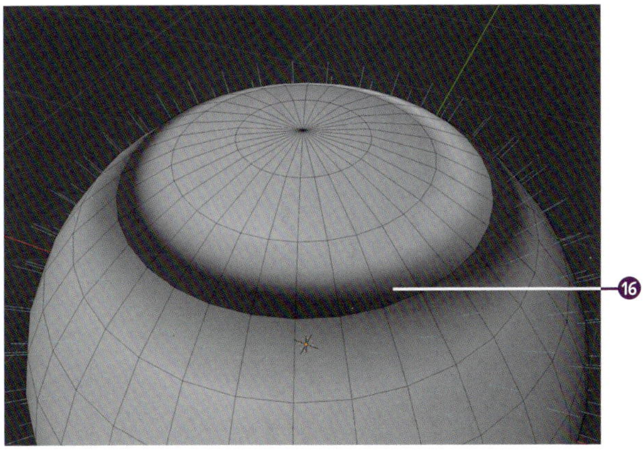

◂ **Abbildung 6.11**
Shading-Fehler durch nach innen zeigende Polygon-Normalen

Ganz vermeiden lässt sich das Auftreten dieses Problems nicht, es ist allerdings auch relativ schnell behoben: Rufen Sie für eine bestehende Face-Selektion den Befehl FLIP ❶ aus dem Befehlsmenü NORMALS [Alt]+[N] bzw. aus dem Menü MESH • NORMALS des 3D Viewports auf.

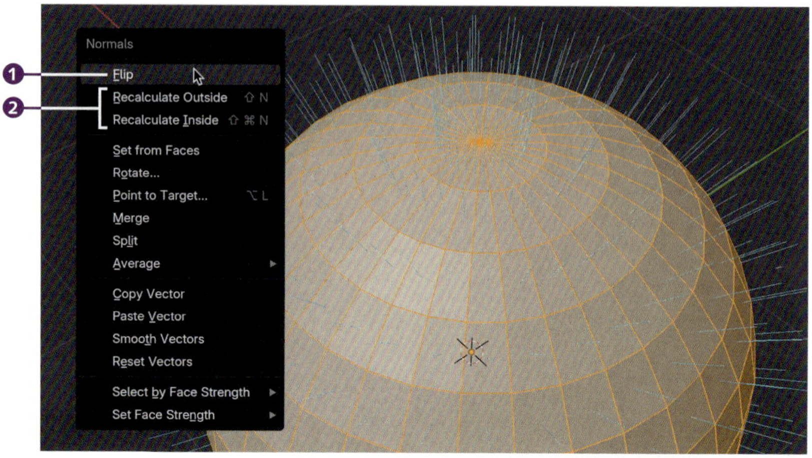

Abbildung 6.12 ▸
Korrektur verdrehter Face Normals

Alternativ können Sie auch flächendeckend über das gesamte Mesh-Objekt eine Neuberechnung der Außen- oder auch Innenseiten anstoßen. Hierfür verwenden Sie aus dem identischen Menü die Befehle RECALCULATE OUTSIDE bzw. RECALCULATE INSIDE ❷, die zugehörigen Kurzbefehle [⇧]+[N] bzw. [Strg]/[Cmd]+[⇧]+[N] lassen sich gut einprägen.

Meshes erzeugen und löschen

Die verschiedenen Mesh-Primitives bieten eine gute Ausgangsbasis für das Modelling. Dabei kann ein Mesh-Objekt auch mehrere Mesh-Datenblöcke verwalten. Sie schaffen zusätzliche Mesh-Primitives, indem Sie einfach im EDIT MODE über den Befehl ADD (Tasten [⇧]+[A]) neue Meshes erzeugen. Umgekehrt sollten Sie beim Erzeugen neuer, eigenständiger Mesh-Objekte darauf achten, dass Sie sich im OBJECT MODE befinden.

Es ist ebenso möglich, mit einem leeren Mesh-Objekt zu beginnen und das Mesh von Grund auf selbst aufzubauen. Per Rechtsklick mit gedrückt gehaltener [Strg]/[Cmd]-Taste setzen Sie Vertex für Vertex. Diese Modelling-Technik nennt sich Poly-by-Poly-Modelling, während das sogenannte Box-Modelling stets mit einem einfachen Grundkörper, oft einem Cube (die »Box«), beginnt.

Um das Modelling mit einem leeren Mesh-Objekt beginnen zu können, aktivieren Sie den EDIT MODE, selektieren das komplette Mesh (Taste [A]) und rufen anschließend über die Taste [X] das Befehlsmenü DELETE (Abbildung 6.13) auf, um wahlweise alle Vertices, Edges oder Faces ❸ des Mesh-Objekts zu löschen.

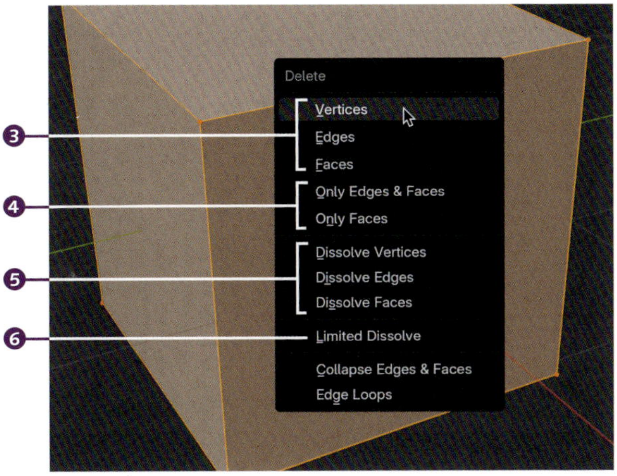

▲ **Abbildung 6.13**
Befehlsmenü DELETE im EDIT MODE

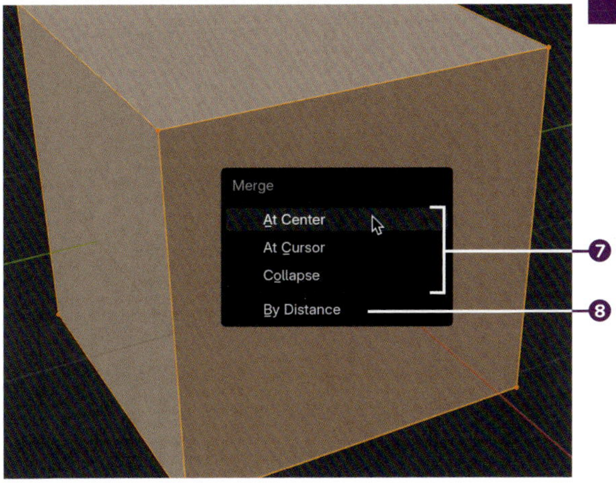

▲ **Abbildung 6.14**
Befehlsmenü MERGE VERTICES

Anders als beim Löschen von Objekten haben Sie hier die Wahl, welche Elemente der Selektion Sie löschen oder lediglich auflösen möchten. Die Besonderheit an den Befehlen ONLY EDGES & FACES bzw. ONLY FACES ❹ ist, dass die Vertices bzw. Vertices und Edges als Gerüst erhalten bleiben. Beim Auflösen (DISSOLVE ❺) ergänzt Blender die Geometrie, so dass kein Loch im Mesh entsteht. Mit LIMITED DISSOLVE ❻ lässt sich die Mesh-Geometrie durch Auflösen nicht benötigter Vertices an flachen Stellen gezielt vereinfachen.

Anstatt alle Vertices zu löschen und anschließend wiederum einen neuen, ersten Vertex zu erzeugen, können Sie die selektierten Vertices über die Befehle im Befehlsmenü MERGE (Taste [M]) gezielt in der gemeinsamen Mitte (AT CENTER), am 3D Cursor (AT CURSOR) oder für jeden Vertex-Verbund einzeln (COLLAPSE) verschmelzen ❼ (Abbildung 6.14).

Der Befehl MERGE BY DISTANCE ❽ verschmilzt alle Vertices des Meshes, die an identischer Position liegen. Dieses häufige Problem kann beispielsweise bei unachtsamem, eventuell doppeltem Duplizieren schnell passieren und führt in den meisten Fällen zu Problemen. Mit MERGE BY DISTANCE prüfen Sie das Mesh und beseitigen die redundanten, problematischen Vertices.

Merge By Distance statt Remove Doubles

»Merge by Distance« ist ein sehr gebräuchlicher Befehl, mit dem sich das vorliegende Mesh von unerwünschten doppelten VERTICES befreien lässt. Früher (vor Version 2.8) hieß dieser Befehl noch »Remove Doubles«.

Schritt für Schritt
Vorbereitung für Poly-by-Poly-Modelling

In diesem Workshop zeige ich Ihnen noch eine andere Möglichkeit, ein Mesh-Objekt als Ausgangspunkt für Ihr Poly-by-Poly-Modelling vorzubereiten. Einen ersten Vertex benötigen Sie ja immer.

1 Beliebiges Mesh-Objekt als Ausgangsbasis

Da uns Blender stets ein Mesh-Objekt des Typs Cube zur Verfügung stellt, verwenden wir gleich den Standard-Würfel als Basis. Falls nicht schon geschehen, selektieren Sie den Cube und wechseln Sie mit der [Tab]-Taste in den Edit Mode (Abbildung 6.15).

Abbildung 6.15 ▸
Cube als Ausgangsobjekt

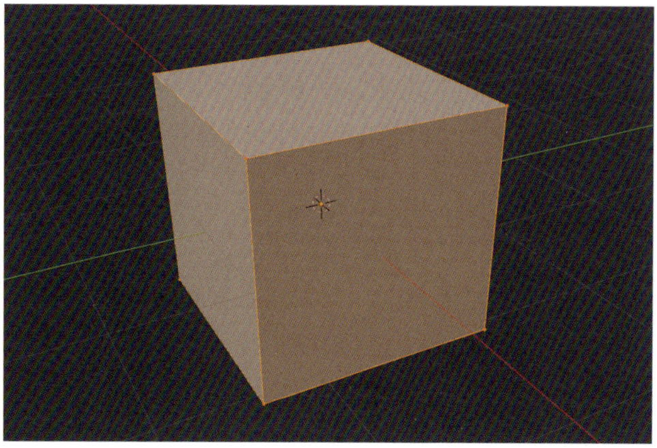

2 Vertices zu einem einzelnen Vertex verschmelzen

Um die insgesamt acht selektierten Vertices an ihrem Mittelpunkt, der praktischerweise im Weltursprung liegt, zu verschmelzen, rufen Sie das Merge-Befehlsmenü auf (Taste [M]) und wählen Merge • At Center (Abbildung 6.16).

Abbildung 6.16 ▸
Verschmelzen der Vertices

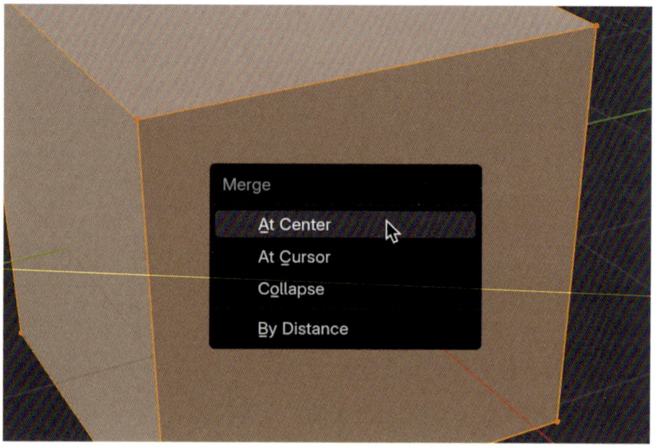

3 Wechsel der Ansicht und erste Extrusion

Damit Sie nun endlich mit der Arbeit am neuen Mesh beginnen können, wechseln Sie mit der Taste [1] [Num] in die orthografische Ansicht von vorne und aktivieren über die Taste [E] das Werkzeug EXTRUDE. Durch Ziehen der Maus extrudieren Sie aus dem Anfangs-Vertex die erste Edge des neuen Mesh-Objekts (Abbildung 6.17).

◂ **Abbildung 6.17**
Extrudieren einer Edge aus dem Vertex

4 Weitere Extrusionen

Nachdem Sie einige Extrusionen von Edges aus Vertices vorgenommen haben, wechseln Sie doch auch einmal in den SELECT MODE EDGE ❶, um aus Edges ❷ Faces ❸ zu extrudieren. Um sich unnötige Wege mit der Maus zu sparen, verwenden Sie dafür am besten die Taste [2].

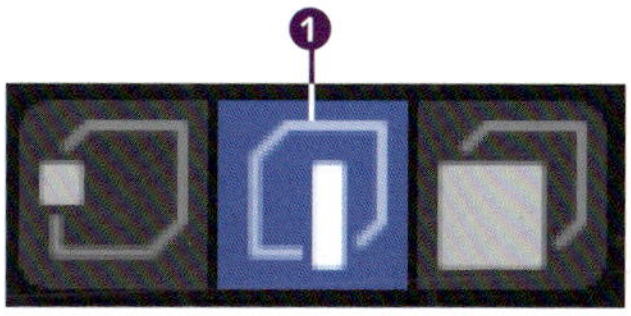

▴ **Abbildung 6.18**
Select Mode EDGE

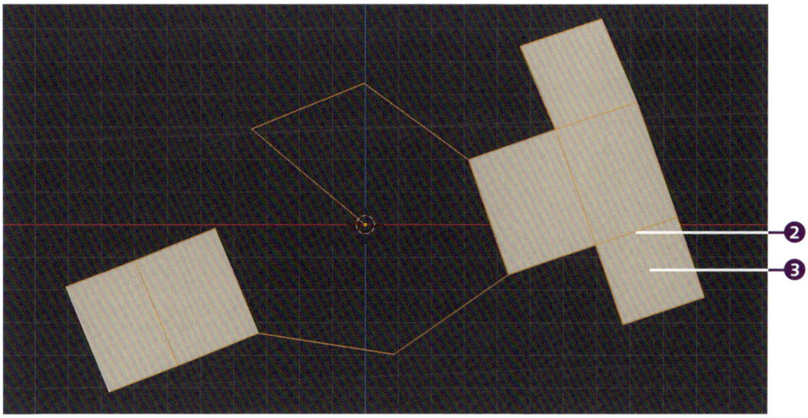

◂ **Abbildung 6.19**
Extrudieren von Faces aus den Edges

So weit ein erster Vorgeschmack auf die Modelling-Tools. Im gleichnamigen Kapitel 7 werden wir uns genauer mit den verschiedenen Modelling-Werkzeugen befassen.

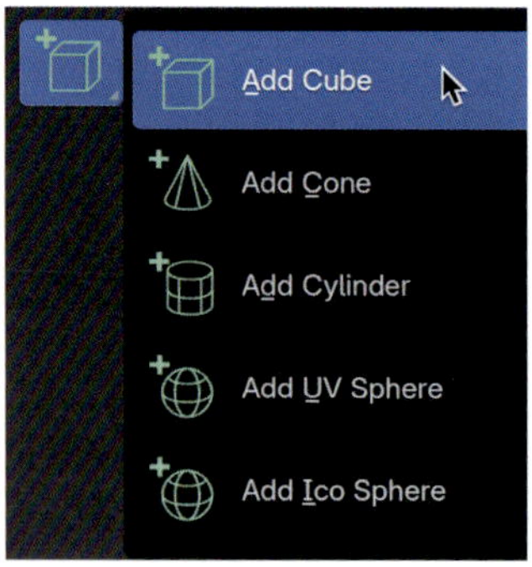

▲ **Abbildung 6.20**
Primitive Add-Werkzeuge in der Toolbar

Primitive Add-Werkzeuge

Eine sehr komfortable Möglichkeit, Mesh-Primitives in Ihrer Szene zu platzieren, ohne dabei gesteigerten Wert auf exakte Maße zu legen, bieten die Primitive Add-Werkzeuge (Abbildung 6.20).

Tatsächlich sind es nur zwei Mausklicks, die Sie mit diesen Tools zur Erstellung und Positionierung eines Cubes, Cones, Cylinders sowie einer UV oder Ico Sphere benötigen. Bei aktiviertem Werkzeug zeigt eine Grid-Vorschau die Ausrichtung und Platzierung des entstehenden Mesh-Primitives (Abbildung 6.21). Durch Klicken und Ziehen definieren Sie anschließend im ersten Schritt die Breite und Tiefe (Abbildung 6.22), nach dem Loslassen der Maustaste die Höhe des Mesh-Objekts (Abbildung 6.23). Nach Bestätigung per Linksklick ist das Objekt erstellt (Abbildung 6.24).

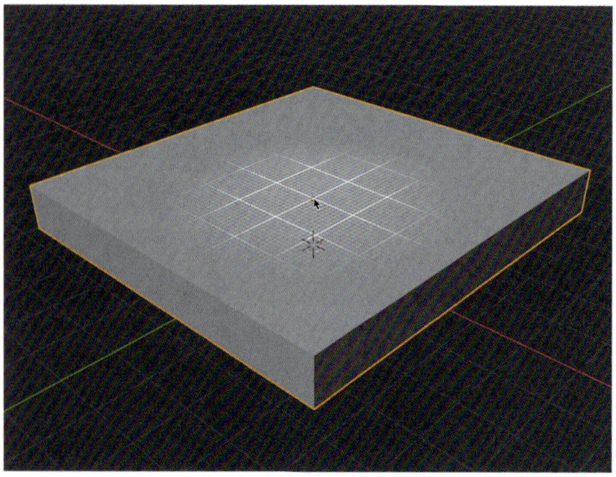

▲ **Abbildung 6.21**
Grid-Vorschau zur Ausrichtung und Platzierung

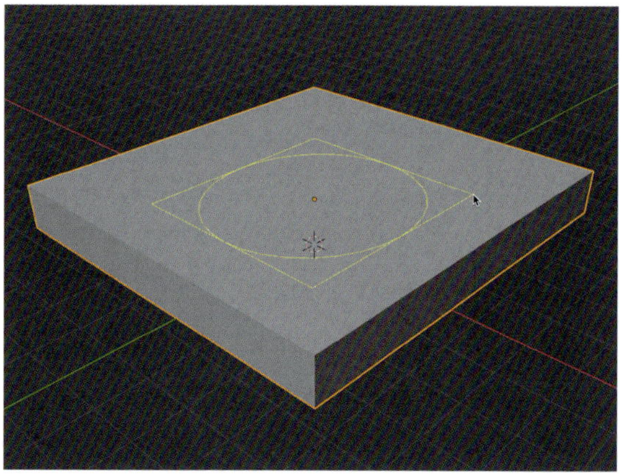

▲ **Abbildung 6.22**
Definition von Breite und Tiefe

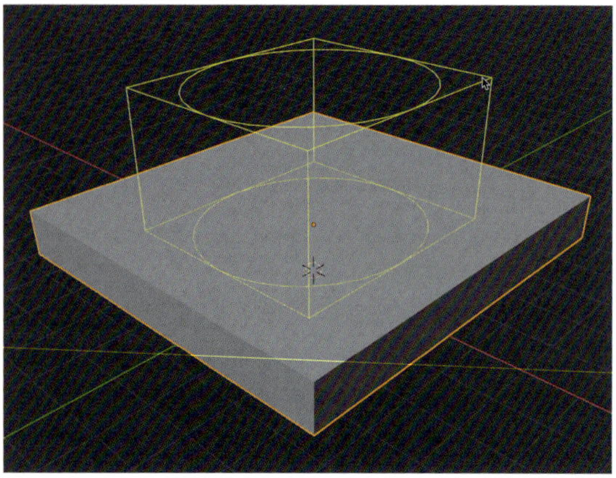

▲ **Abbildung 6.23**
Definition der Höhe

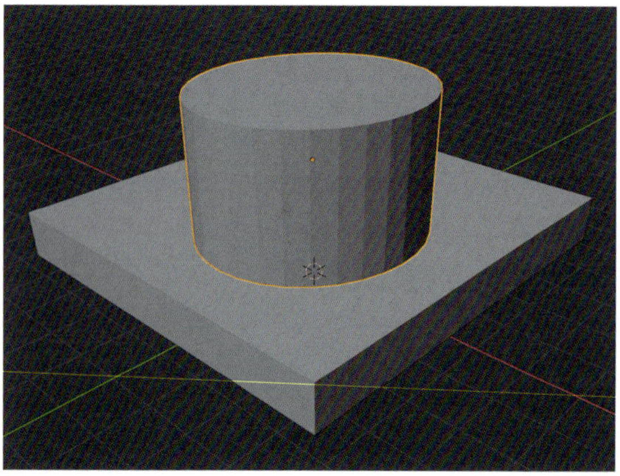

▲ **Abbildung 6.24**
Fertiges Mesh-Primitive

In den zugehörigen Werkzeug-Einstellungen, die Sie im Header, in der Sidebar und im Tool-Tab ❶ des Properties Editors finden, können Sie das Verhalten der interaktiven Primitive-Tools festlegen. So lassen sich unter DEPTH Vorgaben für die Platzierung, unter ORIENTATION Vorgaben für die Ausrichtung der erzeugten Mesh-Primitives machen. Das Einrasten (»Snapping«) auf vorhandener Geometrie ist unter SNAP TO standardmäßig aktiv, alternativ lassen sich auch die im globalen SNAPPING hinterlegten Einstellungen berücksichtigen. Unter PLANE AXIS geben Sie die Achse für die Ausrichtung der Grundebene (BASE) vor.

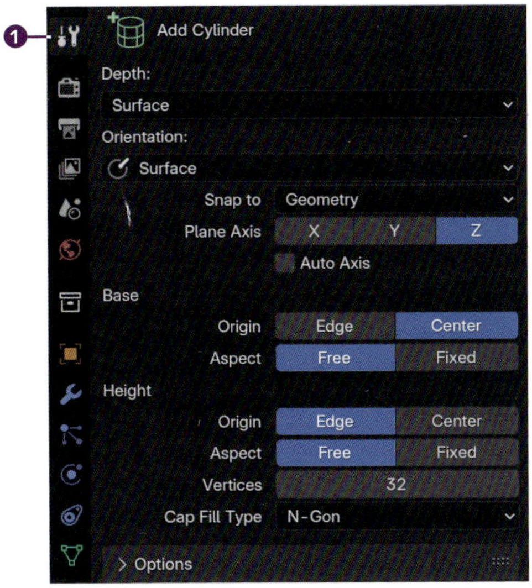

▲ **Abbildung 6.25**
Tool-Tab im Properties Editor

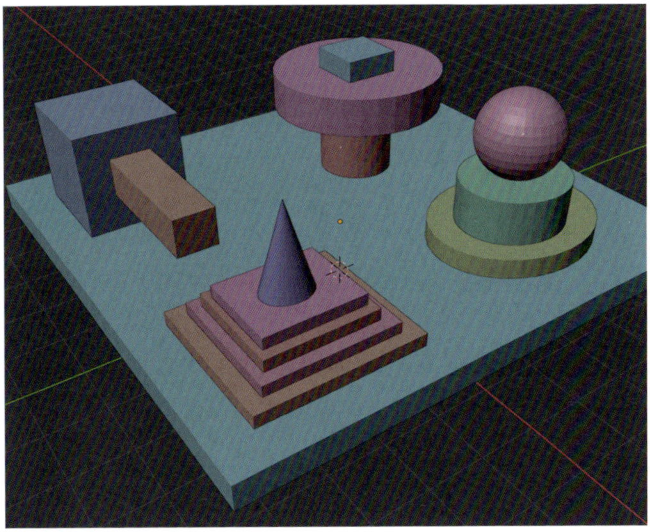

▲ **Abbildung 6.26**
Mit den Primitive Add-Tools erzeugte Mesh-Primitives

Unter BASE bzw. HEIGHT finden Sie die Voreinstellungen für die beiden interaktiven Schritte der Primitive-Erstellung. So können Sie getrennt bestimmen, ob Sie beim Zeichnen von einer Außenkante (EDGE) bzw. dem Ursprung (CENTER) ausgehen möchten. Letzteres lässt sich auch durch Halten der `Alt`-Taste bewirken. Unter ASPECT wählen Sie zwischen dem freien Zeichnen (FREE) sowie dem Zeichnen mit festem Seitenverhältnis (FIXED), hierzu lässt sich auch einfach die `⇧`-Taste während des Zeichnens gedrückt halten.

Je nach Primitive Add-Werkzeug finden Sie in den Einstellungen die üblichen Standard-Parameter zur Vorab-Definition des Mesh-Primitives. Sie können das Zeichnen mit den Primitive Add-Tools jederzeit durch Rechtsklick bzw. über die Taste `Esc` abbrechen und von Neuem beginnen.

Mesh-Daten

Mesh-Objekte beinhalten nicht nur die Daten des Mesh-Gitters, sie beherbergen in ihren Mesh-Daten im Object Data-Tab ❶ des Properties Editors (Abbildung 6.27) noch eine ganze Reihe weiterer wichtiger Objekt-Informationen, die nicht nur für das Modelling, sondern insbesondere für das Texturing und die Animation von großer Bedeutung sind.

Selektierte Vertices, Edges und Faces lassen sich über den Befehl Strg/Cmd + G in sogenannte Vertex Groups aufnehmen und speichern. Im Panel VERTEX GROUPS ❷ haben Sie jederzeit Zugriff auf diese Gruppen.

Abbildung 6.27 ▸
Tab OBJECT DATA im Properties Editor

Das Panel SHAPE KEYS ❸ spielt bei der Animation eine besondere Rolle. Hier erzeugen und verwalten Sie transformierte Meshes, um sie gezielt animieren zu können. Wie die im Panel UV MAPS ❹ gespeicherten Textur-Koordinaten zur Texturierung von Mesh-Objekten dienen, beleuchten wir in Kapitel 11, »Textur-Mapping«.

Mesh-Daten können Farbinformationen speichern, wahlweise an den Vertices (daher auch der oft gebrauchte Begriff »Vertex Painting«) oder auch in den Face Corners (Polygonecken). Im Panel COLOR ATTRIBUTES ❺ sind diese Farbinformationen hinterlegt, die

Erstellung und Bearbeitung dieser Color Attributes erfolgt im VERTEX PAINT MODE oder auch mit den Malwerkzeugen des SCULPT MODES. Über das Panel ATTRIBUTES ❻ geben Sie dem Objekt Attribute für die Weiterverarbeitung in Geometry Nodes mit.

Im Panel TEXTURE SPACE ❼ sind Informationen über zum Objekt gehörenden Textur-Raum gespeichert. Wie Sie die Struktur eines Meshes mit dem integrierten Remesher neu aufbauen können, erfahren Sie in Kapitel 9, »Sculpting«. Die Einstellungen hierzu sind im Panel REMESH ❽ hinterlegt. Das Panel GEOMETRY DATA ❾ beherbergt spezielle Mesh-Daten für Sculpting-Masken, den Skin-Modifier sowie manuell veränderte Normalen, sogenannte »Custom Split Normals«.

6.2 Curves und Surfaces

Im Gegensatz zu den Mesh-Objekten basieren Curve- und Surface-Objekte nicht auf Polygonen, sondern auf durch mathematische Funktionen beschriebenen Pfaden, den sogenannten Splines. Ihre Vorteile sind der niedrigere Speicherbedarf und die problemlose Skalierbarkeit aufgrund der variablen, beliebig hohen Auflösung.

Haare aus Curves

Curves sind zugleich die moderne Basis für die Simulation von Haar und Fell in Blender. Während wir uns an dieser Stelle auf die Curve-Objekte und -Werkzeuge konzentrieren, behandeln wir die Haar-Curves in Abschnitt 18.6, »Hair« noch ausführlich.

Curves

Die verschiedenen Curve-Objekte stellen Ihnen eine Auswahl an Pfadarten mit unterschiedlichen Kontrollpunkten – den Vertices – zur Verfügung. Wir finden sie im Menü ADD des 3D Viewports bzw. über den Kurzbefehl [⇧] + [A].

◂ **Abbildung 6.28**
Menü ADD • CURVE

Spline Types

Die Spline Types legen fest, wie der Pfad die einzelnen Kontrollpunkte durchläuft und gleichzeitig, wie die Steuerung mit den Anfassern funktioniert.

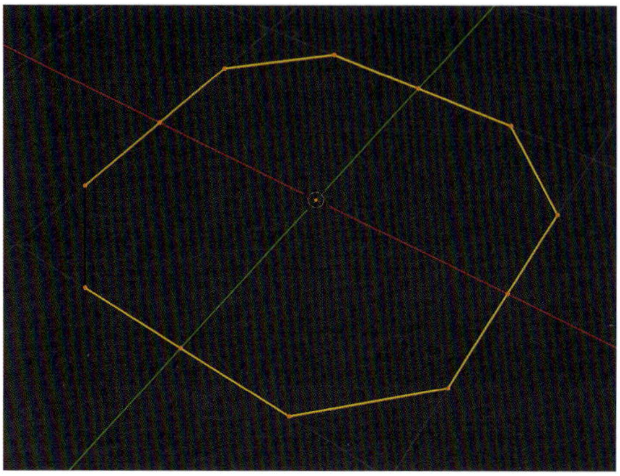

Abbildung 6.29 ▸
Spline Type Poly

Beim Spline Type Poly (Abbildung 6.29) handelt es sich um einen linearen Pfad, der die Vertices stets auf direktem Weg durchläuft, weshalb hier die Vertices auch den Anfassern entsprechen.

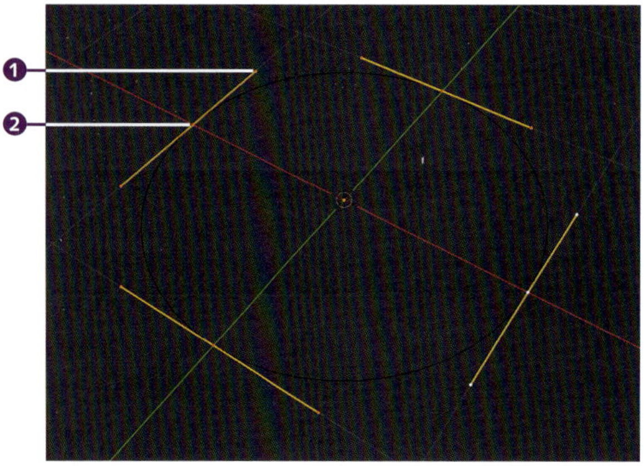

▴ **Abbildung 6.30**
Spline Type Bezier

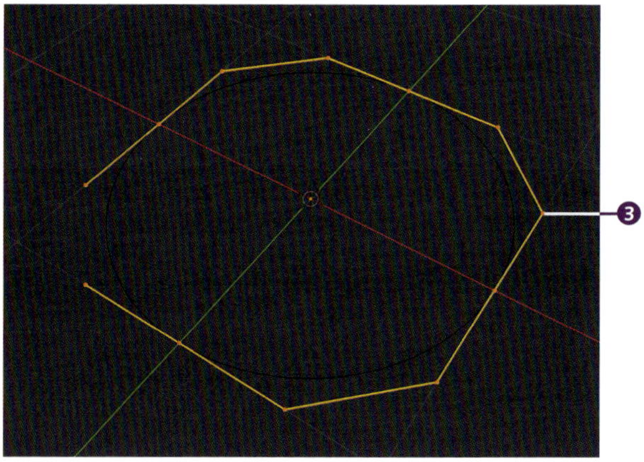

▴ **Abbildung 6.31**
Spline Type Nurbs

Der Spline Type Bezier (Abbildung 6.30) entspricht dem Pfad, wie Sie ihn auch aus Vektor-Zeichenprogrammen kennen. Die Kontrollpunkte ❷ dienen als Ankerpunkte und befinden sich auf dem Pfad, während Sie mit den Anfassern ❶ den Pfad in die gewünschte Form bringen. Etwas anders läuft es beim Spline Type Nurbs, hier definieren Sie den Pfad, indem Sie ihn an die jeweiligen Kontrollpunkte ❸ annähern lassen. Sie können den Spline Type jederzeit über das Menü Curve • Set Spline Type (Abbildung 6.32) im Viewport festlegen, sobald Sie das Curve-Objekt in den Edit Mode versetzt haben.

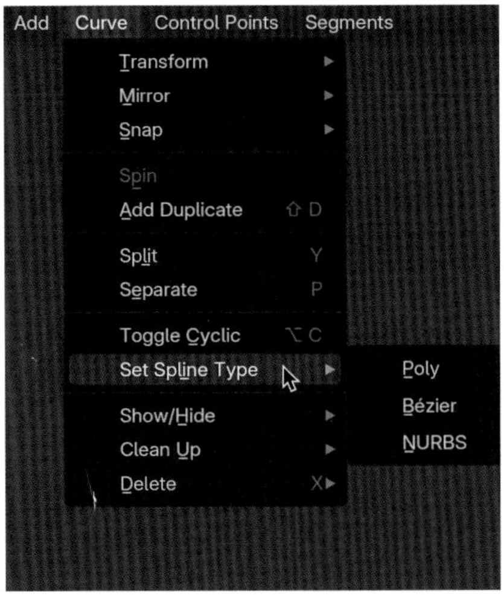

▲ **Abbildung 6.32**
Menü Curve

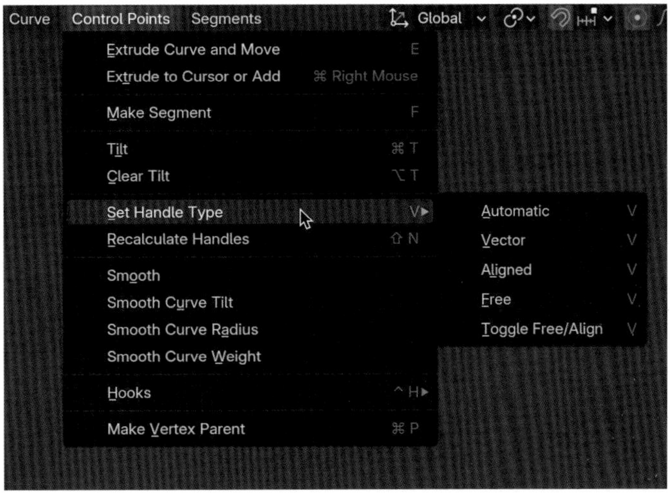

▲ **Abbildung 6.33**
Menü Control Points

In Menü Curve haben Sie die Möglichkeit, den Pfad als geschlossen oder offen zu bestimmen (Toggle Cyclic). Über die Befehle Split (Taste [Y]) bzw. Separate (Taste [P]) trennen Sie einen Pfad an den selektierten Vertices auf. Während der abgetrennte Teil im Falle von Split im Ausgangsobjekt bleibt, erzeugen Sie durch Separate ein neues, aus dem abgetrennten Teil bestehendes Curve-Objekt.

Curve Tools

Wie bei den Mesh-Objekten ist es auch bei den Curves möglich, bestimmte Vertices oder auch die ganze Originalkurve über die Taste [X] zu löschen und mit einem geeigneten Werkzeug durch Zeichnen, Extrudieren oder auch Unterteilen neue, zusätzliche Vertices zu erzeugen.

Sie finden die Werkzeuge für den Umgang mit den Kontrollpunkten (Control Points) und Segmenten (Segments) in den zugehörigen Menüs im Viewport (Abbildung 6.33). Zunächst können Sie sich im Untermenü Set Handle Types (Taste [V]) einen Anfasser Ihrer Wahl aussuchen. Mit dem Tool Extrude Curve and Move erzeugen und verschieben Sie einen neuen Kontrollpunkt, alternativ setzen Sie ihn direkt per Extrude to Cursor or Add bzw. Rechtsklick mit gedrückter Strg/Cmd-Taste. Lücken zwischen zwei Kontrollpunkten füllen Sie per MAKE SEGMENT (Taste F). Die Rotation (TILT) eines Kontrollpunkts macht sich nur bei dreidimensionalen Curve-Objekten bemerkbar. Die verschiedenen Smooth-Befehle glätten die Kurven bzw. deren Rotation (TILT), Radien (RADIUS) oder auch die Wichtung (WEIGHT) für die selektierten Kontrollpunkte.

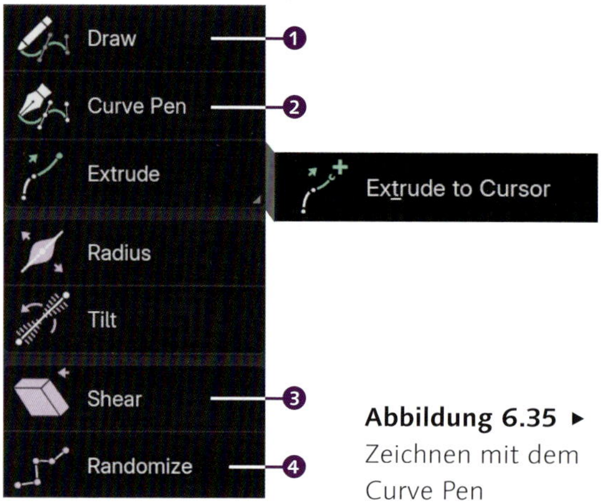

▲ **Abbildung 6.34**
Curve-Tools in der Toolbar

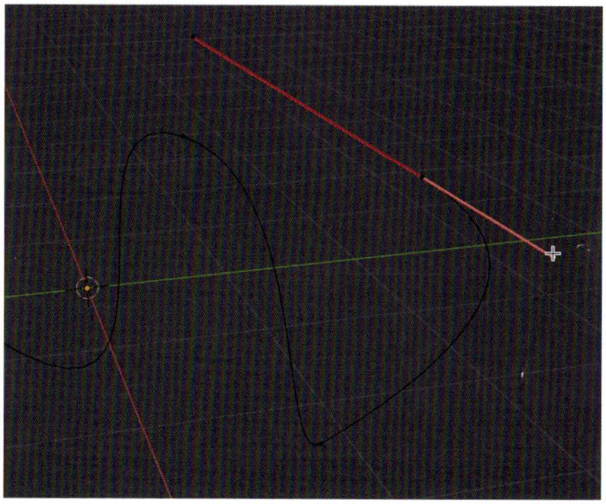

Abbildung 6.35 ▸
Zeichnen mit dem Curve Pen

Noch mehr Curve-Kontrolle
Das Curve Pen-Werkzeug bietet eine Vielzahl weiterer Zusatztasten bzw. Hotkeys. Suchen Sie dazu in den Preferences unter KEYMAP einfach nach dem »Curve Pen«.

Sie finden diese und weitere Werkzeuge, beispielsweise zum Scheren (SHEAR ❸) bzw. zufälligen Verschieben (RANDOMIZE ❹) von Kontrollpunkten in der Toolbar. Für das freie Zeichnen einer Curve verwenden Sie das Werkzeug DRAW ❶.

Maximale Kontrolle beim Zeichnen von Curves bietet das Curve Pen-Tool ❷. Um mit diesem Werkzeug einen Kontrollpunkt zu setzen bzw. zu extrudieren, reicht ein Linksklick. Danach können Sie die Anfasser verwenden, um den Pfad des Segments zu justieren (Abbildung 6.35). Mit zusätzlich gedrückter Strg/Cmd-Taste lassen sich weitere Kontrollpunkte in Segmente setzen bzw. per Klick auf einen existierenden Kontrollpunkt löschen. Per Doppelklick auf einen Kontrollpunkt wechseln Sie die Anfasserarten durch.

Curve-Einstellungen

Über den Object Data-Tab ❺ der Curve im Properties Editor lässt sich der Pfad justieren und in ein dreidimensionales Objekt wandeln. Zunächst entscheiden Sie im Panel SHAPE ❼, ob die Curve dreidimensional sein soll und ihre Vertices damit überall im Raum platziert werden können oder ob es sich um eine 2D-Curve mit Vertices ausschließlich auf der lokalen XY-Ebene handelt. Die Unterteilung bzw. Auflösung der Curve lassen sich für Viewport

(Resolution Preview U) und Rendering (Render U) getrennt festlegen. Weitere Optionen sorgen unter anderem für einen möglichst weichen Kurvenverlauf und Zusammenarbeit mit Shape Keys und Modifiern. Über das Menü Fill Mode geben Sie an, welche Form die Curve erhalten soll, wenn sie per Extrusion oder Bevelling in ein 3D-Objekt gewandelt wird.

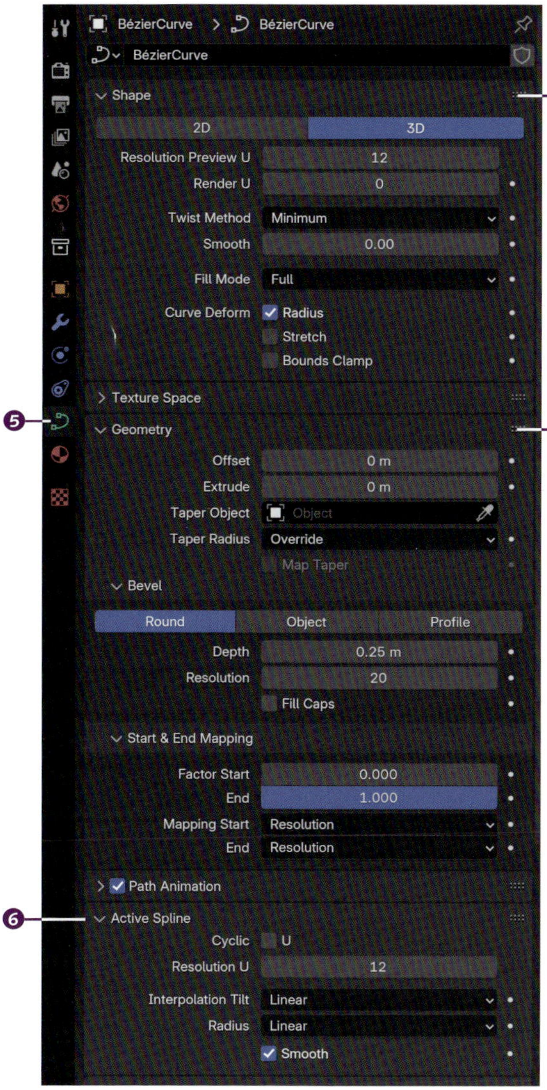

◂ **Abbildung 6.36**
Tab Object Data einer Bezier Curve im Properties Editor

▾ **Abbildung 6.37**
Bezier Curve als 3D-Objekt

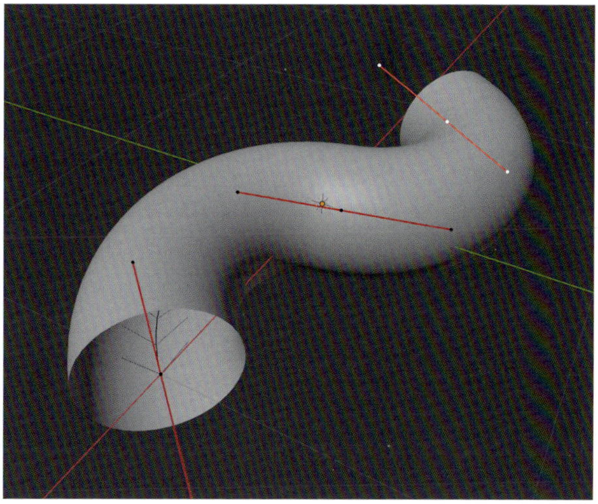

Dies erfolgt über die Einstellungen im Panel Geometry ❽. Über den Parameter Extrude extrudieren Sie die Curve entlang ihrer Z-Achse und erhalten so eine (entsprechend gebogene) Fläche. Auf Wunsch können Sie den Kurvenverlauf über ein Taper Object, also über eine zweite Curve steuern. Ein dreidimensionales Objekt wie in Abbildung 6.37 erhalten Sie über die Optionen im Unterpunkt BEVEL. Die Größe bzw. den Umfang des Bevels steuern Sie über den Parameter DEPTH, die zugehörige Unterteilung bzw. Auflösung über RESOLUTION. Auch hier können Sie die Form über ein Bevel-Objekt unter OBJECT gestalten. Die Anfangs- und Endpunkte der 3D-Form im Verhältnis zur Länge der Curve lassen sich ebenfalls definieren.

Das Panel ACTIVE SPLINE ❻ (Abbildung 6.36) zeigt die am aktiven Curve-Objekt anliegenden Eigenschaften an und bietet Ihnen eine Art Vorschau im Viewport. Um die Auflösung einer Curve nachhaltig zu ändern, verwenden Sie die Einstellungen im Panel SHAPE.

Surfaces

Nurbs in Blender

Während sich manche 3D-Programme vollständig dem Modelling mit Nurbs verschrieben haben, sind die Nurbs-Fähigkeiten von Blender eher rudimentär. Doch als rohe Modelling-Basis für eine bestimmte Ausgangsform können die Surfaces in manchem Fall dennoch interessant sein.

Genau genommen sind Curves keine 3D-Objekte, sie geben lediglich einen Pfad vor, aus dem eine dreidimensionale Form generiert wird. Surfaces dagegen sind dreidimensionale Curves, mit deren Kontrollpunkten Sie die Form in allen Richtungen definieren. Während Sie bei den Curves die Wahl zwischen den Spline-Arten BÉZIER und NURBS haben, basieren Surfaces ausschließlich auf NURBS (Non-Uniform Rational B-Splines), die sich in ihrer Handhabung von den Bézier-Kurven unterscheiden – so liegen die Kontrollpunkte beispielsweise nicht zwangsläufig auf dem Spline-Pfad. Die Surfaces im gleichnamigen Menü (Abbildung 6.33) stellen Ihnen einige nach dieser Methode erzeugte Grundformen zur Verfügung.

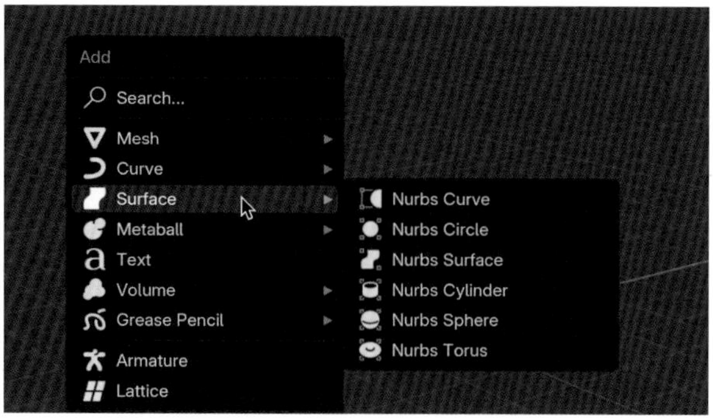

Abbildung 6.38 ▸
Menü ADD • SURFACE

Nachdem Sie eines der Nurbs-Objekte über das Menü ADD • SURFACE des Viewports bzw. über die Tasten ⇧ + A erzeugt haben, finden Sie in den zugehörigen Einstellungen im Object Data-Tab des Properties Editors (Abbildung 6.39) nur ein paar wenige Parameter vor.

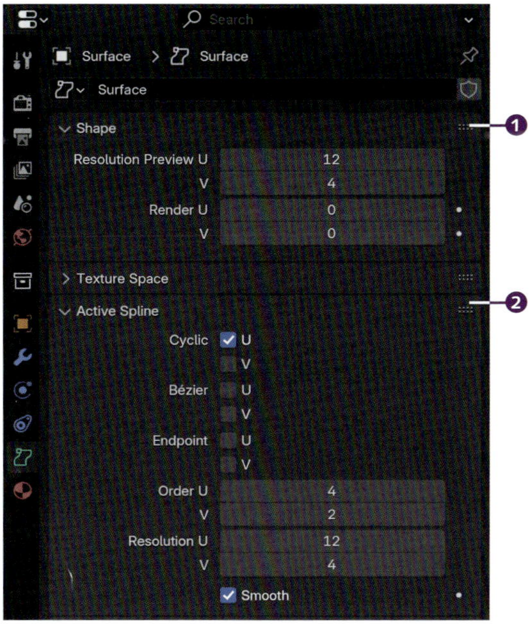

◂ **Abbildung 6.39**
Tab Object Data der Surface im Properties Editor

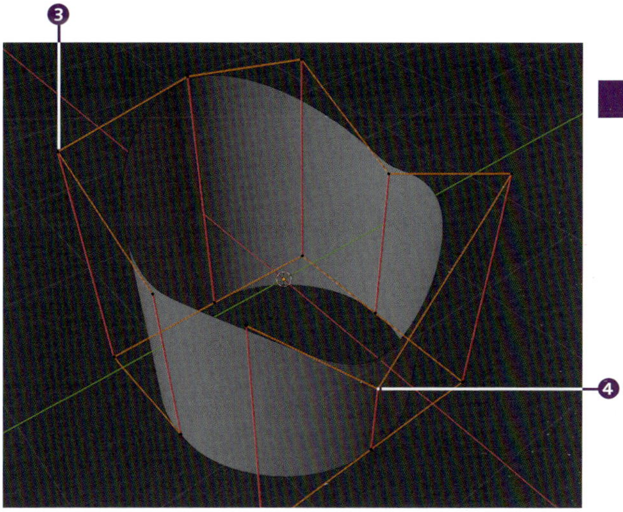

▴ **Abbildung 6.40**
Geschlossene Surface mit den Kontrollpunkten

Im Panel Shape ❶ finden Sie die Parameter der Auflösung(en) für die Interpolationsrichtungen U und V. Über das Panel Active Spline ❷ steuern Sie die Eigenschaften der aktuell selektierten Spline-Kurve der Surface. Dazu gehört die Vorgabe, ob es sich in U- bzw. V-Richtung um eine geschlossene Surface handeln soll und wie sich die jeweilige Spline-Kurve in Bezug auf Ihre Kontroll- (Bezier U bzw. V) bzw. Endpunkte (Endpoint U bzw. V) verhält.

Die Modellierung findet im Viewport (Abbildung 6.35) mit den zum Surface-Objekt gehörenden Kontrollpunkten ❸ statt. Sollten Sie zusätzliche Kontrollpunkte benötigen, gehen Sie wie bei einem Mesh- bzw. Curve-Objekt vor: Sie unterteilen das Objekt bzw. Segment der Surface entsprechend. Hier ist allerdings Zurückhaltung angebracht, denn zu viele Kontrollpunkte erschweren das Modelling eher.

Die Modellier-Möglichkeiten mit Surfaces sind zugegebenermaßen limitiert, doch immerhin bietet sich mit Wichtungen bzw. Weights die Option, die Auswirkung der Kontrollpunkte auf die Form etwas genauer zu steuern. Dazu selektieren Sie den jeweiligen Kontrollpunkt und öffnen über die Taste [N] die Sidebar mit dem Item-Tab (Abbildung 6.41). Über den Parameter W ❺ können Sie nun den Einfluss dieses Kontrollpunkts regulieren, beispielsweise, um diesen Bereich der Surface näher am Kontrollpunkt vorbeizuführen ❹.

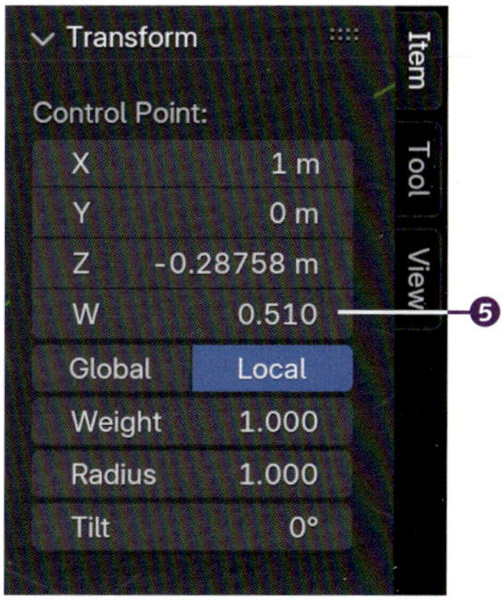

▴ **Abbildung 6.41**
Weight eines Kontrollpunkts

Konvertierung zu und von Mesh-Objekten

Sobald Ihnen das Curve- oder Surface-Objekt im gewünschten Zustand für die Weiterbearbeitung als Polygon- bzw. Mesh-Objekt vorliegt, wechseln Sie in den Object Mode (Taste ⇥) und wandeln es über den Befehl Convert aus dem Menü Object des Viewports (Abbildung 6.42) in ein Mesh-Objekt (Abbildung 6.43) um.

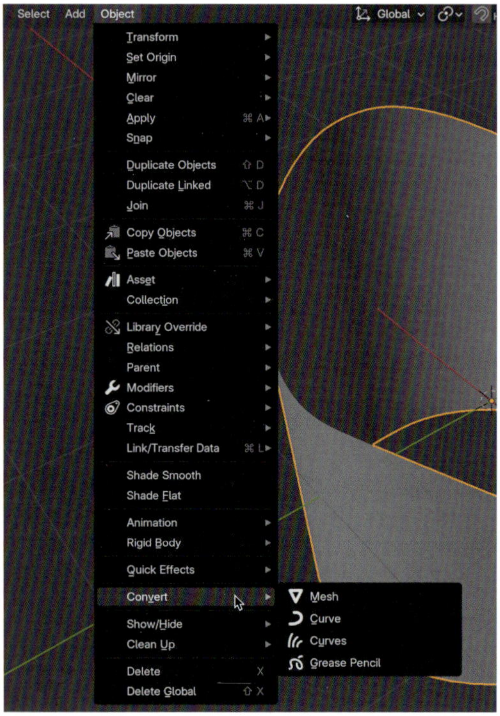

◂ **Abbildung 6.42**
Menü Object im Viewport

▾ **Abbildung 6.43**
Aus der Surface konvertiertes Mesh-Objekt

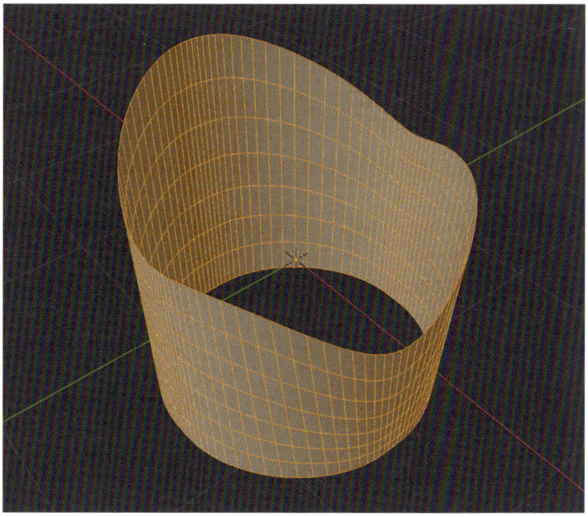

Im Untermenü Convert finden Sie noch weitere Befehle zur Konvertierung. So lassen sich Mesh- und Text-Objekte in eine Curve umwandeln oder auch Curves und Meshes zu Grease Pencil-Objekten konvertieren. Mesh-Objekte sind aus Curves, Surfaces, Metaballs und Text-Objekten generierbar.

6.3 Metaballs

Metaball-Objekte, in Blender auch oft »Meta Objects« genannt, definieren ihre Form nicht über Vertices, Pfade oder Kontrollpunkte. Metaballs bestehen immer aus einer Mehrzahl von rundlichen Meta-Objekten, die miteinander reagieren und sich wie Flüssigkeiten verbinden oder abstoßen.

Alle Metaball-Objekte, die Sie im Menü ADD (Kurzbefehl [⇧] + [A]) finden, ziehen eine virtuelle Hülle über sich und alle in Reichweite liegenden anderen Metaball-Objekte.

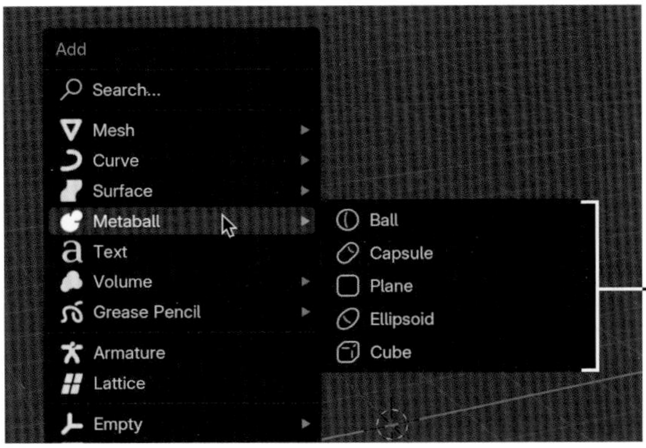

◂ **Abbildung 6.44**
Menü ADD • METABALL

Auf diese Weise können Sie durch geschickte Platzierung von Metaballs der Typen ❶ BALL, CAPSULE, PLANE, ELLIPSOID und CUBE sehr weiche organische Formen schaffen. Komplexere Modelle sind entsprechend schwer zu kontrollieren, weshalb Metaballs eher für die Vorbereitung einer Basisform oder auch für animierte Effekte zum Einsatz kommen.

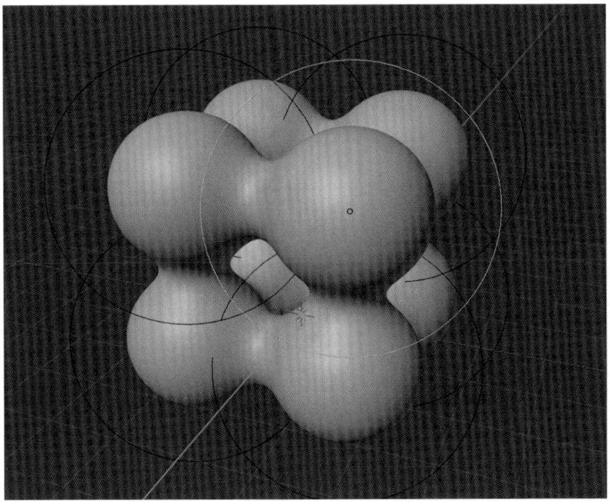

▴ **Abbildung 6.45**
Aus Metaballs bestehendes Objekt

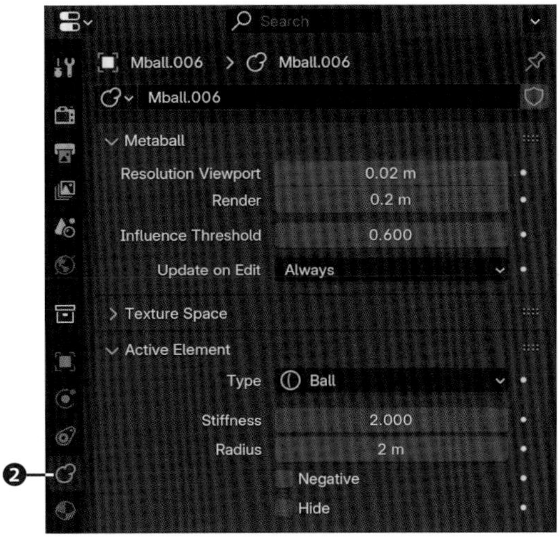

▴ **Abbildung 6.46**
Tab OBJECT DATA des Metaball-Objekts

Über den Object Data-Tab ❷ im Properties Editor lassen sich die Einstellungen für die einzelnen Metaballs vornehmen. Die Qualität bzw. Auflösung der Objektoberfläche steuern Sie über die RESO-

LUTION für VIEWPORT und RENDER, während Sie über den INFLUENCE THRESHOLD den Schwellwert für die Verbindung zwischen den Metaballs regeln.

Bei aktivem EDIT MODE finden Sie im zusätzlichen Panel ACTIVE ELEMENT ❶ weitere Optionen für die Metaball-Eigenschaften. Dazu gehört die nachträgliche Änderung der Metaball-Form über das Menü TYPE sowie die Empfindlichkeit des einzelnen Metaball-Objekts für den Einfluss der anderen Metaballs (STIFFNESS). Die Größe des Metaball-Objekts geben Sie über den RADIUS an.

Abbildung 6.47 ▸
Tab OBJECT DATA des Metaball-Objekts im EDIT MODE

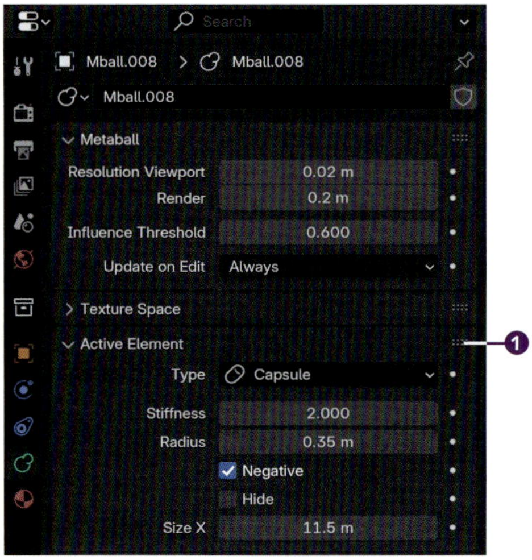

Standardmäßig herrscht zwischen den einzelnen Metaballs eine Anziehung, allerdings können Sie Metaball-Objekte auch zum Verdrängen der Hüllform (Abbildung 6.43) verwenden. Dazu aktivieren Sie die Option NEGATIVE im Panel ACTIVE ELEMENT.

Abbildung 6.48 ▸
Verdrängen von Oberflächen mit negativen Metaballs

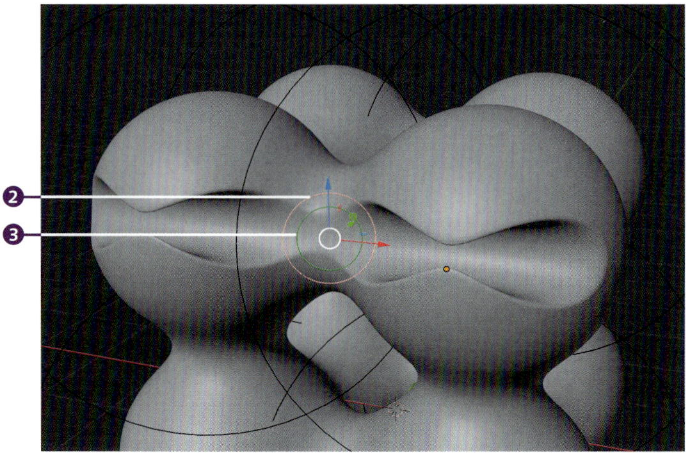

Die Option HIDE blendet das zugehörige Metaball-Objekt nicht nur einfach aus, es deaktiviert auch dessen Einfluss auf die anderen METABALLS.

Mit diesen relativ überschaubaren Optionen konzentriert sich die Ausarbeitung von Metaball-Modellen entsprechend auf den 3D Viewport. Dort haben Sie mit dem grünen bzw. rosafarbenen Kreis auch eine optische Rückmeldung über die Parameter STIFFNESS ❷ und RADIUS ❸ des Metaball-Objekts.

Metaballs organisieren

Wenn Sie nicht möchten, dass sich alle Metaballs Ihrer Szene gegenseitig beeinflussen, müssen Sie diese über deren Namen organisieren. Zum jeweiligen Basisobjekt (z. B. standardmäßig »MBALL«) gehören alle Metaballs mit gleichem Namen, aber anderem Ziffern-Suffix (MBALL.001, MBALL.002 etc.).

6.4 Text

Text-Objekte sind natürlich zur Erzeugung von dreidimensionalen Schriftzügen prädestiniert. Nachdem Sie das Objekt über das Menü ADD bzw. den Kurzbefehl [⇧] + [A] erstellt haben, wechseln Sie in den EDIT MODE, um den gewünschten Text an der Einfügemarke einzutippen. Einzelne Wörter selektieren Sie per Doppelklick, Textblöcke, wie Sie es gewohnt sind, per Klicken und Ziehen.

◂ **Abbildung 6.49**
Text-Objekt

Wie Sie an den Einstellungen im Object Data-Tab des Properties Editors (Abbildung 6.50) erkennen, ähnelt das Text-Objekt einer Curve, wir finden wohlbekannte Parameter für die Auflösung und die dreidimensionale Extrusion und Formgestaltung der Buchstabenkanten. Nutzen Sie die Vorteile des flexiblen, weil beliebig skalier- und anpassbaren Text-Objekts also so lange und ausgiebig wie möglich, und wandeln Sie es nur, wenn es unbedingt nötig ist, über den Befehl CONVERT • MESH aus dem Menü OBJECT des Viewports in ein Mesh-Objekt um.

Abbildung 6.50 ▸ Object Data-Tab des Text-Objekts im Properties Editor

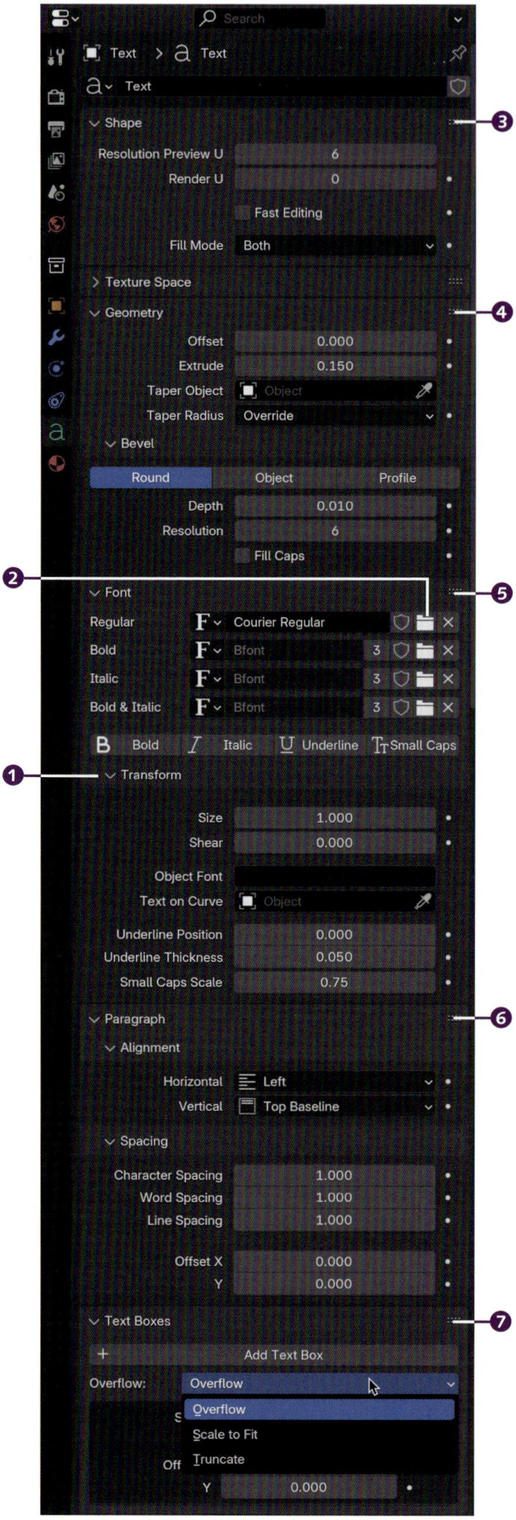

Nicht zuletzt bietet Ihnen das Text-Objekt eine Vielzahl an animierbaren Parametern, um Textanimationen zu erzeugen. Sehen wir uns die umfangreichen Einstellungen genauer an (Abbildung 6.45).

Wie bereits angesprochen, ähneln die Parameter in den Panels SHAPE ❸ und GEOMETRY ❹ sehr den bereits bekannten Einstellungen für CURVES. Das Panel SHAPE kümmert sich um die Auflösung bzw. Unterteilung des Text-Objekts, während Sie im Panel GEOMETRY die dreidimensionale Form des Text-Objekts und dessen Kanten (Bevels) festlegen.

Das Panel FONT ❺ ist für die im Text-Objekt verwendeten Schriften zuständig. Über das Verzeichnis-Symbol ❷ können Sie insgesamt vier verschiedene Schriftarten für die Auszeichnungen REGULAR, BOLD (Fett), ITALIC (Kursiv) sowie die Kombination aus BOLD und ITALIC definieren, indem Sie den entsprechenden Font über den File Browser hinzuladen.

Der Unterbereich TRANSFORM ❶ des Font-Panels hält einige zusätzliche Optionen für die Schriftgestaltung bereit. So können Sie unter anderem die Schriftgröße (SIZE) ändern, die Buchstaben (bitte nur zu Animationszwecken) schräg stellen (SHEAR) oder den Text an einem definierten Pfad entlang platzieren (TEXT ON CURVE). Außerdem lassen sich hier Unterstreichungen (UNDERLINE) und Kapitälchen (SMALL CAPS) erzeugen.

Das Panel PARAGRAPH ❻ bietet Ihnen im Bereich ALIGNMENT die Einstellung für die Ausrichtung der Texte in horizontaler und vertikaler Richtung, während sich im Bereich SPACING die Laufweite (SPACING) von Buchstaben (CHARACTER), Wörtern (WORD) sowie Zeilen (LINE) einzeln modifizieren lässt.

Im Zusammenhang mit längeren Texten im Text-Objekt kommt das Panel TEXT BOXES ❼ ins Spiel, über das Sie nicht nur weitere Textrahmen erzeugen, sondern auch die Vorgabe für den Umgang mit überschüssigem Text, dem TEXTBOX OVERFLOW, festlegen. Während OVERFLOW den Text unbeschränkt fortlaufen lässt, schneidet TRUNCATE (im OBJECT MODE) den Text am Ende der Textbox ab; mittels SCALE TO FIT wird der enthaltene Text passend skaliert.

Erst definieren, dann schreiben

Der Wechsel zu einer anderen Schrift- bzw. Auszeichnungsart im Text-Objekt von Blender ist etwas gewöhnungsbedürftig. Ein nachträgliches Markieren und Ändern der Schriftart funktioniert nicht. Sie müssen also zuerst die gewünschte Schrift im Panel FONT vorgeben und anschließend den Text an der Einfügemarke eintippen.

6.5 Empty

Empties besitzen außer einem Objekt-Ursprung (dem sogenannten »Origin«) keinerlei Geometrie. Doch es ist gerade dieser mitgelieferte Bezugspunkt, der das Empty zur Gliederung und Anbindung von Objekten, beispielsweise zu einem gemeinsam animierbaren Modell, so unverzichtbar macht. Und dies ist nur einer der Einsatzbereiche des Empty-Objekts, für das Sie im Menü ADD bzw. über den Kurzbefehl [⇧]+[A] zwischen acht verschiedenen Darstellungstypen ❶ wählen können.

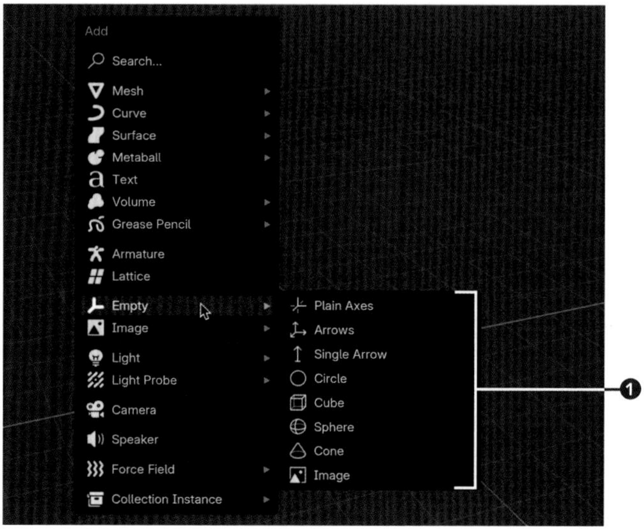

Abbildung 6.51 ▸
Menü ADD • EMPTY

Je nach Einsatzzweck empfehlen sich die unterschiedlichen, einfachen Grundformen der Empties. Für die Gruppierung bzw. die Organisation von Objekten unter einen gemeinsamen Bezugspunkt haben sich die simplen Achs- bzw. Pfeildarstellungen wie PLAIN AXES ❷, ARROWS ❸ oder SINGLE ARROW ❹ bewährt, doch natürlich stehen Ihnen auch zwei- bzw. dreidimensionale Formen zur Verfügung.

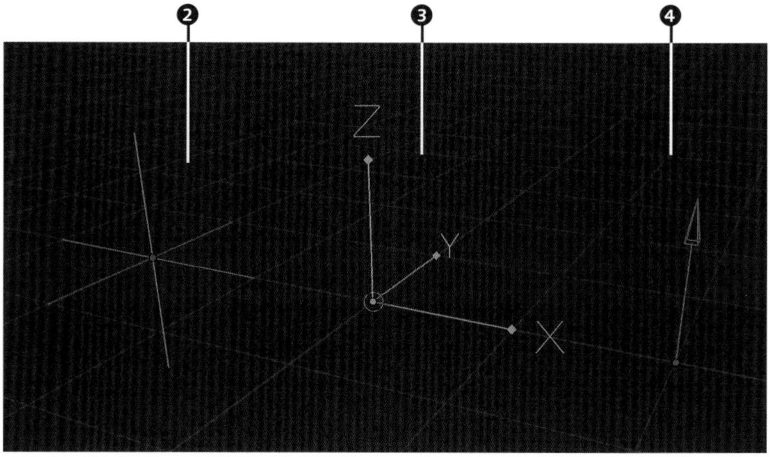

Abbildung 6.52 ▸
Empties als Plain Axes und Arrows

Um ein Empty als hierarchisches Überobjekt für eine Reihe anderer Objekte zu bestimmen, benötigen wir Parenting. Dazu selektieren Sie zuerst alle Child-Objekte, danach das Empty als Parent. Über den Kurzbefehl Strg/Cmd + P gliedern Sie die Child-Objekte unter das Empty und können fortan durch Transformieren des übergeordneten Empty-Objekts ❺ die gesamte Parent-Child-Gruppe mit »sauberen« Positions-, Rotations- und Skalierungswerten ❻ gemeinsam transformieren.

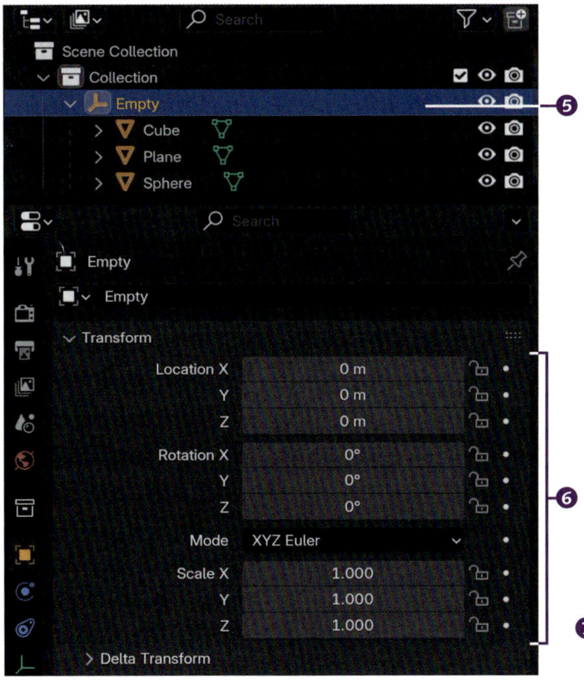

▲ **Abbildung 6.53**
Empty als Überobjekt (Parent)

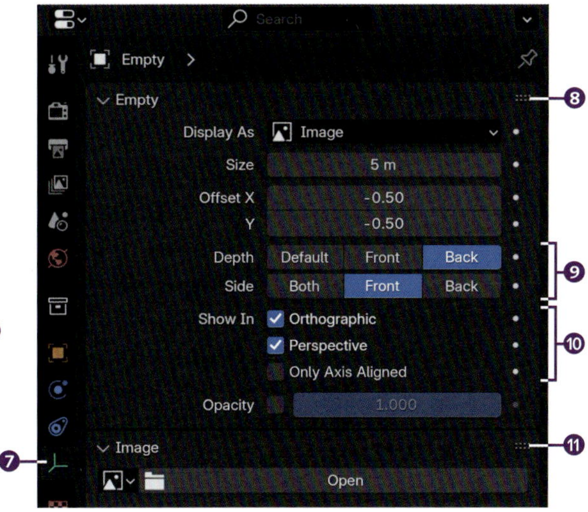

▲ **Abbildung 6.54**
Object Data-Tab des Empty

Eine Besonderheit, die sich unter anderem hervorragend als Unterstützung beim Modelling nutzen lässt, bietet Ihnen das Empty mit der Verwendung einer Bilddatei als IMAGE (Abbildung 6.54) an.

Im Panel IMAGE ⓫ finden Sie den Button OPEN, über den Sie in den File Browser gelangen und die gewünschte Bilddatei auswählen. Die Einstellungen für die Anzeige des Image nehmen Sie im Panel EMPTY ❽ des Object Data-Tabs ❼ vor. Ob das Image als Vorder- (FRONT) oder Hintergrundbild (BACK) fungieren soll, entscheiden Sie über die Depth-Buttons, während Sie mit den Side-Buttons festlegen, ob das Image nur von vorne oder auch bzw. nur von hinten sichtbar sein soll ❾. Die Display-Optionen ❿ helfen Ihnen, den Überblick im Viewport zu bewahren. So können Sie sich die Images wahlweise nur in der orthogonalen oder perspektivischen Ansicht anzeigen lassen bzw. nur dann, wenn das Image exakt auf der Ebene der zugehörigen Achse liegt (ONLY AXIS ALIGNED).

Abbildung 6.55 ▸
In drei Ansichtsebenen platzierte Image-Empties

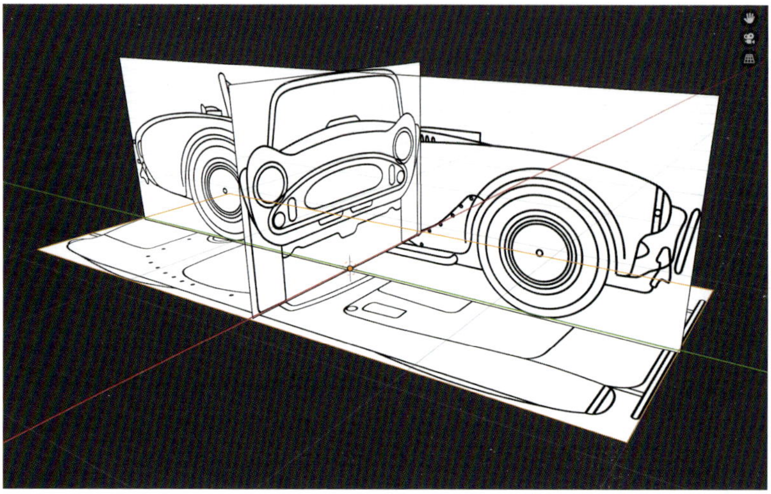

6.6 Instances

Bei den Instances handelt es sich um Duplikate eines Objekts bzw. einer Collection, die automatisch geklont und wahlweise an den Punkten (VERTICES), Flächen (FACES) oder Transformations-Informationen (COLLECTION) eines Trägerobjekts (dem sogenannten Instancer, im Fall einer Collection ein Empty) platziert werden.

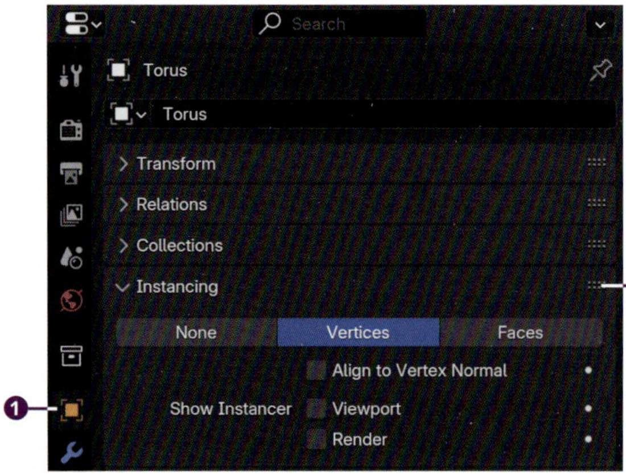

▲ Abbildung 6.56
Panel INSTANCING im Object-Tab eines Objekts

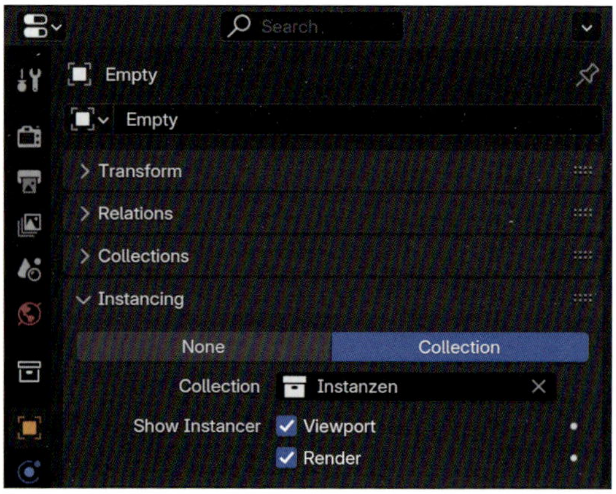

▲ Abbildung 6.57
Panel INSTANCING im Object-Tab eines Empty

Dafür zuständig ist das Panel INSTANCING ❷, das Sie im Object-Tab ❶ des Properties Editors finden. Die Einstellungen für das Instancing geben Sie dabei grundsätzlich dem Trägerobjekt mit. Ein zu duplizierendes Objekt ordnen Sie dem Trägerobjekt per Parenting unter.

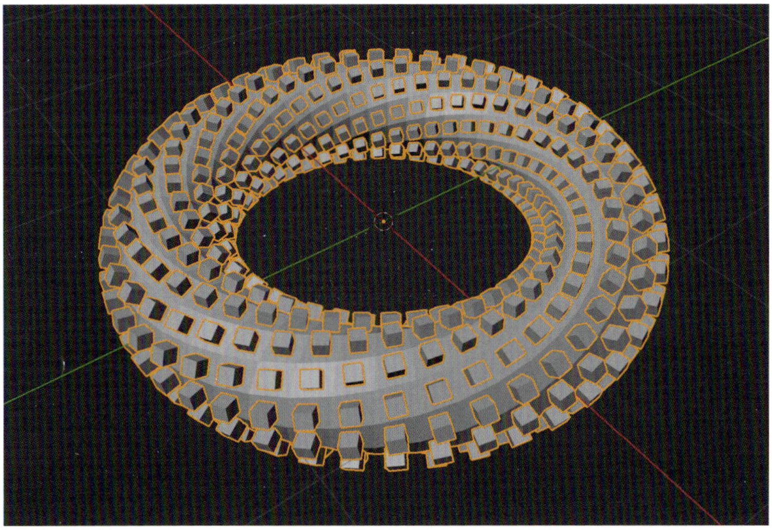

◂ **Abbildung 6.58**
Torus mit Cubes als INSTANCES

Im Panel INSTANCING entscheiden Sie bei Mesh-Objekten zunächst, ob die Instances an den Vertices oder Faces des Trägerobjekts entstehen sollen. Die Angabe einer Anzahl erübrigt sich, da ausnahmslos alle Vertices bzw. Faces mit Duplikaten bedacht werden. Über die Option ALIGN TO VERTEX NORMAL lassen sich die INSTANCES auf Wunsch an der Vertex-Normalen ausrichten.

Ob das Trägerobjekt im Viewport bzw. im späteren Rendering sichtbar bleibt, können Sie getrennt über die Optionen DISPLAY INSTANCER bzw. RENDER INSTANCER entscheiden. Im Beispiel in Abbildung 6.58 ist der Instancer, ein Torus, weiterhin sichtbar.

Instance-Objekt und Instancer bestimmen Sie per Parenting, indem Sie das zu duplizierende Objekt ❹ z. B. im Outliner per Drag & Drop mit gedrückter [⇧]-Taste dem INSTANCER ❸ unterordnen.

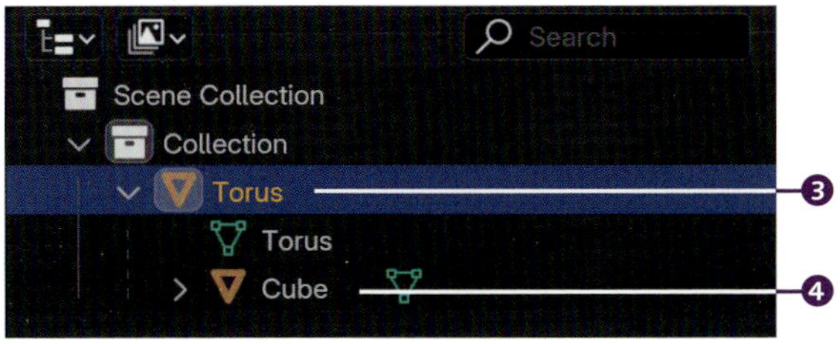

◂ **Abbildung 6.59**
Torus als Instancer, Cube als Instance-Objekt

Im Beispiel in den Abbildungen 6.58 sowie 6.59 wurden die Instances auf die Flächen (FACES) des Torus verteilt. Bei dieser Duplikationsart können Sie im Panel INSTANCING ❶ des Object-Tabs (Abbildung 6.60) über die Option SCALE BY FACE SIZE ❸ zusätzlich bestimmen, ob sich die Größe der INSTANCES an der Größe der jeweiligen Face des Trägerobjekts orientieren soll. Mit einem extra Skalierungsfaktor (FACTOR) steuern Sie, wie stark die Größenverhältnisse beim Instancing umgesetzt werden.

Abbildung 6.60 ▸
Panel INSTANCING im Object-Tab des Instancers

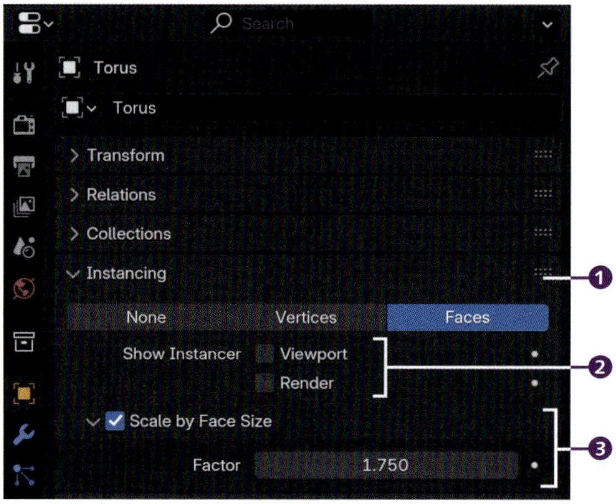

In Abbildung 6.61 ist das Trägerobjekt, der Torus, durch Deaktivieren der Optionen unter SHOW INSTANCER ❷ ausgeblendet. Das Instance-Objekt selbst, in diesem Fall der Cube, lässt sich einfach über den Outliner auf unsichtbar setzen.

Abbildung 6.61 ▸
Ausgeblendeter Torus als INSTANCER, Cube als INSTANCE

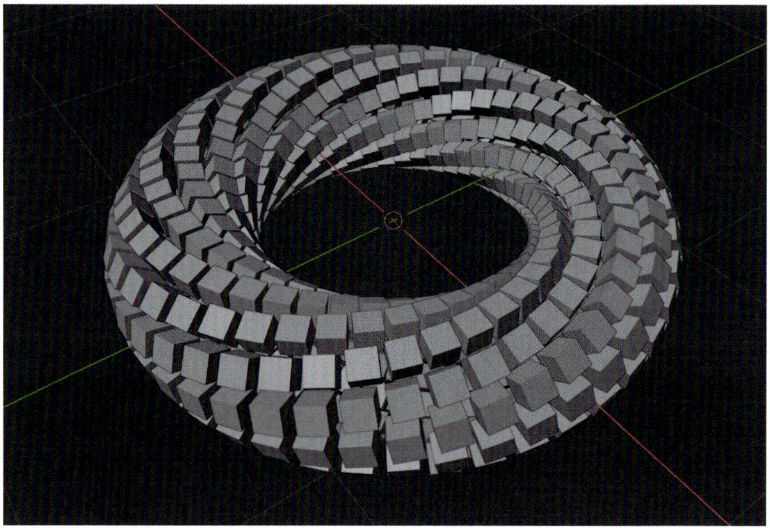

Kapitel 7

Modelling-Tools

Blender bietet Ihnen eine umfangreiche Ausstattung an Modelling-Werkzeugen. In diesem Kapitel werfen wir einen ausführlichen Blick in den Werkzeugkasten, zugleich kommen für das Modelling essentielle Themen wie die verschiedenen Selektionsarten, das Proportional Editing und die praktischen Snapping-Funktionen ebenfalls nicht zu kurz.

Wie Sie bereits wissen, müssen Sie, um das Mesh eines Objekts zu bearbeiten, vom OBJECT MODE in den EDIT MODE ❶ (Taste [Tab]) wechseln (Abbildung 7.1). Wenn Sie statt mit Vertices, Edges und Faces lieber in der Modelliertechnik Sculpting arbeiten möchten, auf die wir im nächsten Kapitel noch genauer eingehen werden, so wählen Sie den SCULPT MODE ❷.

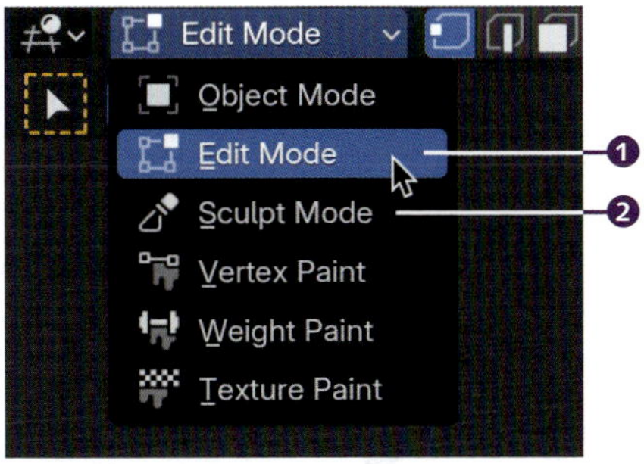

◂ **Abbildung 7.1**
Menü der Arbeitsmodi

Multi-Object Editing | Bei der Modellierarbeit in Blender sind Sie nicht auf ein einzelnes Objekt beschränkt, dank Multi-Object Editing ist es ebenso möglich, mehrere Objekte gleichzeitig zu editieren. Dazu selektieren Sie zunächst alle zu bearbeitenden Objekte mit gedrückt gehaltener [⇧]-Taste bzw. einem der bekannten Selektionswerkzeuge im OBJECT MODE und wechseln anschließend für die Bearbeitung in den EDIT MODE (Taste [⇆]). Die große Mehrzahl der Modelling-Tools unterstützt Multi-Object Editing, solange es sich bei den Objekten um den gleichen Typ handelt.

Abbildung 7.2 ▸
Kontextmenü für das Objekt im Outliner

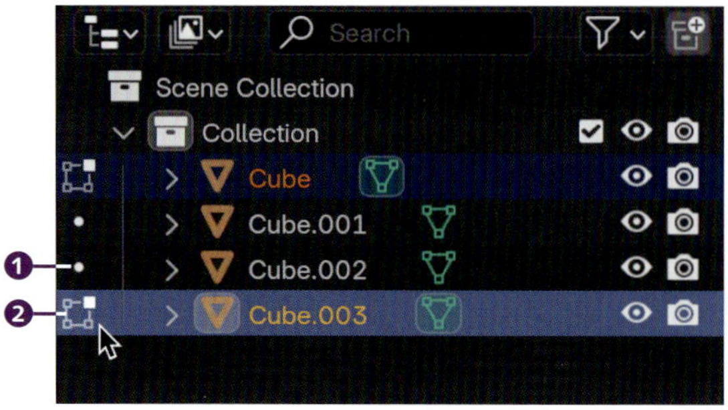

Um ein oder mehrere zusätzliche Objekte nachträglich in den jeweiligen Arbeitsmodus zu versetzen und mitzubearbeiten, halten Sie die [Strg]/[Ctrl]-Taste gedrückt und klicken im Outliner auf den kleinen Punkt vor dem Objekteintrag ❶. Das bzw. die zusätzlich gewählten Objekte erhalten daraufhin ebenfalls das Symbol für den Arbeitsmodus ❷ und können gemeinsam mit den Modelling-Tools bearbeitet werden. Um ein Objekt aus der gemeinsamen Bearbeitung zu entfernen, klicken Sie einfach erneut auf das Symbol für den Arbeitsmodus, um den Punkt zu erhalten.

Abbildung 7.3 ▸
Gleichzeitiges Bearbeiten von drei Cubes mit Multi-Object Editing

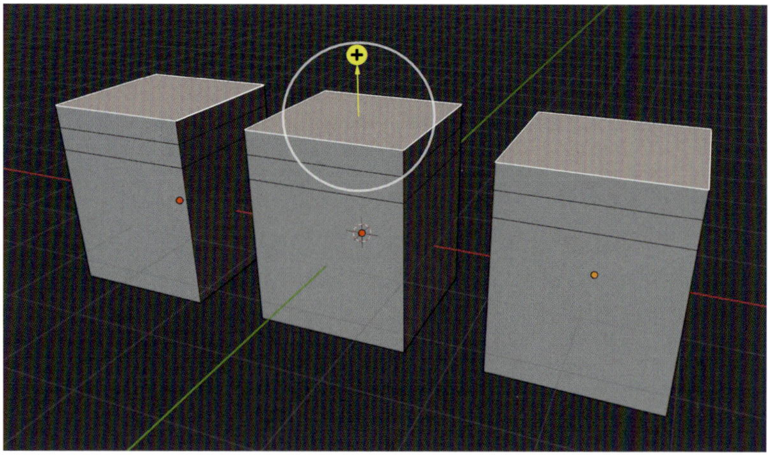

Solange Sie sich im EDIT MODE befinden, können Sie die Meshes aller selektierten Objekte übergreifend bearbeiten (Abbildung 7.3). Das zuletzt selektierte und somit aktive Objekt wird als Basis verwendet, wenn Sie neue Geometrie, beispielsweise in Form eines zusätzlichen Mesh-Objekts, hinzufügen.

Abschließend noch der Hinweis, dass die gleichzeitige Bearbeitung von Objekten natürlich nicht bedeutet, dass die enthaltenen Meshes miteinander verbunden sind – auch wenn dies so erscheinen mag. Aus den Elementen zweier Objekte lassen sich keine zusammengehörigen Faces erzeugen, dazu müssen Sie die Objekte (im OBJECT MODE) über den Befehl JOIN (Tasten Strg/Cmd + J) miteinander vereinen.

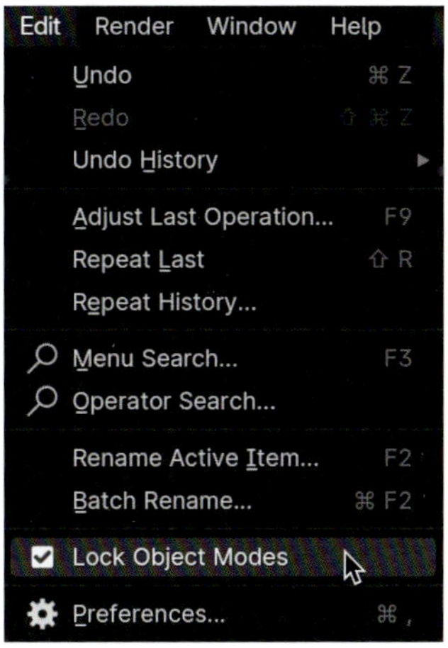

▲ **Abbildung 7.4**
Menü EDIT

Lock Object Mode | Der Wechsel zwischen den verschiedenen Arbeitsmodi gehört zu den am meisten durchgeführten Tätigkeiten in Blender, weshalb die Verwendung der ⭾-Taste bzw. des Pie-Menüs hierfür absolut zu empfehlen ist.

Dabei sollten Sie auch stets eine unauffällige Voreinstellung aus dem Menü EDIT (Abbildung 7.4) beachten: die optionale, aber standardmäßig aktivierte Verriegelung des Arbeitsmodus namens LOCK OBJECT MODES. Ist diese Option aktiviert, so bleibt der derzeit aktive Arbeitsmodus auch bei der Selektion eines anderen Objektes erhalten – allerdings nicht für das neu gewählte Objekt. Dies kann leicht zu Verwirrung führen, denn Sie werden das neu selektierte Objekt trotz korrekt eingestelltem Modus nicht bearbeiten können. Stattdessen lässt sich weiterhin das zuvor selektierte Objekt bearbeiten – obwohl es augenscheinlich gar nicht (mehr) selektiert ist. Erst über einen kurzzeitigen Wechsel in den OBJECT MODE aktivieren Sie auch für das neugewählte Object den EDIT MODE.

Falls Ihnen dieses in manchen Fällen bzw. bestimmten Arbeitsmodi durchaus praktische Verhalten partout nicht zusagt, deaktivieren Sie diese Option über das Menü EDIT.

7.1 Selektion

Für effizientes und möglichst fehlerfreies Modelling ist die Erstellung der richtigen Selektion bei der Bearbeitung von Vertices, Edges und Faces unerlässlich.

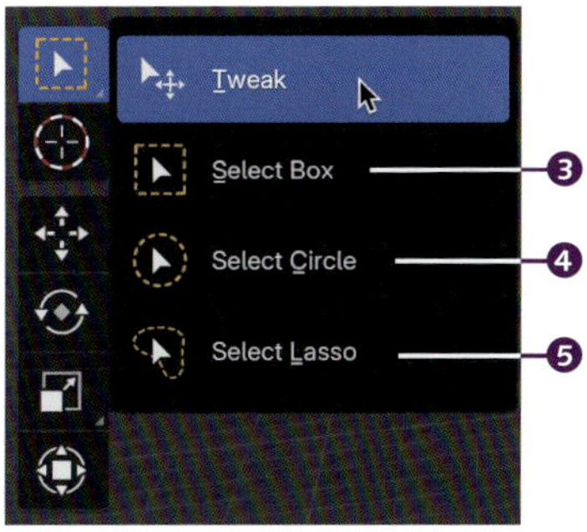

▲ **Abbildung 7.5**
Selektionswerkzeuge in der Toolbar

Die wichtigsten Werkzeuge zur Selektion dieser Mesh-Komponenten kennen Sie bereits vom Umgang mit den Objekten: SELECT ALL (Taste A) bzw. SELECT NONE Alt + A, um das komplette Mesh des Objekts aus- bzw. abzuwählen, SELECT CIRCLE ❹ (Taste C), um die Selektion mit dem Mauszeiger aufzumalen, sowie SELECT BOX ❸, in dem Sie mit dem Mauszeiger einen Auswahlrahmen aufziehen. Zu den gängigen Selektionswerkzeugen gehört auch SELECT LASSO ❺, mit dem Sie freihändig einen Auswahlrahmen zeichnen. Die Selektionswerkzeuge sind grundsätzlich so lange aktiv, bis Sie ein anderes Selektions- oder Bearbeitungswerkzeug aufrufen.

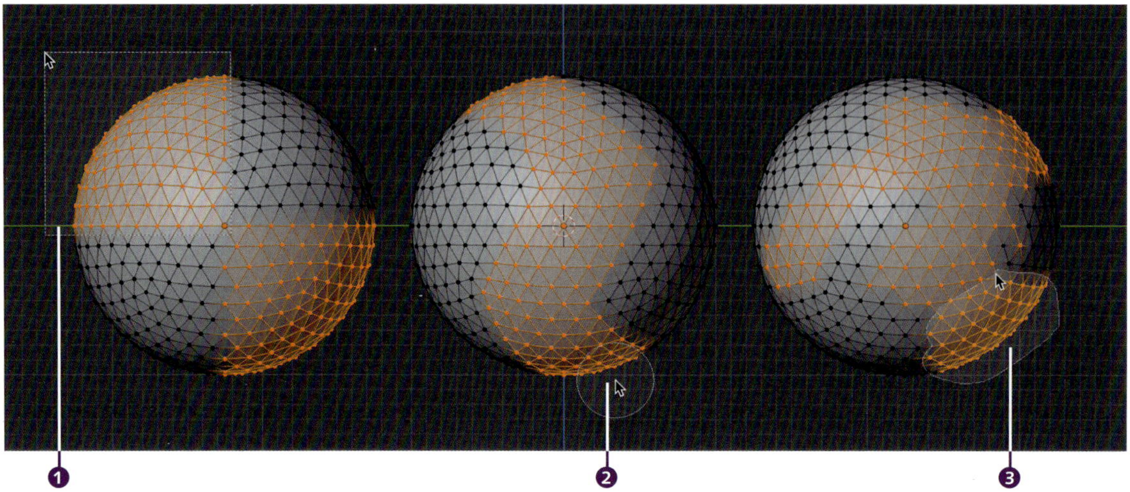

▲ **Abbildung 7.6**
Select Box ❶, Select Circle ❷ und Select Lasso ❸

Auswahlmodi

Um zur bestehenden Auswahl Elemente hinzuzufügen, halten Sie während der Selektion die [⇧]-Taste gedrückt, um Elemente von der Auswahl abzuziehen, halten Sie die [Strg]/[Cmd]-Taste gedrückt. Diese und weitere Auswahlmodi finden Sie außerdem im Header des Viewports (Abbildung 7.7). So können Sie die Auswahl auch in Ruhe erweitern ❺ oder reduzieren ❻, ohne wie im Standardmodus ❹ ständig die Zusatztasten oder die Maustaste gedrückt halten zu müssen. Eine Umkehrung der vorliegenden Selektion erhalten Sie mittels Selektionswerkzeug im Modus ❼, während der Modus ❽ den überlappenden Bereich übernimmt.

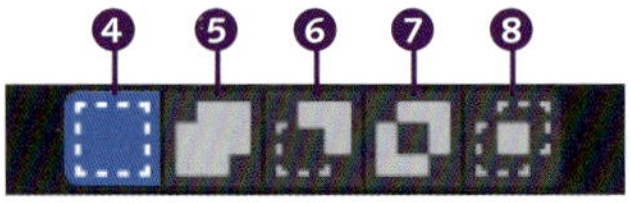

▲ **Abbildung 7.7**
Auswahlmodi SELECT BOX

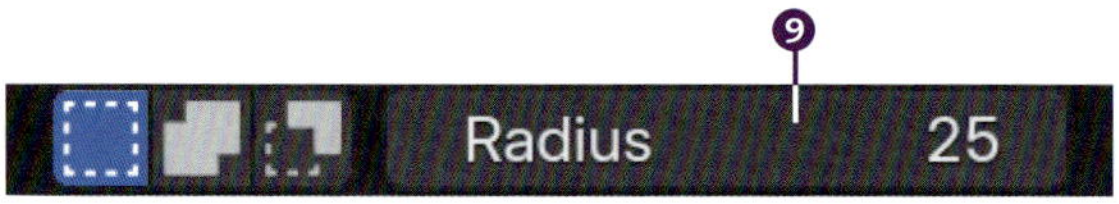

▲ **Abbildung 7.8**
Auswahlmodi SELECT CIRCLE

Das Auswahlwerkzeug SELECT CIRCLE besitzt neben drei der Auswahlmodi (Abbildung 7.8) den Parameter RADIUS ❾, über den Sie die Größe des Selektionskreises um den Mauszeiger einstellen. Alternativ können Sie den Fangradius der Selektion auch vergrößern oder verkleinern, indem Sie an der Mausrad-Taste drehen.

X-Ray-Mode

Bei der Selektion von Vertices, Edges und Faces im Edit Mode berücksichtigen die Selektionswerkzeuge ausschließlich die in der jeweiligen Ansicht sichtbaren Elemente. Um bei der Selektion auch die Elemente auf der Rückseite einzublenden und ebenfalls zu selektieren, aktivieren Sie den X-Ray-Mode ⑩ über den gleichnamigen Button im Header des Viewports.

▲ **Abbildung 7.9**
Button X-Ray

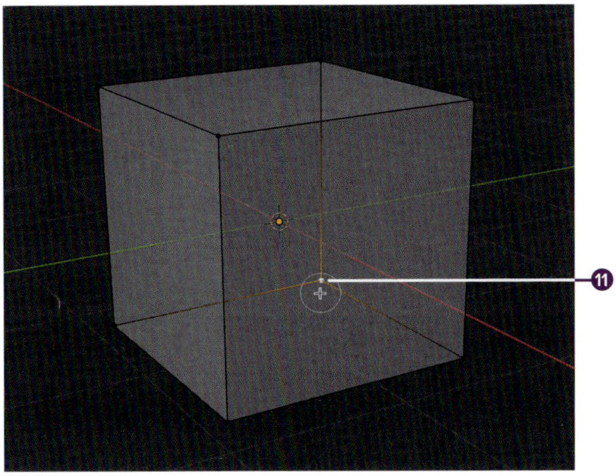

◂ **Abbildung 7.10**
Selektion verdeckter Elemente im X-Ray-Mode

Nun sehen Sie die verdeckten Elemente des Objekts nicht nur eingeblendet (Abbildung 7.10), Sie können diese auch problemlos mit Ihren Selektionswerkzeugen auswählen ⑪, ohne umständlich im Viewport dorthin navigieren zu müssen.

Schalten Sie den X-Ray-Modus aber möglichst nur bei Bedarf ein. Zum einen können diese zusätzlichen Mesh-Linien die Ansicht bei komplexeren Objekten während der Arbeit schnell überfrachten. Zum anderen, und das ist der kritischere Punkt, besteht insbesondere in den orthogonalen Ansichten eine große Gefahr, dass Elemente versehentlich mitselektiert und unwissentlich mitbearbeitet werden.

Weitere Selektionswerkzeuge und -befehle

Neben den Standard-Selektionswerkzeugen finden Sie eine ganze Reihe weiterer Auswahl-Tools mit erstaunlich praktischen Funktionen im Menü Select des 3D Viewports (Abbildung 7.11). Sie werden dieses Menü allerdings eher für die exotischeren Selektionswerkzeuge aufsuchen, da Sie mit den Tastaturkürzeln viel schneller arbeiten.

Abbildung 7.11 ▸
Menü SELECT

Die oberen sechs Einträge im Menü SELECT kennen wir bereits, die Tastenkürzel dieser Befehle sollten Sie sich in jedem Fall im Laufe der Zeit einprägen. Eine große Arbeitserleichterung können die nächsten beiden Befehle ❶ sein: SELECT RANDOM selektiert Elemente auf Zufallsbasis, dabei geben Sie lediglich vor, wie viel Prozent der Gesamtanzahl dabei selektiert sein soll. CHECKER DESELECT erstellt aus einer vorhandenen Selektion ein Schachbrettmuster, indem jedes zweite Element deselektiert wird.

SELECT SHARP EDGES ❷ selektiert scharfe Kanten. Über eine exakte Winkelangabe teilen Sie dem Tool mit, ab wie viel Grad der Winkel zwischen zwei Faces dabei als »scharf« anzusehen ist.

Unter SELECT SIMILAR ❸ finden Sie verschiedene Selektionsbefehle, mit denen Sie nach identischen Elementen, beispielsweise Faces mit der gleichen Normalenrichtung oder Vertices der gleichen Vertex Group, suchen können. Je nach gewähltem Modus (VERTEX, EDGES oder FACES) unterscheiden sich die Einträge.

In die gleiche Kerbe schlägt SELECT ALL BY TRAIT ❹. Mit den Befehlen in diesem Untermenü geben Sie ein Merkmal (Trait) vor, beispielsweise »alle Faces mit drei Edges« als Kriterium für die Selektion vor. Auch hier unterscheiden sich die Einträge je nach Modus.

Im Untermenü SELECT MORE/LESS ❺ finden Sie Befehle, um die bestehende Selektion gezielt um das nächste Element zu erweitern bzw. zu reduzieren.

Auch selbst angelegte Attribute können als Merkmal für eine zu erstellende Selektion dienen. Dazu selektieren Sie das Attribut im Properties Editor und wählen den Befehl SELECT • BY ATTRIBUTE ⑩.

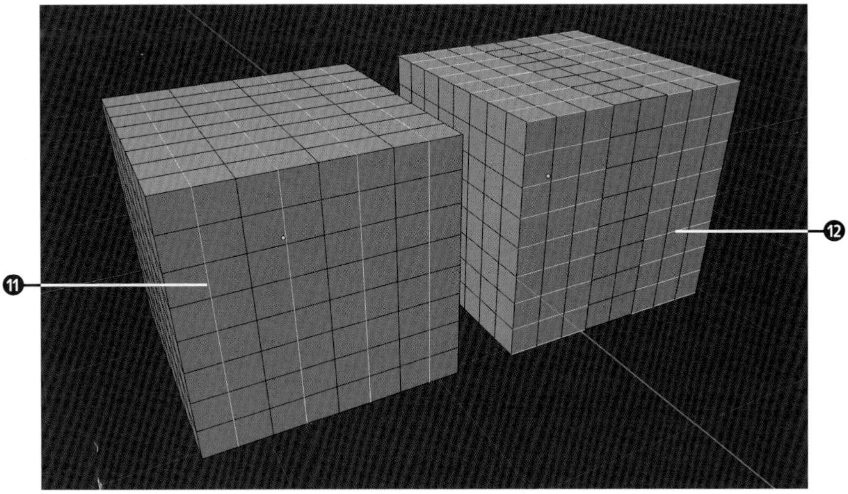

◂ **Abbildung 7.12**
Select Loop und Select Ring

Eigentlich gehören die Befehle im Untermenü SELECT LOOPS ❻ zu den Standardwerkzeugen für die Selektion. Mit EDGE LOOPS lassen Sie automatisch alle weiterlaufenden, angeschlossenen Edges selektieren ⑪. Weil dieser Befehl so oft benötigt wird, lässt sich diese Selektion auch erzeugen, indem Sie mit gedrückt gehaltener Alt-Taste auf das Element klicken, von dem aus der EDGE LOOP ausgewählt werden soll. Im Modus FACE SELECT erzeugen Sie über diesen Befehl entsprechend FACE LOOPS.

Im Gegensatz zu den EDGE LOOPS selektieren Sie mit dem Werkzeug EDGE RINGS ❻ die parallel zum Ausgangselement umlaufenden Edges ⑫. Auch hierfür steht Ihnen ein schneller Kurzbefehl zur Verfügung – klicken Sie einfach mit gedrückt gehaltener Strg/Cmd + Alt-Taste auf die Edge, von der aus der EDGE RING selektiert werden soll.

Das Untermenü SELECT LINKED ❼ bietet Ihnen einige praktische Selektionshilfen bei der Auswahl verbundener Mesh-Elemente. So können Sie beispielsweise über SELECT LINKED (Kurzbefehl Strg/Cmd + L) das komplette mit dem selektierten Element verbundene Mesh auswählen oder auch über SHORTEST PATH den kürzesten Weg zwischen zwei Elementen selektieren lassen.

Ausschließlich im Mode VERTEX SELECT funktioniert der Befehl SIDE OF ACTIVE ❽, mit dem Sie zunächst mittels eines beliebigen selektierten Vertex einen Ausgangspunkt setzen und von dort aus

Edge Loop vs. mittlerer Mausbutton

Wenn Sie die Alt-Taste zur Emulation des mittleren Mausbuttons verwenden, funktioniert die überaus praktische Erzeugung von EDGE LOOPS per Alt-Taste natürlich nicht. In diesem Fall funktioniert ein Doppelklick, um den Edge Loop zu selektieren.

alle entlang einer definierbaren Achse bzw. Achsrichtung (Abbildung 7.13) befindlichen Vertices des zugehörigen Objektes auswählen.

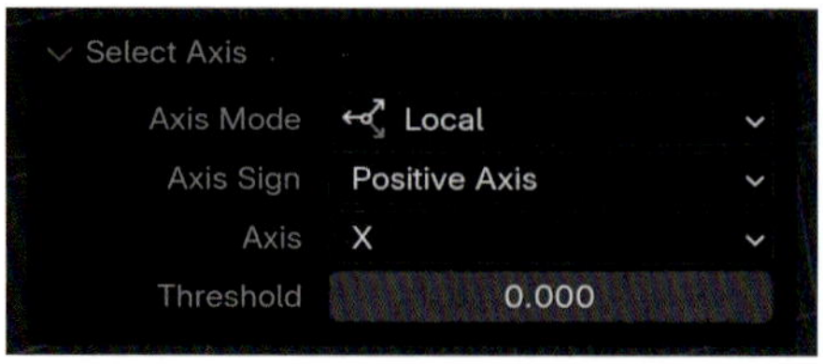

Abbildung 7.13 ▸
Einstellungspanel SELECT AXIS

Der Befehl SELECT MIRROR ❾ (Abbildung 7.11) schließlich spiegelt alle aktuell selektierten Elemente wahlweise an der X-, Y- bzw. Z-Achse. Wenn Sie die Selektion an mehreren Achsen gleichzeitig spiegeln möchten, halten Sie bei der Auswahl der Achsen im zugehörigen Einstellungspanel zusätzlich die [⇧]-Taste gedrückt.

Sollten Sie nach dem Erstellen einer Selektion von Elementen feststellen, dass Sie statt der Vertices die Edges bzw. Faces (oder umgekehrt) für die Weiterbearbeitung besser gebrauchen können, so wechseln Sie einfach in den gewünschten Select Mode, die selektierten Elemente ändern sich entsprechend.

7.2 Werkzeuge

Für die Bearbeitung von Vertices, Edges und Faces greifen Sie ebenfalls zu den Standardwerkzeugen MOVE (Taste [G]), ROTATE (Taste [R]) und SCALE (Taste [S]) bzw. verwenden den Modus TWEAK, um die Elemente schnell zu greifen und zu transformieren.

Dabei haben Sie die Möglichkeit, die Modifikationen automatisch auf eine bzw. mehrere andere Seiten des Objekts spiegeln zu lassen. Dieses Mirroring ist für die Arbeit an Characters unerlässlich, um nicht ständig zwischen den Seiten des Objekts wechseln zu müssen. Im Header des Viewports (Abbildung 7.14) finden Sie die Buttons und Optionen für das symmetrische Modelling.

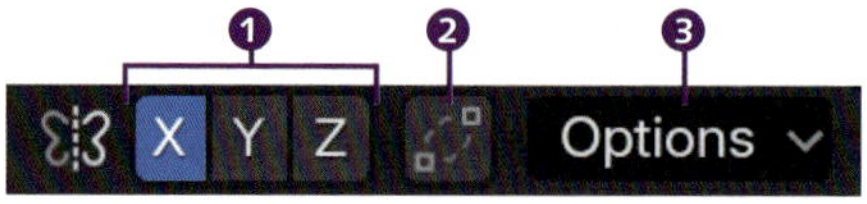

Abbildung 7.14 ▸
Optionen für das Mirroring

Über drei Buttons ❶ für die drei Symmetrieachsen geben Sie vor, in welche Richtung(en) gespiegelt werden soll. Von diesem Moment an erfolgen alle Modifikationen symmetrisch (Abbildung 7.15).

Ist dabei die Option Topology Mirror ❻ deaktiviert, so akzeptiert und erkennt Blender ausschließlich exakt positionierte Vertices auf der gegenüberliegenden Seite der X-Achse für die Übertragung der Modifikationen. Ist Topology Mirror aktiviert, so wird die vorliegende Topologie des Meshes mit einbezogen, entsprechend arbeitet das Mirroring dann toleranter.

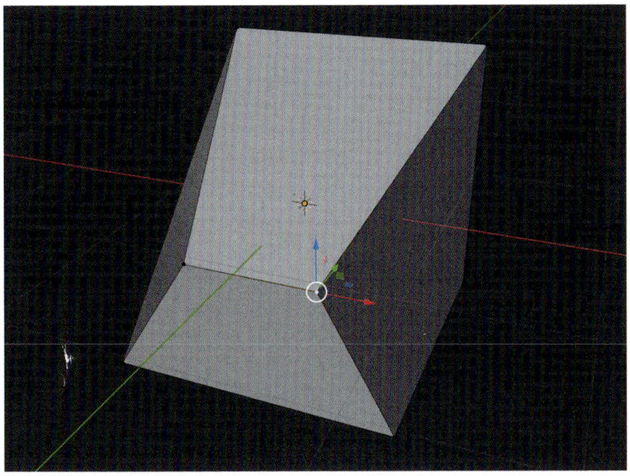

▲ **Abbildung 7.15**
Symmetrisches Arbeiten durch Mirroring

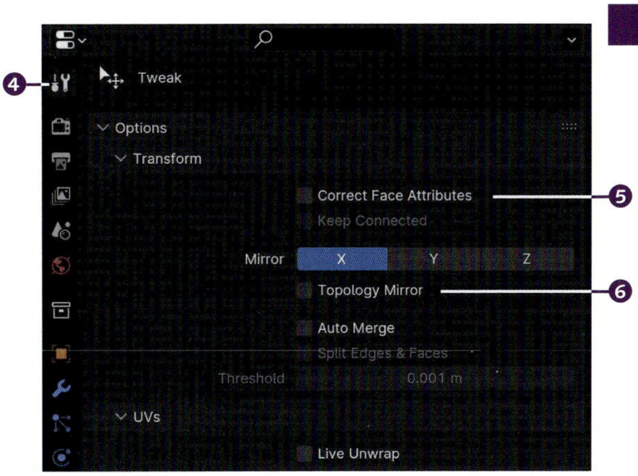

▲ **Abbildung 7.16**
Einstellungen für das Mirroring

Über die Option Auto Merge ❷ veranlassen Sie, dass dicht beieinanderliegende Vertices ab einem Schwellwert (Threshold) zu einem einzelnen Punkt verschmelzen. Die zugehörigen Vorgaben finden Sie im Pop-up-Menü Options ❸ oder auch im Tool-Tab ❹.

Neben diesen Optionen für die symmetrische Bearbeitung finden wir unter dem Punkt Transform die Funktion Correct Face Attributes ❺. Sie sorgt dafür, dass während der Transformation mit dem Werkzeug vorhandene Daten wie UVs oder Vertex Colors unversehrt bleiben bzw. auf Wunsch miteinander vereint werden (Keep Connected).

Neben den Standard-Tools für die Transformation bietet Ihnen Blender aber noch etliche weitere Modelling-Werkzeuge. Beim Wechsel in den Edit Mode ist Ihnen sicherlich auch schon die Reihe an Werkzeugen in der Toolbar (Taste [N]) aufgefallen (Abbildung 7.17). Die hier versammelten Modelling-Werkzeuge dürften die am häufigsten bei der Arbeit in Blender verwendeten Tools sein, deshalb ist ihr Platz in der Toolbar mehr als verdient. Lassen Sie sich durch die Vielzahl an Modelling-Werkzeugen nicht verunsichern. In der Praxis finden Sie schnell Ihre Favoriten, die zu Ihren Brot-und-Butter-Tools werden, andere Werkzeuge hingegen dürften in den

Menüs mit der Zeit Staub ansetzen. Es ist wichtig, dass Sie Ihren eigenen Workflow finden, und dazu sollen Sie wissen, wo für Sie welche Werkzeuge bereitstehen.

Extrude | Das Werkzeug Extrude ist in insgesamt fünf Varianten verfügbar. Beim Extrudieren (Taste E) werden die ausgewählten Vertices, Edges oder Faces dupliziert und verschoben.

Die Verschiebung erfolgt wahlweise entlang einer Achse (Extrude Region ❶), der gemeinsamen Face-Normalen (Extrude Along Normals ❷), für jedes Element separat (Extrude Individual ❸) oder auch zum Mauszeiger hin (Extrude to Cursor ❹).

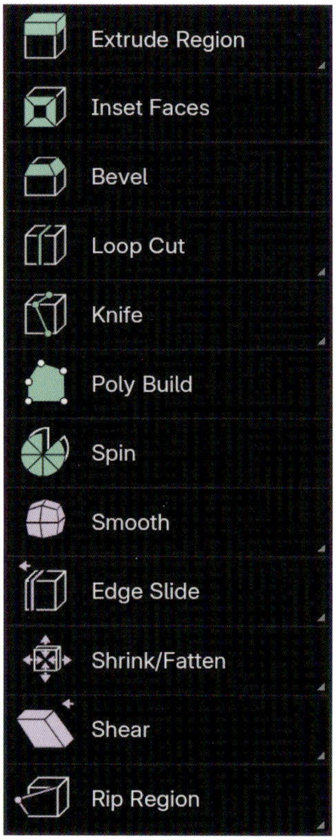

▲ **Abbildung 7.17**
Modelling-Werkzeuge in der Toolbar

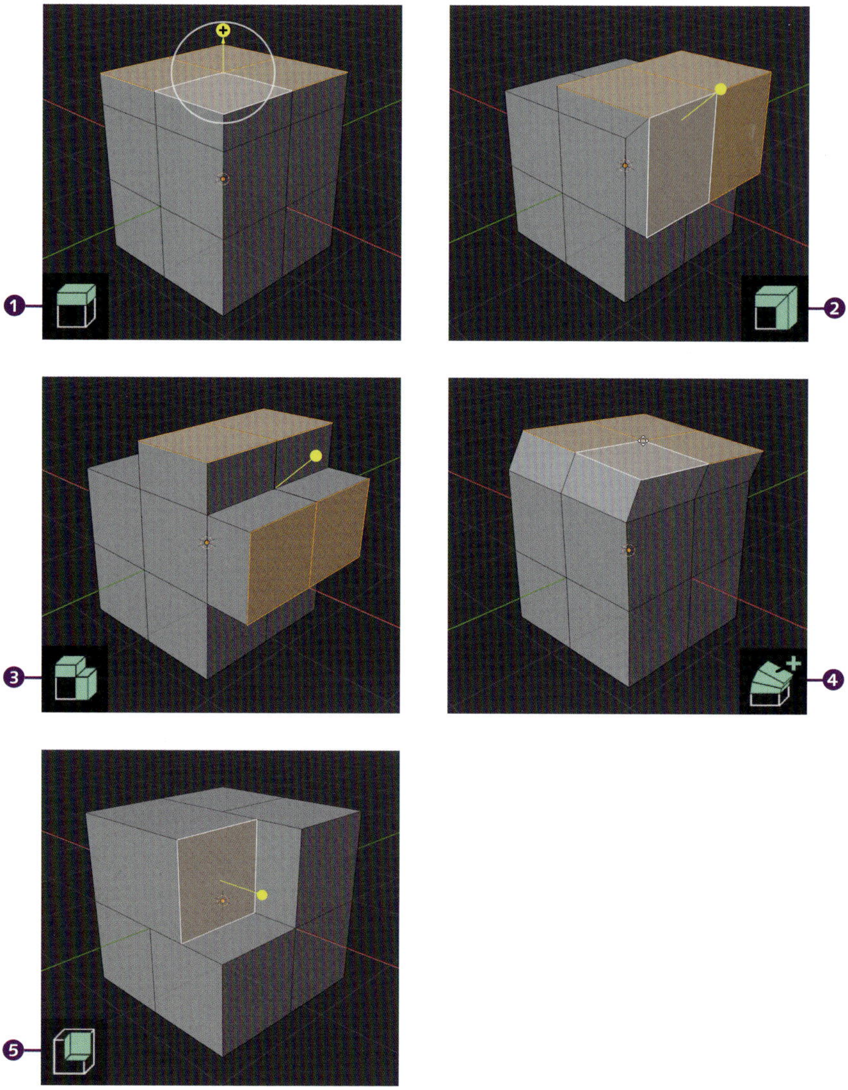

Abbildung 7.18 ▸
Fünf Varianten des Extrude-Tools

Eine besondere Stellung nimmt EXTRUDE MANIFOLD ❺ ein. Dieses Extrude-Werkzeug entfernt ursprüngliche Kanten, die durch die Extrusion überdeckt würden, und ermöglicht so eine sehr komfortable Bearbeitung vorliegender Geometrie.

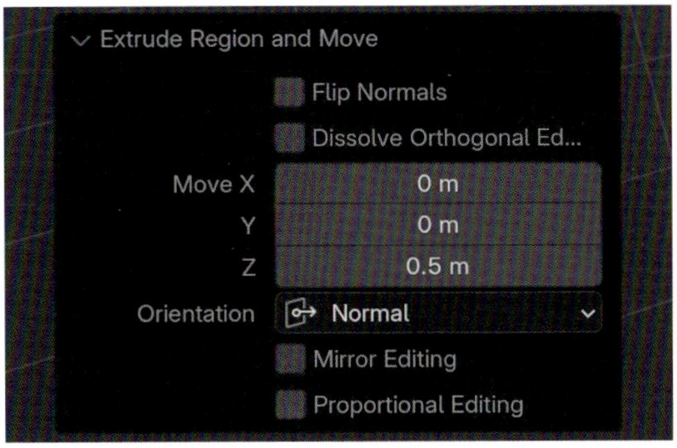

▲ **Abbildung 7.19**
Extrude-Tool im Panel ADJUST LAST OPERATION

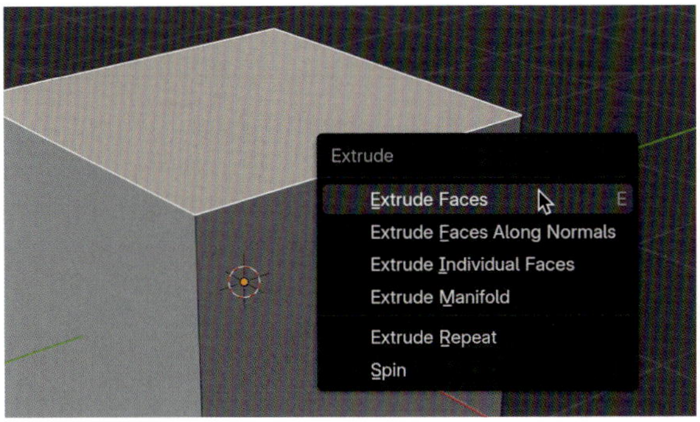

▲ **Abbildung 7.20**
Befehlsmenü EXTRUDE

Alle Extrusionen lassen sich außer über die gelben Greifer im Viewport natürlich auch über das Panel ADJUST LAST OPERATION (Abbildung 7.19) numerisch definieren bzw. feinjustieren.

Das Extrude-Tool gehört zu den meistverwendeten Modelling-Werkzeugen, weswegen es sich lohnt, sich die Taste E für das Extrudieren und die Tasten Alt + E für das Befehlsmenü EXTRUDE (Abbildung 7.20) einzuprägen. Mit EXTRUDE REPEAT finden Sie hier auch die Option, in einem Gang mehrfache Extrusionen anzufügen.

Inset Faces | Auch bei INSET FACES ❻ werden die selektierten Faces erst dupliziert, danach aber nach innen bzw. außen, senkrecht zu der bzw. den Face-Normalen skaliert (Abbildung 7.21). Zu den wichtigsten Einstellungen gehört die Option INDIVIDUAL, mit der Sie jedes selektierte Face ❼ einzeln duplizieren und skalieren.

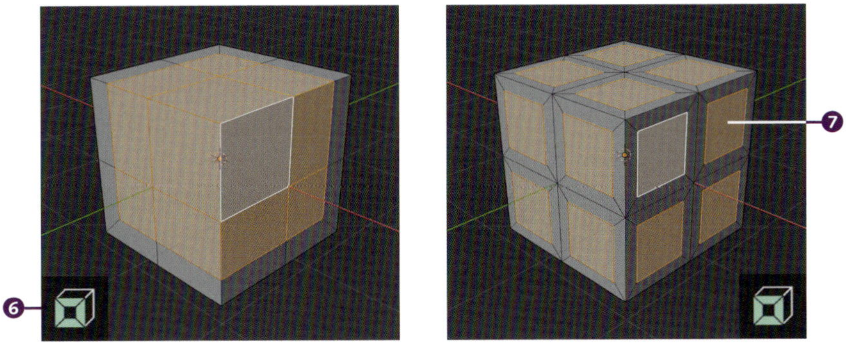

◀ **Abbildung 7.21**
Inset Faces ohne (links) und mit Option INDIVIDUAL (rechts)

Diese Option ❺ und weitere Einstellungen für Inset Faces treffen Sie wie üblich im Panel Adjust Last Operation (Abbildung 7.22), das nach der Ausführung des Befehls eingeblendet wird.

Abbildung 7.22 ▸
Panel Adjust Last Operation mit den Einstellungen des Inset Faces-Tools

So können Sie statt des »Inset« auch einen »Outset« ❸ nach außen anbringen und dabei die äußeren Bereiche auch gleich selektieren lassen ❹. Während der Parameter Thickness ❶ die Größe des Versatzes angibt, erlaubt der Parameter Depth ❷ zusätzlich einen Versatz senkrecht dazu, um Tiefe zu generieren.

Inset Faces, auch »Extrusion nach innen« genannt, gehört ebenfalls zu den häufig verwendeten Werkzeugen beim Modelling, weshalb sich der zugehörige Kurzbefehl Taste [I] zu merken lohnt.

Bevel-Tool und Bevel-Modifier

In Blender steht Ihnen für das Anbringen von Abfasungen und Verrundungen an Kanten neben dem Bevel-Tool auch der Bevel-Modifier zur Verfügung, auf den wir später noch genauer eingehen werden.

Bevel | Der Begriff »Bevels« umfasst alle Arten an Abfasung ❻ bzw. Verrundung ❼ von Vertices, Edges und Faces an den Objekten. Gute Bevels sind für glaubwürdige Modelle unabdingbar, da unendlich scharfe Kanten und Ecken in der Realität nicht existieren. Auch wenn das Bevelling von Faces funktioniert, werden Sie üblicherweise Edges (❻ bzw. ❼) oder auch Vertices ❾ selektieren und diese Elemente mit dem Bevel-Tool ❽ bearbeiten.

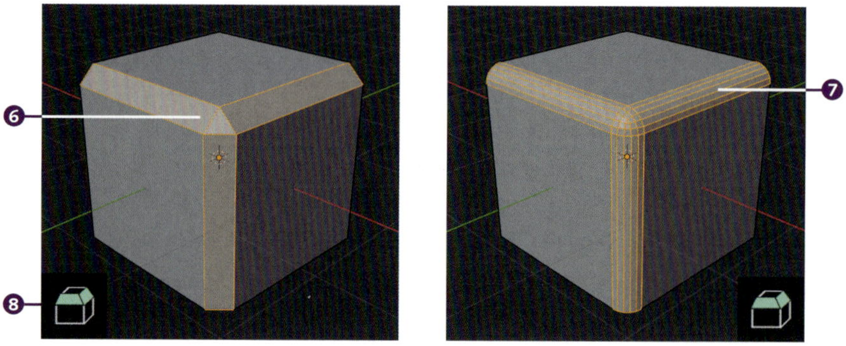

Abbildung 7.23 ▸
Abfasung und Verrundung mit dem Bevel-Tool

Eine besondere Rolle spielen die aufeinanderstoßenden Kanten bzw. Gehrungen des Meshes ⑩. Alle Einstellungen für das Bevelling finden Sie im zugehörigen Panel (Abbildung 7.25).

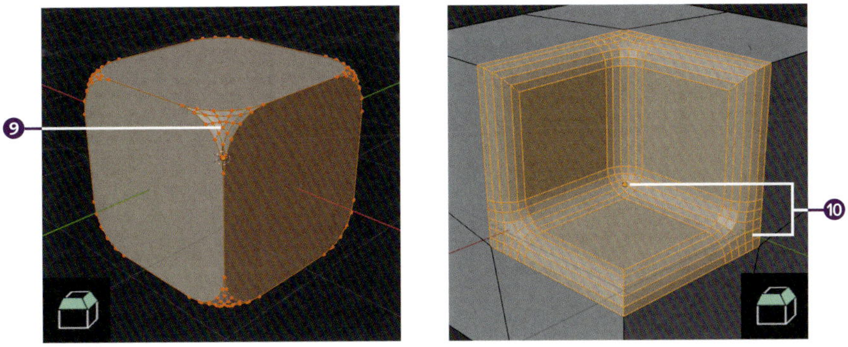

◂ **Abbildung 7.24**
Bevelling von Vertices (links) sowie Kanten und Gehrungen für Bevels (rechts)

Den Radius der Abfasung können Sie visuell im Viewport, aber auch nach der Auswahl der WIDTH TYPE ⑪ als OFFSET, per Breite (WIDTH), Tiefe (DEPTH) oder prozentual (PERCENT) vorgeben ⑫. Die Unterteilung der Abfasung bzw. Verrundung ergibt sich aus der Zahl der Segmente ⑬, über den Parameter SHAPE ⑭ steuern Sie, ob sich das Bevel nach innen oder außen wölbt. Neben Detaileinstellungen für den Umgang mit Material, Normals und Überlappungen (OVERLAPS) (⑮ und ⑯) finden Sie unter MITER ⑰, INTERSECTION TYPE und FACE STRENGTH verschiedene Gehrungsarten und Füllmethoden sowie die Möglichkeit, Faces beim Beveln zu wichten.

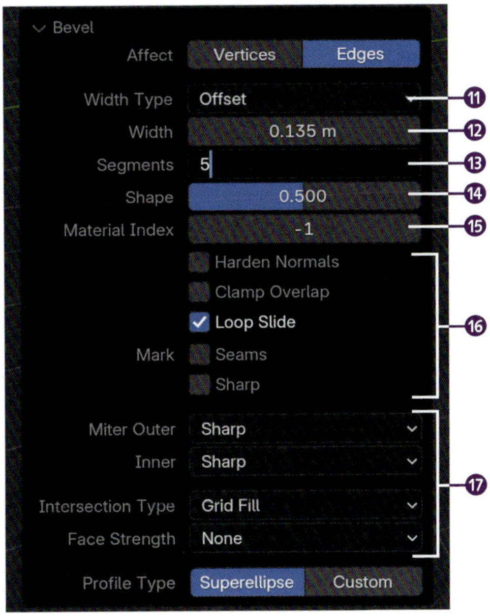

◂ **Abbildung 7.25**
Panel ADJUST LAST OPERATION mit den Einstellungen des Bevel-Tools

Mit dem Bevel-Tool sind aber nicht nur Standard-Fasen oder -Rundungen möglich, die Konturen bzw. Profile lassen sich auch völlig frei definieren, sobald Sie die Option CUSTOM unter PROFILE TYPE ❶ im Einstellungspanel aktivieren.

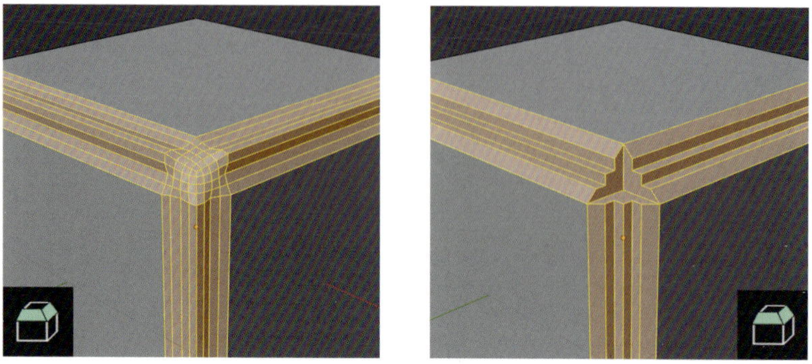

Abbildung 7.26 ▸
Individuelle Bevel-Profile

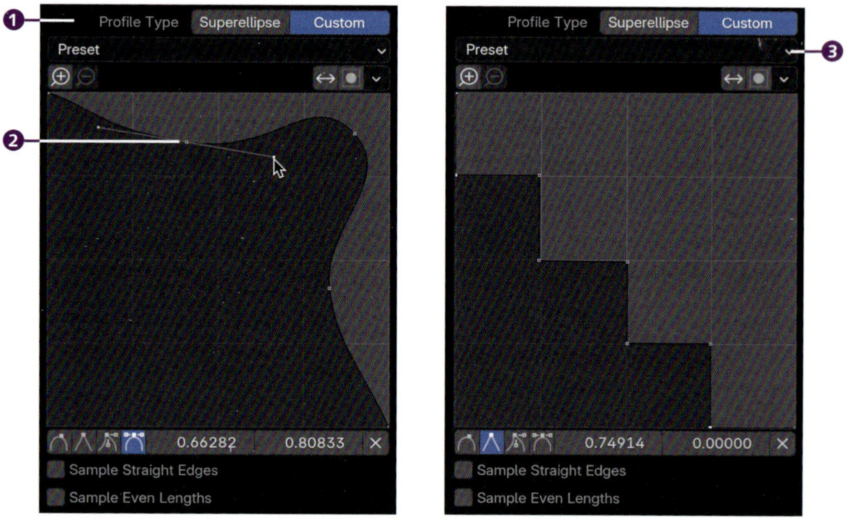

Abbildung 7.27 ▸
Die zugehörigen Profilkurven

Für die Gestaltung des individuellen Profils steht Ihnen eine Kurvenansicht zur Verfügung (Abbildung 7.27), in der Sie die Profilkurve mit den Anfassern ❷ ausarbeiten. Sollten Ihnen die vorhandenen Anfasser nicht ausreichen, setzen Sie einfach per Linksklick einen weiteren Anfasser an die benötigte Stelle. Im Menü PRESET ❸ finden Sie übrigens einige Beispielkurven, wie die Treppenstufen in den Abbildungen rechts. Vergessen Sie nicht, die Unterteilungen (Segmente) für das Bevel der Kurve fein genug anzupassen.

Selbstredend ist auch das Bevel-Tool ein unverzichtbares und oft genutztes Modelling-Werkzeug, das Sie am schnellsten über den Kurzbefehl `Strg`/`Cmd` + `B` erreichen.

Loop Cut und Offset Edge Loop Cut | Mit diesen beiden Werkzeugen unterteilen Sie die vorliegende Geometrie gezielt, um zusätzliche Vertices, Edges und Faces für die weitere Bearbeitung zu erhalten.

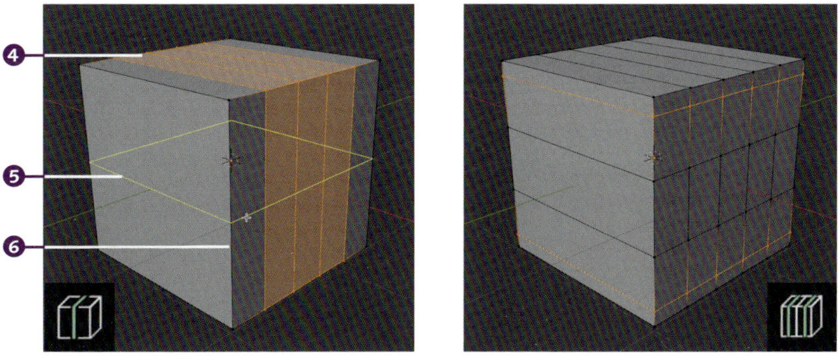

◂ **Abbildung 7.28**
Loop Cut (links) und Offset Edge Loop Cut (rechts)

Die Arbeit mit dem Loop Cut-Tool gliedert sich in zwei Schritte: Nach der Auswahl des Werkzeugs bestimmen Sie mit dem Mauszeiger die gewünschte Schnittrichtung, indem Sie eine Edge ❻ als Bezugspunkt anklicken und mit gedrückt gehaltener Maustaste den Loop Cut ❺ an die gewünschte Stelle schieben. Nach dem Loslassen der Maustaste haben Sie im Panel Adjust Last Operation (Abbildung 7.29) die Möglichkeit, an den Parametern zu feilen.

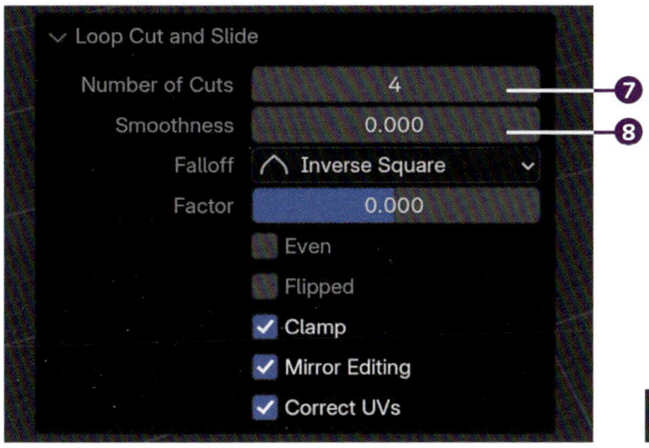

◂ **Abbildung 7.29**
Panel Adjust Last Operation mit den Einstellungen des Loop Cut-Tools

▴ **Abbildung 7.30**
Voreinstellungen für das Loop Cut-Tool im Header des Viewports

Dazu gehört die Anzahl der parallelen Loop Cuts (❹ und ❼), die Sie übrigens auch schon vorab über den Header des Viewports (Abbildung 7.30) bzw. durch Drehen des Mausrads einstellen können. Um Loop Cuts besser an die vorgegebene, möglicherweise gekrümmte Geometrie anzupassen, lässt sich über den Parameter Smoothness ❽ eine zusätzliche Rundung anbringen. Auch das Loop Cut-Tool gehört unbedingt zum Standard-Werkzeugkasten, der Kurzbefehl lautet `Strg`/`Cmd` + `R`.

Auch mit dem Tool Offset Edge Loop Cut (Abbildung 7.28 rechts) erhöhen Sie gezielt die Unterteilung bzw. schaffen zusätzliche Geometrie. Ausgehend von einer Edge Loop-Selektion fügen Sie auf beiden Seiten weitere Edge Loop Cuts hinzu.

Knife und Bisect | Mit diesen beiden Messer-Werkzeugen fügen Sie gezielt Schnitte an, um neue Geometrie zu schaffen bzw. die vorliegende Geometrie für die weitere Ausarbeitung vorzubereiten.

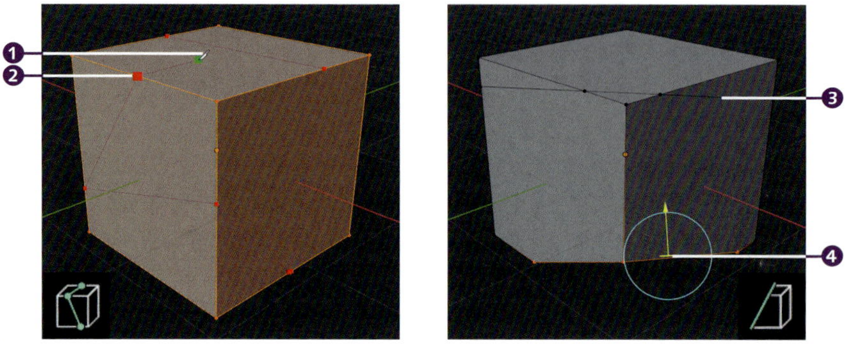

Abbildung 7.31 ▸ Knife (links) und Bisect (rechts)

Dabei funktioniert das Knife-Tool (Abbildung 7.31 links), bei dem Sie mit einem interaktiven Skalpell ❶ die Schnitte am Mesh anfügen, sehr intuitiv. Die mit dem Knife-Tool (Taste K) neu erzeugten Vertices werden rot hervorgehoben ❷ und per Linksklick oder ↵ bestätigt. Mit doppeltem Linksklick schließen Sie den Loop des Schnittes automatisch. Mit der Esc-Taste brechen Sie den Vorgang ab, während Sie per Rechtsklick einen neuen Schnitt ansetzen. Wenden Sie das Knife-Tool stets mit Umsicht an, denn sehr schnell entstehen durch unbedachte Schnitte sogenannte N-Gons (Faces mit mehr als 4 Vertices), die Probleme verursachen können.

Einige Optionen für das Knife-Tool

X, Y, Z: Schnitt entlang der globalen Achse, Taste doppelt schneidet entlang der lokalen Achse,
Strg/Ctrl: Snapping ignorieren,
⇧: Snapping in der Kantenmitte,
A: Snapping auf Winkelschritte,
C: Schnitt durch das ganze Objekt,
S: Einblenden von Distanzen und Winkeln (mehrfach wechselt zwischen Modi)
V: X-Ray-Mode an- bzw. ausschalten

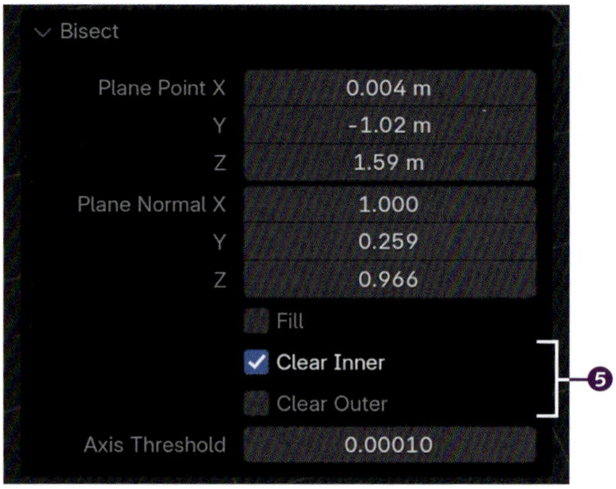

Abbildung 7.32 ▸ Panel Adjust Last Operation mit den Einstellungen des Bisect-Tools

Wenn es um Schnitte geht, darf auch das Bisect-Tool (Abbildung 7.31 rechts) nicht fehlen. Dieses Messer-Werkzeug können Sie verwenden, um komfortabel Ebenenschnitte ❸ durchzuführen. Nach dem Anlegen des Schnittes steht Ihnen ein Widget ❹ zur Verfügung, mit dem Sie den Schnitt nachträglich verschieben oder rotieren. Möglich sind auch Ebenenschnitte, über die Sie einen Teil des Objekts gezielt abschneiden und ausblenden. Dazu wählen Sie entsprechend Clear Inner bzw. Clear Outer ❺ im zugehörigen Panel mit den Einstellungen (Abbildung 7.32).

Poly Build | Dieses Modelling-Werkzeug ist dafür gedacht, ein Mesh Vertex für Vertex bzw. Face für Face nach und nach aufzubauen. Dies kann beispielsweise ein Profil für die anschließende Ausarbeitung durch das Spin-Tool sein, oder auch ein Poly-by-Poly-Modelling, bei dem es darum geht, ein aufwendiges Sculpting-Modell in ein gut animierbares Mesh-Objekt mit adäquater Polygonzahl zu überführen – auch »Retopology« genannt.

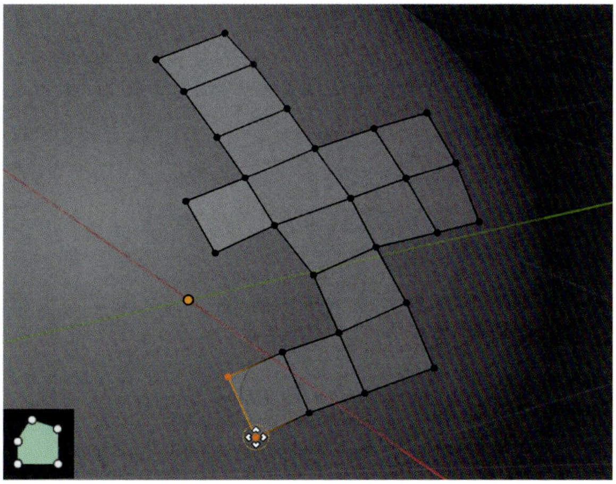

◂ **Abbildung 7.33**
Aufbau eines neuen Mesh-Objekts mit dem Poly Build-Tool

Das Sculpting-Modell wird in diesem Fall als »Pausvorlage« verwendet, bei der die mit dem Poly Build-Tool erzeugten frischen Vertices mittels Snapping automatisch auf der Oberfläche platziert werden.

Die Arbeit mit dem Poly Build-Tool könnte dabei einfacher nicht sein: Um neue, zusammenhängende Vertices bzw. Faces zu erzeugen, klicken Sie einfach mit der linken Maustaste auf die gewünschten Positionen. Sie können neue Faces auch gezielt durch einfaches Ziehen aus vorhandenen Edges extrudieren. Um aus einem Vertex-Verbund ein (dreiseitiges) Face zu extrudieren, halten Sie die [Strg]/[Cmd]-Taste kurzzeitig gedrückt.

Snapping
Auf die überaus praktische Snapping-Funktionalität in Blender gehen wir in Abschnitt 7.4, »Transform Snapping«, genauer ein.

Spin- und Spin Duplicates-Tool | Das Spin-Tool wird in anderer 3D-Software auch oft »Lathe-Tool« genannt. Bei diesem Werkzeug werden die Elemente gleichzeitig dupliziert und um eine vorgegebene Achse rotiert. Im Beispiel in Abbildung 7.34 entsteht so aus einer einfachen Mesh-Kontur ❶ per Rotation eine Vase.

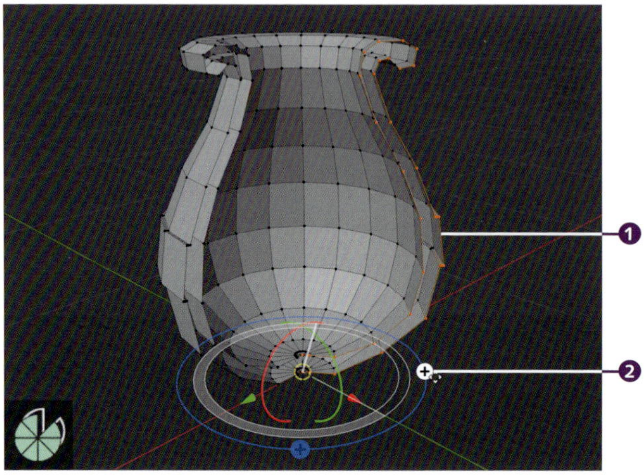

Abbildung 7.34 ▸ Rotation der Mesh-Kontur per Spin-Tool

In der Regel haben Sie das Basis-Mesh bereits bei seinem Aufbau mit dem Weltursprung als Bezugspunkt bzw. Rotationsachse ausgerichtet, so dass Sie nach dem Aufruf des Spin-Tools in den Optionen im Header nur noch die Rotationsachse und die benötigten Unterteilungen (Steps) vorgeben müssen (Abbildung 7.35). Anschließend verwenden Sie die Greifer ❷ des Widgets, um die Rotation interaktiv festzulegen.

Abbildung 7.35 ▸ Voreinstellungen für das Spin-Tool

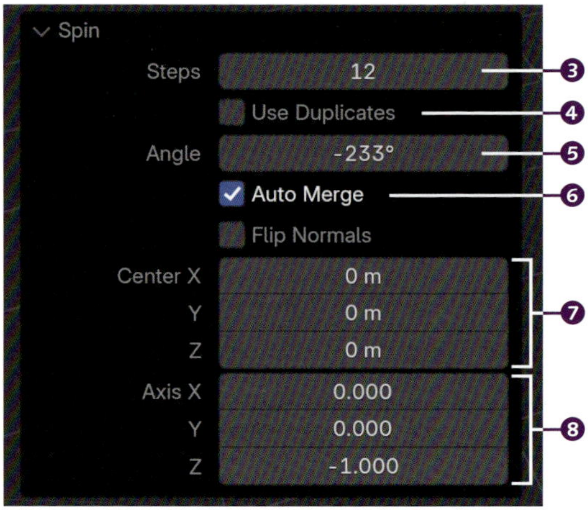

Abbildung 7.36 ▸ Panel Adjust Last Operation mit den Einstellungen des Spin-Tools

Selbstverständlich können Sie die gewünschten Parameter auch im zugehörigen Einstellungspanel ADJUST LAST OPERATION vorgeben. Neben der Unterteilung ❸, Rotationswinkel ❺, -zentrum ❼ und -achse ❽ lässt sich hier gleich festlegen, dass überflüssige aufeinanderliegende Vertices (wie bei einer 360°-Drehung üblich) direkt eliminiert ❻ werden. Die Option USE DUPLICATES ❹ (analog zu SPIN DUPLICATES) erzeugt kein zusammenhängendes Mesh, sondern lediglich Duplikate der Ausgangselemente.

Transformations-Tools | Die fliederfarbenen Werkzeuge in der Toolbar (Abbildung 7.37) erzeugen keine neue Geometrie, sie sind vielmehr weitere Transformationswerkzeuge, mit denen Sie die Elemente des Mesh-Objekts auf verschiedenste Weise bearbeiten.

◂ **Abbildung 7.37**
Transformations-Tools in der Toolbar

Wie der Name schon andeutet, können Sie mittels SMOOTH eine Glättung der selektierten Elemente erreichen. Das über den gleichen Tool-Button aufrufbare RANDOMIZE dagegen verknittert die Oberfläche mit einstellbarer Stärke, Versatz und Zufallswert. In Abbildung 7.38 habe ich beide Werkzeuge auf den Cube losgelassen. Die links mit dem Randomize-Tool verknitterte Oberfläche wird rechts mit dem Smooth-Tool wieder geglättet.

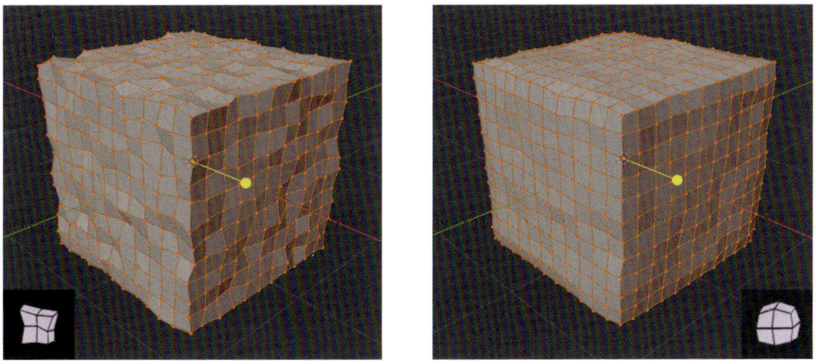

◂ **Abbildung 7.38**
Randomize (links) und Smooth (rechts)

Mit Edge Slide bzw. Vertex Slide verschieben Sie Edges bzw. Vertices entlang der Geometrie des vorhandenen Meshes. Zum Aufruf drücken Sie im jeweiligen Select Mode die Taste G doppelt.

Shrink/Fatten skaliert die selektierten Elemente entlang ihrer Normalen, entsprechend schrumpfen bzw. blähen Sie das Mesh auf. Um den Abstand bestimmter Elemente zueinander zu vergrößern bzw. zu verkleinern, verwenden Sie das Tool Push/Pull. Mit Shear erreichen Sie eine Scherung der Elemente entlang der Achsen, während To Sphere die Selektion kugelförmig verformt.

Rip Region und Rip Edge sind dafür gedacht, das Mesh an einer bestimmten Stelle zu öffnen (»rip«). Sie lösen die Elemente also aus dem Mesh-Verbund, um eine Öffnung zu erzeugen.

Alle bislang besprochenen Werkzeuge aus diesem Abschnitt und noch einige weitere praktische Tools finden Sie im Menü Mesh des Viewports.

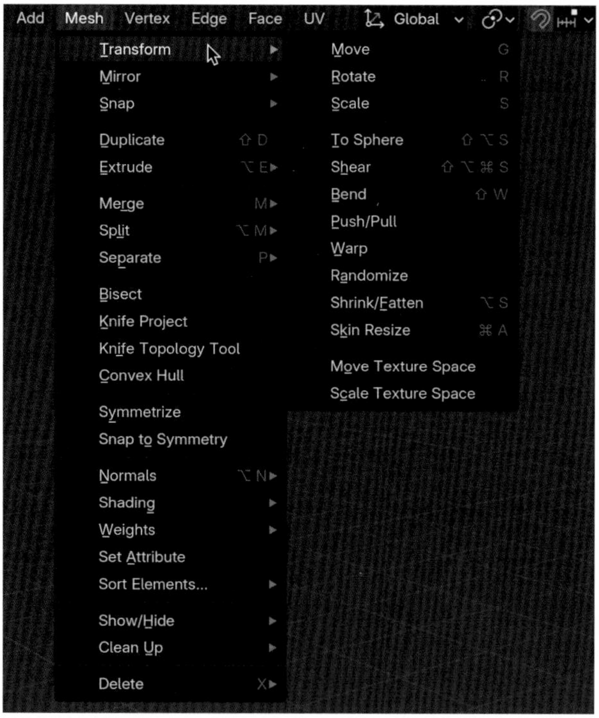

Abbildung 7.39 ▸
Werkzeuge im Menü Mesh

Vertex-, Edge- und Face-Tools | Für jedes dieser drei Mesh-Elemente finden Sie im Header des Viewports ein eigenes Menü mit Befehlen bzw. Werkzeugen (Abbildungen 7.40 bis 7.42). Viele dieser Werkzeuge kommen Ihnen sicherlich bekannt vor, manche werden Sie an anderer Stelle in diesem Buch noch kennenlernen.

Um bei der Arbeit nicht zu weite Wege mit dem Mauszeiger zurücklegen zu müssen, lege ich Ihnen für diese drei Menüs die Kurzbefehle [Strg]/[Cmd] + [V] für das Menü VERTEX, [Strg]/[Cmd] + [E] für das Menü EDGE sowie [Strg]/[Cmd] + [F] für das Menü FACE ans Herz.

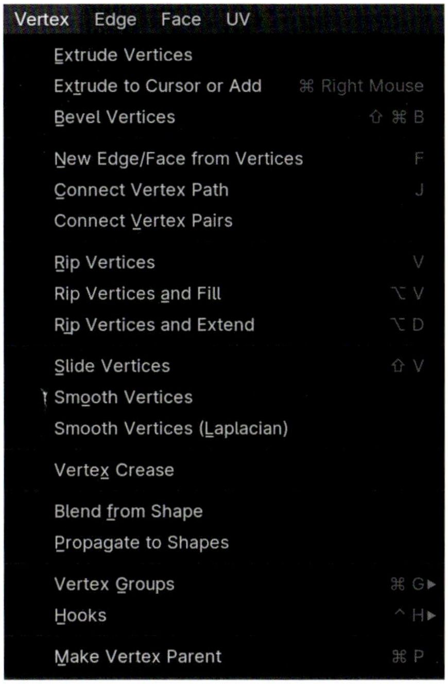

▲ **Abbildung 7.40**
Menü VERTEX

Abbildung 7.41 ▸
Menü EDGE

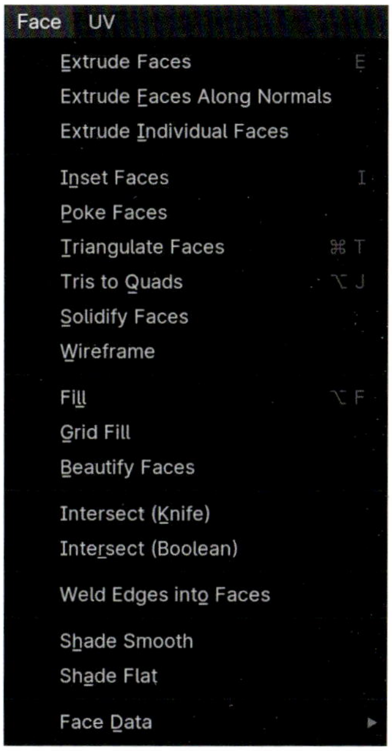

▲ **Abbildung 7.42**
Menü FACE

7.3 Proportional Editing

Mittels Proportional Editing können Sie die Anwendung bzw. Wirkung einer Transformation auf einen bestimmten Einflussbereich von zu bearbeitenden Meshes oder Curves ausweiten bzw. verfeinern. Sie aktivieren Proportional Editing über den Button ❶ am zugehörigen Pop-up-Menü (Abbildung 7.43 bzw. 7.44) im 3D Viewport oder über die Taste [O].

Eine Transformation wirkt sich fortan nicht mehr nur auf die selektierten Vertices, sondern auf alle im eingestellten Wirkungsradius liegenden Bereiche aus. Bevor Sie aber mit Ihrem Transfor-

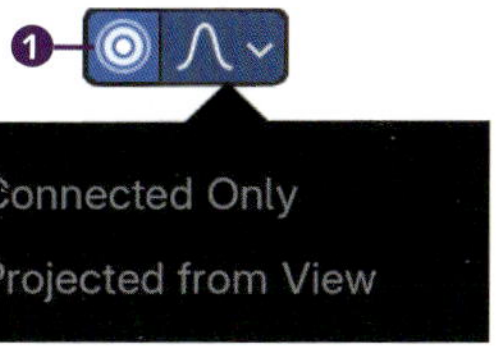

▲ **Abbildung 7.43**
Aktivieren von Proportional Editing

mationswerkzeug loslegen, werfen Sie zuvor dringend noch einen Blick in die Einstellungen im Pop-up-Menü PROPORTIONAL EDITING (Abbildung 7.44).

Abbildung 7.44 ▸
Pop-up-Menü PROPORTIONAL EDITING

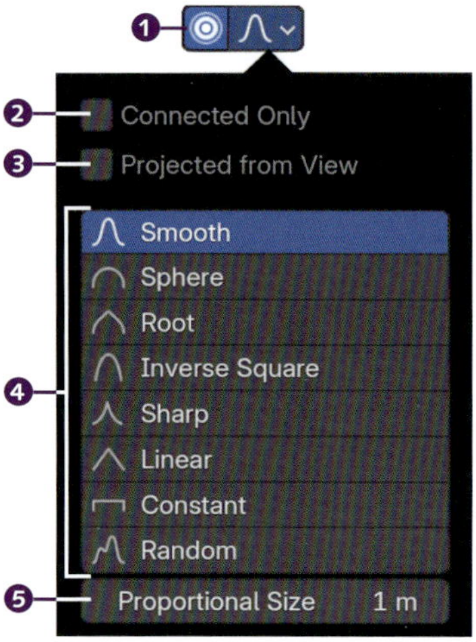

▾ **Abbildung 7.45**
Last Operations-Panel Transformation

Über die Option CONNECTED ONLY ❷ beschränken Sie die Wirkung auf die miteinander verbundenen Meshes. Proportional Editing wirkt in der Standardeinstellung kugelförmig auf alle im Einflussbereich liegenden Vertices, während die Einstellung PROJECTED FROM VIEW ❸ bzw. PROJECTED (2D), die Sie über den Kurzbefehl [Alt] + [O] aktivieren, statt einer Kugel einen Zylinder verwendet. Wie sich die Wirkung des Einflussbereichs vom Ausgangspunkt bis zu den Rändern verhält, bestimmen die verschiedenen Falloff-Typen ❹. Diese Einstellungen inklusive Wirkungsradius ❻ finden Sie übrigens auch im Last Operations-Panel zum gewählten Transformations-Tool (Abbildung 7.45).

Abbildung 7.46 ▸
Verschieben eines Vertex mit aktiviertem Proportional Editing SMOOTH

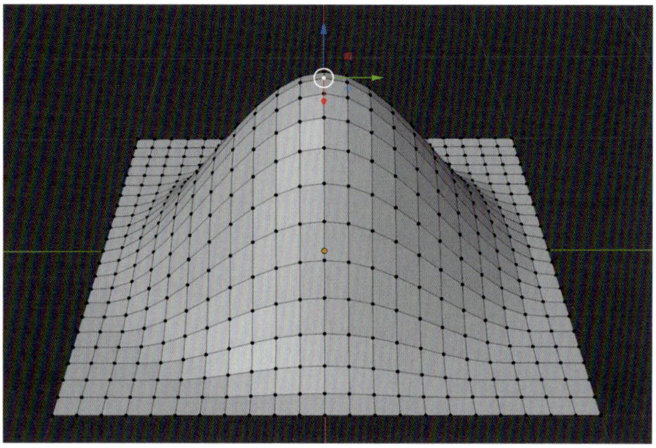

Sie können die Größe des Wirkungsradius entweder vorgeben (PROPORTIONAL SIZE ❺) oder während der laufenden Transformation interaktiv anpassen. Drehen Sie zum Verkleinern bzw. Vergrößern des Radius ❼ einfach die Mausrad-Taste.

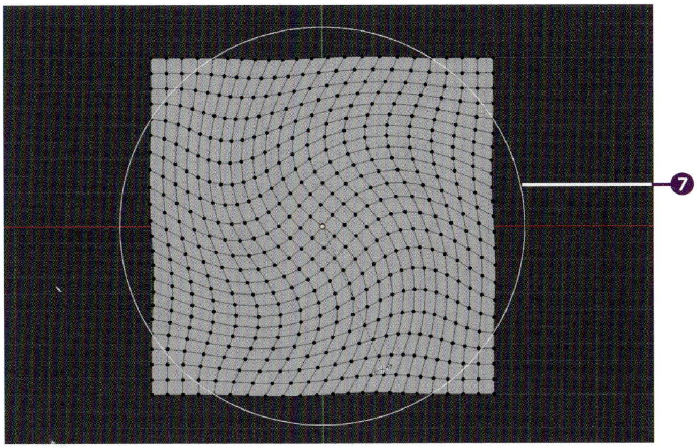

◂ **Abbildung 7.47**
Rotieren eines Vertex mit aktiviertem Proportional Editing

7.4 Transform Snapping

Transform Snapping soll Ihnen die Arbeit erleichtern, indem das Element bzw. dessen Bezugspunkt der Transformation auf ein definierbares Raster oder Zielelement einrastet. Eine simple Art von SNAPPING haben Sie bereits kennengelernt: Durch Gedrückthalten der [Strg]/[Ctrl]-Taste während einer Transformation verschieben Sie auf die nächste Linie des Grids, rotieren Sie in 5°-Schritten und skalieren in Zehntelschritten. Bei Verwendung des Transform-Widgets bekommen Sie beim Rotieren die Rasterung sogar im Viewport angezeigt (Abbildung 7.48).

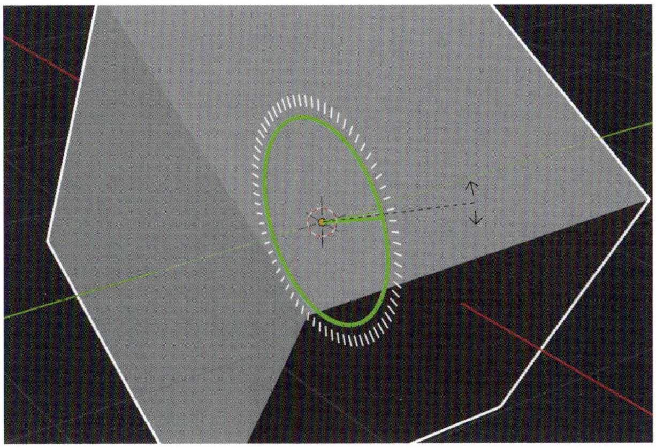

◂ **Abbildung 7.48**
SNAPPING beim Rotieren mit dem Rotations-Widget

Doch das Snapping in Blender kann noch wesentlich mehr. Um Snapping global zu aktivieren bzw. zu deaktivieren, verwenden Sie den Kurzbefehl [⇧] + [⇆] oder auch den Button ❶ des zugehörigen Pop-up-Menüs.

Sobald Sie mindestens ein Snap-Element gewählt haben, lässt sich unter SNAP BASE ❷ der allgemeine Bezugspunkt des bzw. der zu transformierenden Elemente für das Einrasten wählen. CLOSEST nimmt den Vertex, der dem Snapping-Ziel am nächsten liegt, CENTER das Zentrum bzw. MEDIAN den Median der Selektion, ACTIVE die aktive, als Letztes selektierte Komponente als Bezugspunkt.

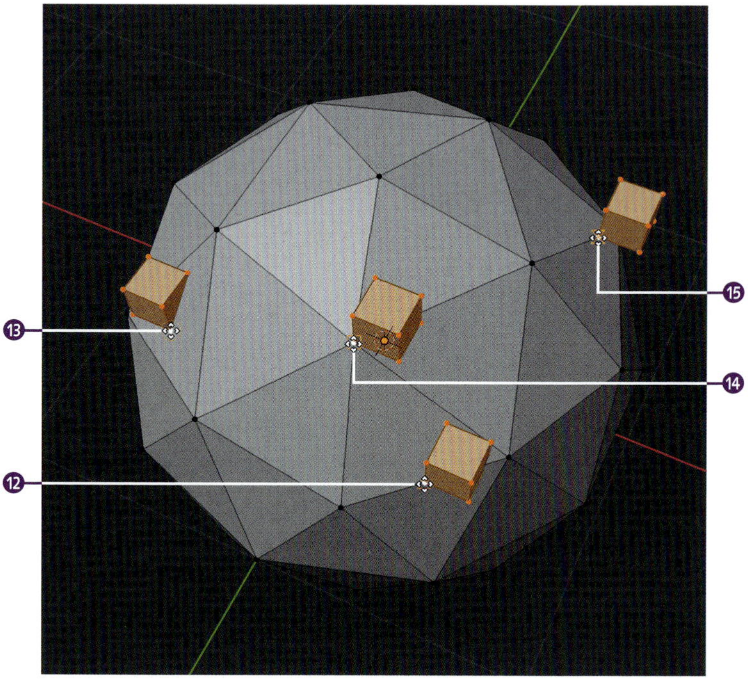

▲ **Abbildung 7.49**
Transform Snapping

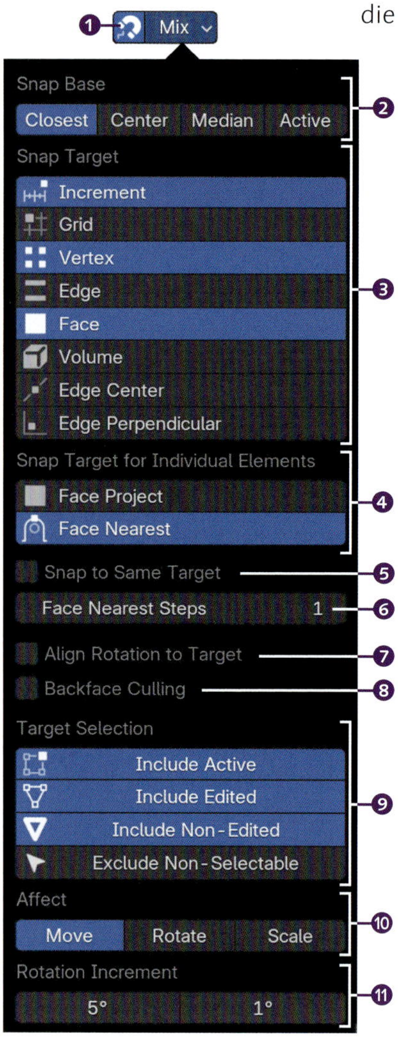

◄ **Abbildung 7.50**
Pop-up-Menü SNAPPING

Unter SNAP TARGET ❸ finden Sie die Snapping-Ziele, die Ihnen einzeln oder auch in Kombination zur Verfügung stehen. Um mehrere Snapping-Ziele auszuwählen, halten Sie beim Anklicken einfach die

[⇧]-Taste gedrückt. Als Ziele zum Einrasten können Sie zwischen inkrementellem, also schrittweisem Snapping, dem Snapping auf das Raster im 3D Viewport (GRID), auf Vertices ⓮, Edges ⓯ bzw. Faces ⓭ oder dem Snapping innerhalb eines Objekt-Volumens (VOLUME) wählen. Für das Snapping auf Edges bieten sich zwei zusätzliche Varianten an: EDGE CENTER sucht sich die Mitte der Edge ⓬, während EDGE PERPENDICULAR auf dem nächstgelegenen Vertex einer Edge mit senkrechtem Winkel einrastet.

Beim Einrasten auf Faces haben Sie unter SNAP TARGET FOR INDIVIDUAL ELEMENTS ❹ die Wahl zwischen dem projizierten Snapping auf das nächstgelegene Face (FACE PROJECT) und dem Snapping auf die global nächstgelegene Oberfläche (FACE NEAREST). Beim inkrementellen Snapping ist stets die Ausgangsposition maßgebend für die folgenden Snapping-Schritte.

Abhängig von den aktivierten Snapping-Zielen finden Sie im Pop-up-Menü SNAPPING noch weitere, ganz spezifische Einstellungen, wie beispielsweise das Snapping auf das ursprünglich nächstgelegene Ziel ❺ oder auch eine Vorgabe für die Genauigkeit der Transformation ❻. Außerdem haben Sie die Möglichkeit, die Rotation an das Ziel anzupassen ❼ und rückseitig liegende Elemente zu ignorieren ❽.

Unter TARGET SELECTION ❾ lassen sich die Einrastziele weiter verfeinern. So können Sie im EDIT MODE das Snapping auf Elemente des eigenen Meshes (INCLUDE ACTIVE), auf alle im EDIT MODE befindliche Meshes (INCLUDED EDITED) sowie auf nicht im EDIT MODE befindlichen Meshes erlauben. Die Einschränkung des Snappings auf selektierbare Objekte (EXCLUDE NON-SELECTABLE) ist zudem auch im OBJECT MODE möglich.

Sollen die Snappingeinstellungen nur für bestimmte Transformationsarten gelten, geben Sie dies unter AFFECT ❿ vor. Unter ROTATION INCREMENT ⓫ finden Sie die Vorgaben für das normale (mit gedrückter [Strg]/[Ctrl]-Taste) sowie für das präzise Snapping (mit gedrückter [Strg]/[Ctrl]- und [⇧]-Taste) bei der Rotation.

Snapping-Bezugspunkt

Insbesondere bei der Transformation von ganzen Objekten ist es wünschenswert, ein bestimmtes Element als Bezugspunkt definieren zu können, das auf die Snapping-Angebote reagiert. Zur Bestimmung dieser sogenannten SNAP BASE drücken Sie nach der Wahl des Transformations-Tools die Taste [B] und klicken auf das gewünschte Element. Die SNAP BASE wird weiß markiert und gilt für das Snapping fortan als Greif- bzw. Bezugspunkt.

7.5 Measure

Das Measure-Tool (Abbildung 7.51) aus der Toolbar ist Ihr virtuelles Maßband, um Längen, Distanzen oder auch Winkel direkt im 3D Viewport auszumessen. Dabei werden die ermittelten Werte so lange im Viewport angezeigt, bis Sie zu einem anderen Werk-

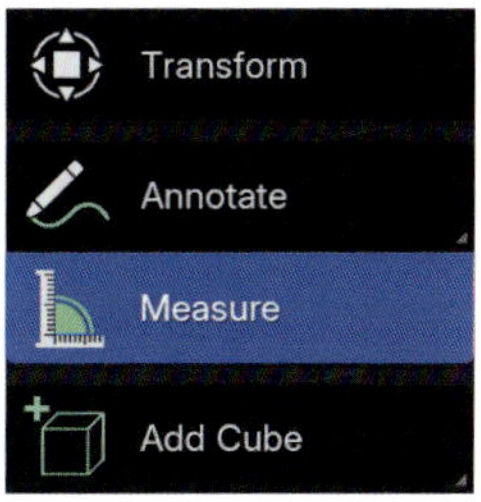

▲ **Abbildung 7.51**
Werkzeug MEASURE in der Toolbar

Messungen als Momentaufnahme

Auch wenn das Measure-Tool auf vorhandenen Elementen einrastet, stimmen die Messungen natürlich nicht mehr, sobald Sie die Vertices, Edges oder Faces modifizieren. Eine »Mit-Transformation« der Measure-Elemente erfolgt nicht.

zeug wechseln. Praktischerweise bleiben die von Ihnen erstellten Measure-Einträge erhalten, wenn Sie wieder zum Measure-Tool zurückkehren.

Das Measure-Werkzeug selbst ist sehr einfach zu bedienen. Um eine neue Messung zu erstellen, klicken Sie mit der linken Maustaste in den Viewport und ziehen die Messlinie mit gedrückt gehaltener Maustaste zum Zielpunkt ❶. Währenddessen wird Ihnen stets der aktuelle Wert ❷ der Messung angezeigt. Um den Anfangs- und Zielpunkt auf einem bestimmten Element, also beispielsweise einem Vertex oder einer Edge einzurasten, halten Sie die [Strg]/[Ctrl]-Taste gedrückt.

Zum Messen eines Winkels legen Sie als Erstes über den Anfangs- und Zielpunkt die beiden anliegenden Seiten des Winkels fest und klicken anschließend in die Mitte der Messung, um den Eckpunkt zu definieren. Wenn Sie die Dicke bzw. Wandstärke Ihres Meshes ermitteln möchten, drücken Sie die [⇧]-Taste, nachdem Sie die Messung begonnen haben. Das Measure-Tool zeigt Ihnen daraufhin die senkrecht zur jeweiligen Oberfläche vorliegende Dicke des Meshes an.

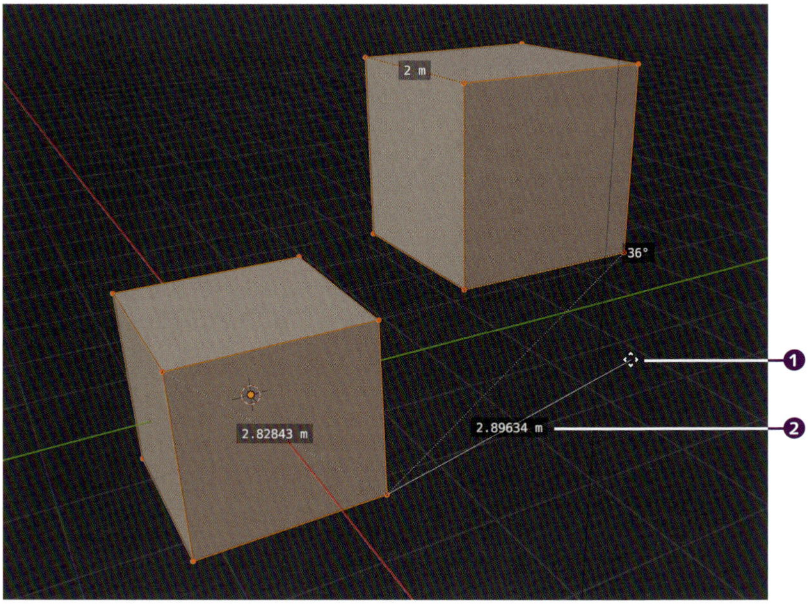

Abbildung 7.52 ▸
Mit dem Measure-Tool ermittelte Längen, Distanzen und Winkel

Zum expliziten Löschen von Messungen klicken Sie den jeweiligen »Ruler« an und drücken die [X]-Taste. Zum vorübergehenden Ausblenden der Messungen reicht es aber, ein anderes Modelling-Tool zu aktivieren.

Projekt Seepferdchen: Modelling eines Comic-Seepferdchen-Characters

Den ersten Projekt-Workshop, bei dem wir eine Vielzahl von Modelling-Werkzeugen kennenlernen werden, bestreiten wir mit dem Modelling eines Characters.

1 Einrichten der Scene und der Modelliervorlage

Da Seepferdchen im Durchschnitt eine Größe von ca. 12 cm haben, ergibt es Sinn, mit Einheiten in einem passenden Maßstab zu arbeiten. Klappen Sie daher im Tab SCENE des Properties Editors das Panel UNITS auf und wählen Sie dort unter LENGTH die Einheit CENTIMETERS (Abbildung 7.53).

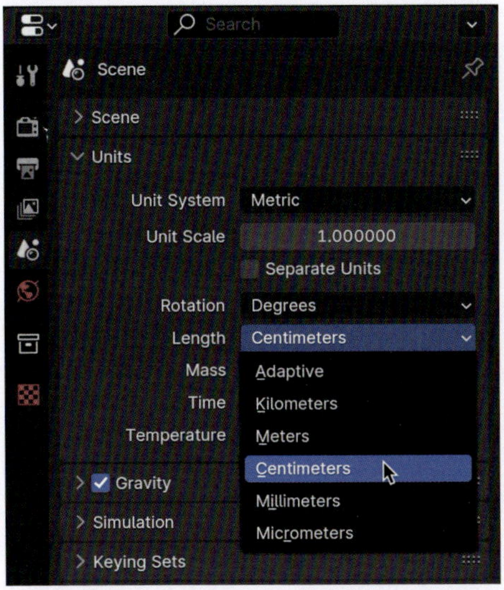

▲ **Abbildung 7.53**
Panel UNITS im Tab SCENE

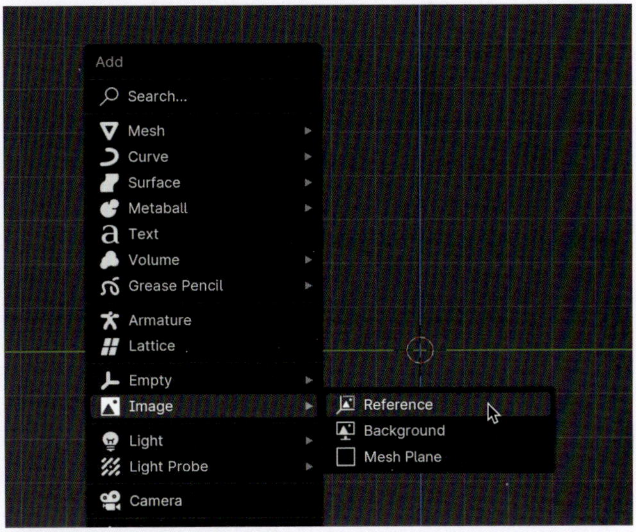

▲ **Abbildung 7.54**
Menü ADD • IMAGE im Viewport

Die Modelliervorlage soll uns eine Hilfestellung für die Basis des Seepferdchen-Körpers sein. Wechseln Sie im Viewport in die orthogonale Seitenansicht (Taste [3] [Num]), und holen Sie sich über das Menü ADD • IMAGE (Tasten [⇧]+[A]) ein Image-Empty als REFERENCE in die Scene (Abbildung 7.54).

In den Begleitmaterialien zu diesem Buch finden Sie im Verzeichnis *Workshops/2_Modelling/Blueprints* die Datei *Seepferdchen_Vorlage.png*. Navigieren Sie im geöffneten File Viewer zu dieser Datei und lassen Sie die Option ALIGN TO VIEW aktiviert, um mit einem Klick auf den Button LOAD REFERENCE IMAGE (Abbildung 7.55) die Vorlage in die Seitenansicht zu laden.

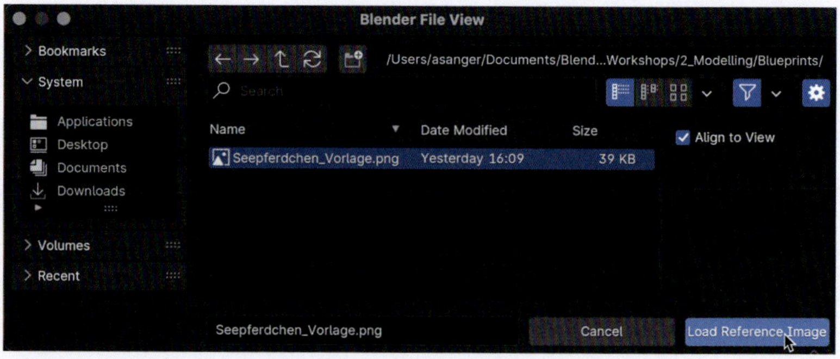

Abbildung 7.55 ▸
Auswahl der Vorlage über den File Viewer

Die Einstellungen zum Image-Empty unserer Modelliervorlage finden Sie im Object Data-Tab des Properties Editors im Panel Empty (Abbildung 7.56).

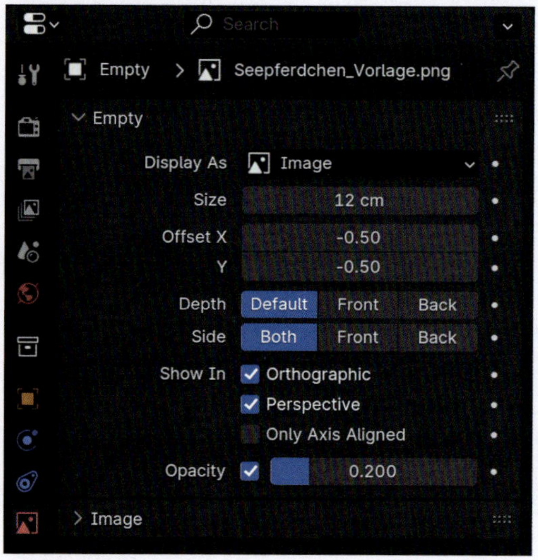

Abbildung 7.56 ▸
Panel Empty im Object Data-Tab

Geben Sie dort eine Größe (Size) für das Image von 12 cm vor und aktivieren Sie die Transparenz (Opacity) der Vorlage zusammen mit einem Wert, der für Sie im Viewport angenehm ist.

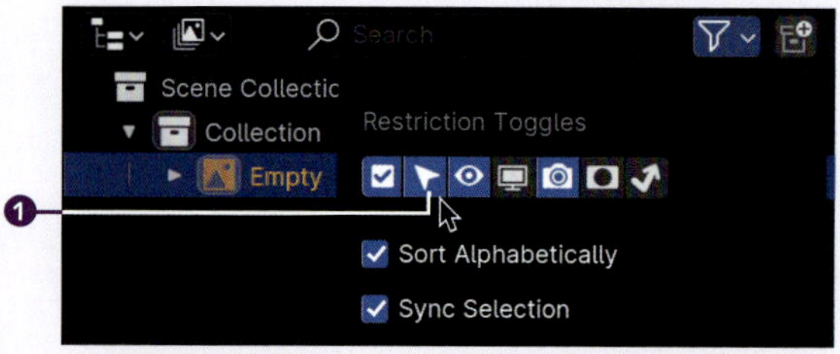

▴ **Abbildung 7.57**
Pop-up-Menü Filter des Outliners

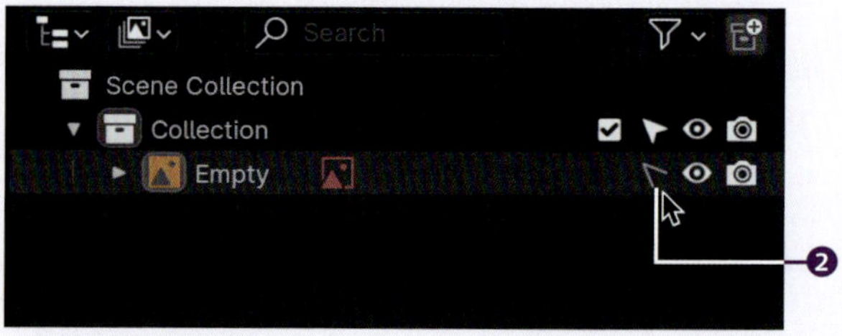

▴ **Abbildung 7.58**
Schützen des Image-Emptys

Damit wir beim Modellieren nicht versehentlich die Vorlage verschieben, schützen wir sie davor, überhaupt ausgewählt werden zu können. Blenden Sie sich dazu über das Pop-up-Menü FILTER im Outliner (Abbildung 7.57) die Einschränkung (RESTRICTION TOGGLE) für SELECTABLE ❶ ein. Jetzt können Sie das Empty über das Symbol für die Auswählbarkeit ❷ vor Bearbeitung schützen.

2 Modellieren der Grundform des Seepferdchens

Als Ausgangsbasis für die Grundform des Characters verwenden wir ein Plane-Objekt. Rufen Sie dazu das Menü ADD • MESH (Tasten [⇧]+[A]) auf, um eine Plane zu erzeugen.

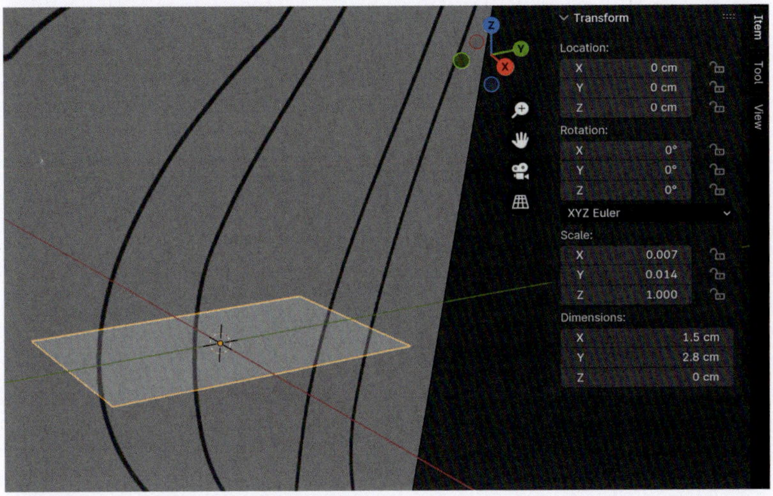

▲ **Abbildung 7.59**
Anpassen des Plane-Objekts über das Panel TRANSFORM in der Sidebar

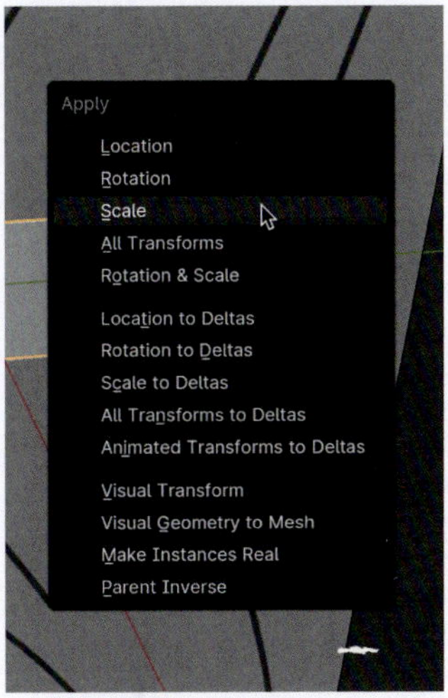

▲ **Abbildung 7.60**
Menü APPLY

Das Plane-Objekt ist noch viel zu groß. Um es anzupassen, blenden Sie die Sidebar (Taste [N]) ein und geben im Panel TRANSFORM des Item-Tabs die in Abbildung 7.59 gezeigten Werte für die DIMENSIONS ein. Weil wir über die Transformation das Bezugssystem der Plane skaliert haben, wenden wir die Skalierung (SCALE) über das Menü APPLY (Tasten [Strg]/[Cmd]+[A]) an (Abbildung 7.60).

Das Plane-Objekt befindet sich im Weltursprung und passt im Moment noch nicht zu unserer Modelliervorlage. Damit unser Basisobjekt seine Position behalten kann, versetzen wir einfach die Modelliervorlage etwas. Selektieren Sie das Empty dazu im Outliner und geben Sie im Feld OFFSET X des Panels EMPTY im Object Data-Tab (Abbildung 7.61) den Wert von –0.55 an, so dass die Plane genau die Grenzen der Modelliervorlage ausfüllt (Abbildung 7.62).

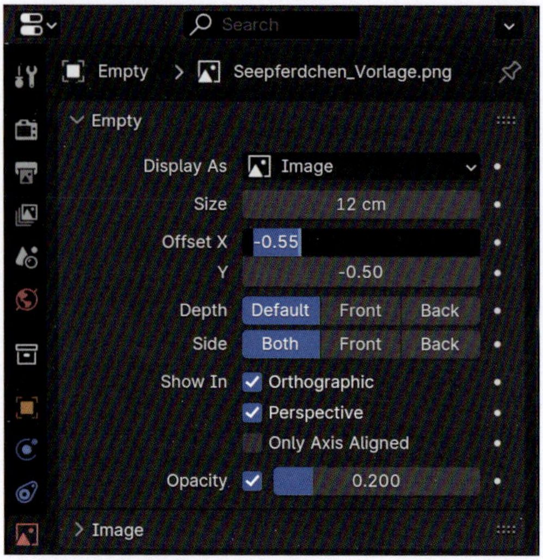

▲ **Abbildung 7.61**
Versetzen der Modelliervorlage

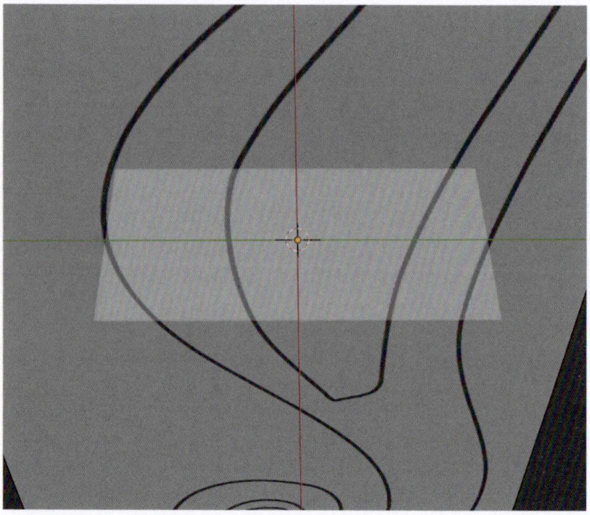

▲ **Abbildung 7.62**
Passend zur Plane platzierte Modelliervorlage

Nun sind alle Vorbereitungen getroffen und wir können endlich mit dem Modellieren anfangen. Selektieren Sie dazu das Plane-Objekt per Linksklick, und versetzen Sie es über das Menü der Arbeitsmodi (Abbildung 7.63) bzw. die Taste ⇆ in den EDIT MODE.

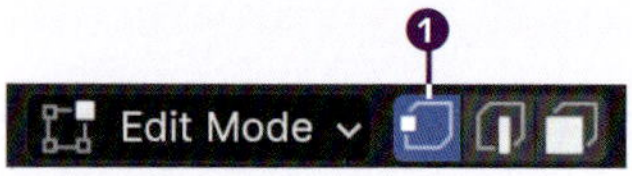

▲ **Abbildung 7.63**
Bearbeitungsmodus und Select Mode

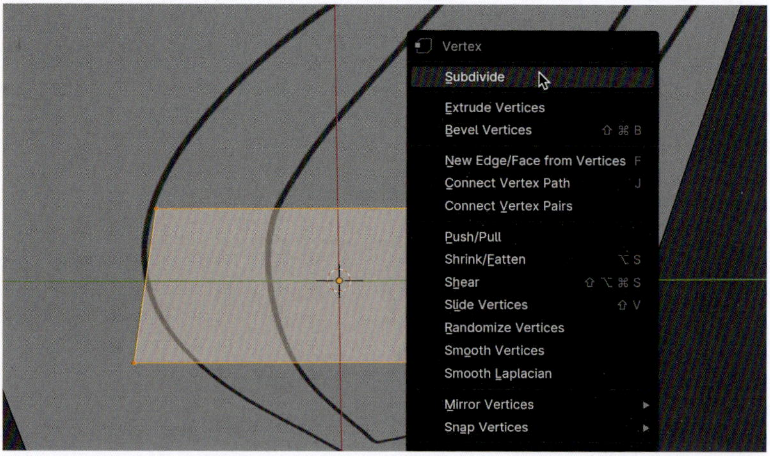

Abbildung 7.64 ▸
Unterteilen der Plane

Im Moment hat die Plane gerade einmal vier Vertices zu bieten, an denen wir Transformationen vornehmen können. Um uns zusätzliche Vertices zu schaffen, rufen Sie per Rechtsklick auf die Plane das zugehörige Kontextmenü (Abbildung 7.64) auf und führen den obersten Befehl SUBDIVIDE zur Unterteilung aus. Schon hat sich die Anzahl der Vertices der Plane verdoppelt.

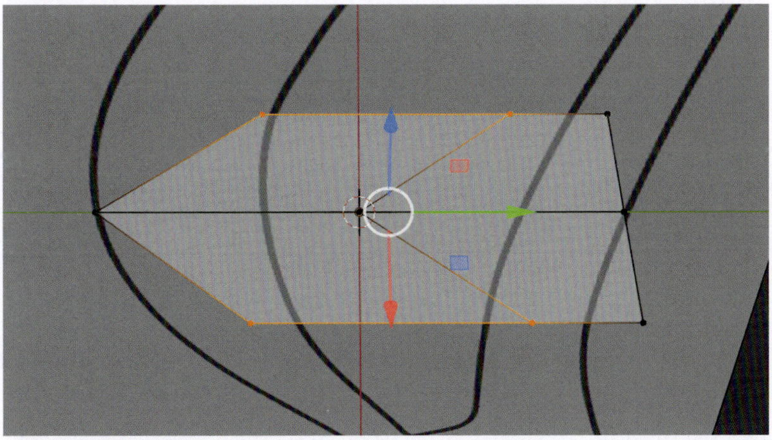

◂ **Abbildung 7.65**
Verschieben der Vertices

Bevor wir in die orthogonale Seitenansicht wechseln, um die Vertices an der Vorlage auszurichten, versetzen wir sie etwas, um sie dort greifen zu können. Rufen Sie dazu den Vertex Select-Mode ❶ über die Taste [1] auf, und wählen Sie per Linksklick mit gedrückt gehaltener [⇧]-Taste die Vertices an den Ecken links sowie die beiden Vertices rechts davon aus. Verschieben Sie nun die Vertices über den Befehl Move in Y-Richtung (Tasten [G] + [Y]) etwas nach rechts (Abbildung 7.65).

▴ **Abbildung 7.66**
Aktivieren des X-Ray-Modes

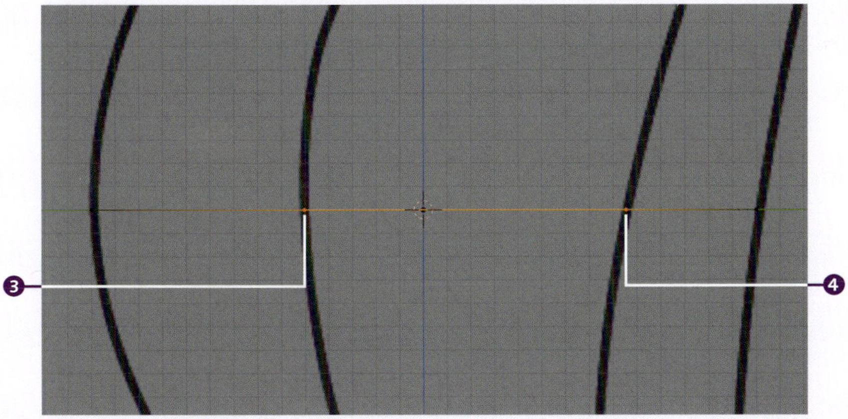

◂ **Abbildung 7.67**
Platzieren der Vertices auf die Hilfslinien

Jetzt wechseln wir über die Taste [3] [Num] in die orthogonale Seitenansicht und aktivieren zusätzlich den X-Ray-Mode ❷, um aus dieser Ansicht auch die verdeckten Vertices zu selektieren. Selektieren Sie nun das linke Vertices-Paar, indem Sie bei gedrückt gehaltener linker Maustaste einen Rahmen ziehen, und versetzen Sie die Vertices nach Aufruf des Befehls Move in Y-Richtung (Tasten [G] + [Y]) auf die eine Hilfslinie ❸ der Vorlage. Setzen Sie auf die gleiche Weise das andere Vertices-Paar auf die zweite Hilfslinie ❹ (Abbildung 7.67). Durch leichtes Drehen der Ansicht mit der Maus gelangen Sie wieder in die Kameraperspektive, wo wir nun die letzte Anpassung an der Plane vornehmen.

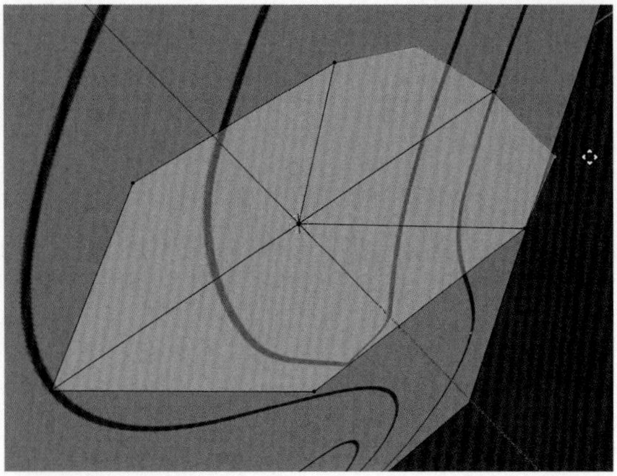

▲ **Abbildung 7.68**
Skalieren und Verschieben der Vertices

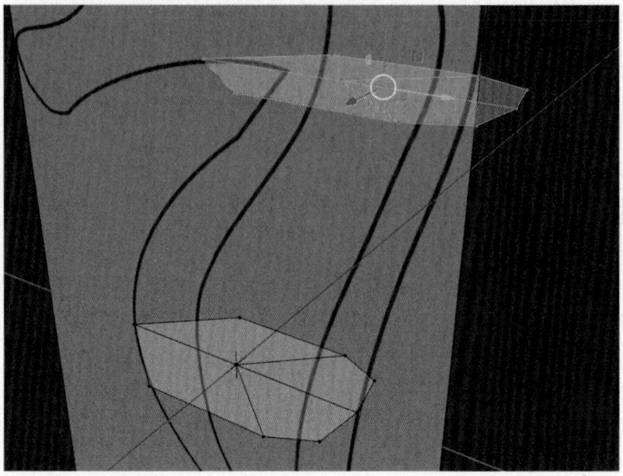

▲ **Abbildung 7.69**
Versetzen der duplizierten Plane-Vertices

Selektieren Sie die rechten Eck-Vertices per Linksklick und verringern Sie deren Abstand über das Scale-Tool in X-Richtung (Tasten S + X). Verschieben Sie die beiden Vertices zudem in Y-Richtung etwas zur Mitte (Abbildung 7.68). Drücken Sie nun die Taste A, um alle Vertices der Plane zu selektieren, und anschließend die Tasten ⇧ + D, um sie zu duplizieren. Verwenden Sie das Move-Tool aus der Toolbar, um die duplizierten Vertices nach oben zum Hals des Seepferdchens zu versetzen (Abbildung 7.69).

Abbildung 7.70 ▸
Rotieren, Skalieren und Platzieren der Plane-Vertices

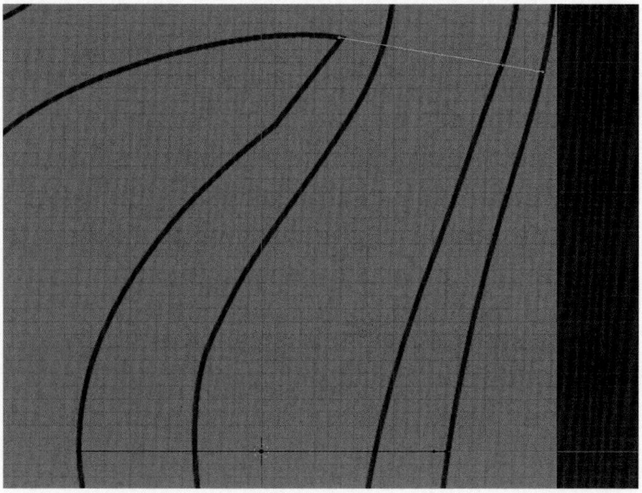

Wechseln Sie nun wieder in die orthogonale Seitenansicht (Taste 3 [Num]), und verwenden Sie die Werkzeuge ROTATE (Taste R), SCALE (Taste S) sowie MOVE (Taste G), um die duplizierten Plane-Vertices an die Halskante auf der Vorlage zu platzieren (Abbildung 7.70).

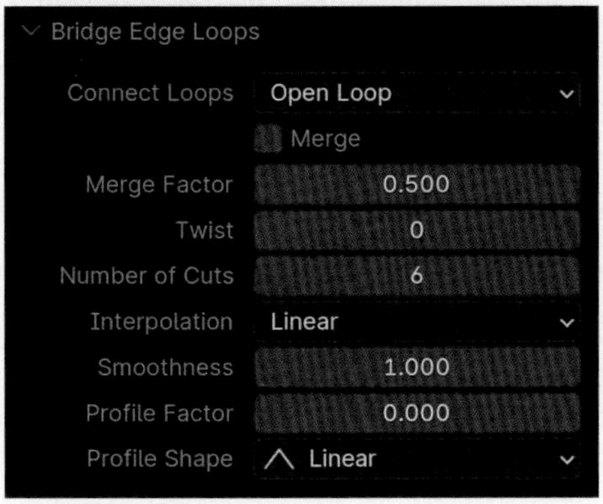

▲ **Abbildung 7.71**
Einstellungen für das Bridge Edge Loops-Tool

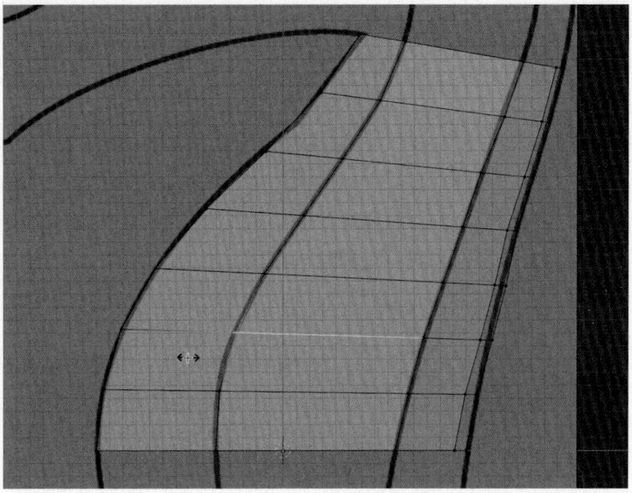

▲ **Abbildung 7.72**
Anpassen der Vertices an die Vorlage

Damit aus den zwei flachen Planes ein dreidimensionales Objekt für die Grundform des Seepferdchens wird, verbinden wir sie miteinander. Selektieren Sie dazu alle Vertices (Taste A) und rufen Sie über das Menü EDGE des Viewports das Bridge Edge Loops-Tool auf. In seinen Einstellungen wählen Sie eine lineare INTERPOLATION, damit die insgesamt sechs neuen Vertex-Ringe, die Sie bei NUMBER OF CUTS angeben, langsam ineinander übergehen. Um anschließend die Vertices an unsere Vorlage anzupassen, selektieren Sie zunächst einen kompletten Vertex-Ring durch Linksklick mit gedrückter Alt-Taste und verschieben bzw. skalieren ihn dann passend in die Grenzen der Vorlage. Zum Anpassen der dazwischen liegenden Vertices verwenden Sie das Vertex Slide-Tool (Tasten ⇧ + V), welches sicherstellt, dass die Vertices plan auf dem Ring bleiben (Abbildung 7.72).

Über dieses Prozedere – das Duplizieren einer Plane-Schicht, das anschließende Positionieren und Anpassen an die Vorlage sowie die Verbindung per Bridge Edge Loops-Tool und die folgende Finalisierung – wollen wir nun den Großteil des Seepferdchenkörpers weitermodellieren. Stellen wir zunächst den unteren Teil des Körpers fertig. Selektieren Sie dazu alle Vertices der untersten Plane-Schicht durch Aufziehen eines Rahmens bei gedrückter linker Maustaste.

Doppelklick statt Alt-Taste

Sollten Sie in den PREFERENCES die Alt-Taste zur Emulation der 3-Button-Mouse definiert haben, reicht zur Selektion eines Edge Loops, wie hier die Vertex-Ringe, ein doppelter Linksklick.

Fertigen Sie über die Tasten ⇧ + D ein Duplikat davon an und positionieren, skalieren und rotieren Sie es am unteren Ende der mittigen Hilfslinien (Abbildung 7.73).

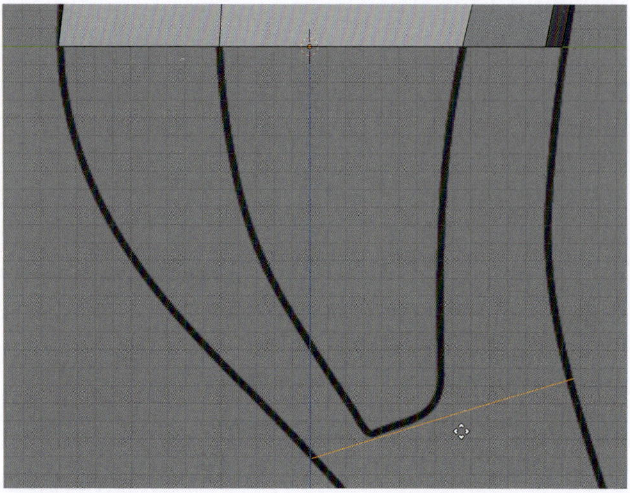

▲ **Abbildung 7.73**
Rotieren, Skalieren und Platzieren der duplizierten unteren Plane-Schicht

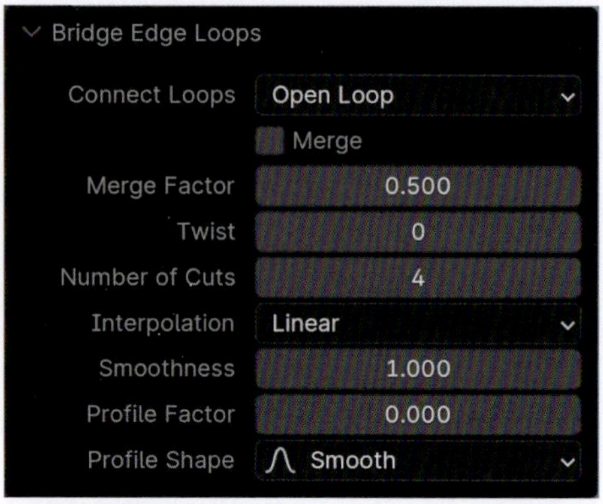

▲ **Abbildung 7.74**
Einstellungen für das Bridge Edge Loops-Tool

Mit dem Bridge Edge Loops-Tool aus dem Menü Edge des Viewports verbinden Sie wieder die Ausgangsschicht mit der duplizierten Plane-Schicht. Für dieses kürzere Stück reichen vier Number of Cuts (Abbildung 7.74) aus. Probieren Sie gerne unterschiedliche Einstellungen für Interpolation und Profile Shape aus.

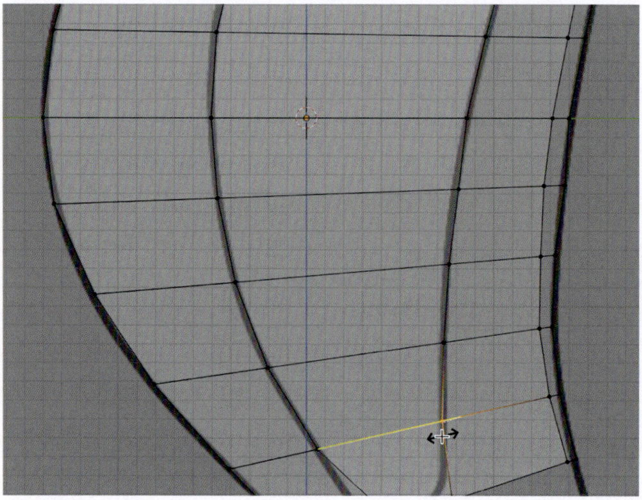

Abbildung 7.75 ▸
Finalisieren der Vertices der Plane-Schicht

Idealerweise schmiegen sich die neuen Vertice-Reihen perfekt an die Außenlinien auf der Vorlage an und verursachen so weniger Arbeit bei der Finalisierung (Abbildung 7.75). Nach diesem Schritt kommen wir zum Übergang des Oberkörpers in den Schwanzansatz des Seepferdchens. Auch hier dient uns wieder ein Duplikat der untersten Vertex-Schicht als Einstieg (Abbildung 7.76).

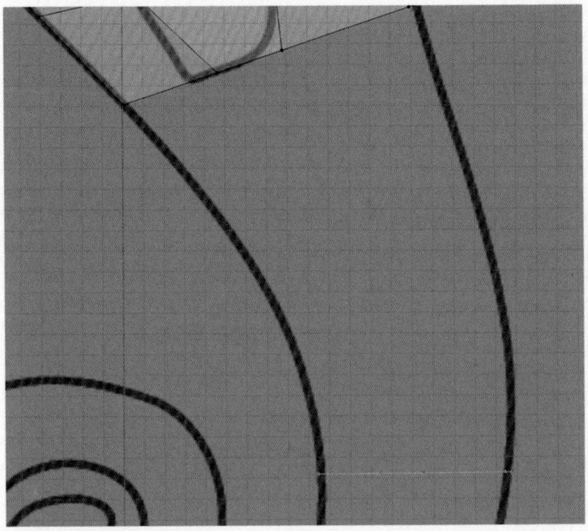

▲ **Abbildung 7.76**
Platzieren der Plane-Schicht am Schwanzansatz

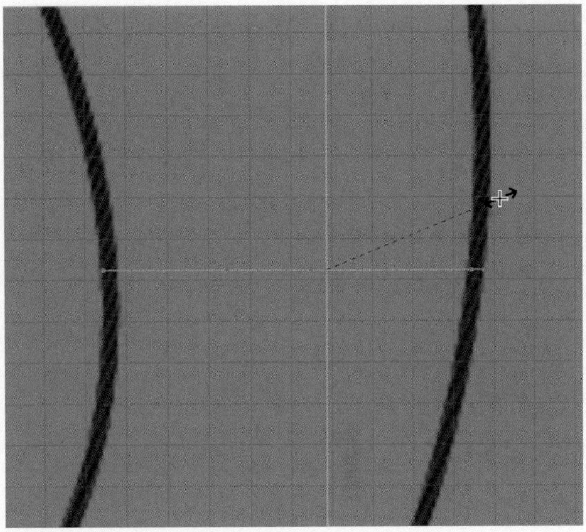

▲ **Abbildung 7.77**
Skalieren der Plane-Schicht in Z-Richtung

Um an dieser Stelle eine komplett waagerechte Vertex-Schicht zu erhalten, lassen Sie diese nach dem Positionieren und Skalieren selektiert und führen durch die Tasten [S], [Z] und [0] eine Skalierung in Z-Richtung von 0 aus (Abbildung 7.77).

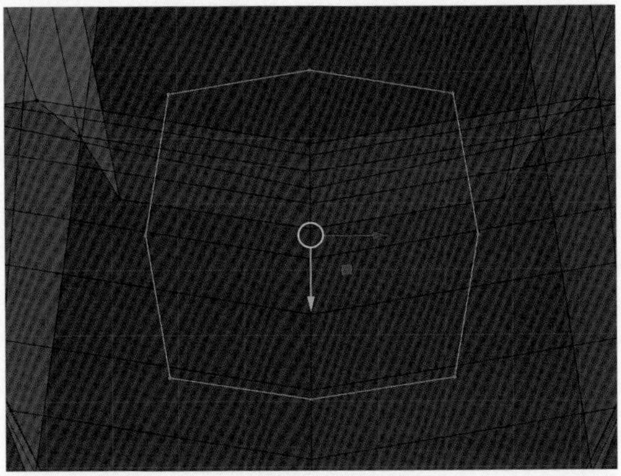

◂ **Abbildung 7.78**
Verschieben und Skalieren der Vertices zu einer leicht quadratischen Form

Da der Schwanz des Seepferdchens im Gegensatz zum Oberkörper eher quadratisch ist, passen wir die Vertices dafür aus der orthogonalen Ansicht von oben (Taste [7] [Num]) an (Abbildung 7.78). Verwenden Sie dazu am besten die jeweils gegenüberliegenden

Vertices und skalieren und verschieben Sie diese gemeinsam, bis sie die gewünschte, annähernd quadratische Form erreicht haben. Es folgt wie gewohnt die Verbindung der gegenüberstehenden Plane-Schichten per Bridge Edge Loops-Tool, diesmal mit fünf NUMBER OF CUTS und der für stärkere Biegungen besser geeigneten INTERPOLATION BLEND PATH (Abbildung 7.79).

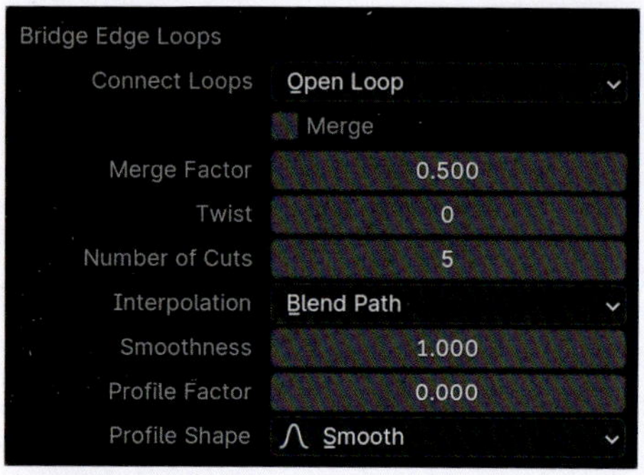

▲ **Abbildung 7.79**
Einstellungen des Bridge Edge Loops-Tools

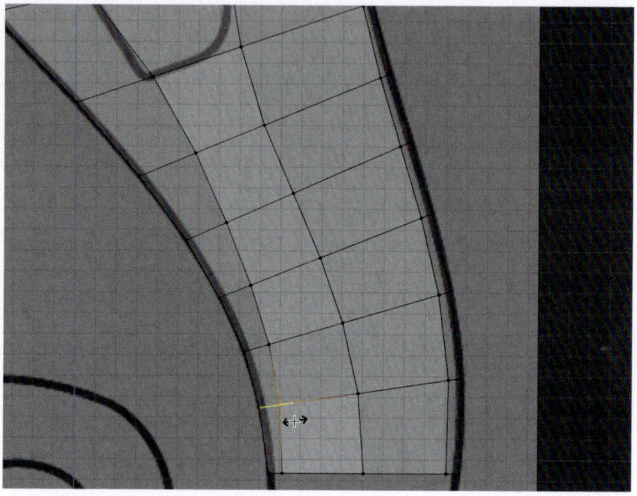

Abbildung 7.80 ▸
Finalisieren der Vertices

Vervollständigen Sie nun über diese Vorgehensweise die weiteren Abschnitte des Seepferdchenschwanzes (Abbildung 7.81), bis Sie bei seiner Spitze in der Mitte angekommen sind. Achten Sie dabei bei der Wahl der NUMBER OF CUTS auf eine möglichst homogene Größe der einzelnen Segmente, die natürlich bis zur Spitze hin zunehmend enger werden sollten (Abbildung 7.82).

▲ **Abbildung 7.81**
Nächste Segmente des Schwanzes

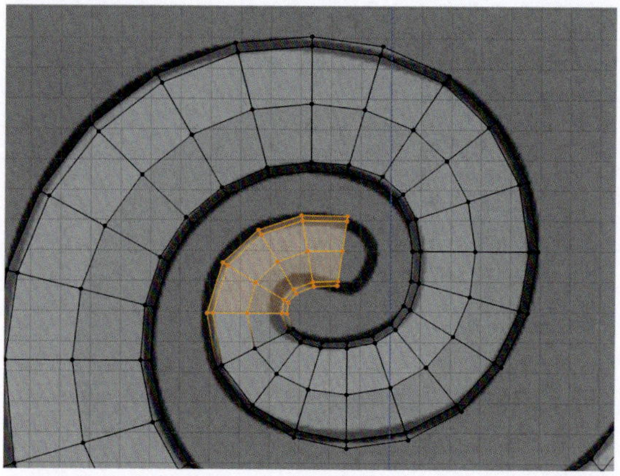

▲ **Abbildung 7.82**
Letzte Segmente des Schwanzes

Nach dem letzten Segment ist die Grundform schon sehr weit fortgeschritten. Wenn Sie mit den Maus-Navigations-Tools in die perspektivische Ansicht schwenken und den X-Ray-Mode temporär deaktivieren, fällt Ihnen sicher sofort auf, dass unser Objekt sowohl am oberen als auch am unteren Ende offen ist.

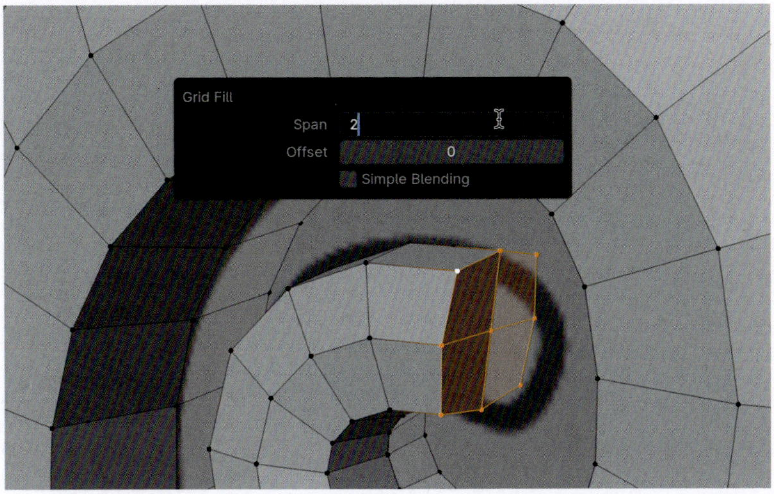

◂ **Abbildung 7.83**
Schließen des offenen Meshs per Grid Fill

Um diese Löcher zu schließen, wählen Sie den umlaufenden Edge Loop per Linksklick mit gedrückter Alt-Taste aus und rufen das Werkzeug Grid Fill aus dem Menü Face des Viewports auf. Wenn Sie unter Span einen Wert von zwei Reihen vorgeben (Abbildung 7.83), erhalten Sie eine Füllung mit den vier Faces, die wir auch als Ausgangsbasis für die Modellierung des Schwanzes vorbereitet hatten.

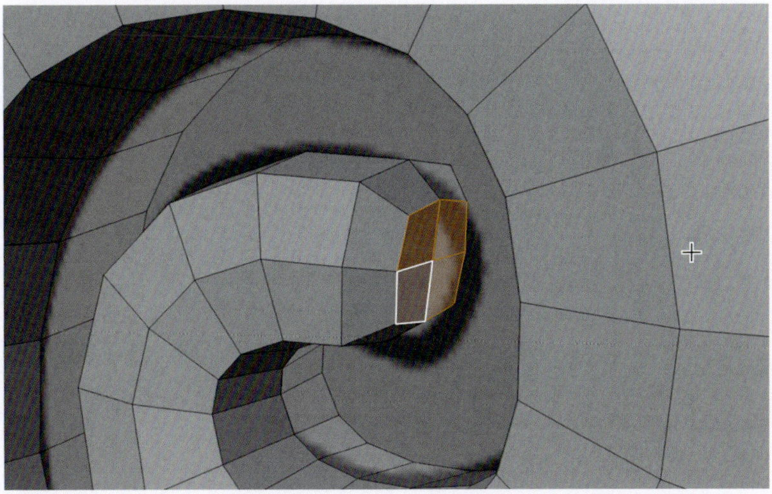

◂ **Abbildung 7.84**
Extrusion und leichte Skalierung des Schwanzendes

Wechseln Sie mit der aktuellen Vertex-Auswahl über die Taste [3] in den Face Select-Mode, rufen Sie über die Taste [E] das Extrude-Tool auf und fügen Sie eine kleine Extrusion an, die Sie direkt im Anschluss mit dem Scale-Tool (Taste [S]) leicht verkleinern (Abbildung 7.84), um das Schwanzende fertigzustellen.

Abbildung 7.85 ▸
Schließen des offenen Meshs per GRID FILL

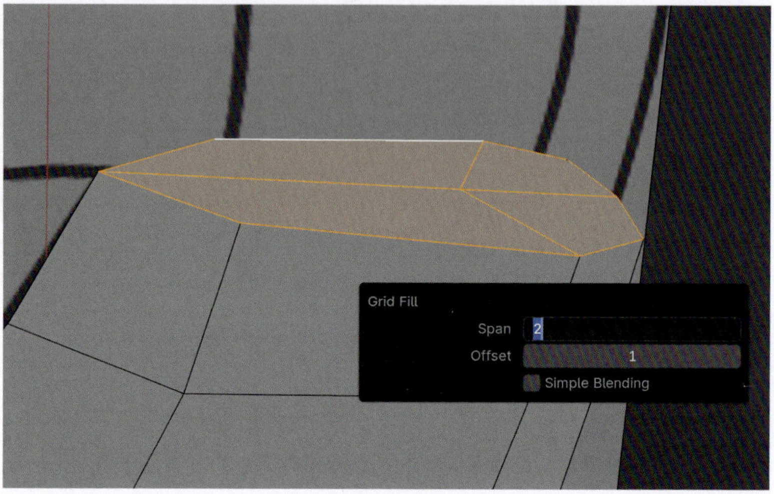

Fahren wir beim Oberkörper des Seepferdchens fort und schließen Sie auch dort das offene Ende, indem Sie per Linksklick mit gedrückter [Alt]-Taste den Edge Loop selektieren und mit dem Werkzeug GRID FILL aus dem Menü FACE des Viewports mit Faces füllen (Abbildung 7.85). Jetzt können wir mit der Ausarbeitung des Kopfes beginnen. Wechseln Sie dazu wieder über die Taste [3] [Num] in die orthogonale Seitenansicht.

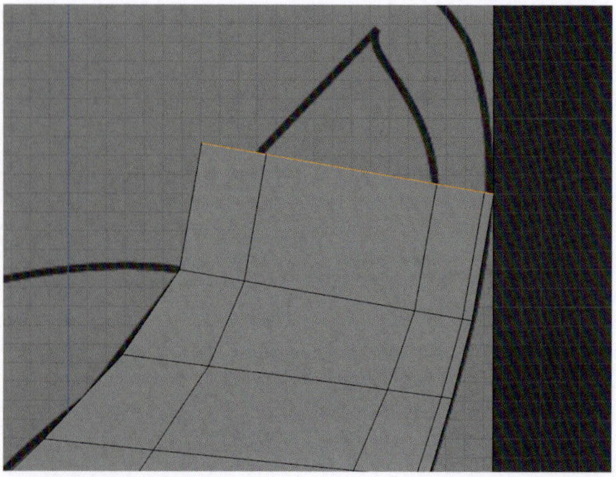

▲ **Abbildung 7.86**
Extrusion der obersten Faces

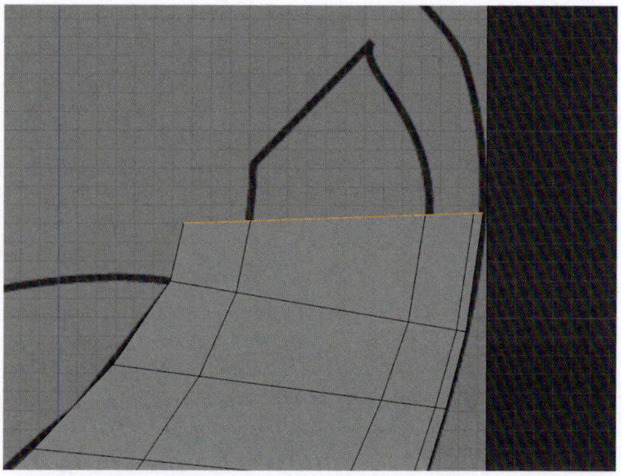

▲ **Abbildung 7.87**
Rotieren und Platzieren der extrudierten Faces

Anstatt eines Duplikats an Faces, das wir mittels Geometrie verbinden, erweitern wir diesmal durch mehrere Extrusionen das Mesh. Rufen Sie für den ersten Schritt das Extrude-Tool (Taste [E]) auf und fügen Sie eine Extrusion an (Abbildung 7.86). Passen Sie die extrudierten Faces mit dem Scale- bzw. Move-Tool (Tasten [S] bzw. [G]) an die Modelliervorlage an (Abbildung 7.87).

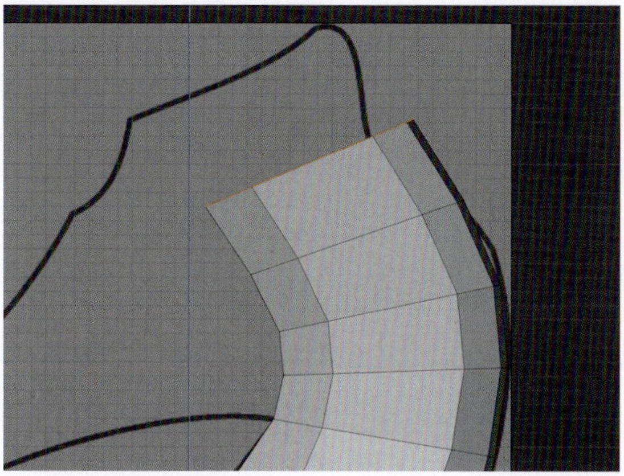

▲ **Abbildung 7.88**
Weitere Extrusionen für den Hals

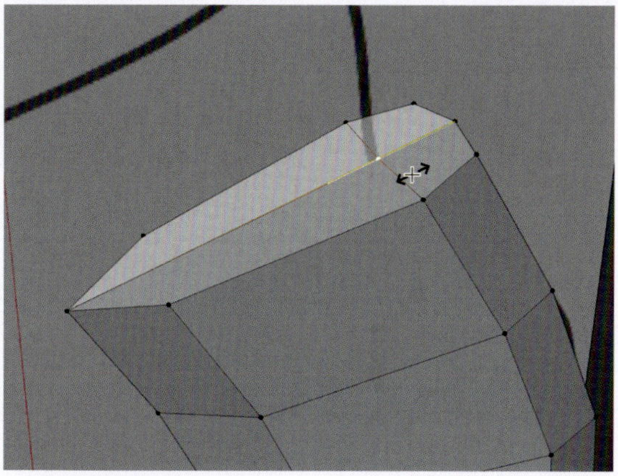

▲ **Abbildung 7.89**
Verschieben des mittleren Vertex

Erzeugen Sie mit dieser Vorgehensweise drei weitere Extrusionen bis hin zur leichten Abstufung am Kopf (Abbildung 7.88). Diese letzte Extrusion passen Sie nicht an, denn wir werden die hinteren Vertices zur Ausformung der Abstufung verwenden. Als Vorbereitung für die nächste Extrusion verschieben Sie den mittleren Vertex der oberen vier Faces mit dem Vertex Slide-Tool (Tasten [⇧]+[V]) etwas nach hinten (Abbildung 7.89).

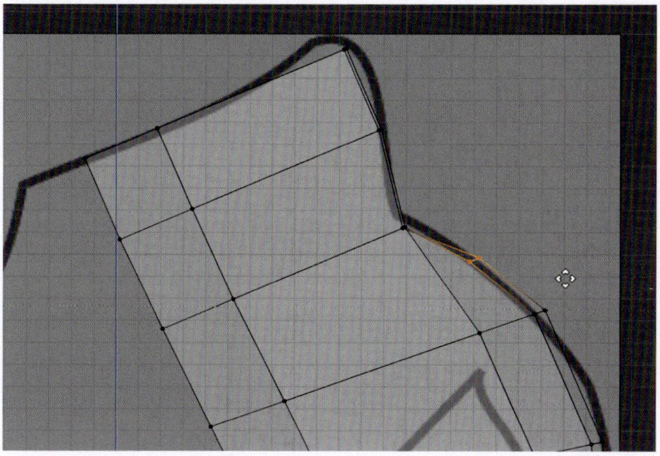

◂ **Abbildung 7.90**
Extrusionen und Verschieben der hinteren Vertices an der Abstufung

Selektieren Sie nur die beiden vorderen, oberen Faces per Linksklick und erzeugen Sie mit dem Extrude-Tool (Taste [E]) zwei Schritte bis zum Ende der Kopflinie. Im Vertex Select-Mode (Taste [1]) selektieren Sie anschließend die drei verbliebenen Vertices und positionieren sie gemäß der Vorlage nach unten (Abbildung 7.90).

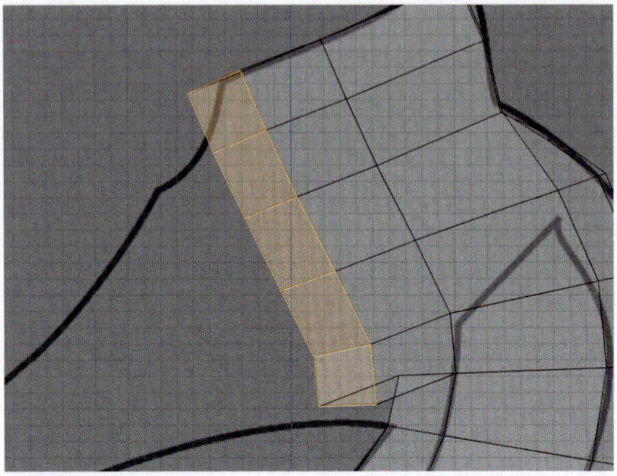

▲ **Abbildung 7.91**
Extrusion der zehn vorderen Faces

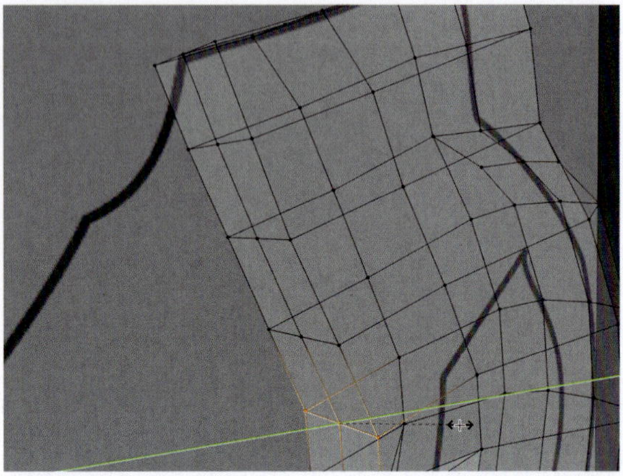

▲ **Abbildung 7.92**
Skalieren der vorderen Vertices in Y-Richtung

Wechseln Sie zurück in den Face Select-Mode (Taste [3]) und aktivieren Sie spätestens jetzt wieder den X-Ray-Mode. Selektieren Sie alle vorderen Faces und extrudieren Sie diese mit dem Extrude-Tool (Taste [E]) etwas nach vorne (Abbildung 7.91). Wir bereiten das Mesh etwas vor und selektieren im Vertex Select-Mode (Taste [1]) die drei auf einer Ebene liegenden Vertices und skalieren sie über die Tasten [S], [Y]+[0] auf eine Linie (Abbildung 7.92).

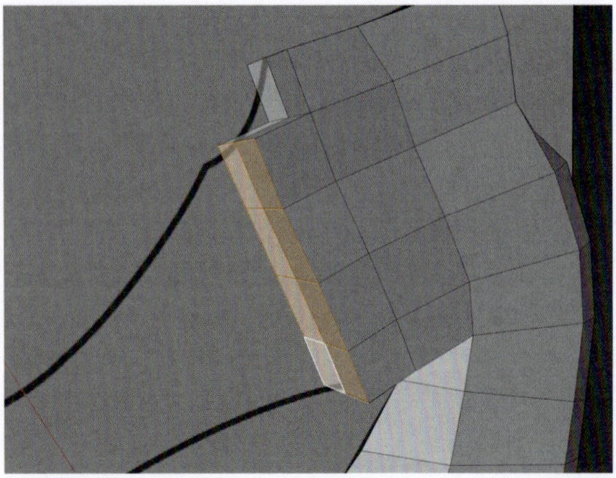

▲ **Abbildung 7.93**
Extrusion der acht vorderen Faces

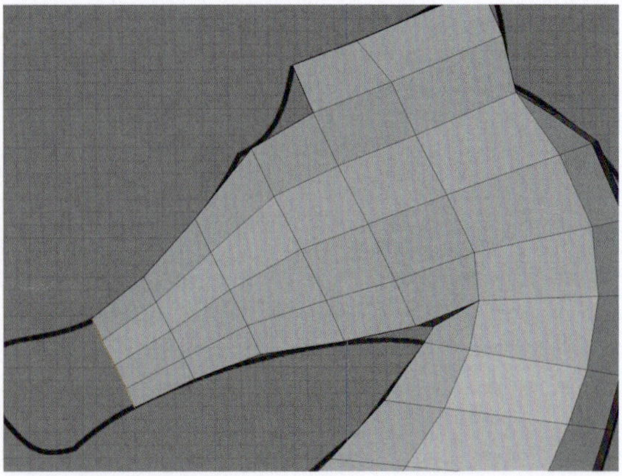

▲ **Abbildung 7.94**
Extrusionen zur Ausformung des Kopfes

Wir modellieren den Kopf des Seepferdchens weiter aus, indem wir im Face Select-Mode (Taste [3]) die acht unteren, vorderen Faces auswählen und über das Extrude-Tool (Taste [E]) bis zur Stirnkante der Vorlage extrudieren (Abbildung 7.93). Passen Sie die Größe der Face-Selektion gegebenenfalls mit dem Scale-Tool (Taste [S]) an und modellieren Sie den Kopf mit zwei weiteren Extrusionen, die sie Schritt für Schritt durchführen und anschließend in der Größe anpassen, aus (Abbildung 7.94).

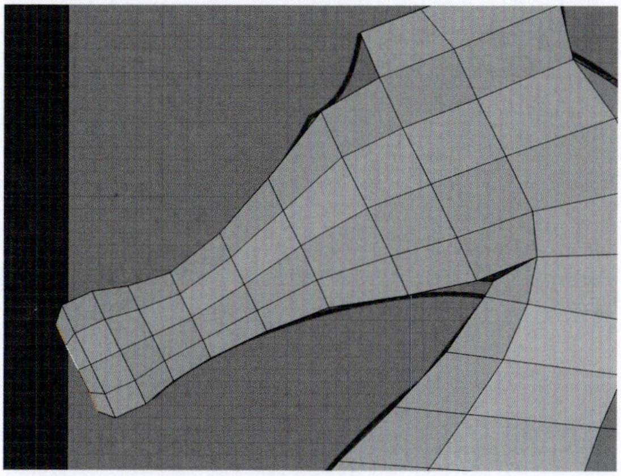

◂ **Abbildung 7.95**
Letzte Extrusionen zur Ausformung des Kopfes

▾ **Abbildung 7.96**
Ausblenden des Image-Emptys

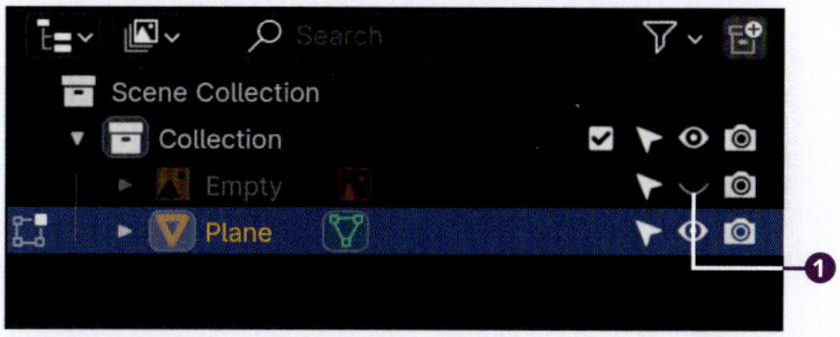

Mit weiteren Wiederholungen dieser Schritte arbeiten Sie nun noch die Schnauze des Seepferdchens aus (Abbildung 7.95), dabei lassen Sie das Ende rund zulaufen.

Jetzt ist die hauptsächlich vertikale Modellierung des Seepferdchens so weit fertig. Da uns die Modelliervorlage bei der nun folgenden horizontalen Ausformung keine Hilfe ist, blenden Sie das Image-Empty über das Auge-Symbol ❶ im Outliner einfach aus.

3 Symmetrisches Ausmodellieren des Seepferdchens

Bei der symmetrischen Körperform des Seepferdchens sollten wir natürlich dafür sorgen, dass wir uns beim Modellieren nur auf eine Seite des Knochenfisches konzentrieren müssen, während die andere Seite automatisch in Symmetrie gehalten wird. Außerdem wird es Zeit, die doch sehr kantige Form des Seepferdchens glätten zu lassen. Für beide Anforderungen kommen Modifier zum Einsatz: für die automatische Spiegelung der Geometrie der Mirror-Modifier, für die Glättung per Unterteilung der Subdivision Surface-Modifier. Zuvor müssen wir uns aber noch von einer Hälfte der vorhandenen Geometrie verabschieden, denn sie wird ja gleich durch den Modifier automatisch ergänzt.

Wechseln Sie in die orthogonale Ansicht von vorne (Taste [1] [Num]) und achten Sie unbedingt darauf, dass neben dem Vertex Select-Mode (Taste [1]) auch der X-Ray-Modus aktiviert ist. Ziehen Sie mit gedrückt gehaltener linker Maustaste einen Auswahlrahmen um alle Vertices links von der blauen Z-Achse und rufen Sie über die Taste [X] das Menü Delete auf, um die selektierten Vertices zu löschen (Abbildung 7.97).

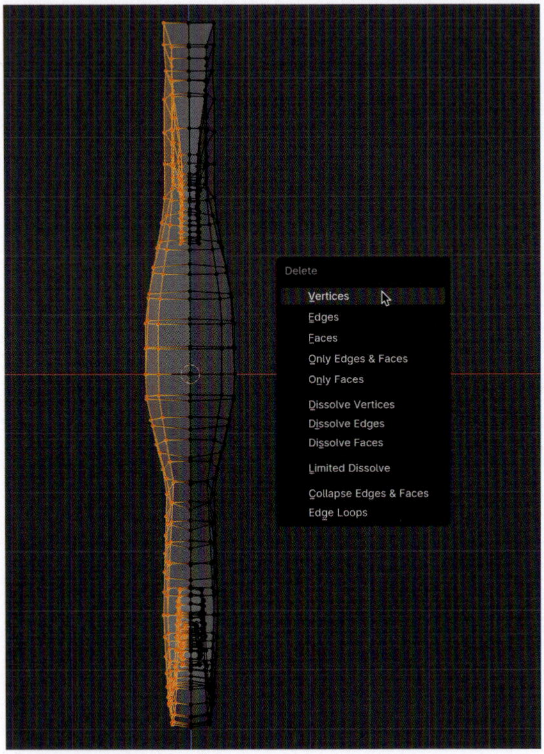

▲ **Abbildung 7.97**
Löschen der linken Hälfte des Meshs

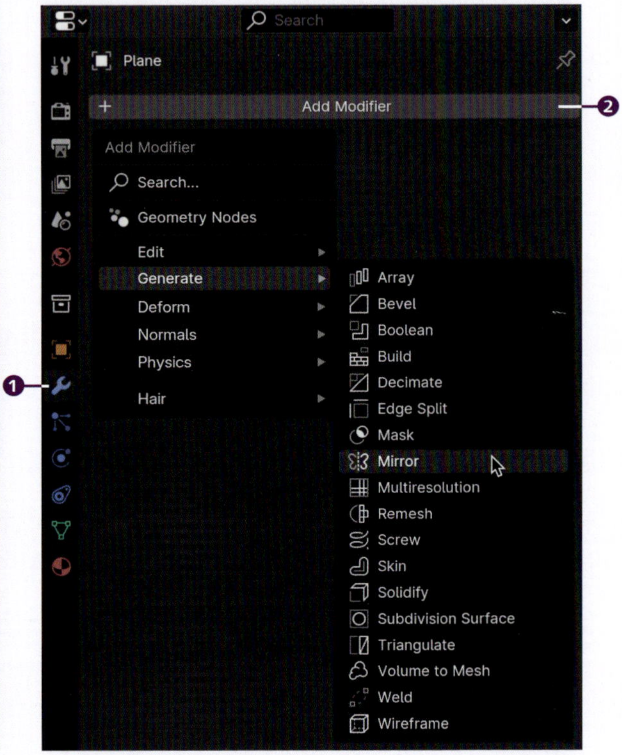

▲ **Abbildung 7.98**
Zuweisen des Mirror-Modifiers

Weisen Sie dem Seepferdchen über das Menü Add Modifier • Generate, das Sie über den gleichnamigen Button ❷ im Modifier-Tab ❶ aufrufen, einen Mirror-Modifier und anschließend einen Subdivision Surface-Modifier zu (Abbildung 7.98). Halten Sie sich am besten an diese Reihenfolge, da das Mesh zuerst generiert und anschließend geglättet werden soll. In den Einstellungen des Mirror-Modifiers ist die Spiegelung über die X-Achse voreingestellt, so dass Sie aufgrund der sehr kleinen Maße nur im Feld Merge den Wert auf 0.01 cm absenken. Für den Subdivision Surface-Modifier erhöhen Sie den Wert im Viewport auf 3 Unterteilungsschritte.

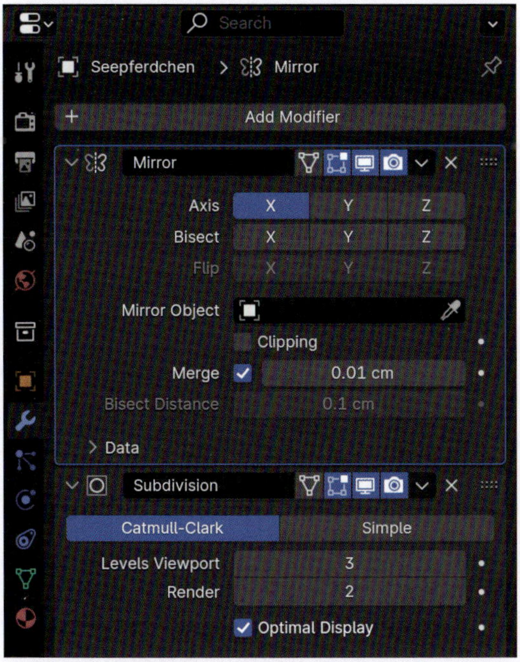

▲ **Abbildung 7.99**
Einstellungen für den Mirror- und Subdivision Surface-Modifier

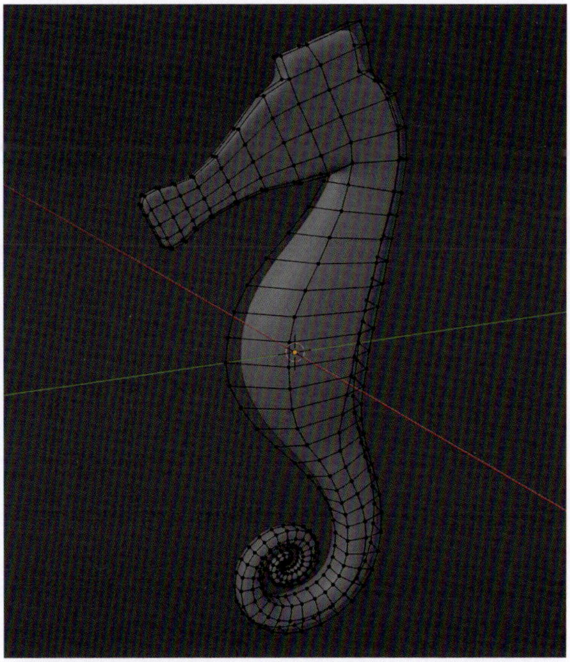

▲ **Abbildung 7.100**
Gespiegeltes und geglättetes Mesh des Seepferdchens

Sie können den X-Ray-Mode nun deaktivieren und durch Drehen der Ansicht in den perspektivischen Modus wechseln (Abbildung 7.100), um mit der Ausmodellierung des Seepferdchens fortzufahren. Bleiben Sie im Vertex Select-Mode und selektieren Sie die Vertices an der Seite des Kopfes. Um sie mit dem Move-Tool aus der Toolbar entlang der lokalen Z-Achse zu verschieben, aktivieren Sie zuvor die Transform Orientation Local (Abbildung 7.101).

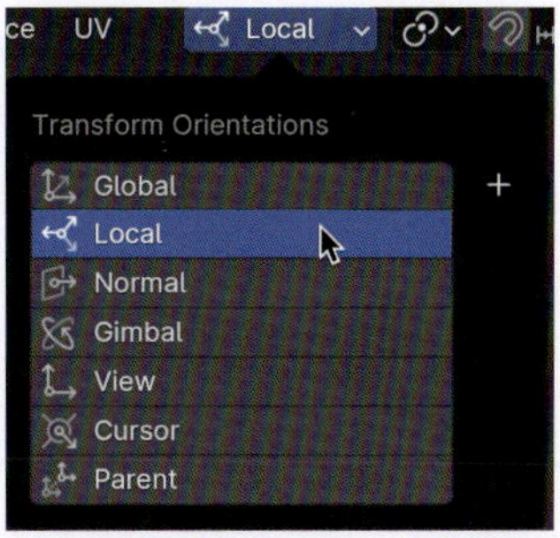

▲ **Abbildung 7.101**
Pop-up-Menü Transform Orientations

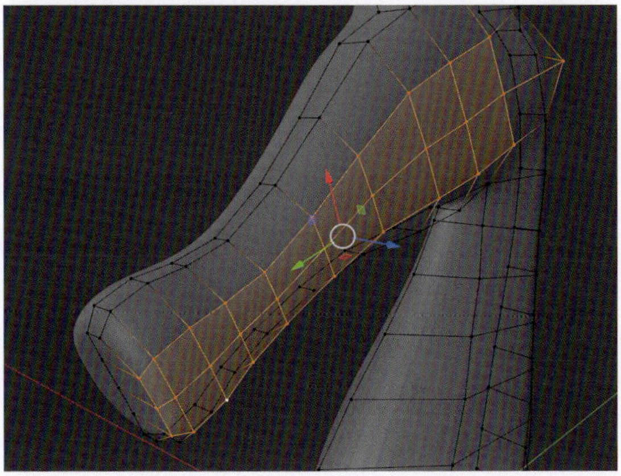

◄ **Abbildung 7.102**
Verschieben der selektierten Vertices entlang der Z-Achse

Beschränken Sie anschließend die Auswahl der Vertices an der Kopfseite auf die mittleren Vertices und ziehen Sie auch diese Vertices etwas in Z-Richtung nach außen, um den Kopf weiter abzurunden (Abbildung 7.103).

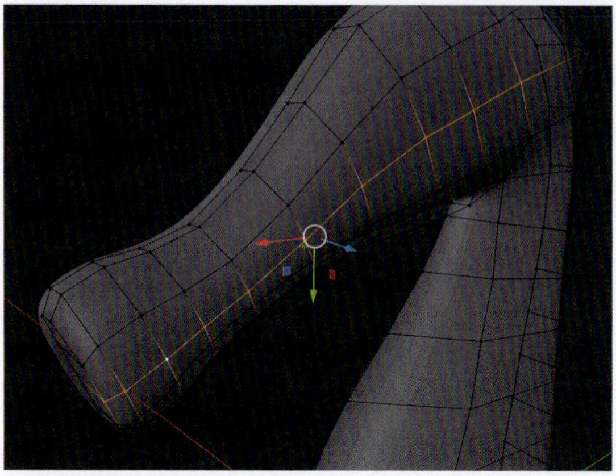

▲ **Abbildung 7.103**
Verschieben der mittleren Vertices an der Seite

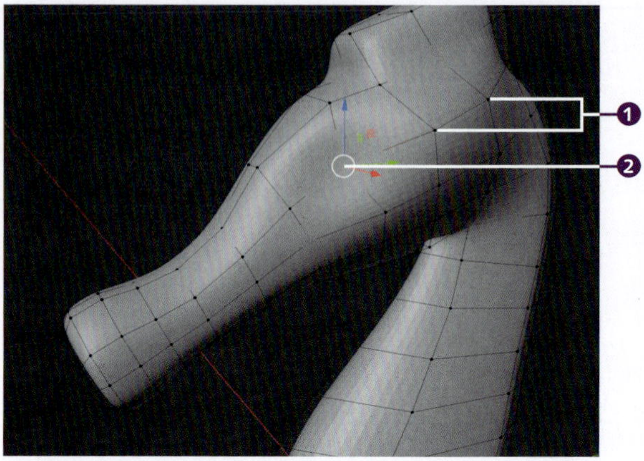

▲ **Abbildung 7.104**
Vorbereitung für die Augenhöhle

Arbeiten Sie die Kopfform weiter aus, indem Sie die Vertices in der Nähe der Augenhöhle nach außen ❶ und zugleich die Vertices in der Augenhöhle nach innen ❷ verschieben.

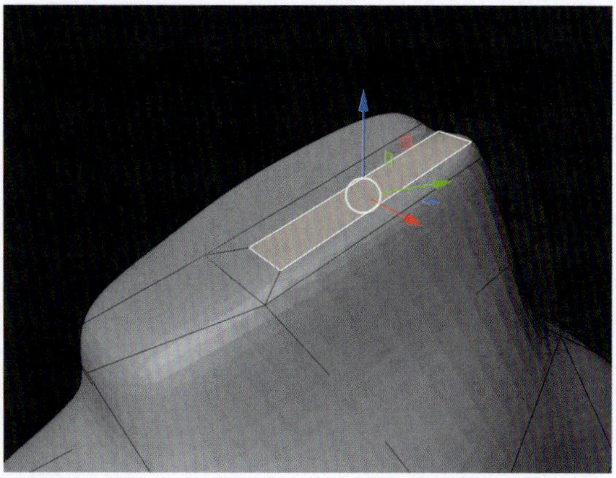

▲ **Abbildung 7.105**
Extrusion des Faces nach innen

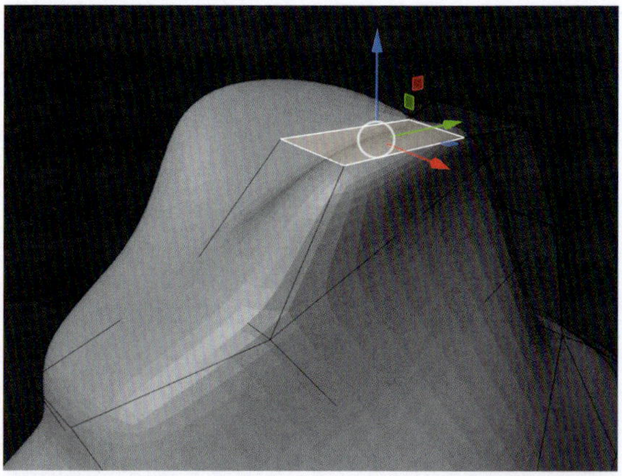

▲ **Abbildung 7.106**
Rotieren, Skalieren und Verschieben des Faces

Zur Ausformung des kleinen Höckers am Hinterkopf wechseln Sie über die Taste [3] in den Face Select-Mode und selektieren das Face ganz oben. Rufen Sie über die Taste [I] das Inset Faces-Tool auf und führen Sie hier eine leichte innere Extrusion durch (Abbildung 7.105). Formen Sie durch leichtes Skalieren, Rotieren und Verschieben des selektierten Faces einen leichten Höcker aus (Abbildung 7.106). Sie sind hier vollkommen frei in der Formgebung, wie übrigens auch ganz allgemein in diesem Workshop.

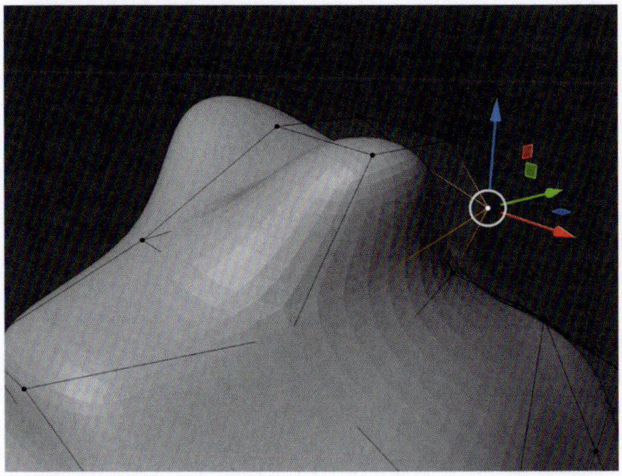

▲ **Abbildung 7.107**
Abrundung des Höckers

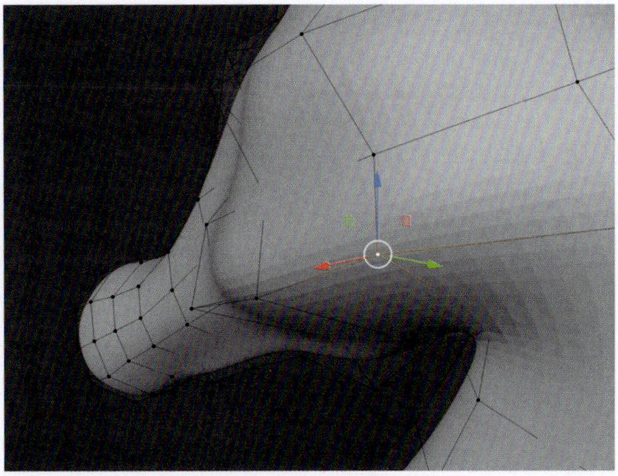

▲ **Abbildung 7.108**
Ausformung der Unterseite des Kopfes

Ich habe den Höcker noch etwas verschlankt, indem ich die hinteren beiden Vertices im Vertex Select-Mode (Taste [1]) noch etwas nach unten und außen gezogen habe (Abbildung 7.107). Drehen Sie sich die Ansicht zurecht, so dass Sie Backe und Unterseite des Seepferdchens gut beurteilen können, und formen Sie auch hier durch Verschieben der Vertices eine schön organische Kopfseite aus (Abbildung 7.108).

Selektieren Sie anschließend den Vertex bei der Augenhöhle, um über das Pie-Menü SNAPPING (Tasten [⇧] + [S]) den 3D Cursor dorthin zu versetzen (Abbildung 7.109).

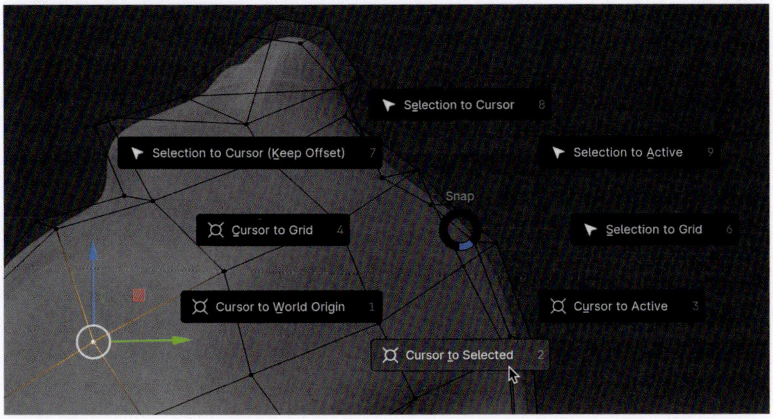

◀ **Abbildung 7.109**
Versetzen des 3D Cursors auf den selektierten Vertex

Damit wir uns beim Weitermodellieren leichter tun, platzieren wir dort schon einmal das linke Auge. Rufen Sie dazu das Menü ADD • MESH (Tasten [⇧] + [A]) auf, um eine UV Sphere zu erzeugen (Abbildung 7.110).

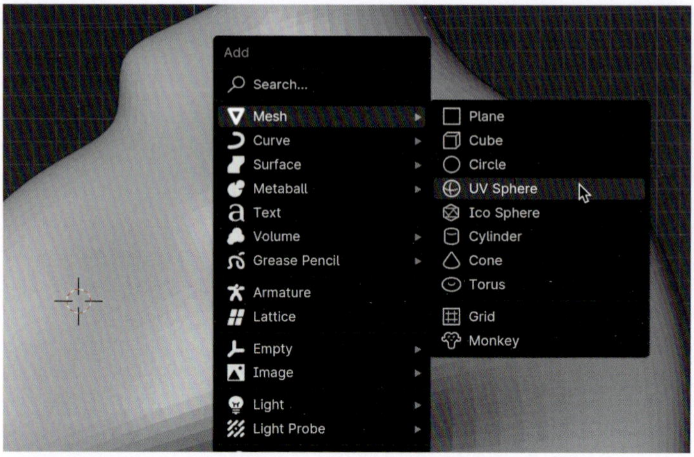

▲ **Abbildung 7.110**
Erzeugen einer UV Sphere am 3D Cursor

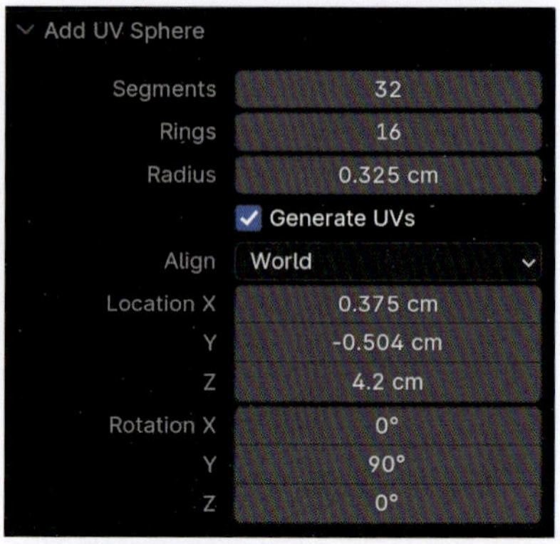

▲ **Abbildung 7.111**
Einstellungen für die UV Sphere

Klappen Sie das Adjust Last Operation-Panel auf (bzw. drücken Sie die Taste [F9]) und vergeben Sie einen RADIUS von 0.325 cm für die UV Sphere. Mit einer ROTATION in Y-Richtung von 90° drehen Sie das Auge zur Seite (Abbildung 7.111).

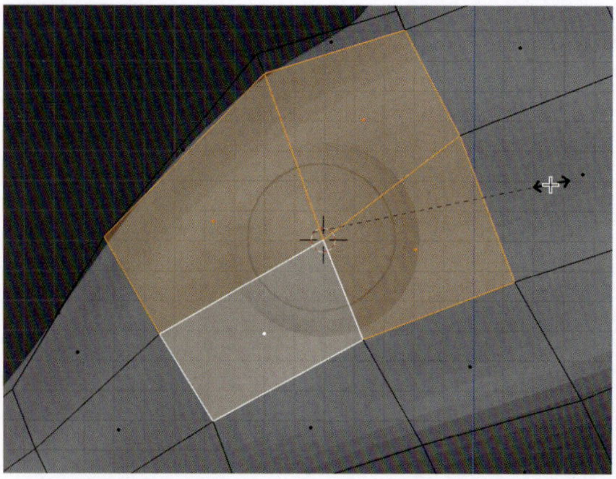

▲ **Abbildung 7.112**
Skalieren der selektierten Vertices in X-Richtung

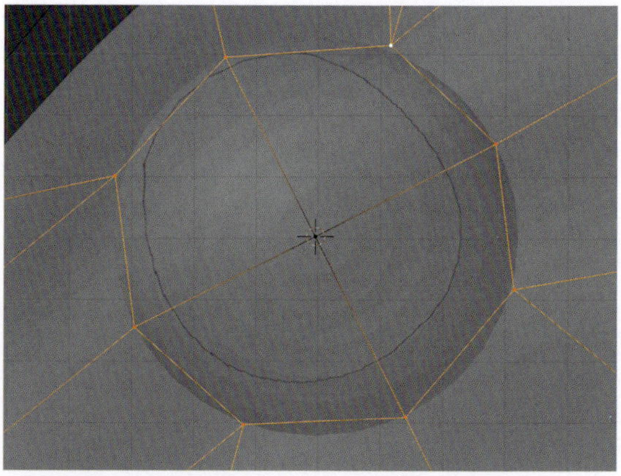

▲ **Abbildung 7.113**
Anpassen der Vertices an das Auge-Objekt

Für die nun folgende Ausarbeitung der Augenpartie benötigen wir kurzzeitig nicht nur die orthogonale Seitenansicht (Taste [3] [Num]), sondern auch den X-Ray- und den Face Select-Mode (Taste [3]). Selektieren Sie die vier am Auge liegenden Faces per

Linksklick mit gedrückt gehaltener [⇧]-Taste und skalieren Sie die Faces mit den Tasten [S], [X] und [0], damit sie eben liegen (Abbildung 7.112). Aktivieren Sie nun wieder den Vertex Select-Mode und positionieren Sie die einzelnen Vertices, wie in Abbildung 7.113 gezeigt, um die UV Sphere des Auges gleichmäßig herum.

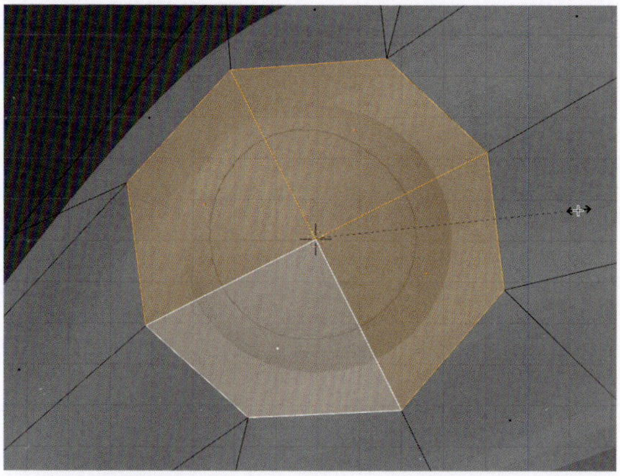

▲ **Abbildung 7.114**
Skalieren der Faces um die Augenpartie

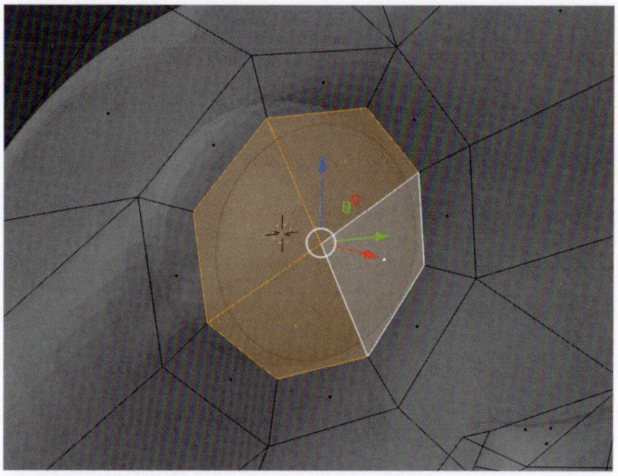

▲ **Abbildung 7.115**
Extrusion nach innen und Verschieben der Faces

Die Geometrie ist optimal vorbereitet, so dass wir über den Face Select-Mode (Taste [3]) die vier Faces selektieren und sie mit dem Scale-Tool wieder auseinanderskalieren (Abbildung 7.114). Anschließend rufen Sie über die Taste [I] das Inset Faces-Tool auf und extrudieren die vier Faces um ca. ein Drittel nach innen. Verwenden Sie das Move-Tool der Toolbar, um die neu entstandenen Faces etwas nach innen zu schieben (Abbildung 7.115). Durch Verschieben der Faces oben und im Augenwinkel schließen wir die Modellierung der Augenpartie ab (Abbildung 7.116).

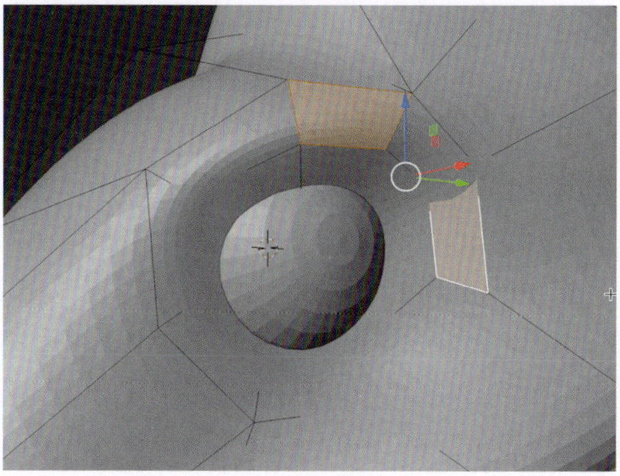

◂ **Abbildung 7.116**
Verschieben der Faces nach außen

Für das rechte Auge des Seepferdchens kopieren und setzen Sie das linke Auge im Outliner über die Kurzbefehle COPY (Tasten [Strg]/[Cmd] + [C]) sowie PASTE (Tasten [Strg]/[Cmd] + [V]) als Duplikat ein.

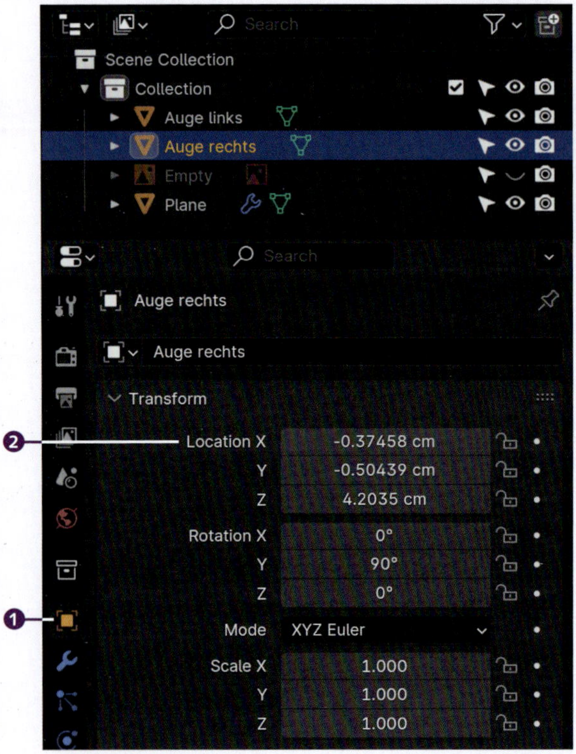

◂ **Abbildung 7.117**
Positionieren der duplizierten UV Sphere über die Objekt-Koordinaten

▾ **Abbildung 7.118**
Anwenden des Mirror-Modifiers

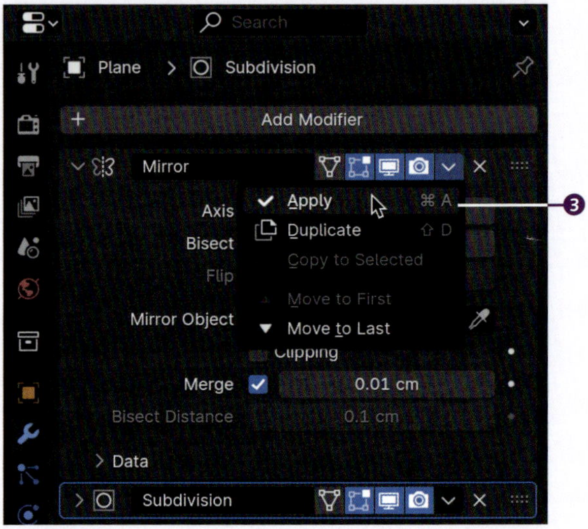

Benennen Sie die beiden Augen-Objekte im Outliner entsprechend um und versetzen Sie das rechte Auge über den Wert bei LOCATION X ❷ im Panel TRANSFORM des Object-Tabs ❶ über ein negatives Vorzeichen auf die andere Seite (Abbildung 7.117).

Für die weitere Ausarbeitung der Details des Seepferdchens benötigen wir den Mirror-Modifier nicht mehr. Um sein Ergebnis in reine Geometrie umzuwandeln, wechseln Sie mit der [⇆]-Taste kurz in den OBJECT MODE und rufen im Pfeilbutton-Menü ❸ des Modifiers (Abbildung 7.118) den Befehl APPLY auf. Den Subdivision Surface-Modifier benötigen wir weiterhin für die Glättung.

Nach dem Anwenden eines Modifiers empfiehlt es sich, das Mesh auf doppelt vorliegende Vertices zu überprüfen. Wechseln Sie dazu zurück in den EDIT MODE ([⇆]-Taste), selektieren Sie über die Taste [A] alle Mesh-Elemente und rufen Sie über das Menü MESH • CLEAN UP des Viewports den Befehl MERGE BY DISTANCE auf – die Statuszeile zeigt Ihnen an, ob sich die Prüfung gelohnt hat.

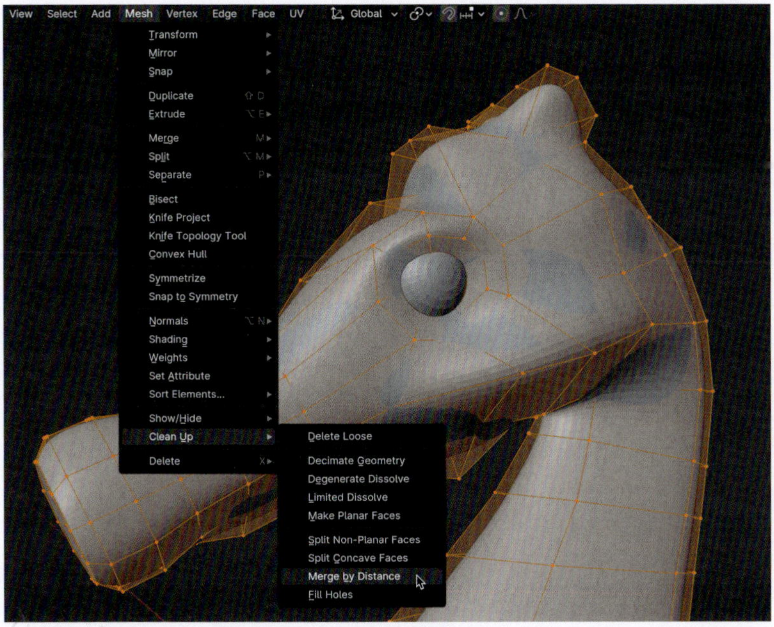

◂ **Abbildung 7.119**
Menü MESH • CLEAN UP

4 Modellieren der Details des Seepferdchens

Nachdem die Grundform des Seepferdchens nun fertiggestellt ist, wird es Zeit für die Detailarbeiten. Bleiben wir beim Kopf und erzeugen eine richtige Schnauze.

Aktivieren Sie dazu den Face Select-Mode (Taste [3]) und selektieren Sie die vier Faces am Ende der Schnauze. Erzeugen Sie mit dem Inset Faces-Tool eine Extrusion nach innen (Abbildung 7.120), bevor Sie zum Extrude-Tool (Taste [E]) wechseln und mit einer kurzen und einer längeren Extrusion einen Hohlraum formen.

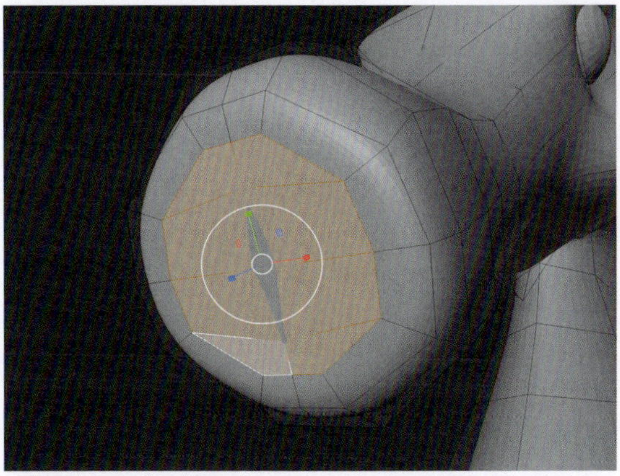

▴ **Abbildung 7.120**
Extrusion der Faces nach innen

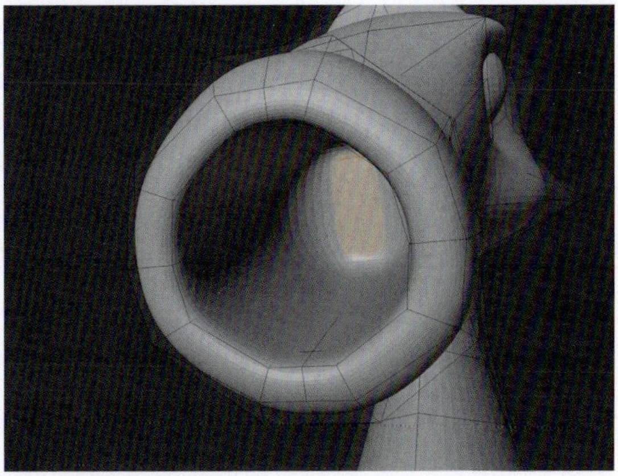

▴ **Abbildung 7.121**
Extrusionen der Faces für die Schnauze

Zur Finalisierung der Schnauze wechseln Sie in den Vertex Select-Mode (Taste [1]), selektieren die vier Vertices am linken und rechten Rand und verschieben sie in lokaler Z-Richtung etwas nach hinten (Abbildung 7.122).

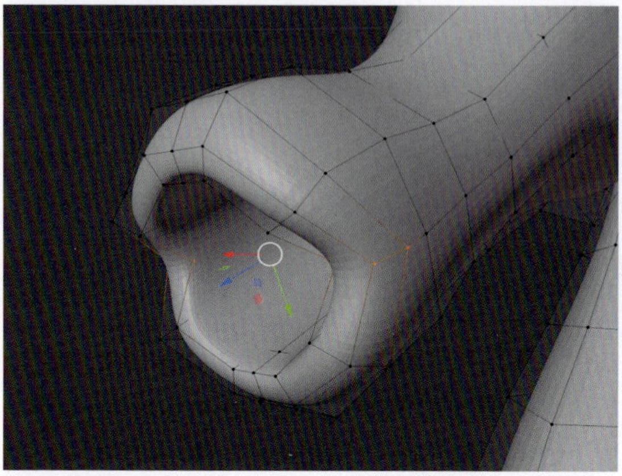

Abbildung 7.122 ▸
Finalisierung der Schnauze

Bevor wir uns um die markanten, kantigen Knochenplatten des Seepferdchens kümmern, arbeiten wir noch die Rückenflosse aus. Wechseln Sie dazu in den Face Select-Mode (Taste [3]) und selektieren Sie die insgesamt zehn Faces auf der Körperrückseite (Abbildung 7.123).

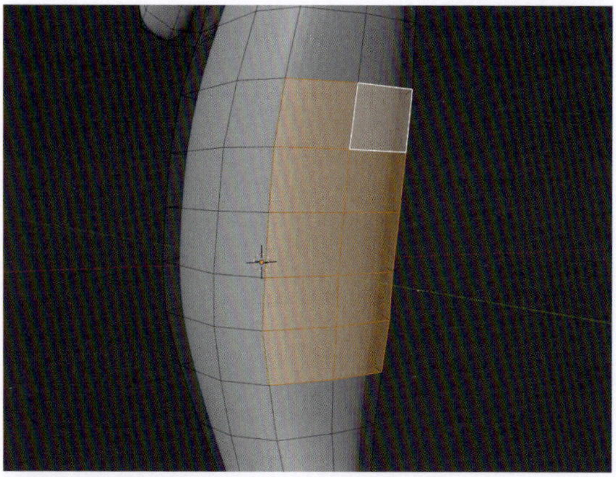

▴ Abbildung 7.123
Selektion der Faces für die Rückenflosse

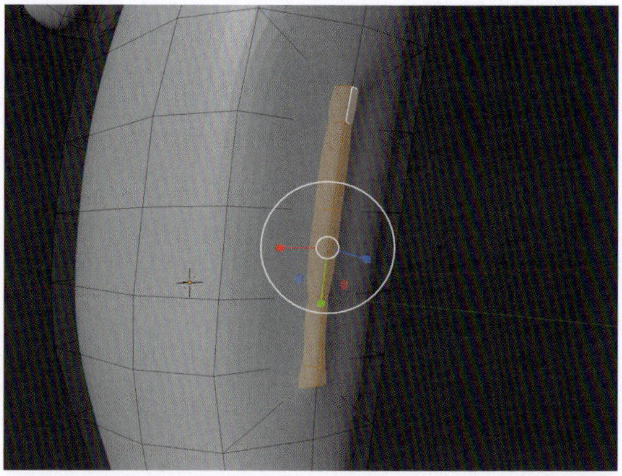

▴ Abbildung 7.124
Extrusion und Skalierung der Faces nach innen

Erzeugen Sie über das Inset Faces-Tool (Taste [I]) eine Extrusion nach innen, die Sie anschließend mit dem Scale-Tool aus der Toolbar in lokaler X-Richtung stark zusammenskalieren (Abbildung 7.124). Modellieren Sie nun mit dem Extrude-Tool (Taste [E]) in insgesamt drei Schritten die Rückenflosse (Abbildung 7.125), indem Sie nach jedem Extrusionsschritt eine entsprechende Skalierung in lokaler Y-Richtung folgen lassen. Selektieren Sie schließlich noch die Edge Loops am Ende der Rückenflosse per Linksklick mit gedrückter `Alt`-Taste und skalieren Sie diese in X-Richtung, um eine möglichst dünne Rückenflosse zu erhalten (Abbildung 7.126).

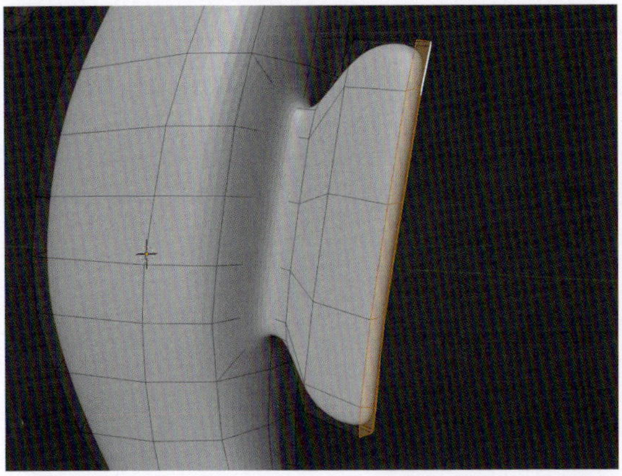

▲ **Abbildung 7.125**
Ausformen der Rückenflosse

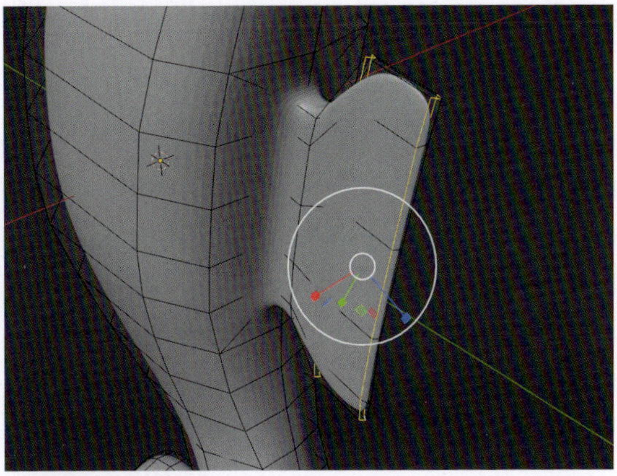

▲ **Abbildung 7.126**
Skalierung zu einer dünnen Rückenflosse

Für die Ausarbeitung der Ringe der Knochenplatten ist Fleißarbeit angesagt. Verwenden Sie den Edge Select-Mode (Taste `2`), um alle waagrecht verlaufenden Ringe bis hin zur Schwanzspitze des Seepferdchens zu selektieren.

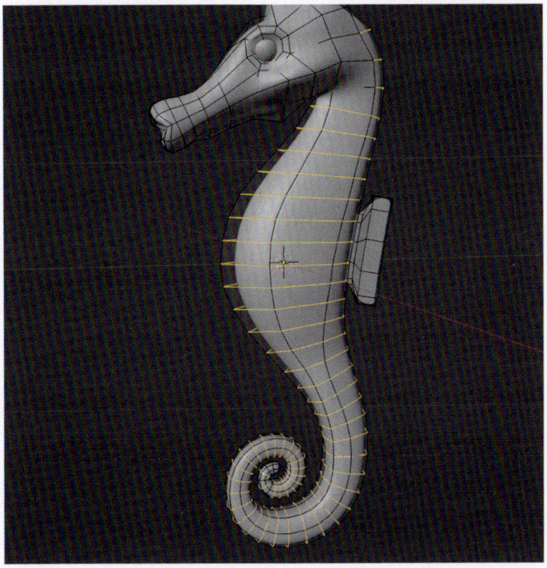

◂ **Abbildung 7.127**
Selektion der Edges für die Ringe der Knochenplatten

Halten Sie dabei die [⇧]-Taste gedrückt und selektieren Sie nacheinander per Linksklick mit gedrückter [Alt]-Taste die einzelnen Edge Loops (Abbildung 7.127).

Am Nacken und am Rücken habe ich lediglich die Edges mitselektiert bzw. deselektiert, die nicht zu nahe an der Augenpartie bzw. der Rückenflosse liegen. Die Ausarbeitung der waagerechten Ringe wird nun in zwei Schritten erfolgen. Zunächst schaffen wir uns mit einem Bevel gleichmäßige Spalten, die wir anschließend durch eine Extrusion entlang der zugehörigen Normalen als Ringe ausformen.

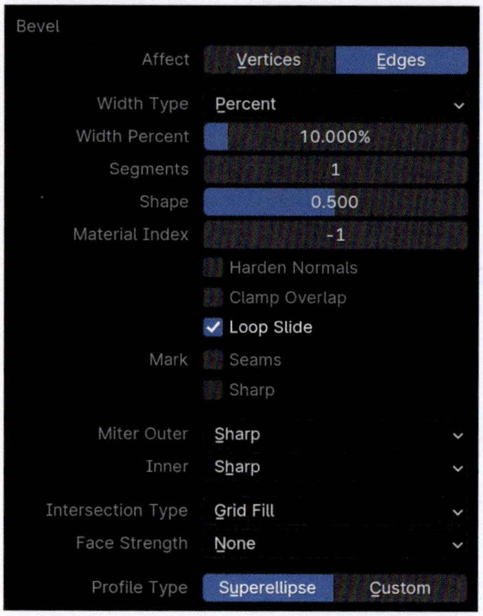

Abbildung 7.128 ▸
Einstellungen für das Bevel-Tool

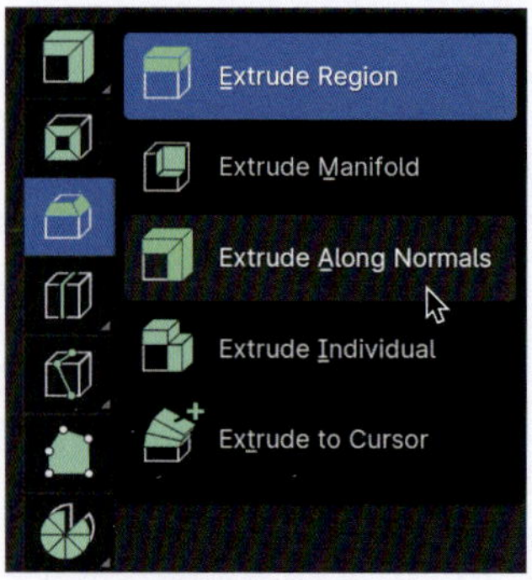

▴ Abbildung 7.129
Extrude Along Normals-Tool in der Toolbar

Rufen Sie also als Erstes über die Toolbar bzw. den Kurzbefehl [Strg]/[Cmd] + [B] das Bevel-Tool auf und wählen Sie in den zugehörigen Einstellungen (Abbildung 7.128) für den Width Type die Option Percent bei einem Wert von 10.000%. Das prozentuale Bevelling sorgt dafür, dass sich die Bevel-Größe entsprechend der vorliegenden Topologie anpasst, womit wir keine Probleme beim filigranen Schwanzbereich fürchten müssen. Die Anzahl 1 bei Segments reicht, um die einzelnen Edges zu verdoppeln und Ringe zu erhalten.

Lassen Sie die neuen Edges selektiert und wechseln Sie über die Toolbar direkt zum Extrude Along Normals-Tool (Abbildung 7.129) über. Beginnen Sie die Extrusion, um das Adjust Last Operation-Panel zu erhalten, und geben Sie dort einen Offset von 0.06 cm vor, um die Ringe der Knochenplatten zu extrudieren (Abbildung 7.130).

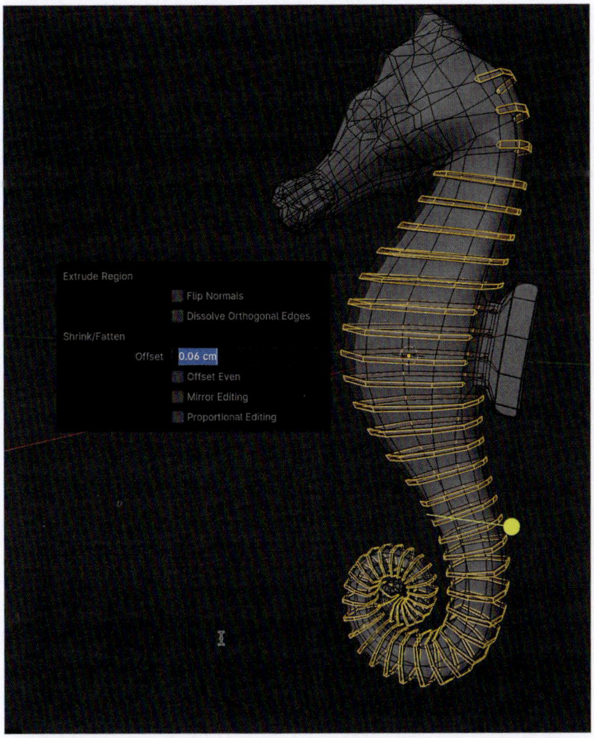

▲ Abbildung 7.130
Extrudieren der Ringe für die Knochenplatten

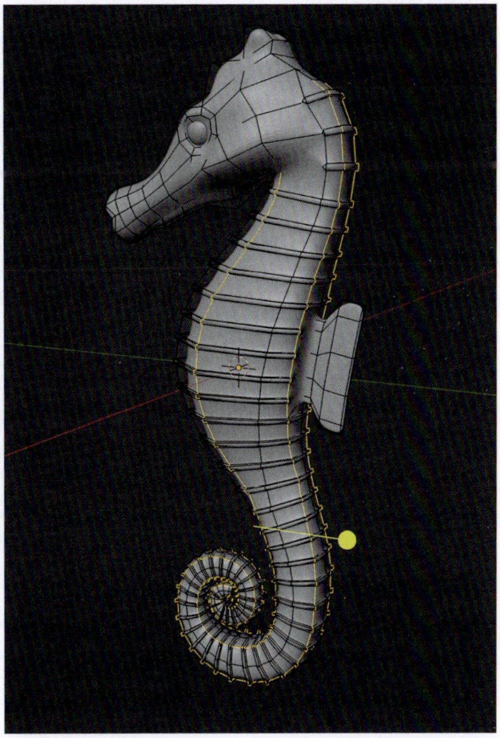

▲ Abbildung 7.131
Erste Selektion für die vertikalen Ringe

Nachdem die horizontal zum Körper des Seepferdchens verlaufenden Ringe damit ausmodelliert sind, fügen wir im nächsten Schritt noch vertikale Kanten für die Knochenplatten an. Diese sind in der Regel nicht so ausgeprägt, weshalb wir in diesem Fall auf die zusätzliche Extrusion verzichten und lediglich ein Bevelling durchführen.

Die Selektion ist im Gegensatz zu den Ringen erfreulich schnell erstellt. Bleiben Sie im Edge Select-Mode und halten Sie die [⇧]-Taste gedrückt, während Sie nacheinander per Linksklick mit gedrückter [Alt]-Taste die äußeren vier vertikalen Edge Loops selektieren (Abbildung 7.131). Achten Sie darauf, dass die Selektion im Halsbereich und am Nacken mit einer freiliegenden Edge endet.

Ist die Selektion erzeugt, rufen Sie wieder über die Toolbar bzw. den Kurzbefehl [Strg]/[Cmd] + [B] das Bevel-Tool auf und wählen Sie in den zugehörigen Einstellungen (Abbildung 7.132) für den Width Type die Option Offset bei einem Wert von 0.05 cm und einer Anzahl von zwei Segmenten. In diesem Fall wollen wir eine feste Größe für das Bevelling in vertikaler Richtung.

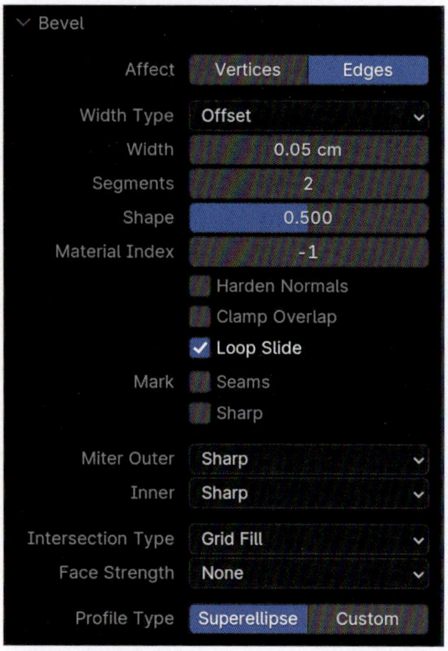

▲ **Abbildung 7.132**
Einstellungen für das Bevel-Tool

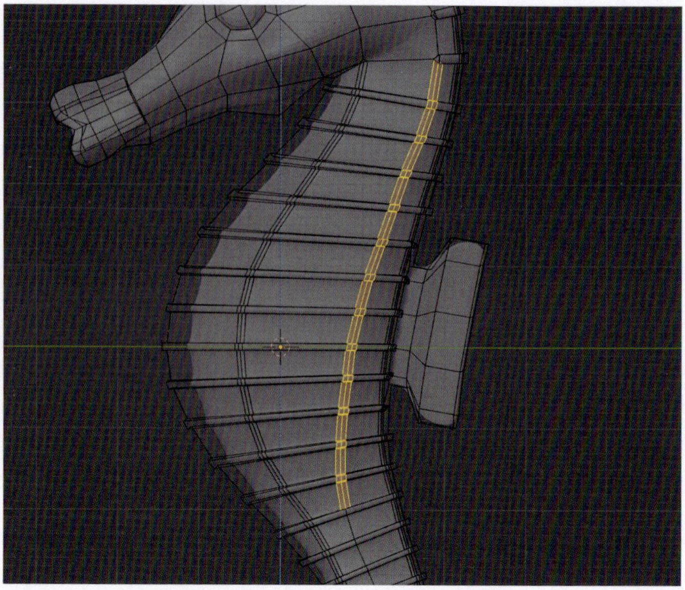

▲ **Abbildung 7.133**
Bevelling der mittleren, vertikalen Knochenplatte

Wenn Sie dieses Bevelling durchgeführt haben, selektieren Sie auch noch die vom Schulterbereich bis zum Anfang des Schwanzes verlaufende, vertikale Linie und wenden auch für sie ein Bevelling mit den identischen Einstellungen an (Abbildung 7.133).

5 Finalisierung des Seepferdchens

Das Seepferdchen ist fast fertiggestellt und vielleicht haben Sie sich im Verlauf dieses Workshops schon gefragt, warum bis jetzt lediglich die Glättung per Subdivision Surface-Modifier, aber nicht das automatische Smooth Shading zum Einsatz gekommen ist.

Abbildung 7.134 ▸
Shading-Probleme bei einem N-Gon

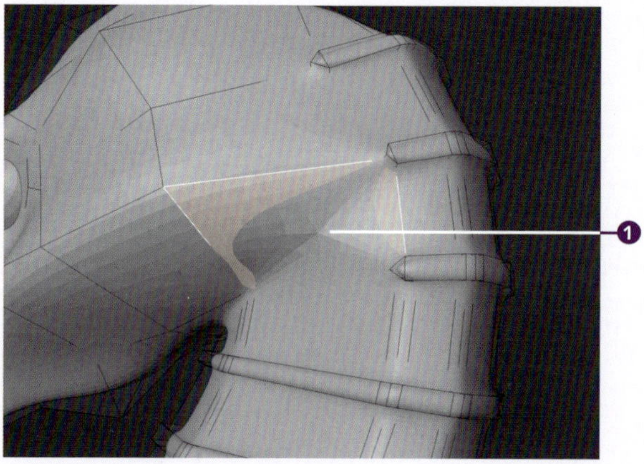

Den Grund sehen Sie in Abbildung 7.134. Durch unsere Bevelling-Aktionen ist am Halsansatz ein mehr als vierseitiges Polygon, ein sogenanntes N-Gon ❶ entstanden, das wir bei deaktivierter automatischer Glättung sehr gut erkennen. Um dieses Shading-Problem zu lösen, müssen wir das N-Gon so unterteilen, dass es besser mit der Glättung zurechtkommt.

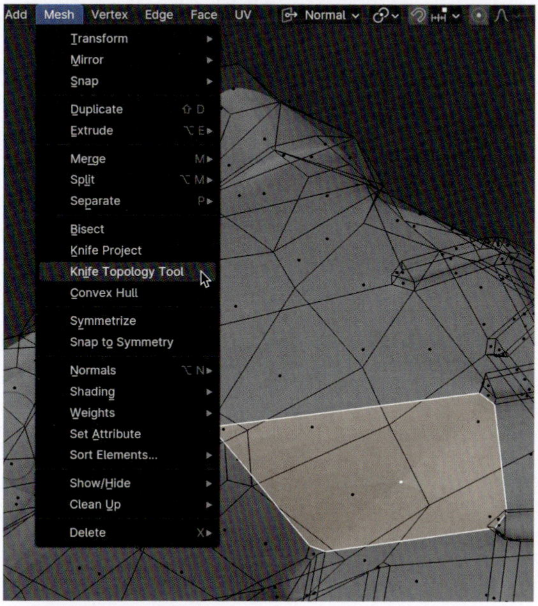

▲ **Abbildung 7.135**
Menü Mesh im Viewport

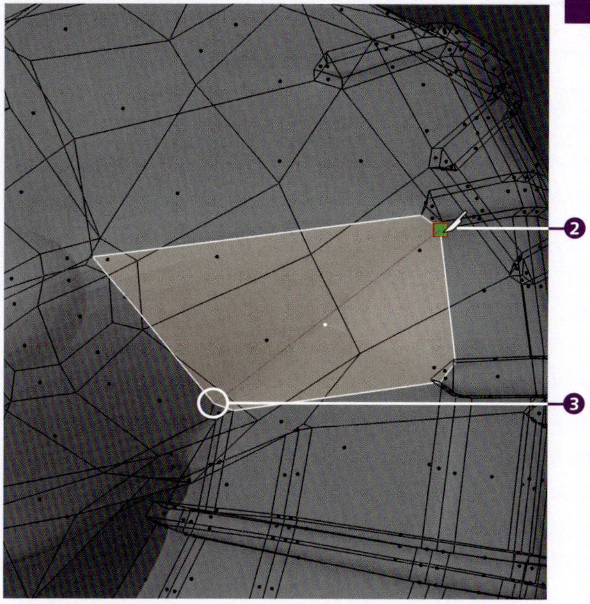

▲ **Abbildung 7.136**
Zerteilen des N-Gons mit dem Knife Topology-Tool

Rufen Sie dazu das Knife Topology-Tool aus dem Menü Mesh des Viewports auf (Abbildung 7.135) und zerteilen Sie das N-Gon mit einem Schnitt von den Vertices ❷ nach ❸.

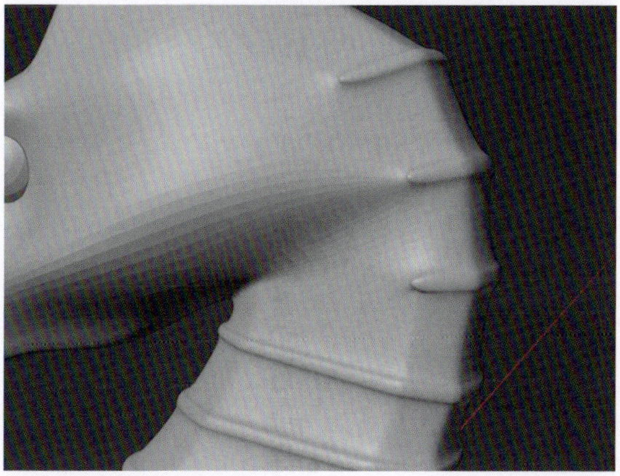

◂ **Abbildung 7.137**
Verbessertes Shading an der Problemstelle

Nach dieser Aktion sollte das Shading wesentlich besser aussehen (Abbildung 7.137). Führen Sie diesen Schritt auch auf der anderen Seite des Seepferdchens durch.

Abbildung 7.138 ▸
Versatz der Rückenflosse für einen weicheren Übergang

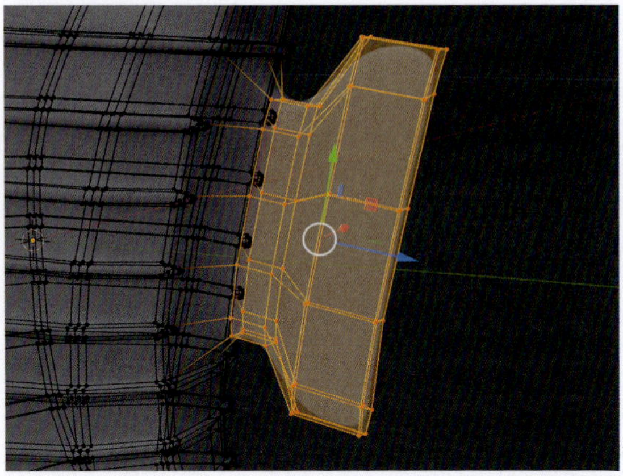

Eine weitere Möglichkeit für Feintuning bietet der Übergang zur Rückenflosse, der nach dem Bevelling und den Extrusionen für die Knochenplatten recht kantig wirkt. Um den Übergang weicher zu gestalten, selektieren Sie einfach alle Vertices der Rückenflosse bis hin zum Rücken des Seepferdchens und ziehen sie über das Move-Tool aus der Toolbar in Z-Richtung etwas nach außen (Abbildung 7.138).

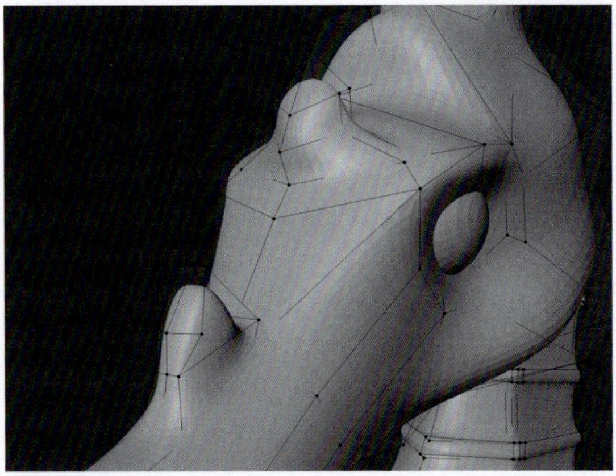

▲ Abbildung 7.139
Ausarbeiten eines Nasen- und Stirnhöckers

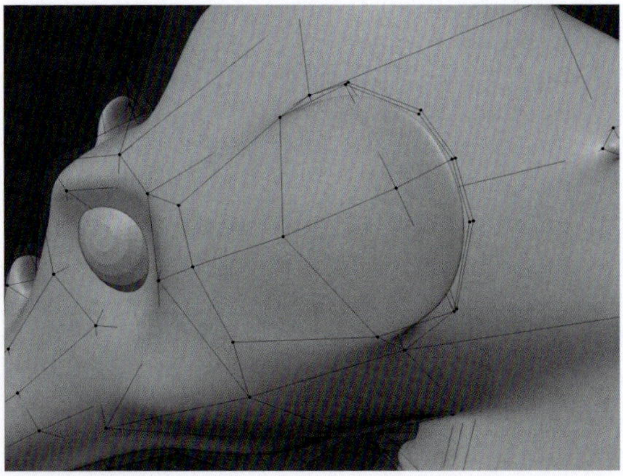

▲ Abbildung 7.140
Ausarbeiten einer Kopfflosse

Spätestens jetzt gehen wir in die Kür über und ich möchte es Ihnen überlassen, wie weit Sie das Seepferdchen in seiner Grundform noch ausarbeiten möchten. Mit den in diesem Workshop behandelten Modelling-Werkzeugen sollte es beispielsweise sehr leicht fallen, an der Schnauze bzw. an der Stirn des Seepferdchens durch Extrusionen nach innen sowie nach außen kleine Höcker zu modellieren (Abbildung 7.139).

Seepferdchen besitzen auch am Kopf seitlich kleine Flossen (Abbildung 7.140), die Sie über ein paar Extrusionsschritte und die darauf folgende Rotation und Skalierung der Faces erzeugen können (Abbildung 7.140).

Sie müssen nicht wegen jeder symmetrischen Anpassung zwingend den Mirror-Modifier einsetzen. Modifikationen an bestehender, symmetrischer Mesh-Topologie lassen sich über die Symmetrie-Optionen ❶ automatisch auf die andere Seite spiegeln.

▲ **Abbildung 7.141**
Optionen für das Mirroring

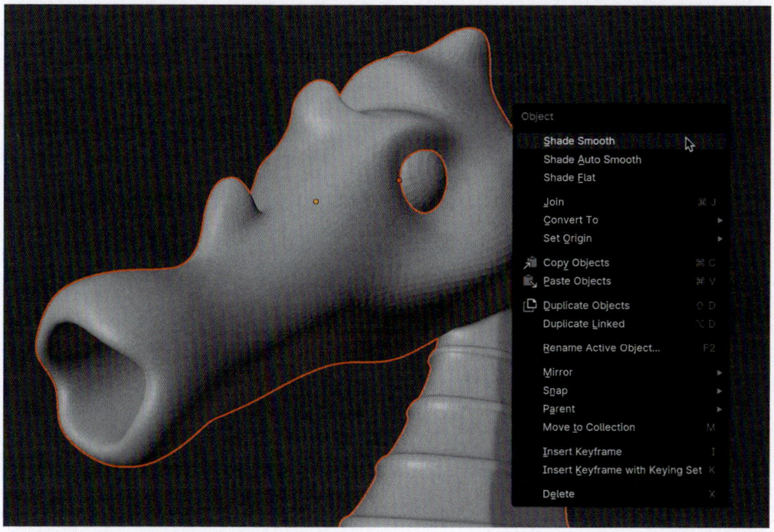

◂ **Abbildung 7.142**
Aktivieren des Smooth Shadings über das Kontextmenü

Vor dem letzten Bearbeitungsschritt wird es Zeit, das SMOOTH SHADING für alle zum Seepferdchen gehörenden Objekte, also den Seepferdchenkörper sowie die UV Spheres der Augen, zu aktivieren. Wechseln Sie dazu über die [⇆]-Taste kurz in den OBJECT MODE, und selektieren Sie die insgesamt drei Objekte durch Linksklick bei gedrückt gehaltener [⇧]-Taste. Rufen Sie anschließend per Rechtsklick das Kontextmenü auf und wählen Sie den obersten Befehl SHADE SMOOTH (Abbildung 7.142).

Für eine letzte Anpassung am Mesh wechseln wir wieder per [⇆]-Taste zurück in den EDIT MODE. Die Kopfform des Seepferdchens wirkt noch etwas arg rund, weshalb sie noch nicht so ganz zum kantigen Körper passen will. Anstatt zusätzliche Faces zu generieren, arbeiten wir diesmal ganz gezielt mit Wichtungen.

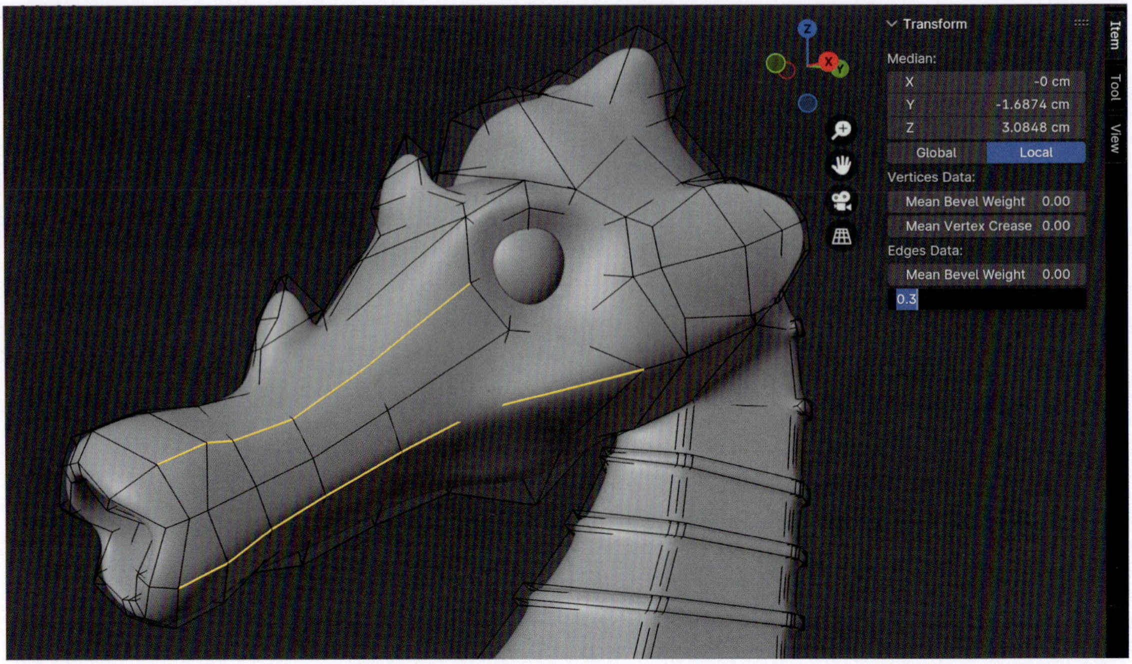

▲ **Abbildung 7.143**
Wichtung der MEAN CREASE der Edges

Aktivieren Sie dazu mit der Taste [2] den Edge Select-Mode und selektieren Sie per Linksklick die Edges an beiden Seiten der Schnauze (Abbildung 7.143). Klappen Sie das Panel TRANSFORM im Item-Tab der Sidebar auf und vergeben Sie für die MEAN CREASE einen Wert von 0.3.

Vergeben Sie jetzt noch im Outliner (Abbildung 7.144) einen aussagekräftigen Namen an das fertiggestellte Seepferdchen. Weiter geht es mit ihm etwas später im Sculpting-Workshop.

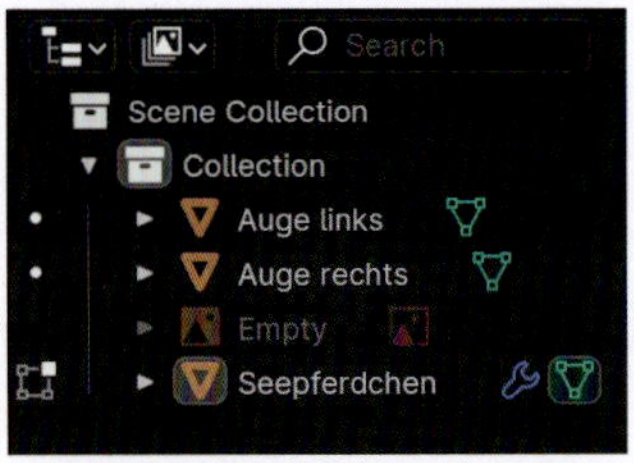

▲ **Abbildung 7.144**
Benennen der Objekte im Outliner

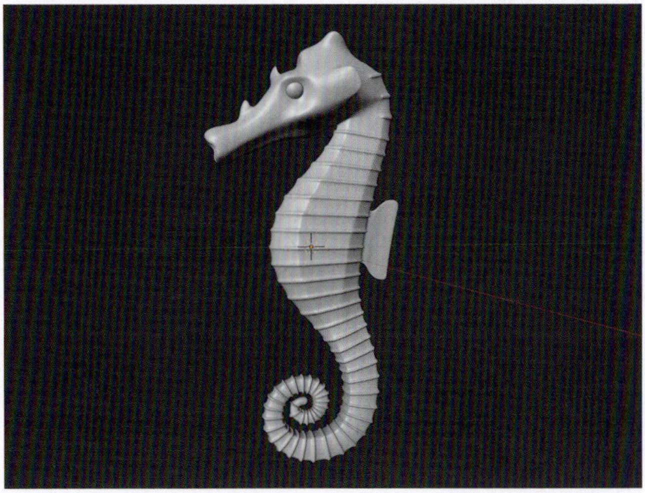

Abbildung 7.145 ▸
Fertig modelliertes Seepferdchen

Kapitel 8

Modifier

Modifier sind eine ganz spezielle Gruppe von Werkzeugen, die Ihnen an jeder Stelle des 3D-Workflows in Blender begegnen können. In diesem Modelling-Kapitel gilt unser Hauptaugenmerk den Generate- und Deform-Modifiern. Modifier arbeiten nicht-destruktiv, das Objekt, das den bzw. die Modifier trägt, bleibt also unangetastet.

Um einem Objekt einen Modifier zuzuweisen, holen Sie den Modifier-Tab ❶ im Properties Editor hervor und klicken auf den Button Add Modifier ❷ bzw. verwenden den Kurzbefehl (Tasten ⇧ + A), um das gleichnamige Menü aufzurufen.

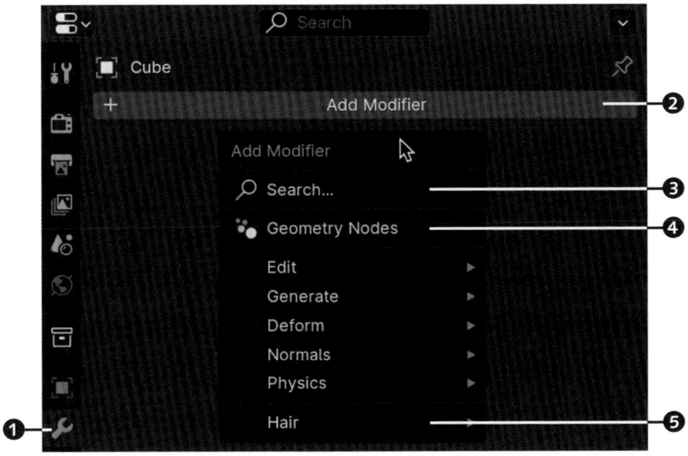

◂ **Abbildung 8.1**
Modifier-Tab im Properties Editor

Geometry Nodes und Geometry Nodes Hair

Diese beiden Modifier-Typen (❹ bzw. ❺) werden Sie in diesem Kapitel vermissen. Da sie nicht nur prozedurales Modelling, sondern auch nahezu unbegrenzte Möglichkeiten bei der Animation und Simulation bieten, ist ihnen das eigene Kapitel 18, »Geometry Nodes«, gewidmet.

Wenn wir Modifier auf verschiedenste Weisen zum Modellieren verwenden, indem wir Objekte glätten, biegen, verdrehen, unterteilen, projizieren, spiegeln und vieles mehr – erfolgen diese Modifikation prozedural. Sobald Sie den bzw. die Modifier des

Objekts deaktivieren oder löschen, finden Sie wieder das unversehrte Objekt vor. Nun gilt es nur noch, den richtigen Modifier aus den insgesamt vier thematisch organisierten Gruppen zu fischen (Abbildung 8.2), notfalls über die Suchfunktion ❸ (Abbildung 8.1).

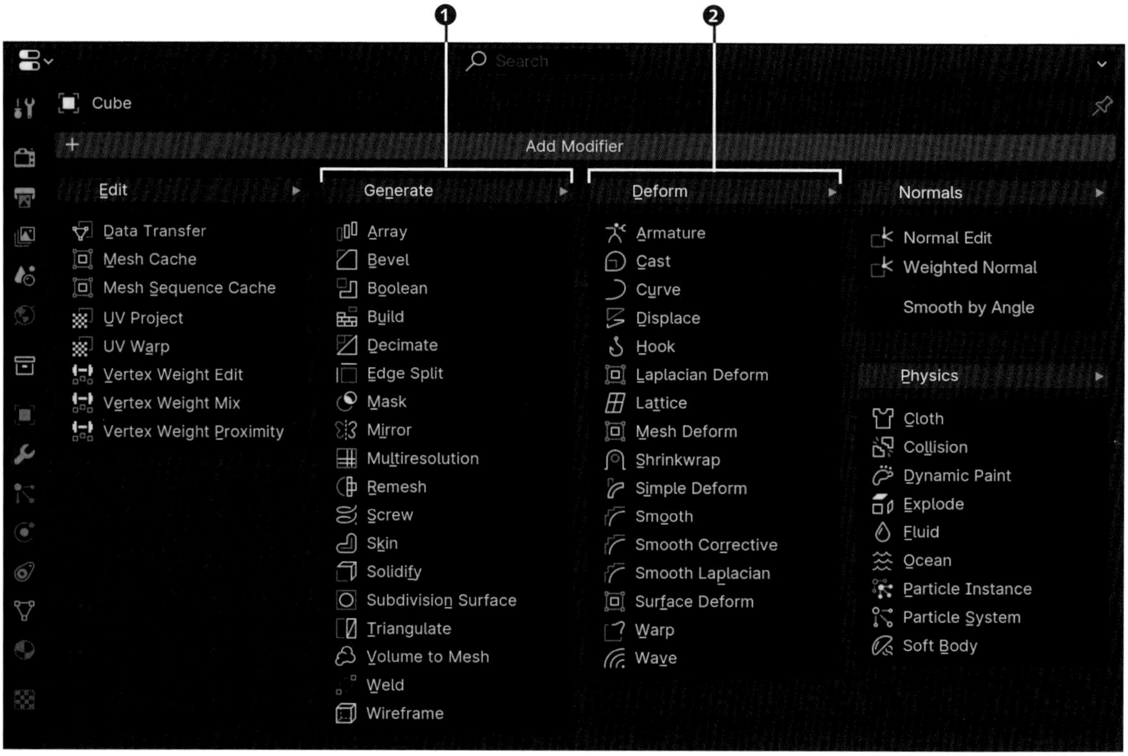

▲ **Abbildung 8.2**
Menüs der Modifier

Im Untermenü EDIT der Modifier-Auswahl finden Sie die auf Datentransfer bzw. Objekt-Attribute wie UV- und WEIGHT-MAPS spezialisierten Modifier.

Für das Modelling bieten die Generate- ❶ und Deform-Modifier ❷ wichtige und zum Teil unentbehrliche Funktionen. Einige der Modifier, wie den Bevel-, den Subdivision Surface- oder auch den Multiresolution-Modifier, haben wir in diesem Buchteil auch schon kurz angesprochen. Zusätzlich stehen im Untermenü NORMALS auf den Umgang mit Normalen spezialisierte Modifier bereit.

Die verschiedenen Physics-Modifier im Untermenü PHYSICS gehören zur Animation bzw. Simulation, auf die wir im späteren Verlauf des Buchs noch ausführlicher eingehen.

In diesem Kapitel sehen wir uns anhand einiger Beispiele an, wie Modifier funktionieren, mit welcher Logik sie sich kombinieren lassen und wofür sie beim Modelling in der Praxis eingesetzt werden.

Modifier für Alle

Wenn Sie bei allen selektierten Objekten gleichzeitig Modifier über den Properties Editor zuweisen, löschen oder auch anwenden möchten, halten Sie bei diesem Schritt einfach zusätzlich die [Alt]-Taste gedrückt.

8.1 Funktionen der Modifier

Zwar unterscheiden sich die Modifier je nach Aufgabengebiet, der Kopf des Modifier-Tabs ist jedoch für alle Modifier gleich. Ganz oben finden wir stets den Button Add Modifier ⓫, mit dem wir unserem Objekt weitere Modifier zuweisen können.

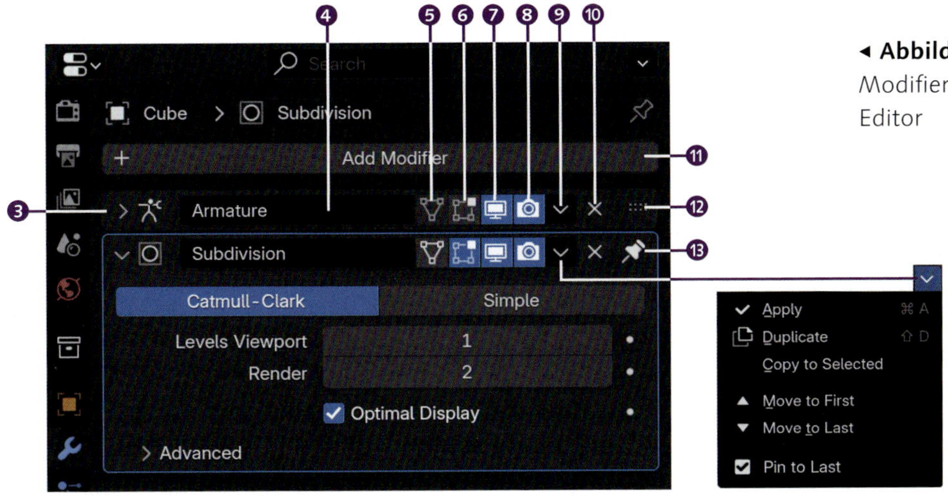

◂ **Abbildung 8.3**
Modifier-Tab im Properties Editor

Mit dem kleinen Dreieck ❸ links klappen Sie den Inhalt des Modifiers aus bzw. ein. Bei eingeklapptem Zustand bleibt der Name ❹ bzw. ein Modifier-Symbol in der Kopfzeile lesbar, so verlieren Sie nicht den Überblick. Mit vier Buttons steuern Sie für jeden Modifier separat die Wirkung bzw. Sichtbarkeit für die Bearbeitung des Meshes im deformierten Zustand im Edit Mode ❺, generell im Edit Mode ❻, generell im Viewport ❼ sowie beim Rendern ❽.

Um einen Modifier zu löschen, reicht ein Klick auf den X-Button ❿. Da Sie für ein Objekt mehrere Modifier zu einem sogenannten Modifier Stack schichten können, haben Sie über die Anfasser der Modifier ⓬ die Möglichkeit, die Reihenfolge der Modifier durch Verschieben per Drag & Drop im Properties Editor anzupassen.

Um den Modifier zu entfernen, dabei aber auf das Mesh anzuwenden, wenden Sie ihn über den Befehl Apply (Tasten Strg/Cmd + A) an. Eine identische Kopie des Modifiers fügen Sie über den Befehl Duplicate (Tasten ⇧ + D) ein. Um den Modifier auf eine Selektion von Objekten zu verteilen, wählen Sie Copy to Selected. Neben diesen Funktionen finden Sie im Pfeilmenü des Modifiers ❾ unter anderem Optionen zum Verschieben der Modifier sowie zum Fest-Pinnen ⓭ an der untersten Position (Pin to Last).

Sicherungskopie eines Modifiers

Es empfiehlt sich, insbesondere wenn mehrere Modifier bei einem Objekt zum Einsatz kommen, vor der Umwandlung per Apply ein Duplikat des Objektes anzulegen. Auf diese Weise können Sie auch nachträglich noch Änderungen in den Modifiern durchführen.

8.2 Modifier Stack

Sie können Objekten beliebig viele Modifier zuweisen. Im Modifier-Tab des Properties Editors entsteht dann ein Stapel, der sogenannte Modifier Stack, den Blender grundsätzlich von oben nach unten auswertet bzw. abarbeitet. Die Reihenfolge der Modifier kann daher eine große Rolle für das Endresultat spielen, Sie können diese deshalb jederzeit nach Bedarf ändern und umorganisieren.

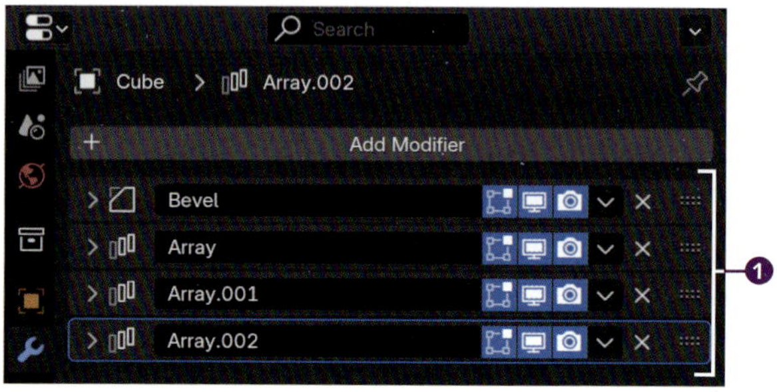

▲ **Abbildung 8.4**
Die vier gestapelten Modifier

◄ **Abbildung 8.5**
Aus insgesamt vier Modifiern gebauter Würfel

> **Modifier im Outliner**
> Auch über den Outliner lassen sich Modifier anderen Objekten zuweisen. Klappen Sie die Hierarchie im Outliner bis zum Modifier auf und ziehen Sie ihn per Drag & Drop auf das Objekt, das den Modifier ebenfalls erhalten soll. Um Modifier über den Outliner zu löschen oder anzuwenden, verwenden Sie dort das Kontextmenü per rechter Maustaste.

Der Modifier Stack ❶ aus einem Bevel- und drei Array-Modifiern dupliziert den Cube zu einem Würfel aus 27 Cubes (Abbildung 8.5). Zunächst sorgt der Bevel-Modifier für abgerundete Ecken und Kanten. Anschließend dupliziert der Array-Modifier den Cube auf drei Exemplare in X-Richtung. Zwei weitere Array-Modifier duplizieren dieses Ergebnis in die Y- bzw. Z-Richtung.

8.3 Modifier-Arten

Nachdem wir uns die Funktionsweise der Modifier angesehen haben, verschaffen wir uns einen Überblick über die verschiedenen Modifier-Arten und deren Einsatzgebiete.

Generate-Modifier

Array | Dieser Modifier erzeugt Duplikate des Objekts (Abbildung 8.6) und verschiebt diese wahlweise mit konstantem oder relativem Versatz (Offset). Sie können auch ein zweites Objekt ❷ (Object

Offset), beispielsweise in Form eines Empty ❸, vorgeben, dessen Abstand, Winkel und auch Skalierung für die Duplikation verwendet werden soll.

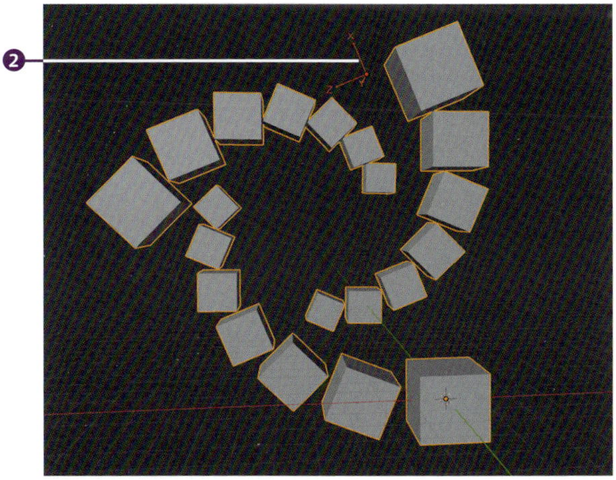

▲ **Abbildung 8.6**
Array-Modifier

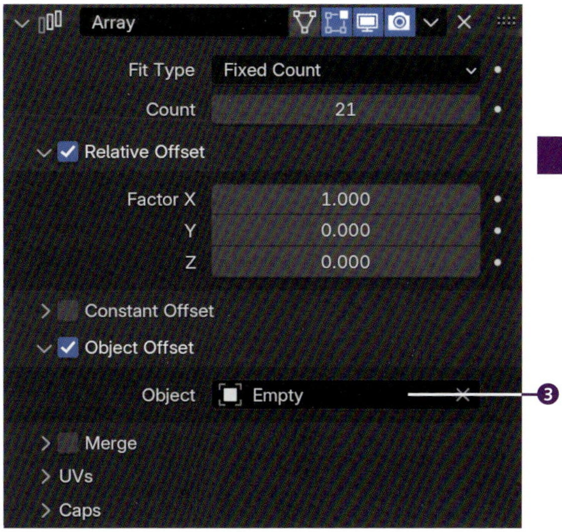

▲ **Abbildung 8.7**
Einstellungen für den Array-Modifier

Bevel | Im Prinzip ist der Bevel-Modifier (Abbildung 8.8) das Bevel-Tool in Modifier-Form. Mit dem großen Vorteil, dass Sie die Fasen bzw. Abrundungen im Nachgang jederzeit anpassen können.

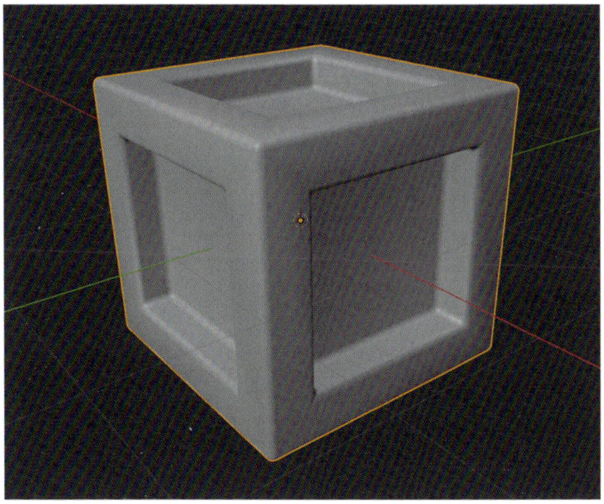

▲ **Abbildung 8.8**
Bevel-Modifier

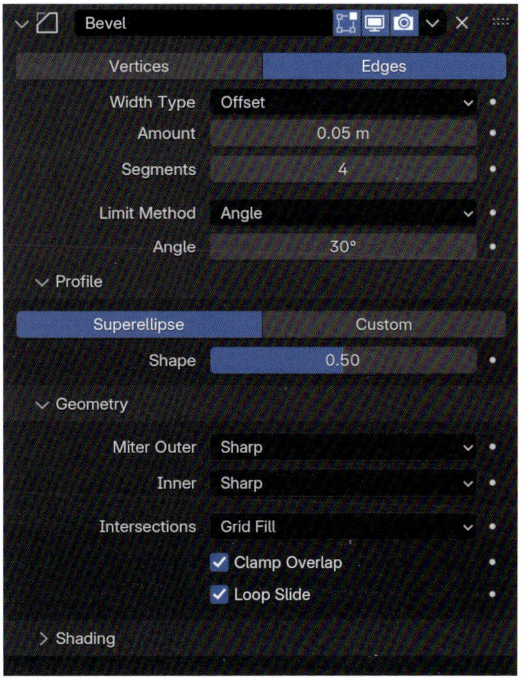

Abbildung 8.9 ▸
Einstellungen für den Bevel-Modifier

Die Einstellungen (Abbildung 8.9) entsprechen weitestgehend dem bekannten Bevel-Tool. Um unterschiedliche Bevels auf einem Objekt anzubringen, verwenden Sie für jede Bevel-Art einen eigenen Bevel-Modifier mit einer ihm zugewiesenen Vertex Group.

Boolean | Boole'sche Operationen (Abbildung 8.10) gehören zum Standard-Repertoire einer 3D-Software, allerdings sollten Sie von den entstehenden Meshes keine perfekte Topologie erwarten.

Über die Einstellungen definieren Sie das Objekt ❶ bzw. die Collection, die vom Ausgangsobjekt abgezogen (DIFFERENCE), mit ihm überschnitten (INTERSECT) oder vereinigt (UNION) werden soll.

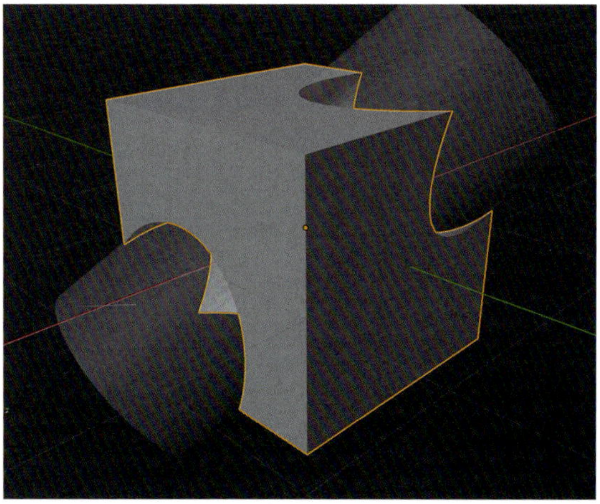

▲ **Abbildung 8.10**
Boolean-Modifier

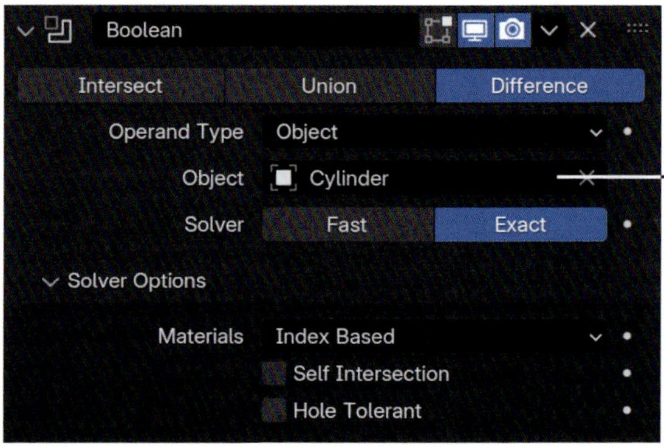

▲ **Abbildung 8.11**
Einstellungen für den Boolean-Modifier

Build | Der Build-Modifier (Abbildung 8.12) baut Ihr Objekt Face für Face über einen frei bestimmbaren Zeitraum auf. Einen Ab- statt Aufbau erreichen Sie durch Aktivieren der Option REVERSED.

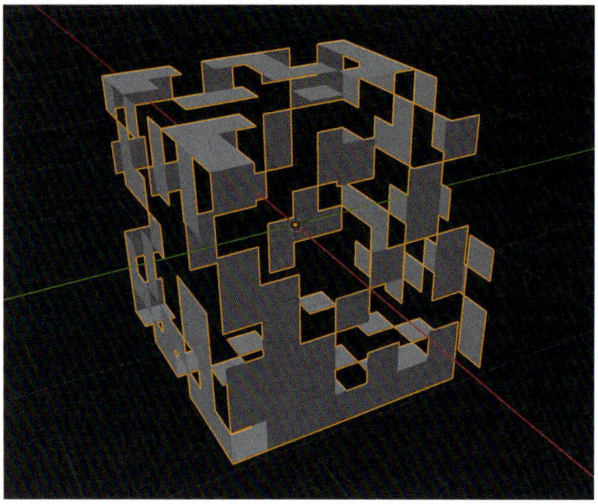

◄ **Abbildung 8.12**
Build-Modifier

▼ **Abbildung 8.13**
Einstellungen für den Build-Modifier

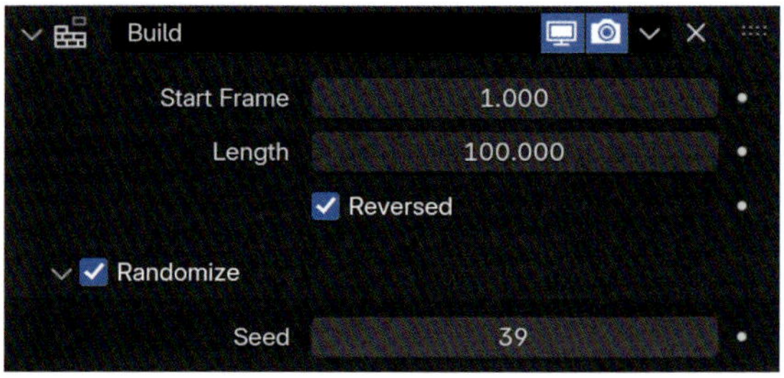

Die Reihenfolge kann zufällig (Randomize) oder nach der im Mesh hinterlegten Sortierung erfolgen. Zum Start der Animation drücken Sie die Leertaste.

Mesh-Reihenfolge ändern

Beim Edit Mode finden Sie im Menü Mesh • Sort Elements verschiedene Optionen, um die Reihenfolge der Mesh-Elemente anzupassen.

Decimate | Der Decimate-Modifier kann Ihnen dabei helfen, die Anzahl an Vertices, Edges und Faces Ihres Mesh-Objekts zu reduzieren. Das gescannte Modell aus Abbildung 8.14 links besaß über 1,65 Millionen Vertices. Für die Reduzierung stehen die drei Modes Collapse, Un-Subdivide und Planar zur Auswahl.

◂ **Abbildung 8.14**
Decimate-Modifier

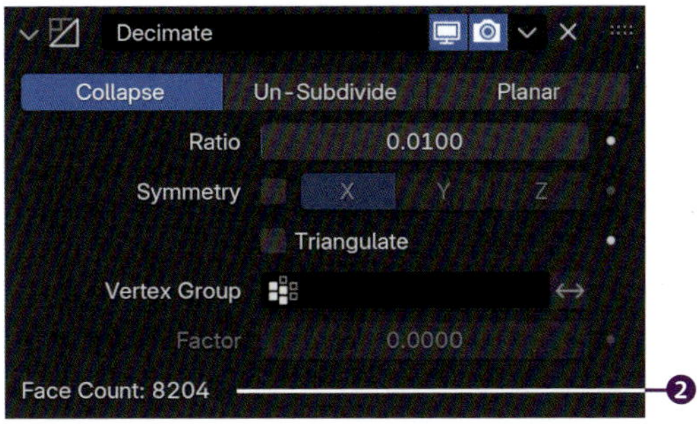

▴ **Abbildung 8.15**
Einstellungen für den Decimate-Modifier

Den Erfolg können Sie am Parameter Face Count ❷ ablesen oder im Viewport (Abbildung 8.15) an der schieren Menge an Vertices (in der Mitte die Originalversion, rechts die reduzierte Version).

Edge Split | Mit dem Edge Split-Modifier (Abbildung 8.16) definieren Sie die Kanten (Edges) Ihres Mesh-Objekts abhängig vom vorliegenden Winkel als scharfkantig, beispielsweise bei per Smooth Shading geglätteten Objekten. In diesem Fall benötigt Blender die Information, ab welchem Winkel die Edge noch geglättet werden darf und ab wann eine scharfe Kante gezeichnet werden soll.

Der Edge Split-Modifier existiert in erster Linie aus Kompatibilitätsgründen. Sie können diesen manuellen Eingriff auch mit Custom Split Normals, über den Befehl Mesh • Normals • Split (Tasten Alt + N) durchführen.

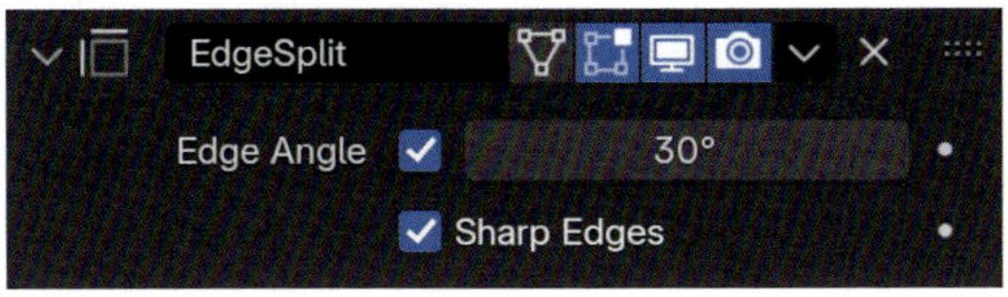

◂ **Abbildung 8.16**
Einstellungen für den Edge Split-Modifier

Mask | Der Mask-Modifier (Abbildung 8.18) blendet bestimmte Elemente des Meshes oder auch einer Armature gezielt aus. Dazu wählen Sie den entsprechenden Mode ❶ und suchen sich anschließend die Vertex Group bzw. Armature aus dem Auswahlmenü ❷. Über den Button Invert ❸ kehren Sie kurzerhand die Vertex Group und damit die Maske um.

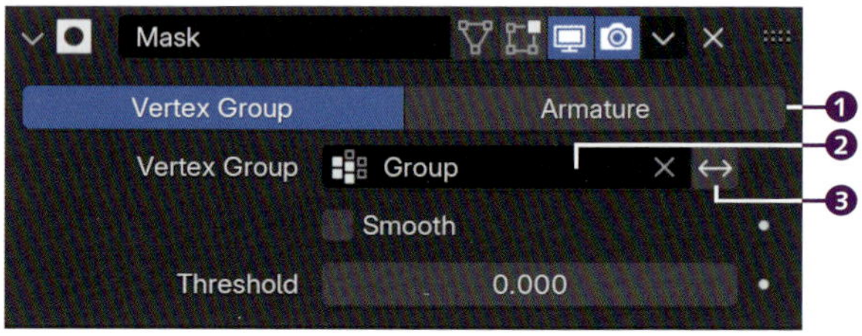

▲ **Abbildung 8.17**
Einstellungen für den Mask-Modifier

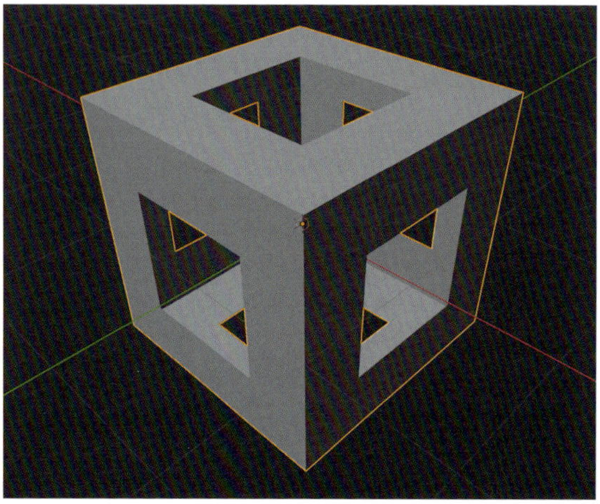

◂ **Abbildung 8.18**
Mask-Modifier

Mirror | Der Mirror-Modifier (Abbildung 8.19) ist ein klassischer Helfer beim Modelling symmetrischer Objekte. Zunächst definieren Sie die Spiegelachse(n) ❹ oder auch ein Spiegelobjekt ❺ und schneiden, falls nötig, das Objekt an der Achse durch (Bisect).

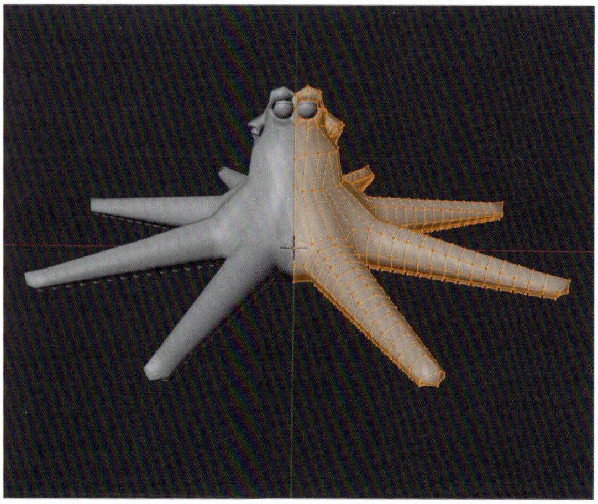

▴ **Abbildung 8.19**
Mirror-Modifier

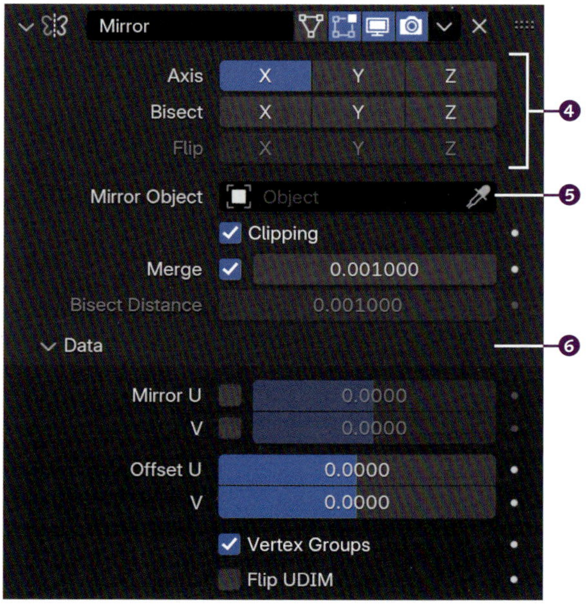

Abbildung 8.20 ▸
Einstellungen für den Mirror-Modifier

Des Weiteren legen Sie fest, ob durch Spiegelung aufeinanderliegende Vertices verschmolzen werden (MERGE) und ob ein Verschieben von Vertices über die Spiegelachse hinaus unterbunden wird (CLIPPING). Das untergeordnete Panel DATA ❻ enthält Optionen für den Umgang mit bestehenden UV-Daten und Vertex Groups.

Idealerweise bereiten Sie Ihr Mesh-Objekt auf den Mirror-Modifier vor, indem Sie die Vertices einer Hälfte des Objektes selektieren und mit dem Befehl DELETE • VERTICES (Taste X) löschen.

Multiresolution | Der Multiresolution-Modifier (Abbildung 8.21) kümmert sich um die für das Sculpting benötigten Unterteilungen. Wie der Name schon verrät, versteht sich dieser Modifier auf den Umgang mit mehreren Unterteilungsstufen – eine für das Sculpting extrem wichtige Funktionalität.

▲ **Abbildung 8.21**
Per Multires-Modifier hochaufgelöstes Mesh

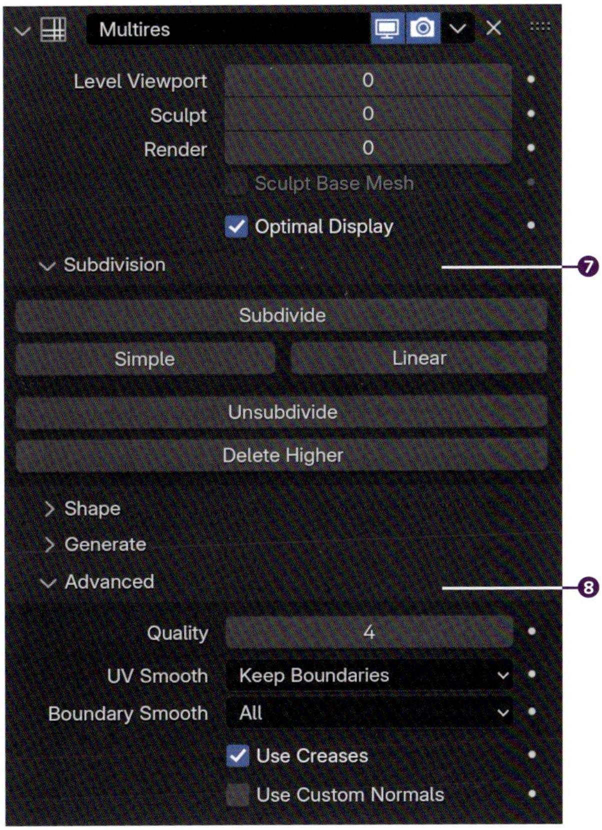

Abbildung 8.22 ▸
Initiale Einstellungen für den Multires-Modifier

Den Anfang machen stets mehrere beherzte Klicks auf die Buttons im Panel SUBDIVISION ❼, mit denen Sie die benötigte Anzahl an Unterteilungen erzeugen. Im Panel ADVANCED ❽ finden Sie dazu die Einstellungen für die geglättete Unterteilung, hier können Sie den zugehörigen SUBDIVISION TYPE sowie die Qualität der Glättung initial festlegen. Mit dem Multires-Modifier haben Sie bei jeder Unterteilung, die Sie vornehmen, die Wahl zwischen der geglätteten (SUBDIVIDE), einer einfachen (SIMPLE) bzw. einer linearen Unterteilung (LINEAR), die Sie über den jeweiligen Button (Abbildung 8.23) anbringen.

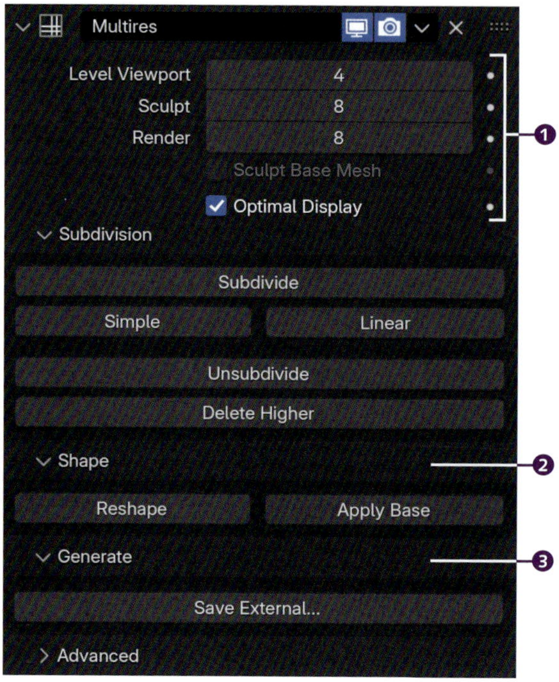

Abbildung 8.23 ▸
Einstellungen für den Multires-Modifier

Entsprechend haben Sie mit jeder zusätzlichen Unterteilung die Möglichkeit, die Auflösung des Meshes für das Sculpting nach oben zu schrauben. Über den Button UNSUBDIVIDE erreichen Sie genau das Gegenteil – es wird versucht, eine niedriger aufgelöste Variante des vorliegenden BASE MESHES nachzubauen. Mit dem Button DELETE HIGHER werden Sie zu hohe Unterteilungsstufen wieder los, allerdings verlieren Sie dabei natürlich die Details in den höheren Auflösungen.

Mit jeder vorliegenden Unterteilungsstufe (LEVEL) ändern sich auch die Optionen für die Darstellung ❶ des unterteilten Mesh-Objekts. Getrennt für die Ansicht im Viewport im OBJECT MODE (LEVEL VIEWPORT), während des Sculptings (SCULPT) sowie für das Rendering (RENDER) lässt sich unter den vorliegenden Unterteilungsstufen die jeweils günstigste wählen. Nicht zuletzt aus Performancegründen empfiehlt es sich, die Unterteilung so hoch wie nötig, aber so niedrig wie möglich zu halten. Sie können während der Arbeit jederzeit in eine andere, auch niedrigere Unterteilungsstufe wechseln, die in den höheren Levels erzeugte Formung bleibt davon unberührt. Durch Aktivieren von SCULPT BASE MESH wirken die Werkzeuge auf das Basis-Mesh, während Sie im Viewport weiterhin die hoch aufgelöste Unterteilung sehen.

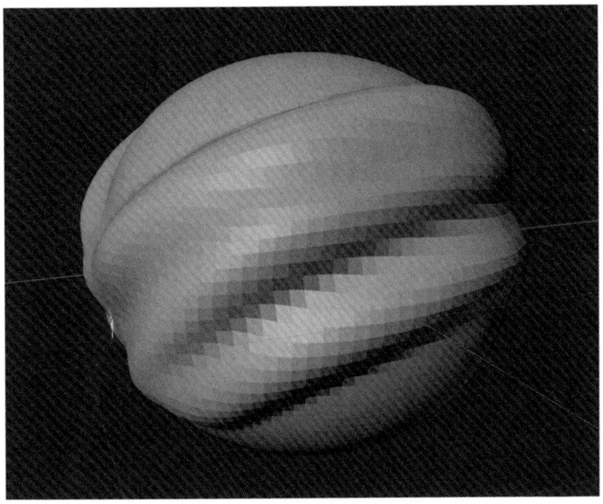

▲ **Abbildung 8.24**
Sculpting in Unterteilungsstufe 5

▲ **Abbildung 8.25**
Sculpting in Unterteilungsstufe 9

Durch Aktivieren der Option OPTIMAL DISPLAY erreichen Sie, dass für die Darstellung des WIREFRAME MESHES im OBJECT MODE das nicht-unterteilte Objekt verwendet wird. Andernfalls dürfte es bei komplexeren Sculpting-Objekten bzw. -Szenen zu spürbaren Performanceeinbrüchen kommen.

Der Multiresolution-Modifier ist aber nicht nur in der Lage, Meshes zu unterteilen. Im Panel SHAPE ❷ finden Sie beispielsweise die Funktion RESHAPE, mit der sich Vertex-Koordinaten eines gleich strukturierten Objekts auf das aktive Objekt übertragen lassen. APPLY BASE versucht dagegen, die verformte Geometrie auf das niedrig unterteilte Basis-Mesh zu übertragen.

Im Panel GENERATE ❸ steht Ihnen die Funktion SAVE EXTERNAL zur Verfügung, mit der Sie die Deformation des Meshes als externes (.btx-)File exportieren können. Hinzu kommt, solange Sie mit dem Modifier noch keine Unterteilungen erzeugt haben, der Befehl REBUILD SUBDIVISIONS. Mit ihm lassen sich auf Basis eines existierenden Sculptings die Unterteilungslevel reproduzieren, um zu einem optimierten, sauberen Multires-Mesh zu gelangen.

Multires-Modifier in der Praxis

In Kapitel 9, »Sculpting«, lernen Sie den Multiresolution-Modifier in seinem wichtigsten Aufgabengebiet in der Praxis kennen.

Remesh | Mit diesem Modifier bauen Sie die Mesh-Topologie des Objekts neu auf. An der grundlegenden Form ändert sich wenig, der Aufbau erfolgt dabei ausschließlich aus Quads (Faces mit vier Vertices).

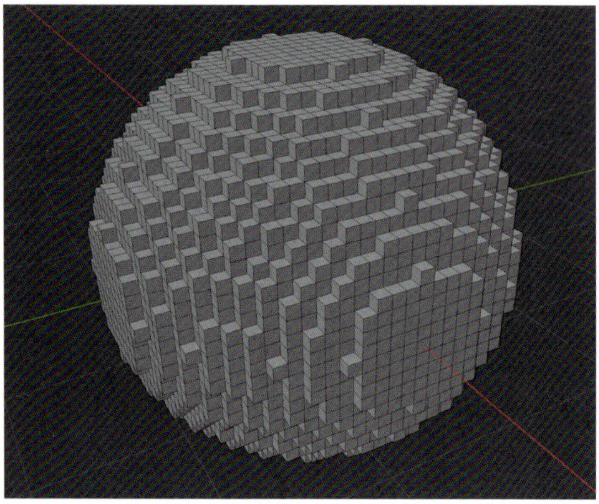

▲ **Abbildung 8.26**
Remesh-Modifier im Mode Blocks

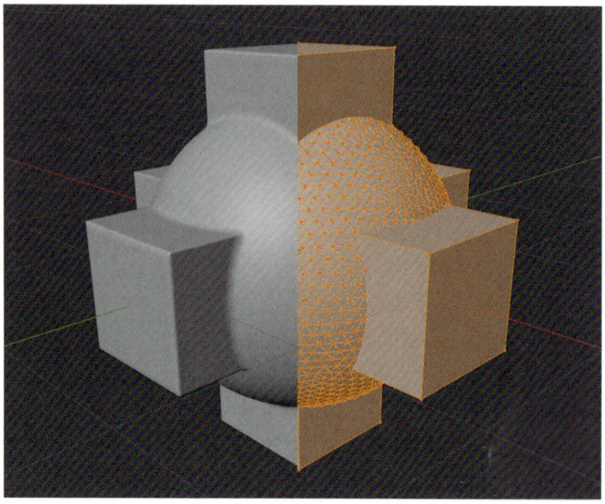

▲ **Abbildung 8.27**
Remesh-Modifier im Mode Voxel

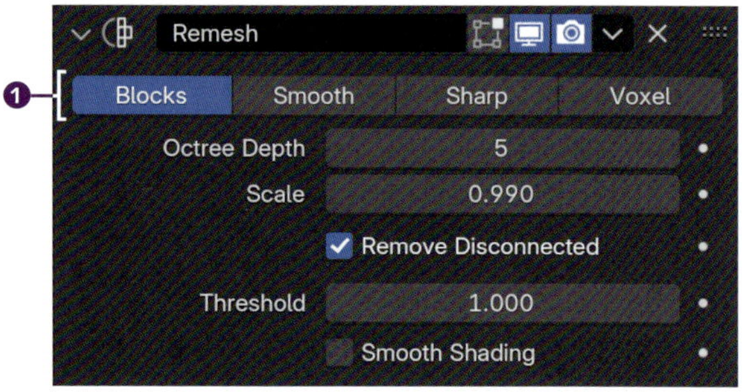

▲ **Abbildung 8.28**
Einstellungen für den Remesh-Modifier im Mode Blocks

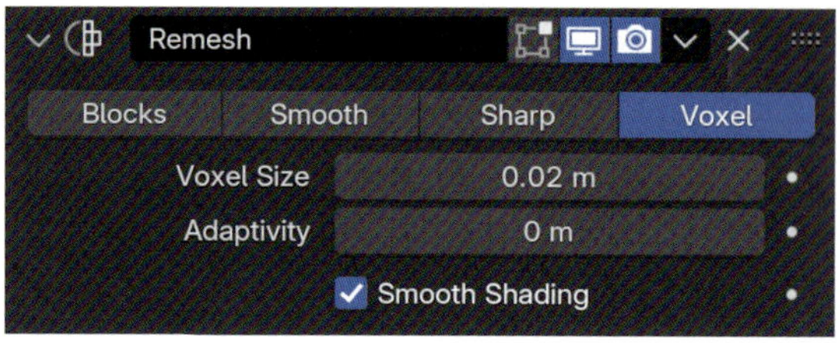

▲ **Abbildung 8.29**
Einstellungen für den Remesh-Modifier im Mode Voxel

Aus insgesamt vier Modi ❶ wählen Sie die Art der Glättung beim Remeshing. Sie haben dabei zum einen die Wahl zwischen Glatt (Smooth) sowie Glatt mit scharfen Kanten (Sharp). Mit dem Remesh-Modifier können Sie aber auch einen tatsächlichen Neubau des Mesh-Objekts veranlassen.

So erhalten Sie im Mode Blocks (Abbildung 8.26) eine völlig ungeglättete Version, die aus einer Vielzahl an Blöcken besteht. Die Auflösung des Meshes legen Sie über die Parameter Octree Depth und Scale fest. Vereinzelte, abgetrennte Blöcke entfernen Sie über die Option Remove Disconnected Pieces.

Der Mode VOXEL beherbergt im Prinzip den Remesher, den Sie in Abschnitt 9.4, »Dyntopo und Remesh«, noch genauer kennenlernen werden. Mit ihm können Sie unterschiedliche Mesh-Grundformen zu einem gemeinsamen Objekt verschmelzen (Abbildung 8.27). Auf diese Weise entsteht sehr schnell ein Basismodell für die spätere Ausarbeitung beim Sculpting.

Über den Parameter VOXEL SIZE definieren Sie die Größe der »Voxel« (Volumen-Pixel) und damit die Auflösung des resultierenden Meshes. Die ADAPTIVITY erlaubt dem Remesher, an günstigen Stellen Geometrie auf Kosten des Detailgrads einzusparen.

Screw | Auch der Screw-Modifier bildet ein Modelling-Tool nicht-destruktiv nach. Standardmäßig wird dabei der Ursprung des Objekts als Bezugspunkt verwendet, Sie können aber auch die Achse eines anderen Objektes ❷ »ausleihen«. Die Auflösung bzw. Unterteilung des Objekts steuern Sie über die Step-Werte ❸.

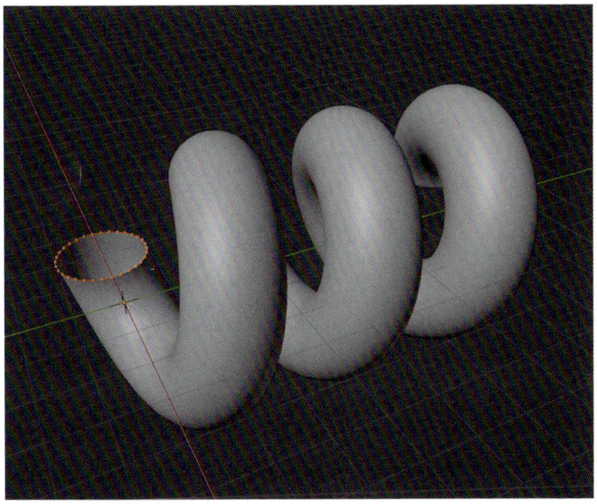

▲ **Abbildung 8.30**
Screw-Modifier

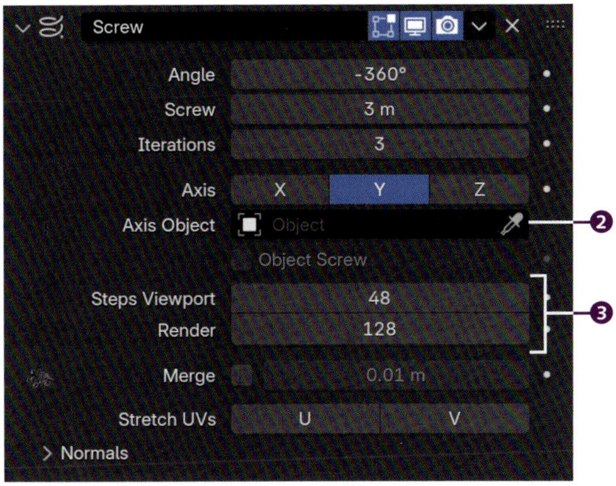

▲ **Abbildung 8.31**
Einstellungen für den Screw-Modifier

Die Höhe des »geschraubten« Objektes ergibt sich aus dem Parameter SCREW. Die Drehung definieren Sie zum einen über den Winkel (ANGLE) sowie die Anzahl der Wiederholungen (ITERATIONS). Vertices, die sich aufgrund der Rotation überlagern, können Sie über MERGE VERTICES automatisch verschmelzen.

Skin | Schneller als mit dem Skin-Modifier lassen sich keine Basis-Meshes für die Ausarbeitung per Sculpting oder auch Test-Meshes für die Animation erstellen. Der Modifier verwendet dabei die vorhandenen Vertices und Edges des jeweiligen Objekts und generiert daraus mittels einstellbarer Radien eine Hülle um das Objekt (Abbildung 8.32).

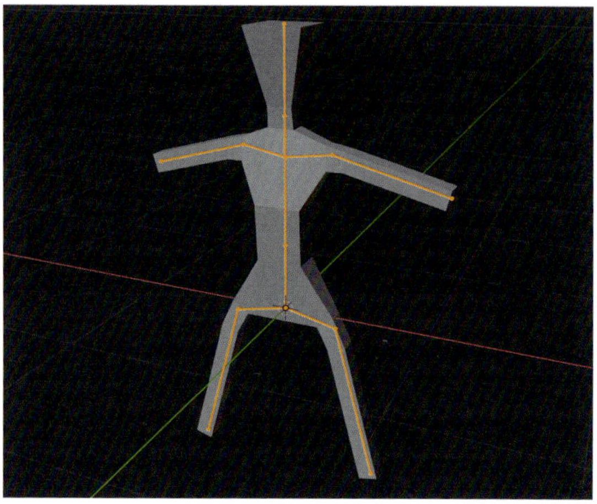

▲ **Abbildung 8.32**
Skin-Modifier

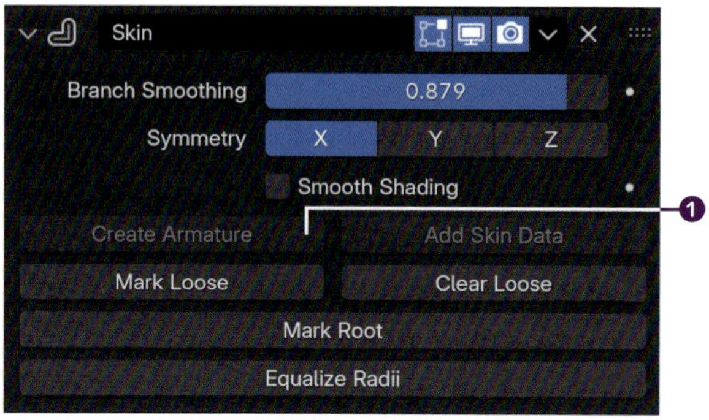

▲ **Abbildung 8.33**
Einstellungen für den Skin-Modifier

Um die Radien an bestimmten Vertices anzupassen, halten Sie die Tasten [Strg]/[Cmd]+[A] gedrückt, während Sie den Mauszeiger bewegen. Ein Klick auf den Button CREATE ARMATURE ❶ genügt, und der Modifier erzeugt Ihnen eine animierbare ARMATURE dazu.

Solidify | Der Solidify-Modifier kommt zum Einsatz, wenn Sie eine Oberfläche zu einem echten 3D-Objekt machen wollen, indem Sie ihr Dicke bzw. Tiefe verleihen.

▼ **Abbildung 8.34**
Solidify-Modifier

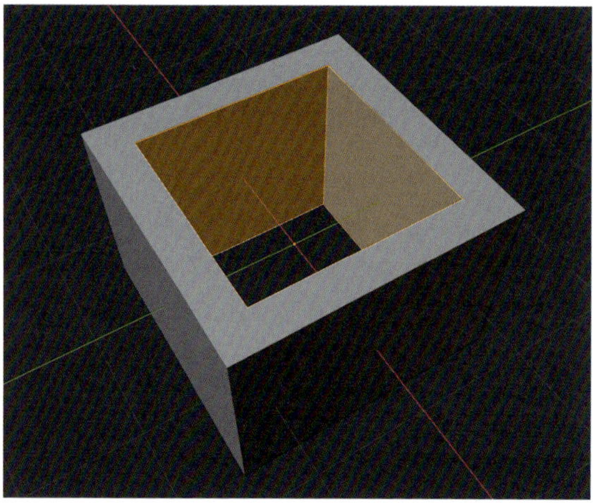

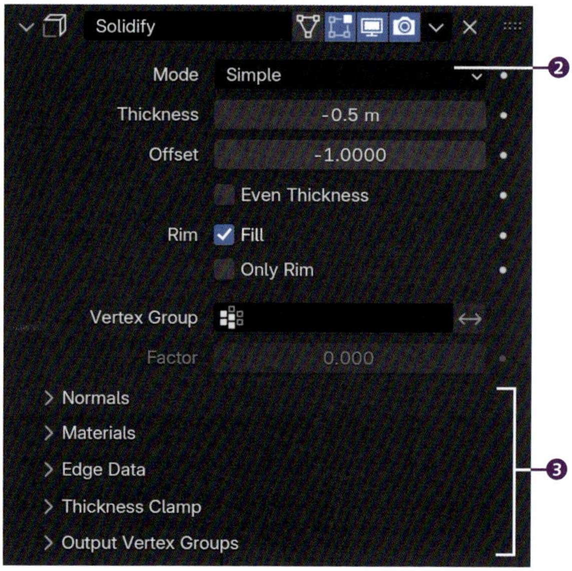

Abbildung 8.35 ▶
Einstellungen für den Solidify-Modifier

Dabei verwendet der Modifier stets die Face-Normalen der Oberfläche, um die gewünschte Materialstärke aufzutragen. In Abbildung 8.34 sehen Sie, wie der Modifier dem rechteckigen Rahmen aus vier Faces nach außen hin Materialdicke verschafft.

Ähnlich wie beim Bevelling gibt es auch beim Solidify-Modifier einige Knackpunkte wie überlappende Kanten (CLAMPING) oder die Situation an den Rändern (RIM und CREASE). Hier können Sie für nachfolgende Modifier, wie beispielsweise einen Bevel-Modifier, mittels Vertex Groups die äußere Hülle (SHELL) bzw. die Kanten (RIM) definieren und separat behandeln lassen.

Im Menü MODE ❷ stehen Ihnen zwei Methoden zur Verfügung: Für relativ einfache Geometrien reicht oft SIMPLE, bei komplexeren Geometrien hilft der auf einem anderen Algorithmus basierende Mode COMPLEX. Der wichtigste Parameter in den Einstellungen ist natürlich die Dicke (THICKNESS), doch Sie haben noch eine Vielzahl weiterer Parameter, um beispielsweise die Richtung des Materialauftrags zu ändern (OFFSET) bzw. den Umgang des Modifiers mit Normalen, Materialien und Kanten zu steuern ❸.

Materialstärke für 3D-Druck

Der Solidify-Modifier kann sehr hilfreich sein, um Objekten für den späteren 3D-Druck eine ausreichende Materialstärke zu verleihen.

Subdivision Surface | Dieser oft auch nur kurz »SubSurf« genannte Modifier ist für das organische Polygon-Modelling prädestiniert, da er das grob aufgelöste Mesh durch einen speziellen Unterteilungsalgorithmus glättet und so weiche, hoch aufgelöste Oberflächen schafft.

SubSurf-Kurzbefehl

Über den Kurzbefehl Strg/Cmd + 1 bzw. + 2 etc. weisen Sie Ihrem Objekt den SubSurf-Modifier zusammen mit der Anzahl an VIEWPORT SUBDIVISIONS zu.

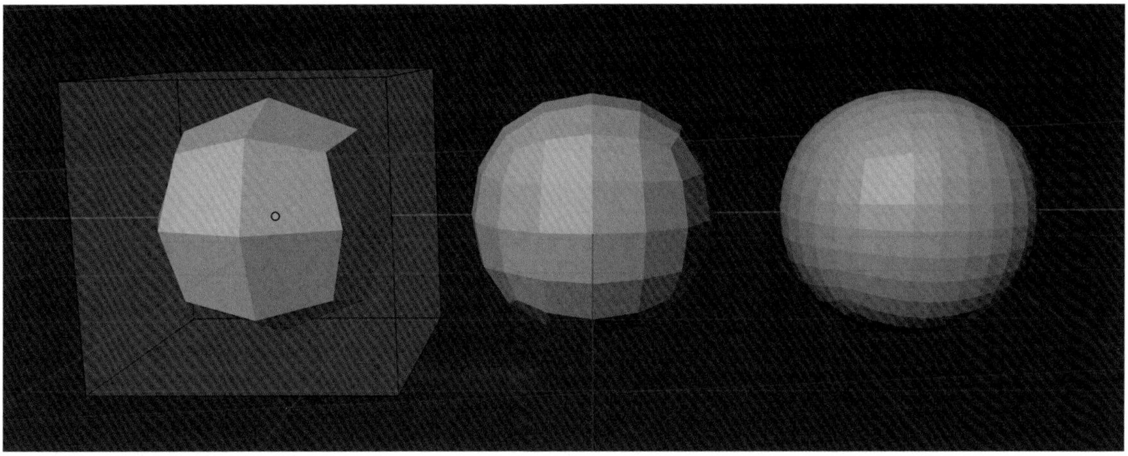

▲ **Abbildung 8.36**
Unterteilungsstufen für den Subdivision Surface-Modifier

Alle drei Objekte in Abbildung 8.36 sind einfache Cubes mit insgesamt sechs Faces. Der einzige Unterschied liegt in den Unterteilungsstufen im jeweiligen Subdivision Surface-Modifier. Je höher die Unterteilungsstufe (SUBDIVISION), desto glatter wird die Oberfläche gerundet. Für diese Glättung inklusive Rundung sorgt der Algorithmus CATMULL-CLARK, SIMPLE (Abbildung 8.38) dagegen unterteilt lediglich die vorliegenden Faces.

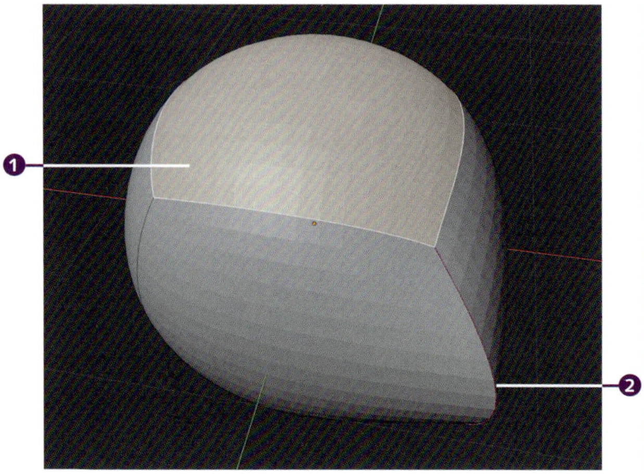

▲ **Abbildung 8.37**
Subdivision Surface-Modifier

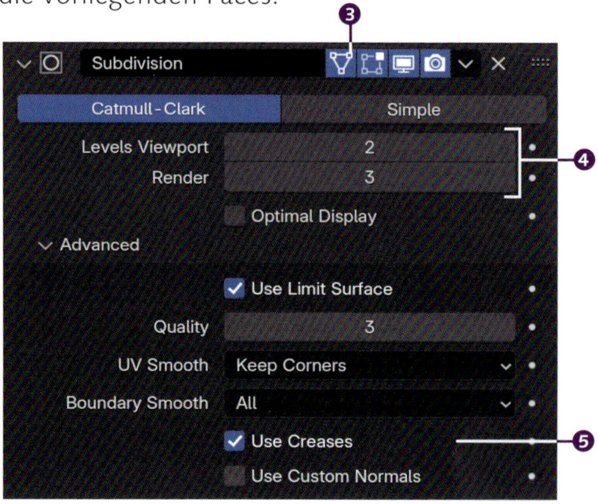

▲ **Abbildung 8.38**
Einstellungen für den Subdivision Surface-Modifier

Die Anzahl der Unterteilungen können Sie für den VIEWPORT und das RENDERING ❹ getrennt einstellen. Etwas gewöhnungsbedürftig ist die Arbeit mit deformierten Mesh-Komponenten ❶ bzw. ❸, auch wenn der Viewport dadurch aufgeräumter wirkt.

Um ohne zusätzliche Geometrie mehr Kontrolle über die Rundungen zu bekommen, lassen sich CREASES ❺ an den Edges ❷ und Vertices erzeugen. Dazu selektieren Sie die Edges bzw. Vertices, öffnen das Panel ITEM • TRANSFORM in der Sidebar (Taste N) und steuern den Parameter MEAN VERTEX CREASE ❻ bzw. CREASE ❼.

Abbildung 8.39 ▸
Panel ITEM • TRANSFORM in der Sidebar

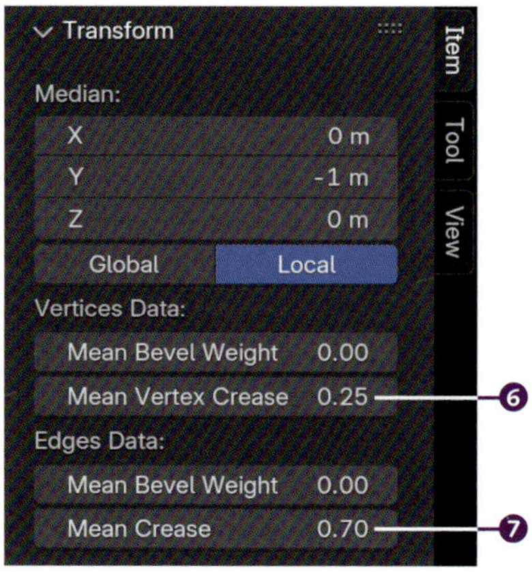

Triangulate | Der relativ unspektakuläre Triangulate-Modifier wandelt die Vierecke (Quads) und N-Gons des Objekts in Dreiecke um (Abbildung 8.40). Interessant ist dieser Modifier in erster Linie für die Aufbereitung von Modellen für den Export in Game Engines oder auch für den 3D-Druck.

Volume to Mesh-Modifier

Sollten Sie den Volume to Mesh-Modifier vermissen: Auf diesen und weitere Volume-Modifier gehen wir in Abschnitt 17.5, »Volume-Objekt«, ein.

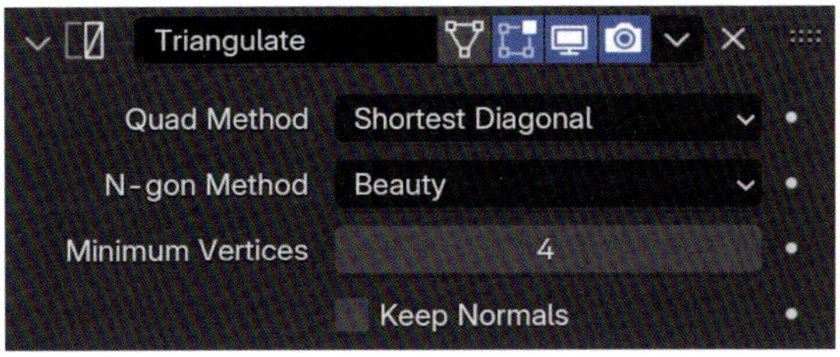

◂ **Abbildung 8.40**
Einstellungen für den Triangulate-Modifier

Weld | Der Weld-Modifier (Abbildung 8.41) vereinigt gezielt Vertices, die in einer vorgegebenen Entfernung (Distance) sehr nahe beieinanderliegen. Dieses verbesserte, aufgeräumte Mesh ermöglicht saubere Kanten, um beispielsweise beim Bevelling unschöne Probleme im Mesh zu vermeiden.

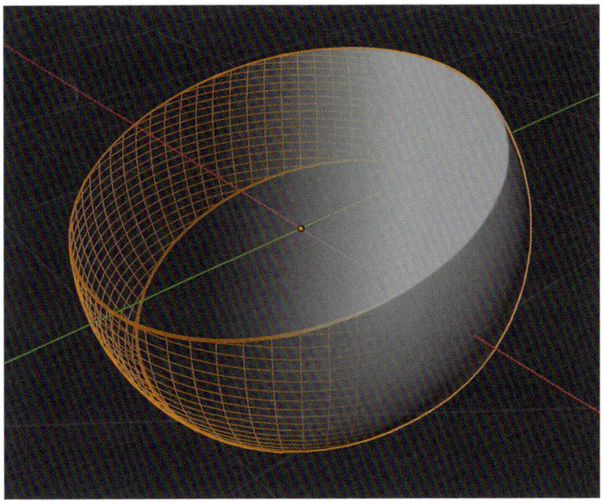

◂ **Abbildung 8.41**
Weld-Modifier

▾ **Abbildung 8.42**
Einstellungen für den Weld-Modifier

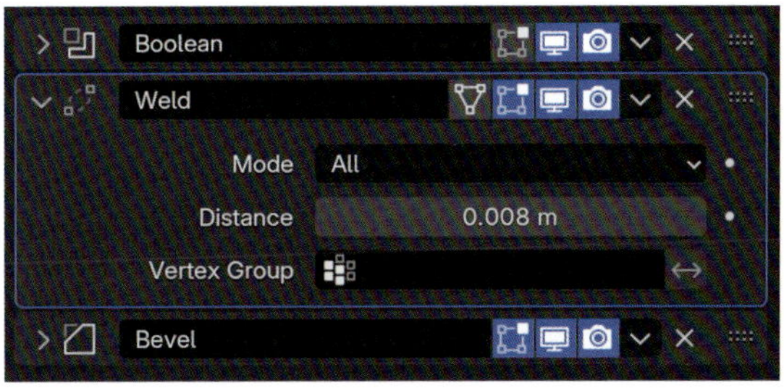

Problematische Meshes sind oftmals beim Einsatz des Boolean-Modifiers fast unvermeidbar, deshalb ist es sinnvoll, den Weld-Modifier im Modifier Stack in der Reihenfolge danach, also unterhalb einzusetzen (Abbildung 8.42).

Wireframe | Mit dem Wireframe-Modifier (Abbildung 8.43) verwandeln Sie die vorliegende Mesh-Struktur Ihres Objekts oder einer darin befindlichen Vertex Group in ein Drahtgittermodell mit echter Geometrie.

Über den Parameter THICKNESS regulieren Sie die Stärke des Drahtgitters, welches Sie mittels OFFSET zusätzlich vom Objekt versetzen. Durch Aktivieren von REPLACE ORIGINAL blenden Sie das Ausgangsobjekt aus, um nur das Drahtgittermodell zu erhalten.

▲ **Abbildung 8.43**
Wireframe-Modifier

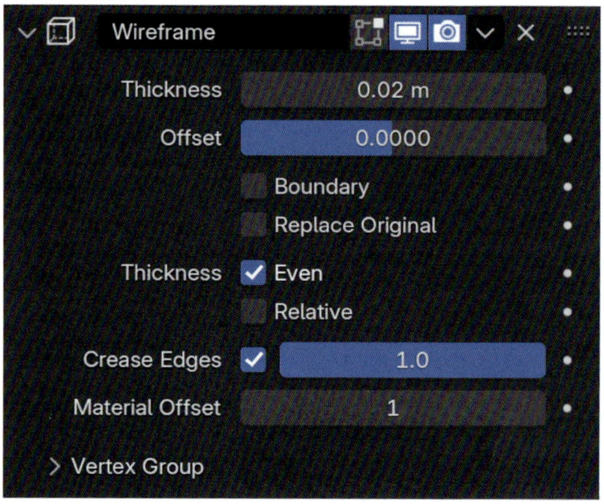

▲ **Abbildung 8.44**
Einstellungen für den Wireframe-Modifier

Deform-Modifier

Armature | Armature wird in Blender das animierbare Bone-Gerüst eines Characters genannt. Alles Wissenswerte zu diesem Modifier erfahren Sie in Abschnitt 16.1, »Armatures und Bones«.

Cast | Mit dem Cast-Modifier können Sie ein komplettes Objekt oder einen per Vertex Group definierten Teil davon wahlweise kugel-, zylinder- oder würfelförmig deformieren.

▼ **Abbildung 8.45**
Cast-Modifier

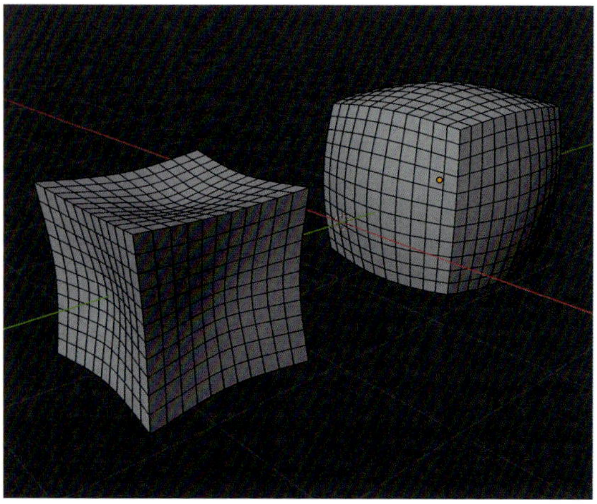

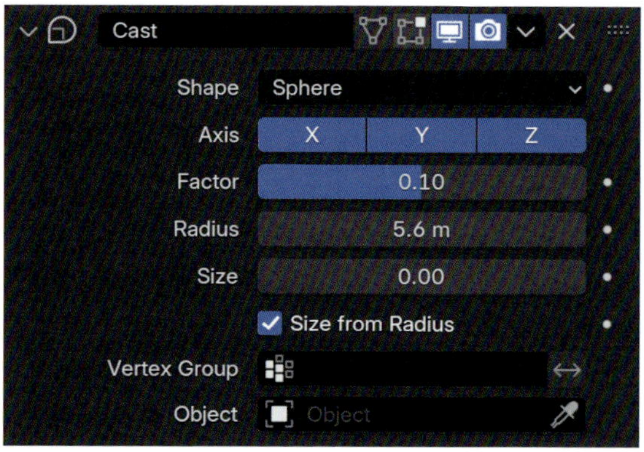

▲ **Abbildung 8.46**
Einstellungen für den Cast-Modifier

Diese gewünschte Zielform wählen Sie im Menü SHAPE aus, die Deformation selbst lässt sich auf bestimmte Achsen einschränken. Der Parameter FACTOR regelt die Stärke der Verformung, dabei sind auch negative Werte (in Abbildung 8.45 links) möglich.

Curve | Der Curve-Modifier deformiert ein Objekt entlang eines ihm vorgegebenen Pfades ❶ – eine entsprechend hohe Unterteilung des zu verformenden Objektes ist natürlich Voraussetzung. Wenn Sie das Objekt anschließend in Richtung der vorzugebenden DEFORM AXIS (Abbildung 8.47) verschieben, erfolgt die Deformation der Objekts entlang der Curve.

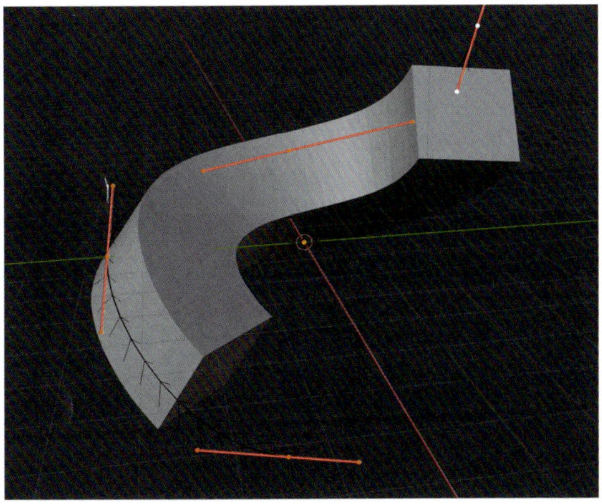

◂ **Abbildung 8.47**
Curve-Modifier

▾ **Abbildung 8.48**
Einstellungen für den Curve-Modifier

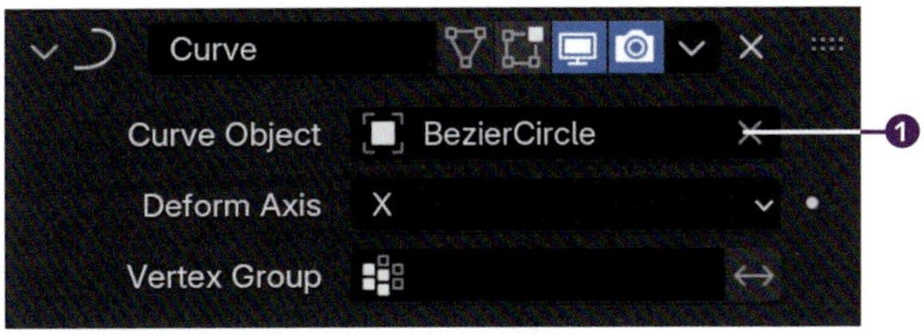

Displace | Der Displace-Modifier deformiert das Objekt, indem er die Vertices anhand der Farbinformation bzw. -intensität einer ihm vorgegebenen Textur ❷ verschiebt.

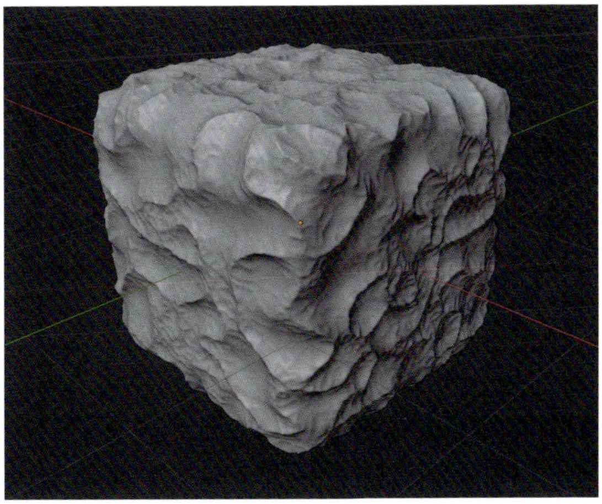

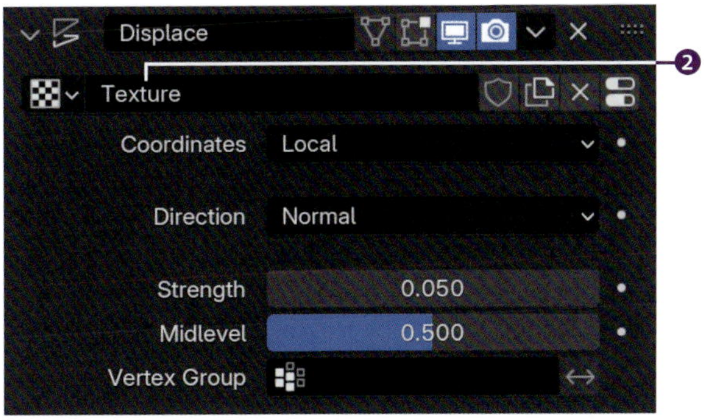

◂ **Abbildung 8.49**
Displace-Modifier

▴ **Abbildung 8.50**
Einstellungen für den Displace-Modifier

Texturen in Blender

Mehr über die Funktionen und den Umgang mit Texturen erfahren Sie im anschließenden Buchteil »Texturing«.

Als Textur können Sie wahlweise eine beliebige Bitmap-Bilddatei oder eine der zahlreichen in Blender vorhandenen prozeduralen Texturen verwenden.

Die Richtung, in die der Modifier deformieren soll, definieren Sie im Menü DIRECTION (Abbildung 8.50). Die Stärke der Deformation regulieren Sie mit dem Parameter STRENGTH. Über den Parameter MIDLEVEL geben Sie den Farbwert an, bei dem kein DISPLACEMENT (mehr) stattfinden soll.

Hook | Genau genommen könnte man den Hook-Modifier auch in die Kategorie »Animation« einsortieren, doch da mit ihm Meshes deformiert werden, ist er auch bei den Deform-Modifiern gut aufgehoben.

Sicherlich erinnern Sie sich noch an das Proportional Editing aus Kapitel 7, »Modelling-Tools«. Mit HOOKS (»Haken«) integrieren Sie Objekte, in der Regel Empties, mit denen Sie genau solche Transformationen kontrollieren (Abbildung 8.51) und – deshalb gibt es den Modifier – auch animieren können.

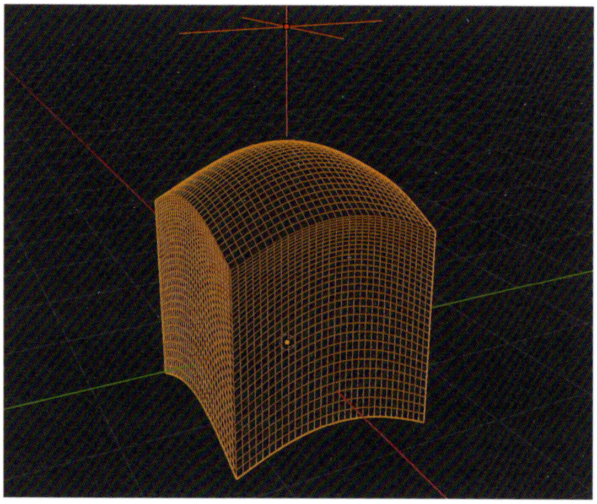

◂ **Abbildung 8.51**
Hook-Modifier

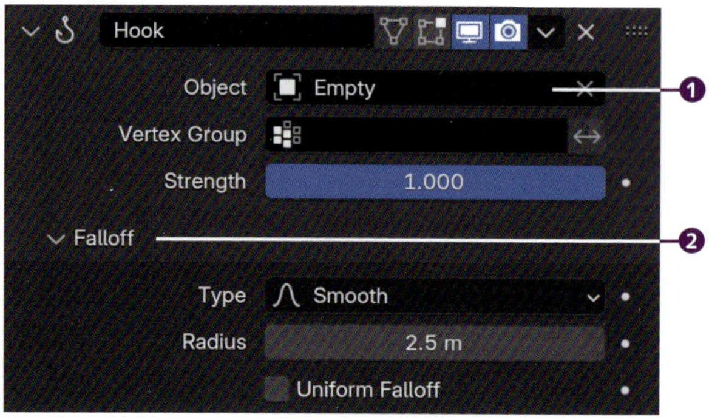

Abbildung 8.52 ▴
Einstellungen für den Hook-Modifier

Unter OBJECT ❶ tragen Sie das gewünschte Hook-Objekt ein. Sobald Sie eine VERTEX GROUP definieren, wirkt sich der HOOK nur auf diese Vertices aus. Die Deformation regulieren Sie über die gewünschte Stärke (STRENGTH) sowie über die Parameter im Panel FALLOFF ❷ über eine Abnahmefunktion und den Wirkungsradius. Nun müssen Sie nur noch in den EDIT MODE (Taste [⇆]) wechseln, um mit den nun eingeblendeten Buttons die zu deformierenden, selektierten Vertices des Objekts über ASSIGN an den angegebenen Hook zu binden.

Laplacian Deform | Mit dem Laplacian Deform-Modifier können Sie die Arbeit mit Hooks auf ein neues Level heben. Dazu bekommt der Modifier einen Satz an »Anker-Vertices« in Form einer ANCHOR WEIGHTS VERTEX GROUP zugeteilt (Abbildung 8.53), die ausschließlich dafür bestimmt sind, deformiert zu werden.

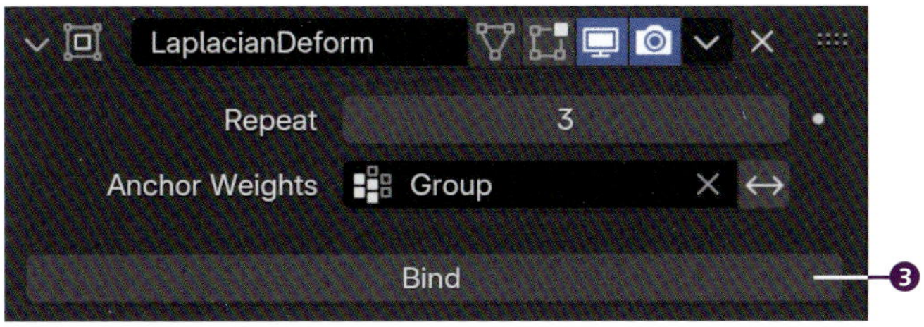

◂ Abbildung 8.53
Einstellungen für den Laplacian Deform-Modifier

Zur Deformation dieser Vertices verwenden Sie die gerade erst behandelten Hooks. Um dem Laplacian Deform-Modifier mitzuteilen, dass die festgelegte Vertex Group ab sofort zur Deformation verwendet werden soll, klicken Sie auf den im OBJECT MODE aktivierten Button BIND ❸.

Durch das Bewegen der Hooks, die auf die Vertices in der ANCHOR VERTEX GROUP wirken, wird das Mesh verformt – dank Laplacian Deform-Modifier aber in einer Weise, die stets versucht, nahe an der ursprünglichen Geometrie zu bleiben. Deshalb sollte der Laplacian Deform-Modifier im Modifier Stack in der Reihenfolge unterhalb der Hook-Modifier platziert sein.

Lattice | Der Lattice-Modifier gehört zu den klassischen Deformationswerkzeugen bei der Animation. Ob pur oder in Verbindung mit Shape Keys – dieser Deformer eignet sich für viele Einsatzzwecke.

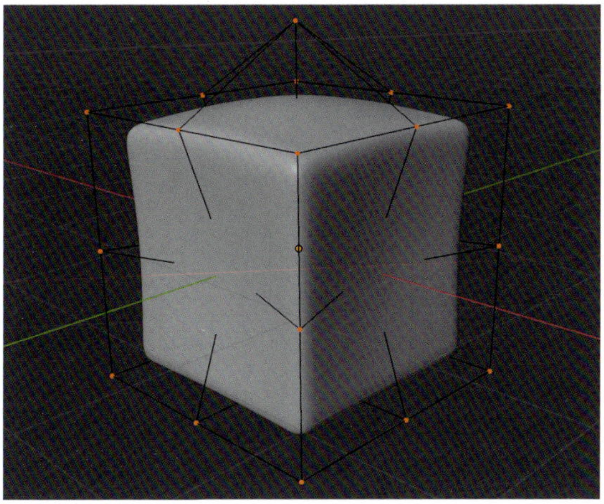

◂ Abbildung 8.54
Lattice-Modifier

Die Verformung des Objektes erfolgt dabei über einen frei konfigurierbaren Deformationskäfig (Abbildung 8.54) in Form eines zweiten gitterförmigen Objekts, des Lattice-Objekts. Der Modifier überträgt jede Modifikation der Vertices des Lattice-Objekts.

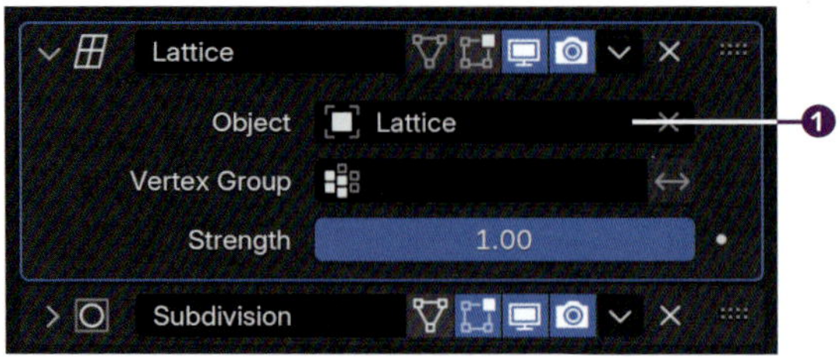

Abbildung 8.55 ▸ Einstellungen für den Lattice-Modifier

Entsprechend aufgeräumt präsentiert sich der Einstellungsdialog für den Lattice-Modifier (Abbildung 8.55), den Sie dem zu verformenden Objekt spendieren. Hier definieren Sie das für die Verformung zuständige Lattice-Objekt ❶. Wie üblich, können Sie die Deformation über eine VERTEX GROUP auf bestimmte Bereiche des Objekts beschränken. Mit dem Parameter (STRENGTH) steuern Sie die Stärke der Deformation.

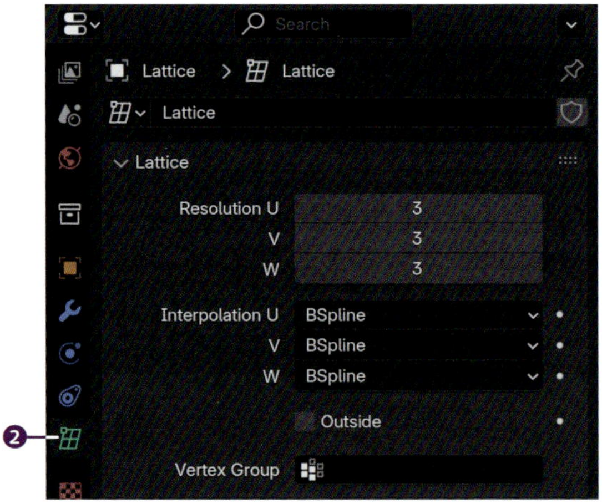

Abbildung 8.56 ▸ Tab OBJECT DATA des Lattice-Objekts im Properties Editor

Den Deformationskäfig, das Lattice-Objekt, müssen Sie sich selbst über das Menü ADD (Tasten ⇧ + A) im Viewport erzeugen. Seine Eigenschaften definieren Sie über seinen Object Data-Tab ❷ im Properties Editor.

Hier geben Sie unter RESOLUTION die Anzahl der für die Deformation benötigten Vertices und eine Interpolationsart vor. Die Option OUTSIDE bewirkt, dass ausschließlich Vertices an der Oberfläche des Lattice-Objekts ausgewertet werden.

Mesh Deform | Sollten Sie nun einwenden, die Deformation per Lattice-Objekt ist Ihnen zu unpräzise, so möchte ich Ihnen den Mesh Deform-Modifier ans Herz legen. Hier können Sie ein beliebiges Objekt für die Kontrolle der Deformation verwenden. Die Vorgehensweise dabei ist nahezu identisch. In den Einstellungen des Mesh Deform-Modifiers (Abbildung 8.57) definieren Sie das deformierende Objekt ❸ und binden es über den Button BIND ❹ an das zu verformende Objekt.

Speichern vor dem Binden

Der Prozess des Bindens der beiden Geometrien ist je nach Komplexität speicherhungrig und zeitaufwendig. Speichern Sie Ihre Szene deshalb sicherheitshalber vor dem Binden.

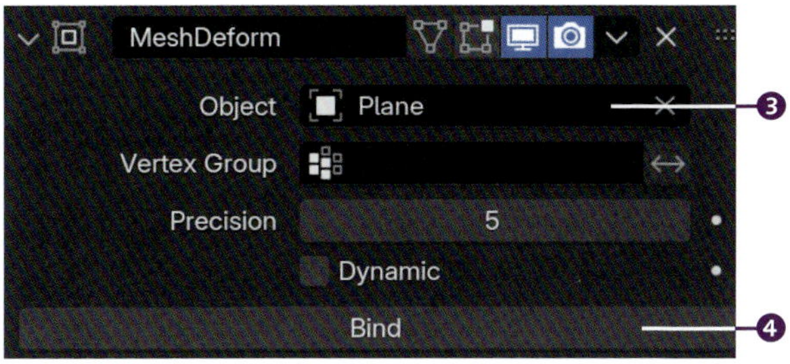

◂ **Abbildung 8.57**
Einstellungen für den Mesh Deform-Modifier

Mit dem Parameter PRECISION stellen Sie die Genauigkeit ein, mit der die Bindung und resultierende Deformation erfolgt. Durch Aktivieren der Option DYNAMIC werden auch andere deformierende Modifier in die Berechnung einbezogen.

Shrinkwrap | Der Shrinkwrap-Modifier legt ein Objekt durch Verschieben seiner Vertices auf die Oberfläche eines anderen Objektes. In Abbildung 8.58 sehen Sie eine Plane ❺, deren Vertices ❻ mittels Shrinkwrap-Deformer auf den Cylinder projiziert wurden.

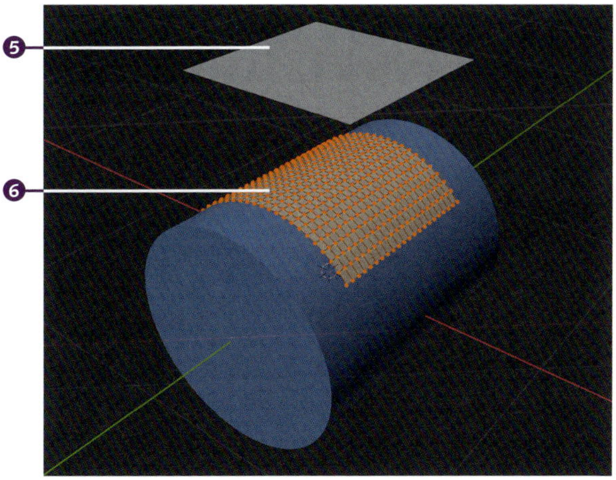

▴ **Abbildung 8.58**
Projektion mit dem Shrinkwrap-Modifier

▾ **Abbildung 8.59**
Einstellungen für den Shrinkwrap-Modifier

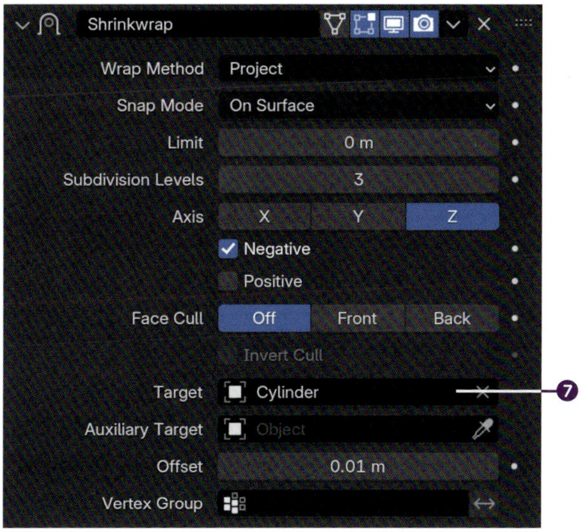

Die Shrinkwrap-Methode geben Sie unter WRAP METHOD vor. Worauf die verschobenen Vertices einrasten, geben Sie im Menü SNAP MODE an. Im Mittelpunkt steht natürlich das Zielobjekt, das Sie als TARGET ❼ festlegen (Abbildung 8.59). Sie können hier wahlweise den nächsten Punkt an der Oberfläche, eine Projektion, den nächsten Vertex oder eine Projektion entlang der Normalen des Zielobjekts definieren. Je nach gewählter Shrinkwrap-Methode finden Sie zusätzliche Optionen, beispielsweise für die Projektionsachse und -richtung.

Simple Deform | Eigentlich haben Sie mit dem Simple Deform-Modifier ganze vier Deformationsarten zur Hand: Sie können Ihre Objekte verdrehen (TWIST) ❶, biegen (BEND) ❷, anschrägen (TAPER) ❸ und dehnen (STRETCH) ❹.

Abbildung 8.60 ▸
Twist, Bend, Taper und Stretch mit dem Simple Deform-Modifier

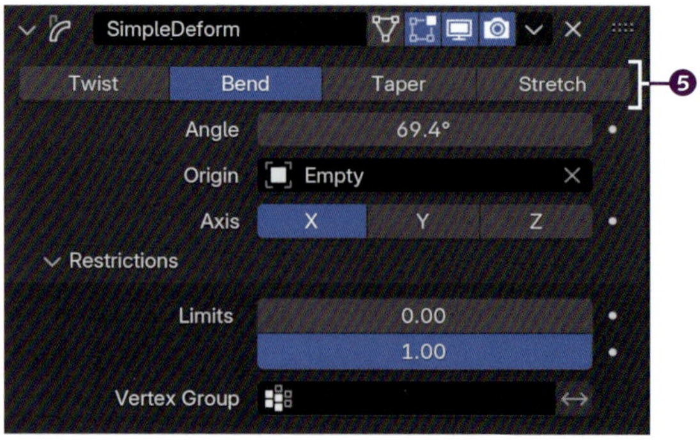

Abbildung 8.61 ▸
Einstellungen für den Simple Deform-Modifier

Die gewünschte Deformationsart wählen Sie per Button ❺ in den Einstellungen des Simple Deform-Modifiers. Unter ORIGIN und AXIS geben Sie die Achse an, die für die Verformung verwendet werden soll. Dabei können Sie auch hier die Achse eines beliebigen anderen Objektes verwenden. Je nach Deformationsart steuern Sie die Stärke der Verformung bei DEFORM über einen Winkel (ANGLE) oder einen FACTOR.

Ausreichend Geometrie schaffen

Wie die meisten Modifier benötigt auch der Simple Deform-Modifier ausreichend Geometrie in Form von Unterteilungen, um weiche Deformationen zu erzeugen. Ein vorgeschalteter SubSurf-Modifier im Modus SIMPLE ändert nichts am Mesh und hält sie flexibel.

Smooth, Smooth Corrective und Smooth Laplacian | Diese drei Modifier verfolgen alle das gleiche Ziel: die Glättung der Objektoberfläche. Der maßgebliche Unterschied ist (neben dem verwendeten Algorithmus) deren Einsatzzweck.

Der Smooth-Modifier arbeitet vergleichsweise simpel. Er reduziert die Winkel der aneinandergrenzenden Faces und ebnet die Oberfläche entsprechend ein (Abbildung 8.62 rechts). In den Einstellungen des Smooth-Modifiers (Abbildung 8.63) definieren Sie die Achsen ❻, über die geglättet werden soll, die Stärke der Glättung (FACTOR) sowie die Anzahl der Glättungsdurchgänge (REPEAT).

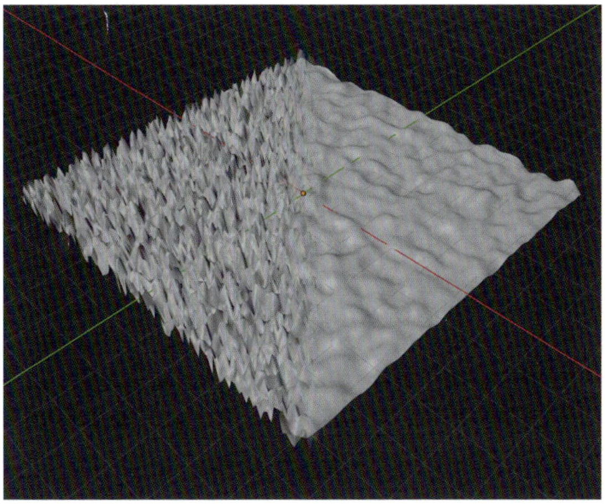

◂ **Abbildung 8.62**
Smooth-Modifier

▾ **Abbildung 8.63**
Einstellungen für den Smooth-Modifier

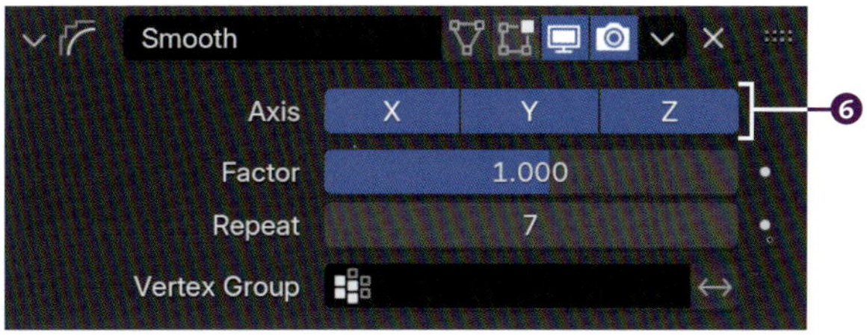

Der Smooth Corrective-Modifier ist auf die korrigierende Glättung von Oberflächen deformierter Meshes, beispielsweise durch Modifier wie den Armature-Modifier, spezialisiert. Mit ihm können Sie die Mesh-Glättungen an typischerweise problematischen Stellen wie an den Gelenken der Bones deutlich exakter justieren. Entsprechend ist dieser Modifier nach dem Deformer anzuordnen.

Mit dem Laplacian Smooth-Modifier lassen sich unerwünschte Unebenheiten auf Oberflächen, beispielsweise auf importierten Meshes von 3D-Scans, gezielt beseitigen. Der Modifier versucht so gut es geht den sogenannten »Noise« (Rauschen) zu entfernen, dabei aber die Geometrie bzw. die Form des Objekts möglichst wenig zu verändern.

Surface Deform | Mit dem Surface Deform-Modifier übertragen Sie Deformationen eines Ausgangsobjekts direkt auf ein anderes Objekt. Das Besondere ist dabei, dass beide Objekte nicht zwingend Ähnlichkeiten in der Geometrie aufweisen müssen. In Abbildung 8.64 wird der auf der Plane liegende Torus mit jeder Deformation der Plane mitverformt.

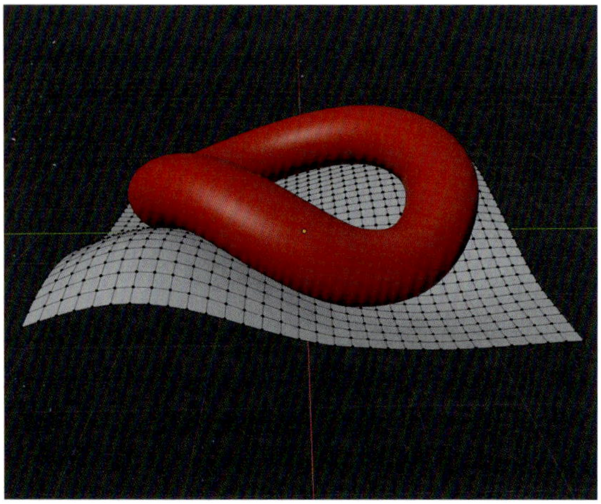

▲ **Abbildung 8.64**
Surface Deform-Modifier

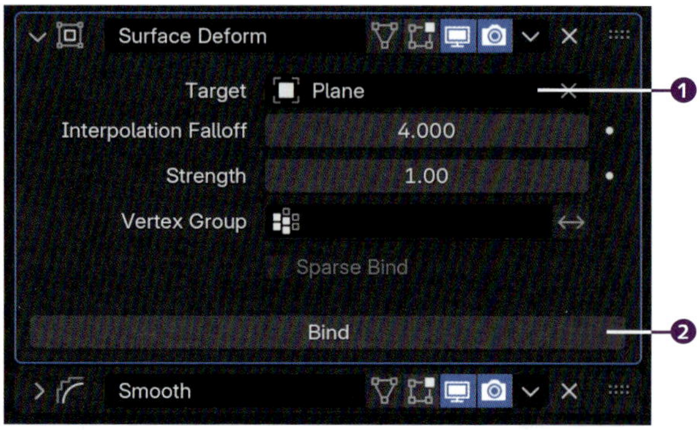

▲ **Abbildung 8.65**
Einstellungen für den Surface Deform-Modifier

In den Einstellungen des Modifiers definieren Sie das Ausgangsobjekt als TARGET ❶, verbinden beide Objekte mit dem Bind-Befehl ❷ und regeln über STRENGTH die Stärke.

Warp | Hinter diesem Modifier mit dem vielsagenden Namen steckt eine Kombination aus Hook- und Displace-Modifier. Mittels zweier Empties definieren Sie den Start- und Endpunkt der Deformation, für die Sie eine beliebige Textur verwenden können.

▼ **Abbildung 8.66**
Warp-Modifier

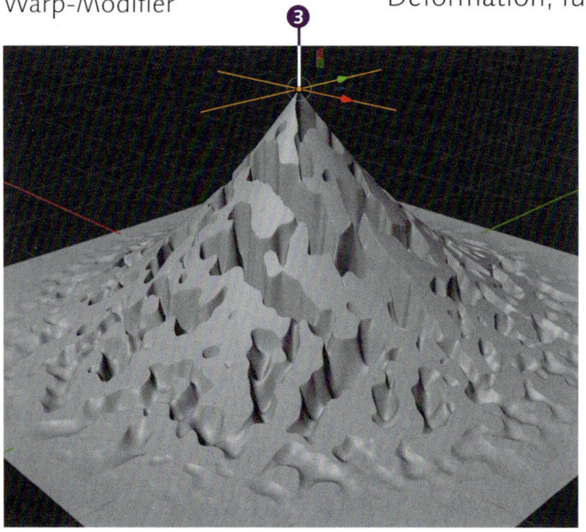

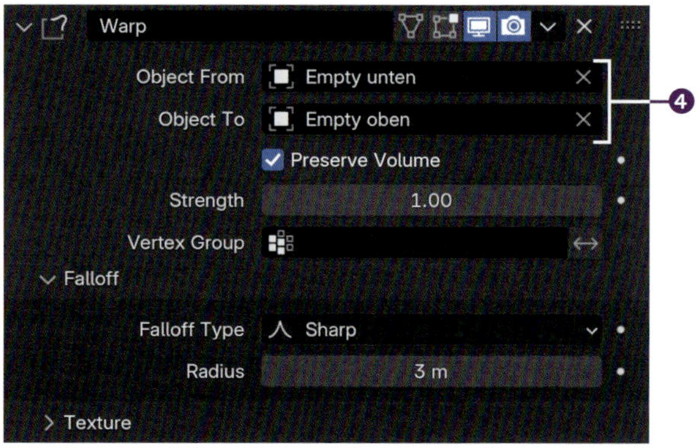

▲ **Abbildung 8.67**
Einstellungen für den Warp-Modifier

Durch Verschieben der Empties ❸ lässt sich die Deformation problemlos ändern und auch animieren. In den Einstellungen (Abbildung 8.67) geben Sie die Grenzen mit den beiden Empties ❹ vor, steuern Stärke (Strength), Radius und Abnahme (Falloff) und definieren die Texture für die Deformation.

Wave | Wie der Name schon andeutet, generiert dieser Modifier animierte Wellen (Abbildung 8.68). Den Startpunkt der Wellen legen Sie im Panel Start Position ❺ wahlweise numerisch oder über ein beliebiges anderes Objekt fest (Abbildung 8.69).

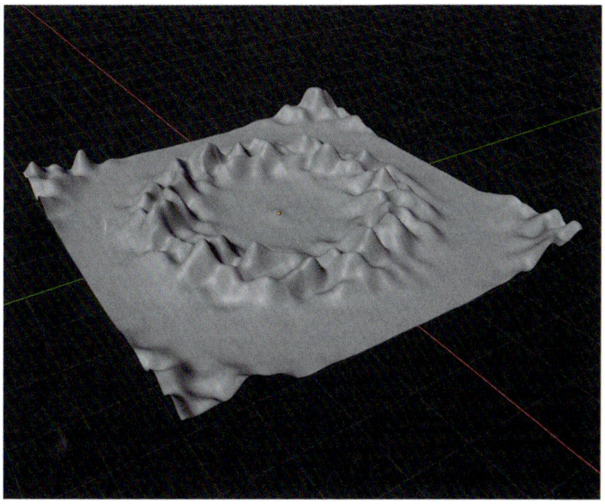

▲ **Abbildung 8.68**
Wave-Modifier

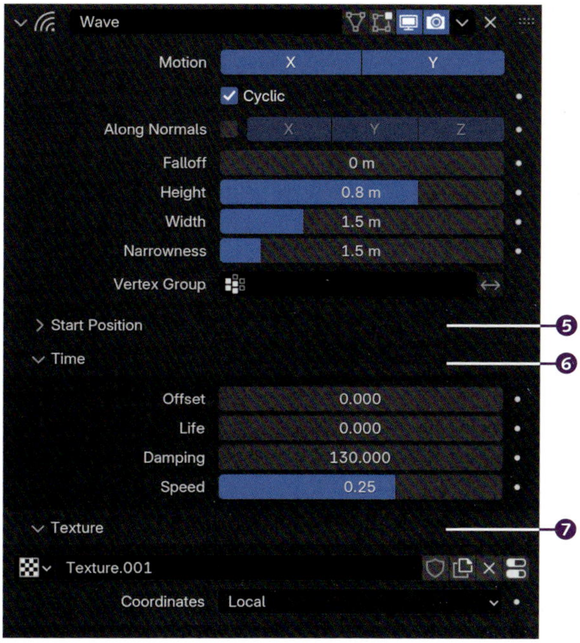

Abbildung 8.69 ▸
Einstellungen für den Wave-Modifier

Unter Motion definieren Sie, ob sich die Welle ringförmig oder nur in eine der beiden Achsrichtungen ausbreiten soll. Die räumliche Gestaltung der Wellen erfolgt über die vier Parameter Falloff, Height, Width und Narrowness, während für die zeitliche Gestaltung das Panel Time ❻ zuständig ist. Am besten, Sie experimentieren mit den Werten, indem Sie die animierte Wellendeformation einfach mit der Leertaste starten.

Gestalten können Sie auch die Form der Wellen als solches. Unter Texture ❼ laden Sie dazu eine Textur in den Modifier, um die Wellen über ein Displacement zu deformieren. Nicht nur für dieses Displacement, sondern auch für die Erzeugung glatter Wellenformen benötigt das Objekt eine ausreichende Unterteilung.

Schritt für Schritt
Einsatz verschiedener Modifier in Kombination

In diesem Basis-Workshop sollen nun insgesamt vier verschiedene Generate- und Deform-Modifier zum Einsatz kommen – auf unterschiedlichen Objekten und natürlich in Kombination.

1 Blender-Szene laden

Rufen Sie über den Befehl File • Open (Taste Strg/Cmd + O) den File Browser auf und navigieren Sie zum Verzeichnis *2_Grundlagen*. Öffnen Sie die Datei *2_Modelling_Modifier_Start.blend*.

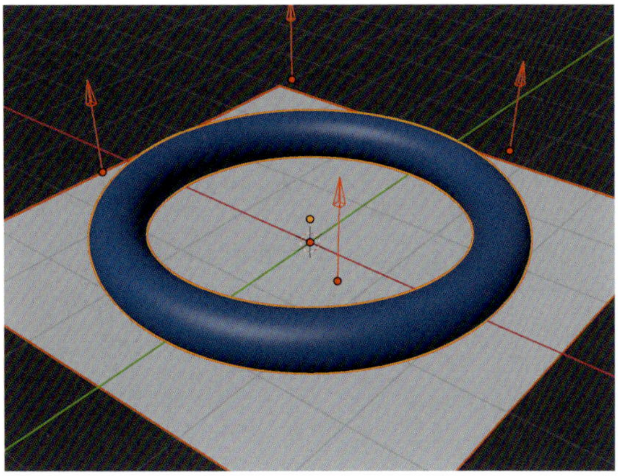

▲ **Abbildung 8.70**
Ausgangssituation der Blender-Szene

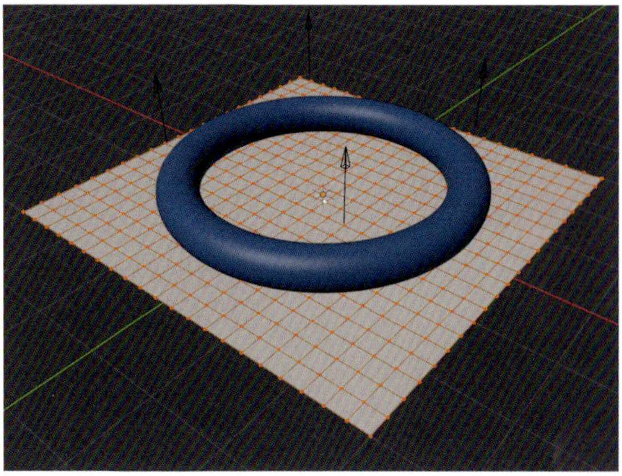

▲ **Abbildung 8.71**
Bereits unterteilte Plane

2 Subdivision Surface-Modifier per Kurzbefehl

Wir beginnen mit der Plane, die bereits unterteilt (Abbildung 8.71) und vorbereitet ist. Damit bei einer Verformung eine weich geglättete Objektoberfläche entsteht, weisen Sie ihr über den Befehl Strg/Cmd + 3 einen Subdivision Surface-Modifier mit dreifacher Unterteilung zu (Abbildung 8.72).

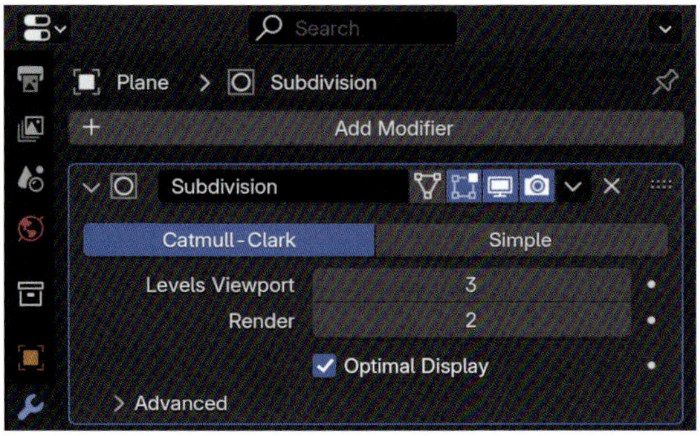

Abbildung 8.72 ▸
Einstellungen für den Subdivision Surface-Modifier

3 Hook-Modifier zuweisen

Um die Plane mit den vier bereitgestellten Empties (Abbildung 8.70) gezielt deformieren zu können, verwenden wir Hooks. Weisen Sie dazu der Plane über das Menü ADD MODIFIER (Abbildung 8.73) einen Hook-Modifier zu.

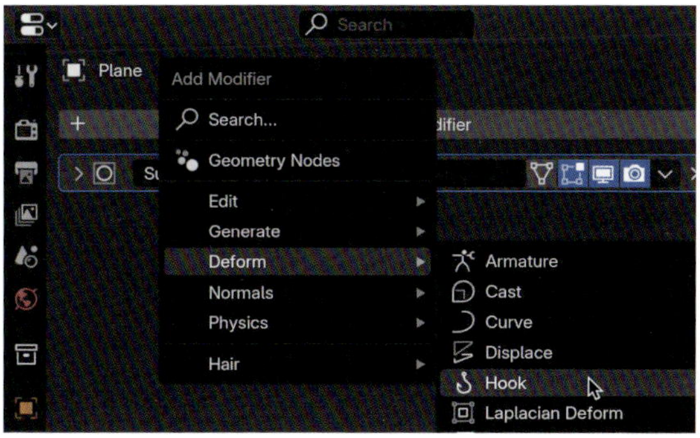

▲ **Abbildung 8.73**
Zuweisen des Hook-Modifiers

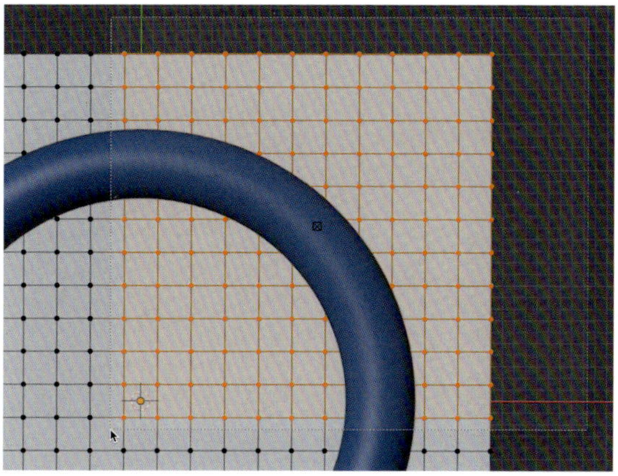

▲ **Abbildung 8.74**
Selektierte Vertices für den ersten Hook

Jeder Hook soll für ein gutes Viertel der Plane zuständig sein. Um die erste Fläche zu vergeben, wechseln Sie in den EDIT MODE und selektieren Sie die Vertices im Viertel des ersten Hooks (Abbildung 8.74) per Select Box (linke Maustaste) und klicken im Modifier-Tab des Hook-Modifiers auf den Button ASSIGN ❷. Ziehen Sie das Empty für den Hook per Drag & Drop vom Outliner in das Feld OBJECT ❶ und setzen Sie den RADIUS ❸ auf 3 m.

Verfahren Sie auf die gleiche Weise mit den anderen drei Hooks. Nun versetzen Sie noch den Subdivision Surface-Modifier im Modifier Stack per Drag & Drop unterhalb der vier Hooks (Abbildung 8.76), damit dieser das deformierte Ergebnis glätten kann.

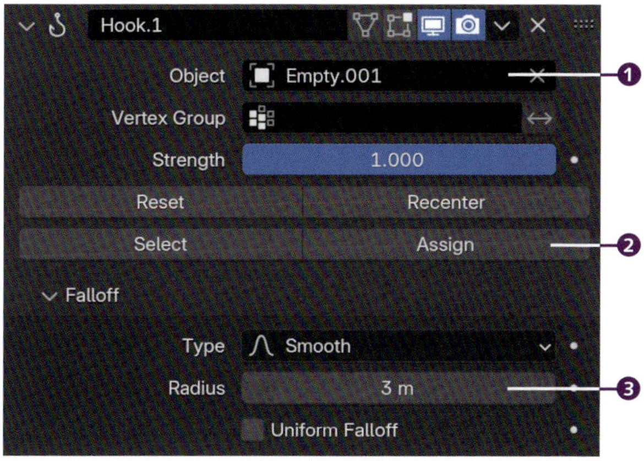

◂ **Abbildung 8.75**
Einstellungen für den Hook-Modifier

▾ **Abbildung 8.76**
Modifier Stack der Plane

4 Surface Deform- und Smooth Corrective-Modifier

Damit der auf der Plane platzierte Torus den Verformungen folgt, weisen Sie ihm über das Menü Add Modifier einen Surface Deform-Modifier ❷ zu. Wählen Sie für ihn die Plane als Target ❸ und verbinden Sie beide über den Button Bind ❹.

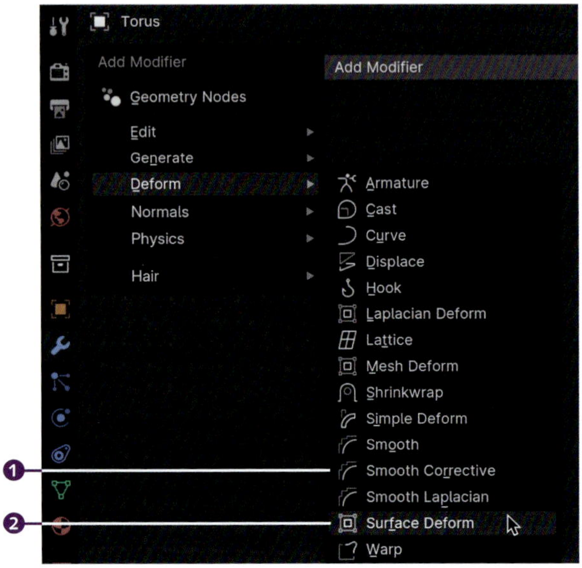

▲ **Abbildung 8.77**
Menü Add • Modifier

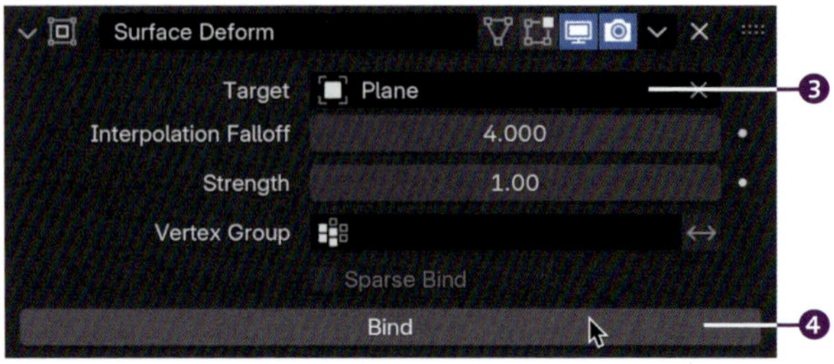

▲ **Abbildung 8.78**
Einstellungen für den Surface Deform-Modifier

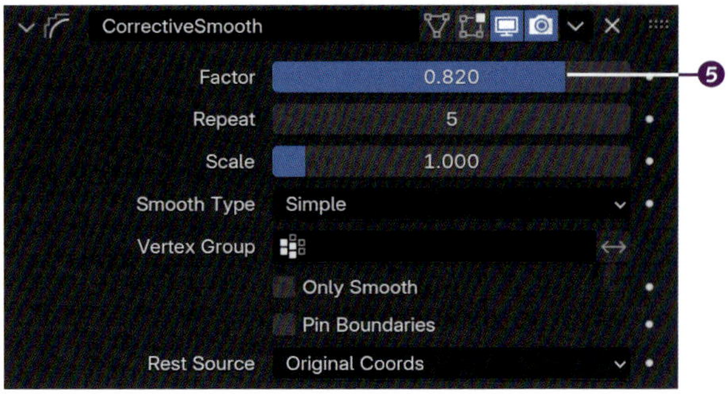

Abbildung 8.79 ▸
Einstellungen für den Smooth Corrective-Modifier

Zur Glättung der beim Verschieben der Hooks (Abbildung 8.80) strapazierten Oberfläche des Torus setzen Sie noch einen Smooth Corrective-Modifier ❶ unterhalb des Surface Deform-Modifiers mit ausreichend hohem Factor ❺ für eine glatte Oberfläche ein.

Abbildung 8.80 ▸
Deformation des blauen Torus durch Modifikation der Plane-Oberfläche per Hooks

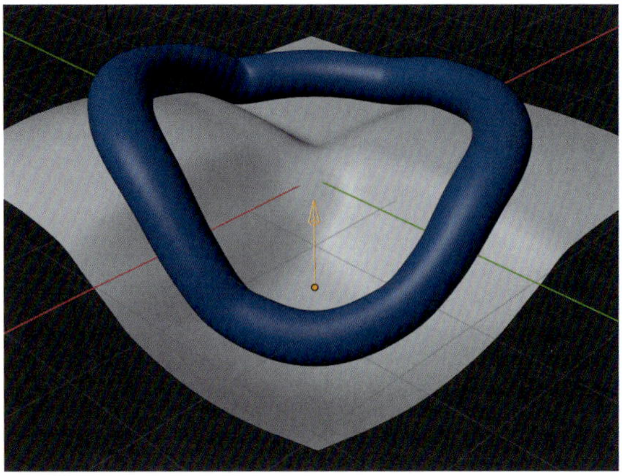

Projekt Doppeldecker: Modelling eines Doppeldeckers

Nachdem wir neben den Modelling-Werkzeugen nun auch die Modifier kennengelernt haben, stürzen wir uns in den nächsten Projekt-Workshop, das technische Modelling eines Doppeldeckers.

1 Rumpf und Motorraum modellieren

Die Ausgangsbasis für den Rumpf und den Motorraum des Doppeldeckers bilden zwei Cylinder, die Sie nacheinander über den Befehl Add • Mesh (Tasten ⇧ + A) erzeugen und im Anschluss über die Adjust Last Operation-Panels (Abbildung 8.81 bzw. Abbildung 8.82) auf die jeweils erforderliche Größe und Lage bringen.

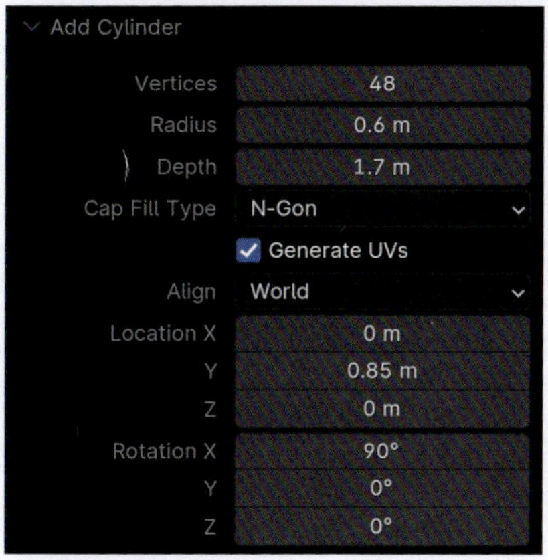

▲ **Abbildung 8.81**
Einstellungen für den Cylinder des Rumpfes

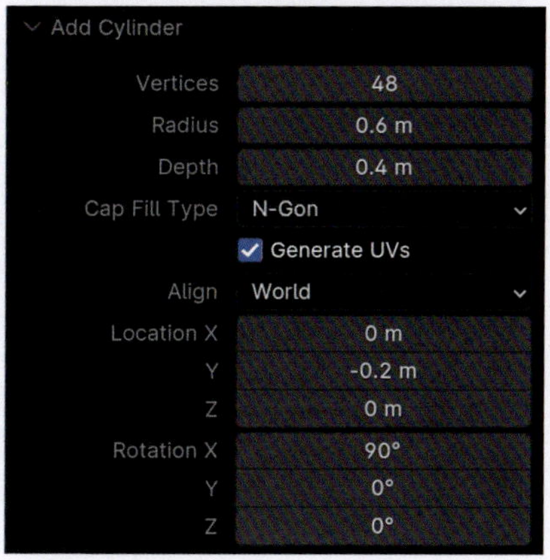

▲ **Abbildung 8.82**
Einstellungen für den Cylinder des Motorraums

▲ **Abbildung 8.83**
Umbenennen der beiden Objekte

Wie Sie sehen, unterscheiden sich beide Cylinder ausschließlich in deren Tiefe (Depth) und logischerweise in ihrer Y-Position (Location Y). Sie stoßen direkt aneinander an und besitzen zu beiden Seiten N-Gons als Abschluss. Um gleich etwas Ordnung bei den Objekten zu schaffen, benennen Sie die beiden Cylinder um, indem Sie einen Doppelklick auf deren Namen ausführen und den gewünschten Namen eingeben (Abbildung 8.83).

◂ **Abbildung 8.84**
Edit Mode und Edge Select Mode

Selektieren Sie den Cylinder für den Motorraum und versetzen Sie ihn per ⇆-Taste in den Edit Mode, um das Mesh des Cylinders bearbeiten zu können (Abbildung 8.84). Aktivieren Sie den Edge

Select Mode (Taste [2]) und klicken Sie mit gedrückt gehaltener [Alt]-Taste auf eine der Edges ❶ am vorderen N-Gon, um den kompletten Rand zu selektieren (Abbildung 8.85).

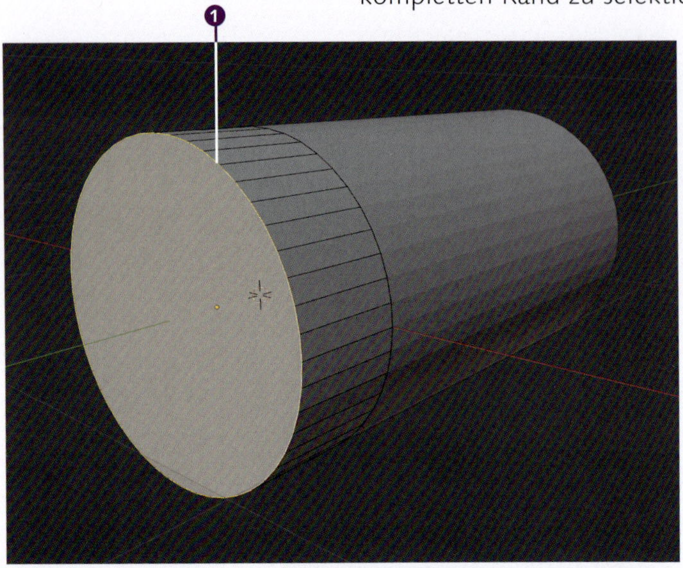

▲ **Abbildung 8.85**
Selektion des Edge Loops am vorderen N-Gon des Cylinders

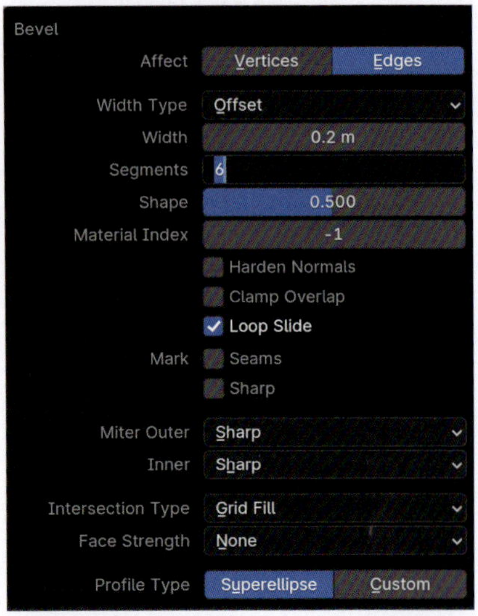

▲ **Abbildung 8.86**
Einstellungen für das Bevel-Werkzeug

> **Doppelklick statt Alt-Taste**
>
> Sollten Sie in den PREFERENCES die [Alt]-Taste zur Emulation der 3-Button-Mouse definiert haben, reicht zur Selektion eines Edge Loops ein doppelter Linksklick.

Wir schaffen nun mit dem Bevel-Werkzeug eine Abrundung. Aktivieren Sie es über die Tasten [Strg]/[Cmd]+[B] und verrunden Sie den selektierten Edge Loop des Randes über die in Abbildung 8.86 gezeigten Parameter. Die verwendete Anzahl an Segmenten reicht für eine weiche Glättung völlig aus.

Drücken Sie die Taste [3], um in den Face Select-Mode zu gelangen, und selektieren Sie das vordere N-Gon per Linksklick (Abbildung 8.87).

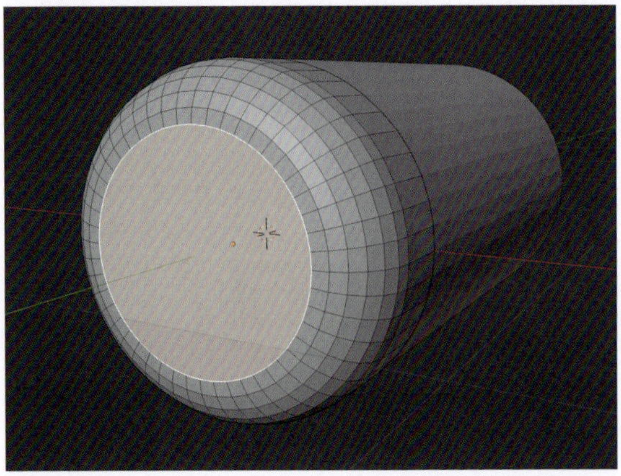

Abbildung 8.87 ▸
Selektion des vorderen N-Gons

Wir schaffen uns mehr Material am Motorraum, indem wir das Extrude-Werkzeug mit der Taste [E] aktivieren und das N-Gon in Z-Richtung um –0.05 m nach innen extrudieren (Abbildung 8.88).

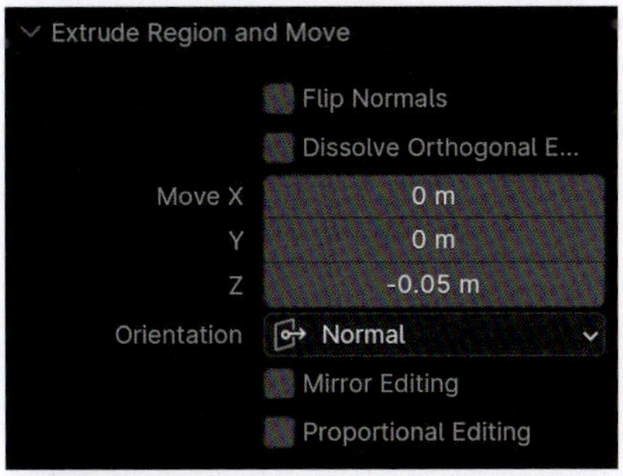

▲ **Abbildung 8.88**
Einstellungen für das Extrude-Werkzeug

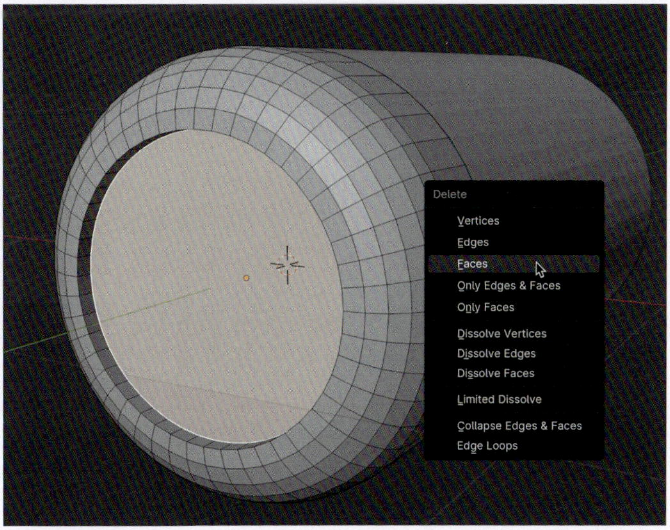

Abbildung 8.89 ▸
Löschen des vorderen N-Gons

Drücken Sie nun die Taste [X], um über den Befehl DELETE • FACES (Abbildung 8.89) das N-Gon zu löschen und den Motorraum zu öffnen. Um die bei der Extrusion entstandene scharfe Kante abzurunden, rufen Sie wieder den Edge Select-Mode (Taste [2]) auf und selektieren den Edge Loop ❷ per Klick mit gedrückter [Alt]-Taste. Rufen Sie über die Tasten [Strg]/[Cmd] + [B] das Bevel-Tool auf und fügen Sie ein Bevelling mit einer WIDTH von 0.012 m bei einer Unterteilung von 3 SEGMENTS an (Abbildung 8.91).

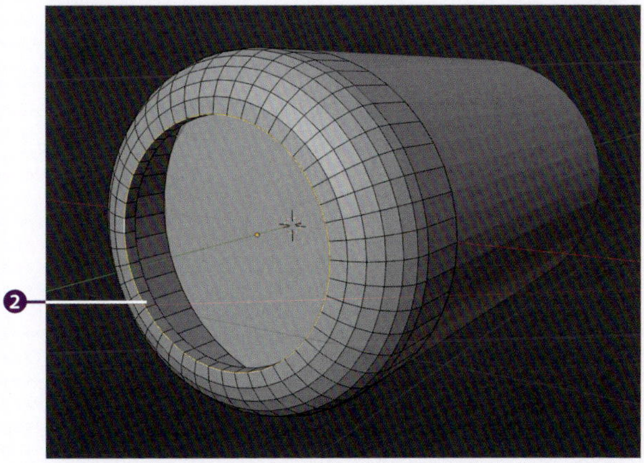

▲ **Abbildung 8.90**
Selektion des Edge Loops an der Vorderkante

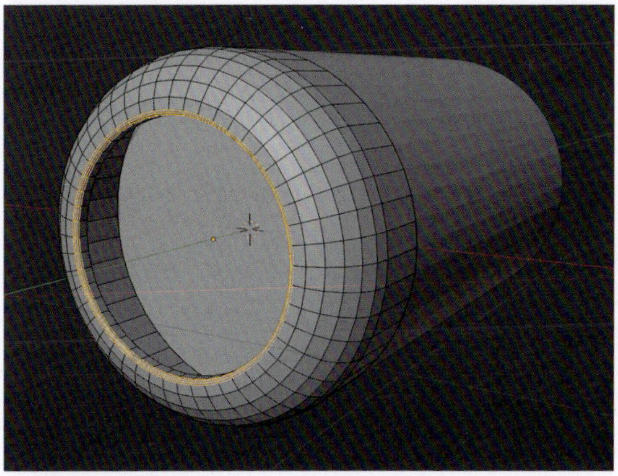

▲ **Abbildung 8.91**
Bevelling des Edge Loops an der Vorderkante

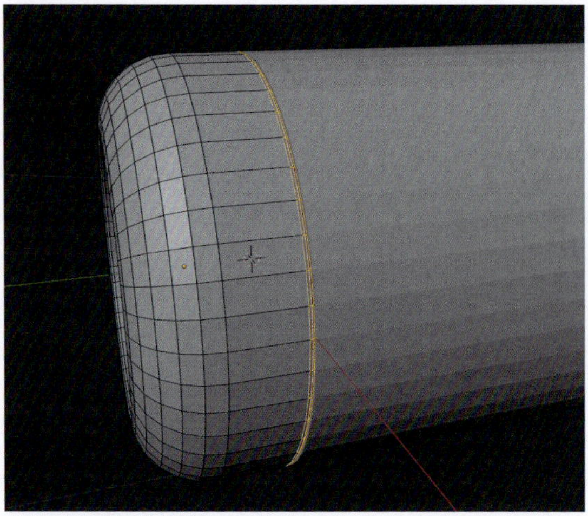

▲ **Abbildung 8.92**
Bevelling des Edge Loops an der Rückseite

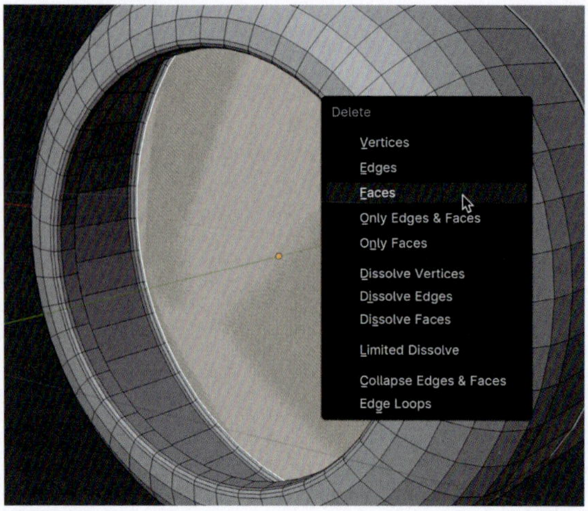

▲ **Abbildung 8.93**
Löschen des hinteren N-Gons

Wir sind fast fertig mit dem Motorraum. Um ihn vom Rumpf des Doppeldeckers zu trennen, selektieren Sie nun auch den hinteren Edge Loop per Klick mit gedrückter [Alt]-Taste und führen auch hier ein Bevelling mit den identischen Einstellungen durch (Abbildung 8.92). Das N-Gon auf der Rückseite des Motorraums löschen Sie kurzerhand im Face Select-Mode (Taste [3]) über die Taste [X], da es nicht benötigt wird (Abbildung 8.92). Wechseln Sie nun noch mit der [⇆]-Taste in den OBJECT MODE, um über das Kontextmenü per Rechtsklick das Smooth Shading (SHADE SMOOTH) für den Motorraum zu aktivieren (Abbildung 8.94).

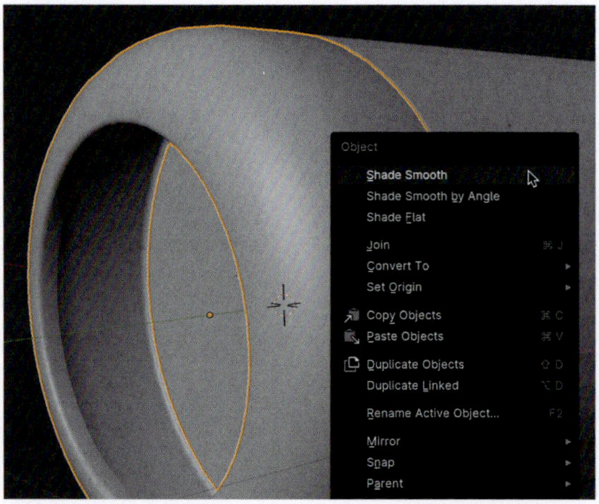

▲ **Abbildung 8.94**
Smooth Shading für den fertigen Motorraum

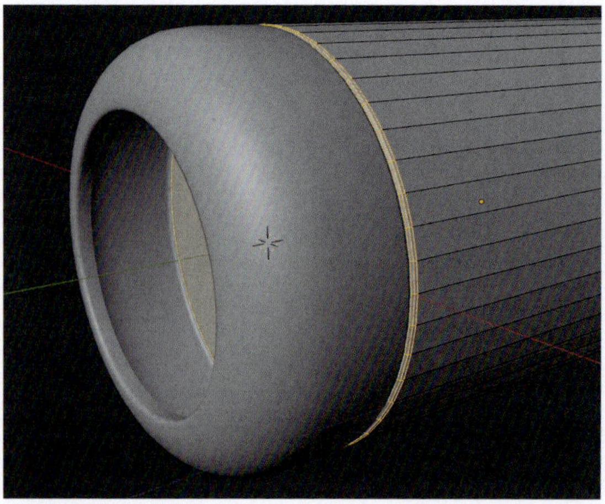

▲ **Abbildung 8.95**
Bevelling des vorderen Edge Loops des Rumpfes

Wir starten die Modellierarbeiten am Rumpf mit einem Bevelling an der Vorderkante. Dazu selektieren wir zunächst den Rumpf per Linksklick und versetzen ihn per [Tab]-Taste in den EDIT MODE. Wählen Sie den Edge Loop an der Vorderkante per Klick mit gedrückter [Alt]-Taste aus und führen Sie das identische Bevelling wie bei der Rückseite des Motorraums durch (Abbildung 8.95).

Drehen Sie sich die Ansicht im Viewport, um die Rückseite des Rumpfes bearbeiten zu können, und selektieren Sie das hintere N-Gon, nachdem Sie in den Face Select-Mode (Taste [3]) gewechselt sind. Mit einer Extrusion (Taste [E]) in Y-Richtung verlängern Sie nun den Rumpf um 3 m (Abbildung 8.96).

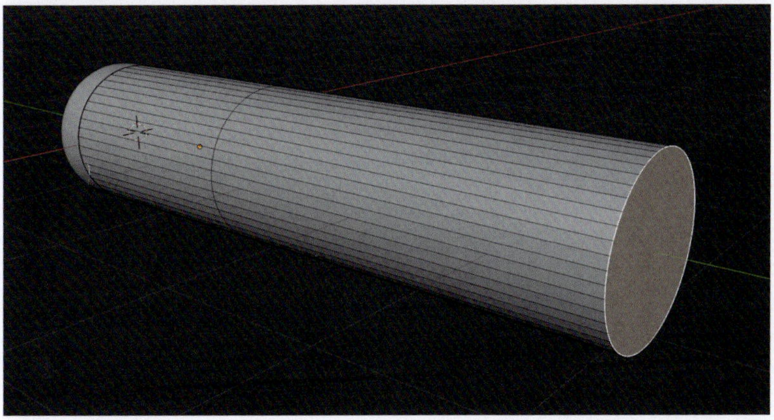

◂ **Abbildung 8.96**
Extrusion des hinteren N-Gons

Um den Rumpf an dieser Stelle auf ein Drittel seiner Größe zu verjüngen, rufen Sie mit der Taste [S] das Scale-Tool auf und beginnen im Viewport mit einer Skalierung, die Sie dann über das Adjust Last Operation-Panel auf das gewünschte Drittel justieren (Abbildung 8.97). Wechseln Sie direkt zum Extrude-Werkzeug (Taste [E]) und extrudieren Sie das skalierte N-Gon noch einmal um 0.5 m.

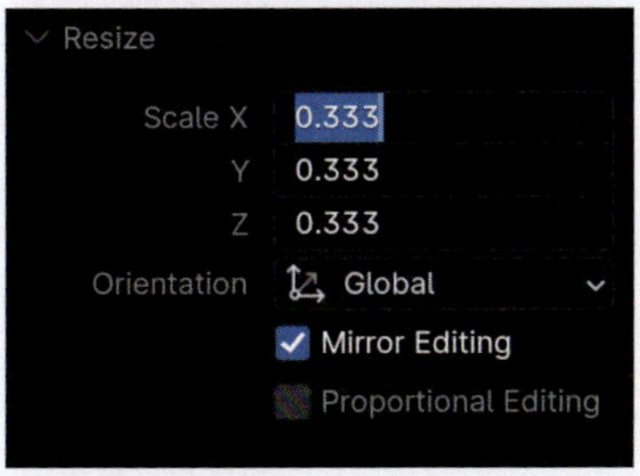

▴ **Abbildung 8.97**
Einstellungen für das Scale-Werkzeug

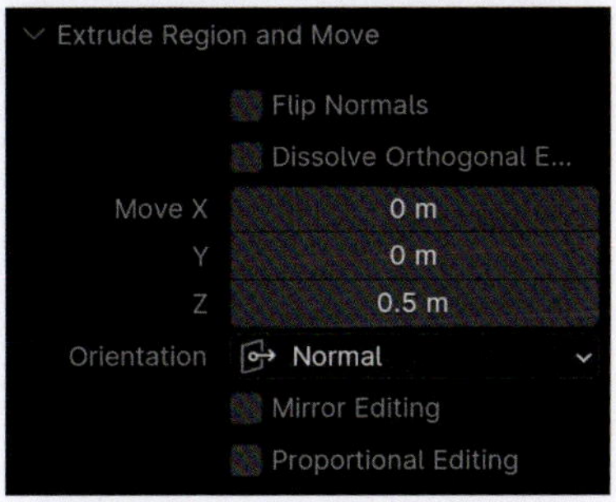

◂ **Abbildung 8.98**
Einstellungen für das Extrude-Werkzeug

Abbildung 8.99 ▸
Erneute Extrusion des hinteren N-Gons

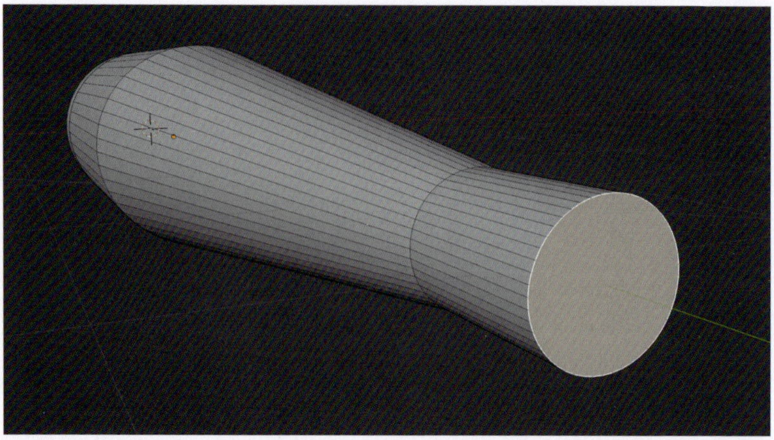

Nach dieser letzten Extrusion skalieren Sie das selektierte N-Gon erneut auf ein Drittel seiner Größe. Wechseln Sie anschließend über die Taste [2] in den Edge Select-Mode, um mit dem Ausformen des Rumpfes zu beginnen.

Abbildung 8.100 ▸
Bevelling des Rumpf-Endes

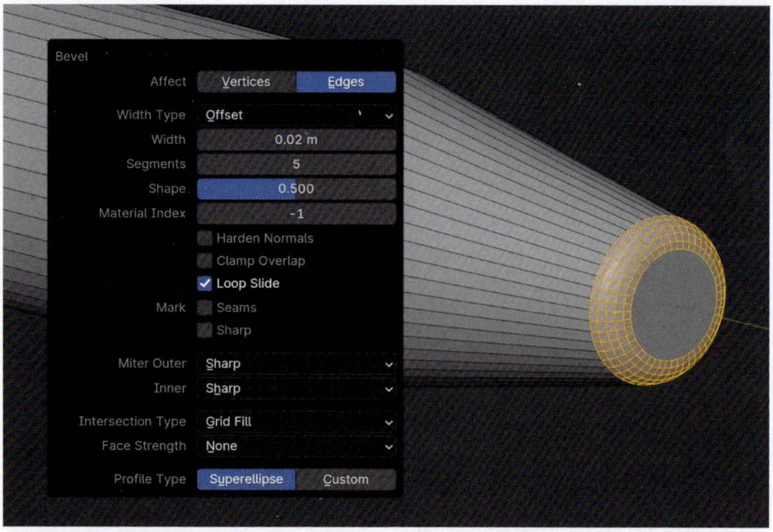

Dafür greifen wir wieder auf das Bevel-Werkzeug (Tasten [Strg]/[Cmd] + [B]) zurück. Runden Sie das Ende des Rumpfes mit einer WIDTH von 0.02 m bei 5 Unterteilungen (SEGMENTS) ab (Abbildung 8.100).

Selektieren Sie anschließend den Edge Loop am Ende der ersten Verjüngung per Klick mit gedrückter [Alt]-Taste und beveln Sie diesen mit einer WIDTH von 0.175 m, wiederum mit 5 Segments (Abbildung 8.101).

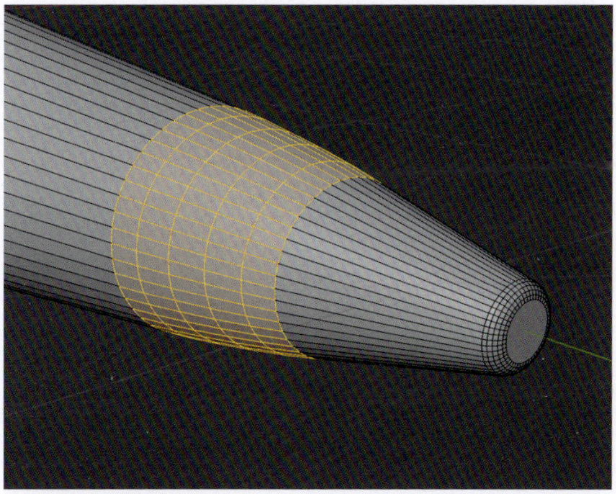

▲ **Abbildung 8.101**
Abrunden des hinteren Edge Loops

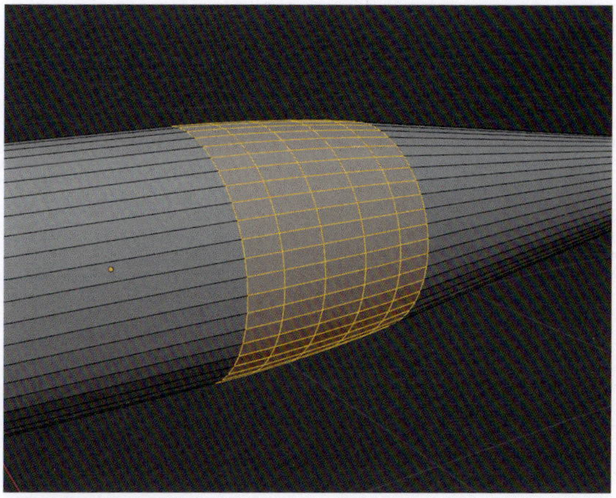

▲ **Abbildung 8.102**
Abrunden des vorderen Edge Loops

Der vordere, unverjüngte Edge Loop erhält ein Bevelling von 0.5 m in der Breite (WIDTH), auch hier sind die 5 SEGMENTS ausreichend (Abbildung 8.102). Bevor wir uns um den Ausschnitt für die Pilotenkabine kümmern, soll ein Subdivision Surface-Modifier für eine zusätzliche Unterteilung und Glättung des Meshes sorgen. Wechseln Sie dazu mit der [Tab]-Taste in den OBJECT MODE, und weisen Sie dem Rumpf über die Tasten [Strg]/[Cmd]+[3] einen Modifier mit dreifacher Unterteilung im Viewport zu (Abbildung 8.103). Wir bleiben im OBJECT MODE und erzeugen über den Befehl ADD • MESH (Tasten [⇧]+[A]) einen Circle als Basis für den Ausschnitt.

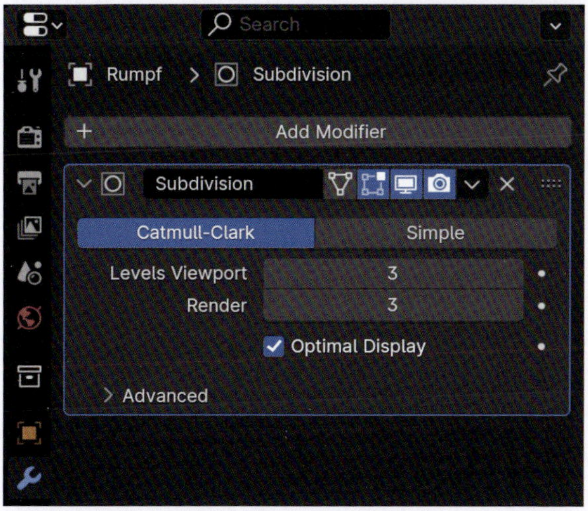

▲ **Abbildung 8.103**
Einstellungen des Subdivision Surface-Modifiers

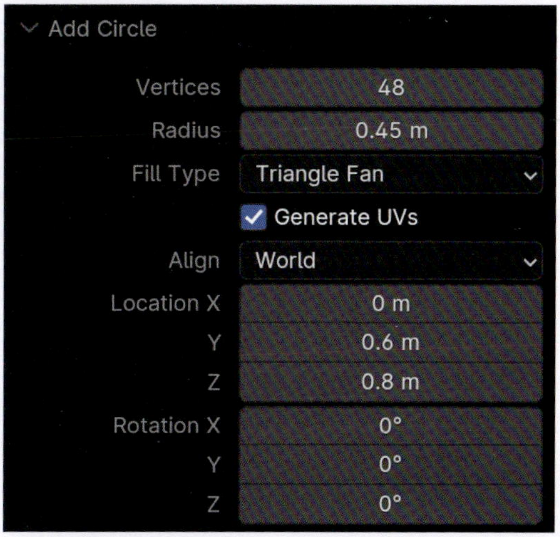

▲ **Abbildung 8.104**
Einstellungen für den Circle

Sie können die Parameter für den Circle direkt von Abbildung 8.104 übernehmen. Wichtig ist der Fill Type Triangle Fan, da wir den Circle nicht nur für das Ausschneiden der Pilotenkabine, sondern auch als Basis für das Kabinendach verwenden werden.

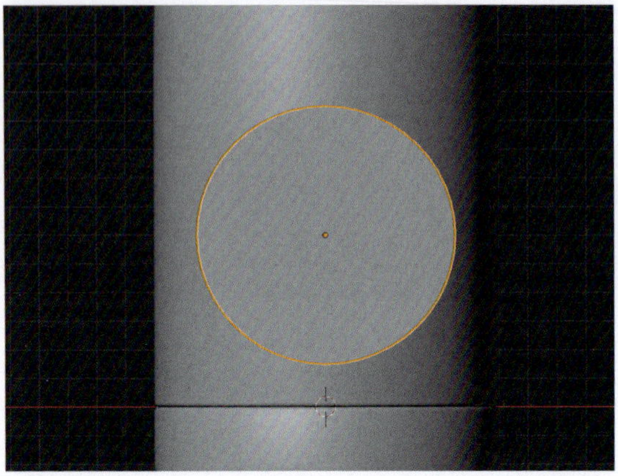

▲ **Abbildung 8.105**
Circle für Kabinendach und Ausschnitt

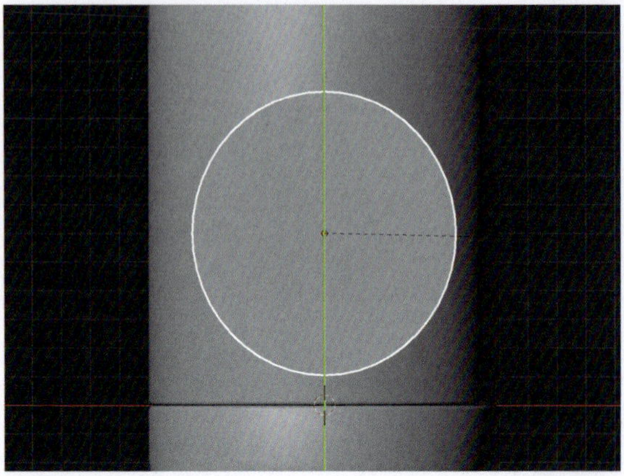

▲ **Abbildung 8.106**
Skalieren des Circles in Y-Richtung

2 Kabinendach modellieren

Erstellen Sie sich von diesem skalierten Circle über die Befehle Copy und Paste (Tasten Strg/Cmd + C bzw. Strg/Cmd + V) ein Duplikat und benennen Sie es über den Outliner als Kabinendach um (Abbildung 8.107).

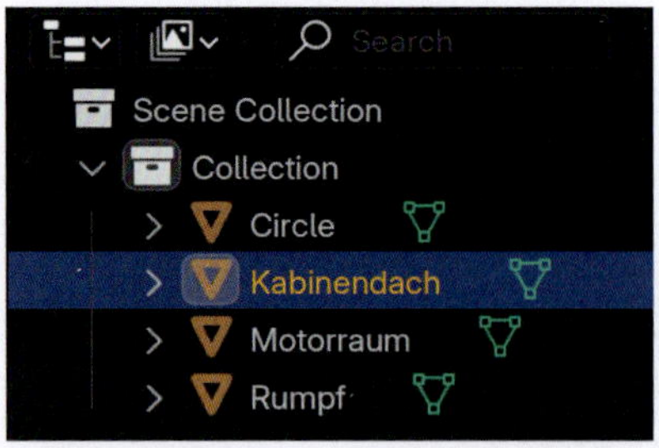

Abbildung 8.107 ▸
Umbenennen des duplizierten Circles im Outliner

Dieses Ausgangsobjekt werden wir jetzt mit einem Modifier auf den Rumpf projizieren, um das Kabinendach direkt und passend aufzusetzen. Weisen Sie dem Circle des Kabinendachs dazu über den Button Add Modifier • Deform im Modifier-Tab des Properties Editors einen Shrinkwrap-Modifier zu. In seinen Einstellungen (Abbildung 8.108) wählen Sie die Wrap Method Project und den Snap Mode On Surface. Als Projektionsrichtung wählen wir folgerichtig die negative Z-Richtung. Jetzt gilt es eigentlich nur noch, das Zielobjekt für die Projektion im Feld TARGET zu definieren. Verwenden Sie dazu die Pipette oder klicken Sie in das Feld, um den Rumpf als Zielobjekt festzulegen.

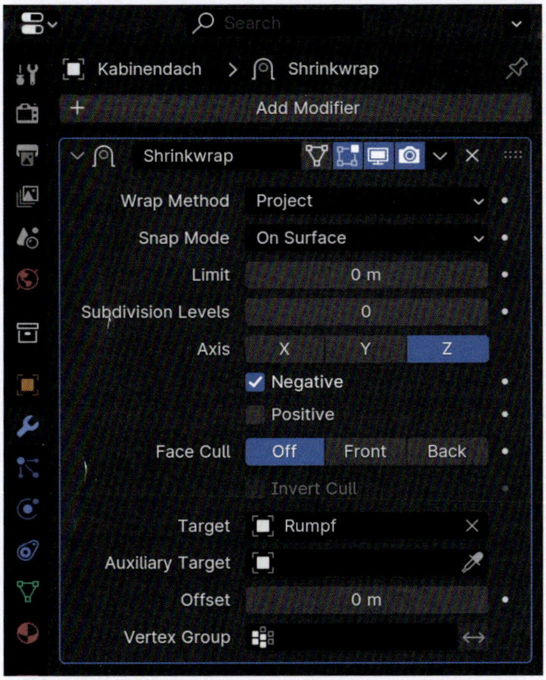

◂ **Abbildung 8.108**
Einstellungen des Shrinkwrap-Modifiers

▾ **Abbildung 8.109**
Auf den Rumpf projiziertes Circle-Objekt

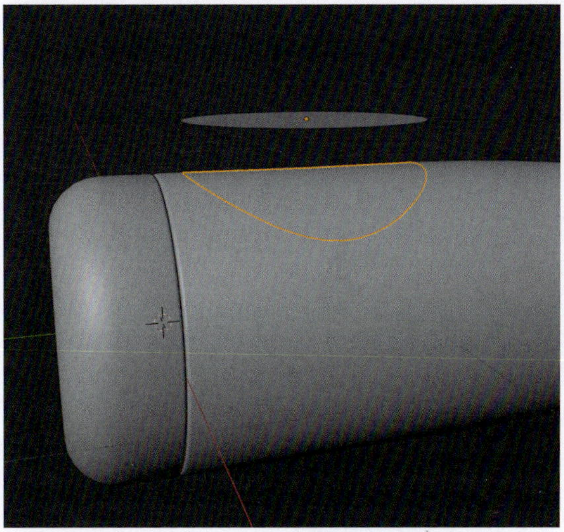

Sie erkennen direkt im Viewport, ob die Projektion des Kabinendach-Objekts funktioniert (Abbildung 8.109). Da wir den Shrinkwrap-Modifier bei der Weiterbearbeitung des Dachs nicht mehr brauchen können, wenden Sie ihn über den Befehl APPLY aus dem Menü im Pfeilbutton einfach an (Abbildung 8.110).

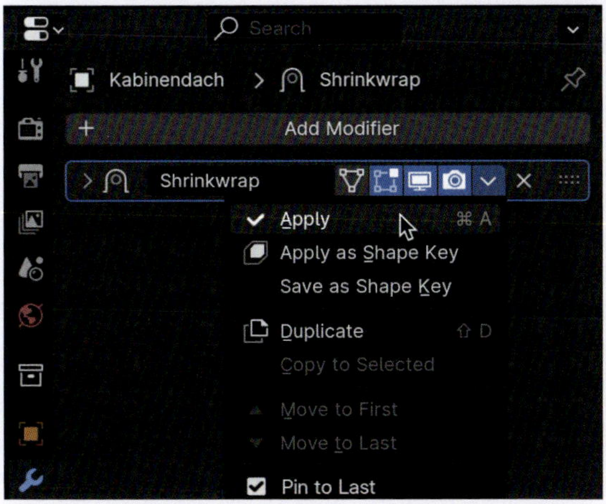

◂ **Abbildung 8.110**
Anwenden des Shrinkwrap-Modifiers

Bevor wir mit dem Kabinendach fortfahren, schneiden wir die Öffnung der Kabine aus dem Mesh des Rumpfes. Blenden Sie zur besseren Übersicht das Kabinendach aus ❷ und begeben Sie sich in die Ansicht von oben (Taste [7] [Num]). Wählen Sie den Rumpf des Doppeldeckers per Linksklick aus und versetzen Sie ihn über die [⇆]-Taste in den Edit Mode (Abbildung 8.111).

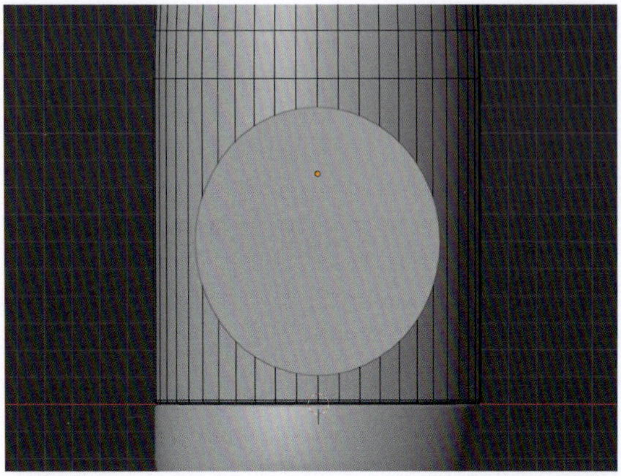

◂ **Abbildung 8.111**
Skalieren des Circles in Y-Richtung

▾ **Abbildung 8.112**
Selection des Circles für den Ausschnitt

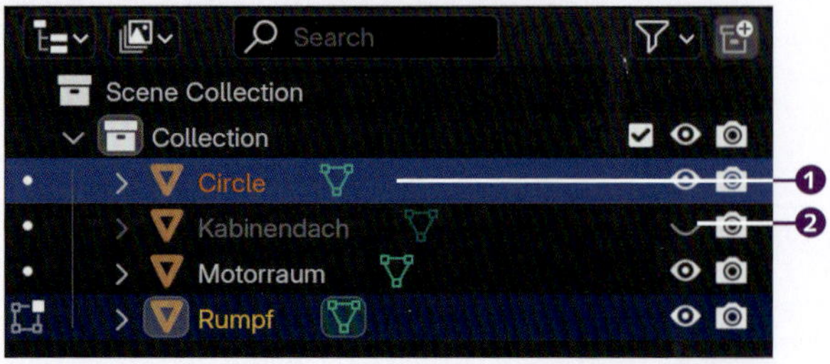

Der Rumpf ist damit als Ziel für den Schnitt definiert, nun müssen wir noch das Schnitt-Objekt im Outliner per Klick mit gedrückt gehaltener [Strg]/[Cmd]-Taste festlegen – es sollte orange eingefärbt sein ❶.

Abbildung 8.113 ▸
Ausschneiden der Kabinenöffnung mit dem Knife Project-Werkzeug

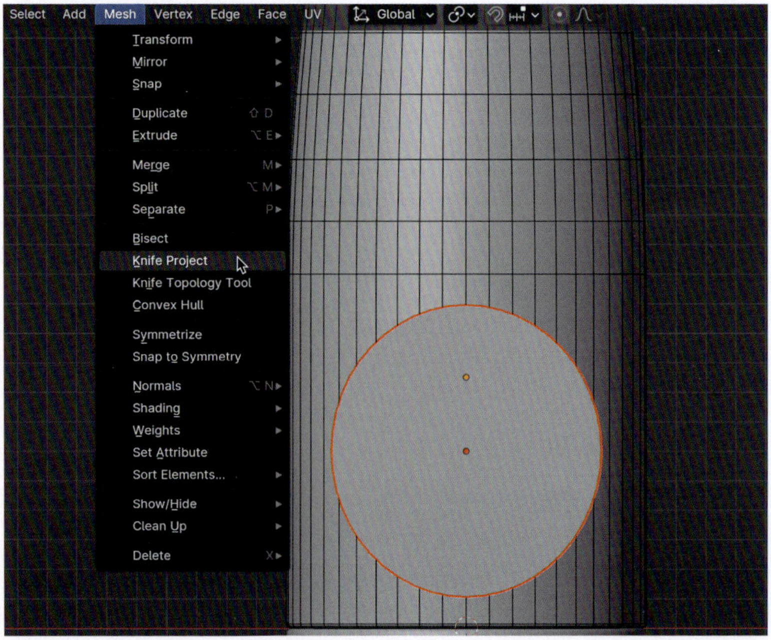

Zum Schneiden rufen Sie über das Menü MESH des Viewports den Befehl KNIFE PROJECT (Abbildung 8.113) auf. Drehen Sie die Ansicht im Viewport, um den erfolgreichen Schnitt zu kontrollieren (Abbildung 8.114). Die selektierten Faces im Inneren des Schnittfelds können Sie über den Befehl DELETE • FACES (Taste [X]) löschen.

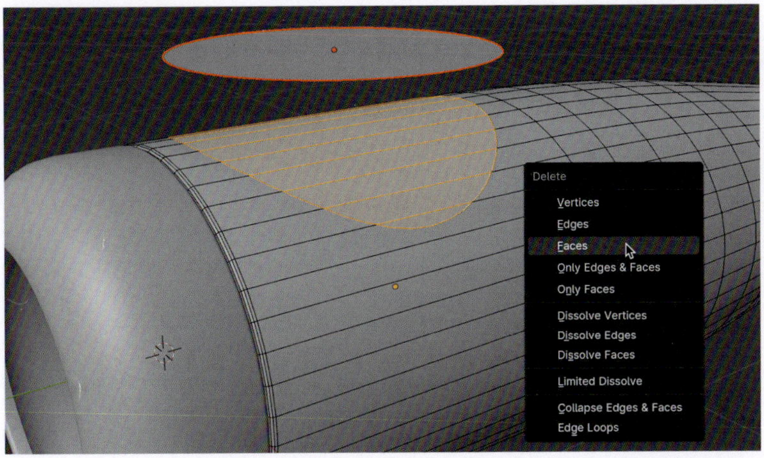

◂ **Abbildung 8.114**
Ausgeschnittene Kabinenöffnung

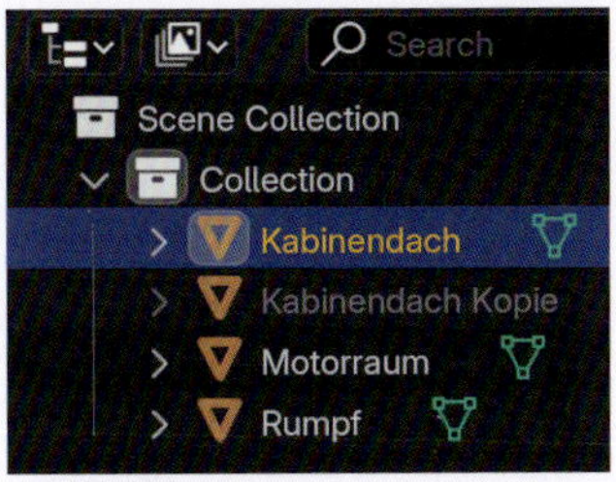

▴ **Abbildung 8.115**
Gelöschtes Circle- und dupliziertes Kabinendach-Objekt

Löschen Sie das für den Schnitt verwendete Circle-Objekt über den Outliner und fertigen Sie sich ein Duplikat des Kabinendach-Objekts für die spätere Umrandung an (Abbildung 8.115).

Versetzen Sie das Kabinendach mit der [⇆]-Taste in den EDIT MODE, und selektieren Sie mit der Taste [A] alle seine Elemente. Erzeugen Sie über die Tasten [⇧]+[D] ein Duplikat der Elemente, und verschieben Sie diese mit dem Move-Tool (Tasten [G]+[Z]) ein kleines Stück nach oben (Abbildung 8.116).

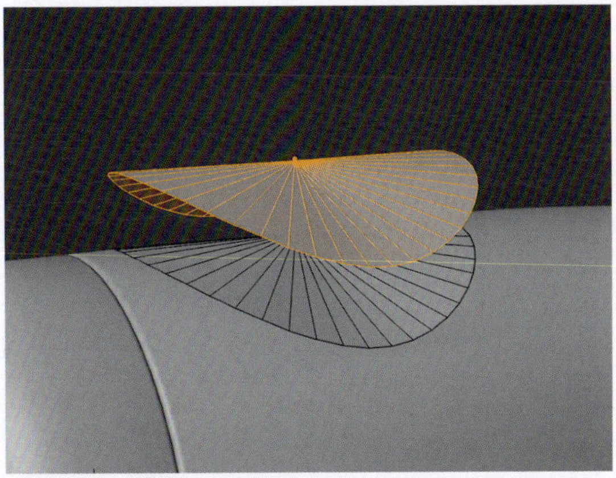

▴ **Abbildung 8.116**
Versetzen des duplizierten Meshes

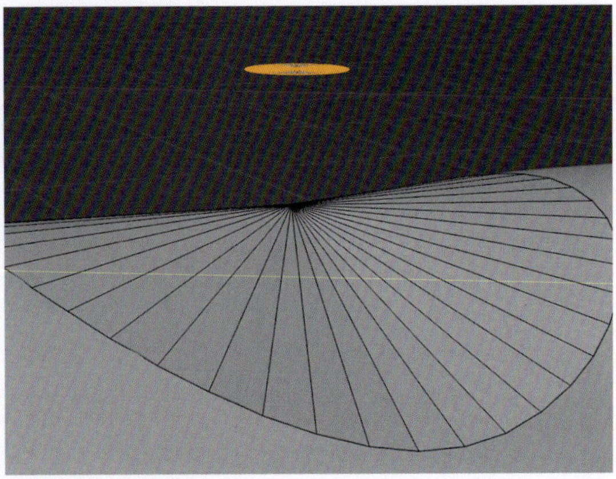

▴ **Abbildung 8.117**
Skaliertes und platziertes Mesh-Duplikat

Damit aus diesem Duplikat die Spitze des Kabinendachs wird, skalieren Sie zunächst alle Elemente über die Tasten [S], [Z] und [0] auf eine Ebene. Skalieren Sie anschließend über die Taste [S] das flache Duplikat auf etwa ein Zehntel seiner Größe und platzieren Sie es über das Panel TRANSFORM im Tab ITEM der Sidebar auf eine Z-Position von 0.8 m (Abbildung 8.117).

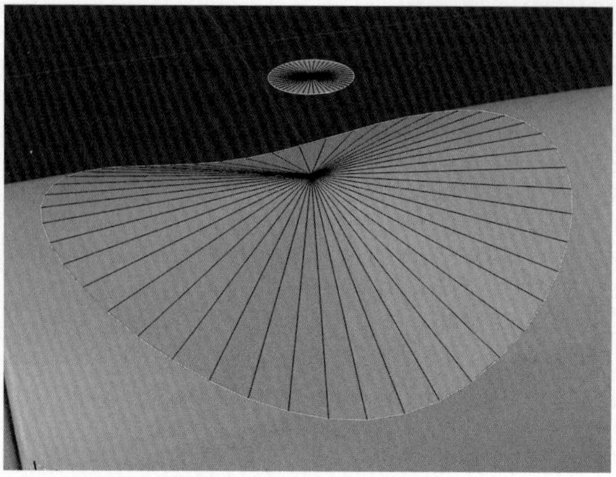

▲ **Abbildung 8.118**
Selektierte Edge Loops

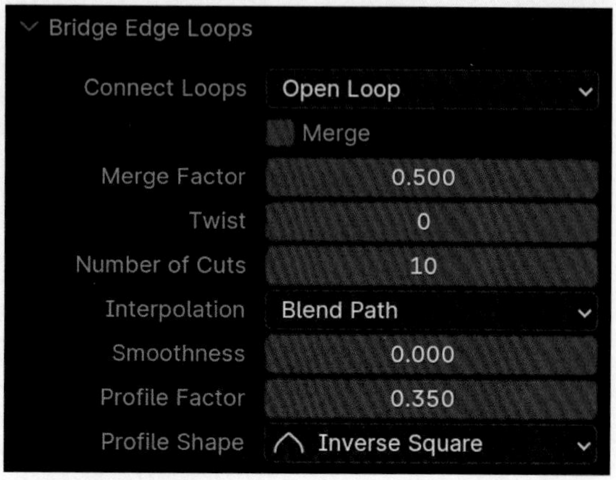

▲ **Abbildung 8.119**
Einstellungen für das Bridge Edge Loops-Tool

Aktivieren Sie mit der Taste [2] den Edge Select-Mode und klicken Sie mit gedrückter [Alt]+[⇧]-Taste auf die umlaufenden Edge Loops der beiden Kabinendach-Meshes, um sie zu selektieren (Abbildung 8.118). Rufen Sie nun den Befehl BRIDGE EDGE LOOPS aus dem Menü EDGE des Viewports auf und verbinden Sie die Edge Loops mit den in Abbildung 8.119 gezeigten Parametern. Beschränken Sie die Selektion auf die Spitze des Kabinendachs und wechseln Sie in die Ansicht von rechts (Taste [3] [Num]).

Abbildung 8.120 ►
Finalisieren des Kabinendachs

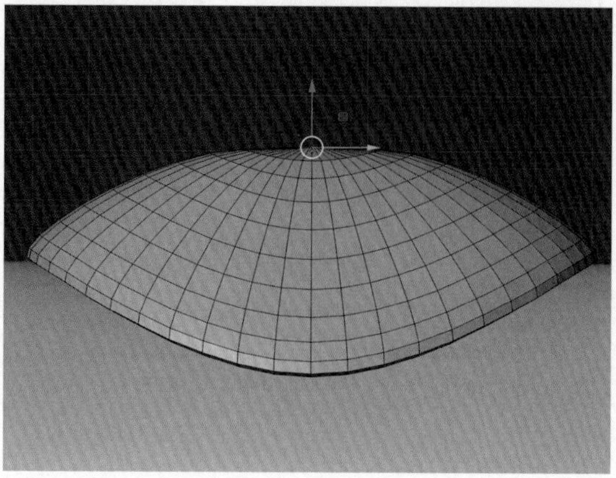

Verschieben und skalieren Sie die Spitze mit den Scale- bzw. Move-Tools (Taste [S] bzw. Tasten [G] + [Z]), bis Sie eine schöne Abrundung am Kabinendach erhalten (Abbildung 8.120).

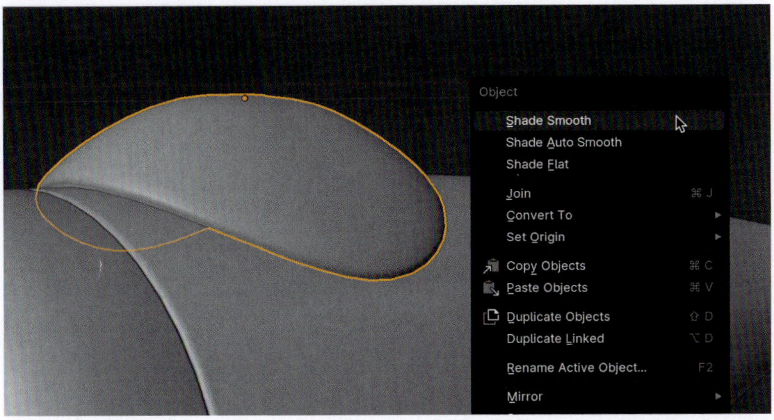

◂ **Abbildung 8.121**
Smooth Shading für das Kabinendach

Verleihen Sie dem Kabinendach schließlich noch im Object Mode über das Kontextmenü per rechter Maustaste über Shade Smooth das Smooth Shading (Abbildung 8.121).

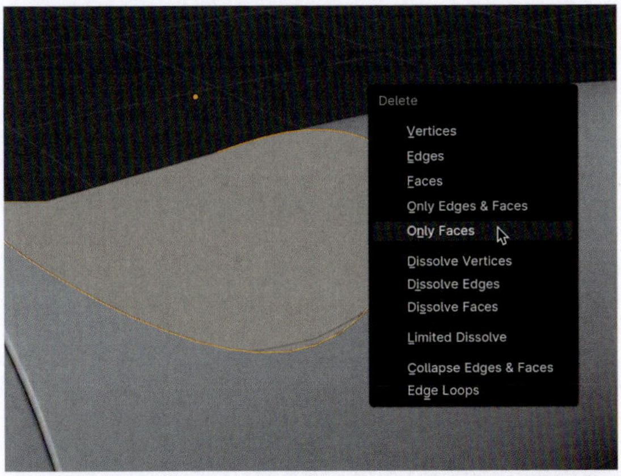

▴ **Abbildung 8.122**
Löschen der Faces der späteren Umrandung

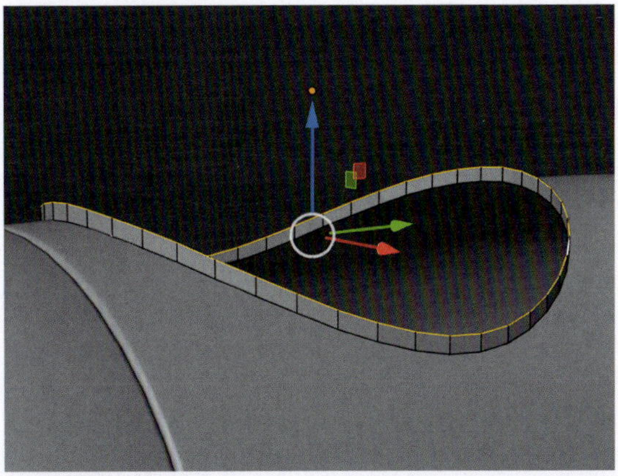

▴ **Abbildung 8.123**
Extrusion der verbliebenen Edges in Z-Richtung

Blenden Sie über den Outliner das Kabinendach aus und die Kopie für die Umrandung ein. Versetzen Sie das Objekt für die Umrandung in den Edit Mode (Taste [⇆]) und löschen Sie über den Befehl Delete (Taste [X]) die enthaltenen Faces (Abbildung 8.122). Extrudieren Sie nun den verbliebenen Edge Loop mit dem Extrude-Werkzeug (Taste [E]) in Z-Richtung um 0.03 m nach oben (Abbildung 8.123). Wechseln Sie mit der Taste [3] in den Face Select-

Mode und wählen Sie mit der Taste [A] alle Faces der Umrandung aus. Mit dem Extrude-Tool Extrude Along Normals aus der Toolbar extrudieren Sie die Faces nun um 0.02 m (Abbildung 8.124).

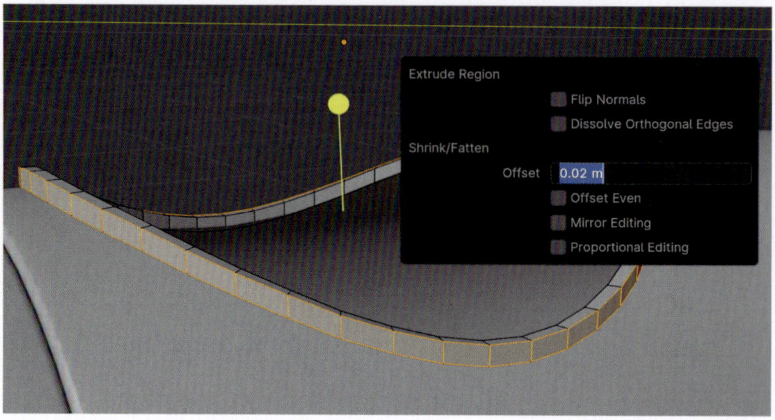

Abbildung 8.124 ▸
Extrudieren der umlaufenden Faces

Damit die Umrandung auch einen Öffnungsmechanismus besitzt, deuten wir diesen mit ein paar Extrusionen an. Selektieren Sie dazu zum Beispiel die sechs der auf der Rückseite der Umrandung liegenden Faces und extrudieren Sie diese wiederum mit Extrude Along Normals ein Stück (Abbildung 8.125).

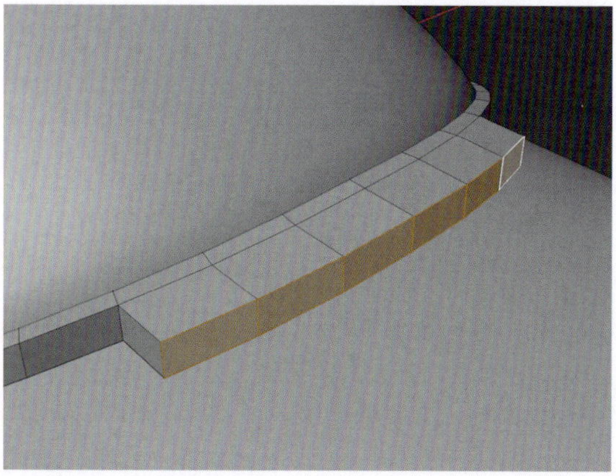

▴ **Abbildung 8.125**
Extrudieren von Faces auf der hinteren Seite

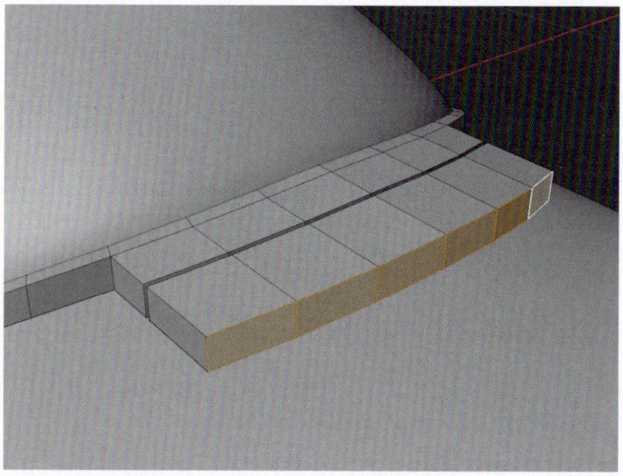

▴ **Abbildung 8.126**
Extrudieren der duplizierten und versetzten Faces

Duplizieren Sie sich die selektierten Faces mit den Tasten [⇧]+[D] und versetzen Sie diese mit dem Move-Tool in Y-Richtung (Tasten [G]+[Y]) ein kleines Stück nach hinten. Mit dem Extrude-Tool Extrude Along Normals geben Sie den versetzten Faces anschließend die gewünschte Länge (Abbildung 8.125).

Zur Fertigstellung der Umrandung geben wir den umlaufenden Edges noch ein Bevelling mit. Selektieren Sie dazu die Edges im Edge Select-Mode (Taste [2]) und rufen Sie über die Tasten [Strg]/[Cmd]+[B] das Bevel-Tool auf. Runden Sie die Kanten mit den in Abbildung 8.127 gezeigten Parametern mit kleiner WIDTH ab.

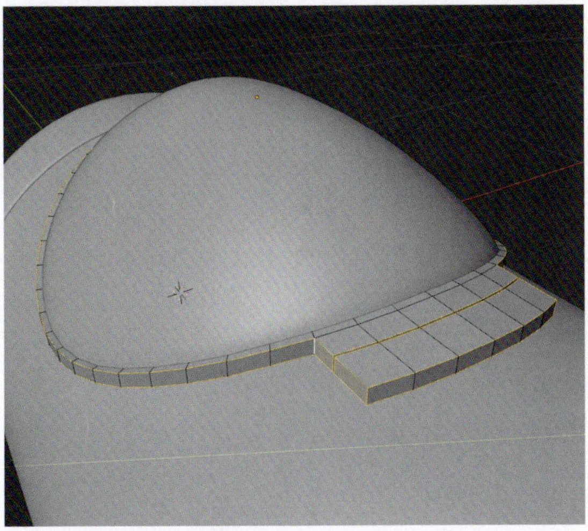

▲ **Abbildung 8.127**
Selektierte Edges vor dem Bevelling

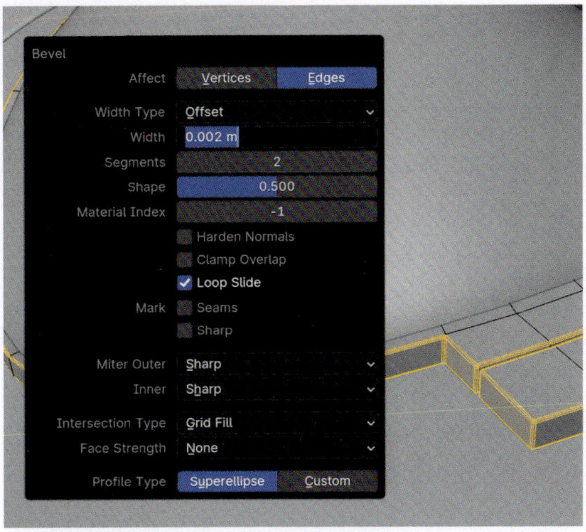

▲ **Abbildung 8.128**
Einstellungen für das Bevelling

3 Höhen- und Seitenruder modellieren

Wechseln Sie mit der Taste [↹] in den OBJECT MODE, um für das Modellieren der Höhenruder ein neues Objekt zu erzeugen. Rufen Sie dazu das Menü ADD • MESH (Tasten [⇧]+[A]) auf und erzeugen Sie eine Plane mit den Einstellungen aus Abbildung 8.129. Skalieren und verschieben Sie die Plane mit den Einstellungen aus Abbildung 8.130 in der Sidebar.

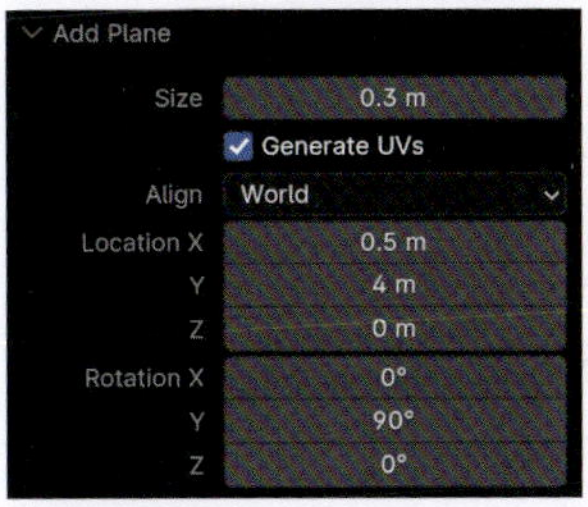

▲ **Abbildung 8.129**
Einstellungen für die Plane

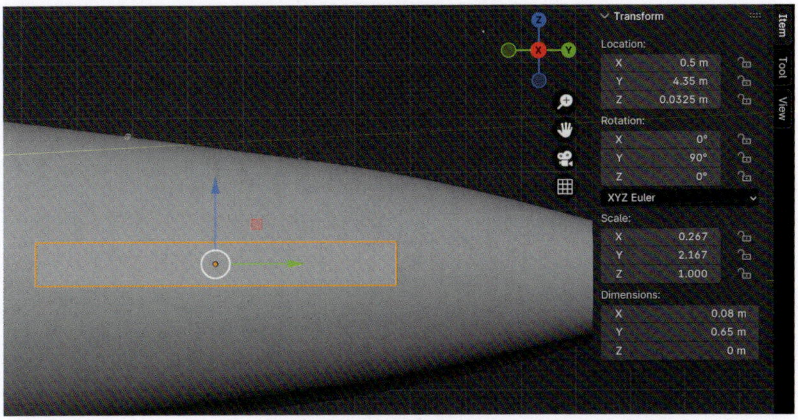

Abbildung 8.130 ▶
Platzieren der Plane

Da wir die Plane skaliert haben, müssen wir die Skalierung vor der Weiterbearbeitung anwenden. Rufen Sie dazu den Befehl Apply • Scale (Tasten [Strg]/[Cmd] + [A]) auf.

Damit die Plane möglichst glatt auf dem Rumpf aufliegt, behelfen wir uns wieder mit einem Shrinkwrap-Modifier. Weisen Sie ihn der Plane zu und projizieren Sie die Plane mit den Einstellungen aus Abbildung 8.131 auf den Rumpf. Wenn die Projektion korrekt ausgeführt ist, wenden Sie den Modifier über den Befehl Apply im Menü des Pfeilbuttons (Abbildung 8.132) an.

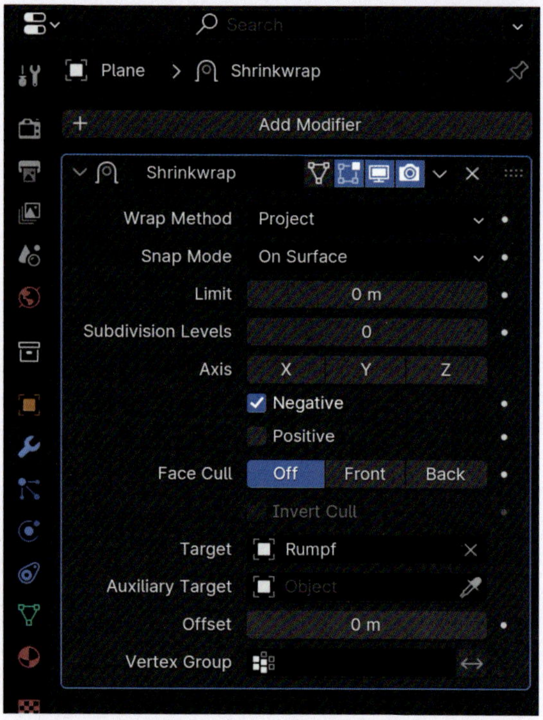

◂ **Abbildung 8.131**
Einstellungen des Shrinkwrap-Modifiers

▾ **Abbildung 8.132**
Anwenden des Shrinkwrap-Modifiers

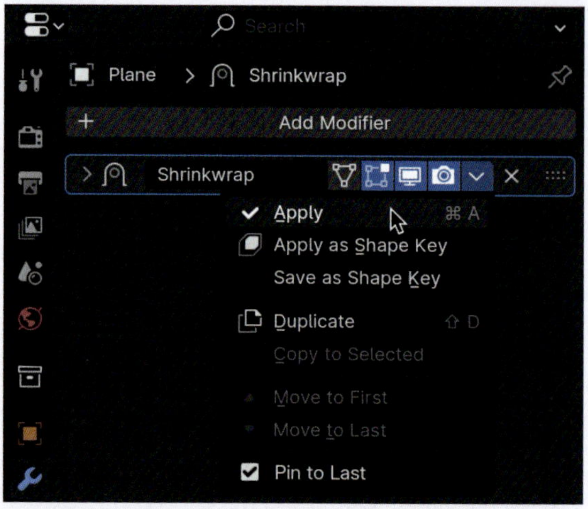

Damit haben wir die Ausgangsbasis für unser Höhenruder platziert (Abbildung 8.133). Versetzen Sie die Plane mit der Taste [↹] in den Edit Mode, damit wir mit dem Modellieren beginnen können. Aktivieren Sie den Face Select-Mode (Taste [3]) und rufen Sie das Extrude-Tool mit der Taste [E] auf. Extrudieren Sie das Face ein kleines Stück und stellen Sie dann im Adjust Last Operation-Panel einen Wert von 1.2 m in X-Richtung ein.

Damit das extrudierte Face nicht mehr in der gleichen Ausrichtung wie das projizierte Face, sondern parallel zur Y-Achse liegt, skalieren Sie es mit den Tasten [S], [X] und [0] entlang der X-Achse auf den Wert 0 (Abbildung 8.134).

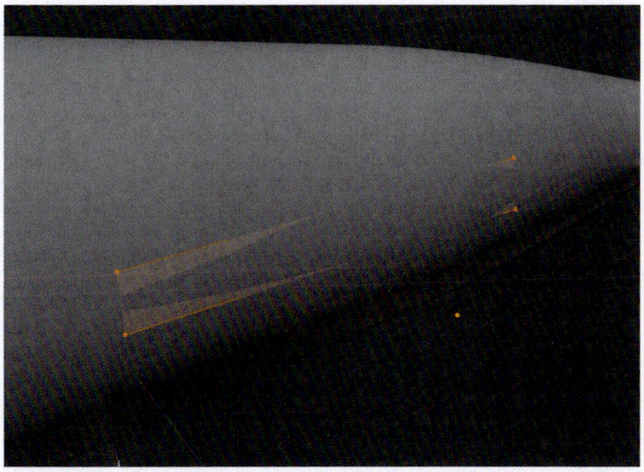

▲ **Abbildung 8.133**
Auf den Rumpf projizierte Plane

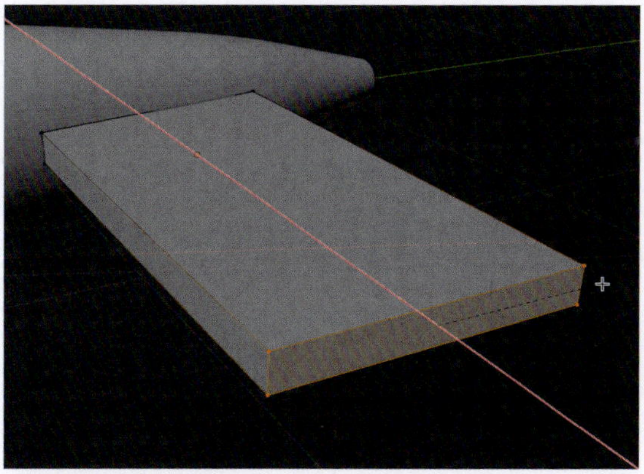

▲ **Abbildung 8.134**
Extrusion und Skalierung des Plane-Faces

Aktivieren Sie mit der Taste [2] den Edge Select-Mode und selektieren Sie die Edge an der vorderen Außenkante. Verschieben Sie die Edge ein wenig in X-Richtung nach innen, um die Seite etwas anzuschrägen (Abbildung 8.135).

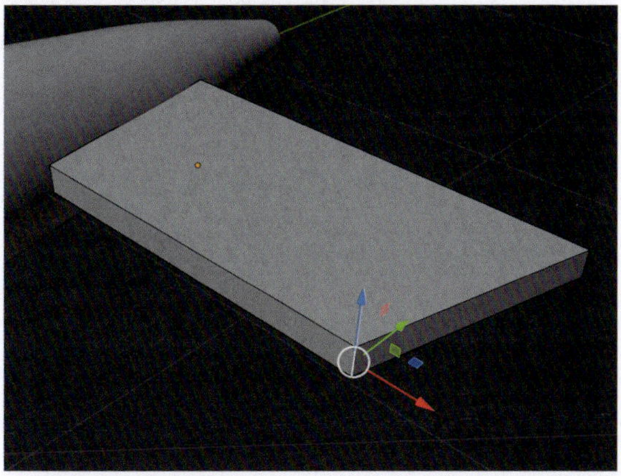

▲ **Abbildung 8.135**
Verschieben der Edge in X-Richtung nach innen

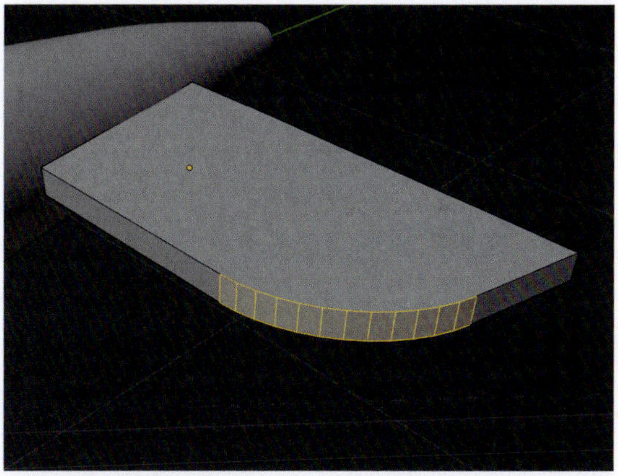

▲ **Abbildung 8.136**
Bevelling der Edge

Die Abrundung der Außenkante erledigen wir mit dem Bevel-Werkzeug. Rufen Sie es über die Tasten [Strg]/[Cmd]+[B] auf und geben Sie der Abrundung (Abbildung 8.136) eine WIDTH von 0.35 m, bei einer Anzahl von 12 Unterteilungen (SEGMENTS).

Bevor wir mit dem Bevelling fortfahren, ergänzen wir die Rückseite des linken Höhenruders um den klappbaren Teil. Selektieren Sie dazu das Face auf der Rückseite im Face Select-Mode (Taste [3]) und erzeugen Sie über die Tasten [⇧]+[D] ein Duplikat. Brechen

Sie die anschließende Transformation mit der [Esc]-Taste ab und verschieben Sie das duplizierte Face stattdessen über die Tasten [G], [Y] und [0][.][0][2] etwas nach hinten (Abbildung 8.137).

▲ **Abbildung 8.137**
Versetzen des duplizierten Faces nach hinten

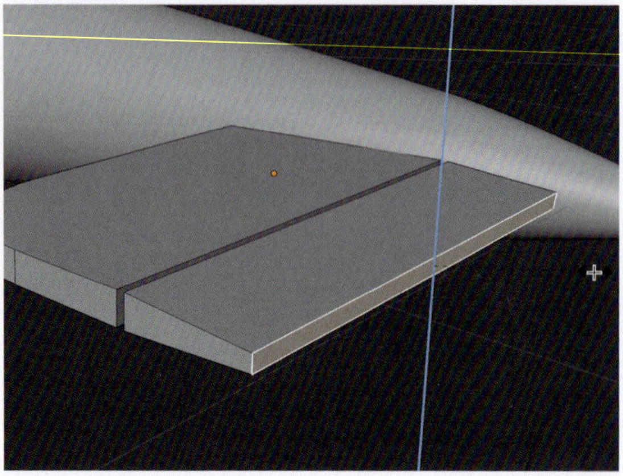

▲ **Abbildung 8.138**
Extrusion und Skalierung des Faces

Rufen Sie mit der Taste [E] das Extrude-Tool auf und extrudieren Sie das Face um 0.3 m. Lassen Sie das extrudierte Face selektiert und skalieren Sie es mit den Tasten [S], [Z] und [0][.][5] auf die Hälfte der Höhe (Abbildung 8.138).

Jetzt können wir mit dem Abrunden fortfahren. Selektieren Sie die linke hintere Kante im Edge Select-Mode (Taste [2]) und rufen Sie das Bevel-Tool über die Tasten [Strg]/[Cmd]+[B] auf. Runden Sie die Edge mit einer Width von 0.25 m mit einer Unterteilung von 8 Segments ab (Abbildung 8.139).

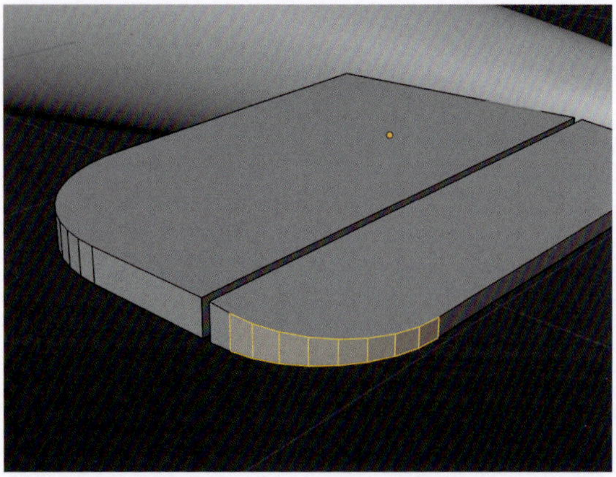

▲ **Abbildung 8.139**
Abrunden der linken Kante per Bevelling

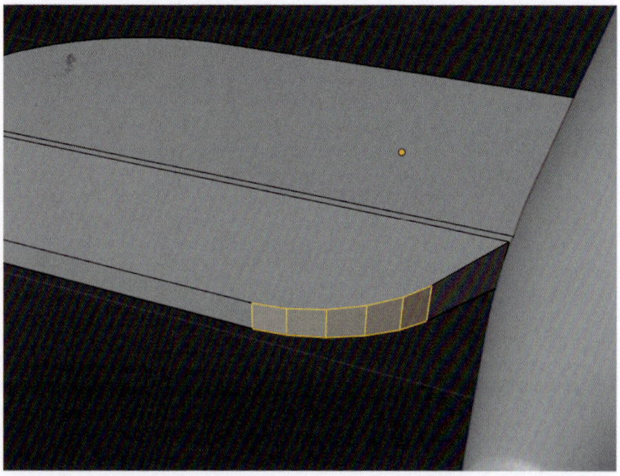

▲ **Abbildung 8.140**
Abrunden der verschobenen Kante

Bevor Sie die rechte hintere Kante beveln, verschieben Sie die Edge um 0.1 m in X-Richtung nach außen und stellen sie mit dem Scale-Tool in X-Richtung vertikal (Tasten [S], [X] und [0]). Für die Abrundung nehmen Sie eine WIDTH von 0.15 m mit 5 SEGMENTS beim Bevelling (Abbildung 8.140).

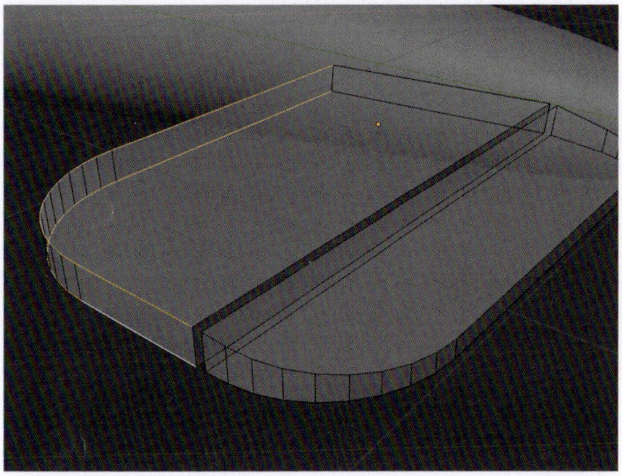

▲ **Abbildung 8.141**
Selektion der Edges an der Vorderseite

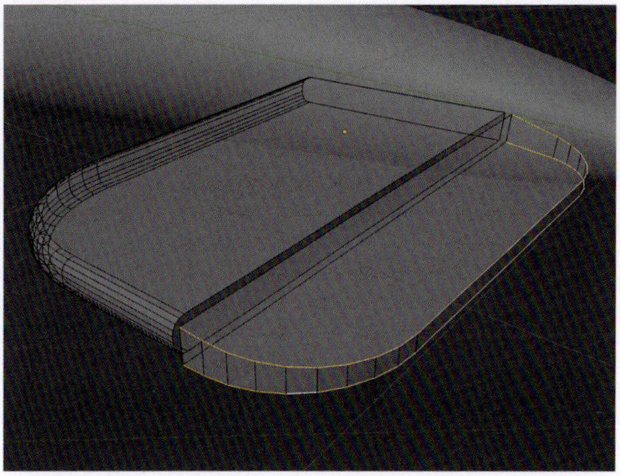

▲ **Abbildung 8.142**
Selektion der Edges an der Rückseite

Kümmern wir uns jetzt um die horizontal verlaufenden Kanten. Die Edges an der Vorderseite (Abbildung 8.141) erhalten ein Bevelling mit einer WIDTH von 0.03 m und 4 SEGMENTS, während die Edges an der Rückseite (Abbildung 8.142) ein Bevelling mit einer kleineren WIDTH von 0.0175 m bei ebenfalls 4 SEGMENTS bekommen, damit es keine Überschneidungen bei der Abrundung gibt (Abbildung 8.143).

▲ **Abbildung 8.143**
Abrundungen an Vorder- und Rückseite

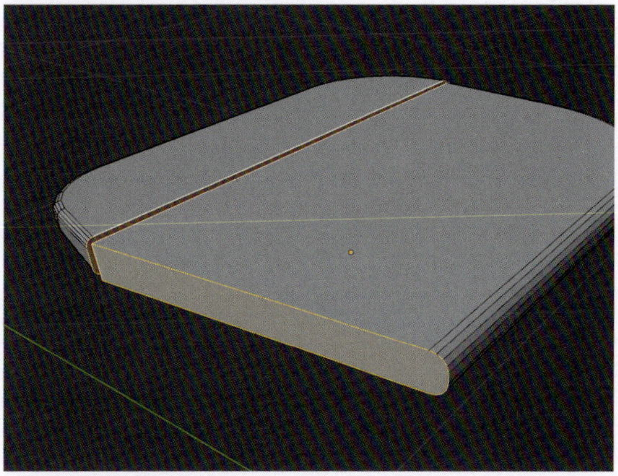

▲ **Abbildung 8.144**
Selektion der Edges am Rumpf und der Klappe

Noch kleiner fällt die Rundung der Edges am Rumpf bzw. der Innenseite der Klappe (Abbildung 8.144) aus, hier reicht eine WIDTH von 0.005 m bei 2 SEGMENTS (Abbildung 8.145).

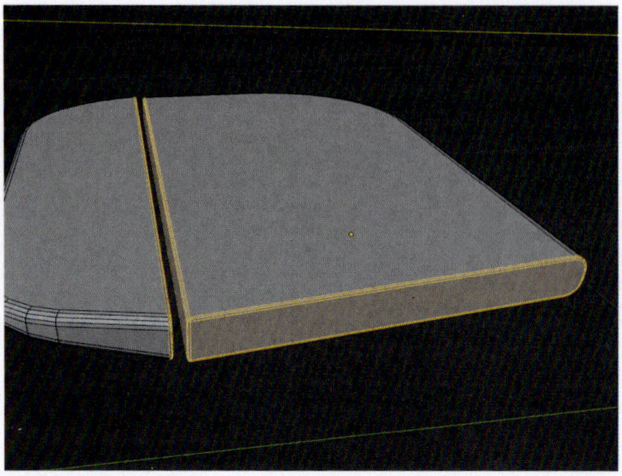

Abbildung 8.145 ▸
Abrundung der Kanten am Rumpf und der Klappe

Das Höhenruder auf der anderen Seite erzeugt uns der Mirror-Modifier. Damit die Spiegelung richtig durchgeführt wird, korrigieren wir zuvor noch den Ursprung (Origin) des Höhenruders.

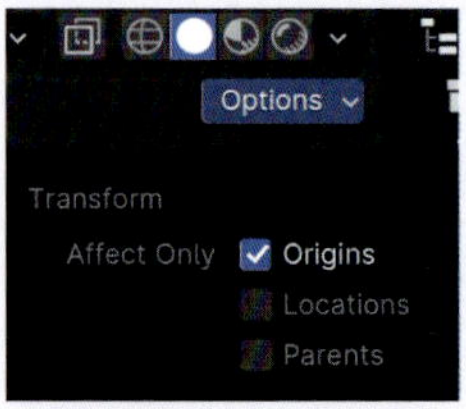

▴ Abbildung 8.146
Pop-up-Menü OPTIONS

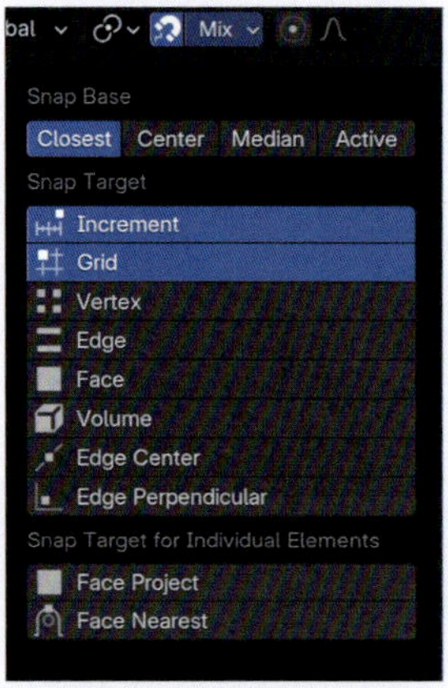

Abbildung 8.147 ▸
Verschieben des Ursprungs (Origins)

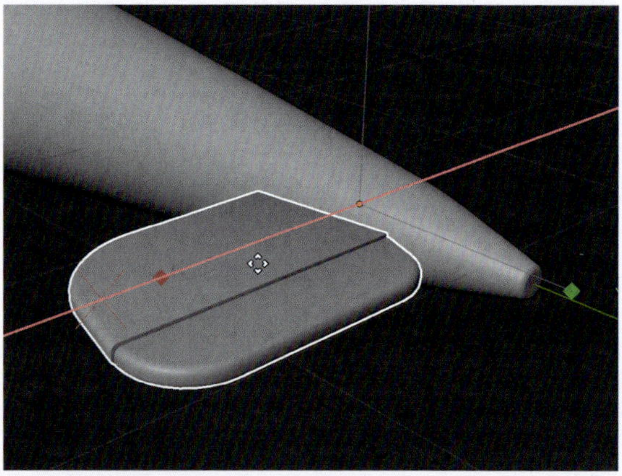

▴ Abbildung 8.148
Verschieben des Ursprungs im Viewport

Wechseln Sie dazu mit der [Tab]-Taste in den OBJECT MODE und aktivieren Sie im Pop-up-Menü OPTIONS (Abbildung 8.146) AFFECT ONLY ORIGINS. Wenn Sie im Pop-up-Menü SNAPPING (Abbildung 8.147 neben dem SNAPPING noch die Option GRID aktivieren, ist das Verschieben des Origins mit dem Move-Tool in X-Richtung (Tasten [G] + [X]) ein Kinderspiel (Abbildung 8.148). Jetzt können wir das Höhenruder auf die andere Seite spiegeln.

Weisen Sie nun dem Höhenruder-Objekt über den Modifier-Tab des Properties Editors einen Mirror-Modifier zu. Standardmäßig dürfte auch bereits die Spiegelung über die X-Achse eingestellt sein (Abbildung 8.149).

▲ **Abbildung 8.149**
Einstellungen des Mirror-Modifiers

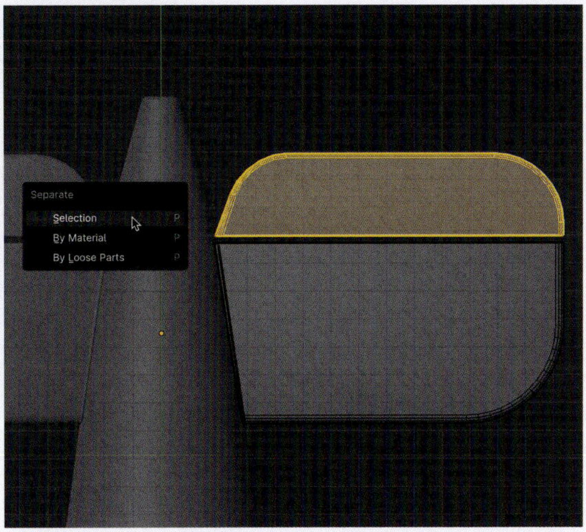

▲ **Abbildung 8.150**
Abtrennen der Höhenruder-Klappe

Damit der hintere Teil des Höhenruders ein eigenständiges, animierbares Objekt wird, aktivieren Sie mit der [⭾]-Taste den Edit Mode und wählen im X-Ray-Modus und am besten aus der Ansicht von oben alle Elemente des hinteren Teils aus (Abbildung 8.150) und trennen sie über den Befehl Separate • Selection (Taste [P]) in ein neues Objekt ab. Benennen Sie das neu entstandene Objekt der Klappe wie auch das Ausgangsobjekt entsprechend als »Höhenleitwerk« und »Höhenruder L« um und löschen Sie den Modifier beim linken Höhenruder mit dem Button ❶. Gehen Sie mit der [⭾]-Taste zurück in den Object Mode und aktivieren Sie für beide Objekte das Smooth Shading über das Kontextmenü.

Duplizieren Sie sich anschließend das linke Höhenruder per Copy und Paste (Tasten [Strg]/[Cmd]+[C] bzw. [Strg]/[Cmd]+[V] im Outliner und benennen Sie es als rechtes Höhenruder um.

◂ **Abbildung 8.151**
Kopieren und Umbenennen des Höhenruders

Damit dieses neue Objekt jetzt auf die andere Seite gespiegelt wird, verwenden wir den Befehl Mirror • X Global aus dem Menü Object des Viewports (Abbildung 8.152).

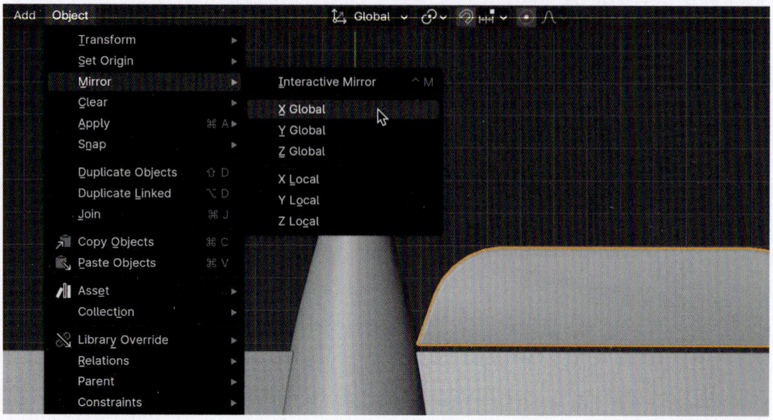

Abbildung 8.152 ▸
Menü Object • Mirror

Bei der nun folgenden Erstellung des Seitenruders wiederholen sich die Schritte, weshalb ich mich jetzt auf die verwendeten Parameter konzentrieren werde.

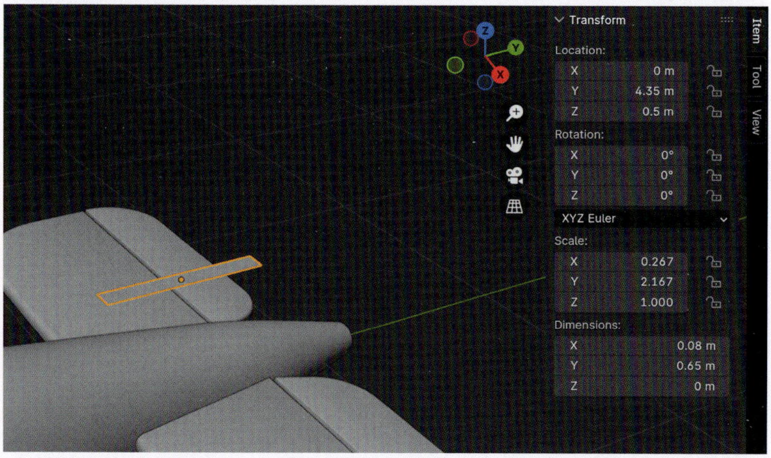

Abbildung 8.153 ▸
Skalieren und Platzieren der Plane für das Seitenruder

Erzeugen Sie dafür eine neue Plane, die Sie anschließend mit den in Abbildung 8.153 gezeigten Parametern skalieren und platzieren. Wenden Sie direkt danach die Skalierung über den Befehl Apply (Tasten Strg/Cmd + A) an.

Damit die Plane von oben auf den Rumpf projiziert wird, ist wieder ein Shrinkwrap-Modifier im Einsatz (Abbildung 8.154), der diesmal aus Z-Richtung wirkt. Anschließend wenden Sie den Modifier wieder über den Befehl Apply aus dem Pfeilmenü an.

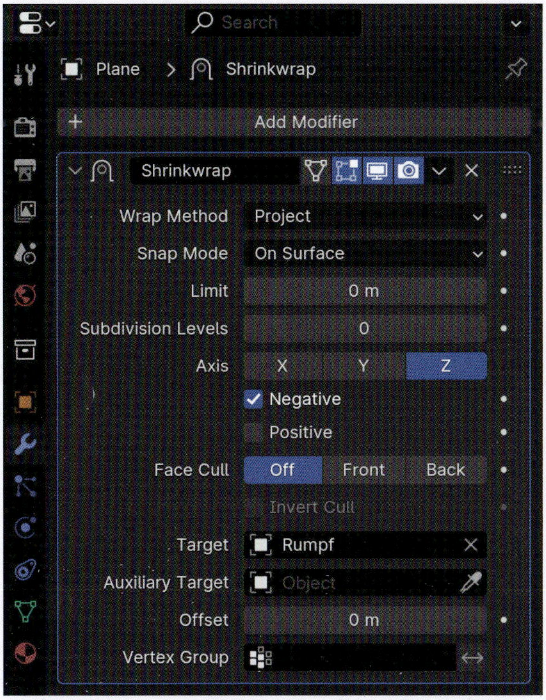

◂ **Abbildung 8.154**
Einstellungen des Shrinkwrap-Modifiers

▾ **Abbildung 8.155**
Extrudiertes und abgerundetes Seitenruder

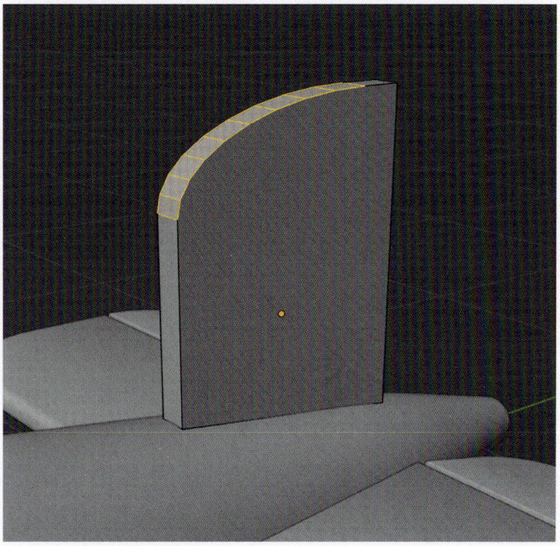

Im Edit Mode selektieren Sie wieder das Face der Plane und führen eine Extrusion in Z-Richtung von 0.8 m durch, das Bevelling der Vorderkante hat eine Width von 0.25 m bei einer Unterteilung von 9 Segments (Abbildung 8.155). Die weiteren Schritte bei der Ausarbeitung des Seitenruders sind identisch mit denen des Höhenruders. Sie können hier gerne auch mit den Abrundungswerten und damit in der Formgebung variieren.

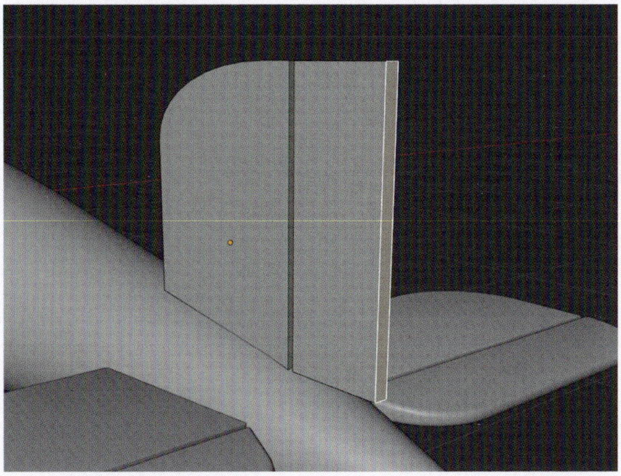

▴ **Abbildung 8.156**
Ausarbeiten des Seitenruders

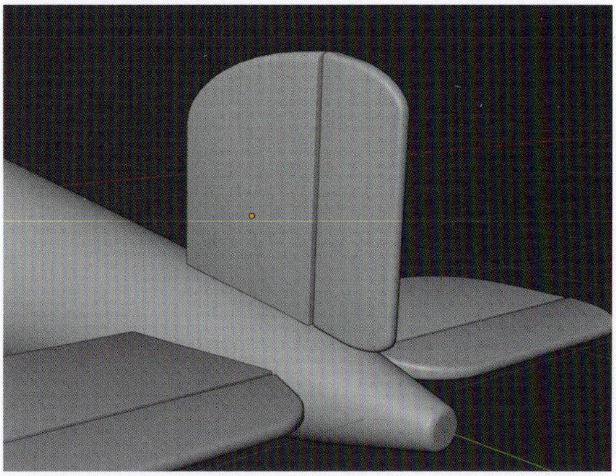

▴ **Abbildung 8.157**
Fertiges Seitenruder

4 Tragflächen und Querruder modellieren

Nach der Fertigstellung des Seitenruders wechseln Sie mit der [Tab]-Taste in den OBJECT MODE, um über den Befehl ADD • CUBE (Tasten [⇧]+[A]) einen Cube als Basis für die obere Tragfläche zu generieren. Klappen Sie anschließend die Sidebar auf, um die Position und die Dimensionen des Cubes aus Abbildung 8.157 zu übernehmen.

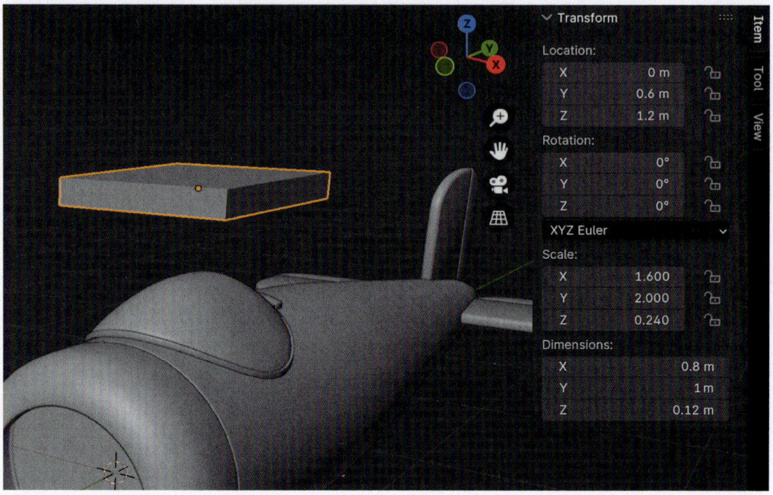

Abbildung 8.158 ▸
Skalieren und Platzieren des Cubes für die Tragfläche

Wenden Sie die Skalierung über den Befehl APPLY (Tasten [Strg]/[Cmd]+[A]) an und versetzen Sie den Cube mit der [Tab]-Taste in den EDIT MODE. Aktivieren Sie anschließend den Face Select-Mode (Taste [2]), und selektieren Sie die beiden Faces an den Seiten des Cubes per Linksklick mit gedrückter [⇧]-Taste (Abbildung 8.159).

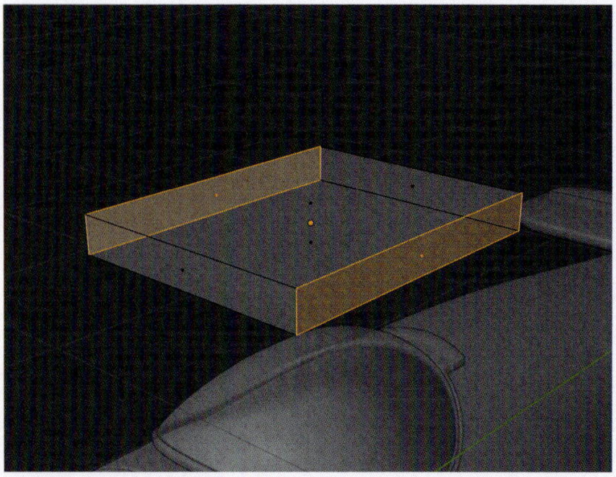

▴ **Abbildung 8.159**
Selektierte Faces vor der Extrusion

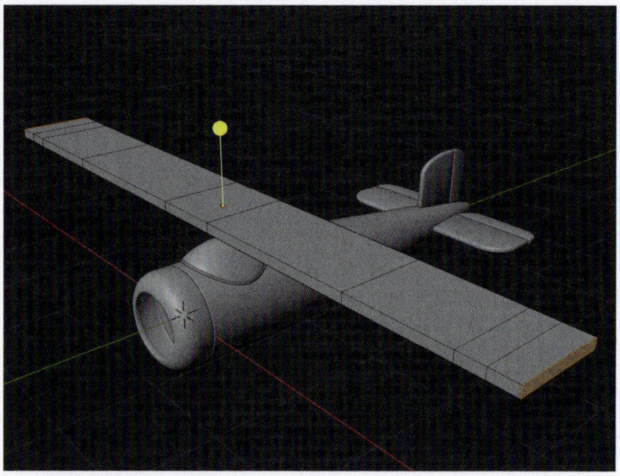

▴ **Abbildung 8.160**
Extrudierte Faces der oberen Tragfläche

Rufen Sie nun mit der Taste [E] das Extrude-Werkzeug auf und führen Sie insgesamt vier Extrusionen durch (Abbildung 8.160). Die erste beträgt 2 m, die zweite 1.2 m, die dritte und vierte Extrusion jeweils 0.3 m. Sie können die Schritte direkt hintereinander ausführen, indem Sie jede Extrusion mit der [↵]-Taste bestätigen.

Drehen Sie sich die Ansicht so, dass Sie die Faces auf der Rückseite vor sich haben, und extrudieren Sie die beiden links und rechts vom Rumpf liegenden Faces um 0.5 m (Abbildung 8.161).

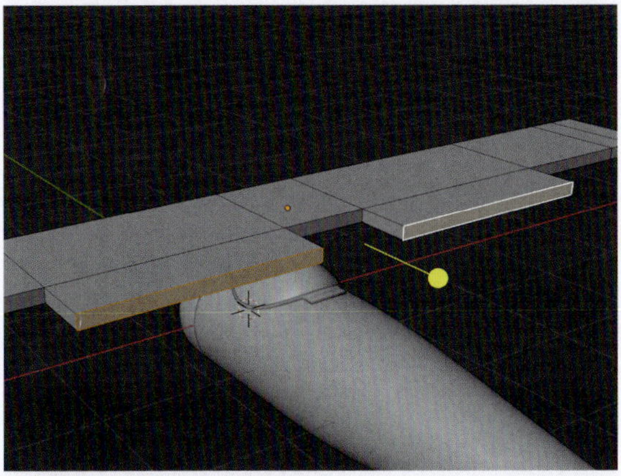

▲ **Abbildung 8.161**
Extrudierte Faces links und rechts vom Rumpf

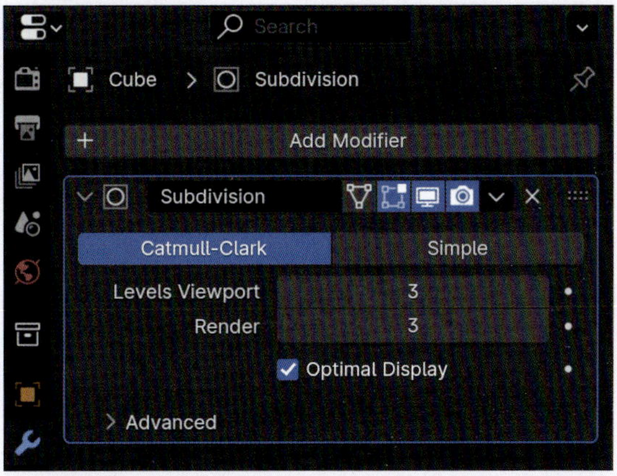

▲ **Abbildung 8.162**
Einstellungen des Subdivision Surface-Modifiers

Bevor wir weitermodellieren, bekommt die Tragfläche zur polygonarmen Glättung einen Subdivision Surface-Modifier mit dreifacher Unterteilung zugewiesen (Abbildung 8.162). Am schnellsten erledigen Sie dies mit dem Kurzbefehl [Strg]/[Cmd] + [3].

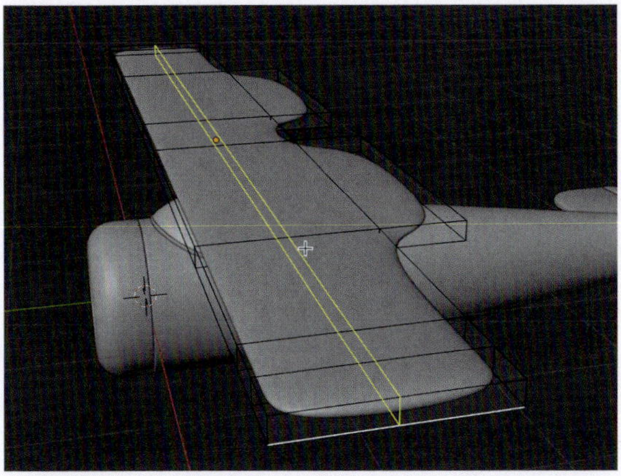

▲ **Abbildung 8.163**
Initialer Loop Cut entlang der X-Achse

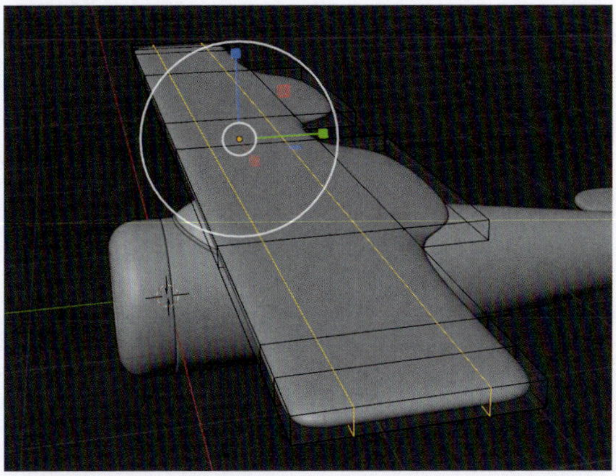

▲ **Abbildung 8.164**
Skalieren der Loop Cuts entlang der Y-Achse

Zur Ausformung der Tragfläche ziehen wir uns nun genau dort Geometrie ein, wo wir sie brauchen. Rufen Sie dazu das Loop Cut and Slide-Werkzeug mit dem Kurzbefehl [Strg]/[Cmd]+[R] auf und setzen Sie einen Linksklick für einen Schnitt entlang der X-Achse (Abbildung 8.163). Brechen Sie die Transformation mit der [Esc]-Taste ab und erhöhen Sie die Anzahl an Schnitten über das Mausrad oder auch über das Adjust Last Operation-Panel auf 2. Skalieren Sie jetzt noch die beiden Edge Loops entlang der Y-Achse um den Faktor 1.6, am besten mit den Tasten [S], [Y] und [1][.][6] (Abbildung 8.164).

▲ **Abbildung 8.165**
Spiegelung der Modifikationen an der X-Achse

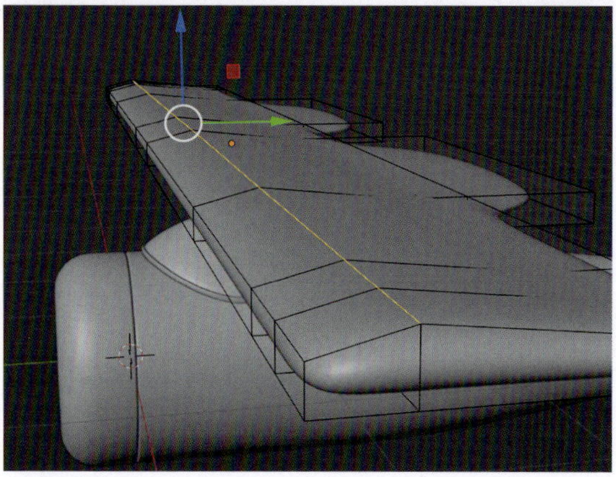

▲ **Abbildung 8.166**
Verschieben der obenliegenden Edge

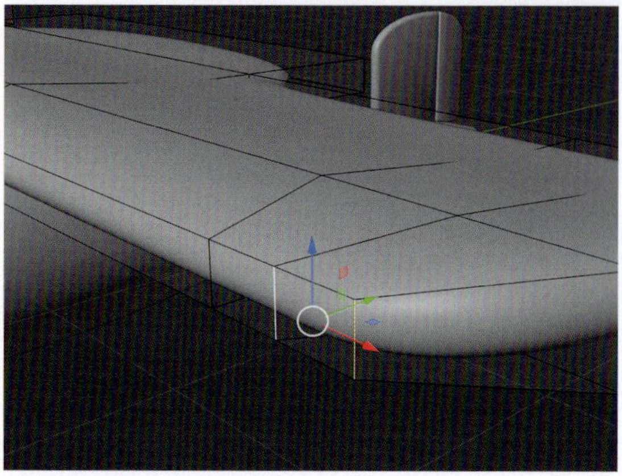

▲ **Abbildung 8.167**
Skalieren und Verschieben der Edges an der Ecke

Beginnen wir mit der Ausformung der Tragfläche, für die Sie das symmetrische Arbeiten mit der Option Mirroring über die X-Achse ❶ aktivieren. Selektieren Sie als Erstes die obenliegenden Edges am ersten eingezogenen Loop Cut und verschieben Sie diese etwas nach oben (Abbildung 8.166). Anschließend wählen Sie die beiden Edges an der vorderen Ecke aus, skalieren diese etwas und schieben sie in Richtung der X-Achse, um eine weiche Rundung zu erhalten (Abbildung 8.167).

Die Grundform der oberen Tragfläche ist damit definiert, jetzt geht es darum, die Kanten gezielt zu schärfen. Auch hierfür kommen wieder Loop Cuts zum Einsatz. Rufen Sie also erneut das Loop Cut and Slide-Werkzeug (Tasten [Strg]/[Cmd]+[R]) auf und fügen Sie an der langen Kante hinten einen einzelnen Loop Cut ein, den Sie anschließend über das Adjust Last Operation-Panel auf einen Factor von −0.800 setzen (Abbildung 8.168). Die nächsten Loop Cuts setzen Sie links und rechts von den nach hinten extrudierten

Faces. Hier schließen Sie mit einem Factor von 0.98 sehr nahe an den vorhandenen Edge Loop auf, um eine sehr scharfe Kante zu erhalten (Abbildung 8.169).

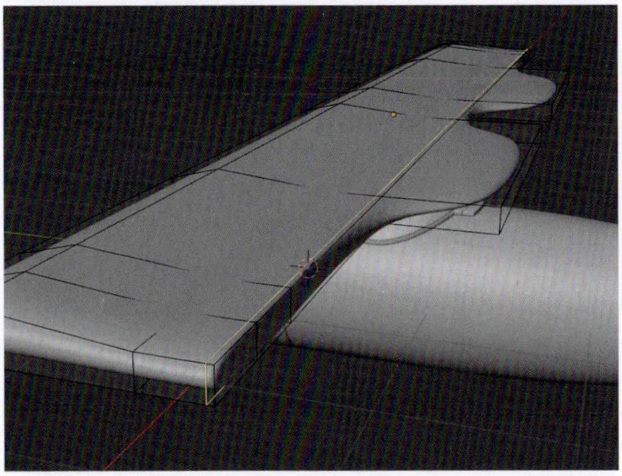

▲ **Abbildung 8.168**
Schärfen der Kante mittels Loop Cut

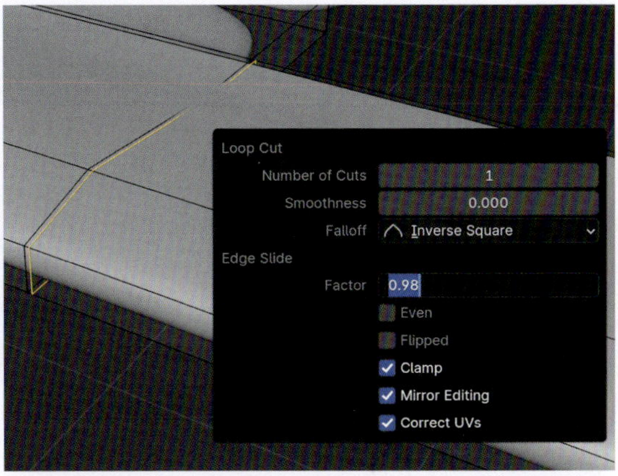

▲ **Abbildung 8.169**
Weitere Loop Cuts zur Schärfung

Wir schließen die Kantenschärfung der Bereiche mit den extrudierten Faces mit einem zweifachen Loop Cut ab, den Sie jeweils in die Mitte des Bereiches setzen und anschließend entlang der X-Achse skalieren. In meinem Fall betrug der Wert der Skalierung 2.965 (Abbildung 8.170).

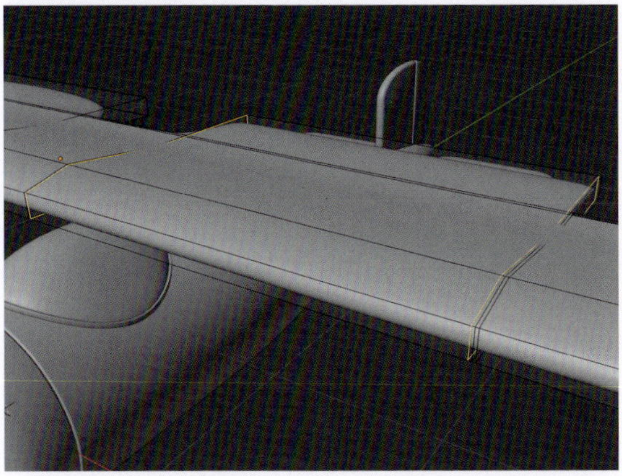

▲ **Abbildung 8.170**
Schärfen der Kante mittels skalierter Loop Cuts

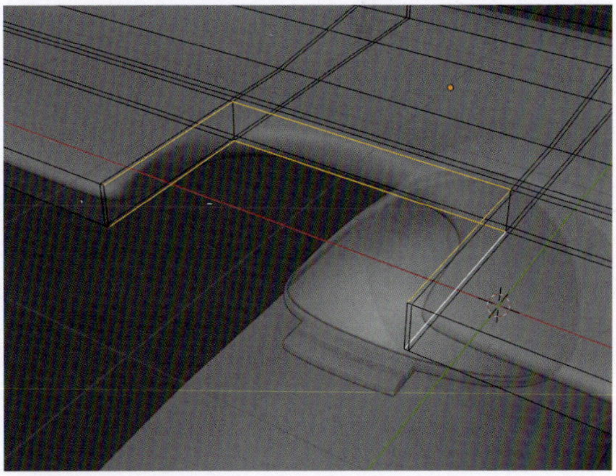

▲ **Abbildung 8.171**
Selektion für die Schärfung mittels Weights

Die Aussparung in der Mitte der Tragfläche soll den Einstieg erleichtern und benötigt ebenfalls schärfere Kanten. Abbildung 8.171 zeigt die dafür selektierten Edges im X-Ray-Modus.

Abbildung 8.172 ▸
Schärfen der Edges mittels Bevel Weights

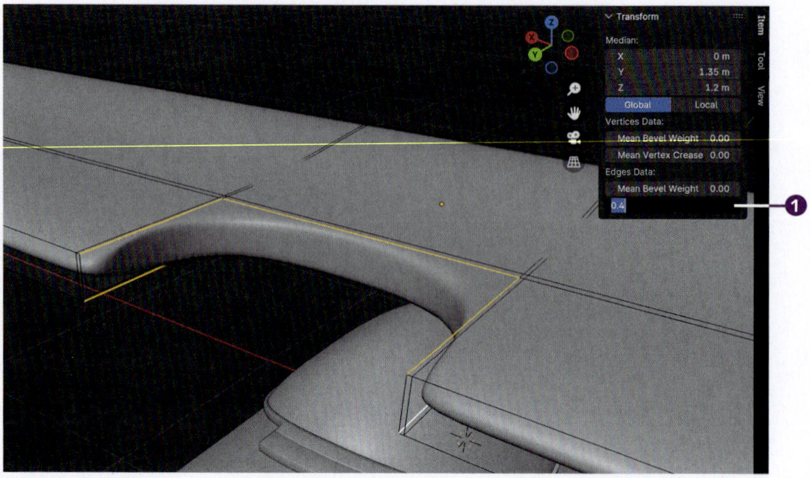

Um die selektierten Edges zu schärfen, klappen Sie das Panel TRANSFORM im Tab ITEM der Sidebar auf und geben als MEAN CREASE ❶ einen Wert von 0.4 vor (Abbildung 8.172). Die eigentliche Tragfläche ist damit fertiggestellt, es fehlen nun noch die Querruder links und rechts.

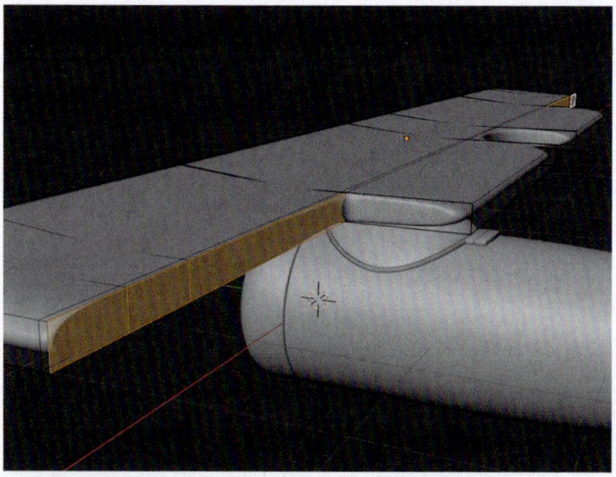

▴ **Abbildung 8.173**
Selektion der zu duplizierenden Faces

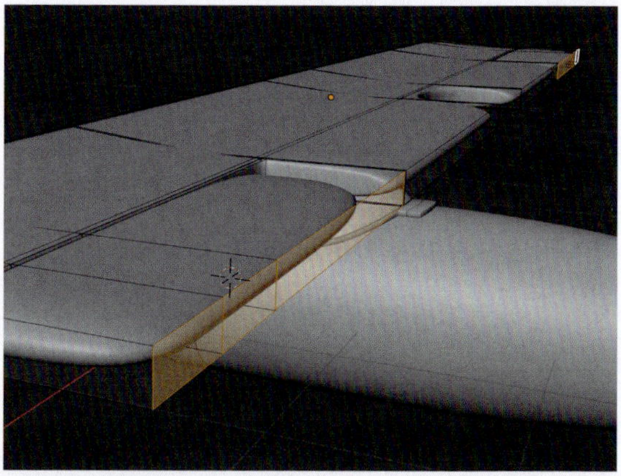

▴ **Abbildung 8.174**
Extrusion der duplizierten Faces

Wechseln Sie dazu in den Face Select-Mode (Taste [3]) und wählen Sie die Faces links und rechts an den Aussparungen für die Querruder aus (Abbildung 8.173). Duplizieren Sie die Faces über die Tasten [⇧]+[D] und verschieben Sie diese um 0.02 m in Normalenrichtung, indem Sie nach dem Aufruf des Befehls [0][.][0][2] eingeben. Extrudieren Sie anschließend die Faces mit dem Extrude-Tool (Taste [E]) um 0.48 m (Abbildung 8.174).

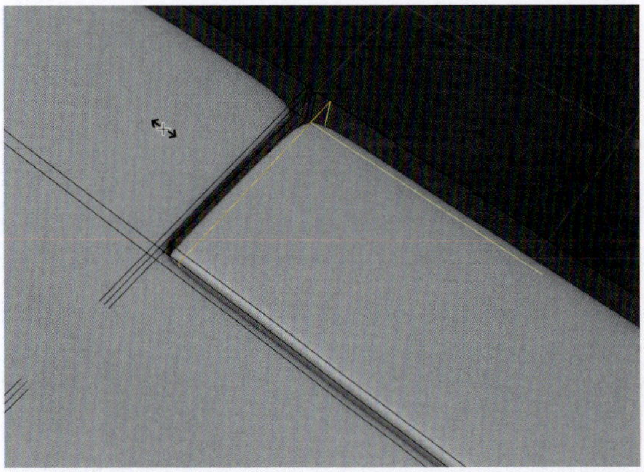

◂ **Abbildung 8.175**
Schärfen des Querruders durch skalierte Loop Cuts

Die Kantenschärfung der Querruder erledigen Sie wieder über einen zweifachen Loop Cut, den Sie im Edge Select-Mode vornehmen und anschließend in X-Richtung nach außen skalieren (Abbildung 8.175).

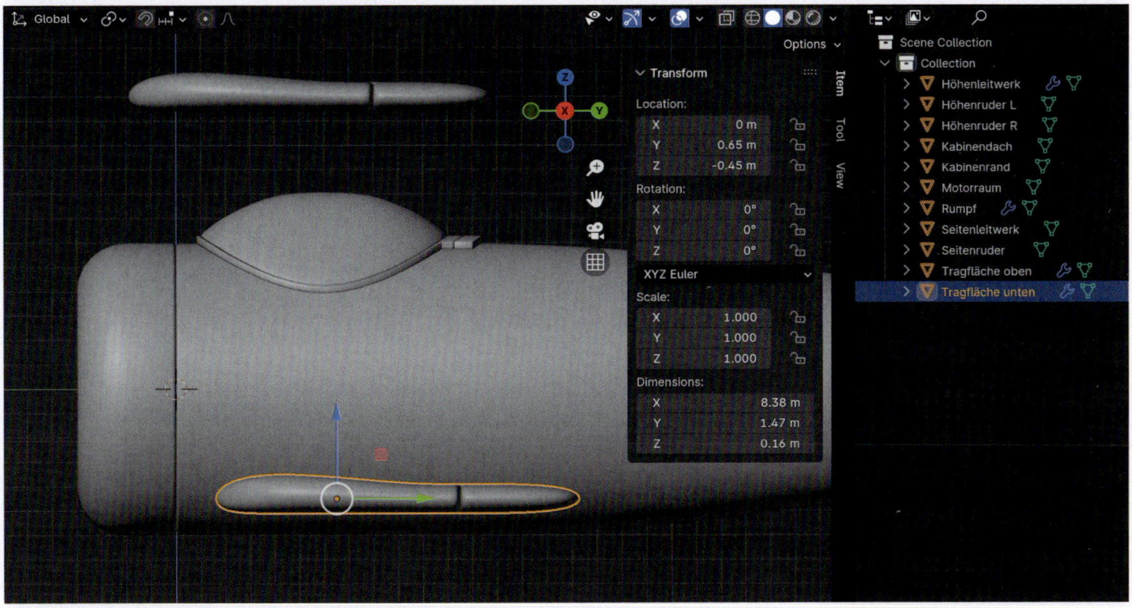

▴ **Abbildung 8.176**
Duplizieren der oberen Tragfläche und Benennung der Objekte

Wechseln Sie in die Seitenansicht (Taste [3] [Num]) und mit der [↹]-Taste in den Object Mode, um die fertige Tragfläche in Y-Richtung mittig oberhalb der Pilotenkabine zu platzieren. Fertigen Sie per Copy und Paste (Tasten [Strg]/[Cmd] + [C] bzw. [Strg]/[Cmd] + [V]) im Outliner eine Kopie der oberen Tragfläche an, die Sie als untere Tragfläche umbenennen und in der Ansicht wie in Abbildung 8.176 gezeigt platzieren.

Falls nicht schon geschehen, schalten Sie die Spiegelung der Modifikationen per Mirroring wieder ab. Begeben Sie sich mit der Taste 1 [Num] in die Ansicht von vorne und versetzen Sie die untere Tragfläche mit der Tab-Taste in den EDIT MODE. Aktivieren Sie zusätzlich den X-Ray-Mode und selektieren Sie alle Faces der unteren Tragfläche links ab der Mitte (Abbildung 8.177).

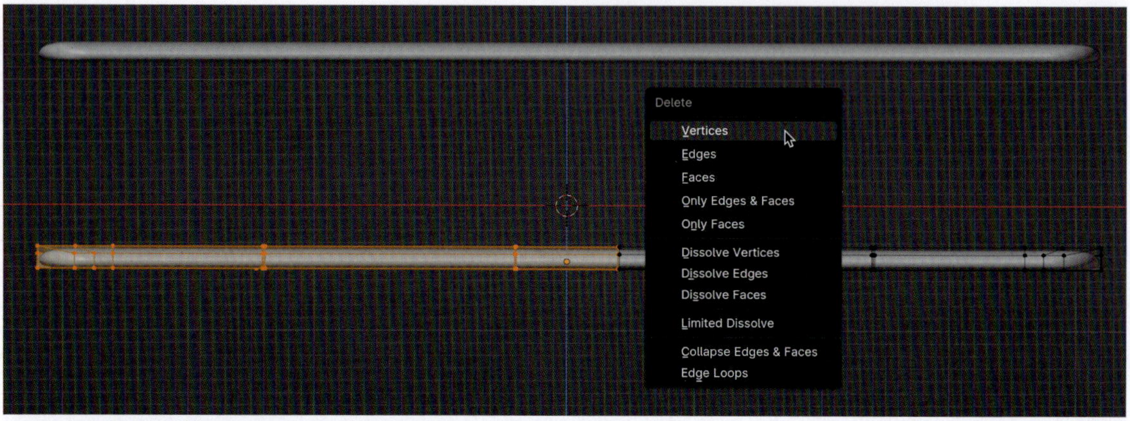

▲ **Abbildung 8.177**
Selektion der zu löschenden Faces

Da wir die Tragfläche sorgsam an den Rumpf anbringen werden, benötigen wir die selektierten Elemente nicht und können sie über das Menü DELETE • VERTICES (Taste X) einfach löschen.

Die Snapping-Funktion von Blender hilft uns nun dabei, ohne allzu große Mühe die verbliebene Geometrie direkt an den Rumpf anschließen zu lassen. Klappen Sie dazu das Pop-up-Menü SNAPPING auf (Abbildung 8.178) und aktivieren Sie das Snapping mit der Option FACE.

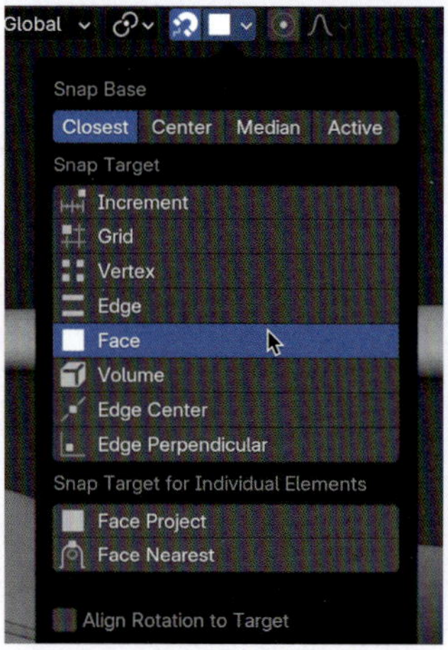

▲ **Abbildung 8.178**
Pop-up-Menü SNAPPING

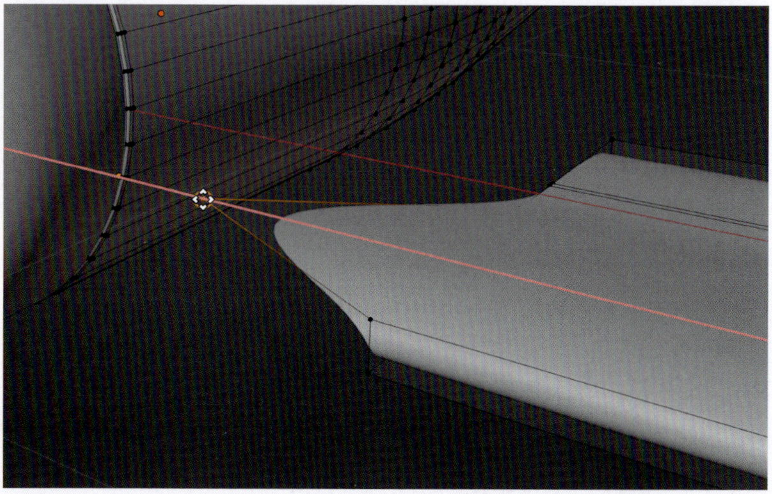

Abbildung 8.179 ▸
Snapping der Vertices an den Rumpf

Selektieren Sie nun nacheinander die einzelnen Vertices am abgeschnittenen Ende der unteren Tragfläche, rufen Sie das Move-Tool in X-Richtung (Tasten [G] und [X]) auf und bewegen Sie die Vertices in Richtung Rumpf, bis sie einrasten (Abbildung 8.179).

Schalten Sie das Snapping wieder aus und selektieren Sie die Faces an der abgeschnittenen Seite und führen Sie ein Bevelling (Tasten [Strg]/[Cmd] + [B]) mit 0.01 m WIDTH und 2 Unterteilungen (SEGMENTS) durch (Abbildung 8.180).

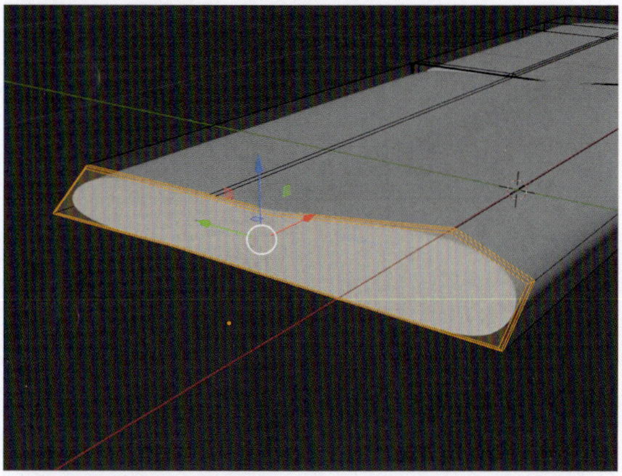

▲ **Abbildung 8.180**
Bevelling der Faces

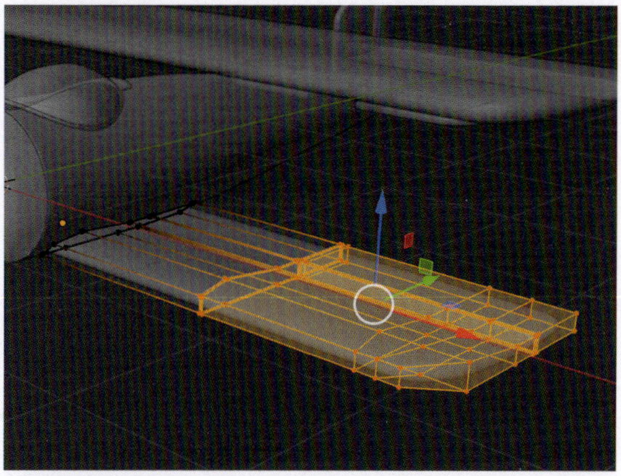

▲ **Abbildung 8.181**
Verkürzen der unteren Tragfläche

Jetzt sollte die Tragfläche perfekt an den Rumpf anschließen. Damit die untere Tragfläche etwas kürzer als die darüberliegende wird, aktivieren Sie den X-Ray-Mode und selektieren alle Elemente abgesehen von den am Rumpf befindlichen. Mit dem Move-Tool in X-Richtung verschieben Sie die Elemente um –0.5 m zur Mitte (Taste [G], [X] und [-][0][.][5]).

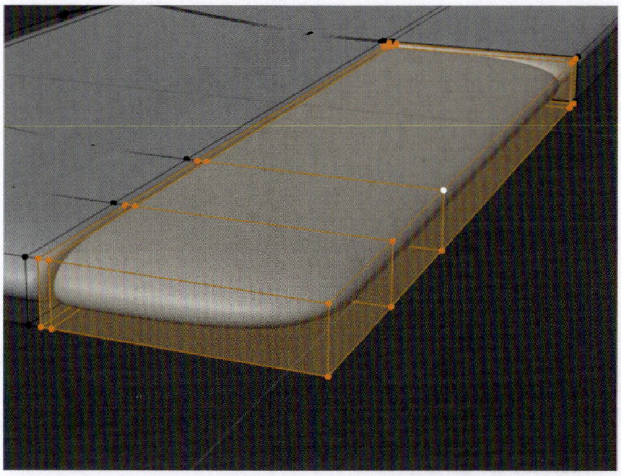

◂ **Abbildung 8.182**
Selektion des abzutrennenden Querruders

Für alle Tragflächen gilt es nun, die Querruder in eigene Objekte zu transferieren. Selektieren Sie dazu jeweils die miteinander verbundenen Elemente über den Befehl SELECT MORE/LESS (Tasten [Strg]/[Cmd] + [+] [Num]) und trennen Sie diese Elemente über den Befehl SEPARATE • SELECTION (Taste [P]) in eigene Objekte ab.

Die untere Tragfläche erhält nun noch zusätzlich zu ihrem Subdivision Surface-Modifier einen Mirror-Modifier mit den Einstellungen aus Abbildung 8.183.

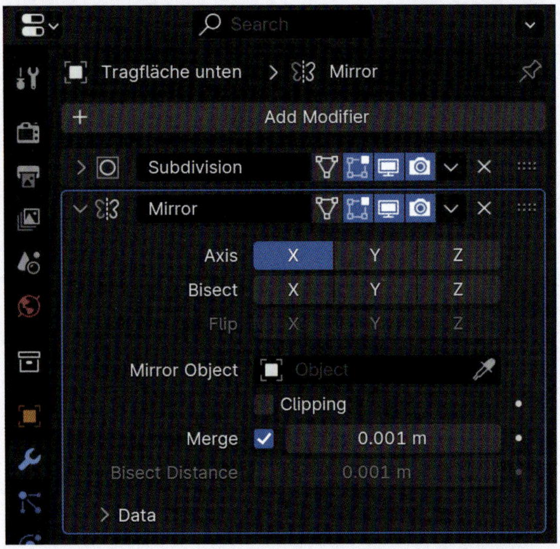

◂ **Abbildung 8.183**
Einstellungen des Mirror-Modifiers

▾ **Abbildung 8.184**
Benennung der Tragflächen-Elemente

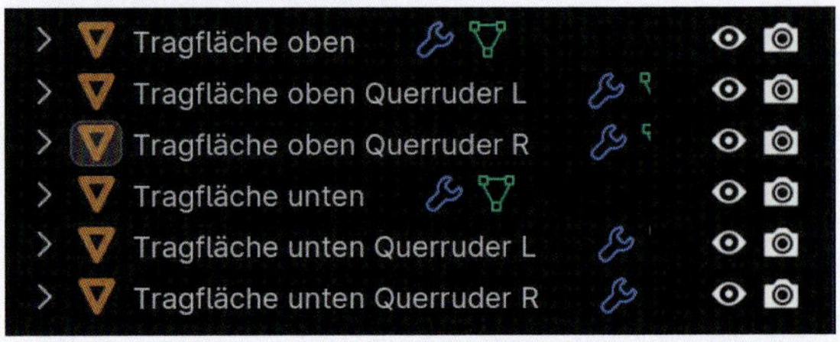

Nach diesem Schritt sind alle Elemente der Tragflächen fertiggestellt, so dass wir sie im Outliner entsprechend ihrer Funktion und Lage benennen können (Abbildung 8.184).

5 Motor, Propeller und Auspuffe modellieren

Für das Herzstück des Doppeldeckers, den Motor, blenden Sie temporär alle anderen Objekte aus. Wechseln Sie mit der [⇆]-Taste in den OBJECT MODE, um ein neues Objekt als Basis für den Motorblock zu erzeugen. Dafür dient uns ein Cylinder aus dem Menü ADD • MESH des Viewports (Tasten [⇧] + [A]). Wir spendieren ihm 9 VERTICES für den Umfang, um so das gewünschte kantige Äußere zu erhalten (Abbildung 8.185). Besonders wichtig bei den Einstellungen sind der CAP FILL TYPE N-GON, damit wir unbekümmert die Front beveln können, sowie neben der ROTATION um die X-Achse von 90° die ROTATION von 20° um die Y-Achse. Letztere stellt sicher, dass der Motorblock mit einer Spitze nach unten zeigt. Versetzen Sie ihn mit der [⇆]-Taste in den EDIT MODE.

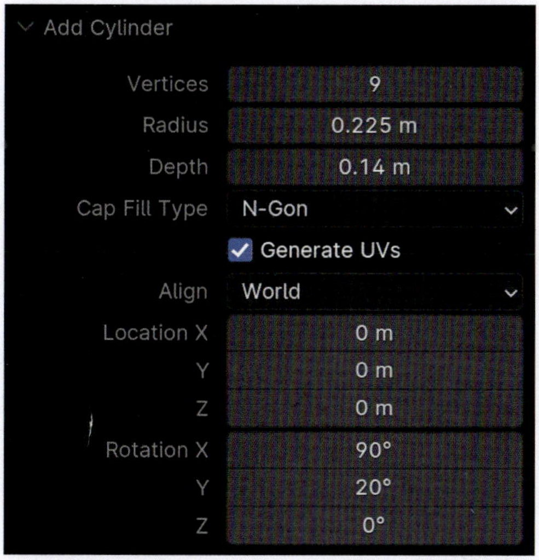

▲ **Abbildung 8.185**
Einstellungen des Mirror-Modifiers

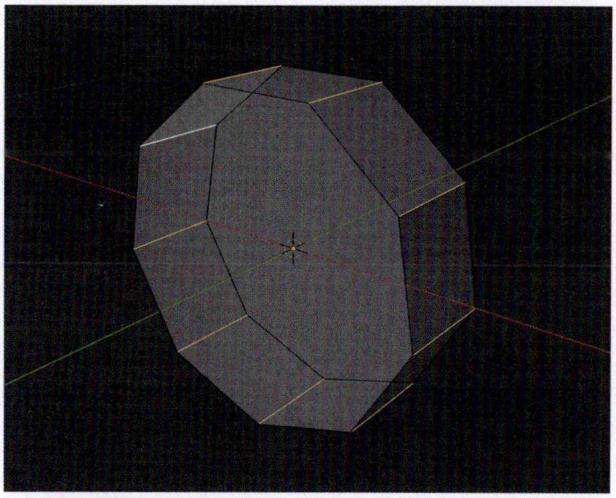

▲ **Abbildung 8.186**
Selektion der außen liegenden Edges

Aktivieren Sie den Edge Select-Mode (Taste [2]), und halten Sie die [⇧]-Taste gedrückt, um per Linksklick alle außen liegenden Edges zu selektieren (Abbildung 8.186). Runden Sie die Edges mit dem Bevel-Tool (Tasten [Strg]/[Cmd] + [B]) über eine WIDTH von 0.012 m bei 3 SEGMENTS ab.

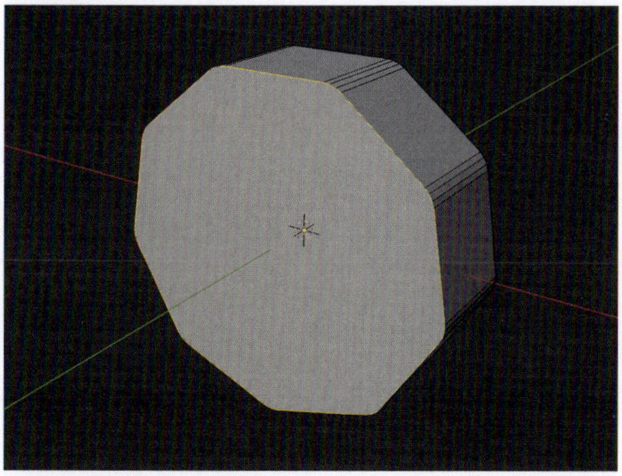

▲ **Abbildung 8.187**
Selektion des vorderen Edge Loops

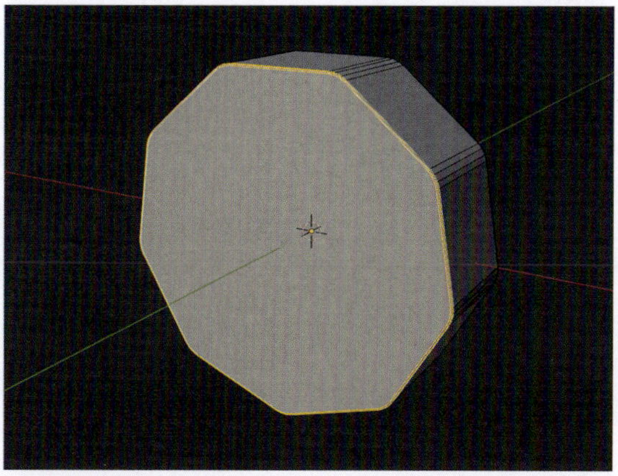

▲ **Abbildung 8.188**
Bevelling des vorderen Edge Loops

Wählen Sie anschließend per Linksklick bei gedrückter [Alt]-Taste den vorderen Edge Loop aus (Abbildung 8.187) und beveln Sie ihn mit einer WIDTH von 0.0025 m mit 2 Segments (Abbildung 8.188). Damit ist der hintere Teil des Motorblocks fertig, wir müssen uns noch um die Glättung kümmern. Wechseln Sie dazu per [Tab]-Taste in den OBJECT MODE und öffnen Sie per Rechtsklick auf das Objekt das Kontextmenü, um per SHADE SMOOTH das Smooth Shading zu aktivieren (Abbildung 8.189). Es lässt sich von der hinteren, nicht gebevelte Kante nicht beeindrucken und glättet korrekt.

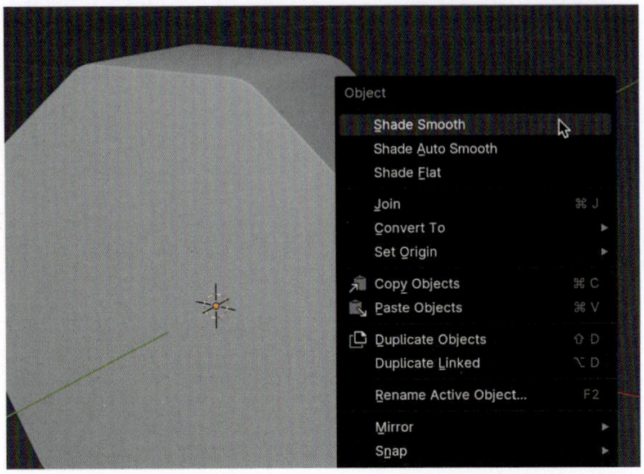

▲ **Abbildung 8.189**
Aktivieren des SMOOTH SHADINGS

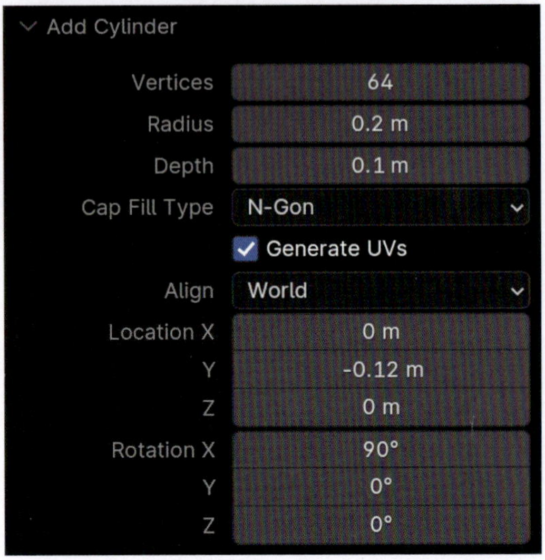

Abbildung 8.190 ►
Einstellungen für den Cylinder

Für den vorderen Teil des Motorblocks erzeugen Sie erneut einen Cylinder, diesmal allerdings mit ausreichender Anzahl an VERTICES für eine glatte Rundung (Abbildung 8.190). Wir versetzen den Cylinder über den Wert bei LOCATION Y gleich vor den hinteren Teil des Motorblocks (Abbildung 8.190). Versetzen Sie ihn mit der [Tab]-Taste in den EDIT MODE, um ihn bearbeiten zu können.

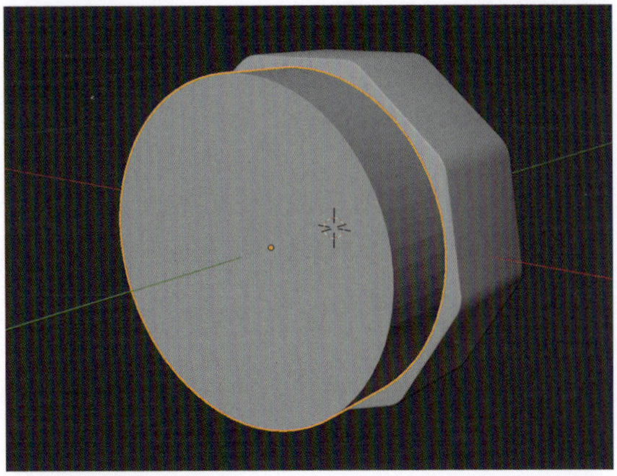

▲ **Abbildung 8.191**
Cylinder für den vorderen Teil des Motorblocks

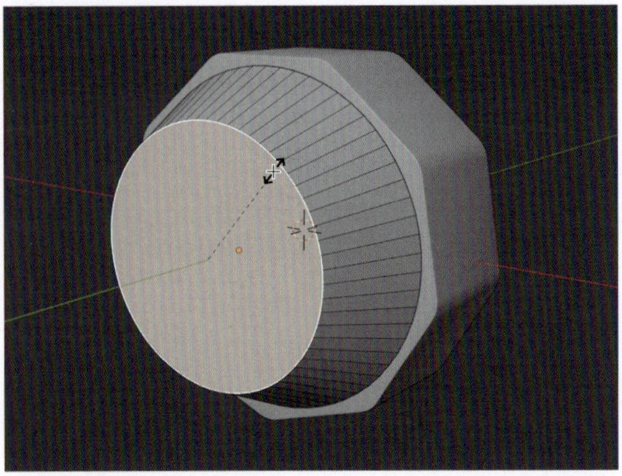

▲ **Abbildung 8.192**
Skalieren des vorderen N-Gons bzw. Edge Loops

Selektieren Sie das vordere N-Gon im Face Select-Mode (Taste [3]) und skalieren Sie es mit dem Scale-Tool bzw. den Tasten [S] und [0] [.] [7] [5] auf 75 % (Abbildung 8.192) seiner Größe. Aus diesem Objekt werden wir jetzt in mehreren Schritten die Aufnahme für den Propeller modellieren.

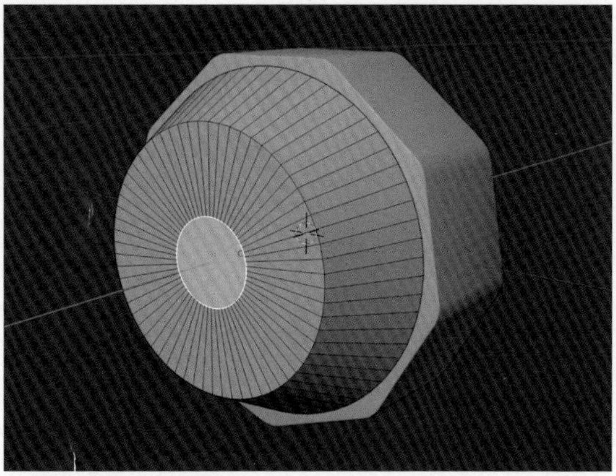

▲ **Abbildung 8.193**
Extrusion nach innen

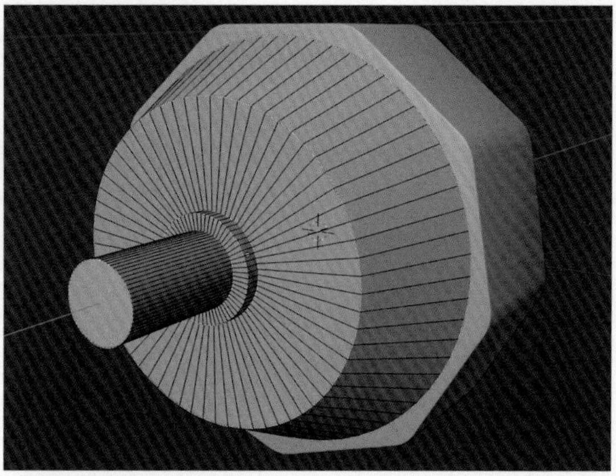

▲ **Abbildung 8.194**
Mehrere Extrusionen nach vorne und innen

Wir beginnen mit einer Extrusion nach innen, die wir mit dem Inset Faces-Tool (Taste [I]) durchführen. Verwenden Sie eine Thickness von 0.1 m, um den Radius stark zu reduzieren (Abbildung 8.193), und bestätigen Sie die Extrusion per Linksklick.

Es folgt eine kurze Extrusion von 0.015 m in Normalenrichtung, die Sie mit dem Extrude-Tool (Taste [E]) ausführen. Wechseln Sie anschließend wieder zum Inset Faces-Tool, um den Radius des N-Gons mit einer Thickness von 0.015 m weiter zu reduzieren. Die Ausformung endet mit einer Extrusion um 0.12 m in Normalenrichtung, für die Sie wieder das Extrude-Werkzeug verwenden. Nach diesen Schritten sollte Ihr Motorgehäuse dem Stand in Abbildung 8.194 entsprechen.

Das Motorgehäuse besitzt nach den Extrusionen noch einige scharfe Kanten, die wir zum Abschluss noch etwas abrunden werden. Erzeugen Sie dafür zunächst im Edge Select-Mode (Taste [2]) eine Selektion mit allen Edge Loops durch Linksklick mit gedrückt gehaltener [Alt]- und [⇧]-Taste (Abbildung 8.194). Wir können alle selektierten Edge Loops in einem Schwung mit den identischen Bevelling-Parametern abrunden. Rufen Sie dafür das Bevelling-Werkzeug (Tasten [Strg]/[Cmd] + [B]) auf und runden Sie mit einer Width von 0.002 m bei 2 Segments (Abbildung 8.195).

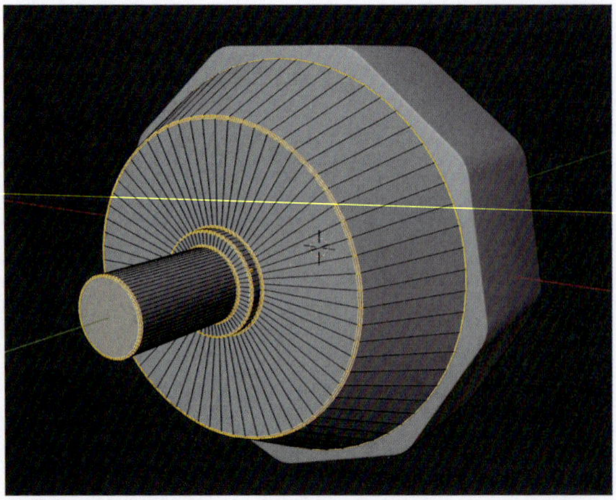

Abbildung 8.195 ▸
Bevelling der Edge Loops

Wechseln Sie jetzt noch per [Tab]-Taste in den OBJECT MODE und öffnen Sie per Rechtsklick auf das Objekt das Kontextmenü, um AUTO SMOOTH SHADING zu aktivieren.

Die aus dem Motorgehäuse ragenden, insgesamt neun Zylinder modellieren wir als separate Objekte. Erzeugen Sie dazu über das ADD • MESH des Viewports (Tasten [Shift] + [A]) einen Cylinder mit den Parametern aus Abbildung 8.196.

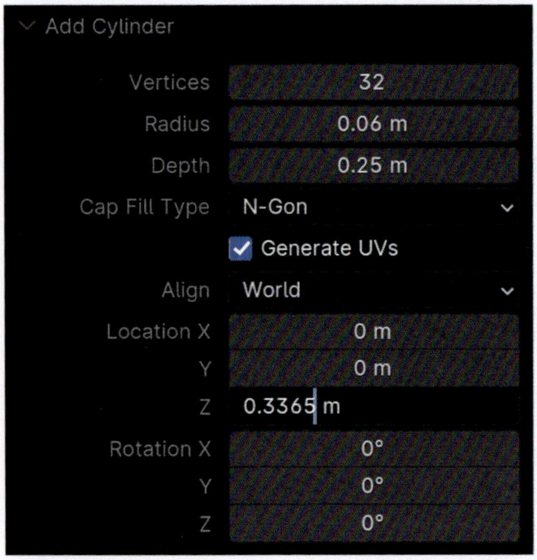

▴ Abbildung 8.196
Einstellungen für den Cylinder

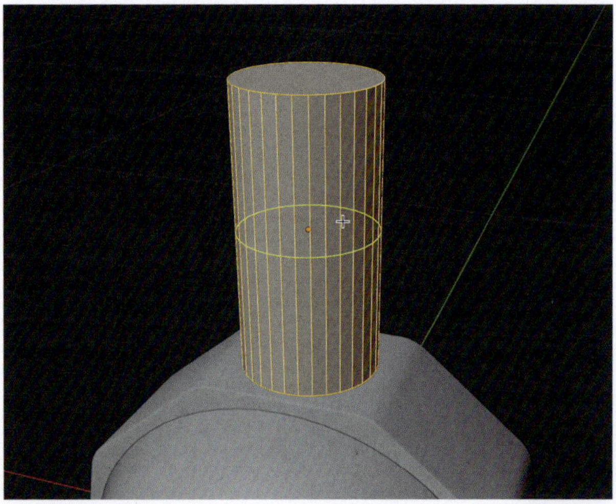

▴ Abbildung 8.197
Initialer Loop Cut für die Kühlrippen

Wie Sie bemerken, sorgt der angegebene Z-Wert gleich dafür, dass der Cylinder auf dem Motorgehäuse aufliegt. Versetzen Sie ihn mit der [Tab]-Taste in den EDIT MODE, um ihn bearbeiten zu können. Dabei kümmern wir uns als Erstes um eine ausreichende

Unterteilung in vertikaler Richtung, um Kühlrippen extrudieren zu können. Rufen Sie dazu das Loop Cut and Slide-Werkzeug (Tasten [Strg]/[Cmd]+[R]) auf und setzen Sie einen horizontalen Loop Cut (Abbildung 8.196), den Sie mit der [Esc]-Taste ohne Transformation bestätigen. Erhöhen Sie die Anzahl der Loop Cuts mit dem Mausrad bzw. dem Adjust Last Operation-Panel (Tasten [F9]) auf 20. Lassen Sie die frisch erzeugten Loop Cuts selektiert, um durch ein einfaches Bevelling mit einer WIDTH von 0.0025m mit nur einem SEGMENT umlaufende Face Loops zu schaffen.

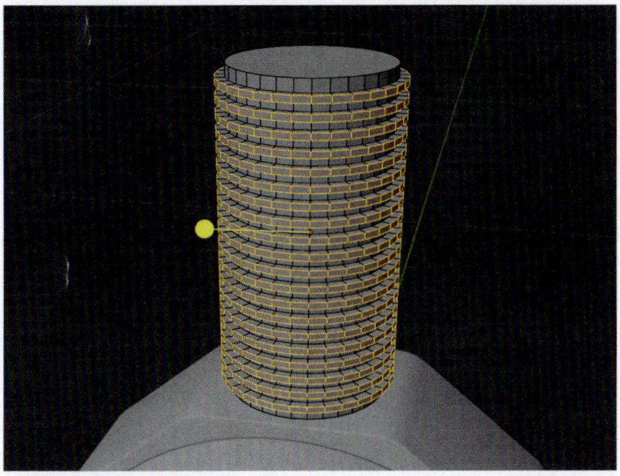

▲ **Abbildung 8.198**
Extrusion der Face Loops

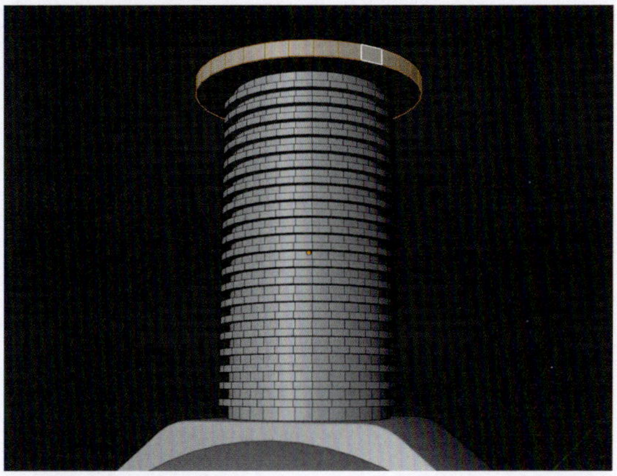

▲ **Abbildung 8.199**
Extrusionen für einen oberen Zylinderabschluss

Rufen Sie nun das Extrude Along Normals-Werkzeug aus der Toolbar auf und extrudieren Sie die Face Loops mit einem Offset von 0.007m in die Normalenrichtungen (Abbildung 8.198). Selektieren Sie anschließend das obenliegende Face des Cylinders und modellieren Sie über eine Extrusion nach oben und eine Extrusion des dadurch entstandenen Face Loops in Normalenrichtung einen Zylinderabschluss (Abbildung 8.199).

Es folgt nun eine kleine, unkomplizierte Detailarbeit, die ich gerne in Ihre Hände abgeben möchte. Gerade die kleinen Details sind es oft, die den Realismus eines Modells entscheidend beeinflussen. In unserem Fall geht es um die Stangen am Zylinder, die sichtbar vor jedem Zylinder stehen. Dazu müssen Sie lediglich zwei neue Cylinder mit den Parametern aus Abbildung 8.200 erzeugen, die gerne Elemente des vorhandenen Zylinder-Objekts bleiben können. Platzieren und rotieren Sie die Stangen etwas versetzt in das Motorgehäuse und verstärken Sie das Ende gerne ein wenig durch die Extrusion eines Face Loops nach außen (Abbildung 8.201).

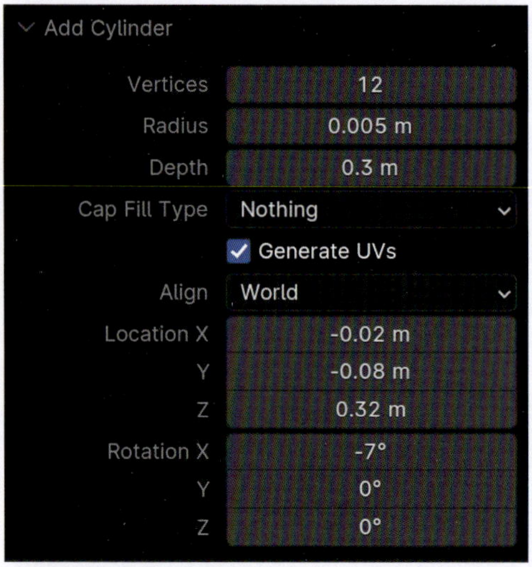

▲ **Abbildung 8.200**
Einstellungen für die Cylinder

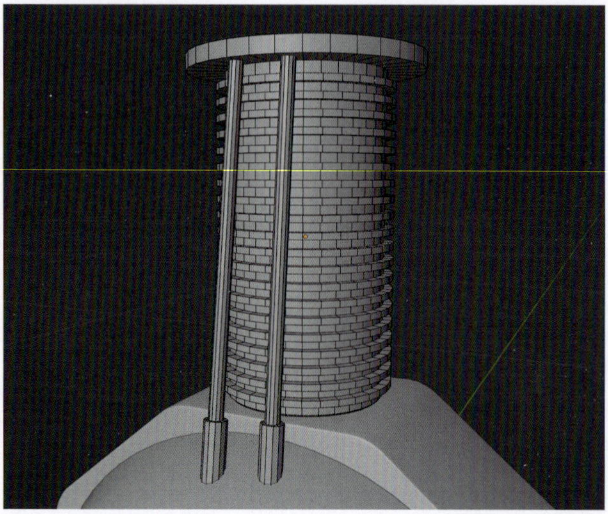

▲ **Abbildung 8.201**
Einarbeiten der Details für den Zylinder

Nach ein paar letzten Bevels zum Abrunden besonders scharfer Kanten ist der einzelne Zylinder fertiggestellt und bereit für die Vervielfachung auf die restlichen acht Flächen des Motorgehäuses.

Abbildung 8.202 ▸
Pop-up-Menü Transform Pivot Point

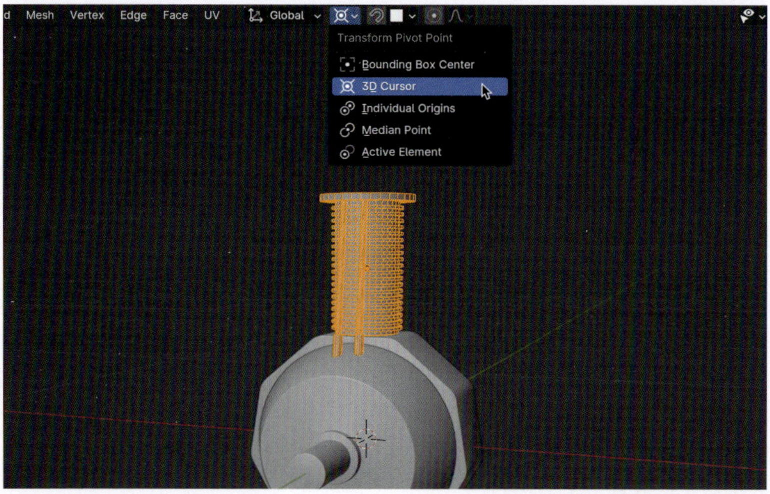

Bevor wir uns an das Duplizieren und Rotieren der Zylinder machen können, müssen wir das Zentrum des Motorgehäuses als Bezugspunkt festlegen. Praktischerweise befindet es sich zusammen mit dem 3D Cursor am Weltursprung, so dass wir im Pop-up-Menü Transform Pivot Point den 3D Cursor als Bezugspunkt für die korrekte Rotation auswählen können (Abbildung 8.202).

Selektieren Sie jetzt über die Taste [A] alle Elemente des Zylinders (inklusive Stangen) und rufen Sie den Befehl DUPLICATE (Tasten [⇧] + [D]) auf. Schließen Sie direkt die Rotation um die Y-Achse über den Befehl ROTATE mit einem Wert von 40° an, dazu genügen die Tasten [R], [Y] und [4] [0] (Abbildung 8.203). Bestätigen Sie nun die Transformation mit der [↵]-Taste.

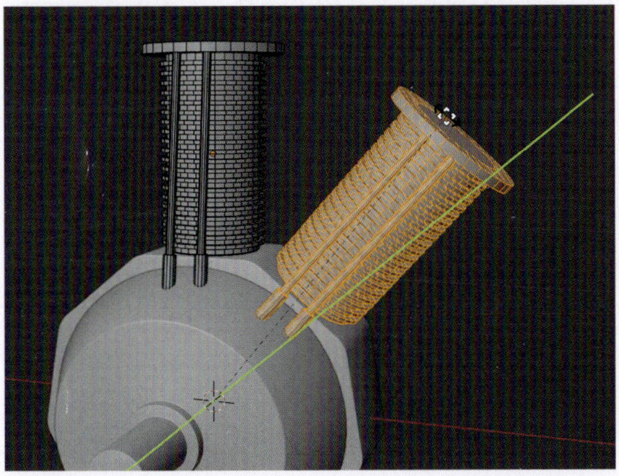

▲ **Abbildung 8.203**
Rotation des duplizierten Zylinders

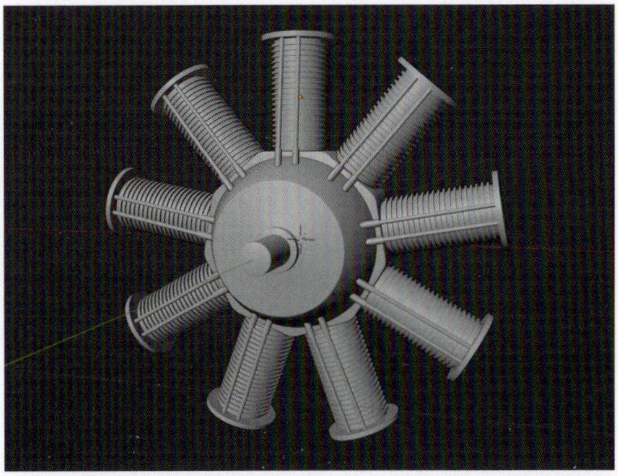

▲ **Abbildung 8.204**
Wiederholung der Operation

Für die anderen sieben Zylinder wiederholen wir diese Operation einfach: Rufen Sie dazu den Befehl REPEAT LAST mit den Tasten [⇧] + [R] noch insgesamt sieben Male auf (Abbildung 8.204).

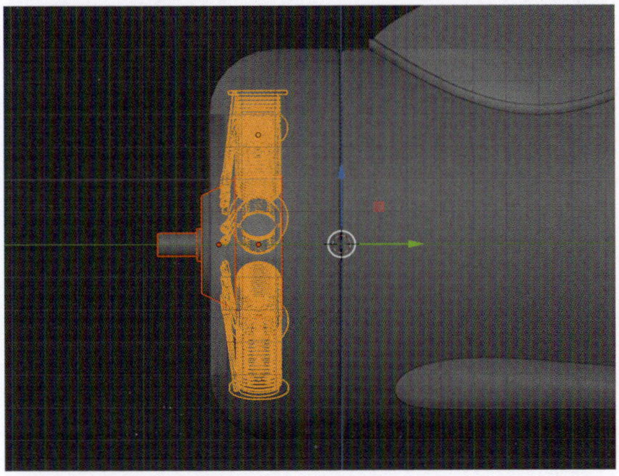

◂ **Abbildung 8.205**
Verschieben des Motorblocks in den Motorraum

Nun ist der Zeitpunkt gekommen, den Motorblock in den Motorraum zu verschieben. Blenden Sie dazu alle Elemente des Doppeldeckers wieder ein und aktivieren Sie den X-Ray-Mode. Begeben Sie sich am besten in die Seitenansicht (Taste [3] [Num]) und selektieren Sie im Object Mode alle Elemente des Motorblocks. Mit dem Move-Tool in Y-Richtung (Tasten G + Y) schieben Sie den Motor so weit in den Motorraum, bis der vordere Teil des Gehäuses nur noch leicht heraussteht (Abbildung 8.205). Vergessen Sie nicht, den Transform Pivot Point wieder auf Median Point zurückzusetzen, bevor Sie fortfahren.

Nun fehlt nur noch der Propeller, bei dem uns auch wieder ein Cylinder als Ausgangsobjekt dient. Erzeugen Sie diesen über das Menü Add • Mesh (Tasten ⇧ + A) mit den in Abbildung 8.206 gezeigten Parametern.

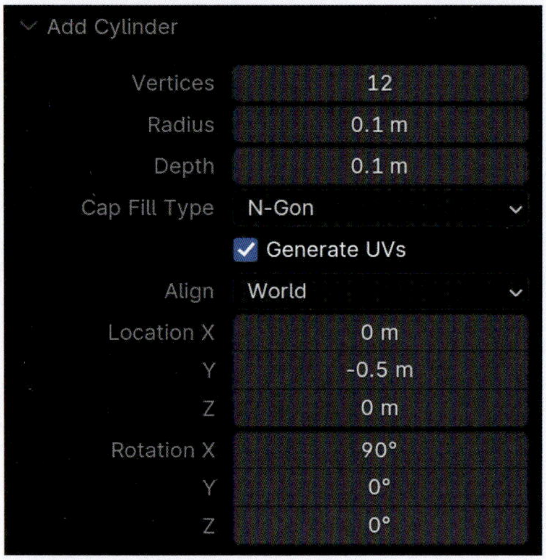

▲ **Abbildung 8.206**
Einstellungen für den Cylinder

▲ **Abbildung 8.207**
Selektion der Face-Paare für die Extrusion der Propeller

Der Cylinder für den Propeller befindet sich bereits an der richtigen Position, so dass wir ihn direkt in den Edit Mode (Taste ⇆) versetzen können, um mit dem Modellieren zu beginnen. Aktivieren Sie den Face Select-Mode (Taste 3) und selektieren Sie die drei um den Cylinder liegenden Face-Paare mit gedrückt gehaltener ⇧-Taste (Abbildung 8.207).

Rufen Sie das Inset Faces-Tool (Taste I) auf und führen Sie für die Face-Paare eine Extrusion nach innen mit einer Thickness von 0.015 m aus. Achten Sie darauf, dass im Adjust Last Operation-Panel nicht die Option Individual aktiv ist. Direkt im Anschluss skalieren Sie die noch vorliegende Selektion in globaler Y-Richtung auf 40 %. Dies erledigen Sie am schnellsten durch Eingabe der Tastenkombination S, Y und 0 . 4. Jetzt ist der Cylinder für die Extrusion der Propeller vorbereitet (Abbildung 8.208).

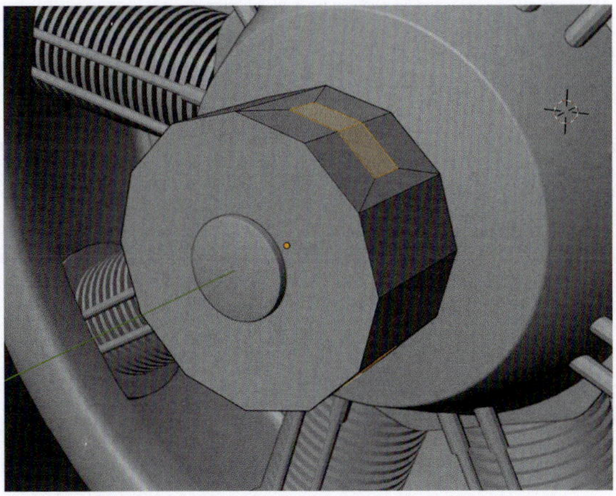

◂ **Abbildung 8.208**
Für die Extrusion der Propeller vorbereitete Face-Paare

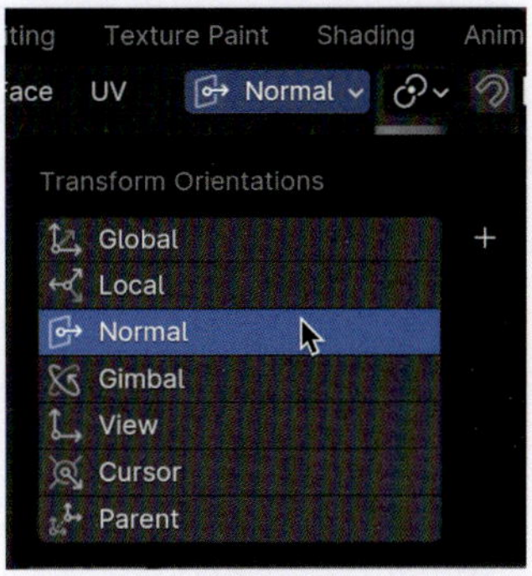

▴ **Abbildung 8.209**
Pop-up-Menü Transform Orientations

Nun gilt es noch, die Werkzeuge korrekt für die folgenden Operationen vorzubereiten. Da alle Extrusionen und Skalierungen grundsätzlich in Normalenrichtung erfolgen sollen, stellen Sie im Pop-up-Menü Transform Orientations (Abbildung 8.209) die Option Normal ein. Dabei sollen außerdem die individuellen Ursprünge als Bezugspunkt verwendet werden. Dies erreichen wir über das Pop-up-Menü Transform Pivot Point mit der Einstellung Individual Origins (Abbildung 8.210).

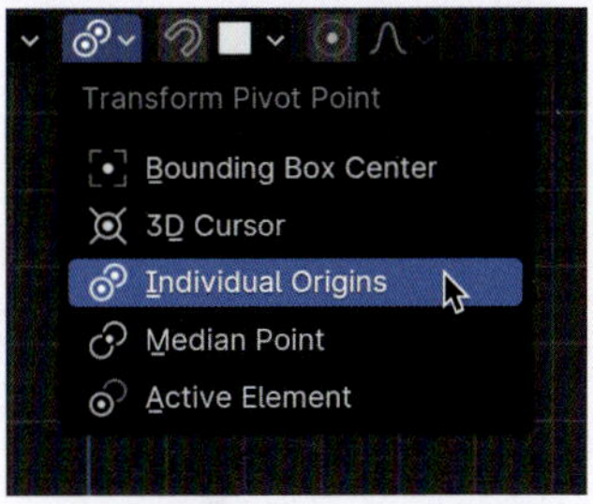

▴ **Abbildung 8.210**
Pop-up-Menü Transform Pivot Point

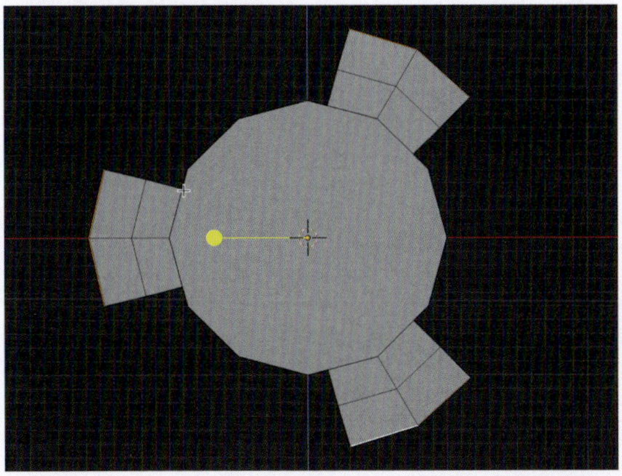

◂ **Abbildung 8.211**
Erste Extrusionen für den Propeller

Springen Sie mit der Taste 1 [Num] in die Ansicht von vorne und beginnen Sie mit den ersten Extrusionen, die Sie dank unserer Voreinstellungen unkompliziert mit dem Standard-Extrude-Tool (Taste E) vornehmen können (Abbildung 8.211). Verwenden Sie im entsprechenden Wechseln das Extrude-Werkzeug sowie das Scale-Tool (Taste S) und formen Sie Schritt für Schritt einen Propeller aus der Geometrie (Abbildung 8.212).

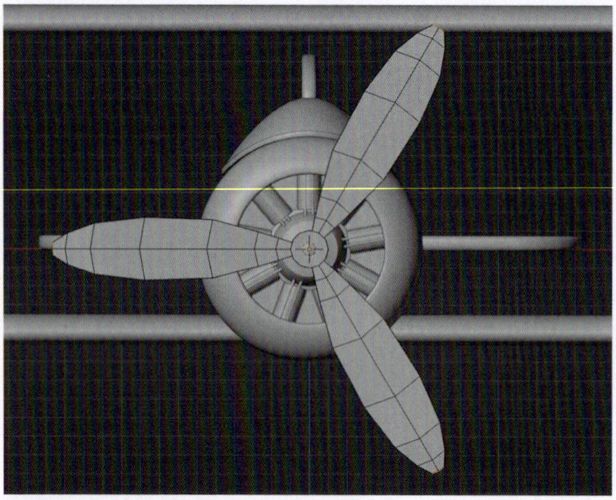

▲ **Abbildung 8.212**
Komplett extrudierter Propeller

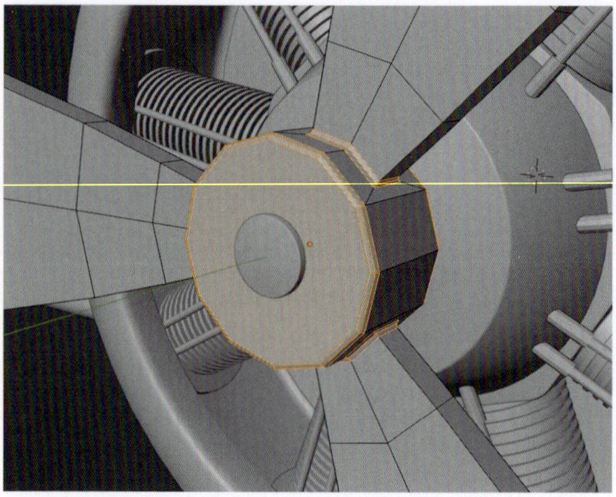

▲ **Abbildung 8.213**
Bevelling an der Propellerschraube

Orientieren Sie sich bei der Länge der Propellerblätter an der oberen Tragfläche und lassen Sie die Blätter am Ende spitz zulaufen. Damit der Propeller nicht zu organisch rund wirkt, fügen wir noch ein paar Bevels an. Selektieren Sie dazu die Edge Loops um den Propelleransatz sowie den Edge Loop an der Vorder- und Rückseite der Propellerschraube im Edge Select-Mode (Taste [2]) mit gedrückt gehaltener [⇧]- und [Alt]-Taste.

Rufen Sie das Bevel-Tool (Tasten [Strg]/[Cmd] + [B]) auf und erzeugen Sie mit einer WIDTH von 0.005 m bei zweifacher Unterteilung (SEGMENTS) etwas schärfere Kanten (Abbildung 8.213). Benennen Sie den Propeller über den Outliner entsprechend um und weisen Sie ihm zur Glättung einen Subdivision Surface-Modifier mit dreifacher Unterteilung zu (Abbildung 8.214).

Abbildung 8.214 ▸
Einstellungen des Subdivision Surface-Modifiers

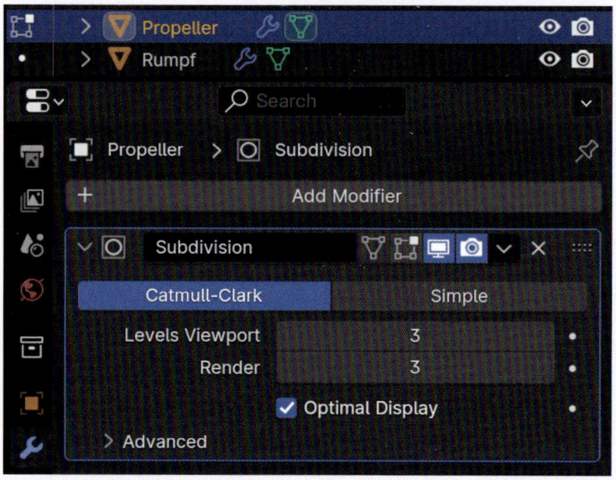

Nun fehlt nur noch die Drehung der Propellerblätter, die wir mittels PROPORTIONAL EDITING modellieren. Begeben Sie sich dazu in die Ansicht von vorne (Taste [1] [Num]) und kontrollieren Sie, ob im Pop-up-Menü TRANSFORM PIVOT POINT die Option INDIVIDUAL ORIGINS eingestellt ist. Selektieren Sie im X-Ray-Mode die äußersten Edges jedes Propellerblattes (Abbildung 8.215).

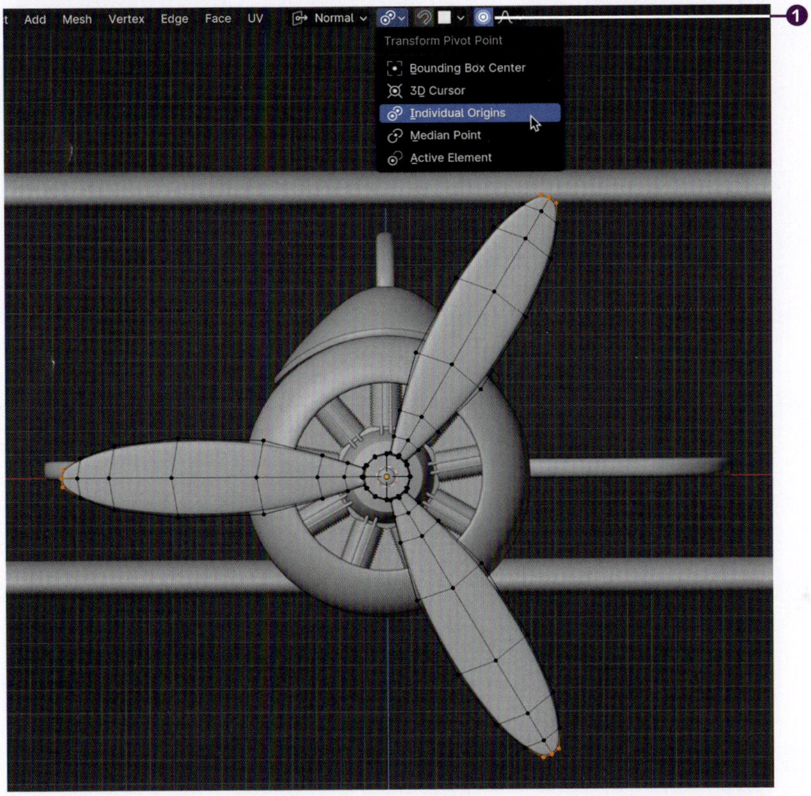

◂ **Abbildung 8.215**
Vorbereitungen für die Rotation der Propellerblätter

Nun aktivieren Sie noch das PROPORTIONAL EDITING über den Button ❶ des zugehörigen Pop-up-Menüs. Nach diesen Vorbereitungen können wir uns an die Drehung der Propellerblätter machen. Drücken Sie dazu die Taste [R] für das Rotate-Tool so oft, bis Ihnen die blaue, lokale Z-Achse für die jeweiligen Selektionen angezeigt wird (Abbildung 8.216). Führen Sie eine Rotation aus, die in etwa der Drehung entspricht, die Ihnen für die Propeller stimmig erscheint, und kontrollieren Sie anschließend mit dem Mausrad den Wirkungsradius der Drehung. Sie können diese Parameter direkt im Anschluss auch über das Adjust Last Operation-Panel feintunen, am besten zoomen Sie dabei sehr nahe an die Propellermitte, um ausschließen zu können, dass die Drehung sie erfasst.

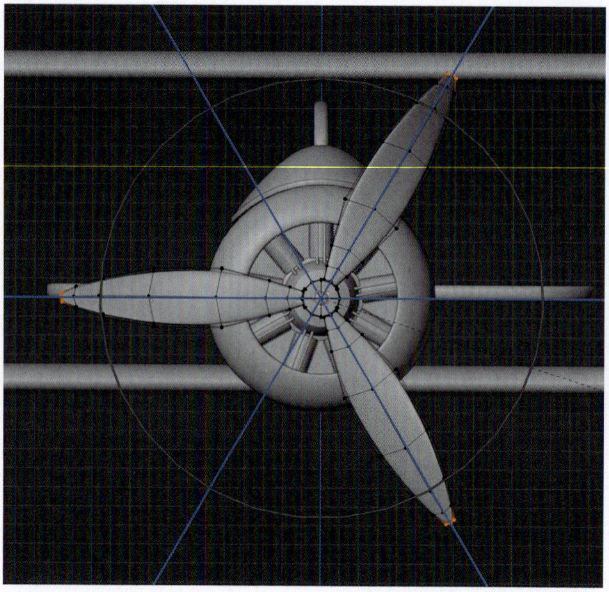

◂ **Abbildung 8.216**
Rotation mithilfe von Proportional Editing

▾ **Abbildung 8.217**
Einstellungen für die Rotation

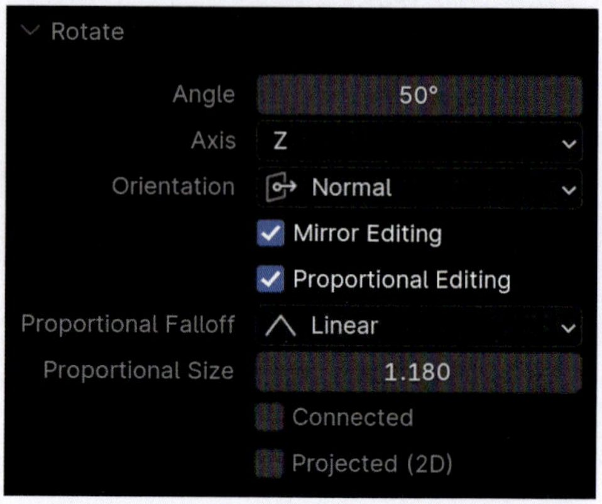

In Abbildung 8.217 sehen Sie den von mir verwendeten Winkel (Angle) sowie die von mir angepasste Proportional Size, die bei Ihrem Propeller natürlich etwas anders ausfallen kann.

Abbildung 8.218 ▸
In sich gedrehte Propellerblätter

Nachdem auch der Propeller fertiggestellt ist (Abbildung 8.218), schalten Sie das Proportional Editing wieder aus und setzen den Transformation Pivot Point wieder auf die Standardeinstellung Median Point.

Da zu einem Verbrennermotor auch stets ein oder mehrere Auspuffe gehören, kümmern wir uns nun um eine adäquate Auspuffanlage. Dafür bereiten wir zunächst den Rumpf etwas vor, indem wir eine Öffnung schaffen. Selektieren Sie dazu den Rumpf im

Object Mode, um ihn anschließend alleine in den Edit Mode zu versetzen, beide Male mithilfe der ↹-Taste. Wechseln Sie mit der Taste Strg/Cmd + 7 [Num] in die Ansicht von unten, um die Unterseite des Rumpfes gut bearbeiten zu können.

▲ **Abbildung 8.219**
Zwei Loop Cuts zur Vorbereitung der Geometrie

▲ **Abbildung 8.220**
Extrusion nach innen

Verwenden Sie das Loop Cut and Slide-Werkzeug (Taste Strg/Cmd + R), um die Geometrie mit zwei Loop Cuts für eine Öffnung vorzubereiten (Abbildung 8.219). Selektieren Sie anschließend im Face Select-Mode (Taste 3) die Faces zwischen der unteren Tragfläche und extrudieren Sie diese gemeinsam mittels Inset Faces-Tool (Taste I) nach innen (Abbildung 8.220).

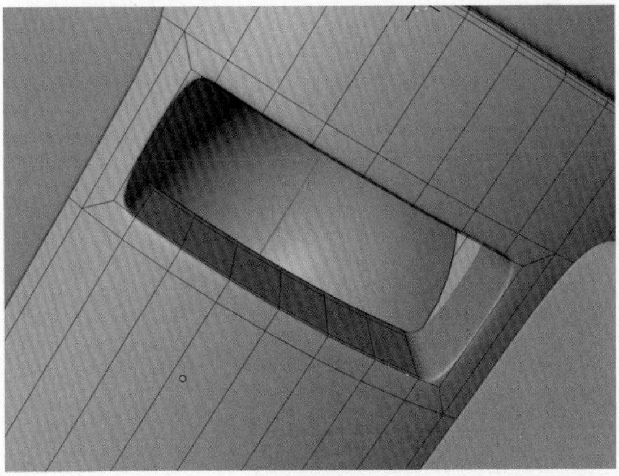

◂ **Abbildung 8.221**
Modellieren der Öffnung

Modellieren Sie die Öffnung, indem Sie die Selektion mit dem Extrude-Tool (Taste E) in einem kleinen, einem großen und wieder einem kleinen Schritt in den Rumpf extrudieren (Abbildung 8.221).

Nach dem letzten Schritt löschen Sie die selektierten Faces über den Befehl DELETE • FACES (Taste [X]). In diese Öffnung sollen nun zwei Auspuffrohre platziert werden. Damit das erste Auspuffrohr gleich an Ort und Stelle sitzt, selektieren Sie im Edge Select-Mode (Taste [2]) den verbliebenen Edge Loop der gelöschten Faces per Linksklick mit gedrückt gehaltener [Alt]-Taste. Rufen Sie nun das Pie-Menü SNAPPING (Tasten [⇧]+[S]) auf und positionieren Sie den 3D Cursor mit der Option CURSOR TO SELECTED (Abbildung 8.222) in den MEDIAN POINT der Selektion.

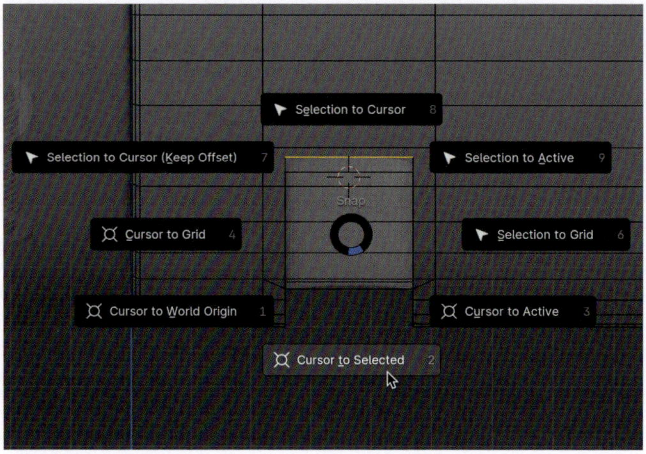

▲ **Abbildung 8.222**
Pie-Menü SNAPPING

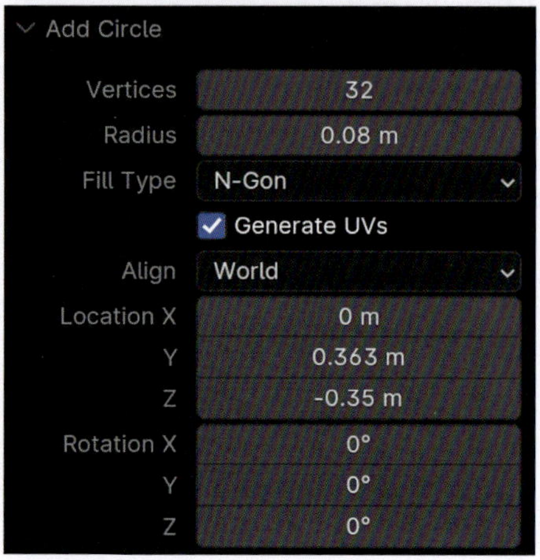

▲ **Abbildung 8.223**
Einstellungen für den Circle

Wechseln Sie nun mit der [⇆]-Taste in den OBJECT MODE, und rufen Sie das Menü ADD • MESH (Tasten [⇧]+[A]) aus dem Viewport auf und erzeugen Sie einen Circle mit den Einstellungen aus Abbildung 8.223.

Abbildung 8.224 ▸
Verschieben und Rotieren des duplizierten N-Gons

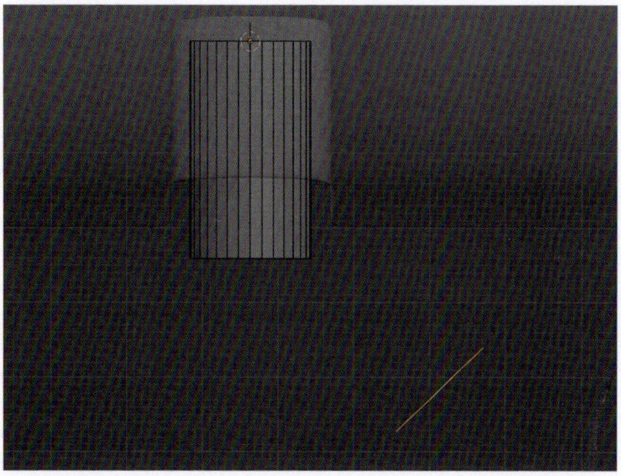

Versetzen Sie den Circle in den EDIT MODE (Taste [Tab]) und extrudieren Sie das vorliegende N-Gon mit dem Extrude-Tool (Taste [E]) so weit nach unten, dass etwas mehr als ein Drittel aus dem Rumpf steht (Abbildung 8.224). Wie Sie sehen, ist hier der X-Ray-Mode sehr empfehlenswert. Duplizieren Sie das extrudierte N-Gon mit den Tasten [⇧] + [D], und verschieben und drehen Sie es anschließend, wie in Abbildung 8.224 gezeigt, etwas nach hinten und unten, um so das Ende des Auspuffs zu definieren.

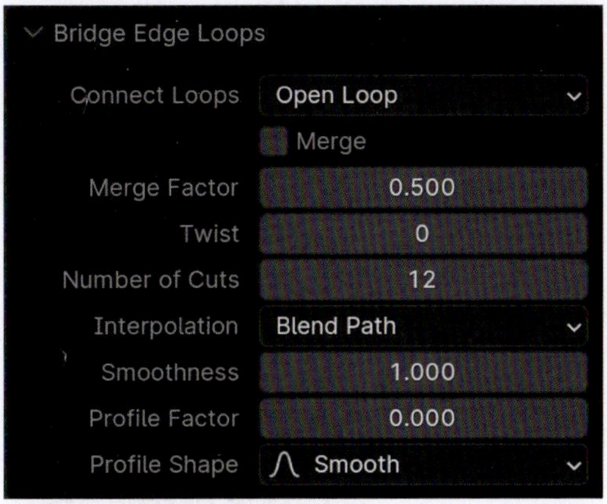

▲ **Abbildung 8.225**
Einstellungen für das Bridge Edge Loops-Tool

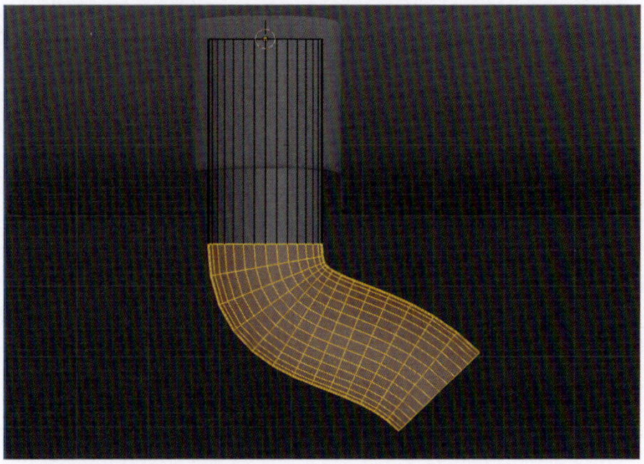

▲ **Abbildung 8.226**
Verbindung mit geschwungenem Übergang

Die Verbindung zwischen den beiden N-Gons schaffen wir mit dem Bridge Edge Loops-Tool. Selektieren Sie dazu im Edge Select-Mode (Taste [2]) die beiden zu verbindenden Edge Loops per Linksklick mit gedrückt gehaltener [Alt]- und [⇧]-Taste und rufen Sie das Bridge Edge Loops-Tool aus dem Menü EDGE des Viewports auf. Justieren Sie die Einstellungen (Abbildung 8.225) so, dass Sie einen leicht geschwungenen Übergang ohne sich überlappende Faces erhalten (Abbildung 8.226).

Ähnlich wie beim Rumpf geht es nun beim Auspuffrohr um eine Öffnung, damit der Auspuff auch tatsächlich als Rohr durchgeht. Die Vorgehensweise ist dabei die gleiche: Selektieren Sie im Face Select-Mode (Taste [3]) das N-Gon am Ende des Auspuffs und führen Sie mit dem Inset Faces-Tool (Taste [I]) eine Extrusion nach innen durch. Anschließend wechseln Sie zum Extrude-Tool (Taste [E]) und extrudieren das N-Gon in das Auspuffinnere (Abbildung 8.227). Nach diesem Schritt ist das Rohr ausreichend modelliert, so dass Sie das selektierte N-Gon über den Befehl DELETE • FACES (Taste [X]) löschen können.

Finalisieren Sie die Auspuffrohre, indem Sie die beiden Edge Loops am Auspuffende im Edge Select-Mode mit gedrückt gehaltener [Alt]- und [⇧]-Taste selektieren und mit dem Bevel-Tool (Taste [Strg]/[Cmd] + [B]) mit einer WIDTH von 0.005 m bei 3 SEGMENTS abrunden (Abbildung 8.228).

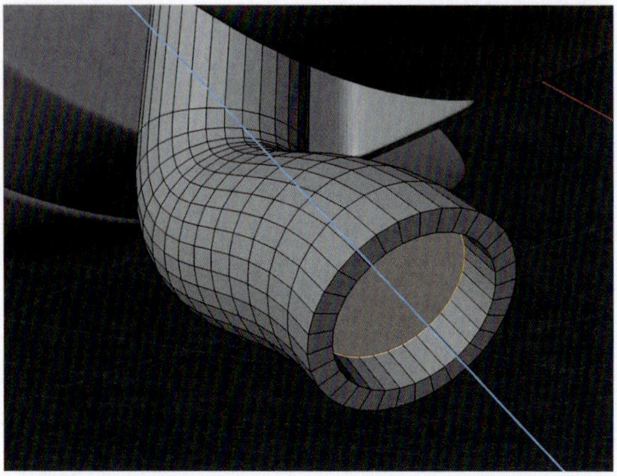

▲ **Abbildung 8.227**
Extrusion des N-Gons ins Auspuffinnere

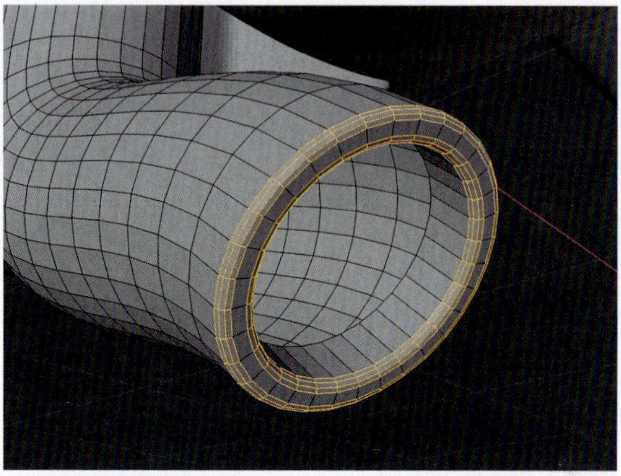

▲ **Abbildung 8.228**
Bevelling der Edge Loops am Auspuffende

Wechseln Sie mit der [⇆]-Taste in den OBJECT MODE, um das erste Auspuffrohr mit dem Move-Tool in X-Richtung um 0.15 m zu verschieben und anschließend mit dem Rotate-Tool um –30° zu rotieren (Abbildung 8.229).

▲ **Abbildung 8.229**
Verschieben und Rotieren des Auspuffrohrs

Abbildung 8.230 ▶
Panel TRANSFORM im Object Data-Tab

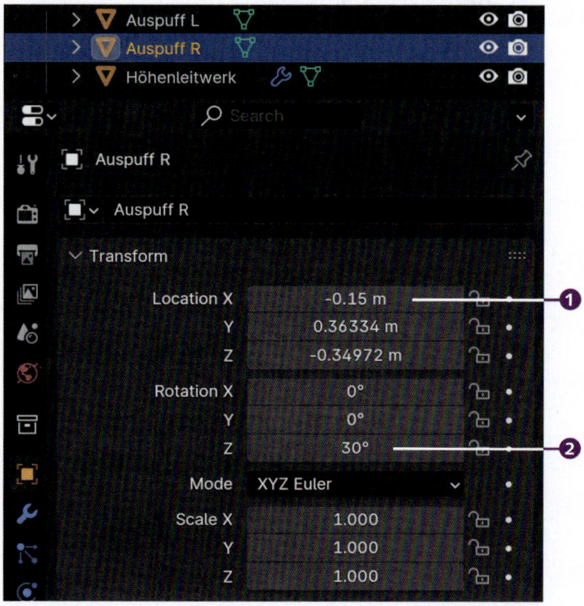

Die endgültige Ausrichtung nehmen wir vor, sobald das Fahrwerk installiert ist. Duplizieren Sie sich das linke Auspuffrohr per COPY und PASTE (Tasten [Strg]/[Cmd]+[C] bzw. [Strg]/[Cmd]+[V]) im Outliner und benennen Sie die beiden Objekte entsprechend ihrer Lage. Setzen Sie das rechte Auspuffrohr durch die Umkehrung der Angaben für die LOCATION X ❶ sowie die ROTATION Z ❷ auf die rechte Seite (Abbildung 8.230).

6 Räder und Fahrwerk modellieren

Wir beginnen mit den Reifen und arbeiten uns über die Felgen zum Fahrwerk des Doppeldeckers. Erzeugen Sie dazu über das Menü ADD • MESH (Tasten [⇧]+[A]) einen Torus mit den Einstellungen aus Abbildung 8.231.

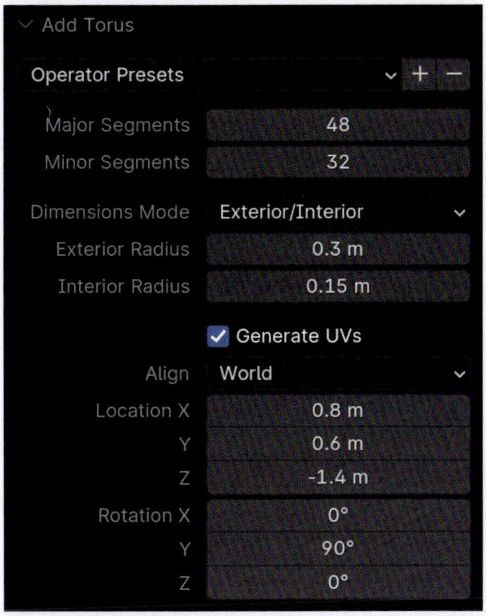

◂ **Abbildung 8.231**
Einstellungen für den Torus

▾ **Abbildung 8.232**
Face Loops für das Reifenprofil

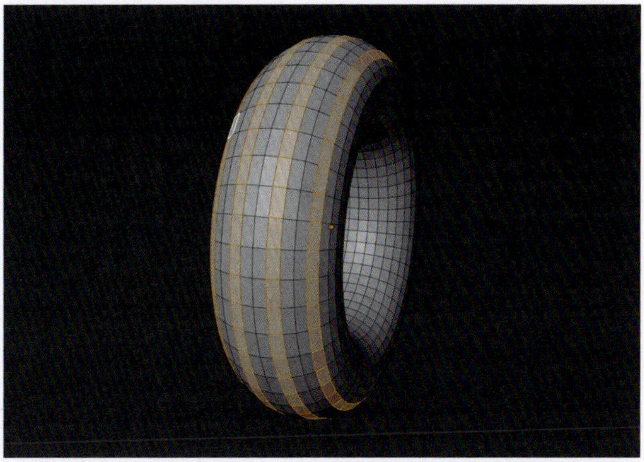

Blenden Sie zur besseren Übersicht alle anderen Elemente des Doppeldeckers aus und skalieren Sie den Torus über die Tasten [S], [X] und [1][.][2] um 20 % in X-Richtung. Wenden Sie die Skalierung über den Befehl APPLY • SCALE (Tasten [Strg]/[Cmd]+[A]) an und versetzen Sie den Reifen mit der [⇆]-Taste in den EDIT MODE. Jetzt sieht der Ring schon mehr nach einem Reifen aus, geben wie ihm jetzt noch etwas Profil. Aktivieren Sie den Face Select-Mode und selektieren Sie per Linksklick mit gedrückt gehaltener [Alt]- und [⇧]-Taste die vier in Abbildung 8.232 gezeigten Face Loops. Rufen Sie anschließend das Extrude Along Normals-Tool aus der

Toolbar auf und extrudieren Sie die Face Loops über einen Offset von –0.01 m nach innen (Abbildung 8.233). Wechseln Sie danach in den Edge Select-Mode und selektieren Sie die außenliegenden Edge Loops, um sie per Bevel-Tool (Tasten [Strg]/[Cmd] + [B]) mit einem Offset von 0.003 m mit 2 Segments abzurunden (Abbildung 8.234).

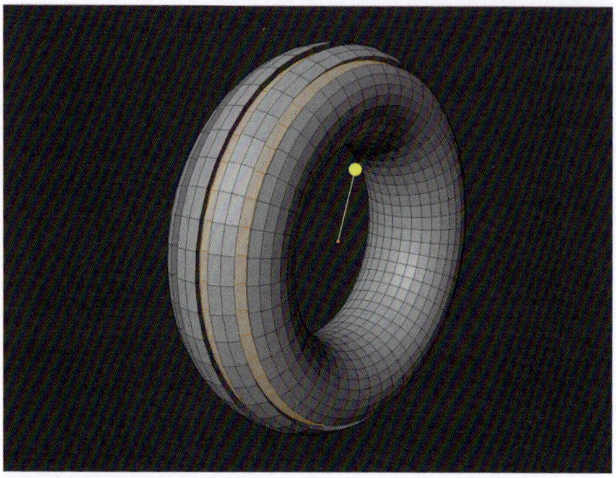

▲ **Abbildung 8.233**
Extrusion der Face Loops entlang der Normalen

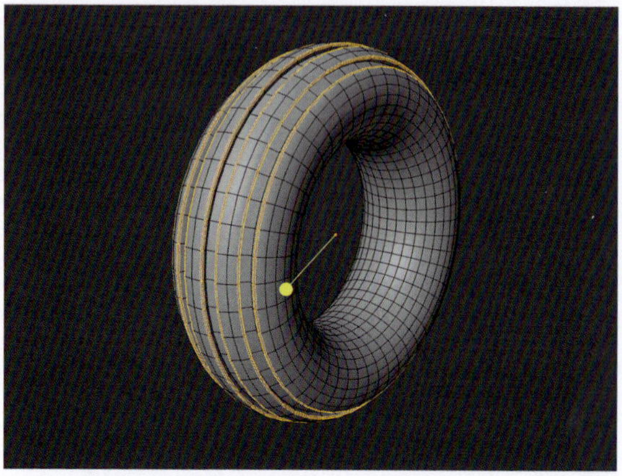

▲ **Abbildung 8.234**
Bevelling der außenliegenden Edge Loops

Wechseln Sie mit der [Tab]-Taste in den Object Mode, um über das Menü Add • Mesh (Tasten [⇧] + [A]) einen neuen Cylinder für das Rad zu erzeugen. Mit den Einstellungen aus Abbildung 8.235 sitzt der Cylinder in der Mitte des Rades.

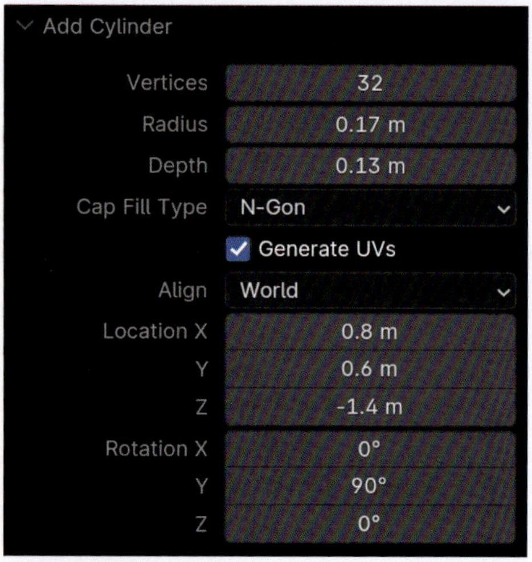

▲ **Abbildung 8.235**
Einstellungen für den Cylinder

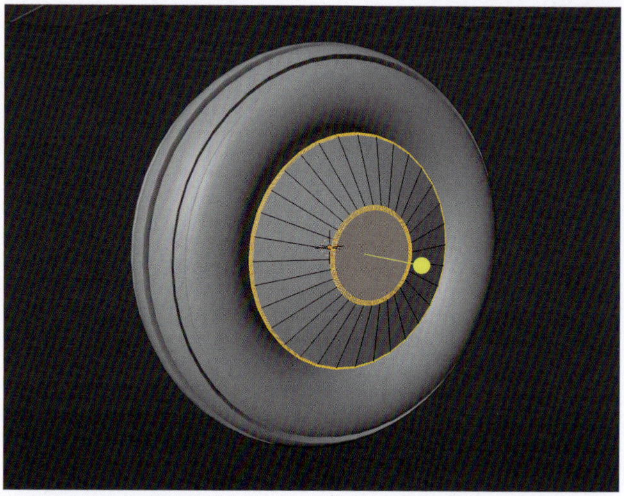

▲ **Abbildung 8.236**
Bevelling der außenliegenden Edge Loops

Die Gestaltung des Rades würde ich gerne Ihnen überlassen. Mit einer Extrusion der N-Gons an den Deckflächen, einer anschließenden Skalierung in Normalenrichtung und einem Bevelling für alle Edges ist das Rad auch schon fertiggestellt (Abbildung 8.236). Duplizieren Sie sich Rad und Reifen per COPY und PASTE (Tasten [Strg]/[Cmd]+[C]) bzw. [Strg]/[Cmd]+[V]) im Outliner und benennen Sie alle Objekte entsprechend ihrer Lage. Setzen Sie Rad und Reifen für die rechte Seite durch die Umkehrung der Angaben für die LOCATION X auf die andere Seite (Abbildung 8.237).

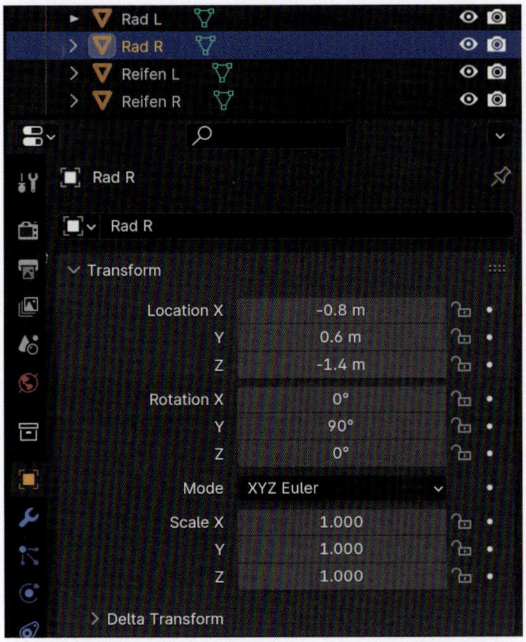

◂ **Abbildung 8.237**
Benennen und Versetzen der Elemente

▾ **Abbildung 8.238**
Abtrennen der duplizierten Faces für das Fahrwerk

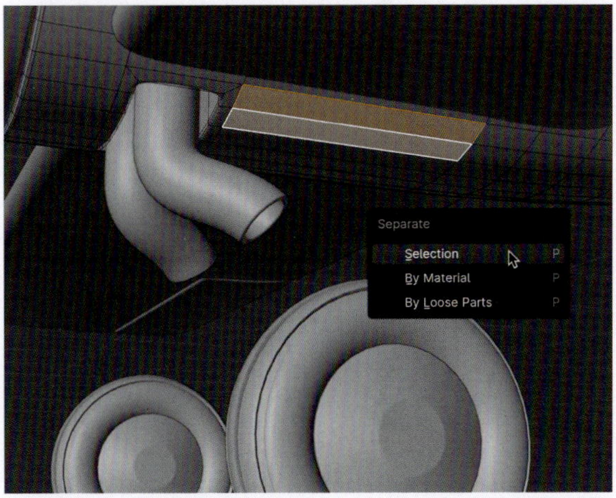

Für die Basis des Fahrwerks bedienen wir uns beim Rumpf. Versetzen Sie ihn mit der [⭾]-Taste in den EDIT MODE und selektieren Sie im Face Select-Mode (Taste [3]) die zwei Faces hinter der Öffnung für die Auspuffrohre (Abbildung 8.238). Duplizieren Sie sich die Faces über die Tasten [⇧]+[D], unterbinden Sie die folgende Transformation mit der [Esc]-Taste, und trennen Sie die Faces über den Befehl SEPARATE • SELECTION (Taste [P]) in ein eigenes Objekt ab.

Springen Sie über den OBJECT MODE zum abgetrennten Objekt und versetzen Sie es zum Bearbeiten in den EDIT MODE. Skalieren Sie die vorliegenden Faces über den Befehl SCALE auf 50% der Länge in Y-Richtung (Tasten [S], [Y] und [0][.][5]). Aktivieren Sie anschließend das Extrude-Werkzeug (Taste [E]) und extrudieren Sie die Faces oberhalb der Radachse nach unten. Begeben Sie sich in die Seitenansicht (Taste [3] [Num]) und aktivieren Sie den X-Ray-Mode. Verschieben Sie die extrudierten Faces mit dem Move-Tool (Taste [G]) mittig über die Radachse und skalieren Sie die Selektion noch etwas zusammen (Abbildung 8.239).

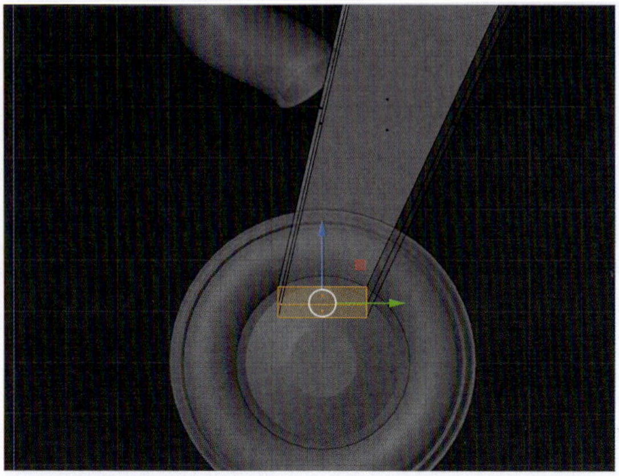

▲ **Abbildung 8.239**
Verschieben und Skalieren der extrudierten Faces

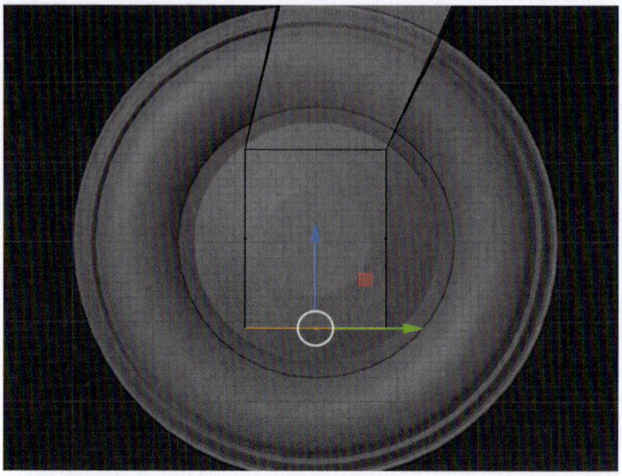

▲ **Abbildung 8.240**
Extrusion für die Radhalterung

Wenn Sie mit der Platzierung zufrieden sind, skalieren Sie die Faces über die Tasten [S], [Z] und [0] auf eine Ebene. Nun fehlt nur noch eine Extrusion nach unten (Abbildung 8.240), um die Grundform des Fahrwerks zu komplettieren.

▲ **Abbildung 8.241**
Verschieben und Skalieren der Vertices

▲ **Abbildung 8.242**
Bevelling der Edges an der Radhalterung

Wechseln Sie in die Ansicht von vorne (Taste [1] [Num]) und selektieren Sie im Vertex Select-Mode (Taste [1]) die Vertices der Radaufnahme. Skalieren und verschieben Sie die Selektion etwas in

X-Richtung, bis die Radaufnahme im Verhältnis gut zum Rad passt (Abbildung 8.241). Finalisieren Sie die Kanten des Fahrwerks im Edge Select-Mode (Taste 2) mit ein paar Bevels. Geben Sie den äußeren und unteren Edges eine Abrundung mit einer WIDTH von 0.025 m bei 5 SEGMENTS (Abbildung 8.242). Der am Rumpf anliegende Edge Loop erhält ein Bevelling mit einer WIDTH von 0.01 m mit 3 SEGMENTS (Abbildung 8.243).

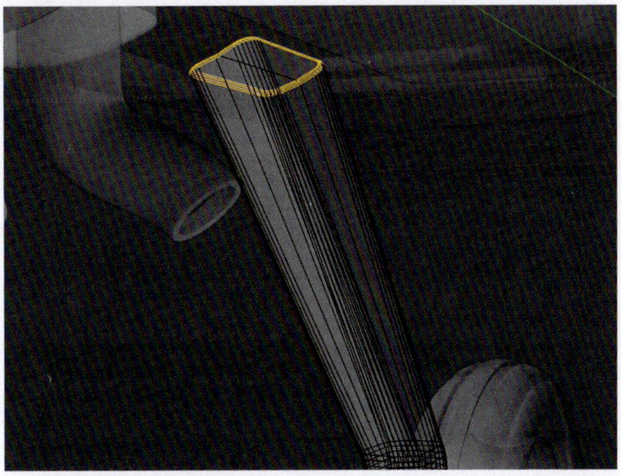

▲ **Abbildung 8.243**
Bevelling des am Rumpf anliegenden Edge Loops

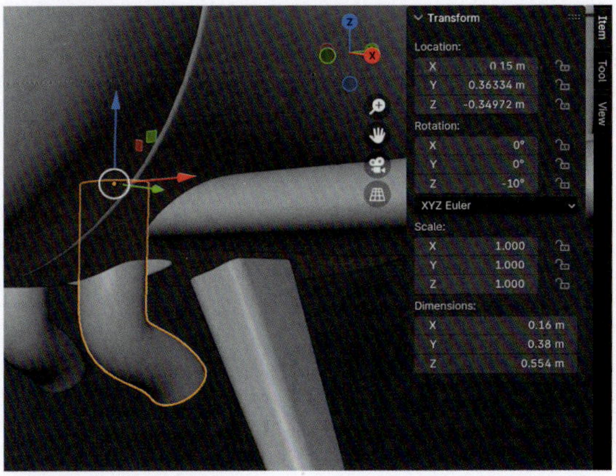

▲ **Abbildung 8.244**
Anpassung der Auspuffrohre durch Rotation

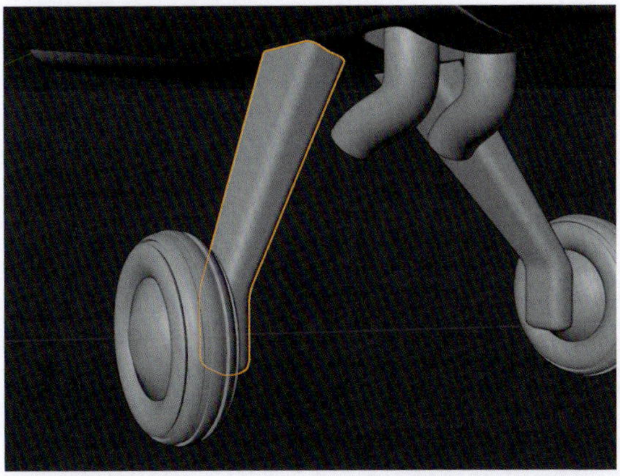

◂ **Abbildung 8.245**
Spiegelung der duplizierten linken Radhalterung

Wechseln Sie mit der ⇆-Taste in den OBJECT MODE und duplizieren Sie sich die fertige linke Radhalterung per COPY und PASTE (Tasten Strg/Cmd + C bzw. Strg/Cmd + V) im Outliner. Selektieren Sie das Duplikat für die rechte Seite und spiegeln Sie es über den Befehl MIRROR • X GLOBAL aus dem Menü OBJECT des Viewports auf die rechte Seite (Abbildung 8.245) und benennen Sie die beiden Radhalterungen ihrer Lage entsprechend im Outliner.

Fertigen Sie sich ein weiteres Duplikat der linken Radhalterung an, das Sie stark skalieren, um es als Stützrad für das Heck zu verwenden. Vergessen Sie nicht, die Transformation über den Befehl APPLY (Tasten [Strg]/[Cmd]+[A]) für die skalierten Objekte anzuwenden.

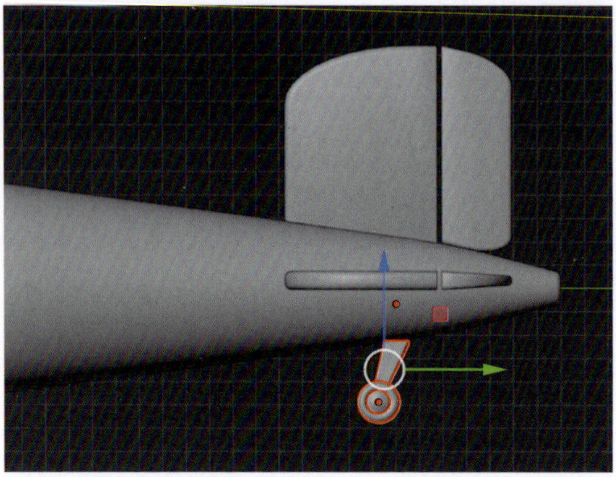

▲ **Abbildung 8.246**
Duplizierte und skalierte Radhalterung

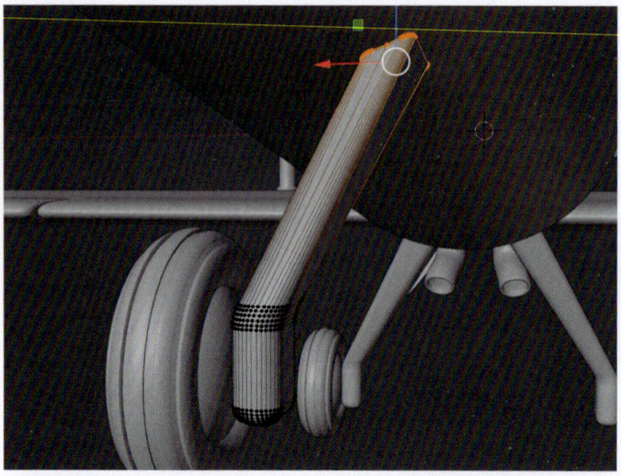

▲ **Abbildung 8.247**
Anbindung des Stützrads an den Rumpf

Platzieren Sie das Stützrad mittig unter die Heckruder (Abbildung 8.246) und binden Sie die Halterung des Stützrades durch Verschieben der Vertices an den Rumpf an (Abbildung 8.247).

7 Verstrebungen modellieren und anbringen

Die Anbindung und Stabilisierung der Bauteile übernehmen Verstrebungen. Erzeugen Sie dazu über das Menü ADD • MESH (Tasten [⇧]+[A]) einen neuen Cylinder (Abbildung 8.248).

Abbildung 8.248 ▸
Einstellungen für den Cylinder

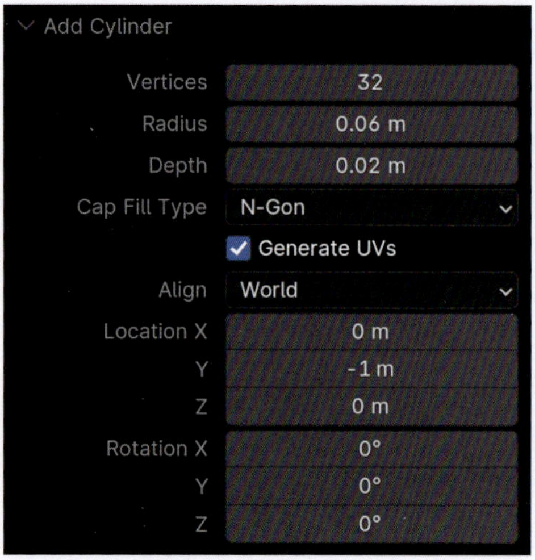

Versetzen Sie den Cylinder mit der [⇆]-Taste in den EDIT MODE, und selektieren Sie das oberste N-Gon im Face Select-Mode (Taste [3]). Extrudieren Sie das N-Gon über den Befehl INSET FACES (Taste [I]) mit einer THICKNESS von 0.015 m nach innen (Abbildung 8.249). Nehmen Sie nun das Extrude-Tool (Taste [E]), um das N-Gon in Z-Richtung um 0.2 m in Z-Richtung zu extrudieren. Schließen Sie gleich eine weitere Extrusion um 0.02 m an, aus der wir den oberen Sockel nach außen extrudieren.

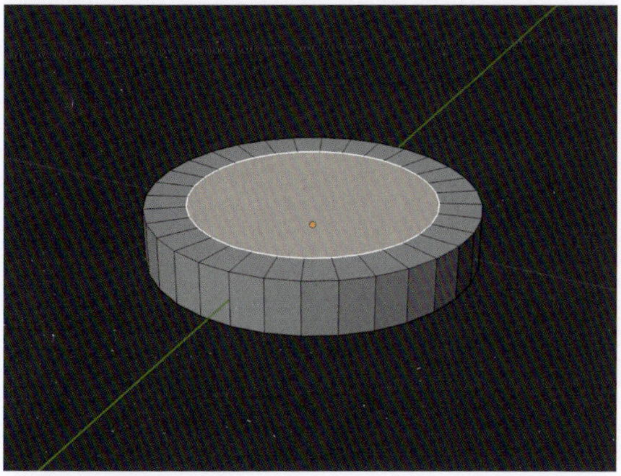

▲ **Abbildung 8.249**
Extrusion des N-Gons nach innen

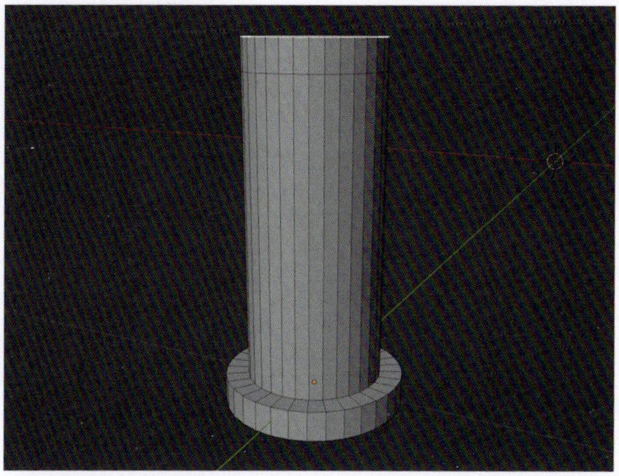

▲ **Abbildung 8.250**
Extrusionen nach oben

Selektieren Sie dazu den Face Loop an der Oberkante durch Linksklick mit gedrückter [Alt]-Taste und führen Sie über das Werkzeug EXTRUDE ALONG NORMALS aus der Toolbar eine Extrusion mit einem OFFSET von 0.015 m aus (Abbildung 8.251).

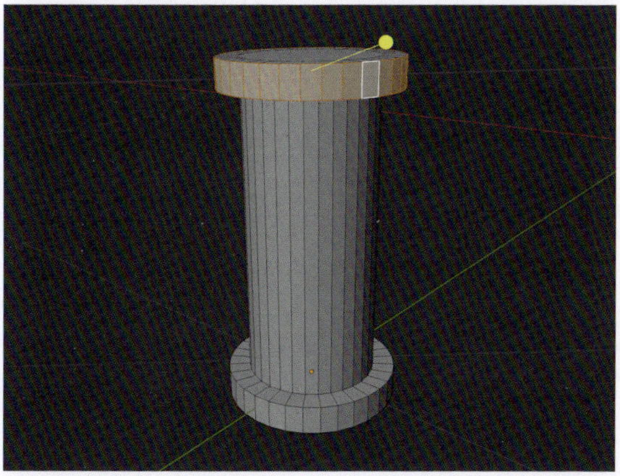

▲ **Abbildung 8.251**
Extrusion des Face Loops nach außen

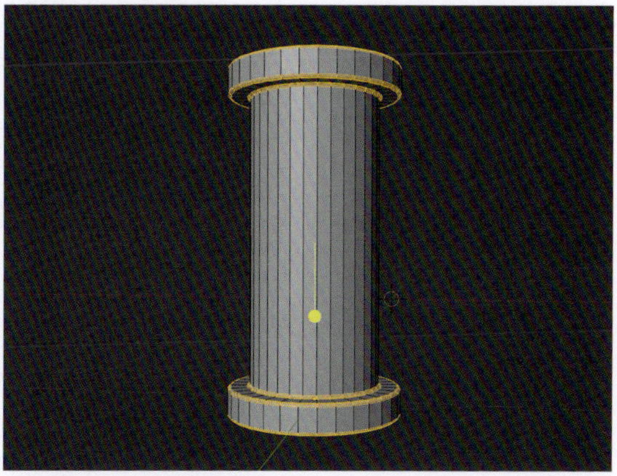

▲ **Abbildung 8.252**
Bevelling der Edge Loops

Finalisieren Sie die modellierte erste Basis-Verstrebung, indem Sie alle Edge Loops mit gedrückter Alt + ⇧-Taste selektieren und mit dem Bevel-Werkzeug (Tasten Strg/Cmd + B) mit einer WIDTH von 0.002 m mit 3 SEGMENTS abrunden (Abbildung 8.252).

Abbildung 8.253 ▸
Duplizieren und Platzieren der Basis-Verstrebungen

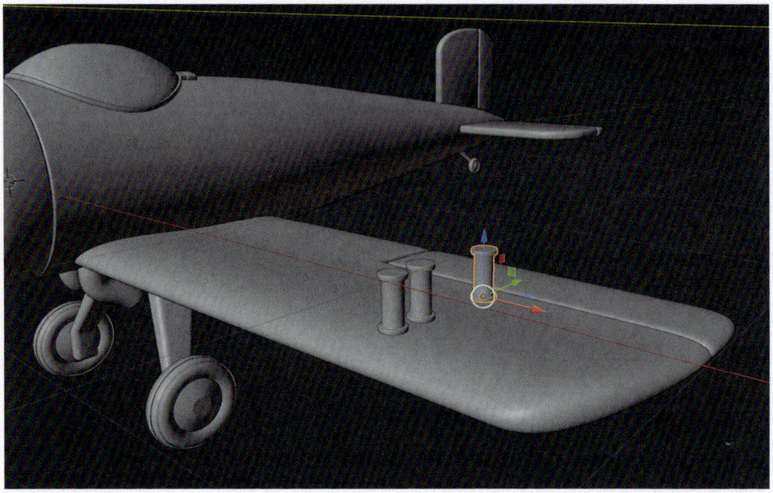

Aktivieren Sie anschließend den OBJECT MODE mit der ⇆-Taste, und fertigen Sie sich drei Duplikate per COPY und PASTE (Tasten Strg/Cmd + C bzw. Strg/Cmd + V) an, die Sie auf der linken Seite der unteren Tragfläche verteilen (Abbildung 8.253).

Abbildung 8.254 ▸
Verschieben der Vertices der oberen Hälfte an die obere Tragfläche

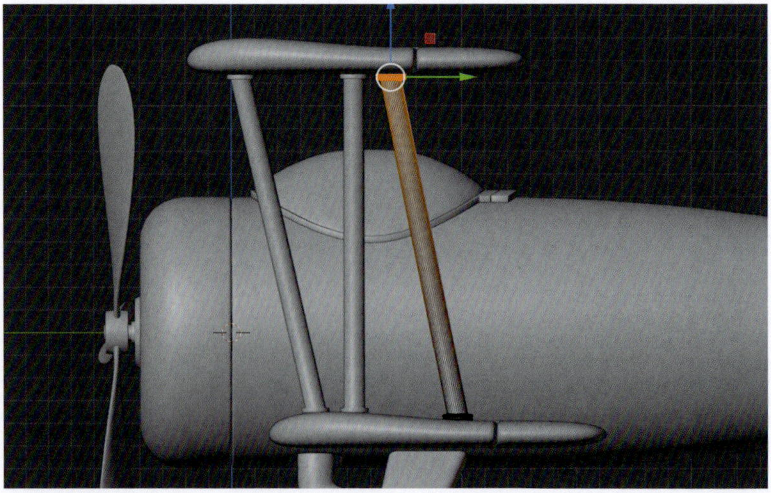

Versetzen Sie nacheinander jede Verstrebung mit der ⇆-Taste in den EDIT MODE, selektieren Sie die Vertices der oberen Hälfte im Vertex Select-Mode (Taste 1) und verschieben Sie diese Selektion am besten aus der Seitenansicht (Abbildung 8.254) an die untere Kante der oberen Tragfläche. Wie Sie sehen, habe ich die mittlere Verstrebung vertikal nach oben ausgerichtet, während die Verstrebungen vorne und hinten angeschrägt sind, um die entsprechend gegenüberliegende Position der Tragfläche anzubinden.

◂ **Abbildung 8.255**
Spiegelung der Verstrebungen auf die rechte Seite

Verbinden Sie auch den Rumpf durch Verstrebungen mit der oberen Tragfläche (Abbildung 8.255) und duplizieren und spiegeln Sie alle Verstrebungsobjekte auf die rechte Seite.

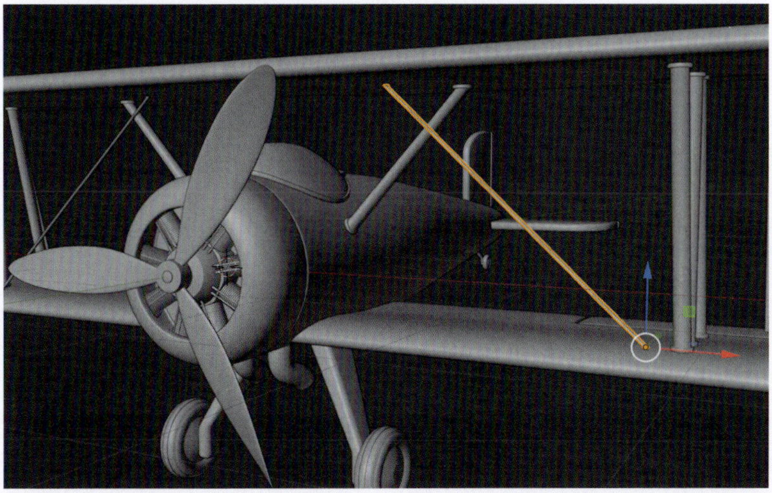

◂ **Abbildung 8.256**
Zusätzliche Querverstrebungen zur Stabilisierung

Sie können sich weitere Basis-Verstrebungen auch etwas kleiner skalieren, um dünne Querverstrebungen zur Stabilisierung anzubringen (Abbildung 8.256).

Bringen Sie zwei dieser kleineren Verstrebungen beispielsweise auch als Stützen für die Ruder am Heck des Doppeldeckers an. Zum Abschluss dieses Projektes widmen wir uns nochmal dem Höhen- und Seitenruder am Heck. Hier klafft aktuell noch eine Lücke zwischen Fläche und Ruder. Füllen Sie diese Lücke mittels Cylinder-Objekten mit den Einstellungen aus Abbildung 8.257, um sie als Drehachse einzusetzen (Abbildung 8.258).

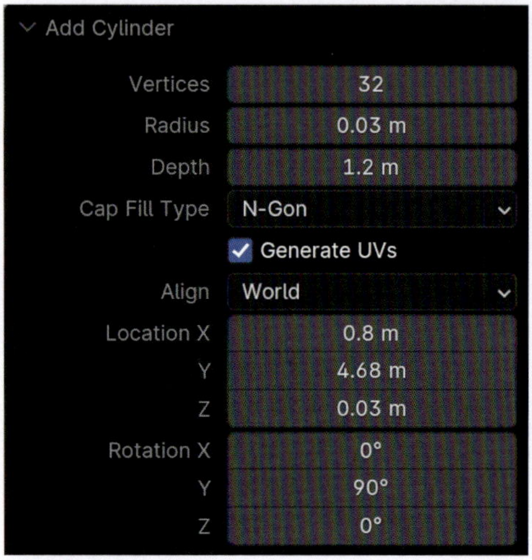

▲ **Abbildung 8.257**
Einstellungen für den Cylinder

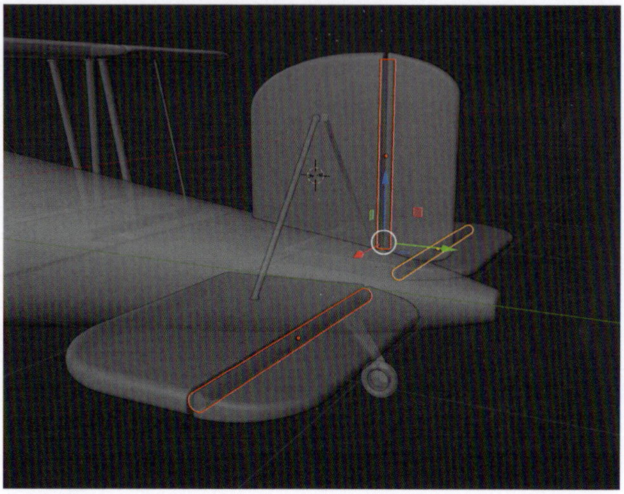

▲ **Abbildung 8.258**
Bevelling der außenliegenden Edge Loops

Nach diesen letzten Schritten ist unser Modell des Doppeldeckers fertiggestellt und wartet nun darauf, im nächsten Buchteil texturiert zu werden (Abbildung 8.259).

Abbildung 8.259 ▸
Fertig modellierter Doppeldecker

Kapitel 9

Sculpting

Sculpting bietet eine Modelliertechnik, die an den Umgang mit Ton oder auch an die Bildhauerei erinnert. Hier steht der künstlerische Aspekt im Vordergrund und weniger die Achtsamkeit beim Umgang mit Vertices, Edges und Faces. So können Sie mit Sculpting diffizilste Modelle erschaffen, einen Ausgangspunkt für Ihr Modelling vorbereiten oder auch nur einige zusätzliche Werkzeuge zur Bearbeitung Ihrer Modelle nutzen.

Für das umfassende Sculpting in Blender steht Ihnen eine eigene Arbeitsumgebung als WORKSPACE zur Verfügung, in die Sie über den zugehörigen Workspace-Reiter ❶ gelangen. Natürlich können Sie, um auch beim normalen Modelling in den Genuss der vielen Sculpting-Werkzeuge zu kommen, auch über das Pie-Menü (Tasten [Strg]/[Ctrl] + [Tab]) bzw. das Menü der Arbeitsmodi direkt in den SCULPT MODE ❷ wechseln.

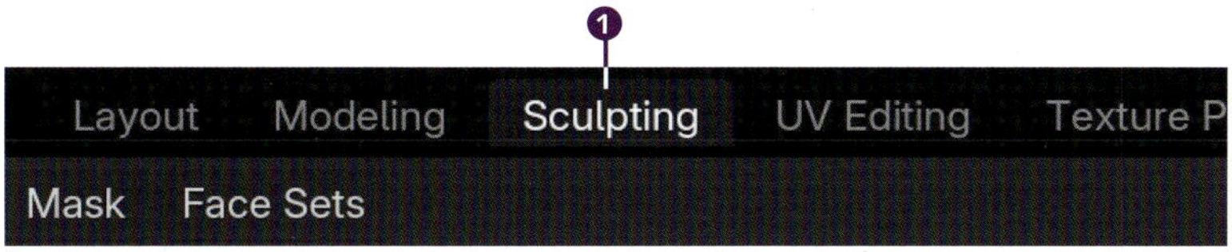

▲ **Abbildung 9.1**
Workspace SCULPTING

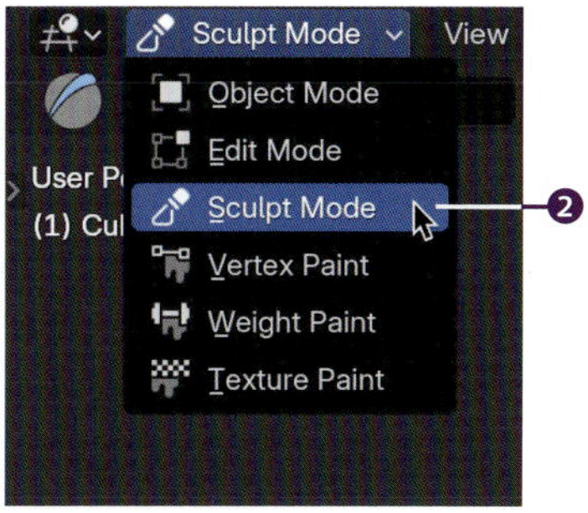

▲ **Abbildung 9.2**
Menü der Arbeitsmodi

Nach dem Wechsel in den SCULPT MODE stehen Ihnen unzählige Werkzeuge und Funktionen in der Toolbar des 3D Viewports, in dessen Header und auch im Properties Editor bereit.

Doch bevor wir uns die vielen Tools und Optionen genauer ansehen, kümmern wir uns um die Grundvoraussetzung, die unser Mesh-Objekt benötigt, um zufriedenstellend per Sculpting bearbeitet zu werden: eine ausreichende Unterteilung.

9.1 Vorbereitung

Damit die Sculpting-Werkzeuge vernünftig und filigran arbeiten können, benötigen sie ausreichend Geometrie. Nun gibt es da im Menü EDGE den Befehl SUBDIVIDE, mit dem es ein Leichtes wäre, die Anzahl der Vertices für das Mesh-Objekt in die benötigte Höhe zu treiben.

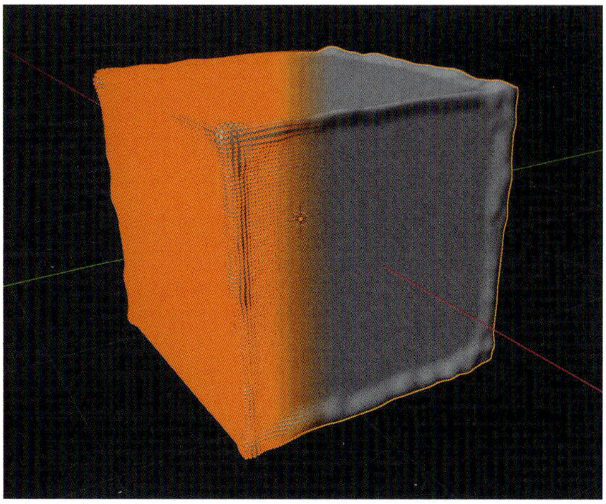

Abbildung 9.3 ▸
Für das Sculpting manuell unterteilter Cube

In Abbildung 9.3 sehen Sie exemplarisch, welche Anzahl von Vertices nötig ist, um eine einigermaßen weiche Verformung des Würfelrandes zu unterstützen. Dass sich die knapp 52000 Vertices entsprechend negativ auf die Rechnerperformance auswirken, liegt auf der Hand. Doch Blender bietet für dieses Problem natürlich geeignete Lösungen an, die ich an dieser Stelle kurz nennen möchte. Später sehen wir uns diese Funktionen noch genauer an.

Subdivision Surface-Modifier | Dieser Modifier unterteilt das Mesh-Objekt virtuell, um es zu glätten. Auf diese Weise kommt das Mesh mit etwas weniger echter Geometrie aus.

Multiresolution-Modifier | Eine elegantere Lösung bietet sich mit dem Multiresolution-Modifier. Auch mit ihm unterteilen Sie das gesamte Mesh-Objekt virtuell, dafür steht Ihnen diese Unterteilung auch für die Bearbeitung in der für die jeweilige Aufgabe benötigten Detailstufe zur Verfügung. Erst am Ende der Sculpting-Arbeit entscheiden Sie, ob Sie das aktuell noch virtuelle Mesh direkt auf das Objekt anwenden oder beispielsweise über eine Displacement-Textur realisieren möchten.

Dyntopo (Dynamic Topology) | Durch Aktivierung der Dyntopo-Funktion wird die Mesh-Unterteilung automatisch an den benötigten Stellen erhöht. Es entsteht ein sehr inhomogenes Mesh mit vielen Dreiecken, das sich anschließend per Remesher reparieren lässt. In jedem Fall ist das Mesh als Modelliervorlage (»Retopology«) für das Polygon-Modelling geeignet.

9.2 Sculpting-Werkzeuge

Sobald Sie den SCULPT MODE aktiviert haben, finden Sie eine beeindruckende, vielleicht auch etwas einschüchternde Liste an Sculpting-Pinseln (»Brushes«), Bearbeitungswerkzeugen zur Formung des Meshes bzw. der Mesh-Topologie, Maskierungs-Tools sowie einen Filter, den Sie auch ohne Sculpting-Brush auf das Mesh anwenden können, in der Toolbar (Abbildung 9.4).

Der Bereich Sculpting wird immer wieder mit neuen Funktionen ergänzt und Werkzeuge verbessert. Doch keine Sorge, an der grundlegenden Arbeitsweise ändert sich dadurch meistens wenig.

▲ **Abbildung 9.4**
Sculpting-Werkzeuge in der Toolbar

Brush-Typen

Anstatt die vielen Sculpting-Werkzeuge einzeln aufzuzählen, versuche ich, die mit verschiedenen Farben versehenen Tools thematisch zu sortieren. Am besten, Sie erzeugen sich über den Befehl FILE • NEW • SCULPTING eine neue, schon für Sculpting vorbereitete Szene und testen die vielen Brushes der Reihe nach durch.

Mit den blau ausgezeichneten sogenannten Add/Subtract-Brushes erfolgt in den meisten Fällen ein Materialauf- bzw. -abtrag, auch wenn dabei natürlich lediglich das Mesh entsprechend gezogen oder verschoben wird. Mal erfolgt dieser durch Ziehen, durch streifen- bzw. schichtweisen Auftrag (Strips und Layer) oder auch durch Aufblasen des Meshes. Mit gedrückt gehaltener `Strg`/`Ctrl`-Taste kehren Sie die Wirkung des Brushes um.

Die rot gekennzeichneten Contrast-Brushes eignen sich zum Überarbeiten bzw. Nachbessern des zuvor erfolgten Materialauftrags. Dabei können Sie glätten, abflachen, Lücken füllen oder auch herauskratzen. Den sehr oft benötigten Smooth-Brush haben Sie sofort zur Hand, wenn Sie während der Arbeit die `⇧`-Taste gedrückt halten. Mit dem Loslassen der `⇧`-Taste springen Sie wieder zum vorherigen Brush zurück.

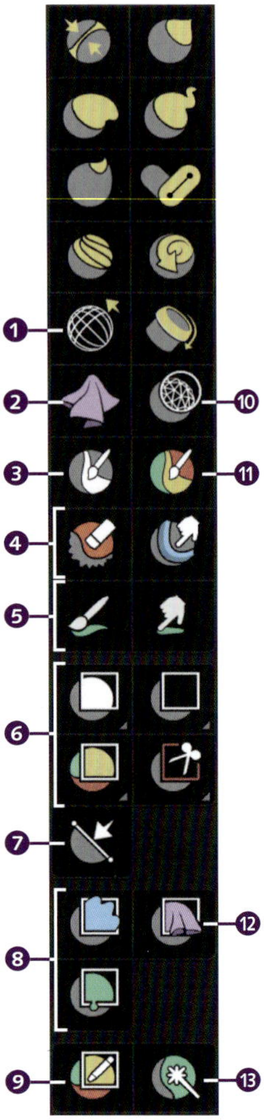

▲ **Abbildung 9.5**
Sculpting-Werkzeuge

Brushes im Asset Shelf

Wenn Ihnen die ellenlange Werkzeugleiste der Brushes ein Dorn im Auge ist, lege ich Ihnen die Version 4.3 von Blender ans Herz. Dort sind in der Toolbar nur noch die Basis-Werkzeuge zu finden, die Brushes dagegen am unteren Editor-Rand im sogenannten Asset Shelf.

Die gelb gefärbten Transform-Brushes wenden verschiedene Techniken an, um die Geometrie zu verformen. Vom Druck mit dem Daumen, einem Zusammendrücken, dem Herausziehen mit einem Haken bis hin zur Erzeugung einer Pose mittels Inverse Kinematics. Um die Topologie des Meshes kümmert sich der Brush Slide Relax ❶.

Womit wir bei den General-Brushes angelangt sind, die für die verschiedensten Aufgaben beim Sculpting bzw. Painting zur Verfügung stehen. Der Cloth Brush ❷ bietet eine sehr realistische, weil dynamische Verformung von Stoffmaterial, auf das komplette Mesh bezogen ermöglicht dies der Cloth Filter ⓬. Mit dem Brush Simplify ❿ räumen Sie das Mesh auf, indem Sie kurze Edges auflösen lassen. Masken zum Schutz des Meshes vor Bearbeitung bzw. zum Ausblenden störender Elemente bieten Ihnen der Brush Mask ❸, noch weiter geht der Brush Draw Face Sets ⓫, mit dem Sie gezielt Bereiche auf dem Mesh definieren und ungestört bearbeiten können. Die durch den Multires-Modifier verursachten Deformationen können Sie wahlweise verschmieren bzw. eliminieren (Multires Displacement Smear bzw. Eraser ❹).

Es folgen die Painting-Brushes Paint und Smear ❺, mit denen Sie im Sculpt Mode Farbe als Color Attributes auftragen. Mehr zum Painting erfahren Sie in Kürze.

Mit den sogenannten Gesture-Tools haben Sie die Möglichkeit, Masken, ausgeblendete Bereiche, Face Sets und auch Beschnitte mit verschiedenen Werkzeugen durchzuführen ❻. Dazu gehört auch der Brush Line Project ❼, mit dem Sie Schnitte im Sculpting-Objekt realisieren.

Insgesamt drei Filter-Tools sind dazu da, bestimmte Effekte auf alle nicht maskierten und sichtbaren Meshbereiche anzuwenden. Der bereits erwähnte Cloth Filter ⓬ führt dabei eine Cloth-Simulation durch, während der Mesh Filter (❽ oben) wahlweise auf das gesamte Mesh oder nur eine Achsrichtung wirkt und dort Brushes wie Inflate, Random oder Smooth aufbringt. Mit dem Color Filter (❽ unten) ändern Sie das Color Attribute aller unmaskierter Vertices.

Die Single Click-Tools lassen sich wohl am ehesten mit den hinlänglich bekannten Zauberstab-Werkzeugen aus Bildbearbeitungsprogrammen vergleichen. Dabei können Sie mit einem Klick das unter dem Cursor befindliche Face Set bearbeiten (Edit Face Set ❾)oder auch aus der Farbe eines Color Attributes eine Maske erzeugen (Mask by Color ⓭).

Nach der Wahl des Brushes kann das Sculpting an Ihrem Modell auch schon direkt beginnen. Noch vor dem Pinselauftrag erkennen Sie an der farbigen Cursor-Vorschau die Ausrichtung auf dem Mesh, den RADIUS ⓮ sowie die Stärke (STRENGTH) ⓯ des Sculpting-Brushes.

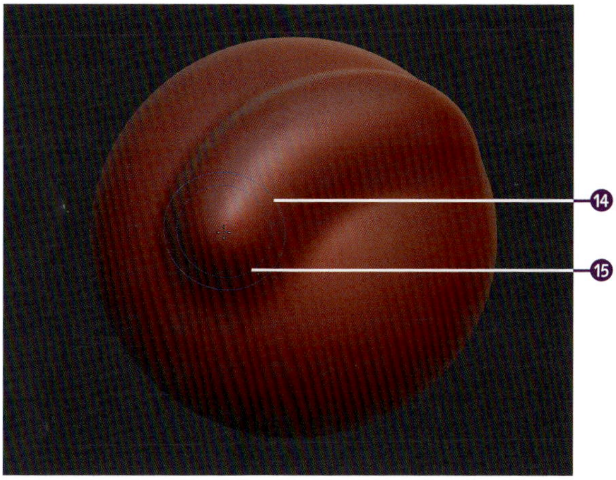

▲ **Abbildung 9.6**
Sculpting im Viewport mit einer Brush

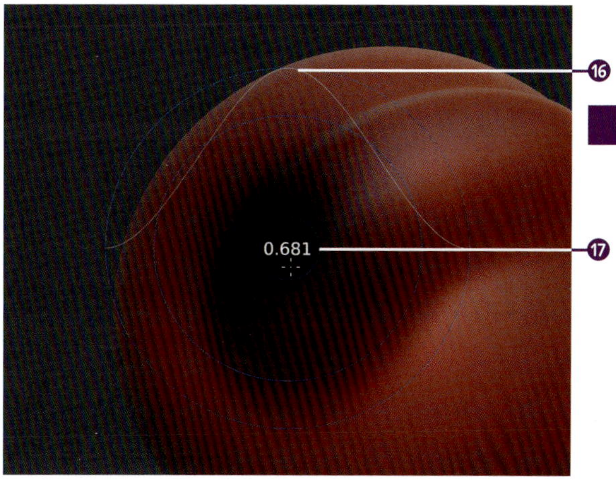

▲ **Abbildung 9.7**
Einstellen von Pinselradius und -stärke

Drücken Sie die Taste F, um den RADIUS des aktuellen Sculpting-Brushes direkt am Cursor mit der Maus zu ändern, sowie die Tasten ⇧ + F, um die Stärke des Brushes einzustellen (Abbildung 9.8). Neben der numerischen Angabe der Stärke des Pinsels ⓱ bekommen Sie die Abnahme (FALLOFF) am Pinselrand als Profilkurve ⓰ angezeigt.

Brush-Einstellungen

Diese und natürlich noch viel mehr Einstellungen für die verschiedenen Sculpting-Brushes finden Sie in der Sidebar, im Header des Viewports (Abbildung 9.8) und im Tool-Tab ❶ (Abbildung 9.9) des Properties Editors.

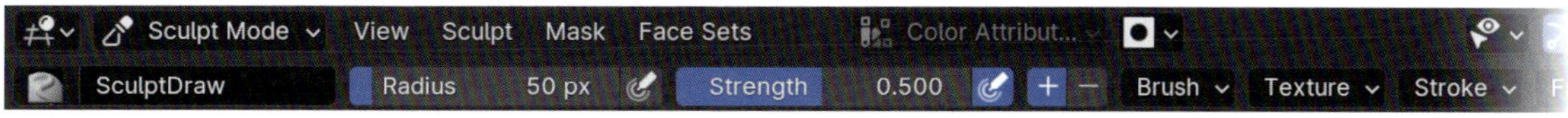

▲ **Abbildung 9.8**
Brush-Einstellungen im Header des Viewports

Im Tool-Tab (Abbildung 9.9) finden Sie für jeden Sculpting-Brush im Panel BRUSHES ❷ eine meist aussagekräftige Vorschau. Das Panel BRUSH SETTINGS ❸ hält neben den Standardeinstellungen wie Radius, Stärke (Strength), Auf- bzw. Abtrag (Add bzw. Subtract), einer automatischen Glättung (Autosmooth) noch einige untergeordnete Panels ❹ bereit, um den Brush zu individualisieren.

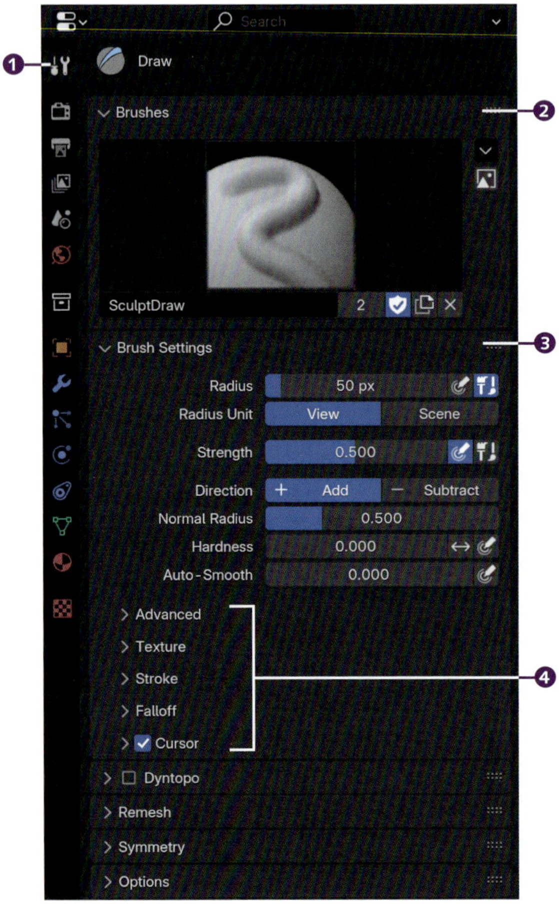

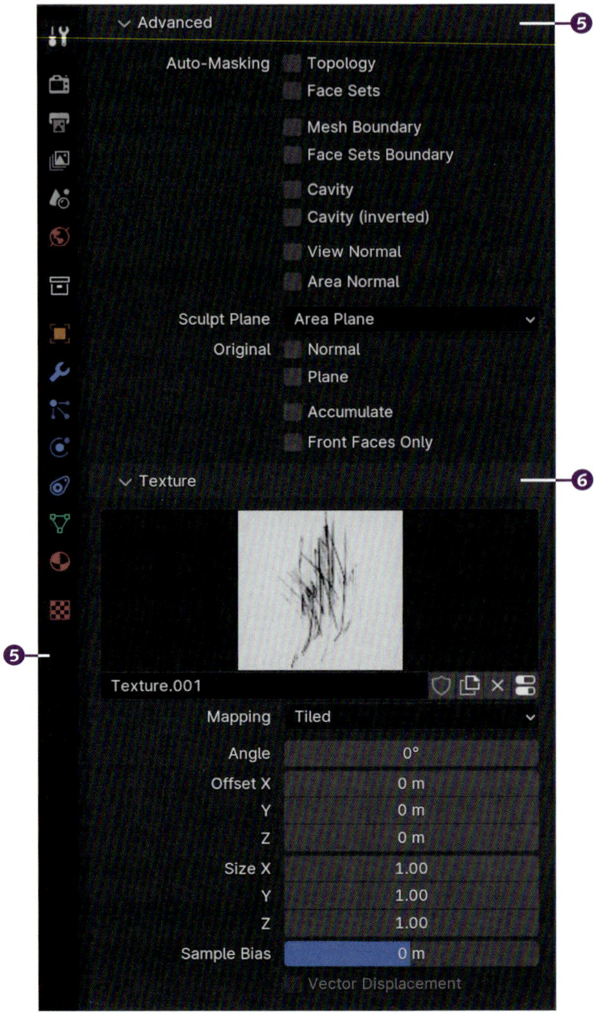

▲ **Abbildung 9.9**
Brush-Einstellungen im Tool-Tab des Properties Editors

Abbildung 9.10 ▸
Brush Settings, Panels Advanced und Texture

Advanced | Die ersten Parameter, die Ihnen hier in den Brush-Einstellungen ❻ begegnen, beziehen sich nicht auf den Brush selbst, sondern die bearbeitete Oberfläche. So bewirken die Optionen für das Auto-Masking, dass die vorliegende Topologie, Face Sets sowie zugehörige Begrenzungen (Boundaries), Grate (Cavity) bzw. Spalten (Cavity inverted) und auch die Normalen berücksichtigt werden. Im Menü Sculpt Plane legen Sie die Ausrichtung für die verschobenen Vertices fest, auf Wunsch bleibt dabei auch die ursprüngliche Richtung bzw. Normale (Original Normal bzw.

Original Plane) erhalten. Wiederholt aufgetragene Brush-Striche häufen »Material« an, wenn Sie die Option Accumulate aktivieren. Mit der Option Front Faces Only deaktivieren Sie die Bearbeitung von Mesh-Elementen, die von Ihnen abgewandt sind.

Transformationen anwenden nicht vergessen

Die praktische Brush-Vorschau im 3D Viewport funktioniert nur dann zuverlässig, wenn zuvor alle Transformationen auf das zu sculptende Mesh angewendet wurden.

Texture | Obwohl die Auswahl der Sculpting-Brushes wirklich groß ist, werden Sie für spezielle Oberflächenstrukturen wie Riefen, Kratzer, Adern oder auch Reptilhaut eigene Werkzeugspitzen verwenden wollen. Jedes Bildformat, das Blender lesen kann, ist prinzipiell auch als Werkzeugspitze verwendbar, auch prozedurale Texturen! Die Optionen hierfür finden Sie im Panel Texture ❼.

Um die gewünschte Bilddatei als Werkzeugspitze auswählen zu können, laden Sie diese über den Texture-Tab ❺ des Properties Editors in Blender. Für den aktuellen Brush wählen Sie diese Bilddatei dann aus und haben unter anderem mit ein paar zusätzlichen Parametern für Winkel (Angle), Versatz (Offset) und Größe (Size) ein paar Möglichkeiten für das Feintuning. Die für den aktuellen Brush aktive Textur wird Ihnen übrigens auch beim Einstellen des Brushes im Viewport (Abbildung 9.11) eingeblendet.

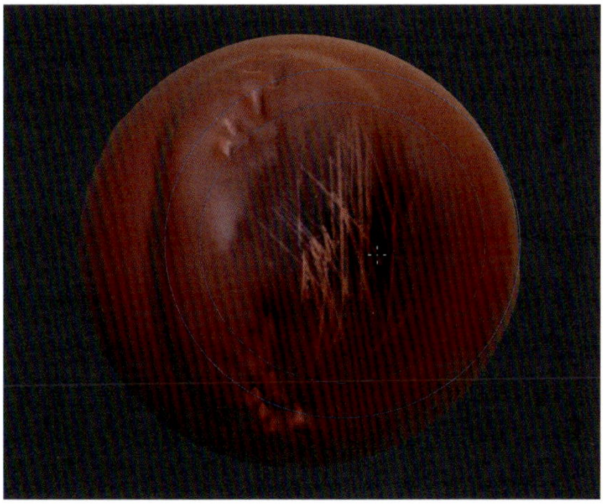

▲ **Abbildung 9.11**
Textur des aktuellen Pinsels im Cursor

▲ **Abbildung 9.12**
Verschiedene Stroke-Typen

Stroke | Nicht für jede Oberflächenunebenheit müssen Sie eine Textur in den Brush laden, auch mit den Stroke-Einstellungen ❶ (Abbildung 9.13) lassen sich viele ausgefallene Stricharten generieren (Abbildung 9.12). Je nach gewählter Stroke Method erfolgt der Auftrag punktweise (Dots bzw. Drag Dots), mit einstellbarem Abstand (Space), wie mit einer Airbrush erzeugt, als Line oder

Curve etc. Mit den zugehörigen Einstellungen für die Distanzen (Spacing bzw. Dash Ratio und Length) und auf Wunsch auch absichtliches Zerstreuen (Jittering) des Strokes haben Sie viel kreative Freiheit.

Stabilize Stroke greift Ihnen unter die Arme, wenn Sie möglichst glatte, unverwackelte Striche ziehen möchten. Bei aktivierter Option finden Sie in einem Untermenü Einstellungen für die Distanz und die Stärke der Glättung.

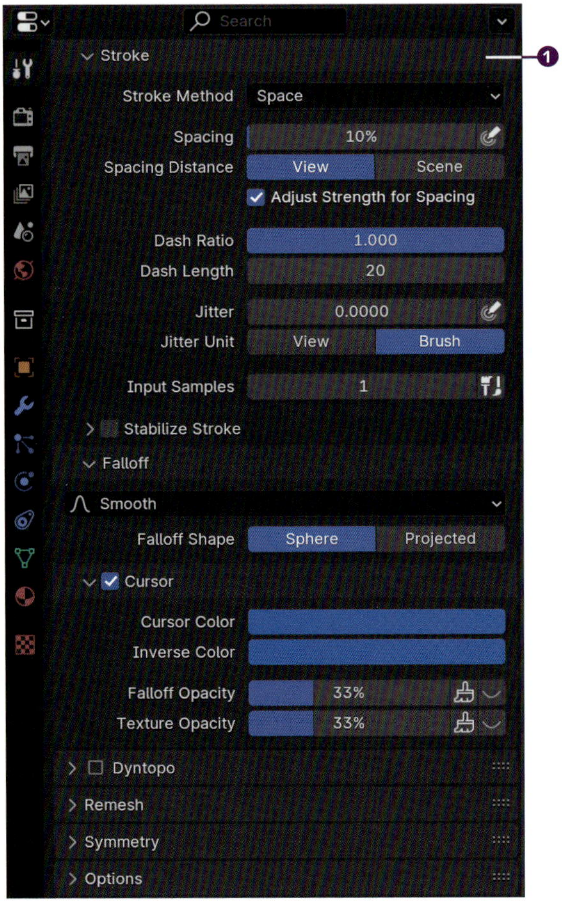

Abbildung 9.13 ▸ Brush Settings, Panels Stroke, Falloff, Cursor

Falloff | Einen nicht zu unterschätzenden Einfluss auf die Wirkungsweise der Sculpting-Brushes hat die im Panel Falloff (Abbildung 9.14) definierte Abnahmefunktion bzw. -kurve (»Falloff«) des Werkzeugs.

Hier stehen Ihnen in einem Auswahlmenü neun gebräuchliche Abnahmekurven zur Verfügung ❷. Sollten all diese Falloff-Typen nicht Ihren Anforderungen entsprechen, so können Sie durch Wahl des Typs CUSTOM eine eigene Falloff-Kurve (Abbildung 9.15) kreieren. Am besten starten Sie mit einer brauchbaren Ausgangskurve ❹ und individualisieren diese im zugehörigen GRAPHEN mithilfe der Greifer ❸.

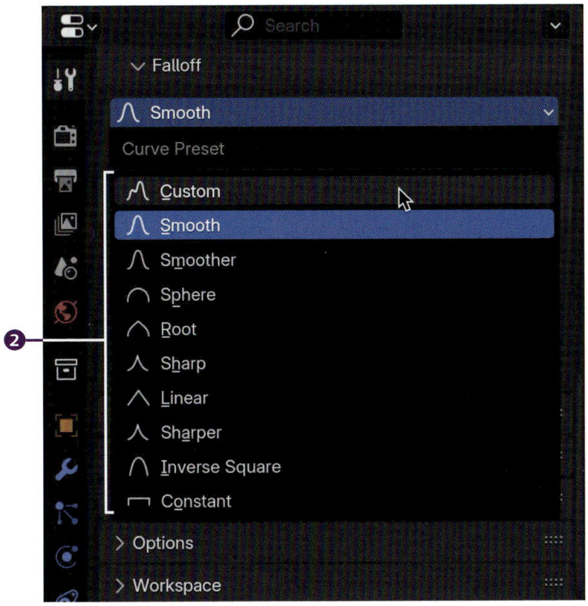

▲ **Abbildung 9.14**
Falloff-Kurven in den BRUSH SETTINGS, Panel FALLOFF

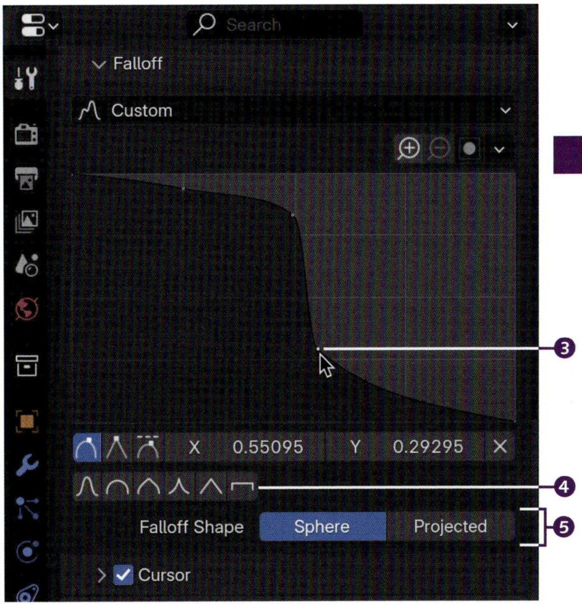

▲ **Abbildung 9.15**
Eigene Falloff-Kurve für den Brush

Ob der Einflussbereich der Sculpting-Brushes eher kugelförmig (SPHERE) oder zylindrisch (PROJECTED) wirken soll, entscheiden Sie über die beiden Buttons für den FALLOFF SHAPE ❺.

Cursor | Im gleichnamigen Panel finden Sie Einstellungen für die Farbigkeit des Sculpting-Cursors sowie die Anzeigen von FALLOFF und TEXTURE des aktuellen BRUSHES beim interaktiven Anpassen des Brushes am Cursor (Abbildung 9.11).

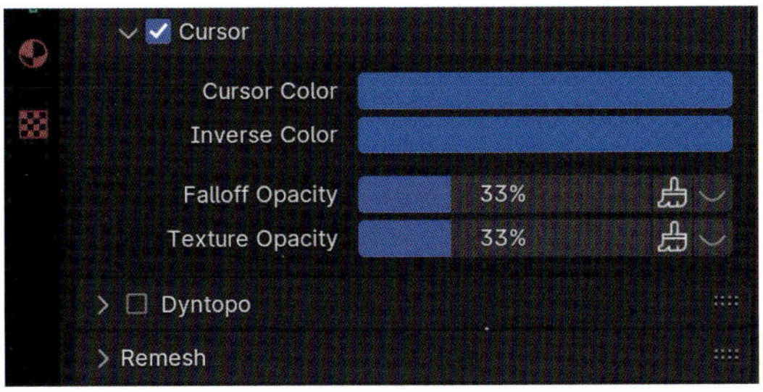

◄ **Abbildung 9.16**
BRUSH SETTINGS, Panel CURSOR

Symmetry

Die praktischen Vorteile der symmetrischen Bearbeitung von Meshes sind unbestritten, dies gilt natürlich in gleicher Form auch beim SCULPTING. Die Symmetrie-Optionen sind unabhängig vom gewählten Sculpting-Brush im Panel SYMMETRY ❶ des Tool-Tabs untergebracht.

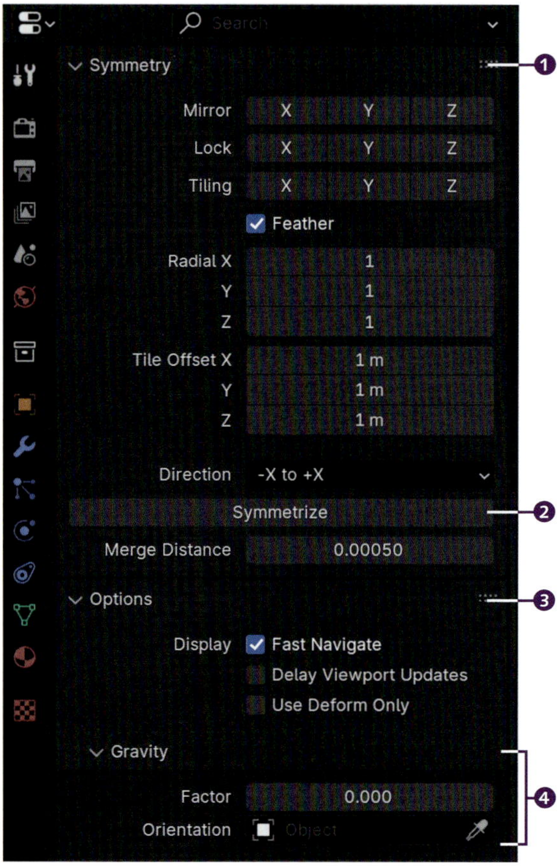

◂ **Abbildung 9.17**
Panel SYMMETRY im Tool-Tab des Properties Editors

▾ **Abbildung 9.18**
Sculpting mit Symmetry und Gravity

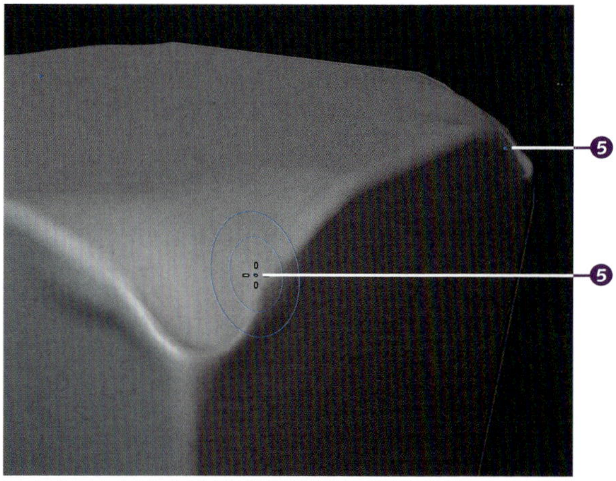

Dabei lässt sich nicht nur die Bearbeitung selbst spiegeln ❺ (MIRROR), bestimmte Achsen lassen sich auch von der Bearbeitung ausnehmen (LOCK). Über die Achsen bei TILING erzeugen Sie auf Wunsch sich wiederholende Muster. Die Option FEATHER reduziert die Brush-Stärke an den Grenzen der Symmetrie-Achsen.

Über die Funktion SYMMETRIZE haben Sie die Möglichkeit, das gesculptete Mesh auch nachträglich noch zu spiegeln und damit eine Symmetrie herzustellen. Dazu wählen Sie unter DIRECTION die gewünschte Spiegelungsrichtung und klicken auf den Button SYMMETRIZE ❷.

Options

Die spannendste Funktion im Panel OPTIONS ❸ ist der Bereich GRAVITY ❹, mit dem Sie während der Arbeit (Gravitations-)Kräfte auf den Sculpting-Brush wirken lassen können (Abbildung 9.18). Unter DISPLAY (Abbildung 9.17) sind Optionen aufgelistet, mit denen sich die Performance im Viewport verbessern lässt. Mit der Option FAST NAVIGATE beispielsweise wird während der Navigation im Viewport kurz die Auflösung heruntergedreht.

9.3 Masken und Face Sets

Auch wenn das Sculpting ein eher künstlerischer Modellingprozess ist, kann in vielen Fällen exaktes Arbeiten gefragt sein. Da ein ungewollter Materialauftrag mit den herkömmlichen Werkzeugen eher mühsam zu nivellieren ist, bietet Ihnen Blender verschiedene Maskierungswerkzeuge, mit denen Sie das Mesh gezielt schützen.

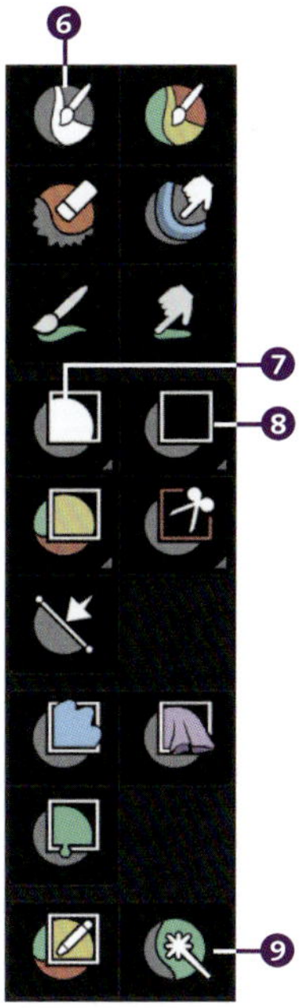

▲ **Abbildung 9.19**
Maskierungswerkzeuge

Masken

Um Mesh-Bereiche von einer anstehenden Bearbeitung mit den Sculpting-Brushes auszunehmen ❿, steht Ihnen eine breite Auswahl an Werkzeugen zur Verfügung.

◂ **Abbildung 9.20**
Schutz vor Bearbeitung durch maskierten Bereich

So können Sie Ihre Masken mit dem Brush MASK ❻, als Rahmen- bzw. Lasso-Auswahl ❼ oder auch mittels Zauberstab ❾ anhand eines Color Attributes anbringen. Etwas rustikaler arbeitet das Werkzeug BOX HIDE ❽, mit dem Sie Mesh-Bereiche per Rahmen-

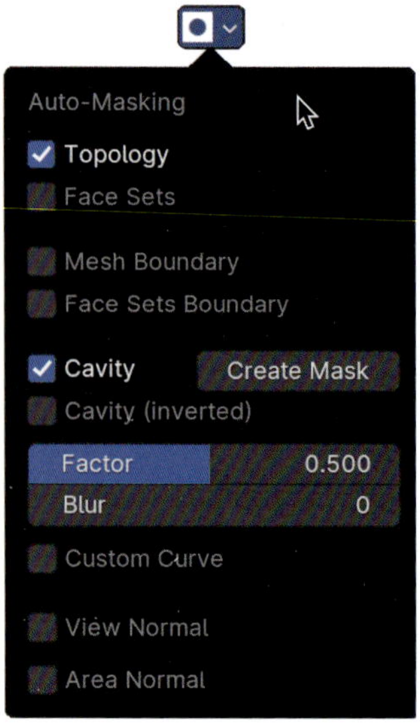

▲ **Abbildung 9.21**
Pop-up-Menü
AUTO-MASKING

Auswahl ausblenden und damit vor Bearbeitung schützen. Um die ausgeblendeten Bereiche wieder einzublenden, verwenden Sie wie gewohnt den Kurzbefehl für das Ein- bzw. Ausblenden `Alt` + `H`.

Sie können sich bei der Erstellung der Masken mit einer Auto-Masking-Funktionalität in Blender unterstützen lassen. Dafür finden Sie im Header das Pop-up-Menü AUTO-MASKING (Abbildung 9.21). Wählen Sie hier aus, welche Beschaffenheit des Meshes bzw. der Oberfläche den Ausschlag dafür gibt, ob das Mask-Tool die vorliegenden Vertices maskiert oder nicht. Hierfür können beispielsweise die zusammenhängende Topologie (TOPOLOGY), Mesh- und Face Set-Begrenzungen (MESH BOUNDARY und FACE SETS BOUNDARY), Erhöhungen (CAVITY) sowie Vertiefungen (CAVITY (INVERTED)) oder auch eine Normalenrichtung herangezogen werden – Sie kennen diese Optionen bereits von den Brushes.

Face Sets

Sollte Ihnen die zielgenaue Bearbeitung mit den Masken noch nicht flexibel genug sein, beispielsweise, weil Sie viele Mesh-Bereiche getrennt voneinander definieren und sculpten möchten, so dürften die FACE SETS Ihren Geschmack treffen.

▲ **Abbildung 9.22**
Definition der Face Sets

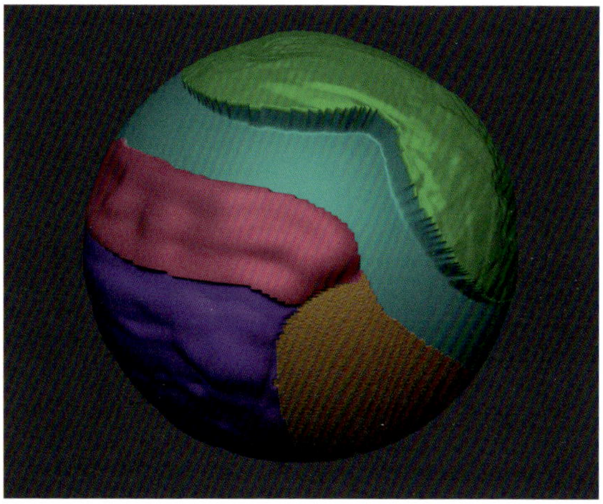

▲ **Abbildung 9.23**
Sculpting der einzelnen Face Sets

Um ein neues Face Set für einen Bereich anzulegen, aktivieren Sie den Brush DRAW FACE SET ❶ und bemalen das Mesh an den gewünschten Stellen (Abbildung 9.22). Dieser Bereich auf Ihrem Objekt wird durch eine Zufallsfarbe als Face Set gekennzeichnet.

Sobald Sie den Malvorgang beenden und wieder fortsetzen, wird ein neues Face Set mit einer anderen, zufälligen Farbe angelegt. Zum nachträglichen Ausarbeiten eines bestehenden Face Set-Bereiches halten Sie die [Strg]/[Cmd]-Taste gedrückt. Beginnen Sie das Malen mit dem Face Set-Brush immer in dem Face Set-Bereich, den Sie ausarbeiten möchten. Wenn Sie Face Sets per Lasso- oder Box-Werkzeug aufbringen wollen, verwenden Sie dazu die Tools LASSO FACE SET bzw. BOX FACE SET ❷.

Mehr Optionen bei der Bearbeitung von Face Sets und der zugehörigen Geometrie bietet der Brush EDIT FACE SET ❸. In seinem Einstellungsdialog (Abbildung 9.25) können Sie erwartungsgemäß Face Sets erweitern (GROW FACE SET) sowie reduzieren (SHRINK FACE SET). Zudem haben Sie aber auch die Möglichkeit, das vom Face Set definierte Mesh zu löschen (DELETE GEOMETRY) oder Lücken im Mesh unter möglichst naher Beibehaltung der Vertex-Positionen (Fair Positions) bzw. -Tangenten (Fair Tangency) zu flicken.

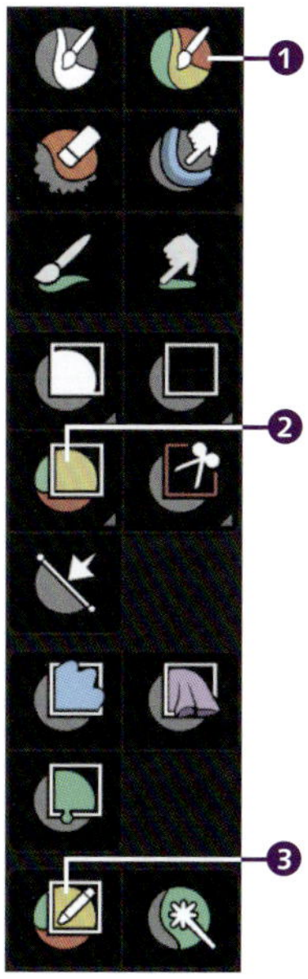

▲ **Abbildung 9.24**
Face Set-Werkzeuge

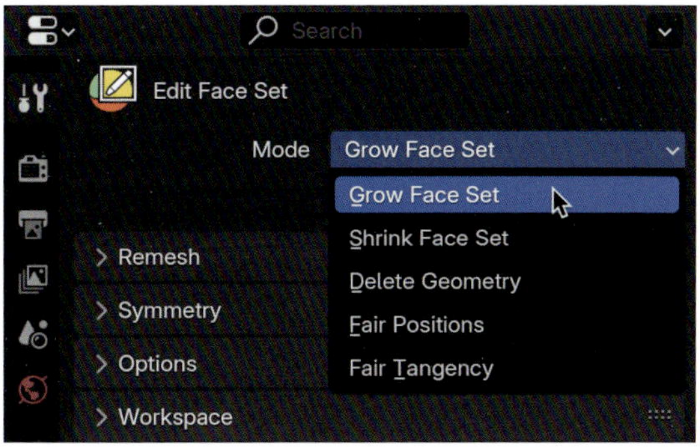

◀ **Abbildung 9.25**
Einstellungen für den Brush EDIT FACE SET

Nach der Definition der verschiedenen Face Sets lassen sich die Bereiche unabhängig voneinander mit den Sculpting-Werkzeugen bearbeiten (Abbildung 9.23). Damit die Sculpting-Brushes automatisch die vorliegenden Face Sets unter dem Mauszeiger beachten und nur in den vorgesehenen Bereichen arbeiten, aktivieren Sie im Pop-up-Menü AUTO-MASKING (Abbildung 9.21) die Option FACE SETS. Über die ebenfalls verfügbare Option FACE SETS BOUNDARY erreichen Sie, dass Vertices, die an den Grenzen eines Face Sets liegen, verschont bleiben.

Die vom Sculpting mit Blender bewährten Kurzbefehle funktionieren auch mit den Face Sets: Mit gedrückt gehaltener [⇧]-Taste lassen sich die Grenzen der Face Sets glätten, die Tasten [H] bzw. [⇧]+[H] blenden ausschließlich das aktive Face Set ein bzw. aus, während Sie mit [Alt]+[H] alle Face Sets hervorholen.

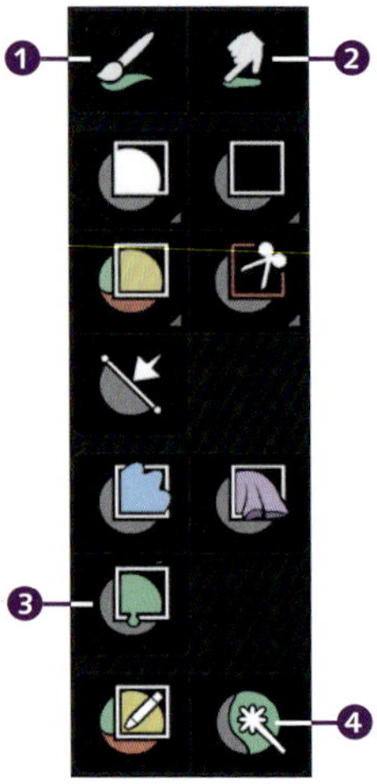

▲ **Abbildung 9.26**
Painting-Werkzeuge

9.4 Painting

Keine Sorge, Sie haben sich nicht im Kapitel verblättert. Wir sind nach wie vor beim Thema Sculpting und sehen uns nun die Painting-Werkzeuge an. Das mag auf den ersten Blick verwundern, doch gleichzeitig liegt es natürlich nahe, die technologische Basis für die dreidimensionale Bearbeitung von Geometrie auch für die Bemalung von Meshes zu nutzen. Momentan – das gleich vorausgeschickt – noch mit eher rudimentärer Werkzeugausstattung und ausschließlich auf Basis von Color Attributes. Doch es bedarf keiner hellseherischen Kräfte, dass die Funktionalität mit den kommenden Blender-Updates Schritt für Schritt ausgebaut werden wird.

Abbildung 9.27 ▸
Painting im SCULPT MODE

Auch mit dem Painting können Sie, sobald Sie sich im Sculpt Mode befinden und ein Painting-Tool gewählt haben, mit der Arbeit beginnen (Abbildung 9.27). Das Anlegen der Color Attributes in den Mesh-Daten übernimmt Blender automatisch für Sie.

Als Malwerkzeuge stehen Ihnen der PAINT BRUSH ❶ sowie der SMEAR BRUSH ❷ zur Verfügung. Ein Blick in die Einstellungen des Paint Brush im Tool-Tab des Properties Editors (Abbildung 9.28) zeigt neben den üblichen Parametern für Radius, Stärke (STRENGTH) und Farbe (COLOR PICKER) auch ein paar Besonderheiten. So findensich der in der Bildbearbeitung übliche BLEND MODE für die Verrechnung von Farbinformationen sowie mit WET MIX, WET PERSISTENCE und WET PAINT RADIUS Parameter, mit denen Sie ineinander verlaufende, da flüssige Farbaufträge imitieren. Für das gezielte Verschmieren von bereits vorhandener, aufgetragener Farbe ist der SMEAR BRUSH zuständig.

◂ Abbildung 9.28
Einstellungen für den Brush Paint im Tool-Tab des Properties Editors

Der Vollständigkeit halber möchte ich an dieser Stelle auch noch einmal den Color Filter ❸ erwähnen, mit dem Sie Farbfilter auf alle nicht maskierten Bereiche anwenden, sowie den Brush Mask by Color ❹, mit dem Sie aus den aufgetragenen Farben Masken generieren können.

Wie anfangs erwähnt, ist der Umfang der Malfunktionen aktuell noch überschaubar, doch dies kann sich mit den nächsten Blender-Updates schnell ändern.

9.5 Dyntopo und Remesh

Ich fasse diese beiden Sculpting-Funktionen von Blender in einer gemeinsamen Überschrift zusammen, da sie zwar jederzeit unabhängig voneinander genutzt werden können, sich gleichzeitig aber sehr sinnvoll ergänzen.

Dyntopo hat sich der dynamischen Unterteilung des Meshes zur optimalen Umsetzung der Arbeit mit den Sculpting-Werkzeugen verschrieben, damit der Detaillierungsgrad an den relevanten Stellen (und auch möglichst nur dort) durch ein feineres, höher aufgelöstes Mesh realisiert wird.

Im Gegensatz dazu sorgt der sogenannte »Remesher« für eine möglichst aufgeräumte, ausgeglichene Mesh-Topologie und versucht dabei gleichzeitig, trotzdem möglichst viele Details des Ausgangszustandes zu erhalten.

Dyntopo

Sie finden und aktivieren ❶ Dyntopo, ausgeschrieben »Dynamic Topology«, wahlweise über den Header des Viewports (Abbildung 9.29) oder auch über das gleichnamige Panel ❷ im Tool-Tab des Properties Editors (Abbildung 9.30).

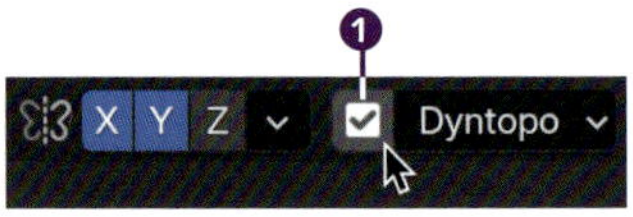

▲ **Abbildung 9.29**
Option und Pop-up-Menü Dyntopo im Header des Viewports

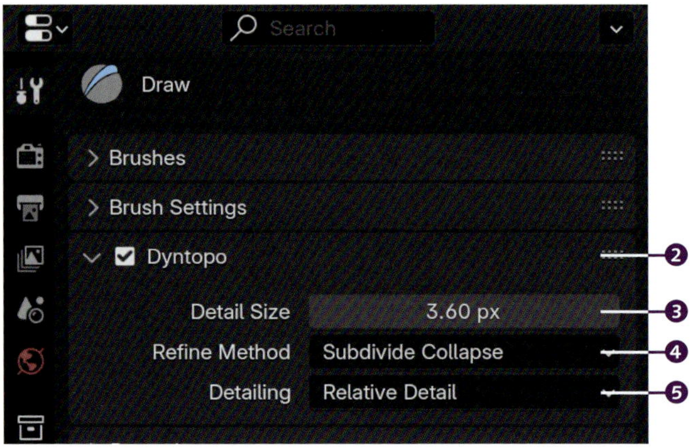

Abbildung 9.30 ▸
Panel Dyntopo im Tool-Tab des Properties Editors

Damit kann die Arbeit am Modell auch schon beginnen – im Prinzip ohne weitere Vorbereitungen. Je nachdem, welche Detaillierungsmethode (Detailing) ❺ Sie wählen, geben Sie die gewünschte Detailgröße (Detail Size) ❸ in Pixel, als Resolution oder auch prozentual an. Abbildung 9.31 zeigt einen Cube, bei dem mittels Dyntopo die Ecken und Kanten per Sculpting bearbeitet wurden.

Das resultierende Mesh (Abbildung 9.32) zeigt sehr schön die Arbeitsweise von Dyntopo. Dort, wo Details benötigt werden, ist das Mesh entsprechend dichter.

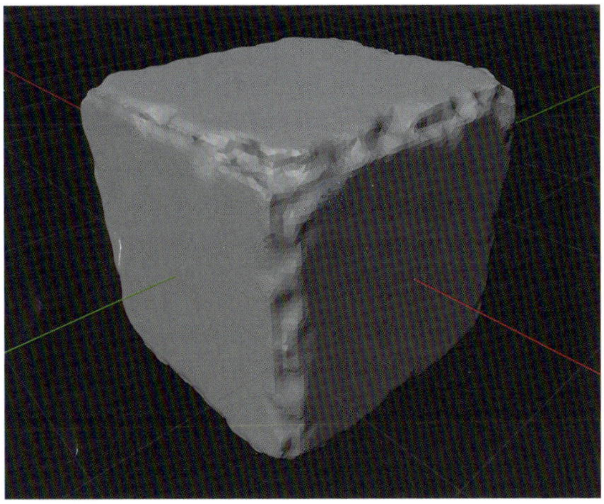

▲ **Abbildung 9.31**
Sculpting von Details mit aktivem Dyntopo

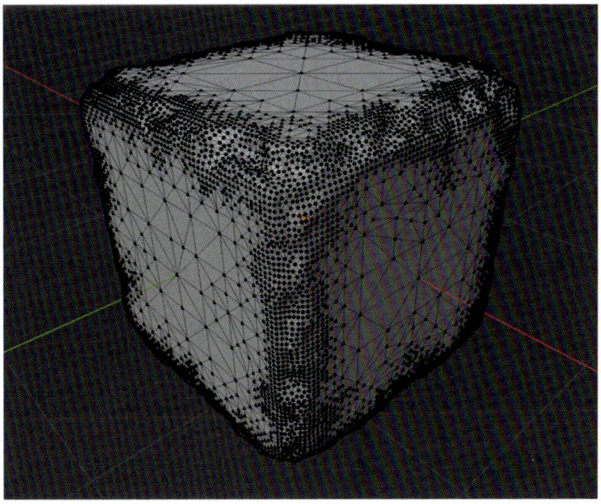

▲ **Abbildung 9.32**
Das resultierende Mesh mit Dyntopo

Im Panel DYNTOPO ❷ des Properties Editors ist dazu unter REFINE METHOD ❹ hinterlegt, wie Dynamic Topology zum Erreichen des gewünschten Detailgrads vorgehen soll. Zur Auswahl stehen das Unterteilen (SUBDIVIDE) bzw. das Erweitern (COLLAPSE) der Edges sowie mit SUBDIVIDE COLLAPSE eine sinnvolle Kombination aus beiden Option.

Remesh

Die Struktur bzw. Topologie des mittels Dyntopo erzeugten Meshes ist durchaus als Vorlage für Poly-by-Poly-Modelling geeignet. In manchen Fällen funktioniert auch eine automatische Restrukturierung des Meshes, wofür der sogenannte Remesher gedacht ist. Analog zu DYNTOPO finden Sie REMESH ❼ im Tool-Tab des Properties Editors (Abbildung 9.34) sowie als Pop-up-Menü im Header des Viewports.

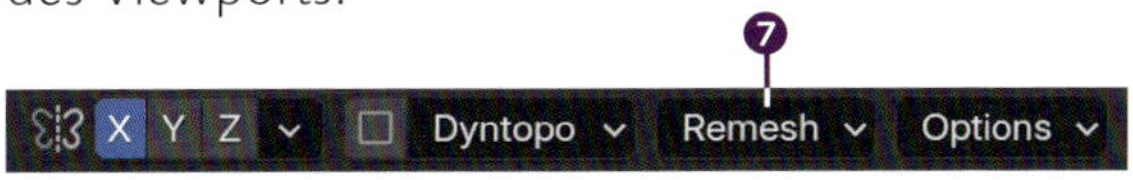

◂ **Abbildung 9.33**
Pop-up-Menü REMESH im Header des Viewports

Entscheidend für den Detailgrad und die Auflösung des restrukturierten Ergebnisses ist die Voxel-(»Volume Pixel«-)Größe, die Sie unter VOXEL SIZE ❶ (Abbildung 9.34) angeben. Wenn Sie eine im

Mesh vorliegende Detaillierung als VOXEL SIZE übernehmen wollen, verwenden Sie einfach die Pipette ❷ und klicken Sie auf einen Bereich des Meshs, der dem gewünschten Detailgrad entspricht.

Mit dem Parameter ADAPTIVITY ❸ lässt sich zusätzlich die Anzahl der Faces reduzieren, indem geeignete Bereiche automatisch identifiziert und gezielt mit Dreiecken versehen werden. In entgegengesetzter Richtung arbeitet die Option FIX POLES ❹. Als sogenannte Poles werden gemeinhin Vertices bezeichnet, die über weniger oder auch mehr als vier Edges mit dem Mesh verbunden sind. Die Option FIX POLES erkennt diese oft problematischen Stellen und achtet darauf, beim Remeshing so wenig Poles wie möglich zu produzieren.

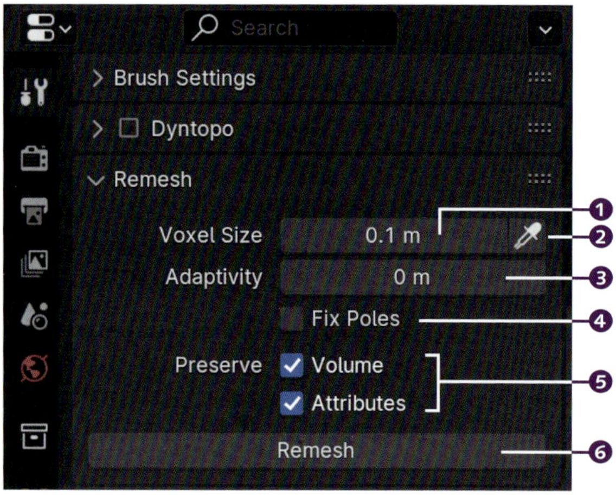

▲ **Abbildung 9.34**
Panel REMESH im Tool-Tab des Properties Editors

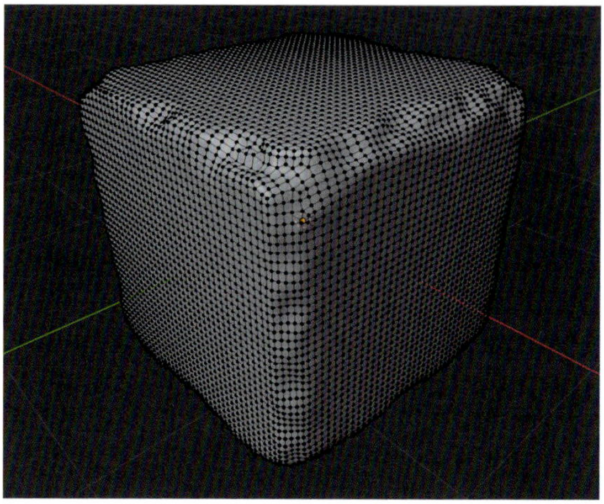

▲ **Abbildung 9.35**
Das per Remesh optimierte Mesh

Weitere Optionen bieten die Erhaltung des ursprünglichen Objektvolumens (VOLUME) und ATTRIBUTES bei der Durchführung des Remeshings an ❺ dazu gehören auch bestehende Masken und Face Sets am Mesh.

Per Klick auf den Button REMESH ❻ stoßen Sie die Neustrukturierung des Mesh-Objekts an. Vergleichen Sie dazu das Ergebnis in Abbildung 9.35 mit dem Ausgangszustand aus Abbildung 9.32. Das Mesh besteht nunmehr ausschließlich aus vierseitigen Faces, deren Größe über das gesamte Mesh-Objekt gesehen sehr homogen bleibt. Einsparungspotenzial besteht weiterhin an den flachen Seiten des Cubes, doch insgesamt hat sich die Anzahl der Faces und auch die Komplexität des Meshes durch das Remeshing stark verringert.

Haare im Sculpt Mode

Der Sculpt Mode kommt auch zum Einsatz, wenn es um die Ausgestaltung von Haaren und Fell in Blender geht. Mehr dazu in den Abschnitten 17.3 sowie 18.6, »Hair«.

Projekt Seepferdchen: Ausarbeitung des Seepferdchens per Sculpting

Die Ausgangsbasis für diesen Projekt-Workshop ist das fertige Modell des Seepferdchens aus Kapitel 7, »Modelling-Tools«. Wir werden ihm mit den Sculpting-Werkzeugen zusätzliche Details spendieren.

1 Blender-Szene laden

Rufen Sie über den Befehl FILE • OPEN (Taste Strg/Cmd + O) den File Browser auf und navigieren Sie zum Verzeichnis Ihres Seepferdchen-Modells oder in das Verzeichnis *2_Modelling*, wo Sie mit der Datei *2_Modelling_Seepferdchen.blend* meinen Character als Startpunkt für diesen Workshop finden.

2 Subdivision Surface-Modifier löschen

Vor dem kreativen Part sind ein paar Vorarbeiten nötig. Weil feine Details ein entsprechend hoch aufgelöstes Mesh benötigen, müssten wir das Mesh des Seepferdchens viele Male unterteilen, um diese Details überhaupt anbringen zu können. Abhilfe schafft der für das Sculpting prädestinierte Multiresolution-Modifier, der das Mesh wie auch der Subdivision Surface-Modifier rundet, dafür aber flexibel mit Unterteilungen arbeitet.

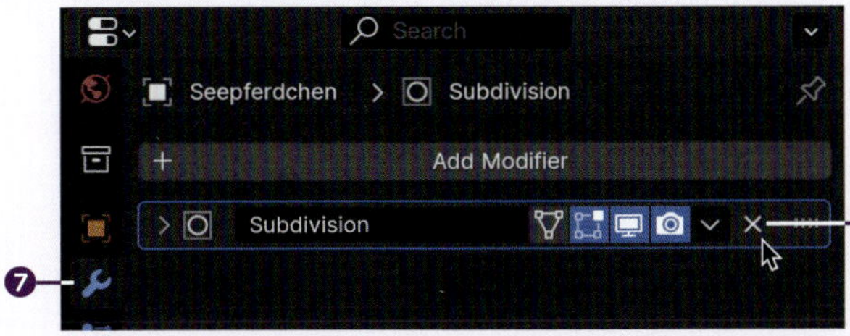

◂ **Abbildung 9.36**
Subdivision Surface-Modifier im Properties Editor

Sie können den Subdivision Surface-Modifier also einfach im Modifier-Tab ❼ des Properties Editors über den zugehörigen X-Button ❽ für das Seepferdchen löschen.

3 Multiresolution-Modifier zuweisen und einrichten

Weisen Sie dem Seepferdchen anschließend über das Menü ADD MODIFIER • GENERATE, das Sie mit dem gleichnamigen Button aufrufen, den Multiresolution-Modifier zu.

Klicken Sie dort mehrfach auf den Button SUBDIVIDE ❶ (Abbildung 9.37), um die Unterteilungen schrittweise zu erhöhen, bis SCULPT und RENDER auf Stufe 6 stehen. Da sich eine so hohe Auflösung im OBJECT MODE nur negativ auf die Viewport-Performance auswirken würde, reduzieren Sie die Anzahl der Unterteilungen bei LEVEL VIEWPORT auf 3.

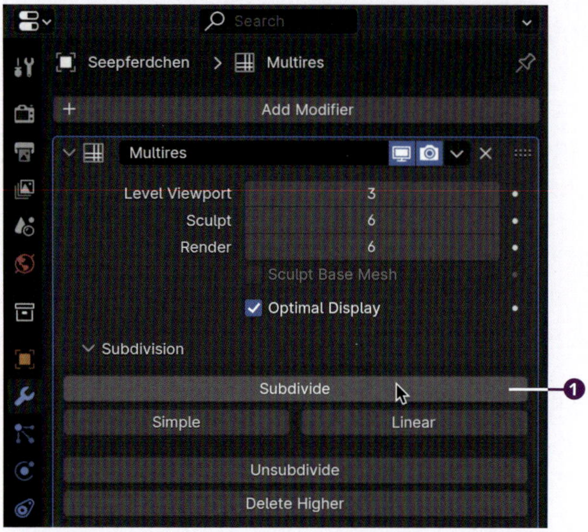

Abbildung 9.37 ▸
Einstellungen für den Multiresolution-Modifier

4 Sculpting-Mode aktivieren

Wechseln Sie nun wahlweise in den Workspace SCULPTING ❸ oder aktivieren Sie über das Menü der Arbeitsmodi direkt den SCULPT MODE ❷, um mit der Detailarbeit am Seepferdchen zu beginnen.

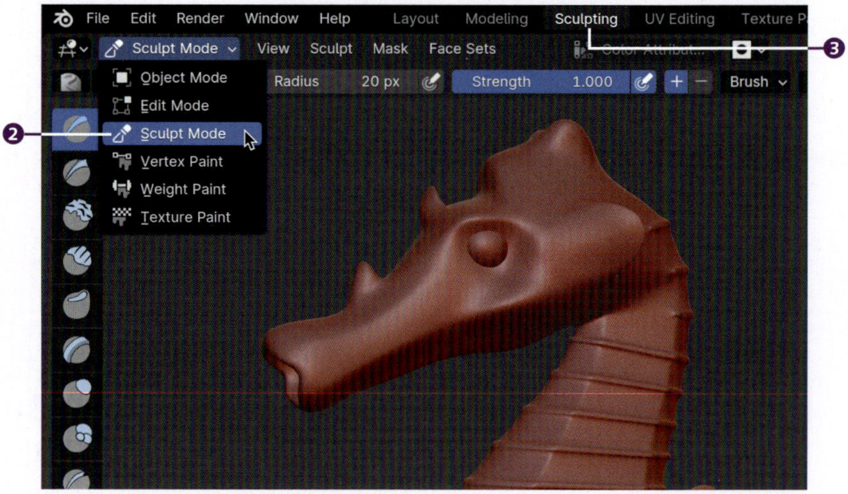

Abbildung 9.38 ▸
Aktivieren des SCULPT MODES

Im Pop-up-Menü VIEWPORT SHADING (Abbildung 9.39) finden Sie außerdem alternative MATCAPS, die Sie für die Darstellung beim Sculpting aktivieren können.

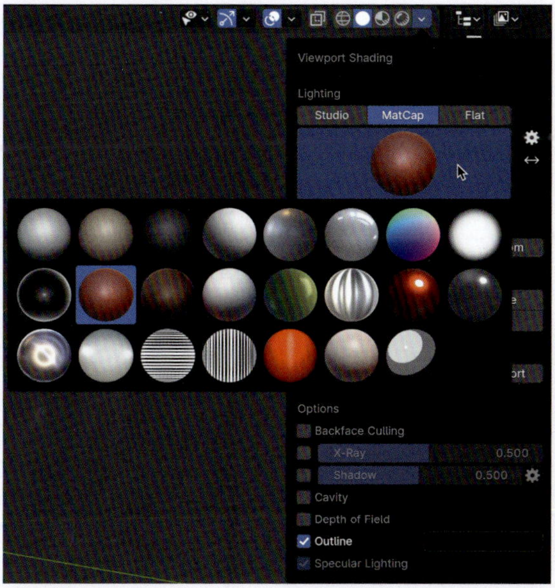

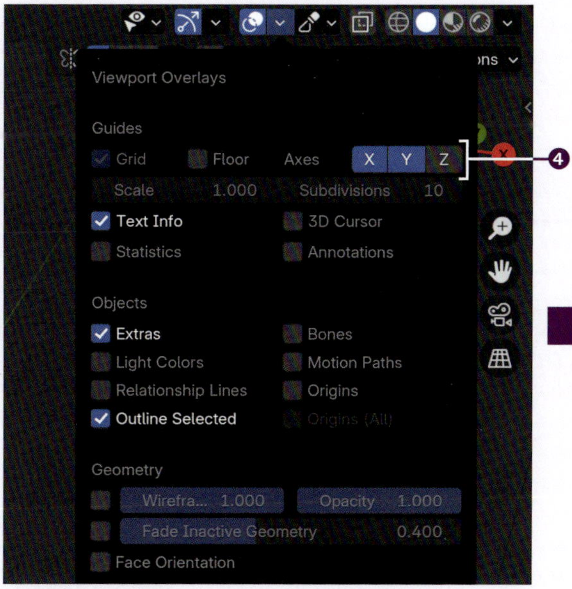

▲ **Abbildung 9.39**
MatCaps im Pop-up-Menü Viewport Shading

▲ **Abbildung 9.40**
Axes im Pop-up-Menü Viewport Overlays

Die Sculpting-Umgebung ist aus gutem Grund sehr aufgeräumt. Gerade für den Anfang beim symmetrischen Arbeiten ist es vielleicht ratsam, sich über das Pop-up-Menü Viewport Overlays die X- und Y-Achse ❹ einzublenden.

Ziehen Sie sich außerdem die Toolbar mit den vielen Sculpting-Werkzeugen so breit, dass Ihnen die Namen der Tools angezeigt werden. So finden Sie das richtige Werkzeug für diesen Workshop wesentlich schneller.

◂ **Abbildung 9.41**
Symmetrisches Arbeiten für die X-Achse

Zum Aktivieren des symmetrischen Arbeitens stellen Sie jetzt noch sicher, dass in den Tool Settings im Header des Viewports die X-Achse aktiviert ist (Abbildung 9.41).

5 Verstärken der Eckpunkte der Knochenplatten

Nach diesen Vorbereitungen können wir endlich loslegen, unser Seepferdchen-Modell mit den Sculpting-Pinseln zu bearbeiten. Zum Einstieg wollen wir die Eckpunkte der Knochenplatten noch etwas prominenter hervorheben, wodurch unser Character auch etwas organischer wirkt. Dafür ist der Pinsel Inflate (Abbildung 9.42) prädestiniert.

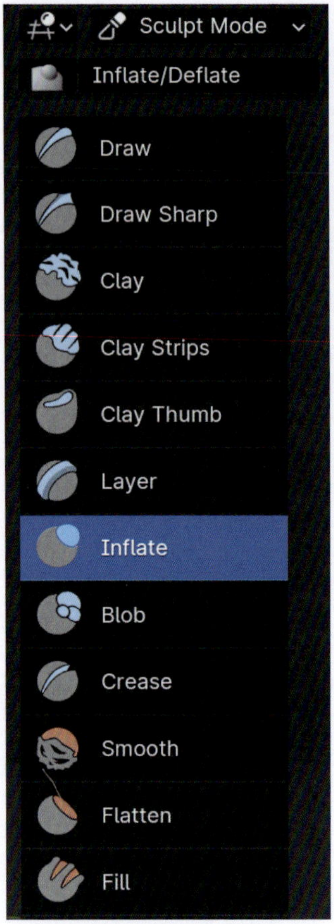

▲ **Abbildung 9.42**
Toolbar mit den Sculpting-Werkzeugen

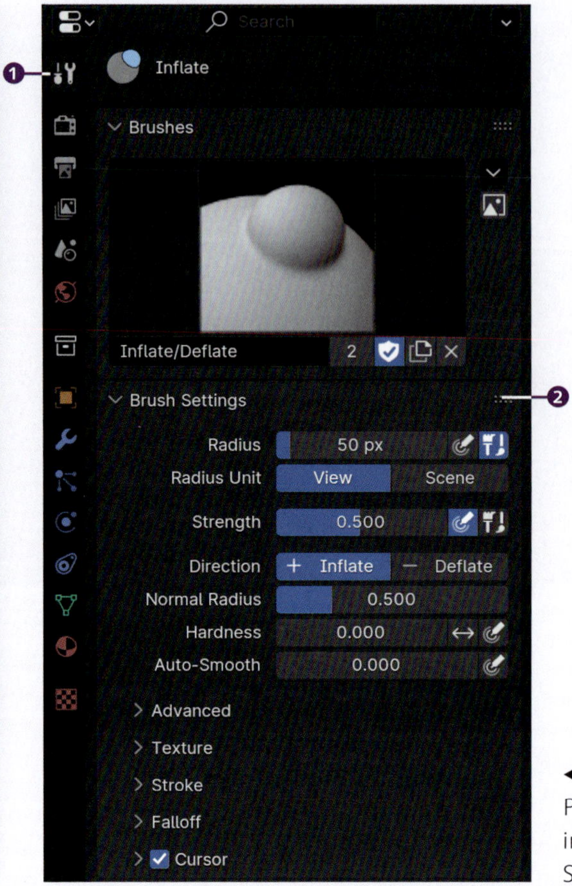

◂ **Abbildung 9.43**
Panel Brush Settings im Tab Active Tool Settings

Wählen Sie also für den Anfang den Sculpting-Brush Inflate aus der Toolbar (Taste [T]), und klappen Sie sich dazu das Panel Brush Settings ❷ im Tab Active Tool Settings ❶ des Properties Editors auf. Da es sich lediglich um ein Verstärken der bereits vorhandenen Geometrie handelt, können Sie mit den Standard-Einstellungen loslegen. Die Stärke (Strength) des Pinsel-Werkzeugs von 0.500 erlaubt uns dabei, die Verstärkung mit mehreren Klicks aufzutragen.

Entscheiden Sie sich für eine Seite des Seepferdchens und drehen Sie sich die Viewport-Ansicht so zurecht, dass Sie möglichst frontal auf den zu bearbeitenden Bereich zugreifen können. Beginnen Sie im Brustbereich, wo Sie die Eckpunkte der Knochenplatten durch zwei bis drei Linksklicks mit dem Inflate-Brush verstärken (Abbildung 9.44). Wiederholen Sie dies für alle Eckpunkt-Reihen des Seepferdchens bis zum Schwanzansatz hinunter. Drehen Sie sich anschließend die Ansicht, um den Hals- und Rückenbereich zu bearbeiten. Auch hier heben Sie die Eckpunkte mit ein paar einfachen Linksklicks deutlicher hervor (Abbildung 9.45). Sie haben sicher bemerkt, dass die symmetrische Angleichung Ihrer Arbeit stets über eine kleine blaue Markierung auf der Spiegelseite signalisiert wird.

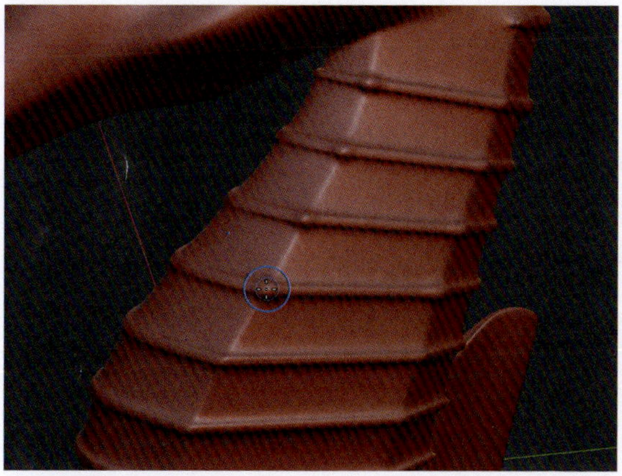

▲ **Abbildung 9.44**
Verstärken der Eckpunkte im Brustbereich

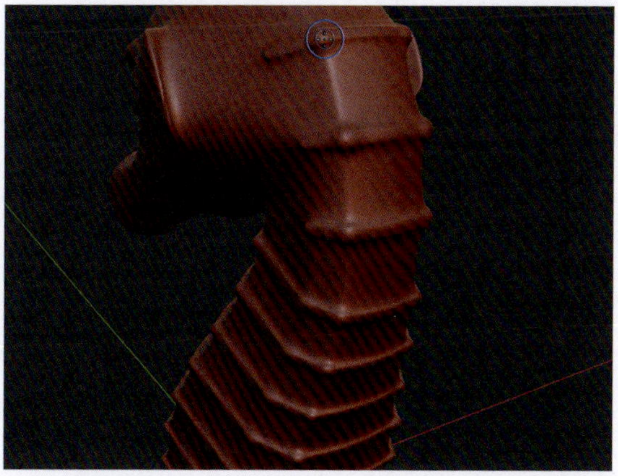

▲ **Abbildung 9.45**
Verstärken der Eckpunkte am Hals und Rücken

6 Ausarbeiten der Rückenflosse

Die nächsten wichtigen Bereiche, die wir mit den Sculpting-Werkzeugen ausarbeiten wollen, sind die Flossen des Seepferdchens. Damit wir uns bei der Arbeit leichter tun und Bereiche vor der Bearbeitung schützen, erzeugen wir für die Rückenflosse zunächst eine Maske.

Scrollen Sie in der Toolbar hinunter zum Mask-Pinsel (Abbildung 9.46), um ihn zu aktivieren und im Panel Brush Settings des Tabs Active Tool Settings die Einstellungen für ihn vorzunehmen (Abbildung 9.47). Eine Stärke (Strength) von 0.500 gibt uns die Möglichkeit, die Wirkung der Maske etwas besser zu kontrollieren. So können wir durch einen einmaligen Farbauftrag weichere Ränder schaffen als mit einem auf 100 % (1.000) eingestellten Brush. Ich habe den Radius auf 40 px reduziert, diesen Parameter können Sie jederzeit bei Bedarf während der Arbeit über die Taste F neu justieren.

Das untergeordnete Panel Stroke wird gleich noch eine wichtige Rolle spielen, im Moment benötigen wir aber für die Erstellung der Maske noch die standardmäßig aktivierte Stroke Method Space. Jetzt können wir mit dem Aufmalen der Maske bei der Rückenflosse beginnen.

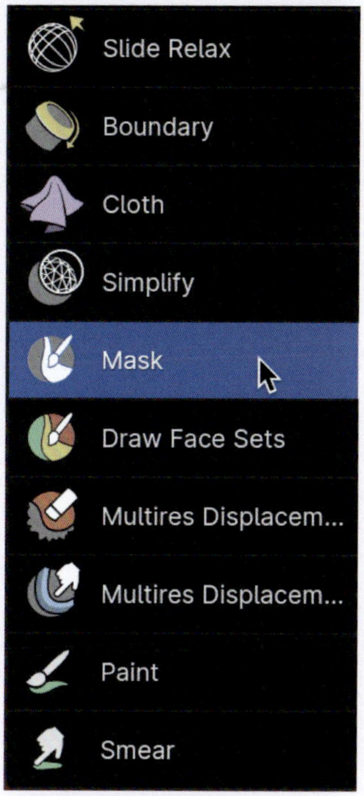

▲ **Abbildung 9.46**
Brush Mask in der Toolbar

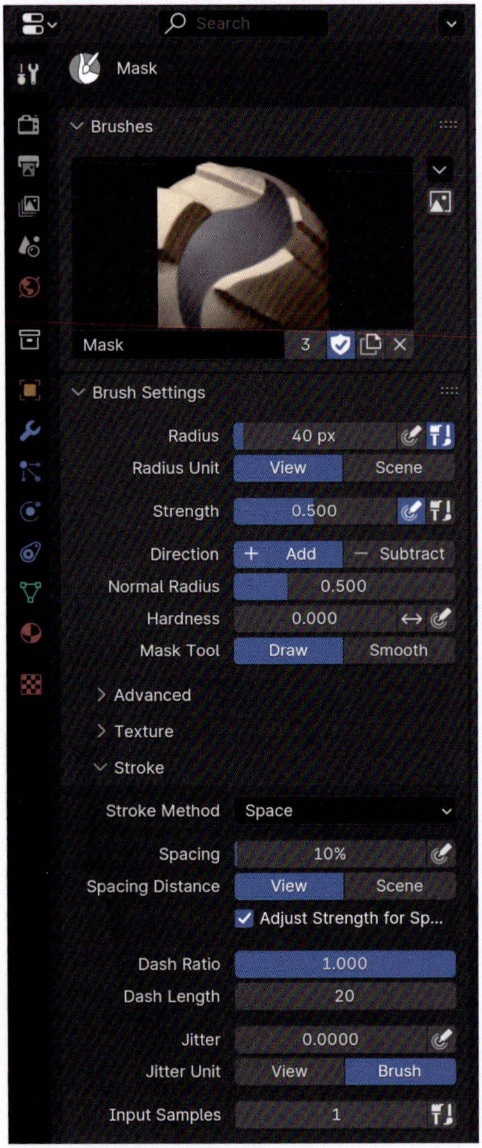

◂ **Abbildung 9.47**
Panels Brush Settings und Stroke

▾ **Abbildung 9.48**
Maskierung der Randbereiche der Rückenflosse

Begeben Sie sich in die orthogonale Seitenansicht (Taste [3] [Num]), so haben Sie die Rückenflosse am besten im Blick. Auch der Mask-Brush arbeitet in unserem aktivierten Symmetrie-Modus, so dass wir uns wieder auf eine Seite konzentrieren können.

Bemalen Sie den Ansatz der Rückenflosse am Rücken sowie das obere und untere Ende der Flosse mit der Maskierung (Abbildung 9.48). Das spitz zulaufende Ende muss nicht maskiert werden, da wir die Brush-Linien bis dorthin durchlaufen lassen. Für Letztere benötigen wir jetzt den Standard-Brush SculptDraw.

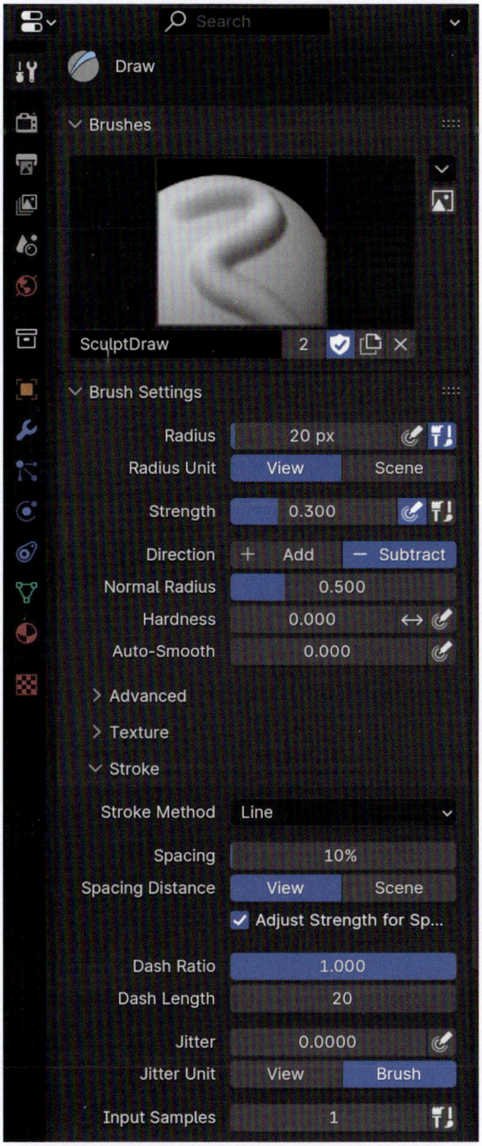

◂ **Abbildung 9.49**
Panels Brush Settings und Stroke

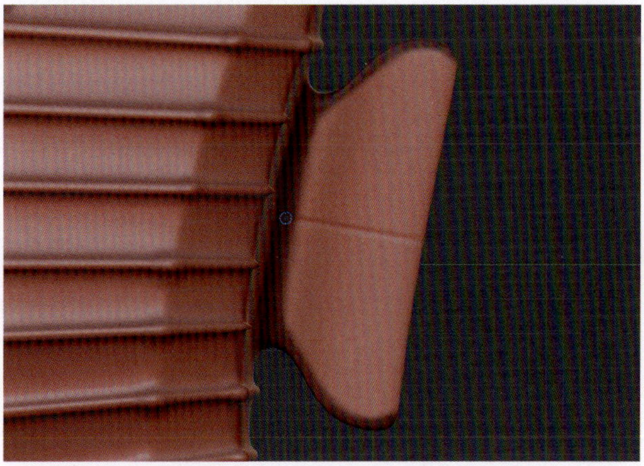

▴ **Abbildung 9.50**
Ziehen der ersten Brush-Linie in der Mitte

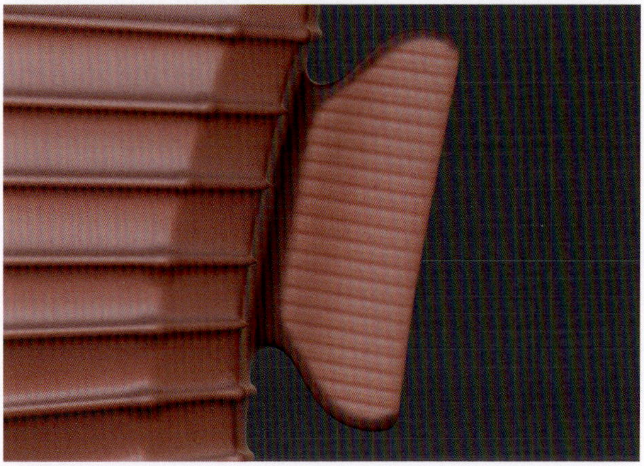

▴ **Abbildung 9.51**
Komplette Rückenflosse mit Brush-Linien

Für den Draw-Brush habe ich den Radius weiter auf 20 px reduziert (Abbildung 9.49). Auch die Stärke (Strength) des Brushes können Sie auf 0.300 herabsetzen, um den Abtrag nicht zu auffällig zu gestalten. Apropos Abtrag: Damit es sich tatsächlich um einen Materialabtrag handelt, müssen wir unter Direction auf Subtract umschalten. Klappen Sie nun noch das untergeordnete Panel Stroke auf, um als Stroke Method Line einzustellen. Jetzt ist es ein Leichtes, gerade Brush-Linien über zwei Linksklicks vom Start- zum Endpunkt zu generieren (Abbildung 9.50). Arbeiten Sie sich nun am besten von der Mitte nach außen, um die Rückenflosse durch Brush-Linien in gleichmäßigen, parallelen Abständen zu gestalten (Abbildung 9.51).

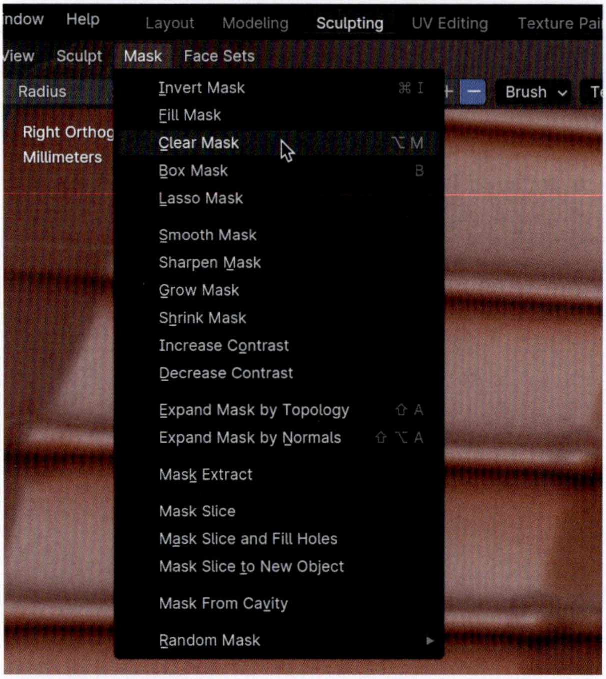

▲ **Abbildung 9.52**
Menü MASK im Viewport

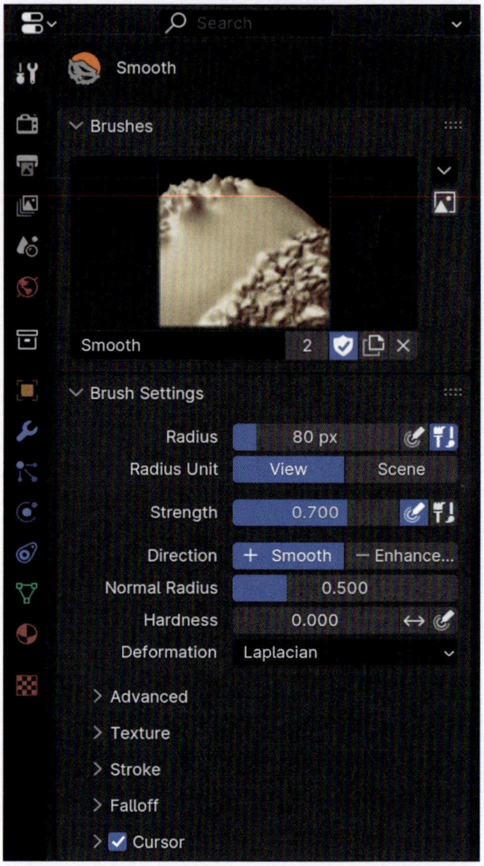

Abbildung 9.53 ►
Panel BRUSH SETTINGS im Tab ACTIVE TOOL SETTINGS

Wenn Sie mit dem Ergebnis zufrieden sind, benötigen wir auch die Maske für die weitere Ausarbeitung nicht mehr. Rufen Sie über das Menü MASK im Viewport (Abbildung 9.52) den Befehl CLEAR MASK auf, um die Maskierung der Rückenflosse zu entfernen.

Weil die Übergänge in die Linien an der Flosse trotz Maske noch recht abrupt ausfallen, werden wir diese nun noch gezielt glätten. Wechseln Sie dazu über die Toolbar zum Smooth-Brush. In den zugehörigen Einstellungen (Abbildung 9.53) erhöhen Sie den RADIUS auf 80 px, die Stärke (STRENGTH) darf mit 0.700 ebenfalls etwas höher ausfallen. Da der Smooth-Brush ein eigenständiger Brush ist, können wir direkt mit der standardmäßigen Stroke-Einstellung SPACE fortfahren und jeden Linienansatz mit ein bis zwei Linksklicks glätten (Abbildung 9.54).

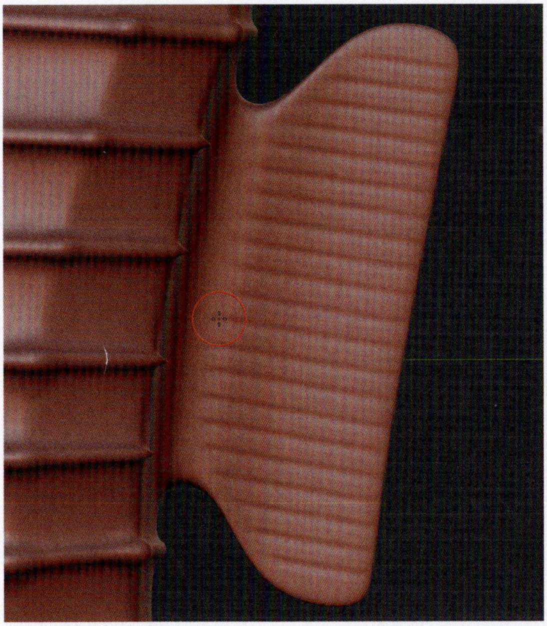

▲ **Abbildung 9.54**
Glätten der Ansätze der Linien

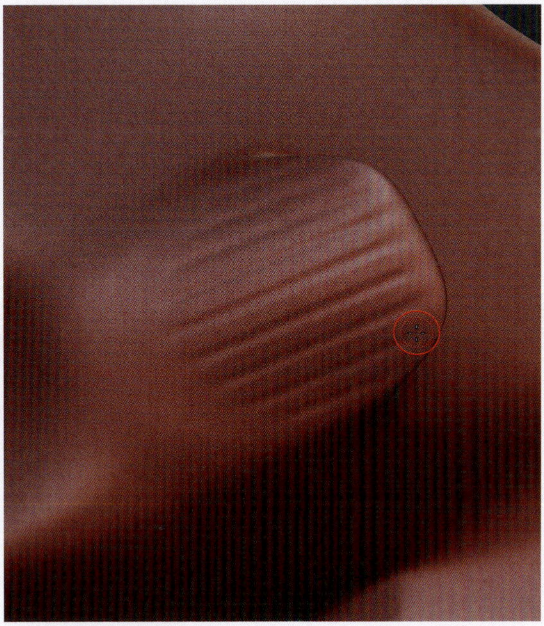

▲ **Abbildung 9.55**
Ausarbeiten der Kopfflossen

Neben der Rückenflosse besitzt unser Seepferdchen auch kleine Kopfflossen. Versehen Sie auch diese Flossen durch das Ziehen von parallelen Linien mit dem SculptDraw-Brush und das anschließende Glätten mit dem Smooth-Brush mit einer leichten Struktur (Abbildung 9.55). Eine vorherige Maskierung ist eigentlich nicht notwendig.

7 Ausarbeiten feiner Details

Die letzten Arbeitsschritte in diesem Workshop verwenden wir zur feineren Ausarbeitung der Details am Kopf des Seepferdchens. Hier helfen ein paar zusätzliche Abgrenzungen und Hervorhebungen, um den Character noch etwas organischer wirken zu lassen.

Ein wichtiges Werkzeug für diese Sculpting-Arbeiten ist der Draw Sharp-Brush. Mit ihm lassen sich dünne Strukturen heraus-, aber auch – im negativen Modus – in die Oberfläche hineinarbeiten. Aktivieren Sie also den Brush Draw Sharp über die Toolbar und geben Sie ihm in den zugehörigen Einstellungen (Abbildung 9.56) einen Radius von ca. 60 px. Die Stärke (Strength) des Pinsels senken Sie auf moderate 0.250. Wieder ist die Direction der Wirkung wichtig; da wir ja in die Oberfläche arbeiten wollen, benötigen wir die Einstellung Subtract.

Abbildung 9.56 ▸
Panel Brush Settings im Tab Active Tool Settings

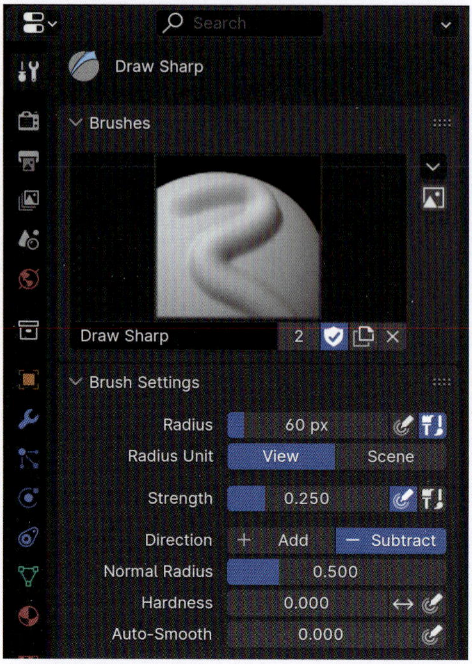

Drehen Sie sich die Ansicht auf das Seepferdchen so, dass Sie, wenn möglich, die Ausarbeitung des jeweiligen Details mit dem Brush in einem Zug erledigen können.

Ziehen Sie mit dem Draw Sharp-Brush eine leichte Einkerbung, wo Sie bestimmte Elemente unterstreichen möchten. Eine guter Anfang wären der Nasen- und der Stirnhöcker (Abbildung 9.57 und Abbildung 9.58). Achten Sie auf einen stimmigen, symmetrischen Abschluss, die eigentliche Form darf ruhig ungleichmäßig sein.

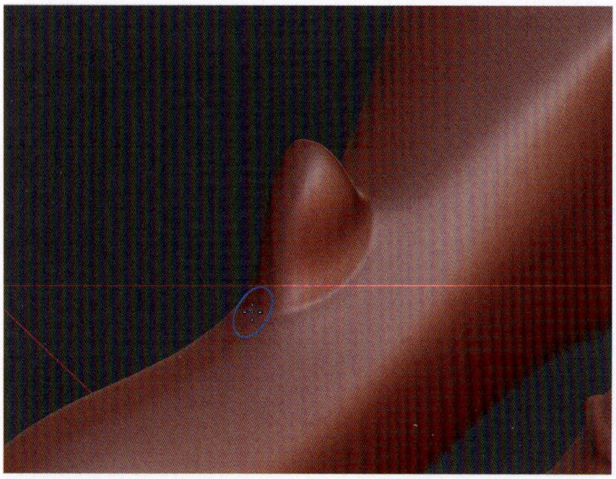

▴ **Abbildung 9.57**
Detaillieren der Höcker

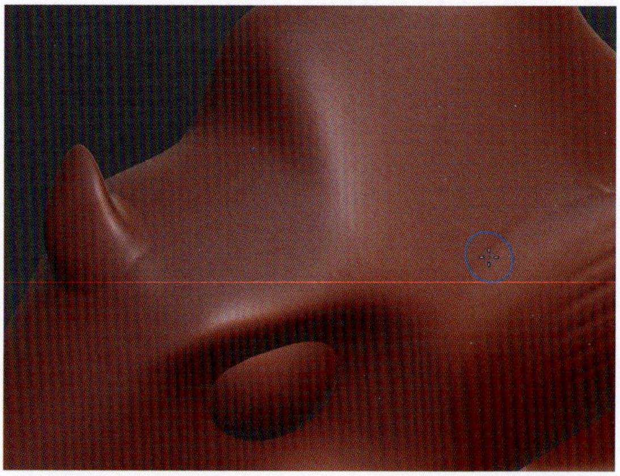

▴ **Abbildung 9.58**
Detaillieren der Kopfflosse von oben

Der nächste Ansatzpunkt für die Detaillierung ist die Kopfflosse. Hier arbeiten Sie am besten in zwei Schritten. Im ersten Schritt heben Sie die Flosse von oben durch das Verlängern der Linie bis zur Stirn mit einer leichten Furche zusätzlich ab (Abbildung 9.58). Auf die gleiche Weise schaffen Sie auch eine leichte Stufe auf der Seite des Kopfes (Abbildung 9.59), die Sie anschließend mit dem Smooth-Brush glätten. Halten Sie dazu einfach die [⇧]-Taste gedrückt, einen Wechsel zu diesem Werkzeug können Sie sich sparen.

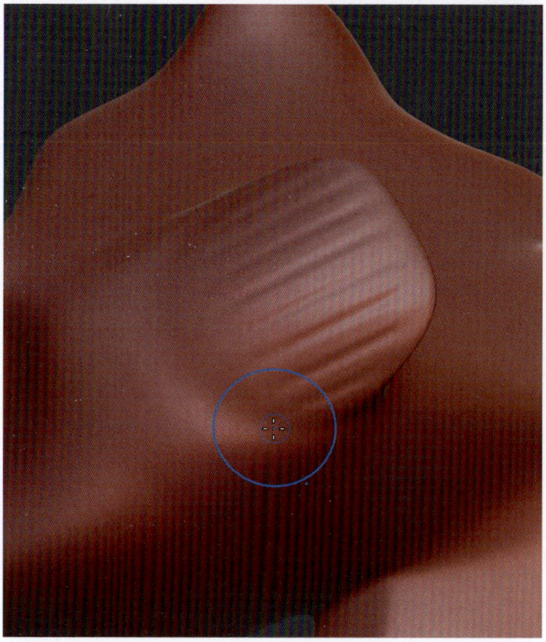

◂ **Abbildung 9.59**
Detaillieren der Kopfflossen von der Seite

▾ **Abbildung 9.60**
Detaillieren der Augenhöhle

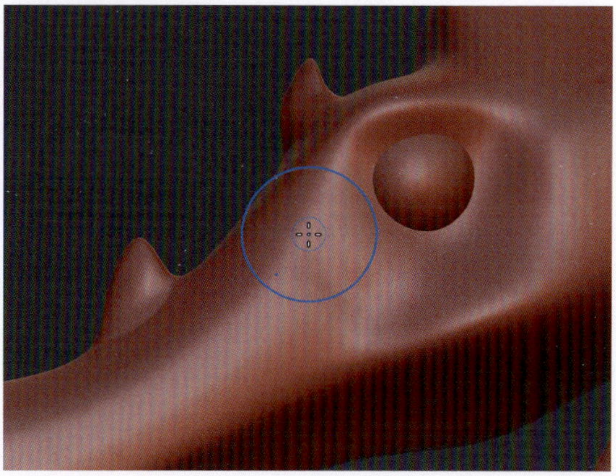

Die Schnauze eines Seepferdchens weist oft keine besonders auffällige Strukturierung auf. Es schadet aber nicht, sich noch einmal dem Augenbereich zu widmen und durch eine bogenförmige, leichte Einkerbung unter dem Auge die Augenhöhle noch ein bisschen stärker zu betonen (Abbildung 9.60).

Vermutlich sind Sie jetzt am Ende dieses Projekt-Workshops erst richtig warm geworden, lassen Sie sich also nicht davon abhalten, Ihr Seepferdchen mit weiteren Details auszuarbeiten. Die Arbeitsweise ist Ihnen ja nun bestens vertraut.

Damit ist unser Character, ein Comic-Seepferdchen, endgültig fertiggestellt. Im späteren Texturing-Workshop werden wir das per Multiresolution-Modifier hoch unterteilte Seepferdchen mittels daraus generierter Textur in ein ressourcenschonenderes Modell verwandeln. Apropos Multiresolution-Modifier: Sollten Sie in den OBJECT MODE wechseln, werden Sie vielleicht erschrocken feststellen, dass sich die eben erst erarbeiteten Details des Seepferdchen plötzlich stark reduzieren.

Abbildung 9.61 ►
Einstellungen für den Multiresolution-Modifier

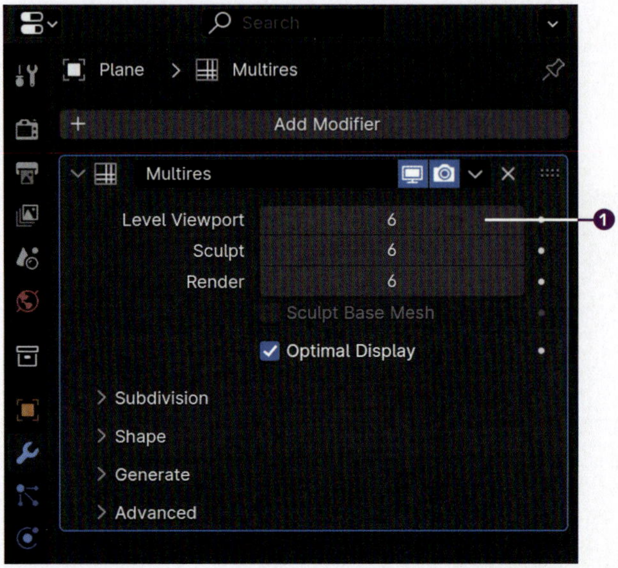

Das liegt daran, dass wir die Darstellungsqualität im Viewport über den Multiresolution-Modifier anfangs entsprechend niedriger angesetzt hatten. Wenn Sie das Seepferdchen auch im OBJECT MODE in bester, aber eben auch performancelastiger Qualität betrachten möchten, erhöhen Sie den LEVEL VIEWPORT ❶ im zugehörigen Modifier (Abbildung 9.61) entsprechend.

Abbildung 9.62 ►
Fertig gesculptetes Seepferdchen

TEIL III
Texturing

Kapitel 10

Materialien und Texturen

Materialien definieren die Oberflächeneigenschaften der Objekte. Damit ist nicht nur die Farbe, sondern auch die individuelle Beschaffenheit gemeint, die es über das Material zu vermitteln gilt. In diesem Kapitel sehen wir uns an, wie Sie dieses sogenannte Shading von Objekten steuern, Materialien und Texturen definieren und sie den Objekten gezielt zuweisen.

Ohne gute Materialien wirken die aufregendsten Modellierarbeiten flau. Materialien teilen beim Betrachten mit, ob das Objekt glatt oder rau, geschliffen oder lackiert, porös oder eher schuppig ist und vieles mehr. Sogar physikalische Eigenschaften wie Elastizität oder Gewicht transportieren Sie mit Materialien bzw. durch Shading. Nicht zuletzt unterstreichen ganze drei Workspaces (Abbildung 10.1) – UV EDITING ❶, TEXTURE PAINT ❷ und SHADING ❸ – den Stellenwert von Materialien und Texturen im 3D-Workflow.

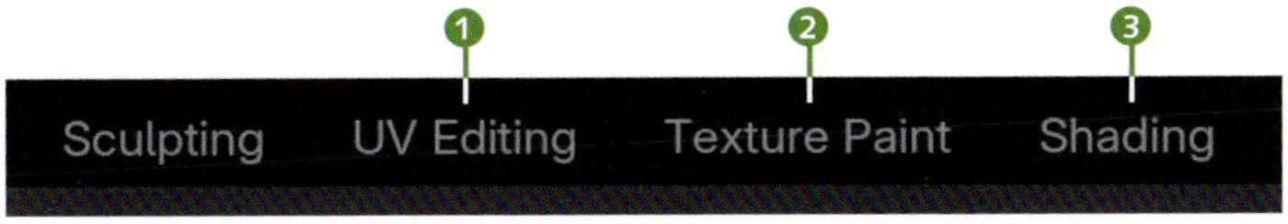

◂ **Abbildung 10.1**
Workspaces für das Texturing

10.1 Shading

Als Shading wird die Simulation von Oberflächeneigenschaften eines Objekts bezeichnet. Den Begriff Shading lesen Sie in diesem Buch nicht zum ersten Mal. Wir haben zum Beispiel das sogenannte Smooth Shading im OBJECT MODE aktiviert, um die Übergänge zwischen den Faces zu interpolieren und dadurch eine weiche, glatte Oberfläche zu erhalten.

Viewport Shading

Noch vor ein paar Jahren wurde softwareübergreifend eine mindere Darstellungsqualität im Arbeitsbereich 3D Viewport als – positiv ausgedrückt – zweckmäßig abgehakt und das Augenmerk auf qualitativ hochwertiges Rendering gelegt. Spätestens mit der Integration von Echtzeit-Render-Engines wie EEVEE lässt sich nun aber auch im Viewport in einer beachtlichen Darstellungsqualität arbeiten. Ein Segen, speziell für das Texturing von Objekten und auch die Ausleuchtung, das sogenannte »Lighting« von Szenen.

▲ **Abbildung 10.2**
Buttons VIEWPORT SHADING

In diesem Zusammenhang haben wir in Abschnitt 2.4, »Outliner, Properties Editor und Viewport«, bereits die verschiedenen Buttons ❷ für das sogenannte VIEWPORT SHADING kennengelernt. An dieser Stelle wollen wir uns die Einstellungen für die einzelnen Shading-Modi genauer vornehmen.

Wireframe | Der Shading-Modus WIREFRAME zeigt die Szene mit allen in den Objekten enthaltenen Edges (Kanten) an, in Kombination mit dem Button X-RAY ❶ wahlweise mit (Abbildung 10.4) oder ohne verdeckte Edges (Abbildung 10.3).

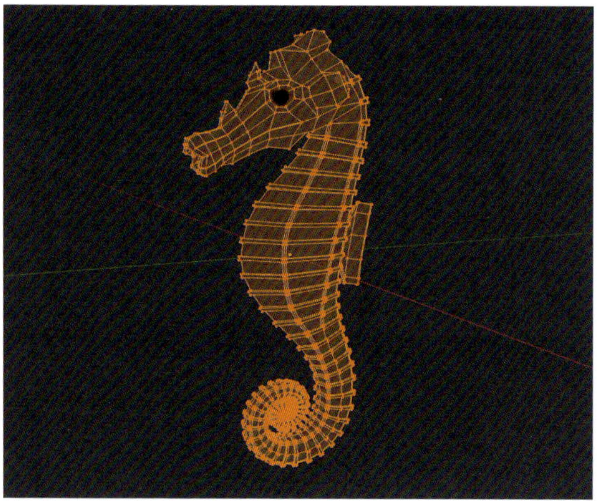

▲ **Abbildung 10.3**
Shading-Modus WIREFRAME

▲ **Abbildung 10.4**
Shading-Modus WIREFRAME mit X-RAY

Im Pop-up-Menü für den Shading-Modus WIREFRAME ❸ (Abbildung 10.5) im Header des 3D Viewports finden Sie zusätzliche Optionen für die Darstellung des Drahtgitters.

So können Sie unter WIRE COLOR ❹ die Farbe des Gitters sowie unter BACKGROUND ❺ die Farbe des Hintergrunds definieren. Von den Options ❻ kennen Sie X-RAY bereits, doch hier haben Sie zusätzlich die Möglichkeit, die Transparenz einzustellen. Mit der OUTLINE werden die Umrisse der Objekte in der Farbe Ihrer Wahl nachgezeichnet.

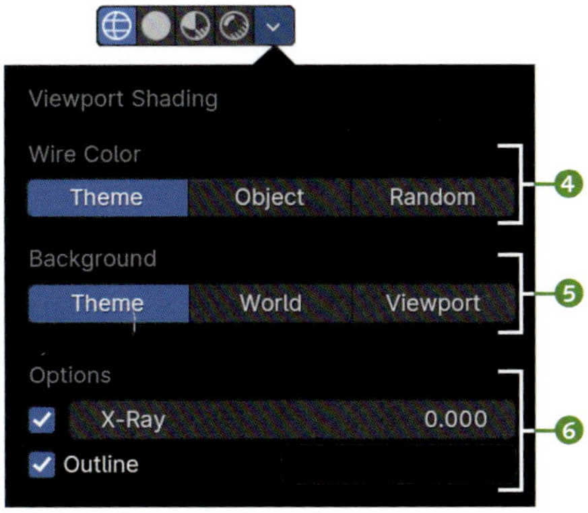

◂ **Abbildung 10.5**
Pop-up-Menü VIEWPORT SHADING • WIREFRAME

Solid | Der Shading-Modus SOLID (Abbildung 10.6) eignet sich hervorragend für das Modelling oder auch für das Szenen-Layout. SOLID verwendet die Workbench Engine als Renderer, um die Objekte Ihrer Szene im Viewport darzustellen.

▴ **Abbildung 10.6**
Shading-Modus SOLID mit MATCAP

▴ **Abbildung 10.7**
Shading-Modus SOLID mit COLOR RANDOM, aktivierter CAVITY sowie SPECULAR LIGHTING

Entsprechend umfangreich fallen die Möglichkeiten aus, die Darstellung im Viewport (Abbildung 10.7) ideal auf Ihre Bedürfnisse anzupassen. Sehen wir uns die Einstellungen des wohl meistverwendeten Shading-Modus im Pop-up-Menü VIEWPORT SHADING • SOLID (Abbildung 10.8) etwas genauer an.

Unter Lighting ❶ wählen Sie zunächst, ob die Szene über eine eigene, global wirkende Studio-Beleuchtung ausgeleuchtet wird, ob eines der sogenannten Material Captures (MatCaps) aus Abbildung 10.9 zum Einsatz kommen oder ob auf Beleuchtung komplett verzichtet werden soll (Flat). An die jeweils zugehörigen Einstellungen gelangen Sie über das Zahnrad-Symbol ❷. Wenn aktiviert, bewirkt das kleine Weltkugel-Symbol ❸, dass die gewählte Beleuchtung unabhängig vom Kamerawinkel arbeitet, andernfalls haben Sie aus jeder Perspektive den gleichen Lichteinfall.

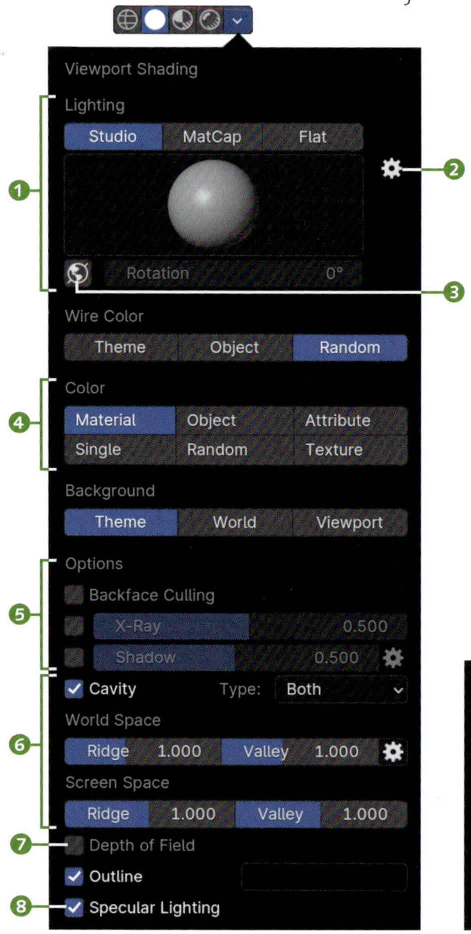

◂ **Abbildung 10.8**
Pop-up-Menü Viewport Shading • Solid

Abbildung 10.9 ▾
Auswahl der MatCaps

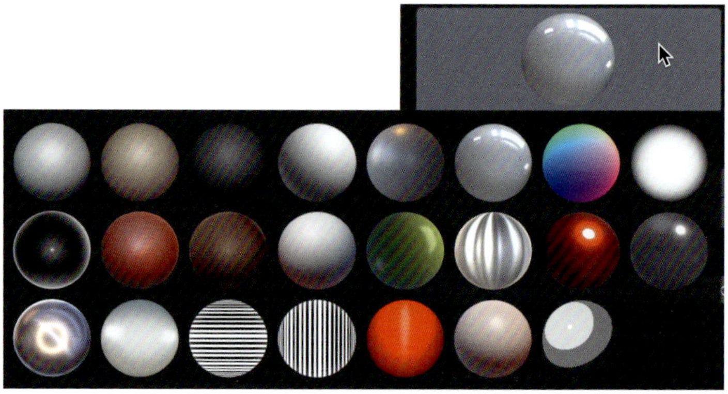

Den Abschnitt Wire Color kennen wir vom Modus Wireframe, dazu bietet Color ❹ Einstellungen für das Material. Single rendert die ganze Szene mit einem einzigen Material, während Random für jedes Objekt der Szene ein zufälliges Material verwendet. Vertex zeigt, soweit vorhanden, die aktiven Vertex Colors eines Objekts an, analog dazu zeigt Texture eine dem Objekt zugewiesene aktive

Textur an. Material bzw. Object beziehen sich auf die in den Material- bzw. Object Data-Tabs hinterlegten Viewport-Display-Optionen. Gleich gehen wir näher auf diese Optionen ein.

Da wir die Optionen für den Background bereits vom Shading-Modus Wireframe kennen, springen wir gleich auf die Options zur Ausgestaltung des Shadings. Backface Culling ⑤ blendet die verdeckte Seite der Objekte aus – dies kommt zum Tragen, wenn Sie X-Ray aktiviert haben. Mit Shadow können Sie einen harten Schatten erzeugen, der natürlich zur allgemeinen Ausleuchtung passen sollte. Im Unterpunkt Cavity ⑥ lassen sich die Kanten und Vertiefungen gezielt herausarbeiten. Durch Aktivieren der Option Depth of Field ⑦ aktivieren Sie die Schärfentiefe für den 3D Viewport. Voraussetzung dafür ist eine aktive Kamera mit den entsprechenden Einstellungen im Panel Depth of Field des Object Data-Tabs. Specular Lighting ⑧ schließlich versieht die Objekte Ihrer Szene mit Glanzlichtern.

Abbildung 10.7 zeigt einige dieser wirklich umfangreichen Gestaltungsmöglichkeiten des Shading-Modus Solid auf Basis der Workbench Engine.

Material Preview | Im Shading-Modus Material Preview (Abbildungen 10.10 und 10.11) arbeiten Sie mit der Echtzeit-Render-Engine EEVEE inklusive einer HDRI-Umgebung für die Ausleuchtung. Entsprechend ist dieser Modus ideal, um das Texturing mit Materialien und Texturen unter verschiedenen Lichtsituationen unkompliziert zu testen.

Material Preview = LookDev

Der Shading-Mode Material Preview hieß anfangs LookDev, deshalb finden Sie möglicherweise an manchen Stellen von Blender noch diese alte Bezeichnung.

▲ **Abbildung 10.10**
Shading-Modus Material Preview

▲ **Abbildung 10.11**
Shading-Modus Material Preview

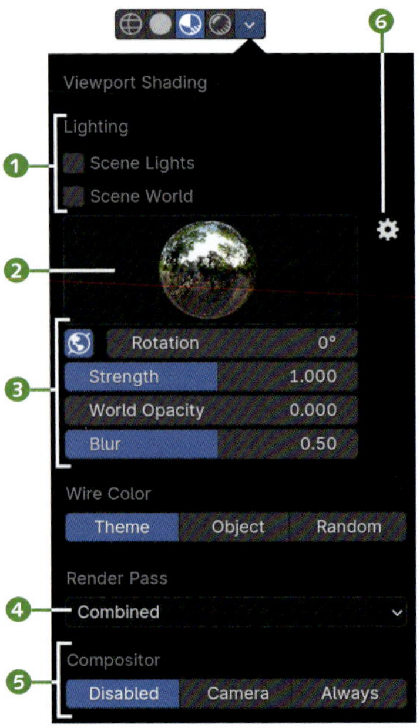

▲ **Abbildung 10.12**
Pop-up-Menü Viewport Shading • Material Preview

Für die Ansicht im 3D Viewport im Modus Material Preview haben Sie zwei Optionen. Entweder Sie verwenden die Lichtquellen und die Umgebung (World) Ihrer Szene ❶, oder Sie überlassen die Ausleuchtung und den Hintergrund Ihrer Szene einer der HDRI Environment Maps (Abbildung 10.13), die Sie per Klick auf die HDRI-Vorschau ❷ öffnen und auswählen. Das gewählte HDR-Image lässt sich anschließend in die gewünschte Lage drehen und in seiner Stärke (Strength) sowie seiner Erkennbarkeit als Hintergrundbild justieren ❸. Durch Aktivieren der kleinen Weltkugel vor der Rotation erreichen Sie, dass das HDR-Image nicht der (Viewport-)Kamera folgt.

Abbildung 10.13 ►
HDRI Environment Maps

Über den Zahnrad-Button ❻ gelangen Sie in die Blender-Preferences, wo Sie eigene HDR-Images hinzuladen können. In der Material Preview ist es zudem möglich, bestimmte Render Passes ❹, also getrennt berechnete Render-Funktionen wie Ambient Occlusion, Normal etc. anzuzeigen.

Der 3D Viewport lässt sich auch als Compositing-Vorschau nutzen. Beim Aktivieren über den Menüpunkt Compositor ❺ wählen Sie gleichzeitig, ob Sie die Vorschau nur in der Kameraansicht oder generell erzeugt haben wollen.

Rendered | Der Shading-Modus Rendered rendert Ihre Szene mit der im Scene-Tab ❼ gewählten Render Engine ❽ und den für das Vorschau-Rendering definierten Einstellungen.

Abbildung 10.14 ►
Auswahl der Render Engine im Scene-Tab des Properties Editors

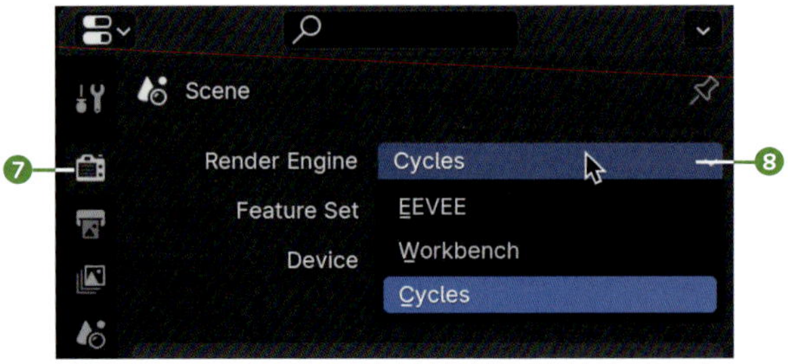

Es handelt sich also um ein interaktives, sich ständig aktualisierendes Rendering mit heruntergeschraubten Parametern. Perfekt, um den Materialien und Ihrer Szene vor dem finalen Rendering den letzten Schliff zu verleihen (Abbildungen 10.15 und 10.16).

▲ **Abbildung 10.15**
Shading-Modus RENDERED

▲ **Abbildung 10.16**
Shading-Modus RENDERED

Da die für das Rendering essentiellen Einstellungen an anderer Stelle getätigt werden, müssen Sie im Pop-up-Menü VIEWPORT SHADING • RENDERED (Abbildung 10.17) lediglich festlegen, ob die Lichtquellen und die Umgebung Ihrer Szene einfließen bzw. ob sich das Rendering auf bestimmte RENDER PASSES beschränken soll.

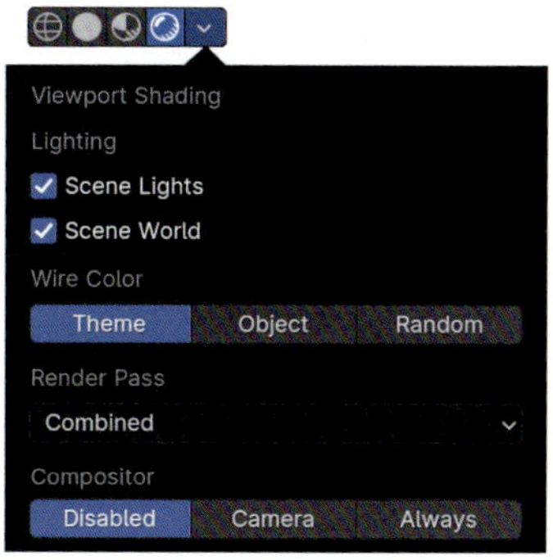

◄ **Abbildung 10.17**
Pop-up-Menü VIEWPORT SHADING • RENDERED

Objektspezifisches Shading

Alle Varianten und Einstellungen des Viewport Shadings wirken grundsätzlich global auf alle in der Szene befindlichen Objekte. Möchten Sie das Shading dagegen für bestimmte Objekte separat definieren und die Darstellung dadurch noch mehr individualisieren, so finden Sie im Panel VIEWPORT DISPLAY ❶ des Object-Tabs im Properties Editor (Abbildung 10.18) noch einige Anpassungsmöglichkeiten. Der aktive Shading-Modus im Viewport wird dann für dieses Objekt, wenn nötig, übergangen.

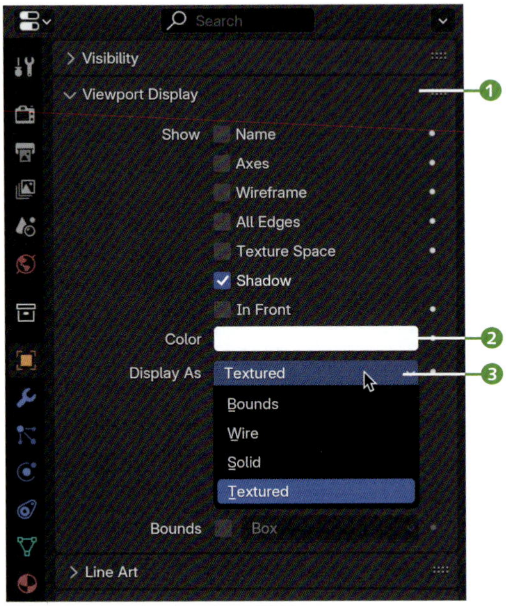

▲ **Abbildung 10.18**
Panel VIEWPORT DISPLAY im Object-Tab des Properties Editors

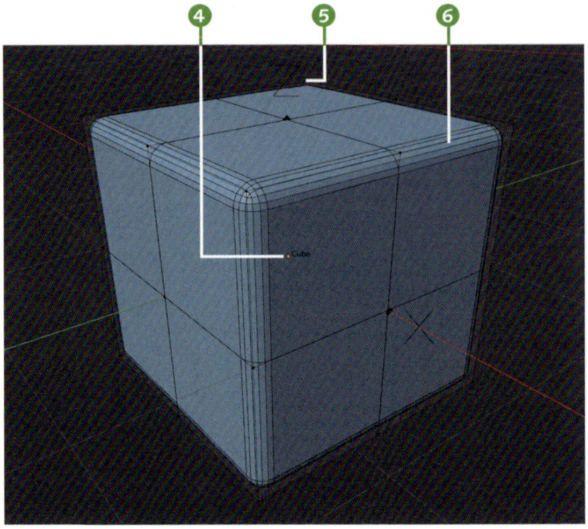

▲ **Abbildung 10.19**
Objektspezifische Display-Optionen

Zu den Display-Optionen, die Sie sich für das Objekt zusätzlich zur aktuellen Viewport-Ansicht einblenden können, zählen der NAME ❹, die Achsen (AXIS) ❺, das Mesh-Gitter (WIREFRAME) ❻, alle Kanten eines Meshes (ALL EDGES), der TEXTURE SPACE und der von ihm produzierte Schatten (SHADOW). Durch Aktivieren von IN FRONT kann das Objekt von keinem anderen Objekt verdeckt werden.

Einen anderen Shading-Modus weisen Sie dem Objekt über das Menü DISPLAY AS ❸ zu. Zur Auswahl stehen die Außengrenzen des Objekts (BOUNDING BOX bzw. BOUNDS) sowie die Shading-Modi WIRE, SOLID und TEXTURED, falls Sie für das Objekt hier abweichen möchten. Mit dem Farbchip COLOR ❷ geben Sie dem Objekt eine Eigenfarbe, die im Shading-Modus SOLID zum Einsatz kommt.

Gerade bei sehr komplexen Objekten mit hoher Polygonzahl, die spürbar negativen Einfluss auf die Arbeitsgeschwindigkeit im Viewport haben, ist objektspezifisches Shading ein probates Mittel, um wieder flüssig arbeiten zu können.

10.2 Materialien

Nachdem Sie nun alle Möglichkeiten kennen, sich die Objekte im 3D Viewport optimal für das bevorstehende Texturing anzeigen zu lassen, sehen wir uns die Erstellung von Materialien im Detail an.

Vorweg sei noch gesagt, dass die Themen Shading und Rendering untrennbar miteinander verbunden sind. Wenn Sie also bereits wissen, welchen Renderer Sie später verwenden wollen, sollten Sie dies auch beim Erzeugen und Ausarbeiten der Materialien berücksichtigen. Je nach gewählter Render Engine stehen Ihnen möglicherweise andere Shader zur Verfügung. Ein späterer Wechsel zu einem anderen Renderer ist deshalb nicht selten auch mit einer Nacharbeit bei den Materialien verbunden.

Feature-Wettstreit

Natürlich arbeiten die Entwickler der Renderer in Blender daran, wo sinnvoll, neue Features vom Pendant zu adaptieren. Da EEVEE und Cycles aber auch andere Zielsetzungen und Prioritäten haben, sind Kompromisse nicht immer zu vermeiden.

Materialien erzeugen und zuweisen

Die Materialien eines Objekts liegen im Material-Tab ❼ des Properties Editors. Besitzt ein Objekt noch kein Material, legen Sie es über den Button New ⓬ an.

◂ **Abbildung 10.20**
Material-Tab im Properties Editor

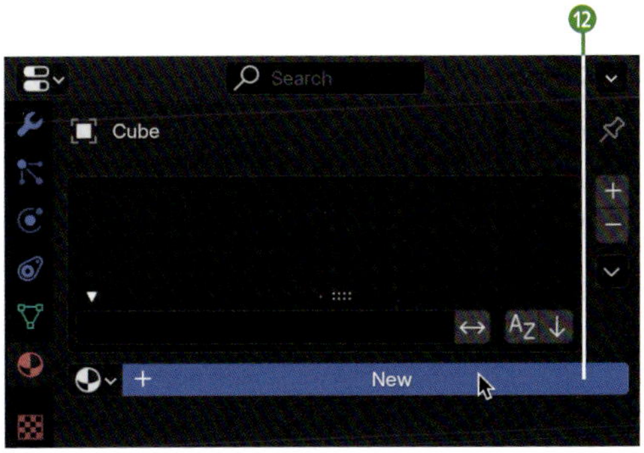

▴ **Abbildung 10.21**
Erzeugen eines neuen Materials

Da ein Objekt beliebig viele Materialien besitzen kann, sind diese in Slots ❾ organisiert. Um Material-Slots anzulegen oder zu löschen, verwenden Sie die +- bzw. −-Buttons ❽. Da Materialien in Blender lediglich Datenblöcke ❿ sind, funktionieren der Zugriff, die

Benennung, die Speicherung und die Verlinkung wie gewohnt. Weil die Liste der Material-Slots bei komplexeren Objekten sehr umfangreich ausfallen kann, finden Sie im unteren Bereich der Slots ein Suchfeld sowie Optionen zur Sortierung der Einträge. Auch im Material-Tab finden Sie das Panel VIEWPORT DISPLAY ⓫ (Abbildung 10.20). Die hier definierte Farbe ist die Objektfarbe, die Ihnen im Shading-Modus SOLID standardmäßig angezeigt wird.

Wenn Sie einem Objekt ein bestehendes Material von einem anderen Objekt zuweisen möchten, ziehen Sie das Material einfach an dessen Datenblock-Symbol ❷ per Drag & Drop auf das Objekt ❶, das ebenfalls dieses Material bekommen soll (Abbildung 10.22).

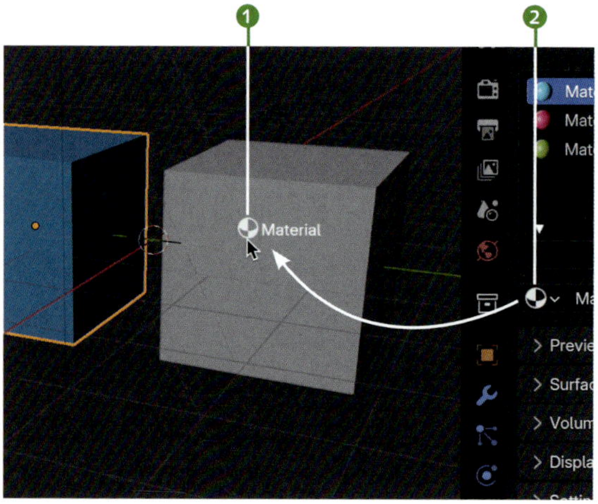

▲ **Abbildung 10.22**
Zuweisen eines Materials per Drag & Drop

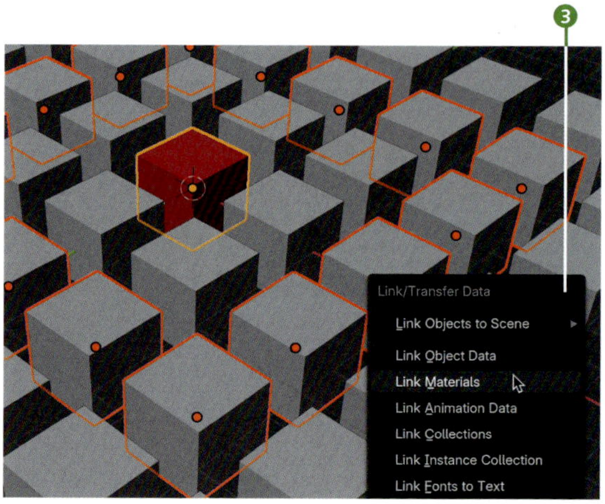

▲ **Abbildung 10.23**
Zuweisen eines Materials per Verlinkung

Mit Blenders Datablock- und Userkonzept ist es ebenso einfach, das Material eines Objekts auf mehrere andere Objekte zu übertragen. Anstatt für jedes Objekt den Material-Datenblock im Material-Tab herauszufischen, selektieren Sie einfach alle Objekte sowie zuletzt das Objekt, auf dessen Material Sie die anderen verlinken möchten. Die Verlinkung erfolgt über das Menü LINK/TRANSFER DATA ❸ (Kurzbefehl Strg/Cmd + L) auf die enthaltenen MATERIALS. Wie bei Datenblöcken üblich, werden alle Materialien, die keinen User besitzen, nicht mit der Blender-Datei mitgespeichert.

Nicht alle Elemente eines Mesh-Objekts müssen das gleiche zugewiesene Material tragen – wofür wären sonst die Material-Slots gedacht? Sie können Materialien auf eine bestehende Face-Selektion beschränken, indem Sie die Selektion im EDIT MODE erzeugen und das für die selektierten Elemente gewünschte Material über

Asset-Materialien zuweisen

Sollten Ihnen Materialien als Asset vorliegen, so funktioniert dies ebenfalls per Drag & Drop. In diesem Fall ziehen Sie das Material einfach aus dem Asset Browser auf das Objekt im Viewport oder dessen Material-Slot im Properties Editor.

den Button Assign ④ des Material-Tabs auf die bestehende Selektion applizieren. Auf die zum Material-Slot gespeicherte Selektion können Sie übrigens nachträglich jederzeit über die Buttons Select bzw. Deselect zugreifen.

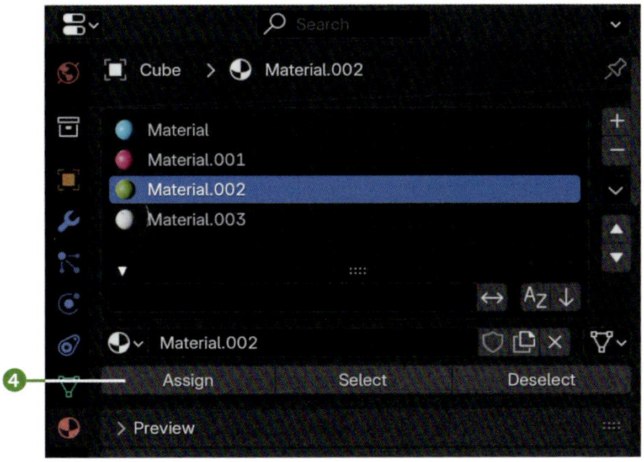

▲ **Abbildung 10.24**
Zuweisen eines Materials an eine Selektion

▲ **Abbildung 10.25**
Elemente mit unterschiedlichen Materialien

Materialien definieren

Bis hierher ist die Vorgehensweise beim Erstellen und Zuweisen von Materialien für alle Renderer in Blender identisch. Die eigentliche Definition der Materialien, mit der Sie die Eigenschaften Ihrer Objekte beschreiben, erfolgt über drei Bausteine: die Oberfläche (Surface) des Objekts, das Objektinnere (Volume) sowie die Oberflächenstruktur (Displacement) des Objekts.

Sie finden diese drei Bausteine (abhängig vom Renderer) in den Panels im Material-Tab des Properties Editors. Das Preview-Panel (Abbildung 10.26) bietet Ihnen dabei stets eine aktuelle Vorschau des Materials, mit einer Auswahl von sieben verschiedenen Standardobjekten.

◂ **Abbildung 10.26**
Material-Preview

Die nächsten drei Panels im Material-Tab (Abbildung 10.27) bedienen die eben beschriebenen drei Bausteine zur Definition des Materials.

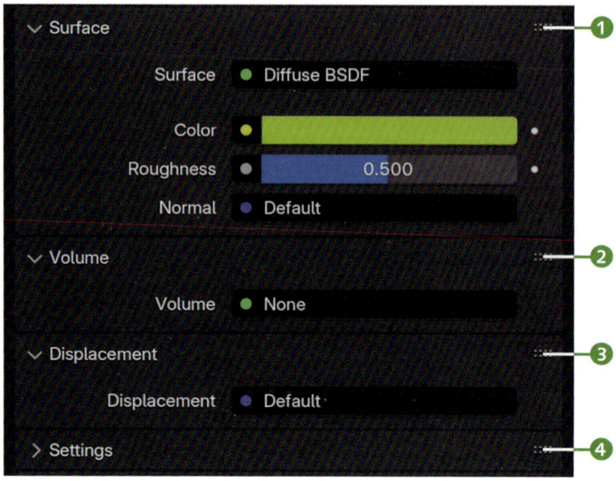

Abbildung 10.27 ▸ Material-Tab des Properties Editors

Im Panel SURFACE ❶ definieren Sie die Oberflächeneigenschaften des Materials mit einem bzw. mehreren ineinander verschachtelten SHADERN. Im Beispiel sorgt der ganz einfache Diffuse BSDF-Shader für die rote Materialfarbe. Wundern Sie sich nicht, wenn Sie stattdessen den wesentlich umfangreicheren Principled BSDF-Shader hier voreingestellt vorfinden. Blenders Materialsystem ist mittlerweile voll auf das sogenannte physikbasierte Rendering bzw. Shading (»Physically Based Rendering« bzw. »Physically Based Shading«) eingestiegen. Auch wir werden uns in diesem Buch intensiv mit dieser qualitativ hochwertigen, realistischen Render-Methode befassen.

Im Panel VOLUME ❷ benötigen Sie einen Shader, wenn Sie ein Objektvolumen rendern möchten, beispielsweise Nebel-, Rauch- und Feuereffekte. Für diese Volumeneffekte ist entsprechend kein Oberflächen- bzw. Surface-Shader erforderlich.

Das Panel DISPLACEMENT ❸ finden Sie nur vor, wenn Sie Cycles als Renderer gewählt haben. Auch hier kommen Shader bzw. Texturen zum Einsatz, um die Objektoberfläche virtuell zu verformen und Strukturen zu schaffen.

Im Panel SETTINGS ❹ finden Sie zusätzliche Material-Optionen für den jeweils gewählten Renderer. Mehr dazu im Buchteil VI, »Rendering, Compositing und Ausgabe«. Nachdem der Begriff »Shader« nun schon mehrfach gefallen ist, wird es Zeit, uns mit diesen für die Materialien essentiellen Elementen zu beschäftigen.

Bump vs. Displacement

Eine Bump-Map simuliert eine Oberflächenstruktur aufgrund von Grauwertangaben einer Textur. Bei ausreichend hoher Distanz zum Objekt ist dies meist kein auffälliges Problem, bei Nahaufnahmen dagegen schon. Hier ist das Displacement besser geeignet, wenn Sie sich das Ausmodellieren der Oberfläche ersparen möchten. Beide Varianten sind in Blender möglich und letztlich auch über den Renderer steuerbar.

10.3 Shader

Egal, ob Sie EEVEE oder Cycles als Render Engine nutzen, Blender stellt Ihnen im Shader-Menü ❺ eine lange Liste an sogenannten Shader-Nodes zur Verfügung. Die Verwendung von Nodes als bewährtes Mittel zur grafischen Darstellung von Daten- bzw. Informationsfluss ist standardmäßig aktiv.

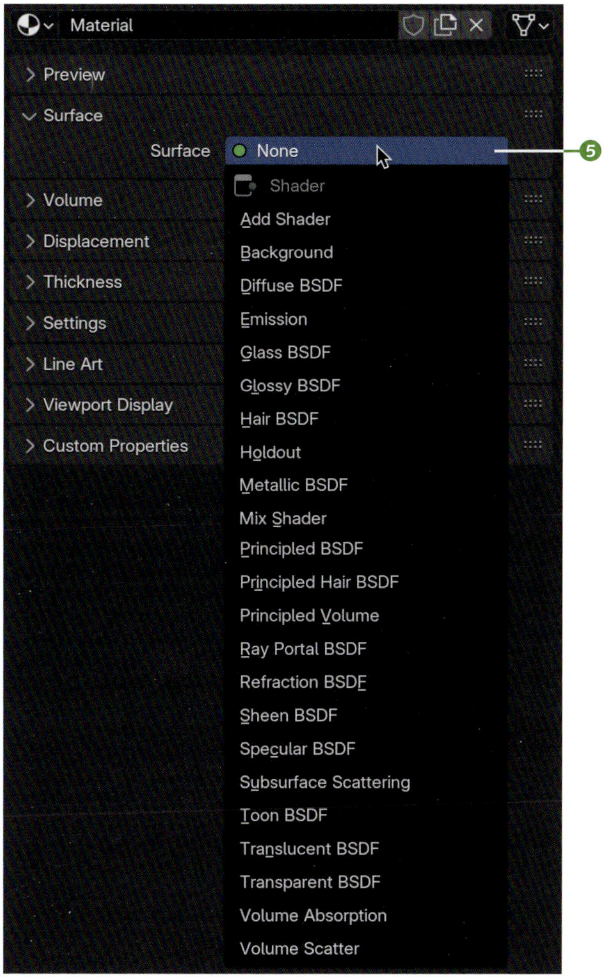

◂ **Abbildung 10.28**
Shader-Menü

BSDF

Die Standard-Oberflächenshader tragen alle das Kürzel BSDF für Bidirectional Scattering Function im Namen. Gemeint ist damit die Funktion der Shader, das Verhalten der jeweiligen Oberfläche beim Auftreffen von Licht zu berechnen.

Das Shader-Menü bietet spezielle Shader für physikbasiertes Rendering (Principled BSDF), das Berechnen von volumetrischen Materialien wie Rauch (Volume Scatter), lichtstreuenden Materialien wie Haut oder Wachs (Subsurface Scattering) oder auch emittierenden Materialien (Emission), die ein Objekt zur Lichtquelle machen. Volumen-Shader sind am besten im Panel Volume des Material-Tabs aufgehoben, können aber natürlich, wenn sinnvoll, auch in Verbindung mit anderen Shadern im Panel SURFACE Verwendung finden.

Bei der Definition von Materialien mittels Shadern geht es also weniger darum, sich durch eine unübersichtliche Menge an Einstellungsdialogen zu wühlen, sondern das gewünschte Material durch die geschickte Kombination unterschiedlicher Shader- bzw. Oberflächentypen aufzubauen. Neben den Shadern stehen Ihnen dabei weitere Nodes wie ADD oder MIX zur gezielten Abmischung, Modifikation und Konvertierung zur Verfügung.

Shader für EEVEE und/oder Cycles

Die meisten der hier vorgestellten Shader arbeiten sowohl unter der Render Engine EEVEE als auch unter Cycles – die Ausnahmen sind entsprechend gekennzeichnet. Durch die ständige Weiterentwicklung von Blender ist allerdings nicht auszuschließen, dass beispielsweise ein Toon-Shader in Zukunft auch unter EEVEE funktioniert.

Standard-Shader

Die Standard-Shader mögen zwar nicht so komplex und funktionsbeladen wie die Principled Shader sein. Doch sie bieten gute Bausteine für Ihre Materialien – insbesondere dann, wenn Sie die Grenzen der Physik überlisten möchten oder müssen.

- BACKGROUND: Wie der Name schon sagt, ist dieser Shader für den Hintergrund gedacht, er kommt im World-Tab, beispielsweise zusammen mit einer Textur, zum Einsatz.
- DIFFUSE BSDF (Abbildung 10.29): Dieser Shader kümmert sich um die farbliche Komponente der Oberfläche, zusammen mit der Rauheit für die Lichtreflexion.
- GLASS BSDF (Abbildung 10.30): Auch hier ist der Name Programm. Die Definition erfolgt über Farbe, Rauheit und Brechungsindex (IOR) des gläsernen Materials.
- GLOSSY BSDF (Abbildung 10.31): Dieser Shader ist für reflektierende Oberflächen zuständig, meistens im Verbund mit dem Diffuse BSDF-Shader. Außerdem bietet Ihnen dieser Shader über die zusätzliche Option ANISOTROPY die Möglichkeit, den Oberflächen eine Rauheit zu verleihen, als wären sie speziell bearbeitet oder (in Verbindung mit Texturen) schon längere Zeit in Benutzung.
- HAIR BSDF (nur Cycles): speziell auf die Anforderungen von Haar- bzw. Fell-Materialien abgestimmter Shader.
- HOLDOUT: Mit diesem Shader maskieren Sie das Objekt an der Stelle des Materials, um dahinterliegende Objekte einzublenden.
- METALLIC BSDF (ab Version 4.3): Mit diesem Shader generieren Sie auf kurzem Weg realistische metallische Oberflächen.
- MIX SHADER: Dieser oft benötigte Shader dient dazu, die Eigenschaften zweier Shader miteinander zu kombinieren.

▲ **Abbildung 10.29**
Diffuse BSDF

▲ **Abbildung 10.30**
Glass BSDF

▲ **Abbildung 10.31**
Glossy BSDF

▲ **Abbildung 10.32**
Ray Portal BSDF

▲ **Abbildung 10.33**
Sheen BSDF

▲ **Abbildung 10.34**
Subsurface Scattering

- Ray Portal BSDF (nur Cycles): Mit diesem Shader übertragen Sie eine beliebige Position bzw. Perspektive einer Szene auf einen Shader, um damit visuelle Effekte wie Portale zu schaffen (Abbildung 10.32).
- Refraction: Dieser Shader ist ausschließlich auf die Lichtbrechung bei transparenten Materialien spezialisiert, er erzeugt keine Glanzlichter.
- Sheen BSDF (nur Cycles, Abbildung 10.33): Dieser Shader hieß vor Blender 4 Velvet und hat sich auf spezielle Reflexionseigenschaften von Textilmaterialien wie Samt oder Seide spezialisiert.
- Subsurface Scattering (Abbildung 10.34): Materialien, die unter ihrer Oberfläche Licht streuen, wie zum Beispiel Wachs, Seife oder Haut, lassen sich mit diesem Shader realisieren. Die Farbe der Lichtstreuung definieren Sie für jeden Farbkanal einzeln, die Verteilung des Lichts steuern Sie über die Parameter Scale und Radius.

▲ **Abbildung 10.35**
Toon BSDF

▲ **Abbildung 10.36**
Translucent BSDF

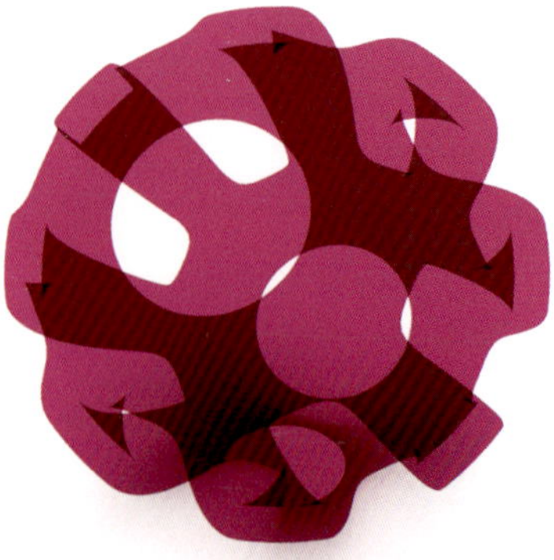

▲ **Abbildung 10.37**
Transparent BSDF

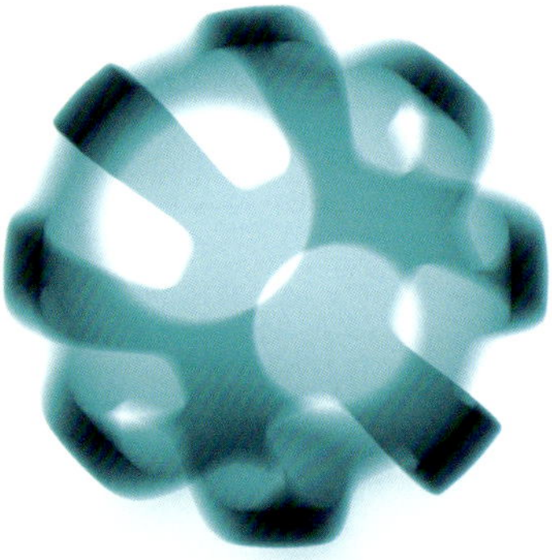

▲ **Abbildung 10.38**
Volume Absorption

▲ **Abbildung 10.39**
Volume Scatter

▲ **Abbildung 10.40**
Emission

- TOON (nur Cycles, Abbildung 10.35): Mit diesem Shader erzeugen Sie cartoonartige Materialien, die typischerweise einen klar abgestuften Verlauf im Shading aufweisen.
- TRANSLUCENT BSDF (Abbildung 10.36): Dieser Shader kümmert sich um die leicht durchscheinende Komponente von lichtdurchlässigen Materialien wie Stoff oder auch Blättern.
- TRANSPARENT BSDF (Abbildung 10.37): Transparent heißt bei diesem Shader auch tatsächlich transparent, also ohne jedwede Lichtbrechung oder auch Glanzlichter. Sie können mit diesem Shader gezielt die Sichtbarkeit von Objekten steuern.
- VOLUME ABSORPTION (Abbildung 10.38): Ein volumetrischer Shader, der in das Panel VOLUME gehört und sich der Absorption von Licht bei der Durchdringung des Materials widmet. Die spiegelnde Oberfläche in der zugehörigen Abbildung wurde durch einen zusätzlichen Glossy BSDF-Shader im Panel SURFACE erreicht.

- Volume Scatter (Abbildung 10.39): Auch dieser Shader arbeitet volumetrisch, in diesem Fall zur Erzeugung von Materialien wie Rauch, Feuer etc. Wie dicht der Qualm im Volumen ist, legen Sie über den Parameter Density fest.
- Emission (Abbildung 10.40): Dieser Shader emittiert Licht in der durch das Material definierten Farbe und Stärke (Strength). Ich habe mir diesen Shader für den Schluss aufgehoben, um seine Wichtigkeit zu betonen. Mesh-Objekte, die Sie mittels Emission-Shader zu Lichtquellen umfunktionieren, werden auch Mesh-Lights genannt.

Licht und Lichtquellen

Mehr zum Thema »Licht« bzw. Ausleuchtung in Blender erfahren Sie in Kapitel 12, »Lichtquellen«.

Schritt für Schritt
Erzeugen und Zuweisen eines einfachen Materials

Nach dieser Einführung in die Materialien und Shader schreiten wir zur Tat und erzeugen und definieren ein erstes, einfaches Material für ein Objekt.

1 Blender-Szene laden

Rufen Sie über den Befehl File • Open (Taste Strg/Cmd+O) den File Browser auf und navigieren Sie zum Verzeichnis *3_Texturing*. Öffnen Sie dort die Datei *3_Texturing_Material_Objekt_Start.blend*. Diese Blender-Szene enthält die Beispielkugel aus den vorangegangenen Abbildungen und ist bereits im ausgeleuchteten Workspace Shading (Abbildung 10.41), so dass wir mit der Erstellung des Materials sofort beginnen können.

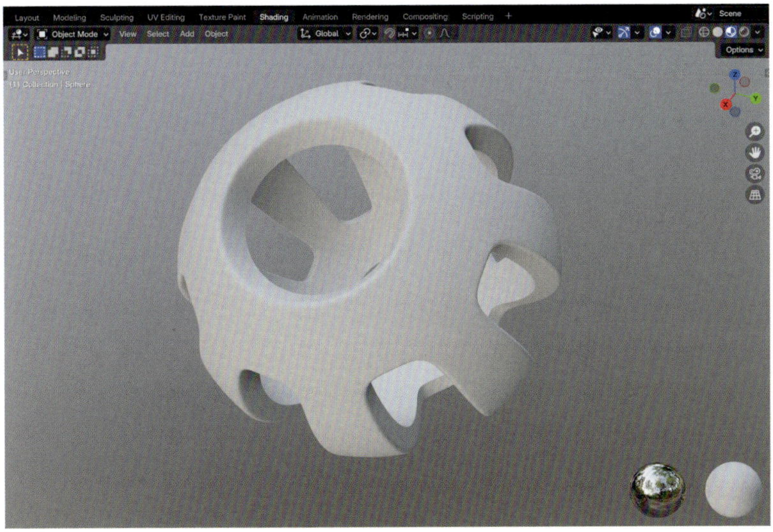

◂ Abbildung 10.41
Workspace Shading

2 Neues Material für die Kugel erzeugen

Um dem kugelförmigen Mesh-Objekt ein Material zu geben, selektieren Sie die Sphere und öffnen im Properties Editor den Material-Tab ①. Klicken Sie dort auf den Button NEW ②, so weisen Sie das Material direkt der Sphere zu.

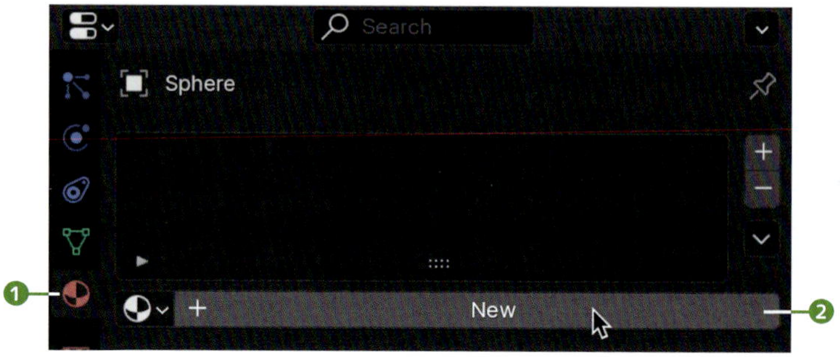

Abbildung 10.42 ▸
Material-Tab des Properties Editors

3 Shader-Aufbau im Properties Editor

Das Material für die Kugel soll sich aus einem Diffuse BSDF- sowie einem Glossy BSDF-Shader zusammensetzen. Dafür wählen wir im Menü SURFACE zunächst einen Mix-Shader ③ als Basis (Abbildung 10.44). In die beiden dortigen Einträge (Abbildung 10.43) setzen Sie über die zugehörigen Menüs ④ einen Diffuse BSDF- sowie einen Glossy BSDF-Shader.

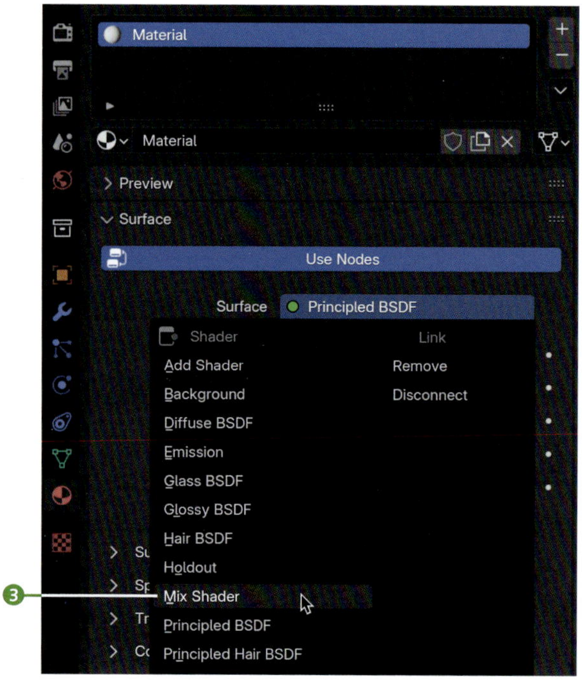

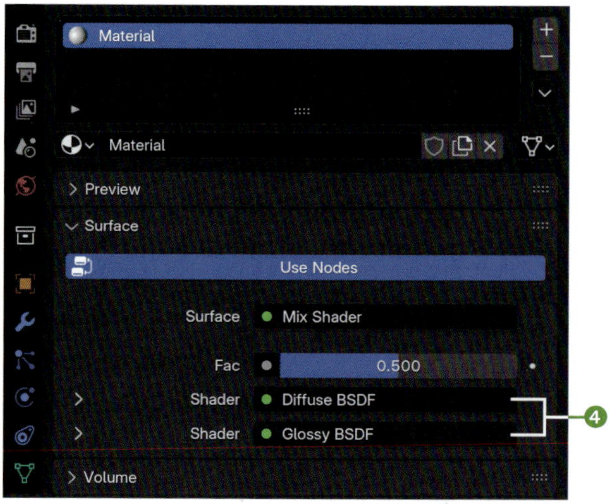

▴ **Abbildung 10.43**
Diffuse BSDF- und Glossy BSDF-Shader

◂ **Abbildung 10.44**
Übergeordneter Mix-Shader

4 Materialeigenschaften über die Shader definieren

Mit diesen beiden Shadern definieren Sie die Materialeigenschaften (Abbildung 10.45). Verwenden Sie den Farbchip des Diffuse BSDF-Shaders 6 für eine Materialfarbe Ihrer Wahl. Über den Parameter ROUGHNESS 7 des Glossy BSDF-Shaders regulieren Sie die Schärfe der Reflexionen. Das Zusammenspiel der beiden Shader können Sie über den Parameter FAC 5 (FACTOR) beeinflussen.

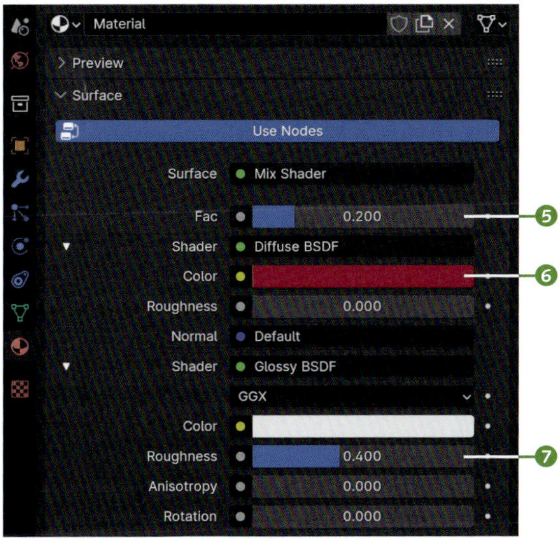

◂ **Abbildung 10.45**
Materialdefinition über die Diffuse BSDF- und Glossy BSDF-Shader

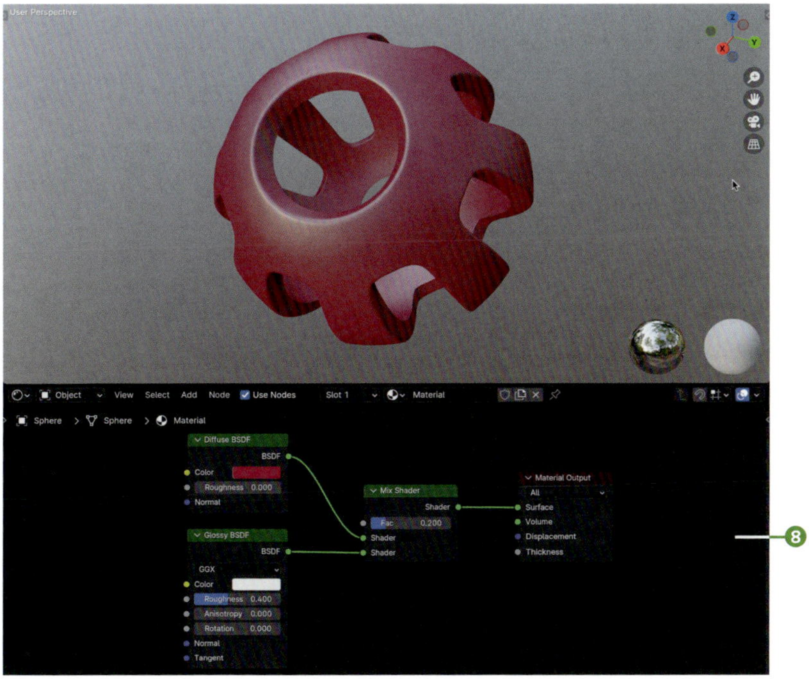

◂ **Abbildung 10.46**
Fertiges Material

Nehmen Sie sich ruhig etwas Zeit, um die Auswirkungen der Parameter ausgiebig zu testen und zu verinnerlichen. Wofür haben wir in Blender sonst diese praktische Vorschau (Abbildung 10.46)?

In diesem einfachen Workshop haben wir die Materialien ausschließlich über den Properties Editor definiert. Bei solch übersichtlichen Materialaufbauten ist dies auch durchaus praktikabel. Unter der »Haube« allerdings haben Sie bereits mit Material-Nodes gearbeitet – wenn Sie sich die Ansicht im Node Editor (8) (Abbildung 10.45) des Workspaces SHADING etwas anpassen, sehen Sie die Node-Struktur des eben erzeugten Materials.

Disney als Vorreiter

Niemand Geringeres als die Walt Disney Animation Studios haben seinerzeit ihre Analyse und das dazu entwickelte Modell vom »Physically-Based Shading At Disney« vorgestellt und damit einen neuen, von allen wichtigen Entwicklern und Render Engines unterstützten gemeinsamen Standard geschaffen.

Physically-Based Shader (PBR-Shader)

Bevor wir uns die physikbasierten Shader von Blender vornehmen, möchte ich zumindest kurz auf die Hintergründe dieses Ansatzes für die Definition von Materialien eingehen. Das Erfreuliche am PBR/PBS-Ansatz ist, dass hier mehr die künstlerische als die technische Seite bei der Beschreibung von Materialien zum Vorschein kommt. Gleichzeitig wird ein Rahmen geschaffen, der die spätere Renderqualität allein schon dadurch verbessert, dass er technisch mögliche, physikalisch aber unmögliche Werte methodisch verhindert.

Für die Umsetzung des PBR/PBS bestehen zwei Workflows, Metallic/Roughness (Metall/Rauheit) sowie Specular/Glossiness (Spiegelung/Glanz). Ersteren verwendet Blender standardmäßig, weshalb wir uns ebenfalls auf diesen Workflow konzentrieren. Grob

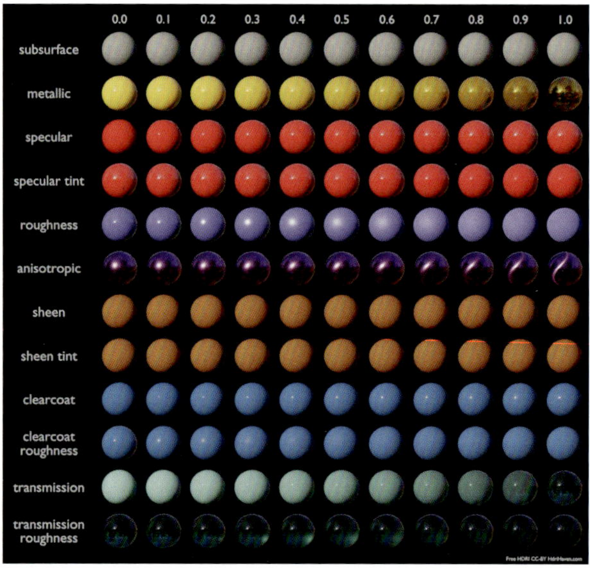

Abbildung 10.47 ▸
Zusammenspiel der Materialeigenschaften eines PBR-Shaders

vereinfacht gesagt, hat man sich bei Disney Gedanken darüber gemacht, welche typischen Materialeigenschaften zur eindeutigen und realistischen Definition eines Materials nötig sind. Das Zusammenspiel dieser Eigenschaften wie Spiegelung, Rauheit, Metall oder Nicht-Metall, Subsurface Scattering, Lackauftrag etc. (Abbildung 10.47) wurde eingehend analysiert und zu einem Schichtmodell aus Ebenen zusammengetragen.

Dank dieser verschiedenen Ebenen ist beispielsweise der Principled BSDF-Shader, den wir gleich noch genauer studieren werden, zwar sehr umfangreich ausgefallen. Doch er liefert Ihnen genau die Anlaufstellen für die Materialdefinition frei Haus, so dass Sie Materialien schneller und unkomplizierter erzeugen. Nicht ohne Grund enthält jedes neu in Blender erzeugte Material automatisch den Principled BSDF-Shader, so dass Sie nur noch in Ausnahmefällen zu den Standard-Shadern greifen dürften.

Specular als PBR/PBS-Workflow-Alternative

Zwar ist der Metallic/Roughness-Workflow für PBR/PBS in Blender Standard, alternativ ist jedoch auch der Shader SPECULAR BSDF verfügbar, der dem Specular/Glossiness-Workflow folgt.

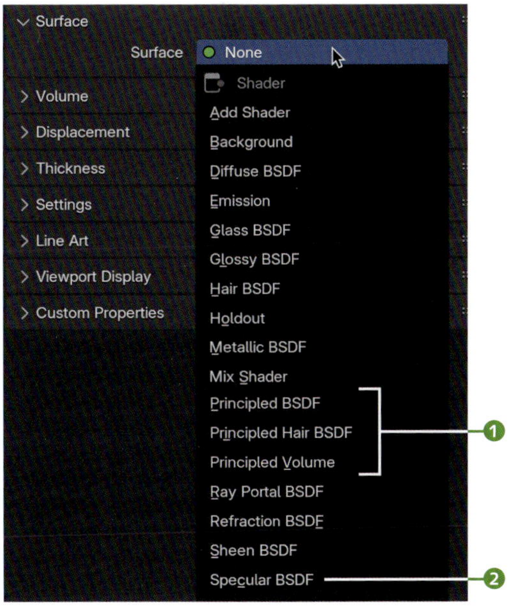

◄ **Abbildung 10.48**
Shader-Menü

Zu den physikbasierten Shadern in Blender gehören die drei »Principled«-Shader ❶ PRINCIPLED BSDF, PRINCIPLED HAIR BSDF, PRINCIPLED VOLUME sowie der auf dem Specular-Workflow beruhende Shader SPECULAR BSDF ❷.

Principled BSDF | Mit diesem Shader lassen sich nahezu alle Materialien erzeugen, mit Ausnahme von Haar bzw. Fell sowie Rauch bzw. Feuer – hier gibt es die entsprechenden Alternativen.

▲ **Abbildung 10.49**
Principled BSDF, Metallic 0

▲ **Abbildung 10.50**
Principled BSDF, Metallic 1

▲ **Abbildung 10.51**
Principled BSDF, Subsurface

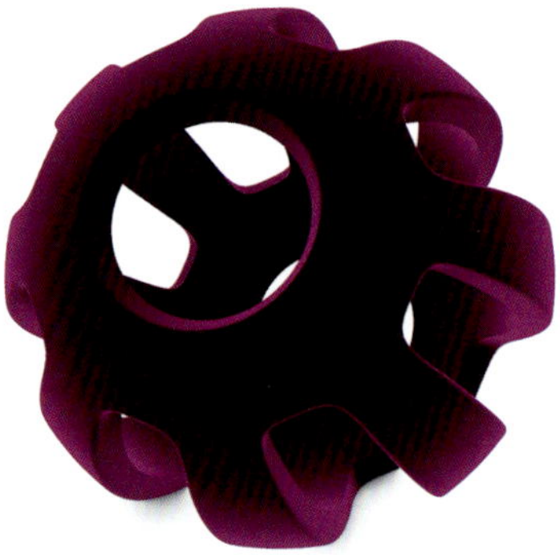

▲ **Abbildung 10.52**
Principled BSDF, Sheen 1

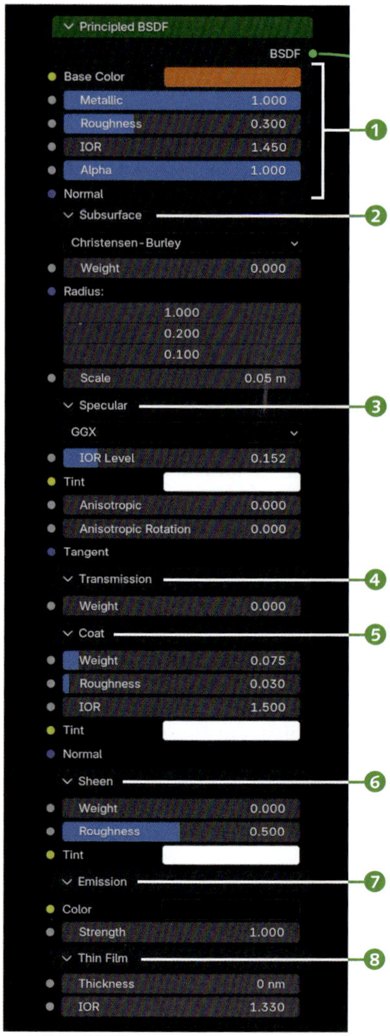

Abbildung 10.53 ►
Principled BSDF-Node

Abbildung 10.49 und Abbildung 10.50 zeigen zwei Principled BSDF-Shader, die sich einzig und allein durch einen anderen Metallic-Wert unterscheiden. Auch SUBSURFACE SCATTERING (Abbildung 10.51) sowie samtige Oberflächen per SHEEN (Abbildung 10.52) bildet der Principled BSDF-Shader ab. An den vielen Sockets auf der linken Seite des Nodes erkennen Sie, wie sehr sich jede Materialeigenschaft von außen durch weitere Nodes steuern lässt. Sehen wir uns zunächst die Grundeinstellungen ❶ des Principled BSDF-Nodes (und damit auch das entsprechende Einstellungspanel SURFACE im Properties Editor) an. Mit der BASE COLOR definieren Sie die Basisfarbe des Objekts. Eigentlich dürfte es für METALLIC nur die beiden Werte 1 (für Metalle, Abbildung 10.50) bzw. 0 (für Nicht-

Metalle, Abbildung 10.49) geben. Weil sich auf Metalle auch Belag oder Rost setzen kann, muss dieser Parameter steuerbar sein. Die ROUGHNESS kontrolliert die Rauheit der Oberfläche, die sich in den Glanzlichtern und auch in den Spiegelungen niederschlägt. Da auch transparente Materialien mit dem Principled BSDF-Shader möglich sind, geben Sie den Brechungsindex des Materials als »Index of Refraction« (IOR) vor. Mittels ALPHA steuern Sie ebenso die Transparenz, hier aber zum Zweck der Einbindung einer Textur als Alpha-Vorgabe. Mit dem Parameter NORMAL schließlich kontrollieren Sie die Normalen der Objektoberfläche.

Im untergeordneten Panel SUBSURFACE ❷ befinden sich die Einstellungen für SUBSURFACE SCATTERING, also Material, das unter seiner Oberfläche Licht weiterleitet (Abbildung 10.51). Der Parameter WEIGHT aktiviert den Effekt und sollte daher entweder auf 0 oder 1 stehen. RADIUS steuert die Ausdehnung für jeden Farbkanal und kann durch die SCALE noch skaliert werden.

Das Panel SPECULAR ❸ kümmert sich um die Berechnung der Oberflächen für Nicht-Metalle (»dielektrische Materialien«). Über den gewünschten Algorithmus und den IOR LEVEL definieren Sie Art und Stärke der Reflexion bzw. Spiegelung, zusammen mit einer Spiegelungsfarbe TINT. Letztere ist bei Nicht-Metallen in der Realität farblos, weshalb dieser Parameter bestenfalls gestalterischen Wert hat. Das Aussehen der Rauheit bzw. der Reflexionen an der Oberfläche können Sie über ANISOTROPIC definieren – beispielsweise durch eine eigene Textur, die Fertigungs- oder Gebrauchsspuren enthält. Über die ANISOTROPIC ROTATION kontrollieren Sie deren Winkel, die Ausrichtung der Reflexion über TANGENT.

Über den Parameter WEIGHT im Panel TRANSMISSION ❹ definieren Sie die Stärke der Transparenz (0 = opak, 1 = transparent) des Materials.

Bearbeitete Oberflächen sind meist mit einer dünnen, farblosen Schicht oder auch einer richtigen Farblackierung überzogen. Diese Lackschicht (COAT) simulieren Sie über das Panel COAT ❺ mit den Parametern ROUGHNESS für die Rauheit, dem Brechungsindex (IOR) für den Lack und auf Wunsch auch einer Lackfarbe (TINT). WEIGHT sollte üblicherweise auf 0 oder 1 stehen und wird beispielsweise über eine Texture gesteuert. Auch die Oberflächennormale (NORMAL) kann zur Definition des Lackauftrags dienen.

Mit SHEEN ❻ erzeugen Sie schimmernde, samtige Oberflächen (Abbildung 10.52). Über den Parameter TINT können Sie für das Schimmern auch eine individuelle Farbe definieren.

Diffuse Roughness

Ab Blender 4.3 finden Sie im Principled BSDF-Shader einen zusätzlichen Eintrag DIFFUSE, über den Sie analog zum Diffuse BSDF-Shader die diffuse Reflexion der Oberflächenfarbe kontrollieren können.

▲ **Abbildung 10.54**
Principled BSDF, THIN FILM

Damit Ihr Principled BSDF-Material Licht emittiert, geben Sie analog zum Emission-Shader im Farbchip COLOR bei EMISSION 7 (Abbildung 10.53) eine Lichtfarbe und Intensität (STRENGTH) vor.

Über das Panel THIN FILM 8 schließlich können Sie Interferenzeffekte an Oberflächen erzeugen, beispielsweise Seifenblasen (Abbildung 10.54) oder auch Ölfilme auf Oberflächen.

Principled Hair BSDF (nur Cycles) | Das Pendant zum Principled BSDF-Shader, gedacht für Materialien wie Haare oder Fell. Auch bei diesem Shader nimmt man die Realität als Vorbild und bietet neben zwei Berechnungsmethoden wahlweise die grafische Farbgebung oder die Farbvorgabe über die Melaninkonzentration an.

▲ **Abbildung 10.55**
Principled Hair BSDF, mittlerer Melaninanteil

▲ **Abbildung 10.56**
Principled Hair BSDF, hoher Melaninanteil

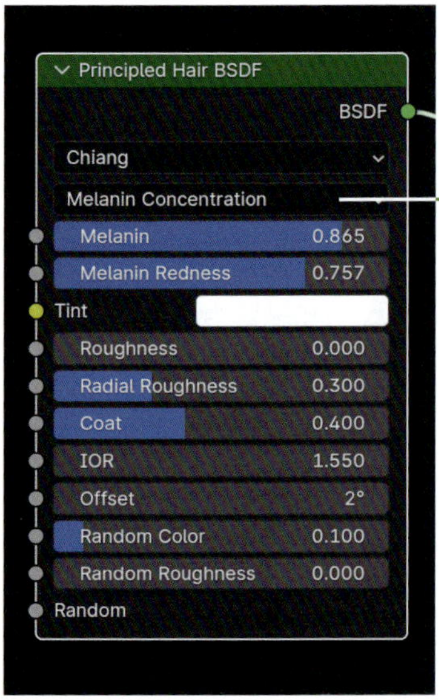

▲ **Abbildung 10.57**
Principled Hair BSDF-Node

Welche Art der Farbdefinition Sie verwenden möchten, geben Sie im Vorfeld über das Menü 1 vor. Neben besagter Angabe der Melaninkonzentration ist auch eine direkte Farbangabe (DIRECT COLORING) sowie die Angabe eines Absorptionskoeffizienten (ABSORPTION COEFFICIENT) möglich.

Je höher die Melaninkonzentration, desto höher die Anzahl an Farbpigmenten und desto dunkler die Haarfarbe. Dabei steuern Sie über den Parameter MELANIN REDNESS das Verhältnis der Anzahl an dunklen Farbpigmenten zur Anzahl an rötlichen Farbpigmenten. Eine zusätzliche Färbung per TINT ist ebenso möglich.

Mit den beiden Parametern für die ROUGHNESS kontrollieren Sie den Glanz der Haare, etwas subtiler wirkt COAT, mit dem Sie dem Haar einen Schimmer verleihen.

Der voreingestellte Brechungsindex (IOR) entspricht dem natürlichen Reflexionsverhalten von Haaren, bei der Verwendung des Shaders für andere Materialien können Sie hier auch Änderungen vornehmen. Die weiteren Parameter des Principled Hair BSDF-Shaders dienen in erster Linie dazu, die Natürlichkeit durch zufällig verteilte Farbabweichungen zu erhöhen.

Principled Volume | Die große Stärke des Principled Volume-Shaders ist, dass Sie alle relevanten Parameter in einem einzigen Node (Abbildung 10.60) im Zugriff haben.

▲ **Abbildung 10.58**
Principled Volume

▲ **Abbildung 10.59**
Principled Volume mit Emission

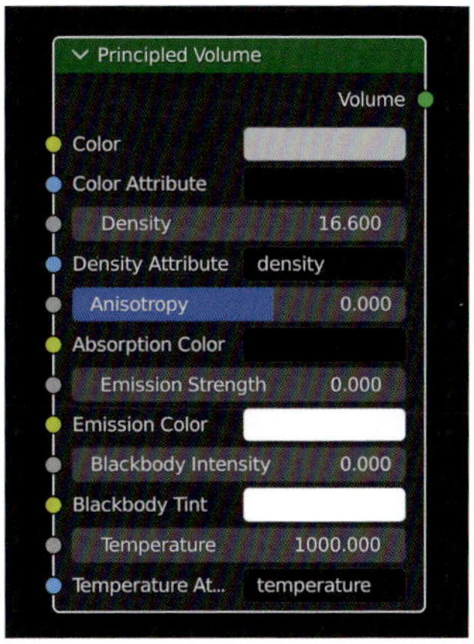

▲ **Abbildung 10.60**
Principled Volume-Node

Als volumetrischer Shader ist auch der Principled Volume-Shader im Panel VOLUME des Material-Tabs im Properties Editor bzw. am Socket VOLUME des Material Output-Nodes unterzubringen. Analog zu den Standard-Volume-Shadern eignet er sich hervorragend für die Simulation von Rauch-, Qualm- und Feuereffekten.

Mit den Parametern COLOR bzw. ABSORPTION COLOR definieren Sie die Farbe bzw. Absorptionsfarbe des Volumes, über DENSITY seine Dichte.

Da Feuer, um natürlich zu wirken, auch Licht emittieren muss, kontrollieren Sie per EMISSION STRENGTH bzw. EMISSION COLOR die Stärke und Farbe des emittierten Lichts. Physikalisch korrektes Feuer erhalten Sie durch eine BLACKBODY INTENSITY von 1, alternativ lässt sich die Farbtemperatur auch in Kelvin angeben (TEMPERATURE).

Rauch- und Feuersimulation

Wie Sie den Principled Volume-Shader für die Simulation von Rauch bzw. Feuer einsetzen, erfahren Sie im Buchteil V, »Animation und Simulation«.

Specular (nur EEVEE) | Als letzten physikbasierten Shader möchte ich noch kurz auf den bereits erwähnten Specular-Shader eingehen. Dieser Shader ist ein Pendant zum Principled BSDF-Shader, der allerdings nicht auf den Workflow Metallic/Roughness, sondern auf den Workflow Specular/Glossiness (Spiegelung/Glanz) setzt.

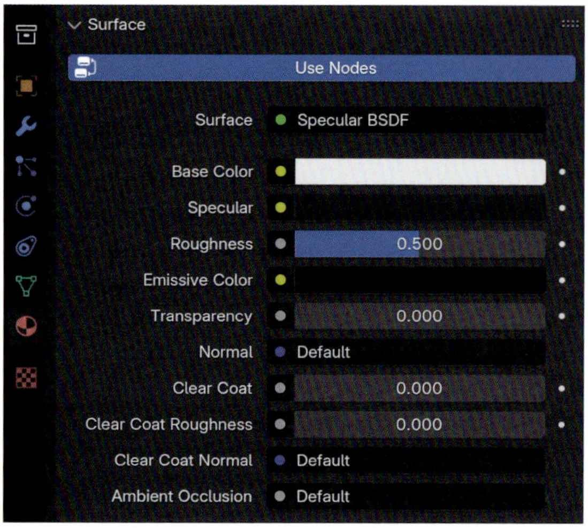

Abbildung 10.61 ▸
Specular BSDF-Shader

Die Parameter des Specular BSDF-Shaders (Abbildung 10.61) kommen Ihnen sicherlich vom Principled BSDF-Shader bekannt vor. Deren Anzahl ist geringer, weil auch der Funktionsumfang des Shaders geringer ist.

10.4 Texturen

Durch Materialien legen Sie die Basis für das Shading der Oberflächen, durch Texturen verfeinern Sie diese und geben ihnen zudem Struktur. Sie können Texturen als Hintergrund für die World-Umgebung von Blender verwenden oder auch als Muster für Pinselspitzen. Bei Materialien kommen Texturen in vielerlei Hinsicht zum Einsatz. Natürlich bestimmen Sie mit einer Textur die Materialfarbe, gleichzeitig dienen Texturen aber auch dazu, all die vielen Materialeigenschaften zu kontrollieren. Sei es, um die Spiegelungen an einer Tischoberfläche auf die Bereiche ohne Maserung einzuschränken, eine viel zu perfekte Oberfläche durch Gebrauchsspuren wie Kratzer realistischer wirken zu lassen oder um Ihre Objekte gezielt mit Strukturen zu versehen, damit die Oberfläche die gewünschten Erhöhungen oder Vertiefungen erhält.

Um eine bestimmte Materialeigenschaft eines Shaders mit einer Textur zu versehen, klicken Sie auf den Node-Verknüpfungs-Button am linken Rand des zugehörigen Parameters ② und wählen den gewünschten Texture-Node aus der zweiten Spalte ① des Menüs aus.

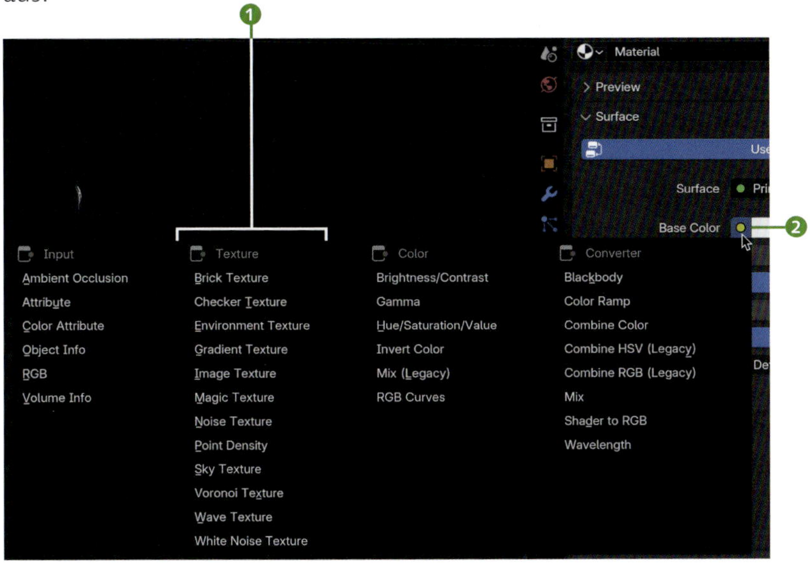

◂ **Abbildung 10.62**
Node-Auswahl über den Verknüpfungs-Button

Neben einem für bitmapbasierte, nicht-prozedurale Bild- und auch Filmdaten vorgesehenen Image Texture-Node bietet Ihnen Blender prozedurale Muster-Texturen (Magic Texture, Noise Texture, Voronoi Texture, Wave Texture und White Noise Texture) an.

Bitmap-Texturen

Bitmap-Texturen, die Ihnen als digitale Bilddatei bzw. -sequenz vorliegen, sind pixelbasiert und dadurch nicht in beliebiger Größe verwendbar. Nach dem Anlegen des Image Texture-Nodes können Sie die Textur über den Button Open ③ laden.

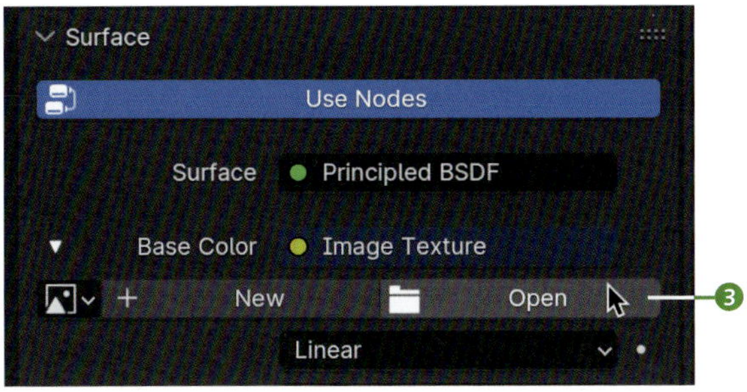

◂ **Abbildung 10.63**
Laden der Bitmap-Textur in den Image Texture-Node

In den Optionen des Image Texture-Nodes passen Sie nun die Verarbeitung des Bitmap-Bilds an Ihre Bedürfnisse an. Dazu gehört die Interpolationsart ❶ zur gezielten Umrechnung bzw. Glättung und Filterung, um beim Rendering mit der Einschränkung umzugehen, die mit der festen Auflösung einhergeht. Außerdem geben Sie der Textur auf diesem Weg die Projektionsart ❷ und die Extrapolationsart ❸ über den Rand der Textur hinaus mit. So haben Sie die Möglichkeit, Texturen per Wiederholung (REPEAT) über das Objekt zu kacheln, oft entsteht dabei aber ein erkennbares Muster. Je nach Art der verwendeten Textur (Einzelbild, Bildsequenz oder auch Film) legen Sie außerdem den gewünschten Input fest ❹. Blender erkennt den vorliegenden Farbraum der Textur automatisch, allerdings können Sie auch einen anderen COLOR SPACE ❺ vorgeben.

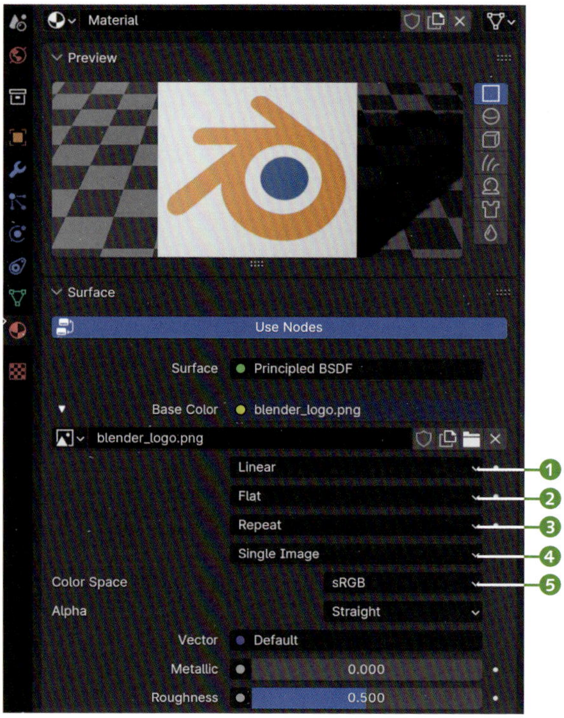

▲ **Abbildung 10.64**
Bitmap-Textur im Image Texture-Node

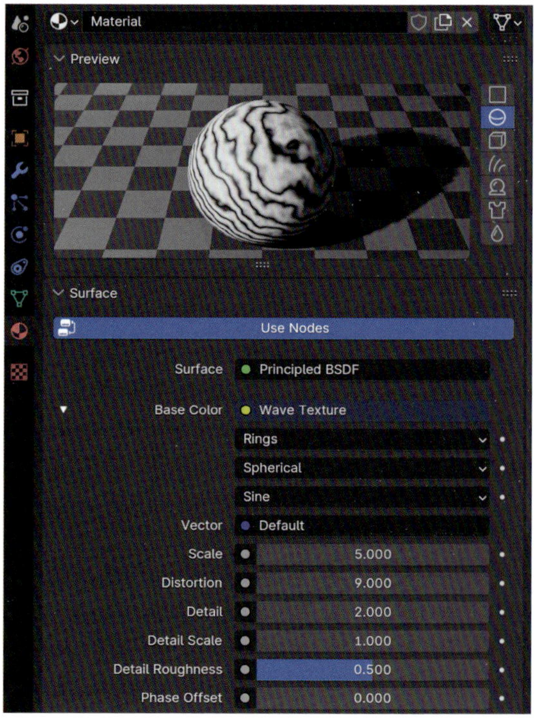

▲ **Abbildung 10.65**
Wave-Shader als prozedurale Textur

Prozedurale Texturen

Die Verwendung einer prozeduralen Textur (Abbildung 10.66) gestaltet sich trotz der immensen Einstellungsmöglichkeiten fast unkomplizierter. Weil prozedurale Texturen einem mathematischen

Algorithmus unterliegen, sind sie auflösungsunabhängig und daher beliebig skalierbar. Sie stellen zudem keine großen Anforderungen an das Mapping auf komplexe Objekte, da sie die Objekte praktisch »durchziehen«. Sich wiederholende Muster sind bei prozeduralen Texturen ebenfalls kein Thema.

Der Nachteil der prozeduralen Texturen ist, dass es in den seltensten Fällen mit einer mathematischen Textur und ein paar Parametern getan ist. Um die verschiedenen Farben und Strukturen einer fotografisch erzeugten Bitmap-Textur nachzubilden, benötigen Sie eine Vielzahl abgestimmter Texture Slots, was die Sache deshalb recht zeitintensiv machen kann.

10.5 Mapping

Unter Mapping versteht man das gezielte Aufbringen einer Textur auf ein 3D-Objekt. Bei einfacheren Formen lässt sich, insbesondere dank prozeduraler Texturen, mit den Basis-Projektionsarten 6 schon einiges erreichen. Komplexere Objekte sind praktisch immer über UV-Mapping texturiert. Dazu in Kürze mehr.

Textur-Projektion

Nicht jedes Objekt bzw. jede Textur benötigt aufwendige Mapping-Arbeit. Für einfache Texturierungsaufgaben haben Sie mit den Optionen im Auswahlmenü PROJECTION (Abbildung 10.66) einige oft benötigte Projektionsverfahren zum Mapping der Textur auf das Objekt zur Hand.

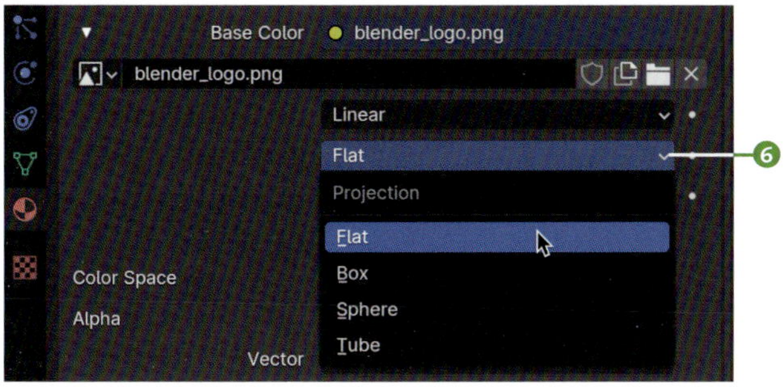

◂ Abbildung 10.66
Projektionsarten im Menü PROJECTION des Image Texture-Nodes

In den meisten Fällen dürfte sich aus der Grundform des zu texturierenden Objekts bereits eine der angebotenen Projektionsmethoden aufdrängen.

Flat (Abbildung 10.67) bietet sich natürlich für flache Objekte wie Planes an bzw. für Objekte, für die ein abgewickeltes, planes UV-Mesh vorliegt. Box (Abbildung 10.68) projiziert die Textur auf jede Seite eines würfelförmigen Objekts.

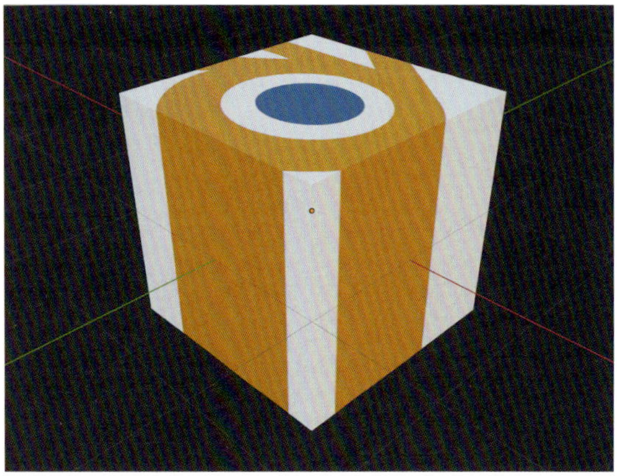

▲ **Abbildung 10.67**
Projektionsart Flat

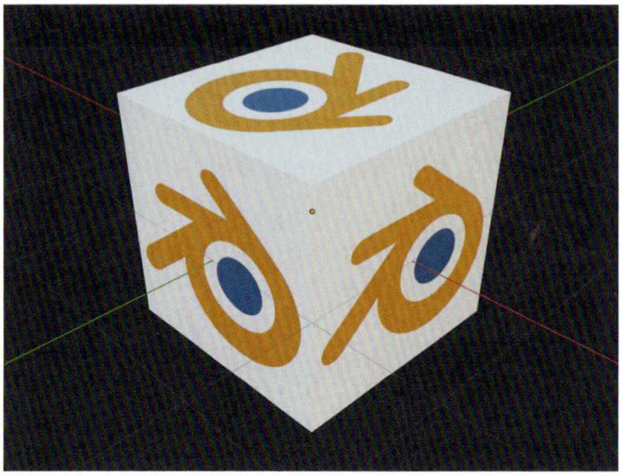

▲ **Abbildung 10.68**
Projektionsart Box

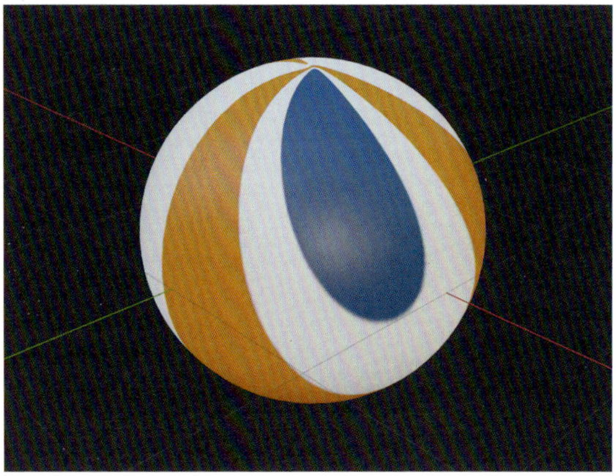

▲ **Abbildung 10.69**
Projektionsart Sphere

▲ **Abbildung 10.70**
Projektionsart Tube

Sphere (Abbildung 10.69) versucht ihr Bestes, die vorgegebene Textur kugelförmig auf bzw. um ein rundes Objekt zu mappen. Tube (Abbildung 10.70) legt die Textur um ein Objekt herum, weshalb sich diese Projektionsart besonders für zylindrische Formen eignet.

Egal, welche Projektionsart Sie verwenden, essentiell für die exakte Platzierung der Textur ist immer das Bezugssystem, auf das Sie sich bei der Projektion der Textur auf das Objekt beziehen, die sogenannten Textur-Koordinaten.

Textur-Koordinaten

Die Anlaufstelle für die Information über das Bezugssystem ist der Socket Vector des Image Texture-Nodes. In Abbildung 10.71 ist dieser Socket bereits mit einem Mapping-Node ❶ versorgt, damit wir gleich beim Thema bleiben können.

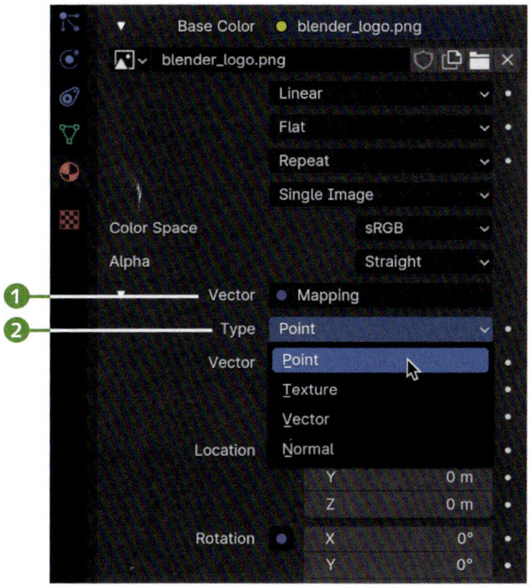

▲ **Abbildung 10.71**
Mapping-Node zur Übergabe der Textur-Koordinaten im Image Texture-Node

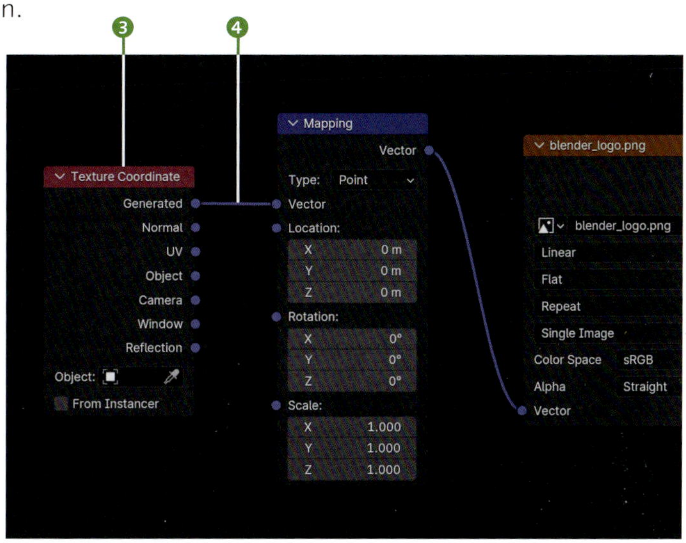

▲ **Abbildung 10.72**
Vektordaten aus dem Texture Coordinate-Node für den Mapping-Node

Im zugehörigen Menü Type ❷ können Sie vorgeben, welcher Art die ankommenden Vektordaten sind und wie sie weiterverarbeitet werden sollen. Im Falle unserer Texturen kommen dafür also nur die Typen Point (für die unveränderte Weitergabe) sowie Texture (für die invertierte, für Texturen geeignete Weitergabe) in Frage. Grundsätzlich lassen sich aber auch Vektoren oder Normalen-Vektoren im Mapping-Node einsetzen.

Nun könnten Sie eigene Werte in die Vektoren-Felder des Mapping-Nodes eintragen, doch viel sinnvoller ist es, auf die bereits zur Genüge bestehenden Informationen zurückzugreifen. Wir wechseln dazu kurz in den Node Editor (Abbildung 10.72) und bespeisen den Input-Socket Vector ❹ des Mapping-Nodes mit einem Texture Coordinate-Node ❸.

Mit dem Texture Coordinate-Node haben Sie nun verschiedenste Koordinaten-Bezugspunkte zur Auswahl. Für die Textur-Koordinaten, die Sie verwenden möchten, verbinden Sie den entsprechenden Output-Socket mit dem Input-Socket des Mapping-Nodes.

Material-Nodes

Keine Sorge, wir gehen gleich detaillierter auf die verschiedenen Material-Nodes und ihre Einsatzzwecke ein. In diesem Abschnitt soll nur die Logik bei der Verwendung von Texturen für Blender-Materialien deutlich werden.

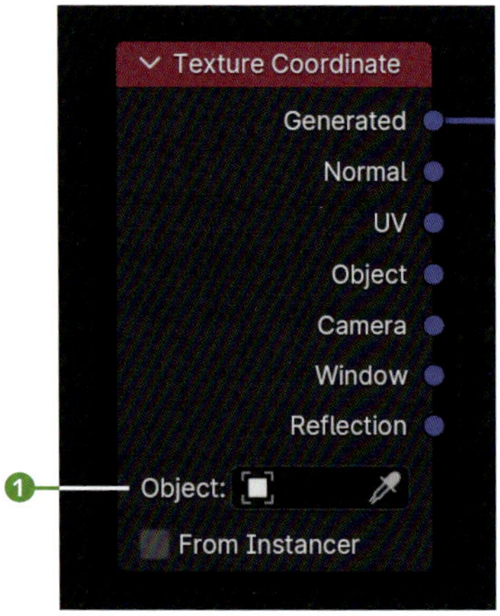

▲ **Abbildung 10.73**
Texture Coordinate-Node

GENERATED greift auf das unveränderte Objekt-Koordinatensystem des texturierten Objekts zurück. NORMAL stellt Textur-Koordinaten auf Basis der Normalen zur Verfügung, die sich bei einer späteren Deformation entsprechend anpassen. UV benötigt eine auf Basis des Meshes erzeugte UV-Map, die jedem Vertex des Objekts eine UV-Koordinate zuordnet. Mit OBJECT können Sie ein beliebiges anderes Objekt als Spender für Textur-Koordinaten verwenden, beispielsweise, um es (und damit die Textur) zu animieren. Das Spender-Objekt definieren Sie über das Feld OBJECT 1.

CAMERA verwendet die Positionsdaten der Kamera als Textur-Koordinaten – ebenfalls hervorragend geeignet für animierte Effekte. Ähnlich funktioniert WINDOW, hier gilt die Position in der aktuellen Ansicht – von links unten nach rechts oben.

REFLECTION kommt beim Einsatz von sogenannten Environment-(Umgebungs-)Maps, die zur Ausgestaltung der Reflexionen verwendet werden können, zum Zug.

Abbildung 10.74 ▸
Texturierung mit den Koordinaten des Instancer-Objekts

Die Option FROM INSTANCER funktioniert ausschließlich unter Cycles und ermöglicht es, die Texturierung von duplizierten Objekten über die Textur-Koordinaten des INSTANCERS zu erledigen (Abbildung 10.74). Als Textur-Koordinaten werden die Daten am UV-Socket benötigt.

10.6 Material-Nodes

Damit wir uns ungestört in das Hauptthema »Texturing« einarbeiten konnten, wurden die obligatorischen Material-Nodes bislang nur angeschnitten. Genau genommen haben wir zwar bereits mit

NODES gearbeitet, doch dies auf sehr unübersichtliche Art mit den Shadern im Properties Editor. Sehen wir uns dieses unverzichtbare Werkzeug zum logischen Aufbau von Materialien genauer an.

Shader Editor

Viel besser und mit wesentlich mehr Überblick erfolgt die Arbeit mit den Nodes im Shader Editor. Er ist Bestandteil des Workspace SHADING, alternativ schaffen Sie einfach einen neuen Arbeitsbereich und setzen dort über das Editoren-Menü (Abbildung 10.75) einen Node Editor ein.

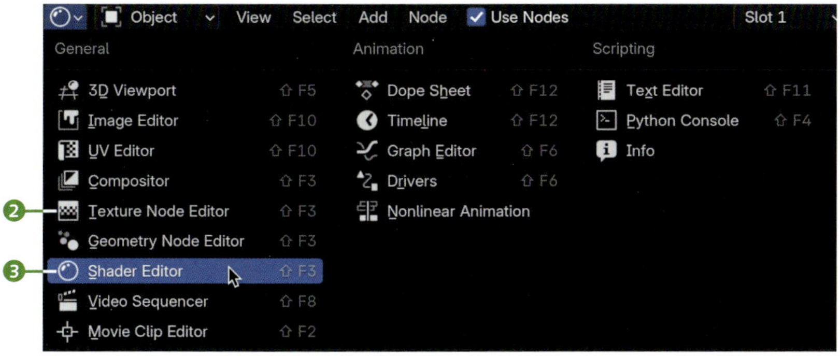

◂ **Abbildung 10.75**
Editoren-Menü

Neben dem SHADER EDITOR ❸ steht Ihnen auch ein TEXTURE NODE EDITOR ❷ für die Erstellung von Texturen zur Verfügung. Der NODE EDITOR selbst zeigt den gewohnten Aufbau aus Sidebar, Toolbar, Arbeitsbereich und Header. Im Menü SHADER TYPE ❹ geben Sie an, ob Sie die SHADER des Objekts, der World-Umgebung oder einen Linienstil bearbeiten möchten. Das zu bearbeitende Material wählen Sie – falls nicht bereits aktiv – über das Datenblock-Menü ❺.

▾ **Abbildung 10.76**
Node Editor für Shader

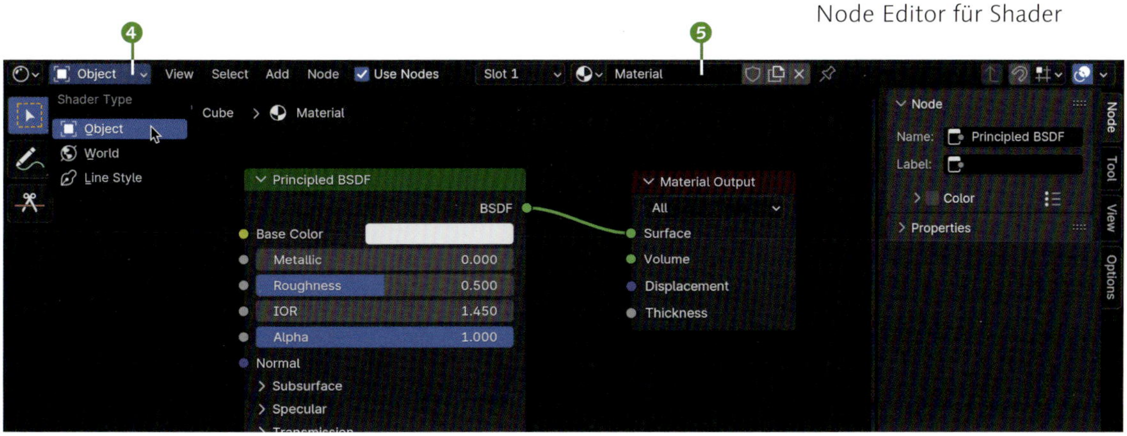

Im letzten Kapitel-Workshop ist bereits ein einfaches Node-Konstrukt, ein kleiner sogenannter »Node-Tree«, entstanden (Abbildung 10.77). Gehen wir kurz durch die einzelnen Nodes und ihre Aufgabe, indem wir den Node-Tree von rechts nach links lesen.

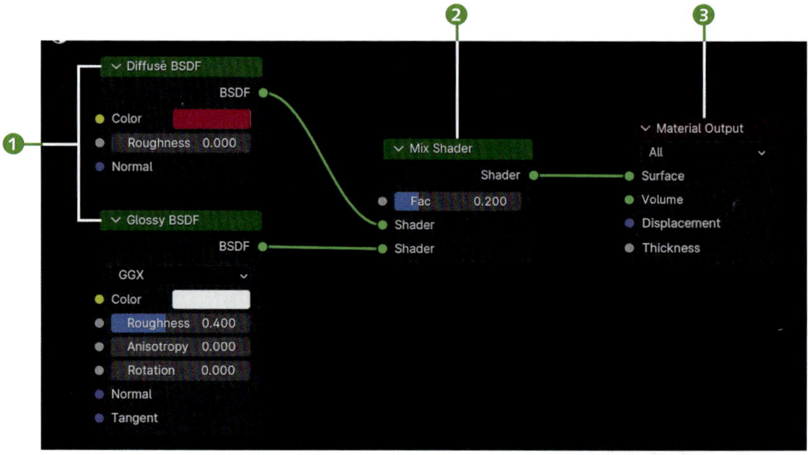

Abbildung 10.77 ▸
Node-Tree eines einfachen Beispiel-Materials

An den Material Output-Node ❸ müssen alle Daten fließen, damit sie für das Material berücksichtigt werden. Hier finden Sie außerdem wieder die drei bekannten Bausteine SURFACE, VOLUME und DISPLACEMENT, an denen wir ablesen können, dass es sich um ein reines Material für die Oberfläche (Surface) handelt. Der zugehörige Surface-Socket wird von einem Mix-Shader ❷ beschickt, der zwei andere Shader über den Faktor 0.2 miteinander mischt. Diese beiden Shader ❶, ein Diffuse BSDF- sowie ein Glossy BSDF-Shader, sorgen ihrerseits für die Farbe und die Oberflächenreflexion des Materials.

Nodes

Das Grundprinzip bei der Materialdefinition mittels Nodes ist also schnell durchschaut. Besonders beim Texturing spielen Nodes ihre Vorteile aus, denn statt sich durch eine unübersichtliche Menge an Einstellungsdialogen wühlen zu müssen, bauen Sie das gewünschte Material durch die geschickte Kombination von Nodes auf.

Neben den Shadern stehen Ihnen dabei über den Shader Editor zahlreiche Nodes zur gezielten Abmischung, Modifikation oder auch Konvertierung von Daten zur Verfügung. Je nachdem, welche Render Engine eingestellt ist, unterscheidet sich der Umfang der verfügbaren Einträge. Um einen neuen Node zu erzeugen, rufen Sie über die Tasten [⇧] + [A] bzw. über den Header des Shader Editors das Menü ADD (Abbildung 10.78) auf. Alle Material-Nodes sind dort ihrem Einsatzzweck nach in verschiedene Kategorien unterteilt und alphabetisch sortiert. In vielen Fällen sind Sie deshalb mit der Suchfunktion schneller – fangen Sie dazu nach Aufruf des Menüs einfach mit der Tastatureingabe an.

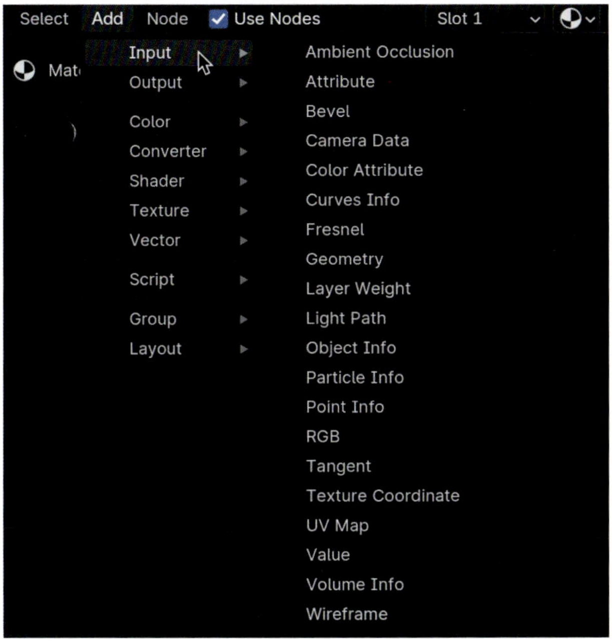

◂ **Abbildung 10.78**
Menü ADD mit den Nodes

Nachschub gesichert
Shader und Nodes sind klassische Beispiele für Elemente, die in Blender ständig ausgebaut und weiterentwickelt werden. Es ist also gut möglich, dass einige Kategorien in Ihrer aktuellen Blender-Version bereits Zuwachs bekommen haben.

Zur Kategorie INPUT gehören Nodes, die Ihnen über ihre Ausgänge unter anderem Daten von Objekten, Bildern oder Texturen bereitstellen. Diese Informationen können Sie dann verwenden, um Materialien von diesen Eigenschaften abhängig zu machen.

Im Menü OUTPUT finden Sie den Material Output-Node ❸ für die Ausgabe als Material, aber auch spezielle AOV-(ARBITRARY OUTPUT VARIABLES-) und Licht-Output-Nodes.

Das Menü COLOR bietet Nodes für die Anpassung bzw. Modifikation von Farbdaten. Mit den hier enthaltenen Nodes können Sie beispielsweise Farbton, Sättigung und Gradationskurven von Bitmap-Bildern anpassen oder auch Farben separieren und mischen.

Das Menü CONVERTER enthält eine Zusammenstellung an praktischen Konvertierungswerkzeugen. Hier können Sie unter anderem Farbtemperatur-Angaben umwandeln, Wertebereiche beschneiden oder neu mappen, mathematische Berechnungen anstellen oder auch Daten aus anderen Nodes extrahieren.

In den beiden Menüs SHADER und TEXTURE finden Sie die bereits bekannten Shader sowie Texture-Nodes, mit denen Sie prozedurale Texturen, Bitmap-Texturen und Filmdaten einbinden. Mit dem IES-Texture-Node lassen sich Daten für IES-Lichtquellen einbauen.

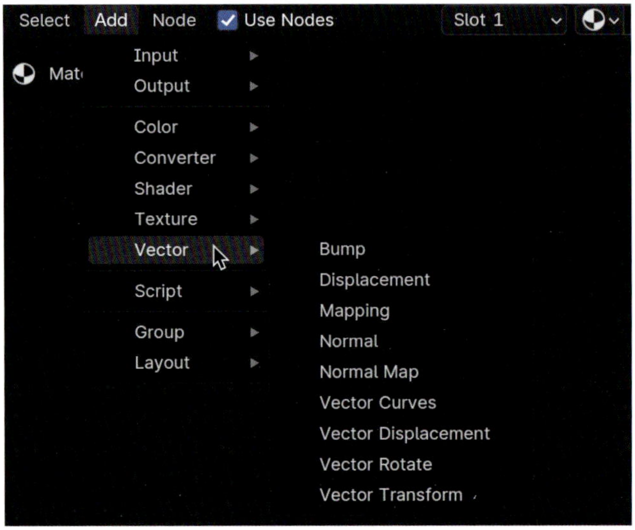

Abbildung 10.79 ▸
Menü ADD • VECTOR

Wie der Name schon andeutet, befinden sich im Menü VECTOR (Abbildung 10.79) Nodes, die Sie zur Anbindung von Vektordaten benötigen. Dies können beispielsweise Bump-, Normal- und Displacement-Maps zur optischen bzw. tatsächlichen Verformung von Oberflächen, Textur-Koordinaten für das Mapping oder auch allgemeine Modifikationen von Vektor-Inputs sein.

Schritt für Schritt
Erzeugen eines PBR-Materials mit Oberflächenstruktur

Nachdem wir nun ausreichend Theorie über physikbasierte Shader, Texturen und Material-Nodes gesammelt haben, bauen wir daraus ein neues Material im Node Editor auf.

1 Blender-Szene laden

Rufen Sie über den Befehl FILE • OPEN (Taste Strg/Cmd + O) den File Browser auf und navigieren Sie zum Verzeichnis *3_Texturing*. Öffnen Sie dort die Datei *3_Texturing_Material_PBR_Nodes_Start.blend*. Diese Blender-Szene enthält wieder die bekannte Beispielkugel und ist im ausgeleuchteten Workspace SHADING. Natürlich können Sie auch jedes beliebige andere Objekt verwenden.

2 Neues Material für die Kugel erzeugen

Um dem kugelförmigen Mesh-Objekt ein Material zu geben, selektieren Sie die Sphere und öffnen im Properties Editor (Abbildung 10.80) den Material-Tab ❶. Klicken Sie dort auf den Button NEW ❷, so weisen Sie das Material direkt der Sphere zu.

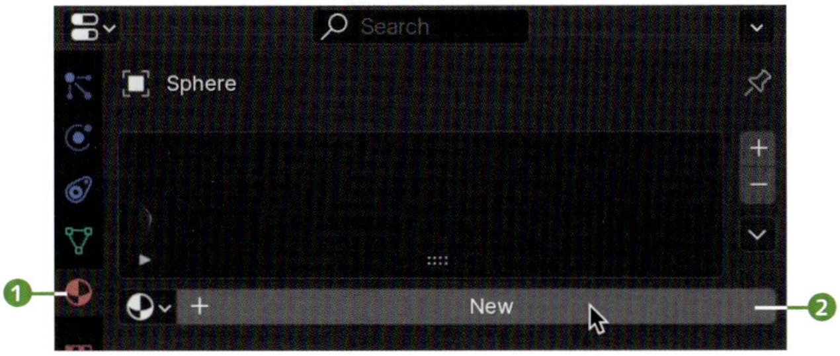

◂ **Abbildung 10.80**
Material-Tab des Properties Editors

3 Texturen für die Oberflächenstruktur erzeugen

Wir werden die komplette Definition des Materials im Node Editor erledigen, weshalb Sie sich diesen Arbeitsbereich großzügig aufziehen dürfen. Die Textur für die Oberflächenstruktur soll sich aus zwei prozeduralen Texturen zusammensetzen.

◂ **Abbildung 10.81**
Menü ADD • TEXTURE im Node Editor

Öffnen Sie das Menü ADD • TEXTURE (Tasten ⇧+A) und holen Sie sich als erste Textur eine WAVE TEXTURE als Node in den Editor (Abbildung 10.81). Öffnen Sie anschließend das Menü ADD • TEXTURE ein zweites Mal, und holen Sie zusätzlich eine NOISE TEXTURE als zweite Textur hinzu. Aus diesen beiden prozeduralen Texturen soll die spätere Oberflächenstruktur entstehen.

4 Texturen einrichten und miteinander kombinieren

Der Wave Texture-Node soll für die kleinen Unebenheiten sorgen, während der Noise Texture-Node dazu dient, das Muster zu durchbrechen und größere Details zu erzeugen. Als Ausgangsbasis verwenden Sie die in den Nodes (Abbildung 10.82) gezeigten Werte – gleich können Sie mit diesen Parametern experimentieren.

Abbildung 10.82 ▸
Mix Color-Node zur Kombination von Wave Texture- und Noise Texture-Node

Um diese beiden Texture-Nodes miteinander kombinieren bzw. verrechnen zu können, öffnen Sie das Menü ADD und holen sich diesmal aus dem Untermenü COLOR einen Mix Color-Node.

Platzieren Sie den Mix Color-Node zwischen die beiden Texture-Nodes und den Principled BSDF-Shader (Abbildung 10.83), um diese vier Nodes miteinander verbinden zu können. Beginnen wir mit der Kombination der beiden Texture-Nodes zu einer gemeinsamen Textur. Klicken Sie mit dem Mauszeiger auf den gelben Socket COLOR des Wave Texture-Nodes und binden Sie ihn durch Ziehen an den Socket A des Mix Color-Nodes. Zum Anbinden des Noise Texture-Nodes schließen Sie auf die gleiche Weise seinen grauen Socket HEIGHT an den gelben Socket B des Mix Color-Nodes an. Erhöhen Sie den FACTOR zur Verrechnung der beiden Texture-Nodes im Mix Color-Node auf ca. 0.8 und verbinden Sie dessen Result-Socket mit dem Base Color-Socket des Principled BSDF-Shaders.

▲ Abbildung 10.83
Anbindung der kombinierten Textur an den Principled BSDF-Shader

Dadurch können wir das Ergebnis der beiden miteinander verrechneten Texture-Nodes direkt auf dem Kugel-Objekt begutachten (Abbildung 10.84) und, falls gewünscht, noch ein wenig an den Einstellungen in den Texture-Nodes feilen.

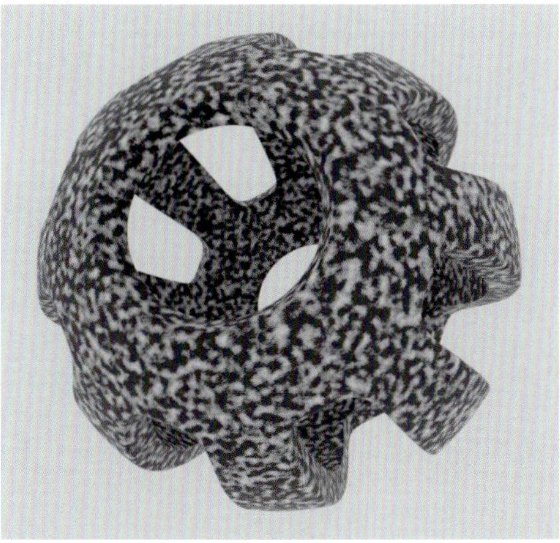

◂ Abbildung 10.84
Texture-Nodes als Base Color des Kugel-Objekts

5 Farbwert der Textur anpassen

Bevor wir die kombinierte prozedurale Textur als Displacement-Map für die Oberfläche verwenden können, sollten wir sie noch in ihren Farbwerten anpassen. Ein sehr beliebter Node für diese Aufgabe ist der Color Ramp-Node. Holen Sie sich diesen Node aus dem Menü Add • Converter und setzen Sie ihn zwischen Mix Color-

Node und Principled BSDF-Shader. Da sie ihn in eine bestehende Verbindung einbauen, reicht es, den Node auf die Linie zu ziehen und loszulassen (Abbildung 10.85).

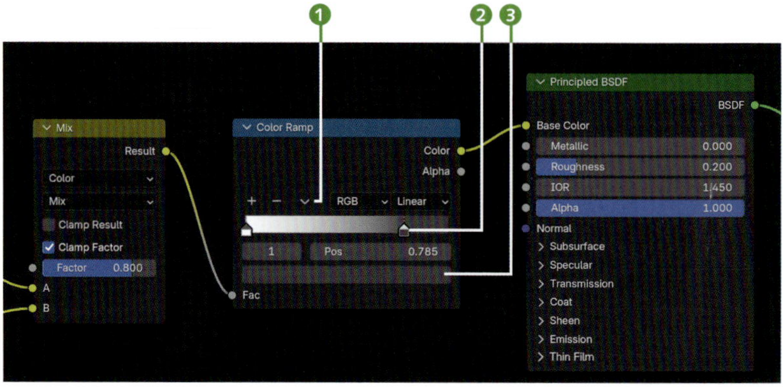

Abbildung 10.85 ▸
Color Ramp-Node zur Anpassung der Farbwerte

Nun können wir die Textur über den Farbverlauf im Color Ramp-Node justieren. Drehen Sie als Erstes den kompletten Verlauf über den Befehl FLIP COLOR RAMP im kleinen Aufklappmenü ❶ um und wählen Sie ein mittleres Grau im Farbchip ❸ für den rechten Verlaufsanfasser ❷. Diesen verschieben Sie etwa auf eine Position von 0.7–0.8, um die Farbwerte etwas abzuschneiden.

6 Textur als Displacement-Map verwenden

Nachdem die Textur nun fertiggestellt ist, binden wir sie im nächsten Schritt als Displacement-Map für die Oberflächenstruktur ein.

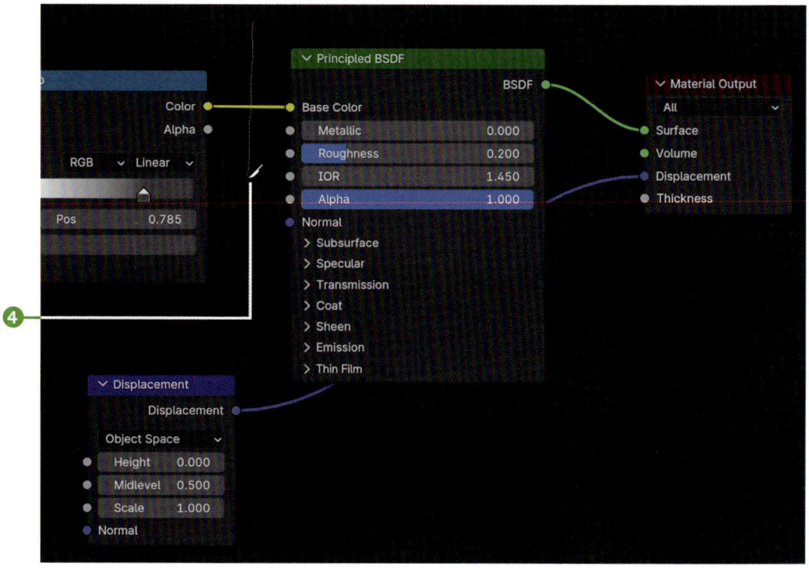

Abbildung 10.86 ▸
Anbinden des Displacement-Nodes

Um die Daten einer Textur als Displacement-Map auswerten zu können, benötigen wir einen Displacement-Node, den Sie im Menü Add • Vector finden und mit seinem Socket Displacement direkt an den gleichnamigen Socket des Material Output-Nodes anbinden (Abbildung 10.86).

Jetzt können Sie außerdem die Verbindung zwischen dem Color Ramp-Node und dem Principled BSDF-Shader kappen, indem Sie die Strg/Cmd-Taste festhalten und mit gedrückter rechter Maustaste einen Schnitt mit dem kleinen Messer ❹ durchführen.

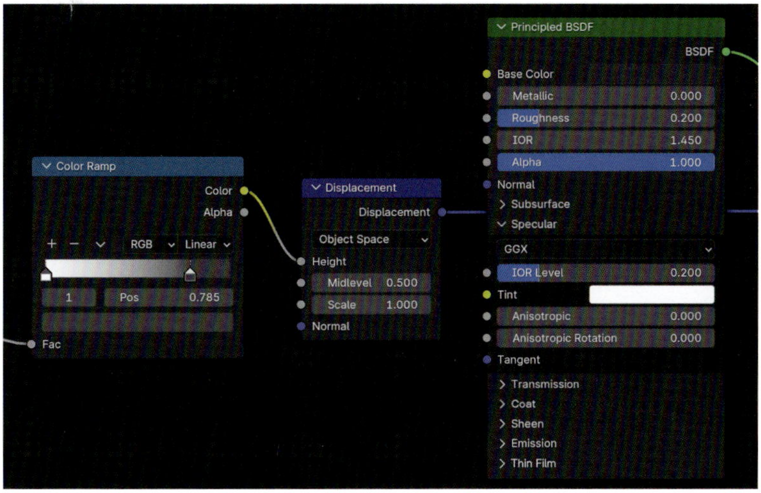

◂ **Abbildung 10.87**
Einrichten von Displacement-Node und Principled BSDF-Shader

Nun definieren Sie die Textur als Displacement-Map, indem Sie den Color Ramp-Node mit seinem Socket Color an den Socket Height des Displacement-Nodes anbinden (Abbildung 10.87). Die restlichen Werte in diesem Node können bei den Standardwerten bleiben.

7 Principled BSDF-Shader einrichten

Um die strukturierte Objektoberfläche etwas besser hervorzuheben, wenden wir uns nun endlich auch dem Principled BSDF-Shader zu. Hier wählen Sie im Farbchip Base Color zur besseren Beurteilung zunächst eine beliebige, möglichst dunkle Farbe. Reduzieren Sie zum einen die Rauheit der Reflexion mit dem Parameter Roughness auf 0.2–0.3, zum anderen die Stärke der Reflexion über den Parameter IOR Level im Panel Specular auf 0.2.

Da es sich bei unserem Material weder um Metall, Plastik, Wachse, Textil noch einen transparenten Körper handelt, belassen wir alle anderen Parameter auf ihren Standardwerten.

Die Oberflächenstruktur des Kugel-Objekts wäre damit fertiggestellt (Abbildung 10.88), nun wäre es noch wünschenswert, dass sich dessen Textur auch in der Farbe des Objekts wiederfindet. Dank Nodes ist diese Aufgabe schnell erledigt.

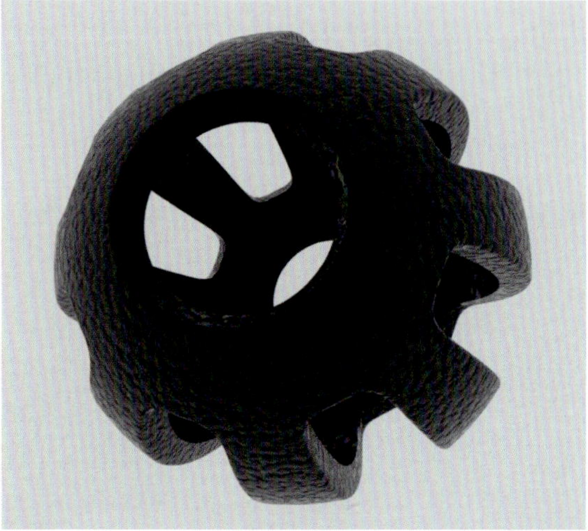

Abbildung 10.88 ▸
Strukturierte Oberfläche

8 Textur für die Materialfarbe wiederverwenden

Die kombinierte Textur soll nun also dazu dienen, die Oberflächenfarbe der Kugel zu definieren. Holen Sie sich dazu über das Menü ADD • COLOR einen Mix Color-Node.

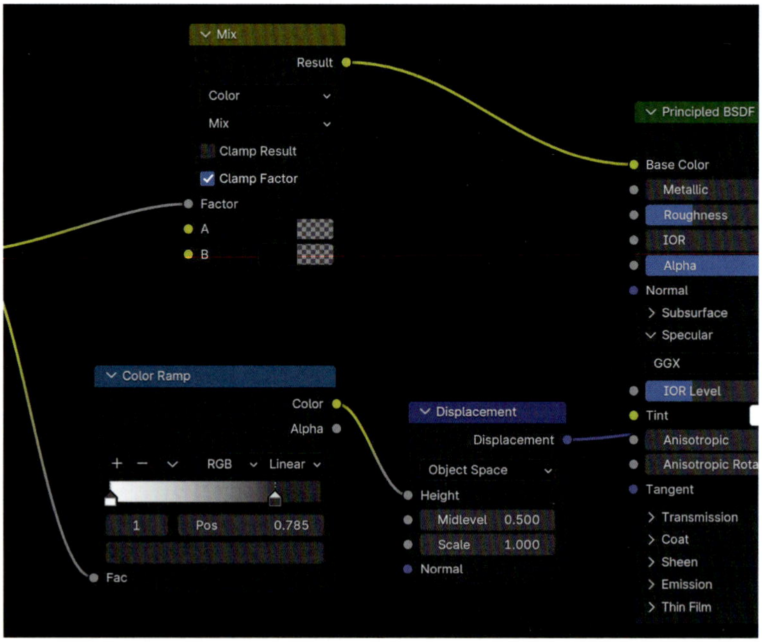

Abbildung 10.89 ▸
Mix Color-Node für die Oberflächenfarbe

Verbinden Sie seinen Ausgangssocket RESULT mit dem Socket BASE COLOR des Principled BSDF-Shaders. Den Socket FACTOR des Mix Color-Nodes verbinden Sie mit dem anderen Mix Color-Node, der die beiden Texturen für uns miteinander kombiniert hat (Abbildung 10.89).

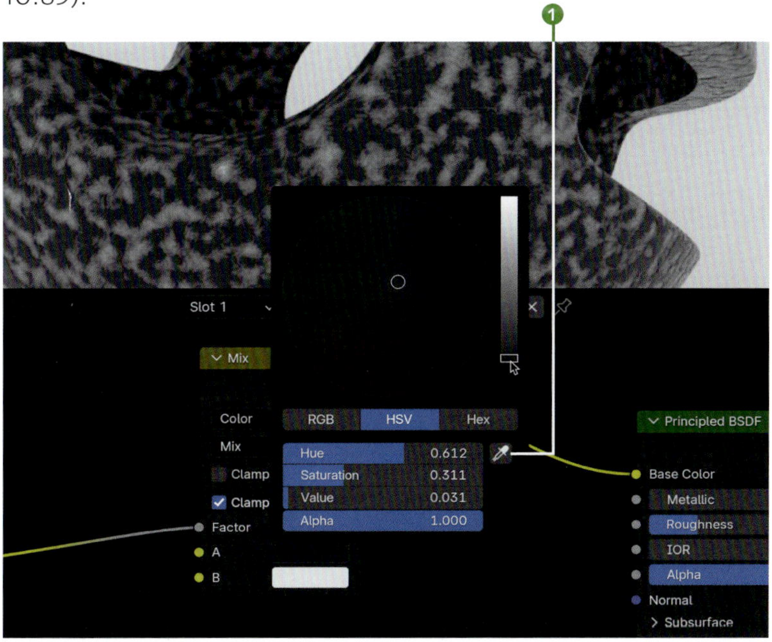

◂ **Abbildung 10.90**
Auswahl der Farbe

▾ **Abbildung 10.91**
Kopieren der Farbe per Pipette

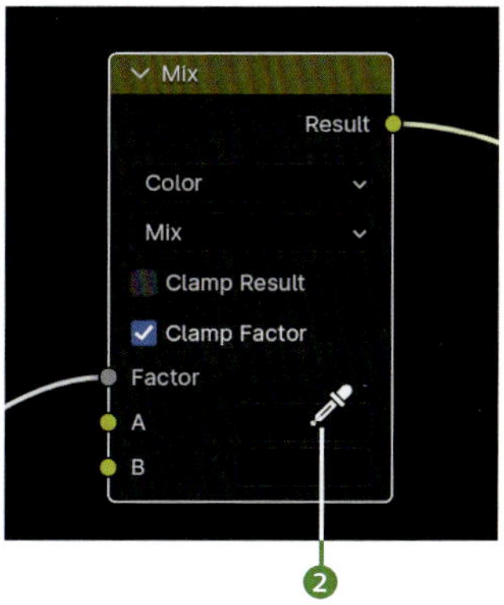

Mit dieser Konstellation verwendet der Mix Color-Node die von uns zuvor aus zwei prozeduralen Muster-Texturen erzeugte Textur, um zwei von uns beliebig wählbare Farben als Oberflächenfarben zu vermischen. Wir müssen sie nur noch über die beiden Farbchips A bzw. B festlegen (Abbildung 10.90).

Damit die beiden Farben gut miteinander harmonieren und nicht zu unterschiedlich sind, definieren Sie zunächst eine der beiden Farben über die Farbauswahl im zugehörigen Farbchip. In der Farbauswahl des anderen Farbchips aktivieren Sie anschließend die Pipette ❶ und kopieren sich die erste Farbe ❷ in den zweiten Farbchip. Nun müssen Sie nur noch beispielsweise die Helligkeit der zweiten Farbe etwas reduzieren oder erhöhen, um die gewünschte Differenz zwischen den beiden Farben zu erzielen.

Nach diesem Schritt ist unser physikbasiertes Material so weit fertiggestellt. Natürlich ließen sich die Materialeigenschaften noch beliebig ausarbeiten, zum Beispiel durch zusätzliche Texturen, mit denen die Objektoberfläche noch diffizilere Strukturen erhält. Oder auch durch die Steuerung von ROUGHNESS und SPECULAR mit einer

Variation unserer prozeduralen Textur. Abbildung 10.93 zeigt Ihnen nochmal den in diesem Workshop erstellten Node-Tree des Materials im Gesamtüberblick.

Abbildung 10.92 ►
Fertiges Material

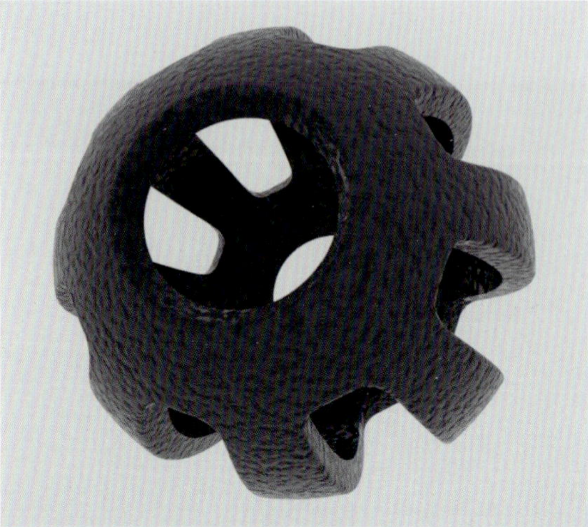

▼ **Abbildung 10.93**
Node-Tree des physikbasierten Materials

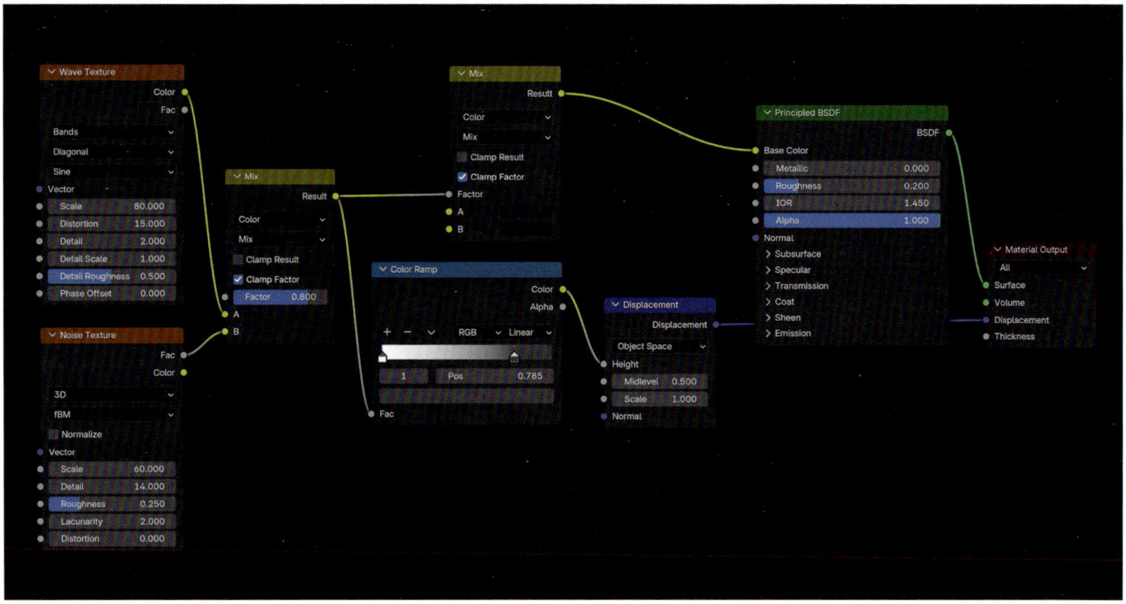

Dank prozeduralen Textur-Nodes mussten wir beim Aufbringen des Materials auf das Objekt keine Probleme beim Mapping befürchten. In Kapitel 11, »Textur-Mapping«, soll es genau um diese Fälle gehen – von der Vorbereitung einer brauchbaren UV-Abwicklung über das Texturing bis hin zum Bemalen eines Objekts im dreidimensionalen Raum mittels Texture Painting.

Projekt Doppeldecker: Texturing des Doppeldeckers

Zunächst aber wenden wir unsere Kenntnisse im Umgang mit Materialien in einem Projekt-Workshop an, dem Texturing unseres Doppeldeckers aus dem Modelling-Workshop.

1 Blender-Szene laden und vorbereiten

Rufen Sie über den Befehl FILE • OPEN (Taste `Strg`/`Cmd` + `O`) den File Browser auf und öffnen Sie das Blend-File Ihres Doppeldeckers bzw. navigieren Sie zum Verzeichnis *2_Modelling*, wo Sie mit der Datei *2_Modelling_Doppeldecker.blend* das Modell meines Doppeldeckers finden.

Wechseln Sie anschließend in den Workspace SHADING ①, damit Sie alle benötigten Editoren sowie eine bereits ausgeleuchtete Umgebung für die Texturierung des Doppeldeckers erhalten.

◂ **Abbildung 10.94**
Workspace SHADING

Für meinen Viewport habe ich über das Pop-up-Menü VIEWPORT SHADING (Abbildung 10.95) ein bläuliches HDR-Image ② gewählt und über die Parameter WORLD OPACITY bzw. BLUR verfremdet, so dass sie nicht vom Hauptdarsteller, unserem Doppeldecker, ablenken (Abbildung 10.96).

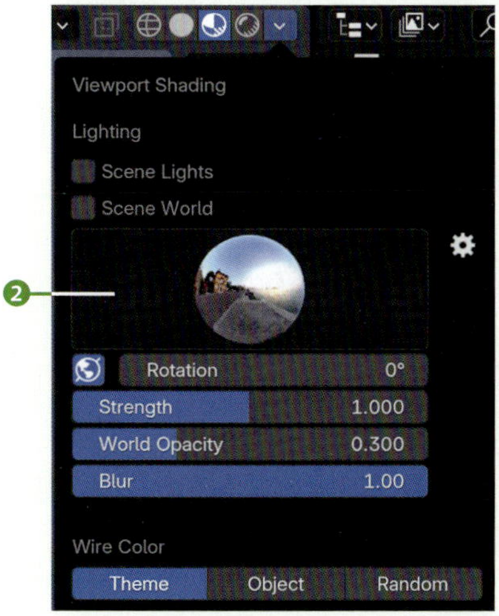

▴ **Abbildung 10.95**
Pop-up-Menü VIEWPORT SHADING

▴ **Abbildung 10.96**
Viewport im Shading-Modus MATERIAL PREVIEW

2 Material für die schwarzen Lackteile

Beginnen wir mit den lackierten Materialien. Selektieren Sie als Materialträger eines der Fahrwerksteile, und erzeugen Sie über den Button New ❷ im Material-Tab ❶ des Properties Editors ein neues Material.

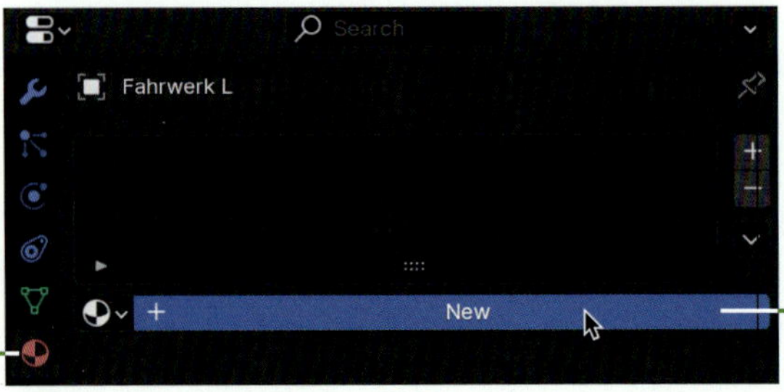

▲ **Abbildung 10.97**
Erzeugen eines neuen Materials für die schwarz lackierten Elemente

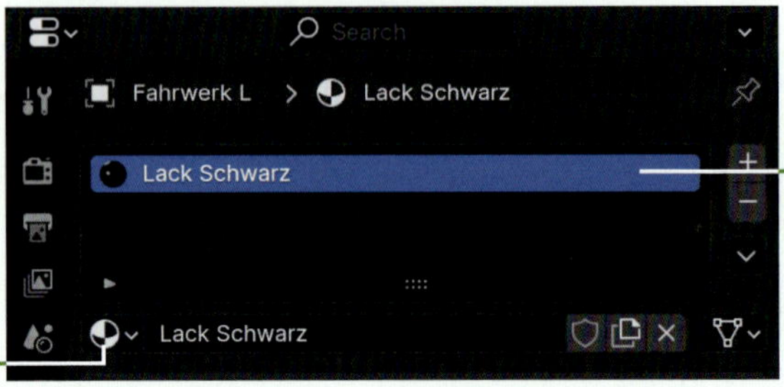

▲ **Abbildung 10.98**
Benennen des neuen Materials für die schwarz lackierten Elemente

Geben Sie dem neuen Material einen entsprechenden Namen ❹ und im Panel Surface über den Farbchip ❺ bei Base Color eine komplett schwarze Farbe.

Abbildung 10.99 ▸
Panels Surface und Specular des Material-Tabs

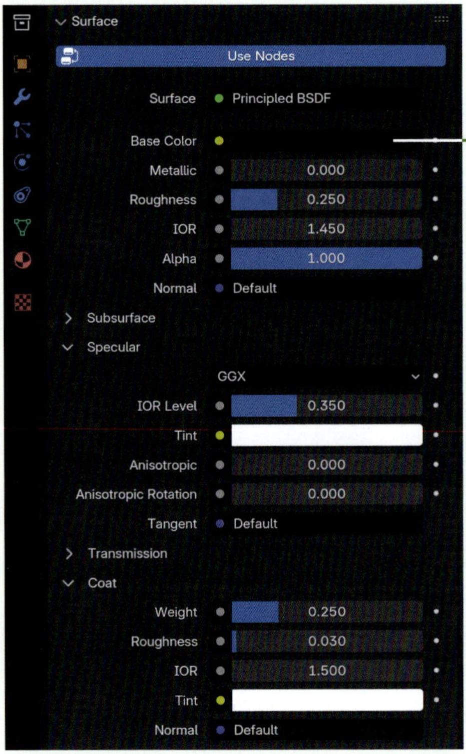

Für den Lack spitzen wir die Spiegelung zu, indem wir die ROUGHNESS auf einen Wert von 0.250 setzen. Gleichzeitig reduzieren wir die Intensität des Glanzlichts im Panel SPECULAR über den Parameter IOR LEVEL etwas, um die Spiegelung nicht zu stark ausfallen zu lassen. Als letzten Schritt tragen wir noch gewissermaßen eine Schicht Klarlack auf den schwarzen Lack auf. Dazu aktivieren Sie den Parameter CLEARCOAT, indem Sie ihn auf einen Wert von 0.250 setzen. Die restlichen Parameter bleiben unberührt.

▲ **Abbildung 10.100**
Zuweisen des Lack-Materials per Drag & Drop

▲ **Abbildung 10.101**
Schwarze Lackteile des Doppeldeckers

Um anderen Bauteilen, die ebenfalls den schwarzen Lack erhalten sollen, dieses Material zuzuweisen, greifen Sie es am Symbol der Datenblock-Zeile ❸ und ziehen es per Drag & Drop in den Viewport auf die jeweiligen Objekte (Abbildung 10.100), bis Ihnen die Gestaltung gefällt (Abbildung 10.101).

3 Material für die roten Lackteile

Die zweite Farbe für meinen Doppeldecker ist ein kräftiges Rot, für das Sie einen Materialträger beim Doppeldecker aussuchen und über seinen Material-Tab ein neues Lack-Material anlegen.

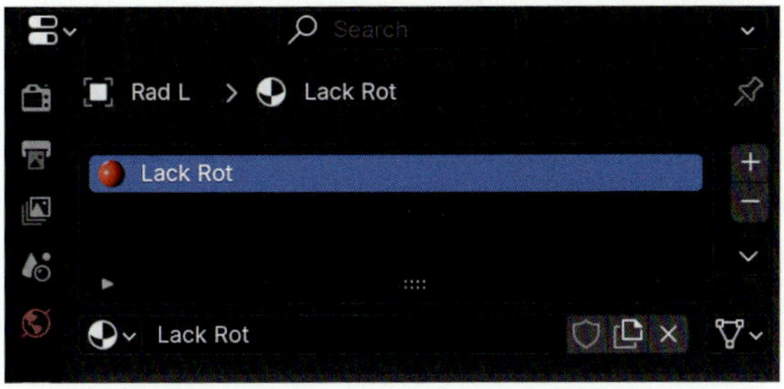

◂ **Abbildung 10.102**
Erzeugen eines Materials für die rot lackierten Elemente

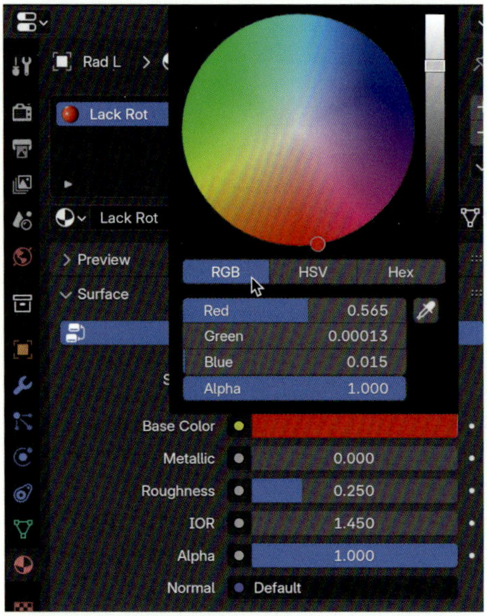

▲ **Abbildung 10.103**
Auswahl des Rottons über den Farbchip

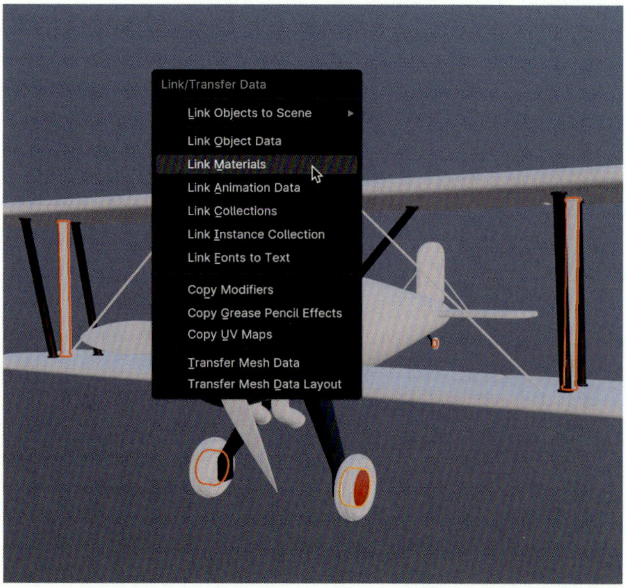

▲ **Abbildung 10.104**
Zuweisen des roten Lacks per Verlinkung

Im Prinzip können wir für den roten Lack die identischen Parameter wie für den schwarzen Lack verwenden, wählen Sie lediglich über den Farbchip unter BASE COLOR (Abbildung 10.103) die gewünschte Farbe aus.

Das Zuweisen des roten Lacks erledigen wir diesmal über die Verlinkung des Material-Datenblocks. Wählen Sie dazu zunächst alle Bauteile des Doppeldeckers, die das rote Lack-Material erhalten sollen, mit gedrückt gehaltener ⇧-Taste aus und nehmen Sie als Letztes den Materialträger des roten Lacks (in meinem Fall das linke Rad) hinzu. Rufen Sie den Befehl LINK/TRANSFER DATA (Taste Strg/Cmd + L) auf und wählen Sie die Option LINK MATERIALS, um das Material des zuletzt selektierten Objekts den anderen Objekten zuzuweisen (Abbildung 10.104).

4 Material für die weißen Lackteile

Als dritte Lackfarbe habe ich ein reines Weiß gewählt. Wählen Sie als Trägerobjekt für dieses Material den Propeller, ihm werden wir im Folgenden alle drei Lackmaterialien verleihen. Erzeugen Sie zunächst das neue weiße Material mit den identischen Eigenschaften zu den anderen Lacken, mit Ausnahme der Materialfarbe, für die Sie über den Farbchip unter BASE COLOR ein reines Weiß definieren (Abbildung 10.105).

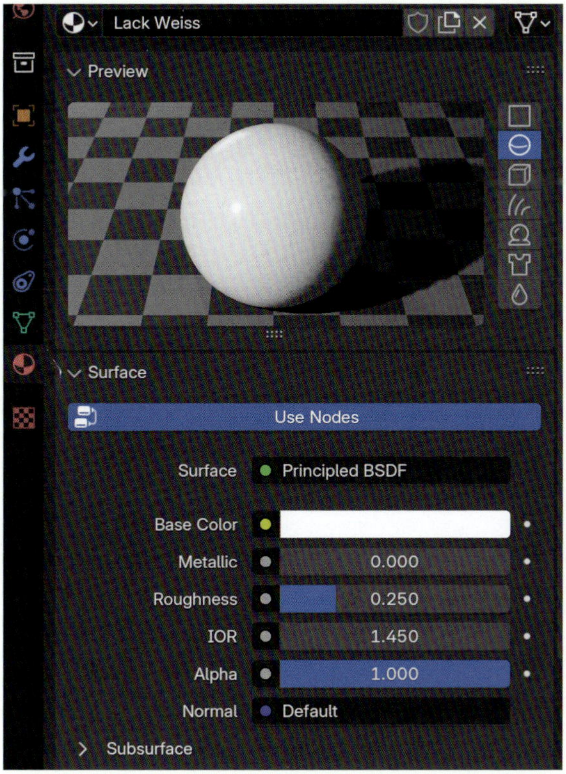

◂ **Abbildung 10.105**
Auswahl des Weißtons über den Farbchip

▾ **Abbildung 10.106**
Anlegen eines zusätzlichen Material-Slots für ein weiteres Material

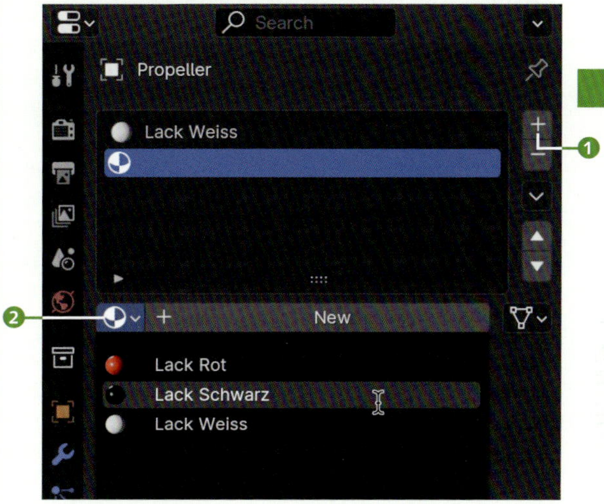

Damit der Propeller noch ein weiteres Lack-Material aufnehmen kann, benötigen wir zunächst einen zusätzlichen Material-Slot. Erzeugen Sie diesen per Klick auf das +-Symbol ① und wählen Sie anschließend über das zugehörige Datenblock-Menü ② die zweite Farbe für den Propeller, in meinem Fall der schwarze Lack (Abbildung 10.106).

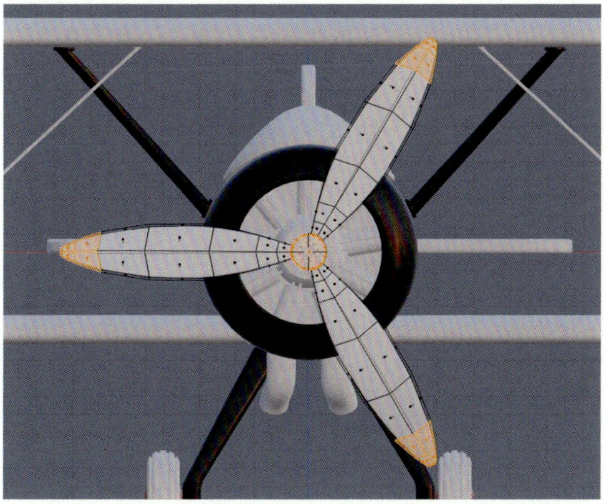

◂ **Abbildung 10.107**
Selektion für das schwarze Lack-Material

Versetzen Sie den Propeller mit der [Tab]-Taste in den Edit Mode und aktivieren Sie außerdem den X-Ray-Mode, um sicher alle Faces aus der Ansicht von vorne (Taste [1] [Num]) selektieren zu können. Ich habe mich dafür entschieden, die äußeren Spitzen sowie die Mitte des Propellers mit dem schwarzen Lack zu versehen.

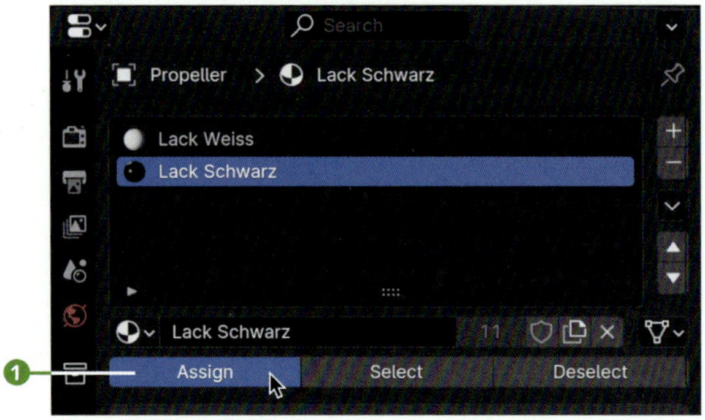

▲ **Abbildung 10.108**
Zuweisen des schwarzen Lack-Materials an die Selektion

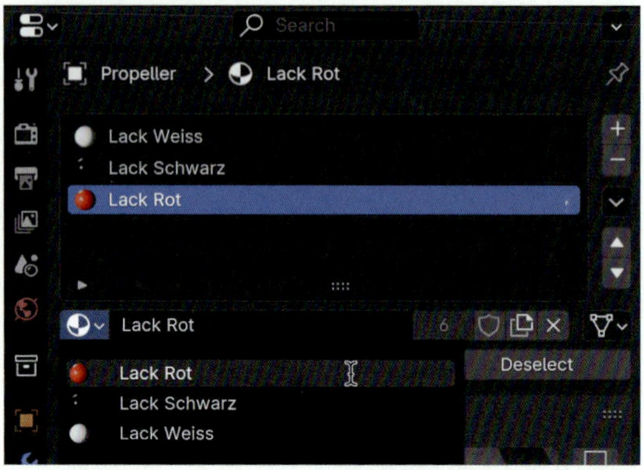

▲ **Abbildung 10.109**
Anlegen eines Material-Slots für den roten Lack

Da sich der Propeller im Edit Mode befindet, besitzt der Material-Tab eine zusätzliche Buttonleiste für die Arbeit mit Selektionen. Klicken Sie auf den Button Assign **1**, um der aktiven Selektion das schwarze Lack-Material zuzuweisen.

Bleiben Sie gleich im Material-Tab, erzeugen Sie einen dritten Material-Slot für das rote Material (Abbildung 10.109) und selektieren Sie auch hierfür die gewünschten Faces im Viewport (Abbildung 10.110).

▲ **Abbildung 10.110**
Selektion für das rote Lack-Material

▲ **Abbildung 10.111**
Mit drei Materialien texturierter Propeller

Verwenden Sie wieder den Button ASSIGN, um dieser Selektion das rote Lack-Material zuzuweisen (Abbildung 10.111). Jetzt können Sie mit der [⇆]-Taste wieder in den OBJECT MODE springen, denn jetzt sind die Reifengummis an der Reihe.

5 Material für die Reifengummis

Für dieses gänzlich unterschiedliche Material selektieren Sie einen der Reifen und weisen Sie ihm ein neues Material mit dem entsprechenden Namen zu. Geben Sie ihm über den Farbchip unter BASE COLOR ein sehr dunkles Grau und erhöhen Sie die ROUGHNESS der Spiegelung auf 0.700 (Abbildung 10.112).

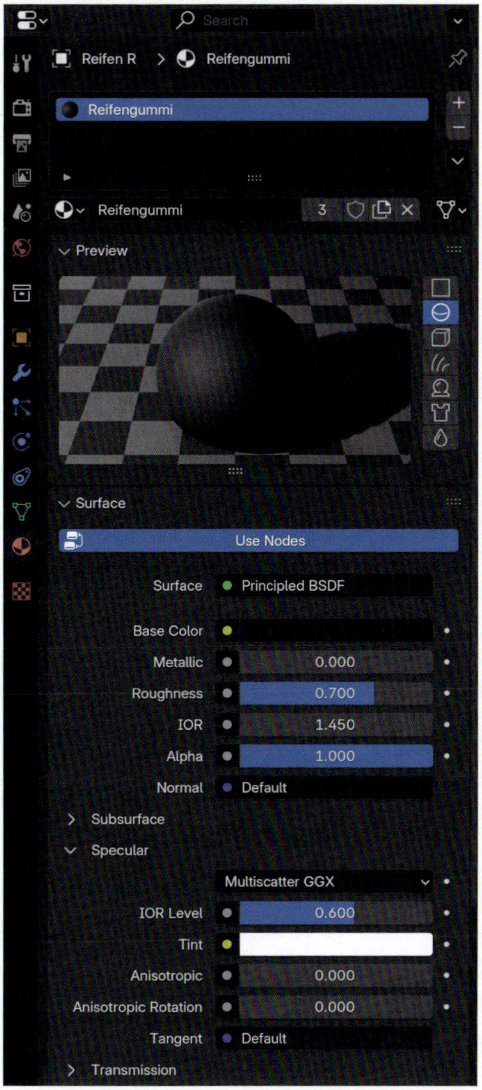

◂ **Abbildung 10.112**
Einstellungen für das Reifengummi-Material

▾ **Abbildung 10.113**
Texturierte Reifengummis

Damit diese Rauheit der Spiegelung auch gut zur Geltung kommt, erhöhen Sie im Panel SPECULAR den IOR LEVEL auf 0.600. Weil die restlichen Parameter auf den Standardeinstellungen bleiben können, ist das Material schon fertiggestellt und kann per Drag & Drop oder über die Datenblock-Zeile dem anderen Reifen zugewiesen werden (Abbildung 10.113).

6 Material für die hellen Metallteile

Für das erste Metall in diesem Workshop selektieren Sie den Kabinenrand als Trägerobjekt und weisen ihm ein neues Material mit entsprechendem Namen zu.

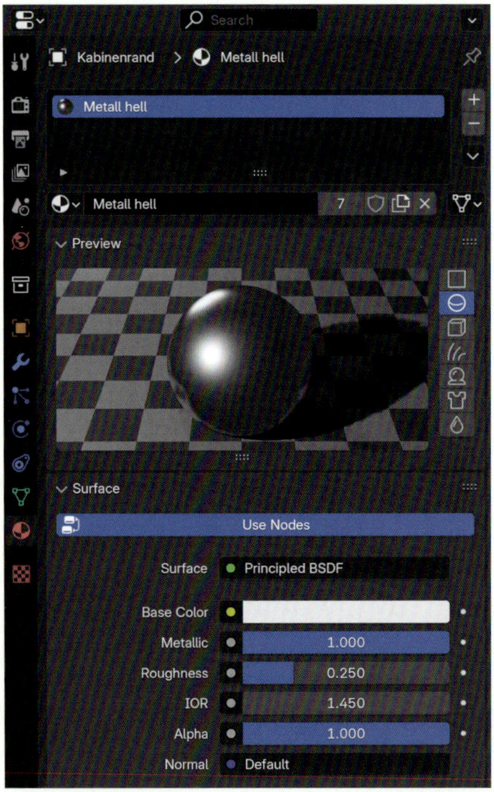

◂ **Abbildung 10.114**
Einstellungen für das helle Metall

▾ **Abbildung 10.115**
Zuweisen des hellen Metalls durch Verlinkung

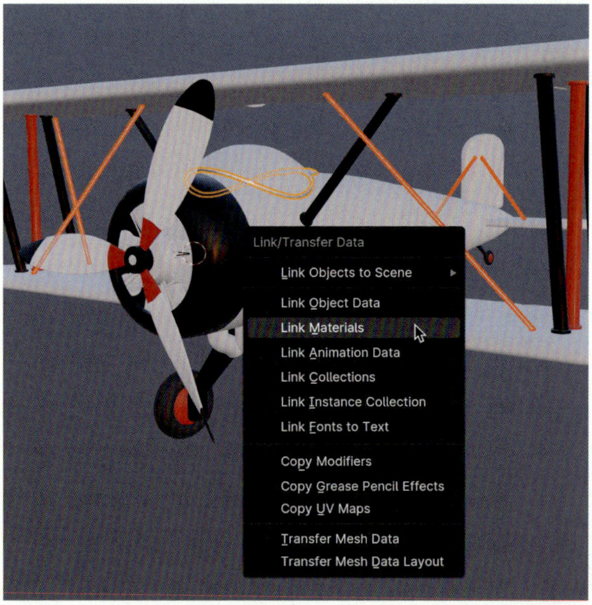

Wählen Sie im Panel SURFACE (Abbildung 10.114) im Farbchip unter BASE COLOR ein helles Grau, beispielsweise mit einem VALUE von 0.800 im HSV-Modus. Setzen Sie anschließend den Wert von METALLIC auf 1.000, um das gewünschte Metall zu erhalten. Reduzieren Sie jetzt noch die ROUGHNESS auf 0.250, um die Spiegelung zu erhöhen. An den anderen Einstellungen ist sonst nichts zu ändern, da die Standardparameter passen.

Das Zuweisen des hellen Metalls erfolgt wieder über die Verlinkung des Material-Datenblocks. Wählen Sie dazu zunächst alle dünnen Verstrebungen mit gedrückt gehaltener [⇧]-Taste aus und nehmen Sie als Letztes den Kabinenrand hinzu. Rufen Sie den Befehl LINK/TRANSFER DATA (Taste [Strg]/[Cmd]+[L]) auf und wählen Sie die Option LINK MATERIALS, um das Material des zuletzt selektierten Objekts den anderen Objekten zuzuweisen (Abbildung 10.115).

7 Material für die dunklen Metallteile

Für Teile wie den Motorblock oder die Auspuffrohre ist das helle Metall weniger geeignet. Wir nehmen uns deshalb eines der Motorteile vor und erzeugen ein neues Material für die dunklen Metallelemente (Abbildung 10.116).

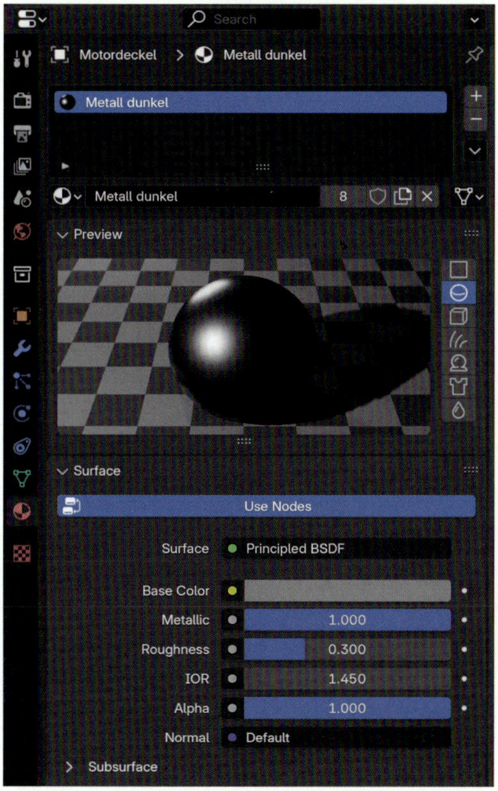

◂ **Abbildung 10.116**
Einstellungen für das dunkle Metall

▾ **Abbildung 10.117**
Zuweisen des dunklen Metalls durch Verlinkung

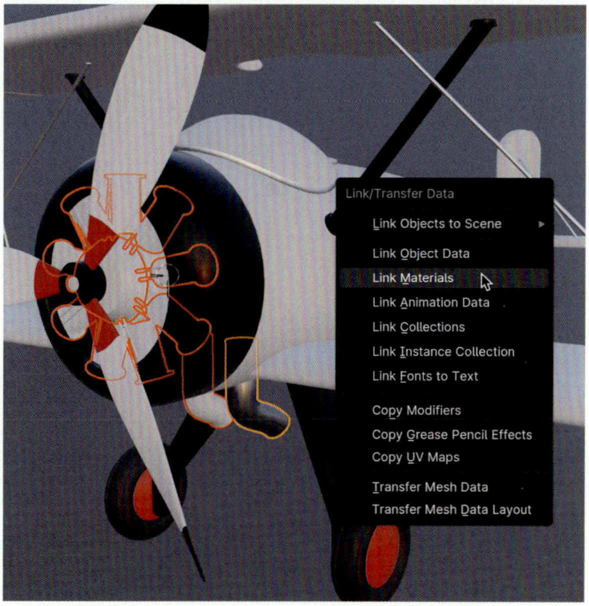

In den Einstellungen des dunklen Metalls sorgen Sie im Panel SURFACE mit dem Farbchip unter der BASE COLOR mit einem VALUE von 0.250 im HSV-Modus für das dunkle Grau und setzen die ROUGHNESS auf 0.300. Schon können Sie das dunkle Metall allen Motor- und Auspuffkomponenten zuweisen (Abbildung 10.117).

8 Material für das Glas-Kabinendach

Für das Kabinendach benötigen wir ein Glas-Material, das sich ebenfalls über den Principled BSDF-Shader realisieren lässt. Selektieren Sie also das Dach und erzeugen Sie über den Material-Tab im Properties Editor ein neues Material, das Sie entsprechend benennen (Abbildung 10.118).

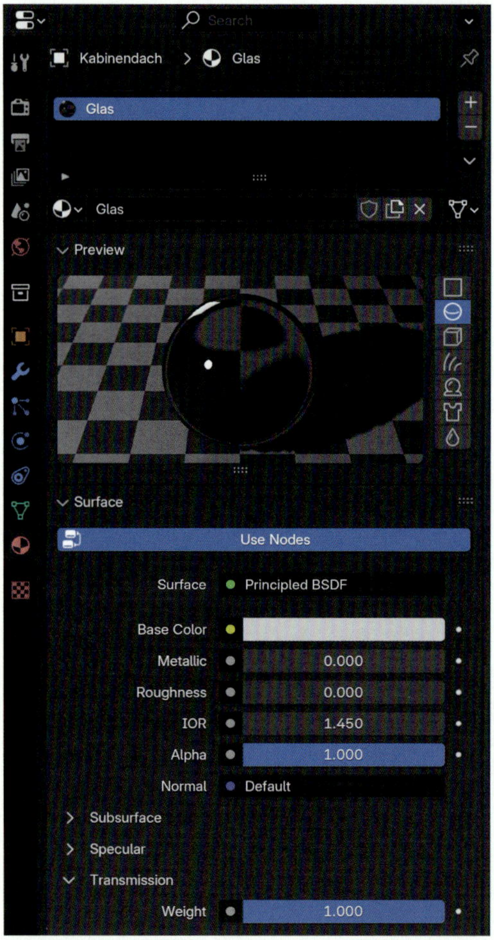

◂ **Abbildung 10.118**
Einstellungen für das Glas

▾ **Abbildung 10.119**
Glas-Material mit dunkler Tönung

Reduzieren Sie im Panel SURFACE (Abbildung 10.118) die ROUGHNESS auf 0.000, um ein völlig glattes, spiegelndes Glas zu erhalten. Die Transparenz des Glases steuern wir im Panel TRANSMISSION, hier sorgen wir mit einer WEIGHT von 1.000 für völlig durchsichtiges Glas. Zum Schluss lösen wir noch das Problem, dass wir keinen Doppeldecker ohne Besatzung auf die Reise schicken möchten. Stellen Sie im Farbchip der BASE COLOR den HSV-Value auf 0.600, um das Glas mit dieser Farbe dunkel zu tönen (Abbildung 10.119).

9 Farbliche Gestaltung des Doppeldeckers

Bevor wir uns gleich im Anschluss noch an ein paar Detailarbeiten machen, gestalten Sie Ihren Doppeldecker mit den drei (oder auch mehr?) Lackfarben nach Ihren Vorstellungen.

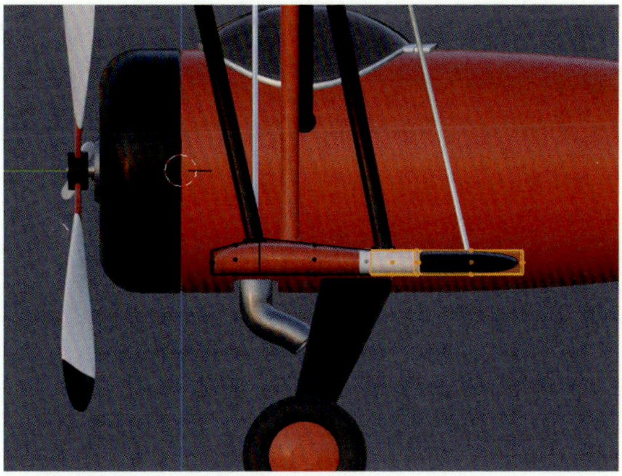

▲ **Abbildung 10.120**
Face-Selektion für das Zuweisen des Materials

▲ **Abbildung 10.121**
Farbig gestalteter Doppeldecker

Um dreifarbige Tragflächen zu erhalten, habe ich die jeweiligen Faces der hinteren Hälfte selektiert und neben dem Grund-Material des roten Lacks noch zusätzlich den weißen Lack per Assign im Edit Mode aufgetragen (Abbildung 10.120).

10 Einbinden einer Bump-Map in die lackierten Bauteile

Sicher ist Ihnen schon aufgefallen, dass die Flächen des Doppeldeckers viel zu perfekt sind und keinen aus Bauteilen gefertigten Look haben. Dies werden wir über eine Bump-Map korrigieren. Fangen wir bei der oberen Tragfläche an.

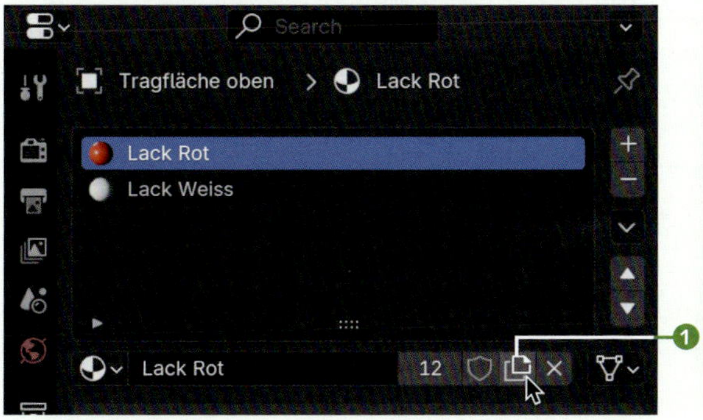

▲ **Abbildung 10.122**
Anlegen eines Material-Ablegers

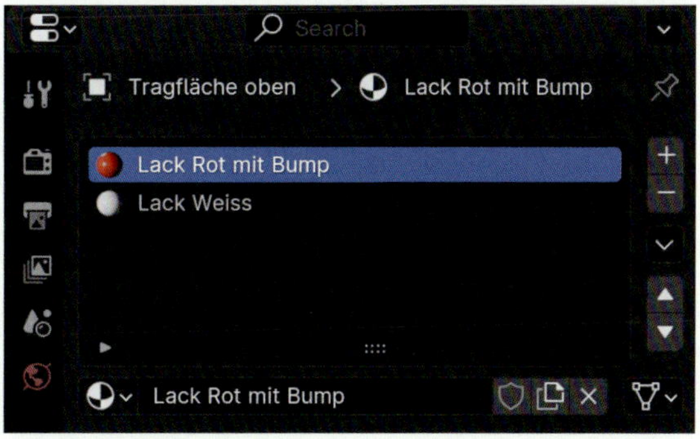

▲ **Abbildung 10.123**
Umbenennen des Material-Ablegers

Wählen Sie den Material-Slot der Grundfarbe und erzeugen Sie über den Button ❶ (Abbildung 10.122) einen Ableger aus dem bestehenden Lack-Material, den Sie direkt im Anschluss mit einem Namenszusatz wie »mit Bump« versehen (Abbildung 10.123).

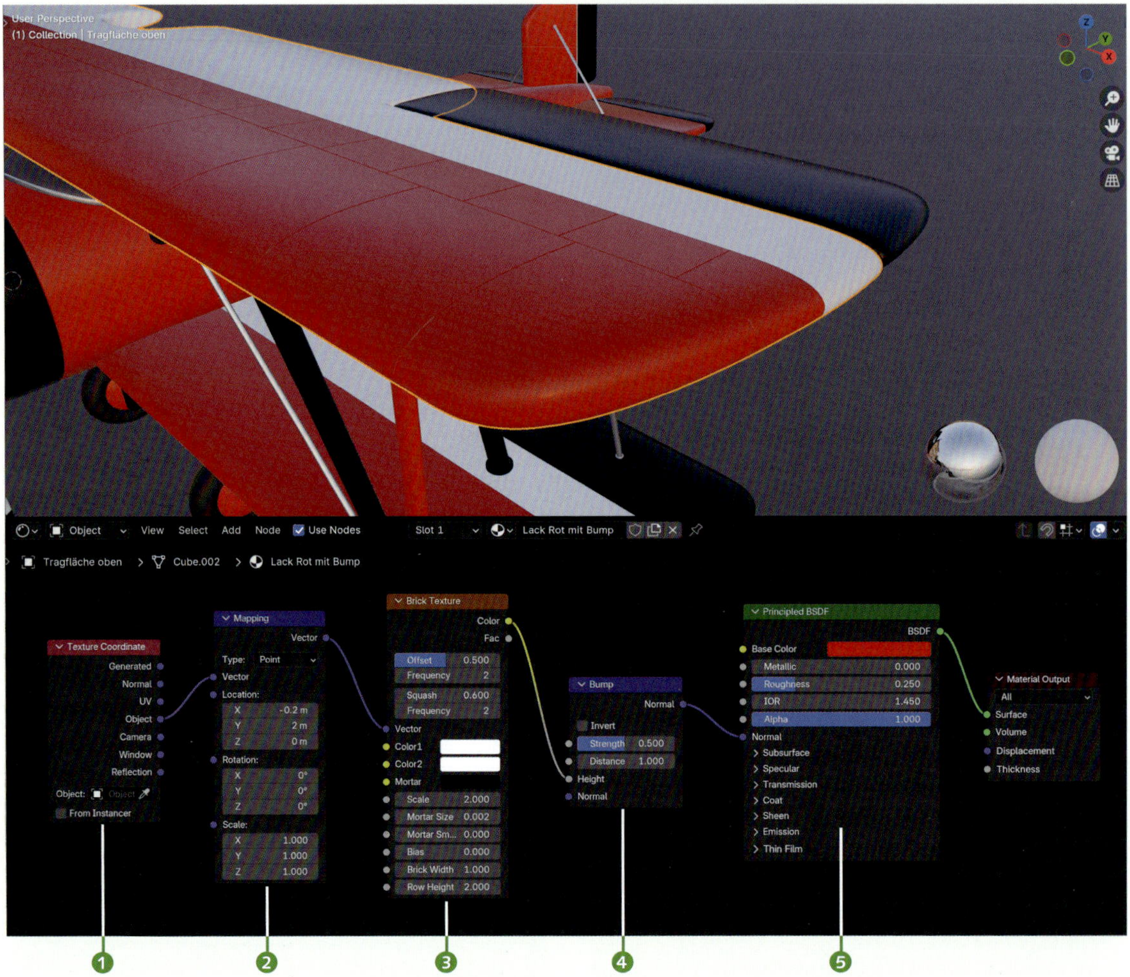

▾ Abbildung 10.124
Einbinden der Bump-Map im Shader Editor

Wenn Sie den Shader Editor im Workspace etwas vergrößern (Abbildung 10.124), sehen Sie für das aktuelle Material den Principled BSDF-Shader ❺, als Node angehängt an einen Material Output-Node. Um eine Bump-Map einbinden zu können, brauchen wir einen Bump-Node ❹, den Sie sich über das Menü ADD • VECTOR (Tasten ⇧ + A) in den Editor holen. Reduzieren Sie seine Stärke (STRENGTH) auf 0.500, um den Effekt nicht zu stark ausfallen zu lassen. Für die Simulation von Bauteilen eignet sich die prozedurale BRICK TEXTURE ❸ hervorragend, die Sie im Menü ADD •

TEXTURE finden und mit ihrem Color-Ausgangssocket mit dem Height-Eingangssocket des Bump-Nodes verbinden. Um diese Textur nun auch vernünftig steuern zu können, ergänzen Sie den Node-Tree noch um einen Texture Coordinate-Node ❶ aus dem Menü ADD • INPUT sowie einen Mapping-Node ❷ aus dem Menü ADD • VECTOR. Als Bezugspunkt für die Textur verwenden wir die Objektinformationen, weshalb wir den Object-Ausgangssocket des Texture Coordinate-Nodes mit dem Vector-Eingangssocket des Mapping-Nodes verbinden. Den hier hinterlegten VECTOR leiten wir direkt an den gleichnamigen Socket des Brick Texture-Nodes weiter. Nachdem der Node-Tree nun steht, können Sie sich an die zugehörigen Parameter machen. Hier steht es Ihnen frei, ob Sie meine Einstellungen übernehmen oder selbst experimentieren, am besten mit günstiger Perspektive auf die obere Tragfläche.

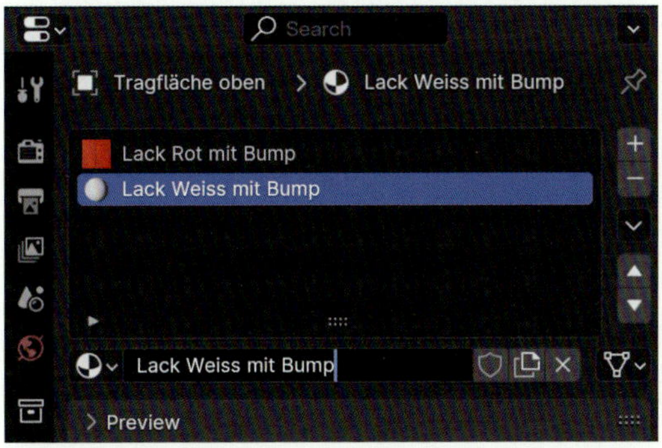

▲ **Abbildung 10.125**
Weiterer Ableger für den weißen Lack

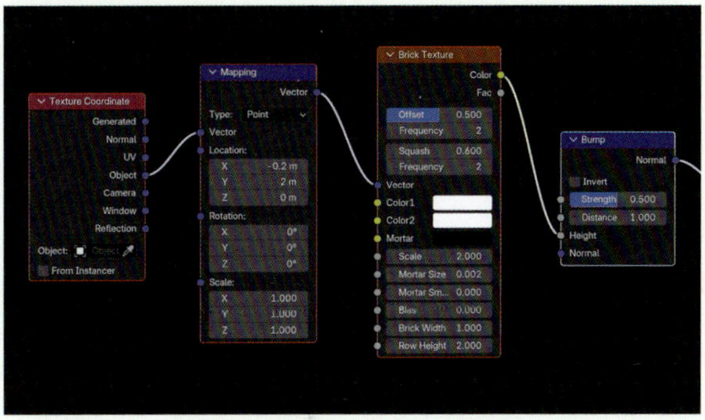

▲ **Abbildung 10.126**
Selektierte Node-Gruppe

Wenn Sie mit der Bump-Map auf der Tragfläche zufrieden sind, fertigen Sie im Material-Tab auch einen Ableger für den weißen Bereich der Tragfläche an (Abbildung 10.125). Damit die Bump-Map nahtlos vom roten zum weißen Lack übergeht, kopieren Sie sich einfach den Node-Tree der Bump-Map (Abbildung 10.126) über den Befehl COPY (Taste [Strg]/[Cmd]+[C]).

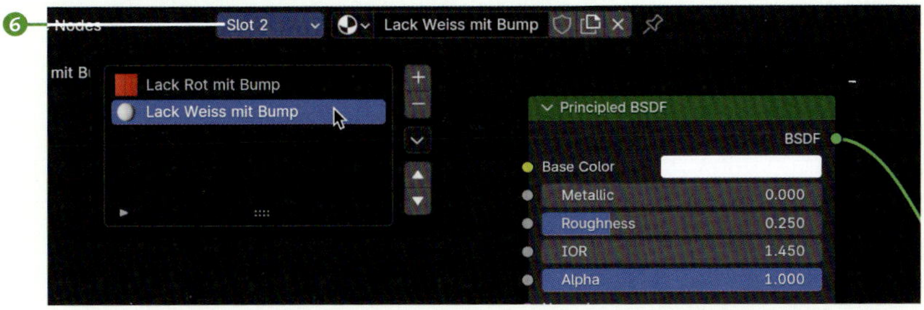

◀ **Abbildung 10.127**
Wechseln zu einem anderen Material über das Slot-Menü im Shader Editor

Nach dem Kopieren wechseln Sie innerhalb des Shader Editors über das Slot-Menü ❻ (Abbildung 10.127) auf das Material für den weißen Lack mit Bump.

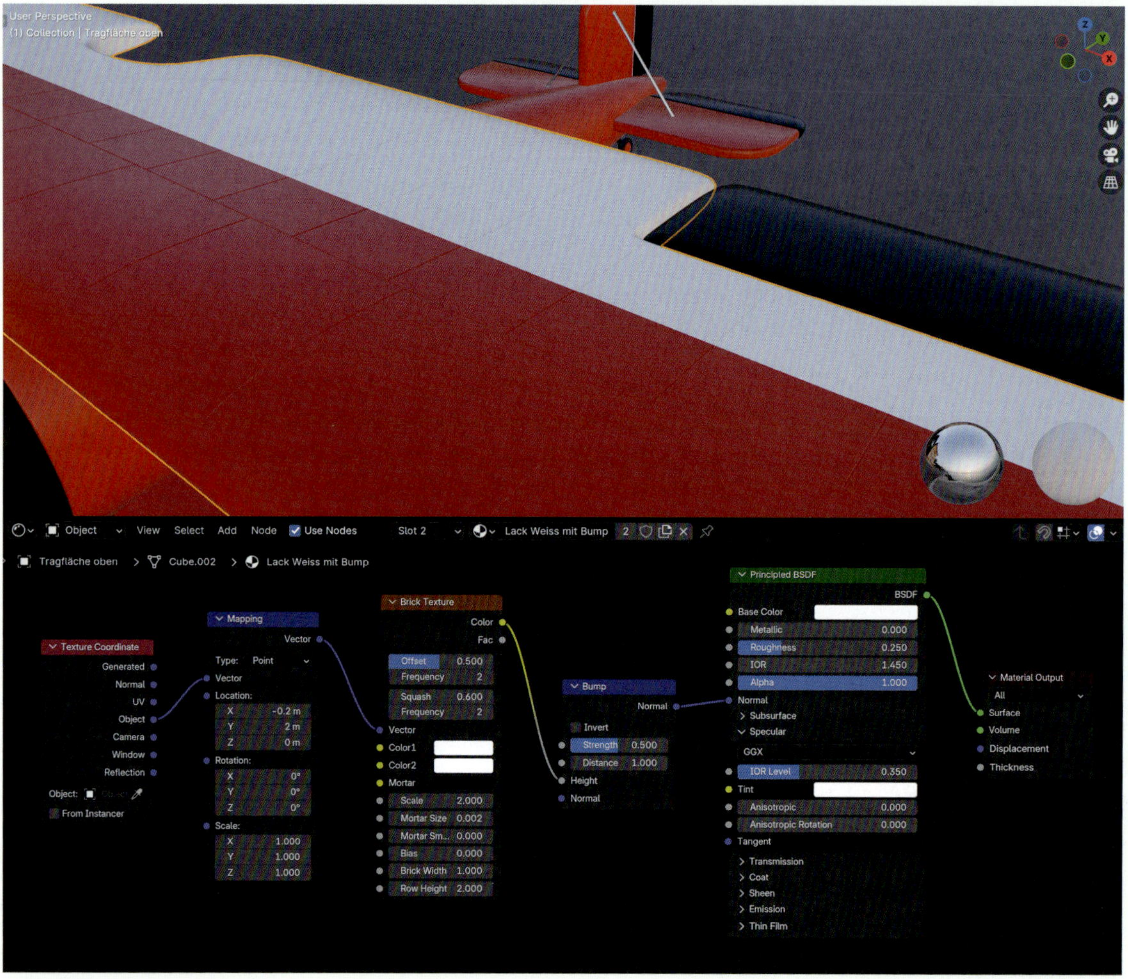

▲ **Abbildung 10.128**
Anschließen des kopierten Node-Trees für die Bump-Map

Fügen Sie den kopierten Node-Tree über den Befehl PASTE (Taste [Strg]/[Cmd] + [V]) in den Shader Editor ein und schließen Sie den Bump-Node an den vorhandenen Principled BSDF-Shader an (Abbildung 10.128). Dank gleichem Bezugssystem geht die Bump-Map bei beiden Materialien nahtlos ineinander über.

Übernehmen wir diese neuen Lack-Materialien doch auch für die untere Tragfläche. Dies ist dank der Datenblöcke denkbar einfach. Tauschen Sie in den Material-Slots der unteren Tragfläche einfach über das Datenblock-Menü die Lack-Materialien gegen ihre Pendants mit Bump aus (Abbildung 10.129).

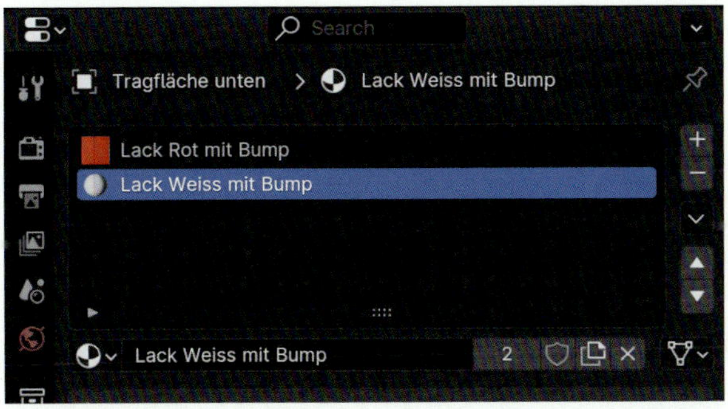

◂ **Abbildung 10.129**
Austausch der Materialien über das Menü der Datenblöcke

Erzeugen Sie mit dieser Verfahrensweise auch einen Ableger für das schwarze Lack-Material der Querruder an der unteren und oberen Tragfläche. Da es sich jeweils um separate Anbauteile des Doppeldeckers handelt, sind Sie vom Bezugspunkt her unabhängig und können die Bump-Map über die Parameter im Mapping-Node so platzieren, dass sie deutlich sichtbar an den Rudern zu sehen ist (Abbildung 10.130).

▾ **Abbildung 10.130**
Schwarzes Lack-Material mit Bump-Map

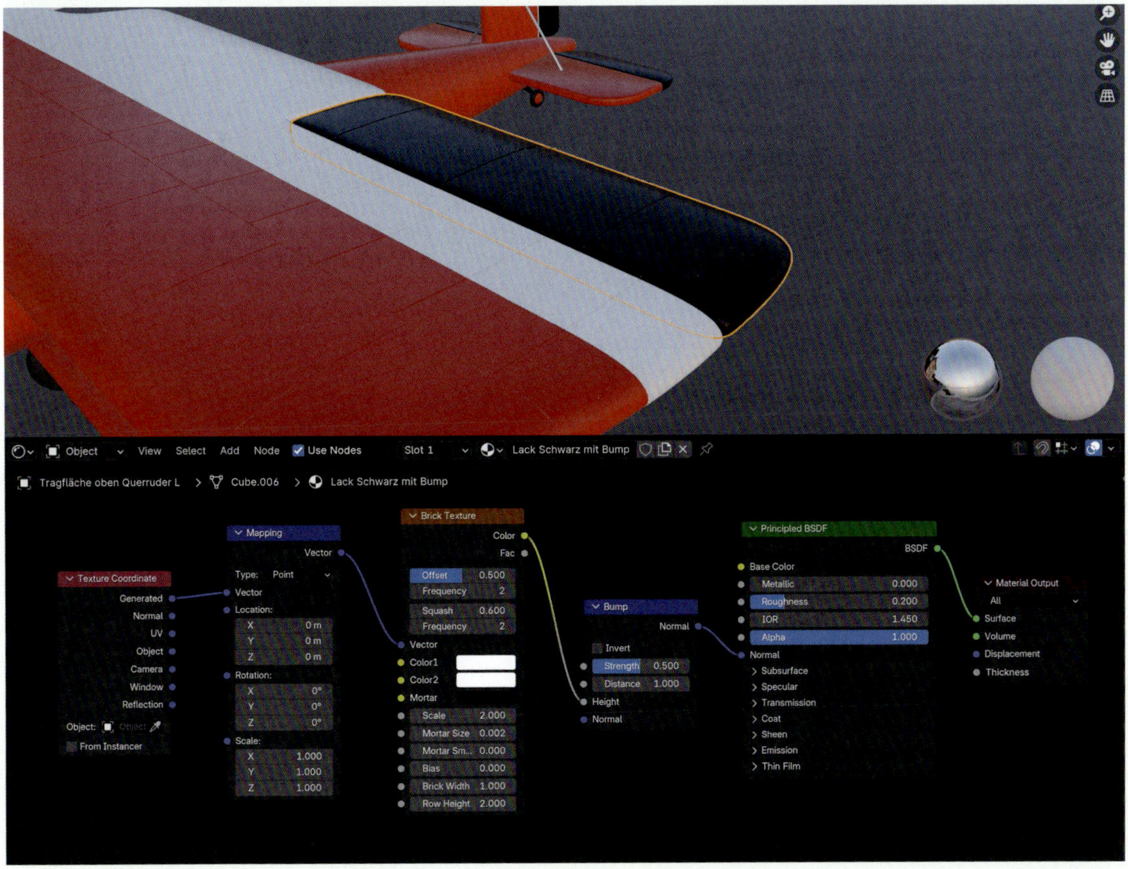

▲ Abbildung 10.131
Rotes Lack-Material mit Bump-Map für das Höhenleitwerk

Weiter geht es mit dem senkrecht stehenden Höhenleitwerk und dem zugehörigen Seitenruder. Auch hier können Sie jeweils den Node-Tree für die Bump-Map verwenden, jedoch muss die Textur über den Mapping-Node entlang der Y-Achse um 90° gedreht werden (Abbildung 10.131). Zusätzlich habe ich aufgrund des Größenverhältnisses zu den Tragflächen die Skalierung der Brick Texture über den Parameter Scale angepasst. Experimentieren Sie einfach mit den Parametern, bis die Bump-Map eine interessante Struktur auf der Lackoberfläche aufweist.

Versehen Sie mit dieser Technik nun auch noch das Höhenleitwerk und die Höhenruder mit entsprechend angepassten Ablegern der bereits vorhandenen Lack-Materialien (Abbildung 10.132). Wenn Sie mit dem Ergebnis zufrieden sind, kümmern wir uns im letzten Schritt um den Rumpf des Doppeldeckers.

◂ **Abbildung 10.132**
Mit Bump-Maps versehene Höhen- und Seitenruder

11 Finalisieren des Rumpfes mit Bump-Map und Beschriftung

Sollten Sie dem Rumpf des Doppeldeckers ein farbiges Lack-Material zugewiesen haben, ist Ihnen sicher aufgefallen, dass sich Rot oder Weiß nicht wirklich als Hintergrund für den Motorraum eignet. Versetzen Sie also in diesem Fall den Rumpf über die [Tab]-Taste in den EDIT MODE, selektieren Sie das vorderste N-Gon und erweitern Sie diese Selektion über den Befehl SELECT MORE/LESS • MORE um den ersten Face Loop des Bevels (Abbildung 10.133). Weisen Sie der Selektion nun das schwarze Lack-Material zu.

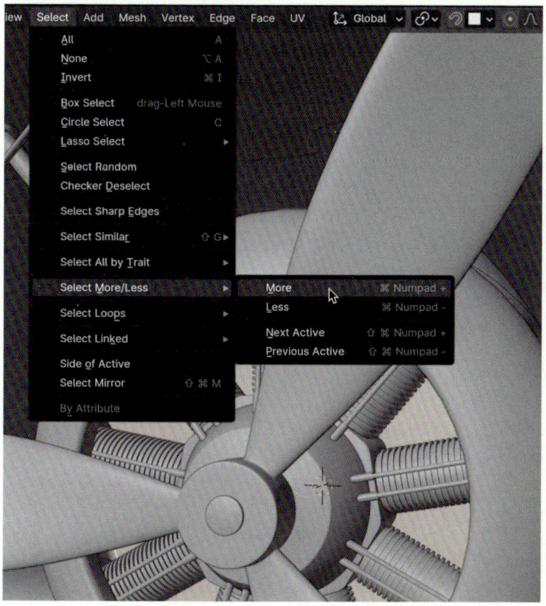

◂ **Abbildung 10.133**
Ausweiten der Auswahl

▾ **Abbildung 10.134**
Schwarzer Lack für die Front des Rumpfes

Abbildung 10.135 ▸
Erster Ableger des roten Lack-Materials für den Rumpf

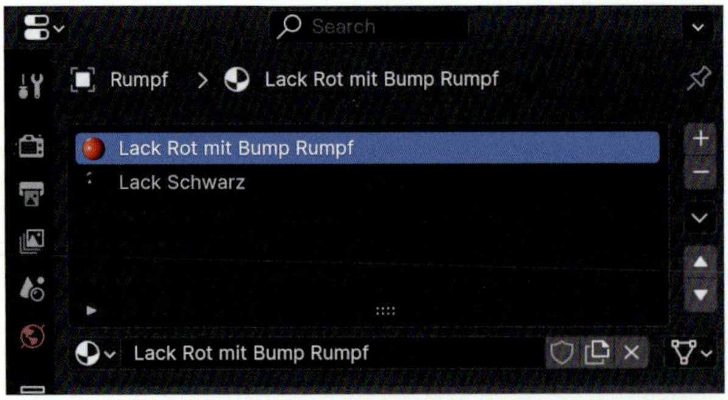

Weisen Sie dem Haupt-Material-Slot des Rumpfes über das Datenblock-Menü das rote Lack-Material mit Bump-Map zu und erzeugen Sie wieder einen Ableger, den Sie mit dem Zusatz »Rumpf« versehen (Abbildung 10.135).

▾ **Abbildung 10.136**
Rotes Lack-Material mit Bump-Map für den Rumpf

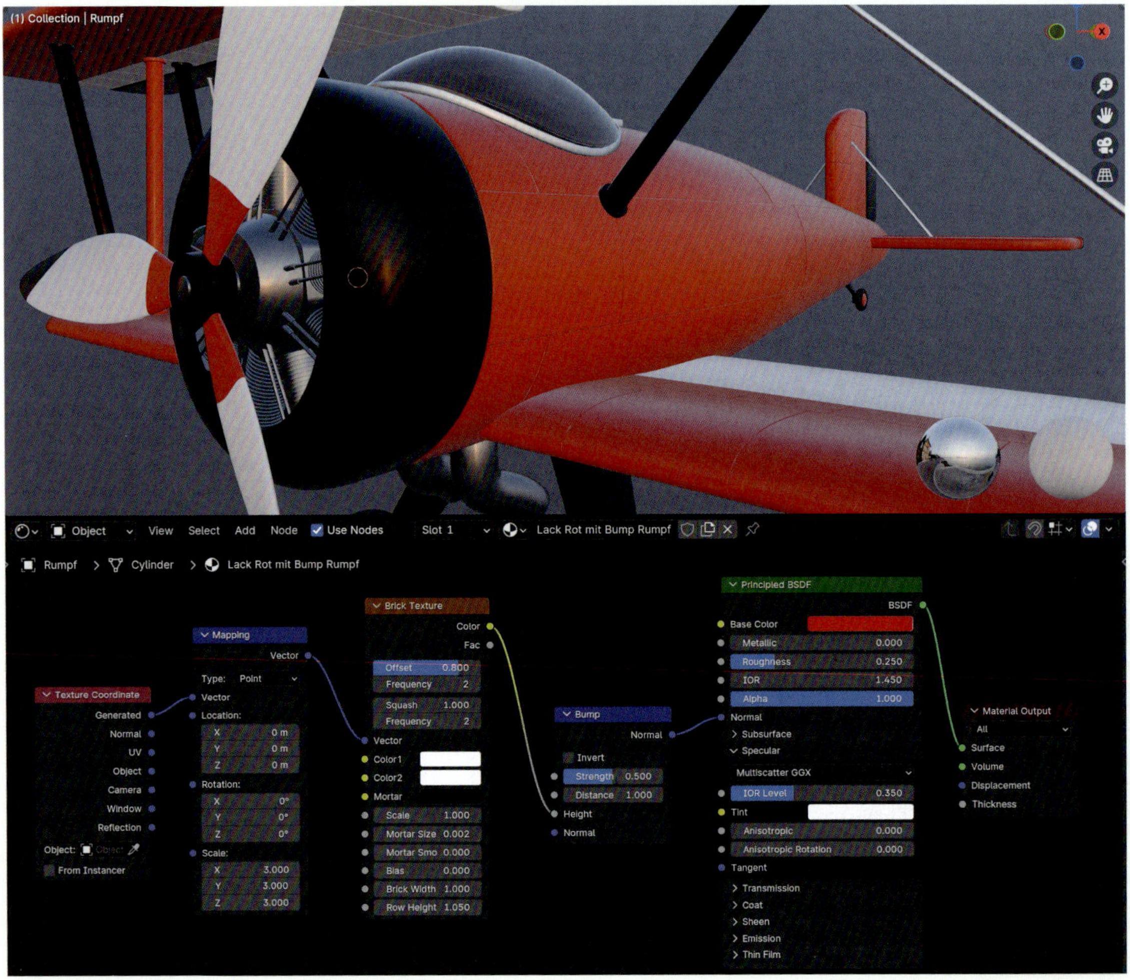

Im Shader Editor (Abbildung 10.136) können Sie nun wieder an den Einstellungen feilen. Ich habe die Textur über die Skalierung (Scale) im Mapping-Node deutlich vergrößert und auch mit dem Parameter Offset in der Brick Texture eine gute Position für die Struktur auf der Oberfläche gefunden.

◂ **Abbildung 10.137**
Weiterer Ableger des Lack-Materials mit Bump für die Aufschrift

Um von diesem Material nun einen weiteren Ableger für die Aufschrift zu generieren, erzeugen Sie zunächst einen weiteren Material-Slot über den +-Button ①. Weisen Sie dem neu entstandenen Material-Slot über das Menü in der Datenblock-Zeile ebenfalls das rote Lack-Material mit Bump für den Rumpf zu.

Jetzt können Sie für diesen zweiten Material-Slot über den Button ② den benötigten Ableger für die Aufschrift erzeugen, am besten direkt mit dem entsprechenden Namenszusatz (Abbildung 10.137) zur besseren Unterscheidung.

▾ **Abbildung 10.138**
Einbinden eines Image Texture-Nodes und eines Mix Color-Nodes

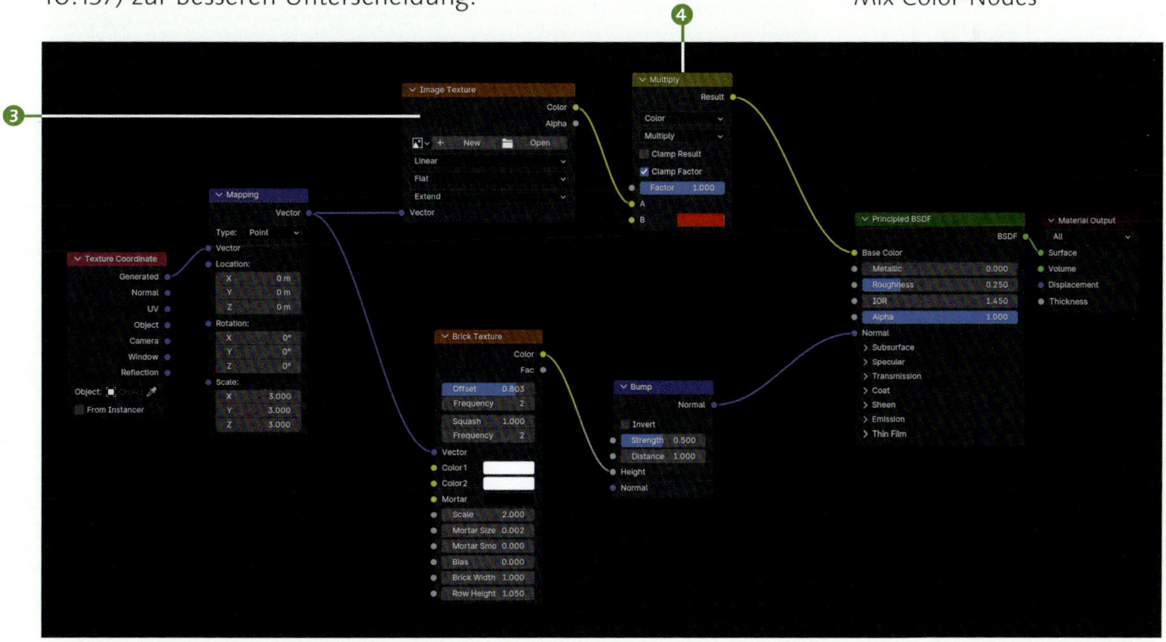

Die Einbindung der Aufschrift als zusätzliche Textur, die mit dem bereits bestehenden Konstrukt für die Bump-Map zusammenarbeitet, erfolgt über zwei weitere Nodes im Shader Editor.

Zum einen benötigen wir einen Mix Color-Node aus dem Menü ADD • COLOR (Tasten [⇧] + [A]), der dafür sorgt, dass die schwarze Aufschrift mit dem roten Lack-Untergrund verrechnet wird. Setzen Sie den Node ❹ (Abbildung 10.138) auf die Funktion MULTIPLY und den FACTOR auf 1.000, um die Farbinformationen miteinander zu multiplizieren, und schließen Sie seinen Ausgangssocket RESULT an den Eingangssocket BASE COLOR des Principled BSDF-Shaders an. Stellen Sie im Farbchip bei B exakt die Farbe ein, die Sie auch für das rote Lack-Material verwenden, gegebenenfalls hilft Ihnen dabei die Pipette.

Der zweite zusätzliche Node stellt uns die Aufschrift als Bitmap-Textur zur Verfügung, es ist der Image Texture-Node ❸ (Abbildung 10.138) aus dem Menü ADD • TEXTURE. Setzen Sie ihn vor den Mix Color-Node und verbinden Sie seinen Ausgangssocket COLOR mit dem Eingangssocket A des Mix Color-Nodes. Das bereits vorliegende Mapping nutzen wir auch für die Einbindung der Textur, also bespeisen Sie den Eingangssocket VECTOR des Image Texture-Nodes mit dem Ausgangssocket VECTOR des Mapping-Nodes.

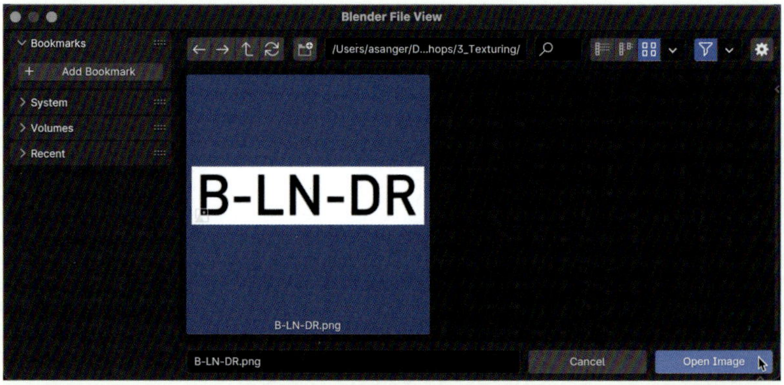

Abbildung 10.139 ▸ Auswahl der Textur über den File Browser

Nachdem der Node-Tree nun fertig ist, müssen wir nur noch die Bitmap-Textur einpflegen. Klicken Sie dazu auf den Button OPEN des Image Texture-Nodes, um die in den Beispieldateien im Verzeichnis *3_Texturing* mitgelieferte Bilddatei *B-LN-DR.png* (oder eine beliebige andere Bilddatei Ihrer Wahl) über den File Browser auszuwählen (Abbildung 10.139). Jetzt müssen wir nur noch dieses fertige Material an die richtige Stelle des Rumpfes platzieren. Aktuell ist am Rumpf des Doppeldeckers noch nichts zu sehen, das liegt aber daran, dass wir dem Material noch keine Faces zugewiesen haben. Um dies zu erledigen, versetzen Sie den Rumpf mit der [⇆]-Taste in den EDIT MODE, und selektieren Sie am besten aus der Seitenansicht (Taste [3] [Num]) die Faces, auf die Sie die Aufschrift aufbringen möchten (Abbildung 10.140).

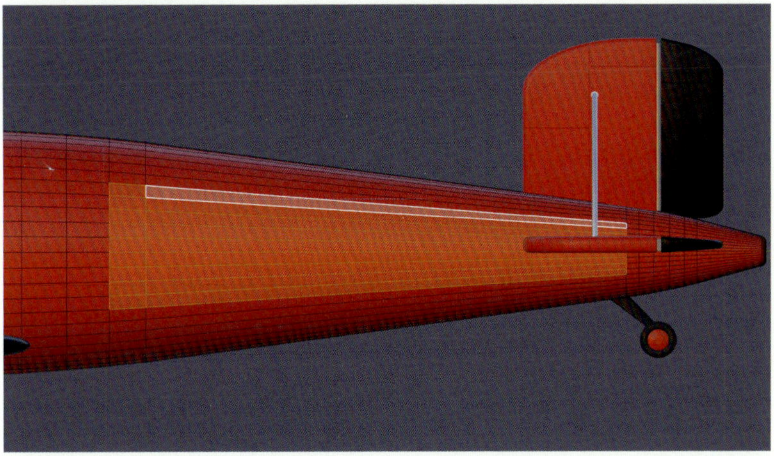

◂ **Abbildung 10.140**
Selektion der Faces für die Aufschrift

Nun gilt es, den selektierten Faces das rote Lack-Material mit der Aufschrift zuzuweisen. Dies geschieht wie üblich über den Button ASSIGN ①, nachdem Sie den gewünschten Material-Slot ausgewählt haben.

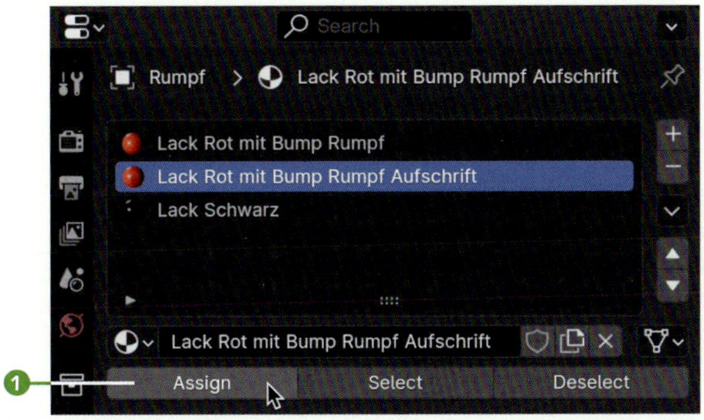

◂ **Abbildung 10.141**
Zuweisen des roten Lack-Materials mit Aufschrift an die Selektion

Das Anpassen der Aufschrift in der richtigen Größe und Position erledigen Sie im Shader Editor über die Parameter des Mapping-Nodes (Abbildung 10.142). Sie werden eine Rotation um die Y-Achse von –90° benötigen, damit die Aufschrift parallel zum Rumpf steht. Mit den Werten von LOCATION X bzw. LOCATION Y schieben Sie die Aufschrift an die richtige Stelle. Wenn Sie möchten, wiederholen Sie dies für die andere Seite des Doppeldeckers.

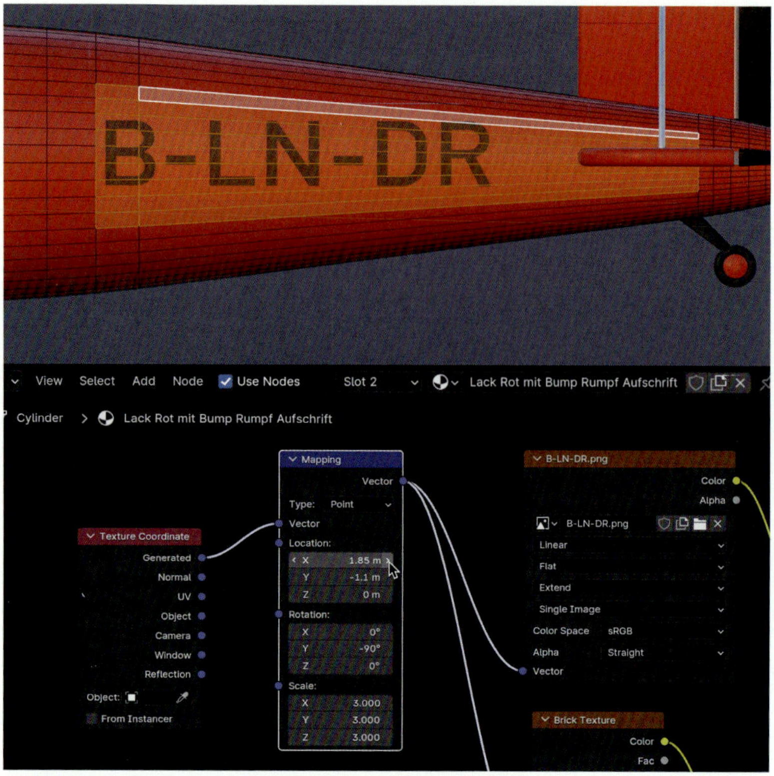

Abbildung 10.142 ▸
Anpassen und Platzieren der Bitmap-Textur über die Mapping-Parameter

Sollten Sie mit dem kombinierten Mapping von Struktur und Aufschrift partout nicht zufrieden sein, steuern Sie die Aufschrift einfach über einen separaten Mapping-Node, den Sie vollkommen unabhängig von der Bump-Map einstellen können. Damit ist unser Doppeldecker fertig texturiert (Abbildung 10.143).

Abbildung 10.143 ▸
Fertig texturierter Doppeldecker

Kapitel 11
Textur-Mapping

Mit den eben besprochenen Standard-Projektionsarten stoßen wir beim Texturing von komplexen 3D-Objekten wie beispielsweise Characters schnell an Grenzen. Um auch solche anspruchsvolleren Objekte problemlos texturieren zu können, ist die Verwendung einer UV-Map unumgänglich. Die Texturen erhalten auf diese Weise ein eigenes Koordinatensystem, über das sie exakt auf dem Objekt angebracht werden können.

Bei diesem sogenannten »UV-Mapping« gehen Sie also genau den umgekehrten Weg wie beim Mapping der Texturen mit den Standard-Projektionsarten. Anstatt einem Objekt, so gut es irgend möglich ist, eine adäquate Mapping-Hülle aus der Liste der Projektionsarten überzustülpen, schneiden Sie sich die Hülle der Objekte (Abbildung 11.1), also das UV-Mesh, zuvor so zurecht, dass Sie beim anschließenden Aufbringen der Texturen auf die flach ausgebreitete UV-Map keine Probleme mehr haben. Womit auch die verwendete Projektionsart geklärt ist, das Flat-Mapping.

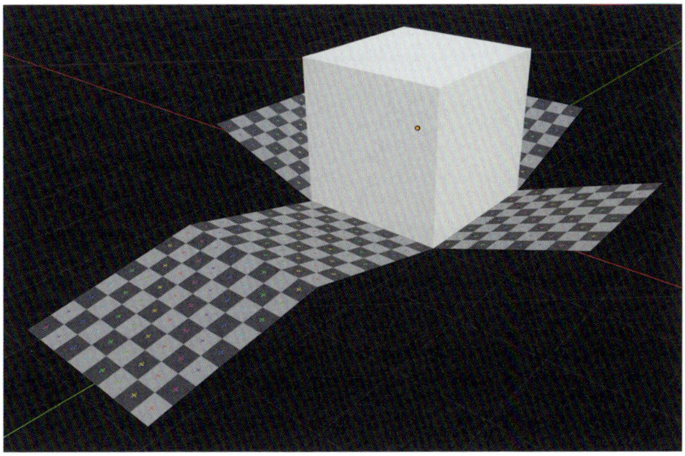

◂ **Abbildung 11.1**
Aufgeschnittene UV-Hülle eines Cubes

Die einmal aufbereitete UV-Hülle kann nach Belieben weiterbearbeitet und für die Texturierung optimiert werden. In der Texturansicht lässt sich das UV-Mesh des Objekts darstellen, bemalen und mit Texturen versehen. Diese Vorarbeiten entscheiden über die Qualität des texturierten Objekts, denn ohne eine gut abgewickelte UV-Map bringt auch der begnadetste Maler keine hochwertige Textur zustande.

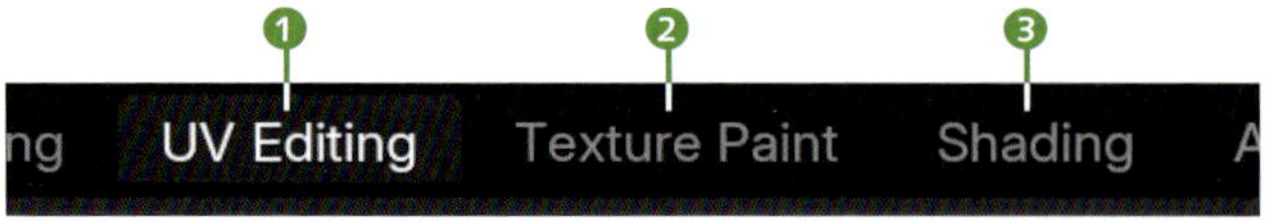

Abbildung 11.2 ▸ Workspaces für das Texturing

Dieser Workflow spiegelt sich auch in den zugehörigen Workspaces (Abbildung 11.2) in Blender wieder. Zunächst kümmern Sie sich mittels UV EDITING ❶ um die stimmige UV-Map, anschließend kann die Texturierung per TEXTURE PAINT ❷ oder durch SHADING ❸ erfolgen.

11.1 UV-Abwicklung

Bei der UV-Abwicklung wird die Mesh-Hülle an geeigneten Schnittkanten aufgetrennt und flach abgewickelt. Anschließend kann die Textur auf diesem eigenen UV-Koordinatensystem exakt aufgebracht und bearbeitet werden.

Die Erstellung der UV-Abwicklung, das sogenannte UNWRAPPING, findet im EDIT MODE statt. Alle Faces des Meshes, die abgewickelt werden sollen, müssen dabei selektiert sein.

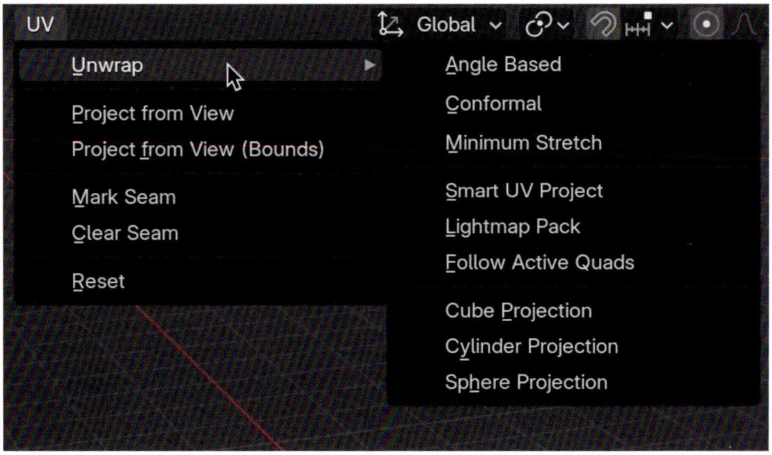

Abbildung 11.3 ▸ Menü UV im EDIT MODE im 3D Viewport

Im Menü UV (Abbildung 11.3) bzw. über die Taste [U] finden Sie die Werkzeuge und Befehle zur Abwicklung des UV-Meshes in eine UV-Map. So stehen verschiedene Unwrapping-Methoden für unterschiedliche Grundformen, Perspektiven und Vorbereitungen bereit.

Unwrapping

Sie können die folgenden Unwrapping-Methoden problemlos durchprobieren und modifizieren, bis das abgewickelte UV-Mesh Ihren Anforderungen entspricht.

Analog zu den Projektionsarten finden Sie in der Cube/Cylinder/Sphere Projection drei zu den Primitives passende Unwrapping-Methoden. Bei Project From View dient ein Schnappschuss des Objekts in der aktuellen Viewport-Ansicht für die UV-Map.

Für komplexe Objekte eignet sich die Standardoption Unwrap. Hier sollten Sie mit zuvor gesetzten Schneidekanten (Seams) eine Hilfestellung geben. Bei der später möglichen Option Live Unwrap wird das abgewickelte UV-Mesh auf der Grundlage der Seams, die Sie dabei vorgeben, ständig aktualisiert.

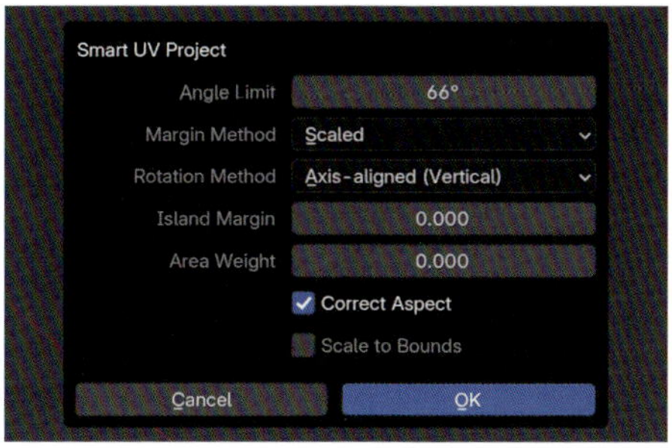

◂ **Abbildung 11.4**
Einstellungen Smart UV Project

Smart UV Project wickelt das Mesh auf Basis von Vorgaben zu Winkellimits (Angle Limit), dem Größenverhältnis von UVs zu Rändern (Margin Method), der gewünschten Ausrichtung (Rotation Method), den Rändern zwischen Mesh-Inseln (Island Margin) und zusammengehörigen Face-Verbünden (Area Weight) anhand eines internen Algorithmus ab (Abbildung 11.4).

Der Methode Lightmap Pack sind zusammenhängende Flächen egal, hier wird das komplette Mesh in Einzelteile zerlegt und platzsparend (da für Spieleentwicklung konzipiert) angeordnet.

Follow Active Quads erwartet eine aktive Face-Selektion. Davon ausgehend wird das Mesh entlang der Face Loops abgewickelt.

Nach dem Unwrapping und dem damit verbundenen Anlegen der UV-Map ist sichergestellt, dass jedem Face des Mesh-Objekts ein Face in der UV-Map gegenübersteht (Abbildung 11.5).

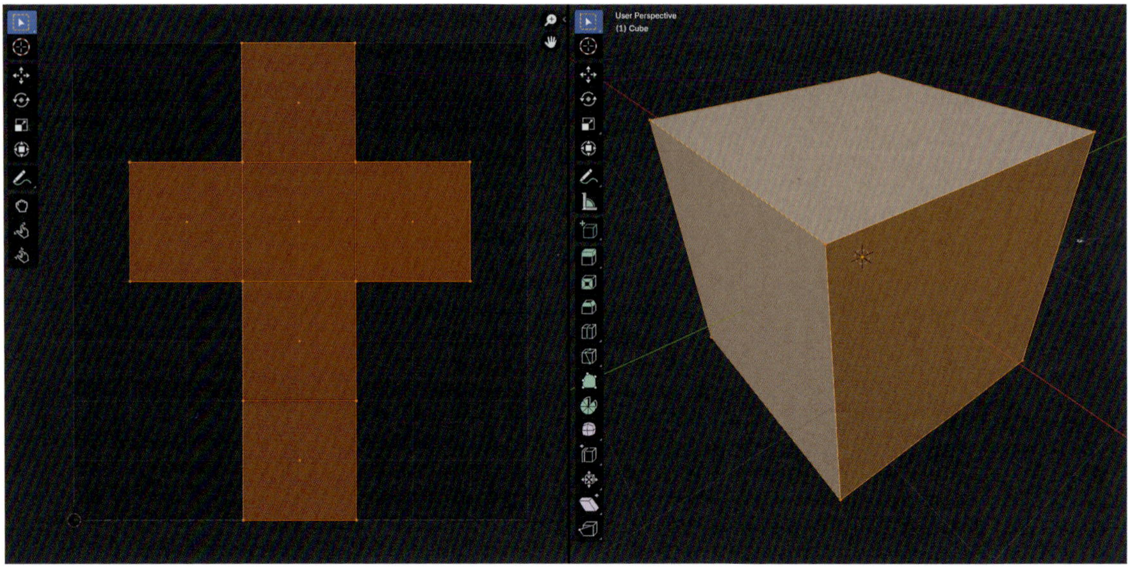

▲ **Abbildung 11.5**
UV-Map und Faces des Cubes

Schneidekanten (Seams)

Es ist selbstverständlich möglich, eine UV-Abwicklung zu erzeugen, ohne zuvor Schneidekanten (Seams) definiert zu haben. Durch Seams haben Sie aber von Anfang an wesentlich mehr Kontrolle über die zusammengehörigen Teile des Meshes bzw. können die Schneidekanten so setzen, dass eventuelle Problemstellen an unauffälligen Bereichen des Mesh-Objekts liegen. Das Definieren der Schnittkanten erfolgt im Mode EDGE SELECT.

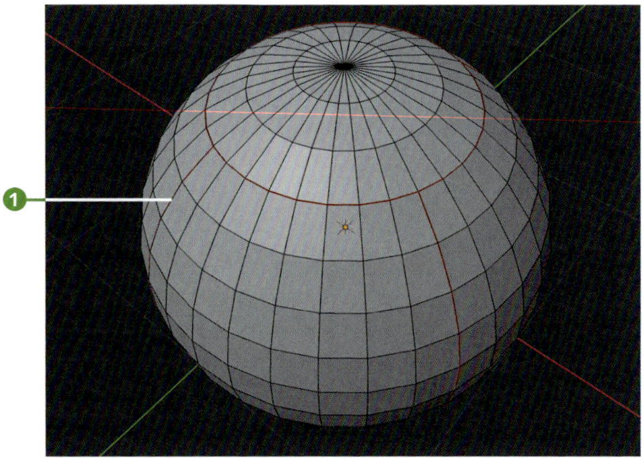

Abbildung 11.6 ▶
UV Sphere mit Seams

Dazu erzeugen Sie im 3D Viewport eine Selektion der Edges, die für das Unwrapping als Seams fungieren sollen, und weisen die Edges über den Befehl MARK SEAM aus dem Menü UV (Taste [U]) als Schneidekanten aus. Der ebenfalls in diesem Menü befindliche Befehl CLEAR SEAM hebt die Funktion als Schneidekante wieder auf. Bestehende Seams erkennen Sie im Viewport an rot eingefärbten Edges ①.

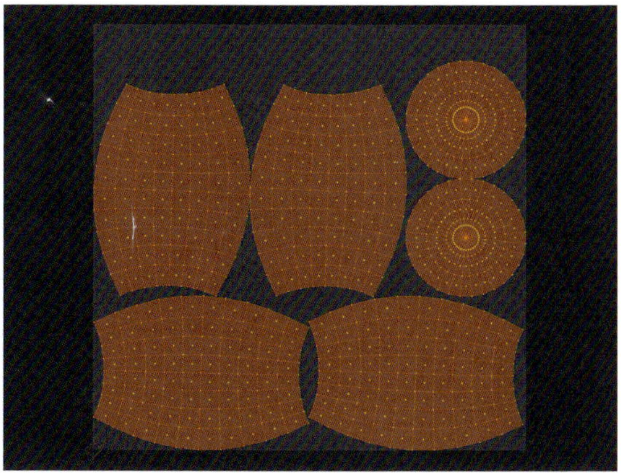

◂ **Abbildung 11.7**
UV-Abwicklung mit Seams

In Abbildung 11.7 sehen Sie das abgewickelte UV-Mesh auf Basis der in Abbildung 11.6 markierten Schneidekanten. Solch eine UV-Map kann für bestimmte Texturing-Aufgaben, beispielsweise Texture Painting, durchaus funktionieren, weil die Faces weitgehend unverzerrt vorliegen. Sollten Sie dagegen planen, eine Textur mit einem Schriftzug rund um die Kugel zu legen, werden Sie mit dieser UV-Map Probleme bekommen.

Sie können Seams auch direkt am abgewickelten UV-Mesh anbringen, das Menü UV (oder der Befehl [Strg]/[Cmd] + [E]) steht Ihnen immer zur Verfügung. Anschließend aktualisieren Sie die Abwicklung über den erneuten Aufruf des Unwrap-Befehls.

UV-Maps

Gerade bei komplexen Texturing-Aufgaben, wie beispielsweise Characters, ist es sinnvoll, sich nicht auf eine einzelne UV-Map zu versteifen und auf Biegen und Brechen alle Bereiche des Meshes dort unterzubringen. Oft eignet sich für bestimmte Bereiche auch einfach eine andere Unwrapping-Methode besser. Arbeiten Sie in diesem Fall lieber mit mehreren UV-Abwicklungen, immerhin können Sie für jedes Objekt bis zu acht UV-Maps anlegen.

Die UV-Maps für jedes Objekt sind im Panel UV Maps ❷ in dessen Object Data-Tab ❶ im Properties Editor abgelegt. Dort können Sie die UV-Maps nach Doppelklick auf ihren Eintrag umbenennen sowie über die +- bzw. −-Buttons neue UV-Maps anlegen bzw. vorhandene UV-Maps löschen.

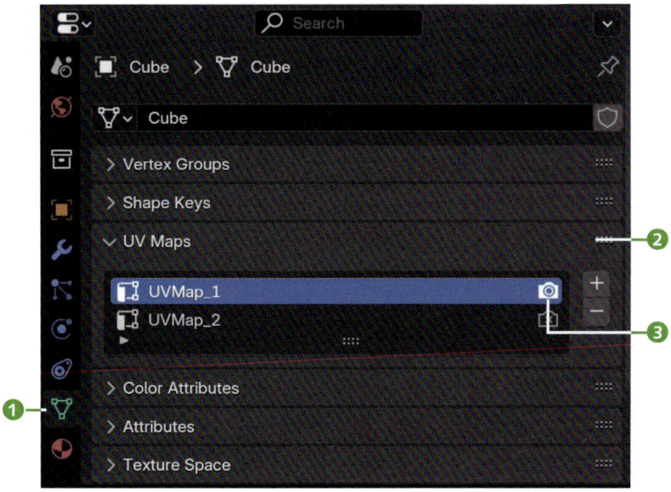

Abbildung 11.8 ▸
Panel UV Maps im Object Data-Tab des Properties Editors

Welche UV-Map für das Rendering der vorliegenden Textur verwendet wird, entscheiden Sie über den Render-Button ❸ im Panel UV Maps. Die Handhabung von UV-Maps mag anfangs etwas ungewohnt sein, denn es handelt sich nicht um eine Selektion bestimmter Faces, sondern stets um den kompletten Satz an Faces eines Objekts, den Sie entweder auf der jeweiligen Textur unterbringen oder im wahrsten Sinne des Wortes »zur Seite schieben«, damit diese Bereiche nicht von der Textur erfasst werden.

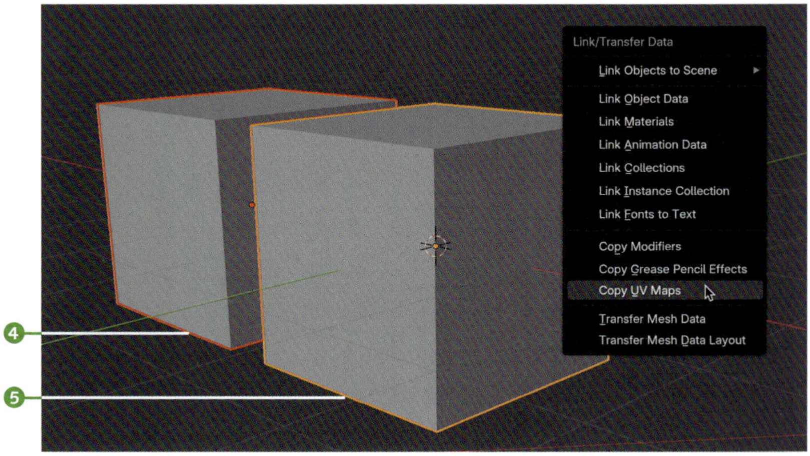

Abbildung 11.9 ▸
Kopieren einer UV-Map über Link/Transfer Data

UV-Maps sind wie Meshes oder Materialien Datenblöcke, die mit dem jeweiligen Objekt verknüpft sind. Das bedeutet, dass sich UV-Maps natürlich auch sehr leicht auf andere Objekte übertragen lassen, solange die Geometrie beider Objekte übereinstimmt. Um die UV-Map von einem aktiven ❺ auf ein selektiertes ❹ Objekt zu transferieren, wählen Sie beide Objekte entsprechend aus und rufen den Befehl LINK/TRANSFER DATA • COPY UV MAPS (Kurzbefehl [Strg]/[Cmd] + [L]) auf (Abbildung 11.9).

11.2 UV-Editing

Für die Bearbeitung der UV-Map in Kombination mit der Textur ist der UV Editor (Abbildung 11.10) zuständig. Die meisten Elemente, wie der Header mit der Datenblock-Zeile ❽, sowie die Transformations- ❼ und Select-Modi ❻ sind Ihnen schon vertraut. Toolbar und Sidebar stellen wie immer die wichtigsten Befehle und Parameter bereit. Die Standard-Tools MOVE [G], ROTATE [R] und SCALE [S] funktionieren auch im UV Editor, nur eben in 2D mit X- und Y-Achse. Um die gezeigte Textur unabhängig von der Selektion im UV Editor zu behalten, aktivieren Sie das Pin-Symbol ❾.

▼ **Abbildung 11.10**
UV EDITOR

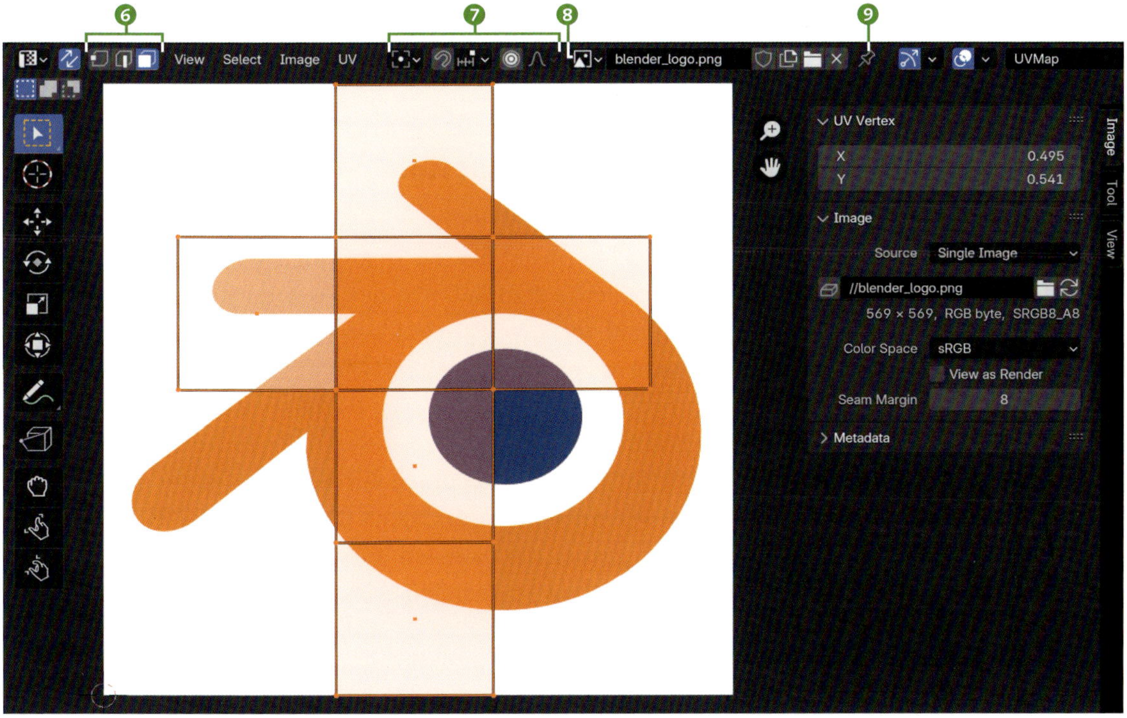

Um die Selektionen im 3D Viewport und im UV Editor im Einklang zu halten, aktivieren Sie die etwas unscheinbare Option KEEP UV AND EDIT MODE MESH SELECTION IN SYNC ①. Bei deaktivierter Option haben Sie neben einem ISLAND SELECT MODE ② für UV-Mesh-Inseln noch zusätzliche Auswahlmodi für das UV-Mesh ③.

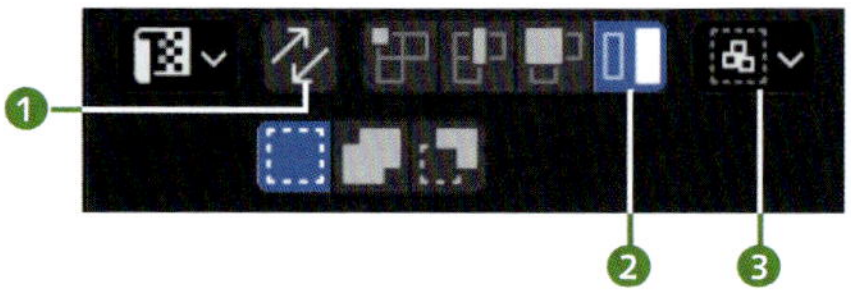

Abbildung 11.11 ▸
Optionen für die UV-Selektion

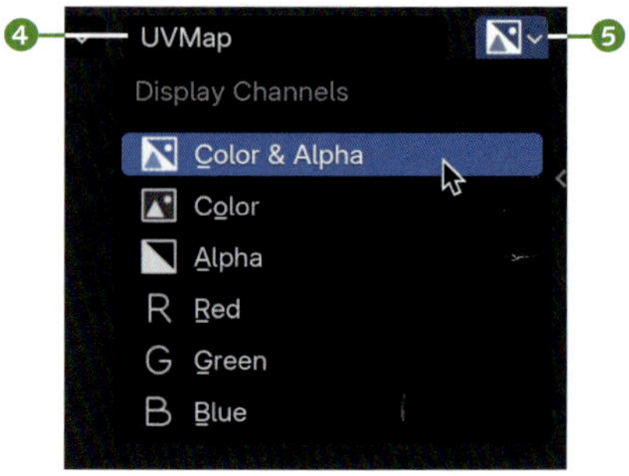

Abbildung 11.12 ▸
Menü DISPLAY CHANNELS

So können Sie über diese sogenannten STICKY SELECTION MODES erreichen, dass UV-Faces, die auf der gleichen Position liegen (SHARED LOCATION), bzw. UV-Faces, die einen gemeinsamen Vertex haben (SHARED VERTEX), automatisch mitselektiert werden.

Rechts oben im UV Editor (Abbildung 11.12) befindet sich das Datenblock-Menü der UV-Map ④, hier wählen Sie die UV-Map zur Bearbeitung aus bzw. benennen sie nach Doppelklick um. Für die hinzugeladene Textur bietet das Menü DISPLAY CHANNELS ⑤ einige Anzeigeoptionen für Alpha- und Farbkanäle.

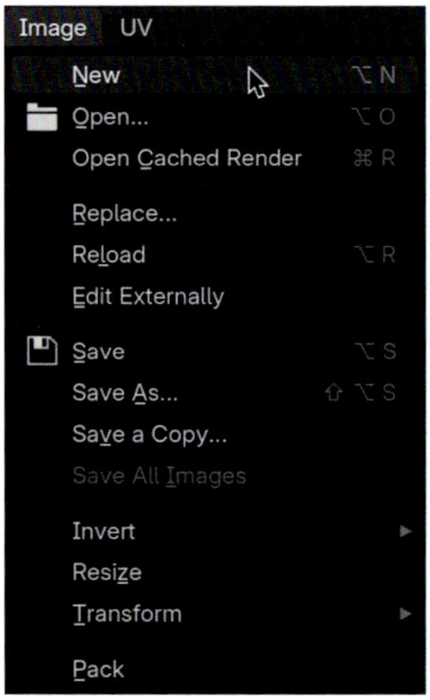

▴ Abbildung 11.13
Menü IMAGE

Texturen erzeugen und laden

Damit Sie das UV-Mesh und die Textur optimal aneinander anpassen können, benötigen Sie die Textur im UV Editor. Die wichtigsten Befehle hierfür finden Sie in der Datenblock-Zeile im Header. Mehr Auswahl, insbesondere was das Abspeichern oder die externe Bearbeitung angeht, finden Sie im Menü IMAGE (Abbildung 11.13).

Während Sie mit dem Befehl OPEN den File Browser öffnen, wo Sie die gewünschte Bilddatei lokalisieren, legen Sie über den Befehl NEW eine völlig neue Bilddatei innerhalb von Blender an. Hier liegt die Betonung auf »innerhalb«, denn die neue Textur muss in jedem Fall separat gespeichert werden, wenn Sie diese Bilddatei künftig für die Texturierung der Objekte verwenden möchten. Keine Sorge, Blender warnt Sie rechtzeitig, falls Sie Blender schließen oder ein anderes Blend-File öffnen möchten, ohne zuvor die neue Textur gespeichert zu haben. Zuvor geben Sie der neuen Bilddatei aber im zugehörigen Einstellungspanel (Abbildung 11.14) einen aussagekräftigen Namen für die spätere Verwendung der Textur, die benötigte Breite (WIDTH) und Höhe (HEIGHT) sowie eine Basisfarbe zusammen mit der Information, ob ein Alpha-Kanal angelegt werden soll.

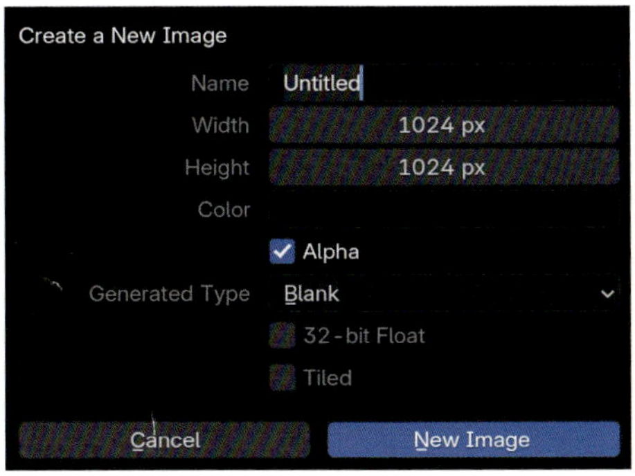

◂ **Abbildung 11.14**
Einstellungen NEW IMAGE

Wenn Sie Ihr Augenmerk zunächst auf das UV-Editing legen möchten, so finden Sie im Menü GENERATED TYPE zwei praktische generische Texturen mit UV bzw. COLOR GRID, mit denen sich das abgewickelte UV-Mesh für die Bearbeitung gut beurteilen lässt.

▾ **Abbildung 11.15**
UV GRID als Textur

UV-Werkzeuge

Neben den bekannten Selektions- und Transformationswerkzeugen sind die vier UV-Tools in der Toolbar (Abbildung 11.16) die ersten Werkzeuge für die UV-Bearbeitung, die Sie im UV Editor finden. RIP REGION schneidet Ihnen eine UV-Auswahl aus dem Verbund heraus. Mit GRAB erhalten Sie einen Brush mit einstellbarem Radius

▲ **Abbildung 11.16**
UV-Werkzeuge in der Toolbar

UV-Brush-Tools

Da es sich bei den drei UV-Werkzeugen Grab, Relax und Pinch um Brushes handelt, lässt sich deren Wirkungsradius wie gewohnt direkt im Viewport bei gedrückt gehaltener Taste [F] anpassen.

zum Verschieben von UV-Elementen. Der Sculpt-Brush RELAX verwendet Algorithmen, um die UV-Elemente gleichmäßig zu verteilen, gleichzeitig aber das vorliegende Mesh zu berücksichtigen. Mit dem Brush PINCH können Sie UV-Elemente zusammenziehen bzw. auseinanderdrücken, Letzteres bei gedrückter [Strg]/[Cmd]-Taste.

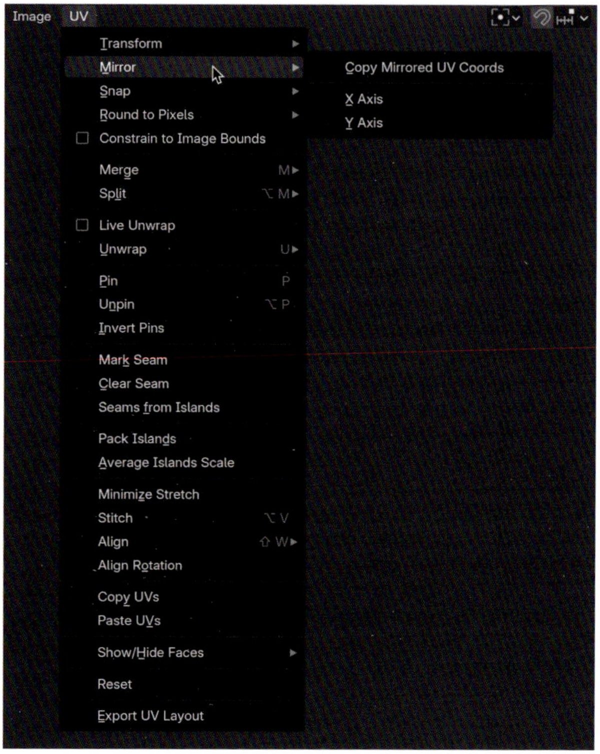

Abbildung 11.17 ▸
Menü UV im UV Editor

Mehr Werkzeuge und Befehle für die Bearbeitung des UV-Meshes finden Sie im Menü UV des UV Editors (Abbildung 11.17). Analog zur Arbeit mit Vertices, Edges und Faces können Sie optional symmetrisch arbeiten und Snapping-Funktionen aktivieren.

Über den Befehl PIN (Taste [P]) nageln Sie die UV-Vertices auf ihrer aktuellen Position fest. Zum Lösen der Fixierung dient entsprechend der Befehl UNPIN (Tasten [Alt]+[P]). Auf diese Weise schützen Sie bereits korrekt sitzende UV-Elemente vor Bearbeitung.

Der Befehl PACK ISLANDS sorgt dafür, dass UV-Inseln, also zusammenhängende UV-Bereiche, nicht-überlappend, aber trotzdem effizient auf den zur Verfügung stehenden Raum verteilt werden. Mittels AVERAGE ISLANDS SCALE lassen sich die UV-Inseln auf eine gemeinsame, durchschnittliche Größe trimmen. MINIMIZE STRETCH reduziert gestreckte UV-Elemente, indem das Werkzeug die anliegenden Winkel minimiert. Mit dem Werkzeug Stitch haben Sie die Möglichkeit, aufgetrennte UV-Elemente wieder miteinander zu vernähen. Die Align-Befehle kümmern sich um die gemeinsame Ausrichtung von UVs. Um ein UV-Mesh von einem Objekt auf ein anderes mit identischer Topologie zu übertragen, kopieren und setzen Sie es per Copy bzw. Paste UV ein.

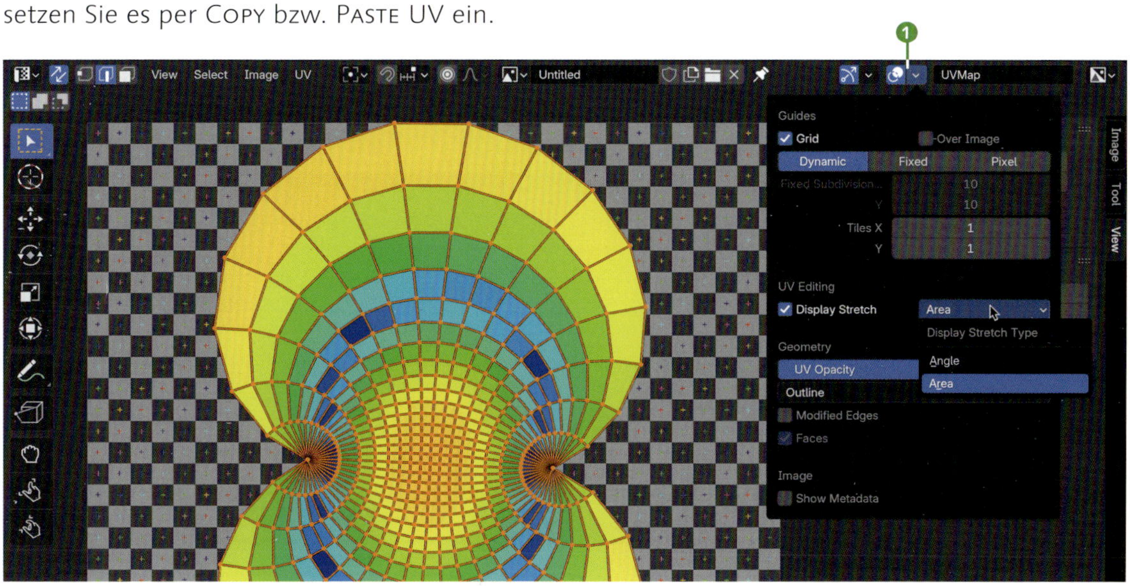

▲ **Abbildung 11.18**
Analyse der UV-Streckung durch das Overlay Display Stretch

Nicht immer gibt das ausgebreitete UV-Mesh verlässliche Auskunft über die vorliegenden Verzerrungen und Streckungen. Um für die Arbeit am UV-Mesh eine klare optische Rückmeldung zu bekommen, lässt sich im Pop-up-Menü der Overlays (1) die Anzeige des Stretching aktivieren. Im zugehörigen Menü geben Sie dabei vor, ob die anliegenden Winkel (Angle) oder die Flächen (Area) analysiert und farblich gekennzeichnet werden sollen.

Im Beispiel in Abbildung 11.18 habe ich zur Verdeutlichung eine UV Sphere absichtlich an nur einer Seite per Seam aufgeschnitten und das UV-Mesh abgewickelt. Die blau gefärbten UV-Faces weisen das geringste Stretching auf, während bei den hellgrün über gelb bis rot gefärbten Stellen immer stärkere Verzerrungen vorliegen.

11.3 Texturing mit UV-Maps

Nun ist also das UV-Mesh sorgsam abgewickelt, eine dafür vorgesehene Textur frisch angelegt oder auch per File Browser verknüpft und im UV Editor mit dem UV-Mesh in Einklang gebracht. Wie kommt nun die Textur auf das Objekt, damit es auch im Viewport Shading in den Modi MATERIAL PREVIEW bzw. RENDERED und natürlich beim Rendering tatsächlich erscheint?

Natürlich benötigt das zu texturierende Objekt dafür ein Material, das über einen Image Texture-Node ❺ die gewünschte Textur ❹ an den bzw. die Sockets übergibt. Die für das UV-Mapping richtige Projektionsart ist FLAT ❸ – schließlich wurde das UV-Mesh flach auf der Textur ausgebreitet.

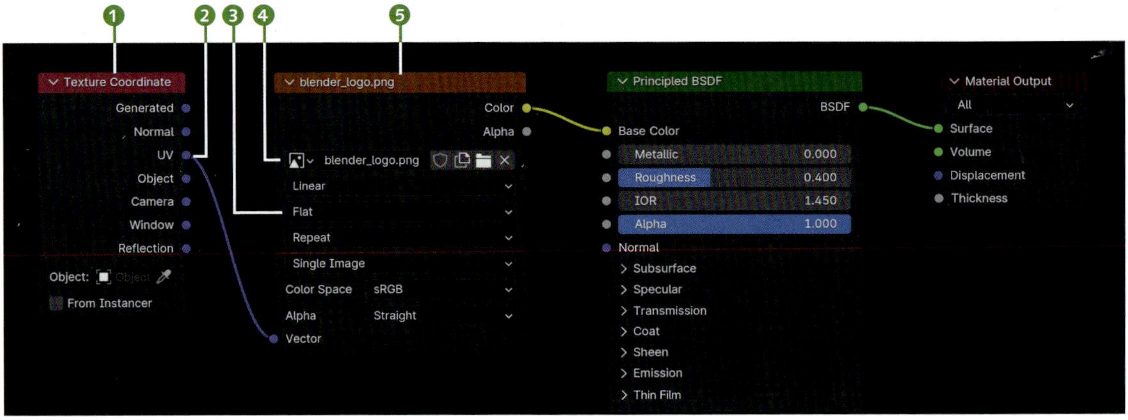

▲ **Abbildung 11.19**
Einbinden von Textur und UV-Map im Shader Editor

▼ **Abbildung 11.20**
UV-Map mit Textur und texturiertes Objekt

Über einen Texture Coordinate-Node ❶ bekommt die Textur die benötigten Vektorinformationen geliefert – in diesem Fall kommt der Ausgangssocket UV ❷ mit der aktiven UV-Map des Objekts zum Einsatz. Sollte Ihr Objekt über mehrere UV-Maps verfügen, so verwenden Sie stattdessen einen UV Map-Node aus dem Menü ADD • INPUT des Shader Editors.

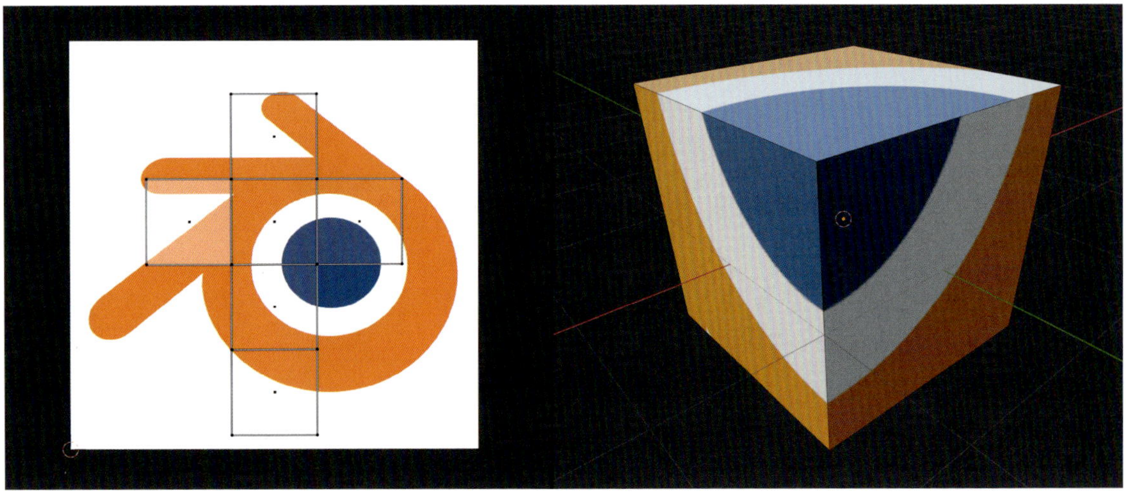

Sobald Sie das UV-Mesh Ihres ersten Versuchsobjekts abgewickelt und mit einer Textur versehen haben, ist es wichtig, die Bearbeitung von UVs »am lebenden Objekt« zu testen und sich mit den Auswirkungen von Modifikationen an den UVs und natürlich am Mesh selbst vertraut zu machen.

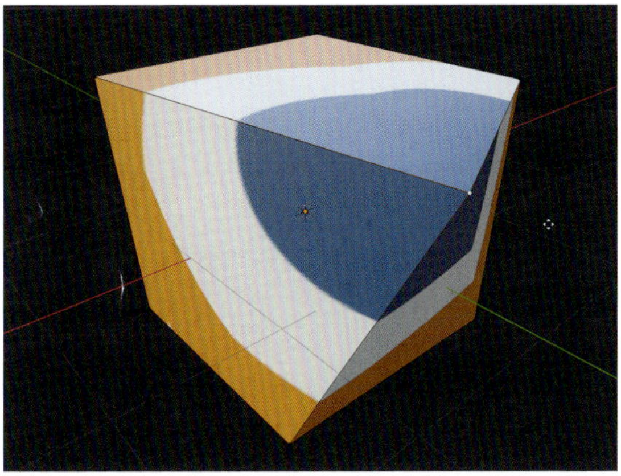

◂ **Abbildung 11.21**
Deformation von Mesh und Textur dank UV-Mapping

Auf diese Weise erfahren Sie auch gleich den nächsten großen Vorteil des UV-Mappings. Die Position der Textur auf der Objektoberfläche ist dank UV-Koordinaten eindeutig zugewiesen und fest verbunden. Was bedeutet, dass die Textur alle Modifikationen am Mesh, beispielsweise durch Deformation oder bei der Animation des Objektes, mitmacht (Abbildung 11.21).

UV-Modifier

Nicht ganz unerwähnt lassen möchte ich an dieser Stelle zwei Modifier ❻, die Sie in Verbindung mit UV-Maps für Effekte mit Texturen verwenden können.

UV Project | Mit dem UV Project-Modifier lässt sich eine Textur auf die UV-Map eines Objektes projizieren. Als »Projektor« dient dabei die Z-Achse eines beliebigen Objektes, beispielsweise ein EMPTY oder eine Lichtquelle, die auf das Zielobjekt zeigt.

UV Warp | Der UV Warp-Modifier bietet Ihnen zusätzliche Freiheiten bei der Manipulation von UV-Maps. Dabei definieren Sie sich zwei beliebige Kontrollobjekte, mit denen Sie die UV-Map des Trägerobjekts anschließend bewegen, drehen oder auch skalieren können.

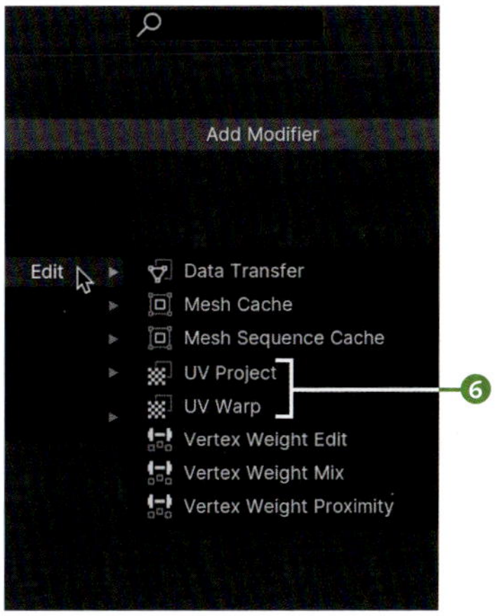

▴ **Abbildung 11.22**
Modifier-Menü

UDIM-Kompatibilität

Der neue Standard »UDIM« wird bereits von vielen 3D-Programmen unterstützt. Dadurch ist es möglich, den zugrunde liegenden Workflow nicht nur innerhalb von Blender, sondern auch in Kombination mit anderen 3D-Programmen wie SUBSTANCE PAINTER, MAYA oder MODO zu verwenden.

UDIM

Hinter dieser griffigen Abkürzung für »U-Dimension« verbirgt sich die Lösung für zwei grundsätzliche Einschränkungen, die bei der Arbeit mit UV-Maps und Texturen bestehen. Zum einen lässt sich für das komplette UV-Mesh nur eine einzige Textur verwenden. Zum anderen muss diese Textur stets in der maximal benötigten Auflösung vorliegen – egal, ob manche Bereiche des Meshes eigentlich mit weitaus weniger Datenballast zurechtkämen.

Diese Problematik ist natürlich nicht auf Blender beschränkt, deshalb wurde ein softwareübergreifender Lösungsansatz entwickelt, der es erlaubt, mehrere Texturen mit verschiedenen Auflösungen in einer gitterförmigen Anordnung mit sogenannten TILES zu organisieren und die UV-Map-Bereiche auf die jeweilige Textur zu platzieren.

Abbildung 11.23 ▸
Texturen auf dem UDIM-Grid

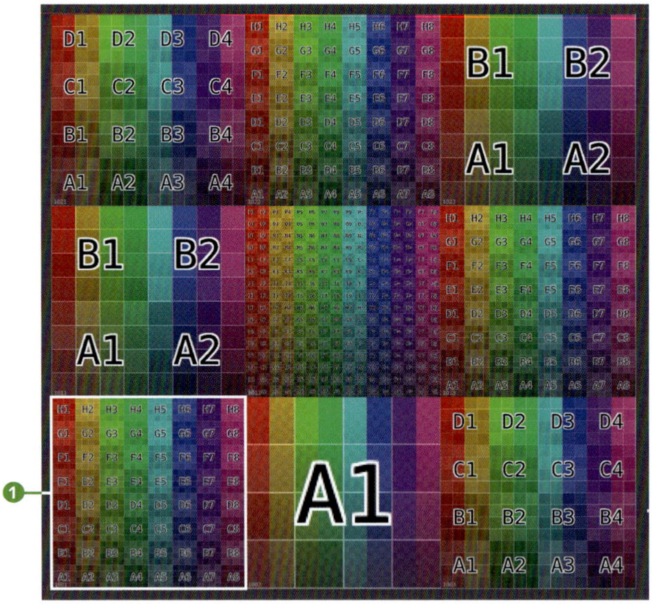

Ausgehend vom Start-Tile links unten ①, das nach der vorgegebenen UDIM-Nomenklatur die Nummer 1001 besitzt, baut sich das Grid-System nach rechts über die Zahlenfolge 1002, 1003, 1004 etc. sowie nach oben über die Zahlenreihe 1011, 1021, 1031 etc. auf. Wie Sie in der Abbildung an den insgesamt neun zugewiesenen Color Grids erkennen, kann jedes Tile eine andere Textur und damit Auflösung besitzen. Für die Anordnung der UV-Inseln nach dem Unwrapping steht Ihnen anschließend das komplette UDIM-Grid zur Verfügung.

In der Regel beginnen Sie mit der Arbeit an einer UDIM-Struktur, nachdem Sie das UV-Mesh abgewickelt und sich Gedanken über die Auflösung der Texturbereiche des Objekts gemacht haben. Den Anfang macht eine neue Textur, die Sie im UV Editor über das Menü Image • New bzw. den Kurzbefehl [Alt]+[N] erzeugen.

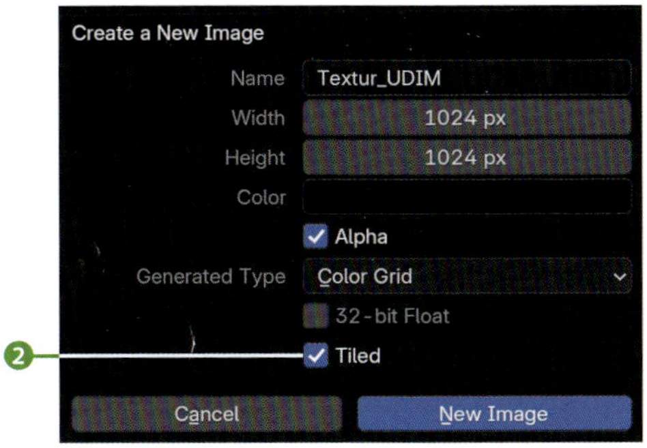

▲ **Abbildung 11.24**
Anlegen der neuen Textur

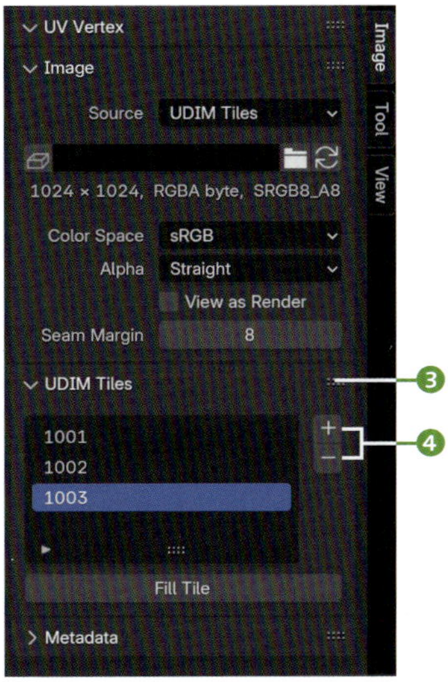

Abbildung 11.25 ▶
Panel UDIM Tiles im Image-Tab

Beim Anlegen der neuen Textur ist die Option Tiled ❷ entscheidend, über die Sie festlegen, dass es sich um ein UDIM-Grid mit multiplen Texturen handeln soll. Mit dieser Textur haben Sie den ersten Baustein für das UDIM-Grid, das Tile 1001, geschaffen.

Die Verwaltung der UDIM-Bausteine erfolgt über das Panel UDIM Tiles ❸ im Image-Tab in der Sidebar des UV Editors (Abbildung 11.25). Mit den +- bzw. –-Buttons ❹ erzeugen bzw. löschen Sie Tiles. Mit neuen Tiles entstehen auch neue Texturen, für die Sie jeweils neue, eigene Vorgaben machen können (Abbildung 11.26).

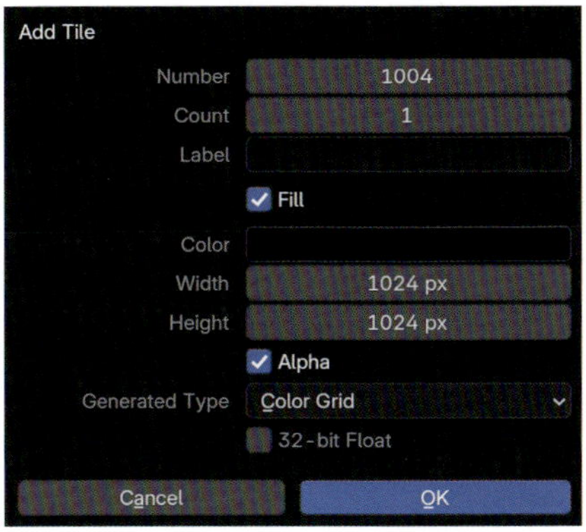

◀ **Abbildung 11.26**
Einstellungen für das neu erzeugte Tile

Bei der Organisation Ihrer UV-Inseln auf dem UDIM-Grid müssen Sie übrigens nicht zwingend mit der vierstelligen Nummerierung arbeiten, nach Doppelklick auf ein Tile lässt sich ein eigener, sprechender Name vergeben.

Nach dem Platzieren der UV-Inseln auf den vorgesehenen TILES und dem Einbinden der (Haupt-)Textur in das Material des Objekts verwendet die UV-Map alle betroffenen Tiles – und damit Texturen (Abbildung 11.27).

Abbildung 11.27 ▸
Material mit einer UV-Map und multiplen Texturen

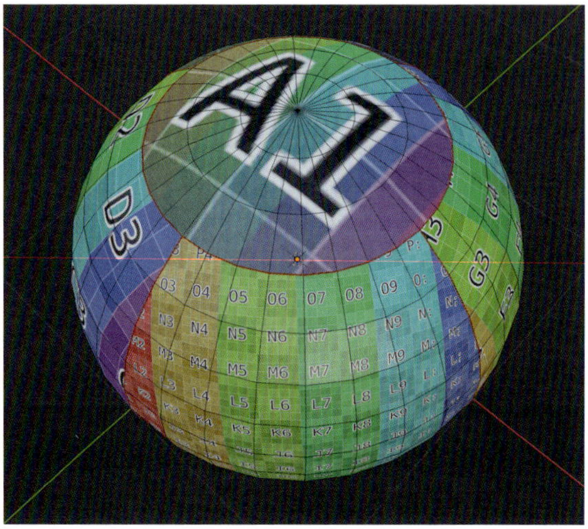

Spätestens jetzt sollten Sie nicht nur Ihre Blender-Szene, sondern auch die erzeugte(n) Textur(en) speichern. Dazu rufen Sie im UV Editor den Befehl IMAGE • SAVE bzw. SAVE AS… (Tasten [Alt] + [S] bzw. [Alt] + [⇧] + [S]) auf. Im File Browser (Abbildung 11.28) wird automatisch der Name der Textur zusammen mit der Nummer des Start-Tiles ❷ vergeben.

▾ Abbildung 11.28
Speichern der Texturen über den File Browser

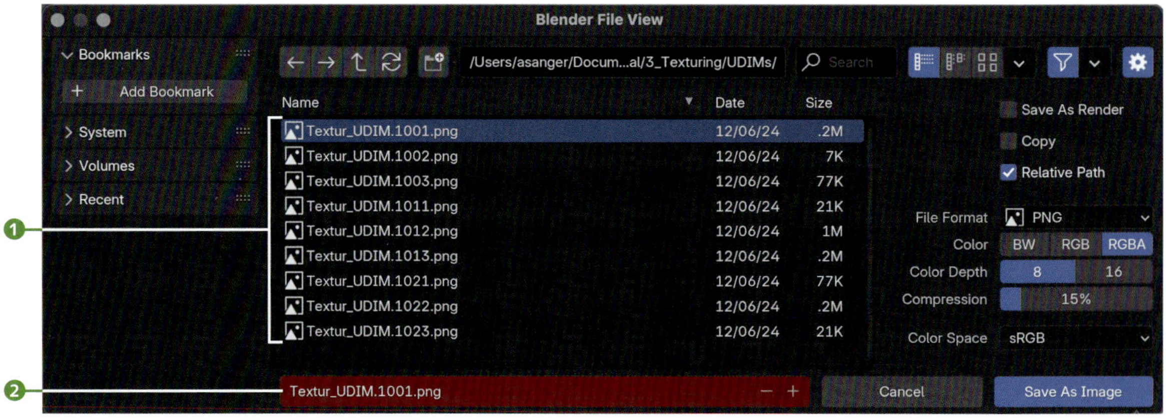

Beim Speichern wird allerdings nicht nur dieses erste Tile in das vorgegebene Verzeichnis geschrieben, sondern auch alle anderen Tiles des UDIM-Grids ❶. Im gezeigten Beispiel der Sphere sind also insgesamt neun unterschiedliche und voneinander unabhängige Texturen eingebunden, um mit einer einzelnen UV-Map verwendet zu werden.

Sie können die Texturen nun entweder innerhalb von Blender oder auch extern mit Bildbearbeitungs- oder Texturierungsprogrammen weiterbearbeiten oder durch andere Bilddateien gleichen Namens ersetzen. Beim erneuten Öffnen der Blender-Datei oder durch Aufruf des Befehls Reload im Menü Image (Abbildung 11.29) aktualisieren Sie die verknüpften Bilddateien.

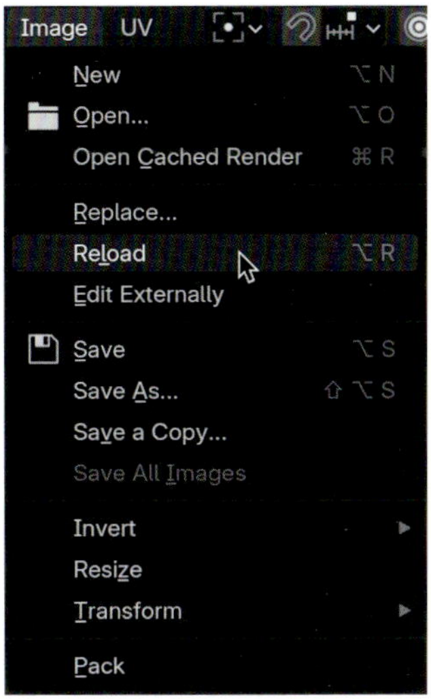

▲ **Abbildung 11.29**
Menü Image

11.4 Texture Painting

Eine Funktion, die durch das UV-Mapping überhaupt erst möglich ist, habe ich Ihnen bislang vorenthalten: Texture Painting, das direkte Malen auf einer Textur – wahlweise in 2D im Image Editor (Abbildung 11.31) oder auch in 3D im Viewport, sobald Sie dort den Modus Texture Paint (Abbildung 11.30) aktivieren.

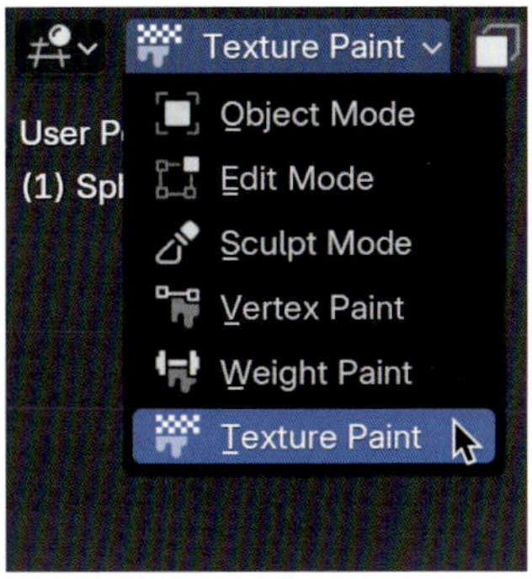

▲ **Abbildung 11.30**
Menü der Arbeitsmodi

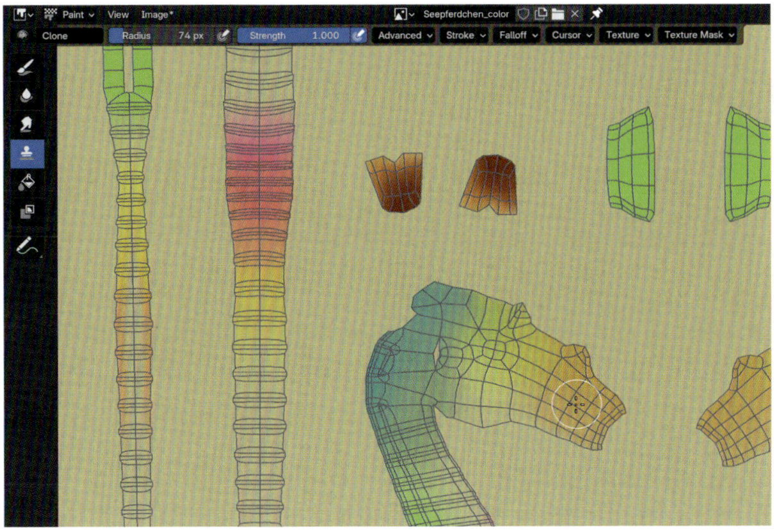

◀ **Abbildung 11.31**
Malen im Image Editor

Beide Editoren stellt Ihnen der Workspace Texture Paint (Abbildung 11.2) zur Verfügung und sorgt dabei auch gleich für die Aktivierung der benötigten Arbeitsmodi. Voraussetzungen für das erfolgreiche Texture Painting sind zum einen ein adäquat abgewickeltes UV-Mesh für das zu bemalende Objekt, zum anderen eine Textur, die diesem Objekt über ein entsprechend vorbereitetes Material zugewiesen ist.

Image Editor

Der Image Editor ist sozusagen Blenders internes Bildbearbeitungsprogramm, auch wenn sich der Funktionsumfang dieses Editors natürlich auf die Werkzeuge und Befehle für den Umgang mit Texturen fokussiert.

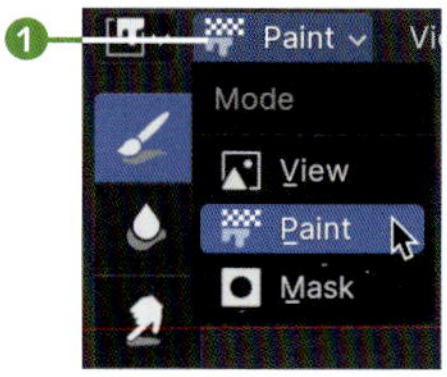

▾ **Abbildung 11.32**
Modi für den Image Editor

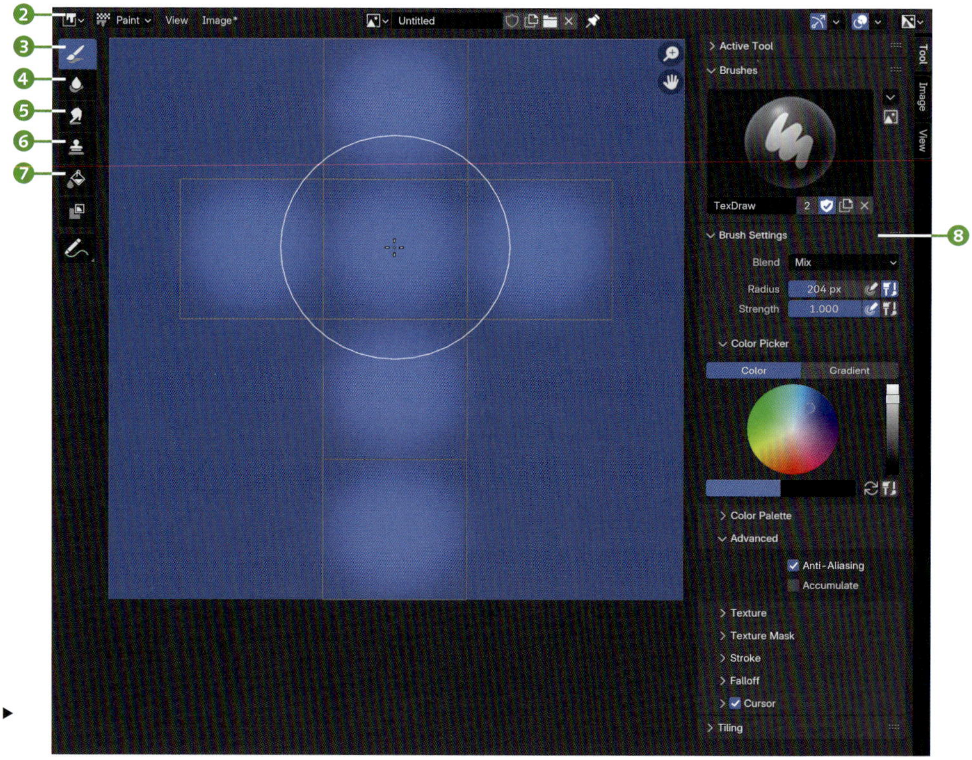

Abbildung 11.33 ▸
Image Editor

Über das Menü ❶ für den Arbeitsmodus (Abbildung 11.32) entscheiden Sie zunächst, ob Sie den Image Editor zur Anzeige von Bilddaten (View), zur Bearbeitung von Texturen (Paint) oder zum Erstellen von Masken (Mask) verwenden möchten. Die Toolbar (Taste T) stellt daraufhin die verfügbaren Werkzeuge in Form von Brushes bereit: Draw ❷ für das Zeichnen, Soften ❸ für das Weichzeichnen, Smear ❹ zum Verschmieren, Clone ❺ zum Stempeln kopierter Bildbereiche, Fill ❻ zum Füllen sowie Mask ❼ zum Maskieren von Bereichen.

In der Sidebar finden Sie wie üblich die Einstellungen ❽ für das gewählte Pinsel-Werkzeug. Neben RADIUS, Stärke (STRENGTH), Blendmodus (BLEND) sowie der Farbe bieten die Brushes eine Vielzahl an Parametern, die Sie nicht zufällig an die umfangreichen Funktionen der Sculpting-Brushes erinnern. Einen Pinsel mit passender Farbe und Größe gewählt, schon können Sie sich auf der geladenen (oder auch einer neuen) Bilddatei kreativ verausgaben. Ihre Änderungen an der Bild-Textur sind zeitgleich am Objekt im Viewport zu sehen.

3D Viewport

Dies legt nahe, dass es auch möglich ist, direkt auf das dreidimensionale Objekt im Viewport zu malen. Und tatsächlich müssen Sie dazu lediglich in den Mode TEXTURE PAINT wechseln, das gewünschte VIEWPORT SHADING wählen, und die Arbeit am 3D-Modell kann beginnen (Abbildung 11.34).

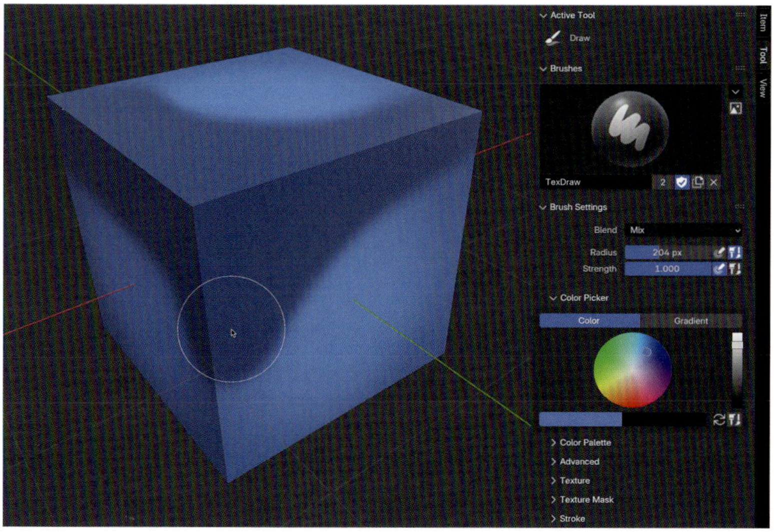

◂ **Abbildung 11.34**
Malen im 3D Viewport

Dank Texture Paint-Modus stehen Ihnen in der Toolbar bzw. in der Sidebar des 3D Viewports die gleichen Werkzeuge wie im Image Editor zur Verfügung.

Vergessen Sie bei allem Arbeitseifer nicht, dass die geöffneten bzw. erzeugten und bearbeiteten Bilddateien unabhängig von der Blender-Datei sind und daher über das Menü IMAGE bzw. den Befehl IMAGE • SAVE (Tasten [Alt] + [S]) separat gespeichert werden müssen.

Texture Slots

Texture Slots sind ein sehr schneller (und nicht minder eleganter) Weg, mit dem Texture Painting beginnen zu können, ohne zuvor Materialien angelegt, zugewiesen und mit Texturen bedacht zu haben.

Sobald Sie den Modus TEXTURE PAINT aktiviert haben, enthalten die Werkzeug-Einstellungen des Viewports ein Pop-up-Menü mit den TEXTURE SLOTS (Abbildung 11.35), in dem Sie zunächst zwischen den Painting-Modi MATERIAL und SINGLE IMAGE wählen. Während im Modus MATERIAL beim Anlegen eines Texture Slots vorhandene Materialien erkannt bzw. angelegt und zugeordnet werden, bestimmen Sie im Modus SINGLE IMAGE selbst, welche Textur mit welcher UV-Map erzeugt bzw. verbunden werden soll.

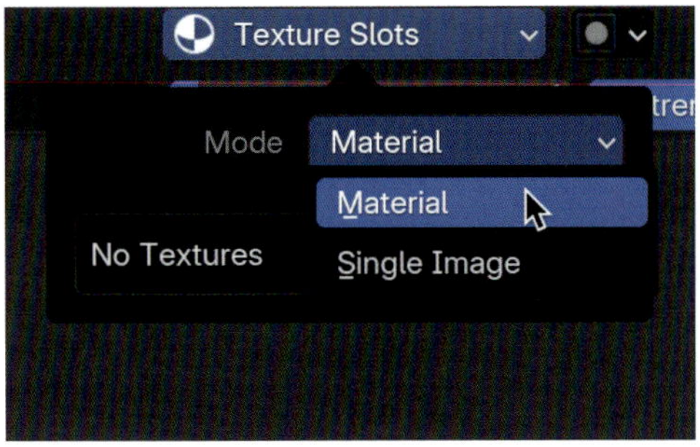

▲ **Abbildung 11.35**
Anlegen von Texture Slots

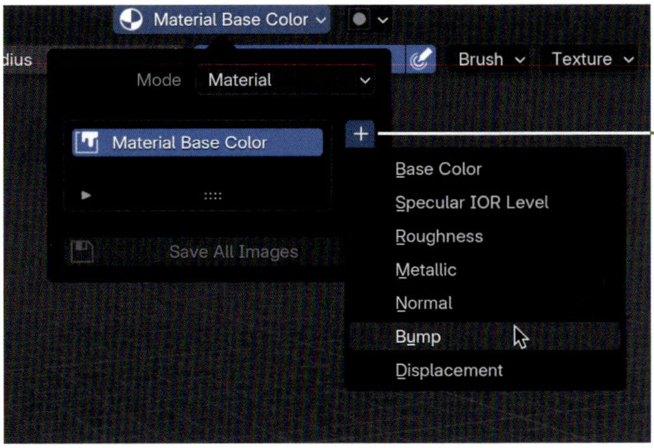

Abbildung 11.36 ►
TEXTURE SLOTS im Material Mode

Material | Im Modus MATERIAL (Abbildung 11.36) öffnen Sie über den +-Button ❶ die Liste mit den wählbaren SLOTS für das Texture Painting. Mit dem Anlegen des ersten Slots wird im Hintergrund automatisch ein entsprechendes Material mit dem zugehörigen Node-Tree erzeugt. Jeder zusätzliche Slot wird ebenso selbsttätig im vorliegenden Node-Tree verbaut. Sie müssen also beim Painting nur noch den gewünschten Texture Slot wählen und können sofort mit der Arbeit beginnen.

Single Image | Im Modus SINGLE IMAGE erzeugen bzw. wählen Sie dagegen direkt die gewünschte Textur in Verbindung mit der UV-Map für die anstehende Bearbeitung. Ein (noch) nicht vorhandenes Material wird beim Erzeugen einer Textur ebenso automatisch für Sie angelegt. Auch in diesem Modus dürfen Sie sofort mit dem Painting loslegen.

Texture Slot-Modus

Am besten, Sie wählen für die Texture Slots den Modus, der Ihnen in der aktuellen Situation die meiste Arbeit erspart – selbstverständlich können Sie jederzeit nach Bedarf zwischen den Modi wechseln.

Schritt für Schritt
UV-Abwicklung und Vorbereitung für Texture Painting

In diesem Workshop sehen wir uns die einzelnen Vorbereitungsschritte von der UV-Abwicklung über die UV-Map bis hin zum TEXTURE PAINTING in der Praxis an.

1 Blender-Szene laden

Rufen Sie über den Befehl FILE • OPEN (Taste [Strg]/[Cmd]+[O]) den File Browser auf und öffnen Sie aus dem Verzeichnis *3_Texturing* die Datei *3_Texturing_Mapping_TexturePaint_Start.blend*.

2 Seams festlegen

Zur kontrollierten Abwicklung des UV-Meshes gehört die Definition der Schneidekanten (Seams), die vorzugsweise an unkritischen Stellen liegen sollten.

▲ **Abbildung 11.37**
Edge Loops an den Außenkanten

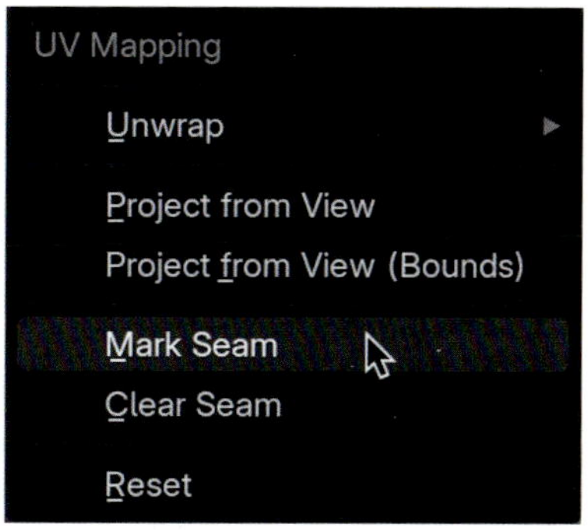

▲ **Abbildung 11.38**
Menü UV MAPPING

Aktivieren Sie für die Kugel den EDIT MODE (Taste [⇆]) sowie den Modus EDGE SELECT, um die Objektkanten selektieren zu können. Wir teilen die Kugel mit den ersten Seams in die Innen- und Außenseite auf. Dazu selektieren Sie durch Linksklick bei gedrückt gehaltener [Alt]-Taste einen ersten Edge Loop an der Grenze zur Innenseite ❷. Halten Sie anschließend zusätzlich die [⇧]-Taste gedrückt und nehmen Sie die insgesamt sieben weiteren Edge Loops an den anderen seitlichen Öffnungen hinzu (Abbildung 11.37).

Um diese Edge Loops als erste Seams für die UV-Abwicklung zu definieren, rufen Sie über die Taste [U] das Menü UV MAPPING (Abbildung 11.38) auf und wählen MARK SEAM.

Drehen Sie sich die Ansicht im Viewport, so dass Sie gut an die obere Kugel-Öffnung gelangen. Selektieren Sie wieder durch Linksklick bei gedrückt gehaltener [Alt]-Taste den Edge Loop ❶ auf der Außenseite. Halten Sie anschließend wieder die [⇧]-Taste zusätzlich gedrückt und nehmen Sie den Edge Loop ❷ auf der Innenseite der Öffnung zur Auswahl hinzu. Wiederholen Sie dies bei der unteren, großen Kugel-Öffnung.

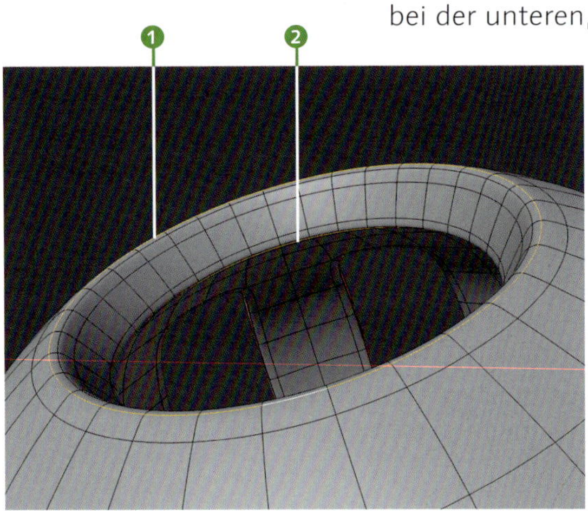

▲ **Abbildung 11.39**
Edge Loops an der oberen Kugel-Öffnung

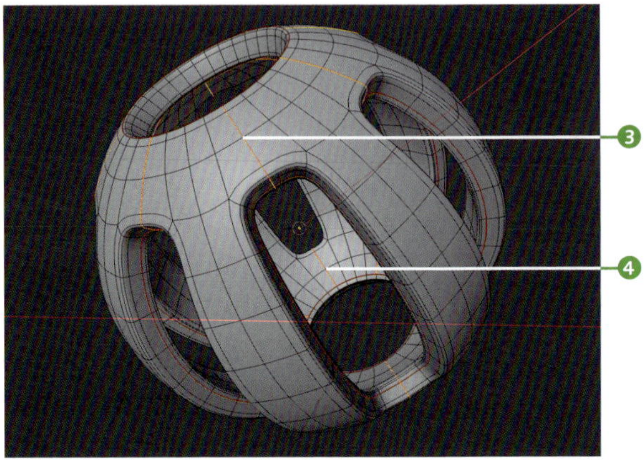

▲ **Abbildung 11.40**
Edges Loop auf der Innenseite

Ernennen Sie diese vier Edge Loops über den Befehl Mark Seam aus dem Menü UV Mapping (Taste [U]) zu Seams. Nun teilen wir die Innen- und Außenseiten noch in je acht Streifen auf.

Selektieren Sie dazu die zwischen den eben erstellten Seams verlaufenden Edges an den Außen- ❸ und Innenseiten ❹ bei gedrückt gehaltener [⇧]-Taste, oben wie unten, und markieren Sie diese ebenfalls als Seam (Abbildung 11.41).

Abbildung 11.41 ▸
Fertige Seams vor der Abwicklung des UV-Meshes

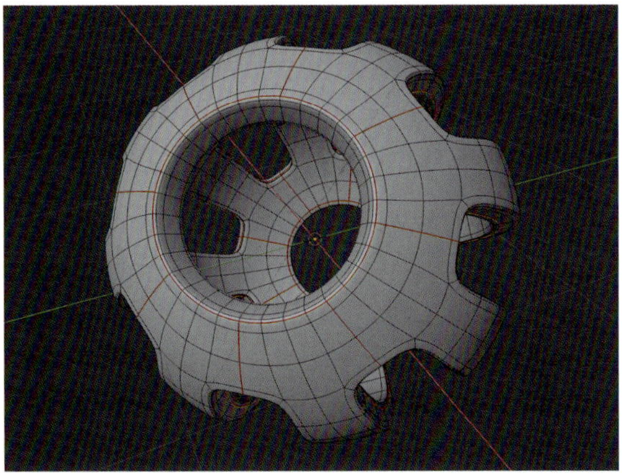

3 UV-Mesh abwickeln

Damit wäre die Kugel für die Abwicklung des UV-Meshes vorbereitet. Bleiben Sie im EDIT MODE und stellen Sie über den Befehl SELECT • ALL (Taste [A]) sicher, dass alle Elemente der Kugel selektiert sind (Abbildung 11.42), bevor Sie mit der Taste [U] das Menü UV MAPPING (Abbildung 11.38) aufrufen und die Abwicklung des UV-Meshes über den Befehl UNWRAP anstoßen.

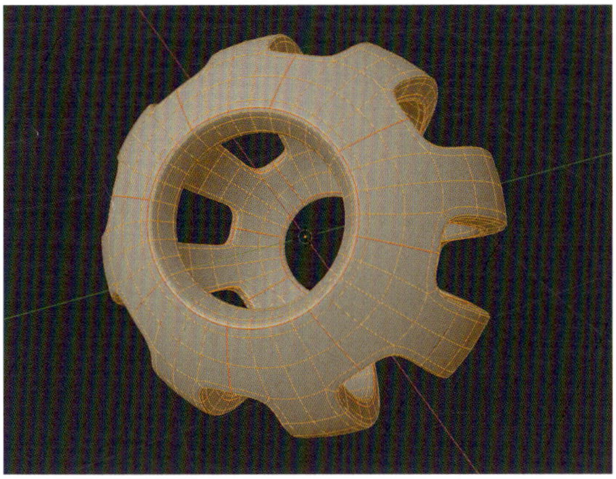

◂ **Abbildung 11.42**
Selektion aller Faces für die UV-Abwicklung

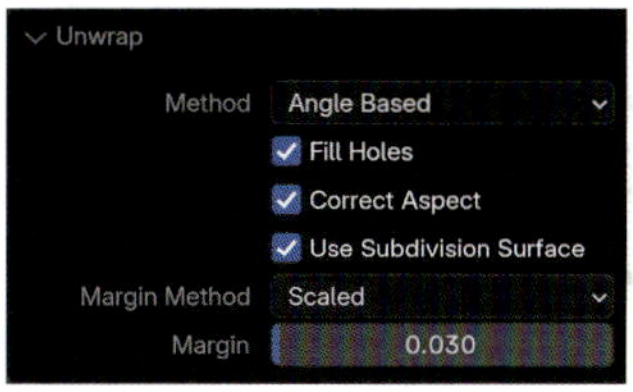

▴ **Abbildung 11.43**
Einstellungen für das Unwrapping im Last Operation Panel

Klappen Sie das Adjust Last Operation-Panel für das Unwrapping auf (Abbildung 11.43) und aktivieren Sie wie gezeigt die Optionen FILL HOLES und USE SUBDIVISION SURFACE, um ein möglichst symmetrisches, dem geglätteten Objekt entsprechendes UV-Mesh zu erhalten. Wechseln Sie in den Workspace UV EDITING oder öffnen Sie sich den UV Editor, um die erfolgreiche Abwicklung der Kugel zu überprüfen (Abbildung 11.44).

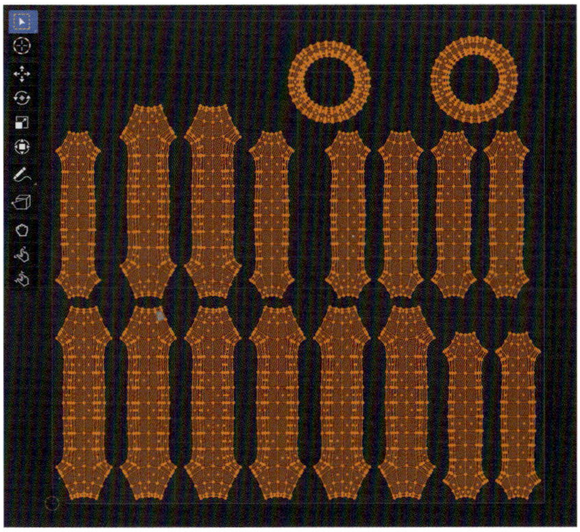

◂ **Abbildung 11.44**
Abgewickeltes UV-Mesh der Kugel

Wie Sie feststellen, haben wir neben zwei runden »Deckeln« für die großen Öffnungen insgesamt acht Streifen für die Innen- und Außenseite erhalten. Mit diesem UV-Mesh können wir fortfahren.

4 Texture Slots anlegen

Um möglichst schnell mit dem Bemalen der Kugel loslegen zu können, bedienen wir uns der Texture Slots. Wechseln Sie dazu über das Menü der Arbeitsmodi (Abbildung 11.45) in den Texture Paint-Mode, und öffnen Sie das Pop-up-Menü TEXTURE SLOTS in der Werkzeugzeile des Viewports (Abbildung 11.46).

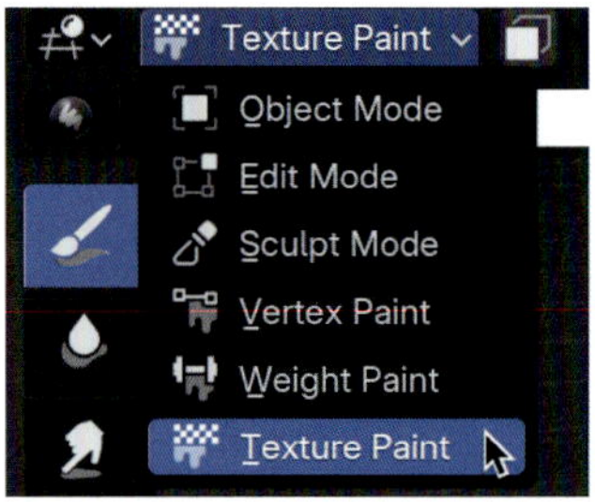

▲ **Abbildung 11.45**
Wechsel in den Texture Paint-Mode

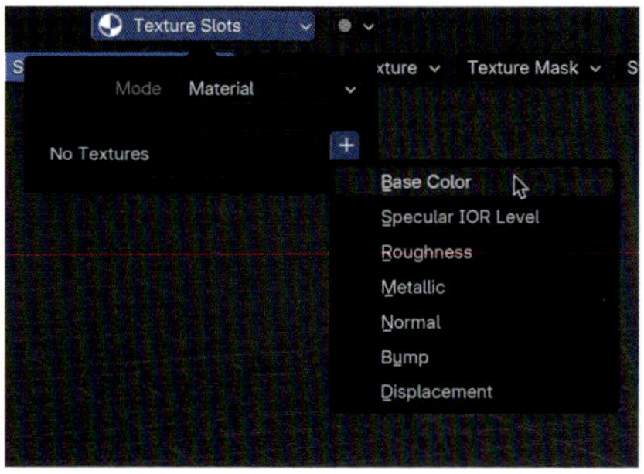

▲ **Abbildung 11.46**
Texture Slot BASE COLOR

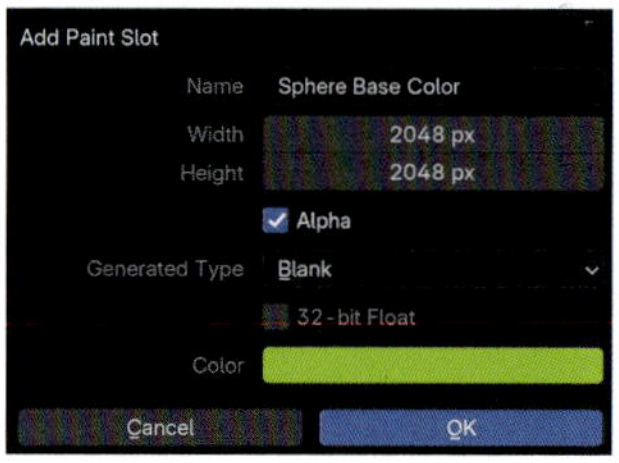

▲ **Abbildung 11.47**
Einstellungen für die anzulegende Texture des BASE COLOR Slots

Belassen Sie den Mode auf MATERIAL und legen Sie über den +-Button einen neuen Texture Slot für die BASE COLOR an. Im sich öffnenden Panel ADJUST LAST OPERATOR (Abbildung 11.47) erhöhen Sie die WIDTH und HEIGHT der neuen Textur auf die angegebenen Maße und suchen sich über den Farbchip eine beliebige Grundfarbe für die Kugel aus.

Nutzen wir die Gelegenheit, um auch gleich einen zusätzlichen Texture Slot für eine Bump-Textur anzulegen.

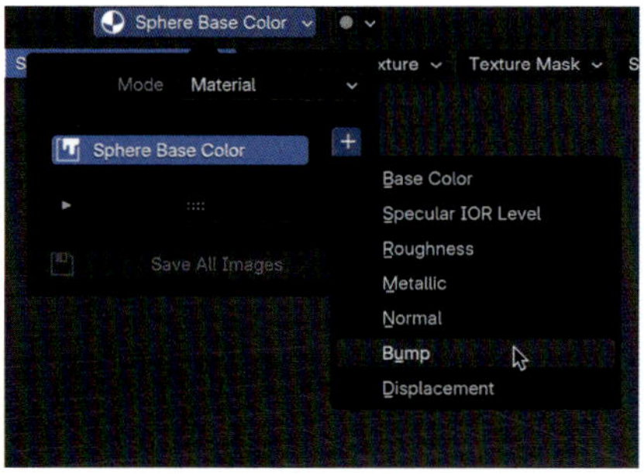

▲ **Abbildung 11.48**
Texture Slot BUMP

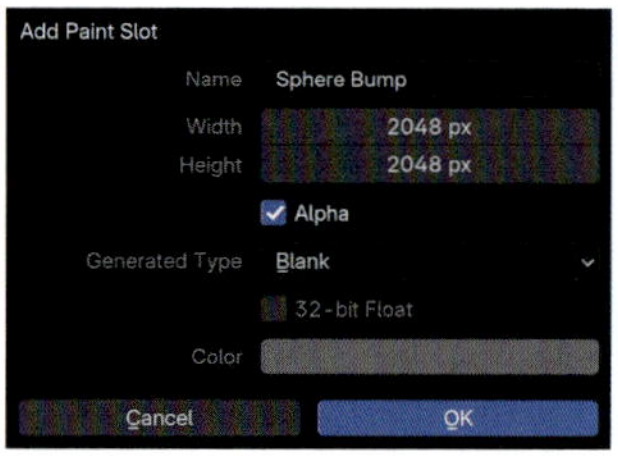

▲ **Abbildung 11.49**
Einstellungen für die anzulegende Texture des BUMP Slots

Auch diesen weiteren Texture Slot holen Sie sich über den +-Button in das automatisch erzeugte und zugewiesene Material, wählen diesmal aber den Eintrag »Bump« aus der Slot-Liste (Abbildung 11.48). Die Einstellungen für den Bump-Texture-Slot im Panel Adjust Last Operator (Abbildung 11.49) können Sie ohne Änderung bestätigen, da wir die Textur gar nicht benötigen.

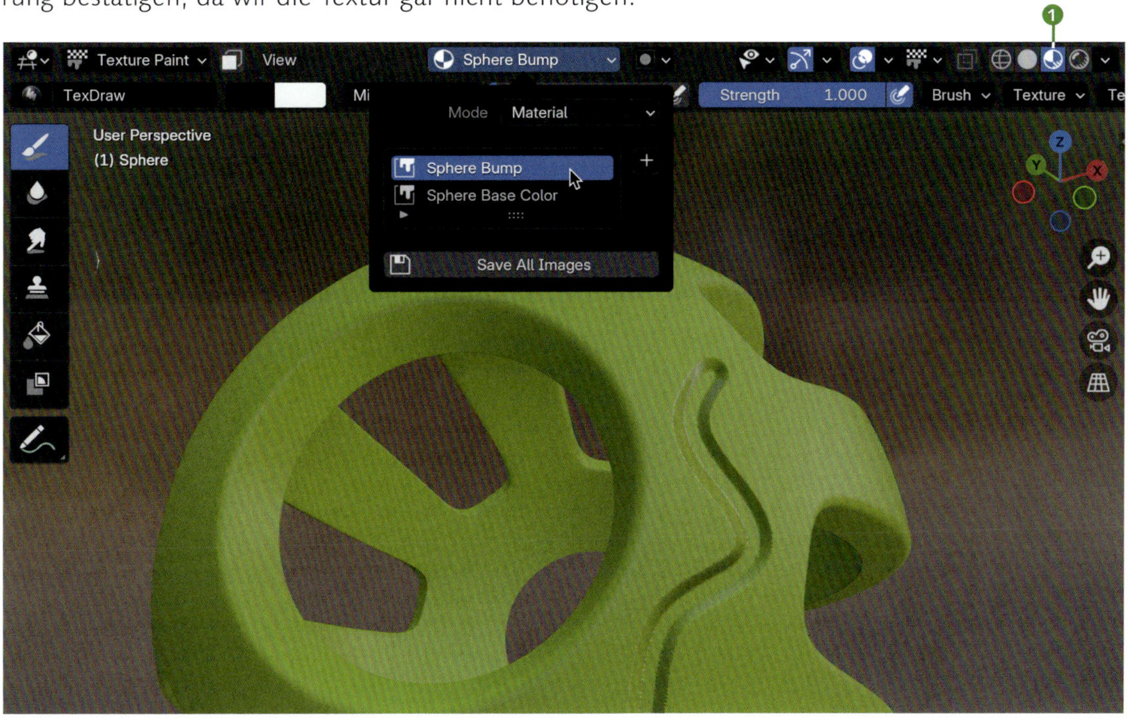

▲ **Abbildung 11.50**
Malen in 3D auf der Bump-Textur

Unterziehen Sie doch die beiden Texture Slots einem Test. Aktivieren Sie dazu am besten den Modus Material Preview ❶ für das Viewport Shading, wählen Sie einen der beiden Texture Slots und malen Sie in 3D direkt im Viewport (Abbildung 11.50).

5 Farbe und Bump gleichzeitig auftragen

Schade ist, dass wir immer nur in einem der beiden Texture Slots arbeiten können. Wenn Farb- und Bump-Textur unabhängig voneinander sind, ist dies zu verschmerzen, doch oftmals sind sich beide Texturen sehr ähnlich, damit sie sich gegenseitig unterstützen. In einem solchen Fall ist es über einen kleinen Kunstgriff möglich, mit Farb- und Bump-Textur gleichzeitig zu malen. Genau genommen, wird die Bump-Textur von der Farb-Textur abgeleitet. Öffnen Sie dazu den Node Editor (Abbildung 11.51) bzw. wechseln Sie in den Workspace Shading. Verbinden Sie den Image Texture-Node der Base Color ❶ mit dem Height-Socket des Bump-Nodes ❷, womit die Verbindung zum Image Texture-Node ❸ für den Bump gekappt wird. Reduzieren Sie die Stärke (Strength) des Bumps auf 0.5 und lassen Sie Invert deaktiviert, um die Oberfläche mit der Bump-Textur zu erhöhen. Dieses sehr einfache Beispiel funktioniert bestens beim Malen mit weißer Brush-Farbe auf der Farb-Textur (Abbildung 11.52), ansonsten müssten Sie die Farbwerte mit zusätzlichen Nodes entsprechend anpassen.

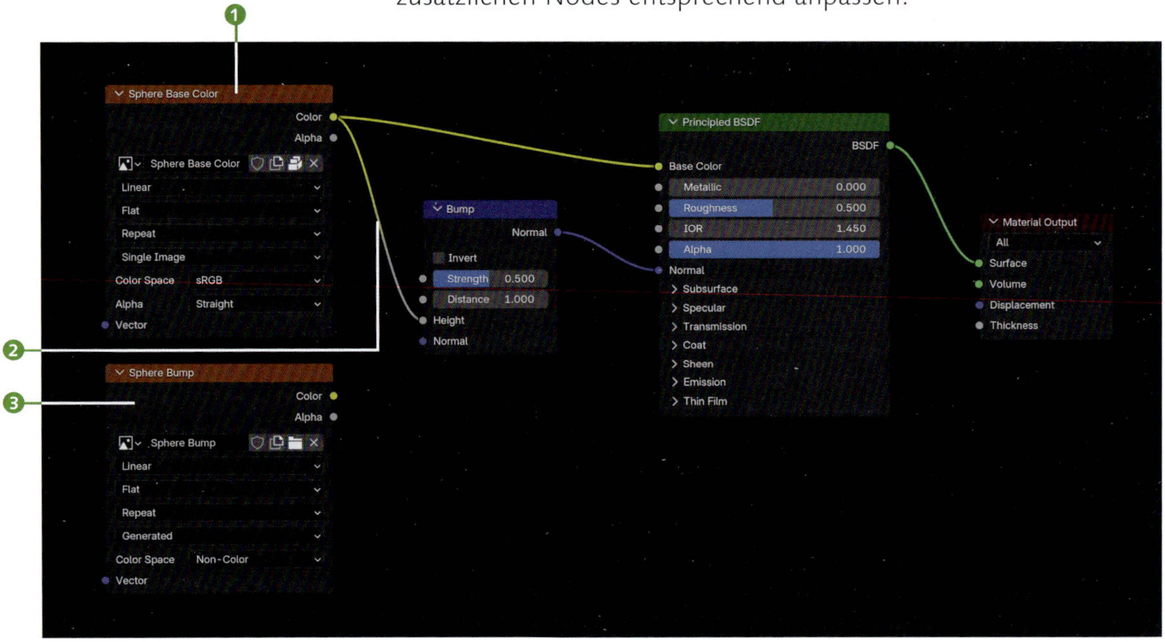

▲ **Abbildung 11.51**
Verwendung der Farb-Textur als Bump-Map

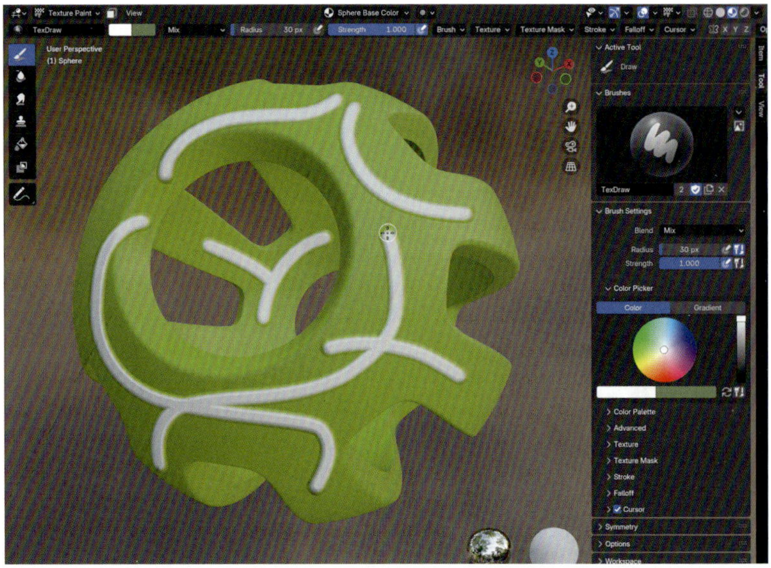

Abbildung 11.52 ▸
Gleichzeitiges Malen mit Farb- und Bump-Textur

Projekt Seepferdchen: Texturing des Seepferdchens

Das Texturing unseres Comic-Seepferdchens fasst die Themen beim Texturing perfekt zusammen – von der UV-Abwicklung über das Backen einer Textur bis hin zum Erzeugen von Materialien und dem Texture Painting.

1 Blender-Szene laden

Rufen Sie über den Befehl FILE • OPEN (Taste [Strg]/[Cmd]+[O]) den File Browser auf und öffnen Sie das Blend-File Ihres Seepferdchen-Modells bzw. navigieren zum Verzeichnis *2_Modelling*, wo Sie mit der Datei *2_Modelling_Seepferdchen_Sculpting.blend* mein Seepferchen finden.

2 Seams festlegen

Wir beginnen mit der Definition der Seams, um genau kontrollieren zu können, an welchen Stellen das Mesh bei der UV-Abwicklung aufgeschnitten und aufgeklappt wird. Mit den ersten Selektionen bzw. Seams unterteilen wir den Körper in vertikale Einheiten.

Aktivieren Sie dazu den EDIT MODE (Taste [Tab]) sowie den Edge Select Mode (Taste [2]), und selektieren Sie als Erstes den auf der linken Seite der Brust verlaufenden Edge Loop ❹ durch Linksklick einer Edge bei gedrückt gehaltener [Alt]-Taste. Um diese Selektion auch auf der anderen Seite durchzuführen, rufen Sie über das Menü SELECT den Befehl SELECT MIRROR auf.

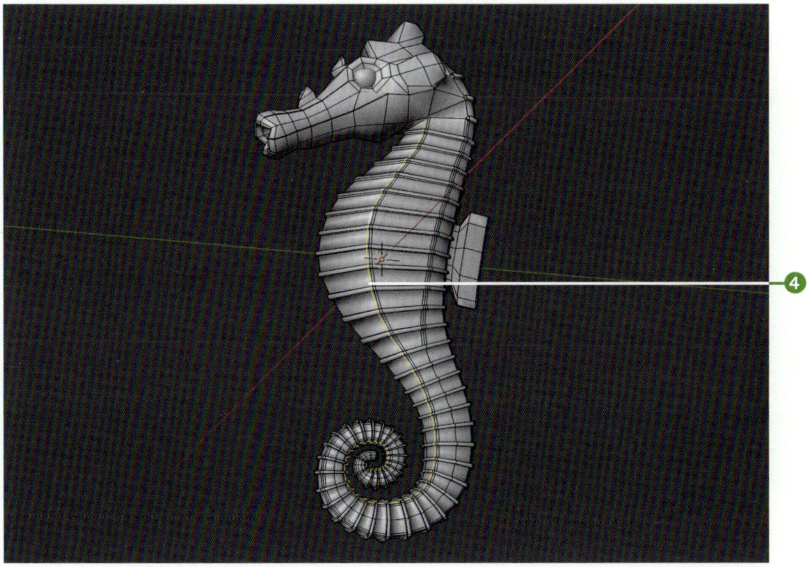

◂ **Abbildung 11.53**
Selektion des ersten Edge Loops

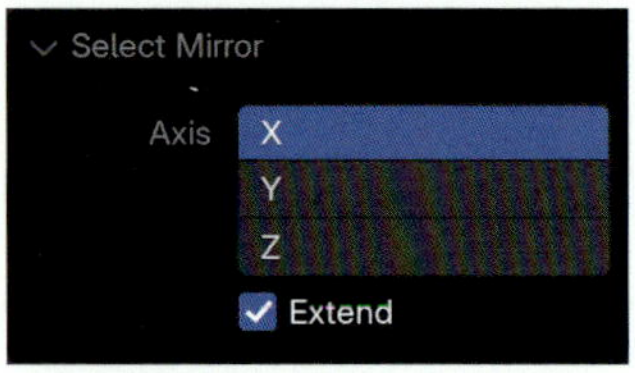

▲ **Abbildung 11.54**
Spiegeln der Selektion über SELECT MIRROR

Wählen Sie über das Adjust Last Operation-Panel (Abbildung 11.54) die X-Achse als Spiegelachse und selektieren Sie EXTEND, um die bestehende Selektion um die gespiegelte Auswahl zu erweitern.

Selektieren Sie auf die gleiche Weise bei gedrückt gehaltener [⇧]-Taste die beiden vertikal verlaufenden Edge Loops auf der Rückseite (Abbildung 11.55). Wie Sie bemerkt haben, ist dies aufgrund der Rückenflosse nicht mit einem Durchgang möglich. Damit Sie sicher alle zwischen den oberen und unteren Edge Loops verlaufenden Edges selektieren, wenden Sie für jedes Ende auf der linken und rechten Seite den Befehl SELECT • SELECT LINKED • SHORTEST PATH an (Abbildung 11.56). Rufen Sie anschließend über die Taste [U] das Menü UV MAPPING auf und legen Sie diese Selektion über den Befehl MARK SEAM als ersten Seam fest (Abbildung 11.57).

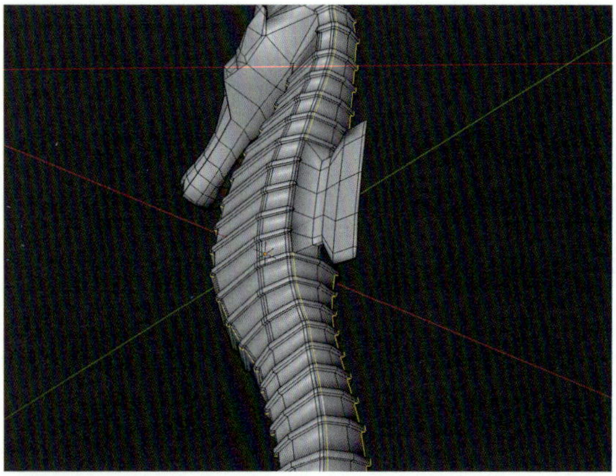

▲ **Abbildung 11.55**
Unvollständige Loops auf der Rückseite

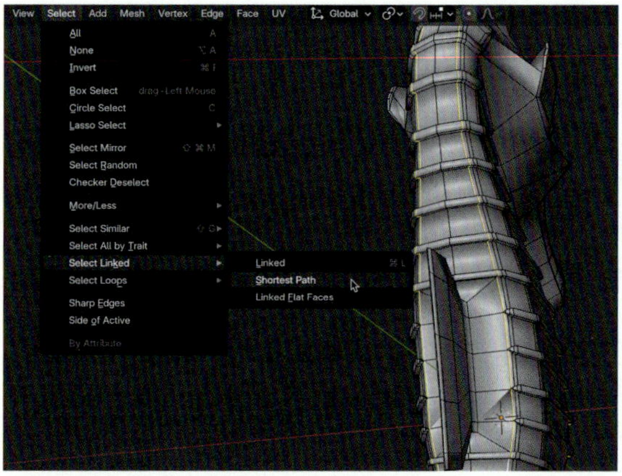

▲ **Abbildung 11.56**
Verbinden der Edge Loops über SELECT LINKED

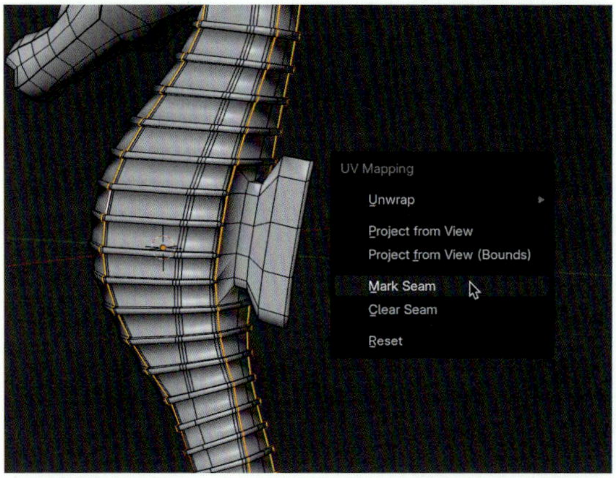

▲ **Abbildung 11.57**
Festlegen der Selektion als ersten Seam

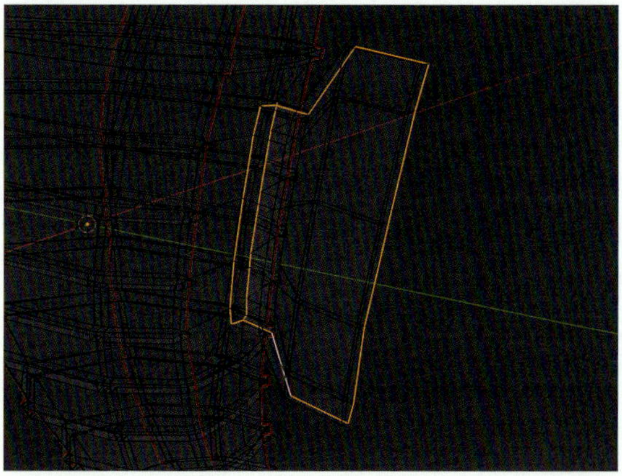

▲ **Abbildung 11.58**
Seam für die Rückenflosse

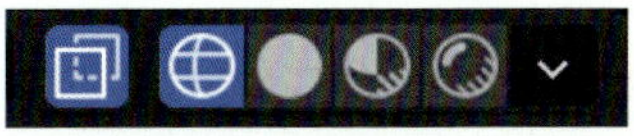

▲ **Abbildung 11.59**
Aktivierter X-Ray- und Wireframe-Modus

Als zweiten Teilbereich für die UV-Abwicklung kümmern wir uns um die Rückenflosse. Aktivieren Sie am besten sicherheitshalber den X-Ray- und Wireframe-Modus (Abbildung 11.59) für die Selektion der Edges. Selektieren Sie dabei die Edges, die am Körper des Seepferdchens beginnen und sich auf der Y-Achse an der Spitze der Rückenflosse treffen (Abbildung 11.58). Definieren Sie auch diese Edges über den Befehl UV MAPPING • MARK SEAM (Taste [U]) als Naht.

Bei der Erzeugung der ersten vertikalen Seams sind noch nicht alle Stellen geschlossen, da die Edge Loops nicht komplett bis zum Ende durchgelaufen sind. Wir schließen diese unvollständigen Seams daher einfach selbst mit Seams ab. Die erste Stelle befindet sich an der Schwanzspitze (Abbildung 11.60).

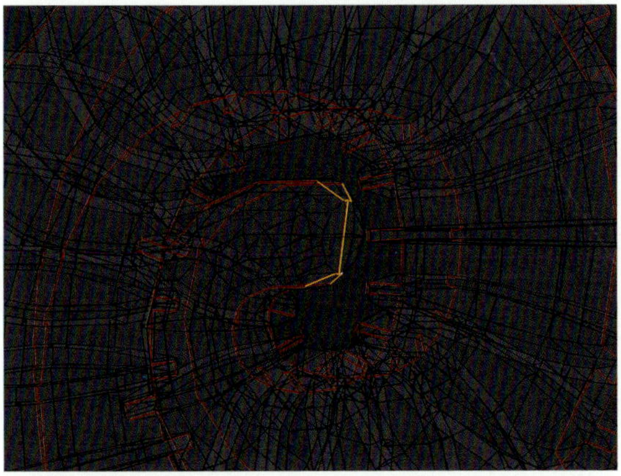

▲ **Abbildung 11.60**
Seam-Abschluss an der Spitze des Schwanzes

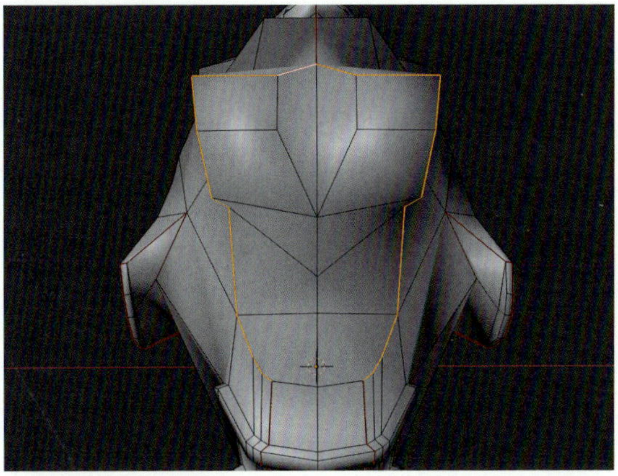

▲ **Abbildung 11.61**
Seam-Abschluss am Hinterkopf

Die zweite Stelle befindet sich am Hinterkopf des Seepferdchens. Hier reichen die Seams bislang nur bis zum Kopfansatz. Selektieren Sie die Edges daher wie in Abbildung 11.61 gezeigt auf der linken und rechten Seite des Kopfes und erklären Sie auch diese Edges zu Seams.

Besonders wichtig und kritisch für eine brauchbare UV-Abwicklung des Meshes sind sich überlagernde, überdeckte Stellen wie beispielsweise die Innenseiten der Kopfflosse. Um diesen Bereich vom Rest des Körpers zu separieren, versehen wir auch sie mit Seams. Selektieren Sie dazu die an den Außenkanten der Kopfflossen verlaufenden Edges zusammen mit den auf der Mitte der Innenseite der Kopfflosse sitzenden Edges, so dass Sie jeweils einen geschlossenen Edge Loop haben (Abbildung 11.62). Definieren Sie diese Edges über den Befehl UV Mapping • Mark Seam (Taste U) ebenfalls als Seam. Am Kopf befinden sich auch die letzten Seams, die wir noch vor dem Abwickeln setzen müssen.

Abbildung 11.62 ▸
Seams an den Innenseiten der Kopfflossen

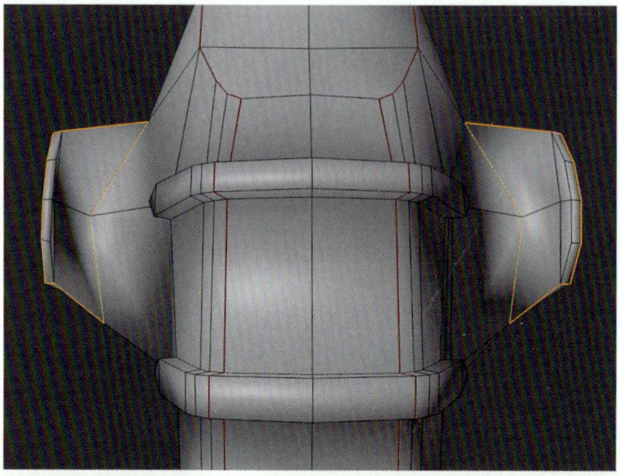

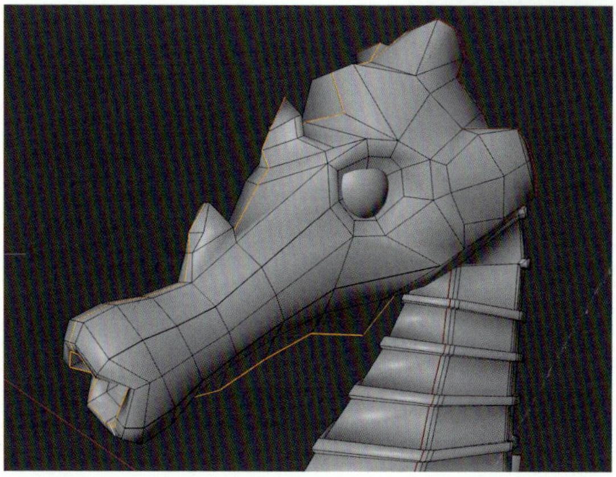

▲ **Abbildung 11.63**
Seams entlang des Kopfes

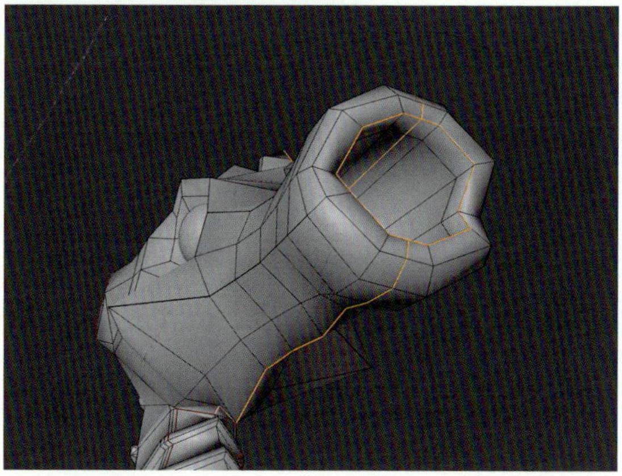

▲ **Abbildung 11.64**
Seams an der Schnauze und an der Unterseite

Verfolgen Sie die Edges auf der Stirnseite des Seepferdchens bis hin zur Schnauze und führen Sie diese Selektion auf der Innenseite der Schnauze und auf der Unterseite des Kopfes fort, bis Sie die Selektion mit den bereits vorhandenen vertikalen Seams am Brustansatz abschließen können (Abbildung 11.63 und Abbildung 11.64). Um das Innere der Schnauze als separate UV-Insel zu erhalten, selektieren Sie, wie in Abbildung 11.64 gezeigt, den Edge Loop an der Kante der Schnauze.

Markieren Sie auch diese letzten Selektionen über den Befehl UV Mapping • Mark Seam (Taste U) als Naht. Jetzt sind alle Seams für die UV-Abwicklung gesetzt.

3 UV-Mesh abwickeln

Beginnen wir mit der Abwicklung des UV-Meshes. Wechseln Sie dazu am besten in den Workspace UV EDITING, um alle Editoren und Befehle griffbereit zu haben.

◂ **Abbildung 11.65**
Workspace UV EDITING

Aktivieren Sie den Face Select-Mode (Taste [3]), und selektieren Sie über die Taste [A] alle Faces des Seepferdchenkörpers. Wir haben mit den festgelegten Seams eine gute Vorarbeit geleistet und verlassen uns aufgrund des relativ klaren Aufbaus der Geometrie auf die automatische Abwicklung. Um die Mesh-Selektion abzuwickeln, rufen Sie über die Taste [U] das Menü UV MAPPING auf (Abbildung 11.66) und wenden den Befehl UNWRAP an.

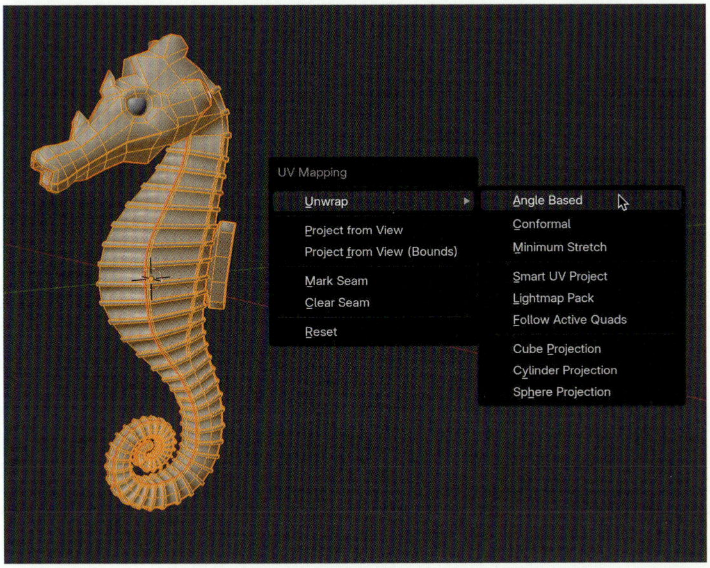

◂ **Abbildung 11.66**
Abwicklung des UV-Meshes über den Befehl UNWRAP

▾ **Abbildung 11.67**
Einstellungen für die Abwicklung

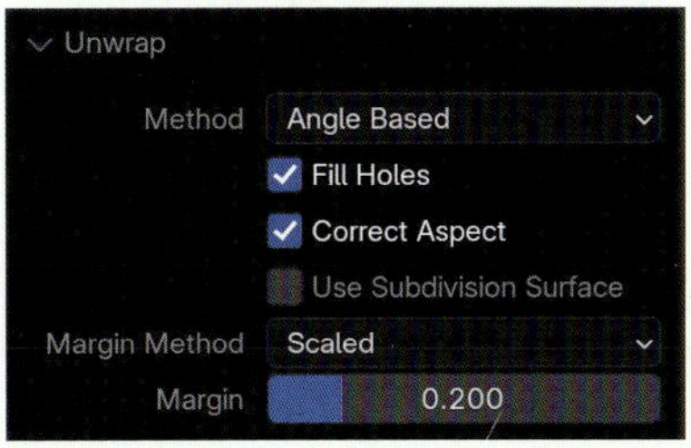

Klappen Sie direkt im Anschluss das Adjust Last Operation-Panel aus (Abbildung 11.67) und stellen Sie sicher, dass neben der METHOD ANGLE BASED auch die Optionen FILL HOLES und CORRECT ASPECT aktiviert sind. Wählen Sie für die Abstände eine MARGIN von 0.200 mit der MARGIN METHOD SCALED.

Das UV-Mesh wird dadurch unter Berücksichtigung der von uns festgelegten Seams als UV-Mesh abgewickelt und im UV Editor angezeigt (Abbildung 11.68). Wie Sie sehen, passen alle durch unsere Seams angelegten UV-Inseln in ihrer relativen Größe zusammen.

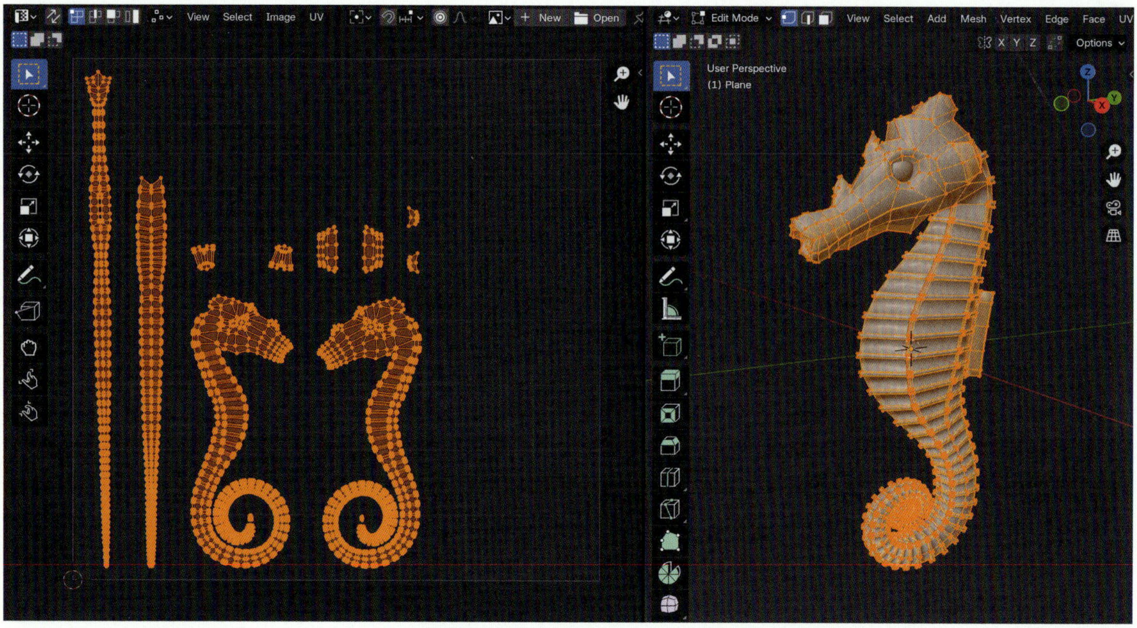

▲ **Abbildung 11.68**
Abgewickeltes UV-Mesh des Seepferdchens

Das bedeutet, dass unser UV-Mesh sehr homogen aufgebaut ist und auch keine Notwendigkeit besteht, die einzelnen Inseln in ihrer Größe zu verändern. Vor allem, da wir das Seepferdchen als Ganzes texturieren werden. Die einzige Anpassung, die wir der Übersichtlichkeit halber noch vornehmen sollten, ist die paarweise Gruppierung der Inseln für das Schnauzeninnere, die Rückenflosse und die Innenseite der Ohren (Abbildung 11.69).

Abbildung 11.69 ▸
Gruppierung der UV-Inseln

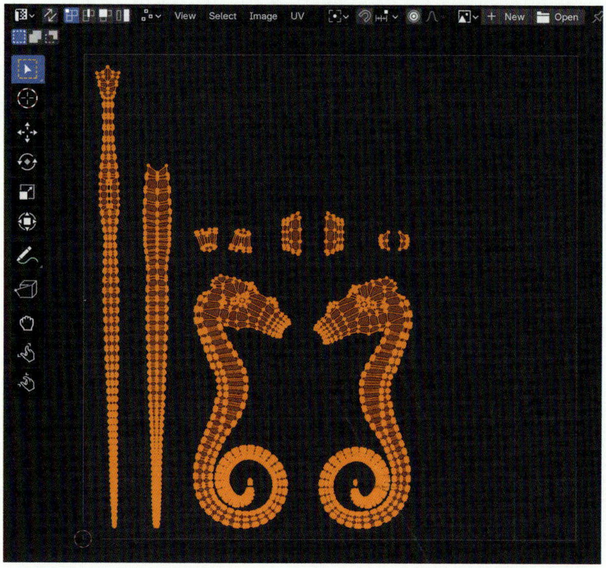

Wählen Sie dazu jeweils eine Hälfte der separierten UV-Inseln mit einem Selektionswerkzeug nacheinander aus, und schieben Sie sie mit dem Move-Tool (Taste [G]) außerhalb der Arbeitsfläche (Abbildung 11.69).

4 Material für das Seepferdchen erzeugen

Damit unser Vorhaben, die gesculpteten Details in eine Normal-Map zu überführen, gelingt, benötigen wir als Erstes ein neues Material für das Seepferdchen.

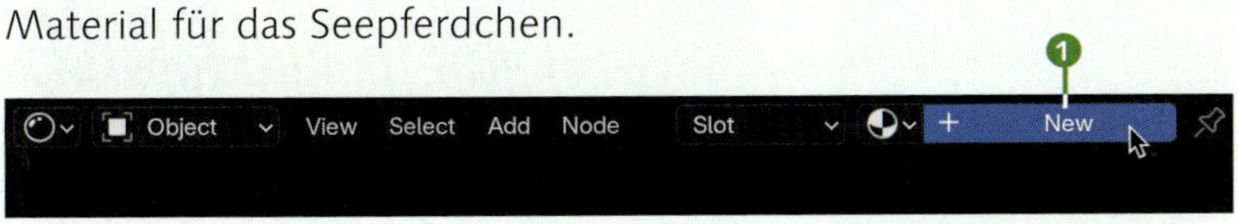

◂ **Abbildung 11.70**
Erzeugen eines neuen Materials im Shader Editor

Erzeugen Sie sich dazu ein neues Fenster mit dem Shader Editor. In dessen Menüleiste (Abbildung 11.70) finden Sie den Button New 1, über den Sie ein neues Material für unser Seepferdchen erzeugen.

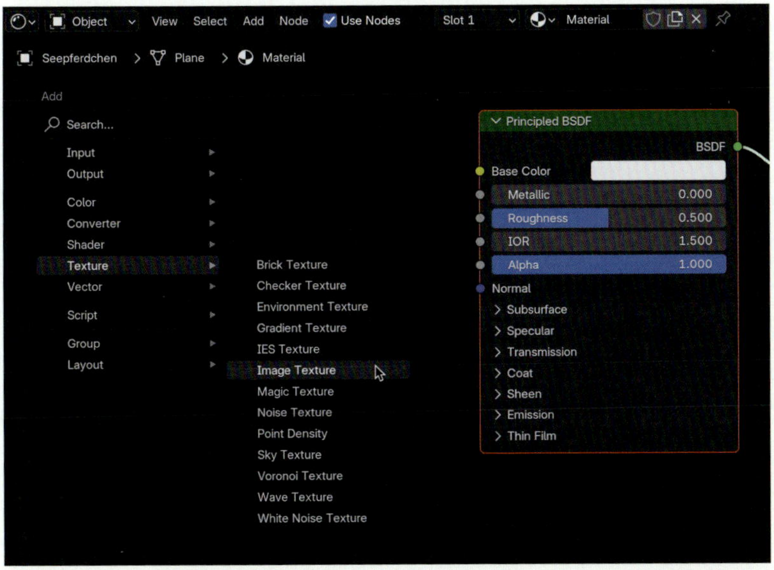

◂ **Abbildung 11.71**
Erzeugen eines neuen Materials im Shader Editor

Öffnen Sie anschließend das Menü Add • Texture (Tasten [⇧]+[A]) im Shader Editor, um einen Image Texture-Node für das Material zu erzeugen (Abbildung 11.71): Über ihn können wir eine neue Textur als Basis für die spätere Normal-Map anlegen.

Klicken Sie dazu auf den Button New 1 des Image Texture-Nodes (Abbildung 11.72). Es öffnet sich ein Einstellungspanel (Abbildung 11.73), in dem Sie der neuen Textur einen passenden

Namen und eine ausreichend hohe Auflösung verleihen. Aktivieren Sie die Option 32-BIT FLOAT und klicken Sie schließlich auf den Button NEW IMAGE.

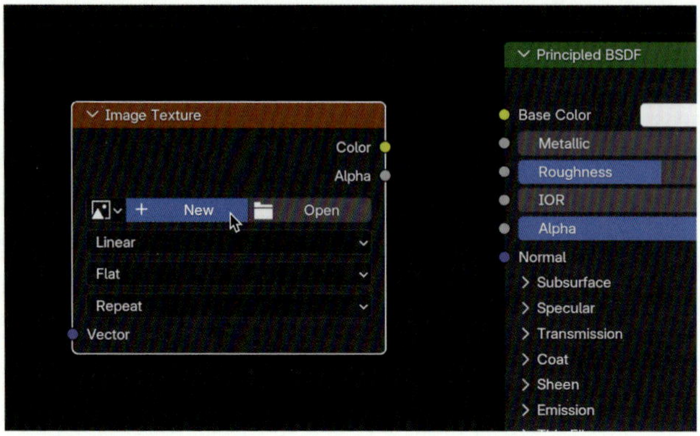

▲ **Abbildung 11.72**
Erzeugen einer Textur über den Image Texture-Node

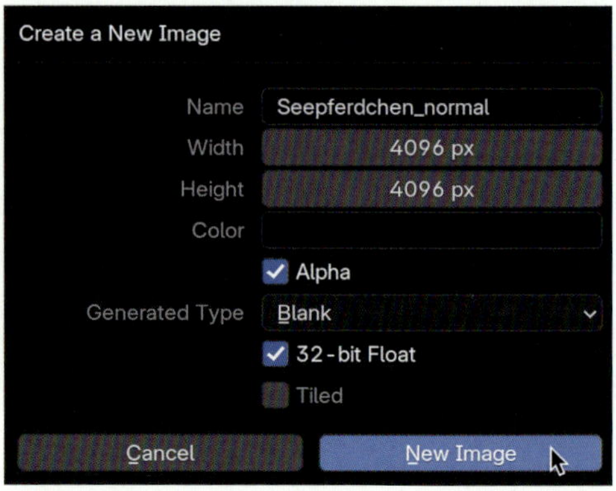

▲ **Abbildung 11.73**
Einstellungen für die neue Textur

Setzen Sie im Image Texture-Node den angegebenen Farbraum (COLOR SPACE) auf NON-COLOR (Abbildung 11.74). So werden statt der Farbdaten als solcher ausschließlich die numerischen Farbwerte verwendet. Damit ist die Textur und deren Verwendung korrekt angelegt und wir können die Normal-Map backen.

Abbildung 11.74 ▸
Auswahl des Farbraums im Image Texture-Node

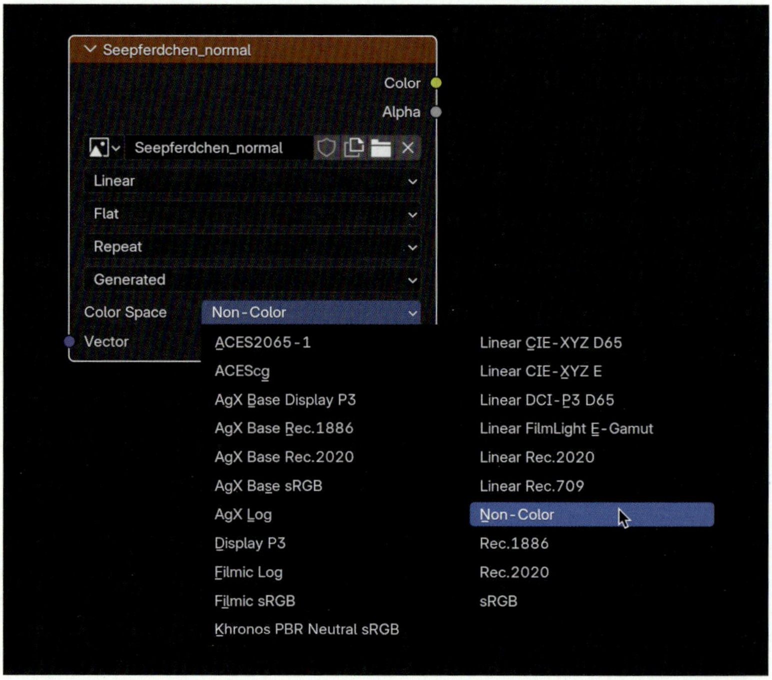

5 Normal-Map backen und anbinden

Nach dem Anlegen von Material und Textur kümmern wir uns zunächst um die Vorgaben für das Backen der Normal-Map. Öffnen Sie dazu den Modifier-Tab und reduzieren Sie im Multires-Modifier den LEVEL VIEWPORT auf 2 (Abbildung 11.75).

Wir erreichen dadurch, dass der für Sculpting und Rendering vorgegebene Detaillierungsgrad von 6 per Normal-Map vom Level 2 ab übernommen wird. Nach dem sogenannten »Backen« benötigen wir den Multires-Modifier nicht mehr.

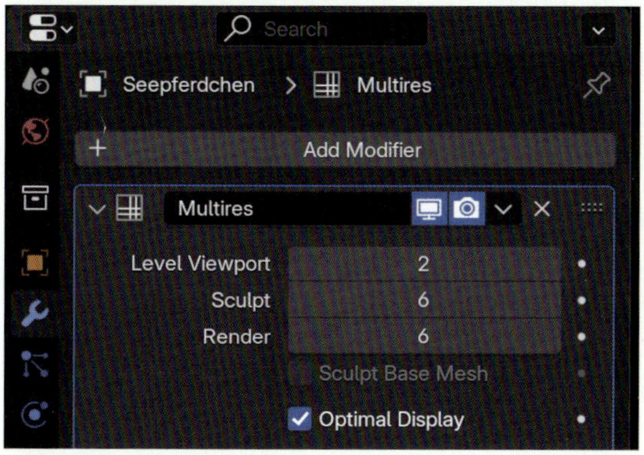

▲ **Abbildung 11.75**
Multires-Modifier im Modifier-Tab

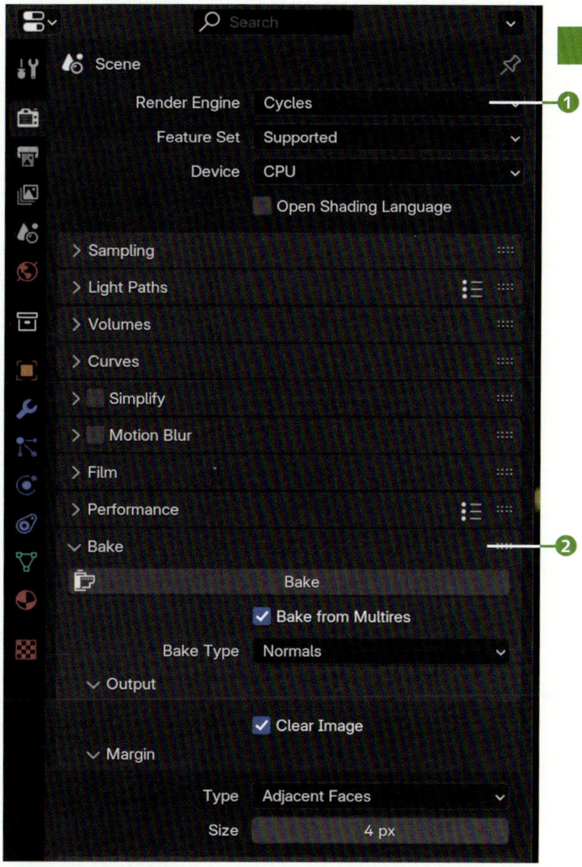

Abbildung 11.76 ▶
Panel BAKE im Render-Tab des Properties Editors

Wie schon angedeutet, handelt es sich beim Backen einer Textur um ein Rendering, deshalb finden wir die zugehörigen Einstellungen im Render-Tab des Properties Editors (Abbildung 11.76). Für das Backen einer Normal-Map benötigen wir den Cycles-Renderer ❶.

Nach dem Wechsel zu diesem Renderer steht uns auch das Panel BAKE ❷ zur Verfügung, wo sich die weiteren Einstellungen für das Backen befinden. Aktivieren Sie dort die Option BAKE FROM MULtires, damit die Informationen aus dem Multires-Modifier für die Erstellung der Textur herangezogen werden. Durch Auswahl des Bake Types Normals erhalten wir die gewünschte Normal-Map. Eine Margin Size von 4 mit Berücksichtigung der angrenzenden Faces (Adjacent Faces) lässt die generierte Textur etwas über das UV-Mesh überstehen. Jetzt können Sie auf den Button Bake klicken, um nach kurzer Wartezeit die gerenderte Normal-Map im Image Editor vorzufinden (Abbildung 11.77).

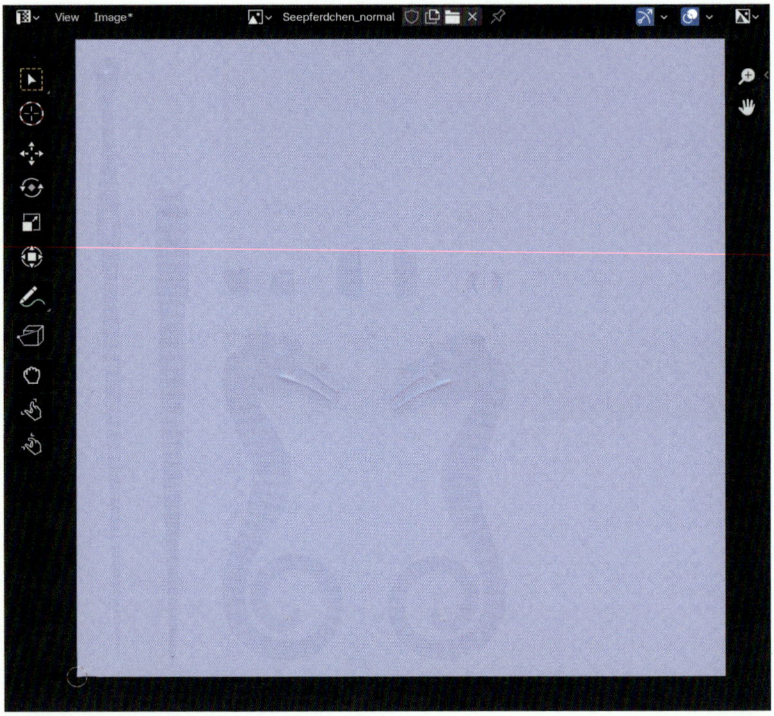

Abbildung 11.77 ▸
Gebackene Normal-Map im Image-Editor

Damit unsere Normal-Map auch korrekt vom Principled BSDF-Shader des Seepferdchen-Materials interpretiert wird, müssen wir einen Normal Map-Node zwischenschalten.

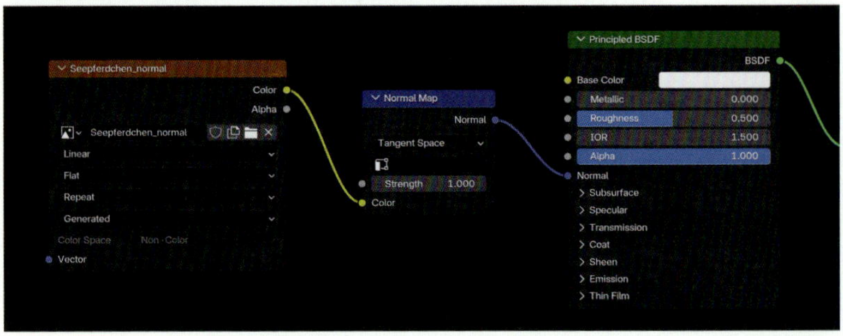

Abbildung 11.78 ▸
Anbinden der Normal-Map über einen Normal Map-Node

Diesen finden Sie im Menü Add • Vector des Shader Editors. Verknüpfen Sie die beiden Color-Sockets und schließen Sie den Normal Map-Node an den Normal-Socket des Principled BSDF-Shaders an (Abbildung 11.78).

Bevor wir uns um den nicht mehr benötigten Multires-Modifier kümmern, speichern Sie die Normal-Map über den Befehl Save As aus dem Menü Image (Abbildung 11.79) bzw. die Tasten ⇧ + Alt + S in Ihrem Blend-File ab.

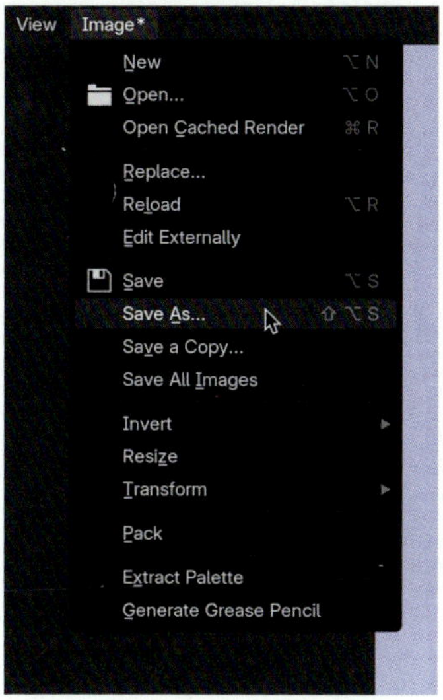

◂ **Abbildung 11.79**
Menü Image

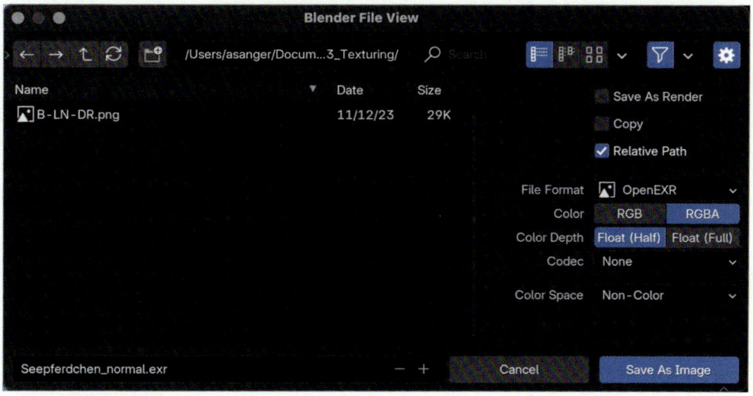

Abbildung 11.80 ▴
Speicher-Optionen im File Browser

Wählen Sie in den Optionen des File Browsers (Abbildung 11.80) das File Format OpenEXR für die Normal-Map. Die restlichen Optionen wurden praktischerweise bereits aus dem Image Texture-Node übernommen. Nun können wir die UV-Map des Seepferdchens fertigstellen.

Sollten Sie das gesculptete Seepferdchen-Modell aufheben wollen, verwenden Sie für die folgenden Schritte eine neue Blender-Datei, denn nach dem Klick auf den X-Button ❶ im Modifier-Tab (Abbildung 11.81) verliert unser Seepferdchen vorübergehend alle Sculpting-Details.

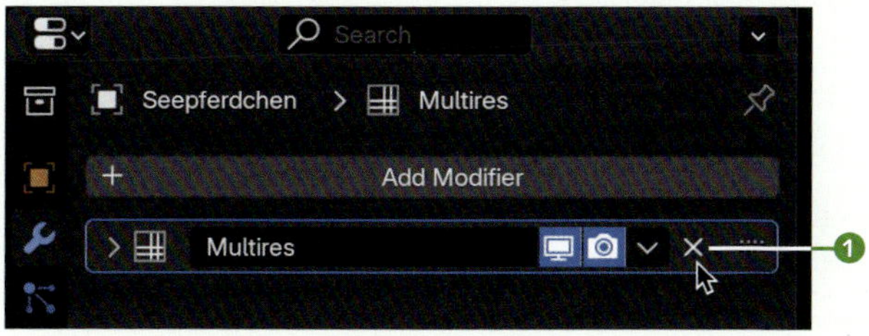

◂ **Abbildung 11.81**
Löschen des Multires-Modifiers

Weisen Sie dem Seepferdchen stattdessen über das Menü ADD MODIFIER einen Subdivision Surface-Modifier zu (Abbildung 11.82), und setzen Sie die SUBDIVISIONS (Unterteilungen) für LEVELS VIEWPORT und RENDER jeweils auf einen Wert von 3.

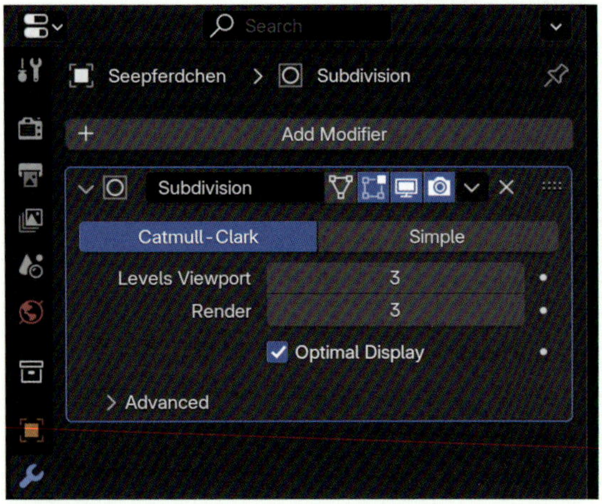

▲ **Abbildung 11.82**
Einstellungen für den Subdivision Surface-Modifier

Abbildung 11.83 ►
Verformung der Oberfläche per Normal-Map

Damit ist die selbst gebackene Normalen-Textur als Normal-Map nun zur optischen Verformung der Oberfläche auf sich alleine gestellt. Setzen Sie das VIEWPORT SHADING auf MATERIAL PREVIEW oder RENDERED, um sich davon im Viewport zu überzeugen (Abbildung 11.83).

Sollten Ihnen die Oberflächendetails noch nicht kräftig genug ausfallen, können Sie im Normal Map-Node (Abbildung 11.78) jederzeit vorsichtig den Strength-Wert erhöhen.

Abbildung 11.84 ►
Workspace TEXTURE PAINT

6 Anlegen einer Farbtextur

Für die Farbtextur für unser Seepferdchen nutzen wir das Texture Painting in Blender, hier steht uns ein eigener Workspace TEXTURE PAINT (Abbildung 11.84) zur Verfügung.

Nach dem Workspace-Wechsel zeigt uns der Viewport das mit der Normalen-Textur bedachte Seepferdchen; momentan ist schließlich auch kein anderer Texture Slot vorhanden. Dies ändern wir, indem wir das Pop-up-Menü Texture Slots in der Werkzeugzeile des Viewports aufklappen, den Mode Material auswählen, auf das +-Symbol ❶ klicken und eine zusätzliche Textur für die Base Color erzeugen.

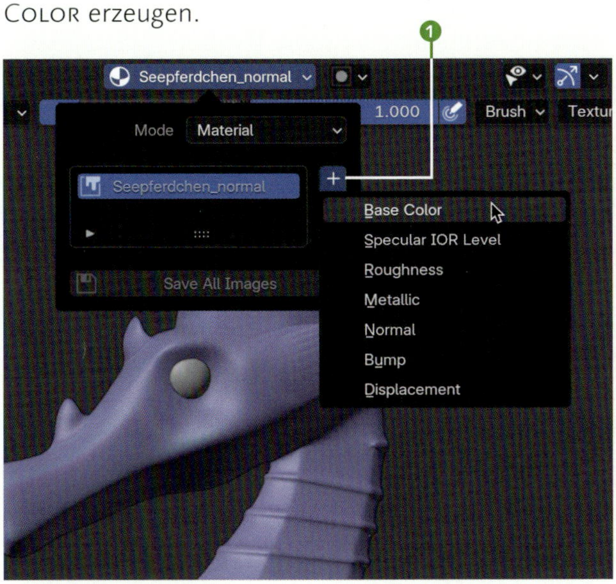

▲ **Abbildung 11.85**
Anlegen einer neuen Textur per Texture Slot

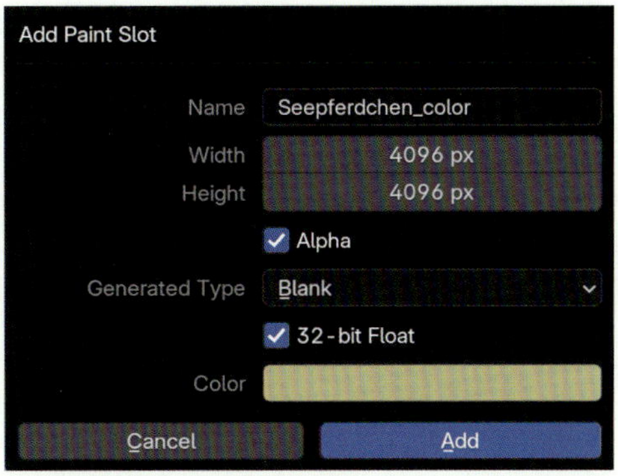

▲ **Abbildung 11.86**
Einstellungen für die Farbtextur

Im sich öffnenden Panel (Abbildung 11.86) geben Sie der neuen Textur, wie auch schon bei der Normalen-Textur, einen passenden Namen. Gewöhnen Sie sich am besten eine Nomenklatur an, bei der Sie auch außerhalb von Blender gleich die Verwendung der Textur erkennen. Für die Auflösung, die Sie über die Parameter Width und Height festlegen, bleiben wir bei den zuvor verwendeten Werten.

Schon stehen wir vor der nächsten wegweisenden Entscheidung. Klicken Sie auf den Farbchip für die Color und suchen Sie sich im zugehörigen Farbwähler die gewünschte Grundfarbe für das Seepferdchen aus. Die von mir verwendeten Einstellungen sehen Sie in Abbildung 11.87. Dies ist wohlgemerkt nur eine Grundfarbe, Sie haben anschließend noch genügend Möglichkeiten, das Aussehen unseres Seepferdchens Ihren Vorstellungen anzupassen.

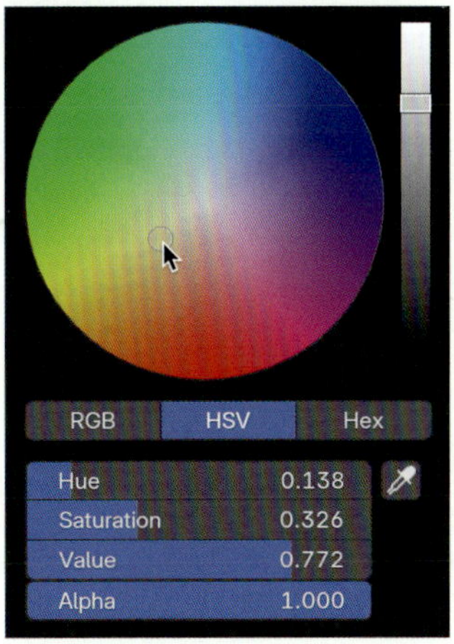

▲ **Abbildung 11.87**
Auswahl der Grundfarbe per Farbwähler

Ein Blick in den Shader Editor verrät uns, dass die Farbtextur bei der Erzeugung des Texture Slots in Form eines Image Texture-Nodes ❶ (Abbildung 11.88) gleich automatisch mit dem Principled BSDF-Shader ❸ verknüpft wurde. Um sicherzustellen, dass beide Image Texture-Nodes stets korrekt mit den Daten unserer UV-Map versorgt werden, erzeugen Sie über das Menü ADD • INPUT (Tasten [⇧] + [A]) einen Texture Coordinate-Node ❷ und verbinden seinen UV-Socket mit dem Vector-Socket der Image Texture-Nodes für die Farb- und Normal-Texturen.

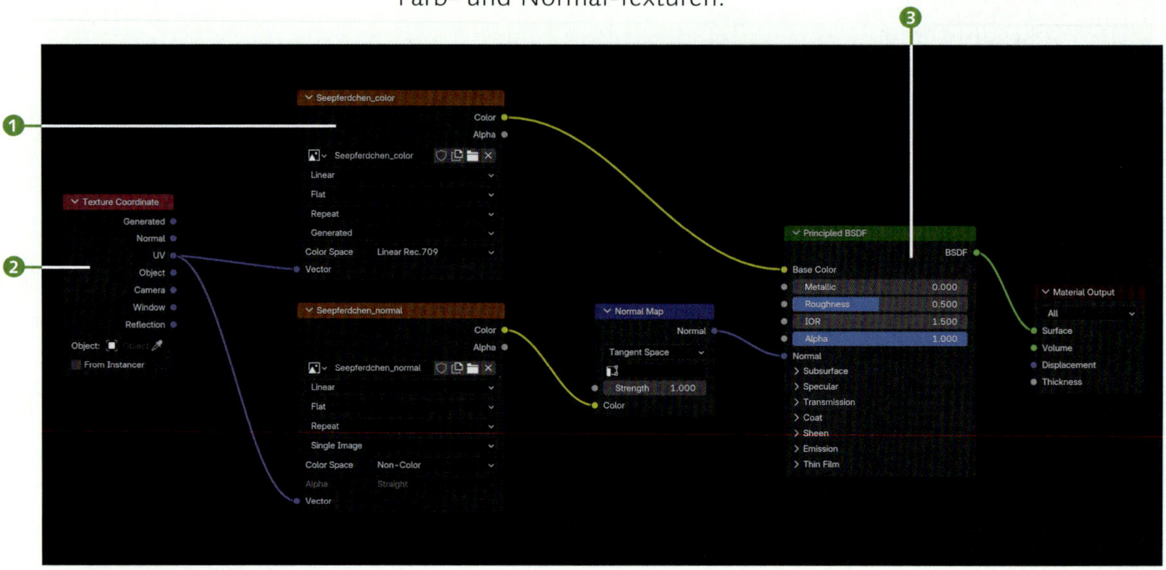

▲ **Abbildung 11.88**
Node-Tree mit Anbindung der Texturen

7 Einrichten der Oberflächeneigenschaften

Bevor wir mit dem eigentlichen Texture Painting beginnen, stellen wir noch ein paar Oberflächeneigenschaften ein, damit wir diese beim Auftragen der Farbe direkt im Viewport mit ins Kalkül ziehen können.

Klappen Sie dazu das Panel SUBSURFACE ❹ des Principled BSDF-Shaders auf (Abbildung 11.89) und wählen Sie als Erstes die Methode RANDOM WALK (SKIN) aus, die sich, wie der Name schon sagt, sehr gut für Hautoberflächen eignet. Über die drei Parameter unter RADIUS steuern Sie das Aussehen des Effekts. Je höher Sie die Distanzwerte ansetzen, desto tiefer dringt die jeweilige Farbe (Rot, Grün sowie Blau) in die Oberfläche ein. Wie Sie an meinen Werten erkennen, besteht mein Subsurface Scattering zum größten Teil aus dem Rotanteil sowie einem kleinen Blauanteil. Der zugehörige Parameter SCALE übernimmt die Skalierung für diese Farbkombination und wird an das Objekt angeglichen – für mein Seepferchen mit einem Wert von 0.2 cm.

Kümmern wir uns um die Glanzlichter sowie die Spiegelung der Seepferdchenoberfläche. Mit einem Wert von 0.400 für die ROUGHNESS bewegen wir uns dabei im Mittelfeld, ein IOR-Level von 0.500 unter SPECULAR ❺ bietet weiche, breite Reflexionen.

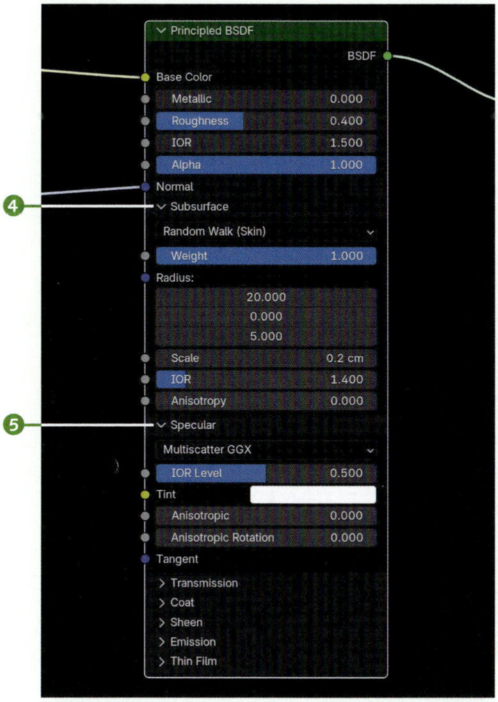

◂ **Abbildung 11.89**
Einstellungen für den Principled BSDF-Shader

▾ **Abbildung 11.90**
Hautoberfläche mit Subsurface Scattering

8 Texture Painting der Grundfarbe

Im Image Editor ist derzeit weiterhin die Normalen-Textur geöffnet. Damit wir die Farbtextur auf dem Seepferdchen sehen und beurteilen können, wählen Sie über das Datenblock-Menü die kurz zuvor angelegte Farbtextur SEEPFERDCHEN_COLOR aus (Abbildung 11.91).

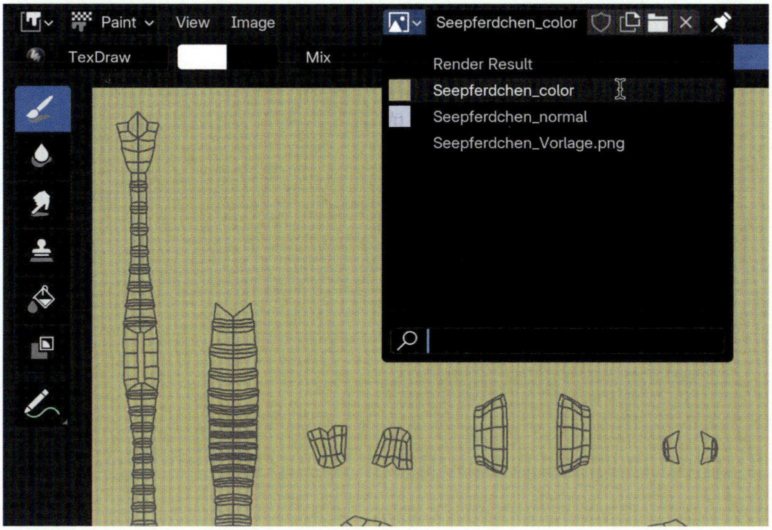

◂ **Abbildung 11.91**
Auswahl der Farbtextur im Image Editor

Damit die parallele Arbeit beim Bemalen des Seepferdchens im Image Editor sowie im Viewport möglichst flüssig abläuft, reduzieren wir die Unterteilung des Seepferdchens für den Viewport vorübergehend. Öffnen Sie hierzu die Einstellungen des Subdivision-Modifiers im Modifier-Tab (Abbildung 11.92) und setzen Sie die Unterteilung für LEVELS VIEWPORT auf 1.

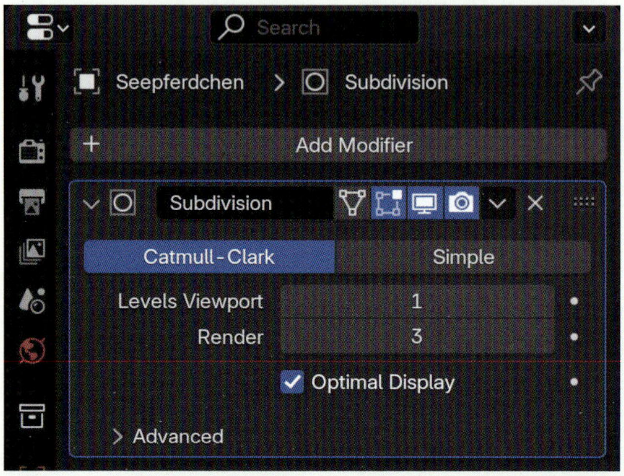

Abbildung 11.92 ►
Einstellungen für den Subdivision Surface-Modifier

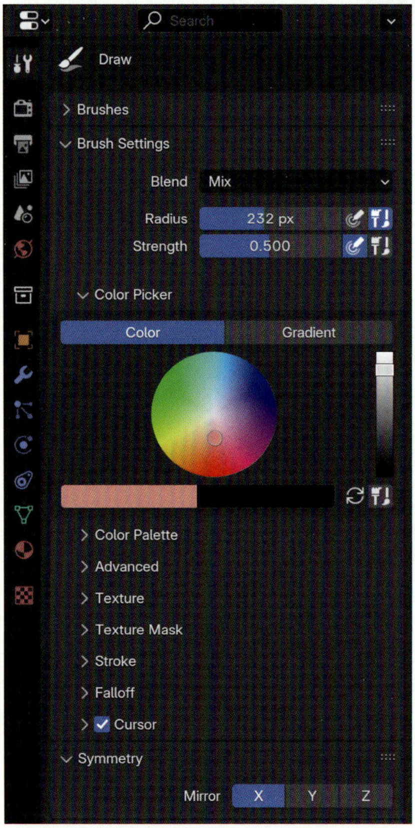

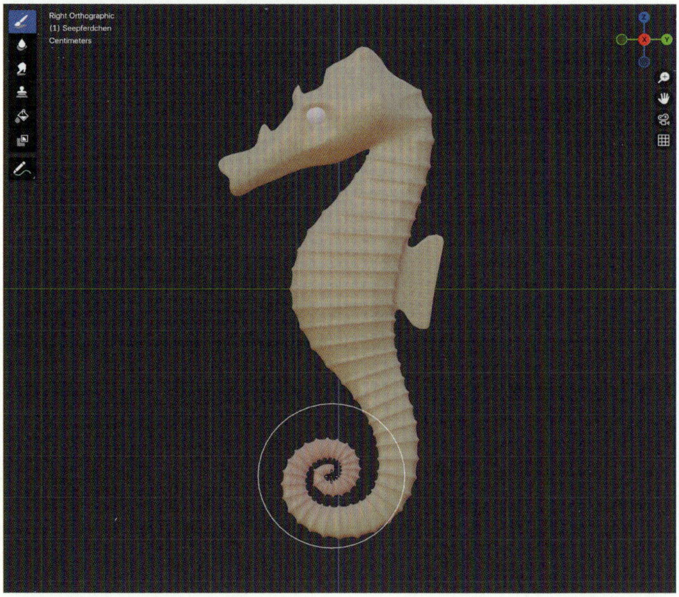

◄ Abbildung 11.93
Einstellungen für den ersten Draw Brush

▲ Abbildung 11.94
Bemalen des Schwanzendes

Überprüfen Sie, ob im Viewport weiterhin der Texture Paint-Mode sowie im Image Editor der Paint-Mode vorliegt. Mit dem Wechsel in die Paint-Modes teilen Sie Blender mit, dass Sie nicht mehr das Mesh, sondern die vorliegende Textur bearbeiten möchten. Wechseln Sie über die Taste [3] [Num] in die Ansicht von rechts.

Wir beginnen mit dem Schwanzende des Seepferdchens. Lassen Sie den Standard-Pinsel DRAW aktiviert, und wählen Sie im Farbwähler eine rötlichere Version der Grundfarbe (Abbildung 11.93). Setzen Sie die Stärke (STRENGTH) des Pinsels auf 0.500, und regulieren Sie seinen Radius über den zugehörigen Parameter oder durch Drehen des Mausrads bei gedrückt gehaltener [F]-Taste auf eine brauchbare Größe, in etwa so groß wie der eingerollte Seepferdschwanz. Aktivieren Sie außerdem die Spiegelung des Paintings über die X-Achse, entweder über das zugehörige Panel SYMMETRY in den Brush-Einstellungen oder über die Werkzeugoptionen im Viewport. Bemalen Sie den Schwanz (Abbildung 11.94), indem Sie einige Male per Linksklick Farbe auftragen

Wir bleiben beim DRAW BRUSH und ändern seine Farbe in ein Orange. Passen Sie die Größe des Brushes adäquat an und setzen Sie diese Farbe für das Seepferdchen ein (Abbildung 11.95).

▲ **Abbildung 11.95**
Bemalen mit orangem Farbton

▲ **Abbildung 11.96**
Bemalen des Brust- und Rückenbereichs

Mein Seepferdchen sollte möglichst bunt werden, deswegen bin ich über den Farbwähler auf nächstliegende Farbtöne gesprungen und habe diese für die Färbung des Brust- und Rückenbereichs sowie die Rückenflosse verwendet (Abbildung 11.96).

Das vielfarbige Texture Painting habe ich mit weiteren Farbübergängen vom Hals über die Stirn bis hin zur Schnauze gestaltet (Abbildung 11.97). Da wir bis jetzt ausschließlich in der Ansicht von rechts gearbeitet haben, wird es einige Stellen geben, die von unserem Brush nicht erreicht wurden (Abbildung 11.98).

▲ **Abbildung 11.97**
Bemalen des Kopfbereichs

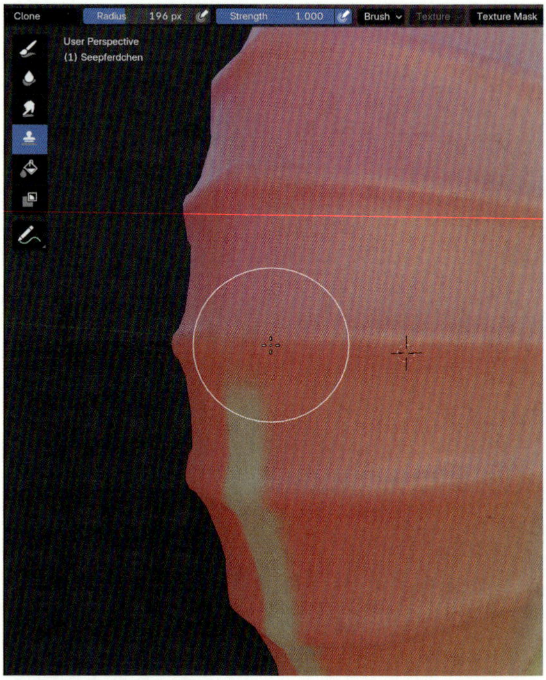

▲ **Abbildung 11.98**
Füllen des Brustbereichs

Um diese Bereiche vorsichtig nachzubearbeiten, drehen Sie sich die Ansicht so, dass Sie den betroffenen Bereich gut erfassen, und aktivieren das Clone-Tool aus der Werkzeugpalette. Bleiben Sie beim symmetrischen Arbeiten und definieren Sie per Klick mit gedrückt gehaltener Strg/Cmd-Taste den Clone-Cursor, also die Vorgabe für den zu klonenden Farbbereich. Füllen Sie nun die unbemalten Stellen mit dem Clone-Werkzeug auf. Achten Sie darauf, zur richtigen Zeit bzw. an der richtigen Stelle den Clone-Cursor neu zu setzen, um keine Farbunterschiede zu erhalten. Ein weiteres praktisches Werkzeug für das Füllen ist das Smear-Tool.

Hier benötigen Sie keine Farbvorgabe, sondern ziehen einfach den per Linksklick und dem Brush-Radius definierten Bereich auf die zu füllende Lücke – praktisch bei der Arbeit hinter der Kopfflosse (Abbildung 11.99).

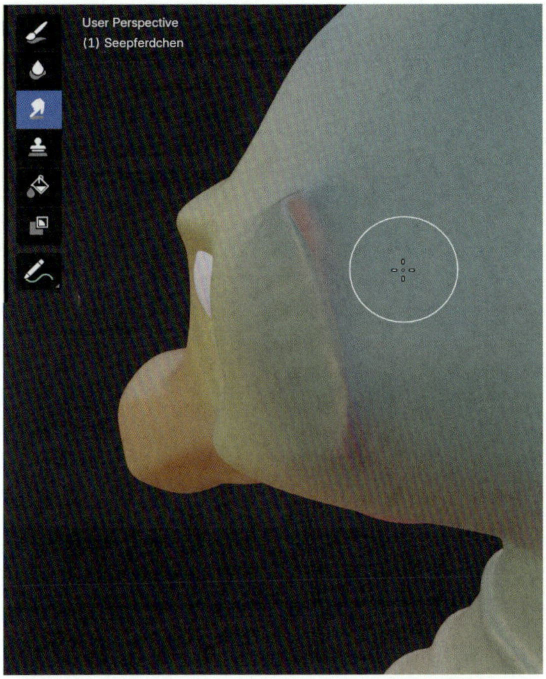

▲ **Abbildung 11.99**
Füllen und Bemalen des Bereichs hinter den Kopfflossen

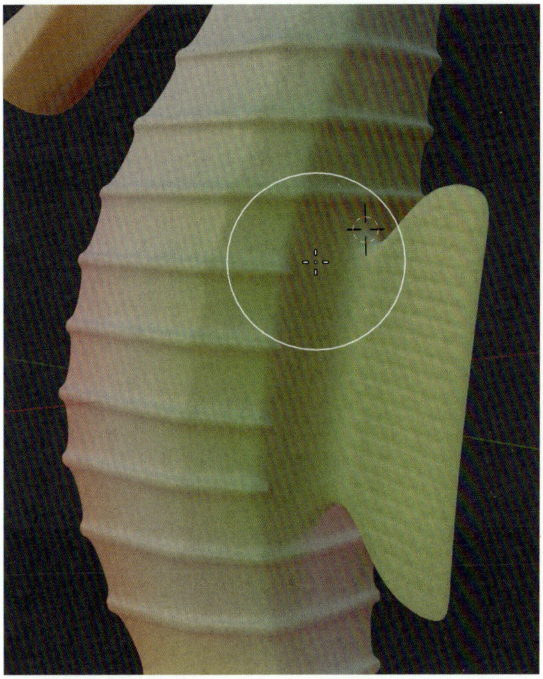

▲ **Abbildung 11.100**
Füllen des Bereichs an der Rückenflosse

Achten Sie insbesondere an den Bereichen mit ausgelagerten UV-Inseln, wie beispielsweise der Kopf- und Rückenflosse, darauf, dass Sie ringsum saubere Übergänge ohne Farbblitzer erhalten (Abbildung 11.100).

Eine weitere Möglichkeit, solche Übergänge zu gestalten: Lassen Sie den geschlossenen Farbbereich langsam in den geteilten Farbbereich übergehen. Suchen Sie sich dazu eine geeignete Stelle aus (ich habe beispielsweise den Übergang in den aufgerollten Schwanzbereich auf der Rückseite gewählt) und schieben Sie am besten mit dem Smear-Tool die Farbbereiche über mehrere Knochensegmente Stück für Stück nach innen (Abbildung 11.101).

Ausgelagerte UV-Inseln finden wir auch an der Schnauze des Seepferdchens (Abbildung 11.102). Sorgen Sie auch hier für einen weichen, nahtlosen Übergang von der Außen- in die Innenseite.

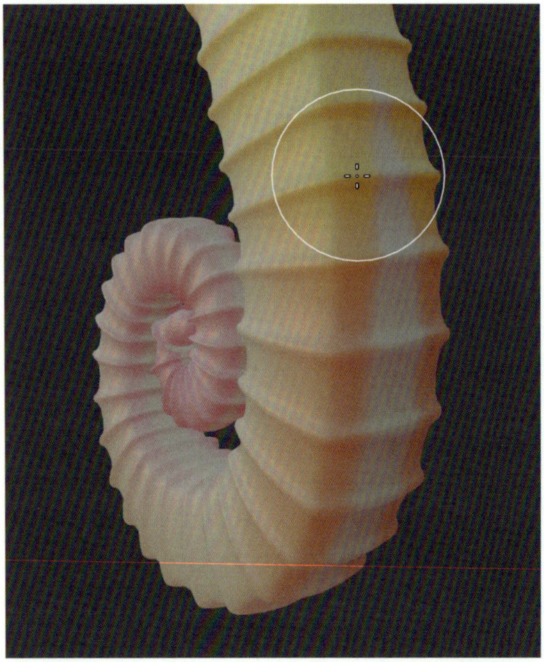

◂ **Abbildung 11.101**
Gestalten des Übergangs der Farbbereiche

▾ **Abbildung 11.102**
Füllen des Bereichs an der Schnauze

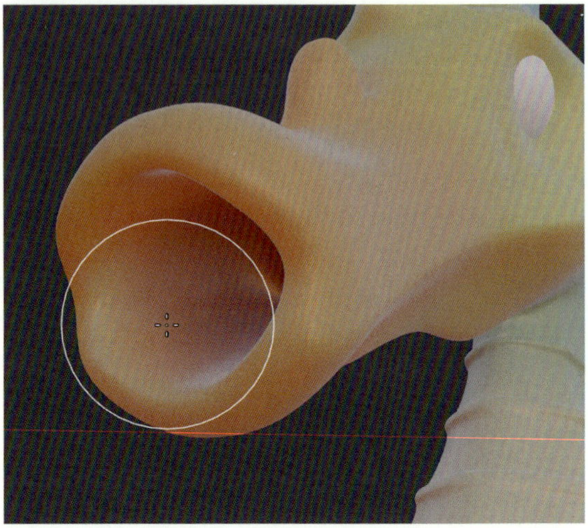

Wenn Sie so weit mit der Grundfarbe des Seepferdchens zufrieden sind (Abbildung 11.103), kümmern wir uns im nächsten Schritt um ein Muster auf der Haut.

Abbildung 11.103 ▸
Mit der Grundfärbung bemaltes Seepferdchen

9 Texture Painting des Musters

Beim Erzeugen der Mustertextur gehen wir wie bei der Farbtextur vor. Klappen Sie das Pop-up-Menü TEXTURE SLOTS auf, wählen Sie den Mode MATERIAL und klicken Sie auf das +-Symbol, um eine zusätzliche BASE COLOR zu erzeugen (Abbildung 11.104).

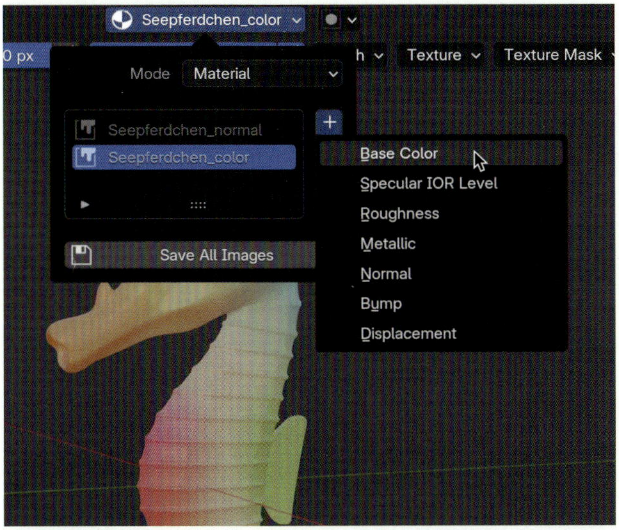

◂ **Abbildung 11.104**
Anlegen einer neuen Textur per Texture Slot

▾ **Abbildung 11.105**
Einstellungen für die Mustertextur

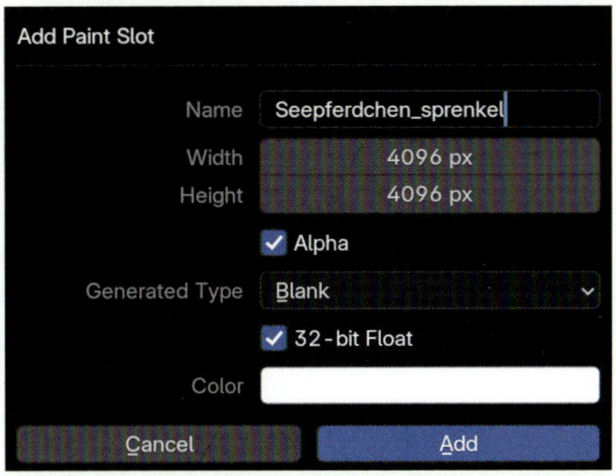

Benennen Sie die Mustertextur entsprechend und verwenden Sie die gleichen Einstellungen wie für die Farbtextur (Abbildung 11.105). Nachdem Sie der Textur noch eine weiße Grundfarbe gegeben haben, wechseln Sie kurz in den Shader Editor (Abbildung 11.106), um die Mustertextur an unseren Node-Tree anzubinden.

▾ **Abbildung 11.106**
Anbinden der Mustertextur an den Node-Tree

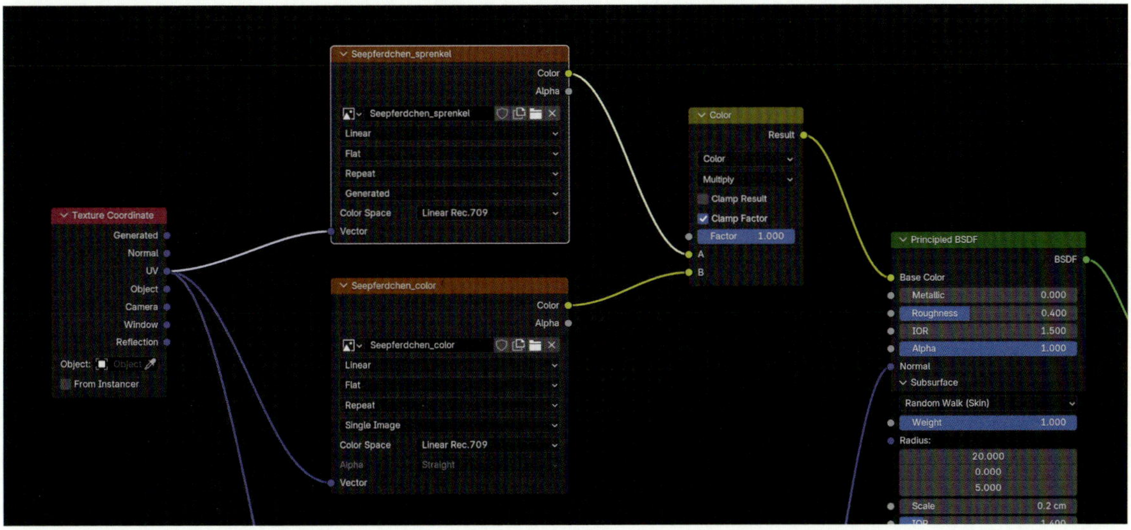

Bespeisen Sie als Erstes den neuen Image Texture-Node ebenfalls mit den UV-Koordinaten aus dem Texture Coordinate-Node. Um Farbtextur und Mustertextur miteinander zu kombinieren, holen Sie sich über das Menü Add • Color (Tasten ⇧ + A) einen Mix Color-Node und verbinden Sie die beiden Color-Sockets der Image Texture-Nodes mit den beiden Color-Socket-Eingängen des Mix Color-Nodes. Setzen Sie den Modus auf Multiply und den Factor auf 1.000, damit Farb- und Mustertextur voll miteinander verrechnet werden. Das dabei entstehende Resultat verbinden Sie mit dem Base Color-Eingangssocket des Principled BSDF-Shaders.

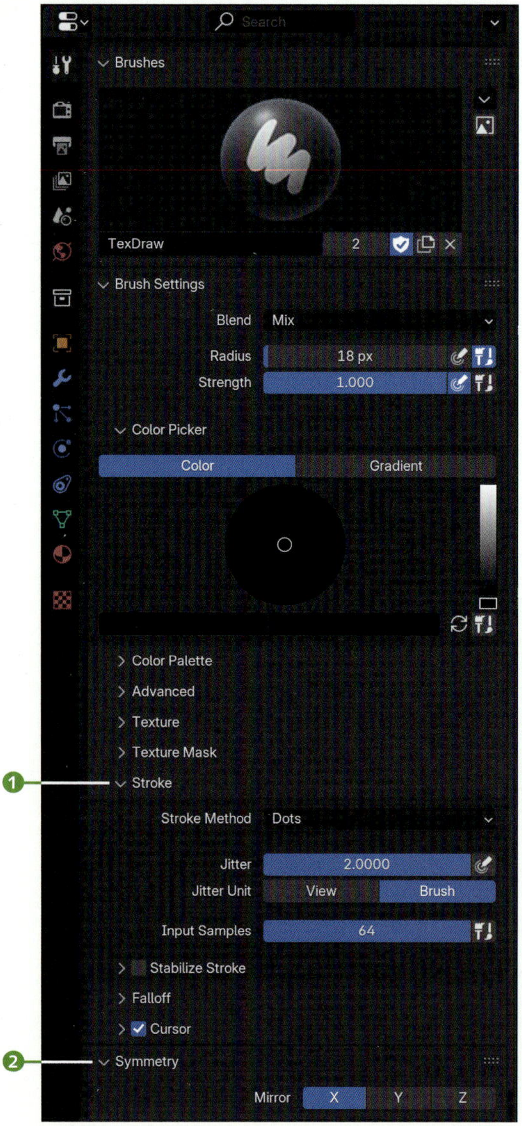

◂ **Abbildung 11.107**
Einstellungen für den Draw Brush

▴ **Abbildung 11.108**
Aufbringen der ersten Sprenkel

Für das Aufbringen des Musters kommt wieder der DRAW BRUSH zum Einsatz (Abbildung 11.107). Setzen Sie die Stärke (STRENGTH) des Brushes auf 1.000 und wählen Sie eine dunkle Farbe, ich habe mich für Schwarz entschieden. Um auch wirklich Sprenkel beim Malen zu erhalten, klappen Sie das untergeordnete Panel STROKE ❶ auf und setzen Sie den Wert JITTER auf mindestens 2.0000. Für die ersten Sprenkel darf auch das symmetrische Arbeiten noch aktiviert sein. Nehmen Sie wieder die Ansicht von rechts (Taste [3] [Num]) und passen Sie den RADIUS am besten mit der Taste [F] für einen einzelnen Sprenkel im Viewport an, bevor Sie mit dem ersten Auftrag beginnen (Abbildung 11.108).

◂ **Abbildung 11.109**
Aufbringen kleinerer Sprenkel

▾ **Abbildung 11.110**
Unsymmetrisches Aufbringen der Sprenkel

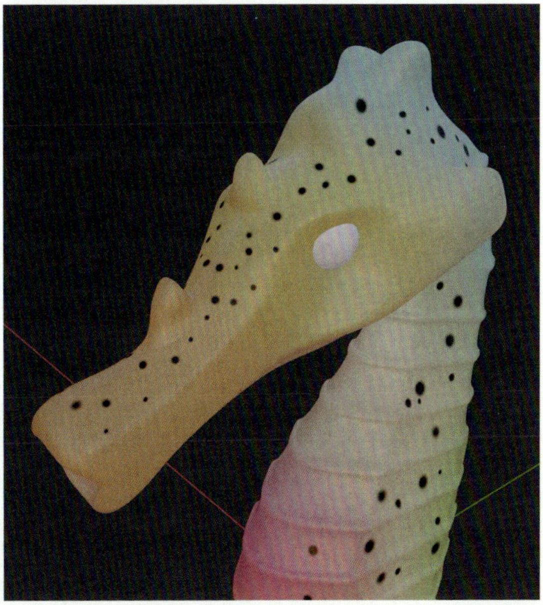

Verkleinern Sie anschließend den Brush-Radius (Taste [F]) und ergänzen Sie die großen Sprenkel mit kleineren Sprenkeln (Abbildung 11.109). Tragen Sie überall dort auf dem Seepferdchen Sprenkel auf, wo Sie diese Musterung haben möchten, und schalten Sie bald das symmetrische Arbeiten ❷ ab, damit das Muster nicht zu generisch und unnatürlich wirkt. Tragen Sie auch nicht zu viele Sprenkel auf.

10 Texture Painting transparenter Bereiche

Auch die Definition von transparenten Bereichen, wie beispielsweise der Rückenflosse, können wir mittels Texture Painting erledigen. Klappen Sie wieder das Pop-up-Menü TEXTURE SLOTS auf, wählen Sie den Mode MATERIAL und klicken Sie auf das +-Symbol, um eine zusätzliche BASE COLOR zu erzeugen (Abbildung 11.111).

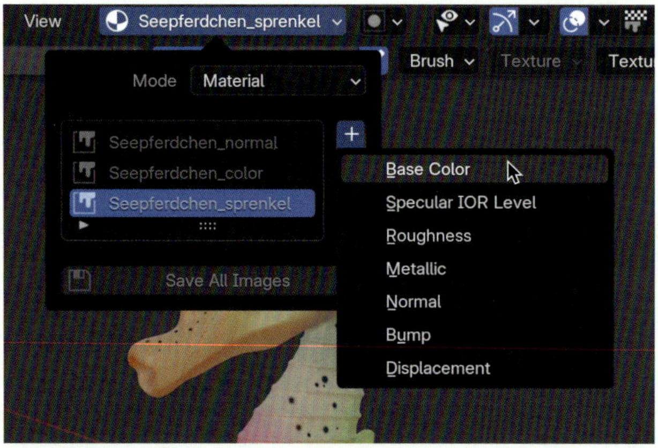

▲ **Abbildung 11.111**
Anlegen einer neuen Textur per Texture Slot

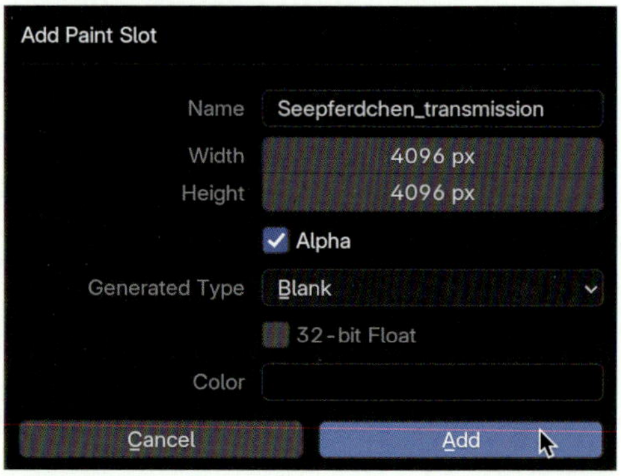

▲ **Abbildung 11.112**
Einstellungen für die Transparenztextur

Benennen Sie die Transparenztextur entsprechend und verwenden Sie die gleiche Auflösung wie für die Farb- und Mustertextur (Abbildung 11.112). Nachdem Sie der Textur noch eine schwarze Grundfarbe gegeben haben, wechseln Sie kurz in den Shader Editor (Abbildung 11.113), um die Transparenztextur an unseren Node-Tree anzubinden.

▼ **Abbildung 11.113**
Anbinden der Transparenztextur an den Node-Tree

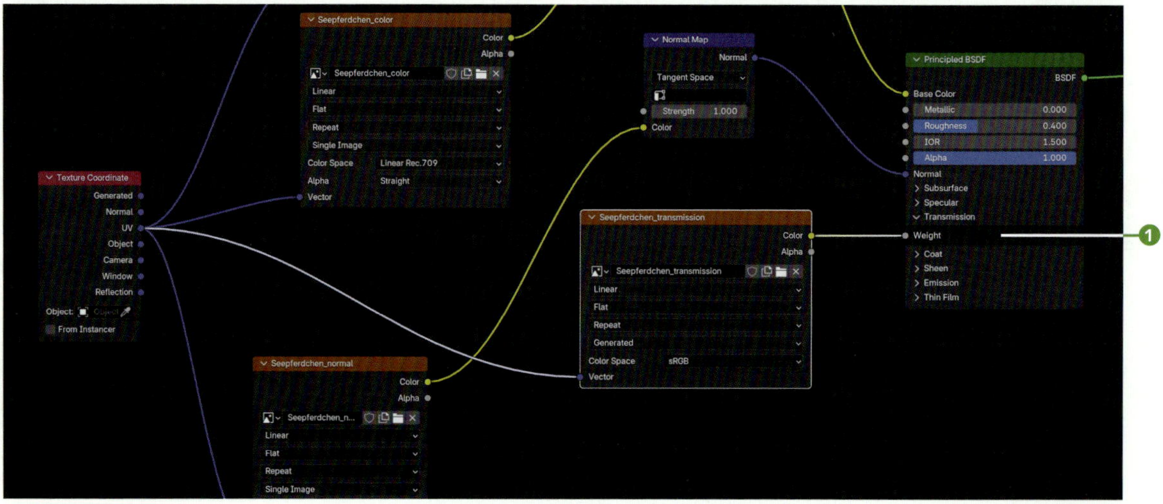

Die transparenten Stellen legen wir ebenfalls über die UV-Map fest, weswegen wir den neuen Image Texture-Node auch über seinen Vector-Eingangssocket mit dem UV-Socket des Texture Coordinate-Nodes verbinden. Jetzt müssen wir nur noch den Output-Socket Color des Image Texture-Nodes der Transparenztextur mit dem Weight-Eingangssocket ❶ des aufgeklappten Transmission-Abschnitts am Principled BSDF Shader-Node anbinden.

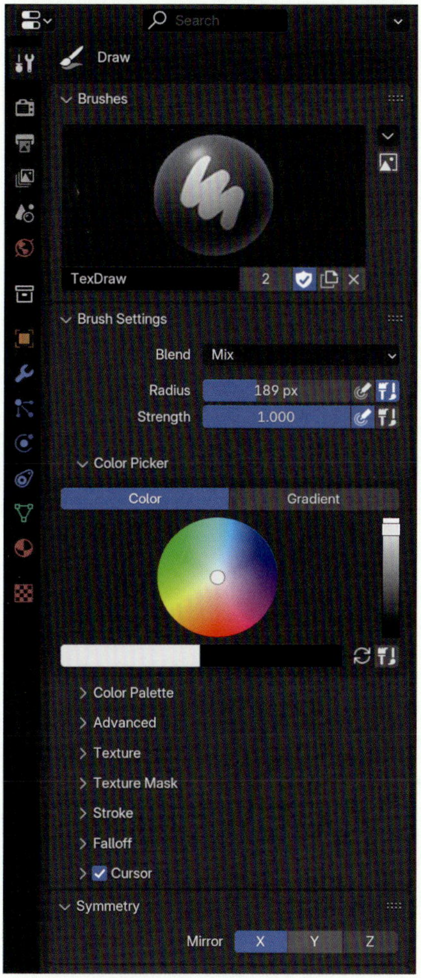

◂ **Abbildung 11.114**
Einstellungen für den Draw Brush

▾ **Abbildung 11.115**
Aufbringen der transparenten Bereiche

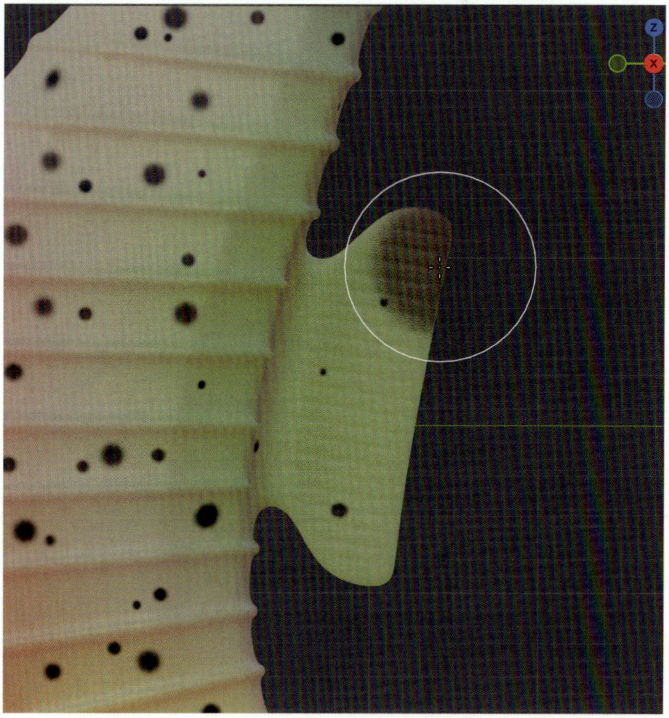

Aktivieren Sie für das Bemalen den Draw Brush und wählen Sie ein helles Grau als Pinselfarbe, damit die Bereiche nicht völlig transparent werden (Abbildung 11.114). Schalten Sie das symmetrische Arbeiten in X-Richtung im Panel SYMMETRY ein und beginnen Sie mit einer passenden Pinselgröße, die Rückenflosse aus der Ansicht von rechts (Taste [3] [Num]) zu bemalen (Abbildung 11.115).

Schaffen Sie einen weichen Übergang in den transparenten Bereich der Rückenflosse (der Draw Brush hat standardmäßig einen weichen Falloff eingestellt) und vergessen Sie auch nicht die Ober- und Unterseite aus allen Perspektiven (Abbildung 11.116).

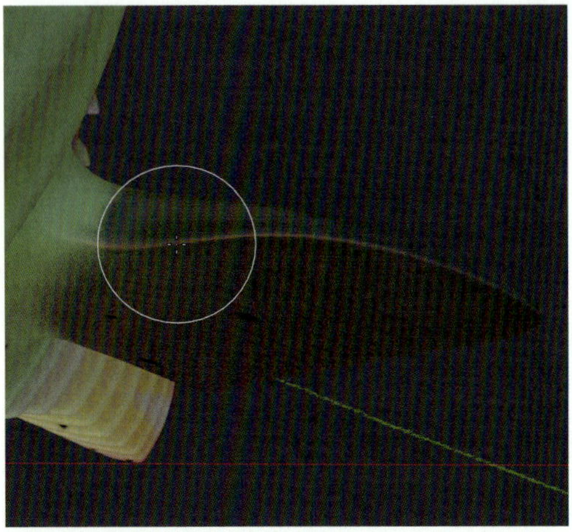

▲ **Abbildung 11.116**
Bemalen der Oberseite der Rückenflosse

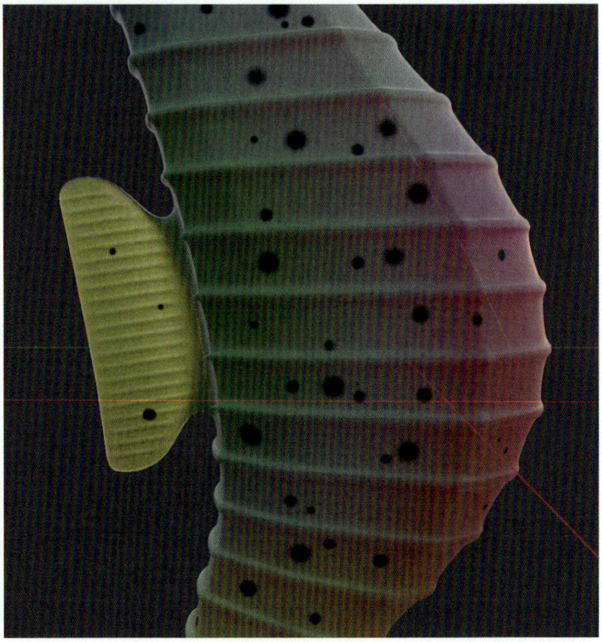

Abbildung 11.117 ▶
Durchscheinende Rückenflosse

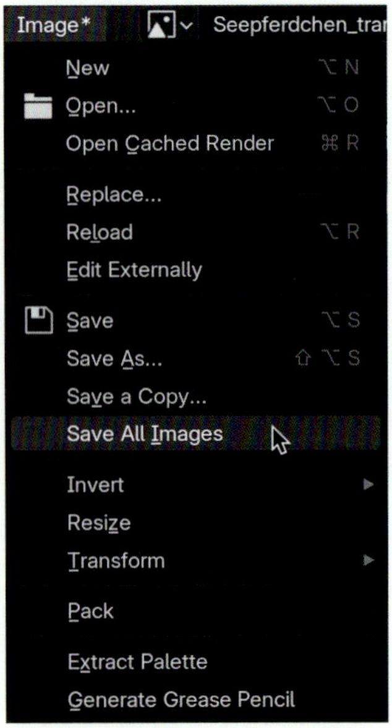

▲ **Abbildung 11.118**
Menü Image

Wenn Sie sich nun im Viewport mal das Seepferdchen von allen Seiten betrachten, fällt Ihnen auf, dass die Rückenflosse bei von hinten auftreffendem Licht durchscheinend wirkt (Abbildung 11.117).

Spätestens jetzt sollten Sie die beim Texture Painting des Seepferdchens erzeugten Texturen entweder einzeln oder gemeinsam über den Befehl Save All Images aus dem Menü Image des Image Editors (Abbildung 11.118) abspeichern.

11 Material für die Augen

Nachdem der Körper des Seepferdchens fertig texturiert ist, fehlt nur noch das bzw. die Materialien für die Augen. Da wir für die Iris des Auges eine Face-Selektion verwenden werden, ist an dieser Stelle etwas Vorarbeit notwendig.

Stellen Sie dazu im Viewport das Viewport Shading Solid ein, um die Faces und damit die Ausrichtung der im Seepferdchenkopf platzierten UV Sphere erkennbar zu machen (Abbildung 11.119). Aktivieren Sie über das Menü der Arbeitsmodi den Object Mode und selektieren Sie per Linksklick eines der beiden Augen-Objekte. Verwenden Sie das Rotate-Werkzeug (Taste R) in Y- und Z-Richtung, um das Auge auf Basis der zusammenlaufenden Edges **1** auszurichten.

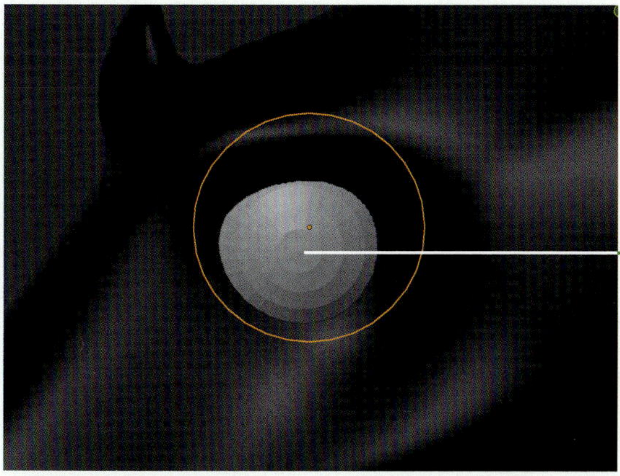

◂ **Abbildung 11.119**
Ausrichtung des linken Auges

Wenn Sie mit der Ausrichtung des Auges zufrieden sind, öffnen Sie dessen Object-Tab im Properties Editor und runden der Einfachheit halber die Rotationswerte in Y- und Z-Richtung auf ganze Zahlen auf (Abbildung 11.120).

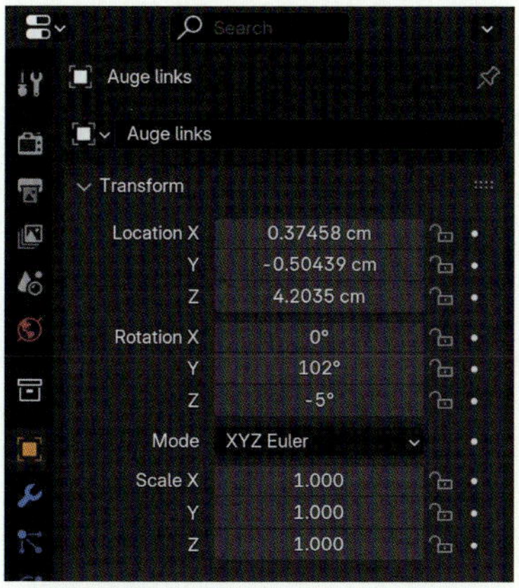

▴ **Abbildung 11.120**
Object-Tab des linken Auges

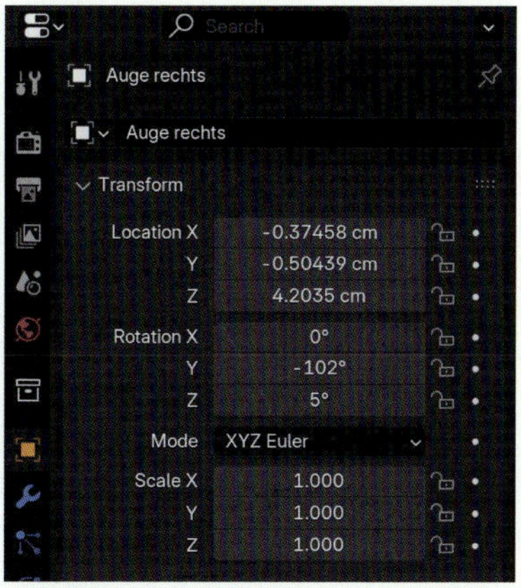

▴ **Abbildung 11.121**
Object-Tab des rechten Auges

Selektieren Sie nun das andere Auge des Seepferdchens und übertragen Sie die negativ umgerechneten Werte der Y- und Z-Rotation des angepassten Auges (Abbildung 11.121) in die zugehörigen Felder. Aus positiven Werten werden also negative Werte, aus negativen Werten positive Werte.

Bevor wir das erste Material erzeugen, verleihen wir den beiden UV Spheres der Augen noch Smooth Shading. Halten Sie dazu die ⇧-Taste gedrückt und nehmen Sie das andere Auge zur aktuellen Selektion per Linksklick im Outliner hinzu. Öffnen Sie nun das Kontextmenü per Rechtsklick auf ein Auge und wählen Sie den Befehl Shade Smooth (Abbildung 11.122).

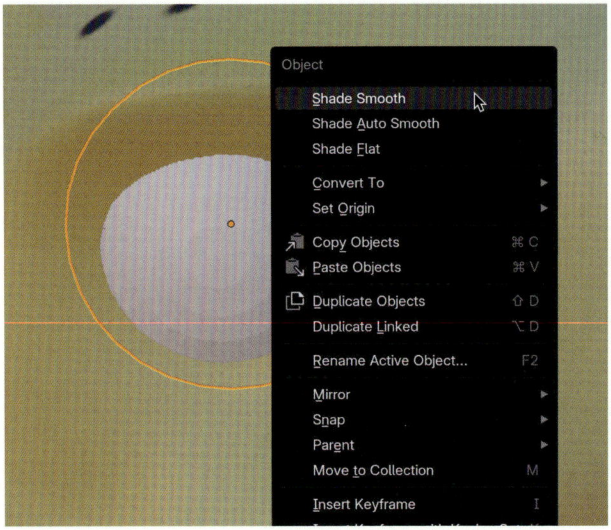

▲ **Abbildung 11.122**
Smooth Shading für die beiden Augen

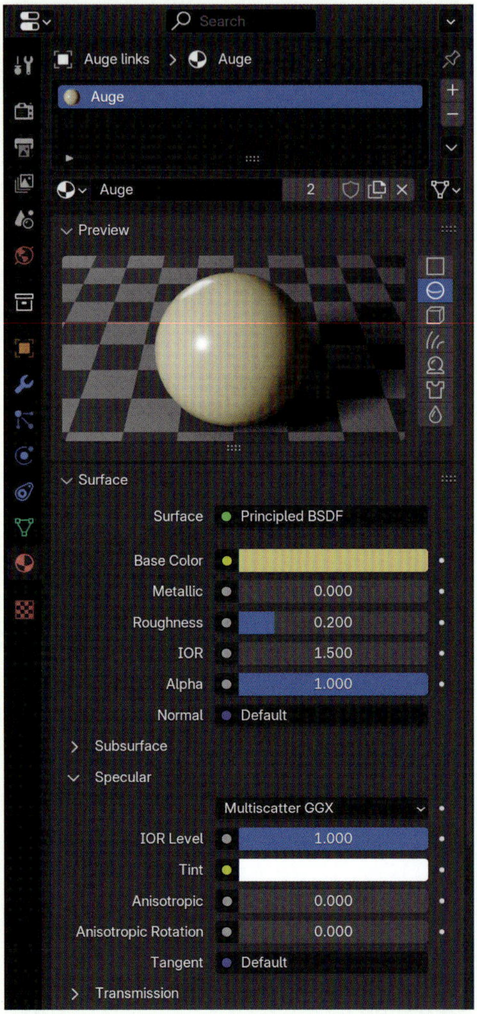

Abbildung 11.123 ▸
Material für das Auge

Falls die UV Sphere des Auges noch kein Material enthält, erzeugen Sie dieses über den Button New im zugehörigen Material-Tab. Benennen Sie das Material in »Auge« um und geben Sie ihm eine zur umliegenden Augenpartie passende Farbe (Abbildung 11.123). Sie können hier beispielsweise die Pipette des Farbwählers verwenden und auf den gewünschten Farbbereich klicken. Reduzieren Sie die ROUGHNESS im Panel SURFACE auf 0.200 und setzen Sie das IOR Level auf 1.000. So erhalten wir ein ausreichend spiegelndes Material mit spitzem Glanzlicht.

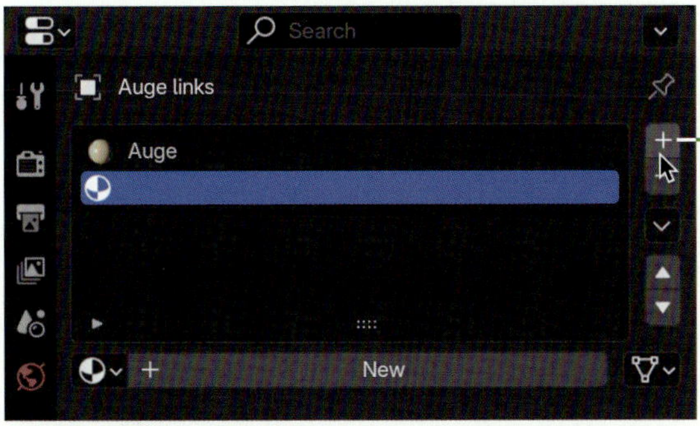

▲ **Abbildung 11.124**
Anlegen eines weiteren Material-Slots

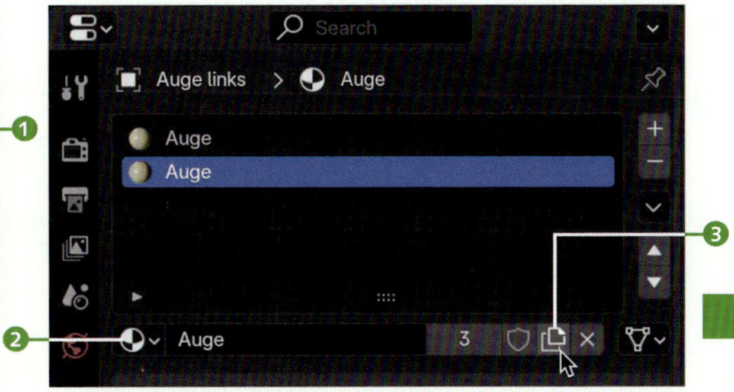

▲ **Abbildung 11.125**
Anlegen eines neuen Materials für den Slot

Wir bleiben im Material-Tab und legen über den +-Button ❶ einen weiteren Material-Slot an. Verwenden Sie das Datenblock-Menü ❷, um für diesen zweiten Material-Slot ebenfalls das Auge-Material zu vergeben. Anschließend klicken Sie auf den Button ADD MATERIAL ❸, um auf Basis dieses Materials ein neues Material zu generieren. Jetzt müssen Sie dieses neue Material nur noch in »Iris« umbenennen ❹ und ihm eine schwarze Farbe verleihen, der Rest der Einstellungen bleibt unberührt (Abbildung 11.126).

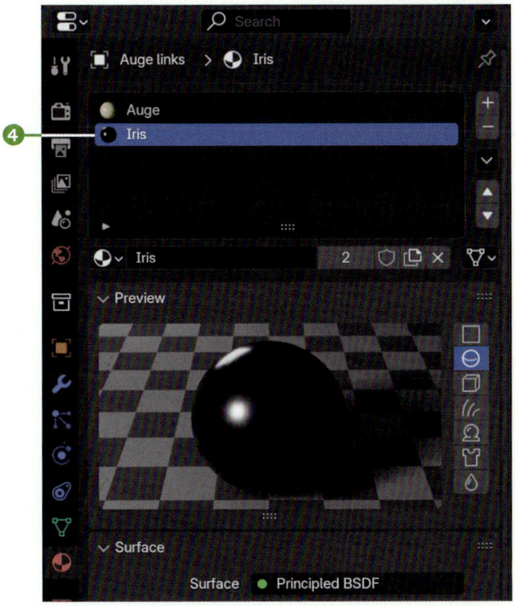

◂ **Abbildung 11.126**
Material für die Iris

▾ **Abbildung 11.127**
Selektion der Faces für das Iris-Material

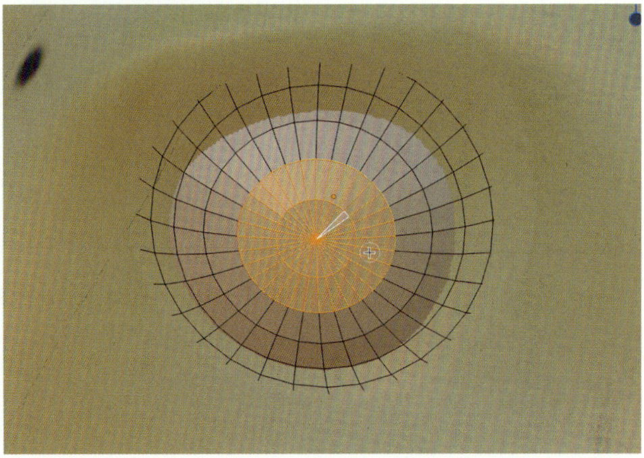

Versetzen Sie eines der Augen über die [⇆]-Taste in den EDIT MODE und wählen Sie im Face Select-Mode (Taste [3]) die inneren zwei Ringe der zusammenlaufenden Edges (Abbildung 11.127).

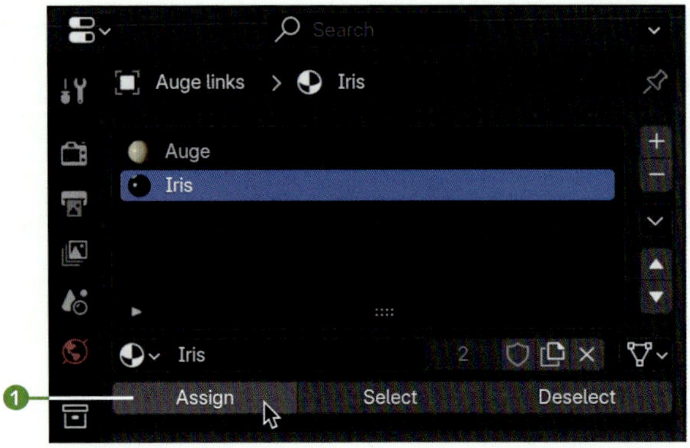

▲ **Abbildung 11.128**
Zuweisen des Materials an die Selektion

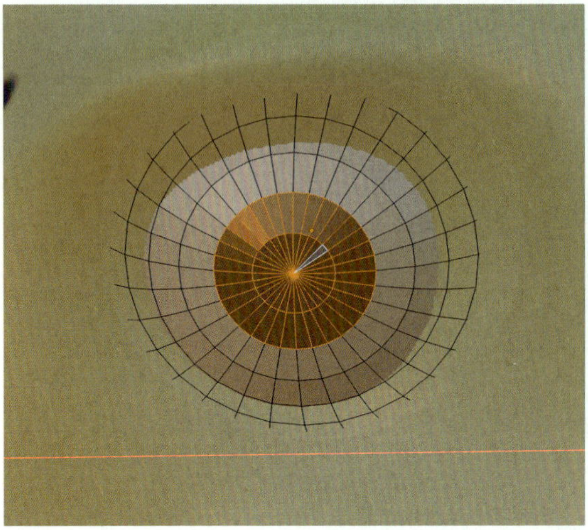

Abbildung 11.129 ►
Faces mit Material der Iris

Weisen Sie der Face-Selektion das Material der Iris per Klick auf den Button ASSIGN ❶ zu, um die Iris auf die Face-Selektion zu beschränken (Abbildung 11.129). Wiederholen Sie diese Schritte mit den bereits existierenden Materialien auch für das andere Auge des Seepferdchens, um unseren Meeresbewohner fertigzustellen.

Abbildung 11.130 ►
Fertig texturiertes Seepferdchen

TEIL IV

Ausleuchtung und Inszenierung

Kapitel 12

Lichtquellen

In der Fotografie und beim Realfilm haben wir je nach Tageszeit und Umgebung eine Lichtsituation, auf die wir reagieren können und müssen – sei es durch bestimmte Einstellungen an der Kamera oder durch den Einsatz von ergänzenden Lichtquellen bzw. Aufhellern. Auch im 3D-Workflow ist die Ausleuchtung eines der wichtigsten Gestaltungsmittel, gerade weil sich hier Möglichkeiten bieten, die in der Realität undenkbar wären.

Neben den Materialien und Texturen spielt die Ausleuchtung eine entscheidende Rolle für die Qualität Ihrer Renderings – je nach gewählter Render Engine unterscheiden sich die Lichtquellen entsprechend. Vier verschiedene Lichtquellen ❷ sowie drei Light Probes ❶ zur Unterstützung der Ausleuchtung in EEVEE stehen Ihnen über das Menü ADD • LIGHT (Tasten ⇧ + A) zur Verfügung.

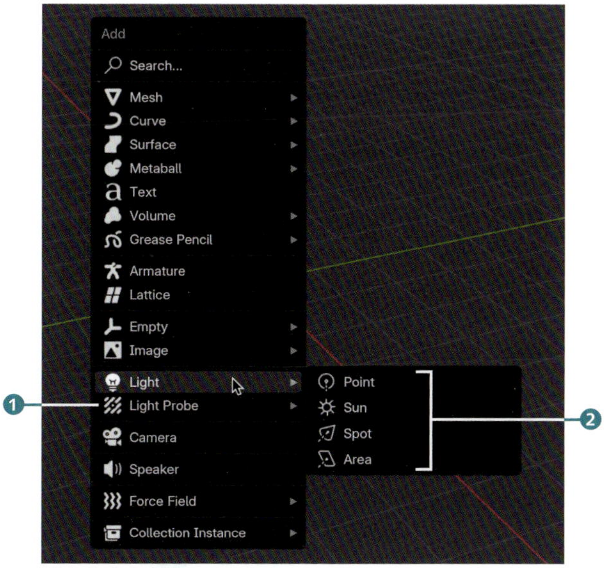

◂ **Abbildung 12.1**
Menü ADD • LIGHT

Lichtquellen und Render Engines

Die Auswahl der Render Engine wirkt sich auch auf die Optionen für die Lichtquellen aus. An den betroffenen Stellen finden Sie dazu jeweils die Unterschiede erklärt.

12.1 Lichtquellen-Arten

Neben diesen Standard-Lichtquellen bietet Ihnen Blender aber noch weitere interessante Methoden, Licht ins Dunkel Ihrer Szene zu bringen. Sehen wir uns diese Möglichkeiten und die zugehörigen Einstellungen der Reihe nach an.

Standard-Lichtquellen

Die vier Standard-Lichtquellen-Arten POINT ❶, SUN ❷, SPOT ❸ und AREA ❹ lassen sich im 3D Viewport gut voneinander unterscheiden. Das kleine Widget mit dem gelben Punkt ❺ können Sie nutzen, um die Ausrichtung der Lichtquelle interaktiv im Viewport zu steuern. Mit dem hellblauen Pfeil ❻ kontrollieren Sie den Winkel des Spot-Lichtstrahls.

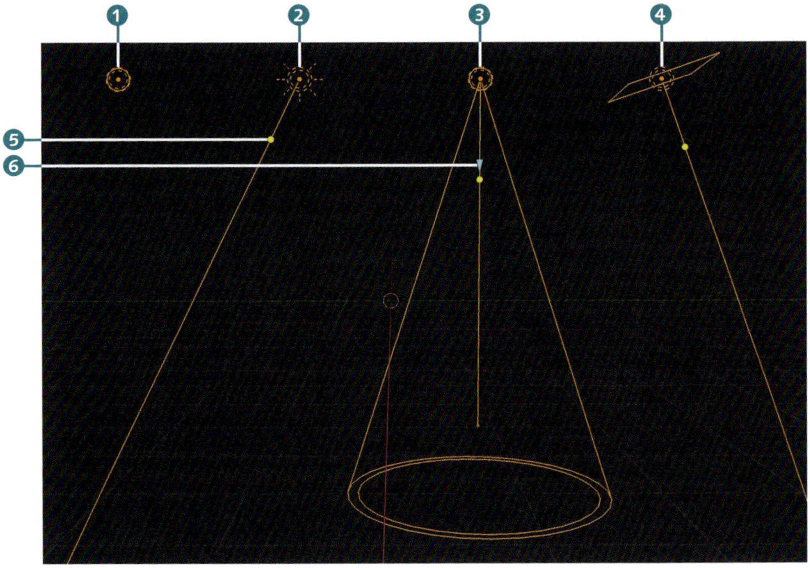

Abbildung 12.2 ▸
Standard-Lichtquellen

Die hauchdünne, senkrechte schwarze Linie unterhalb jeder Lichtquelle (in der Abbildung nicht erkennbar) dient als optische Hilfestellung zur besseren Einschätzung der Position im dreidimensionalen Raum.

Point (Punktlicht) | Eine Lichtquelle vom Typ POINT strahlt ihr Licht von ihrer Position, dem »Punkt«, in alle Richtungen aus (Abbildung 12.3). Das Punktlicht funktioniert wie eine Glühbirne ohne Fassung oder eine Sonne.

Sun (Sonne) | Die Sun repräsentiert eine unendlich große bzw. sehr weit entfernte und daher parallele Lichtquelle (Abbildung 12.4). Die Position der Sun in der Szene ist egal, es zählt nur der Ausrichtungswinkel. Für reales Sonnenlicht sollten Sie die Schattenkante nahezu hart oder zumindest nicht allzu weich einstellen.

▲ **Abbildung 12.3**
Point-Lichtquelle

▲ **Abbildung 12.4**
Sun-Lichtquelle

▲ **Abbildung 12.5**
Spot-Lichtquelle

▲ **Abbildung 12.6**
Area-Lichtquelle

Spot | Beim Lichtquellen-Typ SPOT (Abbildung 12.5) erhalten Sie einen Lichtkegel, mit dem Sie das Licht wie mit einem Scheinwerfer gezielt ausrichten und räumlich begrenzen. So lässt sich mit Spots sehr gut kontrollieren, welche Bereiche das Licht erfasst, beispielsweise um bestimmte Bereiche eines Objekts hervorzuheben. Durch Skalieren des Spot-Objekts an den Achsen lassen sich neben den runden auch ovale Lichtkegel generieren.

Area (Flächenlicht) | Der Lichtquellen-Typ AREA (Abbildung 12.6) ist auch als Flächenlicht bekannt, da das Licht von einer Fläche abgegeben wird. Für die Form der Lichtfläche können Sie zwischen quadratisch (SQUARE), rechteckig (RECTANGLE), rund (DISK) sowie elliptisch (ELLIPSE) wählen. Die Größe der Lichtfläche lässt sich über die zugehörigen Parameter oder interaktiv im Viewport justieren.

Allgemeine Einstellungen | Die Einstellungen der vier Standard-Lichtquellen ähneln sich stark, weshalb wir uns an dieser Stelle die beiden umfangreichsten und interessantesten Licht-Objekte ansehen. Wie üblich gelangen Sie über den Object Data-Tab ❶ des Properties Editors an die Parameter der Lichtquelle. Oben im Panel PREVIEW ❷ bekommen Sie einen ersten Eindruck von den aktuell vorliegenden Einstellungen.

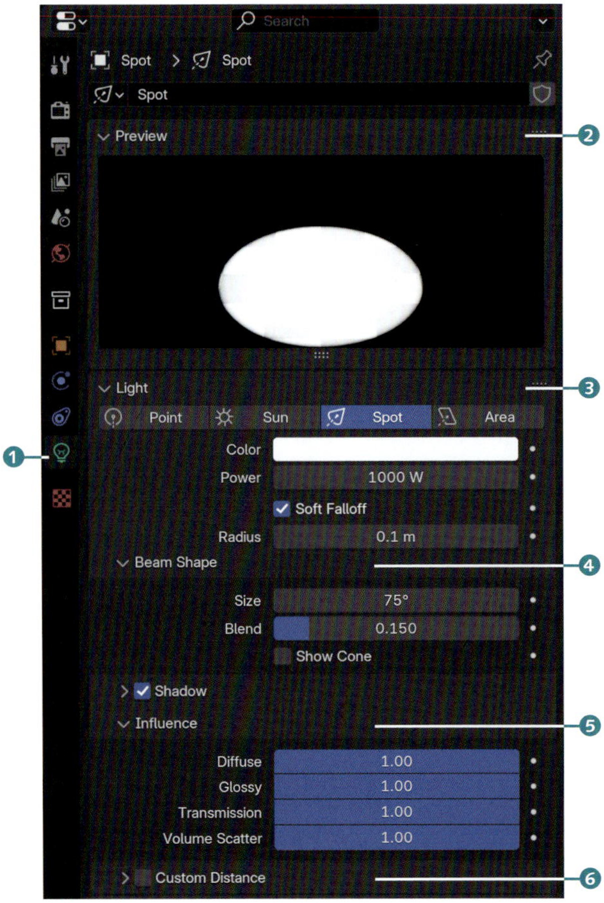

▲ **Abbildung 12.7**
Einstellungen für die Spot-Lichtquelle unter EEVEE

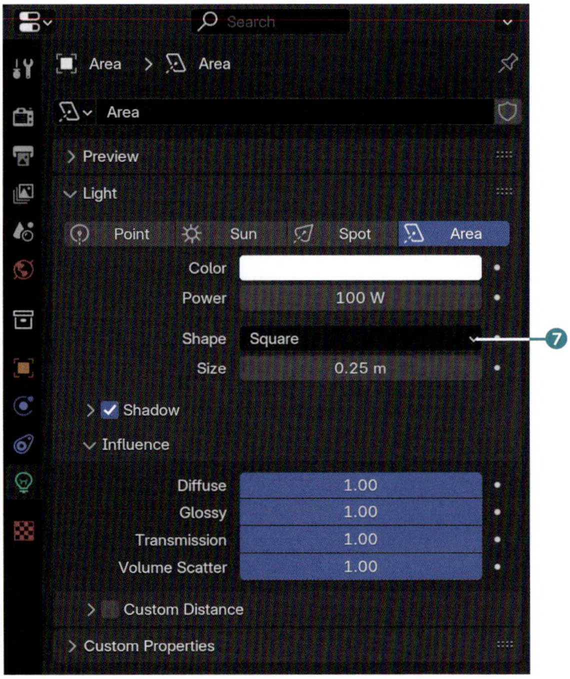

▲ **Abbildung 12.8**
Einstellungen für die Area-Lichtquelle unter EEVEE

Im Panel LIGHT ❸ definieren Sie Art, Farbe (COLOR) und Stärke (POWER) der Lichtquelle. Als Einheit für die Lichtstärke gilt Watt (»W«), mit Ausnahme der Sun-Lichtquelle, bei der Sie die Stärke als STRENGTH und in »Watt pro Quadratmeter« vorgeben. SOFT FALLOFF (nur bei Spot- und Area-Lichtquellen) sorgt für einen weichen Lichtrand. Über SIZE bzw. RADIUS steuern Sie die Größe der Lichtquelle. Dabei kontrollieren Sie, wie weich bzw. hart der von der Lichtquelle produzierte Schatten ausfällt. Je größer die Lichtquelle, desto weicher der Schatten und desto weicher die Glanzlichter auf den beleuchteten Objekten.

Lichtfarbe im Viewport

Wenn Sie sich zur besseren Übersicht die Farbe der Lichtquelle über den kleinen gestrichelten Ring anzeigen lassen wollen, aktivieren Sie im Pop-up-Menü VIEWPORT OVERLAY unter OBJECTS die Option LIGHT COLORS.

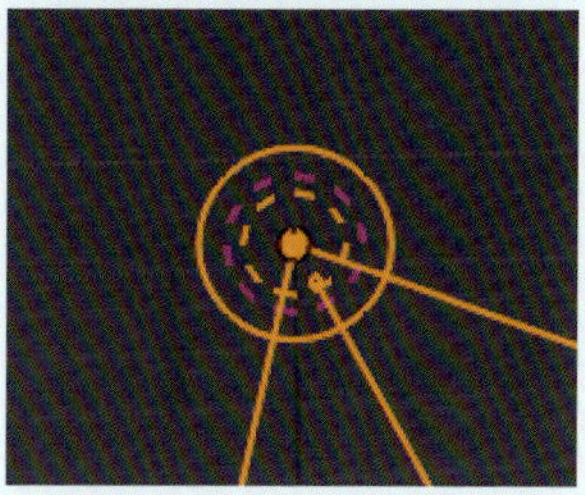

◂ **Abbildung 12.9**
Schatten bei sehr kleiner (links) sowie sehr großer Lichtquelle (rechts)

Die Kugel in Abbildung 12.9 wird direkt von oben mit einem Point-Licht beleuchtet. Der nahezu harte Schatten links rührt von einer Lichtquellen-Größe von 0,2 m, während der Schatten rechts dank einer Lichtquellen-Größe von ca. 1,9 m wesentlich weicher ausfällt.

Je nach Lichtquellen-Art finden Sie in den Einstellungspanels weitere Parameter für die Definition der Lichtquelle, wie beispielsweise Winkel und Übergang des Lichtkegels (BEAM SHAPE) ❹ oder die Form (SHAPE) ❼ des Area-Lichts.

Zusätzliche Einstellungen unter EEVEE | Bei EEVEE als Render Engine finden Sie im Panel LIGHT ❸ das untergeordnete Panel INFLUENCE, über das Sie die Wirkung des Lichts auf Materialeigenschaften mittels Einflussfaktoren aussteuern können. Mit DIFFUSE, GLOSSY, TRANSMISSION und VOLUME SCATTER haben Sie vier Parameter für die Justierung von Glanzlichtern, Transparenzen und Volumen zur Verfügung. Falls Sie die Reichweite der Lichtquelle begrenzen möchten, aktivieren Sie die Option CUSTOM DISTANCE ❻ und geben die gewünschte Distanz vor. Ist diese Option deaktiviert, so gelten die global für den Renderer getätigten Einstellungen als Light Threshold. Der Realität nachempfunden ist hier eine invers quadratische Abnahmefunktion vorgesehen.

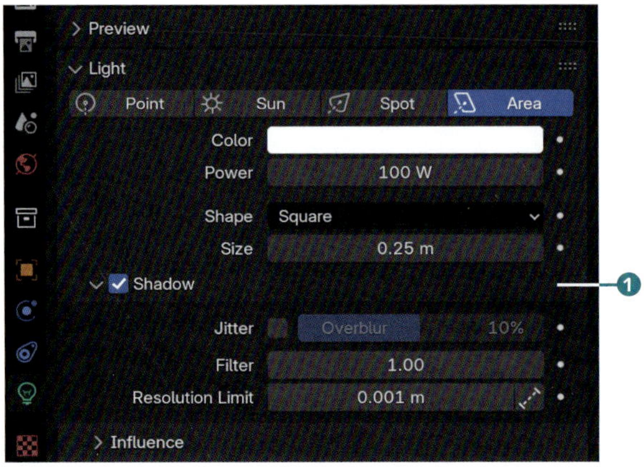

Abbildung 12.10 ▸ Einstellungen für die Area-Lichtquelle unter EEVEE

Objektspezifische vs. globale Render-Settings
Die hier beschriebenen Render-Einstellungen für die Lichtquellen betreffen tatsächlich nur die jeweilige Lichtquelle. Die globalen Rendering-Einstellungen für Licht und Schatten und wie die von den Lichtquellen produzierten Effekte in ein Rendering umgesetzt werden, behandeln wir in Kapitel 20, »Rendering«.

Gar nicht realitätsgetreu ist dagegen die Option Shadow (1), über die Sie den Schattenwurf einer Lichtquelle ausschalten. Eine extrem praktische Funktion, um die Fotografinnen und Fotografen Sie beneiden – so können Sie Ihre Szene mit Lichtquellen aufhellen, ohne sich über störende Schatten Gedanken machen zu müssen.

In die zugehörigen Einstellungen für die Schatten müssen Sie tatsächlich nur, wenn Sie feststellen, dass es beim Rendering von Schatten Probleme wie unzureichende Auflösung oder »Light Leaks« gibt, die beim Rendering mit Shadow Maps nicht auszuschließen sind. In letzterem Fall ist dann ein Spalt zu sehen, obwohl zwei Objekte exakt aufeinanderliegen. Hier können Sie EEVEE dann notfalls unter die Arme greifen und mittels Resolution Limit das Suchraster für schattenwerfende Bereiche einstellen. Ein sehr performancelastiges Gegenmittel zur Erhöhung der Auflösung ist die standardmäßig deaktivierte Option Jitter. Eine zusätzliche Weichzeichnung von Schatten ermöglicht der Filter.

Zusätzliche Einstellungen unter Cycles | Mit Cycles als aktiver Render Engine (Abbildungen 12.11 und 12.12) ändert sich die Zahl der Einstellungen in den Panels nicht dramatisch. Aber auch hier gibt es eben Parameter, die Sie situationsbedingt der Lichtquelle mitgeben und nicht einer globalen Einstellung überlassen sollten.

Zu den Cycles-spezifischen Optionen im Panel Light (2) zählt der Parameter Max Bounces, mit dem Sie die Anzahl der von dieser Lichtquelle ausgesandten Strahlenweiterleitungen beschränken.

Für Lichtquellen, die nicht zwingend indirektes Licht produzieren sollen, ist dies ein Weg, um den Bedarf an Rechenleistung beim Rendern zu reduzieren.

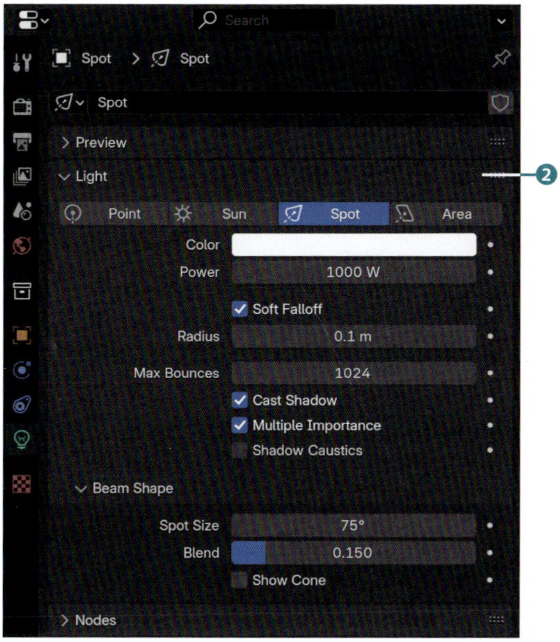

▲ **Abbildung 12.11**
Einstellungen für die Spot-Lichtquelle unter Cycles

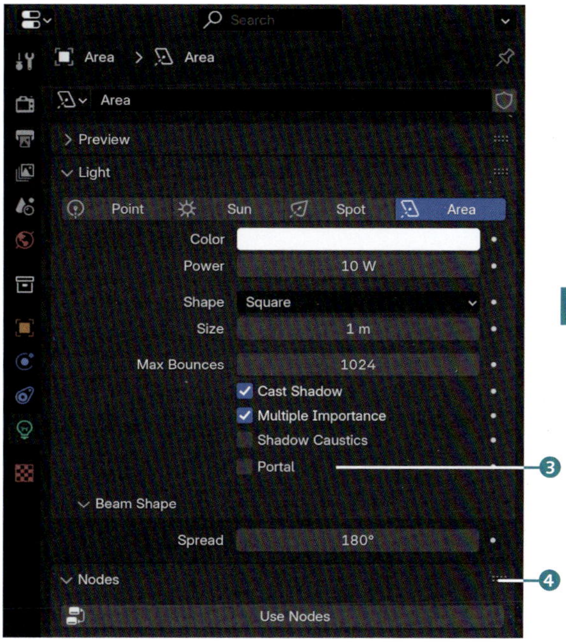

▲ **Abbildung 12.12**
Einstellungen für die Area-Lichtquelle unter Cycles

Um unter Cycles den Schattenwurf für eine Lichtquelle abzuschalten, deaktivieren Sie im Panel LIGHT die Option CAST SHADOW. Über die Option MULTIPLE IMPORTANCE können Sie etwaiges Rauschen der Lichtquelle durch Verwendung von zusätzlichen indirekten Licht-Samples unterdrücken. Caustic-Effekte im von der Lichtquelle generierten Schatten aktivieren Sie mit SHADOW CAUSTICS.

Ausschließlich Area-Lichtern ist die Funktion der Lichtquelle als PORTAL ❸ vorbehalten. Dabei helfen Sie dem Renderer auf die Sprünge, indem Sie Area-Lights an Fenstern bzw. allen Öffnungen einer Szene platzieren, durch die Licht einfällt. Auf diese Weise lässt sich etwaiges Rauschen (NOISE) reduzieren und gleichzeitig bei der Anzahl an SAMPLES sparen.

Unter Cycles besitzen Lichtquellen das Panel NODES ❹, über das sich ebenfalls die wesentlichen Einstellungen für das Light-Objekt vornehmen und anschließend über den Node Editor ausarbeiten lassen. Um diese Funktionalität für die jeweilige Lichtquelle zu aktivieren, klicken Sie auf den Button USE NODES.

Für die zusätzliche Lichtdefinition sorgt anschließend ein Emission-Shader ❶, und wie Sie aus Ihren einschlägigen Erfahrungen mit Nodes wissen, ergeben sich nun unzählige Modifikationsmöglichkeiten. Auch für die Farbe (Color) und die Stärke (Strength) der Lichtquelle signalisieren die Node-Buttons am rechten Rand, dass Sie hier – beispielsweise mit Texturen, Farbwerten oder speziellen Abhängigkeiten – das Licht nach Ihren Vorstellungen gestalten können.

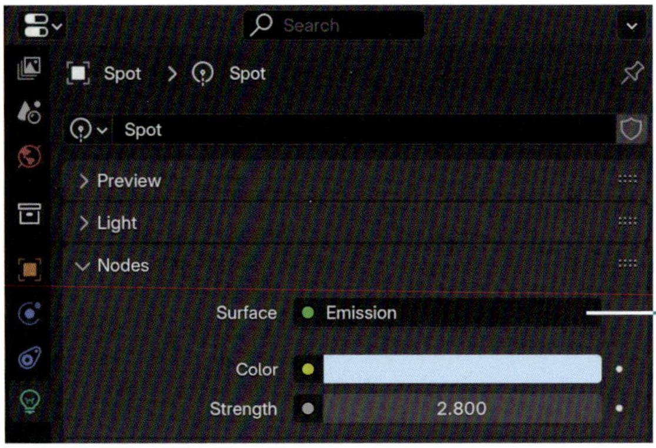

▲ **Abbildung 12.13**
Nodes für die Point-Lichtquelle unter Cycles

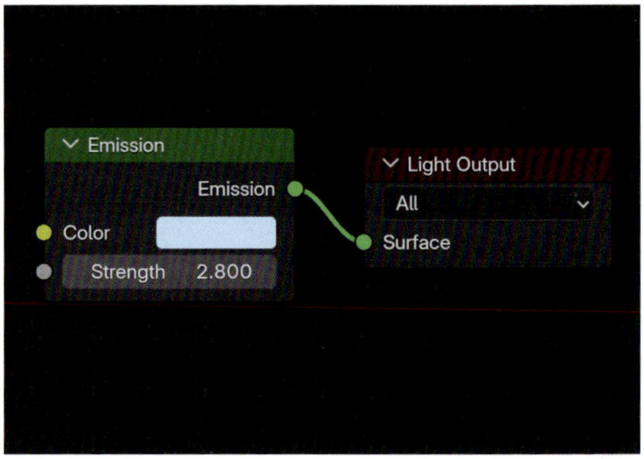

▲ **Abbildung 12.14**
Lichtquelle mit Shader im Shader Editor

Die Ausgestaltung der Lichtquelle erledigen Sie am besten im Shader Editor (Abbildung 12.14). Dort finden Sie für das Light-Objekt den Light Output-Node, an dem der Emission-Node anliegt.

Mesh-Lights

Der Emission-Shader bietet eine perfekte Überleitung zu einer weiteren Lichtquellen-Art: den auf Mesh-Objekten basierenden Mesh-Lights. Dabei kann jedes beliebige Mesh-Objekt als Lichtquelle dienen, die Faces des Objekts fungieren sozusagen als eine Vielzahl von Flächenlichtern.

Auf diese Weise kann die Lichtquelle nicht nur jede beliebige Form annehmen, auch für die Beleuchtung Ihrer Szene haben Sie alle Freiheiten. Mesh-Lights funktionieren unter Cycles ohne weiteres Zutun, bei der Verwendung von EEVEE ist ein Zwischenschritt, das Backen des indirekten Lichts, notwendig.

Um ein Mesh-Objekt zu einer Lichtquelle zu machen, legen Sie für das Objekt ein Material an (Abbildung 12.15) und weisen ihm im Panel Surface ❷ einen Emission-Shader zu.

Mit dem Farbchip bei COLOR wählen Sie die gewünschte Farbe oder auch Textur für die Lichtquelle aus. Der Parameter STRENGTH reguliert die vom Mesh-Light ausgesandte Lichtstärke.

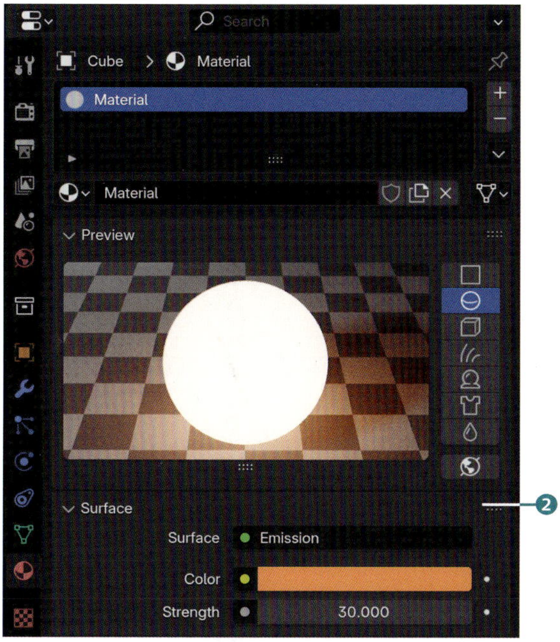

◂ **Abbildung 12.15**
Emission-Shader für das Material des Mesh-Lights

Dank seiner Flexibilität und den damit verbundenen Möglichkeiten zur realitätsgetreuen Beleuchtung von Szenen ist das Mesh-Light eine der meistverwendeten Lichtquellen – nicht nur in Blender.

IES-Lights (nur Cycles)

Die Illuminating Engineering Society (IES) bemüht sich um einen internationalen Standard zur Beschreibung der Lichtverteilung von Leuchten aller Art. Insbesondere Planungs- und Berechnungssoftware, beispielsweise für Architekten oder Messebauer, benötigt ein Austauschformat, um die Be- und Ausleuchtung der Objekte so realitätsnah wie möglich zu simulieren – was natürlich am besten mit originären Beleuchtungsdaten funktioniert.

Mit IES-Lights können auch Sie an diesem Standard teilhaben und Lichtquellen im .ies-Dateiformat in Blender zur Beleuchtung verwenden. Viele Hersteller von Lampen und Leuchten bieten .ies-Daten ihrer Produkte zum Herunterladen im Internet an, um für ihre Kunden optimale Planungsvoraussetzungen und -sicherheit zu gewährleisten.

IES-Leuchten für alle

Über eine einfache Internet-Suche nach »IES Leuchten« erhalten Sie eine Vielzahl an Anlaufstellen von Leuchten-Herstellern, die ihre Daten nicht nur zum kostenlosen Download anbieten, sondern die in die Hunderte gehenden Beleuchtungsmodelle auch noch übersichtlich katalogisiert für Sie aufbereiten.

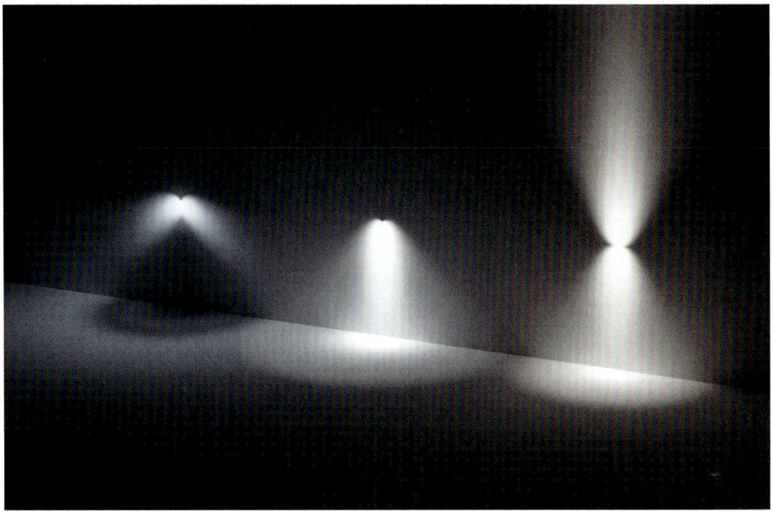

Abbildung 12.16 ▸
Point-Lichtquellen als IES-Lights

Um ein IES-Light in Ihre Szene zu integrieren, verwenden Sie am besten eine Point-Lichtquelle (Abbildung 12.16) als Trägerobjekt. Durch die Verwendung von Nodes lässt sich für die SURFACE ein Emission-Shader definieren, der auch gleichzeitig die Steuerung der Farbe (COLOR) übernehmen kann (Abbildung 12.17).

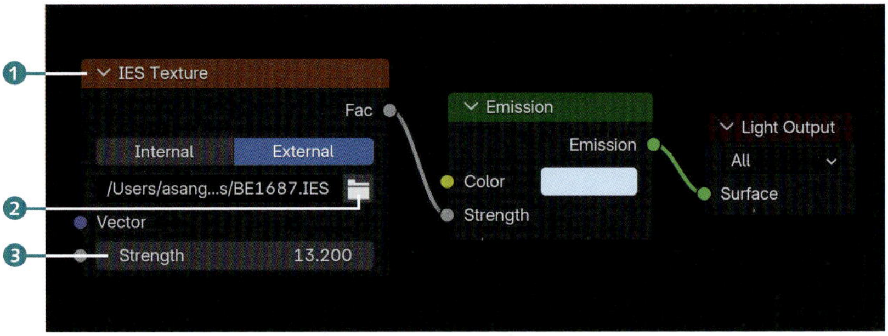

Abbildung 12.17 ▸
Einbinden von .ies-Daten über den IES Texture-Node

Zur Einbindung der .ies-Daten benötigen Sie einen IES Texture-Node ①, den Sie im Menü ADD • TEXTURE (Tasten ⇧ + A) des NODE EDITORS finden. Sollten Ihnen die .ies-Daten als Text-Datei vorliegen, so binden Sie die Beleuchtungsdaten als INTERNAL an, falls Ihnen dagegen eine .ies-Datei für die Lichtquelle vorliegt, verwenden Sie EXTERNAL und navigieren über den File Browser ② in das Verzeichnis zur gewünschten .ies-Datei.

Der IES Texture-Node wird über den Socket FACTOR (FAC) an den Socket STRENGTH des Emission-Nodes angeschlossen. Mit dem Parameter STRENGTH ③ steuern Sie anschließend die Stärke der IES-Lichtquelle.

Light Probes (nur EEVEE)

Eigentlich handelt es sich bei den Light Probes gar nicht um Lichtquellen als solches, sie dienen vielmehr zur Unterstützung vorhandener Lichtquellen bei der Ausbreitung bzw. Verteilung von indirektem Licht und der Berechnung von Reflexionen.

Neue Namen für die Light Probes

Mit Blender 4.1 wurden die Namen der Light Probes leicht abgeändert. Aus der REFLECTION CUBEMAP wurde die SPHERE, aus der REFLECTION PLANE die PLANE und aus dem IRRADIANCE VOLUME das VOLUME.

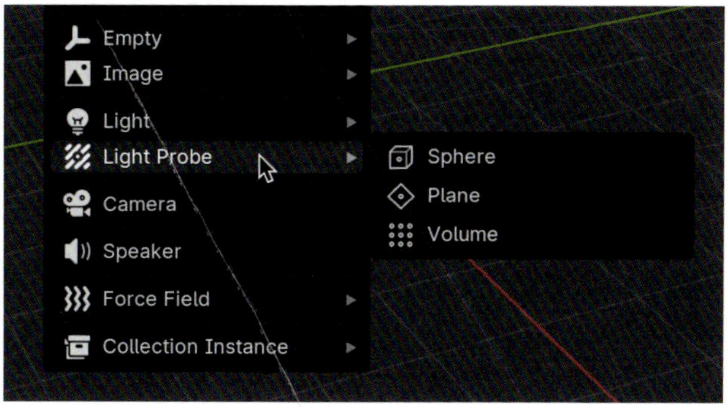

◂ **Abbildung 12.18**
Menü ADD • LIGHT PROBE

Sinnvollerweise sind die drei Light Probe-Objekte (Abbildung 12.18) im Menü ADD • LIGHT PROBE (Tasten ⇧ + A) direkt bei den Lichtquellen untergebracht, so dass Sie nur noch EEVEE als Renderer aktivieren müssen, um die Light Probes in Ihrer Szene zum Einsatz zu bringen.

Die beiden Light Probe-Objekte SPHERE ❹ sowie PLANE ❺ unterstützen Sie beim Rendering von spiegelnden, reflektierenden Oberflächen, wenn das EEVEE-spezifische RAY TRACING nicht ausreicht, um die gewünschten Oberflächeneigenschaften zu erzielen. Mit dem Light Probe-Objekt VOLUME ❻ dagegen helfen Sie EEVEE bei der Weitergabe von indirektem Licht auf die Sprünge.

▾ **Abbildung 12.19**
Light Probe-Objekte

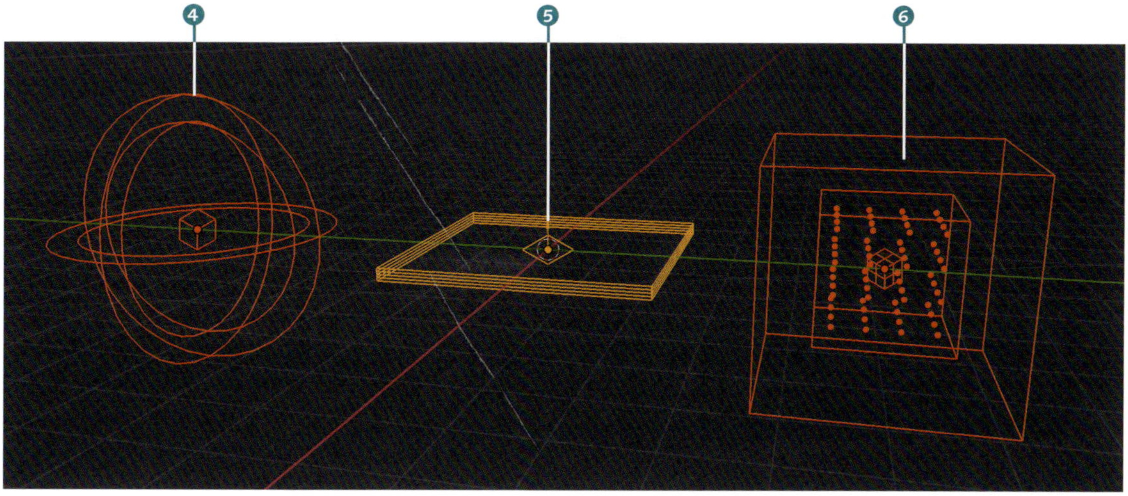

Light Probe Sphere und Light Probe Plane | Während sich die Sphere über die Einstellungen im Object Data-Panel ❶ des Properties Editors wahlweise als Kugel (SPHERE) oder Würfel (BOX) in die Szene integrieren und nach Bedarf platzieren lässt, eignet sich die Plane eher für plane Oberflächen.

Im Panel PROBE definieren Sie über die Parameter RADIUS bzw. SIZE den Wirkungsbereich der CUBEMAP, für den Übergang bis hin zu den Objektgrenzen können Sie einen Abnahmebereich (FALLOFF) festlegen. Der im Panel CAPTURE mit den Clipping-Werten angegebene Bereich beschreibt den von der Light Probe herangezogenen Sichtbereich. Was außerhalb dieser Zone liegt, wird auch nicht für die Reflexionen berücksichtigt. Mittels CUSTOM PARALLAX können Sie bei Bedarf den von der Beleuchtung bestimmten Raum unabhängig von der Reflection Cubemap festlegen.

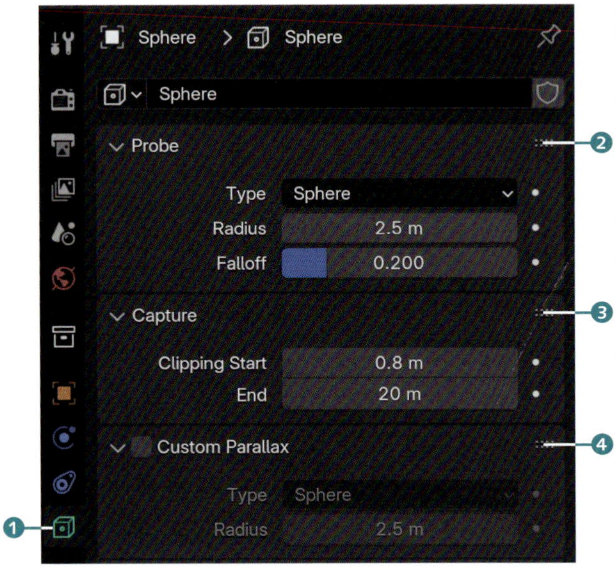

▲ **Abbildung 12.20**
Einstellungen für die Sphere

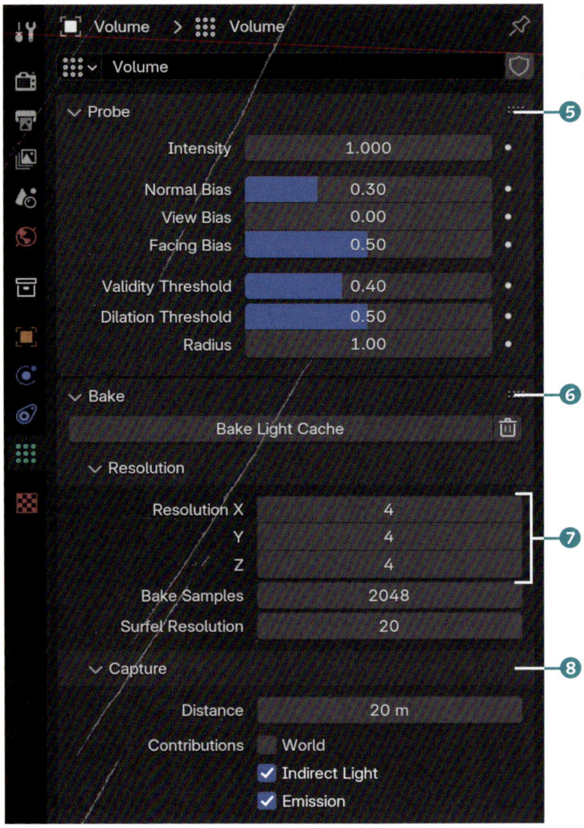

Abbildung 12.21 ▸
Einstellungen für das Volume

Light Probe Volume | Das Light Probe-Objekt Volume kümmert sich um die Berechnung von indirekter Beleuchtung für EEVEE. Bei den beiden weißen Kugeln in Abbildung 12.22 ist die Wirkung gut zu erkennen. Während weder der Schatten noch die Oberfläche der linken Kugel den gelben Untergrund berücksichtigt, sind bei der mittleren Kugel nicht nur ihr Schatten, sondern auch ihre Oberfläche vom Untergrund und von der roten Kugel beeinflusst.

◂ **Abbildung 12.22**
Berechnung von indirektem Licht mittels der Light Probe VOLUME

Der Wirkungsbereich des Volumes wird mittels Käfig im Viewport dargestellt. In den Einstellungen für das Volume (Abbildung 12.21) sorgt im Panel PROBE ❺ die voreingestellte Intensität (INTENSITY) für die physikalisch korrekte Berechnung der indirekten Berechnung – für spezielle Effekte lässt sich auch dieser Parameter ändern.

Im Panel BAKE ❻ unter RESOLUTION legen Sie die Unterteilung des Volumens in ein Array aus Samples ❼ fest. Die Light Probe verwendet dieses dreidimensionale Raster zur Ermittlung des indirekten Lichts. Überall dort, wo sich Punkte befinden ❾, erfolgt die Berechnung der diffusen, indirekten Beleuchtung. Entsprechend wichtig ist es, dass an den kritischen Stellen, beispielsweise oberhalb des Bodens oder zwischen den Kugeln, ausreichend Samples vorhanden sind. Über die richtungsspezifischen Bias-Parameter sowie Schwellwerte (THRESHOLDS) lassen sich die Samples zusätzlich aussortieren bzw. ausweiten. Auch das Volume bietet unter CAPTURE ❽ die Option, eine Wirkungsdistanz (DISTANCE) zu definieren bzw. den Einfluss der WORLD, des indirekten Lichts (INDIRECT LIGHT) und emittierender Oberflächen (EMISSION) zu steuern.

Baking der Light Probes | In Buchteil VI, »Rendering, Compositing und Ausgabe«, beleuchten wir das Rendering mit EEVEE im Detail. Sehen wir uns hier noch an, wie Sie das Backen der Light

Probe anstoßen. Die Berechnung erfolgt über den Befehl BAKE LIGHT CACHE ❶ im Panel BAKE auf Basis der angegebenen Anzahl an Samples (BAKE SAMPLES) und der vorgegebenen Auflösung (SURFEL RESOLUTION) ❷.

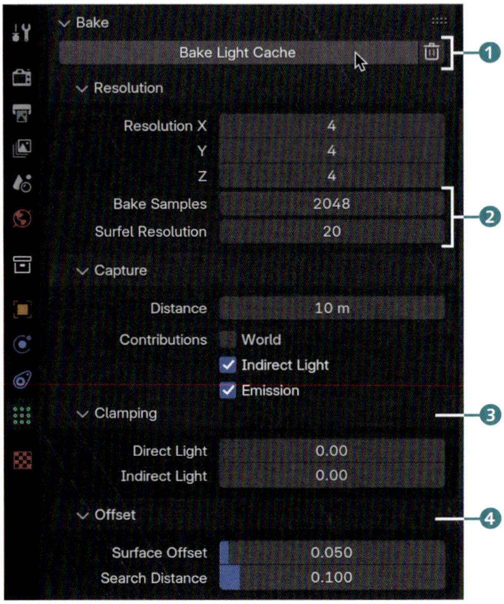

Abbildung 12.23 ▸ Panel BAKE im Object Data-Tab des Properties Editors

Einen Ausblick auf das Rendering gibt die Beschneidung der Licht-Intensitäten im Panel CLAMPING ❸, um Rauschen zu unterdrücken. Render-Artefakte lassen sich durch Toleranzen für oberflächennahe Samples und Suchradien im Panel OFFSET ❹ reduzieren.

World

Auch die World-Umgebung, die Sie im World-Tab ❺ des Properties Editors definieren, sendet Licht in die Szene aus, weshalb ich sie hier unter den Lichtquellen gut aufgehoben finde.

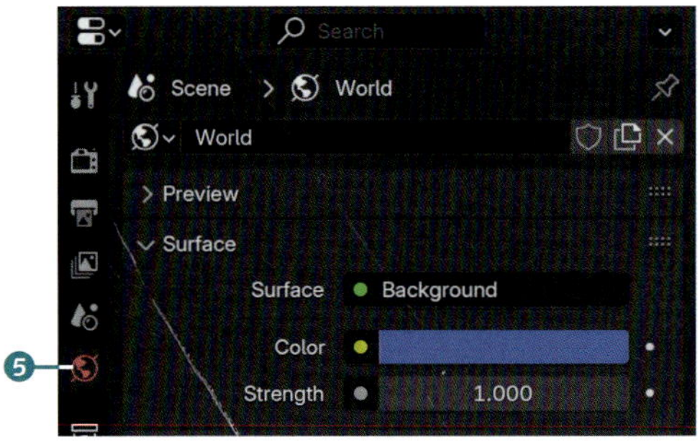

Abbildung 12.24 ▸ World-Tab im Properties Editor unter EEVEE

Standardmäßig ist hier neben einem Background-Shader eine graue Hintergrundfarbe unter COLOR eingestellt, die für eine leichte Umgebungsbeleuchtung sorgt. Die Stärke der Beleuchtung regulieren Sie über den Parameter STRENGTH. Damit der World-Hintergrund auch im 3D Viewport zum Einsatz kommt, achten Sie darauf, dass im Pop-up-Menü VIEWPORT SHADING (Abbildung 12.25) die Option SCENE WORLD aktiviert ist.

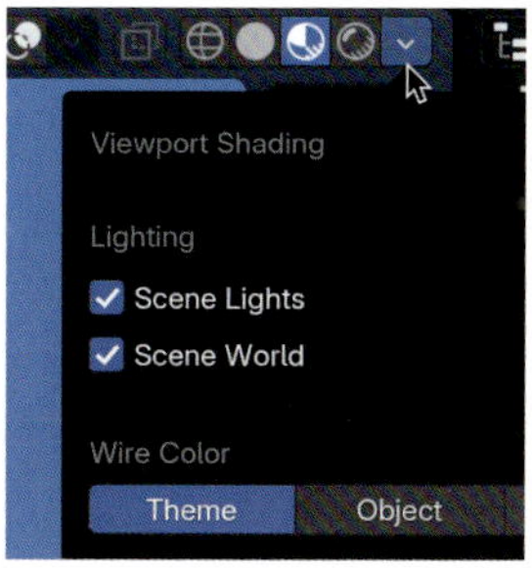

▲ **Abbildung 12.25**
Menü VIEWPORT SHADING

◀ **Abbildung 12.26**
Zusätzlich zur Standard-Lichtquelle sorgt die World für eine blaue Umgebungsbeleuchtung.

Natürlich sind Sie bei der World-Umgebung nicht auf diese wenigen Optionen limitiert. Durch die nodebasierte Funktionalität stehen Ihnen unter anderem alle vom Texturing bekannten Möglichkeiten zur Gestaltung der Umgebung offen. Sei es, um statt der Farbe einen Farbverlauf zu integrieren, eine Bilddatei als Hintergrundtextur zu verwenden oder, wie Sie es auch von der MATERIAL PREVIEW im Viewport kennen, Beleuchtung und Hintergrund über ein HDR-Image mittels Environment Texture-Node zu realisieren.

Dazu wechseln Sie im Shader Editor (Abbildung 12.27) in den Modus WORLD ❻. Für das »Material« für die World-Umgebung tritt dann der World Output-Node ein.

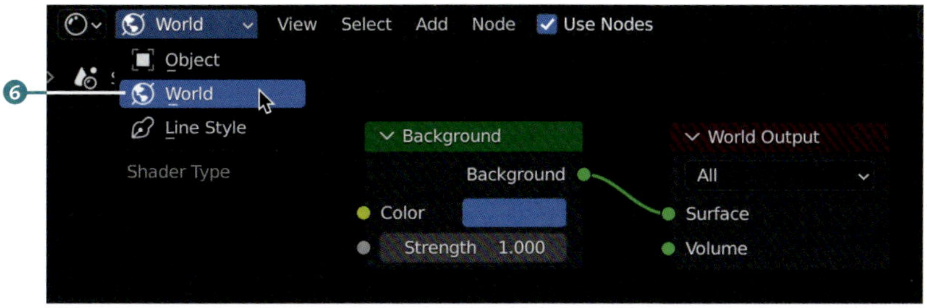

◀ **Abbildung 12.27**
Nodes für die World-Umgebung

Bei aktiviertem Renderer EEVEE finden Sie im World-Tab des Properties Editors im Panel Settings ❶ Einstellungen für die Auflösung der Light Probe (Resolution) beim Backen als Textur sowie für den Ersatz von zu starkem Licht (beispielsweise bei Image Based-Lighting mit einer regulierbaren Sun-Lichtquelle (Abbildung 12.28)).

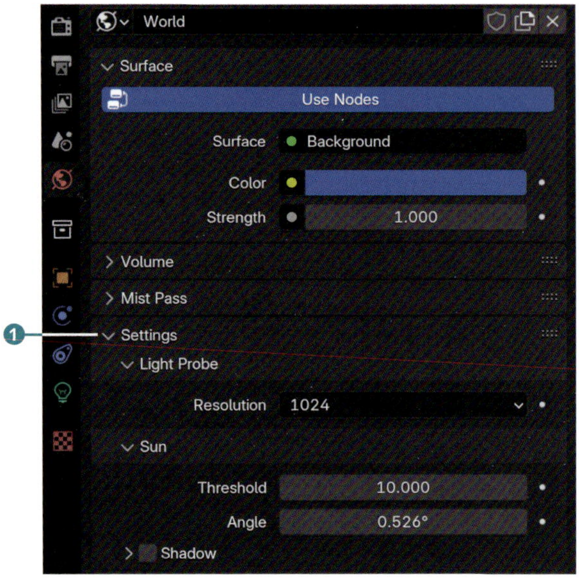

▲ **Abbildung 12.28**
World-Tab im Properties Editor unter EEVEE

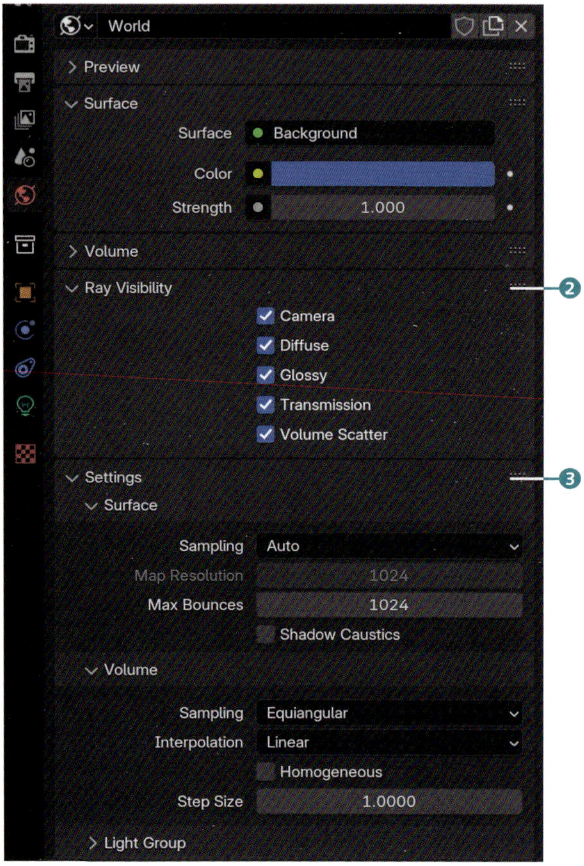

Abbildung 12.29 ▶
World-Tab im Properties Editor unter Cycles

Bei aktiviertem Renderer Cycles legen Sie im Panel Ray Visibility ❷ fest, ob die World für die Camera, in Reflexionen (Diffuse und Glossy), für transmittierende Strahlen (Transmission) oder auch bei volumetrischen Effekten (Volume Scatter) sichtbar ist.

Materialseitig können Sie im Panel Settings ❸ vorgeben, wie hoch das Sampling für den Hintergrund der World-Umgebung für Oberflächen (Surface) bzw. in Verbindung mit volumetrischen Effekten (Volumes) ausfallen und ob die World Shadow Caustics generieren soll. Belassen Sie es zunächst auf den Standard-Einstellungen und reagieren Sie, wenn es zu Problemen wie Rauschen (Noise) oder »Fireflies« kommen sollte.

Überhelle Pixel – die »Fireflies«

Mehr über das klassische Problem der Fireflies und darüber, welche Möglichkeiten es zur Vermeidung bzw. Minderung dieser Artefakte gibt, erfahren Sie in Kapitel 20, »Rendering«.

Light Linking und Shadow Linking

In den Einstellungen für die Lichtquellen, die wir uns gerade erst angesehen haben, gab es auch die Option, den von einer Lichtquelle produzierten Schattenwurf auszuschalten. Dies galt aber übergreifend für alle von dieser Lichtquelle beleuchteten Elemente der Szene. Und wäre es nicht auch praktisch, Elemente einer Szene von der Beleuchtung einer Lichtquelle ausschließen zu können?

Dieses sogenannte LIGHT LINKING bzw. SHADOW LINKING war über viele Jahre eines der am meisten herbeigesehnten Features, welches in Version 4.0 für Cycles und in Version 4.3 auch für EEVEE implementiert wurde. Natürlich ist dieses wählerische Verhalten von Lichtquellen alles andere als realistisch, doch es bietet eben auch viel kreative Freiheit, wenn sich Licht und Schatten für jedes Element der Szene explizit kontrollieren lassen.

▲ **Abbildung 12.30**
Objektspezifische Beleuchtung bzw. Schattenwurf

In Abbildung 12.30 sehen Sie ein einfaches Beispiel für die Anwendung von Light und Shadow Linking. In der Szene existiert lediglich ein Point-Licht als Lichtquelle. Die blaue Kugel links wirft zwar Schatten auf den Boden, wird aber eigentlich von der Lichtquelle gar nicht beleuchtet. Nur das vom hellen Boden zurückgeworfene Licht sorgt für eine Aufhellung der Kugel. Die rote Kugel in der Mitte dagegen wirft keinen Schatten, wird aber von der Lichtquelle angestrahlt. Bei der grünen Kugel ganz rechts sind sowohl Beleuchtung als auch Schattenwurf aktiv.

Wie lassen sich nun diese verschiedenen, objektspezifischen Beleuchtungsvorgaben in Blender festlegen? Dazu finden Sie im Object Data-Tab des Properties Editors (Abbildung 12.31) im Panel

Shading die untergeordneten Panels Light Linking ❶ bzw. Shadow Linking ❸. Die jeweilige Zuordnung erfolgt über Collections, die Sie hier für die Lichtquelle (oder auch ein lichtemittierendes Mesh-Objekt) erzeugen und bestücken.

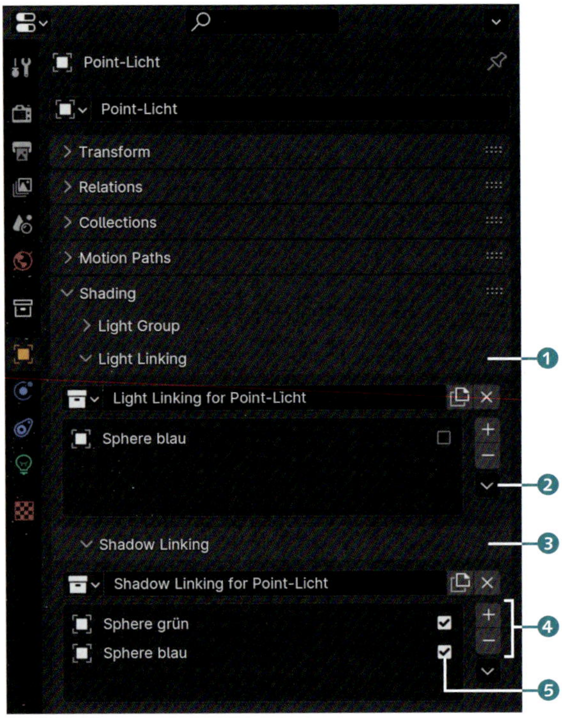

◂ **Abbildung 12.31**
Object Data-Tab im Properties Editor unter Cycles

▾ **Abbildung 12.32**
Menü Link/Transfer Data

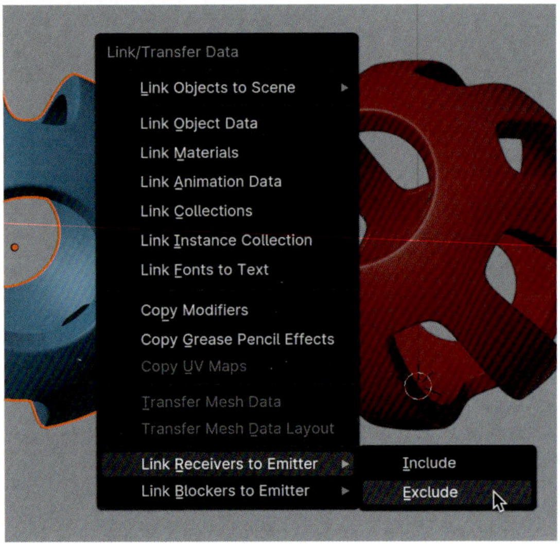

Letzteres funktioniert ganz einfach per Drag & Drop aus dem Outliner. Sobald der Eintrag für das Objekt angelegt ist, bestimmen Sie über das Aktivierungskästchen ❺, ob Sie die Beleuchtung bzw. den Schattenwurf durch die Lichtquelle für das Objekt einschließen oder ausschließen möchten. Beachten Sie, dass alle hier nicht explizit ein- bzw. ausgeschlossenen Elemente der Szene ebenfalls reagieren. So sorgt beispielsweise der Ausschluss der blauen Sphere unter Light Linking dafür, dass für alle anderen Elemente der Szene folgerichtig die Beleuchtung für die Lichtquelle aktiv ist. Mit den +- bzw. –-Buttons ❹ ergänzen Sie selektierte Objekte bzw. löschen angewählte Einträge in der Liste. Über das Menü im Pfeilbutton ❷ lassen sich die eingetragenen Objekte schnell selektieren.

Der Ein- und Ausschluss von Elementen für Beleuchtung und Schattenwurf durch Lichtquellen bzw. Mesh-Lights lässt sich auch im Viewport über das Menü Link/Transfer Data (Kurzbefehl [Strg]/[Cmd] + [L]) erledigen (Abbildung 12.32).

12.2 Beleuchtungseffekte

Bislang haben wir uns bei den Lichtquellen fast ausschließlich mit der direkten Beleuchtung mit lichtausstrahlenden Objekten befasst. Doch die Gestaltung mit Licht umfasst noch mehr Effekte, wie bei der Simulation indirekter Beleuchtung, der Berechnung von Abschattungen mittels Ambient Occlusion oder volumetrischen Effekten wie sichtbarem Licht und Nebel. Auch diese Effekte sind abhängig von der gewählten Render Engine, sowohl in den zur Verfügung stehenden Möglichkeiten als auch in ihrer Handhabung.

Indirekte Beleuchtung

Mit indirekter Beleuchtung, auch »Indirect Lighting« genannt, simulieren Sie das von angestrahlten Objekten weitergegebene Licht. Eine aufwendige, aber realitätsnahe Art der Ausleuchtung. Während Sie unter EEVEE die indirekte Beleuchtung mittels Lichtquellen, der World oder Light Probes simulieren und gleichzeitig für die Performance optimieren, bietet Cycles als sogenannter »Pathtracer« die indirekte Beleuchtung »ab Werk«, so dass Sie sich erst später beim Rendering damit auseinandersetzen müssen.

Image-based Lighting

Da alles, was Sie der World-Umgebung als Farbe oder Textur verpassen, zur Beleuchtung der Szene beiträgt, liegt es nur nahe, dies auch entsprechend mit geeignetem Bildmaterial zu nutzen.

◂ **Abbildung 12.33**
Ausleuchtung mittels HDR-Image in der World-Umgebung

In den Viewport Shading-Modi MATERIAL PREVIEW und RENDERED bzw. im Workspace SHADING ist dieser Effekt sehr willkommen, da Sie die Form und Materialien Ihrer Objekte ohne weiteres Zutun sofort beurteilen können (Abbildung 12.33).

HDR-Images

Sie können HDR-Images wie alle Bilder und Texturen kommerziell erwerben, doch im Internet finden sich auch kostenfreie Alternativen wie hdrihaven.com, wo Sie neben Texturen auch HDR-Images zur freien Verwendung herunterladen können.

Für das qualitativ hochwertige Rendering sollten die verwendeten Bilddateien nicht nur eine entsprechend hohe Auflösung aufweisen, sondern am besten als »HDR-Image« vorliegen. High Dynamic Range Images (HDRI) besitzen, wie der Name bereits verrät, einen äußerst hohen Dynamikumfang. Da bei normalen RGB-Bildern das ultimative Weiß bei einem 24-Bit-RGB (255/255/255) angesiedelt ist, sind ab dieser Stufe keine weiteren Steigerungen bzw. Nuancierungen mehr möglich. HDR-Bilder überschreiten diese Grenze, indem sie mindestens weitere 8 Bit für die Helligkeitsregulierung mitbringen. Dabei kann das Bild als Hintergrund für Ihre Szene oder einfach nur als Informationsträger für das aus allen Richtungen einfallende Licht dienen.

Um Ihre Szene mit einem HDR-Image im Hintergrund auszuleuchten, integrieren Sie es über einen Environment Texture-Node ❹ aus dem Menü ADD • TEXTURE des Node Editors (Abbildung 12.34). Je nach Projektionsart des HDR-Images stellen Sie nach dem Einladen der Bilddatei für PROJECTION entsprechend EQUIRECTANGULAR oder MIRROR BALL ein. Zum Ausrichten des HDR-Images auf der World-Umgebung benötigen Sie, wie bei allen Texturen, einen Mapping-Node ❸, der seine Vektordaten aus einem Texture Coordinate-Node ❷ bezieht. Mit dem Parameter ROTATION Z ❶ drehen Sie das HDR-Image horizontal um die Z-Achse.

▼ **Abbildung 12.34**
Einbinden des HDR-Images mittels Environment Texture-Node

Ambient Occlusion (AO)

Ambient Occlusion ist eigentlich eine Methode zur Simulation indirekter Beleuchtung, dabei stehen allerdings die Schattenbereiche, also die verdeckten Stellen der Objekte, im Fokus. Ambient Occlusion betrachtet, welche Stellen eines Objekts wie stark dem Licht zugewandt sind bzw. welche Stellen für das Licht nur schwer zugänglich sind. Der Vorteil von Ambient Occlusion liegt in wesentlich schnelleren Render-Zeiten bei ebenfalls ansehnlichen Ergebnissen, auch wenn diese Render-Methode nicht unbedingt physikalisch korrekt ist.

◂ **Abbildung 12.35**
Betonung der Schattenbereiche durch Ambient Occlusion

In Abbildung 12.35 ist die Wirkung von Ambient Occlusion gut zu erkennen. AO verleiht dem Modell mehr Kontrast und gibt ihm außerdem erkennbaren Halt auf dem Untergrund. Ambient Occlusion lässt sich auf verschiedene Weise in Ihre Szene integrieren: über das Rendering bzw. Compositing sowie als Shader in einem Material.

Ambient Occlusion in EEVEE | Ambient Occlusion ist in EEVEE aufgrund des neuen Raytracing-Unterbaus kein direkt aktivierbarer Render-Effekt mehr, sondern ein grundsätzlicher Beleuchtungseffekt zur Unterstützung der globalen Illumination.

Greifen wir deshalb an dieser Stelle dem späteren Abschnitt 20.3, »EEVEE«, ein Stück weit vor und sehen wir uns an, wie Sie Ambient Occlusion in EEVEE einstellen. Sobald Sie EEVEE im Render-Tab des Properties Editors als Render Engine ausgewählt haben, finden Sie im Render-Tab des Properties Editors (Abbildung 12.36) das Panel RAYTRACING ❶ mit dem untergeordneten Abschnitt FAST GI APPROXIMATION, der sich anders als unter Cycles nicht deaktivieren lässt. Über das Menü METHOD wählen Sie aus, ob Sie die Herangehensweise der GLOBAL ILLUMINATION oder die der Verschattung (AMBIENT OCCLUSION) verwenden möchten. RESOLUTION definiert die Qualität im Verhältnis zur Renderauflösung.

Die Stellschrauben für die AO sind qualitativ die Anzahl der Strahlen (RAYS) und Samples (STEPS) sowie die allgemeine Präzision (PRECISION) für die Berechnung. Die Verschattung selbst können Sie über die Distanz (DISTANCE) sowie die Dicke (THICKNESS) der Oberflächen im Nah- und Fernbereich sowie über einen allgemeinen Bias-Wert für die Normalenrichtung beim Shading justieren.

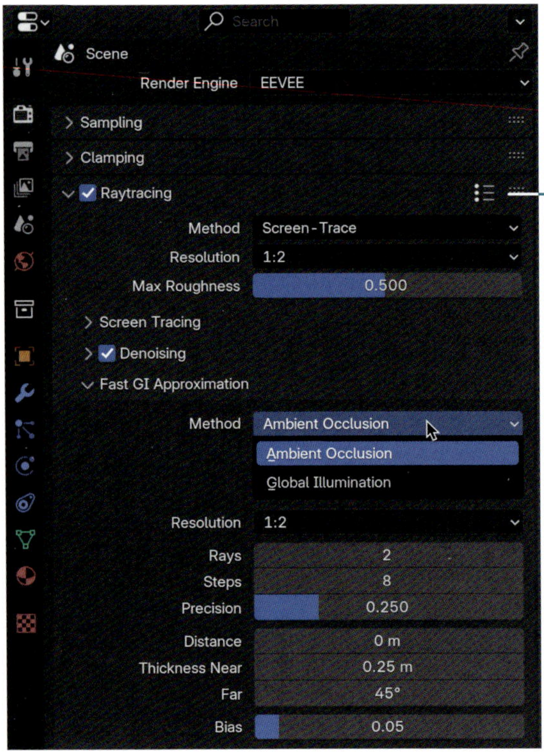

◂ **Abbildung 12.36**
Render-Tab im Properties Editor unter EEVEE

▾ **Abbildung 12.37**
Render-Tab im Properties Editor unter Cycles

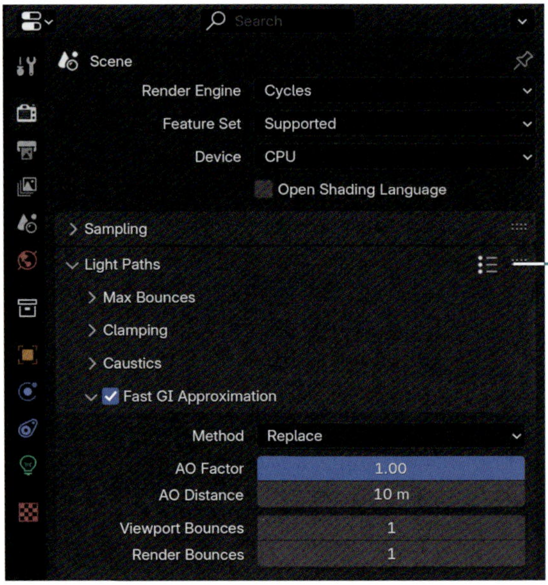

Ambient Occlusion in Cycles | Auch unter Cycles ist Ambient Occlusion als globaler Effekt wortwörtlich ein »Beleuchtungseffekt«. Neben der Verschattung geht damit stets eine Beleuchtung der Szene einher, die im Prinzip eine schnelle Nachahmung des Effekts der Global Illumination darstellt. Sie finden die zugehörigen Einstellungen im Panel LIGHT PATHS ❷ des Render-Tabs unter der Option FAST GI APPROXIMATION. Die Stärke des Effekts der

Ambient Occlusion steuern Sie über den AO FACTOR, die Entfernung zwischen Objekten, ab der Ambient Occlusion wirken soll, ist als AO DISTANCE vorzugeben. Über die VIEWPORT bzw. RENDER BOUNCES geben Sie an, ab wann die FAST GI APPROXIMATION die standardmäßige GI von Cycles ersetzt (METHOD REPLACE statt ADD).

Ambient Occlusion-Shader | Der Ambient Occlusion Shader-Node steht Ihnen sowohl in EEVEE als auch unter Cycles zur Verfügung – wenn auch mit etwas unterschiedlichem Featureumfang. Dabei eignet sich dieser Shader-Node nicht nur, um den Objekten mehr Kontrast zu verleihen, sondern auch, um gezielt Vertiefungen auf Objekten zu detektieren (Abbildung 12.38) und diese beispielsweise mit Ablagerungen wie Schmutz oder Rost zu versehen.

◄ **Abbildung 12.38**
Hervorhebung der Vertiefungen durch den Ambient Occlusion-Shader

Wie der Name schon sagt, binden Sie den Ambient Occlusion Shader-Node über ein Material und nicht über eine Beleuchtungs- oder Renderoption ein. Trotzdem ist dieser Shader speziell unter Cycles relativ rechenintensiv, weshalb empfohlen wird, die Ambient Occlusion in einem Zwischenschritt zu backen und anschließend als Textur zu integrieren. Grundsätzlich liegt es bei Ihnen, wie bzw. wofür Sie die ermittelten AO-Daten einsetzen. Sie finden den Ambient Occlusion-Node im Menü ADD • INPUT des Node Editors.

Der AO-Node stellt seine Daten über zwei Output-Sockets zur Verfügung (Abbildung 12.39): Über den Socket AO greifen Sie die unverfälschten Verschattungsdaten ab, während Sie über den Socket COLOR eine innerhalb des Nodes angelegte oder durch den Node geleitete Farbinformation mitverwerten können.

Je mehr Samples Sie vorgeben, desto feiner und genauer erfolgt die Berechnung der Ambient Occlusion, aufgrund der gleichzeitig erhöhten Rechenzeit sollten Sie damit allerdings sparsam umgehen. Insbesondere in Cycles ist die hohe Beanspruchung der Rechenleistung spürbar. Mit der Option INSIDE kehren Sie die AO-Information um, so dass die eher exponierten Stellen des Objekts betrachtet werden. ONLY LOCAL funktioniert ausschließlich unter Cycles und beschränkt die AO-Berechnung auf das Objekt selbst.

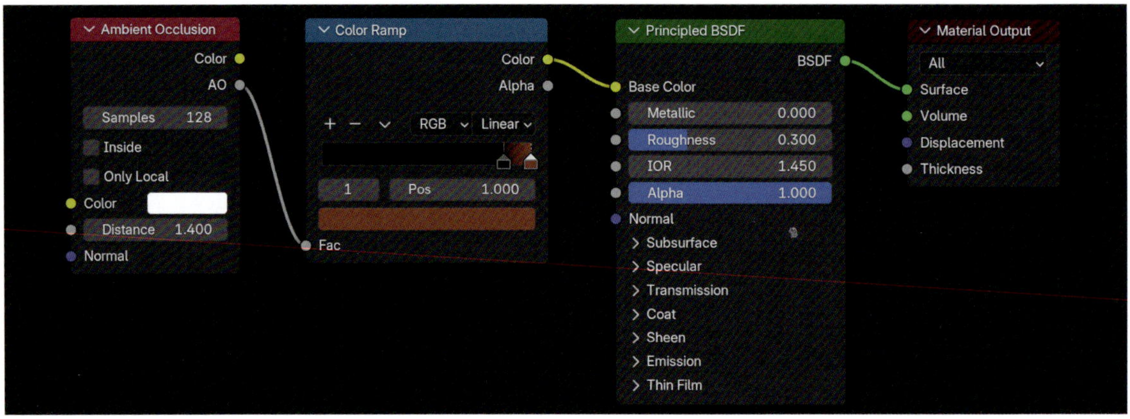

▲ **Abbildung 12.39**
Einfärben der Vertiefungen mittels Ambient Occlusion- und Color Ramp-Node

Wie auch bei den AO-Beleuchtungs- und Renderoptionen geben Sie über den Parameter DISTANCE die Entfernung zwischen den Objekten vor, ab der Ambient Occlusion wirken soll.

Volumetrische Effekte

Zu den volumetrischen Effekten in Blender gehören das volumetrische, sichtbare Licht sowie der Volumeneffekt Mist, mit dem Sie beispielsweise Nebel simulieren. Wie nicht anders zu erwarten, gibt es auch hier wieder kleine, aber feine Unterschiede zwischen den Render Engines, auf die wir eingehen werden. Physikalisch betrachtet handelt es sich bei volumetrischen Effekten nicht um eine spezielle Art Licht, sondern vielmehr um winzige Partikel, die das auftreffende Licht reflektieren. Entsprechend ist nicht das Light-Objekt die erste Anlaufstelle, sondern die World-Umgebung.

Volumetrisches Licht in EEVEE | Um volumetrisches Licht in EEVEE zu erzeugen, richten Sie Ihre Szene wie gewohnt ein. Mit Ausnahme des Sun-Lichts können Sie dafür jede Lichtquelle verwenden. Für die virtuellen Partikel benötigen wir den Volume Scatter-

Shader, der vor EEVEE Next oft der World zugewiesen wurde (Abbildung 12.40). Zur korrekten Berechnung wird nun aber ein Mesh als Volume benötigt. Praktischerweise lässt sich eine World ganz einfach über den Button CONVERT VOLUME in ein Mesh-Objekt mit Shader umwandeln. Die Farbe und Dichte des volumetrischen Effekts definieren Sie über die Parameter COLOR und DENSITY.

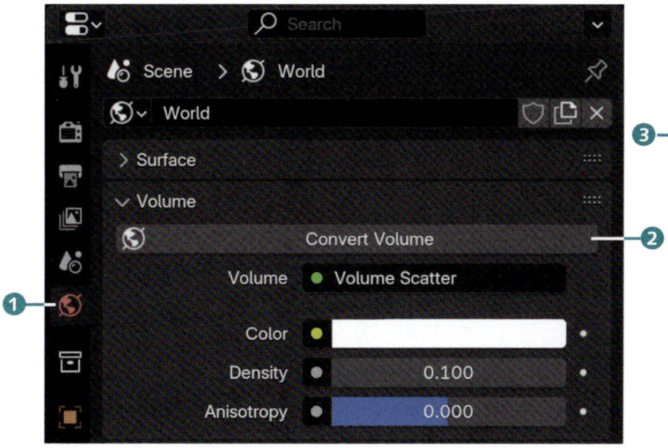

▲ **Abbildung 12.40**
Panel VOLUME im World-Tab

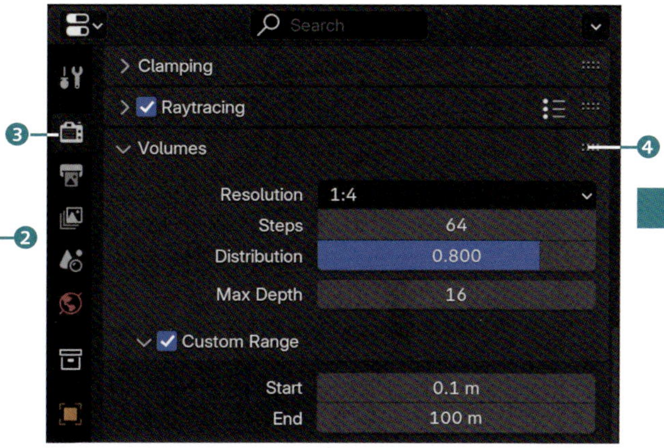

▲ **Abbildung 12.41**
Panel VOLUMES im Render-Tab

Die Render-Einstellungen für das volumetrische Licht finden Sie im Panel VOLUMES ❹ des Render-Tabs ❸. Mit den verfügbaren Sampling-Parametern sowie der Auflösung (RESOLUTION) gilt es, einen optimalen Kompromiss zwischen Qualität und Rechenperformance zu finden. Start und Ende des volumetrischen Effekts lassen sich unter CUSTOM RANGE auch individuell vorgeben.

◀ **Abbildung 12.42**
Volumetrische Spot-Lichtquelle unter EEVEE

Volumetrisches Licht in Cycles | Damit in Cycles volumetrisches Licht gerendert wird, ändert sich im Vergleich zu EEVEE nichts an den Grundvoraussetzungen. Das sichtbare Licht entsteht durch Partikel, die Sie per Volume Scatter-Node in der World-Umgebung anlegen. Eine zusätzliche Aktivierung dieses Beleuchtungseffekts hingegen ist in Cycles nicht notwendig. Auch unter Cycles ist die Sun-Lichtquelle nicht für volumetrisches Licht geeignet.

Im Unterschied zu EEVEE ist lediglich die Vorbereitung der Lichtquelle unter Cycles etwas anders. Neben den üblichen Einstellungen für die Lichtquelle, die Sie im Panel LIGHT ❷ des Object Data-Tabs ❶ vornehmen, schalten Sie im dortigen Panel NODES ❸ über den Button USE NODES die Verwendung von Shader-Nodes für die Lichtquelle frei.

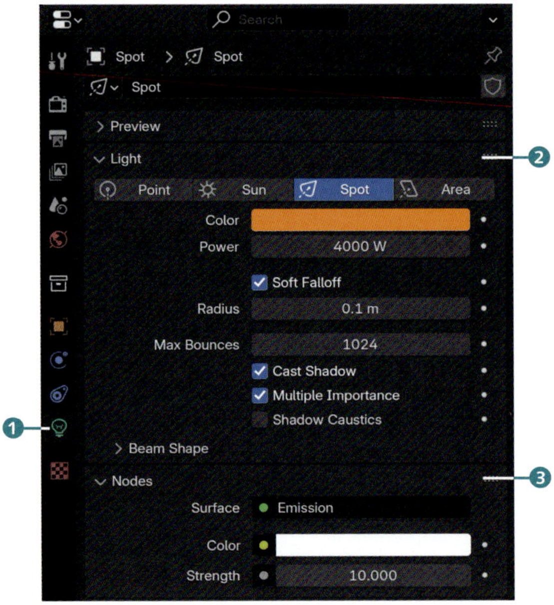

Abbildung 12.43 ▸ Panels LIGHT und NODES im Object Data-Tab des Properties Editors

Über das Menü SURFACE im Panel NODES weisen Sie der Lichtquelle einen Emission-Shader zu – wie Sie es auch von den Mesh-Lights her kennen. Zusätzlich zu den Einstellungen im Panel LIGHT haben Sie nun auch durch den Emission-Shader die Parameter COLOR sowie STRENGTH, mit denen Sie die Farbe und Stärke der volumetrischen Lichtquelle beeinflussen.

Übrigens gilt auch in Cycles: Sobald Sie eine volumetrische Lichtquelle in der Szene integriert haben, geben auch die anderen Lichtquellen volumetrisches Licht ab (alles andere wäre unrealistisch). Dabei können Sie bei allen weiteren Lichtquellen auf den Einsatz des Emission-Shaders verzichten, wenn Sie ihn nicht für die Einstellung oder eine spezielle Funktion benötigen. Abbildung 12.44 zeigt eine volumetrische Lichtquelle unter Cycles.

◂ **Abbildung 12.44**
Volumetrische Spot-Lichtquelle unter Cycles

Volumetrischer Nebel in EEVEE | Die schwebenden Partikel, mit denen wir den Lichtschein sichtbar machen können, lassen sich auch für den sogenannten volumetrischen Nebel verwenden. Analog zum volumetrischen Licht benötigen Sie für volumetrischen Nebel ebenfalls ein einfaches Mesh-Objekt, das als »Nebelbank« dient.

Damit die Kugeln in Abbildung 12.45 zur Hälfte in volumetrischem Nebel versinken, sind alle Kugeln und die umliegenden Bereiche bis zur Kante des Horizonts von einem großen, flachen Mesh-Objekt umschlossen. Wie üblich in EEVEE, sollte das Objekt nur so groß wie für die Szene nötig sein.

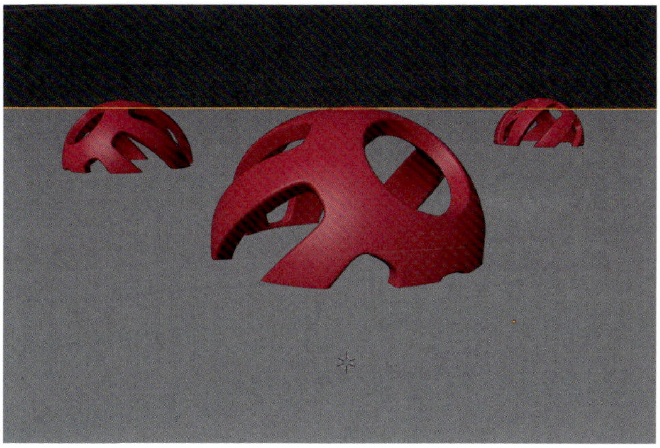

◂ **Abbildung 12.45**
Mesh-Objekt für den Nebel

Das für den Nebel bestimmte Mesh-Objekt benötigt ein Material ohne SURFACE ❶, dafür aber im Panel VOLUME einen Volume Scatter-Shader ❷.

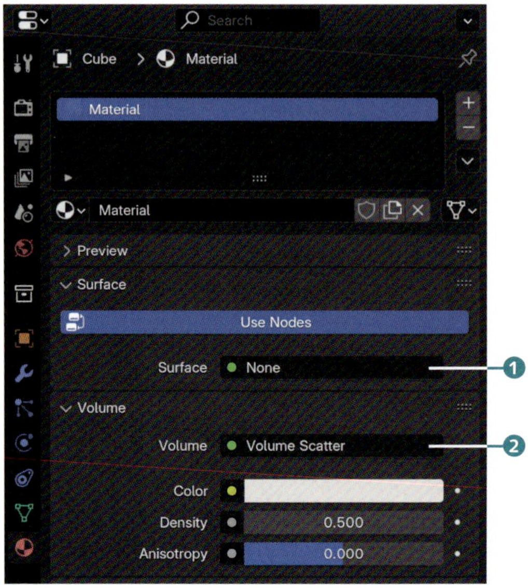

Abbildung 12.46 ▸ Material des Mesh-Objekts für den Nebel

Analog zum volumetrischen Licht kontrollieren Sie die Farbe und Dichte des Nebel-Effekts über die Parameter COLOR und DENSITY des Volume Scatter-Shaders. Die Auflösung und Qualität des volumetrischen Nebels wiederum lässt sich im Panel VOLUMES des Render-Tabs (siehe auch Abbildung 12.41) einstellen. Die Größe und Ausdehnung des Nebels (Abbildung 12.46) steuern Sie über das Mesh-Objekt.

Abbildung 12.47 ▸ Volumetrischer Nebel unter EEVEE

Volumetrischer Nebel in Cycles | Mit einem »Nebel-Objekt« können Sie volumetrischen Nebel auch unter Cycles realisieren. Doch eigentlich empfiehlt sich in Cycles vielmehr, den Nebel als Render-Pass auszugeben und mittels Compositing einzubauen.

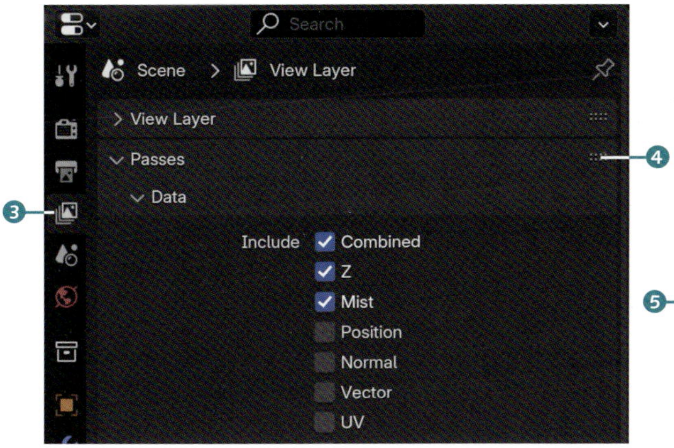

▲ **Abbildung 12.48**
Panel Passes im View Layer-Tab

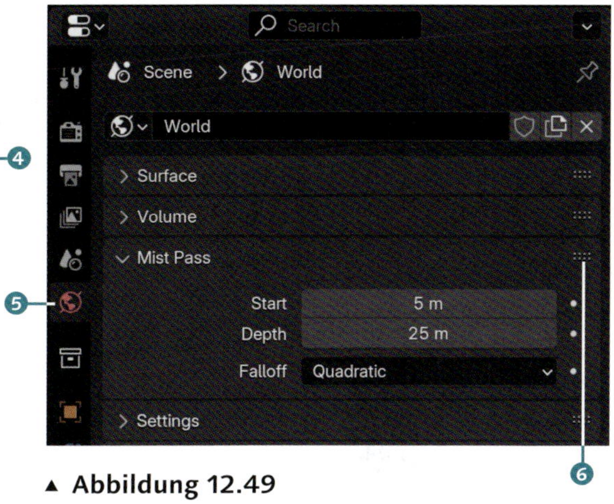

▲ **Abbildung 12.49**
Panel Mist Pass im World-Tab

Das dazu benötigte Panel Mist Pass ❻ im World-Tab ❺ bekommen Sie zu Gesicht, wenn Sie den Render-Pass Mist im Panel Passes ❹ des View Layer-Tabs ❸ aktivieren. Anschließend definieren Sie Start und Ausdehnung (Depth) des Nebels über die Parameter. Wie Sie den Nebel-Pass rendern und in die Szene einbauen, erfahren Sie in Buchteil VI, »Rendering, Compositing und Ausgabe«.

Schritt für Schritt
Ausleuchten einer einfachen Szene in EEVEE

Beschließen wir dieses Kapitel mit einem kurzen Workshop, bei dem Sie eine einfache Szene mit Lichtquellen ausstatten, indirektes Licht mit Light Probes generieren und in EEVEE rendern.

1 Blender-Szene laden

Rufen Sie über den Befehl File • Open (Taste Strg/Cmd + O) den File Browser auf und navigieren Sie zum Verzeichnis *4_Inszenierung*. Öffnen Sie dort die Datei *4_Inszenierung_Ausleuchtung_EEVEE_Start.blend*. Diese Blender-Szene enthält noch keinerlei Lichtquelle, und auch der Hintergrund der World-Umgebung ist deaktiviert, so dass wir mit der Material Preview vorliebnehmen müssen, um die Szene zu betrachten.

2 Einstellungen in EEVEE vorbereiten

Bevor wir uns an die Ausleuchtung der Szene machen, ändern wir für die Render Engine EEVEE im Scene-Tab ❶ des Properties Editors (Abbildung 12.50) eine Grundeinstellung. Erhöhen Sie im Panel SAMPLING ❷ die Anzahl der SAMPLES für den VIEWPORT auf mindestens 32, besser 64 Samples.

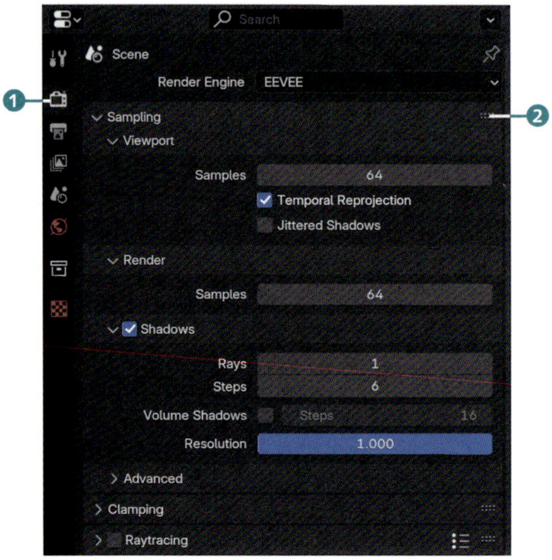

Abbildung 12.50 ▸
Panel SAMPLING im Scene-Tab des Properties Editors

3 Key-Lichtquelle erzeugen und einrichten

Wir beginnen die Ausleuchtung mit einer Point-Lichtquelle, die Sie sich aus dem Menü ADD • LIGHT (Tasten ⇧ + A) in die Szene holen (Abbildung 12.51).

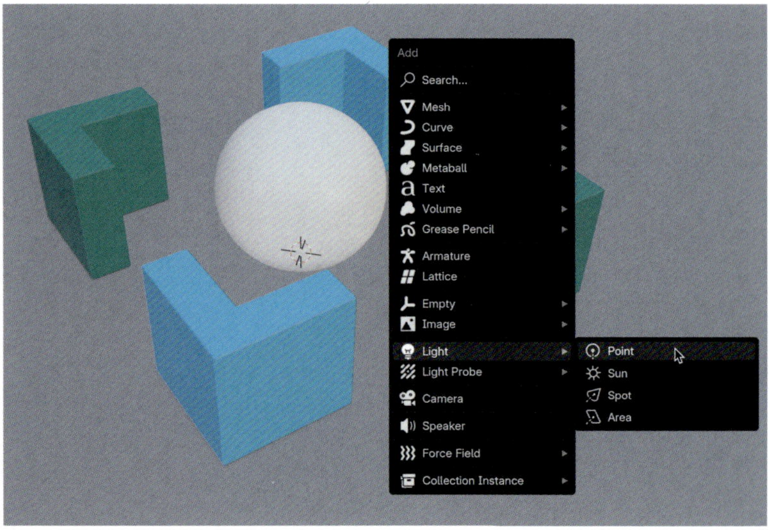

Abbildung 12.51 ▸
Einbau der Lichtquelle über das Menü ADD • LIGHT

Diese Lichtquelle soll als Haupt-(Key-)Licht in der Szene fungieren. Im Object Data-Tab ❺ erhöhen Sie dazu ihre Stärke (Power) auf 5 000 Watt. Als Radius für die Lichtquelle geben Sie 0.2 m an, der daraus resultierende Schatten besitzt einen weichen Umriss.

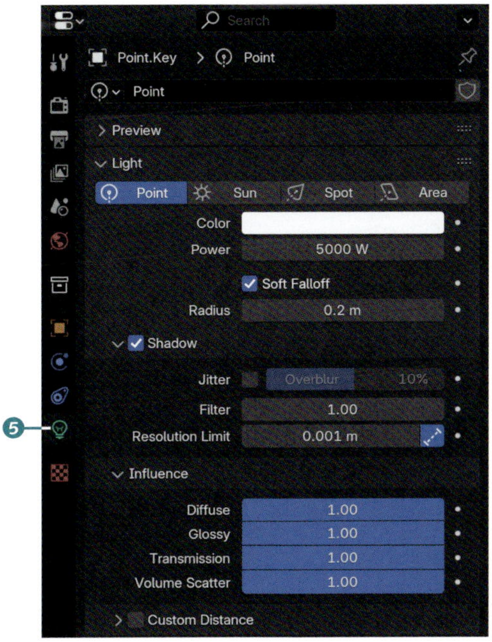

▲ **Abbildung 12.52**
Object Data-Tab der Lichtquelle

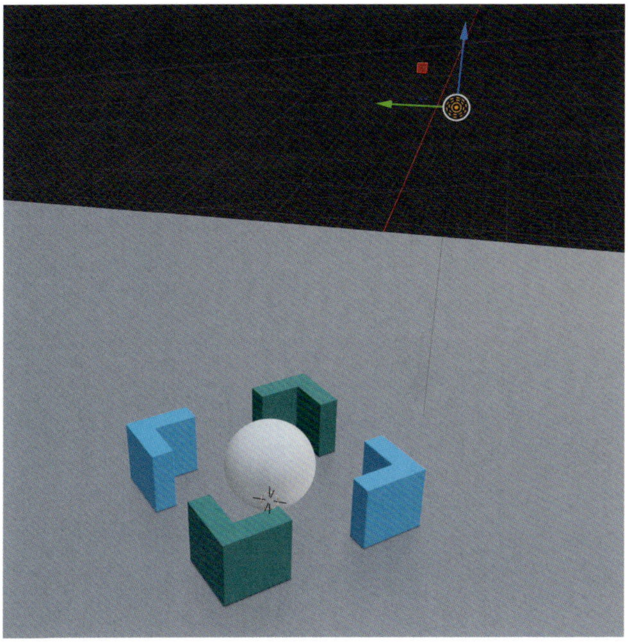

▲ **Abbildung 12.53**
Platzieren der Key-Lichtquelle

Die Lichtquelle muss jetzt noch platziert werden. Ein Key-Licht beleuchtet zumeist das Ganze oder einen Großteil des Objekts bzw. der Szene. Diesem Licht kommt die meiste Bedeutung zu, da über diese Lichtquelle die Hauptaussage der Szene entsteht. Key-Lichter werfen meist weißes Licht und den stärksten, dunkelsten Schatten, dadurch wird das Key-Licht auch als erstes und wichtigstes Licht beim Betrachten der Szene wahrgenommen. In meinem Beispiel (Abbildung 12.53) habe ich das Key-Licht rechts oben positioniert, so dass alle Objekte von seitlich vorne von der Lichtquelle erfasst werden. Die genauen Koordinaten: X = 9 m, Y = –6 m, Z = 16 m.

Nachdem die Szene jetzt endlich eine Lichtquelle enthält, müssen wir nicht mehr auf die Material Preview zurückgreifen. Wechseln Sie über den Header des Viewports zum Viewport Shading Rendered ❻ und öffnen Sie das zugehörige Pop-up-Menü (Abbildung 12.54). Dort aktivieren Sie mit beiden Optionen sowohl die Lichtquelle(n) als auch die World-Umgebung der Szene.

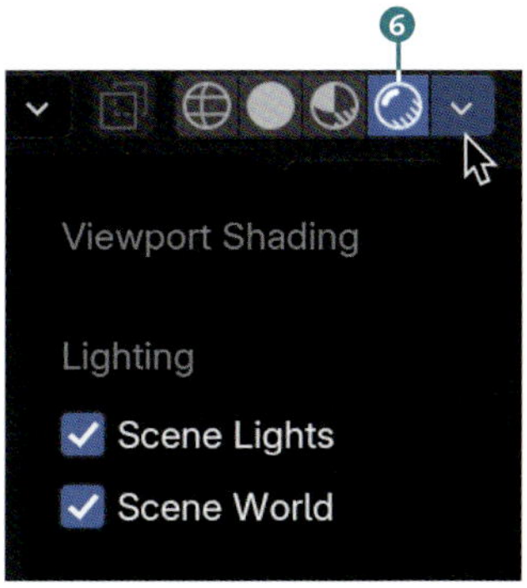

▲ **Abbildung 12.54**
Pop-up-Menü Viewport Shading

Im Moment wird die Szene ausschließlich durch das Key-Licht beleuchtet. Wir benötigen also ein Gegengewicht, um die unbeleuchteten Bereiche der Szene aufzuhellen: das Füll- bzw. Fill-Licht.

Abbildung 12.55 ▸
Ausschließlich mit Key-Licht beleuchtete Szene

4 Fill-Lichtquelle erzeugen und einrichten

Für unsere Zwecke reicht wiederum eine Point-Lichtquelle, daher duplizieren Sie sich am besten die Key-Lichtquelle und reduzieren deren Stärke (Power) im Panel Light ❶ auf 500 Watt. Platzieren Sie die Fill-Lichtquelle diagonal gegenüber dem Key-Licht auf einem Drittel der Höhe (Abbildung 12.57). Die exakte Position meiner Fill-Lichtquelle: X = –9.5 m, Y = –6 m, Z = 4.5 m.

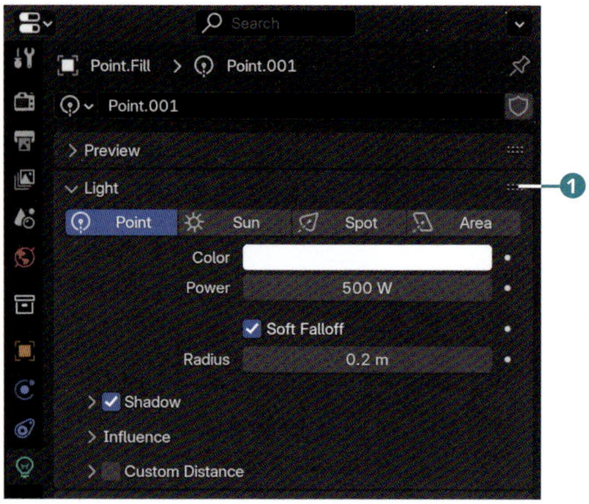

▴ **Abbildung 12.56**
Panel Light im Object Data-Tab der Fill-Lichtquelle

Abbildung 12.57 ▸
Platzieren der Fill-Lichtquelle

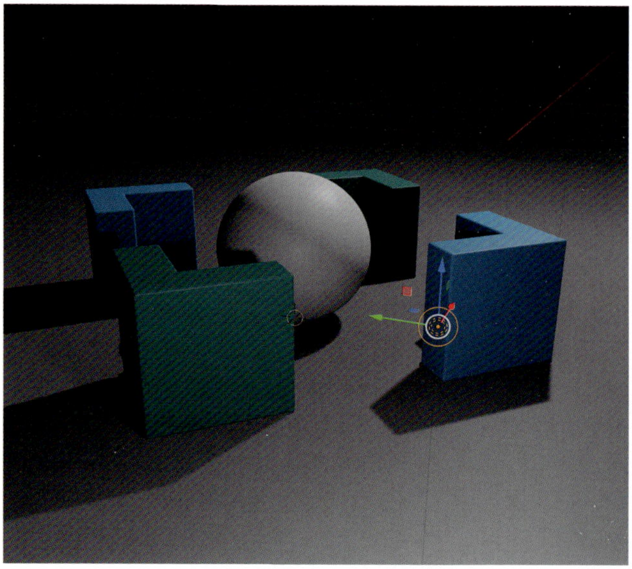

5 Light Probe erzeugen und einrichten

Für unsere relativ simple Szene ist der Einsatz einer Light Probe sicher nicht zwingend erforderlich, hier leistet das eingebaute Screen-Tracing wirklich gute Arbeit. Sehen wir uns dennoch an, wie Sie Light Probes grundsätzlich einbauen und für Raytracing in EEVEE verwenden können.

Holen Sie sich dazu aus dem Menü ADD • LIGHT PROBE (Tasten [⇧] + [A]) ein Light Probe-Objekt vom Typ VOLUME in die Szene und rotieren Sie es über die Tasten [R], [Z] und [4][5] um 45° um die Z-Achse, passend zu den platzierten Elementen.

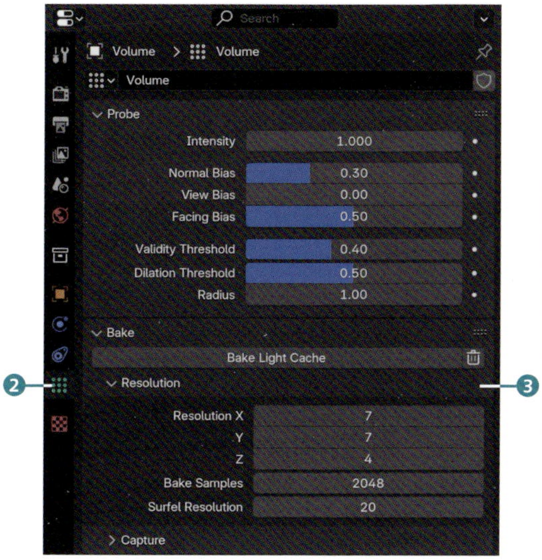

▲ **Abbildung 12.58**
Object Data-Tab der Light Probe

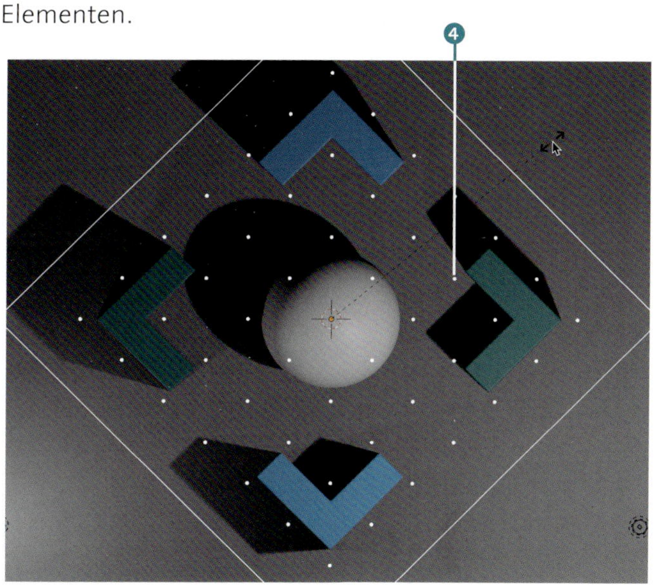

▲ **Abbildung 12.59**
Skalieren der Light Probe aus der Ansicht von oben

Zum Einrichten der Light Probe wechseln Sie am besten in die Ansicht von oben (Taste [7] [Num]). Die zugehörigen Einstellungen finden Sie im Object Data-Tab ❷. Erhöhen Sie im Panel BAKE ❸ die RESOLUTION in X- und Y-Richtung jeweils auf 7, um mehr Gitterpunkte zu erhalten. Die restlichen Einstellungen können auf den Standardwerten bleiben.

Aktivieren Sie das Scale-Tool (Taste [S]) und skalieren Sie die Light Probe, so dass alle Elemente innerhalb des Rahmens der Gitterpunkte liegen (Abbildung 12.59). Insbesondere zwischen den Eckteilen und der weißen Kugel sollten sich Punkte ❹ befinden.

Wechseln Sie über die Taste [1] [Num] in die Ansicht von vorne, beschränken Sie das Scale-Tool auf die Z-Achse (Tasten [S] + [Z]) und skalieren Sie die Light Probe, so dass alle Elemente innerhalb des Rasters liegen (Abbildung 12.60). Platzieren Sie die Light Probe mit der untersten Ebene der Gitterpunkte ❶ etwas oberhalb des Bodens.

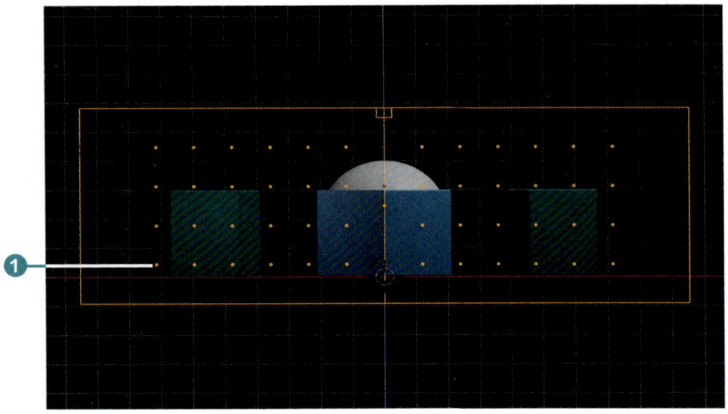

▲ **Abbildung 12.60**
Skalieren und Platzieren der Light Probe

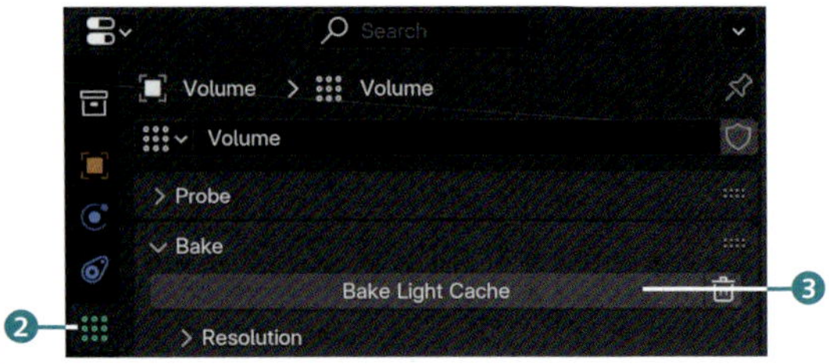

▲ **Abbildung 12.61**
Panel Bake im Object Data-Tab

Abbildung 12.62 ▸
Panel Raytracing im Render-Tab

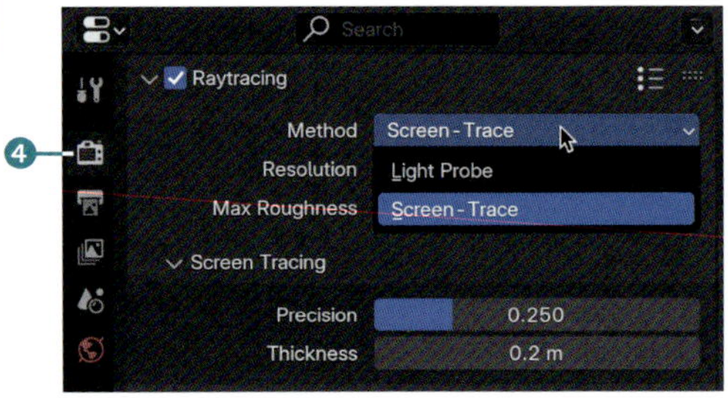

6 Indirect Lighting backen bzw. aktivieren

Zum Backen der Light Probe öffnen Sie den Object Data-Tab ❷ und klicken Sie auf den Button Bake Light Cache ❸. Aktivieren Sie schließlich im Render-Tab ❹ das Raytracing, und Sie haben neben der Standard-Methode Screen-Trace auch die Light Probe für die Berechnung der indirekten Beleuchtung zur Auswahl.

Abbildung 12.63 ▸
Ausgeleuchtete Szene inklusive Raytracing

Kapitel 13
Kamera

Die Kamera von Blender kommt einer echten Kamera ziemlich nahe: Perspektiven, Brennweite, Blenden, Schärfentiefe und vieles mehr – alles in virtueller Form vorhanden und stets einsatzbereit. Das Kamera-Objekt bietet Ihnen also alles, womit Sie als Fotografin oder Fotograf zaubern können und vielleicht auch manchmal kämpfen müssen. Und damit nicht genug, für Ihr finales Rendering ist die Kamera in Ihrer Szene sogar zwingend erforderlich.

Aus diesem Grund finden Sie in der Basis-Szene von Blender neben dem Cube und der Lichtquelle auch eine Kamera. Sollten Sie diese vorinstallierte Kamera gelöscht haben, können Sie jederzeit eine neue oder auch zusätzliche Kameras über das Menü ADD (Tasten ⇧ + A) im 3D Viewport erzeugen (Abbildung 13.1).

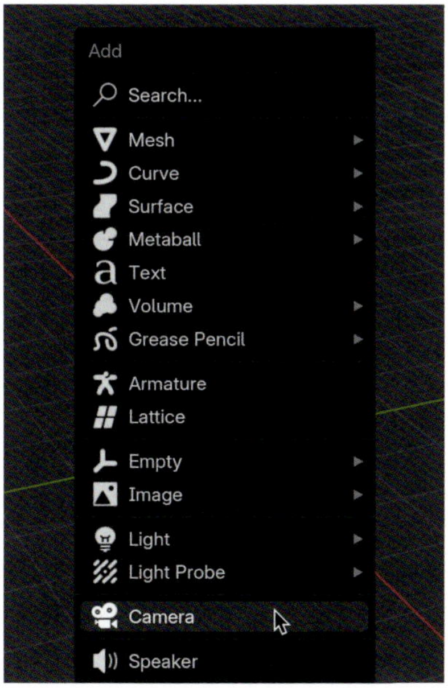

◂ **Abbildung 13.1**
Menü ADD

Genau genommen hatten wir es beim Navigieren und Zoomen in Blenders Viewport bereits mit einer rudimentären, virtuellen Kamera zu tun. Die Steuerung der Kamera erfolgte dabei über die Tastenkürzel bzw. die Navigation Gizmos (Abbildung 13.2).

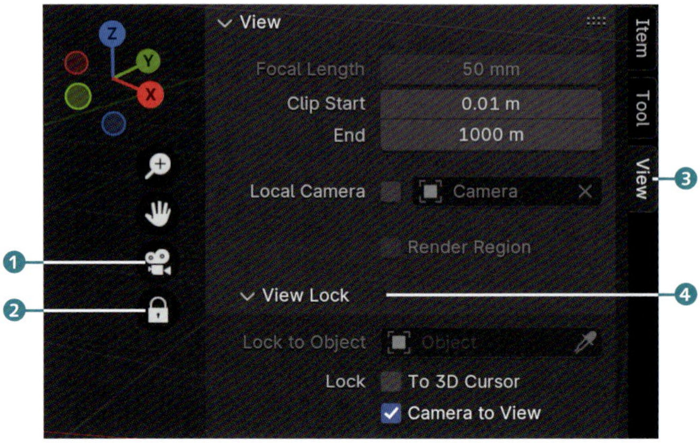

Abbildung 13.2 ▸ Navigation Gizmos und Panel View in der Sidebar

Klappen Sie das Panel bzw. den View-Tab ❸ in der Sidebar (Taste N) auf, so finden Sie Einstellungen für die Brennweite (Focal Length) und das Clipping, also die Distanzen des Sichtbereichs der Kamera. Über die Option Use Local Camera können Sie eine beliebige andere Kamera der Szene für die Ansicht im Viewport festlegen. Alternativ lässt sich auch eine aktive Render Region statt einer Kameraperspektive im Viewport anzeigen.

Das untergeordnete Panel View Lock ❹ bietet Ihnen Optionen, mit der Kamera ein Objekt zu verfolgen (Lock to Object) oder die Kamera fest auf den 3D Cursor auszurichten. Möchten Sie eine Kamera über die gewohnte Navigation im Viewport einrichten, aktivieren Sie die Option Lock Camera to View. Dies bewahrt Sie auch davor, durch versehentliches Anwenden der Viewport-Navigation ungewollt in die Viewport-Ansicht zu springen. Praktischerweise steht hierfür ein Button ❷ im Navigation Gizmo bereit.

13.1 Kamera-Objekt

Nun sind unsere Ansprüche an eine Kamera doch etwas höher, und auch der Renderer erwartet eine echte, wenn auch virtuelle Kamera, um seine Arbeit zu verrichten. Um in die Ansicht der virtuellen Kamera zu wechseln, verwenden Sie das Kamera-Symbol ❶ des Navigation Gizmos oder drücken Sie die Taste 0 [Num].

Zurück in den Viewport gelangen Sie durch erneuten Klick auf das Kamera-Symbol bzw. erneutes Drücken der Taste [0] [Num]. Entscheidend für den Wechsel und auch für das Rendering ist die im Moment aktive Kamera.

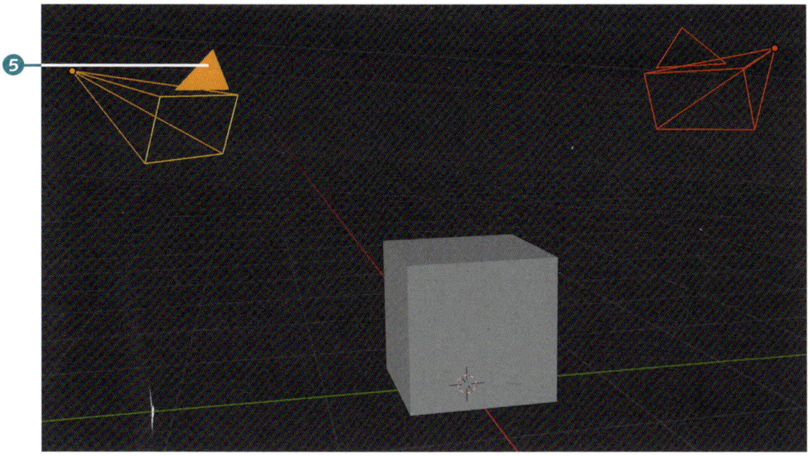

◂ **Abbildung 13.3**
Selektierte und aktive Kameras

Aktive Kamera

Im Viewport ist eine aktive Kamera leicht am ausgefüllten Dreieck 5 (Abbildung 13.3) zu erkennen. Außerdem ist diese Kamera dann im Scene-Tab 6 des Properties Editors (Abbildung 13.4) hinterlegt. Um eine andere Kamera zur aktiven Kamera zu küren, ziehen Sie die gewünschte Kamera per Drag & Drop in das Feld 8 oder klicken im Outliner auf das zugehörige Object Data-Symbol 7. Noch schneller sind Sie, wenn Sie die Kamera selektieren und über die Tasten [Strg]/[Cmd] + [0] [Num] als aktive Kamera definieren.

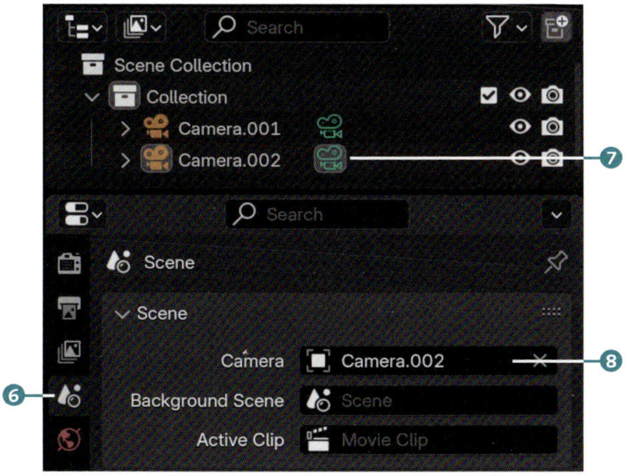

◂ **Abbildung 13.4**
Aktive Kamera im Outliner und Scene-Tab

Beim Blick durch eine aktive Kamera sehen Sie in einem dunklen Passepartout den aktuell gültigen Bildausschnitt für das Render-Ergebnis umrahmt ❶. Sie können die aktive Kamera als Objekt selektieren, indem Sie auf den Rahmen des Ausschnitts klicken. Wie alle aktiven Objekte färbt sich der Kamera-Bildrahmen entsprechend orange ❷.

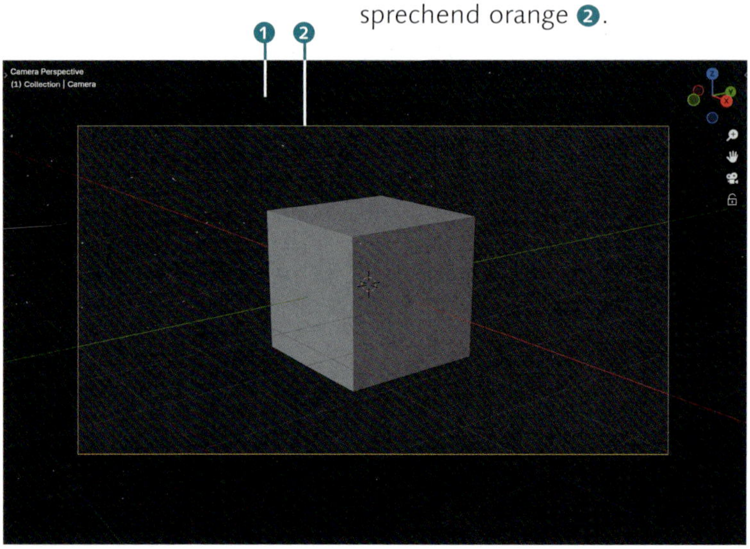

▲ **Abbildung 13.5**
Ansicht durch die aktive Kamera

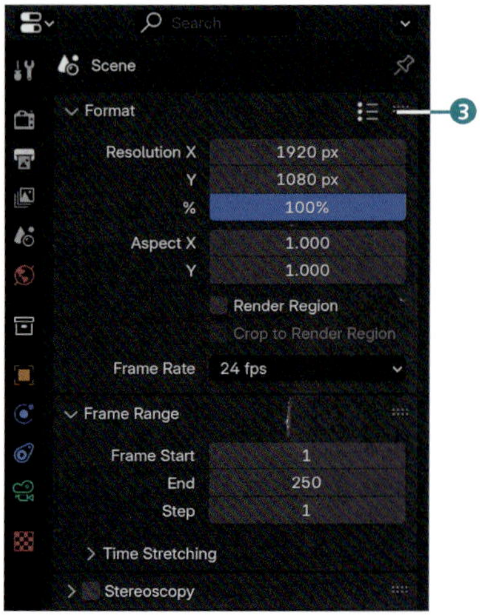

▲ **Abbildung 13.6**
Panel FORMAT im Output-Tab

Die Größe bzw. das Format des Bildausschnitts bezieht die Kamera übrigens aus den Einstellungen im Panel FORMAT ❸ des Output-Tabs (Abbildung 13.6). Diese und alle weiteren Render-Einstellungen werden wir später in Kapitel 20, »Rendering«, genauer beleuchten.

Kamera einstellen

Grundsätzlich ist eine Kamera ein Objekt wie jedes andere auch, deshalb funktionieren die gewohnten Transformationsbefehle [G] und [R] auch bei der Kamera, egal, ob Sie sich im Viewport oder in einer bestimmten Kamera-Ansicht (Abbildung 13.5) befinden. Skalieren (Taste [S]) würden Sie die Kamera allerdings nur, wenn Sie die komplette Szene inklusive der Kamera skalieren wollten.

Nicht selten dürfte es vorkommen, dass Sie während der Navigation im Viewport eine Perspektive vor sich haben, die Sie gerne in einer Kamera-Ansicht festhalten möchten. Falls Sie in Ihrer Szene eine Kamera dafür »übrig« haben, selektieren Sie diese im Viewport oder Outliner, ansonsten erzeugen Sie sich über das Menü ADD einfach eine neue Kamera. Anschließend weisen Sie ihr mit dem Kurzbefehl [Strg]/[Cmd] + [Alt] + [0] [Num] die aktuelle Viewport-Ansicht zu.

Kamerawechsel

Wie Sie im Viewport zwischen Kameras wechseln, wissen Sie nun, aber wie funktioniert ein Kamerawechsel während einer Animation? Dazu legen Sie an den entsprechenden Zeitpunkten Marker an, an die Sie die gewünschte aktive Kamera über den Befehl BIND CAMERA TO MARKERS (Tasten [Strg]/[Cmd] + [B]) binden. Mehr dazu im Buchteil V, »Animation und Simulation«.

13.2 Kamera-Parameter

Neben den räumlichen Begebenheiten, die Sie einer Kamera durch ihre Positionierung und Ausrichtung zukommen lassen, finden Sie in den Einstellungen der Kamera im Object Data-Tab ④ des Properties Editors (Abbildung 13.7) zahlreiche Parameter, die sinnvollerweise auf den Eigenschaften einer realen Kamera basieren.

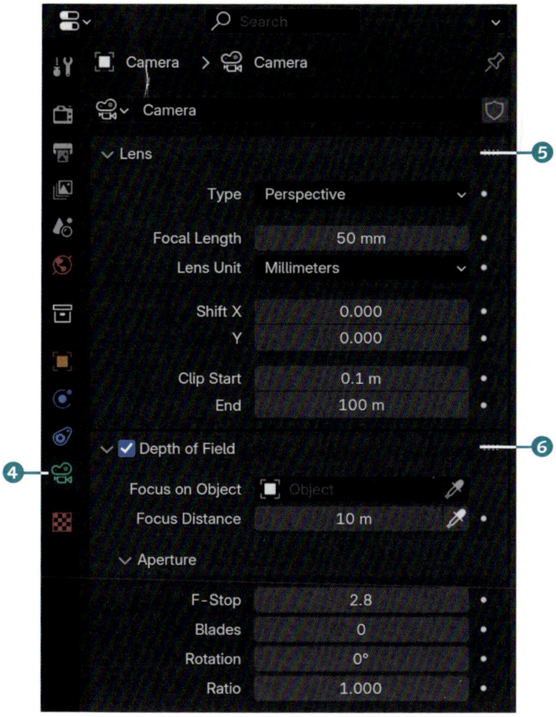

◂ **Abbildung 13.7**
Panels LENS und DEPTH OF FIELD im Object Data-Tab der Kamera

Im Panel LENS ⑤ entscheiden Sie sich zunächst für den Typ der Kamera (perspektivisch, orthogonal oder – unter Cycles – panoramisch). Zu den wichtigsten Vorgaben zählt außerdem die Brennweite (FOCAL LENGTH) und damit das Sichtfeld der Kamera.

Um den Effekt der Schärfentiefe (DEPTH OF FIELD) berechnen zu können, können Sie im gleichnamigen Panel ⑥ wahlweise das scharf abzubildende Objekt (FOCUS ON OBJECT) oder eine Schärfe-Distanz (FOCUS DISTANCE) vorgeben. Im untergeordneten Panel

Aperture steuern Sie anschließend über den Parameter Blende (F-Stop) die Stärke der Unschärfe (Abbildung 13.8). Je kleiner die Blende, desto größer der Unschärfeeffekt.

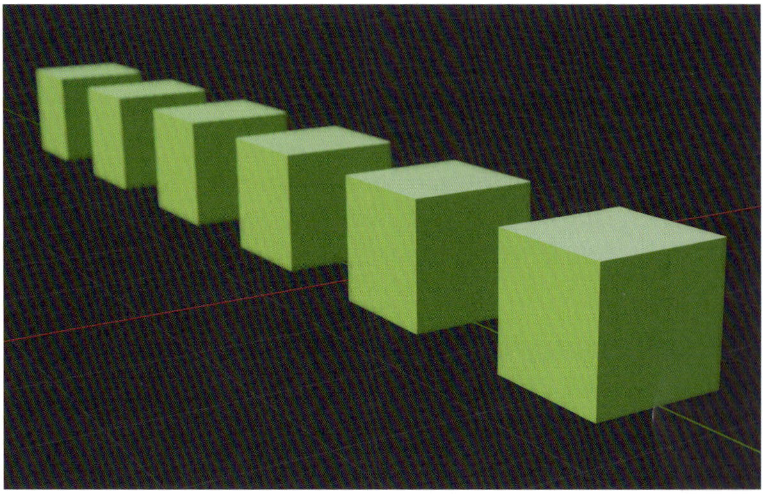

Abbildung 13.8 ▸
Schärfentiefe (Depth of Field) im Viewport

Sowohl EEVEE als auch Cycles sind in der Lage, Ihnen den Effekt der Schärfentiefe im Viewport anzuzeigen. Zusätzliche Gestaltungsmöglichkeiten für die Unschärfe, das sogenannte »Bokeh«, bieten Ihnen die Parameter Blades und Rotation, mit denen sich Anzahl und Winkel der Lamellen einstellen lassen. Mittels der Ratio können Sie den Bokeh-Effekt horizontal (Werte < 1) bzw. vertikal (Werte > 1) verzerren.

Möchten Sie die Eigenschaften einer ganz bestimmten Kamera simulieren, hilft Ihnen eventuell das Panel Camera ❶ mit den dort enthaltenen Presets weiter. Alternativ können Sie auch eine bestimmte Sensorgröße Size vorgeben, falls Ihnen diese bekannt ist.

Mit dem Panel Safe Areas ❷ blenden Sie sich Hilfsbegrenzungen ein, damit Sie bereits in der Kamera-Ansicht sicher sein können, dass elementare Elemente Ihrer Szene auch wirklich beim späteren Rendering von der Kamera eingefangen werden. Auch in diesem Panel finden Sie Presets mit klassischen Formatverhältnissen.

Ähnlich wie Sie es von den Image Empties her kennen, haben Sie auch bei der Kamera im Panel Background Images ❸ die Möglichkeit, eine beliebige Bild- oder auch Filmdatei als Positionier- oder Modelliervorlage zu verwenden. Die Betonung liegt dabei auf »Vorlage«, denn für das spätere Rendering ist diese Kamera-Option nicht geeignet.

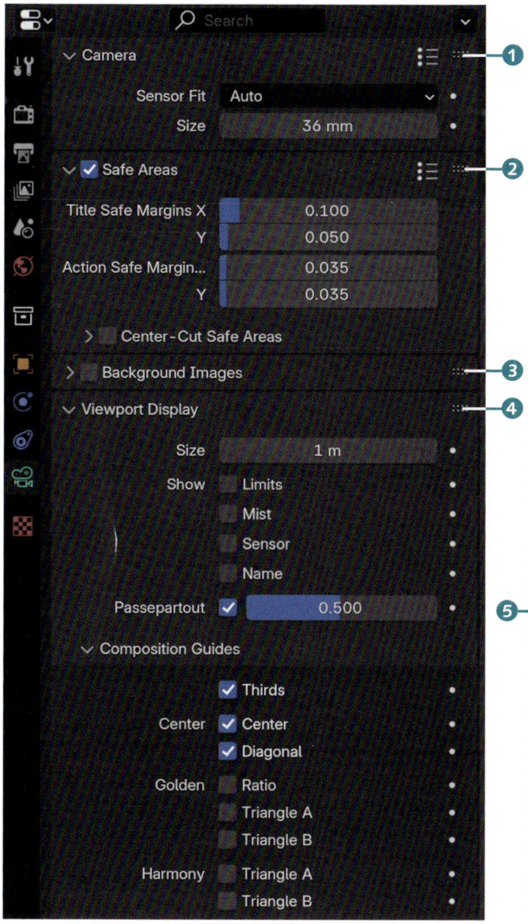

◂ **Abbildung 13.9**
Panels CAMERA, SAFE AREAS, BACKGROUND IMAGES und VIEWPORT DISPLAY im Object Data-Tab der Kamera

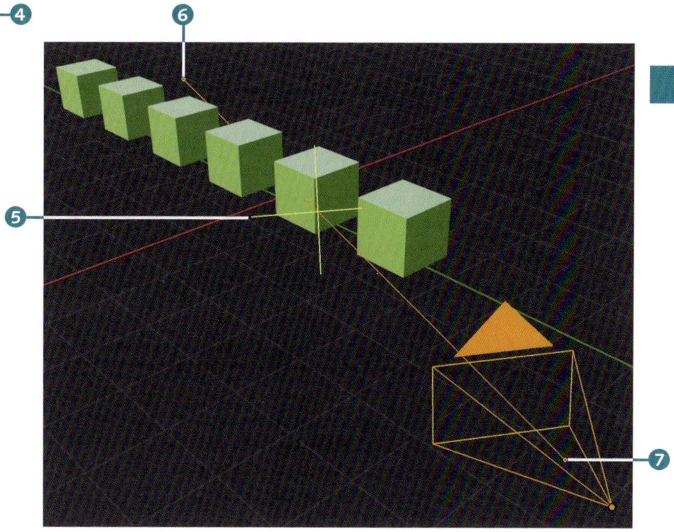

▴ **Abbildung 13.10**
Anzeige der LIMITS für die Kamera im Viewport

Das Panel VIEWPORT DISPLAY ❹ bietet Ihnen eine ganze Reihe an zuschaltbaren Informationen, Begrenzungslinien und Positionierungshilfen, die Sie sich im Viewport und in der Kamera-Ansicht einblenden können. Über SIZE stellen Sie die Größe der Kamera-Darstellung ein, während Sie durch die Optionen LIMITS die Grenzen des Clippings ❻ und ❼, die FOCUS DISTANCE ❺ oder auch die Grenzen des Nebel-Effekts angezeigt bekommen. Beim Umgang mit mehreren Kameras könnte die Einblendung von SENSOR und NAME praktisch sein. Über die Option bzw. den Parameter PASSEPARTOUT haben Sie die Möglichkeit, den dunklen Rahmen um den Bildausschnitt der Kamera zu justieren oder ihn komplett zu deaktivieren.

Das untergeordnete Panel COMPOSITION GUIDES enthält bewährte, harmonische Gestaltungshilfen für die Komposition Ihrer Szene – von der Drittel-Regel über den klassischen Goldenen

Schnitt (GOLDEN RATIO) bis hin zu verschiedenen Dreiecksaufteilungen. Probieren Sie diese Hilfslinien einfach mal aus, wenn Sie mit dem Arrangement Ihrer Szene unzufrieden sind.

Schritt für Schritt
Einrichten einer Kamera mit Schärfentiefe

Sehen wir uns anhand eines kurzen Workshops an, wie Sie eine Render-Kamera in eine Blender-Szene integrieren, ausrichten und einen Schärfentiefe-Effekt (DEPTH OF FIELD) einrichten.

1 Blender-Szene laden

Rufen Sie über den Befehl FILE • OPEN (Taste [Strg]/[Cmd] + [O]) den File Browser auf und navigieren Sie zum Verzeichnis *4_Inszenierung*. Öffnen Sie dort die Datei *4_Inszenierung_Kamera_DOF_Start.blend*. Diese Blender-Szene enthält 16 Reihen verschiedenfarbiger Würfel, die von einer Spot-Lichtquelle und von der World-Umgebung ausgeleuchtet werden (Abbildung 13.11).

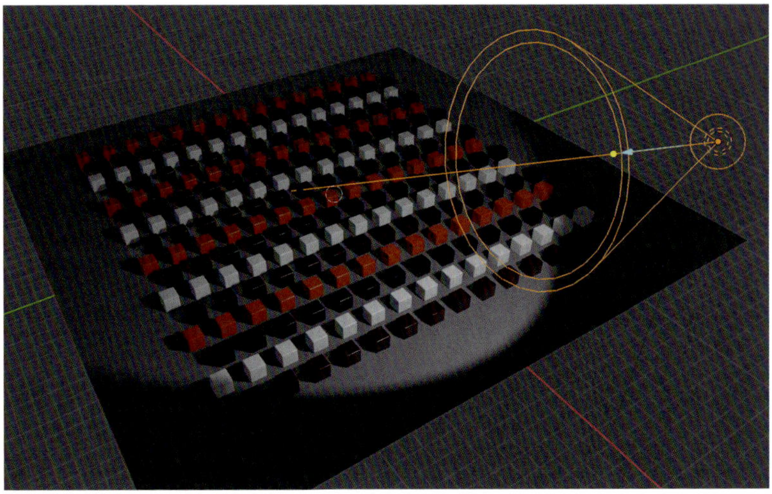

Abbildung 13.11 ▸
Ausgangssituation für den Workshop

2 Perspektive aussuchen und Kamera-Objekt zuweisen

Es liegt ganz bei Ihnen, ob Sie sich zuerst eine Kamera erzeugen und diese mit den bekannten Transformations-Tools positionieren oder ob Sie mit einer stimmigen Perspektive im Viewport anfangen, diese einer zuvor oder danach erzeugten Kamera zuweisen und anschließend mit dem Feintuning fortfahren. Für diesen Workshop habe ich mich für letzteren Weg entschieden und zunächst nach einer Perspektive gesucht (Abbildung 13.12).

Anschließend habe ich das Kamera-Objekt über das Menü Add (Tasten ⇧ + A) erzeugt und über den Outliner (Abbildung 13.12) sichergestellt, dass es selektiert ist.

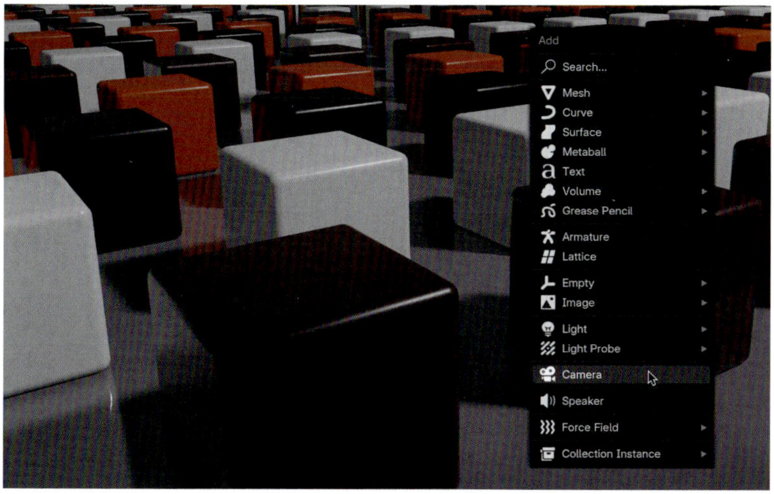

◂ **Abbildung 13.12**
Perspektive für die anzulegende Kamera

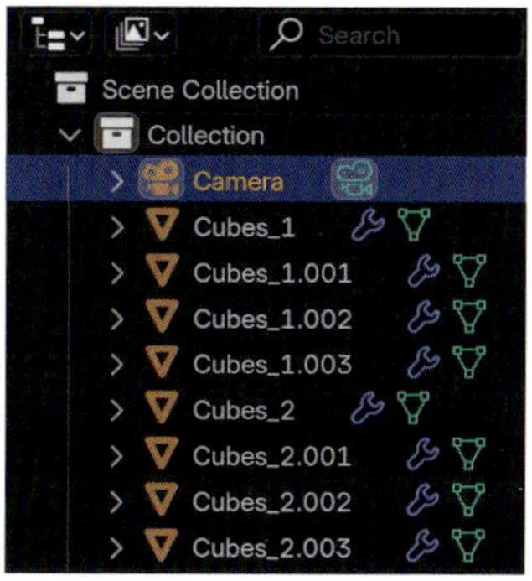

▴ **Abbildung 13.13**
Selektiertes Kamera-Objekt

Mit dem Kurzbefehl Strg/Cmd + Alt + 0 [Num] lässt sich diese Perspektive anschließend auf die selektierte Kamera übertragen, um mit dem exakten Ausrichten beginnen zu können. Über die Taste 0 [Num] wechseln Sie zwischen Viewport- und Kamera-Ansicht (Abbildung 13.14), in der Sie nach Aktivieren der Option Lock Camera to View ❶ wie vom Viewport gewohnt navigieren.

▾ **Abbildung 13.14**
Kamera-Ansicht

3 Kamera einrichten

Sobald Sie mit der gewählten Kameraperspektive zufrieden sind, kümmern wir uns um die Einstellung der Kamera, die Sie im Object Data-Tab des Properties Editors finden (Abbildung 13.15).

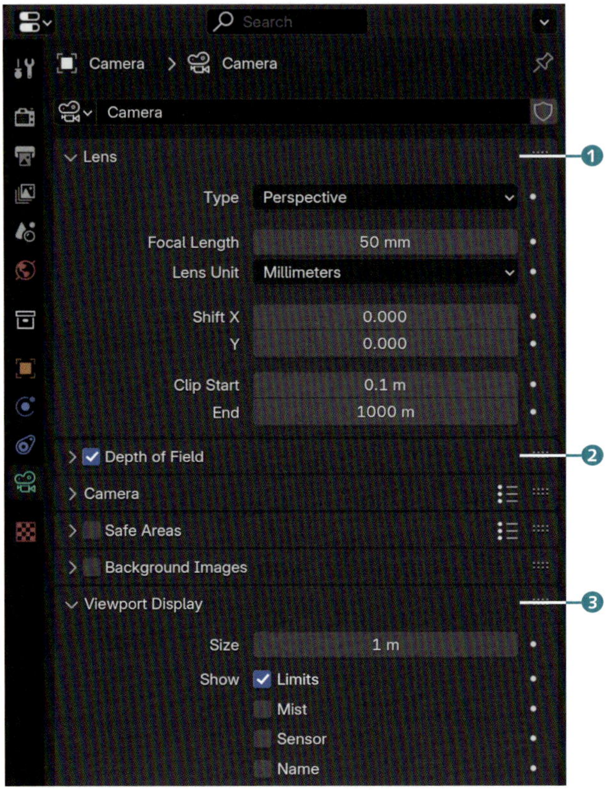

Abbildung 13.15 ▸
Panels LENS, DEPTH OF FIELD und VIEWPORT DISPLAY im Object Data-Tab der Kamera

Die Standard-Einstellungen im Panel LENS ❶ bleiben, wie sie sind, da diese Brennweite für viele Zwecke ausreicht. Aktivieren Sie am Panel DEPTH OF FIELD ❷ die gleichnamige Option. Um die zugehörigen Einstellungen kümmern wir uns gleich, zunächst ermitteln wir die gewünschte FOCUS DISTANCE. Dazu klappen Sie das Panel VIEWPORT DISPLAY ❸ auf und lassen sich über die Option LIMITS die Distanzen und Grenzen der Kamera im Viewport anzeigen.

4 Fokusdistanz und Blende einstellen

Zum Ermitteln der Fokusdistanz wechseln Sie mit der Taste [0] [Num] kurz in die Viewport-Ansicht und drehen sich die Ansicht so, dass Sie die Render-Kamera gut im Blick haben (Abbildung 13.16). Wählen Sie aus den Cube-Reihen eine Reihe oder einen Cube aus, auf die bzw. den Sie den Fokuspunkt setzen möchten.

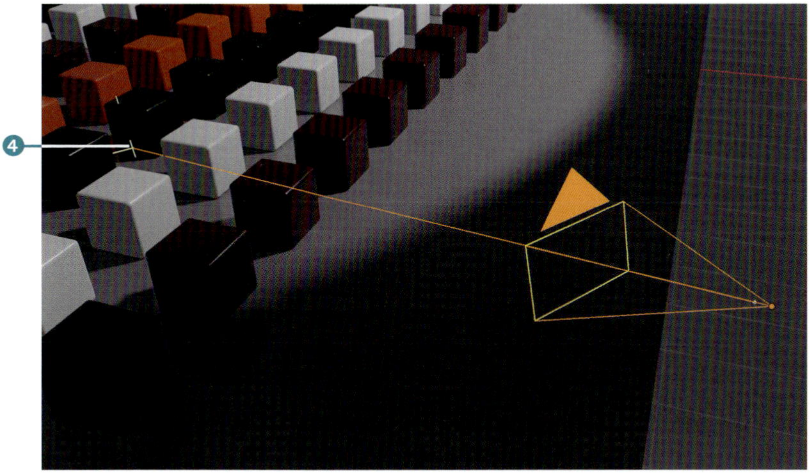

◂ **Abbildung 13.16**
Fokusdistanz der Kamera im Viewport

Da die Cube-Reihen mit Ausnahme des vordersten Cubes Elemente von Arrays sind, können wir mit der Pipette von Focus on Object im Panel Depth of Field ❺ nicht viel anfangen, um die Focus Distance festzulegen. Verwenden Sie stattdessen einfach den gleichnamigen Parameter ❻, um den Fokuspunkt ❹ numerisch festzulegen.

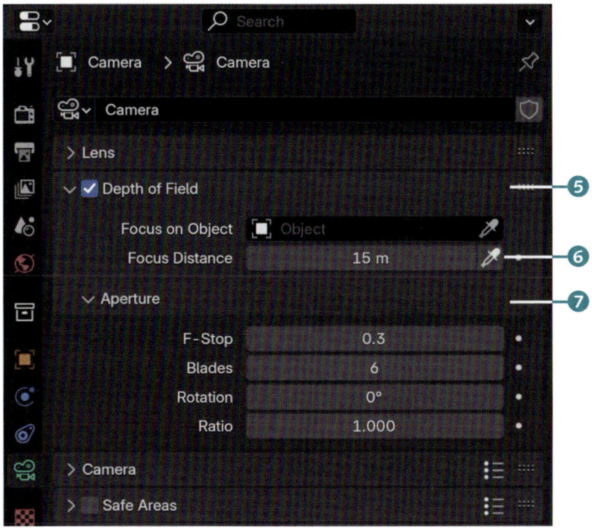

◂ **Abbildung 13.17**
Panel Depth of Field im Object Data-Tab der Kamera

Jetzt sollten Sie mit der Taste [0] [Num] wieder zurück in die Kamera-Ansicht wechseln, denn nun kümmern wir uns um die Stärke der Schärfentiefe. Sie finden dazu den Parameter F-Stop (die Blende der Kamera) im untergeordneten Panel Aperture ❼. Reduzieren Sie den Wert, bis Sie mit der Unschärfe in den

Bereichen außerhalb des Fokus zufrieden sind und gleichzeitig wenig Farbverschiebungen oder Artefakte feststellen. Beobachten Sie die unscharfen Glanzpunkte an den Cubes und erhöhen Sie die Anzahl der Lamellen über den Parameter Blades, bis das »Bokeh« Ihren Vorstellungen entspricht.

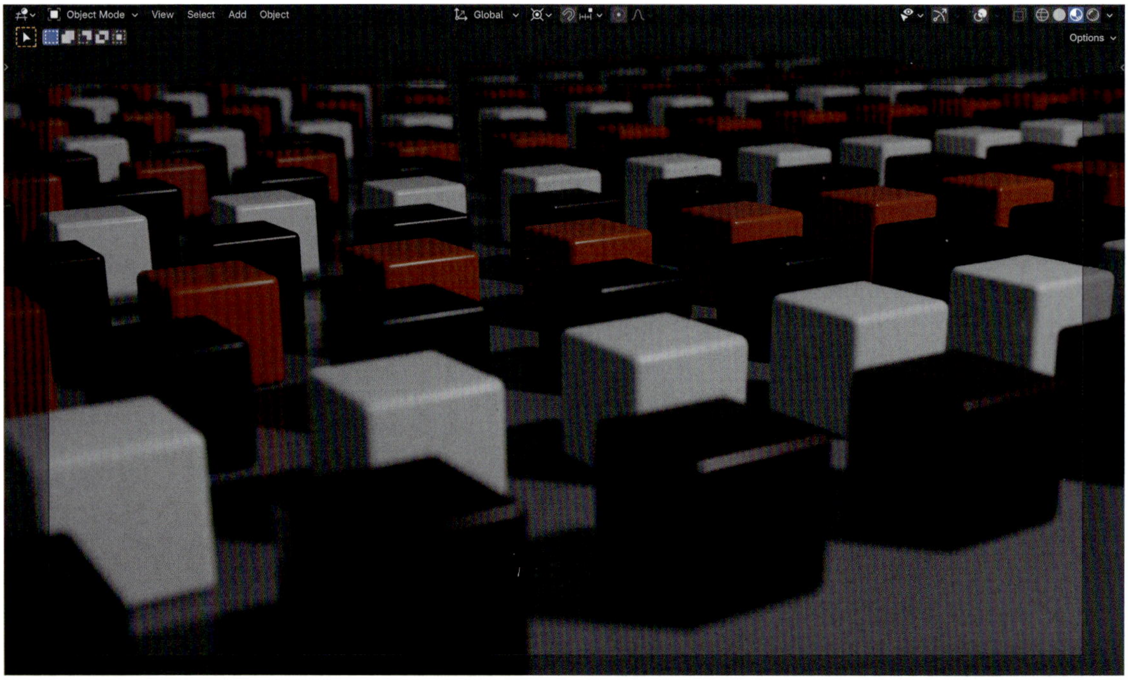

▲ **Abbildung 13.18**
Fertig eingerichtete Kamera-Ansicht in EEVEE

Nach diesem Schritt ist die Kamera fertig eingerichtet und für das Rendering vorbereitet.

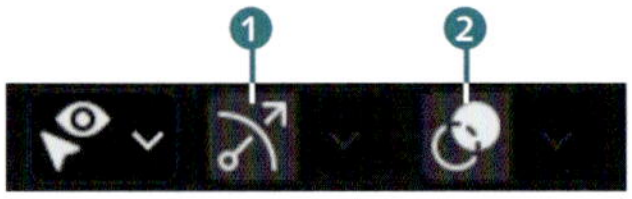

▲ **Abbildung 13.19**
Ausblenden der Viewport Gizmos und Overlays

5 Rendering in EEVEE

Natürlich haben wir in EEVEE den großen Vorteil, dass wir das Ergebnis unserer Bemühungen sofort im 3D Viewport sehen, weshalb es oftmals ausreicht, die Anzeige von Viewport Gizmos ❶ und Overlays ❷ auszublenden, um nicht nur ein ansehnliches Resultat, sondern ein fertiges Rendering angezeigt zu bekommen (Abbildung 13.18).

Alternativ drücken Sie die Taste F12, um den Befehl Render Image aufzurufen und das Renderergebnis mit den hinterlegten Render-Einstellungen im Image Editor zu erhalten. Dieses können Sie anschließend über den Befehl Save (Tasten Alt + S) mittels File Browser im gewünschten Dateiformat in ein Verzeichnis Ihrer Wahl speichern.

Projekt Seepferdchen: Inszenierung und Ausleuchtung einer Unterwasserszene

In diesem Projekt-Workshop bereiten wir eine passende Umgebung für das Seepferdchen vor und sorgen mit verschiedenen Beleuchtungstechniken in EEVEE für eine stimmige Atmosphäre.

1 Blender-Szene erzeugen

Wir beginnen diesen Workshop mit einer neuen Blender-Szene, bei der Sie den Standard-Cube selektieren und über die Taste [X] löschen. Auch die Kamera können Sie wahlweise löschen oder vorübergehend ausblenden.

2 Meeresboden modellieren und texturieren

Kümmern wir uns zunächst um einen Meeresboden. Die Basis soll uns eine hoch unterteilte Plane bereitstellen. Erzeugen Sie über das Menü ADD • MESH (Tasten [⇧]+[A]) die Plane. Im Adjust Last Operation-Panel (Abbildung 13.20) erhöhen Sie die Größe (SIZE) der Plane auf 50 m.

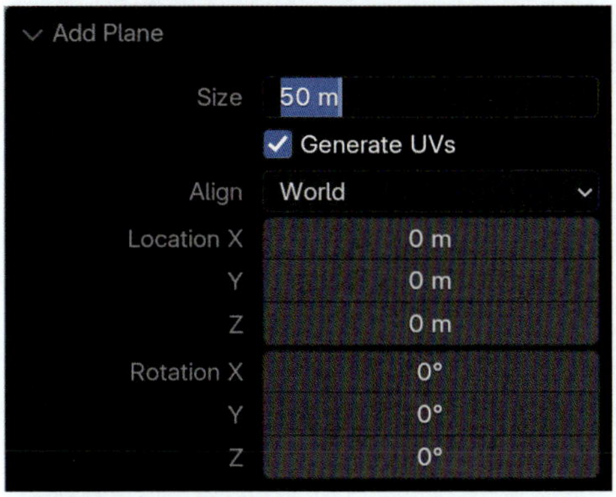

▲ **Abbildung 13.20**
Parameter für die Plane

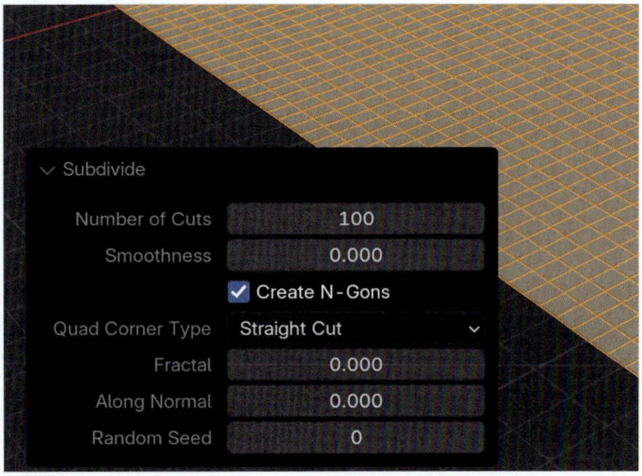

▲ **Abbildung 13.21**
Unterteilen der Plane

Wechseln Sie über die Taste [⇆] in den EDIT MODE und rufen Sie per Rechtsklick auf die Plane das Kontextmenü auf, wo Sie den Befehl SUBDIVIDE finden. Um eine ausreichende Anzahl an Unterteilungen für die Verformung der Plane zu erhalten, setzen Sie die NUMBER OF CUTS (Abbildung 13.21) auf 100.

Nun können Sie in den OBJECT MODE zurückkehren, um mit der Gestaltung der Verformung fortzufahren. Öffnen Sie dazu den Modifier-Tab im Properties Editor und erzeugen Sie über das Menü ADD MODIFIER insgesamt zwei Modifier für die Plane: zunächst einen Subdivision Surface-Modifier, um die Plane noch feiner zu unterteilen, und außerdem einen Displace-Modifier, der für die Deformation der Oberfläche zuständig sein wird (Abbildung 13.52). Die Einstellungen für den Subdivision Surface-Modifier bleiben im Wesentlichen, wie sie sind. Erhöhen Sie hier lediglich die Unterteilungen für Level Viewport bzw. Render auf jeweils 3 oder 4. Der Displace-Modifier bekommt eine prozedurale Textur zugewiesen, die Grundeinstellungen des Modifiers bleiben auf den Standardwerten. Um die prozedurale Textur zu erzeugen, klicken Sie auf den Button New in der Datenblock-Zeile und wählen Sie über das Menü Type ❶ die Musgrave-Texture aus.

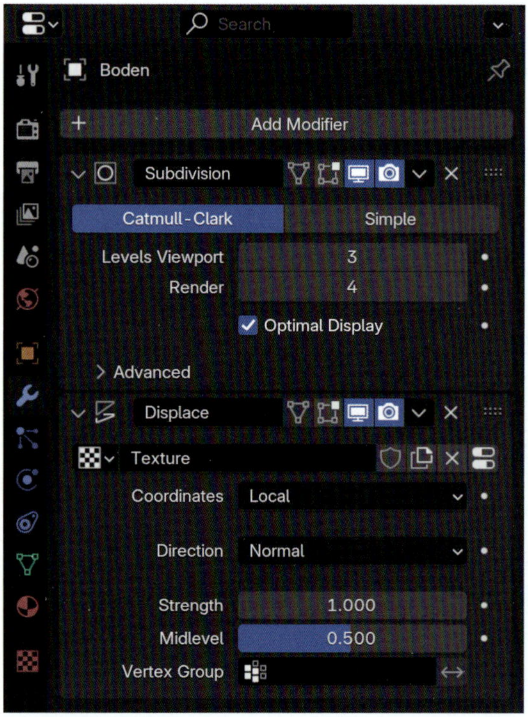

▲ **Abbildung 13.22**
Modifier-Tab im Properties Editor

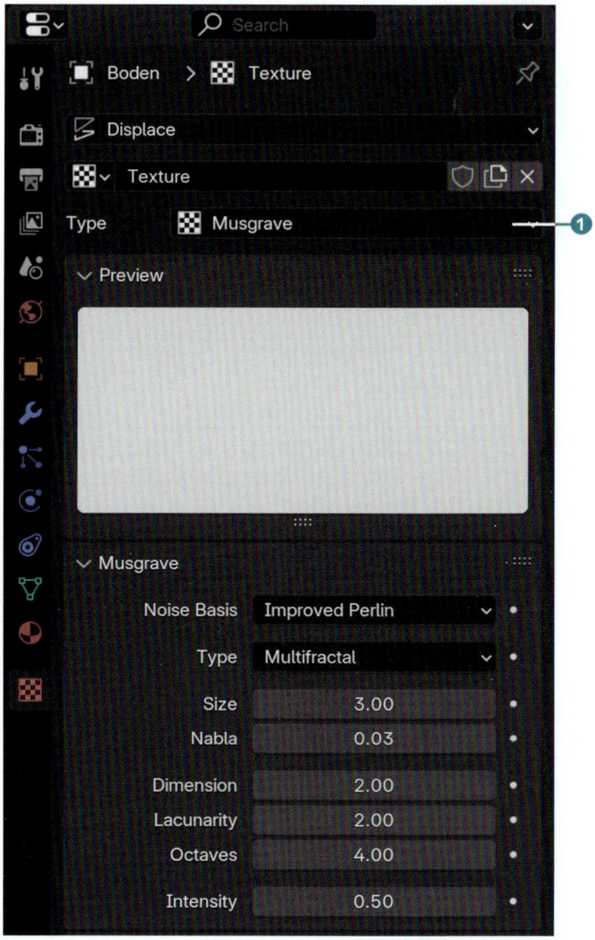

Abbildung 13.23 ▸
Einstellungen für die Musgrave Texture

Meine Parameter für die prozedurale Texture sehen Sie in Abbildung 13.23. Die Noise Basis Improved Perlin hat sich als sehr tolerant bei der Verformung der Plane herausgestellt. Die Size ist auf die Größe der Plane abgestimmt, die Parameter LACUNARITY und OCTAVES sorgen für eine ausreichend feine Struktur. Über INTENSITY steuern Sie die vertikale Deformation der Plane – ein reduzierter Wert von 0.5 sorgt hier dafür, dass der Meeresboden nicht zu bergig wird. Experimentieren Sie mit den Werten, bis Sie mit dem Ergebnis zufrieden sind. Vergessen Sie nicht, dass sich die Plane zwingend im OBJECT MODE befinden muss, damit die Verformung im Viewport zu sehen ist.

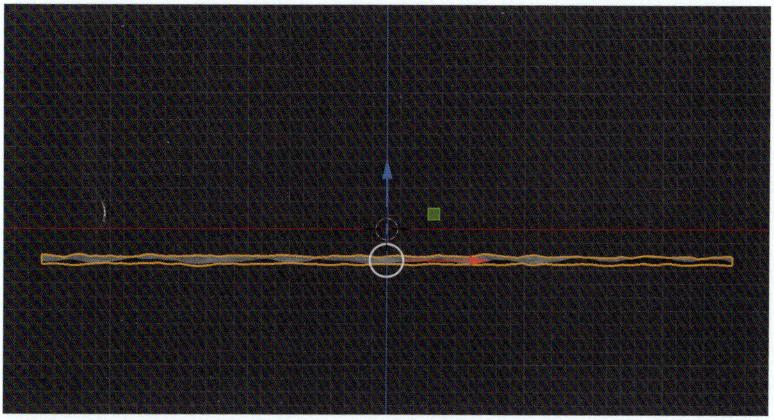

◂ **Abbildung 13.24**
Versetzen des Meeresbodens nach unten

Verwenden Sie das Move-Tool (Tasten G und Z) oder den blauen Achsanfasser, um den Meeresboden in Z-Richtung etwas (ca. 2.5 m) nach unten zu versetzen (Abbildung 13.24).

Natürlich benötigt der Meeresboden auch ein Material, bei dem eine leichte Oberflächenstruktur und Färbung erkennbar ist. Erzeugen Sie dazu für die zwischenzeitlich in »Boden« umbenannte Plane über den Material-Tab ein gleichnamiges Material (Abbildung 13.25).

◂ **Abbildung 13.25**
Neues Material für den Meeresboden

Zur weiteren Definition des Materials wechseln Sie in den Shader Editor, der dafür benötigte Material-Modus sollte noch aktiv sein. Erzeugen Sie aus dem Menü Add • Input (Tasten [⇧] + [A]) einen Texture Coordinate-Node ❶, aus dem Menü Add • Texture zwei Noise Texture- (❷ und ❸) sowie einen MixRGB-Node ❹ aus dem Menü Add • Color. Verwenden Sie die Textur-Koordinaten des Objects für die Vector-Sockets der beiden prozeduralen Texturen. Die obere Noise-Textur ist dabei für die gröbere Oberflächenstruktur, die untere Noise-Textur für die Körnung der Oberfläche zuständig. Beides verrechnet der MixRGB-Node mit einem Faktor (Fac-Wert) von 0.9 miteinander.

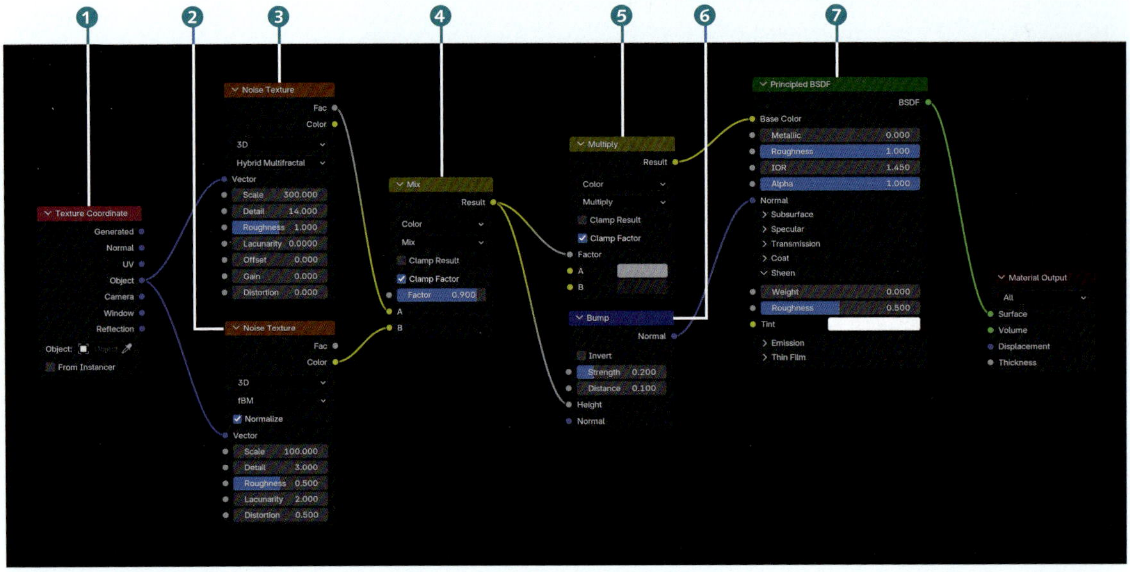

▲ **Abbildung 13.26**
Node-Tree des Meeresboden-Materials

Diese generierte Struktur fließt nun zum einen als Beitrag zur Farbe sowie als Bump-Map zur Simulation einer Oberflächenstruktur in das Material ein. Bevor Sie den Color-Ausgangs-Socket des MixRGB-Nodes ❹ mit dem Base Color-Eingangs-Socket des Principled BSDF-Shaders ❼ verbinden, setzen Sie noch einen zweiten MixRGB-Node im Modus Multiply ❺ dazwischen. In diesem Node definieren Sie ein helles sowie ein dunkles Grau über die Farbchips, aus denen sich die Farbe des Meeresbodens zusammensetzt. Gesteuert wird die Zusammensetzung über den am Fac-Socket angeschlossenen ersten MixRGB-Node.

Damit wir die beiden verrechneten prozeduralen Texturen als Bump-Map verwenden können, holen Sie einen Bump-Node ❻ aus dem Menü Add • Vector und verbinden seinen Normal-Ausgang mit dem Normal-Socket des Principled BSDF-Shaders ⑦. Bespeist wird der Bump-Node vom MixRGB-Node am Height-Socket. Reduzieren Sie die Stärke (STRENGTH) im Bump-Node auf 0.2, um den Bump-Effekt abzuschwächen.

3 Hintergrund texturieren

Wir beginnen mit dem Hintergrund der Unterwasserwelt, die nicht nur als Textur, sondern auch zur Umgebungsbeleuchtung dienen soll. Im Panel SURFACE des World-Tabs ⑧ ist dazu standardmäßig als SURFACE der BACKGROUND hinterlegt.

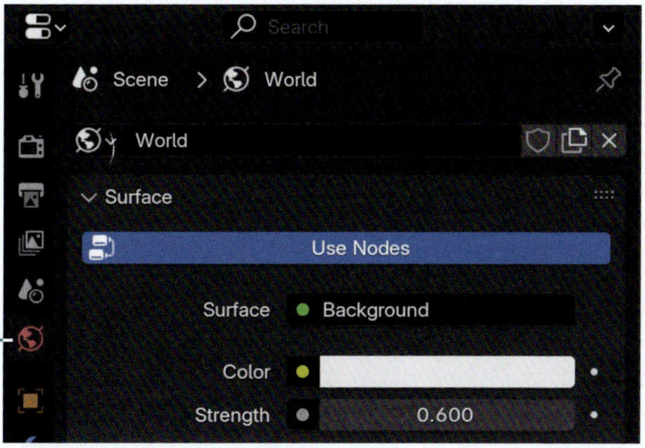

◂ **Abbildung 13.27**
Panel SURFACE im World-Tab

▾ **Abbildung 13.28**
Menü SHADER TYPE im Shader Editor

Ersetzen Sie am besten die Timeline des Fensterlayouts mit dem Shader Editor und ändern Sie den SHADER TYPE auf WORLD, um explizit am Material für den World-Hintergrund zu arbeiten (Abbildung 13.28).

▴ **Abbildung 13.29**
Farbverlauf als Textur für den Background-Node

Für den Hintergrund der Unterwasser-Szene ist ein Farbverlauf angedacht. Holen Sie sich dafür einen ColorRamp-Node über das Menü ADD • CONVERTER (Tasten ⇧ + A) in den SHADER EDITOR. Verbinden Sie seinen Color-Ausgangs-Socket mit dem Color-Eingangs-Socket des Background-Nodes. Reduzieren Sie die Stärke des Backgrounds über den Wert Strength auf 0.600. Damit Blender weiß, wie wir die Farbinformation des Verlaufs verwenden möchten, holen Sie einen Gradient Texture-Node aus dem Menü Add • Texture (Tasten [⇧] + [A]), den Sie an den Fac-Eingangs-Socket des ColorRamp-Nodes anbinden (Abbildung 13.29). Kümmern wir uns um die Gestaltung des Farbverlaufs. Wählen Sie als Art des Verlaufs die Option Ease, und setzen Sie die Position des rechten Farbmarkers auf ca. 0.6. Damit gestehen wir der rechten Farbe, dem dunkleren Blau des Meeres, ein klein wenig mehr Vollfarbanteil zu als der helleren Farbe, die Richtung Wasseroberfläche zeigt.

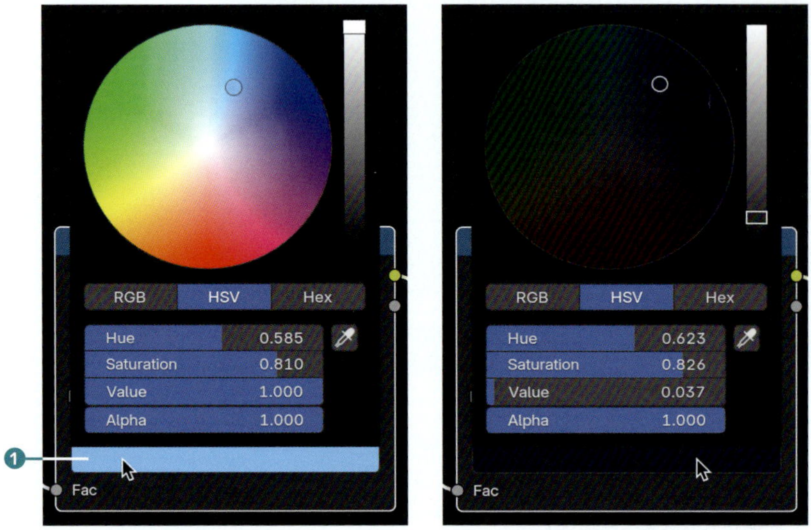

▲ **Abbildung 13.30**
Helles Blau für den Farbverlauf

▲ **Abbildung 13.31**
Dunkles Blau für den Farbverlauf

Klicken Sie die Farbmarker einzeln an, und rufen Sie über den langen Farbchip ❶ den Farbwähler auf, um für die beiden Farbmarker zwei passende Blautöne (Abbildungen 13.30 und 13.31) festzulegen. Da sich die Unterwasserszene weit unten am Meeresgrund befindet, wo die Scheinwerfer unseres Tauchboots benötigt werden, habe ich mich für zwei relativ dunkle Blautöne entschieden.

Für die Justierung der Textur holen Sie sich einen Texture Coordinate-Node ❸ aus dem Menü Add • Input (Tasten [⇧] + [A]) sowie einen Mapping-Node ❷ aus dem Menü Add • Vector (Abbildung 13.26). Verbinden Sie den Mapping-Node mit dem Gradient Texture-Node und schließen Sie die Object-Koordinaten am Vector-Ausgang des Texture Coordinate-Nodes an.

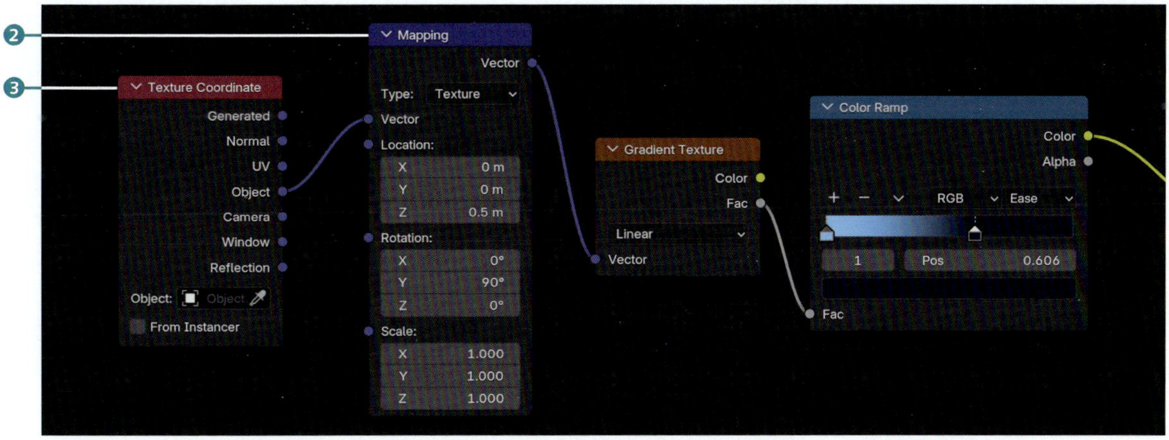

▲ **Abbildung 13.32**
Nodes zum Justieren der Hintergrund-Textur

Im Mapping-Node geben Sie Texture als Type vor und korrigieren den Winkel des Farbverlaufs über den Y-Wert der Rotation. Der Versatz über den Z-Wert der Location steuert die vertikale Position des Farbverlaufs im Hintergrund der Szene. Doch um dies korrekt einstellen zu können, muss dieser auch im Viewport erkennbar sein. Im Moment sorgt noch ein HDR-Image für die Ausleuchtung und den Hintergrund des Viewports. Um dies zu ändern, öffnen Sie das Pop-up-Menü Viewport Shading und aktivieren die beiden Optionen Scene Lights und Scene World (Abbildung 13.33).

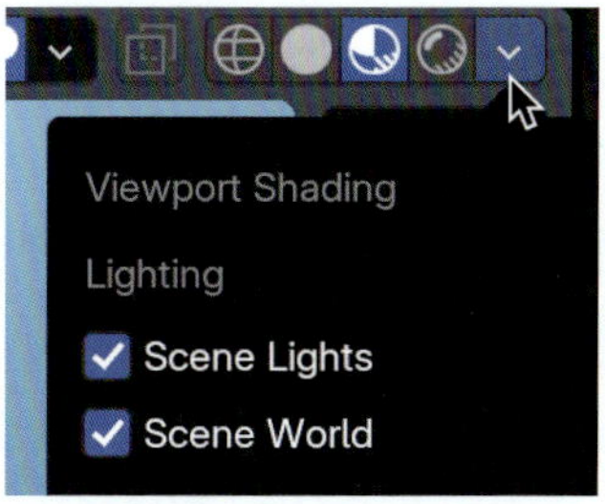

▲ **Abbildung 13.33**
Pop-up-Menü Viewport Shading

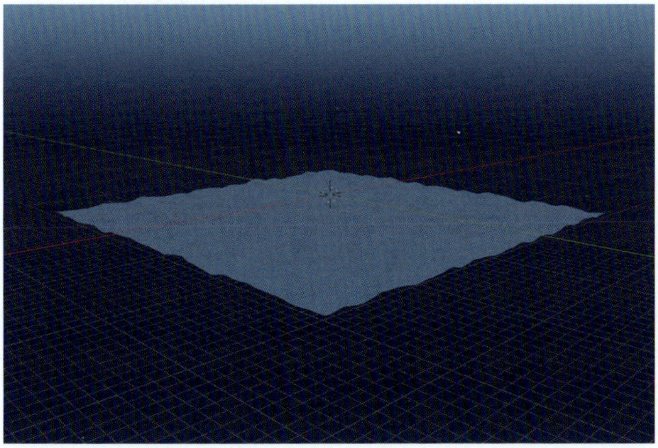

◂ **Abbildung 13.34**
Beleuchtung des Meeresbodens durch den Background

Abbildung 13.34 zeigt unsere Unterwasserszene, welche derzeit einzig und allein durch die schwache Umgebungsbeleuchtung der Hintergrund-Textur beleuchtet wird. Bevor wir uns in den nächsten Schritten um weitere Lichtquellen kümmern, korrigieren Sie, falls erforderlich, den vertikalen Stand des Farbverlaufs über den Z-Wert der Location im Mapping-Node (Abbildung 13.32).

4 Area-Light als Key-Lichtquelle integrieren

Zur Nachahmung des von der Wasseroberfläche einfallenden Lichtes eignet sich ein Area-Light hervorragend. Analog zum Sun-Light ist auch seine Lichtabstrahlung parallel, es lässt sich aber wesentlich besser örtlich und in seinem Wirkungsradius begrenzen.

Abbildung 13.35 ▸
Menü ADD • LIGHT

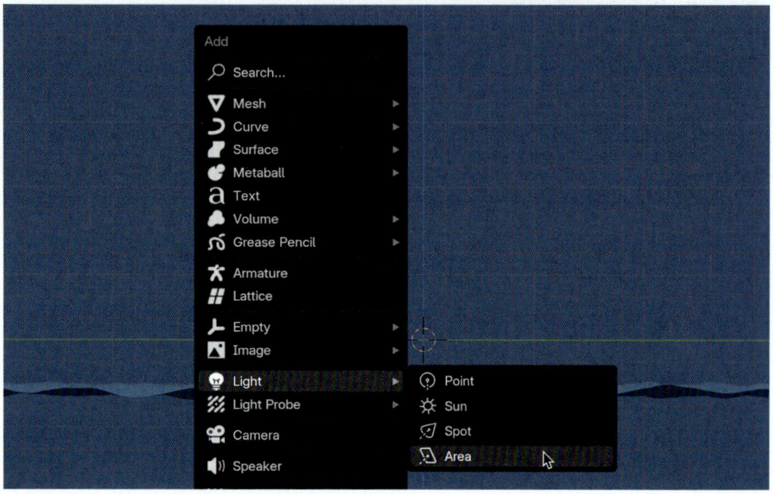

Holen Sie sich also besagtes Area-Light über die Tasten [⇧] + [A] aus dem Menü ADD • LIGHT (Abbildung 13.35). Wechseln Sie mit der Taste [3] [Num] in die Ansicht von rechts und versetzen Sie das Area-Light über die Tasten [G], [Z] und [1] [0] um 10 m nach oben und drehen Sie die Lichtquelle mit dem gelben Anfasser etwas nach hinten (Abbildung 13.36), damit der Lichteinfall leicht schräg von vorne erfolgt.

Abbildung 13.36 ▸
Drehen des Area-Lights

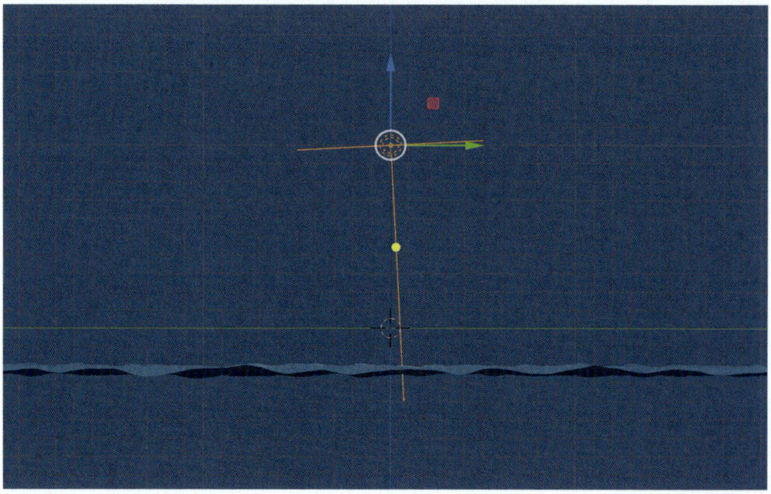

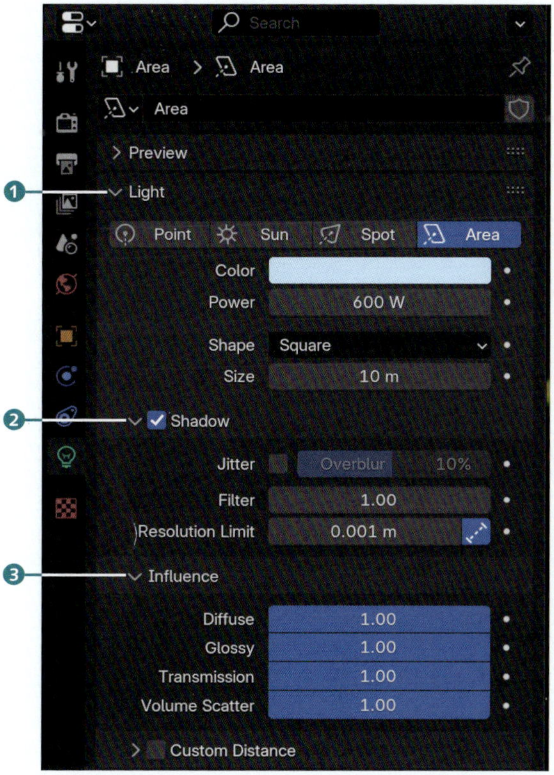

◂ **Abbildung 13.37**
Panel Light im Object Data-Tab

▾ **Abbildung 13.38**
Auswahl der Lichtfarbe

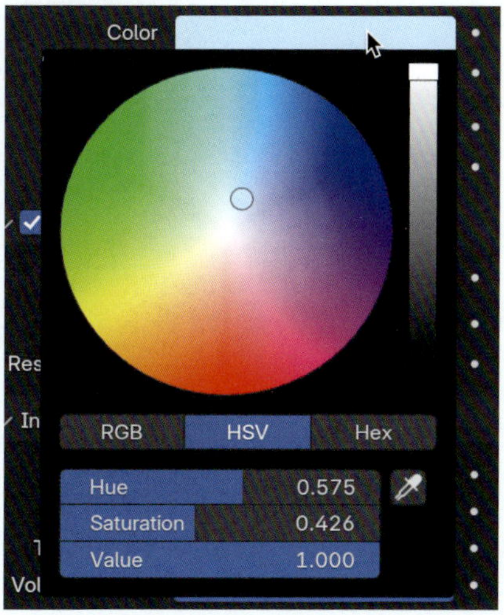

Alle weiteren Einstellungen für das Area-Light nehmen wir im Panel Light ❶ des Object Data-Tabs vor (Abbildung 13.37). Als Lichtfarbe wählen Sie über den Farbchip ein helles Blau (Abbildung 13.38), passend zu der für den Background definierten hellen Blaufärbung. Die Lichtintensität (Power) erhöhen wir auf 600 W. Da die Area-Lichtquelle ausschließlich den Meeresboden abdecken soll, wählen Sie als Form (Shape) für die Lichtquelle das Quadrat (Square) bei einer Größe (Size) von 10 m. Sie sehen die Form bzw. Ausmaße des Area-Lights im Viewport.

Das Panel bzw. die Option Shadow ❷ zur Generierung von Schatten bleibt aktiviert, die zugehörigen Einstellungen können ebenfalls bleiben, wie sie sind. Auch die im untergeordneten Panel Influence ❸ verfügbaren Optionen zur Beeinflussung der Materialeigenschaften bleiben unberührt.

5 Einbau eines Objekts in die Unterwasserszene

Trotz aller Vorarbeit ist unsere Szene noch gänzlich leer, so dass die Beurteilung der Ausleuchtung unserer Unterwasserszene noch etwas schwerfällt. Da wir uns um Pflanzen und Steine in einem späteren Workshop kümmern werden, verwenden wir – passend zu unserer Unterwasserszene – einen Anker, den wir in die Szene importieren und als vor vielen Jahren verlorenes Überbleibsel eines Schiffes inszenieren. Selbstverständlich können Sie auch jedes andere geeignete Objekt in Ihre Unterwasserszene einbauen.

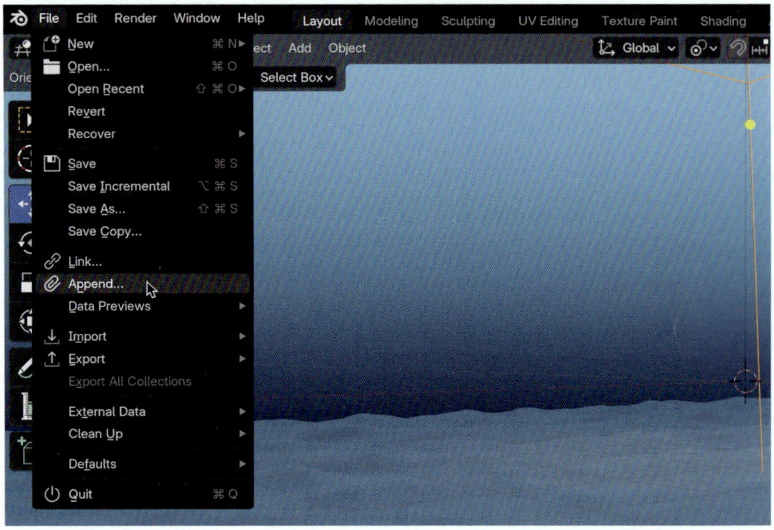

Abbildung 13.39 ▸
Menü File

Um Objekte ohne Abhängigkeit bzw. Verlinkung zu externen Daten zu importieren, verwenden Sie den Befehl Append... aus dem Menü File (Abbildung 13.39).

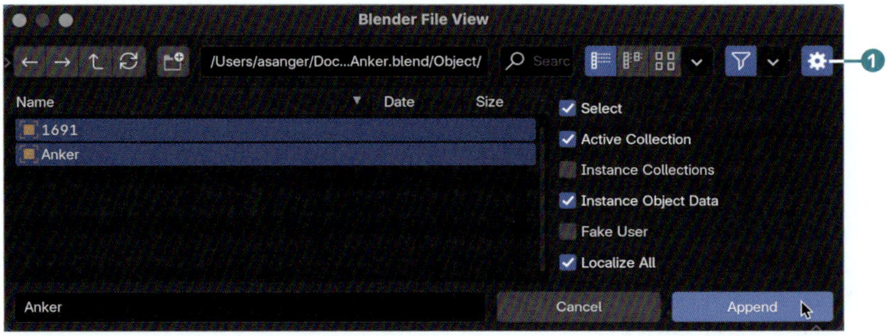

Abbildung 13.40 ▸
Auswählen der Objekte über den File Browser

Rufen Sie über den Befehl File • Open (Taste Strg/Cmd + O) den File Browser und das Verzeichnis *4_Inszenierung* auf. Dort finden Sie die Datei *Anker.blend*. Nach Doppelklick auf die Datei können Sie den gewünschten Datenblock-Typ auswählen, in unserem Fall Object. Nach erneutem Doppelklick auf diesen Datentyp bekommen Sie die Objekte *1691* sowie *Anker* aufgelistet (Abbildung 13.40). Lassen Sie die beiden Objekte über die Optionen in der Sidebar ❶ der aktiven Collection zuweisen und klicken Sie schließlich auf APPEND, um den Anker in die Szene zu integrieren. Verschieben Sie die beiden Objekte des Ankers in Z-Richtung nach unten (Tasten G + Z), bis der Anker im Meeresboden einsinkt (Abbildung 13.41), und drehen Sie ihn anschließend (Taste R) so zurecht, dass er stimmig in die Szene passt.

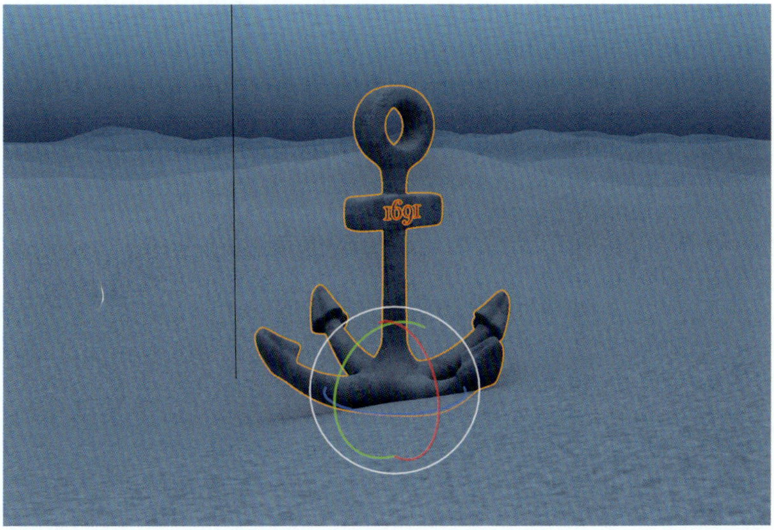

◄ Abbildung 13.41
Platzieren des Ankers auf dem Meeresboden

6 Point-Licht zur Aufhellung des Ankers

Zusätzlich zu Background und Area-Light soll nun ein Point-Licht den Hauptschauplatz der Szene, den Anker, mit weißem Licht besser herausstellen. Fast so, als würde man als Taucher mit einer Stirn- oder Taschenlampe den Fund betrachten.

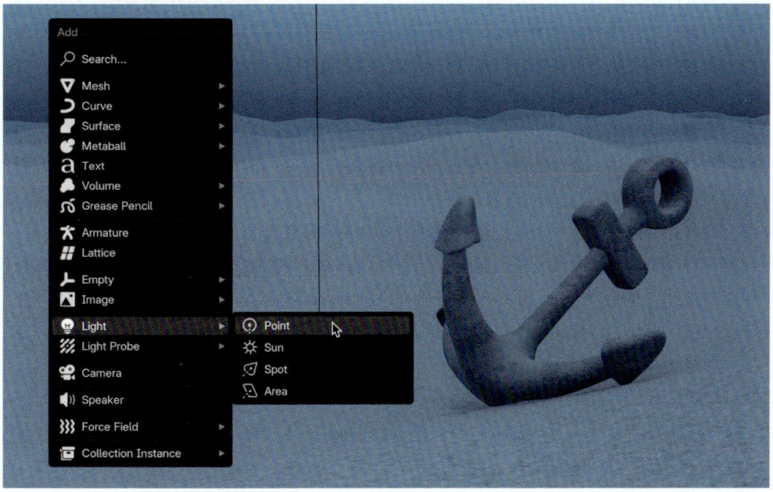

◄ Abbildung 13.42
Menü ADD • LIGHT

Erzeugen Sie ein Point-Light über die Tasten [⇧]+[A] aus dem Menü ADD • LIGHT (Abbildung 13.42). Im Panel LIGHT des Object Data-Tabs belassen wir die Lichtfarbe auf Weiß und setzen die Lichtintensität (POWER) auf 30 W. Aktivieren Sie die Option SOFT FALLOFF, um einen weichen Übergang des Lichtscheins in die Szene zu ermöglichen, und verringern Sie den RADIUS des Lichts auf 0.3 m. Damit das Licht auch ausreichend weit strahlt, aktivieren Sie die Option CUSTOM DISTANCE und setzen Sie die DISTANCE auf 10 m (Abbildung 13.43).

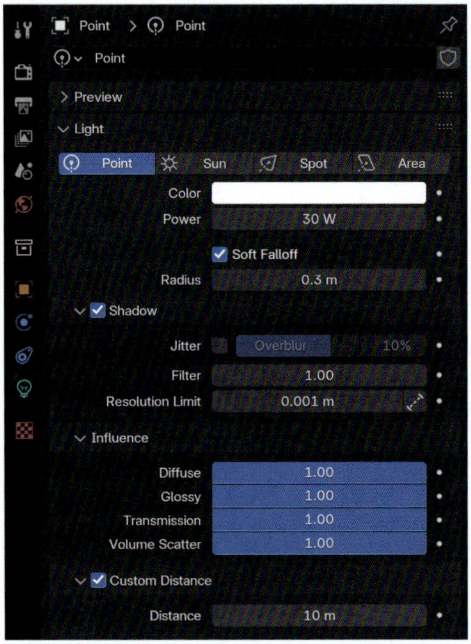

◂ **Abbildung 13.43**
Panel LIGHT im Object Data-Tab

▾ **Abbildung 13.44**
Platzieren des Point-Lights

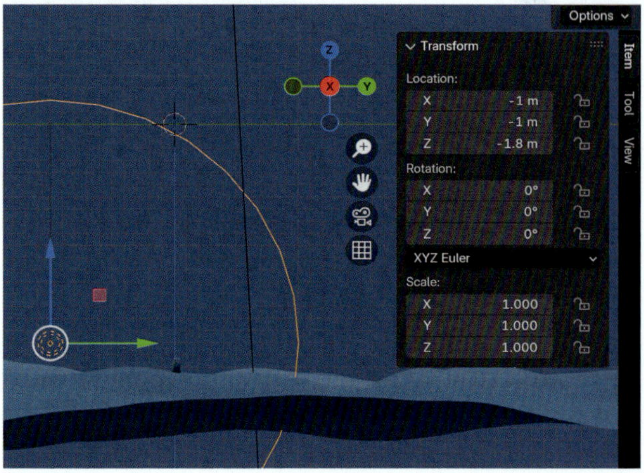

Wechseln Sie mit der Taste [3] [Num] in die Ansicht von rechts und platzieren Sie das Point-Light mit dem Move-Tool (Taste [G]) oder den Parameter LOCATION in der Sidebar (Abbildung 13.44) etwas oberhalb des Ankers.

7 Schärfentiefe erzeugen

Um unserer Szene zu guter Letzt noch Schärfentiefe zu verleihen, benötigen wir eine Kamera. Holen Sie sich diese über das Menü ADD (Tasten [⇧]+[A]) in Ihre Szene, sollten Sie diese am Anfang dieses Workshops gelöscht haben.

Bevor wir uns um die Schärfentiefe kümmern, richten wir für die Kamera eine ansprechende Perspektive ein. Klicken Sie auf das Kamera-Symbol ❶ der Navigations-Gizmos, um die Kamera für den

Viewport zu aktivieren, und zusätzlich den View Lock Toggle ❷ für die Camera to View, um die Kameraperspektive mit den gewohnten Navigationswerkzeugen auszurichten.

▲ **Abbildung 13.45**
Einrichten der Kameraperspektive

Sobald Sie eine geeignete Perspektive gefunden haben, aktivieren Sie die Schärfentiefe im Object Data-Tab ❸ über das Panel Depth of Field. Damit der Anker im Fokus liegt (Abbildung 13.45), wählen Sie dessen Objekt einfach über das Feld Focus on Object aus. Mit der Blende (F-Stop) im untergeordneten Panel Aperture steuern Sie die Schärfentiefe.

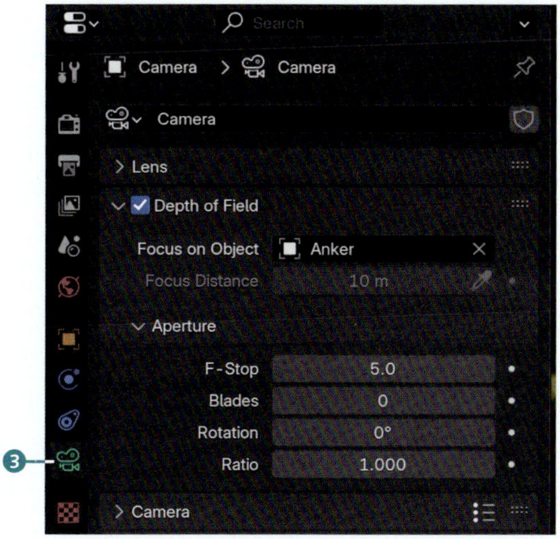

◂ **Abbildung 13.46**
Panel Depth of Field im Object Data-Tab der Kamera

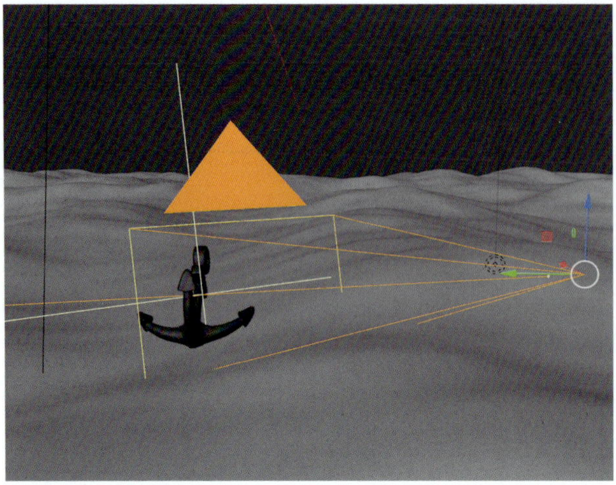

▲ **Abbildung 13.47**
Fokus auf dem Anker

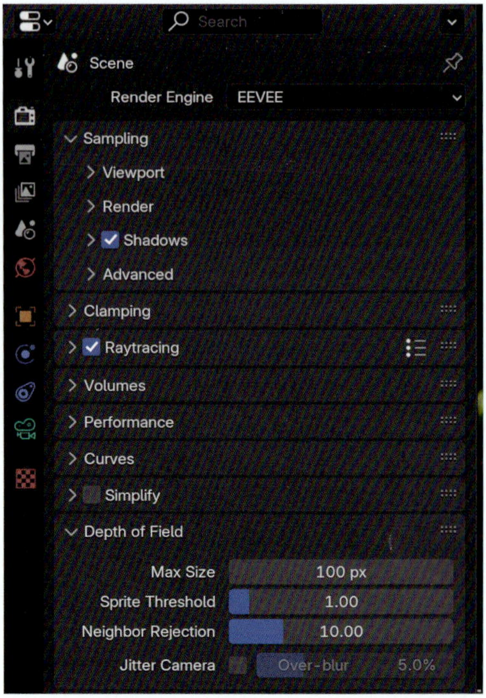

Abbildung 13.48 ▸
Panels SAMPLING, RAYTRACING und DEPTH OF FIELD im Render-Tab

An die Feineinstellungen beim Rendering mit EEVEE wagen wir uns etwas später in einem eigenen Workshop. Für den Moment begnügen wir uns mit den guten Standardeinstellungen im Render-Tab (Abbildung 13.48). Achten Sie darauf, dass die SHADOWS im Panel SAMPLING und das RAYTRACING aktiviert sind. Über das Panel DEPTH OF FIELD haben Sie einen zusätzlichen Parameter zur Steuerung der Schärfentiefe.

Abbildung 13.49 ▸
Fertige Unterwasserszene

Kapitel 14

Tracking

Tracking, oft auch Motion-Tracking oder Match-Moving genannt, steht als Überbegriff für die Analyse von 2D-Filmdaten, um verschiedenste virtuelle Effekte zu erzielen. Hier reicht die Bandbreite vom einfachen Nachverfolgen eines kleinen Bildausschnitts über eine dreidimensionale Szenenrekonstruktion bis hin zum Masking bzw. Rotoscoping, um die Grenzen zwischen 2D und 3D weitestgehend aufzulösen.

Mit Blender haben Sie eine 3D-Software zur Hand, mit der Sie diese Aufgabenstellungen allesamt beherrschen können. Weil sich die dafür benötigten Editoren und Workspaces grundlegend von der gewohnten Standard-Aufstellung unterscheiden, finden Sie für die Erstellung von virtuellen Effekten das entsprechend benannte Template »VFX« im Menü FILE • NEW beim Anlegen eines neuen Blender-Projekts (Abbildung 14.1).

Alternativ holen Sie sich den gewünschten Workspace einfach über das Menü ADD WORKSPACE im +-Button ❶ in Ihr bestehendes Projekt. Die beiden trackingspezifischen Workspaces aus dem Template VFX, MOTION TRACKING und MASKING, sind sich dabei in ihrem Aufbau sehr ähnlich.

Praxiserprobter Tracker

Der Motion-Tracker von Blender wurde mit Version 2.61 in Blender eingeführt und stetig erweitert und verbessert. Seine Feuertaufe bestand der interne Tracker seinerzeit mit dem Open Movie »Tears of Steel«.

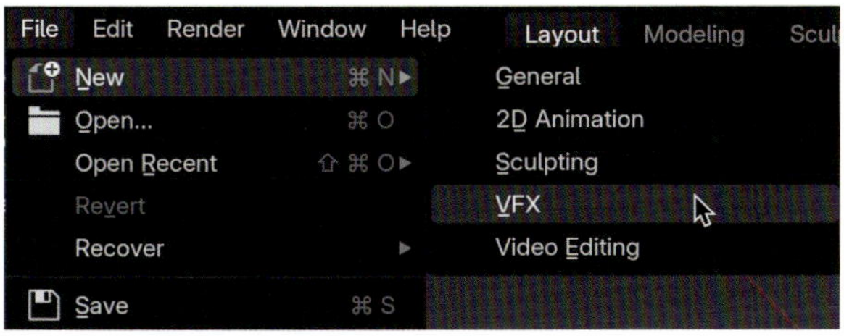

▲ **Abbildung 14.1**
Template VFX im Menü FILE • NEW

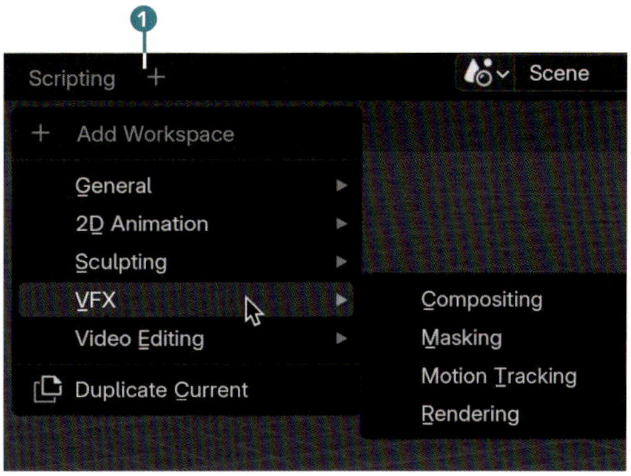

Abbildung 14.2 ▶
Menü ADD WORKSPACE

Neben den bekannten Editoren 3D Viewport, Outliner, Properties Editor und Timeline spielt der Movie Clip Editor beim Tracking und Masking eine Hauptrolle. Sie finden ihn ganze drei Mal im Modus Tracking als Editor integriert (Abbildung 14.3).

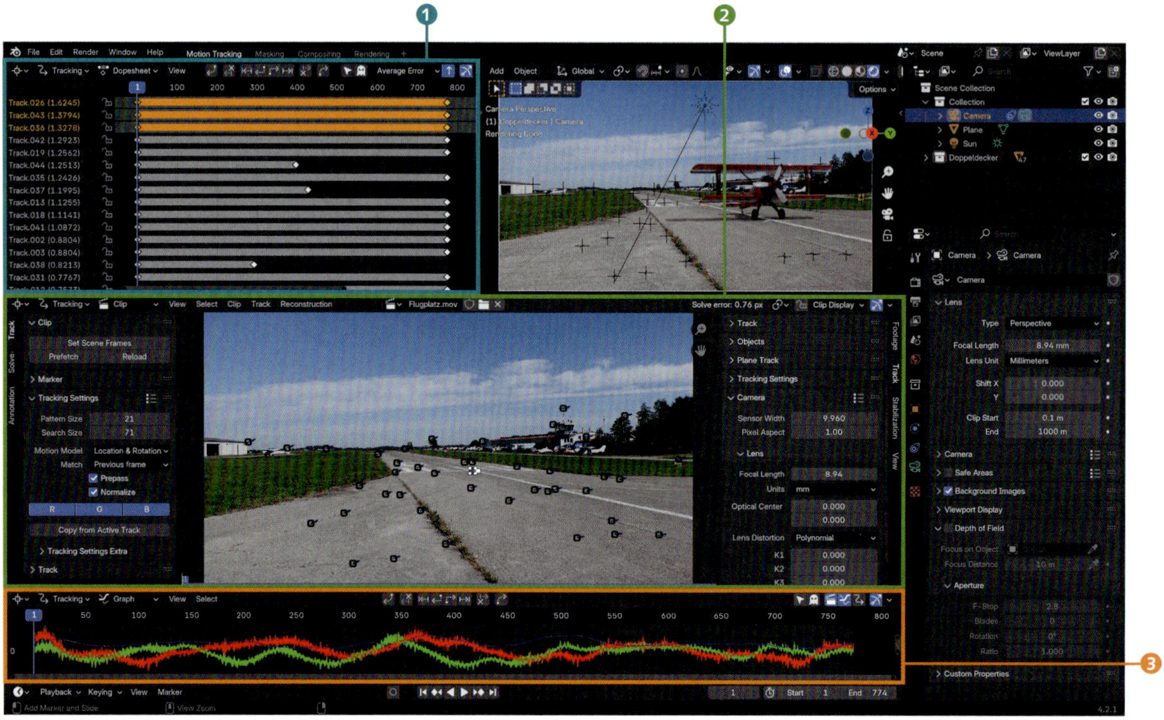

▲ **Abbildung 14.3**
Workspace Motion Tracking aus dem Template VFX

In der Ansicht Dopesheet ❶ zeigt der Movie Clip Editor die aufgezeichneten Tracks über deren Laufzeit, während die Ansicht Graph ❸ eine grafische Darstellung der Track-Positionen bietet. Die Ansicht Clip ❷ ist der Hauptarbeitsbereich mit dem 2D-Film als Footage im Hintergrund, hier erzeugen Sie Features, setzen Marker, steuern das Tracking und rekonstruieren Kamera und Szene.

14.1 Tracking-Arten

Blender beherrscht verschiedene Arten des Trackings, wobei in jeder Tracking-Variante stets die Nachverfolgung mindestens eines per Marker vorgegebenen Bildelements im Mittelpunkt steht. Weil sich allerdings die daran anschließenden Arbeitsschritte vom Aufwand her beträchtlich unterscheiden, sollten Sie sich immer für die Tracking-Art entscheiden, die Ihre Aufgabe erledigen kann.

Punkt-Tracking

Bei dieser einfachsten Tracking-Variante lassen Sie ein oder mehrere Features tracken, um daran anschließend ein 2D- oder 3D-Element in Position und Ausrichtung zu binden. Im Idealfall reicht dafür eine einzige Tracking-Spur, die Ihnen die benötigte Position auf dem »Footage« liefert. Ein wenig mehr Aufwand bedeutet das sogenannte Corner-Pin-Tracking, bei dem Sie über insgesamt vier getrackte Punkte dreidimensionale Flächen in Filmsequenzen einbauen können, beispielsweise um Plakate, Verkehrs- oder Nummernschilder mit Bild- oder Filmmaterial auszutauschen.

Da für diese Tracking-Variante die 2D-Filmsequenz als »Szene« fungiert, sind keine weiteren Nacharbeiten zur Szenenrekonstruktion erforderlich.

Kamera-Tracking

Beim Kamera-Tracking rekonstruieren Sie neben der dreidimensionalen Umgebung zusätzlich die Kamerainformation und -bewegung. Der sogenannte »Solver«, der aus den bereitgestellten Tracking-Informationen per Algorithmus die Lösung in Form einer animierten Kamera-Position, -Ausrichtung und Brennweite ermittelt, benötigt dafür mindestens acht hochwertige Tracking-Spuren über den gesamten Zeitraum der Filmsequenz.

Kamera-Tracking ist die Tracking-Variante der Wahl, wenn es darum geht, 3D-Elemente in 2D-Filmsequenzen zu integrieren. Mittels Solver wird die 3D-Szenerie rekonstruiert, die 3D-Elemente werden eingebaut und mit der Filmsequenz schließlich per Compositing verheiratet.

Objekt-Tracking

Auf die gleiche Art, wie Sie beim Kamera-Tracking die Informationen der Kamera berechnen lassen, können Sie auch animierte Objekte im Filmmaterial tracken und durch beliebige andere Elemente ersetzen.

Motion Capturing

Motion Capturing ist die bei weitem aufwendigste Methode, Bewegungsdaten nachzuverfolgen und in einer 3D-Software auf Modelle (in der Regel Characters) zu transferieren. Dabei bekommt das zu trackende Objekt – meist ein Schauspieler – einen Anzug mit Markierungen oder auch Sensoren angezogen, über die anschließend mit spezieller Software aus der Bewegung und Gestik die sogenannten Motion-Capturing-Informationen gewonnen werden. Mit Blender können Sie diese Bewegungsdaten importieren und für die Animation von 3D-Objekten verwenden.

14.2 Tracking-Workflow

Wie Sie sehen, kommen in diesem Kapitel einige neue Fachbegriffe ins Spiel, die Sie viel besser einordnen können, wenn Sie den Arbeitsablauf und damit die Methodik beim Tracking kennen. Nehmen wir uns der Reihe nach die Schritte beim Tracking vor und betrachten ihre Funktion und Bedeutung.

Footage laden

Natürlich steht und fällt mit dem zur Verfügung stehenden Filmmaterial, der sogenannten »Footage«, die Qualität jedes Trackings. Apropos Qualität: Verwenden Sie am besten unkomprimierte Filmdaten in hoher Auflösung, gerne auch Bildsequenzen, die sich problemlos in den Movie Clip Editor laden lassen.

Neben den qualitativen Aspekten beeinflusst auch die Position der Kamera und deren Eigenbewegung die Nachverfolgbarkeit der kleinen Bildelemente, der »Features«. Falls möglich, sollten Sie beim Erstellen des 2D-Filmmaterials gleich auf potenzielle Störfaktoren wie schlechte Ausleuchtung, ruckartige Kamerabewegungen oder allzu lange Kameraschwenks achten.

Bildsequenz laden

Zum Laden einer Bildsequenz in den Movie Clip Editor wählen Sie das erste Bild der entsprechend nummerierten Serie. Blender erkennt selbst, dass es sich um eine Bildsequenz handelt, und lädt die komplette Sequenz.

Abbildung 14.4 ▸ Laden der Filmsequenz in der Ansicht CLIP des Movie Clip Editors

Um eine Filmsequenz in den Movie Clip Editor zu laden, benötigen Sie die Ansicht CLIP ❶. Dort finden Sie den Button OPEN ❸, über den Sie in den File Browser gelangen und die Filmdatei auswählen. Bereits geladene Filmsequenzen erreichen Sie über das bekannte Datenblock-Menü ❷.

Der Movie Clip Editor (Abbildung 14.5) zeigt die von den meisten anderen Editoren gewohnte Aufteilung in den Hauptarbeitsbereich, die Toolbar (Taste [T]) mit den Befehlen und Werkzeugen links sowie die Sidebar (Taste [N]) mit den Einstellungen rechts.

▲ Abbildung 14.5
Toolbar und Sidebar des Movie Clip Editors

Nach dem Laden der Footage finden Sie im gleichnamigen Tab ❺ der Sidebar die von Blender erkannten Informationen zur Filmsequenz. Dazu gehören eventuell vorhandene Metadaten, die Sie dem Panel METADATA entnehmen können, sowie die Eckdaten des Filmmaterials wie Dateipfad, Farbraum, Auflösung und Bildrate, die Ihnen das Panel FOOTAGE SETTINGS anzeigt.

Bei hoch aufgelösten Filmsequenzen längerer Dauer und entsprechendem Datenaufkommen empfiehlt sich die Verwendung von Proxies. Diese niedrig aufgelösten und daher wesentlich performanteren Stellvertreter lassen sich über das Panel PROXY/TIMECODE in der entsprechenden Größe und Qualität direkt im Movie Clip Editor erstellen und verknüpfen, auf Wunsch wird auch gleich eine eventuell benötigte Linsenentzerrung vorgenommen.

Nach dem Laden des 2D-Films, von diesem Moment an »Clip« genannt, bietet Ihnen der Track-Tab ❹ in der Toolbar einige Befehle, um das Tracking vorzubereiten. Der Befehl SET SCENE FRAMES passt die Animationslänge Ihrer Szene an die Länge des geladenen Clips an. Außerdem sollten Sie den Clip über den Befehl PREFETCH im Panel in den Arbeitsspeicher laden. So ist sichergestellt, dass Sie ohne Ruckeln oder Wartezeit durch den Clip navigieren können.

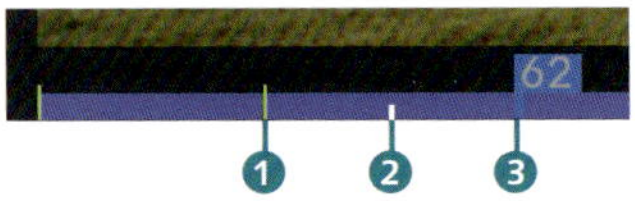

▲ **Abbildung 14.6**
Motion Clip Editor mit Tracking-Timeline

Am unteren Rand des Movie Clip Editors erkennen Sie eine kleine Timeline (Abbildung 14.6), die Ihnen violett eingefärbt ❷ den im Arbeitsspeicher befindlichen Teil des geladenen Clips anzeigt. Im Idealfall erstreckt sich der Bereich über die gesamte Timeline. Das aktuell gezeigte Bild (Frame) des Clips gibt der blaue Zeitregler ❸ an. Die hellgrünen Markierungen ❶ kennzeichnen vorgegebene Keyframes.

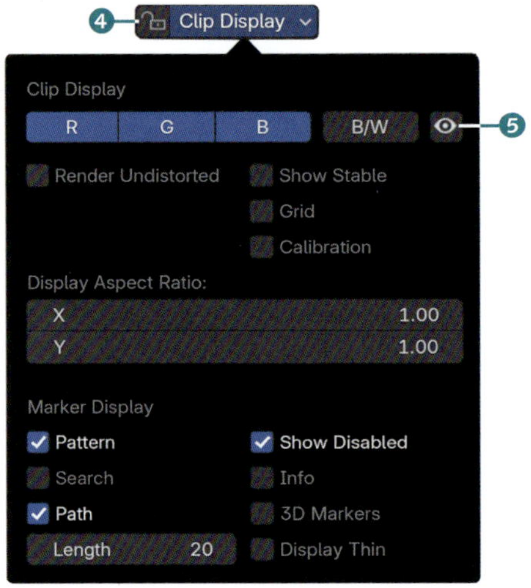

Abbildung 14.7 ▸
Pop-up-Menü CLIP DISPLAY

Zur perfekten Arbeitsvorbereitung für das Tracking gehört natürlich auch eine optimale Clip-Ansicht. Das Pop-up-Menü CLIP DISPLAY (Abbildung 14.7) im Header des Movie Clip Editors hilft Ihnen dabei. Unter CLIP DISPLAY sowie DISPLAY ASPECT RATIO haben Sie verschiedene Möglichkeiten, die Ansicht des Clips unter anderem auf bestimmte Farbkanäle zu reduzieren, ihn temporär auszublenden ❺ oder auch im unverzerrten bzw. stabilisierten Zustand zu zeigen. Die praktische Option LOCK TO SELECTION, mit der Sie den Abspielbereich auf die selektierten Marker beschränken, aktivieren bzw. deaktivieren Sie über den Button ❹.

Unter MARKER DISPLAY finden Sie verschiedene Optionen, wie und mit welchen Informationen Ihnen Marker im Viewport des Movie Clip Editors angezeigt werden.

Features, Marker und Tracks

Nachdem die Filmsequenz nun im Movie Clip Editor bereitsteht, kann das Tracking beginnen. Hierbei kommen die schon mehrfach erwähnten Marker zum Einsatz. Mit ihnen markieren Sie besonders prägnante Bildelemente, die sogenannten Features, um sie über einen möglichst langen Zeitraum nachverfolgen zu lassen. Diese Arbeit erledigt für Sie der Tracker, indem er den vorgegebenen Bildausschnitt innerhalb einer ebenfalls vorgegebenen Suchmaske ermittelt und den Marker für das aktuelle Bild (Frame) neu setzt und in einem Keyframe speichert.

▲ **Abbildung 14.8**
Marker auf einem statischen Feature

▲ **Abbildung 14.9**
Marker auf einem bewegten Feature

Features | Grundsätzlich sollten sich die gewählten Features durch ein besonderes Muster (»Pattern«) bzw. durch hohe Farb- und Helligkeitsunterschiede auszeichnen. Das Beispiel mit der Windrad-Filmsequenz in den obigen Abbildungen zeigt sehr schön, wie Sie die Features nach ihrer Eignung auswählen sollten. In Abbildung 14.8 ist ein statisches Feature ausgewählt, das sich für ein Kamera-Tracking anbietet. Das Feature in Abbildung 14.9 zeigt zwar ein sehr auffälliges Pattern, folgt aber der Bewegung des Windrads. Damit scheidet es als Feature für ein Kamera-Tracking aus, kann aber problemlos für Punkt- oder Objekt-Tracking verwendet werden.

Auf Wunsch kann der Tracker auch bei der Suche nach Features helfen, indem Sie im Panel Marker 6 des Track-Tabs in der Toolbar den Befehl Detect Features anstoßen. Sortieren Sie die Feature-Vorschläge vor dem Tracking aber unbedingt aus, da fehlerhafte Tracks eher schaden als nützen.

▲ **Abbildung 14.10**
Panel Marker im Track-Tab der Toolbar

Marker | Um ein direkt unter dem Mauszeiger befindliches Feature mit einem Marker festzulegen, halten Sie im Viewport die Strg/Cmd-Taste gedrückt und klicken mit der linken Maustaste. Für die anschließende Bearbeitung der verschiedenen Elemente und Bildregionen des Markers stehen Ihnen die bekannten Werkzeuge MOVE (Taste [G]), ROTATE (Taste [R]) und SCALE (Taste [S]) zur Verfügung. Zum Verschieben des Markers klicken Sie einfach innerhalb des Such- ❷ oder Pattern-Bereichs ❸ und halten die linke Maustaste gedrückt.

Abbildung 14.11 ▸
Marker im Detail

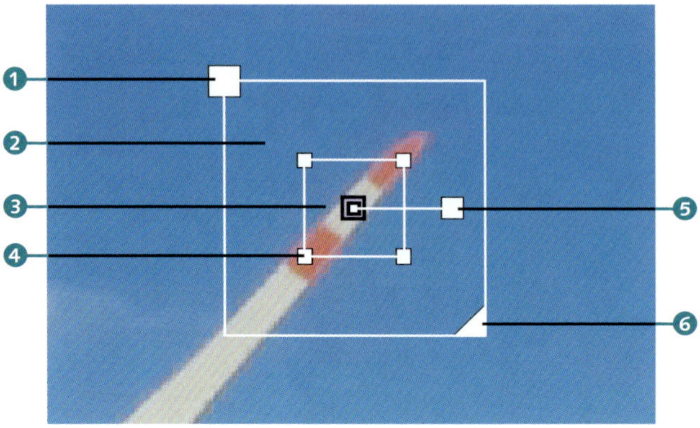

Der Pattern-Bereich ❸ wird durch vier Eckpunkte ❹ bestimmt, die Sie einzeln bearbeiten oder auch gemeinsam mit dem viereckigen Anfasser ❺ rotieren oder skalieren können. Nach dem hier bestimmten Pattern wird im vom äußeren Viereck festgelegten Suchbereich gesucht. Die Größe des Suchbereichs können Sie unabhängig vom Pattern-Bereich über den Anfasser ❻ skalieren sowie über den Anfasser ❶ verschieben. Insbesondere bei schnellen Bewegungen sollten Sie den Suchbereich etwas größer wählen, damit das Pattern zuverlässig gefunden wird. Das Löschen eines Markers erfolgt wie gewohnt über die [X]-Taste.

Im Panel TRACKING SETTINGS ❽ des Track-Tabs ❼ in der Toolbar (Abbildung 14.12) befinden sich die Voreinstellungen, die beim Erzeugen eines neuen Markers im Viewport verwendet werden. Die Einstellungen bestehender Marker haben Sie über die Panels TRACK ❾, TRACKING SETTINGS ❿ und MARKER ⓫ im Track-Tab ⓬ der Sidebar parat (Abbildung 14.13). Neben der Größe des Pattern-Bereichs (PATTERN SIZE) sowie der Größe des Suchbereichs (SEARCH SIZE) finden Sie hier einige wichtige Vorgaben, mit denen Sie dem Tracker auf die Sprünge helfen sollten.

Dazu gehört das MOTION MODEL, mit dem Sie dem Tracker mitteilen, wie sich das zu trackende Feature bewegt. Mittels LOCATION, LOCATION & ROTATION, LOCATION & SCALE bzw. LOCATION, ROTATION & SCALE geben Sie an, ob auf eine zweidimensionale Änderung der Position, der Rotation oder Skalierung – oder einer Kombination daraus – zu achten ist. AFFINE und PERSPECTIVE können eine perspektivische Änderung des Features feststellen und nachverfolgen. Für das Windrad-Beispiel in Abbildung 14.11 wäre also eine Kombination aus Positions- und Rotationsänderung, in diesem Fall also LOCATION & ROTATION, als Motion Model-Vorgabe sinnvoll.

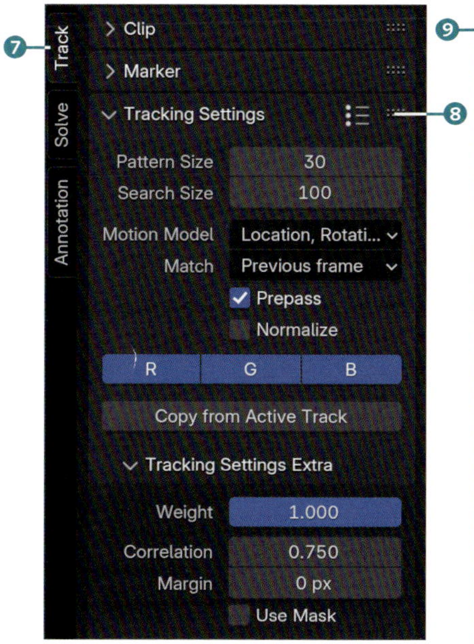

▲ **Abbildung 14.12**
Panel TRACKING SETTINGS im Track-Tab der Toolbar

◂ **Abbildung 14.13**
Panels TRACK, TRACKING SETTINGS und MARKER im Track-Tab der Sidebar

Mit der Einstellung MATCH legen Sie außerdem den Ausgangspunkt für die Suche nach dem Pattern im nächsten Bild (FRAME) fest. Hier können Sie zwischen dem vorangegangenen Bild (PREVIOUS FRAME) und dem letzten manuell positionierten und damit in ein Keyframe gespeicherten Marker wählen.

Die Option PREPASS nimmt das Tracking in zwei Durchgängen vor. Im ersten Durchgang wird ausschließlich nach der neuen Position des Features gesucht, im zweiten Durchgang mit dem angegebenen MOTION MODEL verfeinert. Mit NORMALIZE gleichen Sie etwaige Helligkeitsänderungen, die das Feature durchläuft, aus.

Um die Voreinstellung von einem existierenden Track zu übernehmen, klicken Sie auf den Button COPY FROM ACTIVE TRACK. Das untergeordnete Panel TRACKING SETTINGS EXTRA enthält weiterführende Optionen, mit denen Sie Marker auf die spätere Rekonstruktion der Szene vorbereiten können. So haben Sie über den Parameter WEIGHT die Möglichkeit, den Beitrag des späteren Tracks zum Gesamtergebnis zu gewichten. CORRELATION könnte man auch mit Genauigkeit übersetzen – mit diesem Wert geben Sie an, wie genau das gefundene Feature mit vorangegangenen Features übereinstimmen muss. Um Marker automatisch zu deaktivieren, sobald Sie in die Nähe einer Bildbegrenzung kommen, geben Sie eine MARGIN vor. Bei Aktivieren der Option USE MASK ist es möglich, mittels Annotation-Tool eine Suchmaske einzuzeichnen, innerhalb deren das Tracking stattfinden soll.

Erst selektieren, dann tracken

Es ist durchaus sinnvoll, dass nur selektierte Marker getrackt werden. Andernfalls würden bereits bestehende Tracks überschrieben, falls sie nicht explizit gesperrt wurden.

Tracks | Nach der Auswahl und Festlegung der zu trackenden Features mit den Markern kann das Tracking beginnen. Zum Starten des Trackings verwenden Sie die Befehle im Panel TRACK ❷ im gleichnamigen Tab ❶ in der Toolbar oder den Kurzbefehl [Strg]/[Cmd] + [T]. Beachten Sie dabei, dass ausschließlich selektierte Marker für das Tracking berücksichtigt werden.

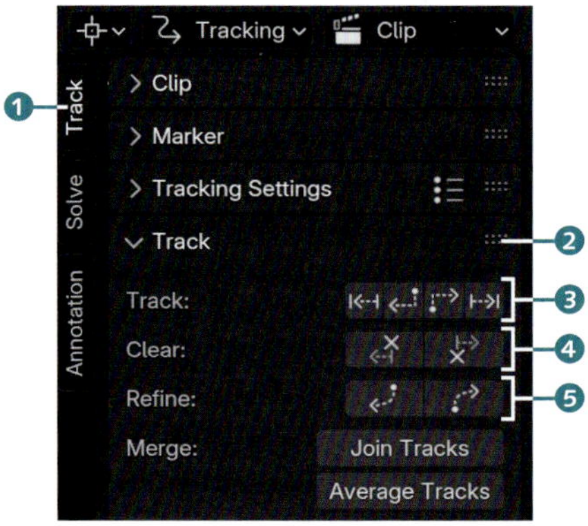

Abbildung 14.14 ▸
Panel TRACK im Track-Tab der Toolbar

Mit den vier Track-Buttons ❸ können Sie das Tracking ausgehend vom aktuellen Frame vorwärts oder rückwärts durchführen – wahlweise nur bis zum nächsten Frame oder bis zum Ende bzw. Anfang des Clips. Bei Tracking-Problemen stoppt das Tracking des Markers automatisch und der Track wird ab diesem Zeitpunkt deaktiviert. Sollte vor Ende des Clips kein Marker mehr aktiv sein, wird das Tracking gestoppt.

Die beiden Clear-Buttons ❹ löschen die Tracking-Daten vor bzw. nach dem aktuellen Frame. Dieses Aufräumen ist sinnvoll, wenn ein Track ab einem bestimmten Zeitpunkt keine brauchbaren Daten mehr liefert. Um die getrackte Position eines Markers nachträglich anhand des vorhergehenden bzw. nachfolgenden Markers verfeinern zu lassen, greifen Sie auf die beiden Refine-Buttons 5 zurück. Sollten Sie feststellen, dass zwei Marker über verschiedene Zeitspannen das gleiche Feature verfolgen, so können Sie die beiden Marker über den Button JOIN TRACKS zu einem einzelnen Marker vereinen.

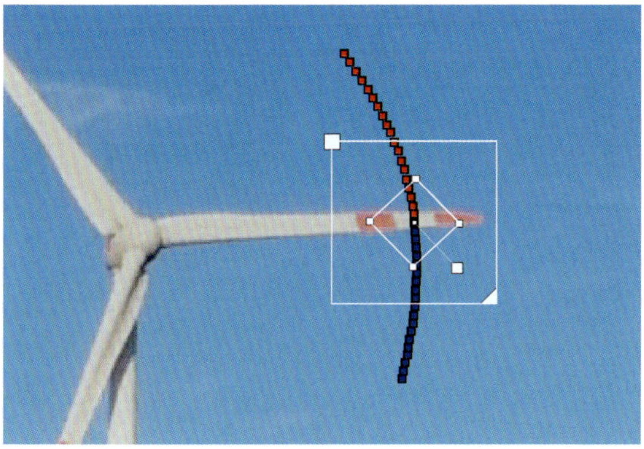

◂ **Abbildung 14.15**
Getrackter Marker auf dem Windrad-Rotor

▴ **Abbildung 14.16**
Tracking-Spur (gelb) in der Tracking-Timeline

Sobald Sie nach erfolgtem Tracking eines Markers den Clip abspielen lassen (Leertaste drücken) oder den Zeitregler verschieben, werden Ihnen zur Orientierung die vorangegangenen Tracking-Positionen in Rot, die folgenden Tracking-Punkte des Markers in Blau angezeigt (Abbildung 14.15). Auch die Tracking-Timeline (Abbildung 14.16) weist auf vorhandene Tracks hin, diese Bereiche sind gelb hinterlegt.

Im Idealfall läuft das Tracking der Features ohne Verluste durch, es ist aber ganz normal, dass – je nach Güte des Filmmaterials bzw. des gewählten Tracking-Punktes – Nacharbeit gefragt ist. Oft reicht es, dem verlorenen Tracking-Punkt durch einfaches Verschieben (und die gleichzeitige Erzeugung eines manuellen Keyframes) auf die Sprünge zu helfen. Anschließend stoßen Sie das Tracking ab diesem Zeitpunkt noch einmal an.

Damit der mit dem Tracker verbundene Solver eine 3D-Umgebung und Kameradaten rekonstruieren kann, sind mindestens acht hochwertige Tracks erforderlich. Verzichten Sie daher lieber auf minderwertige Tracks, um die Rekonstruktion nicht unnötig zu erschweren. Schließlich nimmt der Solver die Daten, wie er sie geliefert bekommt; er ist nicht in der Lage, zwischen korrekten und falschen Marker-Positionen zu unterscheiden. Auch hier können wir den Tracker bzw. Solver unterstützen. Aufschluss über die Güte eines Tracks geben uns nämlich die anderen Ansichten GRAPH und DOPE SHEET des Movie Clip Editors.

Die Ansicht Graph (Abbildung 14.17) zeigt Ihnen dazu die Geschwindigkeit des bzw. der jeweiligen Marker in vertikaler (grüne Kurve) bzw. horizontaler (rote Kurve) Richtung an. Spitze Ausreißer in den Tracking-Kurven sind durch die sprunghaften Wertänderungen ein klarer Hinweis auf problematische Tracks.

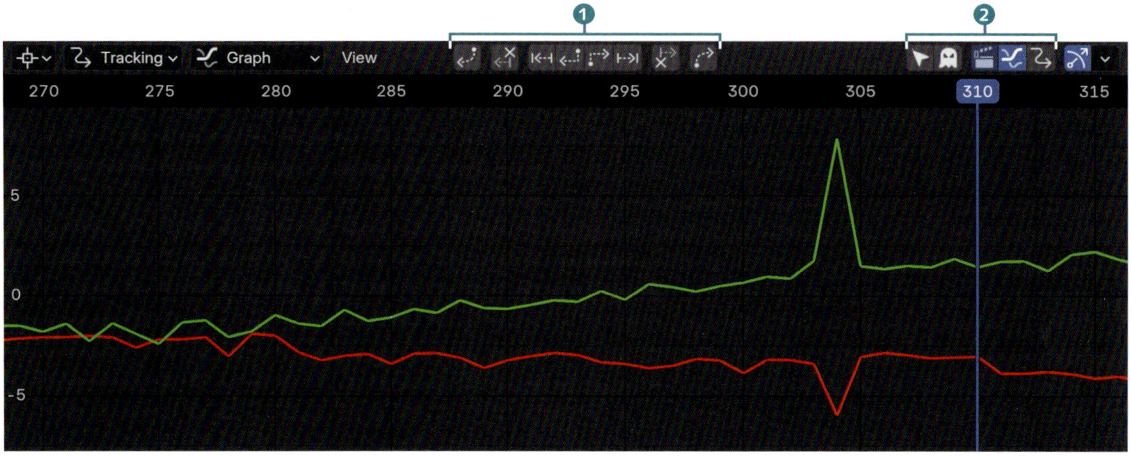

▲ **Abbildung 14.17**
Ansicht Graph des Motion Clip Editors

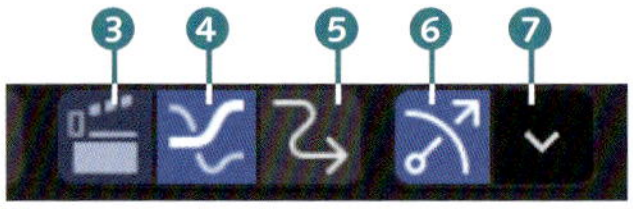

▲ **Abbildung 14.18**
Darstellungsoptionen und -filter

Auch in der Ansicht Graph haben Sie alle wichtigen Tracking-Werkzeuge ❶ zur Hand. Weil diese Kurvendarstellung mit zunehmender Anzahl an Tracks immer unübersichtlicher wird, finden Sie rechts oben ❷ einige Optionen und Filter zum Verfeinern des Gezeigten.

Die Option Show Selected ❸ zeigt ausschließlich die Tracking-Kurven von selektierten Markern an. Display Hidden ❹ blendet Kurven unsichtbar geschalteter Elemente ein. Die Darstellung der X- bzw. Y-Kurven steuern Sie über den Filter Motion ❻, während Sie mit den Filtern Frames ❺ und Error ❼ einen framespezifischen Reprojektionsfehler über alle Tracks (Frames) oder einen einzelnen Track berechnen und anzeigen lassen können.

Mehr dazu in Kürze, wenn wir uns mit der Rekonstruktion der getrackten Informationen befassen. Werfen wir jetzt erst einmal einen Blick in die Ansicht Dopesheet des Movie Clip Editors (Abbildung 14.19).

▼ **Abbildung 14.19**
Ansicht Dopesheet des Motion Clip Editors

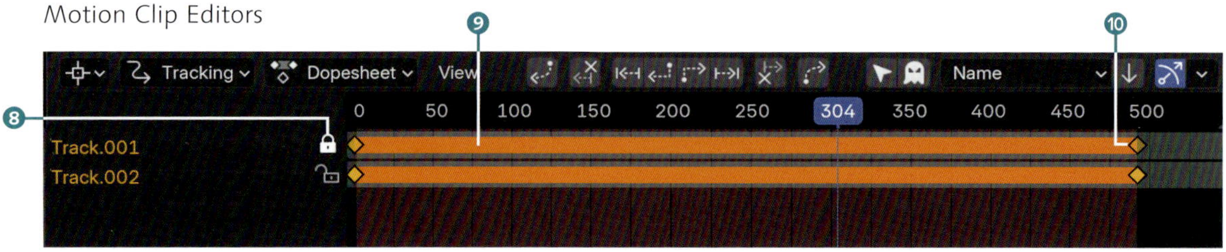

Jeder getrackte Marker wird im Dopesheet als Kanal (Channel) hinterlegt. Der Balken ⑨ beschreibt dabei den Trackingbereich, unabhängig von seiner Qualität. Der Anfang und das Ende jeder Trackingspur wird von Keyframes ⑩ begrenzt. Manuell gesetzte Keyframes, beispielsweise aufgrund von Korrekturen des Trackings, erscheinen an ihrer jeweiligen zeitlichen Position in der Timeline.

Gewöhnen Sie sich an, insbesondere manuell nachbearbeitete Tracks über das Schloss-Symbol ⑧ vor Bearbeitung zu schützen. Im Eifer des Gefechts kann es sonst schnell passieren, dass Ihr mühevoll ausgearbeitetes Tracking eines Markers durch ein neu angestoßenes Tracking überschrieben wird.

Rekonstruktion

Nachdem Sie alle Marker, die Sie für die gewünschte Tracking-Art benötigen, erfolgreich mit Tracks nachverfolgt haben, steht der nächste Schritt des Tracking-Workflows an: die Rekonstruktion bzw. Umwandlung der getrackten Daten für den jeweiligen Anwendungsfall. Dies kann bei einem simplen Punkt-Tracking mit ein paar Mausklicks erledigt sein, bei aufwendigen Kamera- bzw. Objekt-Trackings ist dagegen wieder Ihre Unterstützung gefragt.

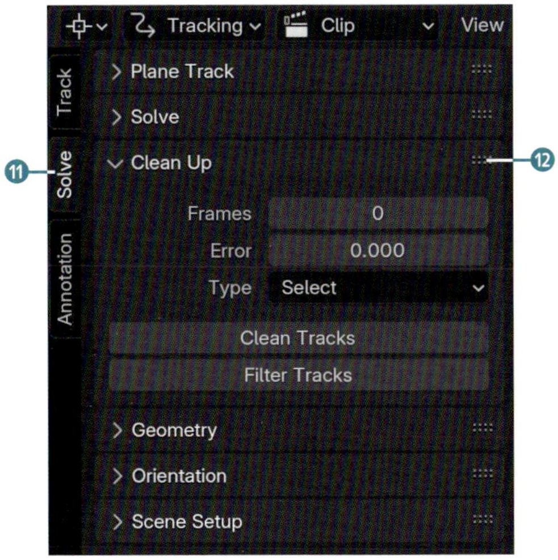

◂ **Abbildung 14.20**
Solve-Tab der Toolbar in der Ansicht Clip

Alle für die Rekonstruktion benötigten Befehle und Werkzeuge finden Sie in verschiedene Panels sortiert im Solve-Tab ⑪ des Movie Clip Editors. Beginnen möchte ich dabei mit dem Panel Clean Up ⑫, das Sie auch vor dem Solving verwenden können, um beispielsweise sehr kurz geratene Tracks herauszufiltern. Dazu geben

Sie einfach die bevorzugte Mindestlänge als Anzahl in FRAMES an. Bei bereits erfolgtem Solving können Sie einen maximalen Fehlerwert ERROR für das Ausfiltern von Tracks minderwertiger Qualität definieren.

Im Auswahlmenü TYPE geben Sie vor, was beim Ausfiltern passieren soll: SELECT wählt die schlechten Tracks aus, während DELETE SEGMENTS bzw. DELETE TRACK die problematischen Segmente bzw. Tracks löschen, sobald Sie den Button CLEAN TRACKS betätigen. Mit dem Button FILTER TRACKS lassen Sie den Tracker selbst nach kritischen Tracks suchen. Offensichtlich unbrauchbare Tracks werden dabei ohne Rückfrage entfernt, Tracks mit Problemstellen lediglich selektiert.

Geometry | Beginnen wir die verschiedenen Rekonstruktionsarten mit der einfachsten Tracking-Art, auch wenn diese im Solve-Tab als Panel GEOMETRY (Abbildung 14.21) etwas weiter unten angesiedelt ist.

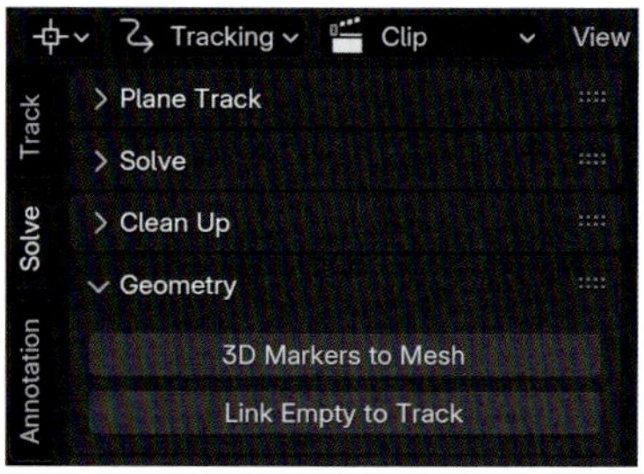

▲ **Abbildung 14.21**
Panel GEOMETRY im Solve-Tab

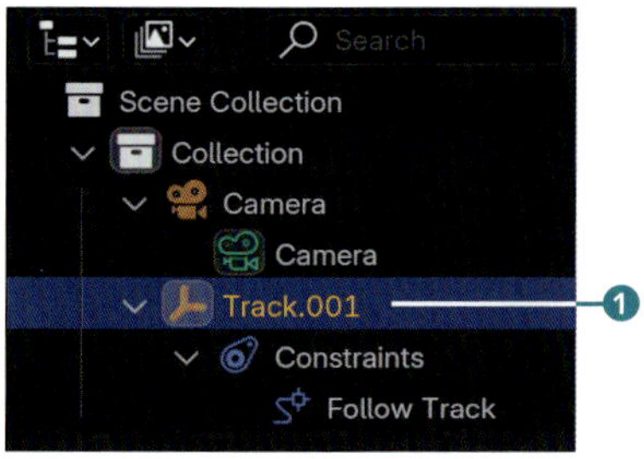

▲ **Abbildung 14.22**
Empty-Objekt mit Constraint

Im übersichtlichen Panel finden Sie lediglich zwei Buttons, mit denen Sie die getrackten Marker wahlweise in Empties (LINK EMPTY TO TRACK) bzw. in ein dreidimensionales Mesh (3D MARKERS TO MESH) umwandeln können.

Bei erstgenannter Funktion handelt es sich also um die anfangs erwähnte Tracking-Art Punkt-Tracking, bei der Sie die getrackten Informationen nutzen, um 2D- bzw. 3D-Elemente daran zu binden. Nach Klick auf den Button LINK EMPTY TO TRACK generiert Ihnen Blender dazu ein neues Empty-Objekt ❶ und weist ihm ein Constraint des Typs FOLLOW TRACK zu (Abbildung 14.22). Das Empty ❷ wird dadurch fortan die Position des getrackten Markers im dreidimensionalen Raum zum jeweiligen Zeitpunkt in der Filmsequenz einnehmen.

Constraints

In diesem Kapitel begegnen uns zum ersten Mal Constraints. Mit diesen sehr vielseitigen Helfern lassen sich die Eigenschaften von Objekten auf verschiedenste Weise steuern bzw. einschränken. In Abschnitt 16.4, »Constraints«, sehen wir uns diese insbesondere bei der Character-Animation oft benötigten »Beschränker« im Detail an.

Mittels Parenting (oder auch eines weiteres Constraints) ist es anschließend eine leichte Übung, die gewünschten 2D- oder 3D-Elemente an das animierte Empty (Abbildung 14.23) zu binden.

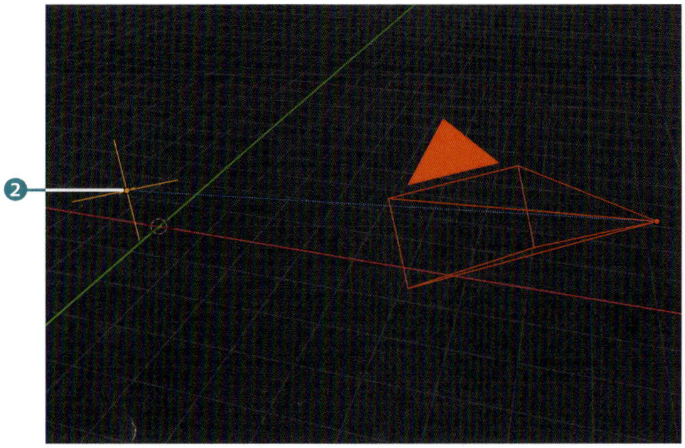

◂ **Abbildung 14.23**
Per Constraint animiertes Empty

Der andere Button im Panel GEOMETRY, 3D MARKERS TO MESH (Abbildung 14.21), wandelt die getrackten Marker in ein Mesh-Objekt um, bei dem Vertices die Positionen der Marker übernehmen. Für diese Rekonstruktion ist allerdings zuvor ein Kamera-Tracking erforderlich.

Diese Funktion und das damit verbundene sehr niedrig aufgelöste Mesh-Resultat eignet sich beispielsweise als Ausgangsbasis oder Orientierungshilfe für den späteren Szenenaufbau.

Plane Track | Im Panel PLANE TRACK (Abbildung 14.24) befindet sich der einzige Befehl für eine erweiterte Art des Punkt-Trackings: Mittels mindestens vier getrackter Marker können Sie das sogenannte 4-Corner-Pin-Tracking realisieren, bei dem die vier Marker die Ecken der Plane bestimmen können, aber nicht müssen.

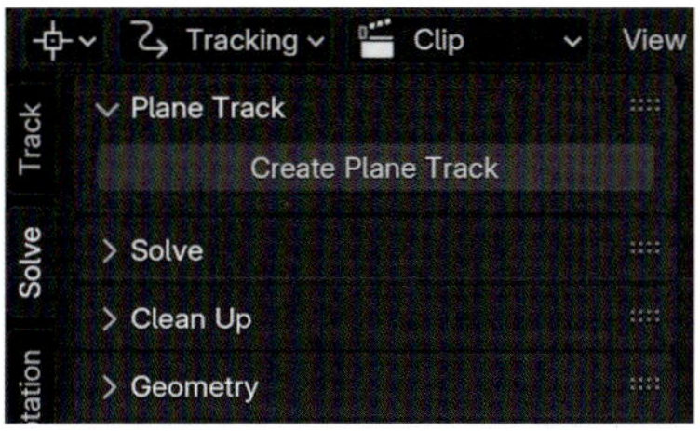

◂ **Abbildung 14.24**
Panel PLANE TRACK im Solve-Tab

Bevor Sie die Rekonstruktion für den Plane Track starten, müssen Sie die vier oder mehr getrackten Marker selektieren. Im Prinzip werden zwar nur vier Marker für die Rekonstruktion benötigt, zusätzliche Tracks tragen aber zu einer stabileren und exakteren Berechnung bei. Es liegt auf der Hand, mit Tracks die späteren Ecken des Plane Tracks abzudecken, entscheidend ist aber, wie gut sich die Features tracken lassen. Es ist dabei wichtig, dass alle Marker für den Plane Track auf einer gemeinsamen Ebene liegen.

Abbildung 14.25 ▸
Anpassen des Plane Tracks über die vier Eckpunkte

Im Beispiel in Abbildung 14.25 waren die Eckpunkte des Displays kaum erkenn- und noch schwerer trackbar, also sorgten Marker auf dem Notizblock für die notwendigen Informationen der Ebene (der kleine Höhenunterschied zur Displayebene ist zu verschmerzen).

Zur Rekonstruktion wählen Sie die getrackten Marker einer gemeinsamen Ebene aus und klicken auf den Button Create Plane Track im Panel Plane Track. Anschließend passen Sie den weißen Rahmen ❶ des Plane Tracks mithilfe der vier Anfasser an den Ecken an die zu überdeckende Region an. Durch Abspielen der Filmsequenz sollten Sie überprüfen, ob sich die Plane Track wie gewünscht auf der zugewiesenen Ebene bewegt.

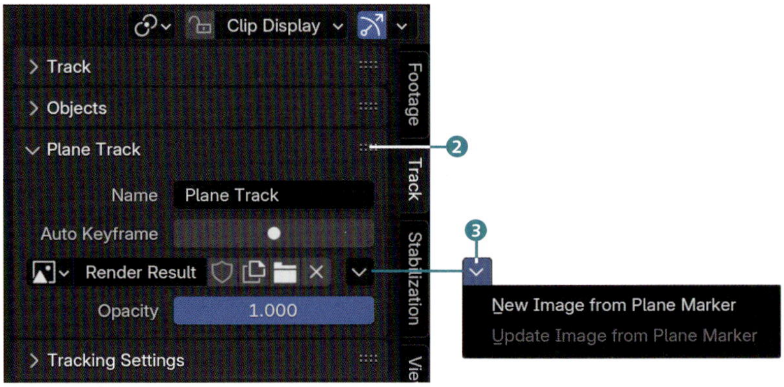

Abbildung 14.26 ▸
Panel Plane Track im Track-Tab der Sidebar

Gegebenenfalls korrigieren Sie die betroffenen »Pins« der Plane, wobei Sie im Panel Plane Track ❷ im Track-Tab die Option Auto Keyframe aktivieren. In diesem Panel haben Sie zudem die Möglichkeit, den Plane Track mit einer Vorschau des einzubindenden Bildes bzw. der Filmsequenz zu versehen.

◂ **Abbildung 14.27**
Plane Track mit eingefügtem Rendering

Für Retuschen an vorliegendem Bild- bzw. Filmmaterial bietet das zugehörige Pfeilmenü ❸ die Option, den per Plane Track definierten Ausschnitt zu exportieren, zu bearbeiten und anschließend wieder einzubinden. Für das finale Rendering verlangt der Plane Track nach dem Plane Track Deform Node, mit dem Sie die einzubauende Filmsequenz mittels Alpha-Information über das Basis-Footage legen. Mehr dazu später.

Solve | Das Kamera- bzw. Objekt-Tracking findet über das Panel Solve ❹ im gleichnamigen Tab der Toolbar statt, dabei ist für das Objekt-Tracking eine zuvor gelöste Kamera Voraussetzung.

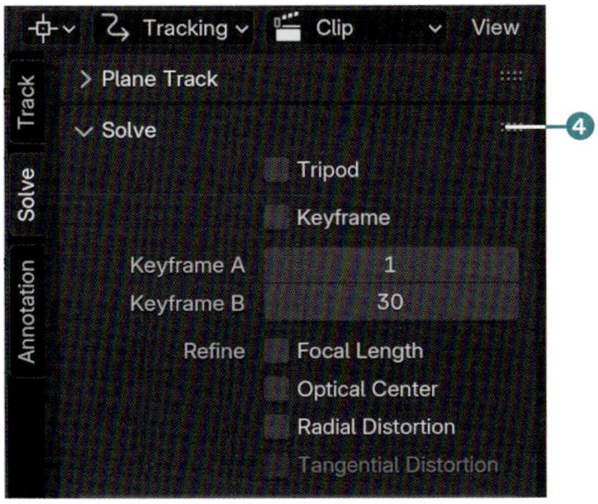

◂ **Abbildung 14.28**
Panel Solve im Solve-Tab der Toolbar

Wie der Name schon vermuten lässt, kommt für diese Tracking-Arten ein vollwertiger Solver zum Einsatz, der in der Lage ist, aus den getrackten Markern und ein paar Zusatzinformationen über die Filmkamera deren Position über den Lauf der Filmsequenz zu rekonstruieren. Dies erfolgt anhand der Parallaxenverschiebung, die sich aus der Bewegung der Kamera ergibt. Bei einer nahezu statischen Kamera tut sich der Solver entsprechend schwer.

Eine spezielle Art des Solvings ist außerdem nötig, wenn das Footage mittels eines Stativs erstellt wurde, da hier keine Parallaxenverschiebung stattfindet. In diesem Fall aktivieren Sie die Option TRIPOD im Panel SOLVE (Abbildung 14.28). Eine besonders geeignete Sequenz mit deutlicher Parallaxenverschiebung können Sie über die beiden Keyframe-Werte als Lösungshilfe vorgeben. Alternativ haken Sie die Option KEYFRAME an und lassen Blender selbst entscheiden, welcher Keyframe-Bereich für die Berechnung der Parallaxenverschiebung herangezogen wird.

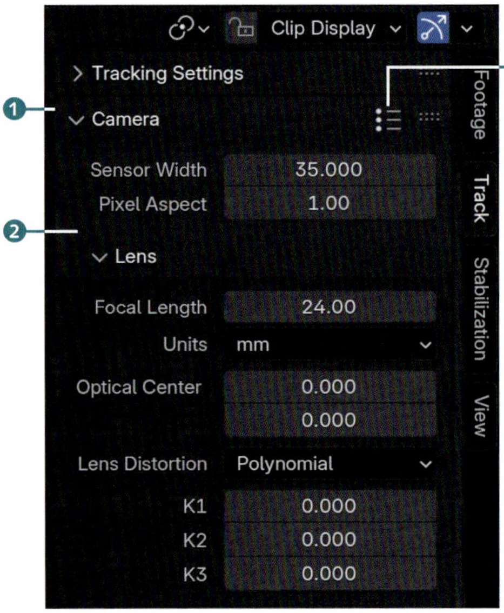

▲ **Abbildung 14.29**
Panels CAMERA und LENS im Track-Tab

▲ **Abbildung 14.30**
Kamera-Presets

Bevor Sie mit dem Solving fortfahren können, sollten Sie dem Solver noch so viele Informationen wie möglich über die verwendete Kamera mitgeben. Dies erfolgt über das Panel CAMERA ❶ im Track-Tab der Sidebar. Im Idealfall finden Sie Ihre Kamera unter den PRESETS (Abbildung 14.30), an die Sie über den Button ❸ gelangen. Nach Auswahl eines Presets wird die dort hinterlegte

Sensorbreite (SENSOR WIDTH), das Seitenverhältnis (PIXEL ASPECT) im Panel CAMERA sowie die Brennweite (FOCAL LENGTH) im untergeordneten Panel LENS ❷ eingetragen. Sollte sich Ihre Kamera nicht unter den PRESETS befinden, lohnt sich ein Blick in die technischen Daten, die Sie in der Bedienungsanleitung oder auch im Internet auf der Support-Seite des Kameraherstellers finden.

Das optische Zentrum (OPTICAL CENTER) der Kamera befindet sich gewöhnlich in der Mitte und wird automatisch berechnet, weshalb Sie im Normalfall keine Anpassung vornehmen müssen. Außerdem enthält das Panel LENS auch Parameter für die Linsenverzerrung (LENS DISTORTION), die von der Linse natürlich verursachte Verzerrung zu den Rändern des Bildbereichs. Möchten Sie 3D-Elemente in diesen Randbereichen in den 2D-Film integrieren, so ist es empfehlenswert, eine manuelle Linsenentzerrung vorzunehmen, die Sie über die drei Ver- bzw. Entzerrungswerte K1, K2 und K3 angeben.

Linsenverzerrung

Noch in diesem Kapitel erfahren Sie, wie Sie mit einer Linsenverzerrung umgehen, diese entzerren und welche Möglichkeiten es gibt, 2D und 3D unter diesen Umständen zu kombinieren.

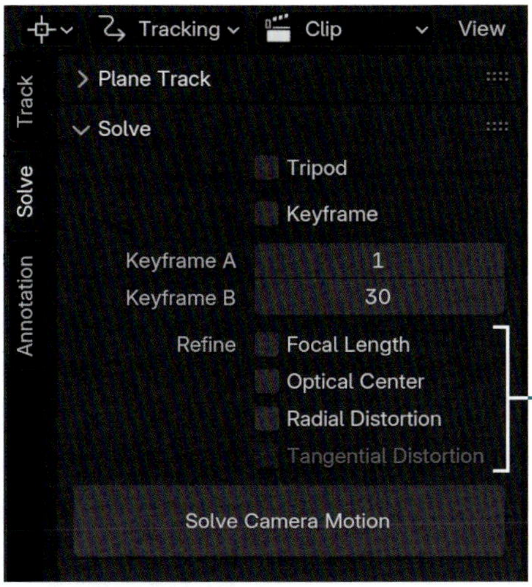

◂ **Abbildung 14.31**
Panel SOLVE im Solve-Tab der Toolbar

Nach diesem kleinen Exkurs zu den für die Rekonstruktion benötigten Kamera-Informationen springen wir zurück zum Panel SOLVE im gleichnamigen Tab (Abbildung 14.31), um gleich die Rekonstruktion anzustoßen.

Als letzte Vorgabe haben Sie noch die Möglichkeit, den Solver unter REFINE ❹ zu instruieren, mit seinem Lösungsalgorithmus auch zusätzlich nach Lösungen für die Brennweite, die optische Mitte sowie die Linsenverzerrung (RADIAL bzw. TANGENTIAL DISTORTION) zu suchen. In diesem Fall werden die vorgegebenen Werte durch die vom Solver entdeckten Lösungen ersetzt.

Damit sind alle Vorbereitungen getroffen, und die Rekonstruktion der Tracking-Punkte und der Kamerabewegung kann per Klick auf den Button SOLVE CAMERA MOTION starten. Als Ergebnis zeigt der Motion-Tracker in der Menüzeile des Movie Clip Editors einen SOLVE ERROR ❷ an.

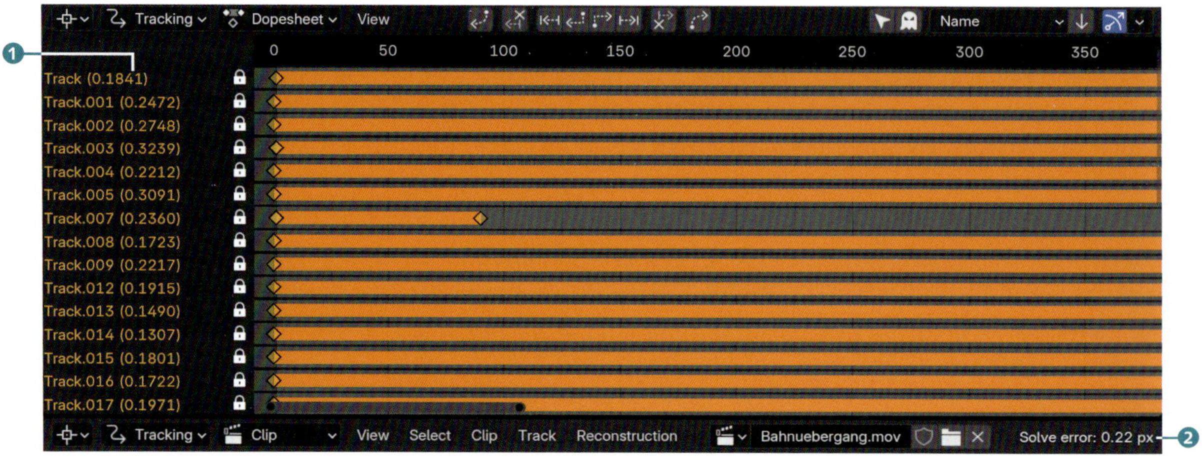

▲ **Abbildung 14.32**
Beurteilung der Tracking-Lösung des Solvers

Die angegebene Zahl ergibt sich aus der durchschnittlichen Abweichung eines getrackten Markers von der gelösten Position im 3D-Raum. Gute Rekonstruktionen besitzen einen Error-Wert < 0.5, bei Werten > 1 sollten Sie nach der Ursache forschen und eine Überarbeitung des Trackings vornehmen. Um qualitativ minderwertige Tracks zu identifizieren, sehen Sie sich die SOLVE ERRORS der einzelnen Tracks ❶ an. Entfernen Sie Tracks mit sehr hohem Error-Wert, bzw. wenden Sie die Filter-Optionen aus dem Panel CLEAN UP an, bevor Sie die Rekonstruktion erneut anstoßen.

Abbildung 14.33 ▸
Tracks und animierte Kamera im Viewport

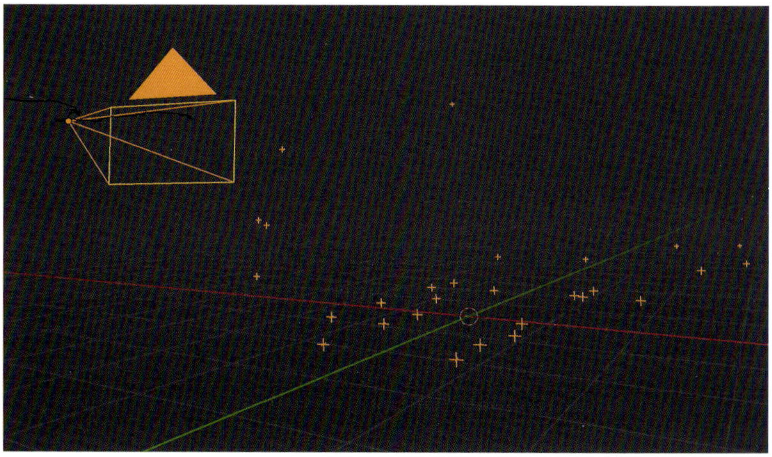

Nach erfolgter Rekonstruktion stellt sich die Frage, was sich nach diesem Workflow-Schritt in der Szene getan hat (Abbildung 14.33). Der Blick in den 3D Viewport zeigt ein animiertes Kamera-Objekt sowie eine Vielzahl von 3D-Punkten in Ihrer Szene.

Motion-Tracking einblenden

Um sich die Elemente Ihres Motion-Trackings im Viewport einblenden zu lassen, aktivieren Sie über das Pop-up-Menü VIEWPORT DISPLAY die Option MOTION TRACKING sowie den zugehörigen Motion Path.

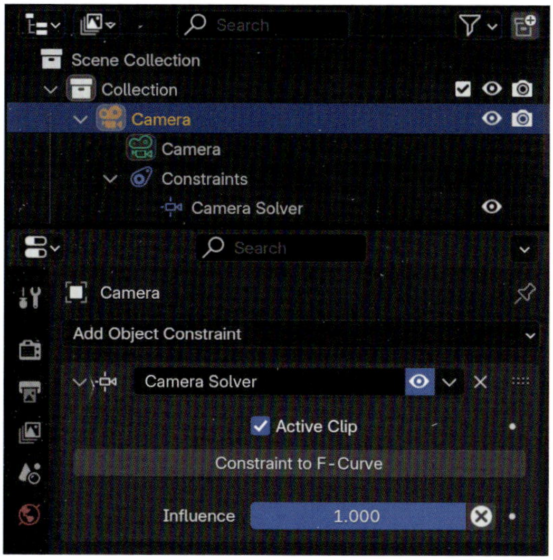

◂ **Abbildung 14.34**
Kamera-Objekt mit Camera Solver-Constraint

Ein Blick in den Outliner (Abbildung 14.34) verrät, dass dem Kamera-Objekt mit der Rekonstruktion ein Camera Solver-Constraint zugewiesen wurde. Über dieses Constraint bezieht die Kamera die nötigen Informationen wie Position oder Rotation aus der berechneten Tracking-Lösung.

Szene ausrichten und einrichten

Im Gegensatz zum Punkt-Tracking oder bei der Verwendung von Plane Tracks ist es beim Kamera- und Motion-Tracking wichtig, eine echte 3D-Szene für die Integration von 3D-Elementen zu haben. Nur so können Sie sich im 3D-Raum orientieren und eine glaubwürdige Inszenierung mit Licht und Schatten gestalten.

Weil der Solver bei der Rekonstruktion nicht wissen kann, wo der Ursprung Ihrer Szene ist und welche Funktion die getrackten Marker haben, sitzt die Kamera für gewöhnlich auf dem Weltursprung, oft abenteuerlich in eine Achsrichtung verdreht.

Orientation | Es ist also nur in unserem Sinne, wenn wir ab hier wieder übernehmen und die Tracking-Elemente korrekt im dreidimensionalen Raum ausrichten. Dazu finden Sie im Panel ORIEN-

TATION ❶ verschiedene Befehls-Buttons, über die Sie einem bzw. mehreren getrackten Markern bestimmte Orientierungsfunktionen in der 3D-Szene verleihen können.

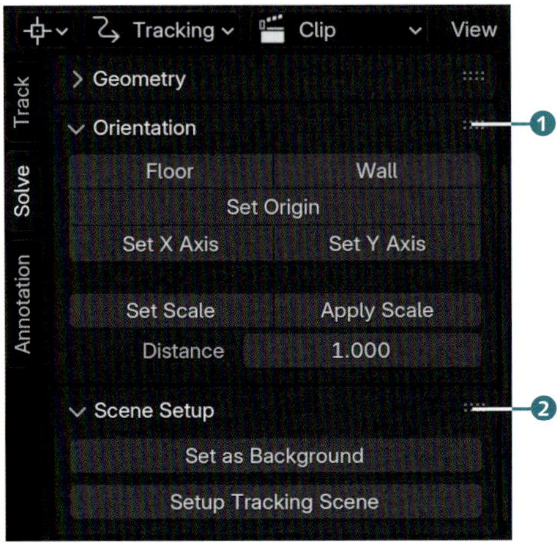

Abbildung 14.35 ▸
Panels ORIENTATION und SCENE SETUP im Solve-Tab der Toolbar

Für die Definition des Ursprungs (SET ORIGIN) reicht ein einzelner getrackter Marker, für die Festlegung der X- bzw. Y-Achse (SET X/Y-AXIS) benötigen Sie deren zwei, für die Bestimmung einer Ebene als Boden (FLOOR) bzw. senkrechte Wand (WALL) sollten Sie drei geeignete Marker selektiert haben. Es kann also nicht schaden, die spätere Verwendung von Markern für das sogenannte Szenen-Setup gleich beim Tracking zu berücksichtigen.

Damit die Szene auch im richtigen Maßstab vorliegt, können Sie – sofern bekannt – eine reale Distanz zwischen zwei Tracking-Punkten angeben (DISTANCE) und über SET SCALE als korrektes Größenverhältnis einbringen.

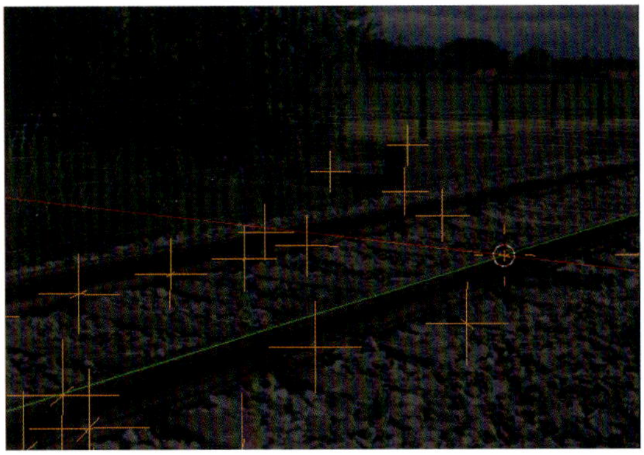

▴ **Abbildung 14.36**
Definition von Ursprung und Achsen

▴ **Abbildung 14.37**
Testeinbau eines Cubes in die Szene

Scene Setup | Sobald die getrackte Szene Ihren Vorstellungen bzw. der in der Filmsequenz abgebildeten Realität so weit wie nötig nahekommt, können Sie das Szenen-Setup finalisieren.

Dazu haben Sie im Panel SCENE SETUP ❷ die bequeme Möglichkeit, über den Befehl SET AS BACKGROUND den 2D-Film als Hintergrund einzurichten. Mit dem Befehl SETUP TRACKING SCENE erhalten Sie ein erstes Compositing von Szene und 2D-Film. Mehr zu diesem Thema erfahren Sie in Kapitel 21, »Compositing«.

Schritt für Schritt
Objekt-Tracking

Nachdem wir uns jetzt schon mit dem Punkt- und Kamera-Tracking befasst haben, werden wir mit diesem Kapitel-Workshop den Einstieg in das Objekt-Tracking wagen und ein bewegtes Objekt nachverfolgen, um auf ihm ein 3D-Objekt zu platzieren.

1 Workspace »Motion Tracking« einbinden

Wir beginnen diesen Workshop mit einer neuen Blender-Szene, bei der Sie den Standard-Cube getrost selektieren und über die Taste [X] löschen können. Um alle benötigten Editoren und Befehle griffbereit zu haben, holen Sie sich per Klick auf den +-Button ❸ in der Workspace-Leiste den Workspace MOTION TRACKING aus dem Layout VFX.

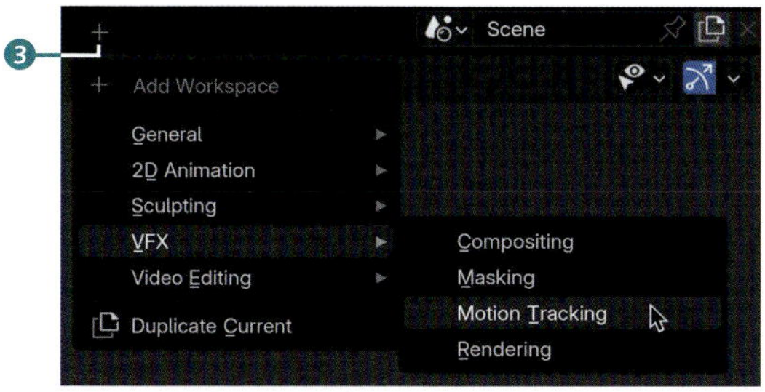

◂ **Abbildung 14.38**
Workspace MOTION TRACKING einbinden

2 Filmsequenz öffnen

Im Movie Clip Editor in der Ansicht CLIP finden Sie den Button OPEN (Abbildung 14.39), über den Sie den File Browser öffnen, in das Verzeichnis *4_Inszenierung* navigieren und die Filmsequenz *Papier.mov* laden.

◂ **Abbildung 14.39**
Öffnen der Filmsequenz im Movie Clip Editor

3 Filmsequenz in den Arbeitsspeicher laden

Nach dem Öffnen der Filmsequenz laden Sie selbige über den Befehl PREFETCH im Panel CLIP ① des Track-Tabs in den Arbeitsspeicher, damit die Tracking-Arbeiten flüssig vonstattengehen. Klicken Sie zudem auf den Button SET SCENE FRAMES, um die Blender-Szene an die Länge der Filmsequenz anzupassen.

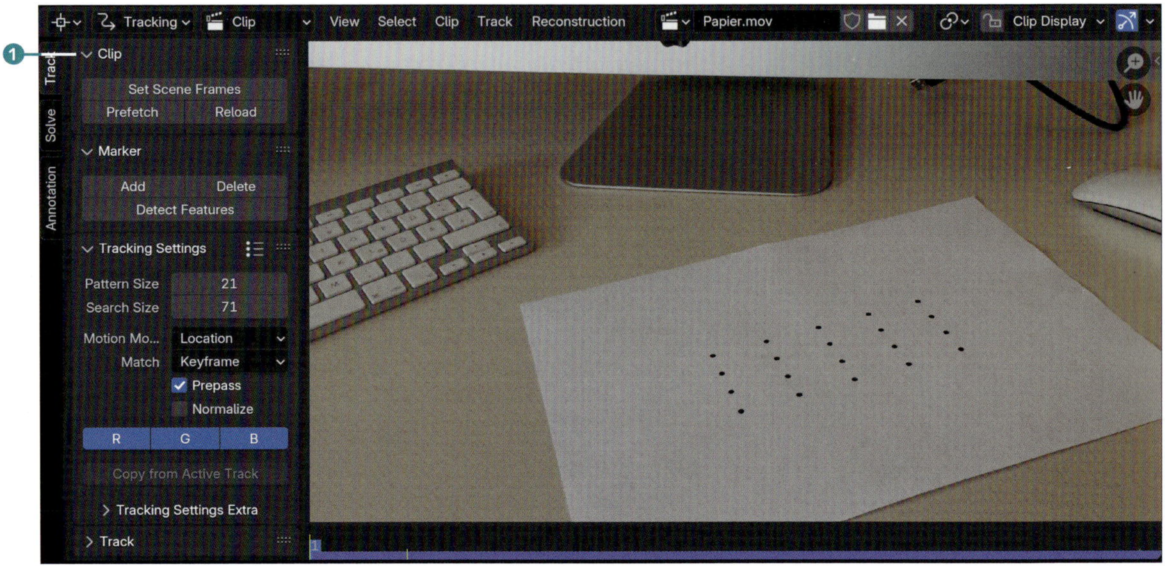

▲ **Abbildung 14.40**
In den Arbeitsspeicher geladene Filmsequenz

4 Tracking-Parameter einstellen

Klappen Sie nun zuerst das Panel OBJECT im Track-Tab der Sidebar (Abbildung 14.41) auf, um dem Tracker mitzuteilen, dass wir ein Objekt tracken möchten. Erzeugen Sie dazu mit dem +-Button ② einen neuen Listeneintrag, der automatisch als OBJECT bezeichnet wird und unsere jetzt erzeugten Marker zugewiesen bekommt.

Abbildung 14.41 ▸
Panel OBJECT im Track-Tab der Sidebar

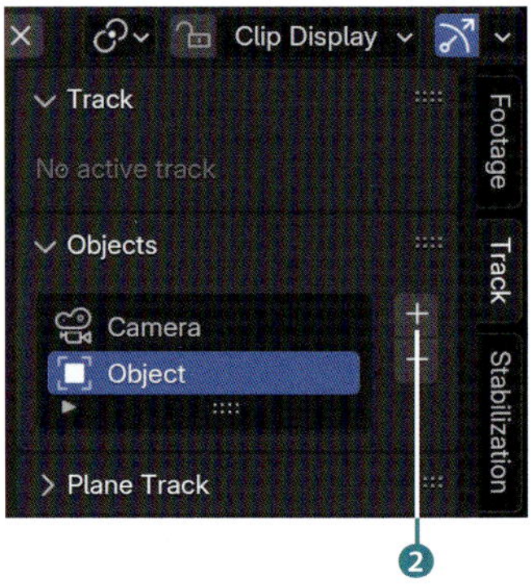

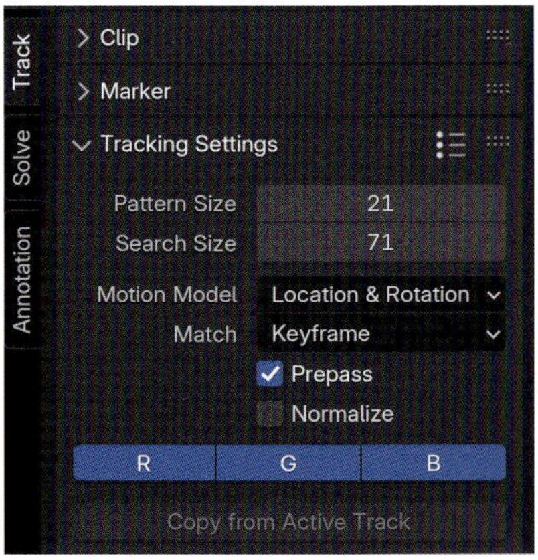

Abbildung 14.42 ▸
Panel TRACKING SETTINGS im Track-Tab der Toolbar

Im Panel Tracking Settings der Toolbar (Abbildung 14.42) legen wir noch die Einstellungen für die Marker fest. Die standardmäßige Pattern und Search Size können Sie beibehalten. Wählen Sie als Motion Model Location & Rotation, weil das Papier auch gedreht wird, und wählen Sie als Match Keyframe, da sich die Bewegung der Features gut Bild für Bild nachvollziehen lässt.

5 Marker setzen und Tracking starten

Die extra auf dem Blatt Papier aufgedruckten Markierungen geben Ihnen eine Auswahl von 20 Features vor. Per Linksklick mit gedrückt gehaltener `Strg`/`Cmd`-Taste setzen Sie jetzt die Marker für diese Features (Abbildung 14.42).

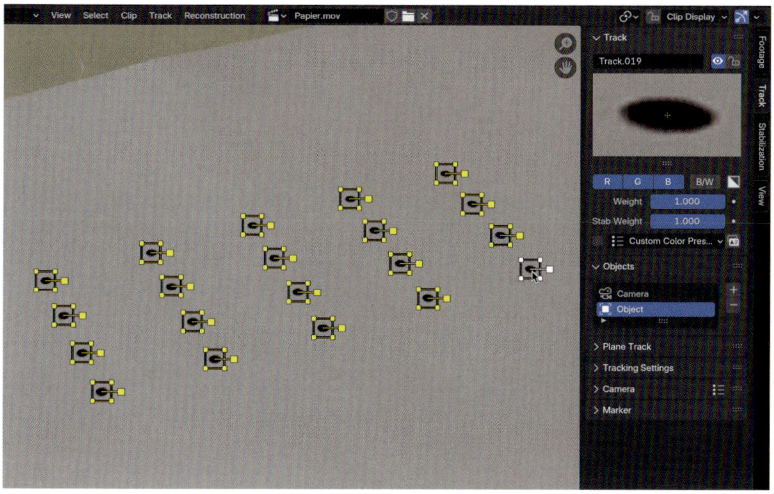

◂ **Abbildung 14.43**
Setzen der Markers für die Features

Wir kämen sicher mit knapp der Hälfte an Markern für das Tracking aus, aber so können wir schlecht trackbare Marker gleich im Anschluss aussortieren, ohne das Tracking einzelner Marker korrigieren zu müssen.

Drücken Sie anschließend die Taste `A`, um alle Marker zu selektieren, und klicken Sie auf den entsprechenden Button im Movie Clip Editor bzw. verwenden einfach den Kurzbefehl `Strg`/`Cmd` + `T`, um das Tracking der Marker zu starten.

6 Analyse des Trackings

Die Bedingungen für das Tracking waren natürlich sehr gut, da die Features klar begrenzt und auch die nachzuverfolgenden Bewegungen nicht allzu komplex sind. Trotzdem lohnt es sich, das Tracking vor dem Umrechnen (Solving) zu analysieren.

Nehmen Sie sich dazu die Clip- und Graph-Ansicht des Movie Clip Editors vor (Abbildung 14.44) und spielen Sie die Filmsequenz über den Abspielbutton mehrfach zur Kontrolle ab.

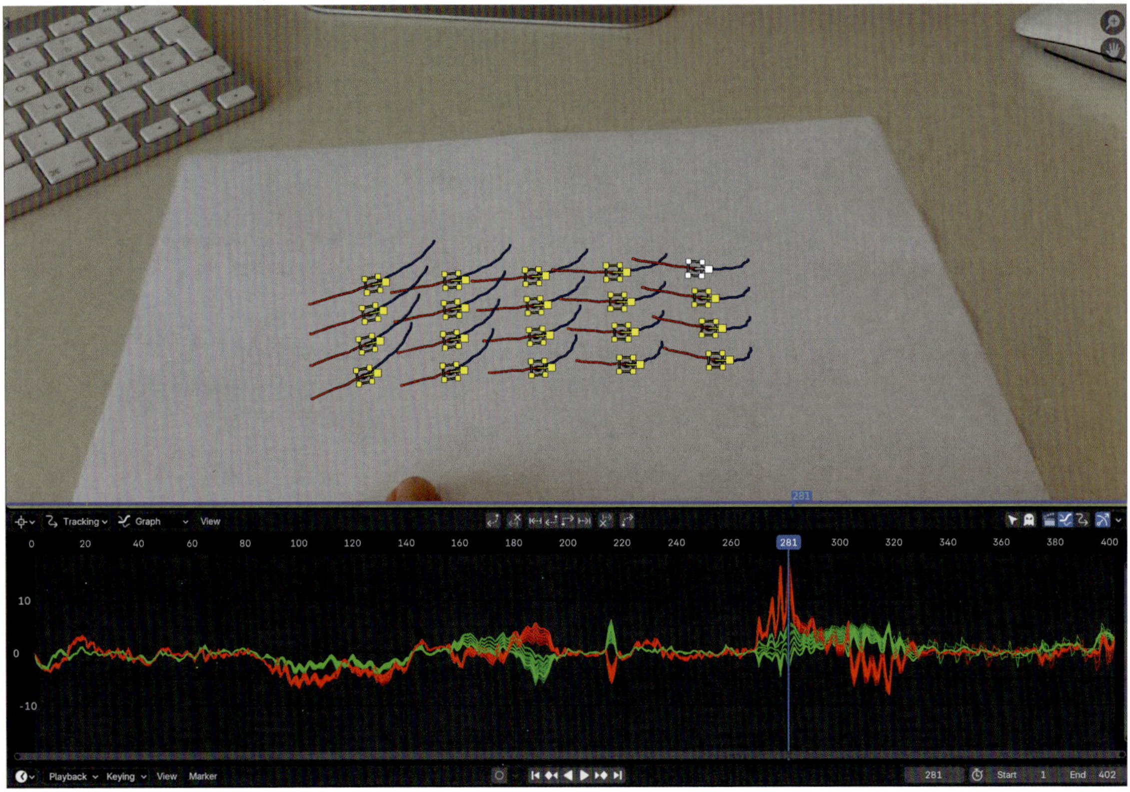

▲ **Abbildung 14.44**
Analyse des Trackings

Verschieben Sie den blauen Zeitregler insbesondere auch auf die höheren Ausschläge der Tracking-Kurven und verfolgen Sie, ob alle Marker korrekt auf den Features sitzen. Selektieren Sie nicht funktionierende Marker per Linksklick und drücken Sie die Taste [X], um sie aus dem Tracking zu löschen. Mindestens zehn der Marker sollten über die komplette Laufzeit der Filmsequenz bestehen bleiben.

7 Rekonstruktion des Trackings

Bei der folgenden Rekonstruktion der Objektbewegung, dem Solving, werden wir gleich in einem Wert ausgedrückt bekommen, wie gut unser Tracking ausgefallen ist. Dazu öffnen Sie das Panel Solve im gleichnamigen Tab ❶ der Toolbar und geben bei den Werten für Keyframe A und B einen Bereich vor, in dem die Tracking-Kurve ohne starke Ausschläge verläuft.

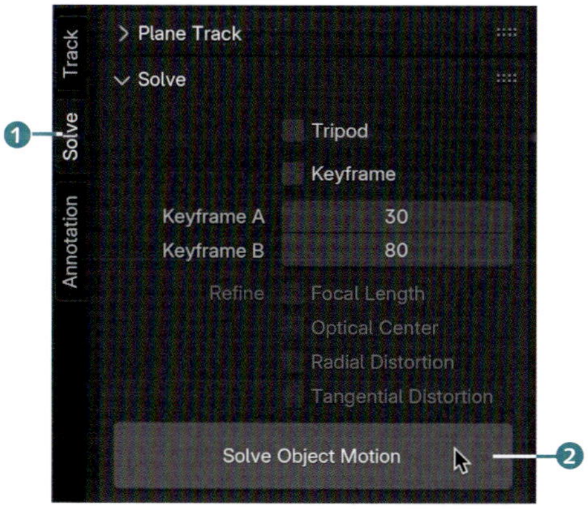

◂ Abbildung 14.45
Panel SOLVE im Solve-Tab der Toolbar

Nachdem nun alle Vorbereitungen getroffen sind, starten Sie das Solving über den Button SOLVE OBJECT MOTION ❷. Da die Anzahl der Marker überschaubar ist, bekommen Sie nach ein paar Sekunden Wartezeit in der Dopesheet-Ansicht des Movie Clip Editors die Tracks als Animationsspuren zusammen mit dem zugehörigen AVERAGE ERROR ❸, also der durchschnittlichen Abweichung aufgelistet (Abbildung 14.46).

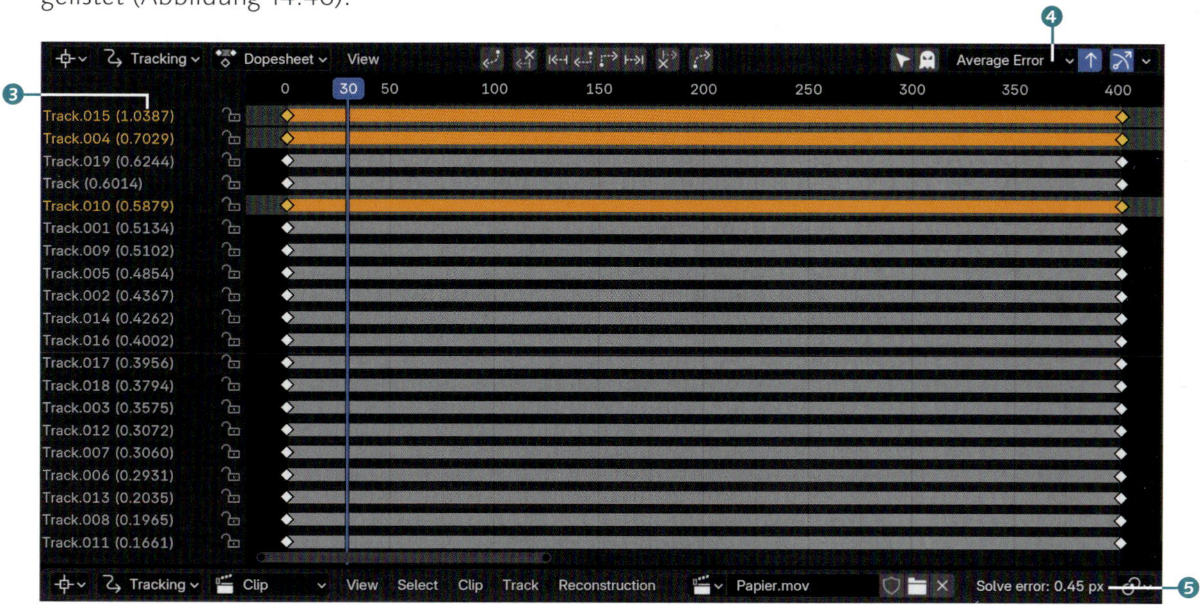

▴ Abbildung 14.46
Trackingspuren in der Dopesheet-Ansicht

Die aktuelle, aus diesen Tracks resultierende Gesamtabweichung, den SOLVE ERROR, finden Sie im Header der Clip-Ansicht des Movie Clip Editors ❺. Der angegebene Wert liegt deutlich unter 1 und signalisiert dadurch ein brauchbares Tracking, mit ein paar kleinen Aufräumarbeiten lässt sich dieser Wert aber sicher noch verbessern.

Stellen Sie dazu sicher, dass die Tracks in der Dopesheet-Ansicht nach dem Average Error sortiert sind ❹ (Abbildung 14.46), und prüfen Sie nacheinander die fünf Tracks mit dem höchsten Average Error, indem Sie den Track selektieren und die Filmsequenz einmal durchlaufen lassen.

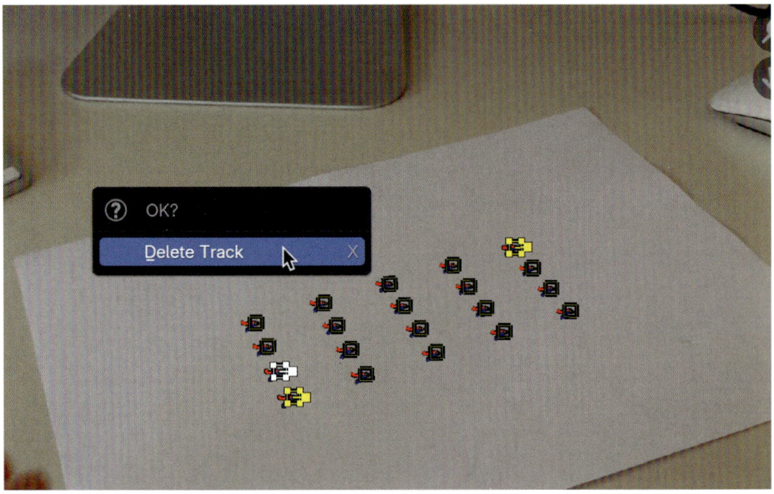

Abbildung 14.47 ▸ Löschen der schlechten Tracks

Nach der Prüfung habe ich mich dazu entschlossen, auf die drei in Abbildung 14.47 bzw. Abbildung 14.46 selektierten Tracks zu verzichten. Selektieren Sie die Ihrer Meinung nach verzichtbaren Tracks mit gedrückt gehaltener ⇧-Taste und löschen Sie die Tracks über den Befehl Delete Track (Taste X).

Klicken Sie anschließend erneut auf den Button Solve Object Motion im Solve-Panel des gleichnamigen Tabs (Abbildung 14.45). Der neue Average Error liegt in meinem Fall bei 0.33 px und hat sich durch den Verzicht auf die fehlerhaften Tracks verbessert.

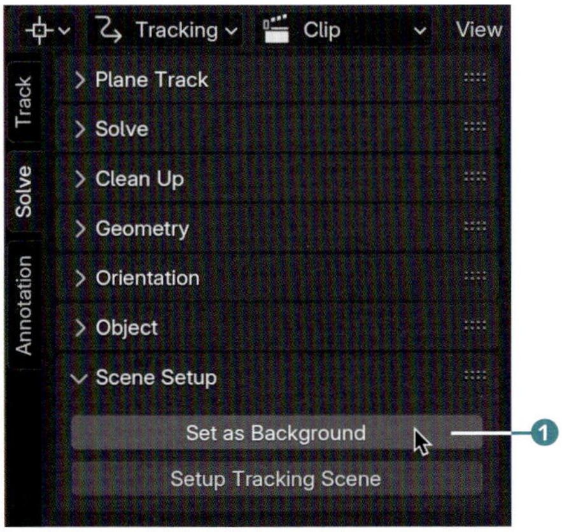

Abbildung 14.48 ▸ Panel Scene Setup im Solve-Tab der Toolbar

Die Rekonstruktion ist damit abgeschlossen, die Tracking-Daten sind fertig zur weiteren Verwendung. Klappen Sie noch schnell das Panel SCENE SETUP im Tab SOLVE der Sidebar (Abbildung 14.48) auf, und weisen Sie durch Klick auf den Button SET AS BACKGROUND ❶ unsere Filmsequenz der Kamera als Hintergrund zu.

8 Tracking und Filmsequenz in Kamera verknüpfen

Über die Kamera führen wir nun das Tracking und die Filmsequenz zusammen. Weisen Sie dazu der Kamera über das Menü ADD OBJECT CONSTRAINT im Constraint-Tab ❷ ein Camera Solver-Constraint zu. Dank der Einstellung ACTIVE CLIP ist unsere Filmsequenz auch schon ohne weiteres Zutun definiert (Abbildung 14.49).

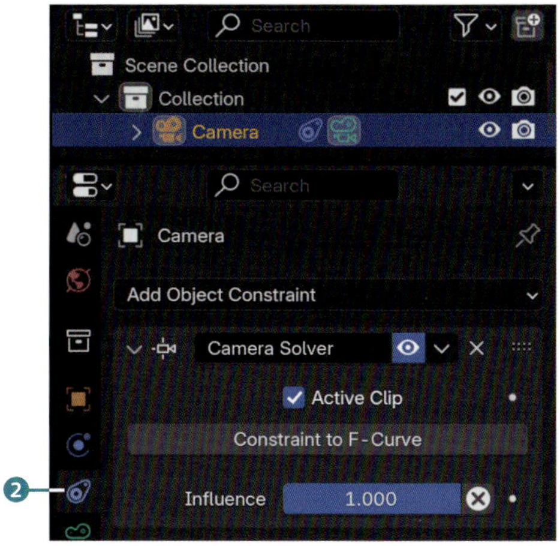

▲ **Abbildung 14.49**
Camera Solver-Constraint der Kamera

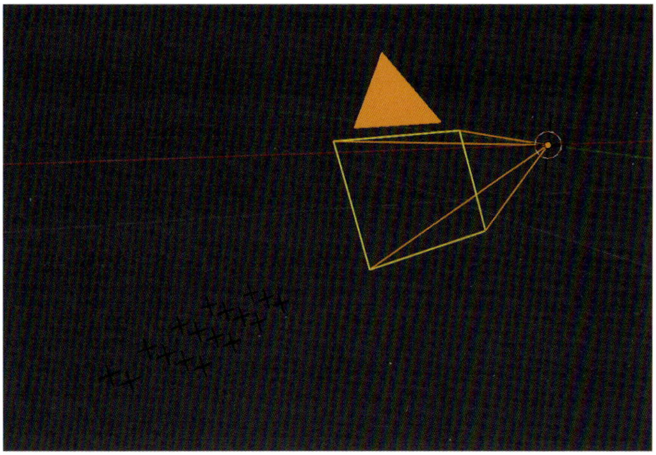

▲ **Abbildung 14.50**
Kamera mit den getrackten Markern

Um die Lage von Kamera und Markern im 3D-Raum des Viewports beurteilen zu können, drücken Sie die Taste [0] [Num]. Wie Sie sehen, liegt die Kamera im Weltursprung, die getrackten Marker liegen entsprechend schief und schwer einschätzbar im Raum. Bevor wir hier ein Objekt korrekt platzieren können, sollten wir uns die Szene ein bisschen vorbereiten.

Beginnen Sie am besten in der Ansicht von oben (Taste [7] [Num]). Falls notwendig, selektieren Sie das Kamera-Objekt im Viewport und verschieben Sie die Kamera über den Befehl MOVE in Y-Richtung (Tasten [G] + [Y]), bis die zugehörigen Marker in etwa im Weltursprung liegen (Abbildung 14.51). Anschließend wechseln Sie über die Taste [3] [Num] in die Ansicht von rechts und aktivieren das Move-Tool in Z-Richtung (Tasten [G] + [Z]). Verschieben Sie nun die Kamera so weit in Z-Richtung nach oben, bis die Marker etwa auf Höhe der Y-Achse liegen. Damit die Marker sich möglichst plan an der Y-Achse verteilen, müssen wir die Kamera nun noch drehen.

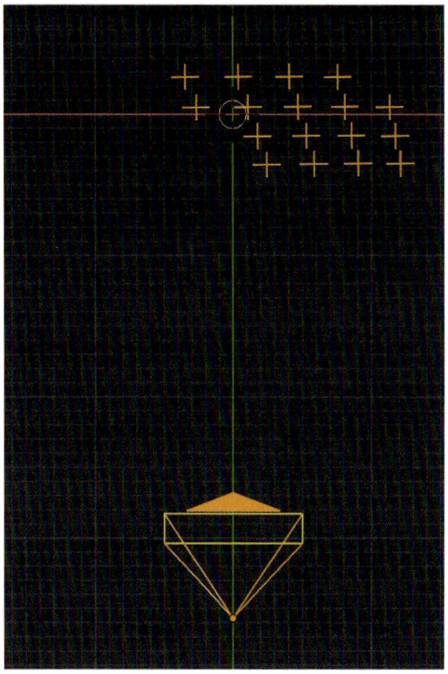

▲ **Abbildung 14.51**
Verschieben der Kamera

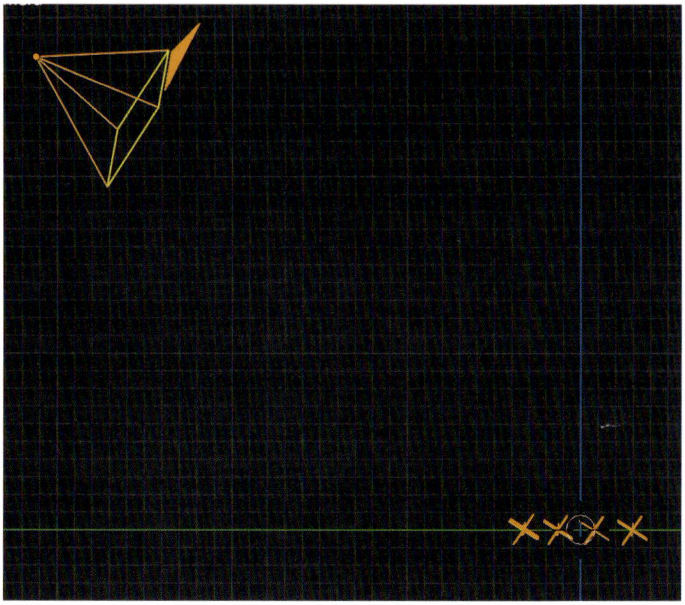

▲ **Abbildung 14.52**
Platzieren der gedrehten Kamera mit den getrackten Markern

Verwenden Sie dazu das Rotate-Tool (Taste R) in Verbindung mit der X-Taste bzw. mit der Y-Taste für eine Drehung um die X- bzw. Y-Achse, bis die Marker fast exakt aufeinanderliegen. Platzieren Sie dann die Kamera mit dem Move-Tool (Taste G) so, dass die Mitte der Marker im Weltursprung liegt (Abbildung 14.52).

Abbildung 14.53 ►
Ausgerichtete Szene aus der Kameraperspektive

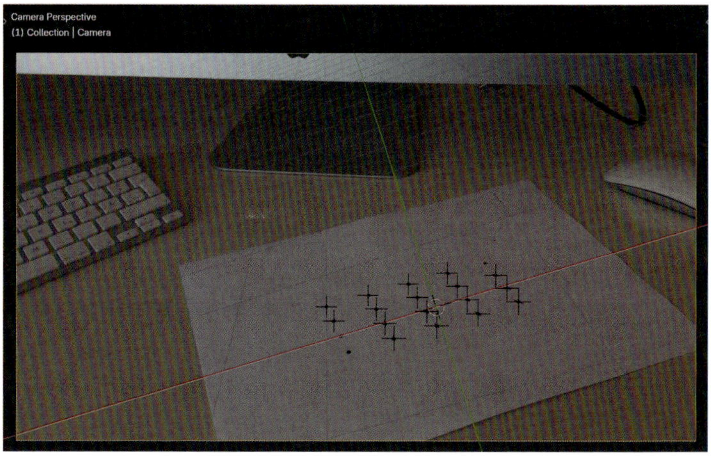

Wechseln Sie abschließend wieder zurück in die Perspektive unserer Kamera (Taste [0] [Num]). Nun haben wir den Weltursprung mit seinen Achsen als Positionierungshilfe (Abbildung 14.53).

9 Tracking-Daten an Objekt übergeben

Es ist natürlich völlig Ihnen überlassen, welches Objekt Sie nun auf dem Blatt Papier platzieren. Erzeugen Sie einfach ein neues Objekt oder importieren Sie ein beliebiges, bereits vorhandenes Objekt, wie in meinem Beispiel die bekannte Kugel.

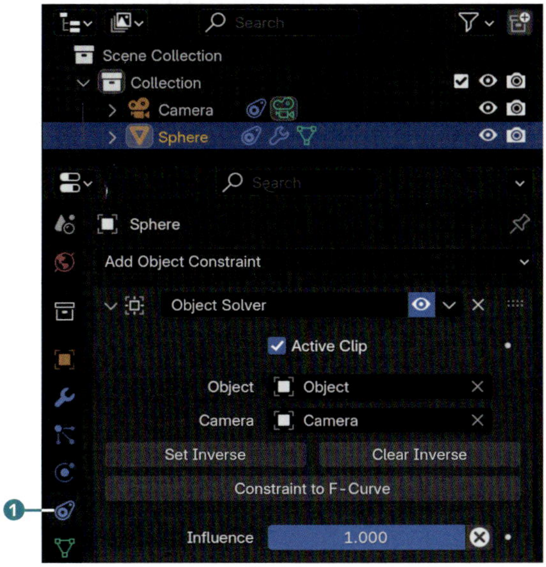

▲ Abbildung 14.54
Object Solver-Constraint der Kugel

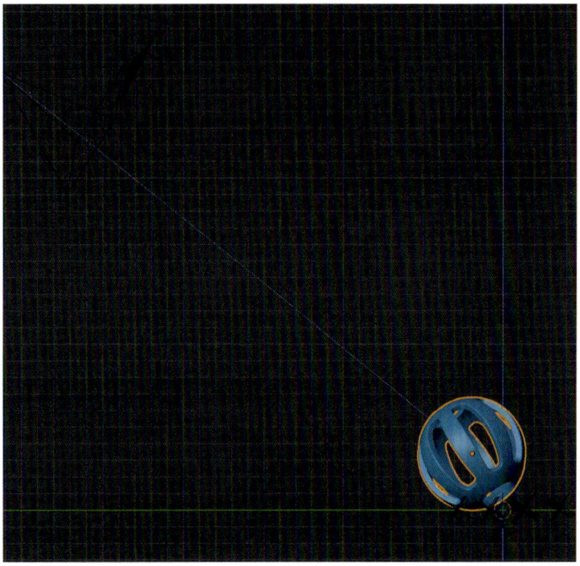

▲ Abbildung 14.55
Skalieren, Rotieren und Platzieren der Kugel

Weisen Sie Ihrem Objekt über das Menü Add Object Contraint in seinem Constraint-Tab (1) ein Object Solver-Constraint zu. Die Einstellung Active Clip betrifft unsere Filmsequenz und ist natürlich weiterhin gültig. Um die Tracking-Daten an das Objekt zu übergeben, wählen Sie für das Feld Object die von uns erzeugte gleichnamige Tracking-Spur, im Feld Camera geben Sie die mit der Filmsequenz vorbereitete Kamera an.

Falls Sie Ihr Objekt suchen: Es ist durch das Zuweisen des Object Solver-Constraints an den Ursprung der Kamera gesprungen. Wechseln Sie deshalb am besten in die Ansicht von rechts (Taste [3] [Num]), um das Objekt mit den bekannten Werkzeugen in der richtigen Größe und Ausrichtung an die gewünschte Position bringen zu können (Abbildung 14.55).

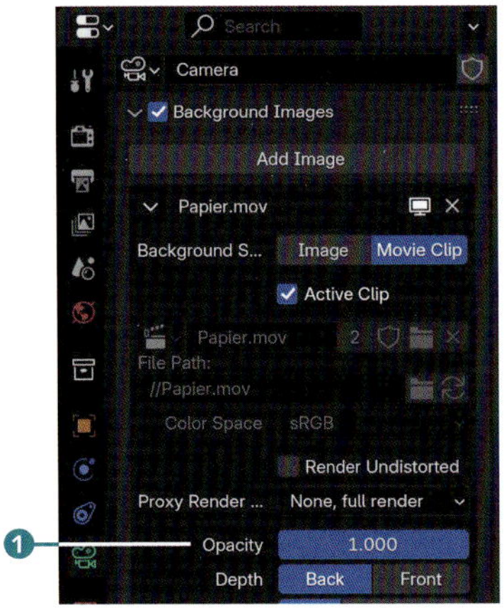

▲ **Abbildung 14.56**
Einstellungen für den Movie Clip

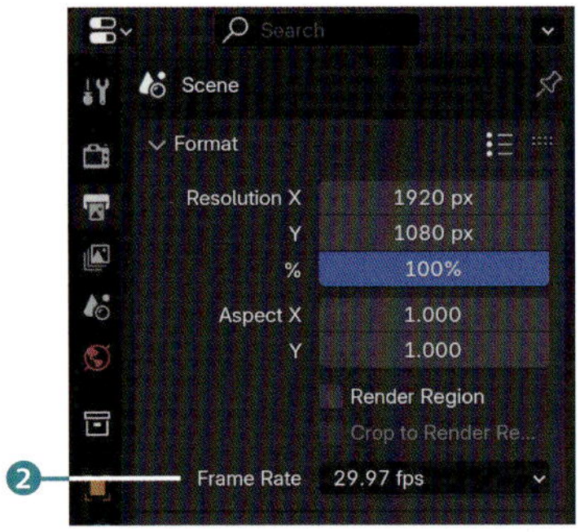

▲ **Abbildung 14.57**
Panel Format im Output-Tab des Properties Editors

10 Optimierung der Ansicht und Abspielrate

Damit wir die im Hintergrund eingebaute Filmsequenz in voller Pracht angezeigt bekommen, suchen wir in den Einstellungen zum Movie Clip im Panel Background Images des Camera-Tabs im Properties Editor (Abbildung 14.56) den entsprechenden Parameter Opacity ❶ und erhöhen ihn auf 1.

Wenn wir nun die 2D-Filmsequenz mit dem per Objekt-Tracking animierten 3D-Objekt vereinigen, müssen die Abspielraten der Animation in Blender und der Filmsequenz natürlich hundertprozentig übereinstimmen. Die Abspielrate (Frame Rate) liegt in Blender standardmäßig bei 24 fps (Frames per second, also Bildern pro Sekunde), während sich die Frame Rate der Filmsequenz dagegen auf 29,97 fps beläuft. Um diese Diskrepanz zu beheben, öffnen Sie das Panel Format im Output-Tab des Properties Editors (Abbildung 14.55) und erhöhen dort die Frame Rate auf die zur Filmsequenz passenden 29,97 fps.

Bevor Sie nun die fertige Animation mittels Leertaste starten, blenden Sie noch die im Viewport störenden Elemente über die Pop-up-Menüs Viewport Gizmos ❸ bzw. Viewport Overlays ❹ aus. Dazu gehören der Floor, die Axes, der 3D Cursor, das Motion Tracking und die Origins.

Nun ließe sich dieses Motion-Tracking noch durch eine ausgefeilte Ausleuchtung mit Schattenwurf auf dem Papier verbessern. Mehr darüber erfahren Sie gleich im Tracking-Workshop am Ende dieses Kapitels und vieles Weiteres zum Thema »Compositing« im gleichnamigen Kapitel 21.

▲ **Abbildung 14.58**
Pop-up-Menüs Viewport Gizmos und Viewport Overlays

Abbildung 14.59 ▶
Mittels Objekt-Tracking in eine Filmsequenz integriertes 3D-Element

14.3 2D-Stabilisierung

Eigentlich sind Kamerabewegungen aufgrund der daraus resultierenden Parallaxenverschiebung für den Tracker ein Segen, wenn es darum geht, Szenen zu rekonstruieren. Zu viel Bewegung allerdings stört und erzeugt Unruhe beim Betrachten. In Blender haben Sie die Möglichkeit, Ihre Filmsequenzen (»Clips«) mittels Tracks zu stabilisieren. Dabei werden die nachverfolgten Bewegungen einfach durch entgegengesetzte Bewegungen ausgeglichen. Gleiches gilt für unerwünschte Drehungen oder Skalierungen (Zooms).

◂ **Abbildung 14.60**
Stabilisierter Clip mit Lücken an den Rändern

Die bei der Stabilisierung naturgemäß entstehenden Lücken ❹ müssen durch eine Skalierung des Filmes aufgefangen werden – was durch Interpolation geschieht und in qualitativer Hinsicht nur in begrenztem Maß sinnvoll ist.

Um die Stabilisierung einer Filmsequenz in Angriff nehmen zu können, benötigen Sie getrackte Marker. Während sich der Clip mit einem einzelnen Marker lediglich an einer Position »festnageln« lässt, können Sie mit einem zweiten eine vorliegende Drehung oder Skalierung detektieren und beheben lassen. Alle für die Stabilisierung benötigten Parameter finden Sie im Panel 2D STABILIZATION des Stabilization-Tabs ❷ (Abbildung 14.61) in der Sidebar des Movie Clip Editors.

Die in den folgenden Parametern festzulegende 2D-Stabilisierung schalten Sie über die Aktivierung des Panels 2D STABILIZATION ❶ (Abbildung 14.61) an bzw. aus. Einen Frame, in dem das Hauptelement der Filmsequenz besonders gut dargestellt wird, legen Sie als Basis für die Stabilisierung unter ANCHOR FRAME fest. Ob neben der Position auch Drehungen und Skalierungen ausgeglichen werden, definieren Sie über die Optionen ROTATION und SCALE. In den untergeordneten Panels TRACKS FOR LOCATION bzw. TRACKS FOR ROTATION / SCALE geben Sie die getrackten Marker für die Stabilisierung vor. Dazu selektieren Sie den Marker und klicken auf den +-Button, das Entfernen von Markern erfolgt über den –-Button.

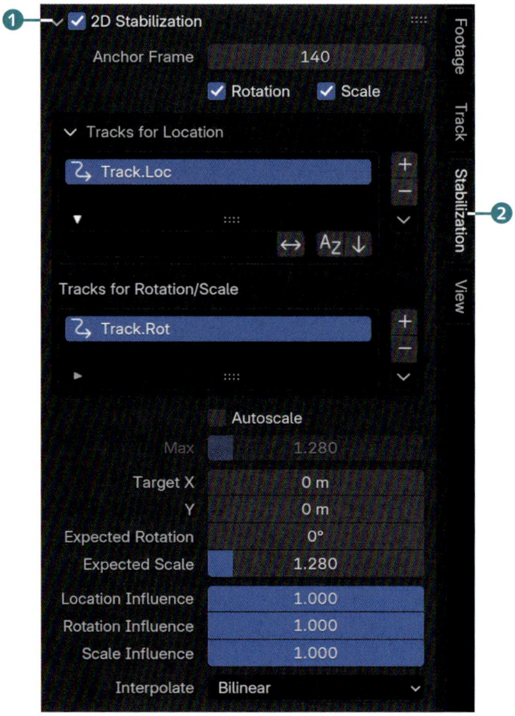

Abbildung 14.61 ▸
Panel 2D STABILIZATION im Stabilization-Tab der Sidebar

Durch Aktivieren der Option AUTOSCALE erreichen Sie, dass der Clip automatisch auf die nötige Größe skaliert wird, um alle an den Rändern entstehenden Lücken auszugleichen (Abbildung 14.62), über den Wert MAX können Sie dabei ein Limit vorgeben. Alternativ haben Sie die Möglichkeit, den Clip manuell über TARGET X bzw. Y, EXPECTED ROTATION sowie EXPECTED SCALE zu transformieren. Welchen Einfluss (INFLUENCE) die Tracks bei der Stabilisierung von LOCATION, ROTATION und SCALE haben, stellen Sie über die drei zugehörigen Schieberegler ein.

Im Menü INTERPOLATE wählen Sie zwischen drei Interpolationsmethoden für die durch die Stabilisierung nötige Rotation bzw. Skalierung des Filmmaterials. Die besten Resultate, aber auch die aufwendigste Berechnung verspricht BICUBIC, während BILINEAR eine schneller zu berechnende lineare Interpolation vornimmt. NEAREST orientiert sich einfach am nächstgelegenen Pixel, interpoliert also genau genommen gar nicht, was zwar die ursprüngliche Schärfe des Clips erhält, aber auch zu unschönen Sprüngen führen kann.

◂ **Abbildung 14.62**
Stabilisierter und per AUTOSCALE skalierter Clip

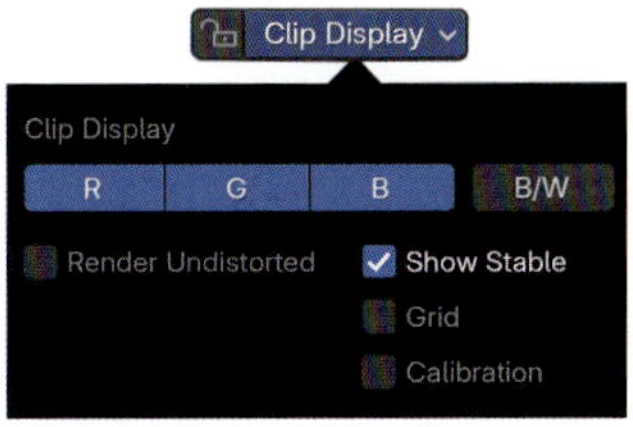

▴ **Abbildung 14.63**
Pop-up-Menü CLIP DISPLAY

Um die erfolgte 2D-Stabilisierung im Movie Clip Editor anzeigen zu lassen, aktivieren Sie die Option SHOW STABLE im Pop-up-Menü CLIP DISPLAY (Abbildung 14.63). Für das Rendering des stabilisierten Clips müssen Sie wieder auf das Compositing zurückgreifen. Dabei erhält der Movie Clip seine Stabilisierungsinformationen über den eigens dafür vorgesehenen Node STABILIZE 2D.

14.4 Linsenverzerrung

Durch optische Linsen verursachte Verzerrungen an den Rändern sind eine ganz normale Begleiterscheinung von Aufnahmen, die je nach Brennweite mehr oder weniger stark in Erscheinung tritt. Generell muss dieser Effekt nicht zwangsläufig stören, doch wenn es um das Tracking geht, sollte die Linsenverzerrung nicht ganz außer Acht gelassen werden.

Zum einen liefern getrackte Marker in den Randzonen möglicherweise inkorrekte bzw. verzerrte Informationen für die Rekonstruktion. Zum anderen könnte die Verzerrung auch bei der Kombination von unverzerrten 3D-Elementen mit verzerrtem 2D-Filmmaterial zu Komplikationen führen. Im gegebenen Fall gilt es also, entweder die 3D-Szene mit einer entsprechenden Verzerrung anzupassen oder den 2D-Film zu entzerren. Beides ist in Blender mit den entsprechenden Nodes beim Compositing möglich.

Automatische Linsenentzerrung

Auch wenn die Funktionen zur automatischen Entzerrung der Linsenverkrümmung relativ bescheiden sind, möchte ich sie an dieser Stelle nicht unerwähnt lassen. Im Panel SOLVE des gleichnamigen Tabs ❶ können Sie über das Menü REFINE neben der Brennweite (FOCAL LENGTH) auch bis zu zwei Koeffizienten (K1 bzw. K2) für die Linsenentzerrung ermitteln lassen. Die gefundenen Ergebnisse trägt der Solver automatisch als Parameter in das Panel LENS im Track-Tab ❷ ein.

▼ **Abbildung 14.64**
Panel SOLVE im Solve-Tab der Toolbar

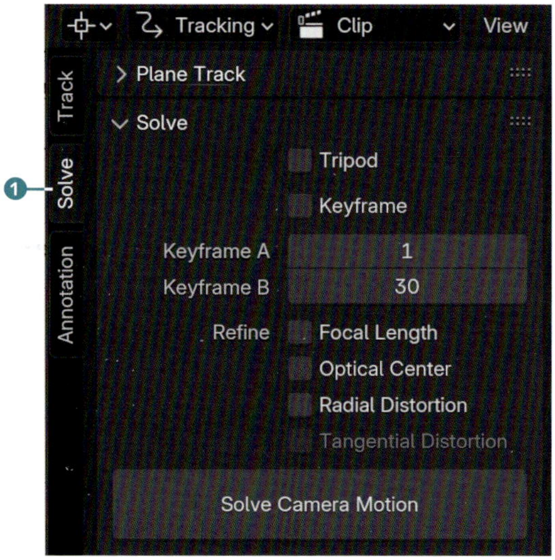

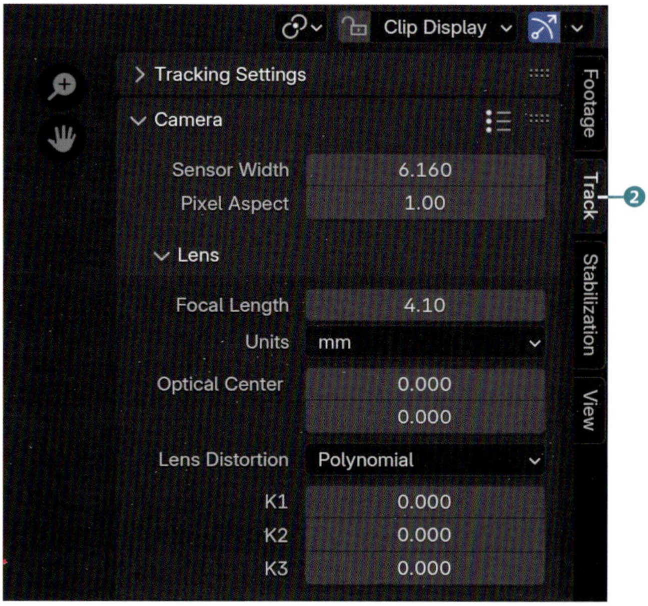

Abbildung 14.65 ▸
Panel LENS im Track-Tab der Sidebar

Manuelle Linsenentzerrung

Über dieses Panel ist es ebenso möglich, die Parameter für die Linsenentzerrung manuell vorzugeben. Das Menü LENS DISTORTION lässt Sie zwischen zwei Verzerrungsmodellen wählen. Für stärkere Verzerrungen, wie beispielsweise bei Fisheye-Linsen, ist das Modell DIVISION besser geeignet, alle anderen Linsen sollten mit dem Modell POLYNOMIAL zurechtkommen.

Die manuelle Linsenentzerrung erfolgt nun über die drei Koeffizienten-Parameter K1, K2 und K3. Dabei beginnen Sie von oben nach unten – in den meisten Fällen dürfte dabei eine Justierung von K1 ausreichen, gegebenenfalls mit etwas Nachbesserung von K2. Als Orientierungshilfe können Ihnen dabei entweder ein einblendbares GRID oder auch eigene, mit dem Annotation-Tool eingezeichnete Hilfslinien dienen. Zunächst aktivieren Sie sich aber über das Pop-up-Menü CLIP DISPLAY (Abbildung 14.66) die Option RENDER UNDISTORTED, um die folgende Linsenentzerrung im Movie Clip Editor anzeigen zu lassen.

Die Form der Entzerrung, die Sie mit den drei Koeffizienten auf Ihr Filmmaterial anwenden, lässt sich nun sehr schön über ein GRID ❸ darstellen, das Sie sich über die gleichnamige Option im Pop-up-Menü CLIP DISPLAY einblenden können.

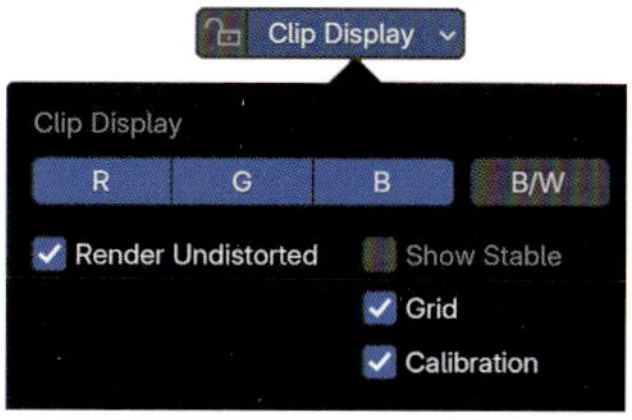

▲ **Abbildung 14.66**
Pop-up-Menü CLIP DISPLAY

◀ **Abbildung 14.67**
Darstellung der Entzerrung über das GRID

Hilfreicher bei der manuellen Linsenentzerrung ist oft die Möglichkeit, Hilfslinien direkt an (eigentlich) gerade verlaufenden Elementen im Bild anzubringen. Diese zeichnen Sie sich mit den Annotation-Tools ❹ aus der Toolbar in die Ansicht.

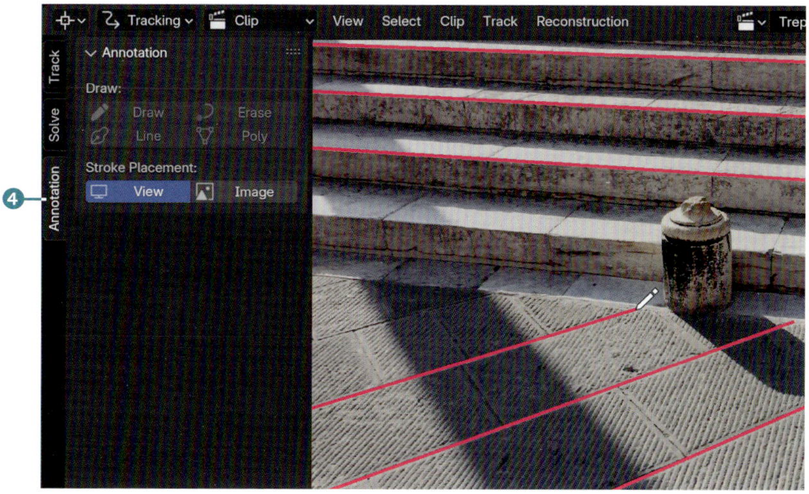

◀ **Abbildung 14.68**
Darstellung der Entzerrung über eigene, mit dem Annotation-Tool gezeichnete Linien

Durch Aktivieren bzw. Deaktivieren der Option CALIBRATION im Pop-up-Menü CLIP DISPLAY (Abbildung 14.66) schalten Sie die Wirkung der Entzerrung auf die Annotation-Elemente ein bzw. aus.

Tracking und Rendering

Bei der Korrektur der Linsenverzerrung ist es leider nicht zu vermeiden, dass Bildbereiche durch die Entzerrung etwas an Schärfe verlieren. Deshalb ist es nicht nur möglich, sondern auch empfehlenswert, das Tracking mit der noch nicht entzerrten Filmsequenz durchzuführen. Bei der Entzerrung werden alle bestehenden Tracks bzw. Marker entsprechend angepasst. Eine danach gestartete Rekonstruktion liefert zudem meist bessere Ergebnisse.

Zum Rendern des korrigierten Clips müssen Sie auch bei der Linsenverzerrung auf das Compositing zurückgreifen. Dabei sorgt der Node MOVIE DISTORTION aus dem Untermenü DISTORT für die Entzerrung auf Basis der vorgegebenen Parameter.

14.5 Masking und Rotoscoping

Masking und Rotoscoping – eine Begriffserklärung

Als MASKING wird das Maskieren bestimmter Bildbereiche für visuelle Effekte bezeichnet. Wird diese Maske dazu noch animiert, spricht man von ROTOSCOPING.

Bislang haben wir uns in diesem Kapitel mit den verschiedenen Methoden für die Verschmelzung von 2D-Film mit 2D- und auch 3D-Elementen befasst. Im Idealfall sind dabei alle Einzelteile so beschaffen, dass der Integration keine Steine in Form von verdeckten Bildbereichen oder Überlappungen in den Weg gelegt werden. Doch auch für diese Unwägbarkeiten bietet Blender einen Ausweg: Masking bzw. Rotoscoping. Bei dieser Technik erzeugen Sie, ähnlich wie in einem Bildbearbeitungsprogramm, eine Maske für die freizustellenden Bildbereiche. Diese Alpha-Maske arbeitet mit Ihrem Tracking zusammen und ist selbstverständlich animierbar.

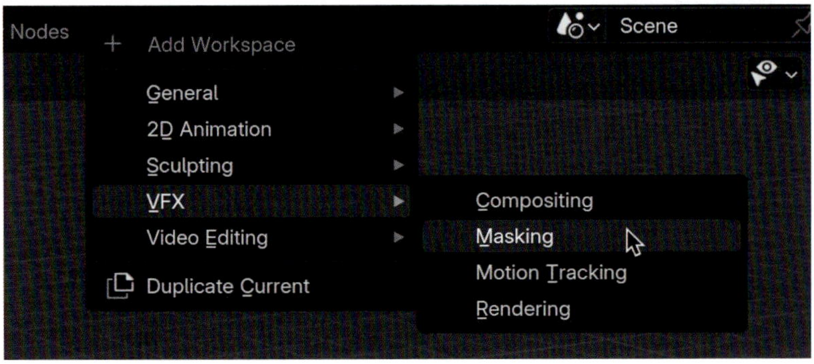

Abbildung 14.69 ▸
Menü ADD WORKSPACE

Auch beim Masking spielt der Movie Clip Editor (Abbildung 14.68) wieder eine große Rolle, diesmal aber im Arbeitsmodus MASK ❶. Ihn und alle weiteren für das Masking essentiellen Editoren können Sie sich über den Workspace MASKING aus dem Template VFX (Abbildung 14.69) in die Blender-Oberfläche holen.

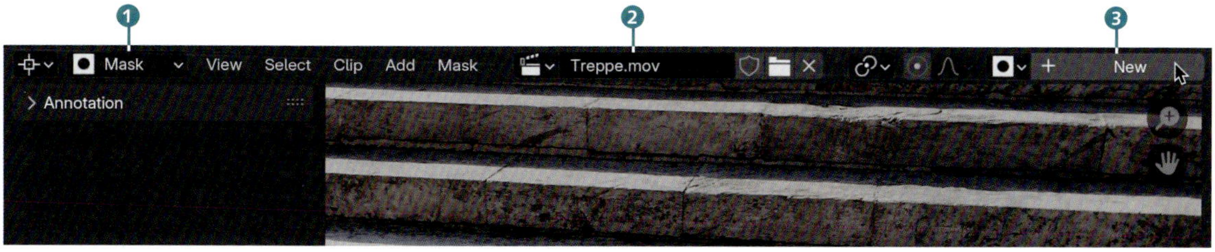

▲ **Abbildung 14.70**
Movie Clip Editor im Modus MASK

Die Vorarbeiten für das Masking und Rotoscoping sind identisch mit dem Tracking. Zunächst laden Sie Ihre Filmsequenz ❷ in den Movie Clip Editor, dabei springen Sie kurz in den Modus TRACKING, um einen PREFETCH des Clips in den Cache anzustoßen.

Masken erzeugen und bearbeiten

Zum Erzeugen einer neuen Maske für diesen Clip klicken Sie auf den Button NEW ❸. In der Sidebar (Abbildung 14.71) finden Sie im Mask-Tab ❻ unter MASK SETTINGS ❹ Einstellungen für die Gültigkeit der Maske im Video Sequence Editor. Insbesondere bei komplexen Masken aus mehreren Bildelementen bietet es sich an, die Ebenenfunktionalität im Panel MASK LAYERS ❺ zu nutzen.

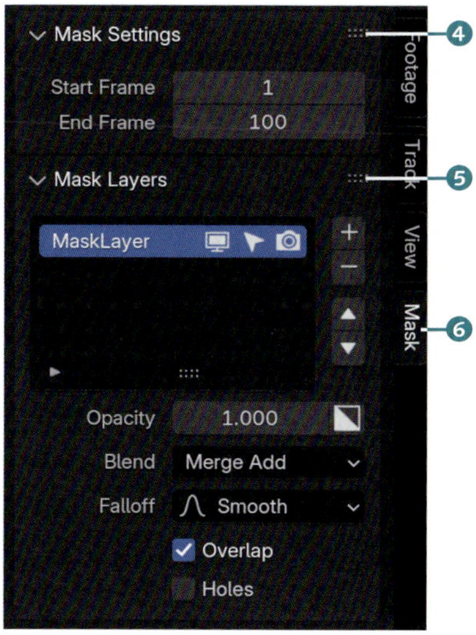

◀ **Abbildung 14.71**
Panels MASK SETTINGS und MASK LAYERS im Mask-Tab der Sidebar

Analog zu den Ebenen in einem Bildbearbeitungsprogramm können Sie dabei für jede Ebene eine Transparenz bzw. Opazität (Opacity), die Wirkungsweise über einen Blendmodus (Blend) sowie die Art der Abnahme an den Rändern (Falloff) festlegen. Die Optionen Overlap bzw. Holes bestimmen, ob für die Berechnung der Maske überlappende Bereiche bzw. Aussparungen berücksichtigt werden.

Die maskierten Bereiche selbst werden durch Spline-Kurven definiert. Jede Ebene kann dabei beliebig viele Spline-Kurven aufnehmen. Im Menü Add im Header des Movie Clip Editors finden Sie zwei Primitives (Circle und Square), die Sie als Ausgangsbasis verwenden können. Alternativ erzeugen Sie einen Spline-Pfad durch Erstellen eines neuen Kontrollpunkts per Linksklick mit gedrückt gehaltener [Strg]/[Cmd]-Taste.

▲ **Abbildung 14.72**
Mask-Tabs in der Toolbar und in der Sidebar

Halten Sie die [Strg]/[Cmd]-Taste gedrückt, um durch das Setzen weiterer Kontrollpunkte einen Spline-Pfad als Maske zu generieren (Abbildung 14.72). Im Mask-Tab ❶ der Toolbar befinden sich neben den bekannten Tools zum Transformieren der selektierten Punkte ❷ spezielle Mask-Tools ❸ zum Löschen von Kontrollpunkten, Schließen und Öffnen von Splines, Umkehren des Pfads (Switch Direction) bzw. des Kurvenanfassers (Handle Type) sowie zur Steuerung der weichen Kanten (Feather) des Spline-Pfads (Abbildung 14.74). Die Einstellungen zu den Splines hält das Panel Active Spline im Mask-Tab ❻ der Sidebar vor. Dort können Sie zusätzlich den Versatz der weichen Kante (Feather Offset) und die Interpolation zwischen den einzelnen Kontrollpunkten festlegen. Damit es keine Probleme bei der Überlagerung von weichen Kanten gibt, aktivieren Sie die Option SELF INTERSECTION CHECK.

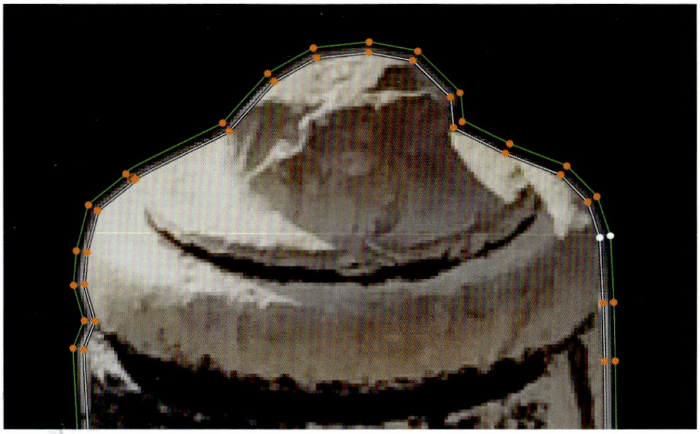

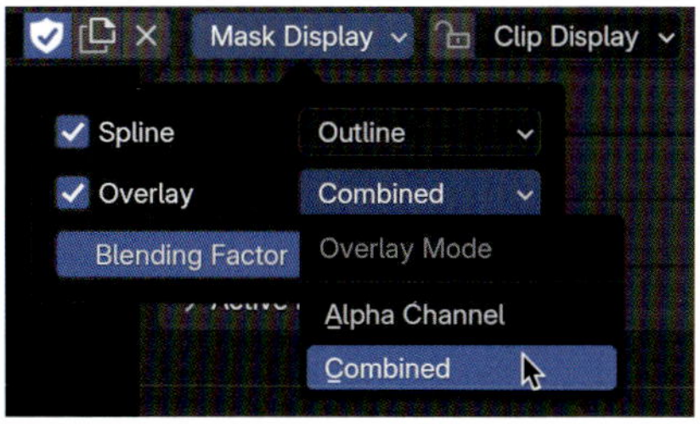

▲ **Abbildung 14.73**
Pop-up-Menü MASK DISPLAY

◀ **Abbildung 14.74**
Maske mit weicher Kante (Feathering)

Im Pop-up-Menü MASK DISPLAY (Abbildung 14.73) lässt sich die Darstellung und Wirkung der Maske jederzeit als Alpha-Kanal oder in Kombination mit dem Clip einstellen und begutachten.

Masken animieren

Die Herausforderung bei einer maskierten Filmsequenz ist natürlich, die Maske für jedes FRAME mitzuanimieren. Was nach einer äußerst mühseligen Arbeit klingt, ist dank Tracking gar nicht so dramatisch. Denn es bietet sich schließlich an, die mittels Tracks aufgezeichnete Bewegung auch auf die Maske zu übertragen.

Dazu wählen Sie über die Taste [A] alle Kontrollpunkte der Maske aus, halten anschließend die [⇧]-Taste gedrückt und selektieren zusätzlich den gewünschten Marker. Über den Befehl PARENT in den MASK TOOLS ❹ (Abbildung 14.72) verbinden Sie dann die Maske mit dem Track. Alle Informationen zum Parenting wie Clip, Bezugsobjekt und Track werden dadurch in die Einstellungen im Panel ACTIVE POINT (Abbildung 14.75) eingetragen.

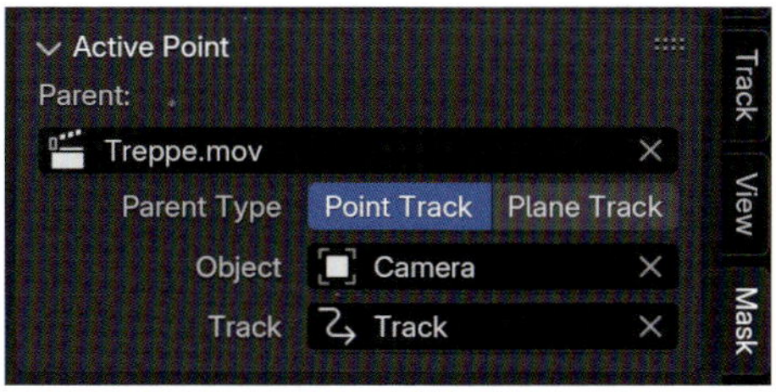

◀ **Abbildung 14.75**
Panel ACTIVE POINT im Mask-Tab in der Sidebar

Wie die Auswahl unter Parent Type verrät, können Sie zum Parenting einer Maske sowohl einen einzelnen Punkt-Track als auch einen Plane Track verwenden.

Leider muss ich an dieser Stelle etwas auf die Euphoriebremse drücken, denn in den seltensten Fällen ist es bei der Animation einer Maske mit einem einfachen Parenting getan. Zu sehr ändert sich die »Form« des maskierten Elements bei jeder Kamerabewegung. Um neben der Position auch die Form der Maske zu animieren, passen Sie die einzelnen Kontrollpunkte der geänderten Form an und erzeugen ein Keyframe (Taste [I]). Neben den bekannten Transformations-Tools stehen Ihnen für diese Animation auch noch Befehle in der Toolbar 5 (Abbildung 14.72) zur Verfügung. Um jede Änderung an den Kontrollpunkten automatisch in ein Keyframe zu speichern, aktivieren Sie Auto Keying 1 in der Timeline (Abbildung 14.76). Alle bei der Animation der Maske erzeugten Keyframes 2 finden Sie im Dope Sheet Editor (Abbildung 14.77) im Modus Mask.

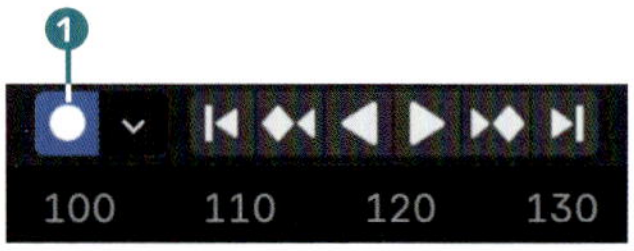

▲ **Abbildung 14.76**
Abspielsteuerung in der Timeline

Abbildung 14.77 ▸
Dope Sheet Editor im Modus Mask

Rendering mit Masken

Masking und Rotoscoping sind klassische Visual-Effects-Aufgaben, die im Compositing erledigt werden. Die finalisierte, animierte Maske mit allen Informationen des Alpha-Kanals steht Ihnen dabei als Mask-Datenblock zur Verfügung.

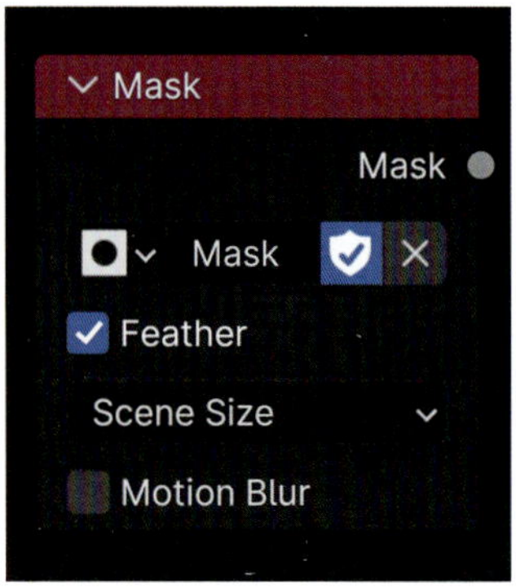

▲ **Abbildung 14.78**
Mask-Node

Den für Masking zuständigen Node Mask (Abbildung 14.78) finden Sie im Menü Add • Input des Node Editors. Hier geben Sie die gewünschte Maske an und können an dieser Stelle noch einmal entscheiden, ob die weiche Kante (Feather) zum Einsatz kommen soll. Da es sich bei der Maske um einen Spline-Pfad handelt, sind Sie bei seiner Größe absolut flexibel. Wahlweise verwenden Sie die Szenengröße (Szene Size) oder geben eine bestimmte, feste Größe vor (Fixed Size). Die Option Motion Blur generiert eine Bewegungsunschärfe für die animierte Maske. Mit diesen Informationen ausgestattet, setzen Sie den Mask-Node über seinen Output Mask zur Steuerung des gewünschten Factor-(Fac-)Inputs ein.

Projekt Doppeldecker: Einbau eines 3D-Doppeldeckers in einen Realfilm

In diesem Projekt-Workshop sehen wir uns an, wie sich ein 3D-Objekt, in unserem Fall ein Doppeldecker, mittels Kamera-Tracking und anschließender Ausleuchtung und Inszenierung glaubwürdig in einen Realfilm integrieren lässt.

1 Blender vorbereiten und VFX-Layout aufrufen

Bevor wir mit dem Tracking beginnen, stellen wir sicher, dass dem Movie Clip Editor für flüssiges Arbeiten genügend Speicher-Cache zur Verfügung steht. Rufen Sie über das Menü EDIT bzw. den Kurzbefehl Strg/Cmd + , die Preferences auf und erhöhen Sie dort im System-Tab ❸ unter dem Panel VIDEO SEQUENCER das MEMORY CACHE LIMIT auf 8192.

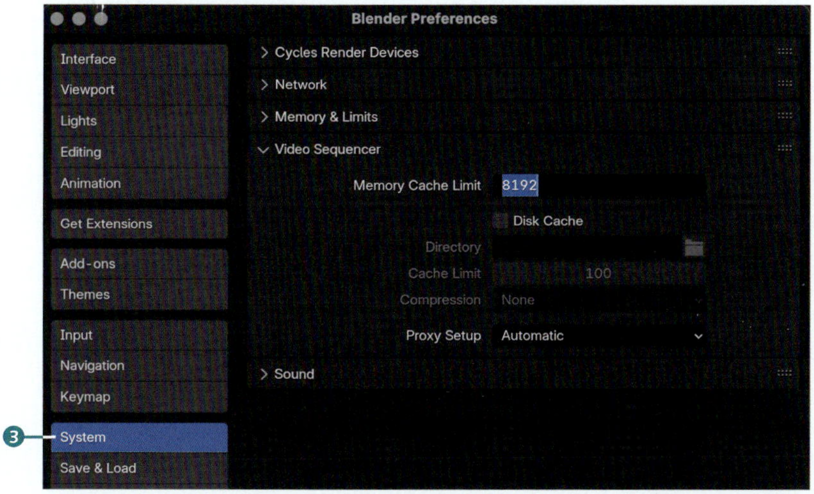

◂ **Abbildung 14.79**
Panel SYSTEM in den Blender Preferences

Der Hauptaktionsbereich für Motion-Tracking ist der Movie Clip Editor in unterschiedlichen Ansichten. Erzeugen Sie daher über das Menü FILE • NEW (Abbildung 14.80) eine frische Blender-Datei mit dem praktischen VFX-Layout für das komfortable Tracking.

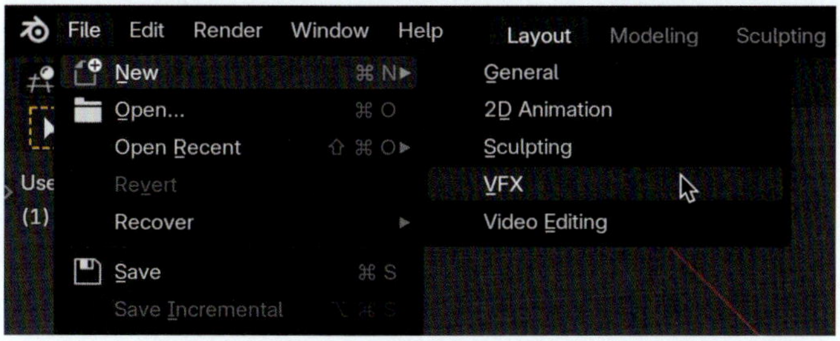

◂ **Abbildung 14.80**
Menü FILE • NEW

2 Footage laden und Szene anpassen

Um den 2D-Film, auch »Footage« genannt, in den Editor zu laden, klicken Sie im Movie Clip Editor (Abbildung 14.81) auf den Button OPEN und navigieren über den sich öffnenden File Browser zum Begleitmaterial zu diesem Buch.

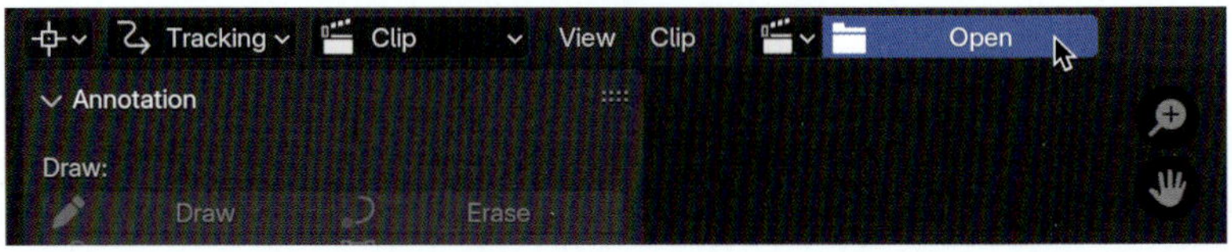

Abbildung 14.81 ▸
Laden des 2D-Films in den Movie Clip Editor

Laden Sie aus dem Verzeichnis *4_Inszenierung* die Datei *Flugplatz.mov* in den Movie Clip Editor. Da die Standardlänge einer Blender-Szene lediglich 250 Bilder (Frames) beträgt, wird momentan nur dieser Bereich des Films beim Abspielen im Editor angezeigt (Abbildung 14.82). Um die Länge der Blender-Szene exakt auf den eben geladenen 2D-Film anzupassen, reicht ein Klick auf den Button SET SCENE FRAMES ❶ im Panel CLIP des Movie Clip Editors.

▾ Abbildung 14.82
Abgleichen von Szene und 2D-Film

Wie uns der dunkelblaue Balken ❸ im Movie Clip Editor signalisiert, wurde der Film noch nicht in den Arbeitsspeicher geladen. Ein Klick auf den Button PREFETCH ❷ im Panel CLIP holt dies nach.

Klappen Sie jetzt noch im Output-Tab des Properties Editors das Panel FORMAT auf und passen Sie die FRAME RATE der Scene auf die 29.97 fps des Footage-Clips an. Die RESOLUTION ist bereits korrekt.

3 Marker für das Tracking setzen

Für die Analyse des 2D-Films und die daraus berechneten Kamera-Informationen benötigen wir gute Tracking-Punkte, die wir mit Markern setzen. Klappen Sie das Panel TRACKING SETTINGS (Abbildung 14.83) auf, und wählen Sie als MOTION MODEL LOCATION & ROTATION, um die Position und Rotation der Marker zu verfolgen – dies entspricht auch der Bewegung der Kamera im Film. Für MATCH wählen Sie die Einstellung PREVIOUS FRAME, damit orientiert sich der Tracker beim Nachverfolgen am vorangegangenen Frame. Die Größen (SIZE) des Pattern- und des Search-Bereichs können auf den Standardwerten bleiben. Zwar enthält der Clip praktisch keine Änderung der Lichtverhältnisse, doch schadet es nicht, die Option NORMALIZE zu aktivieren.

Damit der Motion-Tracker so viel Information wie möglich erhält, sollten wir die Tracking-Punkte nicht nur im Bereich des Geschehens, sondern auch in der näheren und weiteren Umgebung setzen.

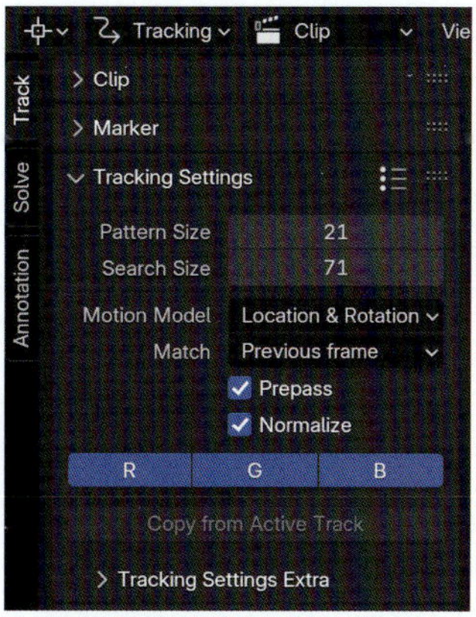

▲ **Abbildung 14.83**
Panel TRACKING SETTINGS im Track-Tab

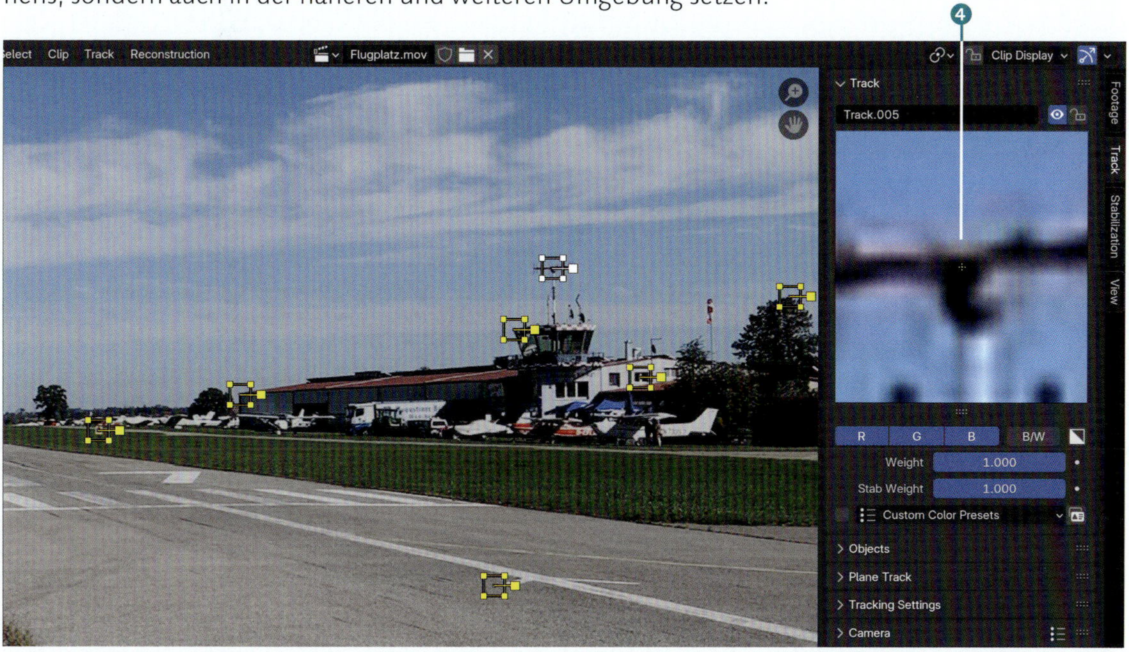

▲ **Abbildung 14.84**
Marker in der näheren und weiteren Umgebung

Achten Sie darauf, dass der blaue Zeitregler auf Frame 1 steht, und setzen Sie durch Linksklick mit gedrückt gehaltener [Strg]/[Cmd]-Taste Ihre ersten Marker. Korrigieren Sie, falls nötig, die Position durch Ziehen des Markers in seiner Mitte an die gewünschte Stelle. Die skalierte Vorschau 4 in der Sidebar (Taste [N]) des Movie Clip Editors hilft Ihnen dabei. Verteilen Sie auf diese Weise einige Marker in der Umgebung (Abbildung 14.84).

Im Aktionsbereich, also dort, wo unser Doppeldecker später abheben soll, benötigen wir möglichst valide Informationen – nicht nur für die Kamera, auch für die spätere Ausrichtung der Szene. Die Start- und Landebahnmarkierungen **1** bieten dafür gute Tracking-Möglichkeiten.

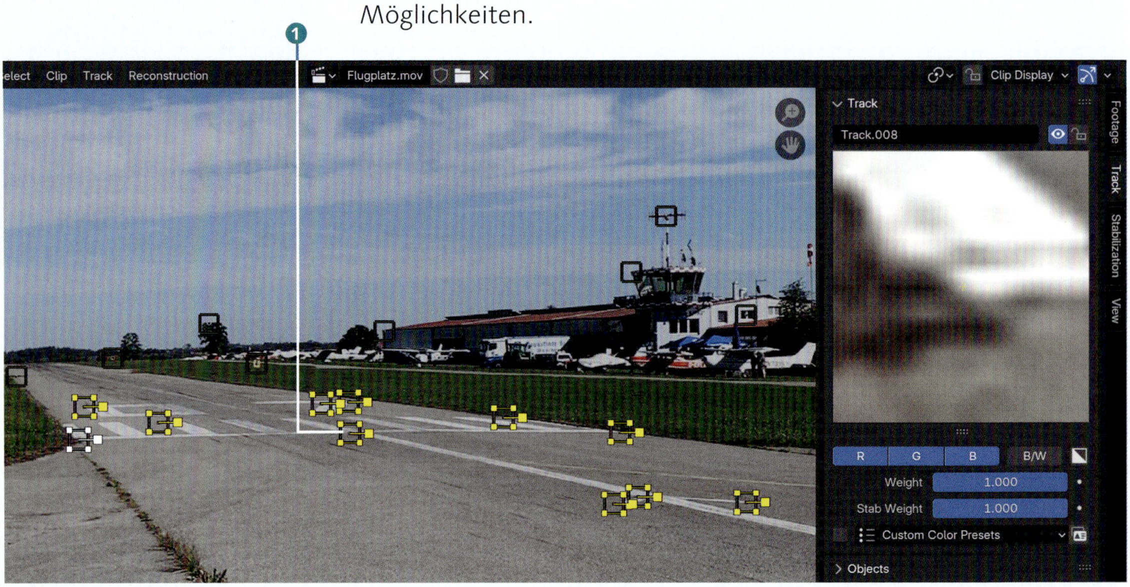

▲ **Abbildung 14.85**
Marker im Aktionsbereich

▼ **Abbildung 14.86**
Platzierte Marker

Anstatt Sie mit einzelnen Markern zu langweilen, sehen Sie in Abbildung 14.86 eine Gesamtansicht der in meinem 2D-Film platzierten Marker. Diese lassen wir nun im nächsten Schritt per Tracking nachverfolgen.

4 Tracking der Marker

Stellen Sie, gegebenenfalls durch ein- bzw. zweimaliges Drücken der Taste [A], sicher, dass alle zuvor platzierten Marker selektiert sind, und starten Sie das Tracking dieser Marker per Klick auf den Button ❷ für das Tracking in Abspielrichtung.

Je nach Qualität der Tracking-Punkte wird es nicht ausbleiben, dass schwierige Tracks sich selbstständig machen und/oder sich selbst deaktivieren ❺ und dies in der Tracking-Vorschau ❹ durch ein rosa gefülltes Fenster signalisieren. Der gezeigte Tracking-Punkt war tatsächlich (und auch nicht ganz unabsichtlich) undankbar an den Rand gesetzt.

Da wir genügend andere, funktionierende Tracks haben, können wir uns die Mühe sparen, diesen Track manuell wieder zum Leben zu erwecken. Um einen störrischen Track zu löschen, selektieren Sie ihn einfach per Linksklick und drücken Sie die Taste [X], um ihn zu entfernen (Abbildung 14.89).

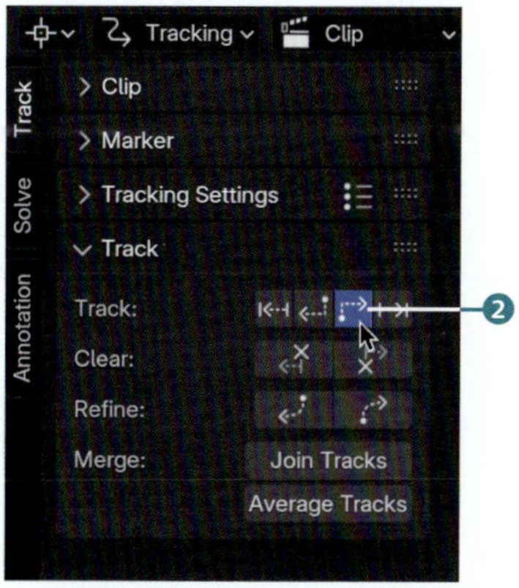

▲ **Abbildung 14.87**
Panel Track im Track-Tab

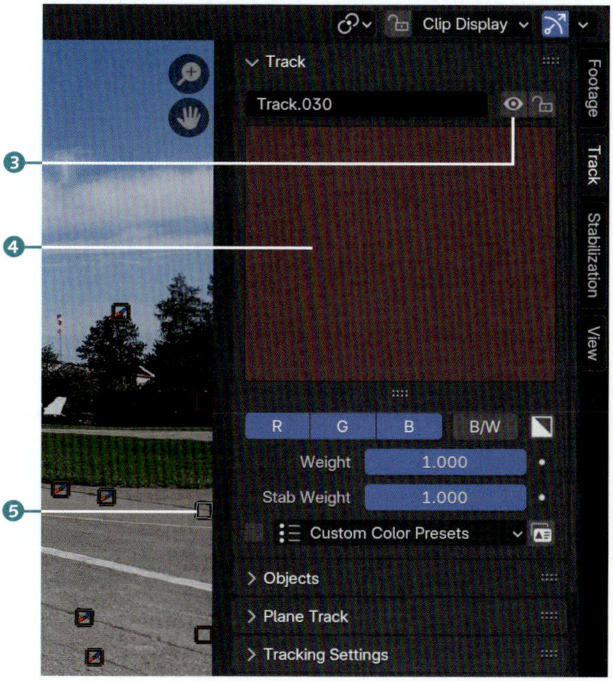

◂ **Abbildung 14.88**
Deaktivierter Track

▾ **Abbildung 14.89**
Löschen des Tracks

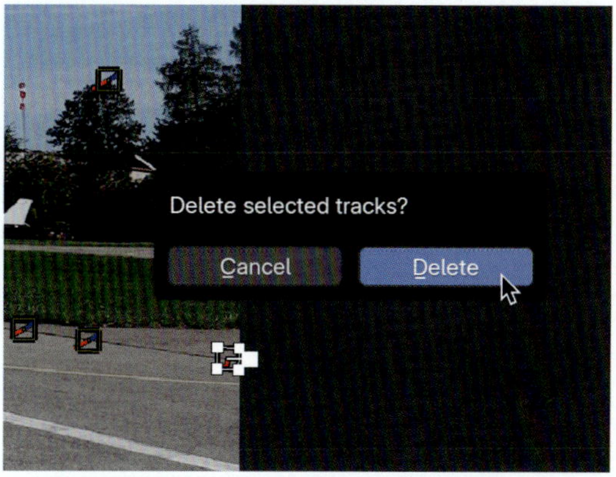

Sollten Sie auf einen automatisch deaktivierten, aber unverzichtbaren Tracking-Punkt stoßen, setzen Sie den blauen Zeitregler am besten an die Stelle, an der die Nachverfolgung für den Marker gestoppt hat, und klicken auf den Auge-Button ❸ oberhalb der Vorschau. Damit ist der Marker reaktiviert und wieder bearbeitbar.

Korrigieren Sie nun die Position des Tracking-Punkts, indem Sie ihn auf die zu trackende Bildregion zurückschieben. Starten Sie für diesen Marker per Klick auf den Button ein erneutes Tracking für die restliche Laufzeit des Films.

Abbildung 14.90 ▸
Laden des 2D-Films in den Movie Clip Editor

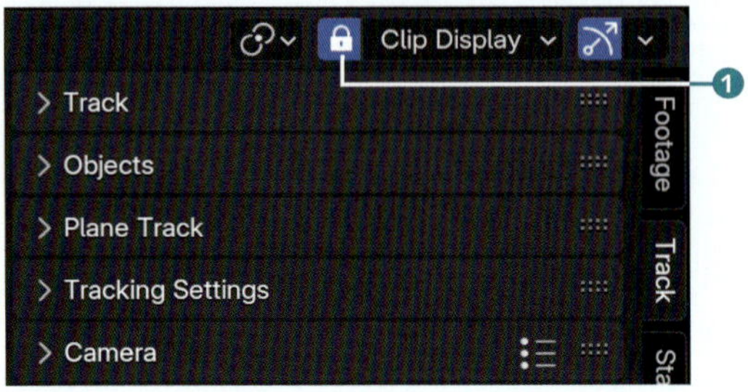

An manchen Bildstellen ist es schwer nachzuvollziehen, ob ein Tracking-Punkt an Ort und Stelle bleibt. Aktivieren Sie die Option Lock to Selection ❶ des Pop-up-Menüs Clip Display. Die Ansicht ist dann an diesem Tracking-Punkt festgemacht und ein Sprung des Tracking-Punktes leicht festzustellen.

▾ Abbildung 14.91
Kontrolle der Trackingkurven auf Spitzen

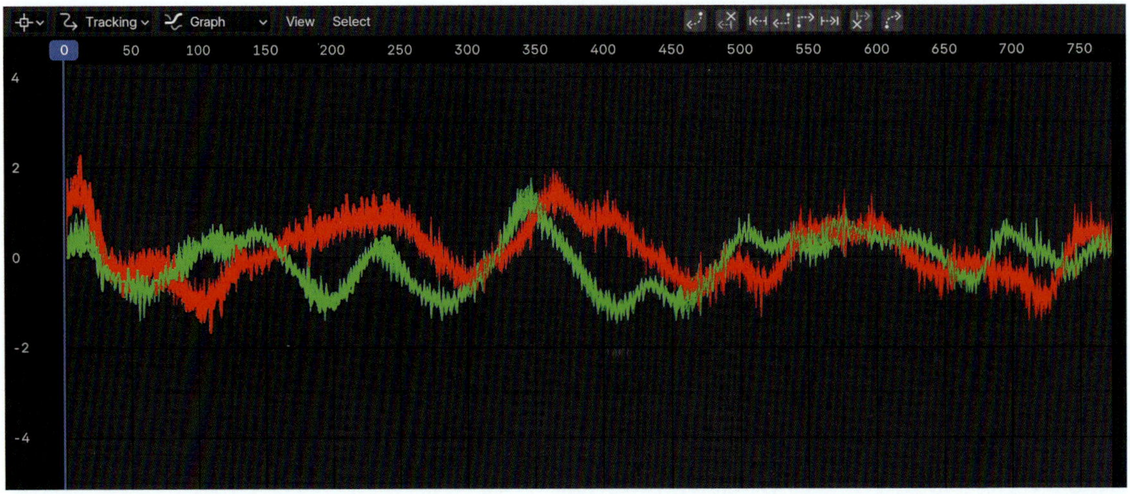

Da nicht die Menge, sondern die Qualität der Tracks ausschlaggebend ist, können Sie problematische Tracks auch über die Graph View (Abbildung 14.91) des Motion Clip Editors identifizieren. Tracks mit weiten Ausschlägen weitab der anderen Tracks selektieren Sie per Linksklick und löschen sie über die X-Taste.

Weil das Footage des Flugplatzes keine schnellen Bewegungen und außer der Rotation wenig Kameraversatz aufweist, besteht hier allerdings keine große Gefahr.

5 Kamera und Szene rekonstruieren

Zusätzlich zu den nachverfolgten Tracking-Punkten geben wir dem Motion-Tracker noch ein paar Angaben zur verwendeten Kamera zur Hand, um die Rekonstruktion leichter und besser zu gestalten.

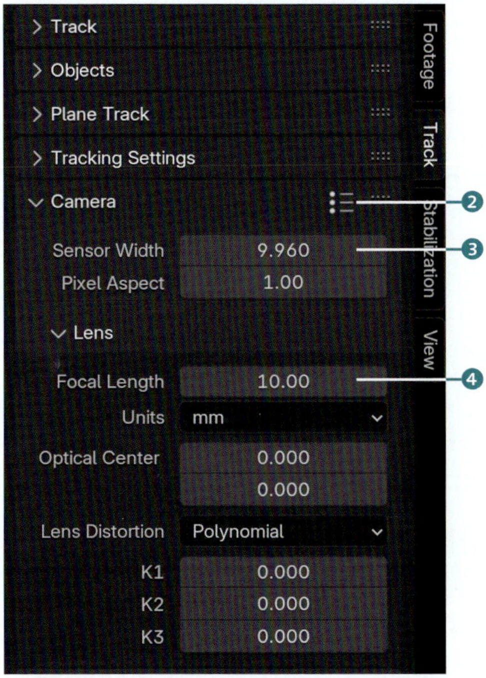

◂ **Abbildung 14.92**
Panel CAMERA im Track-Tab der Sidebar

▾ **Abbildung 14.93**
Panel SOLVE im gleichnamigen Tab der Sidebar

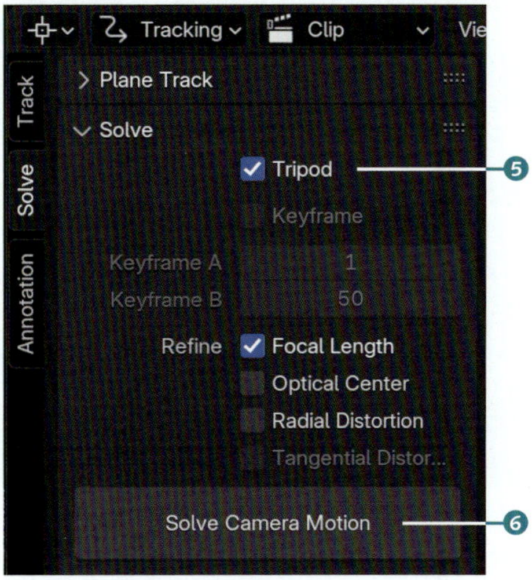

Klappen Sie das Panel CAMERA im Track-Tab der Sidebar (Taste N) auf, und setzen Sie die Sensorweite (SENSOR WIDTH) ❸ auf 9.960. Bei einem selbst erzeugten Film lohnt sich übrigens stets ein Blick in die Presets, wo viele Kamera-Modelle hinterlegt sind ❷. Wir lassen die Brennweite (FOCAL LENGTH) ❹ im Unter-Panel LENS selbst ermitteln und geben daher nur einen groben Richtwert ein.

Im Panel SOLVE der Toolbar (Taste T) aktivieren wir als Erstes die Option TRIPOD ❺. Die Kameraposition des Flugplatz-Footage ändert sich über den Verlauf kaum nennenswert, deshalb würde eine Berechnung ohne die nötigen Parallaxen zu keinem brauchbaren Ergebnis führen. Die Lösung für dieses gar nicht mal so seltene Problem bietet besagte Option TRIPOD, auch wenn in diesem Fall ich selbst das Stativ war und wir bei der Rekonstruktion der Szene keine brauchbaren Raumdaten erhalten.

Unter REFINE bitten wir um die Ermittlung der Brennweite (FOCAL LENGTH) und starten anschließend per Klick auf den Button SOLVE CAMERA MOTION ❻ die Rekonstruktion der Kamera.

Nach getaner Arbeit wird uns nicht nur die ermittelte Brennweite (FOCAL LENGTH) ❷, sondern auch der resultierende SOLVE ERROR ❶ angezeigt, der mit ca. 0.76 im gut brauchbaren Bereich liegt, insbesondere bei der Berechnung als Tripod-Aufnahme.

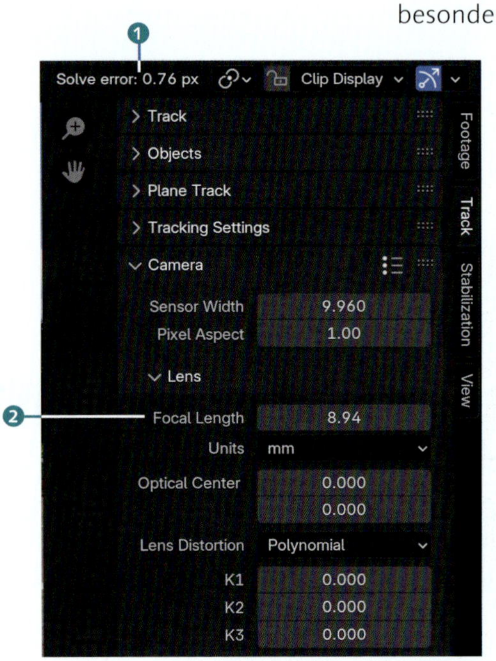

◂ **Abbildung 14.94**
Über das Tracking rekonstruierte Kameradaten

▾ **Abbildung 14.95**
Solve-Fehlerwerte der einzelnen Tracks

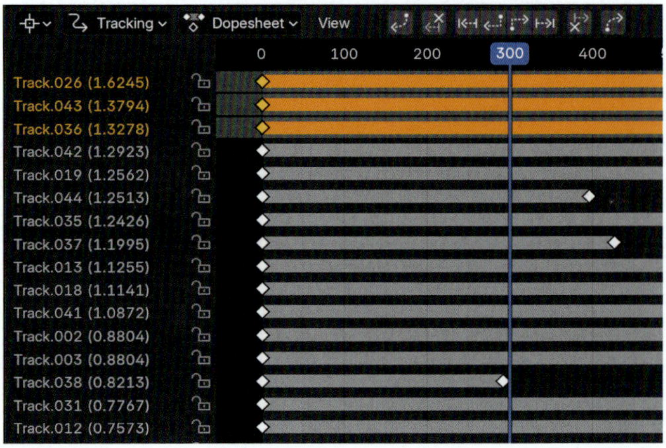

Sollte Ihre Rekonstruktion einen höheren Solve-Fehlerwert aufweisen, nehmen Sie sich doch einmal die einzeln bewerteten Tracks vor (Abbildung 14.95) und löschen Tracks mit deutlich zu hohem Fehlerwert. Anschließend wiederholen Sie die Rekonstruktion. Zum Übergeben der Kameradaten verwenden wir die vorhandene, zur Grundausstattung jeder VFX-Szene gehörende Kamera.

Abbildung 14.96 ▸
Zuweisen eines Camera Solver-Constraints im Constraint-Tab

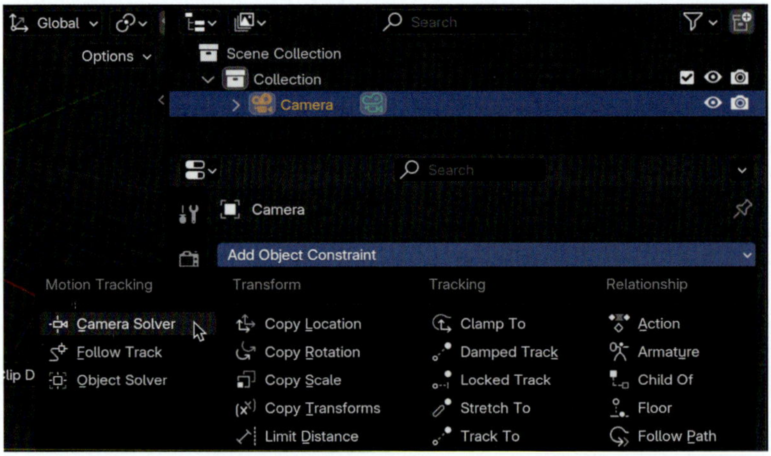

Über das Menü Add Object Constraint im Constraint-Tab (Abbildung 14.96) weisen Sie der Kamera einen Camera Solver-Constraint zu. Dank diesem Constraint arbeitet unsere Kamera nun mit den ermittelten Einstellungen und den nachverfolgten Tracking-Punkten, den sogenannten Features. Allerdings schwebt das Kamera-Objekt noch völlig orientierungslos im Raum (Abbildung 14.96), weshalb wir – ebenfalls mithilfe der getrackten Features – den Bezugspunkt der Szene und damit der Kamera festlegen.

▼ Abbildung 14.97
Rekonstruierte Kamera mit Camera Solver-Constraint

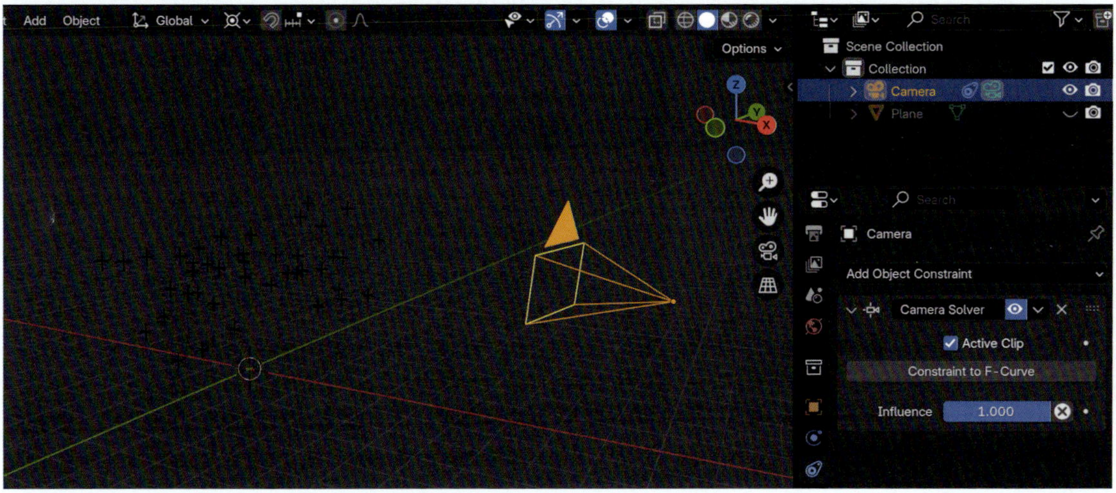

Klappen Sie sich dazu in der Toolbar (Taste [T]) das Panel Orientation auf (Abbildung 14.98). Selektieren Sie das Feature in der Mitte der Start- und Landebahnmarkierung ❺, und klicken Sie auf den Button Set Origin ❸, um diesen Punkt als Ursprung zu setzen.

▼ Abbildung 14.98
Setzen des Ursprungs

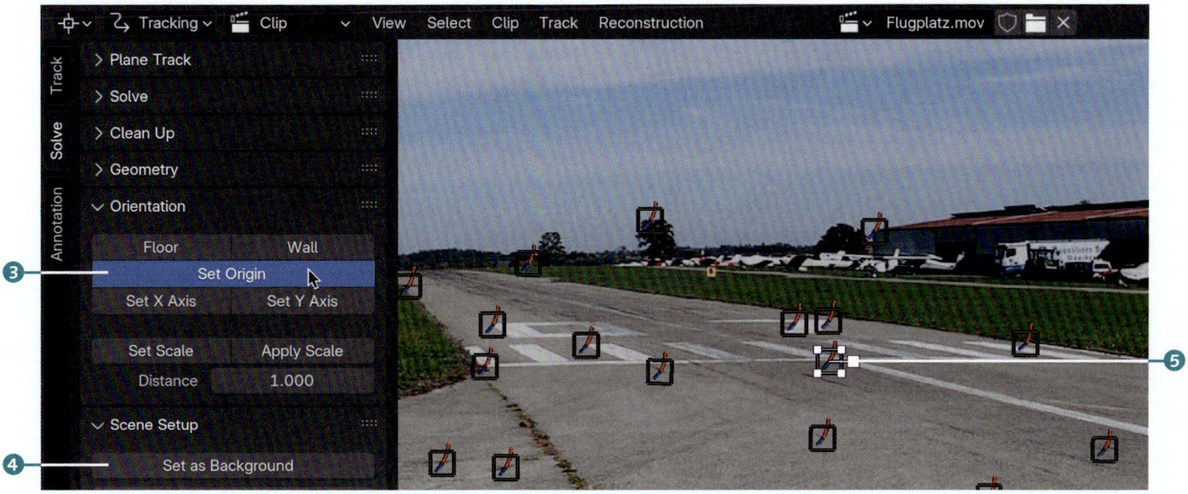

Klicken Sie zum Abschluss des Motion-Trackings auf den Button SET AS BACKGROUND ❹ (Abbildung 14.98) im Panel SCENE SETUP, um den Film als Hintergrund einzusetzen. Wenn wir nun im Viewport durch Drücken der Taste [0] [Num] in die Ansicht unserer Kamera wechseln, haben wir neben den als Empty-Achsen angezeigten Features wie gewünscht den 2D-Film als Hintergrund.

Um die Szene exakt für den Einbau des Doppeldeckers vorzubereiten, bauen wir die Start- und Landebahn mit einer Plane nach. Rufen Sie dazu das Menü ADD • MESH auf, und erzeugen Sie eine Plane mit den in Abbildung 14.99 gezeigten Parametern.

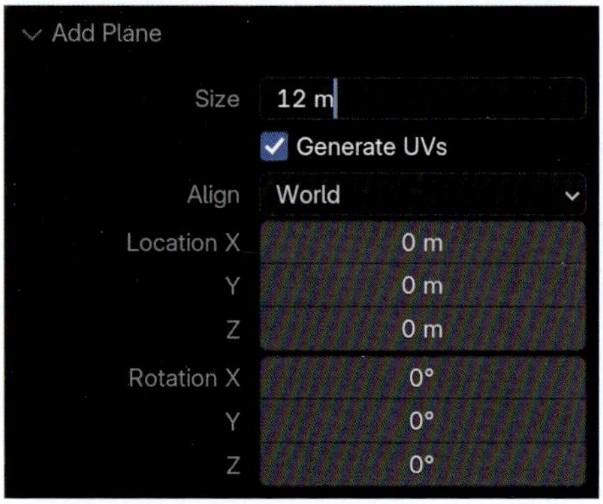

▲ **Abbildung 14.99**
Parameter für die Plane im Adjust Last Operation-Panel

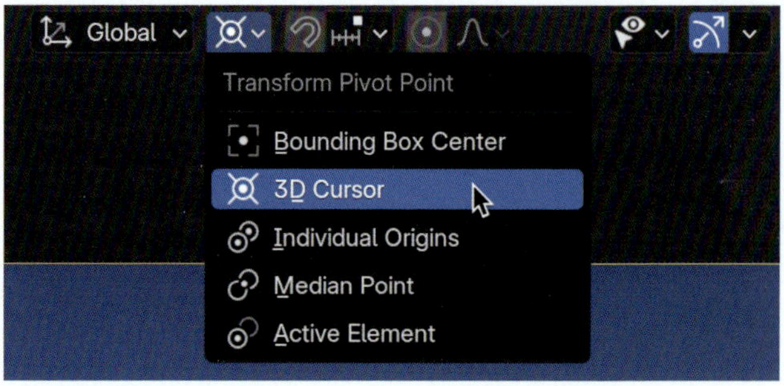

▲ **Abbildung 14.100**
Pop-up-Menü TRANSFORM PIVOT POINT

Da es nun um die Ausrichtung und Anpassung der Kamera um den bereits festgelegten Ursprung geht, müssen alle Transformationen den auf dem Ursprung liegenden 3D Cursor als Bezugspunkt, als TRANSFORM PIVOT POINT, haben. Setzen Sie diesen über das gleichnamige Menü entsprechend fest (Abbildung 14.100).

Abbildung 14.101 ▶
Skalieren der Kamera

Selektieren Sie nun die Kamera über den Outliner und aktivieren Sie das Scale-Tool mit der Taste [S]. Skalieren Sie die Kamera, bis die beiden links ❶ und rechts ❷ vom Ursprung liegenden Features an der Kante der Plane liegen (Abbildung 14.101). Damit wissen wir, dass die Start- und Landebahn für die Kamera auf die gewünschten 12 m Breite der Plane eingestellt ist.

◂ **Abbildung 14.102**
Drehen der Kamera um die Y-Achse

Verwenden Sie anschließend die Rotate-Tools, um die Ausrichtung der Kamera optimal an die sehr hilfreiche Markierung auf der Start- und Landebahn anzupassen. Ich habe zuerst eine Rotation um die Y-Achse (Tasten [R] + [Y]) vorgenommen, um die X-Achse anzulegen (Abbildung 14.102), und anschließend um die Z- sowie X-Achse rotiert (Tasten [R] + [Z]) bzw. (Tasten [R] + [X]).

◂ **Abbildung 14.103**
Drehen der Kamera um die X-Achse

Wie Sie in Abbildung 14.103 sehen, können Sie sich dazu das Plane-Objekt als Hilfsobjekt nehmen und dieses in X-Richtung skalieren, um die Länge der Start- und Landebahn in die Tiefe nachzuahmen.

Nachdem die Rekonstruktion nun abgeschlossen ist, sind die im Viewport eingeblendeten Features für die weitere Arbeit wenig hilfreich. Öffnen Sie daher das Pop-up-Menü VIEWPORT OVERLAYS und deaktivieren Sie über die gleichnamige Option die Anzeige des Motion-Trackings **1**.

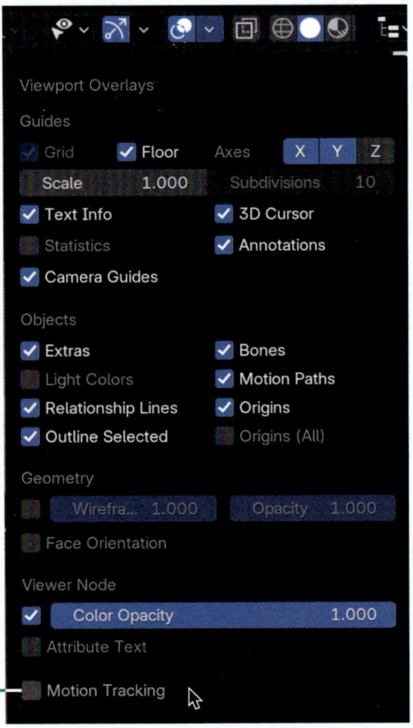

◂ **Abbildung 14.104**
Pop-up-Menü VIEWPORT OVERLAYS

▾ **Abbildung 14.105**
Hinzuladen der Objekte des Doppeldeckers

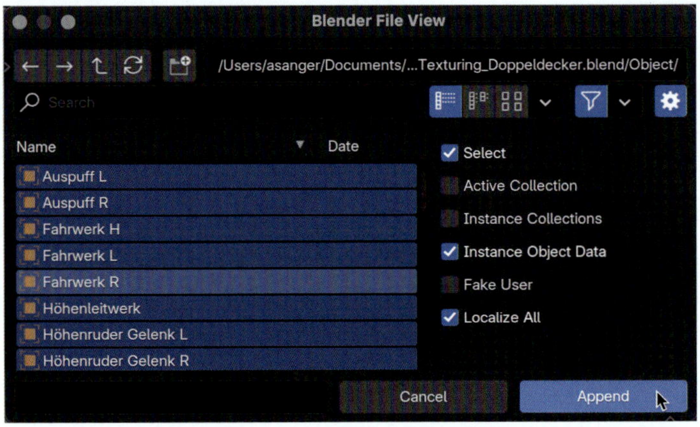

6 Doppeldecker einbauen und ausleuchten

Unser Doppeldecker aus dem Projekt-Workshop im Buchteil III, »Texturing«, wartet bereits darauf, in unsere Szene eingebaut zu werden. Rufen Sie dazu den Befehl APPEND aus dem Menü FILE auf und öffnen Sie das Blendfile *3_Texturing_Doppeldecker.blend* mit den enthaltenen Objects. Drücken Sie die Taste [A], um alle Elemente auszuwählen, und deaktivieren Sie die Option ACTIVE COLLECTION, damit die Objekte des Doppeldeckers in einer eigenen, neuen Collection landen (Abbildung 14.105). Nun klicken Sie auf den Button APPEND, um den Doppeldecker in unsere Szene zu laden. Geben Sie der Collection des Doppeldeckers direkt einen neuen Namen, indem Sie die Collection im Outliner doppelklicken und in »Doppeldecker« umbenennen (Abbildung 14.106).

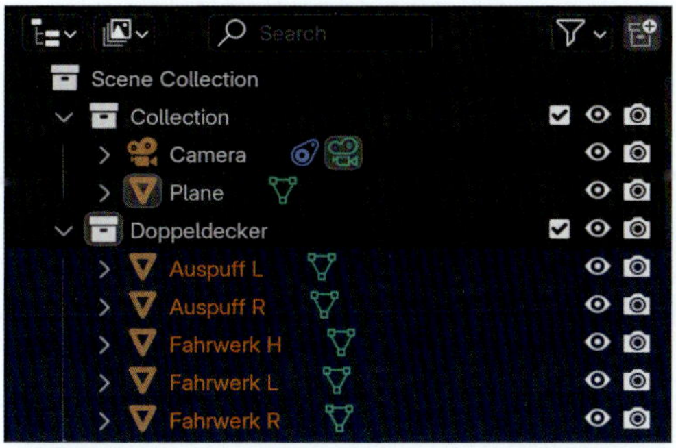

▲ **Abbildung 14.106**
Umbenennen der Collection

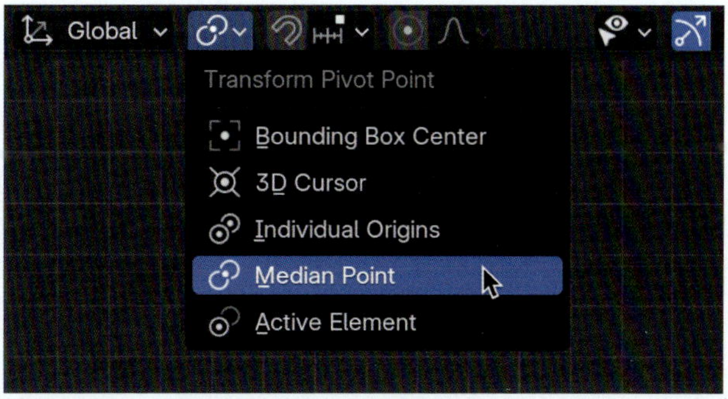

▲ **Abbildung 14.107**
Pop-up-Menü TRANSFORM PIVOT POINT

Nach dem Import des Doppeldeckers befindet er sich im Ursprung unserer Szene. Platzieren wir ihn im Zentrum des Geschehens. Bevor wir die Transformationen vornehmen, ändern wir aber noch den Bezugspunkt über das Pop-up-Menü TRANSFORM PIVOT POINT (Abbildung 14.107) auf die Einstellung MEDIAN POINT zurück.

Wechseln Sie nun über die Taste 0 [Num] in die Viewport-Ansicht sowie über die Taste 1 [Num] in die Ansicht von vorne. Drehen Sie die selektierten Objekte des Doppeldeckers über die Tasten R, Z und 90 um 90° um die Z-Achse, so dass der Doppeldecker parallel zur Start- und Landebahn steht. Rotieren Sie ihn über die Tasten R und Y um die Y-Achse, bis der Doppeldecker mit den Rädern parallel zur X-Achse steht. Jetzt können sie den Doppeldecker mit dem Move-Tool (Taste G) auf den Boden aufsetzen, so dass er sich zwischen Ursprung und Kamera befindet (Abbildung 14.108).

▼ **Abbildung 14.108**
Platzieren des Doppeldeckers

Für die nun folgende Ausleuchtung der Szene ist es an der Zeit, über den Render-Tab ❶ im Properties Editor zur Render Engine Cycles zu wechseln.

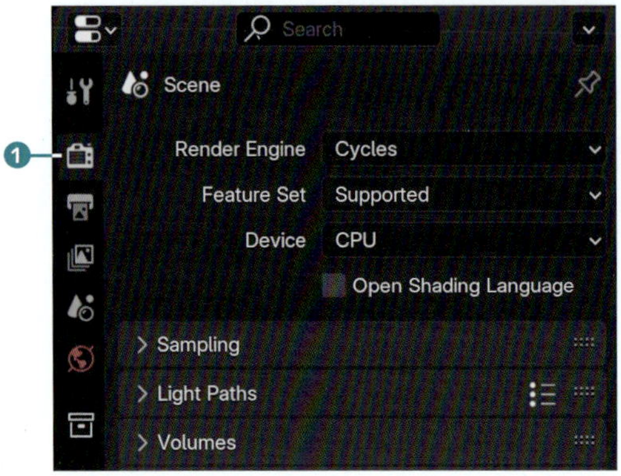

▲ **Abbildung 14.109**
Render-Tab im Properties Editor

Abbildung 14.110 ▸
Menü ADD • LIGHT

Wechseln Sie in die Kamera-Perspektive (Taste 0 [Num]) zurück und rufen Sie über die Tasten ⇧ + A das Menü ADD • LIGHT (Abbildung 14.110) auf, um sich von dort ein Sun-Light als Haupt-Lichtquelle in die Szene zu holen. Es gilt nun, mit der Sun-Lichtquelle die Lichtsituation bei der Aufnahme des Films zu imitieren.

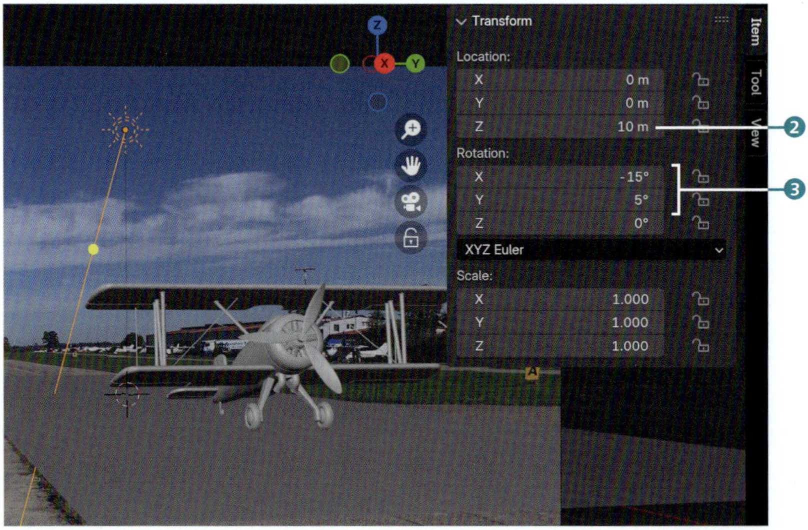

Abbildung 14.111 ▸
Platzieren und Ausrichten der Sun-Lichtquelle

Platzieren Sie das Sun-Light über die Z-Koordinate ② im Panel TRANSFORM der Sidebar ein Stück nach oben (Abbildung 14.111). Die Aufnahme hat am frühen Nachmittag stattgefunden, weshalb wir die Lichtquelle über die X- und Y-Werte für die Rotation ③ leicht zur Seite und nach vorne kippen. Der geworfene Schatten wird somit links und etwas hinter dem Doppeldecker liegen.

Im Panel LIGHT im Object Data-Tab ④ finden Sie alle Einstellungen für die Sun-Lichtquelle. Setzen Sie als Erstes die Stärke (STRENGTH) auf 1.5 bis 2, die Farbe (COLOR) des Lichts kann auf Weiß bleiben.Im nächsten Schritt soll auch die Umgebung zur Ausleuchtung des Doppeldeckers von allen Seiten beitragen.

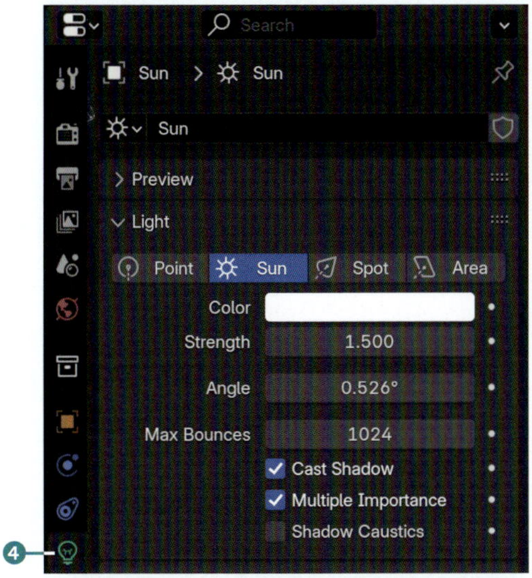

▲ **Abbildung 14.112**
Panel LIGHT im Object Data-Tab

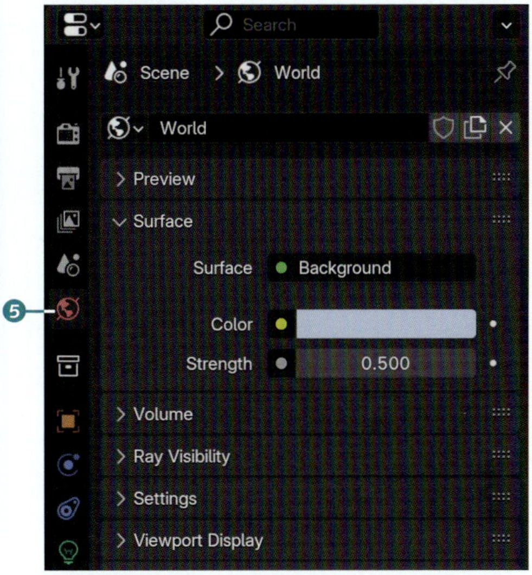

▲ **Abbildung 14.113**
Panel SURFACE im World-Tab

Wechseln Sie dazu zum World-Tab ⑤ und klappen Sie das Panel SURFACE auf. Legen Sie eine leicht bläuliche Farbe (COLOR) bei einem Stärkewert (STRENGTH) von 0.500 fest. Die Färbung des blauen Himmels ist die Lichtsituation, die wir damit nachahmen wollen.

Da wir für das spätere Rendering nicht den World-Hintergrund, sondern den Movie Clip benötigen, kehren wir noch einmal kurz in den Render-Tab des Properties Editors ① (Abbildung 14.114) zurück und aktivieren im Panel FILM die Option TRANSPARENT. Lassen Sie uns nun durch Aktivieren des VIEWPORT SHADING RENDERED den Schattenwurf des Doppeldeckers auf unserem Untergrund testen (Abbildung 14.115).

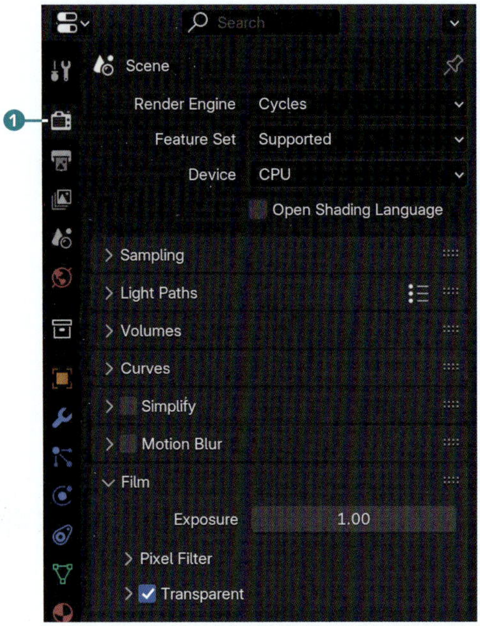

◂ **Abbildung 14.114**
Render-Tab im Properties Editor

▾ **Abbildung 14.115**
Schattenwurf auf dem Untergrund

Skalieren Sie, falls erforderlich, das Plane-Objekt in X-Richtung (Tasten S + X), um dem Doppeldecker ausreichend Bodenfläche zum Schattenwurf zur Verfügung zu stellen.

Damit der Untergrund durch indirekte Beleuchtung stimmig zur Lichtsituation in der Szene beiträgt, erzeugen Sie im Material-Tab der Plane über den Button NEW ein neues Material mit passendem Namen.

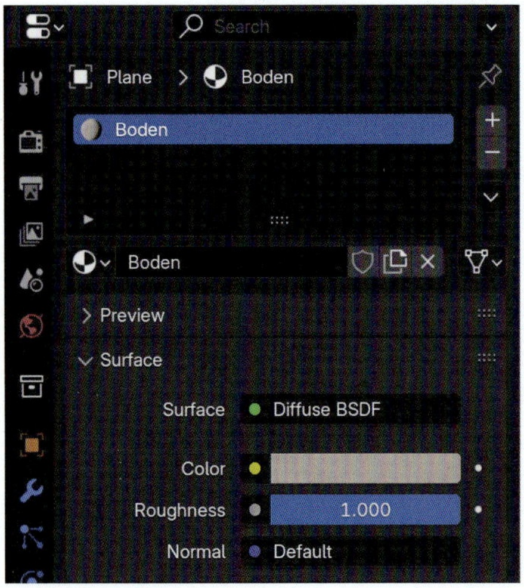

▴ **Abbildung 14.116**
Material für den Untergrund

▴ **Abbildung 14.117**
Finales Ausrichten der Sun-Lichtquelle

Verwenden Sie im Panel Surface den bereits vorhandenen Principled BSDF-Shader oder einen einfachen Diffuse BSDF-Shader mit einer hellen, rötlich grauen Farbe, die dem Asphalt entspricht (Abbildung 14.116).

Da sich der Schatten der Sun-Lichtquelle besser beurteilen lässt, können Sie eine kleine Anpassung machen, um die Breite der Start- und Landebahn besser auszunutzen (Abbildung 14.117). Nun stört noch die Plane, denn eigentlich ist dieses Mesh-Objekt nur dafür gedacht, den von der Lok geworfenen Schatten zu empfangen und von seiner diffusen Farbe etwas indirektes Licht zurückzuwerfen.

7 Schatten einrechnen und Hintergrund optimieren

Weil diese Anforderungen beim Rendering und Compositing absolut grundlegend sind, besitzen die Objekte dafür unter dem Cycles-Renderer eine eigene Funktion.

Öffnen Sie dazu den Object-Tab der Plane im Properties Editor, und klappen Sie das Panel Visibility ❷ auf. Unter den objektspezifischen Sichtbarkeits-Einstellungen befindet sich bei Mask die Option Shadow Catcher, die unsere Plane zu einem reinen Schatten-Empfänger macht.

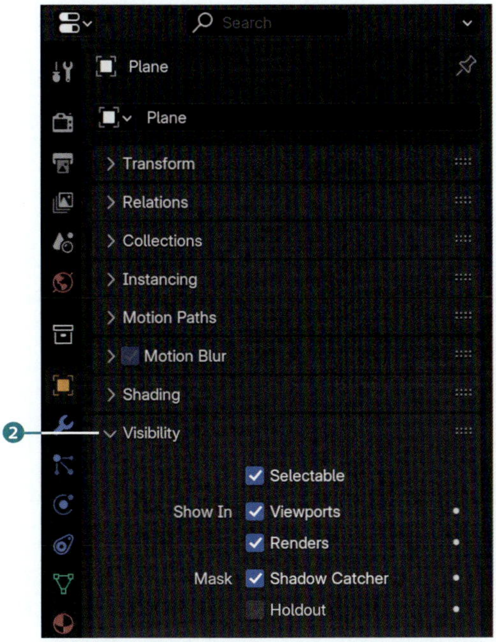

▲ **Abbildung 14.118**
Panel Visibility im Object Data-Tab der Plane

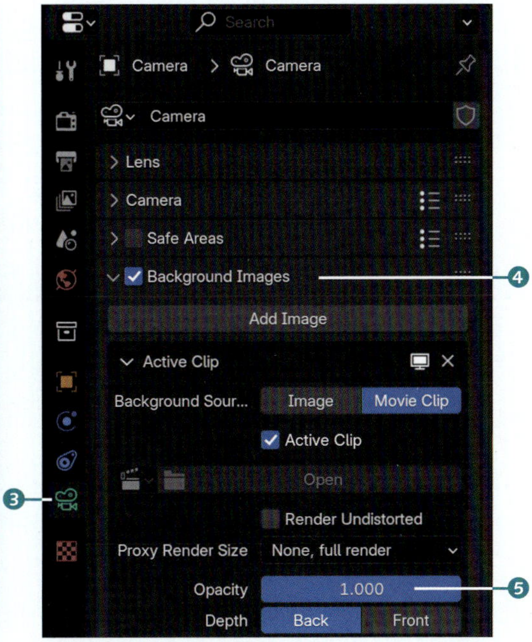

▲ **Abbildung 14.119**
Panel Background Images im Object Data-Tab der Kamera

Wir betreiben beim Rendering und Compositing noch Feintuning. Lassen Sie uns jetzt noch die Darstellung im Viewport etwas optimieren. Der als BACKGROUND IMAGE im Hintergrund eingeblendete 2D-Film besitzt noch die standardmäßige Opazität (OPACITY) von 50 %. Erhöhen Sie diese im Panel BACKGROUND IMAGES ❹ des Object Data-Tabs ❸ der Camera auf 1.000 ❺ (Abbildung 14.119).

Abbildung 14.120 ▸
Pop-up-Menü VIEWPORT OVERLAYS

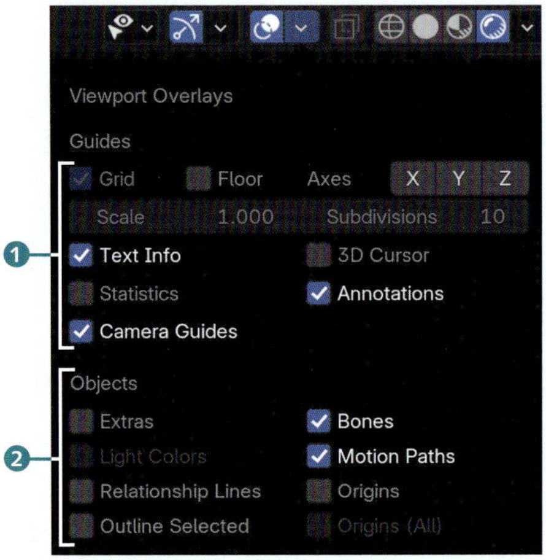

Wenn Sie nun noch das Pop-up-Menü VIEWPORT OVERLAYS (Abbildung 14.120) aufklappen, können Sie den Viewport um weitere nicht benötigte Elemente erleichtern. Blenden Sie in den GUIDES ❶ die Anzeige der Weltebene (FLOOR), der Achsen (AXES) und des 3D Cursors aus. Unter OBJECTS ❷ sollten Sie mindestens auf die EXTRAS und RELATIONSHIP LINES verzichten. Damit ist unser 3D-Doppeldecker glaubhaft in unseren 2D-Film integriert.

Abbildung 14.121 ▸
Fertige Motion-Tracking-Szene

TEIL V

Animation und Simulation

Kapitel 15
Keyframe-Animation

Blender bietet uns verschiedenste Möglichkeiten, unseren 3D-Modellen Leben einzuhauchen. Die Animation per Keyframes, Pfaden oder gegenseitige Abhängigkeiten von Parametern sind klassische Animationsmethoden, die Sie in nahezu allen Programmen dieses Genres vorfinden. Zum Einstieg in dieses umfangreiche Thema befassen wir uns mit Keyframes und den vielfältigen Editoren, über die Sie Animationen erstellen und bearbeiten.

Ganz nüchtern betrachtet, ist Animation die Veränderung eines Zustandes (zum Beispiel der Position, Rotation oder Skalierung) bzw. einer Eigenschaft (meist als Parameter beschrieben) über einen bestimmten Zeitraum. In den sogenannten Keyframes (Schlüsselbildern) sind die für den jeweiligen Zeitpunkt festgeschriebenen Informationen zu den animierten Elementen gespeichert. Zwischen zwei Keyframes interpoliert Blender die anliegenden Werte selbständig über eine beliebig definierbare Funktions-(F-)Kurve.

Diese grundlegende, lineare Animationsmethode finden Sie in praktisch jeder Animationssoftware, egal, ob es sich dabei um 2D- oder 3D-Animation, um Motion Graphics oder auch CG-Effekte handelt. Genauso etabliert ist die Verwendung einer Zeitleiste als Basisinstrument für die Erstellung, Verwaltung und Wiedergabe einer Animation.

Die Rolle der Timeline
Das Erzeugen von Keyframes läuft in den seltensten Fällen im Timeline Editor ab, auch für die Nachbearbeitung bietet Blender bessere Editoren. Trotzdem ist die Timeline als Orientierungshilfe und während der Erstellung der groben Animation, des sogenannten »Blockings«, sehr hilfreich.

15.1 Timeline und Keyframes

In Blender ist diese Zeitleiste über den Editor TIMELINE (Abbildung 15.1) integriert, der zum Workspace LAYOUT gehört und sich grob in die Bereiche Timeline sowie die zugehörigen Menüs und die Abspiel- bzw. Aufnahmekontrolle aufteilt.

Der hellgraue Bereich ① in der Timeline kennzeichnet den Animationsbereich. In die dunkelgrauen Randzonen ② lassen sich Keyframes allerdings durchaus ebenfalls verschieben, um die Animation eines Objektes bereits vorab beginnen zu lassen. Besitzt das aktive Objekt Keyframes ③ oder, auch kurz, Keys, werden Ihnen diese in der Timeline angezeigt. Das aktuelle Bild (Frame) der Animation markiert der blaue Abspielkopf ④.

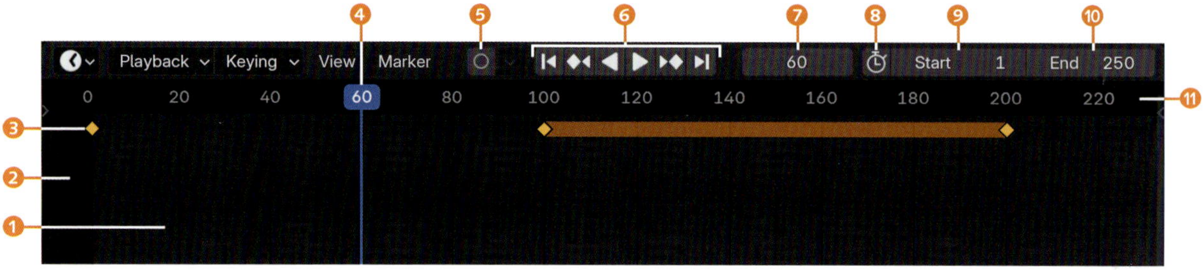

▲ **Abbildung 15.1**
Timeline Editor

Um den Abspielkopf auf einen anderen Zeitpunkt zu setzen, greifen und verschieben Sie ihn oder Sie klicken mit der linken Maustaste in den Zeitbereich ⑪. Auch die numerische Eingabe des gewünschten Frames ist über das Feld ⑦ möglich. Sogar die gewohnte Navigation per Mausrad-Taste funktioniert in der Timeline.

Um Bild für Bild durch die Animation zu navigieren, verwenden Sie einfach die Tasten [►] bzw. [◄]. Halten Sie dabei die [⇧]-Taste gedrückt, so springen Sie direkt an den Anfang bzw. das Ende des Animationsbereichs. Mit den Tasten [▲] bzw. [▼] gelangen Sie zum nächsten bzw. vorherigen Keyframe.

Die Abspielsteuerung ⑥ der Timeline dürfte Ihnen hinlänglich bekannt sein, mit diesen Buttons starten und pausieren Sie die Animation, springen zum nächsten Keyframe oder auch zu den Grenzen des Animationsbereichs. Apropos Animationsbereich: Sie können diesen über den Button ⑧ temporär neu definieren, um sich auf einen bestimmten Teilbereich zu konzentrieren. Mit dem Aufnahme-Button bzw. -Pop-up-Menü ⑤ justieren und aktivieren Sie die automatische Generierung von Keyframes, sobald das aktive Objekt von Ihnen transformiert wurde.

Die zeitliche Dauer der Animation ergibt sich aus der Anzahl an Bildern vom Start- ⑨ bis zum End-Frame ⑩ sowie der vorgegebenen Bildrate (Frame Rate) der Animation. Im Output-Tab ⑫ des Properties Editors können Sie die Frame Rate im zugehörigen Panel Format ⑬ für die Szene festlegen. Die Länge der gesamten Animation (Frame Start bzw. End) ist im Panel Frame Range ⑭

Standard-Abspieltaste

Auch beim Kurzbefehl für das Starten bzw. Stoppen einer Animation orientiert sich Blender längst am üblichen Standard, der Leertaste. Sie können diese Voreinstellung bei Nichtgefallen aber jederzeit in den Preferences unter Keymap ändern.

hinterlegt. Mehr über die Parameter in diesem Panel und ihren Einfluss auf die gerenderte Animation erfahren Sie in Kapitel 20, »Rendering«.

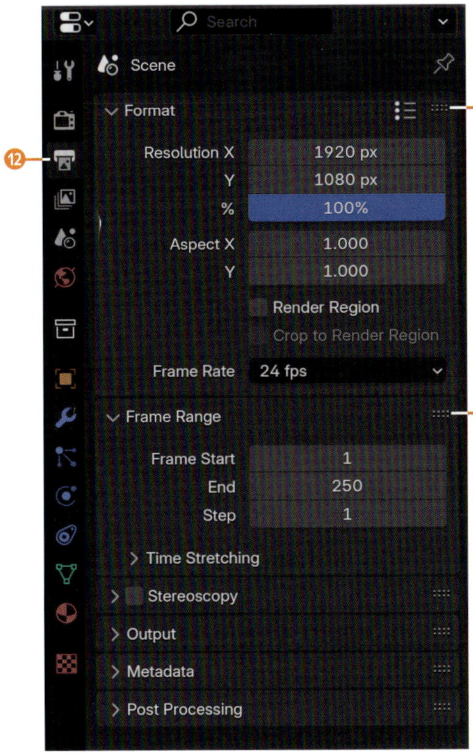

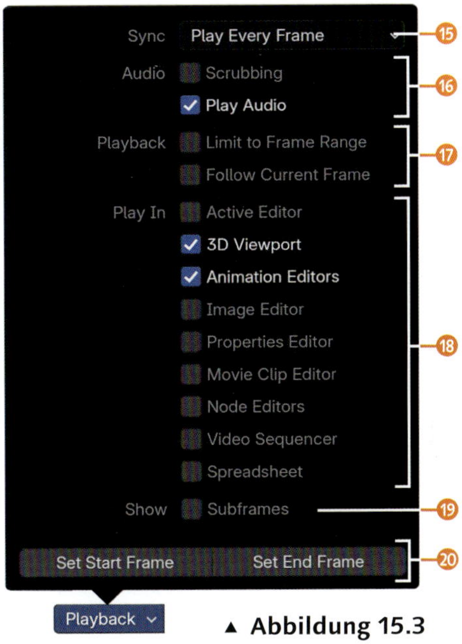

▲ **Abbildung 15.3**
Pop-up-Menü Playback in der Timeline

◂ **Abbildung 15.2**
Panel Dimensions im Output-Tab des Properties Editors

Da die Abspielrate im Viewport stark von der Komplexität der Szene abhängt, können Sie über das Auswahlmenü Sync im Pop-up-Menü Playback ⑮ entscheiden, ob die Animation trotzdem jeden Frame abspielen soll (Play Every Frame), Frames gegebenenfalls auslässt (Frame Dropping) bzw. zudem auf einen Audio-Track achtet (Sync To Audio).

Unter Audio ⑯ lässt sich die Wiedergabe beim Verschieben des Abspielkopfs (Scrubbing) und eine generelle Audio-Stummschaltung (Mute) einstellen. Für das Playback ⑰ können Sie den Bereich auf die Frame Range beschränken (Limit to Frame Range) sowie die Nachverfolgung des Abspielkopfs erlauben (Follow Current Frame). In welchen Editoren die Animation abspielt und alle Parameter laufend aktuell hält bzw. anzeigt, entscheiden Sie in den Optionen zu Play In ⑱ bzw. Show ⑲. Über die zwei Buttons Set Start bzw. Set End Frame ⑳ erklären Sie die aktuelle Abspielposition kurzerhand zum Anfang bzw. Ende des Animationsbereichs.

Performancebremse

Manchmal ist es zwingend erforderlich, eine Animation in mehreren Editoren zu betrachten. In der Regel sollten Sie die Animation aber nur in den Editoren laufen lassen, die Sie wirklich benötigen. Die stetige Aktualisierung der Editoren beeinträchtigt die Gesamtperformance stark.

Keyframes

Zum Erzeugen eines Keyframes stehen Ihnen zwei Befehle zur Verfügung. Über die Taste [I] (Insert Keyframes) legen Sie für die in den User Preferences definierten Standardkanäle direkt Keyframes an. Deutlich mehr Kontrolle haben Sie mit dem Befehl Insert Keyframe with Keying Set (Abbildung 15.4), den Sie mit der Taste [K] aufrufen. Je nach gewähltem Objekt oder Panel erwartet Sie dort eine Auswahl der verfügbaren Parameter ❶ bzw. Parameter-Kombinationen ❷ (die sogenannten Keying Sets), die Sie in einem Keyframe speichern können.

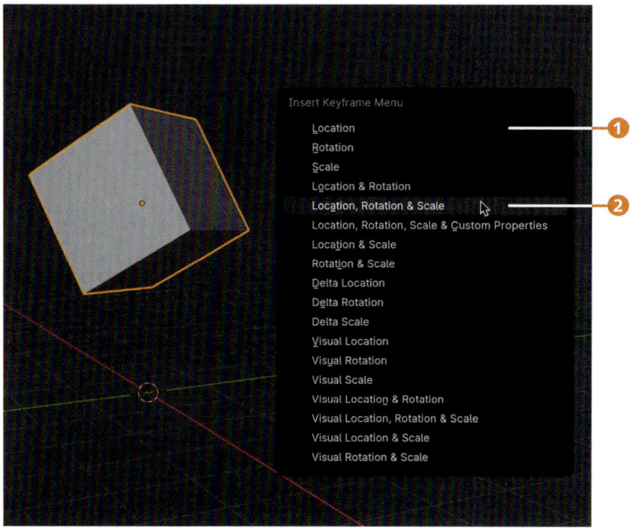

▲ **Abbildung 15.4**
Menü Insert Keyframe with Keying Set

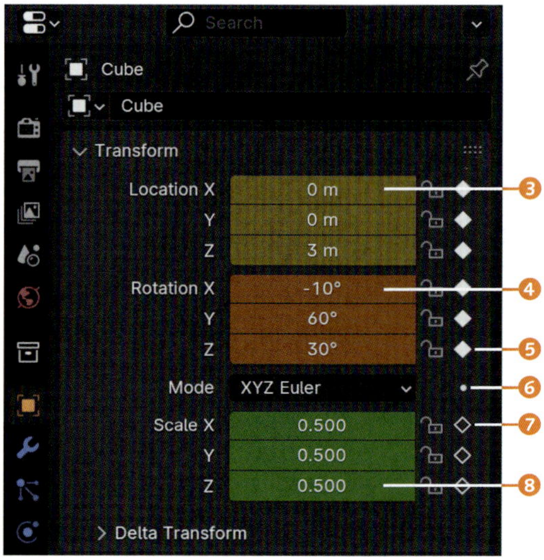

▲ **Abbildung 15.5**
Animierte Parameter im Properties Editor

> **Verfügbare Keyframes**
> Sobald Sie die ersten Keyframes erzeugt haben, finden Sie beim erneuten Aufruf des Menüs Insert Keyframe with Keying Set ganz oben den Eintrag Available. Mit dieser Option werden nur für die Parameter Keys erzeugt, die bereits als Animationsspur existieren.

Sobald eine Eigenschaft bzw. ein Parameter mindestens ein Keyframe besitzt, bekommen Sie dies mittels Einfärbung oder einer farbigen Umrandung ❾ des ansonsten grauen Feldes angezeigt. An der gelben Farbe ❸ erkennen Sie, dass der Key auf dem aktuellen Frame liegt. Ein oranges Feld ❹ signalisiert, dass der Wert für einen vorliegenden Key geändert, aber noch nicht gespeichert wurde. Die grüne Farbe ❽ weist auf einen bestehenden Key für den Parameter vor oder nach dem aktuellen Frame hin.

Zum Löschen eines Keyframes verwenden Sie die Tasten [Alt]+[I]. Geschieht dies im Viewport, so verliert das Objekt alle gespeicherten Keys, im Gegensatz zum Properties Editor (oder auch in der Sidebar), wo Sie mit diesem Kurzbefehl lediglich die jeweils gewählten Keys für die Eigenschaften entfernen.

Wie Sie bereits aus dem Buchteil I, »Grundlagen«, wissen, können Sie Keyframes auch über die Punkte ⑥ hinter den Parametern erzeugen. Ausgefüllte Diamanten ⑤ signalisieren am aktuellen Frame vorhandene Keys, leere Diamanten ⑦ dagegen Keys an anderen Zeitpunkten. Ein erneuter Klick auf einen ausgefüllten Diamanten löscht den vorhandenen Key, während ein erneuter Klick auf einen leeren Diamanten den veränderten Wert in ein aktuelles Keyframe aufnimmt.

Keyframes lassen sich auch über das zugehörige Kontextmenü ⑩ erzeugen, das Sie per rechter Maustaste aufrufen. Außerdem können Sie Parameter zu eigenen Keying Sets zusammenstellen ⑪, um sie stets gemeinsam in Keys aufzunehmen.

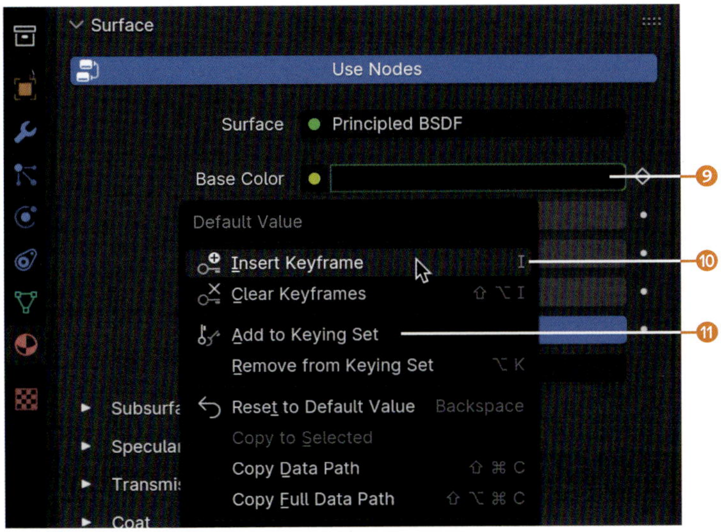

▲ **Abbildung 15.6**
Kontextmenü eines Parameters im Properties Editor

▲ **Abbildung 15.7**
Pop-up-Menü Auto Keying

Im Pop-up-Menü Auto Keying (Abbildung 15.7) der Timeline finden Sie Optionen für die automatische Generierung von Keyframes während der Animation. Sobald Sie das Auto Keying über den zugehörigen Button aktivieren, wird jede Änderung einer Eigenschaft bzw. eines Parameters in ein neues bzw. bereits vorhandenes Keyframe (Add & Replace) geschrieben. Die Option Replace verändert ausschließlich bereits vorhandene Keyframes.

Keying Sets | Nachdem der Begriff »Keying Sets« nun schon mehrmals gefallen ist, wollen wir uns etwas näher mit diesem Thema beschäftigen. Ganz einfach ausgedrückt, ist ein Keying Set eine beliebige Kombination von Eigenschaften bzw. Parametern, deren Zustände Sie stets zusammen in Keyframes aufnehmen möchten. Zu den vordefinierten Keying Sets in Blender gehören beispielsweise die Dreierkombinationen von LOCATION, ROTATION und SCALE. Praktisch unerlässlich ist die Verwendung von Keying Sets, wenn es um die gleichzeitige Aufnahme von Bones bzw. Kontrollelementen bei der Character-Animation geht.

Um eine bestimmte Eigenschaft einem Keying Set hinzuzufügen, verwenden Sie das Kontextmenü (Abbildung 15.6) oder, noch einfacher, den Kurzbefehl [K], wenn sich der Mauszeiger auf dem jeweiligen Parameter befindet. Über die Tasten [Alt] + [K] entfernen Sie die Eigenschaft aus dem Keying Set.

Die Verwaltung Ihrer Keying Sets erfolgt über das gleichnamige Panel 2 im Scene-Tab 1 des Properties Editors. Hier können Sie Ihr Keying Set umbenennen, eine kurze Beschreibung (DESCRIPTION) hinzufügen, die Pfade und IDs einsehen sowie Vorgaben zum Überschreiben vorhandener Keyframe-Informationen festlegen (KEYFRAMING SETTINGS).

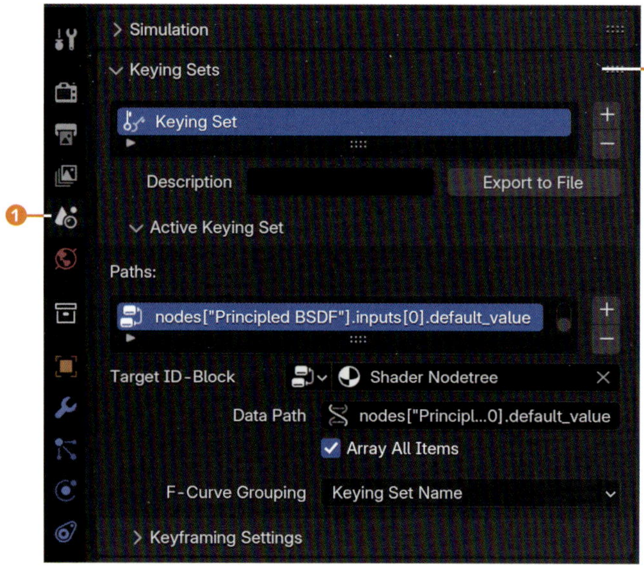

▲ **Abbildung 15.8**
Panel KEYING SETS im Scene-Tab des Properties Editors

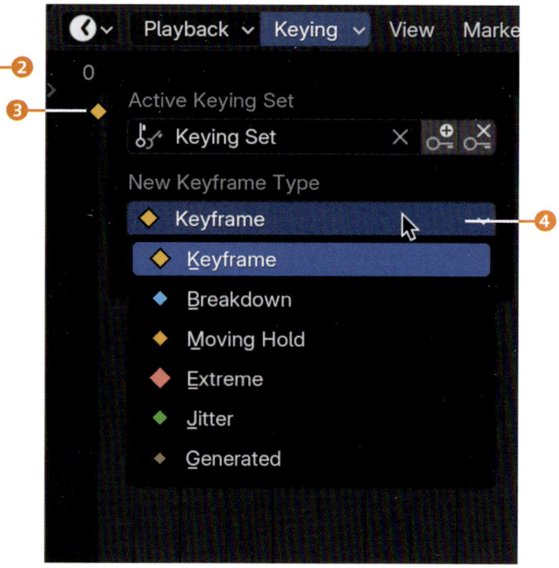

▲ **Abbildung 15.9**
KEYFRAME TYPE im Pop-up-Menü KEYING

Keyframe-Typen | Ein Standard-Keyframe ist in der Timeline und vielen anderen Editoren immer am gelben Diamant-Symbol 3 auszumachen. Über das Menü der Keyframe Types 4 im Pop-up-Menü KEYING können Sie das zu erstellende Keyframe aber auch visuell anders klassifizieren – die Optionen in Blender richten sich nach der Art der Animationsphase bzw. der Entstehung des Keyframes. Um bereits vorhandenen Keyframes einen anderen Typus zuzuordnen, drücken Sie die Taste [R] und wählen den neuen KEYFRAME TYPE aus. Beachten Sie, dass der KEYFRAME TYPE eine reine Orientierungshilfe im Timeline Editor darstellt, insbesondere bei der Vorbereitung der Animation während des »Blockings«. An der Funktion des Keys ändert der Typus nichts.

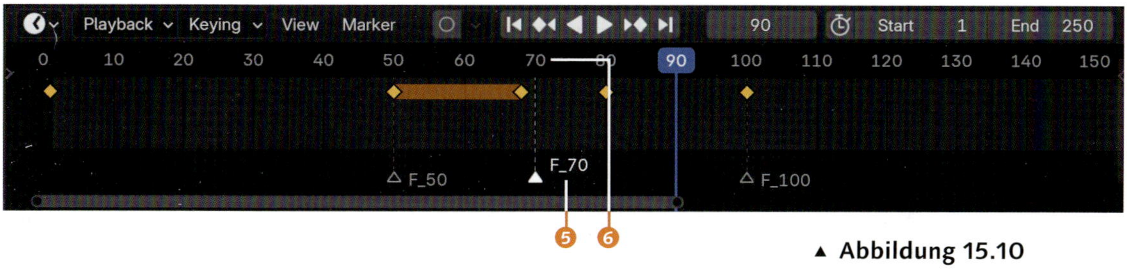

▲ **Abbildung 15.10**
Timeline mit Markern

Marker

Marker sind eine weitere gute Möglichkeit, um den Überblick in der Timeline zu behalten. Marker **5** beziehen sich immer auf das jeweilige Frame **6** und werden über die Taste [M] an der aktuellen Abspielposition erzeugt. Durch Benennen der Marker nach dem jeweiligen in der Animation stattfindenden Ereignis können Sie die Timeline strukturieren.

Um einem Marker einen eindeutigen und hilfreichen Namen zu verleihen, führen Sie einen Doppelklick auf seinen Pfeil aus bzw. drücken Sie die Taste [F2]. Sie können Ihre platzierten Marker jederzeit durch Klicken und Gedrückthalten der linken Maustaste (oder über das Move-Tool bzw. Taste [G]) in der Timeline verschieben. Diese und weitere Befehle, unter anderem zur gezielten Selektion sowie für die Navigation mithilfe von Markern, finden Sie im Menü MARKER (Abbildung 15.11) des Timeline Editors.

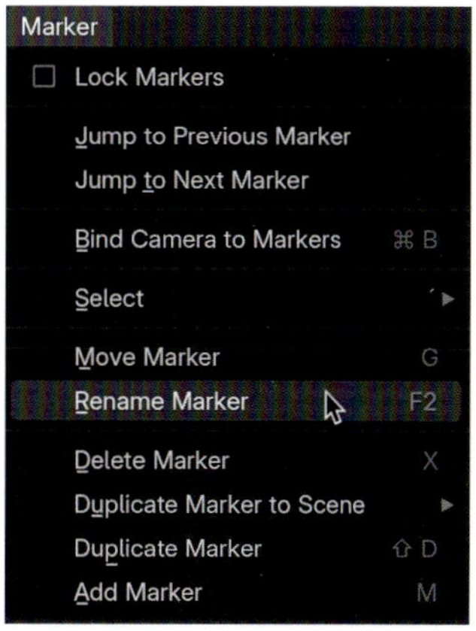

▲ **Abbildung 15.11**
Menü MARKER der Timeline

Besonders hervorheben möchte ich an dieser Stelle den Befehl BIND CAMERA TO MARKERS (Tasten [Strg]/[Cmd]+[B]), mit dem Sie sehr elegant einen Wechsel zwischen den Kameras in Ihrer Szene realisieren (Abbildung 15.12).

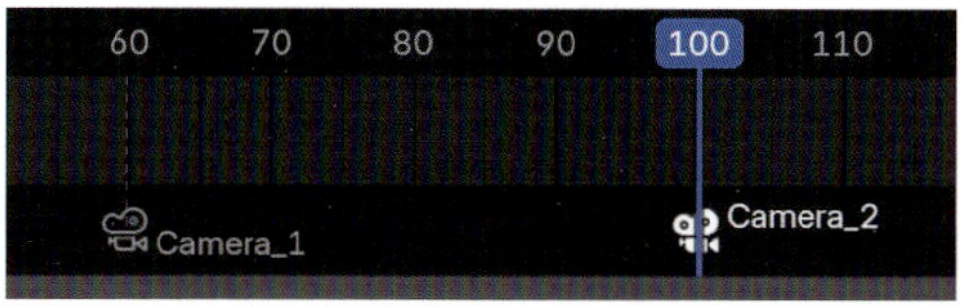

◂ **Abbildung 15.12**
Kamerawechsel über die Timeline

Dazu platzieren Sie den Abspielkopf auf den Zeitpunkt des Kamerawechsels, selektieren die gewünschte Kamera im Viewport oder Outliner und wenden den Befehl BIND CAMERA TO MARKERS an. An besagtem Zeitpunkt in der Timeline entsteht ein adäquat benannter Marker, der dafür sorgt, dass die im Scene-Tab ❶ des Properties Editors hinterlegte Render-Kamera ❷ entsprechend auf die angegebene Kamera wechselt.

Abbildung 15.13 ►
Scene-Tab des Properties Editors

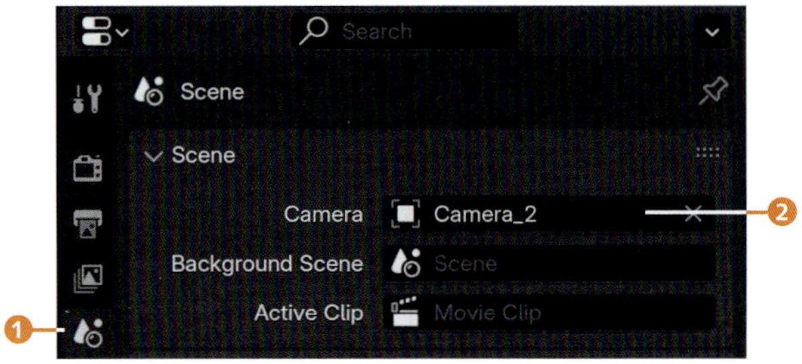

15.2 Dope Sheet Editor

Die Timeline ist zwar ein gutes Instrument für die grobe Erstellung einer Animation, für die weitere Ausarbeitung der Animation mit den Keyframes ist allerdings der tabellarisch aufgebaute Dope Sheet Editor (Abbildung 15.14) das wesentlich bessere Werkzeug. Sie finden das DOPE SHEET im Menü der Editoren, darüber hinaus ist es auch Bestandteil des Workspace ANIMATION.

In der linken Spalte finden Sie die Objekte Ihrer Szene, die Keyframes besitzen, hierarchisch ❸ nach Datenblock, Aktion, Keyframe bzw. Keying Set und Eigenschaft aufgelistet.

▼ Abbildung 15.14
Dope Sheet Editor

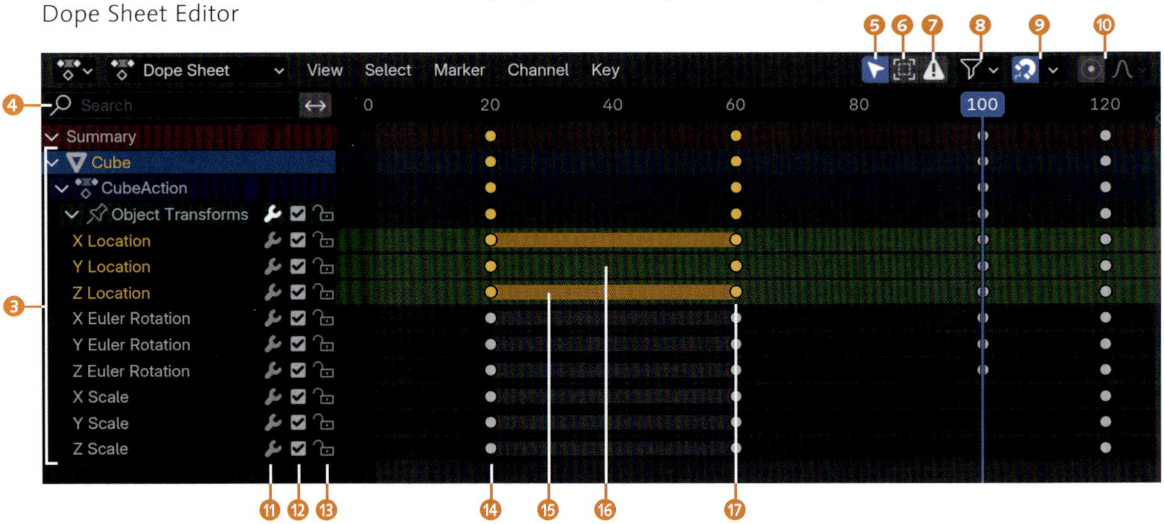

Die übergeordnete Ebene SUMMARY gibt groben Aufschluss darüber, an welchen Zeitpunkten der Szene sich Keyframes befinden. Durch Aktivieren des Pin-Symbols ⑱ werden Kanäle unabhängig von der Objektselektion angezeigt. Für jeden Animationskanal (Channel) lassen sich explizit die enthaltenen Modifier ⑪ bzw. Keyframes ⑫ stummschalten oder auch vor Bearbeitung schützen ⑬. Über die Option SHOW SLIDERS aus dem Menü VIEW des Dope Sheet Editors können Sie sich auf Wunsch die aktuellen Werte für jede animierte Eigenschaft einblenden (Abbildung 15.15).

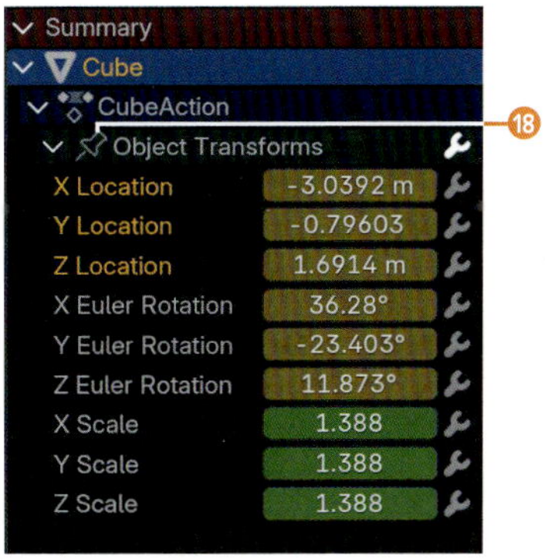

▲ **Abbildung 15.15**
Animationskanäle mit Slidern

Der Hauptbereich des Dope Sheets erinnert stark an den Timeline Editor, Keyframes stellen sich als weiß ⑭ bzw. (wenn selektiert) als gelb gefüllte ⑰ Kreise dar. Bereiche zwischen Keyframes mit unveränderten Werten sind mit einem Balken ⑮ versehen, während Bereiche mit sich ändernden Werten keine Verbindung ⑯ zeigen.

Wenn Sie ausschließlich Channels des bzw. der momentan aktiven Objekte angezeigt bekommen möchten, aktivieren Sie das Symbol ⑤, mit dem Symbol ⑥ blenden Sie unsichtbar geschaltete Objekte, wie beispielsweise Bones eines Character-Rigs, ein. Das Warndreieck-Symbol ⑦ filtert nach fehlerhaften F-Kurven und Drivern aus – mehr dazu später. Umfangreiche Szenen und damit auch größere Dope Sheets können Sie über die Suchmaske ④ bzw. über die Filter-Optionen ⑧ gezielt durchforsten und verschlanken. Im zugehörigen Pop-up-Menü (Abbildung 15.16) steht Ihnen hier neben den bereits bekannten Filter-Funktionen auch die Möglichkeit offen, nach bestimmten Element-Typen wie Szenen, Kameras, Meshes oder auch Modifiern zu filtern.

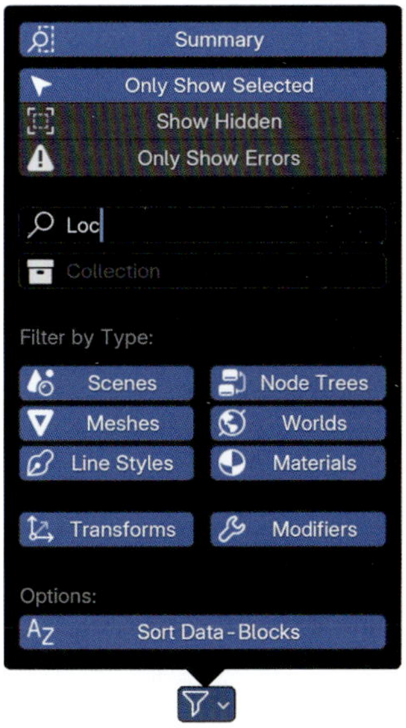

▲ **Abbildung 15.16**
Pop-up-Menü FILTER

Ob Keyframes beim Bearbeiten auf nahe gelegene Marker, volle Sekunden oder auch einfach auf dem nächsten Frame einrasten sollen, legen Sie im Pop-up-Menü SNAPPING ⑨ fest. Der Dope Sheet Editor unterstützt sogar das vom Modelling bekannte Proportional Editing ⑩. Auf diese Weise lassen sich mehrere Keyframes bequem im Zusammenhang bzw. in Relation zueinander bearbeiten oder auch im Zufallsmuster verschieben.

Keyframes bearbeiten

Um ein oder mehrere Keys zu bearbeiten, selektieren Sie diese wie in Blender gewohnt per Linksklick oder einem anderen Auswahl-Tool und halten beim Verschieben die Maustaste gedrückt. Neben den hinlänglich bekannten Selektions-Tools können Sie für die Auswahl im Dope Sheet Editor auch auf die im Menü SELECT befindlichen Spezial-Werkzeuge zurückgreifen, um beispielsweise alle Keyframes nach dem aktuellen Frame oder alles zwischen zwei selektierten Markern auszuwählen.

Außer dem einfachen Verschieben, das Sie natürlich über die gewohnte Taste G erreichen, funktioniert auch das Skalieren (Taste S) einer zuvor bestimmten Key-Auswahl. Gleiches gilt für die Befehle COPY (Tasten Strg/Cmd + C) und PASTE (Tasten Strg/Cmd + V) zum Kopieren und Einfügen von selektierten Keyframes. Nehmen Sie bei Letzterem noch die ⇧-Taste hinzu, so setzen Sie die kopierte Auswahl in gespiegelter Form ein (PASTE FLIPPED). Der Befehl DUPLICATE (Tasten ⇧ + D), mit dem Sie die Selektion duplizieren und direkt im Anschluss horizontal verschieben (Abbildung 15.17), ist auch hinlänglich bekannt.

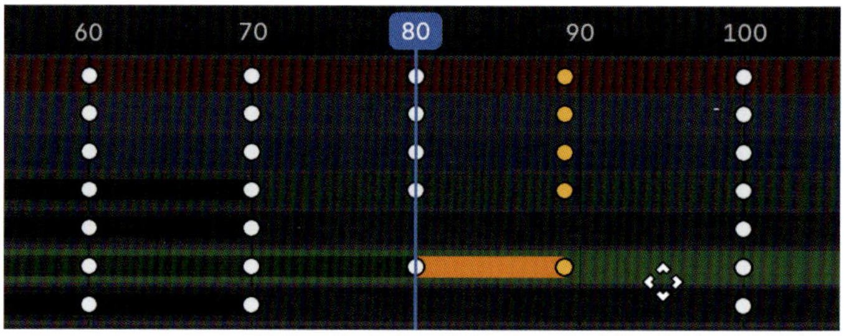

Abbildung 15.17 ▸
Verschieben eines duplizierten Keyframes

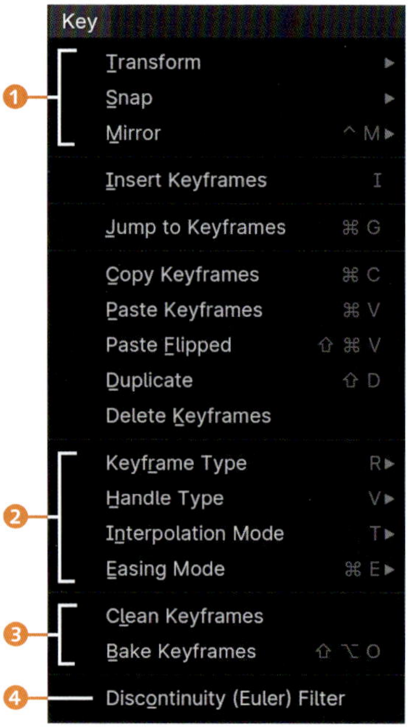

▴ Abbildung 15.18
Menü KEY im Dope Sheet Editor

Den Eindruck, dass Sie für die Arbeit mit den Keyframes kaum neue Werkzeuge erlernen müssen, bestärkt zudem ein Blick in das Menü KEY des Dope Sheet Editors (Abbildung 15.18). Für die Transformation, das Snapping oder die gezielte Spiegelung stehen Ihnen sogar einige Spezialfunktionen ❶ zur Verfügung.

Des Weiteren finden Sie Befehle zur Reduzierung von überflüssigen Keyframes (CLEAN KEYFRAMES) bzw. zur Unterteilung eines Keyframe-Bereichs mit zusätzlichen Keys (BAKE KEYFRAMES) ❸ oder auch zur Reparatur unerwünschter Sprünge bei problematischen Rotationswinkeln ❹. Was es mit den Keyframe-Eigenschaften ❷ wie EASING oder INTERPOLATION MODE auf sich hat, sehen wir uns in Kürze zusammen mit dem Graph Editor an.

Channels bearbeiten

Nicht nur die Keyframes, auch die Animationskanäle (Channels) lassen sich bearbeiten, anpassen und vor allem: organisieren. Dazu finden Sie im Menü CHANNEL (Abbildung 15.19) viele praktische Befehle. So lassen sich redundante Channels, die gerne bei der

Verwendung von Keying Sets entstehen, über den Befehl DELETE CHANNELS (bzw. Taste [X]) oder durch Reduzieren (CLEAN CHANNELS) entfernen. Sollten Sie Wert darauf legen, bestimmte Animations-Kanäle miteinander zu gliedern und diese im Verbund im Dope Sheet Editor aufgelistet zu bekommen, gruppieren Sie diese einfach über GROUP CHANNELS (Tasten [Strg]/[Cmd]+[G]). Um die Channels auch noch an eine andere Position in der Channel-Liste zu setzen, verwenden Sie die Befehle im Untermenü MOVE ...

Im Menü CHANNEL finden Sie außerdem die Befehle zum Aktivieren bzw. Deaktivieren der Channel-Eigenschaften, zum Reaktivieren aller ausgeschalteten F-Kurven (REVIVE DISABLED F-CURVES) oder auch um die Ansicht im Dope Sheet auf die selektierten Kanäle anzupassen (FRAME SELECTED CHANNELS bzw. Taste [.] [Num]).

Im Untermenü EXTRAPOLATION MODE legen Sie fest, wie die Animationsdaten am Ende der zugrunde liegenden F-Kurve weitergeführt werden sollen. Die Werte können wahlweise konstant bleiben (CONSTANT), linear fortgesetzt (LINEAR) oder in einer Schleife wiederholt werden (MAKE CYCLIC). In diesem Fall kommt ein spezieller Modifier zum Einsatz, doch dazu später mehr.

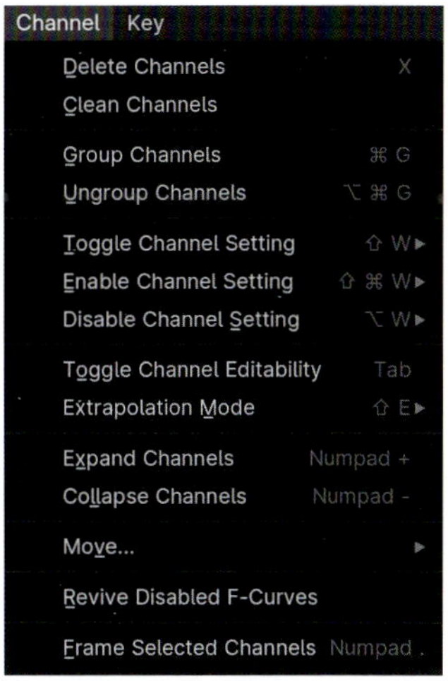

▲ **Abbildung 15.19**
Menü CHANNEL im Dope Sheet Editor

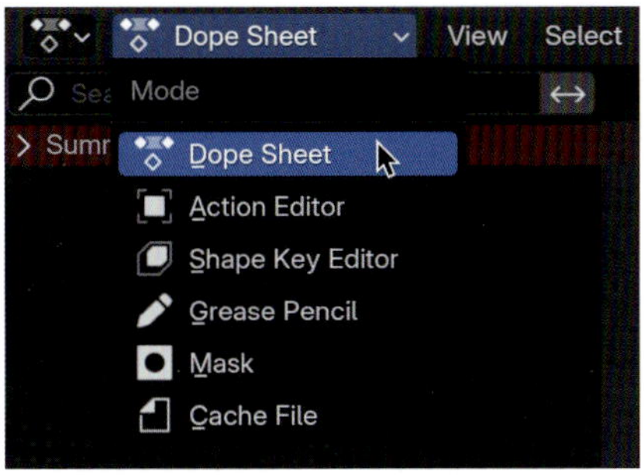

◂ **Abbildung 15.20**
Menü der Modi des Dope Sheet Editors

Neben der normalen Dope Sheet-Ansicht bietet Ihnen der Dope Sheet Editor über sein Auswahlmenü (Abbildung 15.20) weitere Modi an, die sich in erster Linie in der Ausrichtung der Bearbeitung unterscheiden.

Der Action Editor konzentriert sich auf die Erstellung und Verwaltung von sogenannten Aktionen, um Keyframes zu bündeln und Animationen weiterzuverwenden. Im Shape Key Editor arbeiten Sie mit den Shape Keys eines Mesh-Objekts, in der Regel bei der Character-Animation. Auch das integrierte 2D-Animationswerkzeug Grease Pencil, animierte Masken und die Cache Files besitzen Animationsfunktionen, weshalb sich hier im Dope Sheet Editor eigene Modi dafür finden.

15.3 Graph Editor

Der Graph Editor ist Ihr Werkzeug für das Feintuning der Animation. Animierte Objekte starten, beschleunigen, verlangsamen und stoppen – lineare Bewegungen sind und wirken stets unnatürlich. Der Graph Editor stellt Ihnen diese Bewegungskurven grafisch dar und lässt Sie über Kurventypen ❻, Interpolationsarten und sogar Modifier ❼ noch weiter daran feilen. Sie finden den Graph Editor wie gewohnt im Editoren-Menü.

▼ **Abbildung 15.21**
Graph Editor

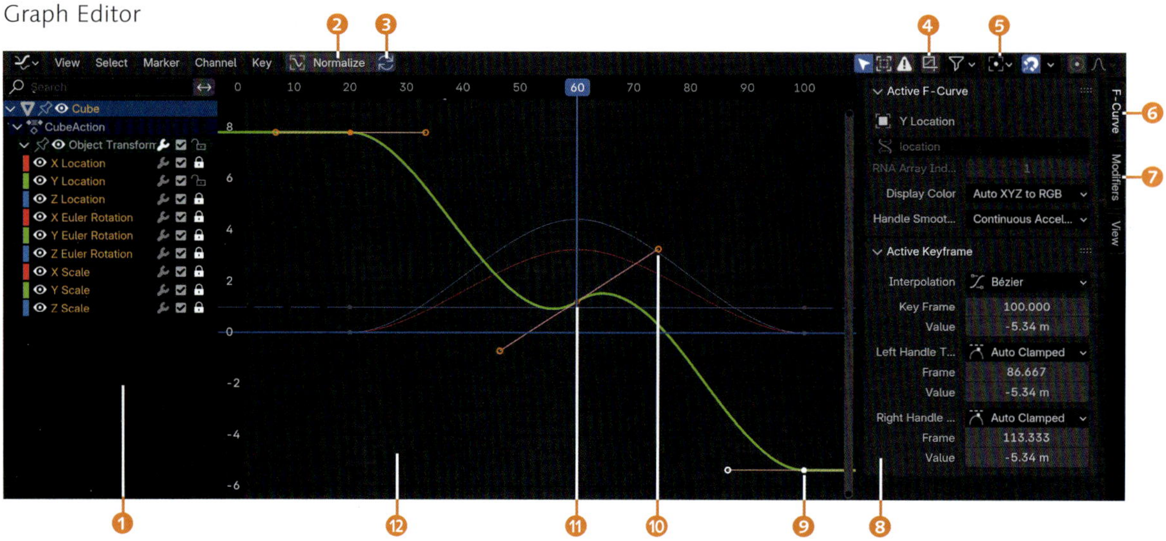

Der Aufbau des Graph Editors ähnelt stark dem Dope Sheet Editor. Links finden Sie die hierarchisch gegliederten Objekte mit den animierten Eigenschaften ❶, während Sie im Haupt-Arbeitsbereich ⓬ die Bearbeitung der Animation über die sogenannten F-Curves, die Animationskurven, vornehmen. Neben den als Kontrollpunkte ⓫ fungierenden Keyframes haben Sie dazu die – je nach gewählter Interpolationsart unterschiedlichen – Anfasser ❿ zur Verfügung. Die Sidebar (Taste [N]) ❽ bietet Ihnen stets Zugriff auf die anliegende Interpolationsart, Key-Werte und die jeweiligen Anfassertypen. Letztere können Sie übrigens auch direkt am Kontrollpunkt über die Taste [V] ändern, indem Sie einen anderen Keyframe Handle Type wählen.

Grundsätzlich funktionieren die Selektions- und Transformationswerkzeuge auch im Graph Editor wie gewohnt. Weiße Kontrollpunkte ❾ signalisieren, dass der zugehörige Animationskanal vor Bearbeitung geschützt ist. Um für eine F-Curve einen Kontroll-

Konsistente Maus-Funktionalität

Obwohl wir uns in einem ganz anderen Stadium des 3D-Workflows befinden, bleibt Blender konsistent, indem Sie neue Punkte für eine Animationskurve per Rechtsklick setzen – so wie Sie es auch beim Modelling von der Arbeit mit Curves kennen.

punkt und damit auch ein neues Keyframe zu erzeugen, halten Sie die [Strg]/[Cmd]-Taste gedrückt und setzen den neuen Punkt per Rechtsklick. Da Sie die selektierten Keyframes dank der F-Kurven im Graph Editor nicht nur horizontal verschieben, sondern beliebig modifizieren können, lässt sich über das bekannte Menü für den PIVOT POINT ❺ auf Wunsch ein Bezugspunkt für die Transformation bestimmen.

Weil sich die Wertebereiche von den verschiedenen Animationskurven oftmals deutlich unterscheiden, haben Sie über den Button NORMALIZE ❷ die Möglichkeit, die Anzeige der Kurven in den Wertebereich von –1 bis +1 zu »normalisieren«, um sich bei der Bearbeitung leichter zu tun. Der nebenstehende Button ❸ erledigt dies automatisch für Sie. Eine weitere Hilfestellung für die Arbeit an den F-Kurven bietet die Snapshot-Funktion ❹, mit der Sie eine Animationskurve als »Pausvorlage« in den Hintergrund einblenden, um sich daran orientieren zu können.

Interpolation Modes

Beim Erzeugen neuer Keyframes legt Blender standardmäßig einen weichen Übergang zwischen den Wertebereichen in Form des Interpolationstyps BEZIER an.

Standard-Interpolations-Modus ändern

Sollten Sie beim Erzeugen von Keyframes einen anderen Standard-Interpolations-Modus bevorzugen, können Sie dies in den Preferences unter ANIMATION • F-CURVES ändern.

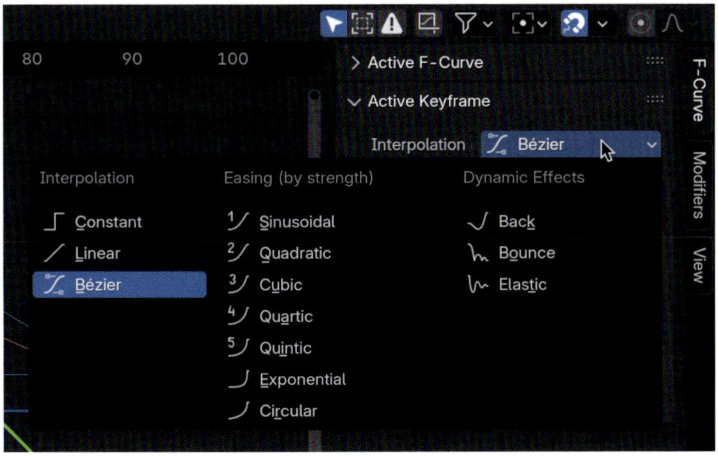

◂ **Abbildung 15.22**
Menü der INTERPOLATION MODES im F-Curve-Tab

Über die zugehörigen Interpolations-Einstellungen (Abbildung 15.22) im F-Curve-Tab der Sidebar (Taste [N]) bzw. über das Menü KEY • INTERPOLATION MODE des Graph Editors steht Ihnen darüber hinaus ein sprunghafter Wertewechsel (CONSTANT) sowie eine lineare Interpolation zur Verfügung. Mit insgesamt sieben verschiedenen Easing-Kurven und drei dynamischen Effekten lassen sich die Übergänge spannend gestalten, ohne mühsam die jeweiligen Kurven manuell zeichnen zu müssen. Der schnellste Weg zum Ändern eines INTERPOLATION MODES führt über die Taste [T].

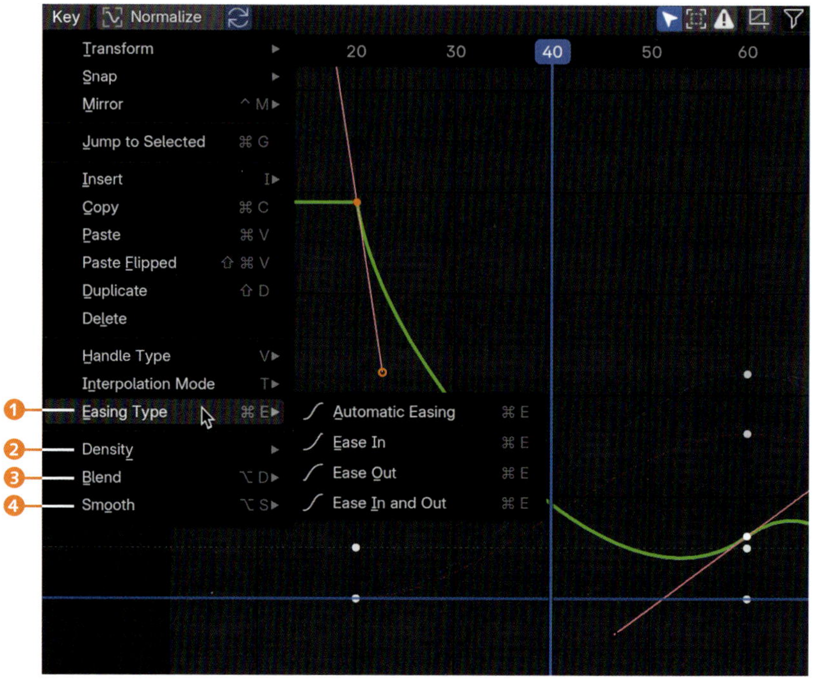

Abbildung 15.23 ►
Menü KEY des Graph Editors

Schnellzugriff auf die F-Kurven

Einen besonders schnellen Weg zur F-Kurve einer animierten Eigenschaft bietet das Kontextmenü per rechter Maustaste. Nach Rechtsklick auf einen animierten Parameter öffnen sich wahlweise die einzelnen (VIEW SINGLE IN GRAPH EDITOR) oder alle zugehörigen Eigenschaften (VIEW ALL IN GRAPH EDITOR) im Graph Editor.

Der EASING TYPE ❶, den Sie zusätzlich zum EASING wählen, definiert, ob die Kurve vorne nach dem ersten Key, hinten vor dem zweiten Key, an beiden Stellen oder automatisch angelegt werden soll. Auch für die Festlegung des EASING TYPES steht mit den Tasten [Strg]/[Cmd] + [E] ein Kurzbefehl bereit.

Zusätzlich zu den vom Dope Sheet Editor bekannten Funktionen finden Sie im Menü KEY (Abbildung 15.23) auch noch weitere, speziell auf die Arbeit mit F-Kurven ausgelegte Befehle. So hilft der Graph Editor auch bei der Aufbereitung und Optimierung von Animationskurven, wie zum Beispiel von Daten aus dem Motion Capturing oder durch die verschwenderische, weil automatische Aufnahme von Keyframes (Abbildungen 15.24 und 15.25). Im Untermenü DENSITY ❷ finden Sie dazu Befehle wie DECIMATE (RATIO), mit dem Sie die Anzahl an Keyframes über eine prozentuale Vorgabe reduzieren, während Sie bei DECIMATE (ALLOWED CHANGE) eine maximale Abweichung von der Ausgangs-F-Kurve für die Entfernung redundanter Keys definieren. Zur Reduzierung vorliegender Keys trägt auch der Befehl CLEAN KEYFRAMES bei, während Sie mit SAMPLE KEYFRAMES gewollt Keys zwischen selektierten Keys setzen können.

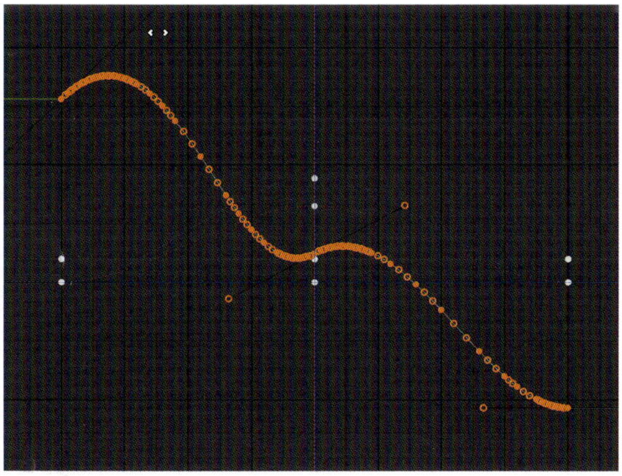

▲ **Abbildung 15.24**
F-Kurve vor der Reduzierung

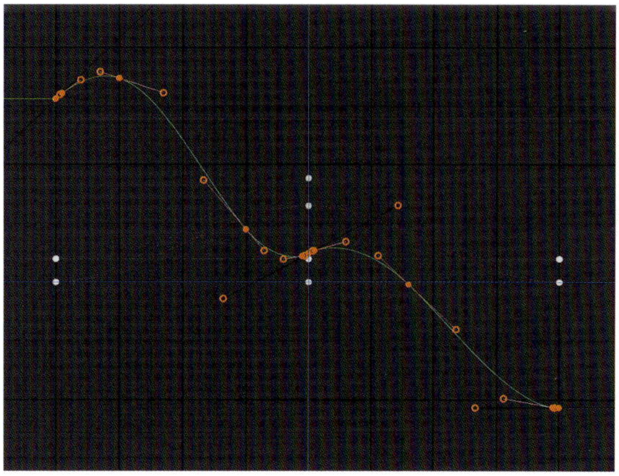

▲ **Abbildung 15.25**
F-Kurve nach der Reduzierung durch Decimate

Die Operatoren im Untermenü BLEND ③ (Tasten [Alt] + [D]) erleichtern Ihnen die Erzeugung und Bearbeitung von Übergängen zwischen Keys. So lassen sich mit dem Befehl BREAKDOWN Keys in Relation zwischen angrenzenden Keys positionieren oder auch zum linken bzw. rechten Key-Nachbarn (BLEND TO NEIGHBOR) sowie zum Ausgangswert des Keys (BLEND TO DEFAULT VALUE) überblenden. Mit dem Befehl EASE richten Sie die selektierten Keyframes an einer Ease In- bzw. Ease Out-Kurve aus.

Befehle zum Glätten von F-Kurven finden Sie im Untermenü SMOOTH ④ (Tasten [Alt] + [S]). Sie können sich dabei zwischen einer Glättung über einen Gauss'schen Filter (SMOOTH (GAUSSIAN)) sowie einer allgemeinen Glättung der Kurve entscheiden (SMOOTH (LEGACY)), mit der Sie allzu heftige Wertesprünge abmildern.

Modifier

Animationskurven lassen sich nicht nur manuell oder über vorgefertigte EASING TYPES definieren und modifizieren. Der Graph Editor arbeitet außerdem auch mit Modifiern, die Sie den F-Kurven zuweisen können.

Im Modifiers-Tab in der Sidebar des Graph Editors (Abbildung 15.26) finden Sie die auf die Animationskurven anwendbaren Modifikatoren. Der über das Menü ADD MODIFIER zugewiesene

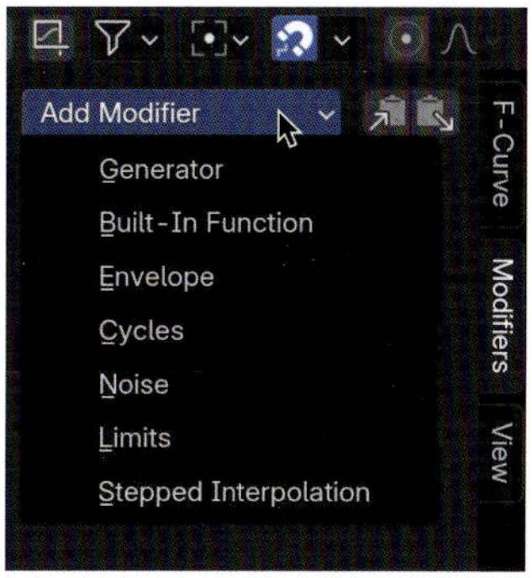

▲ **Abbildung 15.26**
Modifiers-Tab in der Sidebar

Modifier wirkt fortan auf diese F-Kurve, die Feinjustierung nehmen Sie in den zugehörigen Einstellungen (Abbildung 15.27) vor. Ganz analog zu den Modelling-Modifiern lassen sich einer F-Kurve auch mehrere Modifier zuweisen.

Der Modifier GENERATOR bietet Ihnen die Möglichkeit, die F-Kurve mit einer mathematischen Funktion zu verformen, gängige Kurven wie Sinus- oder logarithmische Funktionen finden Sie im Modifier BUILT-IN FUNCTION. Mit dem Modifier ENVELOPE lassen sich die Kurven gezielt abdämpfen. Sich wiederholende Keyframe-Sequenzen schaffen Sie mit dem Modifier CYCLES, während Sie Ihre Kurve mit NOISE mit zufälligen Bewegungen versehen. LIMIT beschneidet die F-Kurve auf definierbare Minimal- bzw. Maximal-Werte. Zu guter Letzt können Sie mit STEPPED INTERPOLATION einen Stop Motion-Look nachahmen, indem Sie die Werte in Stufenform umsetzen lassen.

▼ Abbildung 15.27
F-Kurve mit Modifier-Stack im Graph Editor

In obigem Beispiel wird die F-Kurve aus Abbildung 15.21 nacheinander von insgesamt drei Modifiern verändert. Zunächst sorgt ein Cycles-Modifier für eine sich wiederholende Animationssequenz.

Anschließend wird die F-Kurve über einen Noise-Modifier mit vielen zusätzlichen, zufälligen Amplituden versehen. Ein Stepped Interpolation-Modifier schließlich kümmert sich um die gewollt stufenförmige Umsetzung der F-Kurve.

Den zeitlichen Einflussbereich jedes Modifiers können Sie durch Aktivieren und Aufklappen der Option RESTRICT FRAME RANGE ❷ einschränken. Zur Steuerung der Stärke des Einflusses aktivieren Sie die Option USE INFLUENCE ❶ und geben den gewünschten Wert vor.

Backen von Channels

Analog zum Backen von Keyframes im Dope Sheet-Editor lassen sich die Kanäle (CHANNELS) des Graph Editors über den Befehl BAKE CHANNELS im Menü CHANNELS inklusive enthaltener Modifier backen.

Schritt für Schritt Erstellen und Ausarbeiten einer einfachen Keyframe-Animation

Nachdem Sie nun die wichtigsten Editoren, Werkzeuge und Elemente einer Keyframe-Animation kennen, wird es Zeit für die erste eigene Animation in Blender.

1 Blender-Szene laden

Rufen Sie über den Befehl FILE • OPEN (Taste Strg/Cmd + O) den File Browser auf und navigieren Sie zum Verzeichnis *5_Animation* der Begleitmaterialien. Öffnen Sie dort die Datei *5_Animation_Keyframe_Start.blend*.

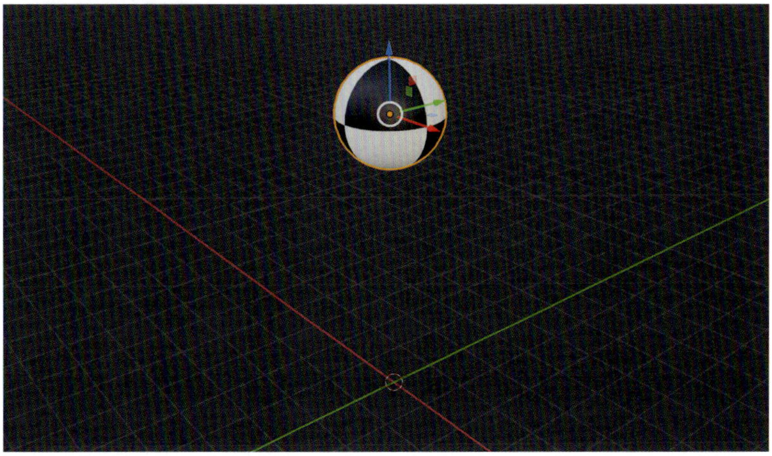

◂ **Abbildung 15.28**
Ausgangssituation der Blender-Szene

Diese Blender-Szene enthält eine einfach texturierte Kugel, die wir im Folgenden zum Fallen und Springen animieren werden. Natürlich können Sie auch ein anderes, beliebiges Objekt Ihrer Wahl für diesen Workshop verwenden.

2 Animationslänge anpassen

Für diesen einfachen Workshop bleiben wir im Workspace LAYOUT und definieren als Erstes im Timeline Editor (Abbildung 15.29) die Gesamtlänge der Animation ❷ auf insgesamt 50 Bilder (Frames). Um gleich anschließend das erste Keyframe setzen zu können, verschieben Sie den blauen Abspielkopf ❶ auf Frame 1.

▲ **Abbildung 15.29**
Definieren der Animationslänge in der Timeline

3 Ausgangs-Keyframe aufnehmen

Zum Aufnehmen der aktuellen Position und Ausrichtung der Kugel in ein Ausgangs-Key selektieren Sie die Kugel und rufen über die Taste [K] das Menü INSERT KEYFRAME WITH KEYING SET auf (Abbildung 15.30). Wählen Sie dort das Keying Set LOCATION & SCALE.

Abbildung 15.30 ▸
Aufnehmen von LOCATION & SCALE der Kugel in Keyframes

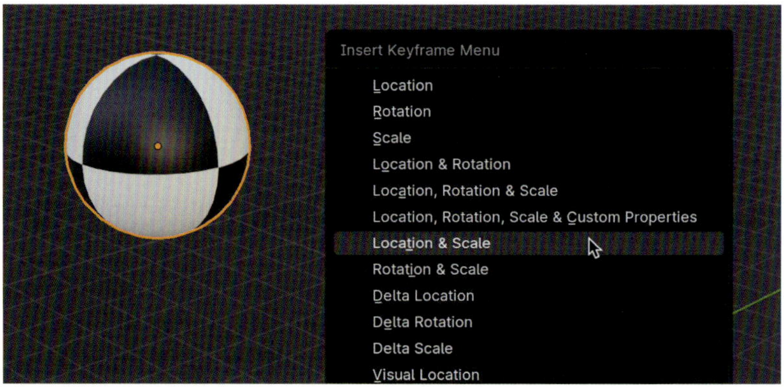

4 Zweites Keyframe für Kugel aufnehmen

Nachdem das erste Keyframe bei Frame 1 gespeichert ist ❹, setzen Sie den Abspielkopf ❸ für das zweite Keyframe auf Frame 20.

Abbildung 15.31 ▸
Vorbereiten des zweiten Keyframes

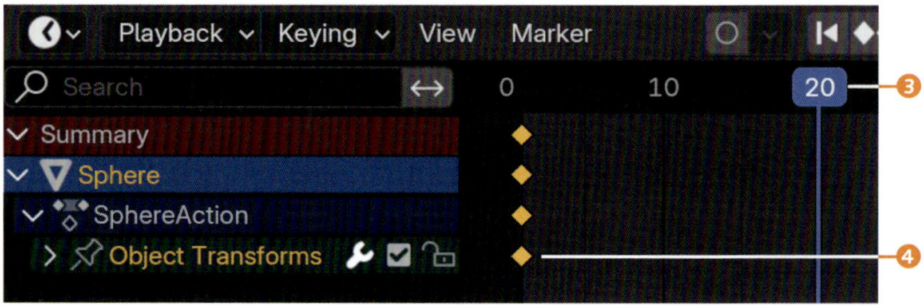

Anschließend verschieben Sie die Kugel in Z-Richtung nach unten, bis sie auf dem Weltursprung aufliegt (Abbildung 15.32). Am einfachsten erledigen Sie dies über die Tasten [G], [Z] und [-][5].

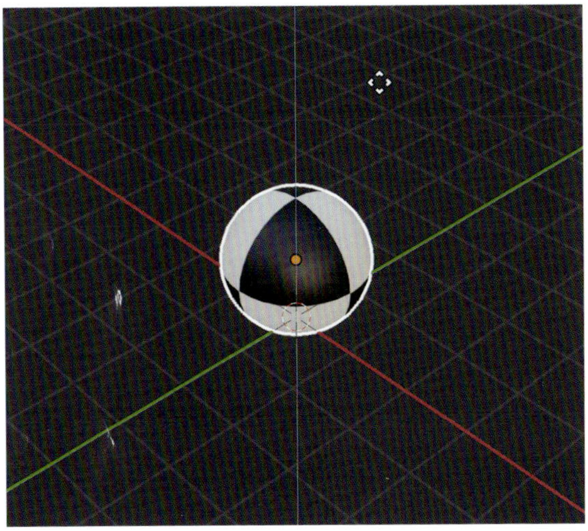

▲ **Abbildung 15.32**
Position der Kugel für das zweite Keyframe

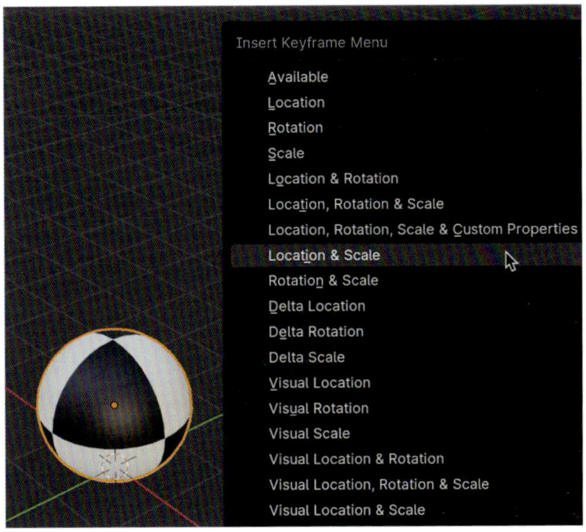

▲ **Abbildung 15.33**
Aufnehmen von LOCATION & SCALE der Kugel

Jetzt können Sie das zweite Keyframe, wieder mit dem Keying Set LOCATION & SCALE (Abbildung 15.33), für diesen Zeitpunkt der Animation aufnehmen (Taste [K]).

5 Keyframes für den Weg nach oben erstellen

Der Weg der Kugel nach unten ist animiert. Auf Basis dieser beiden Keyframes können wir direkt den Weg nach oben rekonstruieren. Zunächst soll die Kugel aber während des Aufpralls kurz auf dem Boden verweilen. Selektieren Sie dazu das Keyframe bei Frame 20 per Linksklick und duplizieren Sie es über die Tasten [⇧] + [D]. Durch Bewegen der Maus setzen Sie den Key auf Frame 30.

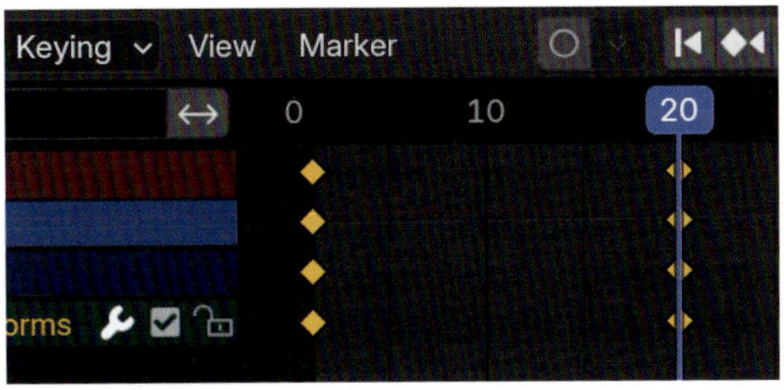

▲ **Abbildung 15.34**
Selektion des Keyframes in der Timeline

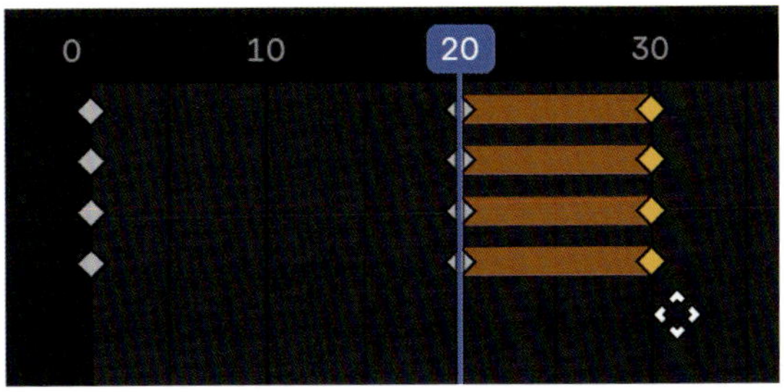

▲ **Abbildung 15.35**
Verschieben des duplizierten Keyframes

Damit die Animation zyklisch ablaufen kann, lassen wir die Kugel wieder an den Ausgangspunkt zurückkehren. Dazu selektieren Sie das Keyframe bei Frame 1, duplizieren es über die Tasten [⇧] + [D] und verschieben es auf Frame 50 (Abbildung 15.36).

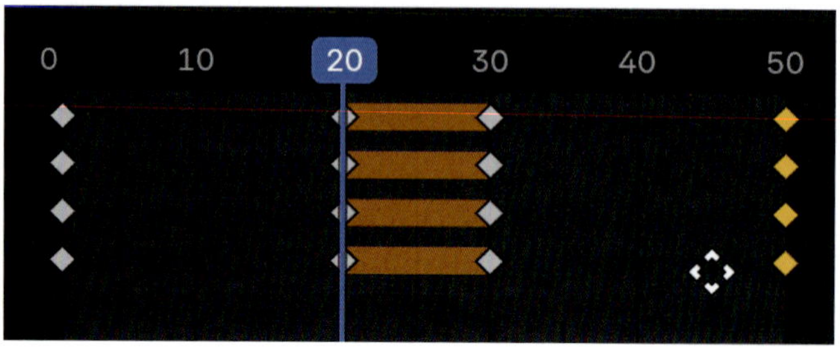

Abbildung 15.36 ▸ Duplizierte Keyframes für die Endposition der Kugel

6 Verformung der Kugel animieren

Während der Verweilzeit auf dem Boden soll sich die Kugel gummiartig verformen – wir simulieren das über eine simple, animierte Transformation. Setzen Sie dazu den Abspielkopf in der Timeline oder im Dope Sheet Editor (Abbildung 15.37) auf Frame 25.

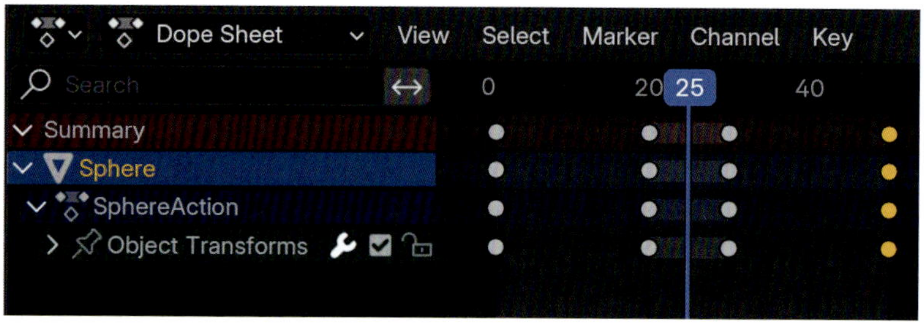

Abbildung 15.37 ▸ Animation im Dope Sheet Editor

Da wir den Zustand der Kugel vor der Verformung sowie nach der Verformung bereits in Keyframes bei Frame 20 und 30 aufgenommen haben, reicht es nun, den maximal verformten Zustand in zusätzlichen Keyframes aufzunehmen.

Wechseln Sie dazu am besten in die Ansicht von rechts (Taste [3] [Num]) und selektieren Sie die Kugel. Bringen Sie die Kugel zunächst über die Tasten [S], [Z] und [0] [.] [6] auf 60 Prozent der ursprünglichen Höhe und gleichen Sie anschließend das Volumen der gequetschten Kugel durch Skalierung in alle Richtungen (Taste [S]) wieder aus.

Wenn Sie mit der Größe der gequetschten Kugel zufrieden sind, aktivieren Sie das Move-Tool in Z-Richtung (Tasten [G] + [Z]) und setzen die Kugel auf den durch die grüne Y-Achse erkennbaren Boden auf (Abbildung 15.38).

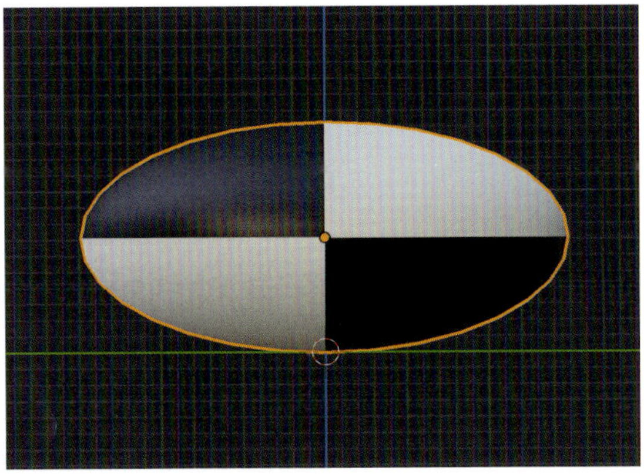

▲ **Abbildung 15.38**
Transformierte und platzierte Kugel

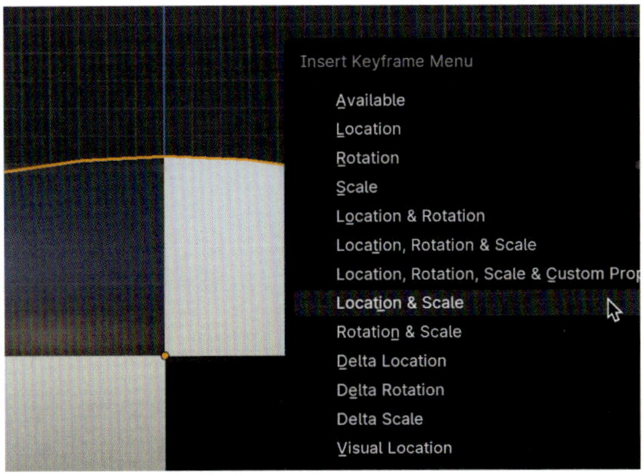

▲ **Abbildung 15.39**
Aufnehmen der LOCATION und SCALE der Kugel

Rufen Sie schließlich über die Taste [K] das Menü INSERT KEYFRAME WITH KEYING SET (Abbildung 15.39) auf und wählen Sie das Keying Set LOCATION & SCALE, um die transformierte Position und Skalierung der Kugel in Keyframes zu speichern.

Spätestens jetzt sollten Sie die Animation per Leertaste starten und das Ergebnis begutachten. Sicher fällt Ihnen auf, dass die Kugel vor dem Aufprall abbremst sowie beim Rückweg nach oben langsam beschleunigt – dies wirkt wenig realistisch.

7 Feintuning im Graph Editor

Prädestiniert für Feintuning ist der Graph Editor, den Sie sich über das Editoren-Menü öffnen. Klappen Sie die Einträge in der linken Spalte auf und blenden Sie alle F-Kurven-Channels mit Ausnahme von Z LOCATION ❶ aus ❷ bzw. sperren Sie sie ❸ zur Sicherheit ab.

▼ **Abbildung 15.40**
Channels im Graph Editor

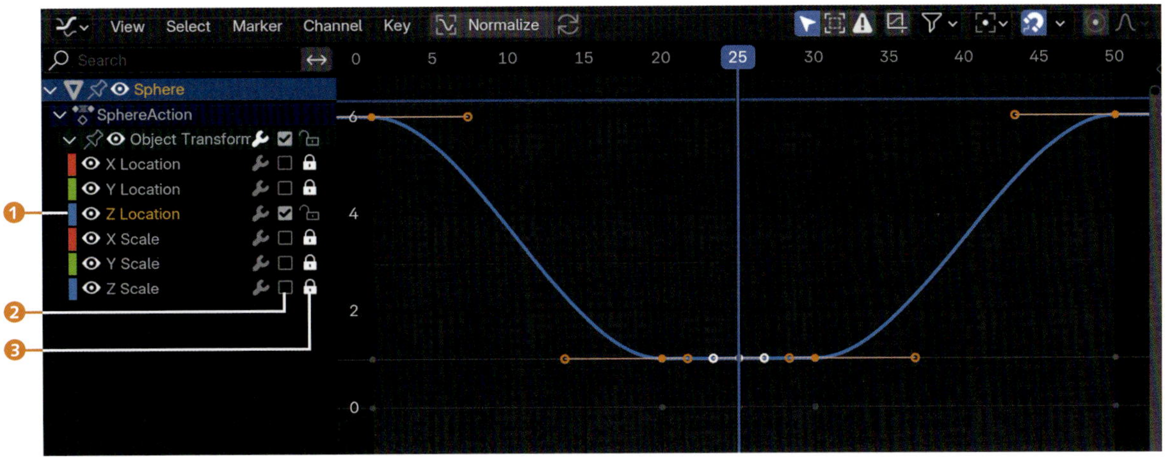

Ursache für dieses »Problem« ist die voreingestellte Interpolation Bezier, deren weicher Verlauf zwar beim anfänglichen Fall der Kugel erwünscht, beim abrupten Aufprall aber fehl am Platz ist. Um dies gezielt zu korrigieren, klappen Sie über die Taste [N] die Sidebar auf (Abbildung 15.41). Um nur die Kurve links vom Keyframe ② bearbeiten zu können, selektieren Sie den Kontrollpunkt respektive das Keyframe und wählen als Handle Type im Panel Active Keyframe des F-Curve-Tabs ⑤ den Type Free ④.

▼ Abbildung 15.41
Anpassen der F-Curve im Graph Editor

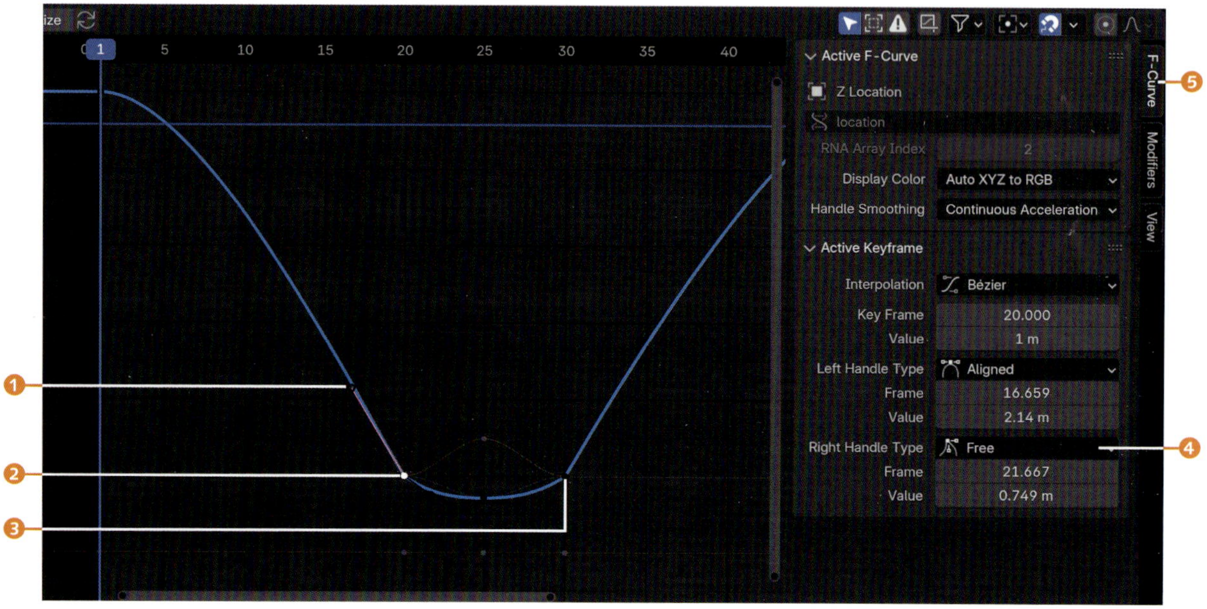

Verwenden Sie nun den linken Greifer ① des Keyframes bei Frame 20, um den Kurvenverlauf bis zum Keyframe nahezu linear zu gestalten.

Auf die gleiche, wenn auch spiegelverkehrte Weise sollten Sie im Anschluss den Kurvenverlauf rechts von dem Keyframe ③ bei Frame 30 überarbeiten. In diesem Fall wählen Sie in den Keyframe-Einstellungen für den linken Greifer (Left Handle) einen anderen Type und erzeugen mit dem rechten Greifer einen fast linearen Kurveneingang.

8 Fertige Keyframe-Animation

Nach diesem Schritt ist Ihre erste Keyframe-Animation fertiggestellt. Bevor wir sie allerdings abspielen können, müssen wir noch die zuvor der Übersichtlichkeit halber deaktivierten Animationskanäle wieder anschalten (Abbildung 15.42).

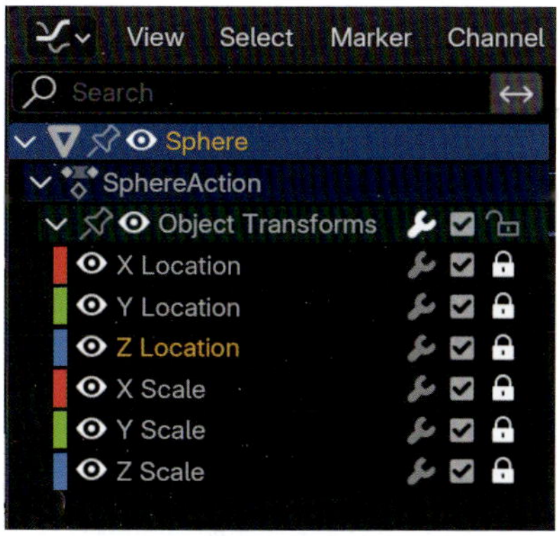

▲ **Abbildung 15.42**
Aktivieren aller Animationskanäle

Abbildung 15.43 ►
Fertige Animation im Viewport

Bevor Sie schließlich die finale Animation mit der Leertaste starten (Abbildung 15.43), sollten Sie noch die mitgelieferte rote Plane über den Outliner einblenden, damit die Kugel auf einem Boden aufprallen kann.

15.4 Pfad-Animation

Das Grundprinzip jeder Keyframe-Animation haben Sie längst verinnerlicht: Von der sich ändernden Eigenschaft eines Objekts werden am Anfang und Ende einer Animation die Werte festgeschrieben, die Berechnung der Zwischenstadien übernimmt Blender für Sie.

Eine weitere Möglichkeit der räumlichen Animation ist die Pfad-Animation. Dabei bestimmen Sie keinen Anfangs- und Endpunkt, sondern geben den Bewegungspfad, den das Objekt über den Lauf der Zeit absolvieren soll, vor. Um besser zu verstehen, was es mit einem Animationspfad auf sich hat, werfen wir zuvor einen Blick auf die Motion Paths – Bewegungspfade, die wir uns in Blender aus vorliegenden Animationen erstellen lassen können.

Motion Paths

Motion Paths dienen zur Visualisierung und damit zur Analyse von Bewegungen. Dabei werden die Positionen der Origins von animierten Objekten in einer bestimmten Zeitspanne für jedes definierte Frame im Viewport gezeichnet. Bei der Character-Animation sind entsprechend die Origins der Joint-Objekte, also der Gelenke, für die Motion Paths interessant.

Abbildung 15.44 ▸
Motion Path eines aufspringenden Balls

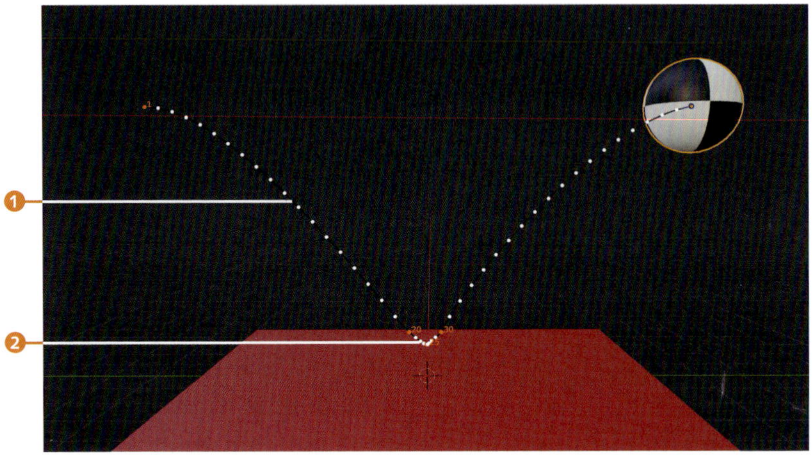

Im Beispiel in Abbildung 15.44 sehen Sie den Bewegungspfad eines Balls, der mit Hilfe von insgesamt fünf Keyframes und etwas Nachjustieren im Graph Editor auf dem Boden aufkommt und wieder nach oben springt. Neben dem Weg, den der Ball zurücklegt, ist an den Abständen der aufgezeichneten Punkte gut zu erkennen, wo der Ball beschleunigt ❶ (große Abstände) und wo der Ball sich abbremst bzw. sich nur sehr langsam bewegt ❷ (kleine Abstände).

Abbildung 15.45 ▸
Panel Motion Paths im Object-Tab des Properties Editors

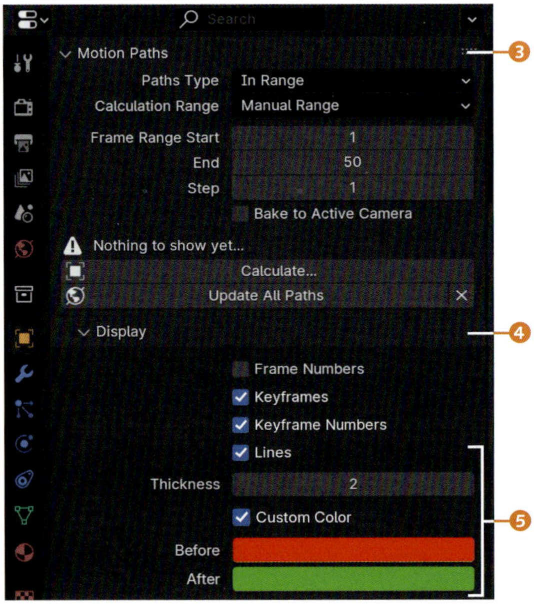

Um einen Motion Path für eine vorliegende Animation zu erzeugen, öffnen Sie das Panel MOTION PATHS ③ im Tab OBJECT des Properties Editors (Abbildung 15.45). Dort haben Sie unter PATHS TYPE zunächst die Wahl, ob Sie einen festen Framebereich vorgeben (IN RANGE) oder vor und nach dem jeweils aktuellen Key eine bestimmte Anzahl Frames anzeigen möchten (AROUND FRAME).

Bei einem definierten Framebereich wählen Sie im Menü CALCULATION RANGE aus, ob Sie den Bereich selbst vorgeben (MANUAL RANGE), die komplette Szenenlänge (SCENE FRAME RANGE) erfassen oder sich auf alle bzw. selektierte Keyframes beziehen möchten (ALL KEYS bzw. SELECTED KEYS). Über den Parameter STEP geben Sie zusätzlich an, ob jeder einzelne Key (Wert 1) oder nur jeder zweite Key (Wert 2) etc. für den Bewegungspfad aufgezeichnet werden soll. Auf Wunsch wird der Motion Path auch relativ zur aktiven Kamera berechnet (BAKE TO ACTIVE CAMERA). Sind alle Vorgaben erfolgt, klicken Sie auf den Button CALCULATE, um den Motion Path für das bzw. die selektierten Objekte zu generieren. Mit dem darunter befindlichen Button UPDATE ALL PATHS können Sie auf einen Schlag alle angezeigten Motion Paths aktualisieren.

Die Darstellung der Motion Paths im Viewport lässt sich im untergeordneten Panel DISPLAY ④ noch etwas anpassen. So haben Sie die Möglichkeit, wirklich alle Framenummern des vorgegebenen Bereichs einzublenden. Nach der Berechnung des Motion Paths erhalten Sie zusätzlich die Option LINES ⑤, die den Pfad mit einer Linie visualisiert, die Sie über THICKNESS in ihrer Stärke regulieren und über die CUSTOM COLOR beliebig einfärben können.

Pfade zur Animation

Kommen wir wieder zurück zur Pfad-Animation, also der Definition einer Animation mit Hilfe eines Pfades. Hierfür lassen sich die verschiedenen Curve-Objekte (Abbildung 15.46) verwenden.

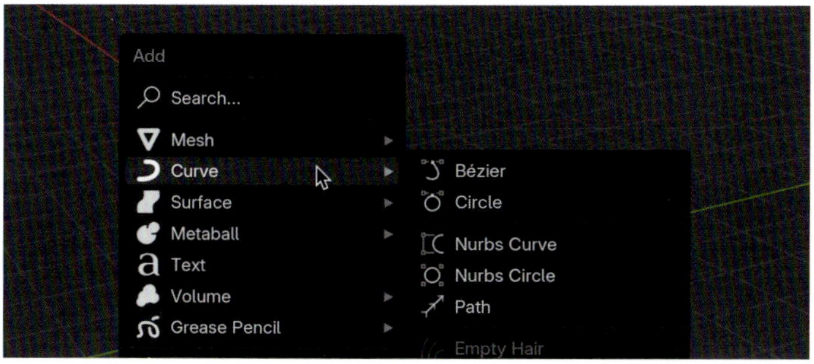

◂ **Abbildung 15.46**
Menü ADD • CURVE

Achten Sie stets darauf, dass der Ursprung des zu animierenden Objekts auf dem Anfangs-Vertex liegt, andernfalls wird der vorliegende Versatz mit in die Pfad-Animation einberechnet. Im Beispiel in Abbildung 15.47 sitzt die Kugel exakt auf dem untersten Vertex der spiralförmigen Curve.

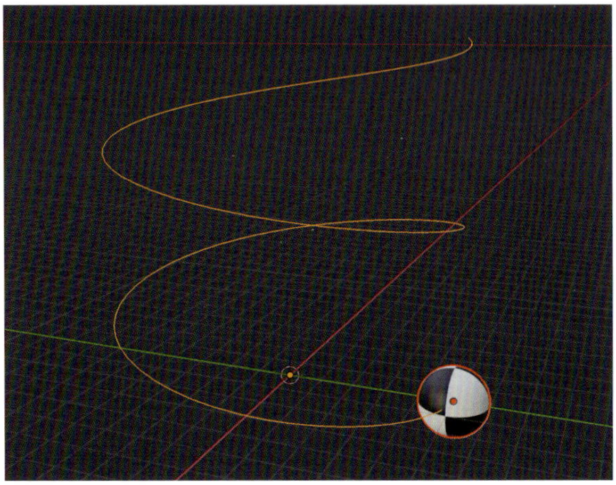

Abbildung 15.47 ►
Kugel mit Curve als Animationspfad

Um einem Objekt ein Curve-Objekt als Bewegungspfad vorzugeben, selektieren Sie zunächst das zu animierende Objekt und nehmen anschließend die Curve zur Auswahl hinzu. Jetzt können Sie das Objekt der Curve über den Befehl SET PARENT TO • FOLLOW PATH (Tasten [Strg]/[Cmd] + [P]) als CHILD unterordnen.

▼ Abbildung 15.48
Menü SET PARENT TO

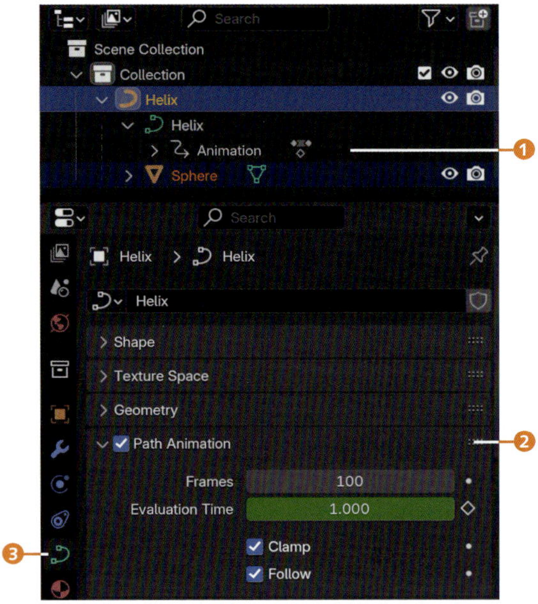

Abbildung 15.49 ►
Panel PATH ANIMATION im Object Data-Tab des Properties Editors

Die Pfad-Animation ist damit erstellt. Neben der hierarchischen Anordnung im Outliner (Abbildung 15.49) finden Sie beim Curve-Objekt auch die Pfad-Animation ❶ hinterlegt.

Über den Object Data-Tab ❷ im Properties Editor des Curve-Objekts lässt sich die Animation weiter justieren. Dort legen Sie im Panel PATH ANIMATION ❸ über den Parameter FRAMES fest, wie viele Bilder das Child-Objekt benötigt, um den kompletten Pfad zu durchlaufen. Der für die Animation zuständige PARAMETER EVALUATION TIME bildet im Prinzip die Position auf der Timeline ab. Mit der Option FOLLOW schließlich bestimmen Sie, ob das animierte Objekt sich dabei am Verlauf der Curve ausrichtet (Abbildung 15.50).

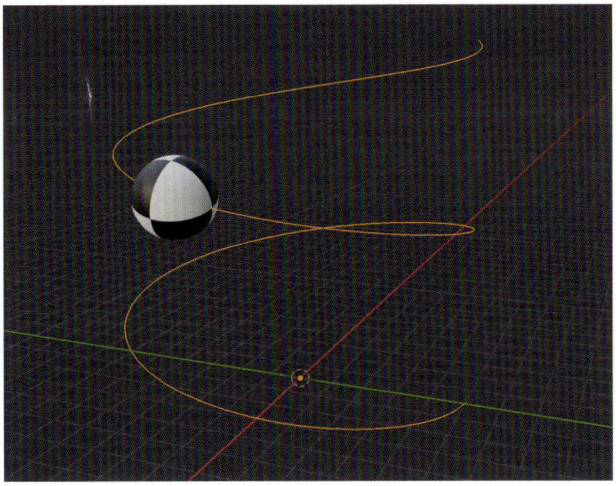

◂ **Abbildung 15.50**
Per Pfad animierte Kugel

15.5 Nonlinear Animation Editor

Mit dem Nonlinear Animation Editor (NLA) können Sie sich ein Stück weit von den strengen linearen Gegebenheiten der Timeline lösen. Sie erstellen dabei sogenannte Actions, die sich anschließend wie in einem Videoschnittprogramm beliebig kombinieren, überblenden, aneinanderreihen etc. lassen. Ausgangspunkt für eine wiederverwendbare Animationssequenz ist die Action ❹, die Blender bei der Erstellung jeder Keyframe-Animation automatisch anlegt.

▾ **Abbildung 15.51**
Nonlinear Animation Editor

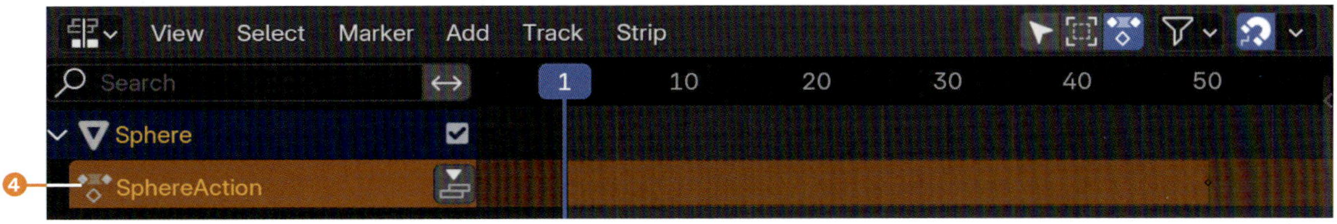

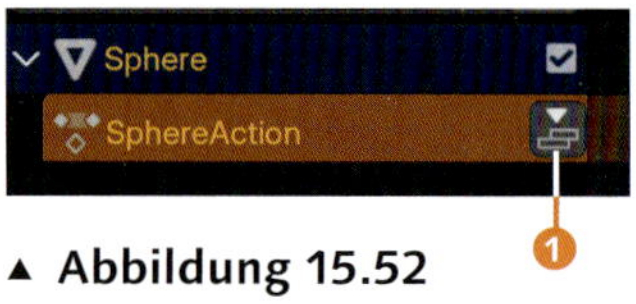

▲ **Abbildung 15.52**
Action der Sphere

Bei diesen Action Strips handelt es sich also genau genommen um fertige Animationssequenzen einer bestimmten Laufzeit, die Sie im NLA Editor ebenenbasiert miteinander be- und verarbeiten können. Um eine Action in einen Action Strip umzuwandeln, klicken Sie auf das kleine Strip-Symbol ①. Für den erzeugten Action Strip entsteht eine neue Ebenenzeile im NLA Editor, auch Track genannt.

Tracks und Strips

Der auf dem Track ② befindliche Action Strip ⑤ lässt sich beliebig entlang seiner Ebene verschieben (anklicken und beim Ziehen festhalten bzw. Taste [G]), in seiner Länge skalieren (Taste [S]) oder auch duplizieren (Tasten [⇧]+[D]). In letzterem Fall entsteht ein neuer Track mit dem duplizierten Action Strip als Inhalt.

Wie auch in den anderen Editoren für die Animation lassen sich die Tracks einzeln aktivieren bzw. deaktivieren ② oder auch vor Bearbeitung schützen ③. Das Sternsymbol ④ schaltet alle anderen Tracks vorübergehend stumm, so dass Sie sich voll auf diesen Track konzentrieren können.

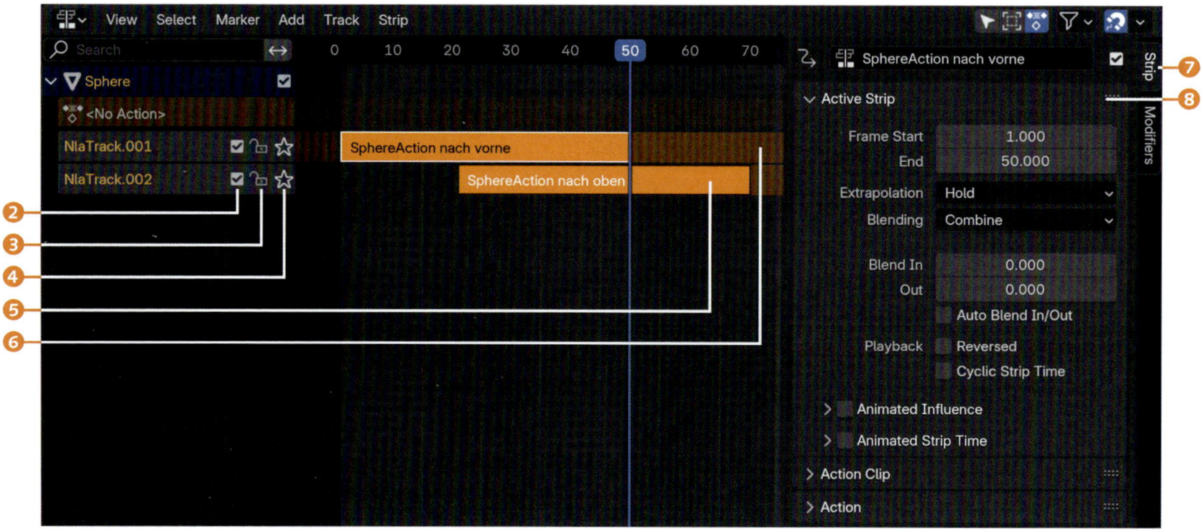

▲ **Abbildung 15.53**
Kombinieren von Action Strips im NLA Editor

Zur Verdeutlichung der Arbeitsweise des NLA Editors sehen Sie in Abbildung 15.53 als Beispiel den Aufbau einer aus zwei Action Strips kombinierten Animation. Der obere Track enthält einen Action Strip, in dem sich eine Kugel über eine Dauer von 50 Bildern nach oben bewegt. Über die gleiche Zeitspanne bewegt sich die gleiche Kugel im unteren Track in Y-Richtung nach vorne, allerdings ist dieser Action Strip versetzt und beginnt erst bei Frame 20. Normalerweise würde der obere Strip den unteren einfach überschreiben, doch da in seinen Einstellungen im Panel ACTIVE STRIP 8 des Strip-Tabs 7 der Blending-Modus COMBINE definiert ist, werden beide Strips im überlappenden Bereich miteinander verrechnet.

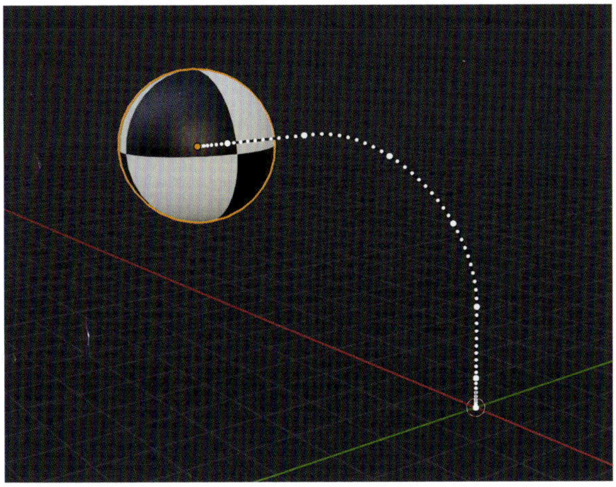

◂ **Abbildung 15.54**
Bewegungspfad der Kugel

> **Bewegungspfade**
> Um sich den Bewegungspfad eines Objekts anzeigen zu lassen, öffnen Sie das Panel MOTION PATHS im Object-Tab des Properties Editors und klicken auf den Button CALCULATE…

Das Resultat in Form einer kombinierten Animation ist am Bewegungspfad in Abbildung 15.54 zu sehen. Am Anfang und Ende des Pfades beeinflussen sich beide Strips nicht, doch dazwischen ergibt sich ein gemeinsamer, gekrümmter Animationspfad.

Die Einstellungen für den Action Strip im Panel ACTIVE STRIP (Abbildung 15.53) bieten aber noch deutlich mehr Optionen für die Gestaltung der Animationen. Über das Menü EXTRAPOLATION legen Sie fest, wie sich die Animation außerhalb der Strip-Grenzen verhalten soll. Setzen Sie diese Option auf HOLD, wenn die finalen Werte behalten werden sollen – Sie bekommen das auch visuell über den weitergeführten Strip-Balken 6 angezeigt. Im Menü BLENDING finden Sie die verschiedenen Überblendungsvarianten. REPLACE überschreibt die darunter befindlichen Informationen, während COMBINE automatisch die jeweils geeignete (auch separat wählbare Option) ADD, SUBTRACT bzw. MULTIPLY verwendet.

Über die Parameter BLEND IN bzw. OUT können Sie Ihre Action Strips am Anfang bzw. Ende über einen bestimmten Zeitraum ein- bzw. ausblenden. Alternativ blendet die Option AUTO BLEND IN/OUT automatisch zwischen den Strips über, als Grundlage dient hier der überlappende Bereich. Strips, die ein- bzw. ausgeblendet werden, erkennen Sie übrigens auch an den fein hinterlegten F-Kurven am Anfang 1 bzw. Ende des Strip-Balkens (Abbildung 15.55).

Neben den unterschiedlichen Möglichkeiten zur Ein- bzw. Überblendung können Sie Ihre Action Strips über die Option Reversed (Abbildung 15.56) umkehren oder auch über die Länge der zugehörigen Action zyklisch ablaufen lassen (Cyclic Strip Time).

Abbildung 15.55 ▸
Strips mit Einblendungs-F-Kurven

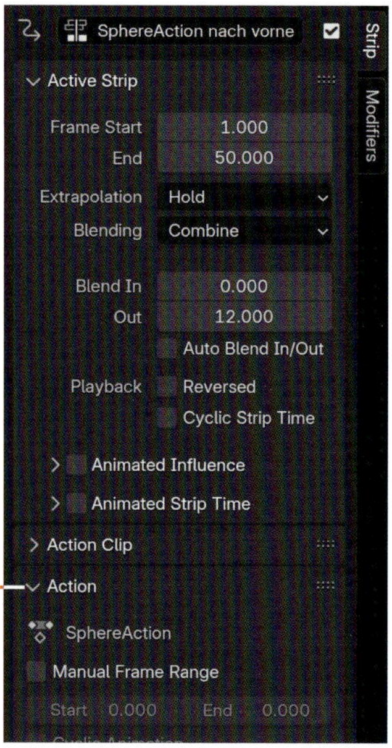

▲ Abbildung 15.56
Kombinieren von Action Strips im NLA Editor

Zu guter Letzt erlauben Ihnen die Optionen Animated Influence bzw. Animated Strip Time, den Einfluss des jeweiligen Strips bzw. das aktuelle Frame gezielt zu animieren.

Im Panel ② Action finden Sie mit Manual Frame Range die Option, einen eigenen Framebereich für die Action zu definieren. Cyclic Animation sorgt dafür, dass bei aktivem Cycle Aware Keying im Menü Keying die Action als zyklisch berücksichtigt wird.

Sobald Sie Ihre Keyframe-Animation über den NLA Editor in Action Strips umgewandelt haben, finden Sie im Dope Sheet bzw. Graph Editor keine Keyframes mehr, mit denen Sie Ihre ursprüngliche Animation nachjustieren könnten. Wenn Sie Änderungen an den enthaltenen Keyframe-Animationen vornehmen können, müssen Sie zuvor über die ⇆-Taste in den Tweaking Mode wechseln.

Abbildung 15.57 ▸
Strip im Tweaking Mode

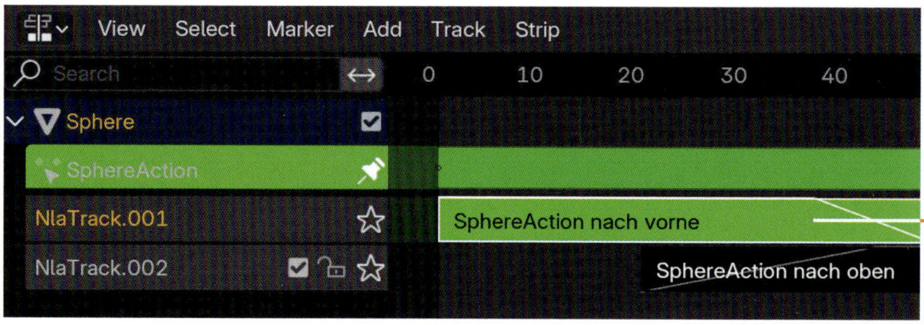

Am grün gefärbten Action Strip ③ erkennen Sie, dass sich die eingebettete Keyframe-Animation nun über die gewohnten Editoren modifizieren lässt. Dies erfolgt im »laufenden Betrieb« der darüberliegenden Actions, bis Sie über nochmaliges Drücken der ⇆-Taste wieder in den NLA-Modus zurückkehren. Halten Sie zusätzlich die ⇧-Taste gedrückt, so bearbeiten Sie die übergeordnete Action im Tweaking Mode. Im Menü Strip (Abbildung 15.59) finden Sie alternativ den Tweaking Mode (Lower Stack), mit dem Sie nur den Inhalt des Action Strips bearbeiten. Betrachten Sie die Tracks als ordnende Ebenen, die Ihnen die Kombination von Animationen erleichtern. Es ist möglich, verschiedene Action Strips auf einer gemeinsamen Ebene zu organisieren. Ziehen Sie dazu den jeweiligen Strip an die Position auf dem gewünschten Track.

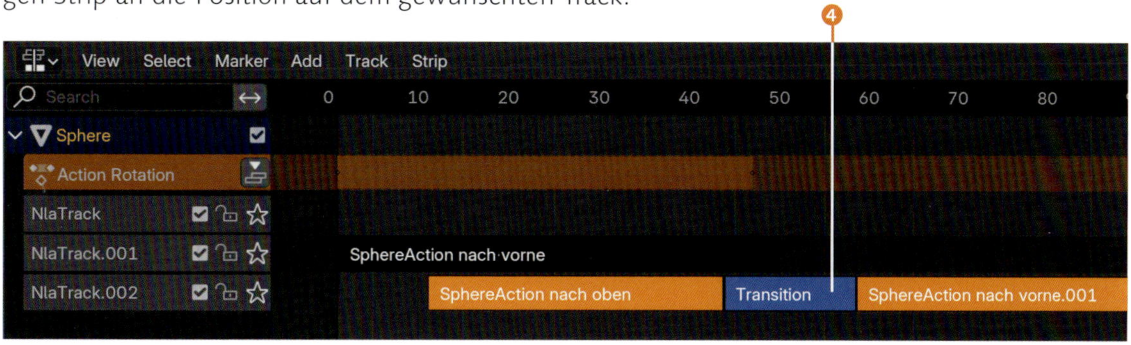

▲ **Abbildung 15.58**
Überblendung per Transition Strip

Transition Strips | Das Platzieren mehrerer Action Strips auf einer gemeinsamen Track-Ebene erlaubt Ihnen außerdem, eine Überblendung durch Interpolation zwischen den an den jeweiligen Strips anliegenden Keyframe-Daten zu schaffen. Dazu selektieren Sie die jeweiligen Strips und rufen über die Tasten ⇧ + T den Befehl ADD TRANSITION auf. Die über diesen Befehl erzeugte Transition zeigt sich als eigener blauer Strip 4 mit den gewohnten Einstellungsoptionen.

Wie Sie sehen, lässt sich relativ unbedarft mit Strips und Tracks umgehen. Eine Vielzahl weiterer praktischer Befehle finden Sie außerdem im Menü STRIP des NLA Editors (Abbildung 15.59). Neben den bekannten Transformationen, dem Duplizieren und Löschen von Strips und Tracks können Sie Strips unter anderem auch in einen separaten Strip backen (BAKE ACTION), zerteilen (SPLIT, Taste Y) oder auch Skalierungen anwenden bzw. auflösen (Tasten Strg/Cmd + A bzw. Tasten Alt + S).

Behalten Sie im Hinterkopf, dass es sich bei den Strips stets um Container von Keyframe-Animationen handelt, die Ihnen eine Vielzahl nicht-linearer Animationsmöglichkeiten bieten.

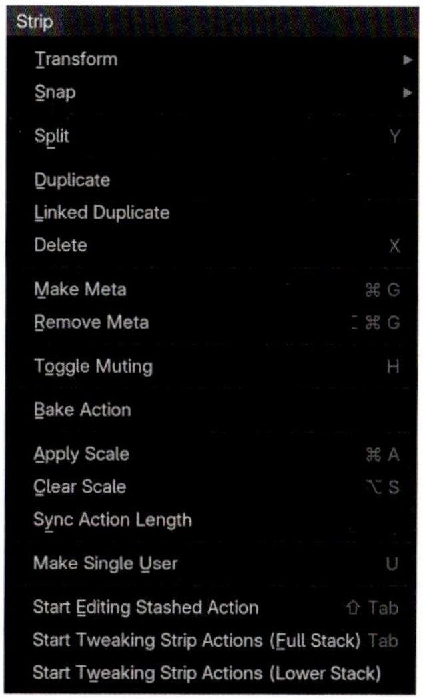

▲ **Abbildung 15.59**
Menü STRIP im NLA Editor

Meta-Strips | Da die Arbeit im NLA Editor mit zunehmender Anzahl an Strips unhandlich wird, sollten Sie fertig überblendete Strips der Übersichtlichkeit und besseren Handhabung halber zu sogenannten Meta-Strips zusammenfassen. Dazu selektieren Sie die Strips, die Sie miteinander gruppieren möchten, und rufen über die Tasten Strg/Cmd + G den Befehl ADD META-STRIPS auf. Aus den einzelnen Strips entsteht dadurch ein gemeinsamer, violett gefärbter Strip **1**, den Sie bequem als Ganzes im NLA Editor anfassen und verschieben können. Um einen Meta-Strip wieder in seine ursprünglichen Bestandteile bzw. in die einzelnen Strips zurückzuführen, verwenden Sie den Befehl REMOVE META-STRIPS (Tasten `Strg`/`Cmd` + `Alt` + `G`).

▼ **Abbildung 15.60**
Zu Meta-Strip gruppierte Strips

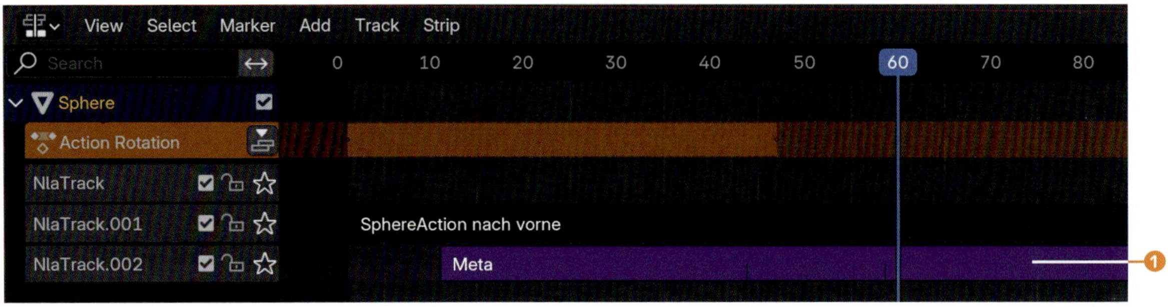

▲ **Abbildung 15.61**
Menü ADD im NLA Editor

Alle Funktionen für die Erzeugung von Action Strips, Transitions, die Einbindung von Sound Clips und ganz allgemein für die Arbeit mit Tracks stehen Ihnen übrigens in den Menüs ADD (Abbildung 15.61) bzw. TRACK des NLA Editors zur Verfügung.

Actions und Datenblöcke

Die Verwendung von nicht-linearer Animation in Blender steht und fällt mit dem Verständnis der verschiedenen Elemente, weshalb ich an dieser Stelle wieder einen hierarchischen Schritt nach oben von den Strips zu den Actions machen möchte.

Um von der ursprünglichen Keyframe-Animation, bei der die Action für das Objekt angelegt wurde, zu den Action Strips zu gelangen, wurde die Action leider gleich am Anfang umgewandelt. Doch auch mit den Actions lässt sich (nicht nur im NLA Editor) einiges anfangen. Schließlich wird es Sie nicht überraschen, dass auch Actions in Blender Datenblöcke sind.

Abbildung 15.62 ▶
Datenblöcke der Actions

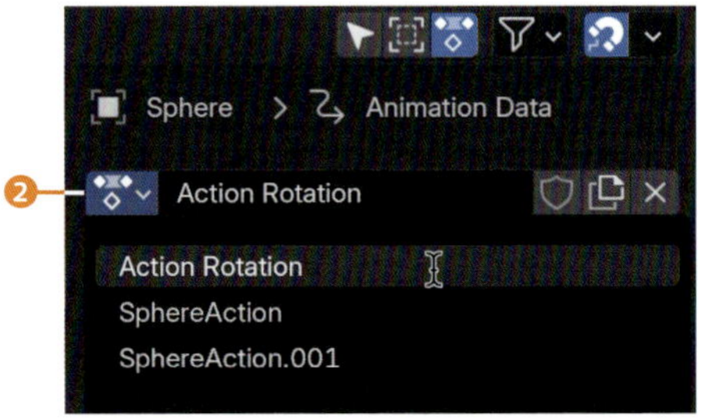

Entsprechend einfach ist es, die fertige Keyframe-Animation eines animierten Objekts einem beliebigen anderen Objekt zuzuweisen: Sie wählen dazu im zugehörigen Datenblock-Menü ② schlicht und ergreifend einen anderen, mit einer Animation versehenen Action-Datenblock für das Objekt aus. Ab Blender Version 4.3 können Sie dies über das Panel ANIMATION im Object-Tab des Properties Editors (Abbildung 15.63) erledigen.

Auch im NLA Editor lässt sich problemlos mit den Actions arbeiten – wenn auch mit eher eingeschränkten Einstellungsmöglichkeiten (Abbildung 15.64). Dennoch reicht es, um in die mit den Action Strips zusammengestellte Animation im obigen Beispiel eine zusätzliche Animationsebene zu integrieren, die für eine zusätzliche Rotation der Kugel während der Laufzeit sorgt.

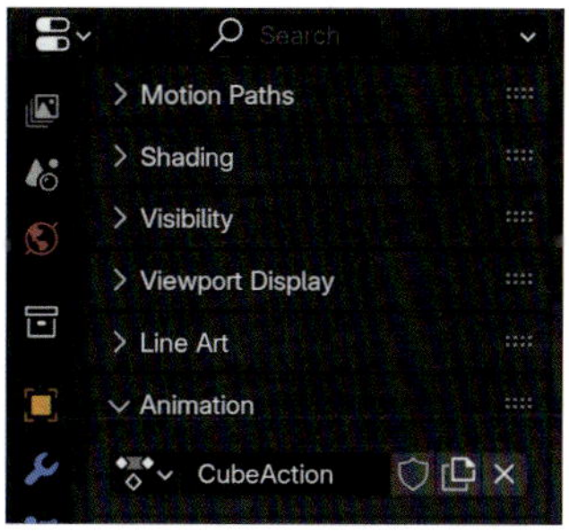

▲ **Abbildung 15.63**
Panel ANIMATION im Object-Tab des Properties Editors

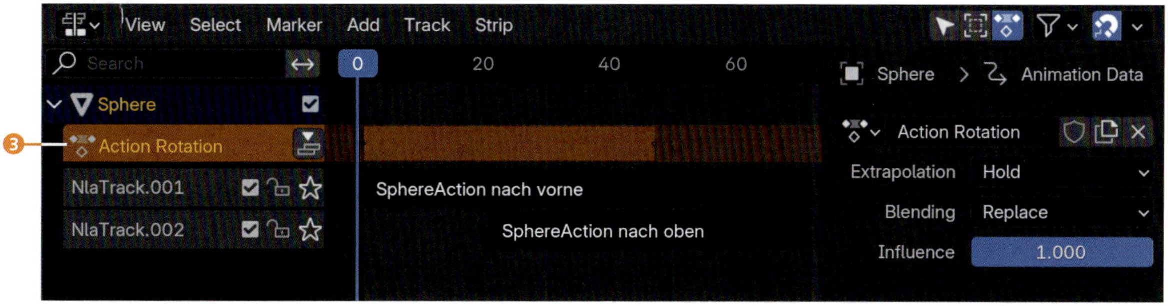

▲ **Abbildung 15.64**
Action und Action Strips im NLA Editor

Eine Action belegt dabei stets einen separaten Track ③, lässt sich aber sonst nicht weiter im NLA Editor verändern oder bearbeiten. Dazu wechseln Sie wahlweise in den Graph Editor oder in den Dope Sheet Editor. Letzterer bietet Ihnen schließlich sogar einen eigenen Mode für die Arbeit mit den Actions an (Abbildung 15.20).

15.6 Driver

Alle bisher betrachteten Animationsmethoden bekamen die Informationen zum Start und Ende zweier Keyframes von uns explizit vorgegeben – sei es durch erfolgte und anschließend aufgenommene Transformationen im Viewport oder numerisch per Parameter in der Sidebar oder im Properties Editor durchgeführte Wertänderungen mit anschließendem Anlegen von Keyframes. Dabei ist es oft wesentlich komfortabler, Abhängigkeiten zu knüpfen, also eine Eigenschaft von einem beliebigen Parameter, Zeitpunkt oder Wert steuern zu lassen.

Den Einsatzmöglichkeiten bzw. der Komplexität sind dabei kaum Grenzen gesetzt, denn zusammen mit der Verknüpfung lassen sich auch mathematische Funktionen und Ausdrücke bei der Definition unterbringen. Selbstverständlich lassen sich nicht nur die Eigenschaften von Objekten, sondern beispielsweise auch die Parameter von Modifiern oder Render-Einstellungen per Driver verknüpfen.

Driver erzeugen

Die schnellste und einfachste Art, eine Eigenschaft mit einem Driver zu versehen, ist die Eingabe einer EXPRESSION, also eines mathematischen Ausdrucks in dessen Wertefeld (Abbildung 15.65).

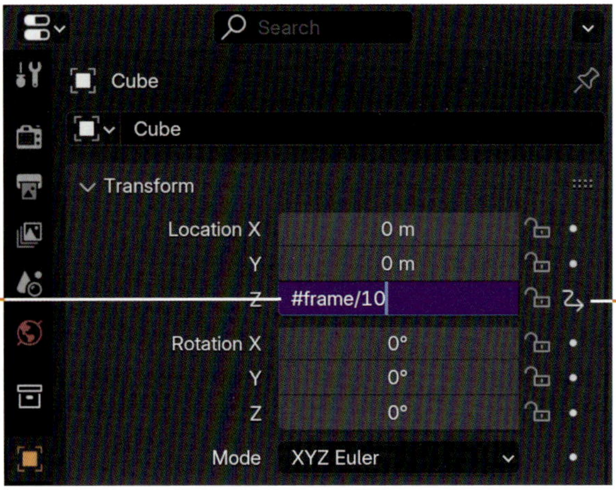

▲ **Abbildung 15.65**
Steuerung der Z-Position per Driver

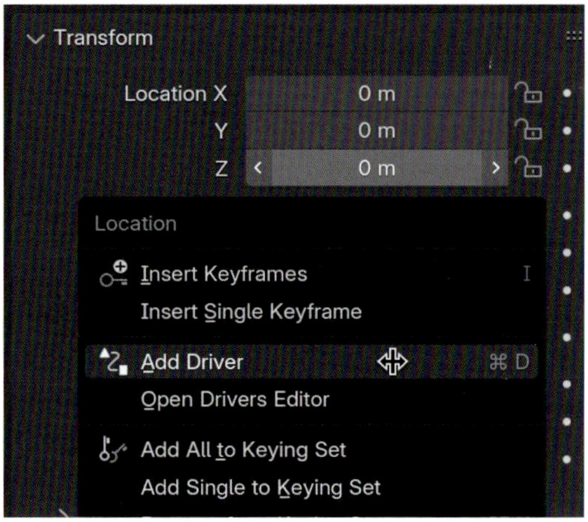

▲ **Abbildung 15.66**
Anlegen eines Drivers über das Kontextmenü

Im gezeigten Beispiel besitzt die Z-Position **1** des Cubes einen Driver, der den Zahlenwert der aktuellen Abspielposition (`#frame`) durch zehn teilt und als Z-Koordinate übernimmt. Dadurch bewegt sich der Cube langsam, aber stetig ohne Verwendung eines Keyframes nach oben. Neben der violetten Färbung des Feldes signalisiert Ihnen auch das Animationssymbol **2**, dass diese Eigenschaft bereits per Driver gesteuert wird.

Damit haben wir bislang lediglich an der Oberfläche der Möglichkeiten gekratzt, die uns Driver bei der Animation bieten. Wenn Sie mit der rechten Maustaste auf ein Wertefeld klicken, finden Sie im zugehörigen Kontextmenü (Abbildung 15.66) neben den Befehlen zum Erzeugen von Keyframes auch den Befehl ADD DRIVER (Taste `Strg`/`Cmd` + `D`), um die Eigenschaft per Driver zu steuern.

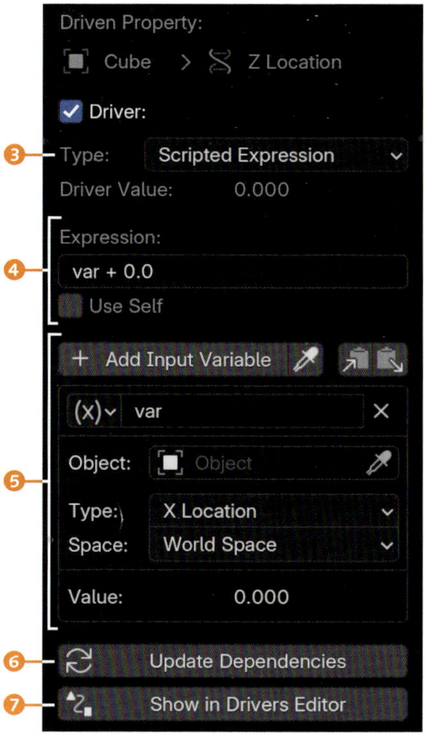

◂ **Abbildung 15.67**
Pop-up-Menü der Driver-Einstellungen

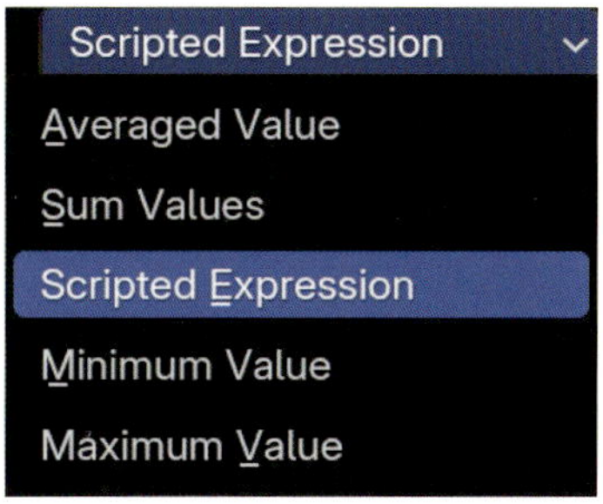

▴ **Abbildung 15.68**
Auswahl des Driver-Typs

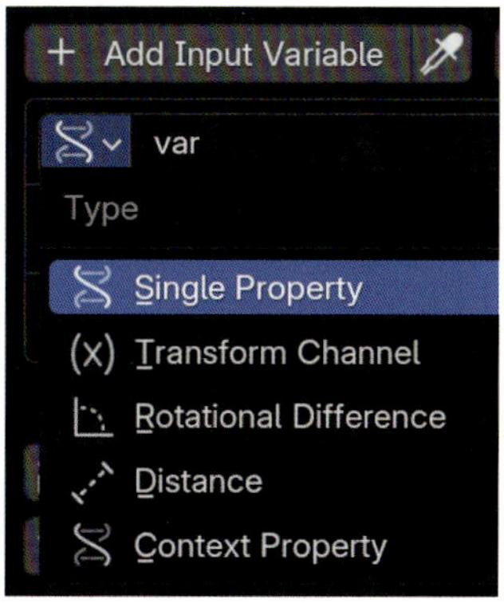

▴ **Abbildung 15.69**
Auswahl des Variablen-Typs

Driver definieren

Nach dem Aufruf des Befehls Add Driver erhalten Sie ein Pop-up-Menü, in dem Sie den Driver für die zu steuernde Eigenschaft definieren (Abbildung 15.67). Über das Menü Type (3 bzw. Abbildung 15.68) entscheiden Sie zunächst, wie das Ergebnis ermittelt werden soll. Zur Auswahl stehen der Durchschnittswert (Averaged Value), die Summe (Sum Value), das Minimum bzw. Maximum oder ein eigener mathematischer Ausdruck 4 (Scripted Expression).

Im nächsten Abschnitt 5 geben Sie, wiederum über ein Auswahlmenü (Abbildung 15.69), den Typ der Variable vor, der für die Berechnung herangezogen werden soll. Hier können Sie auf eine einzelne oder auch kontextbezogene Eigenschaft (Single Property bzw. Context Property), eine Transformation (Transform Channel) oder auch auf Unterschiede zwischen zwei Objekten in Hinblick auf Rotation bzw. Entfernung (Rotational Difference bzw. Distance) referenzieren.

Über die beiden Buttons im unteren Bereich des Menüs haben Sie die Möglichkeit, die Driver-Werte zu aktualisieren 6 oder auch den Drivers Editor 7 für die Bearbeitung aufzurufen.

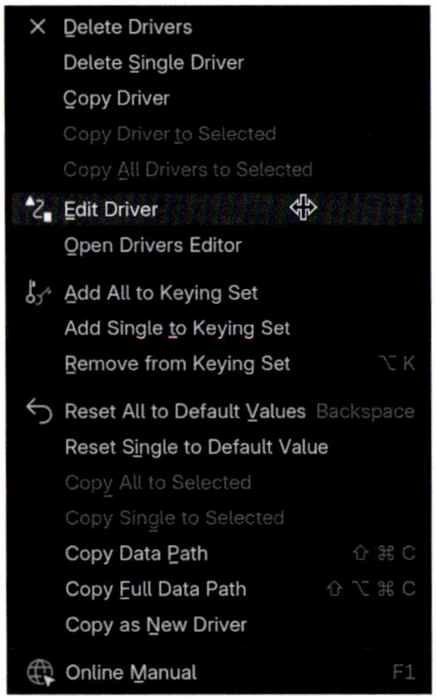

▲ **Abbildung 15.70**
Kontextmenü für Driver

Um nach dem initialen Einrichten des Drivers zur Bearbeitung an die einmal getätigten Einstellungen zu gelangen, verwenden Sie am besten das Kontextmenü des Wertefeldes (Abbildung 15.70).

Hier finden Sie unter anderem den Befehl Edit Driver, mit dem Sie das Pop-up-Menü des Drivers zur Bearbeitung aufrufen. Über den Befehl Copy Driver kopieren Sie den Driver und können ihn über den dann verfügbaren Befehl Paste Driver als Duplikat an anderer Stelle einsetzen. Alternativ lassen sich Driver auch über die Befehle Copy Driver to Selected bzw. Copy All Drivers to Selected auf identische Eigenschaften anderer Objekte übertragen. Der Befehl Copy as New Driver legt ein unabhängiges Duplikat des Drivers an, das Sie im Anschluss einsetzen und nach Wunsch ungestört adaptieren können. Nicht mehr benötigte Driver löschen Sie über den Befehl Delete Drivers oder deaktivieren einen Driver kurzerhand über sein Pop-up-Menü bzw. seinen Editor ❶.

Drivers Editor

Sollte Ihnen die Arbeit an den Drivern über das Pop-up-Menü zu umkomfortabel erscheinen, springen Sie einfach über den Befehl Open Drivers Editor aus dem Kontextmenü in den wesentlich umfangreicheren Drivers Editor (Abbildung 15.71). Genau genommen ist der Drivers Editor nichts anderes als der bereits bekannte Graph Editor, Sie befinden sich allerdings gleich bei den Einstellungen im Drivers-Tab ❷ und können sofort loslegen.

▼ **Abbildung 15.71**
Drivers Editor

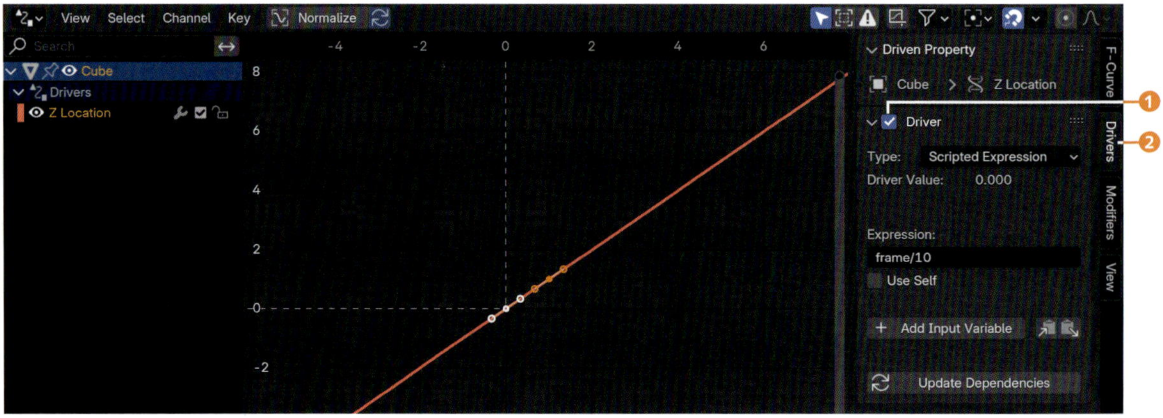

Sollten Sie sich den Drivers Editor über das Editoren-Menü geöffnet haben, müssen Sie das Objekt mit dem Driver zunächst selektieren, um auf seine Einstellungen zugreifen zu können.

Projekt Doppeldecker: Animation des Doppeldeckers mit Keyframes und Drivern

Mit diesen Animationstechniken können wir nun an unserem Doppeldecker weiterarbeiten. Bringen wir also das Flugzeug zum Abheben und den Propeller zum Drehen.

1 Szene und Doppeldecker vorbereiten

Rufen Sie über den Befehl FILE • OPEN (Taste [Strg]/[Cmd]+[O]) den File Browser auf und navigieren Sie zu dem Verzeichnis Ihres Motion Tracking-Resultats. Alternativ finden Sie meine rekonstruierte Szene mit importiertem Doppeldecker im Verzeichnis *4_Inszenierung* als Datei *4_Inszenierung_Doppeldecker_3_Final.blend*.

Für die Vorbereitung und die eigentliche Animation benötigen wir den Motion Tracking-Workspace nicht mehr, öffnen Sie sich daher über den +-Button ③ einen zusätzlichen Workspace LAYOUT.

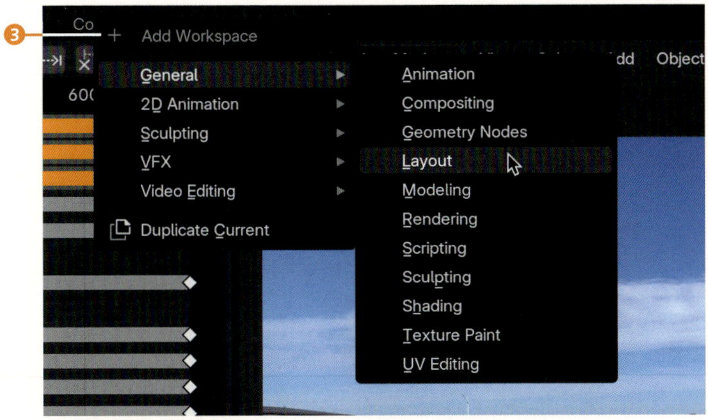

▲ **Abbildung 15.72**
Wechsel in den Workspace LAYOUT

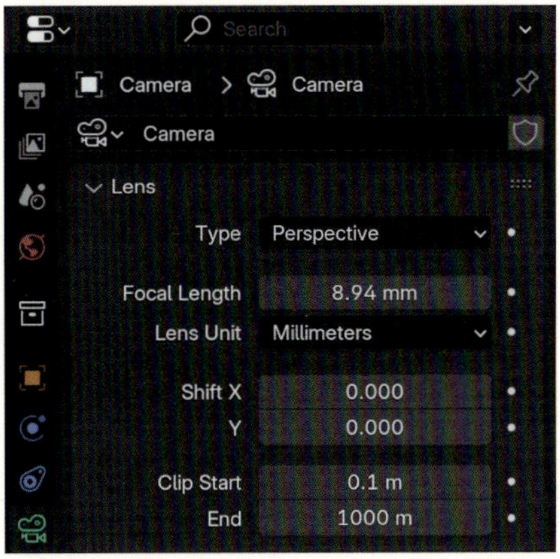

▲ **Abbildung 15.73**
Object Data-Tab der Kamera

Weil das hintere Ende der Start- und Landebahn doch etwas weiter entfernt liegt, stellen wir zuvor sicher, dass uns nicht das Clipping in den Kameraeinstellungen die Arbeit erschwert. Klappen Sie dazu das Panel LENS im Object Data-Tab der Kamera auf (Abbildung 15.73) und setzen Sie das CLIP END einfach großzügig auf 1000 m, das sollte bei weitem reichen.

Bleiben Sie am besten in der Ansicht der getrackten Kamera und versetzen Sie die Plane durch Selektion per Linksklick sowie die Taste [⇆] in den EDIT MODE. Verwenden Sie den Edge Select-Mode

(Taste [2]) sowie das Move-Tool in X-Richtung (Tasten [G] + [X]), um die vordere Kante der Plane bis über den Sichtbereich der Kamera zu schieben (Abbildung 16.74).

Abbildung 15.74 ▸
Vergrößern der Plane in Richtung Kamera

Selektieren Sie anschließend die hintere Kante der Plane und verschieben Sie diese ebenfalls mit dem Move-Tool in Y-Richtung bis ans sichtbare Ende der Start- und Landebahn, die in meiner Szene auf einer X-Koordinate von –300 m liegt (Abbildung 15.75).

Abbildung 15.75 ▸
Vergrößern der Plane zum hinteren Ende der Start- und Landebahn

Wenn Sie wie ich den Doppeldecker nach dem Motion Tracking mit allen drei Rädern auf die Start- und Landebahn abgestellt haben, sollten Sie vor der Animation die Rotation des Doppeldeckers wieder zurücknehmen. Am besten wählen Sie dazu alle Elemente der Collection des Doppeldeckers über das Kontextmenü per rechter Maustaste im Outliner mit dem Befehl SELECT

Objects aus und rotieren die Objeke über die globale Y-Achse, bis der Doppeldecker wieder in korrekter Fahrtrichtung ausgerichtet ist (Abbildung 15.76).

◂ **Abbildung 15.76**
Rotieren des Doppeldeckers in die Waagrechte

Bevor wir den Doppeldecker an die erste Animationsposition bringen, ordnen wir alle Objekte einem Empty unter, damit wir uns bei der Animation auf dieses gemeinsame Objekt konzentrieren können. Um das Empty gleich korrekt auf den Ursprung des Rumpfes zu platzieren, selektieren Sie den Rumpf des Doppeldeckers per Linksklick und rufen das Pie-Menü Snapping über die Tasten ⇧ + S auf (Abbildung 15.77).

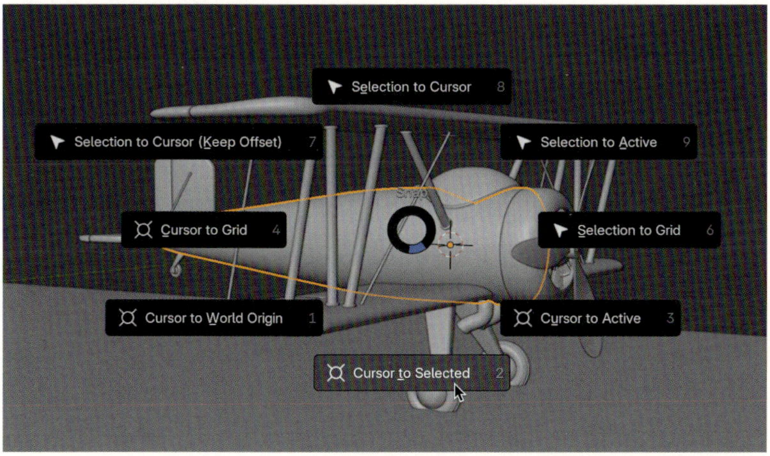

◂ **Abbildung 15.77**
Versetzen des 3D Cursors auf den Ursprung des Rumpfes

Wählen Sie dort Cursor to Selected bzw. drücken Sie die Taste 2, um den 3D Cursor auf den Ursprung des selektierten Objekts, des Rumpfes, zu platzieren.

Rufen Sie nun über die Tasten [⇧] + [S] das Menü ADD • EMPTY auf (Abbildung 15.78) und erzeugen Sie ein Empty der Variante PLAIN AXES für unseren Doppeldecker.

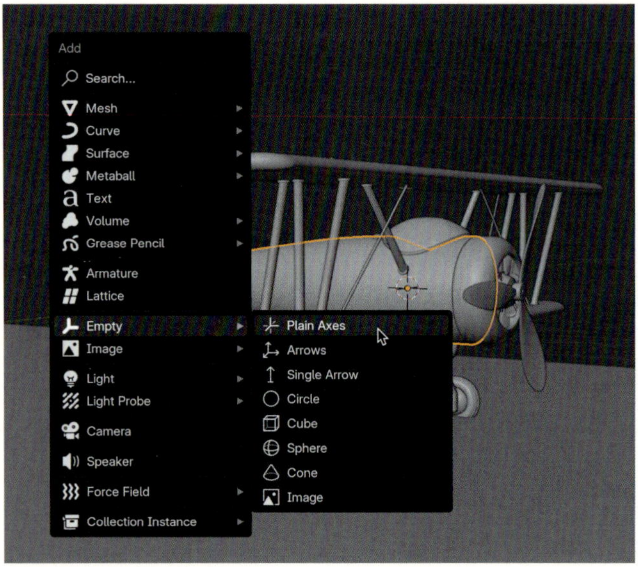

▲ **Abbildung 15.78**
Menü ADD • EMPTY

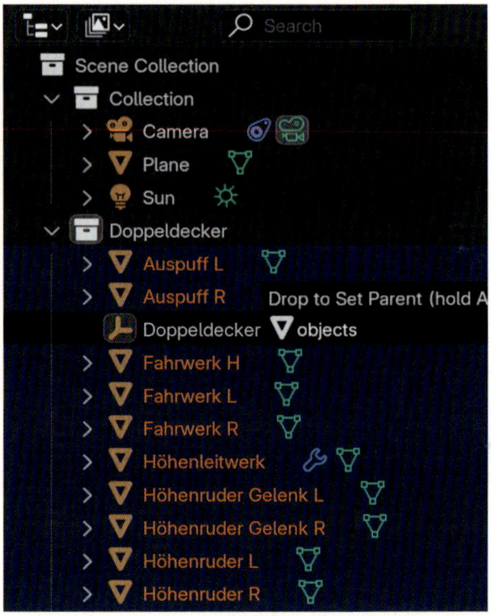

▲ **Abbildung 15.79**
Parenting der Objekte des Doppeldeckers

Benennen Sie das erzeugte Empty nach Klick auf seinen Namen im Outliner in »Doppeldecker« um. Das Unterordnen der Objekte des Doppeldeckers erledigen wir ebenfalls im Outliner. Wählen Sie wieder alle Elemente der Collection über das Kontextmenü mit dem Befehl SELECT OBJECTS aus und halten Sie anschließend die [Strg]- bzw. [Ctrl]-Taste gedrückt, um das Empty des Doppeldeckers per Linksklick von der Selektion auszunehmen. Nun halten Sie die [⇧]-Taste gedrückt und ziehen alle selektierten Elemente per Drag & Drop auf das Empty des Doppeldeckers, um sie ihm unterzuordnen (Abbildung 15.79).

Abbildung 15.80 ▶
Doppeldecker-Objekte als Children des Emptys

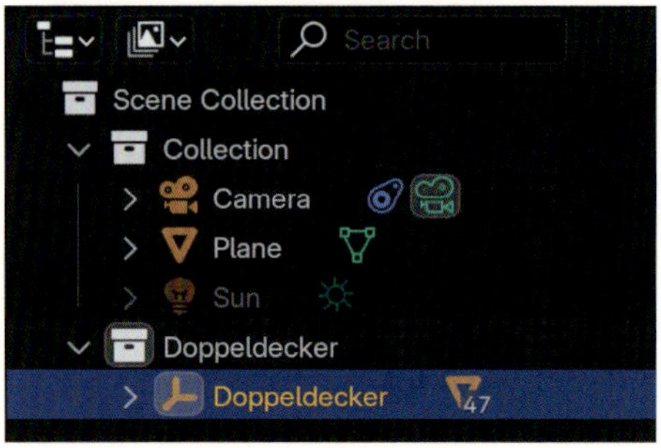

Im Outliner sieht es nun deutlich übersichtlicher aus, wenn Sie das Parenting erfolgreich durchgeführt haben und die Hierarchie des Empty-Objekts mit den Doppeldecker-Objekten zuklappen (Abbildung 15.80). Nun können wir mit der Animation des Doppeldeckers beginnen.

2 Animation des Doppeldecker-Starts

Selektieren Sie den Doppeldecker per Linksklick auf das Empty im Outliner und versetzen Sie ihn über die Parameter im Panel Transform der Sidebar auf die X-Koordinate –250 m. Verschieben Sie ihn anschließend in Z-Richtung, bis seine beiden Haupträder auf der Plane aufsitzen (sie dürfen gerne etwas einsinken).

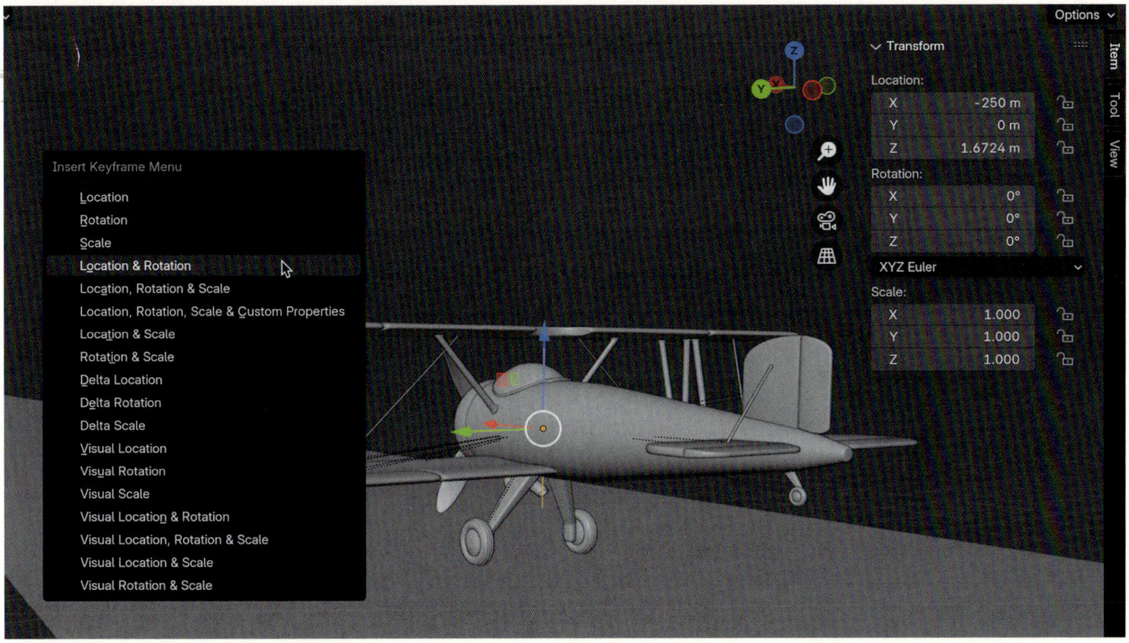

▲ **Abbildung 15.81**
Keyframes für die Startposition des Doppeldeckers bei Frame 1

Nachdem der Doppeldecker nun seine Startposition eingenommen hat, setzen Sie den blauen Abspielkopf der Timeline auf Frame 1. Um für den aktuellen Zeitpunkt ein Keyframe zu erzeugen, rufen Sie das Menü Insert Keyframe über die Taste K auf und erzeugen für die Location & Rotation Keys für den Doppeldecker (Abbildung 15.81).

Versetzen Sie nun den Abspielkopf der Timeline auf Bild 750 (also kurz vor dem Ende des Movie Clips) und positionieren Sie den Doppeldecker über seine Parameter in der Sidebar auf die X-Koordinate 35 m sowie auf die Z-Koordinate 4 m.

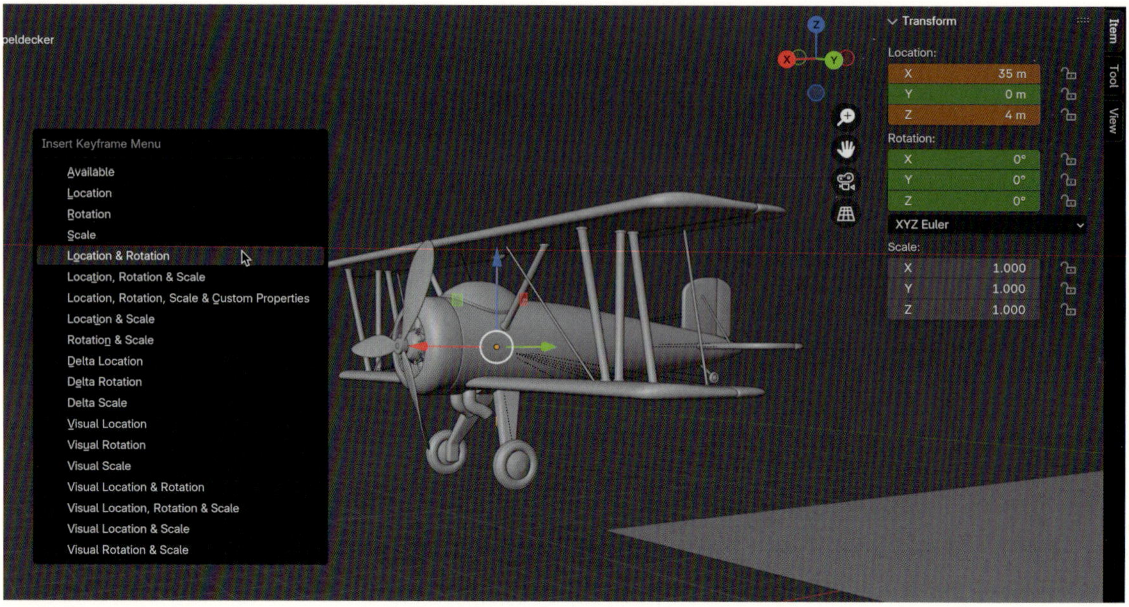

▲ **Abbildung 15.82**
Keyframes für die Endposition des Doppeldeckers bei Frame 750

Der Doppeldecker ist damit ein gutes Stück hinter der Start- und Landebahn, also außerhalb des Sichtfelds und hat auch bereits abgehoben. Erzeugen Sie auch für dieses Frame über das Menü INSERT KEYFRAME (Taste [K]) Keys für die LOCATION & ROTATION (Abbildung 15.82).

Im Moment besitzt die Animationskurve noch einen weichen Anfang und ein weiches Auslaufen der Animation. Insbesondere am Ende der Animation ist das jedoch nicht erwünscht, denn das würde bedeuten, dass unser Doppeldecker abbremst, bevor er aus dem Sichtfeld verschwindet.

▼ **Abbildung 15.83**
Anpassen der Animationskurve bei Frame 750

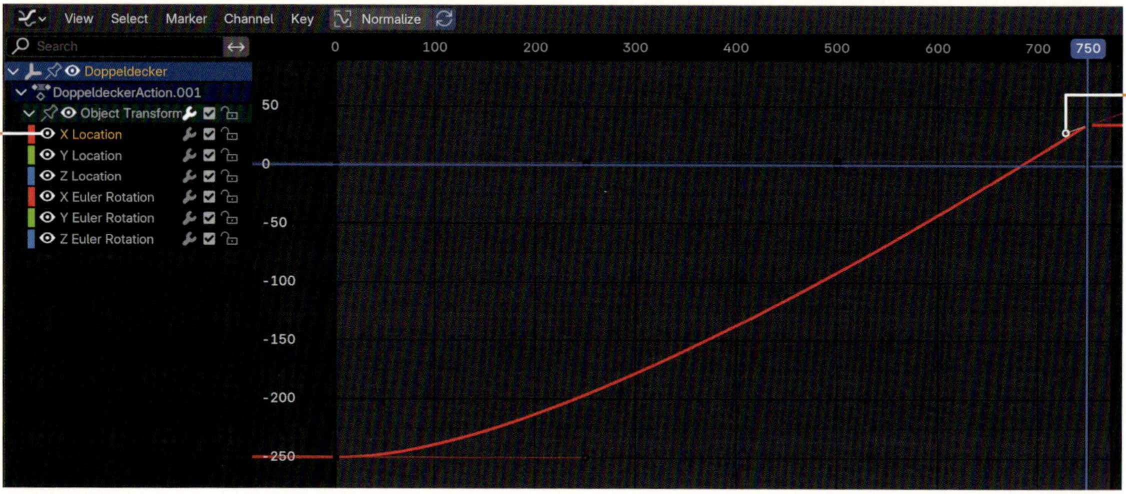

Öffnen Sie daher den Graph Editor im Fenster des Timeline-Editors und klicken Sie auf die Animationskurve der X LOCATION ①, um sie anzeigen zu lassen (Abbildung 15.83). Verwenden Sie den Greifer ② links vom Keyframe bei Frame 750 und ändern Sie die Kurve, so dass sie bis zum Ende nicht abflacht.

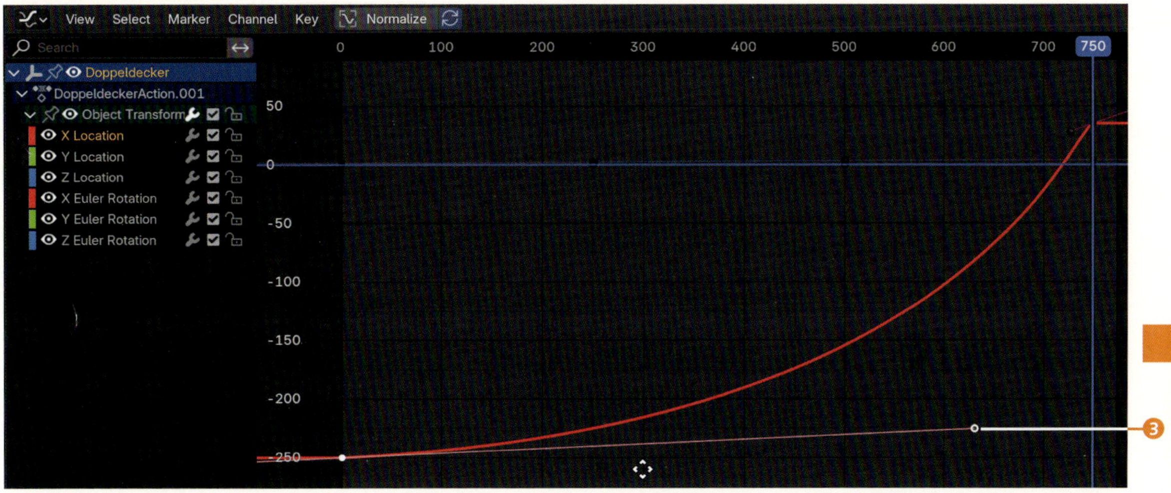

▲ **Abbildung 15.84**
Anpassen der Animationskurve bei Frame 1

Ziehen Sie anschließend den Greifer ③ rechts vom Keyframe bei Frame 1 so weit nach rechts, bis Sie ein langsames Beschleunigen am Anfang der Animation und ein deutliches Beschleunigen im letzten Drittel erzielt haben (Abbildung 15.84).

Bis jetzt haben wir uns nur um die Animation des Doppeldeckers in X-Richtung gekümmert, doch wir haben ja auch die Z-Koordinate animiert. Natürlich benötigt der Doppeldecker nach seinem Start eine gehörige Portion Anlauf, bis er vom Boden abhebt. Um ihm diese Zeit bis Frame 600 zu geben, wechseln Sie vom Graph Editor kurz in den Dope Sheet Editor über (Abbildung 15.85).

▼ **Abbildung 15.85**
Duplizieren und Verschieben des Keyframes

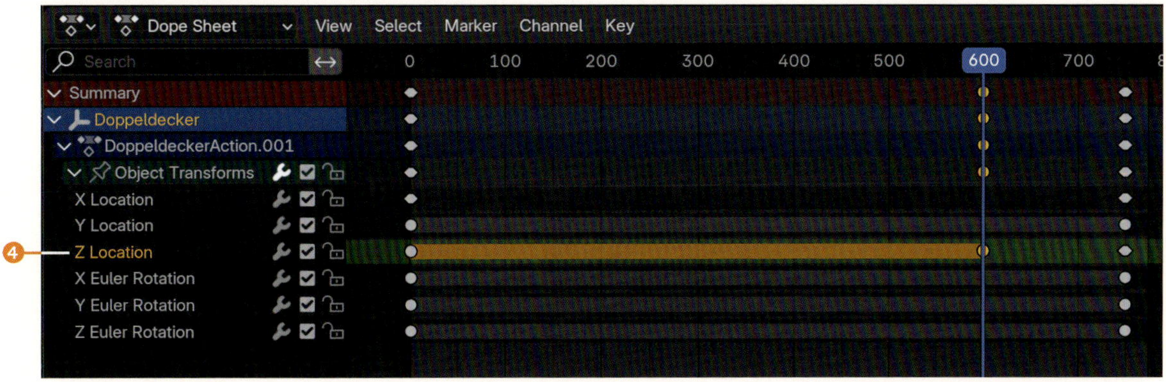

Selektieren Sie das Keyframe bei Frame 1 für die Z LOCATION ❹ (Abbildung 15.85) per Linksklick, und duplizieren Sie es über die Tasten [⇧] + [D]. Wie Sie es vom Duplizieren gewohnt sind, können Sie das Keyframe durch Ziehen mit der Maus direkt an den vorgesehenen Zeitpunkt, nämlich Frame 600 verschieben und per Linksklick bestätigen.

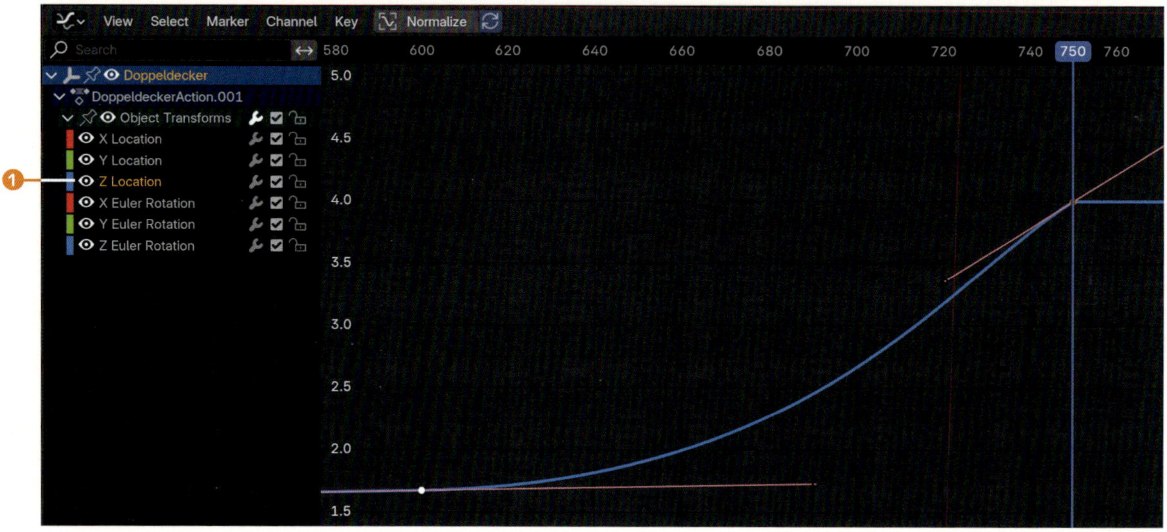

▲ **Abbildung 15.86**
Anpassen der Animationskurve für das Abheben

Wechseln Sie wieder in den Graph Editor und lassen Sie sich die Animationskurve für die Z LOCATION ❶ anzeigen. Passen Sie auch diese Kurve über die zugehörigen Greifer an die Animationskurve für die Bewegung in X-Richtung an (Abbildung 15.86).

Ein perfekter Start ohne jegliche Bewegung um die Längsachse wäre ziemlich unrealistisch. So eine leichte Rollbewegung ist über den Dope Sheet Editor und den Properties Editor schnell erledigt.

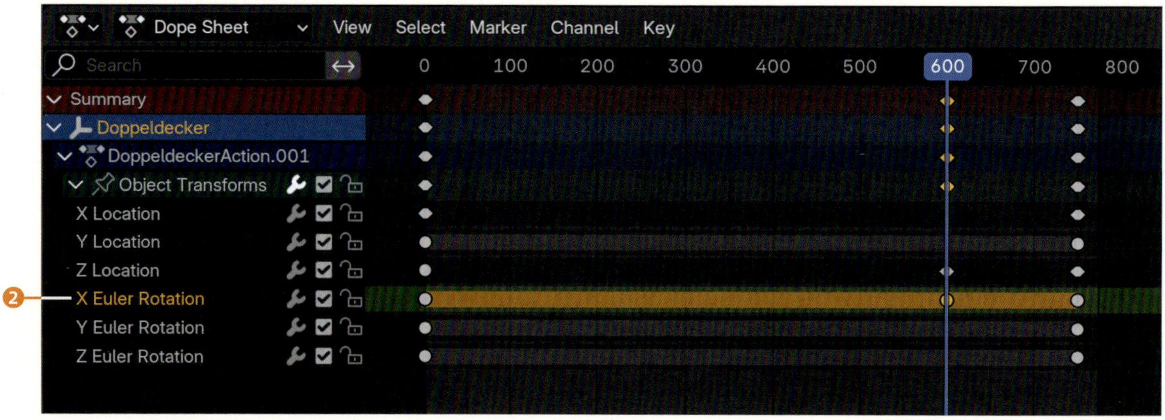

▼ **Abbildung 15.87**
Duplizieren und Verschieben des Keyframes für die Rotation um die X-Achse

Duplizieren Sie sich dazu zunächst das Keyframe der X Euler Rotation ❷ von Frame 1 nach Frame 600, da schließlich erst nach dem Abheben eine Rollbewegung möglich ist (Abbildung 15.87).

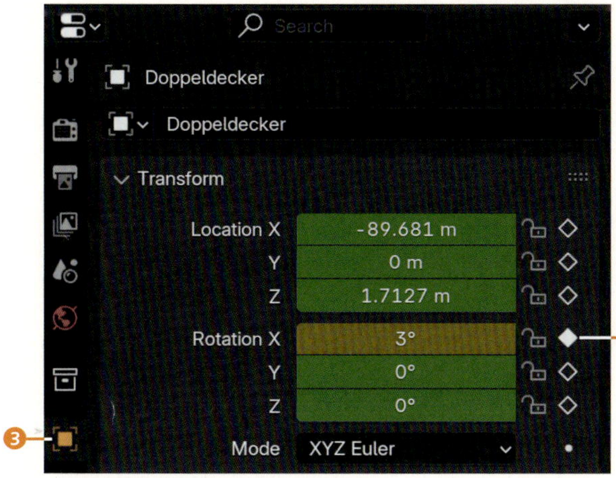

▲ **Abbildung 15.88**
Aufnehmen des Rotationswinkels bei Frame 620

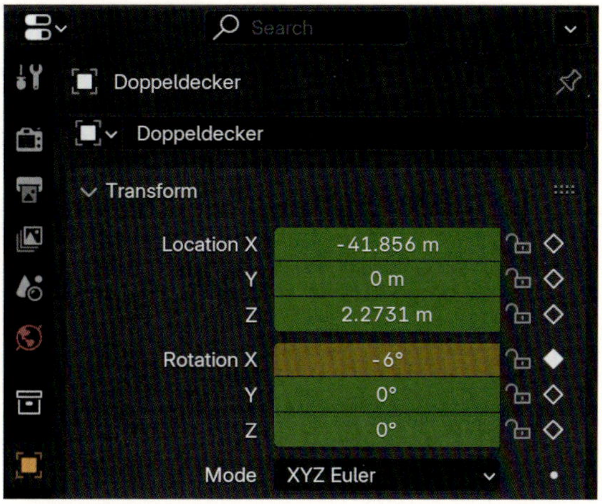

▲ **Abbildung 15.89**
Aufnehmen des Rotationswinkels bei Frame 680

Verschieben Sie den Abspielkopf anschließend auf Frame 620, um ein erstes Keyframe für die Rollbewegung zu erzeugen. Klappen Sie das Panel Transform im Object-Tab ❸ des Properties Editors (Abbildung 15.88) auf, legen Sie für die Rotation X einen Wert von 3° fest und speichern Sie ihn durch Klick auf den Diamanten ❹ in einem Key. Versetzen Sie den Abspielkopf danach auf Frame 680, ändern Sie den Wert für Rotation X auf –6° und speichern Sie diesen neuen Wert wiederum per Klick auf den Diamanten in einem Key (Abbildung 15.89). Da die gerade Ausrichtung des Doppeldeckers in Frame 750 als Key vorliegt, richtet sich der Doppeldecker von selbst wieder gerade aus (Abbildung 15.90).

▼ **Abbildung 15.90**
Keyframes für die Rollbewegung im Dope Sheet

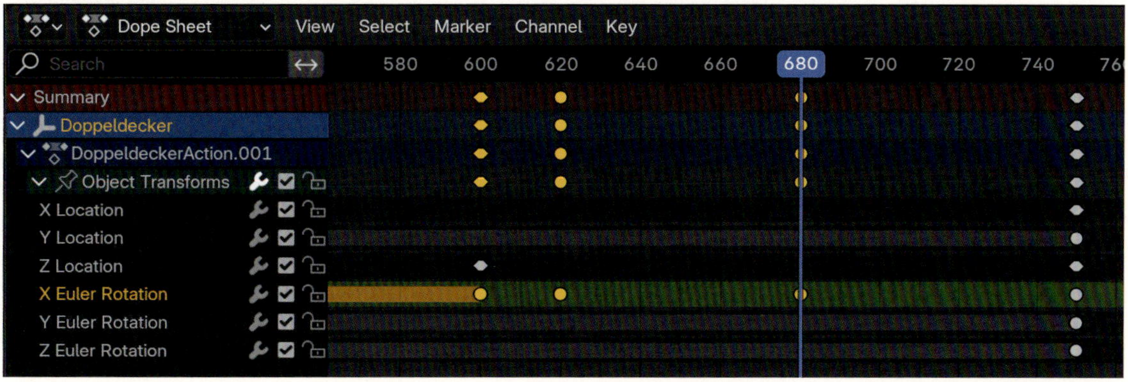

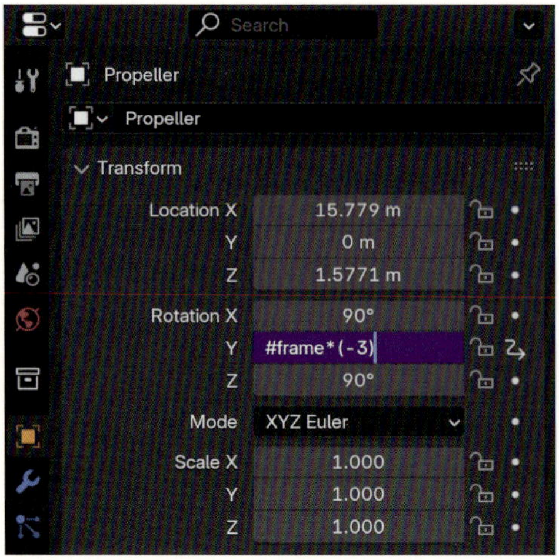

Abbildung 15.91 ►
Animation der Propeller-Rotation per Driver

Raddrehungen animieren

Die Drehung der Räder während der Startphase haben wir bei diesem Workshop bewusst ignoriert, da sie aufgrund der Beschaffenheit der Räder und der Entfernung der Kamera sowieso nicht bemerkt würde. Im Begleitmaterial zu diesem Buch finden Sie einen zusätzlichen Workshop, in dem Sie unter anderem die Räder einer Lok mit Hilfe von Drivern realitätsgetreu animieren können.

Jetzt fehlt nur noch der Antrieb, die Rotation des Propellers. Sie kann über den Verlauf der Animation konstant bleiben, weswegen wir hier einfach einen Driver einsetzen. Selektieren Sie dazu das Objekt des Propellers im Outliner und öffnen Sie den zugehörigen Object-Tab (Abbildung 15.91). Klicken Sie auf das Feld für Rotation Y und geben Sie die Zeichenfolge `#frame*(-3)` ein. Durch das # erkennt Blender, dass ein Driver mit der nachfolgenden Expression eingerichtet werden soll. In dieser wird die Zahl des aktuellen Frames mit dem negativen Wert von 3 Radians (1 Radian = ca. 57,2958°) multipliziert und auf das Objekt übertragen. Entsprechend vollführt der Propeller über zwei Frames eine knappe ganze Umdrehung. Nach diesem letzten Schritt ist unsere Keyframe-Animation des Doppeldeckers fertiggestellt (Abbildung 15.92).

Abbildung 15.92 ►
Fertige Keyframe-Animation des Doppeldeckers

Kapitel 16

Character-Animation

Character-Animation gilt zu Recht als die Königsdisziplin im 3D-Bereich und damit auch in Blender. Die spätere Animation kann dabei nur so gut werden wie die Arbeit, die Sie in die Vorbereitung investieren. Bis es an die eigentliche Animation geht, muss der jeweilige Character, egal, ob Mensch, Außerirdischer, Hund oder Oktopus, akribisch auf die geforderten Bewegungsmöglichkeiten angepasst werden.

Zunächst erhält der Character ein aus den sogenannten Bones bestehendes Knochengerüst. Mithilfe von Wichtungen bzw. Vertex Groups bekommen die Vertices des Mesh-Objekts anschließend mitgeteilt, von welchen Bones sie wie stark beeinflusst und damit deformiert werden. Die bei der Character-Animation vorherrschenden kinematischen Konzepte der Forward Kinematics (FK) bzw. der Inverse Kinematics (IK) sorgen dafür, dass die Animationsarbeit möglichst effizient und gut kontrollierbar vonstattengeht.

Für die Kontrolle des sogenannten Character-Rigs kommen Constraints zur Steuerung des nun animierbereiten Characters zum Einsatz. Zur Deformation bzw. Animation begrenzter Bereiche, bei welchen auch anatomisch keine Knochen beteiligt wären, haben sich oftmals Shape Keys bewährt.

Blender als Animationswerkzeug

Das große Thema Animation bzw. Character-Animation füllt vollkommen zu Recht ganze Bücher, weshalb sich dieses Buch eher auf die Rolle von Blender als Animationswerkzeug konzentriert. Nutzen Sie Ressourcen wie Fachliteratur, Video-Tutorials oder auch fertig geriggte Character aus der Blender Cloud, um mehr über dieses spannende Thema zu erfahren.

16.1 Armatures und Bones

Was liegt näher, als sich für die Animation eines Characters am anatomischen Vorbild zu orientieren und Gelenke bzw. Knochen (Bones) als Basis zu verwenden? Wie in der Natur ist ein Bone stets Teil eines Knochengerüsts (der Armature). Um ein neues Bone-Objekt zu erzeugen, öffnen Sie das Menü Add (Tasten ⇧ + A) und wählen die ARMATURE (Abbildung 16.1). Neben der Armature erzeugt Blender als Grundstock für das Bone-Gerüst ein erstes Bone-Objekt (Abbildung 16.2).

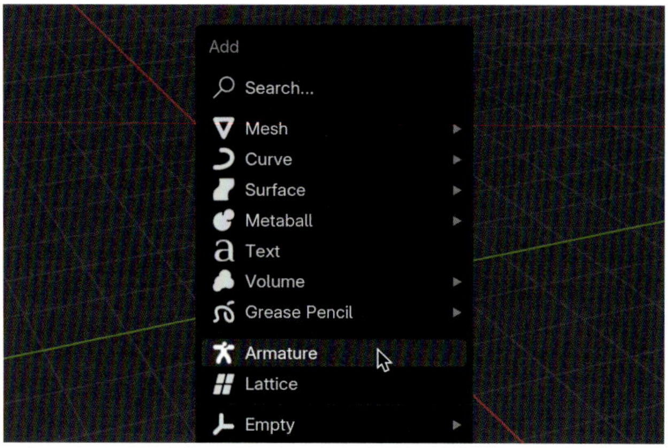

▲ **Abbildung 16.1**
Menü ADD

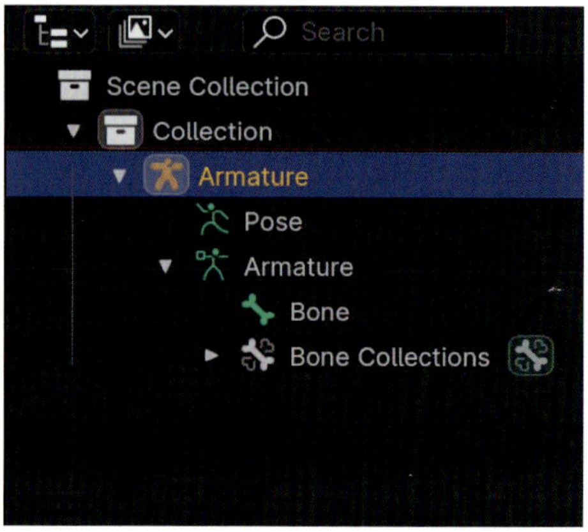

▲ **Abbildung 16.2**
Armature und Bone im Outliner

Die Bearbeitung der Armature und der enthaltenen Bones erfolgt im EDIT MODE (Taste [⇆]). Der Kurzbefehl ADD (Tasten [⇧]+[A]), mit dem Sie zuvor das gleichnamige Menü aufgerufen haben, erzeugt dann direkt neue Bones, die sich allerdings auf der gleichen hierarchischen Ebene wie das erste Bone befinden. Bone-Objekte setzen sich aus drei Teilen zusammen: dem Kopf (Head) ❸, dem Rumpf (Body) ❷ und der Wurzel (Tail) ❶.

Abbildung 16.3 ▶
Aufbau der Bones

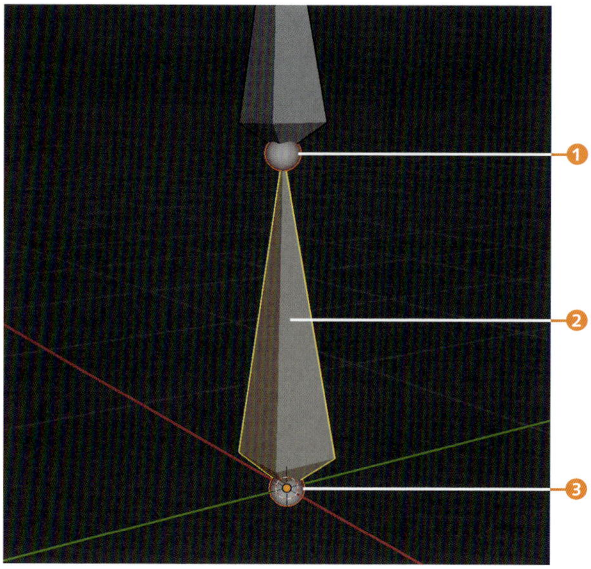

Bearbeitungswerkzeuge

Um die Elemente der Bones oder den Bone als Ganzes zu bearbeiten, verwenden Sie die bekannten Transformations-Tools MOVE (Taste G), ROTATE (Taste R) und SCALE (Taste S). Beachten Sie dabei, dass sich Bones einer bestehenden Kette gegenseitig beeinflussen. Mit dem Verschieben einer Tail ändern Sie ebenso die Bone-Länge und die Position des Heads vom nachfolgenden Bone.

Für die Arbeit mit Bones stehen Ihnen in der Toolbar (Taste T) außerdem einige Spezialwerkzeuge zur Verfügung (Abbildung 16.4). Dazu gehört das Werkzeug ROLL, mit dem Sie einen Bone unabhängig von den angrenzenden Bones drehen und damit ideal für die gewünschte Rotation bei der Animation ausrichten.

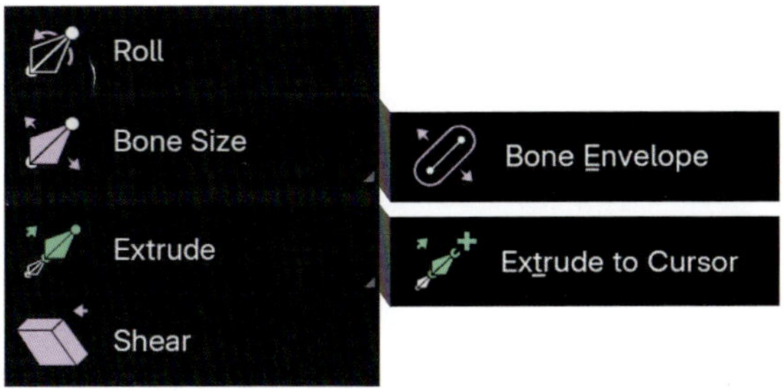

◂ Abbildung 16.4
Bone-Werkzeuge in der Toolbar

Für die Anzeige der Bones im Viewport sind unterschiedliche Darstellungsmodi wählbar. Mit BONE SIZE bzw. BONE ENVELOPE regulieren Sie die Größe der jeweiligen Bone-Darstellung.

Bones eines Skeletts müssen hierarchisch verbunden sein. Um dies gleich beim Aufbau der Bone-Kette zu gewährleisten, erzeugen Sie neue untergeordnete Bones per EXTRUDE (Taste E) aus dem bestehenden Bone. Mit EXTRUDE TO CURSOR erstellen Sie die Bone-Kette (Abbildung 16.5) durch einzelne Klicks im Viewport.

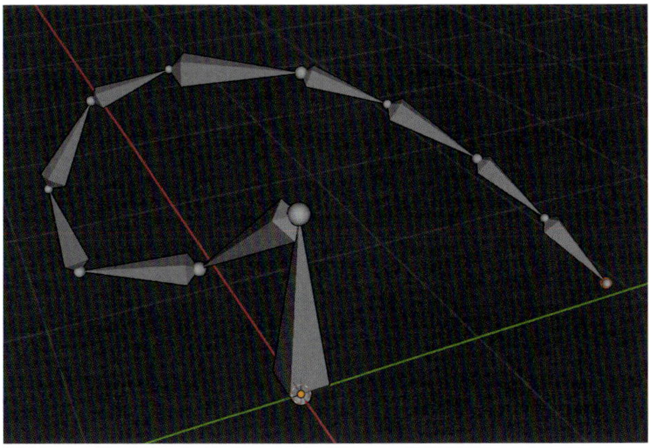

◂ Abbildung 16.5
Erstellen einer Bone-Kette durch Linksklicks mit EXTRUDE TO CURSOR

Im Panel Options, auf das Sie wie üblich im Header des Viewports, in der Sidebar und auch im Properties Editor (Abbildung 16.6) zugreifen können, versteckt sich die für Character aufgrund der Symmetrie wichtige Option X-Axis Mirror (1), um die Modifikationen an den Bones automatisch auf die andere Seite zu spiegeln.

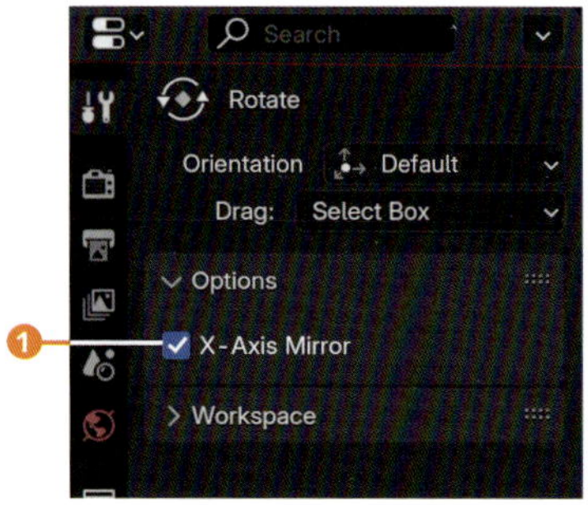

▲ **Abbildung 16.6**
Panel Options im Tool-Tab des Properties Editors

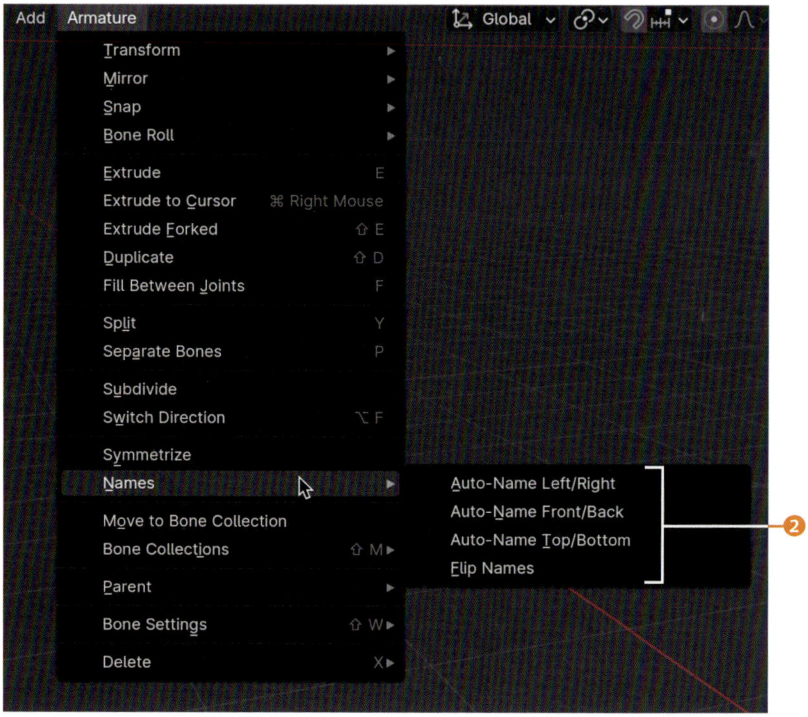

Abbildung 16.7 ►
Menü Armature

Weitere praktische Werkzeuge für die Arbeit an den Bones einer Armature finden Sie bei aktivem Edit Mode im Menü Armature des Viewports (Abbildung 16.7).

Sicherlich fällt Ihnen auf, dass Sie einige Befehle und die dazugehörigen Tastenkürzel bereits aus anderen Bereichen des bereits bekannten 3D-Workflows kennen. Analog zum Modelling können Sie Bones nicht nur duplizieren (Tasten ⇧ + D), sondern auch extrudieren (Taste E) oder unterteilen (Subdivide). Lücken zwischen Bone-Gelenken (den sogenannten »Joints«) füllen Sie mittels Fill Between Joints bzw. der Taste F. Um Bones aus der Hierarchie zu entnehmen und auf die oberste Ebene zu setzen, verwenden Sie den Befehl Split (Taste Y). Der Befehl Separate Bones (Taste P) dagegen entfernt das Bone-Objekt, fügt es als ersten Bone in eine neue Armature ein und hinterlässt in der Ausgangs-Armature eine Lücke.

Eine echte Arbeitserleichterung, speziell bei der Character-Animation von symmetrischen, vielteiligen Extremitäten wie beispielsweise Fingern, finden Sie im Untermenü NAMES ❷. Über die dort verfügbaren Benennungsbefehle können Sie Ihrem Character automatisch Kürzel bzw. Suffixe für die Seite anhängen lassen, um den Überblick über die meist hohe Anzahl an Bone-Objekten besser behalten zu können.

Mit weiteren Befehlen in diesem Menü erstellen und weisen Sie BONE COLLECTIONS zu, kontrollieren das Parenting sowie die Einstellungen (BONE SETTINGS) der Bone-Objekte.

Armature-Einstellungen

Werfen wir zunächst einen Blick auf die Einstellungen, die uns das Armature-Objekt bietet. Wir finden sie wie üblich im Object Data-Tab ❸ des Properties Editors.

Im Panel POSE ❹ wählen Sie, ob Sie die im EDIT MODE erarbeitete Ausgangs-Pose (REST POSITION) oder die zuletzt im POSE MODE erzeugte POSE POSITION sehen wollen. Bei komplexeren Characters empfiehlt sich die funktionale Organisation der Bones in BONE COLLECTIONS ❺.

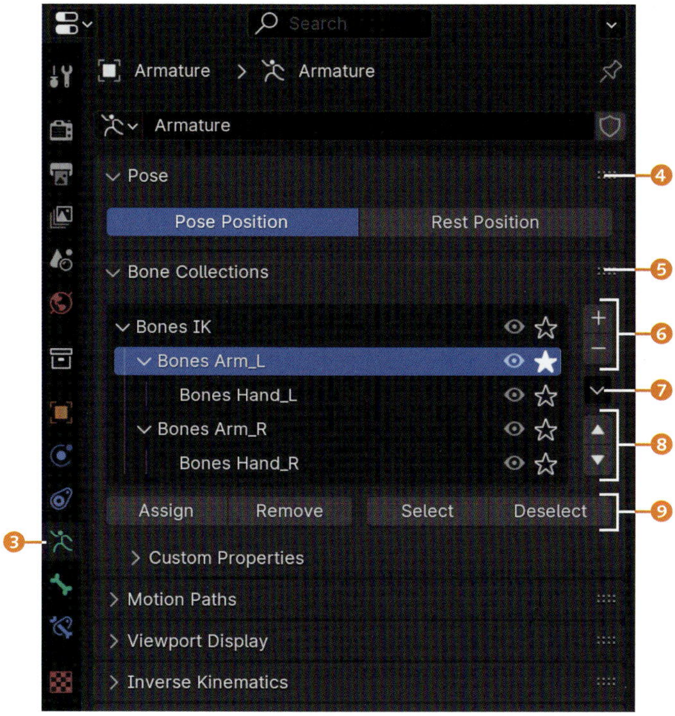

◂ **Abbildung 16.8**
Panels POSE und BONE COLLECTIONS im Object Data-Tab der Armature

Bone Collections statt Layers und Groups

In früheren Blender-Versionen sorgten Layer und Groups für Ordnung und Übersicht im Bone-Setup. Beim Öffnen eines Blend-Files aus Blender 3.6x oder älteren werden diese in Bone Collections umgewandelt.

Wie Sie es von den Collections kennen, können Sie über die Bone Collections die Bone-Struktur hierarchisch (im Outliner oder Properties Editor per Drag & Drop) organisieren. Über die Tasten [⇧] + [M] rufen Sie das Menü Armature • Bone Collections mit weiteren Optionen auf. Bone Collections lassen sich im gleichnamigen Panel über die +- bzw. --Buttons 6 (Abbildung 16.8) erzeugen bzw. löschen, aber auch direkt im Viewport durch Drücken der Taste [M] anlegen und zuweisen. Mit den Buttons 8 lässt sich die Liste der Bone Collections sortieren, zusätzlich haben Sie über das Menü im Pfeilbutton 7 die Möglichkeit, Bone Collections in der Liste einzeln einzublenden. Wie Sie es von den Materialien her kennen, finden Sie unterhalb der Liste die Buttons zum Zuweisen (Assign), Entfernen (Remove) sowie zum Auswählen (Select) und Entfernen von Bones aus der Auswahl (Deselect) für die Bone Collection.

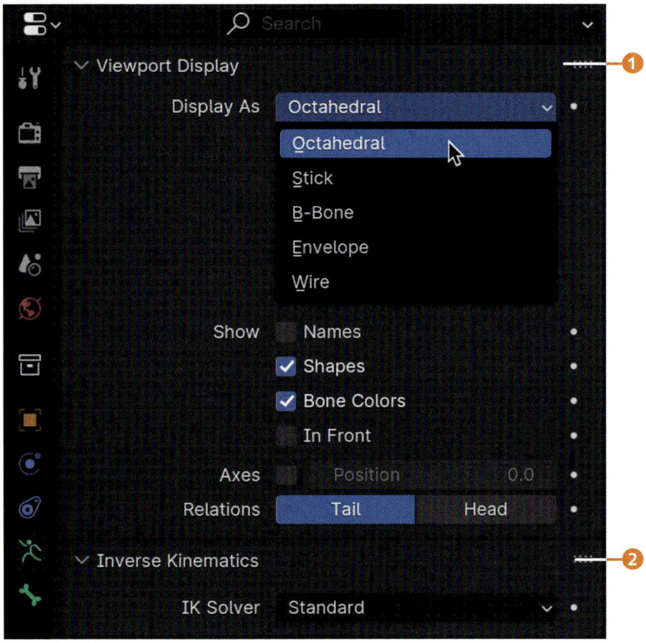

Abbildung 16.9 ▸
Panels Viewport Display und Inverse Kinematics im Object Data-Tab der Armature

Das Panel Viewport Display 1 (Abbildung 16.9) enthält verschiedene Optionen für die Darstellung der Bones und zugehöriger Informationen. Dazu gehören die Anzeige der Namen und Achsen im 3D Viewport (Abbildung 16.10), eigener Bone-Farben (Bone Colors) sowie (falls vorhanden) sogenannter Custom Shapes (Shapes), mit denen Sie Bones ein individuelles Aussehen verleihen. Neben der klassischen Darstellung Octahedral lassen sich die Knochen über das Menü DISPLAY TYPE auch als Stäbe (STICK), Quader (B-BONE), Kapsel (ENVELOPE) oder Linie (WIRE) anzeigen. Hervorzuheben ist hier die essentielle Option IN FRONT, die dafür sorgt, dass Sie die Bones auch sehen und bearbeiten können, wenn sie sich (wie für gewöhnlich) innerhalb eines Character-Meshes befinden.

Wie Sie es vom Parenting von Objekten her kennen, wird auch die Hierarchie der Bones im Viewport mit Verbindungslinien gekennzeichnet. Unter RELATIONS legen Sie dabei fest, ob die Linien von der TAIL oder vom HEAD zum nächsten Bone-Head starten.

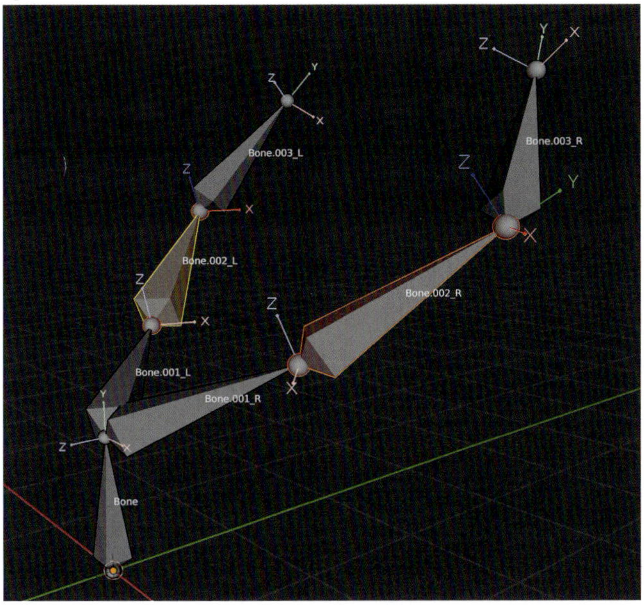

▲ **Abbildung 16.10**
Bone-Armature mit Anzeige von Namen und Achsen

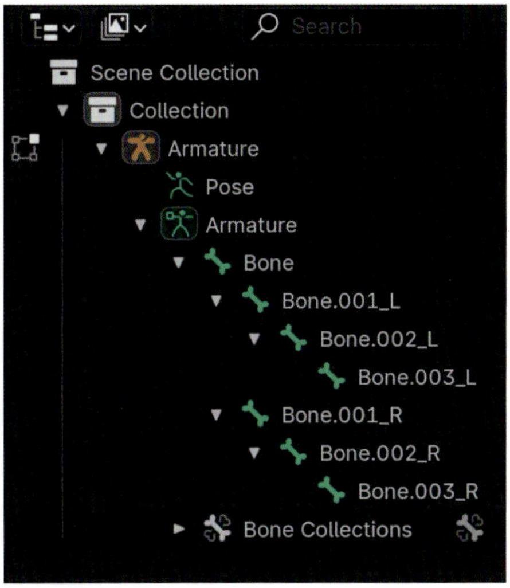

▲ **Abbildung 16.11**
Hierarchie der Bone-Objekte

Den für die gesamte Armature verwendeten IK-Lösungsalgorithmus (IK SOLVER) legen Sie im Panel INVERSE KINEMATICS ❷ fest. Neben dem bewährten Standard-Solver steht ein ITASC genannter Solver zur Verfügung, der sich empfiehlt, wenn besonders viele Constraints zum Einsatz kommen.

Bone-Einstellungen

Beim Aufklappen der Armature im Outliner kommt die enthaltene, hierarchische Bone-Struktur zum Vorschein (Abbildung 16.11). Jedes dieser Bone-Objekte besitzt in seinem Object Data-Tab eigene, von der Armature unabhängige Einstellungen.

Wie für jedes andere Objekt auch bestimmen die Werte im Panel TRANSFORM ❶ die räumliche Position – im Falle des Bones getrennt für Kopf (HEAD) und Wurzel (TAIL). Der bereits erwähnte ROLL eines Bones gibt dessen Orientierung bzw. Rotationsrichtung für die Animation vor. Über die Option LOCK schützen Sie den Bone vor versehentlicher Bearbeitung im EDIT MODE.

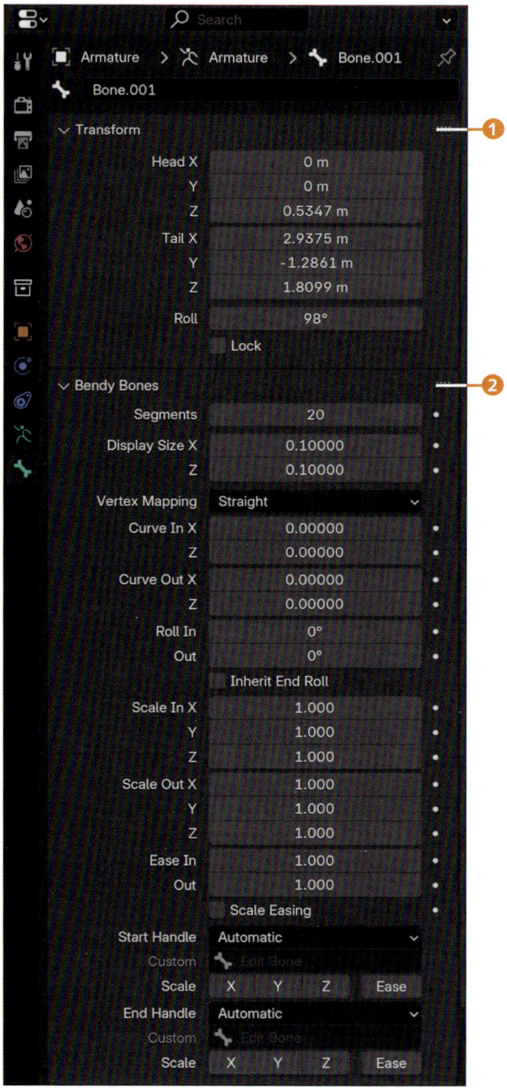

Abbildung 16.12 ▶
Panels TRANSFORM und BENDY BONES im Object Data-Tab eines Bones

Mit den BENDY BONES, die Sie im gleichnamigen Panel ❷ konfigurieren, unterteilen Sie einen vorgegebenen Bone, um ihn nach Herzenslust verbiegen zu können – ideal für Characters mit langen und kompliziert handzuhabenden Bone-Ketten.

Für den Einsatz der Bendy Bones ist die Einstellung B-Bone im Panel Viewport Display der zugehörigen Armature (Abbildung 16.9) obligatorisch, damit Sie die einzelnen Segmente angezeigt bekommen und die Krümmung entsprechend einstellen bzw. steuern können. Die Anzahl der Segmente ist auch der erste Parameter, den Sie im Panel Bendy Bones (Abbildung 16.12) festlegen.

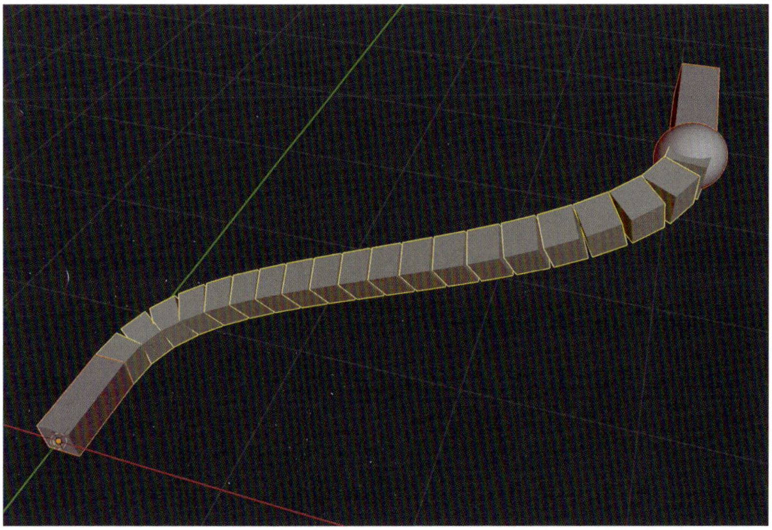

Abbildung 16.13
Bendy Bone zwischen zwei normalen Bones

Die Darstellungsgröße der Bendy Bone-Segmente definieren Sie über die Display Size in X- bzw. Z-Richtung. Nun lässt sich die Funktionsweise des Bendy Bones bereits im Edit Mode testen (Abbildung 16.13). Das Bewegen eines an den Bendy Bone angrenzenden Bones zwingt den Bendy Bone in die vorgegebene, oft gebogene Lage. Natürlich lassen sich die Ein- und Ausgangskurven (Curve In bzw. Out) sowie der zugehörige Bone Roll (Roll In bzw. Out) auch numerisch als Parameter vorgeben. Aktivieren Sie die Option Inherit End Roll, wenn der Roll des angrenzenden Bones für den Bendy Bone übernommen werden soll.

Mittels Scale In bzw. Scale Out (jeweils in X- und Y-Richtung) lässt sich der Bendy Bone an beiden Seiten verjüngen bzw. verbreitern. Über den Parameter Ease In bzw. Out und auch die Handle-Typen für den Start und das Ende kontrollieren Sie das Kurvenverhalten an den angrenzenden Kontroll-Bones.

Damit ist auch das Stichwort für die Animation mit Bendy Bones gefallen – in der Regel nutzen Sie die angrenzenden Bones zur Steuerung, zur besseren Visualisierung lassen sich dabei Custom Bone Shapes unter Custom definieren.

Das Panel RELATIONS ❶ im Object Data-Tab des Properties Editors ist das Herzstück des Bone-Objekts, hier ist neben der hierarchischen auch die funktionale Beziehung zum jeweiligen übergeordneten Bone hinterlegt.

Das Feld PARENT gibt den übergeordneten Bone in der Armature an. Mit der Option CONNECTED bestimmen Sie, ob der Bone mit dem Parent verbunden ist – also ob sein Head stets mit dem Tail des Parent mitgeführt wird. Falls nicht, können Sie entscheiden, ob Sie für den Bone die lokalen Koordinaten angezeigt bekommen möchten. Durch Aktivieren der Option INHERIT ROTATION erreichen Sie, dass die Drehung des Parent-Bones an den Child-Bone übergeben wird. Auch eine Bone-Skalierung lässt sich weitergeben, das Menü INHERIT SCALE bietet dazu verschiedene Optionen. In einem untergeordneten Panel finden Sie die BONE COLLECTION, zu welcher der Bone gehört.

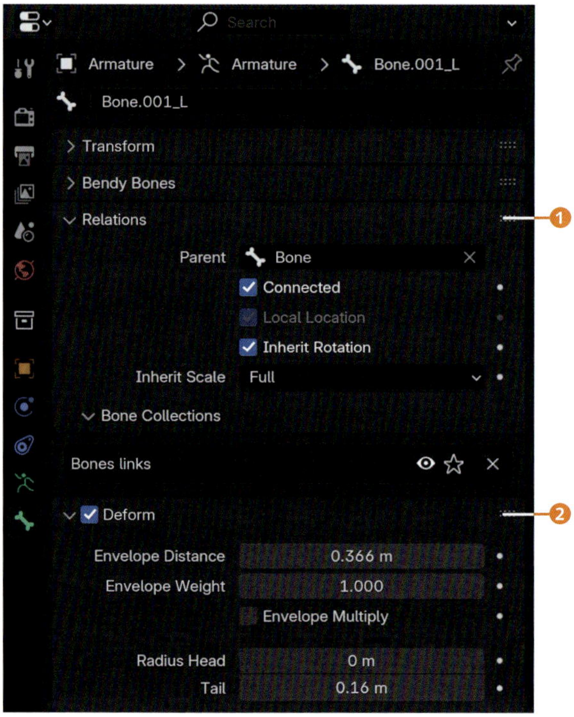

Abbildung 16.14 ▸
Panels RELATIONS und DEFORM im Object Data-Tab eines Bones

Damit ein Bone bei seiner Animation die ihm zugewiesenen Vertices entsprechend deformieren kann, ist ein Häkchen im Panel DEFORM ❷ Pflicht. Bones können schließlich durchaus auch andere Aufgaben bei der Character-Animation übernehmen, als lediglich Geometrie zu verformen.

In der Regel bekommt das jeweilige Bone-Objekt über eine WEIGHT MAP mitgeteilt, welche Bereiche des Meshes wie stark von ihm beeinflusst und deformiert werden sollen. Eine weitere, für relativ simple Objekte geeignete Methode zur Definition des Wirkungsradius sind bone-bezogene Hüllen, die sogenannten Envelopes. Im Panel DEFORM können Sie diese ENVELOPES in ihrer Größe (DISTANCE, RADIUS HEAD und RADIUS TAIL) definieren.

Die Parameter zu den Envelopes funktionieren ausschließlich bei Verwendung der Envelope Deform-Methode, über die Option ENVELOPE MULTIPLY lässt sich allerdings auch eine bestehende Vertex Group-Wichtung mit einbeziehen.

Pose Mode

Während Sie im EDIT MODE das Bone-Skelett Ihrer Characters erzeugen, ist der an mancher Stelle schon erwähnte POSE MODE für die Erstellung der Posen und damit für die Animation des Characters zuständig.

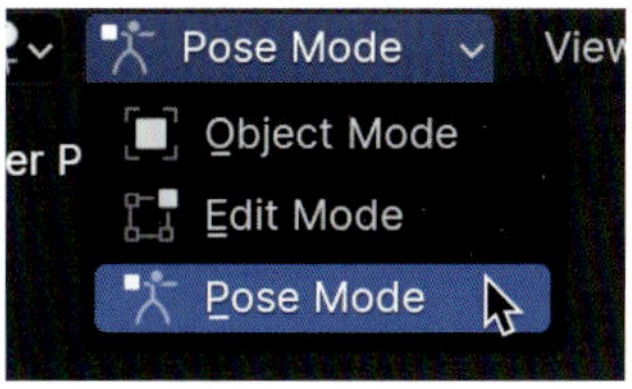

▲ **Abbildung 16.15**
Wechsel in den POSE MODE

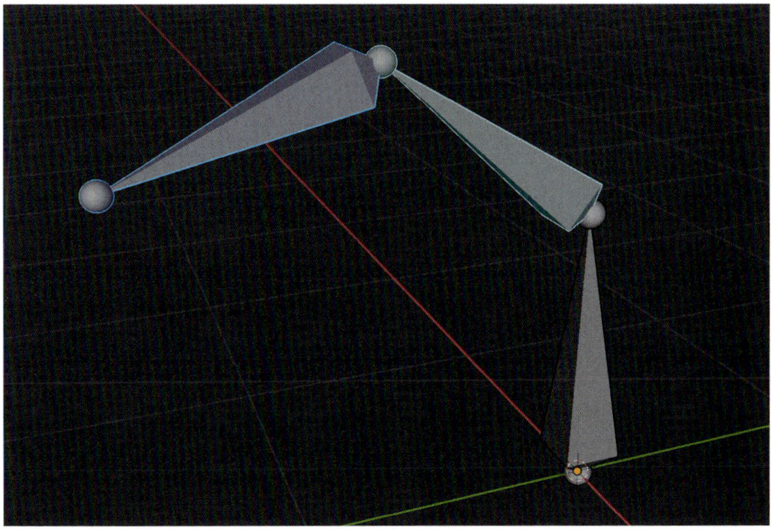

◄ **Abbildung 16.16**
Bearbeitung der Bones im POSE MODE

Sie erreichen den POSE MODE über das Menü der Arbeitsmodi (Abbildung 16.15) im 3D Viewport oder auch über das Pie-Menü (Tasten [Strg]/[Ctrl]+[⇆]) bei selektierter Armature. Über die Taste [⇆] wechseln Sie anschließend zwischen EDIT MODE und POSE MODE hin und her. Dass Sie sich im POSE MODE befinden, erkennen Sie auch an den blau eingefärbten Bones im Viewport (Abbildung 16.16). Sie erstellen dabei die sogenannte Pose Position für die Animation des Characters. Wundern Sie sich also nicht, wenn die Bones beim Zurückwechseln in den EDIT MODE wieder in ihre Ausgangslage zurückspringen, sie nehmen dann die Rest Pose ein, auf die Sie auch über das Panel POSE im Object Data-Tab der Armature (Abbildung 16.8) zugreifen können.

Sollten Sie es beim Arrangieren der Bones einmal übertrieben haben, können Sie über die Tasten [Alt] + [G], [Alt] + [R] sowie [Alt] + [S] zum Ausgangspunkt der jeweiligen Move-, Rotate- oder Scale-Transformation zurückkehren.

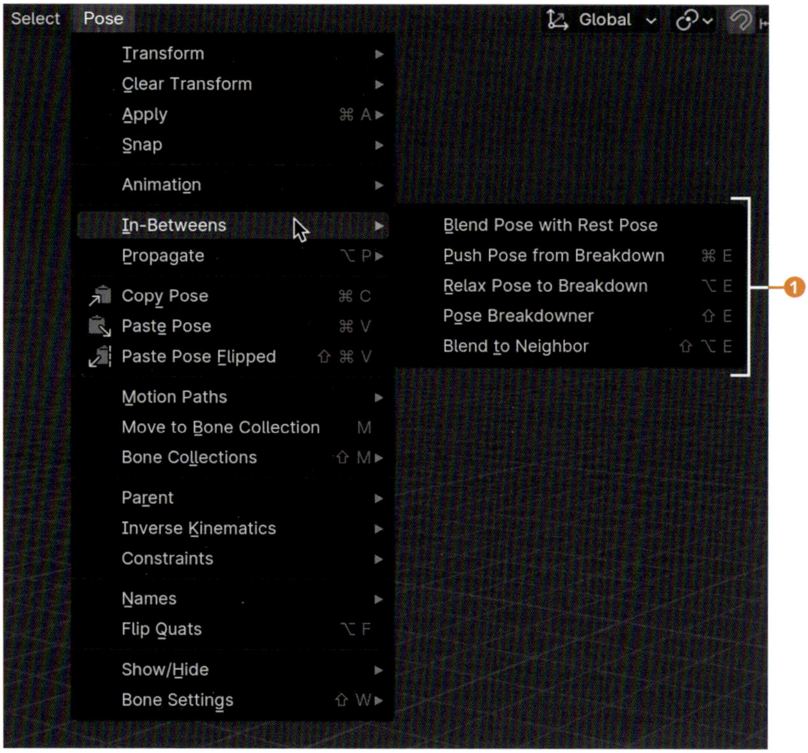

Abbildung 16.17 ▸
Menü POSE

Diese und noch mehr Befehle für die Animation und die Arbeit an den Bones im POSE MODE finden Sie im Menü POSE des Viewports (Abbildung 16.17). Hier haben Sie nun weitere Werkzeuge zur Hand, um Posen aufzunehmen, zu übertragen und abzuspeichern, um Keyframes für die Bones in ihrer Pose zu erzeugen oder um den Bewegungspfad (MOTION PATH) der vorliegenden Animation unter die Lupe zu nehmen. Das Untermenü IN-BETWEENS ❶, wie übrigens auch die Toolbar (Taste [T]), bietet einige spezielle Befehle zur Abstimmung bzw. Interpolation der Posen mit der inhaltlichen Funktion der Keyframes. Wenn Sie bei der Character-Animation nach der klassischen »Blocking«-Methode mit EXTREMES, BREAKDOWNS etc. vorgegangen sind, so können Sie über die verschiedenen Befehle sogenannte IN-BETWEENS schaffen, die sich wahlweise an der REST POSE oder am BREAKDOWN orientieren und den Character verlangsamen (RELAX POSE) oder beschleunigen (PUSH POSE).

Was die Befehle im Untermenü PROPAGATE bewirken, lässt sich besser verstehen, wenn man sich die deutsche Übersetzung für *propagate* (ausbreiten, übertragen) vor Augen führt. Die aktuelle Pose der selektierten Elemente wird an ein selektiertes oder angrenzendes Keyframe Ihrer Wahl übertragen.

Über das Menü POSE haben Sie außerdem die Möglichkeit, direkt den bzw. die Bewegungspfade (Motion Paths) für die selektierten Bones zu generieren und auch zu löschen, Bone Collections anzulegen oder auch das PARENTING für die Bones zu kontrollieren.

Wie Sie mit INVERSE KINEMATICS oder auch mit speziellen CONSTRAINTS Einfluss auf die Funktion der Bones nehmen, sehen wir uns gleich ganz ausführlich an.

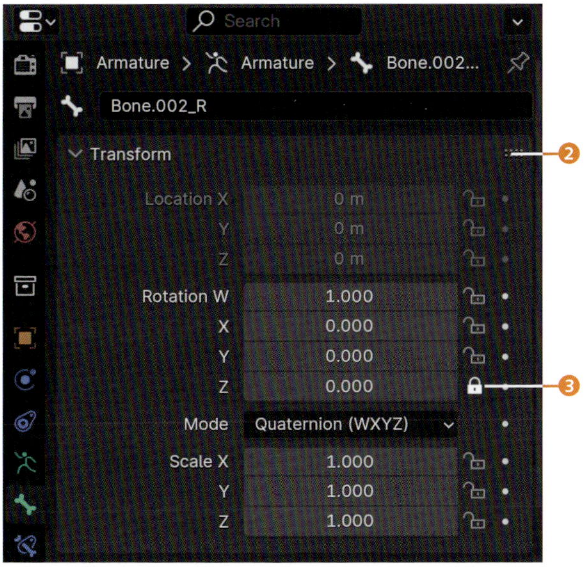

◂ Abbildung 16.18
Panel TRANSFORM im Object Data-Tab eines Bones im POSE MODE

Der POSE MODE beschert auch dem Bone-Objekt im Properties Editor (Abbildung 16.18) zusätzliche Einstellungen. Im Panel TRANSFORM ❷ haben Sie die Möglichkeit, die Bewegungsfreiheit des Bones gezielt einzuschränken ❸.

Für die komfortable und klare Animierbarkeit eines Characters ist es wichtig, den Character (und damit auch den Viewport) nicht mit unnötigen Elementen zu überladen; gleichzeitig sollten die Kontroll-Objekte aber auch deutlich identifizierbar sein. Um ein Bone-Objekt während des Pose Modes auszublenden, aktivieren Sie die Option Hide im Panel Viewport Display ② des Object Data-Tabs. Getrennt für den Edit Mode (Bone Color) und den Pose Mode (Pose Bone Color) lassen sich Farbthemen für die Darstellung der Bones definieren.

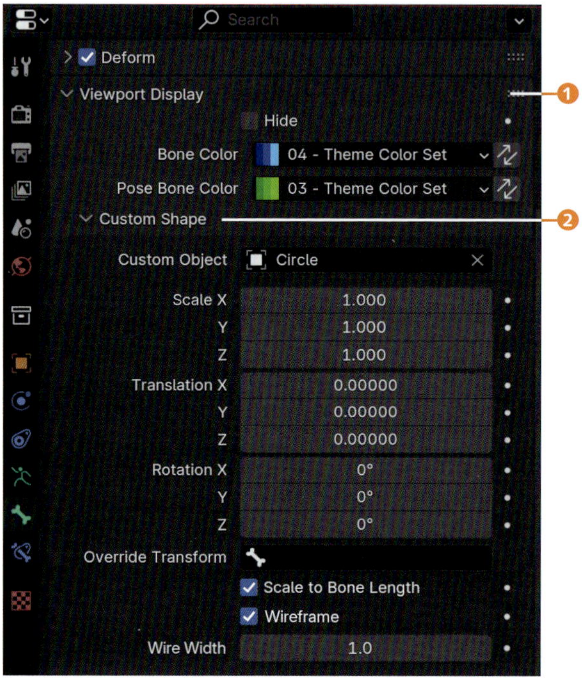

Abbildung 16.19 ▸
Panels Inverse Kinematics und Viewport Display im Object Data-Tab eines Bones

Mesh-Objekte als Custom Bone Shapes

Die Form der Objekte, die Sie als Custom Shapes für die Bones verwenden, liegt ganz bei Ihnen, beachten Sie aber, dass Sie bei der Art der Objekte auf Mesh-Objekte beschränkt sind. Der Ursprung (Origin) des Objekts wird beim Head des ersetzten Bone-Objekts platziert.

Hier finden Sie das untergeordnete Panel Custom Shape ②, über das Sie ein anderes Objekt für die Bone-Darstellung einsetzen können. Gerade für Kontroll-Objekte, die in den meisten Fällen als Bones zur Bone-Kette der Armature gehören, eine praktische Funktion. Sie benötigen dafür ein separates Objekt mit der gewünschten Form, das Sie über das Auswahlmenü Custom Object als Custom Shape definieren und über seine Parameter anpassen. Sollten Sie ein anderes Bone-Objekt als Bezugspunkt bei Transformationen im Viewport bevorzugen, wählen Sie es über das Menü Override Transform aus. Durch Deaktivieren der Option Scale to Bone Length erreichen Sie, dass sich die Größe des Custom Shapes nicht ändert, wenn Sie den Bone im Edit Mode modifizieren.

Sicher ist Ihnen nicht entgangen, dass ich das Panel Inverse Kinematics übersprungen habe. Wir behandeln es jetzt zusammen mit den kinematischen Grundprinzipien bei der Animation.

16.2 Forward und Inverse Kinematics

Weil Character-Animation immer auch Deformation von Geometrie bedeutet, sollten Sie dies frühzeitig einkalkulieren und beispielsweise schon beim Modelling genügend Unterteilungen an den kritischen Stellen wie den Gelenken anbringen. Dort sitzen später die Gelenke der Bones und benötigen ausreichend formbare Geometrie, um das jeweilige Körperteil korrekt anwinkeln zu können.

Während es für direkte Animationen wie das Ausrichten der Augen, das Öffnen und Schließen der Augenlider oder das Drehen eines Kopfes auch sehr direkte simple Lösungen gibt, ist die glaubwürdige Animation von Armen und Beinen wesentlich aufwendiger. Hier kommen immer wieder zwei kinematische Konzepte ins Spiel: Forward und Inverse Kinematics (FK bzw. IK).

Dabei gibt es kein »Besser oder Schlechter«, sondern situationsbedingt eher ein »Wie viel hiervon bzw. wie viel davon«. Professionelle Character-Animatoren versehen ihre Characters entsprechend mit beiden Möglichkeiten, oftmals, wie beispielsweise auch im Blender-Add-on »Rigify«, stufenlos regelbar. Um ein besseres Verständnis für die Arbeit mit den beiden kinematischen Konzepten zu bekommen, sehen wir uns beide getrennt voneinander an.

Add-on »Rigify«

Das Character-Animations-Add-on wird zusammen mit Blender ausgeliefert und laufend gehegt und gepflegt. Sie finden es in den Preferences (Tasten [Strg]/[Cmd] + [,]) im Bereich ADD-ONS, wo Sie es durch Setzen des zugehörigen Häkchens aktivieren.

Forward Kinematics (FK)

Bei den Forward Kinematics gelangen Sie ausgehend von der obersten Ebene (Root) durch die Rotation bzw. die Winkel verschiedener Gelenke mit dem letzten Glied der Kette ❸ zum Zielpunkt.

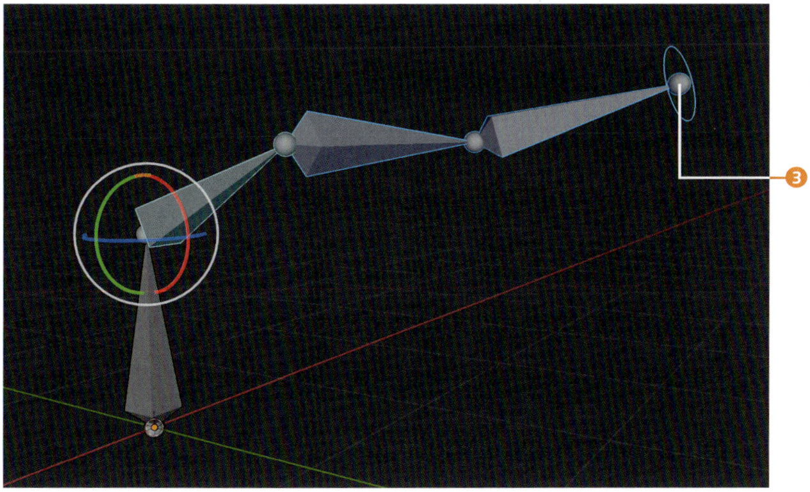

◂ **Abbildung 16.20**
Ausrichten einer Bone-Kette mittels Forward Kinematics

Um also beispielsweise eine Tasse auf einem Tisch zu greifen, würden Sie als Erstes die Schulter drehen, den Oberarm ausrichten bzw. drehen, den Unterarm über die Armbeuge ausrichten und haben dann idealerweise mit der richtigen Reihenfolge die Position für die Hand erreicht, um die Finger in den Henkel der Tasse zu stecken. Sollte Ihnen diese Herangehensweise für Ihre Character-Animation eher unpraktisch vorkommen – das ist sie in diesem Fall auch. Gleiches gilt für die Animation der Beine. Hier ergibt es mehr Sinn, die Animation am Zielpunkt des Fußes auf dem Boden auszurichten, als mit dem Anziehen des Oberschenkels zu beginnen.

Um per Forward Kinematics (FK) zu animieren, müssen weiter keine Vorbereitungen an den Bones oder der Bone-Kette getroffen werden. Die Forward Kinematics stammen, wie auch die Inverse Kinematics, aus der Robotik und sind aufgrund der einfachen Berechenbarkeit für die Steuerung von Industrierobotern beliebt.

Inverse Kinematics (IK)

Wie der Name schon andeutet, drehen die Inverse Kinematics die kinematische Logik der Kette um und beginnen mit dem Zielpunkt 1 (Abbildung 16.21) bei der Berechnung der Rotation bzw. der Winkel der Gelenke.

Für das Greifen der bereits erwähnten Tasse führen Sie also direkt die Hand zum Ziel, da Sie sich bei einer korrekt aufgesetzten IK-Kette darauf verlassen können, dass Unter- und Oberarm der Hand folgen und die Gelenke entsprechend ausrichten. Die Animation der Beine erfolgt in diesem Fall ausgehend vom Fuß.

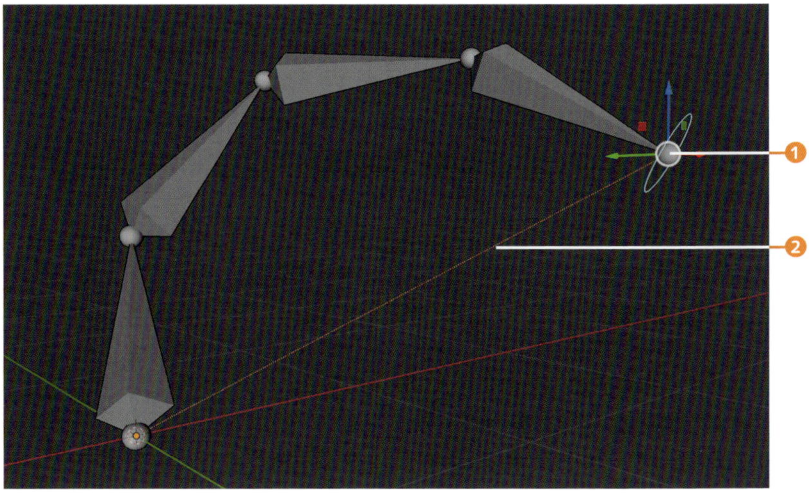

Abbildung 16.21 ▸
Ausrichten einer Bone-Kette mittels Inverse Kinematics

Um einer Kette von Bones die Funktionalität der Inverse Kinematics (IK) beizubringen, weisen Sie dem letzten Glied der Kette ❹ bzw. dem Zielpunkt im Pose Mode über den Bone Constraint-Tab ❸ ein sogenanntes Inverse Kinematics-Constraint ❺ zu. Im Viewport erkennen Sie die funktionale Verknüpfung von Ziel- und Root-Bone an der gestrichelten orangefarbenen Linie ❷. Sobald Sie anschließend den Zielpunkt bewegen, folgt ihm die komplette IK-Kette nach.

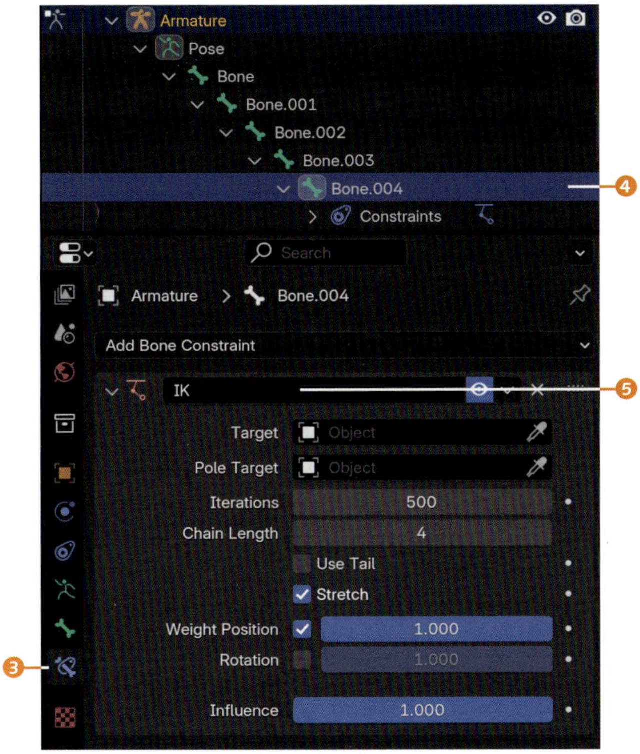

Abbildung 16.22
Inverse Kinematics-Constraint am letzten Glied der Bone-Kette

Mehr Constraints

Die sogenannten Constraints spielen eine sehr wichtige Rolle bei der Character-Animation. Hier greifen wir den Bone-Constraints etwas vor, zudem werden wir uns aber auch mit den Standard-Constraints für die Animation beschäftigen.

Zuvor müssen Sie in den Einstellungen des Inverse Kinematics-Constraints aber noch genauer definieren, wie die IK-Kette beschaffen sein soll. Das IK-Ende ist ja durch Zuweisen des Bone Constraints bereits festgelegt, das IK-Ziel ist dagegen noch wahlweise über die Anzahl der anhängenden Bone-Glieder (Chain Length) oder explizit über das Auswahlmenü Target anzugeben. Mit einem Pole Target helfen Sie der IK bei der korrekten Ausrichtung der Kette.

Zur Berechnung der IK-Lösung ist unter Iterations eine Anzahl von 500 Wiederholungen definiert, die in den meisten Fällen bestens funktioniert. Durch Use Tail wird nicht der Bone-Head, sondern der Bone-Tail als letztes Element der IK-Kette verwendet. Wenn Sie die Option STRETCH aktivieren, erlauben Sie den Gliedern der IK-Kette im Extremfall eine Dehnung in der Länge, um das vorgegebene IK-Ziel zu erreichen. Im unteren Bereich der Einstellungen für das IK-Constraint haben Sie noch die Möglichkeit, seine Wirkung auf die POSITION bzw. ROTATION sowie im Ganzen (INFLUENCE) zu kontrollieren.

Nach diesem Kurzausflug in die Welt der Constraints möchte ich mein Versprechen einlösen und noch einmal einen Blick in das Panel INVERSE KINEMATICS 1 im Object Data-Tab des Properties Editors werfen, wo wir – bei aktivem POSE MODE – die Inverse Kinematics-Funktionen für jeden einzelnen Bone vorfinden.

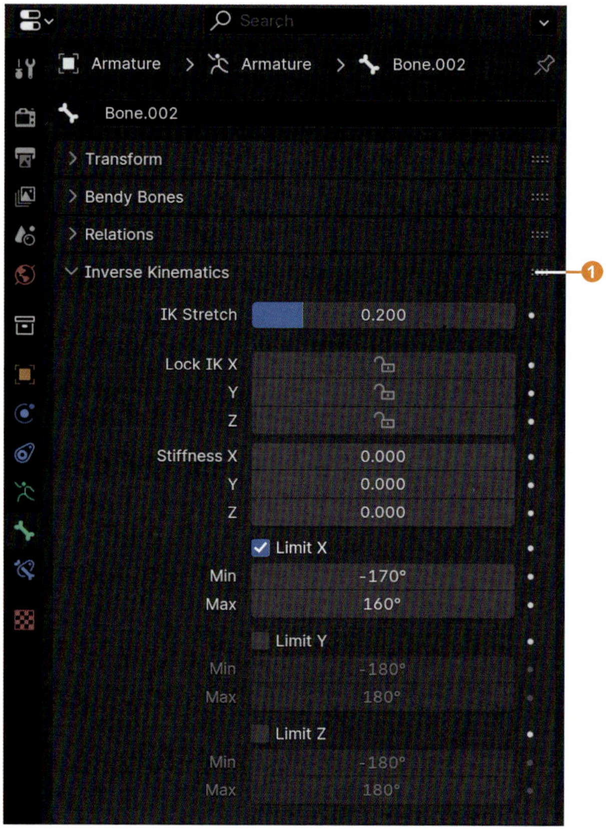

Abbildung 16.23 ▸
Panel INVERSE KINEMATICS im Object Data-Tab eines Bones

So lässt sich die im IK-Constraint erlaubte Option STRETCH für den jeweiligen Bone justieren und die INVERSE KINEMATICS für bestimmte Achsrichtungen komplett deaktivieren (LOCK IK). Um die Bewegungsfähigkeit der Bones lediglich einzuschränken, können Sie für die Achsrichtungen auch eine Steifheit (STIFFNESS) vorgeben oder Winkel-Limits für die Bewegungsfreiheit definieren.

FK vs. IK?

Sie kennen nun beide kinematischen Konzepte, und es wird Sie nicht überraschen, wenn ich Ihnen sage, dass sowohl die Forward als auch die Inverse Kinematics ihre Daseinsberechtigung haben. Die Inverse Kinematics bieten sich in vielen Fällen an, wenn es in erster Linie darum geht, einen Zielpunkt zu erreichen. Bei den Forward Kinematics dagegen haben Sie selbst wesentlich mehr Kontrolle über die Form der Pose und Bewegung, über die der Zielpunkt erreicht wird.

Die gute Nachricht ist: Sie müssen sich bei der Character-Animation in Blender nicht vorab für eine der beiden Techniken entscheiden. Je nach Animationsaufgabe und den Steuerungselementen, die Sie Ihrem Character in vorausschauender Weise verliehen haben, verfolgen Sie eher die Forward bzw. die Inverse Kinematics.

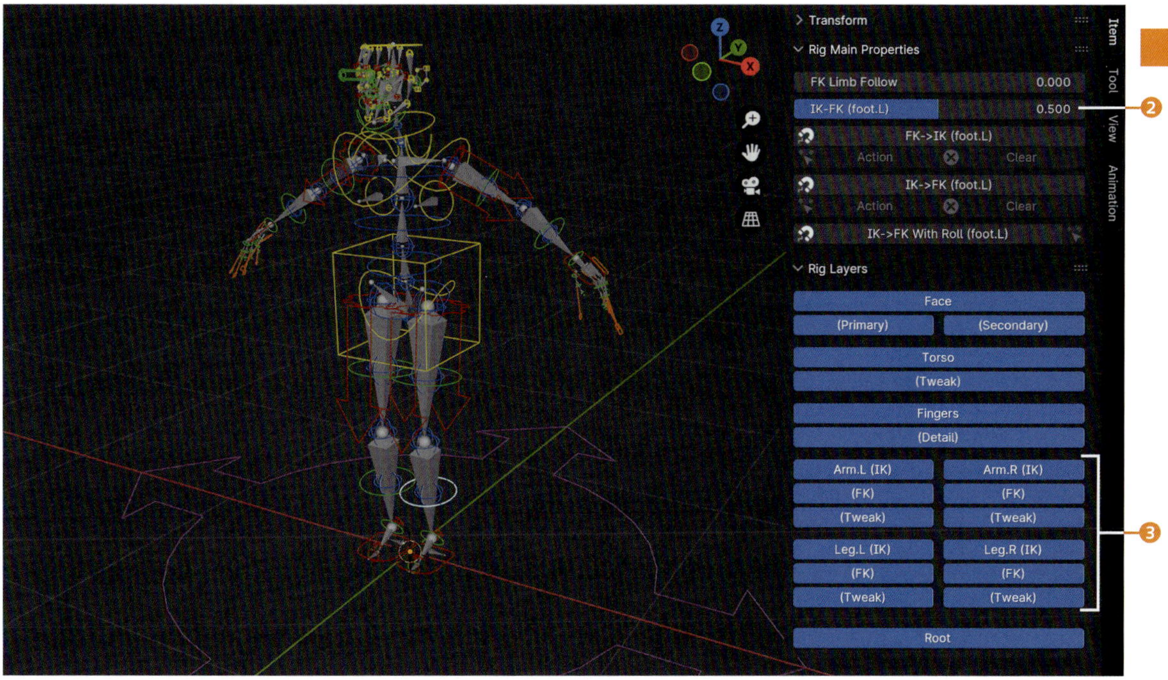

▲ **Abbildung 16.24**
Character-Rig des Add-ons Rigify

Im Add-on »Rigify« (Abbildung 16.24), das Ihnen nicht nur unterschiedliche Character-Skelette, sondern auch ein voll funktionsfähiges Steuer-Rig liefert, entscheiden Sie direkt bei der Animation in den RIG LAYERS ❸, ob Sie das Steuerelement (und damit die kontrollierte Bone-Kette) per IK oder FK modifizieren möchten. In den RIG MAIN PROPERTIES lässt sich sogar das Verhältnis ❷ zwischen Inverse und Forward Kinematics numerisch vorgeben.

16.3 Skinning

Nachdem Sie Ihren Character mit einem adäquaten Bone-Gerüst ausgestattet haben, geht es im nächsten Schritt darum, das Mesh-Objekt so mit der Armature zu verknüpfen, dass es von den Bones bei der Animation korrekt verformt werden kann. Dabei gibt es unterschiedliche Methoden, den Wirkungsbereich auf das Mesh für den jeweiligen Bone festzulegen. In jedem Fall aber müssen Sie das Mesh-Objekt über den Befehl Set Parent to (Strg/Cmd + P) per Parenting an die Armature der Bones binden.

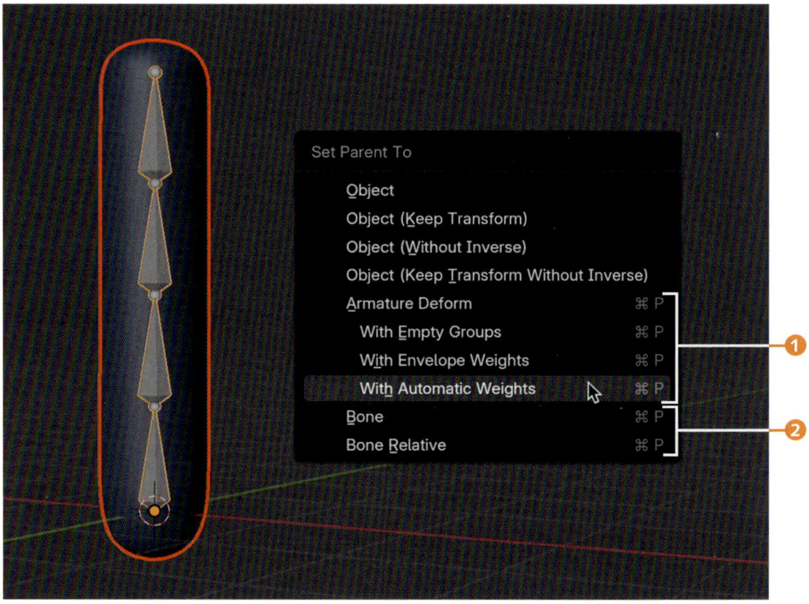

Abbildung 16.25 ▸ Funktionen des Befehls Set Parent To für Bones und Armatures

Der Befehl Set Parent To ist für Sie natürlich nicht neu. Neu sind hingegen die zusätzlichen Einträge, die Sie durch die selektierten Bones angezeigt bekommen. Zum einen sind das die Befehle für das Parenting der Bones an sich (2), zum anderen finden Sie hier die Untergruppe Armature Deform (1).

Bei der Verwendung des übergeordneten Befehls bekommt das Mesh-Objekt zusätzlich zu seiner Zuordnung als Child der Armature einen Armature-Modifier (5) mit der Vorgabe zugewiesen, dass die Verformung über Vertex Groups bzw. Vertex Weights stattfinden soll. Wie Sie an den drei untergeordneten Befehlen erkennen, lässt sich dieses Parenting im gleichen Schritt um Funktionen für die Wirkungsweise der Bones erweitern. Möchten Sie, dass Blender die Vertex Weights (6) selbstständig über einen wirklich gut funktionierenden Algorithmus erzeugt und den jeweiligen Bones zuordnet, wählen Sie die Option With Automatic Weights. Die Option With Envelope Weights erzeugt dagegen kapselförmige Wichtungen bzw. Einflussbereiche, die sich in erster Linie für eher simple Mesh-Objekte eignen. Wählen Sie With Empty Groups, so werden lediglich leere Vertex Groups für die einzelnen Bones anlegt, die Sie anschließend selbst durch Weight-Painting versorgen müssen.

Sie finden die für die Bones (Abbildung 16.26) angelegten Vertex Groups im Object Data-Tab ❸ des Mesh-Objekts, das aufgrund des Parenting-Befehls der Armature untergeordnet wurde. Klappen Sie das zugehörige Panel Vertex Groups ❼ auf, so finden Sie für jeden einzelnen Bone ❹ der Armature entsprechend eine automatisch erzeugte, mit dem Namen des jeweiligen Bones versehene Vertex Group ❽.

Bone Heat Weighting-Fehler

Bei diesem Fehler passiert nach dem Parenting mit automatischer Wichtung außer einer Fehlermeldung, die besagt, dass für einen oder mehrere Bones keine Lösung gefunden wurde, rein gar nichts. Er tritt auf bei Löchern im Mesh, doppelten Vertices, überlappender separierter Geometrie und auch bei extremen Skalierungen – unser knapp 12 cm großes Seepferdchen ist dafür ein gutes Beispiel. Um trotzdem das Parenting durchführen zu können, skalieren Sie einfach vor dem Parenting jeweils Armature und Mesh, führen dann das Parenting durch und skalieren die Armature anschließend zurück. Die skalierte Mesh-Geometrie wenden Sie schließlich über den Befehl Apply • Scale an.

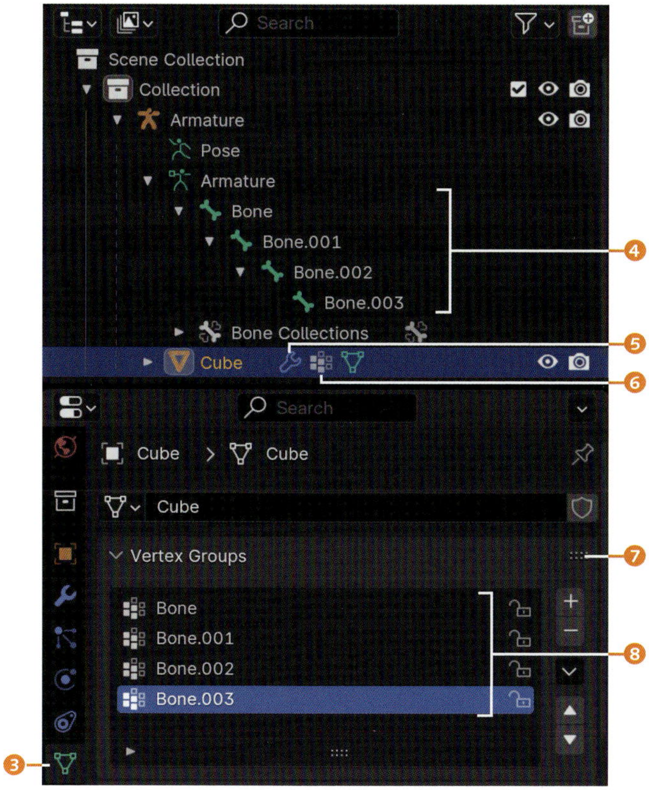

◂ **Abbildung 16.26**
Mesh-Objekt mit automatisch zugewiesenen Vertex Groups für die Bones der Armature

Im Idealfall, wenn das Mesh-Objekt eine sehr klare Topologie aufweist, können Sie mit den erzeugten Vertex Weights direkt mit der Animation des Characters beginnen.

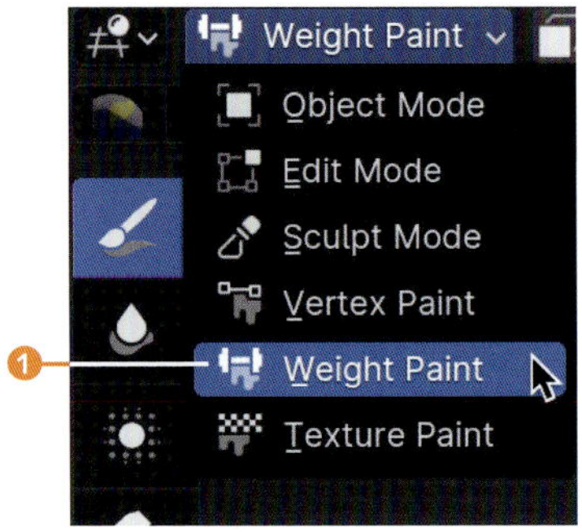

▲ **Abbildung 16.27**
Menü der Arbeitsmodi

▼ **Abbildung 16.28**
Bearbeiten von WEIGHTS

Um die an das Mesh-Objekt vergebenen Vertex Weights im 3D Viewport zu prüfen und gegebenenfalls nachzubessern, selektieren Sie das Mesh-Objekt und wechseln über das Menü der Arbeitsmodi (Abbildung 16.27) in den WEIGHT PAINT MODE ❶.

Schon finden Sie sich in einer eigenen Malumgebung mit verschiedenen Pinselwerkzeugen und zahlreichen Einstellungsmöglichkeiten wieder (Abbildung 16.28). Um sich den Wirkungsbereich eines bestimmten Bones der Armature farblich anzeigen zu lassen, selektieren Sie diesen Bone über das Panel VERTEX GROUPS im Object Data-Tab des Mesh-Objekts. Nun sehen Sie direkt auf dem Mesh-Objekt die vorliegenden Wichtungen (WEIGHTS) von der Farbe Rot (100 % Einfluss) bis hin zu Blau (0 % Einfluss) aufgetragen und können diese mit den unterschiedlichen Werkzeugen – falls nötig – bearbeiten.

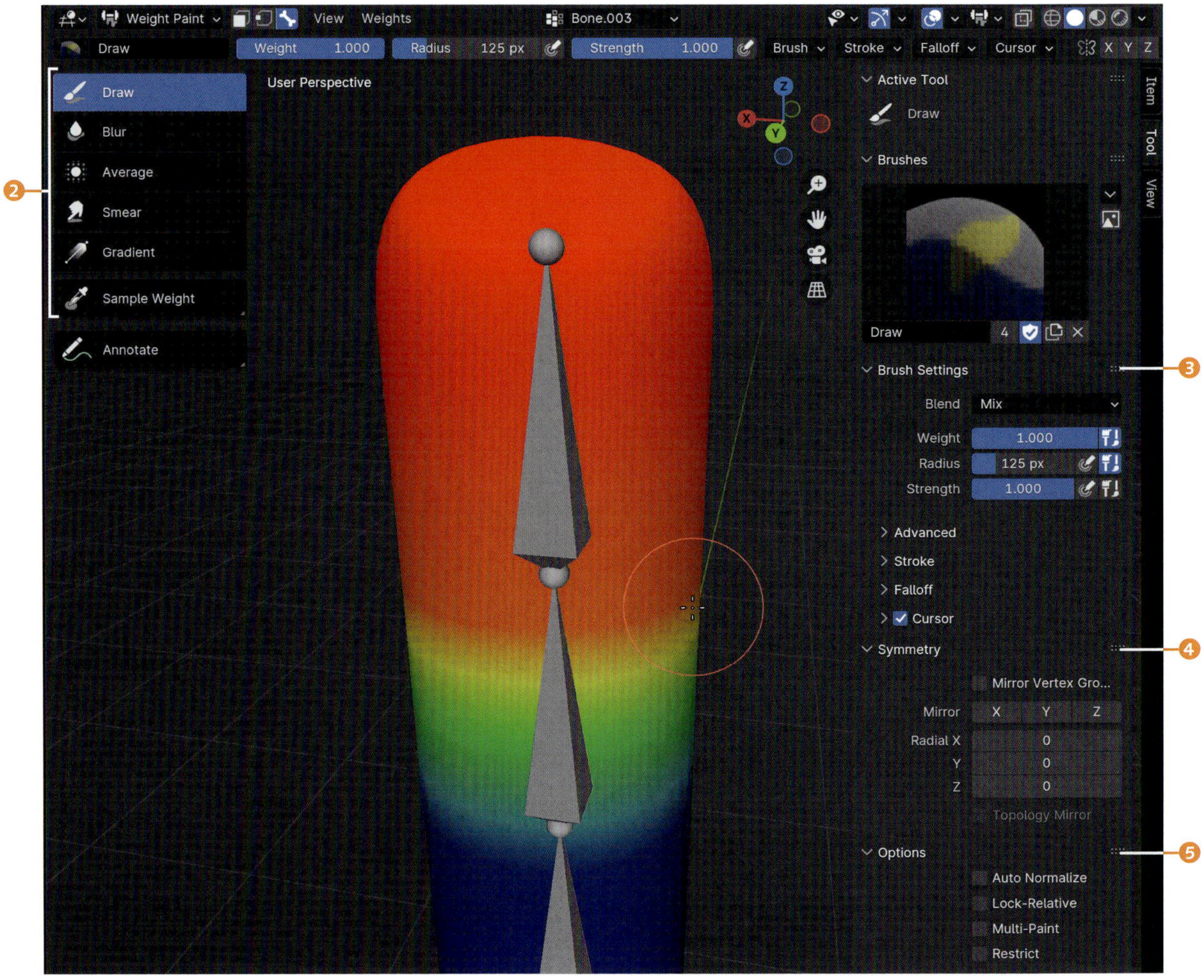

In der Toolbar (Taste [T]) finden Sie dazu verschiedene, speziell für das Weight-Painting geeignete Brushes ❷. Während Sie mit dem Brush DRAW die vorgegebene Wirkung direkt auf das Mesh auftragen, gestalten Sie über den Brush BLUR harte Übergänge weicher. AVERAGE ermittelt einen Durchschnittswert aus dem aktuellen Pinselradius, mit dem Sie ebenfalls weichere Übergänge schaffen. Der Brush SMEAR verschiebt die anliegenden WEIGHTS lediglich. Mit dem Gradient-Tool haben Sie einen linearen bzw. radialen Verlauf zur Hand, den Sie über das Mesh aufziehen können. Wollen Sie Wichtungen mit dem Brush aufnehmen und mit ihnen an anderer Stelle weitermalen, verwenden Sie das Sample Weight-Tool.

Die Einstellungen zu den Brushes und Tools finden Sie an den üblichen Stellen in den Editoren. Während Ihnen die BRUSH SETTINGS ❸ und die Einstellungen zur Symmetrie ❹ sicherlich bekannt vorkommen, lohnt sich ein zweiter Blick in das Panel OPTIONS ❺. Die Option AUTO NORMALIZE beispielsweise stellt sicher, dass sich unter allen Umständen die auf verschiedene Vertex Groups verteilten WEIGHTS für jeden Vertex auf den Wert 1 summieren. LOCK-RELATIVE blendet vor Bearbeitung geschützte Vertex Groups vorübergehend aus. Sollten Sie einen Bereich mit zahlreichen vorliegenden Bones bearbeiten, so können Sie die Vertex Groups bei aktivierter Option MULTI-PAINT gleichzeitig bemalen. RESTRICT dagegen lässt Sie ausschließlich in der gewählten VERTEX GROUP malen. Über die Optionen X MIRROR bzw. TOPOLOGY MIRROR ermöglichen Sie das gespiegelte Malen auf entsprechend benannten VERTEX GROUPS bzw. auf symmetrischer Mesh-Topologie.

Normalisierte Wichtungen

Damit Sie relativ unbesorgt Ihre Wichtungen aufbringen und bearbeiten können, sollten Sie die Option AUTO NORMALIZE aktivieren. So ist sichergestellt, dass jeder Vertex insgesamt auf eine Wichtung von 1, also 100 %, kommt. Andernfalls könnte es nämlich passieren, dass Mesh-Bereiche wie angewurzelt an Ort und Stelle bleiben, während Ihr Character munter drauflosläuft …

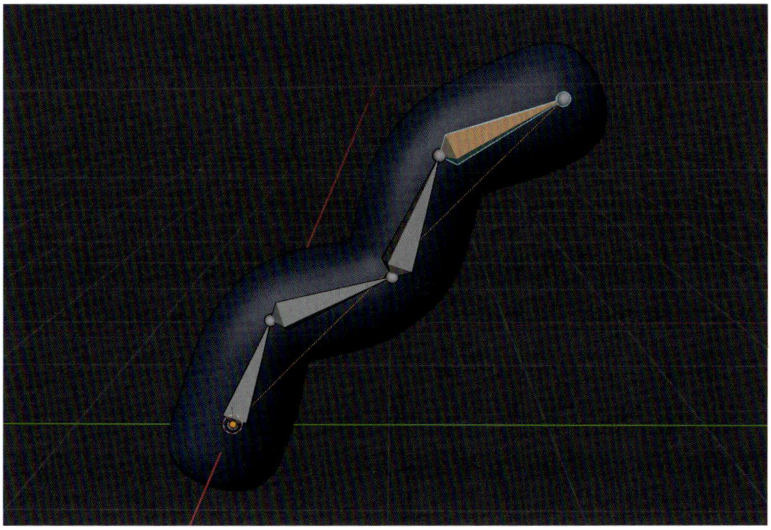

◂ **Abbildung 16.29**
Deformation des Mesh-Objekts durch die Bones anhand der Weights

Wenn alle Weights der Vertex Groups überprüft und gegebenenfalls angepasst wurden, kann die Animation auch schon beginnen. Dazu wechseln Sie in den POSE MODE, um durch Rotieren der Bones bzw. durch Modifikation des IK-Ziels das Mesh-Objekt gezielt zu verformen (Abbildung 16.29).

Schritt für Schritt
Rigging und Skinning eines einfachen Characters

Rigging mit Armatures und Bones, Forward und Inverse Kinematics, Skinning per Weight-Painting ... lassen Sie uns diese Fachbegriffe anhand eines einfachen Praxisbeispiels durchspielen.

1 Blender-Szene laden

Rufen Sie über den Befehl FILE • OPEN (Taste [Strg]/[Cmd] + [O]) den File Browser auf und navigieren Sie zum Verzeichnis *5_Animation*. Öffnen Sie dort die Datei *5_Animation_Character_Rig_Start.blend*.

Abbildung 16.30 ▸ Ausgangspunkt für den Rigging- und Skinning-Workshop

Diese Blender-Szene enthält ein animationsbereites Modell eines Fisches (Abbildung 16.30). In diesem Kurz-Workshop soll es nun darum gehen, den Fisch mittels Bones, Wichtungen und Kinematics artgerecht zu animieren.

Wechseln Sie dazu am besten über die Taste [3] [Num] in die Seitenansicht von rechts, um gleich das Knochengerüst korrekt aufbauen zu können.

2 Armature erzeugen

Damit wir die Bone-Kette für den Fisch aufbauen können, erzeugen Sie eine Armature über das Menü ADD (Taste [⇧]+[A]). Aktivieren Sie im Panel VIEWPORT DISPLAY ❷ im Armature-Tab ❶ des Properties Editors gleich die Option IN FRONT, damit die Bones unabhängig vom Mesh immer sichtbar sind.

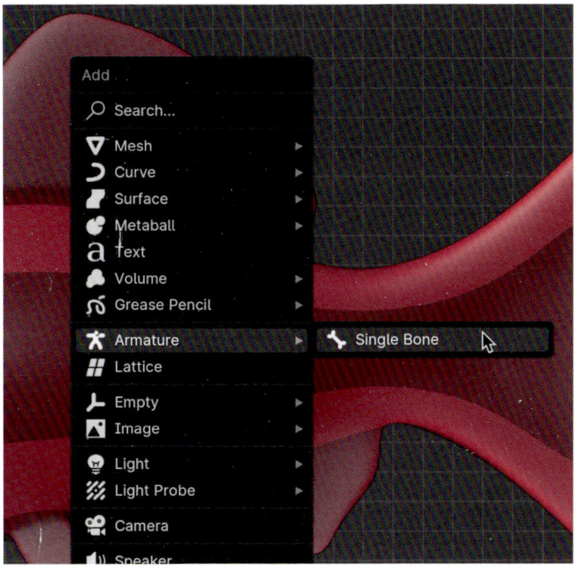

▲ **Abbildung 16.31**
Menü ADD

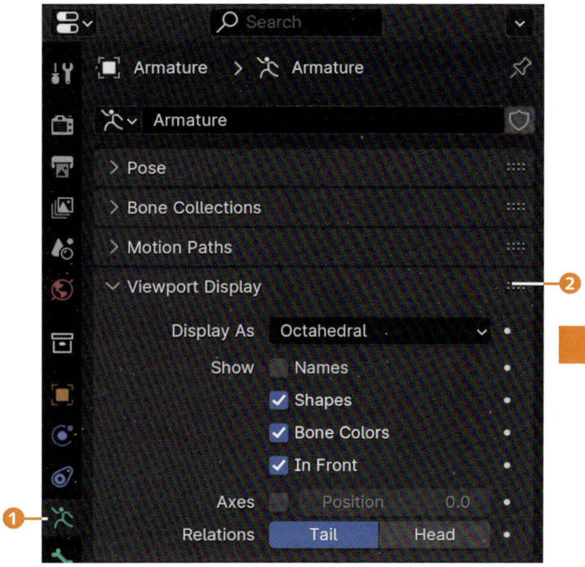

▲ **Abbildung 16.32**
Panel VIEWPORT DISPLAY im Armature-Tab

Nun richten Sie die Armature noch korrekt aus, indem Sie die selektierte Armature über die Tasten [R], [X] und [-][9][0] um –90° um die X-Achse drehen (Abbildung 16.33).

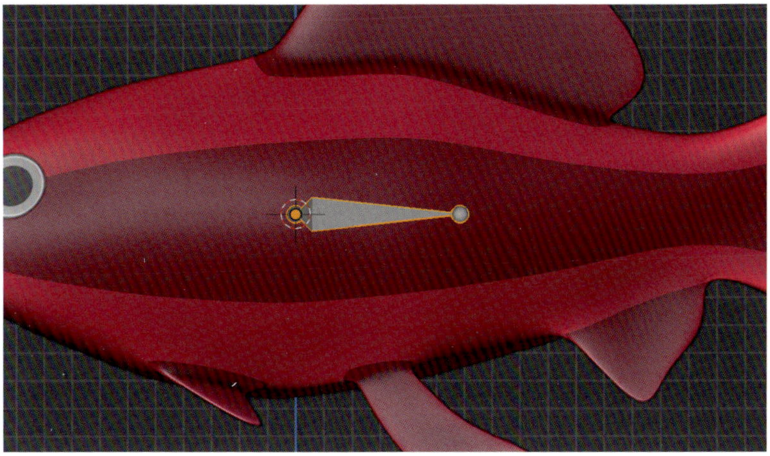

◂ **Abbildung 16.33**
Um die X-Achse gedrehte Armature für den Fisch

3 Weitere Bones erzeugen

Skalieren Sie den ersten Bone der Armature mit dem Scale-Tool (Taste [S]) ein kurzes Stück, so dass der Tail ① etwa in Höhe der Mitte der Rückenflosse liegt. Aktivieren Sie anschließend über die Taste [⇆] den EDIT MODE, damit wir Bones an der Armature ergänzen können.

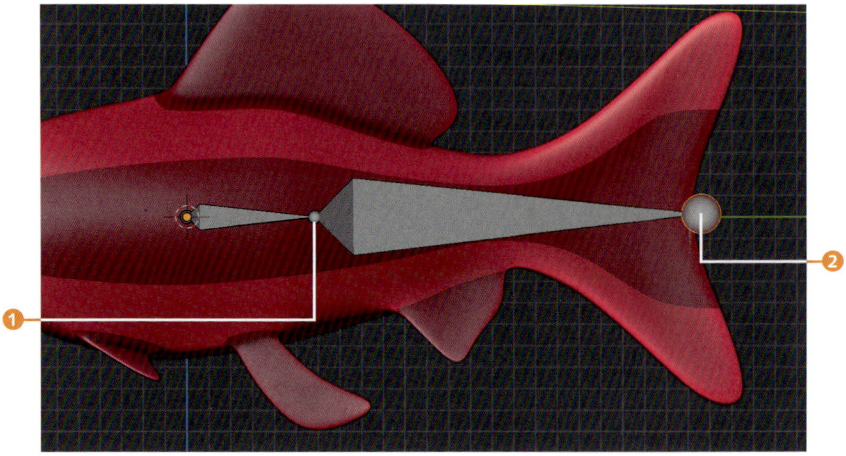

Abbildung 16.34 ▸ Extrudieren eines zweiten Bones

Drücken Sie dazu die Taste [E], um das Extrude-Tool aufzurufen, und extrudieren Sie einen zweiten Bone, dessen Tail Sie in die Mitte der Schwanzflosse ② platzieren. Klicken Sie anschließend mit der rechten Maustaste auf diesen Bone, um das Kontextmenü (Abbildung 16.35) aufzurufen und den Bone über den Befehl SUBDIVIDE gleichmäßig zu unterteilen.

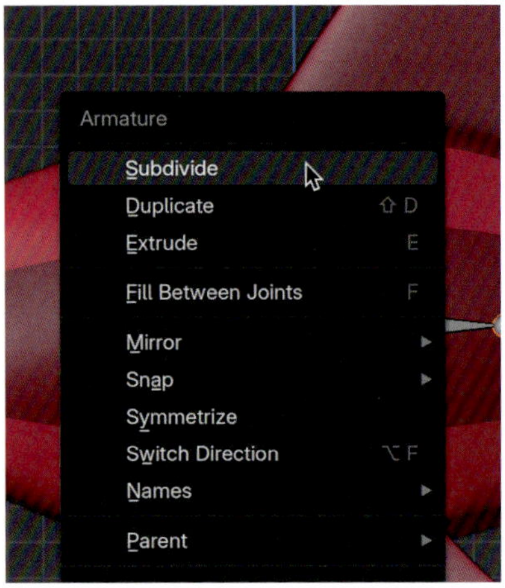

▲ Abbildung 16.35 Kontextmenü des Bones

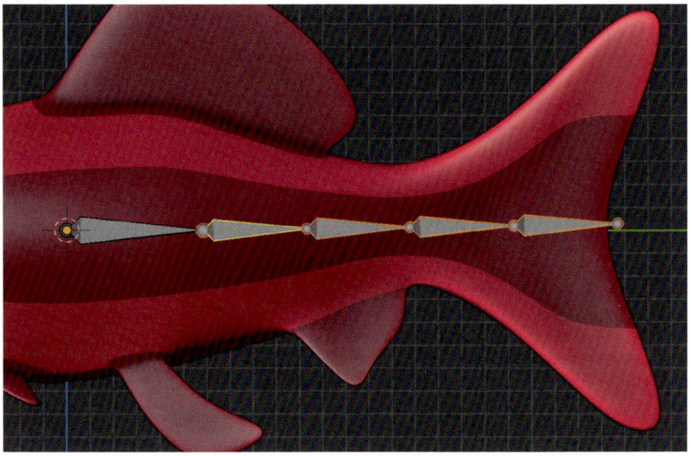

▲ Abbildung 16.36 In vier Teile unterteilter Bone

Wählen Sie im Panel Adjust Last Operation für den Subdivide-Befehl insgesamt drei Unterteilungen bei Number of Cuts, so dass wir nun insgesamt fünf Bones (Abbildung 16.36) für die Animation des Fisches zur Verfügung haben.

4 Armature an das Mesh-Objekt binden

Um das Bone-Gerüst per Parenting an das Mesh-Objekt zu binden, wechseln Sie zurück in den Object Mode (Taste [⇆]) und selektieren zunächst das Mesh-Objekt sowie anschließend bei gedrückter [⇧]-Taste die Armature.

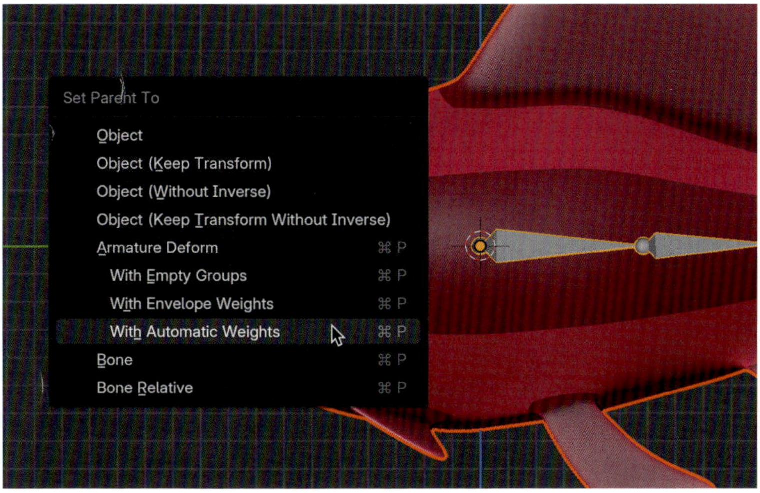

◂ **Abbildung 16.37**
Binden von Mesh-Objekt und Armature über den Befehl Set Parent To

Nun können Sie mit den Tasten [Strg]/[Cmd]+[P] den Befehl Set Parent To (Abbildung 16.37) aufrufen und dort über Armature Deform With Automatic Weights das Parenting zusammen mit automatischen Wichtungen erzeugen.

Nach diesem Schritt ist das Mesh-Objekt des Fisches ein Unterobjekt der Armature. Gleichzeitig wurden dem Mesh-Objekt Vertex Groups für jeden einzelnen Bone zugewiesen, die bereits eine Wichtung für die Deformation beinhalten. Um diese Wichtungen kümmern wir uns gleich, zunächst gilt es, ein kleines Problem in der Reihenfolge der Modifier des Fisches zu beheben. Da nämlich das Mesh-Objekt durch das Binden auch einen Armature-Modifier zugewiesen bekommen hat, steht dieser momentan im Modifier Stack an unterster Position und erledigt die Deformation als Letztes. Doch eigentlich ist diese Glättung als letzter Schritt erwünscht, so dass eventuell bei der Deformation auftretende Unebenheiten gut nivelliert werden können.

Um dies schnell zu korrigieren, öffnen Sie den Modifier-Tab ❷ des Mesh-Objekts ❶ im Properties Editor und verschieben den Armature-Modifier über seinen Greifer ❸ nach oben, so dass er, wie in der Abbildung gezeigt, zwischen Mirror- und Subsurf-Modifier liegt.

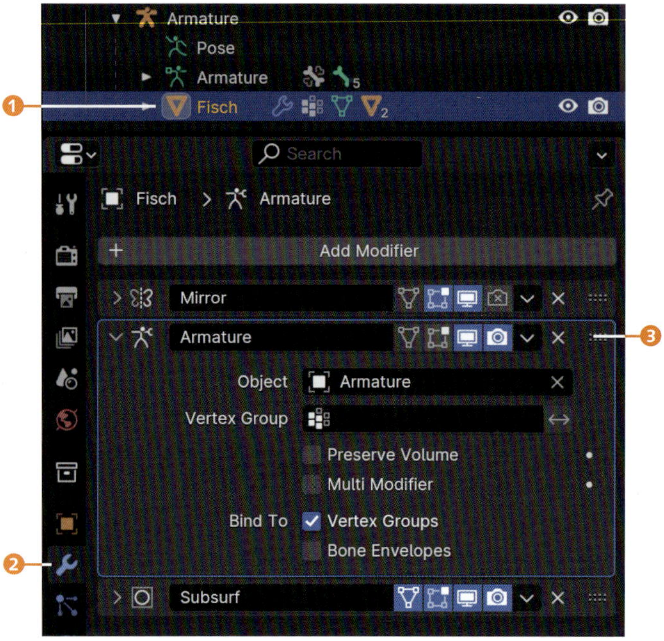

▲ **Abbildung 16.38**
Modifier-Tab des Mesh-Objekts im Properties Editor

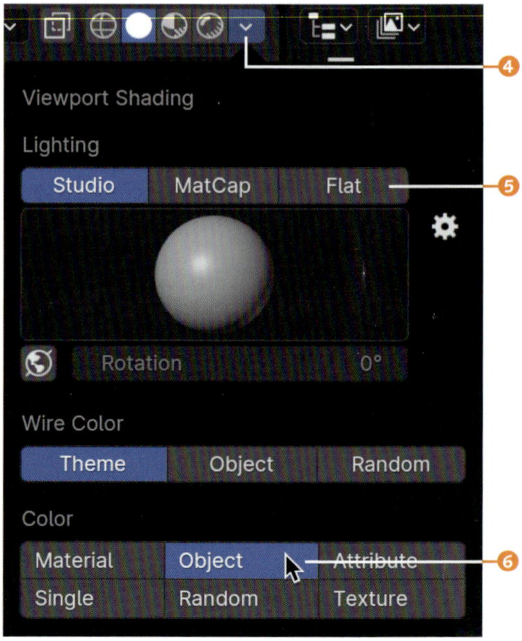

▲ **Abbildung 16.39**
Pop-up-Menü Viewport Shading

5 Weighting prüfen und korrigieren

Die automatisch beim Binden der Geometrie an die Armature angelegten Weights umfassen zwar den kompletten Fisch, doch es ist davon auszugehen, dass Mesh-Bereiche, die weiter entfernt vom Bone liegen (beispielsweise die Spitzen der Schwanzflosse), etwas Nacharbeit benötigen.

Damit Sie die unterschiedlichen Weights gut erkenn- und bearbeitbar angezeigt bekommen, öffnen Sie kurz das Pop-up-Menü Viewport Shading ❹ und aktivieren wahlweise die Lighting-Option Flat ❺ oder die Color-Option Object ❻. In beiden Fällen werden die Wichtungen deutlich besser sichtbar sein als im Standard-Shading.

Jetzt wechseln Sie über das Menü der Arbeitsmodi (Abbildung 16.40) in den Weight Paint Mode, in dem wir nun mit der Nacharbeit an den Vertex Groups beginnen können.

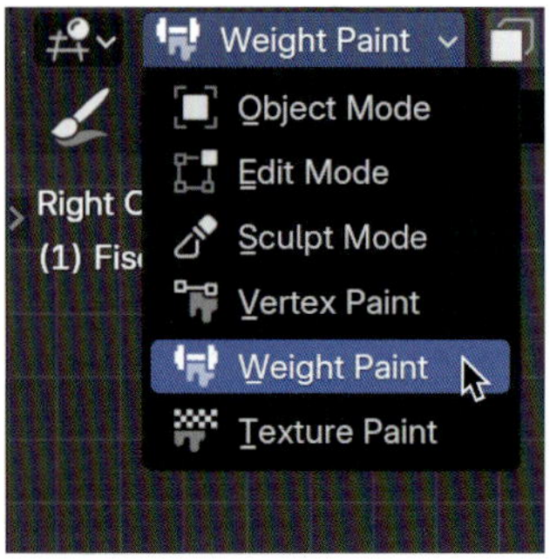

▲ **Abbildung 16.40**
Menü der Arbeitsmodi

Klappen Sie sich das Panel VERTEX GROUP ⑧ im Object Data-Tab ⑦ des Mesh-Objekts auf (Abbildung 16.41), so dass Sie alle bestehenden Weights zu den jeweiligen Bones aufgelistet sehen.

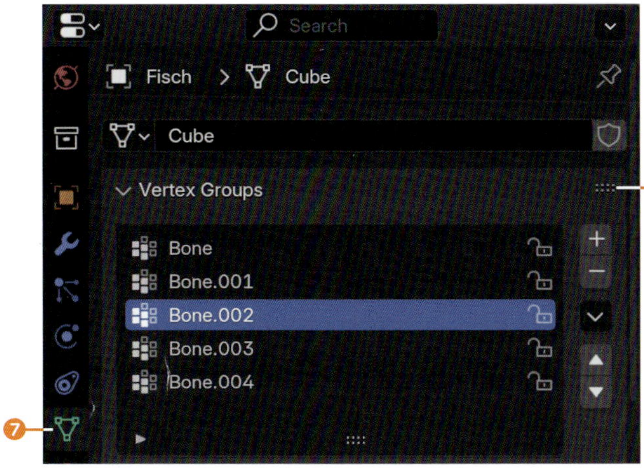

◂ **Abbildung 16.41**
Panel VERTEX GROUPS im Object Data-Tab des Mesh-Objekts

Wählen Sie die Vertex Group der Wichtung, die Sie bearbeiten möchten, und bemalen Sie die Bereiche des Meshes, die vom zugehörigen Bone deformiert werden sollen, mit dem Standard-Pinselwerkzeug DRAW mit der voreingestellten Stärke von 100 %.

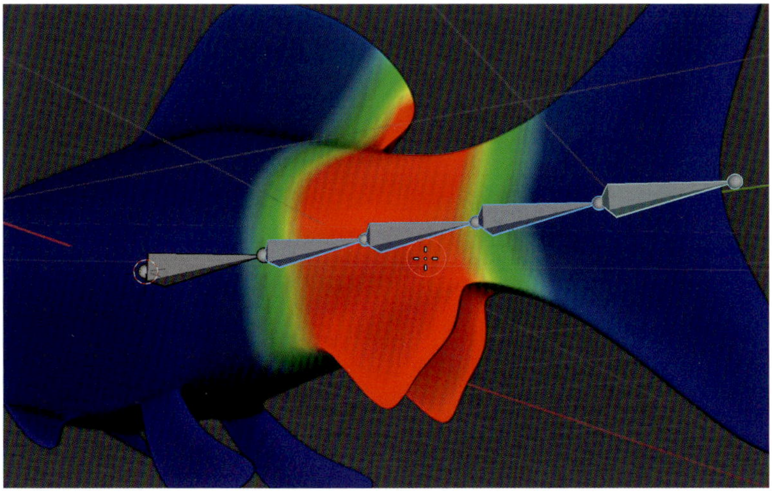

◂ **Abbildung 16.42**
Korrigieren der Wichtung an den Flossen unten

Abbildung 16.42 zeigt einen Problembereich für den in der Mitte liegenden BONE.002. Hier befinden sich Flossen an der Unterseite des Fisches, die von diesem Bone bzw. der Vertex Group komplett erfasst sein sollten. Prüfen und korrigieren Sie dies entsprechend, bis alle Bereiche dort rot eingefärbt sind.

Auf diese Weise kontrollieren Sie alle weiteren Vertex Groups zu den Bones und passen die Wichtungen bei Bedarf an. Abbildung 16.43 zeigt die Vertex Group zu Bone.002. Hier sollten Sie darauf achten, dass die langen Flossen an der Unterseite nicht erfasst werden.

Abbildung 16.43 ▸
Korrigieren der Wichtung für den zweiten Bone der Kette

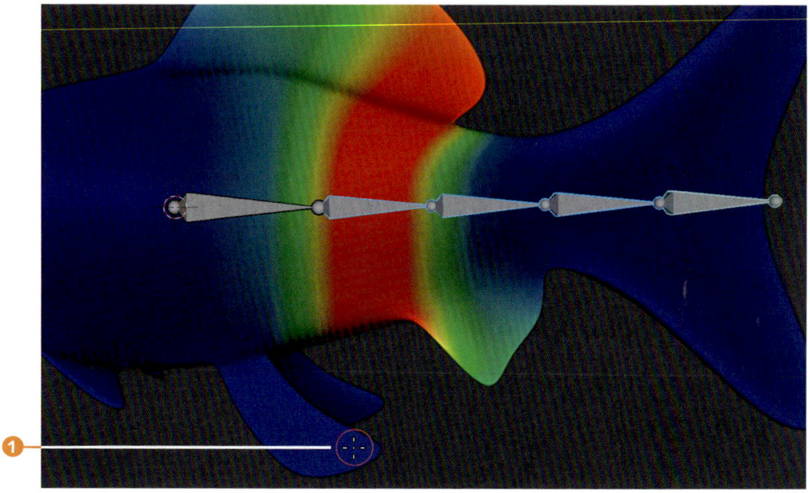

Um diese unerwünschte Wichtung zu entfernen, setzen Sie die Stärke des Draw-Brushes auf 0 % und bemalen die Flossen, bis alle Stellen 1 mit dunklem Blau versehen sind (Abbildung 16.43).

Abbildung 16.44 ▸
Korrigieren der Wichtung für den hintersten Bone der Kette

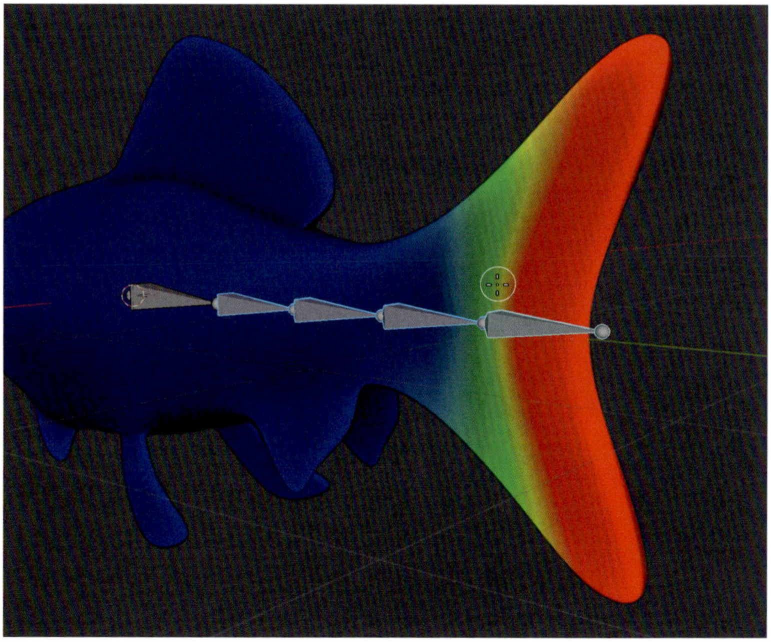

Wie bereits erwähnt, liegt eine vorhersehbare Problemstelle an den Enden der Schwanzflosse (Abbildung 16.44). Hier sind die betroffenen Vertices sehr weit vom zuständigen Bone entfernt. Korrigieren Sie dies mit einem Draw-Brush der Stärke von 100 %.

Zu guter Letzt schadet es nicht, noch einmal alle Vertex Groups zu betrachten und gegebenenfalls mit dem Brush Blur sehr scharfe Wichtungsübergänge etwas weicher zu gestalten.

6 Per Forward Kinematics animieren

Nach diesem letzten vorbereitenden Schritt sind alle Elemente auf die Animation vorbereitet. Weil sich die Gelegenheit anbietet, probieren wir in unserem Workshop-Beispiel sowohl die Forward Kinematics als auch die Inverse Kinematics aus.

Selektieren Sie statt dem Mesh-Objekt die Armature, und wechseln Sie über das Menü der Arbeitsmodi (Abbildung 16.45) in den Pose Mode. Mit jeder Modifikation der Bones deformieren wir nun das Mesh-Objekt des Fisches. Um den mit Bones versehenen hinteren Teil des Fisches zu animieren, selektieren Sie mit gedrückt gehaltener [⇧]-Taste die vier hinteren Bones der Kette (Abbildung 16.47). Weil wir nicht nur den übergeordneten Bone, sondern alle Bones der Selektion jeweils für sich rotieren möchten, setzen Sie die Einstellung im Menü Transform Pivot Point (Abbildung 16.46) auf Individual Origins.

Aktivieren Sie jetzt über die Tasten [R] und [Z] eine Rotation der Objekte um die Z-Achse, um den mit Bones versehenen Bereich des Fisches zu deformieren (Abbildung 16.47).

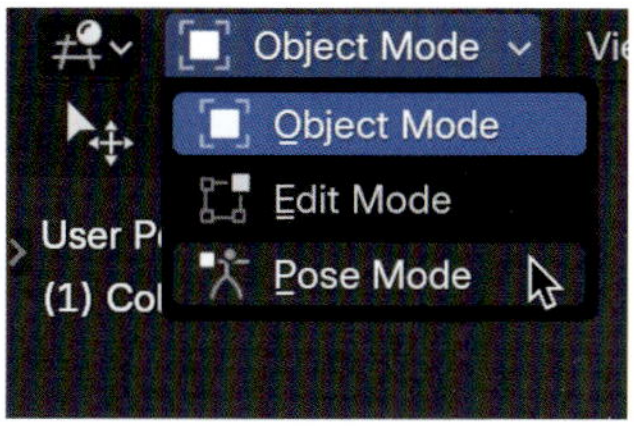

▲ **Abbildung 16.45**
Menü der Arbeitsmodi

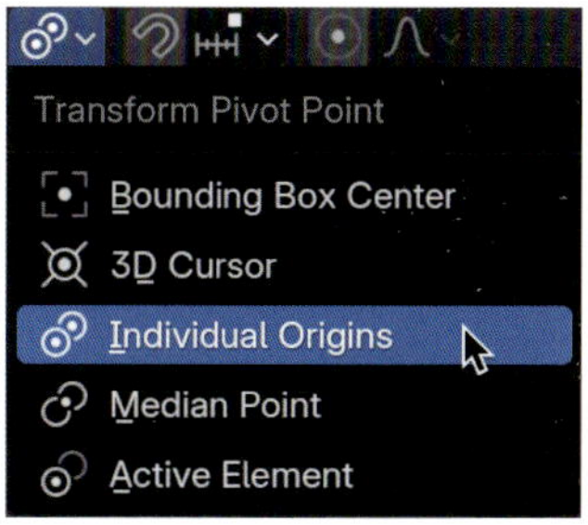

▲ **Abbildung 16.46**
Menü Transform Pivot Point

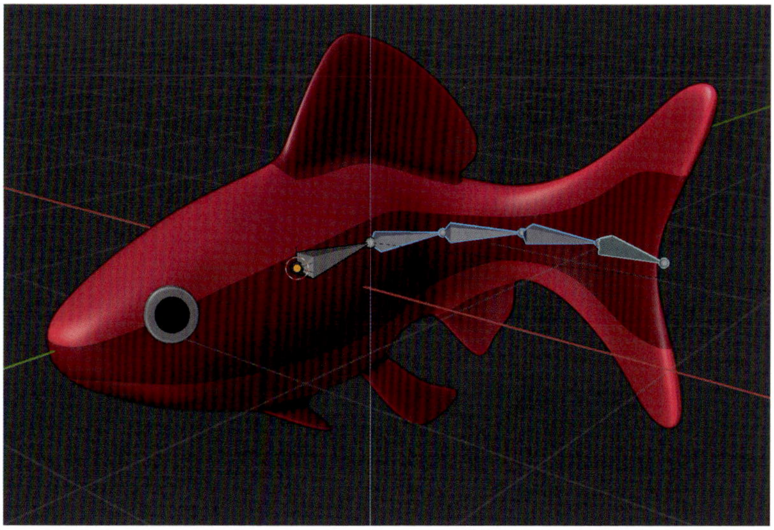

◀ **Abbildung 16.47**
Animieren des Fisches durch Rotation der Bones

Um diese Deformation des Fisches in einer Animation festzuhalten, müssen Sie für die transformierten Bones lediglich Keyframes (Taste [I]) zu den jeweiligen Zeitpunkten in der Timeline setzen.

7 Per Inverse Kinematics animieren

Die Anzahl der Bones in unserem einfachen Knochengerüst für den Fisch ist überschaubar, weshalb sich die Animation per FK relativ übersichtlich darstellt. Trotzdem wäre es gerade zum Setzen von Keyframes praktischer, wenn lediglich ein Element, also beispielsweise das Ende der Bone-Kette, angefasst werden müsste. Sehen wir uns diese Vorgehensweise der Inverse Kinematics an.

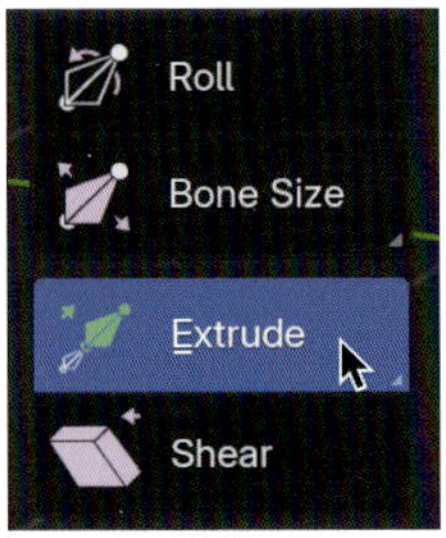

▲ **Abbildung 16.48**
Extrude-Werkzeug aus der Toolbar

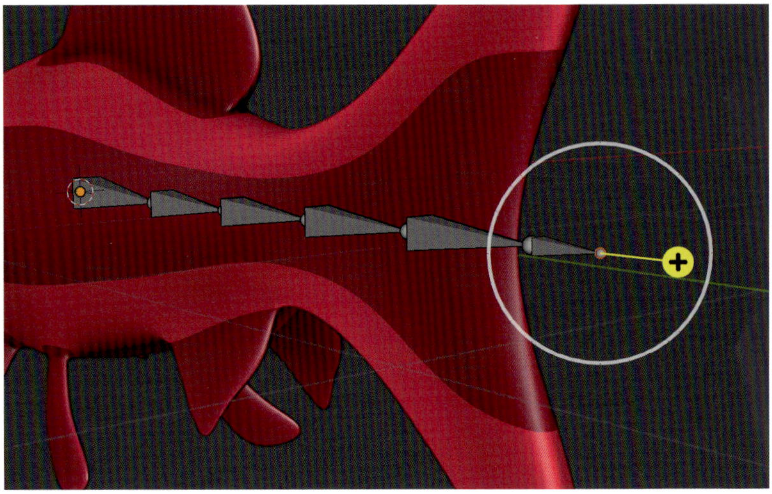

Abbildung 16.49 ►
Extrusion eines zusätzlichen Bones

Um uns ein Kontrollelement für die Bone-Kette zu erzeugen, erweitern wir die Kette einfach um ein zusätzliches Bone-Objekt. Wechseln Sie dazu in den EDIT MODE (Taste [Tab]) und selektieren Sie den letzten Bone der Kette. Aktivieren Sie nun das Extrude-Werkzeug aus der Toolbar (Taste [T]), um die Kette um ein kurzes Bone-Objekt zu erweitern (Abbildung 16.49).

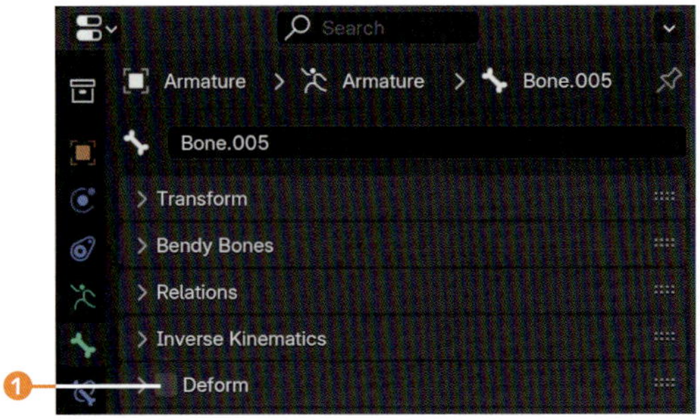

Abbildung 16.50 ►
Deaktivieren der Deformation durch den Bone

Weil dieser letzte Bone nur zur Steuerung, nicht aber für die Deformation gedacht ist, deaktivieren Sie über das Panel DEFORM in seinen Einstellungen diese Option **1**. Dieser Bone bekommt nun die Inverse Kinematics-Funktionalität zugewiesen.

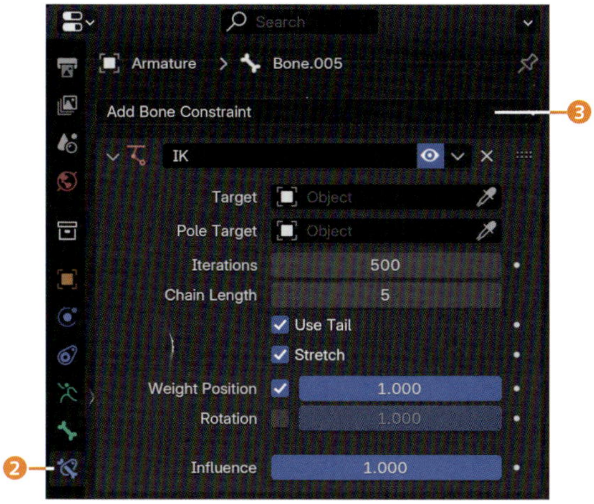

◂ **Abbildung 16.51**
Einstellungen für das Inverse Kinematics-Constraint im Bone Constraint-Tab des Properties Editors

Dazu öffnen Sie im Properties Editor (Abbildung 16.51) den Bone Constraint-Tab **2** und fügen über das Menü ADD BONE CONSTRAINT **3** ein Inverse Kinematics-Constraint hinzu. In den zugehörigen Einstellungen reicht es, die CHAIN LENGTH auf 5 zu erhöhen, um der IK mitzuteilen, dass die Inverse Kinematics bis zum fünften Glied der Kette gelten sollen. Zurück im POSE MODE lässt sich jetzt die komplette Bone-Kette über den Steuer-Bone animieren (Abbildung 16.52).

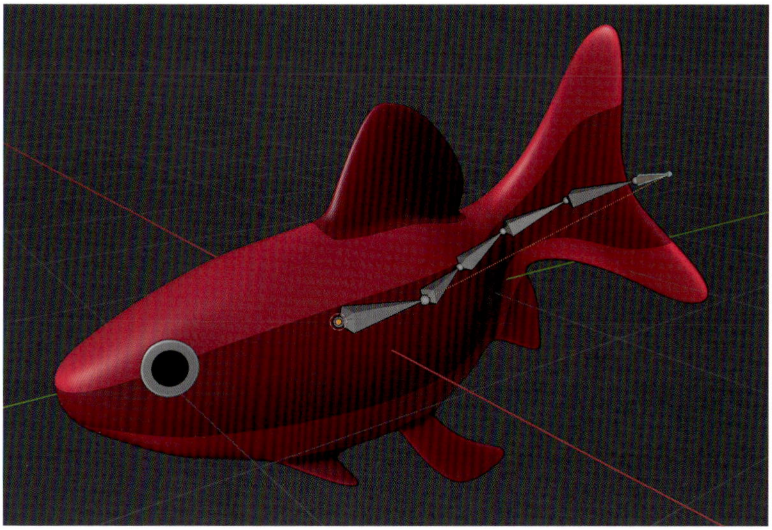

◂ **Abbildung 16.52**
Animieren des Fisches durch Verschieben des Steuerungs-Bones

16.4 Constraints

Constraints kommen dann ins Spiel, wenn es darum geht, Objekte oder auch Bones durch das Auferlegen von Beschränkungen, das Übertragen von Werten und Verhältnissen zu kontrollieren, um – beispielsweise im Falle eines Characters – seine Steuerung zu erleichtern. Auch die Funktion der Inverse Kinematics bei der Animation haben wir mittels eines speziellen Bone Constraints bewerkstelligt. Und beim Thema Motion Tracking im vorangegangenen Buchteil kamen Constraints auch schon zum Praxiseinsatz, nämlich Camera Solver- und Object Solver-Constraint.

Constraints ziehen sich also durch viele Bereiche in Blender, doch weil sie ihre Vorzüge besonders bei der Animation bzw. der Character-Animation ausspielen, gehen wir erst an dieser Stelle ausführlich auf sie ein. Blender unterscheidet zwischen Constraints, die Sie Ihren Objekten zukommen lassen, und sogenannten Bone Constraints, die ausschließlich mit Bones zusammenarbeiten.

Object Constraints

Object Constraints weisen Sie den Objekten, die Sie kontrollieren möchten, über den Object Constraint-Tab ❶ im Properties Editor (Abbildung 16.53) zu.

▼ Abbildung 16.53
Object Constraints im gleichnamigen Tab des Properties Editors

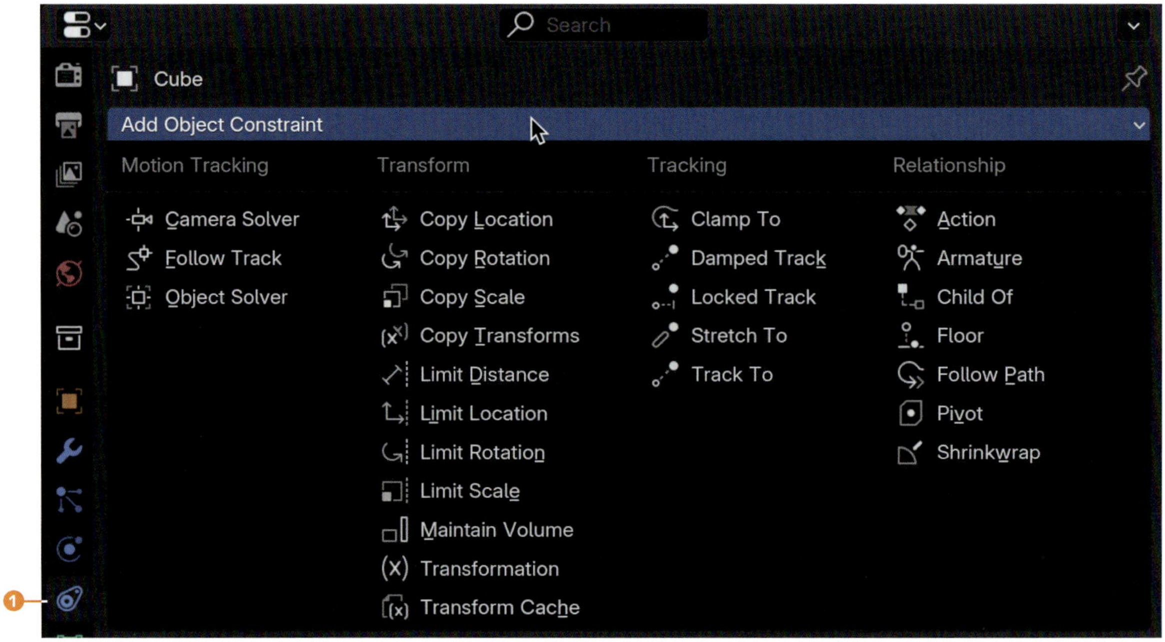

Motion Tracking-Constraints | Die drei Constraints aus dieser Gruppe berechnen aus den per Tracking ermittelten Informationen die Eigenschaften einer Kamera sowie von getrackten Objekten (CAMERA und OBJECT SOLVER) bzw. knüpfen ein Objekt an einen vorliegenden Track (FOLLOW TRACK).

Constraints wiederverwenden

Wie Sie es von den Modifiern her kennen, bieten auch die Constraints über das kleine Menü im Pfeilbutton die Möglichkeit, Constraints anzuwenden (APPLY), zu duplizieren (DUPLIZIEREN) und auf ein anderes Objekt zu übertragen (COPY TO SELECTED).

Transform-Constraints | Die Transform-Constraints erledigen die klassischen Übertragungs- und Beschränkungsaufgaben. So können Sie LOCATION, ROTATION, SCALE oder generell alle Transformationen eines Objekts übernehmen (COPY) oder einschränken (LIMIT).

LIMIT DISTANCE (Abbildung 16.54) sorgt dafür, dass der Abstand zu einem Zielobjekt (TARGET) nie überschritten wird – gegebenenfalls folgt das Objekt dem Zielobjekt einfach nach. Möchten Sie eine ganz bestimmte Transformationseigenschaft eines anderen Objektes übertragen, verwenden Sie den umfangreichen Einstellungsdialog des Transformation-Constraints (Abbildung 16.55).

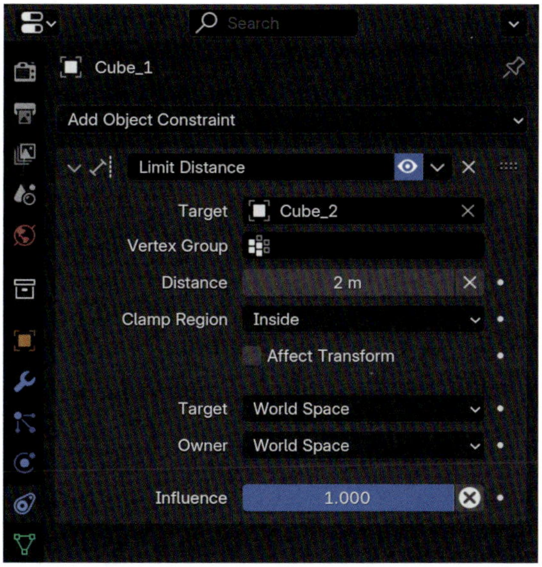

▲ **Abbildung 16.54**
Einstellungen des Limit Distance-Constraints

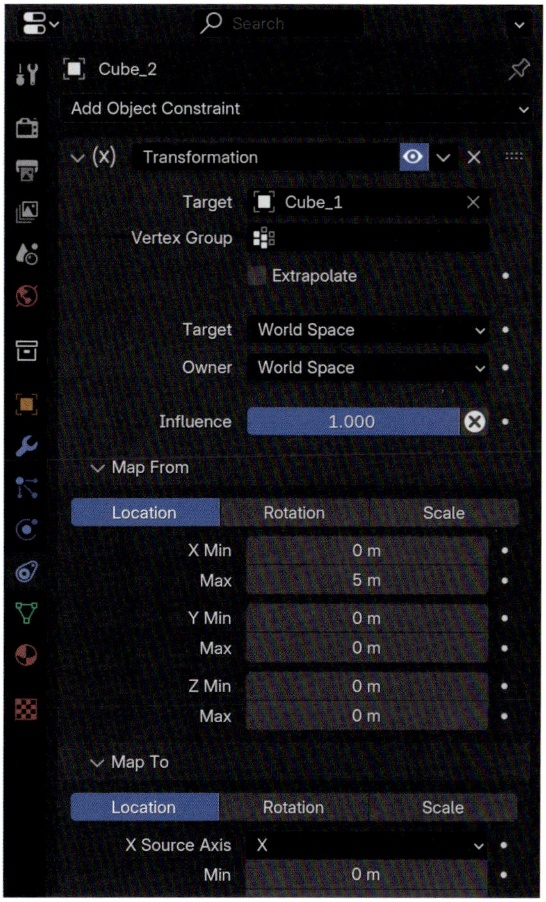

Abbildung 16.55 ▶
Einstellungen des Transformation-Constraints

Mit dem Constraint MAINTAIN VOLUME stellen Sie sicher, dass ein Objekt stets sein Ausgangsvolumen behält. Dabei geben Sie eine Achsrichtung frei, in die sich das Objekt bei einer Skalierung ausdehnen darf. TRANSFORM CACHE erlaubt den Zugriff auf einen Transformationskäfig in einer externen Datei.

Tracking-Constraints | Tracking-Constraints eignen sich perfekt für das Ausrichten und Verfolgen von Objekten. Dabei weisen Sie den Constraint grundsätzlich dem Objekt zu, welches sich auf ein bestimmtes Zielobjekt ausrichten bzw. es verfolgen soll.

Abbildung 16.56 ▸ Automatische Ausrichtung der Kamera per Track To-Constraint

Im Beispiel in Abbildung 16.56 zeigt die Kamera ohne weiteres Zutun automatisch auf die animierte Kugel. Dazu ist die Kugel als Zielobjekt (TARGET) in einem Track To-Constraint angegeben. Die Kamera zeigt fortan stets mit ihrer Z-Achse auf das Zielobjekt.

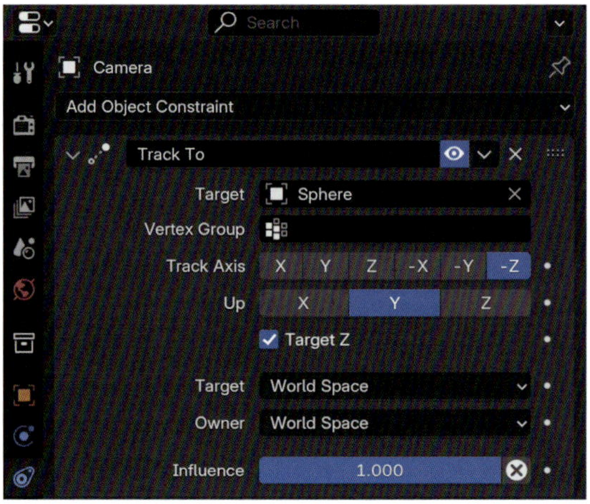

Abbildung 16.57 ▸ Einstellungen des Track To-Constraints

Neben diesem klassischen Fall für ein Tracking-Constraint stehen Ihnen noch weitere Spezialisten für die Ausrichtung an Objekten zur Verfügung. So können Sie mit dem Clamp To-Constraint Objekte auf einen Pfad in Form eines Curve-Objekts setzen. Mit dem Damped Track-Constraint richten Sie die lokale Achse stets auf ein Zielobjekt aus. LOCKED TRACK arbeitet ähnlich wie der Track To-Constraint, mit dem Unterschied, dass Sie hier Einschränkungen für die Beweglichkeit angeben können. Auch STRETCH TO funktioniert wie ein Track To-Constraint, dabei kann es das Trägerobjekt aber entlang der Ausrichtung skalieren.

Relationship-Constraints | Diese besonderen Constraints ermöglichen spezielle Objekt-Beziehungen, unabhängig von deren eigentlicher Rolle und Methodik in Blender. So können Sie beispielsweise Parenting betreiben, ohne dabei die eigentlich obligatorische hierarchische Zuordnung berücksichtigen zu müssen.

◀ **Abbildung 16.58**
Einstellungen des Child Of-Constraints

Im Beispiel in Abbildung 16.58 ist der Cube ①, obwohl im Outliner auf gleicher Hierarchieebene, dank Child Of-Constraint ein Child der Sphere. Besonders praktisch ist an dieser Stelle, dass Sie – anders als beim hierarchischen Parenting – exakt bestimmen können, welche Transformationen ② vom virtuellen Parent-Objekt an das untergeordnete Child-Objekt vererbt werden sollen. Wie Ihnen außerdem der Regler INFLUENCE verrät, lässt sich die Beeinflussung gezielt steuern. Bei der Verwendung von mehreren Constraints ließe sich das Child-Objekt entsprechend problemlos an ein anderes Parent-Objekt übergeben.

Die Relationship-Constraints bieten sich also als Ersatzfunktion an, wenn sich durch die Verwendung der eigentlichen Funktion in Blender – sei es eine Action, eine Armature oder auch ein Modifier – Beschränkungen ergeben würden, die Sie in Ihrem Vorhaben behindern.

Bone Constraints

Wie eingangs schon angedeutet, spielen Constraints bei der Character-Animation eine bedeutende Rolle. So bedeutend, dass Sie für Bone Constraints einen eigenen Tab ❶ im Properties Editor finden. Allerdings nur dann, wenn der POSE MODE für die Armature aktiviert ist.

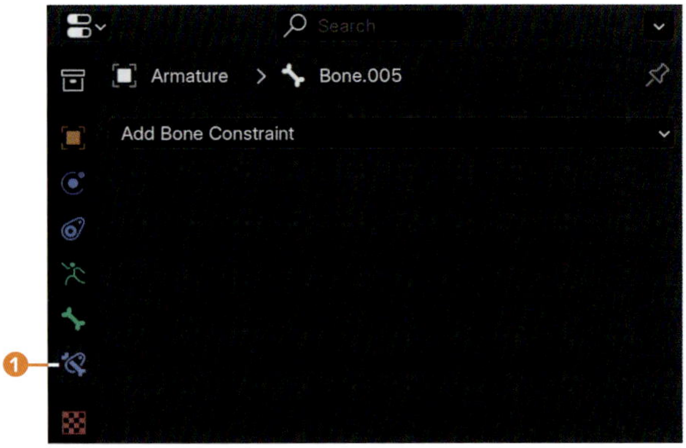

▲ **Abbildung 16.59**
Zuweisen eines Bone-Constraints über den gleichnamigen Tab

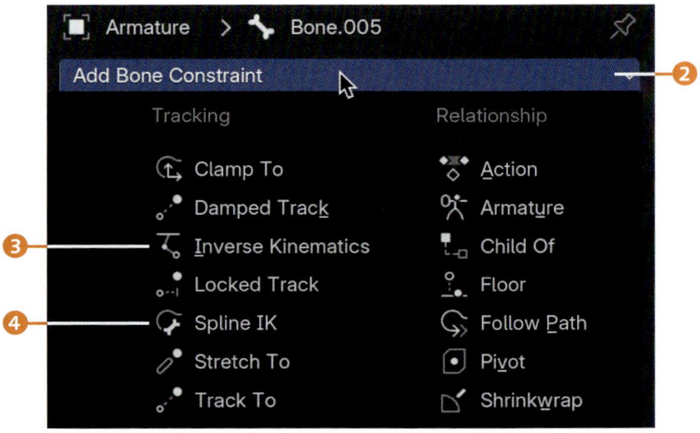

▲ **Abbildung 16.60**
Spezielle Bone-Constraints im Bereich TRACKING

Auf den ersten Blick finden Sie im Menü ADD BONE CONSTRAINT ❷ die gleichen Constraints, die Sie auch den Objekten zuweisen können. Das ist nicht weiter verwunderlich, denn schließlich sind die Transform-, Tracking- und Relationship-Constraints auch bei der Arbeit mit Bones wertvoll.

Zur Liste der Tracking-Constraints haben sich aber außerdem noch zwei Neuzugänge gesellt. Zum einen haben Sie Zugriff auf den IK-(Inverse Kinematics-)Constraint ❸ für die Erzeugung einer IK-Kette, den wir vor kurzem zusammen mit dem Thema Inverse

Kinematics ausführlich beleuchtet haben. Zum anderen steht Ihnen der Spline IK-Constraint ④ zur Verfügung, mit dem Sie ein Curve-Objekt zu einer flexiblen Kette aus Bone-Objekten umfunktionieren können. Beide Bone Constraints weisen Sie grundsätzlich dem letzten Bone der Kette zu und geben über den Parameter CHAIN LENGTH (Abbildung 16.61) an, über wie viele Bone-Glieder sich die Inverse Kinematics erstrecken sollen.

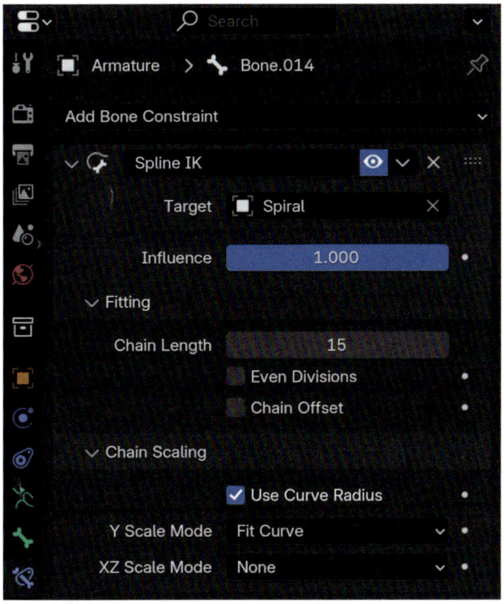

▲ **Abbildung 16.61**
Einstellungen des Spline IK-Constraints

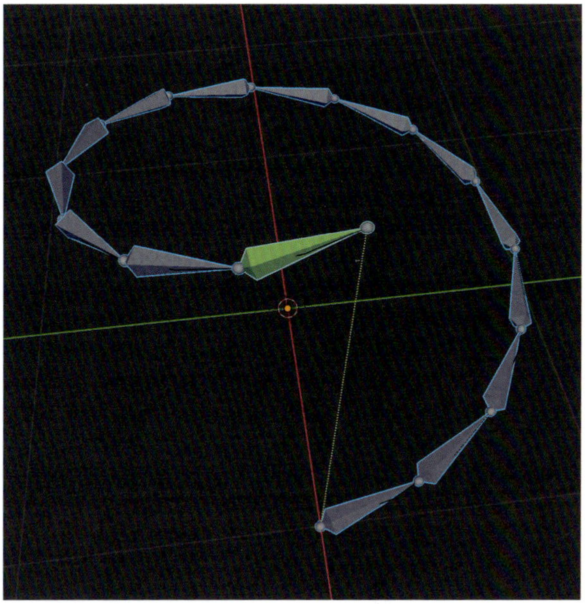

▲ **Abbildung 16.62**
An einer Curve ausgerichtete IK-Kette

Den Spline-Pfad, an dem sich die Bones entlangschmiegen sollen, definieren Sie als TARGET. Durch Aktivieren der Option EVEN DIVISIONS verpassen Sie jedem Bone der Kette eine einheitliche Länge. Mittels CHAIN OFFSET versetzen Sie die komplette Kette relativ zum Ausgangs-(Root-)Bone. Über die weiteren Einstellungen unter CHAIN SCALING können Sie noch genauer festlegen, wie die Bones auf das Curve-Objekt gesetzt und passend skaliert werden.

Die Animation dieser speziellen Kombination aus Curve und Armature (Abbildung 16.62) erfolgt nicht etwa über die enthaltenen Bones, sondern über die Curve selbst. Durch den Bone Constraint können Sie dabei sicher sein, dass sich die Bones zuverlässig an die Curves anpassen. Dabei empfiehlt es sich, die Curve über Hooks an den entsprechenden Stellen mit Kontrollelementen auszurüsten, über die Sie die IK-Kette steuern möchten.

Constraints, Bones und Driver in Kombination

Im Begleitmaterial zu diesem Buch finden Sie einen zusätzlichen Workshop, in dem Sie einen Lok-Antrieb mit Hilfe dieser drei Animationsmittel aufbauen.

16.5 Shape Keys

Dass die Animation eines Characters fast immer mit der Verformung des Mesh-Objekts einhergeht, liegt nahe. Blender bietet neben den Bones noch eine weitere Möglichkeit, Mesh-Objekte, Curves oder auch Lattices über den Abgleich der Positionen der enthaltenen Vertices zu animieren: die sogenannten Shape Keys.

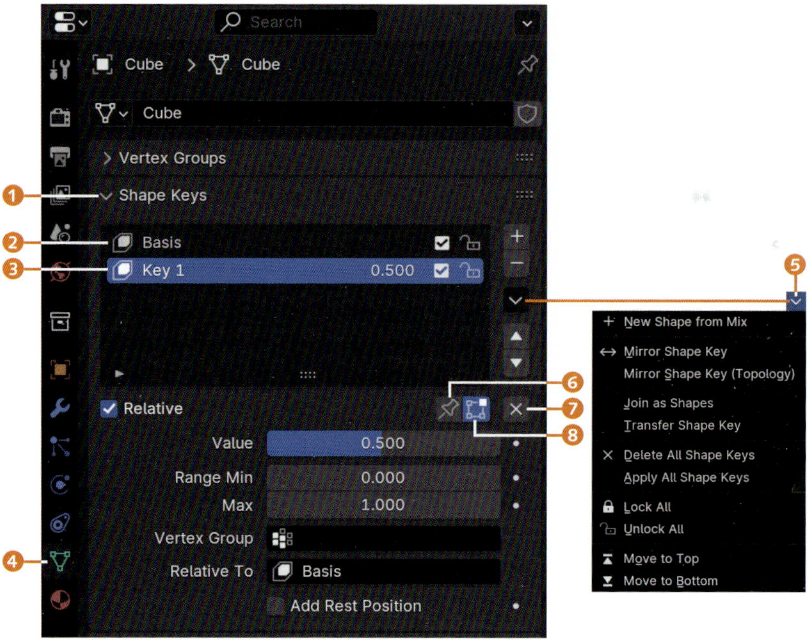

Abbildung 16.63 ▸
Panel Shape Keys im Object Data-Tab

Etwas ungewöhnlich ist, dass Sie Shape Keys im Object Mode anlegen, dafür aber im Edit Mode bearbeiten. Dazu öffnen Sie das Panel Shape Keys ❶ im Object Data-Tab ❹ des Properties Editors. Beim ersten Klick auf den +-Button entsteht der Shape Key Basis ❷, sozusagen die unverformte Ausgangssituation. Mit dem nächsten Klick erzeugen Sie den ersten eigenen Shape Key ❸. Bei selektiertem Shape Key wechseln Sie in den Edit Mode und bringen das Objekt mit den bekannten Modelling-Werkzeugen in die gewünschte Ziel-Form (Abbildung 16.64). An dieser Stelle sei ausdrücklich erwähnt, dass Sie nicht zwingend bei der bestehenden Anzahl an Vertices bleiben müssen, so sind beispielsweise Extrusionen selbstverständlich erlaubt. Versuchen Sie jedoch, die Modifikationen weitestgehend »nachvollziehbar« im Abgleich mit der Ausgangsform zu gestalten, um unerwünschte Mesh-Probleme bei der Animation zu vermeiden.

Damit Sie nicht zurück in den Object Mode wechseln müssen, um die Wirkung des Shape Keys über den Parameter Value zu testen (Abbildung 16.65), aktivieren Sie den Shape Keys Edit Mode 8.

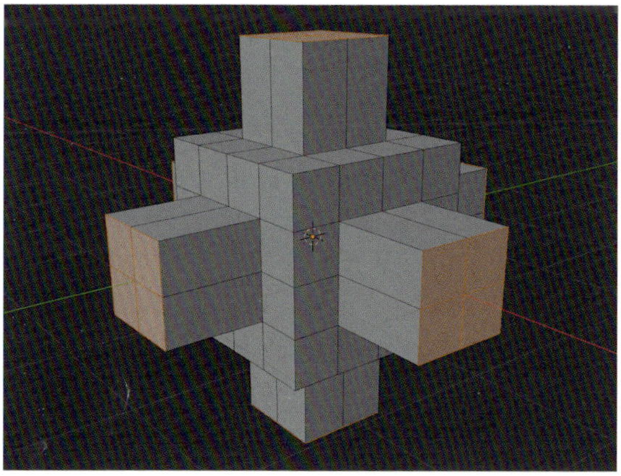

▲ **Abbildung 16.64**
Extrudierte Faces als Shape Key

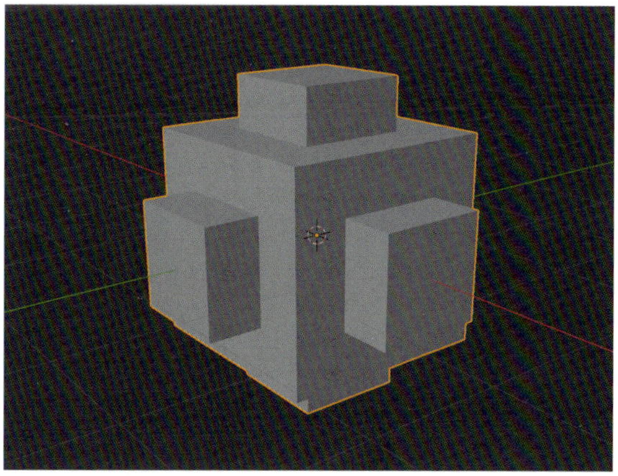

▲ **Abbildung 16.65**
Animation des Shape Keys im Object Mode

Mit dem +-Button erzeugen Sie sich weitere Shape Keys, die sich über den jeweiligen Value-Wert regulieren lassen. Um einen einzelnen Shape Key losgelöst von allen anderen zu begutachten, aktivieren Sie temporär den Shape Key-Vorschaumodus Shape Key Lock 6. Um alle anliegenden Shape Key-Werte mit einem einzigen Klick auf 0 zurückzusetzen, verwenden Sie den X-Button 7.

Das Pfeilbutton-Menü 5 bietet Ihnen weitere Befehle zur Verarbeitung und Abarbeitung der Shape Keys. So können Sie Shape Keys beispielsweise gezielt spiegeln (Mirror Shape Key), zwei aktuell wirkende Shape Keys in einen einzelnen neuen Shape Key überführen (New Shape from Mix) oder Shape Keys von bzw. auf andere(n) Objekte(n) übertragen (Join bzw. Transfer Shape Key). Neben dem Löschen aller vorhandenen Shape Keys lassen sich diese auch alle gemeinsam anwenden (Delete All Shape Keys bzw. Apply All Shape Keys). Das Ver- bzw. Entriegeln aller Shape Keys vor unbeabsichtigter Änderung ermöglichen die Befehle Lock All bzw. Unlock All. Die Abarbeitungsreihenfolge ändern Sie durch Verschieben der Shape Keys in der Liste nach oben bzw. unten (Move to Top bzw. Move to Bottom).

Die standardmäßig aktivierte Option Relative bietet die Grundlage für die Modifikation mittels verschiedener Shapes auf Basis eines Ausgangszustands, den Sie in Relative To gezielt auswählen können. Unter Range Min bzw. Max können Sie für jeden Shape

Key neue Grenzen definieren, um die Wirkung der Shape Keys zu verschieben bzw. zu verstärken. Apropos Wirkung: Diese lässt sich auf Wunsch auf bestimmte Vertex Groups beschränken.

Die Option ADD REST POSITION zielt auf die spätere Weiterbearbeitung mit Geometry Nodes ab. Dabei wird der Zustand des Mesh-Objekts vor der Anwendung der Shape Keys und auch Modifier in ein spezielles Attribut gespeichert.

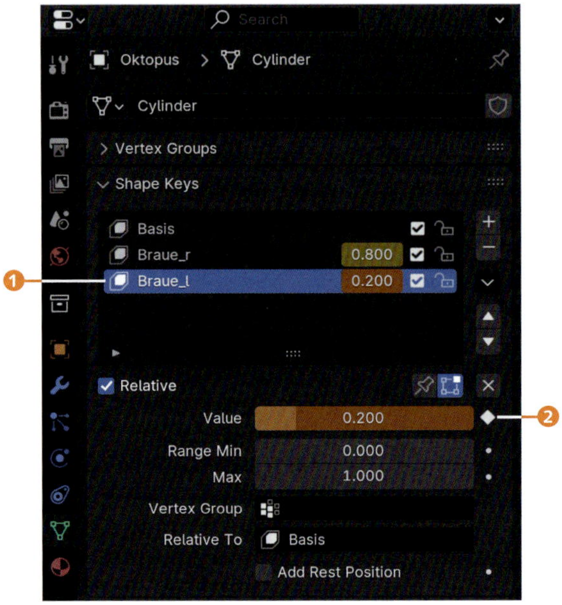

Abbildung 16.66 ▸ Animation der Shape Key-Werte

Bei der Character-Animation mittels Shape Keys fertigen Sie sich zunächst die benötigten Shape Keys zur gezielten Modifikation des Character-Meshes an und animieren später die Value-Werte ❷ der jeweiligen Shape Keys ❶.

Durch Deaktivieren der Option RELATIVE schalten Sie auf absolute Shape Keys um. Das hat zur Folge, dass die Shape Keys von oben nach unten durchnummeriert und nacheinander abgearbeitet und überblendet werden. Durch Keyframes an den entsprechenden Zeitpunkten wechseln Sie dann zwischen den Shape Keys.

16.6 Pose Library

Wir haben nun die verschiedensten Werkzeuge, Funktionen und Methoden zur Character-Animation kennengelernt. Vielleicht haben Sie sich zwischenzeitlich die Frage gestellt, wie Sie sich die Arbeit in Blender bei wiederkehrenden Aufgaben erleichtern können. Es wäre ja extrem zeitraubend, wenn Sie sich jede Pose des Characters aufs Neue erarbeiten bzw. aus über die Zeitleiste verstreuten Keyframes zusammensuchen müssten. Viel praktischer und bequemer liefe die Animationsarbeit, wenn Sie Posen über eine eigene Bibliothek ablegen, vorhalten und aufrufen könnten. Genau diese Funktionalität bietet Ihnen Blender mit der auf dem bekannten Asset Browser basierenden Pose Library.

Eine Pose ist also eigentlich nichts weiter als ein Action-Datenblock, der auf einem einzelnen Frame basiert und als Asset angelegt wird. Damit lässt sich die Pose in einem Asset Catalog verwalten und nach Ihren Bedürfnissen organisieren. In der Pose selbst werden alle Positions-, Rotations-, Skalierungs- und Bendy Bone-Informationen der bei der Erzeugung der Pose selektierten Bones gespeichert.

Bones im Fokus

Die Tatsache, dass für die Posen ausschließlich die Bone-Informationen herangezogen werden, sollten Sie beim Rigging Ihres Characters berücksichtigen. So lassen sich Shape Keys zum aktuellen Stand nicht über die Pose Library verwalten, weshalb Sie in diesem Fall auf Bones setzen sollten, wenn Sie hier die Pose Library einsetzen möchten.

Posen anlegen

Wenn Sie Posen Ihres Characters erstellen möchten, müssen Sie zuvor noch dem Asset Browser mitteilen, dass Sie mit den Assets der gerade laufenden Blender Session arbeiten möchten, also dem CURRENT FILE ❸. Nur dorthin ist das Schreiben neuer Pose Assets möglich. Zum anderen wäre es aber auch denkbar, dass Sie sich Assets aus einer externen Pose Library importieren möchten.

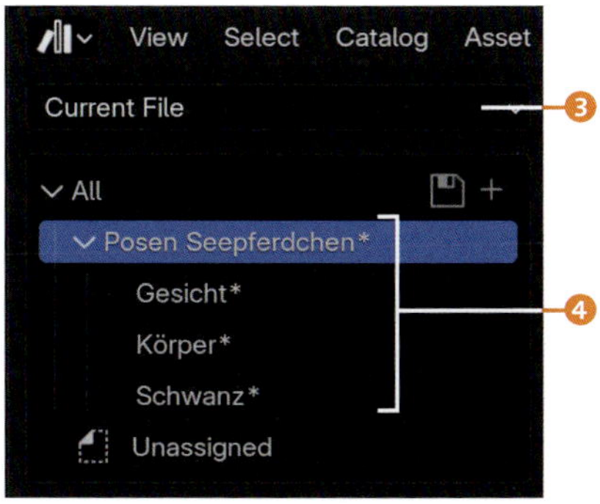

◂ **Abbildung 16.67**
Asset-Kataloge im Asset Browser

Ob Sie sich bereits vorab oder erst später mit der Kategorisierung der Pose Assets in Catalogs auseinandersetzen, ist ganz Ihnen überlassen. In jedem Fall ist es wichtig, den Asset Browser geöffnet zu lassen, um Feedback über die nun folgende Erstellung des neuen Pose Assets zu erhalten und die Posen anschließend übersichtlich organisieren zu können.

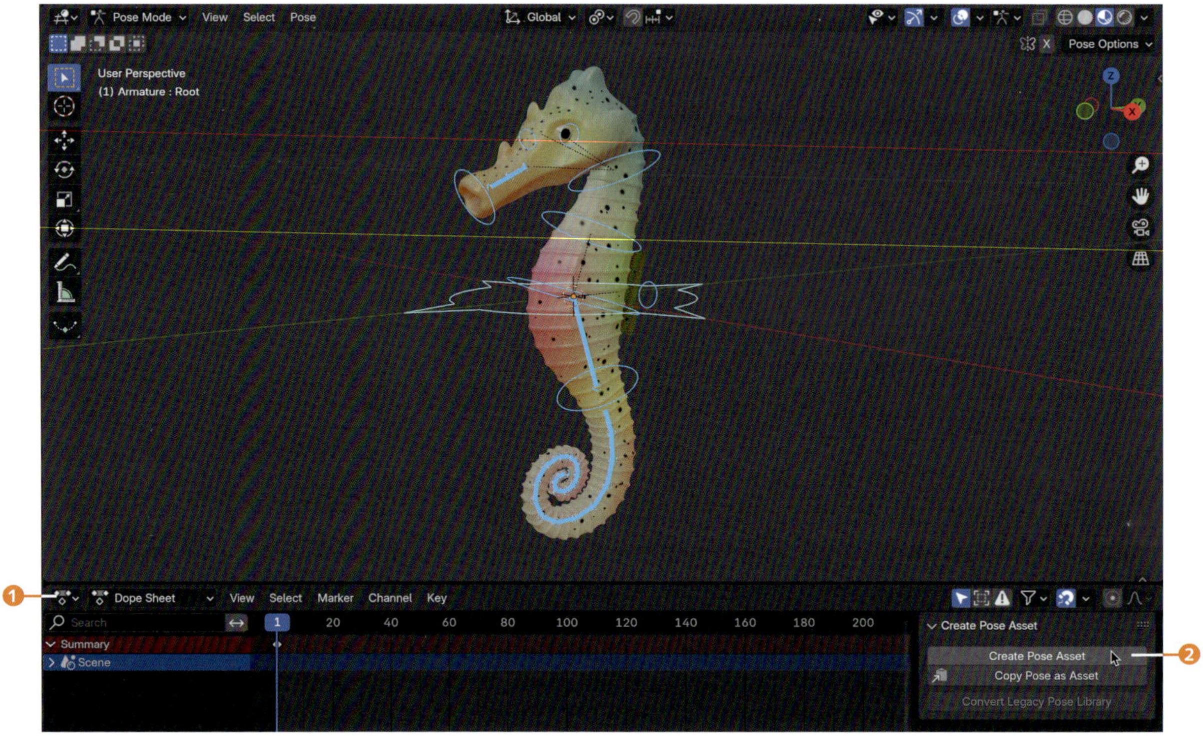

▲ **Abbildung 16.68**
Erzeugen eines Pose Assets über den Action Editor

▼ **Abbildung 16.69**
Action des Pose Assets

Die Befehle zum Erzeugen von Pose Assets finden sich im Dope Sheet Editor ①, wenn Sie die Armature in den Pose Mode versetzen. Sobald Sie die gewünschte Pose Ihres Characters mit den zugehörigen Bones fertiggestellt haben, selektieren Sie die für die Pose relevanten Bones und klicken auf den Button Create Pose Asset ② im gleichnamigen Panel. Jetzt befinden Sie sich in der Action Editor-Ansicht des Dope Sheets (Abbildung 16.69).

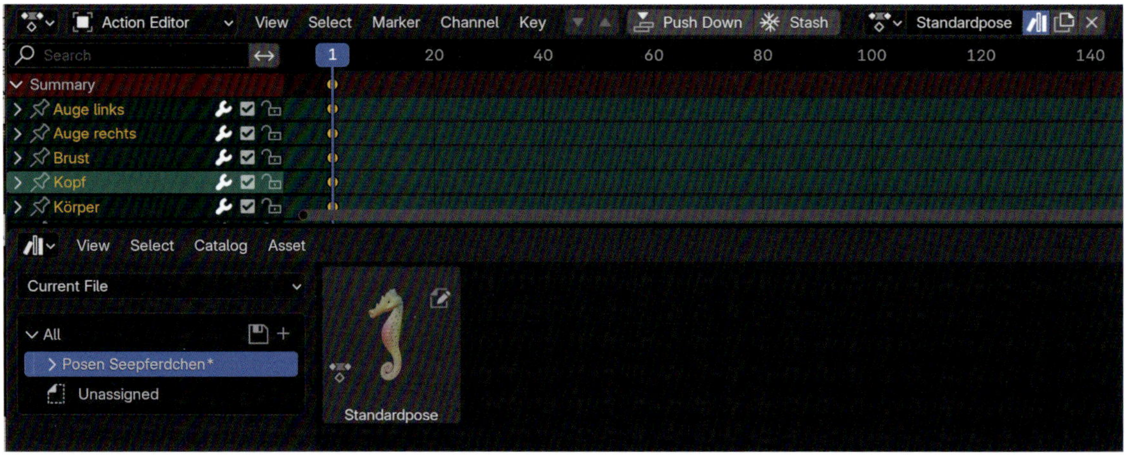

Durch diesen Befehl entsteht eine neue Action mit einem Keyframe für alle selektierten Bones (Abbildung 16.69). Wie bereits eingangs erwähnt, werden alle LOCATIONS, ROTATIONS und SCALES der Bones zusammen mit den Bendy Bone-Parametern im Key festgehalten. Diese Action ist Inhalt des Pose Assets, das zeitgleich im Asset Browser erzeugt wurde. Praktischerweise wird für die Action auch gleich automatisch ein Fake User angelegt, denn sonst müssten Sie alle erzeugten Pose Assets verbauen, um sie vor einem unbeabsichtigten Löschen beim Schließen von Blender zu schützen.

Blender verwendet für das Ablegen neuer Pose Assets grundsätzlich den momentan aktiven Asset Catalog. Auf diese Weise können Sie, wenn Sie sich vorab eine Grundstruktur der Pose Library geschaffen haben, die Pose Assets gleich an die richtige Stelle speichern lassen.

Das Anlegen von Pose Assets funktioniert natürlich nicht nur bei einem Character, der erst noch animiert werden soll. Auch bei bereits animierten Characters, die zu bestimmten Animationszeitpunkten interessante Posen aufweisen, genügt ein Klick auf den Button CREATE POSE ASSET, um für alle selektierten Bones und alle enthaltenen Bone-Informationen ein neues Pose Asset zu erzeugen. Um nach diesem fruchtbaren Exkurs wieder direkt an den Ort des Geschehens im jeweiligen Editor zurückzuspringen, klicken Sie auf den Pfeil-Button RESTORE PREVIOUS ACTION ❸.

Zu guter Letzt bietet Blender auch die Möglichkeit, Posen aus einer externen Pose Library zu importieren. Die Vorgehensweise wirkt aktuell etwas arg hemdsärmelig, deshalb ist anzunehmen, dass hier in einem künftigen Blender-Update nachgebessert wird.

Action ohne Action

Auch wenn eine Action natürlich grundsätzlich eine ganze Animation umfassen kann, ist für das Pose Asset (im aktuellen Entwicklungsstand) ausschließlich das einzelne Keyframe relevant.

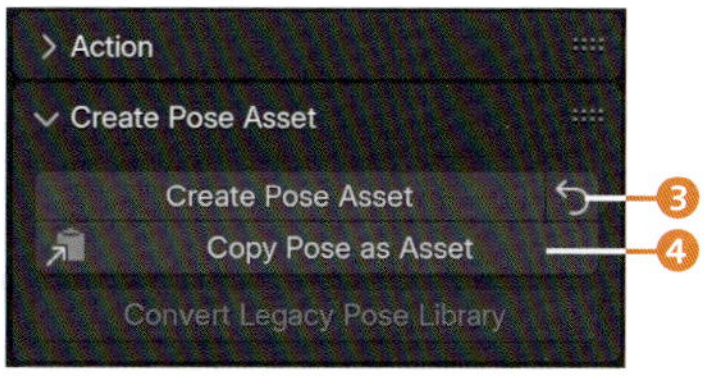

▲ **Abbildung 16.70**
Button RESTORE PREVIOUS ACTION

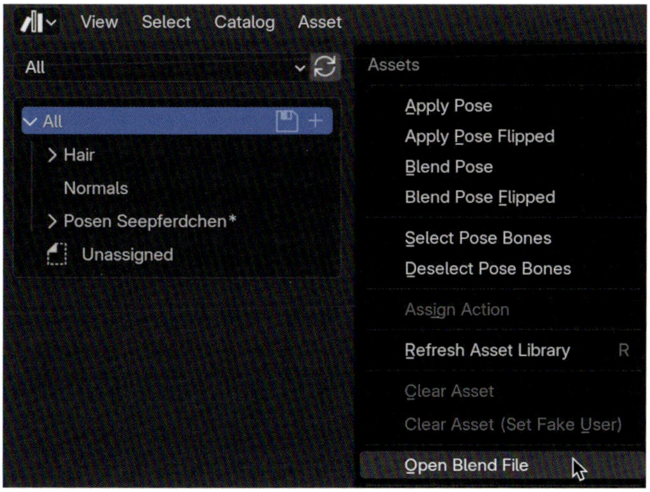

◄ **Abbildung 16.71**
Öffnen der externen Pose Library

Zunächst wird über den Button COPY POSE AS ASSET ④ (Abbildung 16.70) eine Art Platzhalter in Form eines neuen Pose Assets geschaffen. Über den Asset Browser navigieren Sie anschließend zum Pose Asset, das Sie importieren möchten, und wählen den Befehl OPEN BLEND FILE aus dem zugehörigen Kontextmenü per rechter Maustaste (Abbildung 16.71). Fast unbemerkt hat sich eine separate, eigene Blender-Instanz geöffnet, dank der Sie nun die Möglichkeit haben, die kopierte Pose über den Befehl PASTE AS NEW ASSET in die interne Pose Library einzufügen (Abbildung 16.72). Wenn Sie diese Blender-Instanz nun beenden, kommt die ursprüngliche Blender-Session wieder zum Vorschein und aktualisiert den Assetbestand im Asset Browser.

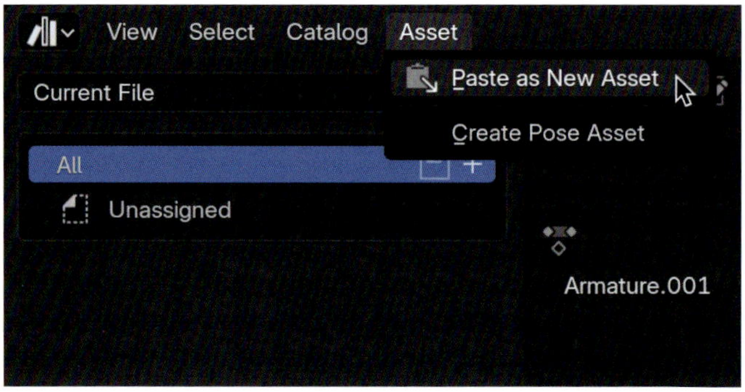

Abbildung 16.72 ▸
Einfügen des kopierten Pose Assets in die interne Pose Library

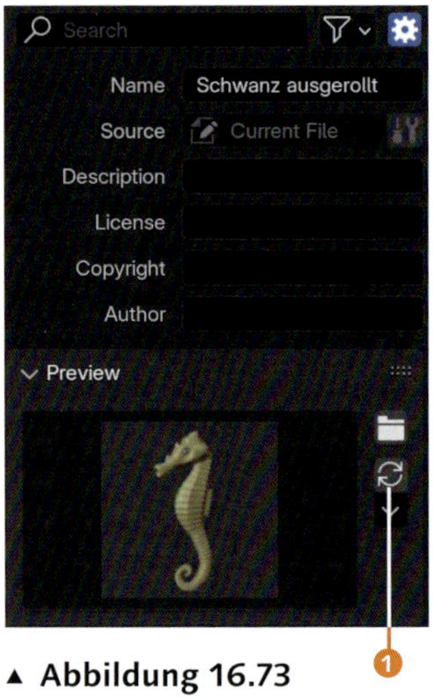

▴ **Abbildung 16.73**
Erzeugen der Pose-Preview

Die Verwaltung der von Ihnen erzeugten Pose Assets läuft über den Asset Browser mit allen dort gebotenen Optionen (Abbildung 16.73). Grundsätzlich werden die Preview-Thumbnails der Pose Assets mit der aktiven SCENE CAMERA in der Render-Engine WORKBENCH generiert. Wenn Sie hier nachbessern möchten, passen Sie die Kameraansicht und/oder die Szene entsprechend an und aktualisieren Sie das Rendering über den Button GENERATE PREVIEW ① in der Sidebar des Asset Browsers.

Posen anwenden

Sehen wir uns nun an, wie wir die erzeugten Pose Assets bei der Animation einsetzen. Das Kreieren und Anwenden von Posen ist in den meisten Fällen ein laufender, sich ständig wiederholender und weiterentwickelnder Prozess bei der Animation, weshalb Sie sich keinesfalls darauf versteifen sollten, zuerst alle benötigten Pose Assets zu generieren und erst anschließend mit der Animation zu beginnen.

Wie üblich muss die jeweilige Armature selektiert und in den Pose Mode versetzt sein. Achten Sie außerdem darauf, dass Sie sich nicht versehentlich noch im Action Editor einer Pose befinden, sondern im Editor für Ihre Character-Animation, also beispielsweise im Dope Sheet-Editor. Um nun eine Pose aus der Pose Library auf die Armature anzuwenden, reicht ein Doppelklick auf das Pose Asset im Asset Browser. Durch das alleinige Anwenden hat der Character zwar jetzt die Pose angenommen, sie wurde aber nicht automatisch in ein Keyframe manifestiert.

Wenn Sie die übernommene Pose also in einem neuen Keyframe ablegen möchten, achten Sie darauf, dass alle relevanten Bones selektiert sind, und erzeugen Sie über den Befehl INSERT KEYFRAME (Taste [I]) das Keyframe mit den benötigten Channels. Mehr Optionen bei der Anwendung von Pose Assets bietet Ihnen das Kontextmenü, das Sie per Rechtsklick auf das Pose Asset erreichen (Abbildung 16.74).

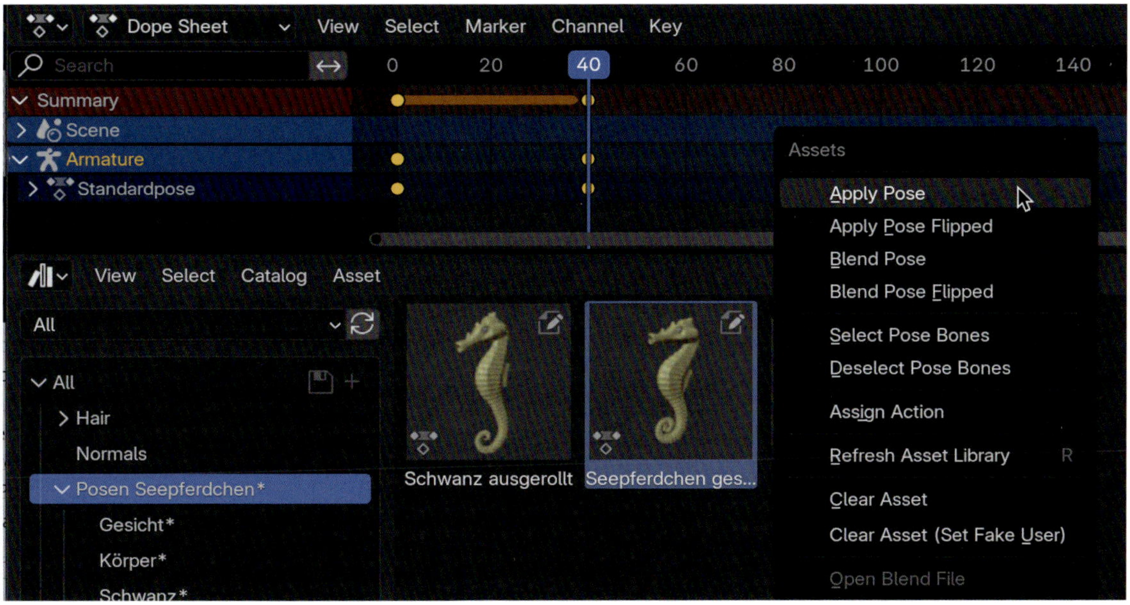

▲ **Abbildung 16.74**
Anwenden des Pose Assets über den Asset Browser

Neben dem Anwenden der Pose über den Befehl APPLY POSE haben Sie hier die Möglichkeit, eine gespiegelte Version der Pose auf die selektierten Bones wirken zu lassen (APPLY POSE FLIPPED). Anstatt die Pose mit hundertprozentiger Wirkung auf die Bones anzuwenden, können Sie eine Pose über den Befehl BLEND POSE auch schrittweise auf den Character bzw. die selektierten Bones der Armature einblenden.

Abbildung 16.75 ▸
Blenden der Pose

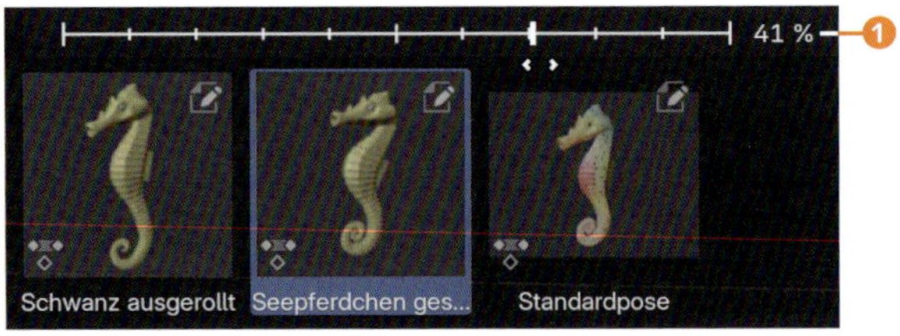

Direkt nach dem Aufruf des Befehls bekommen Sie im Header des Asset Browsers eine Skala ① eingeblendet, über die Ihnen die Stärke der Posen-Mischung eingeblendet wird. Praktisch sind auch die Befehle SELECT POSE BONES bzw. DESELECT POSE BONES (Abbildung 16.74), die Ihnen dabei helfen, die zu einer Pose gehörigen Bones unkompliziert im Griff zu haben.

Abbildung 16.76 ▸
Anwenden des Pose Assets über den Viewport

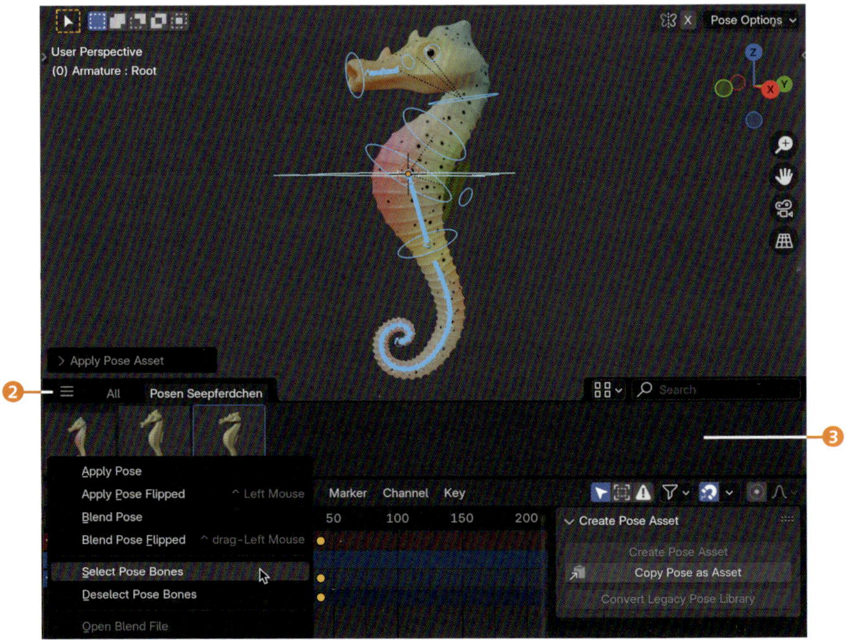

Eine weitere Möglichkeit, um Posen auf Ihre Characters anzuwenden, haben Sie über den Viewport. Dort können Sie sich an der Unterkante bzw. über den Tab ANIMATION der Sidebar das ASSET SHELF ③ einblenden mit dem Auswahlmenü der Asset Catalogs ②. Ein Klick auf die gelistete Pose genügt, und der Character hat die Pose übernommen. Per Rechtsklick auf ein Pose Asset erreichen Sie außerdem das Kontextmenü, in dem Sie die weiteren Befehle zum Anwenden und Einblenden der Posen und zur Selektion bzw. Deselektion der Bones finden.

Projekt Seepferdchen: Rigging und Animation des Seepferdchen-Characters mit Bones, Shape Keys und Library Overrides

Selbstverständlich beschließen wir dieses Kapitel mit der Animation eines Characters, in diesem Fall unseres Seepferdchens. Zuerst setzen wir den Character mittels Library Overrides in die bereits vorhandene Unterwasserszene und verwenden neben einem Bone-Rig mit Kontrollelementen Shape Keys zur Animation.

▲ **Abbildung 16.77**
Mit Bones und Wichtungen versehener Character

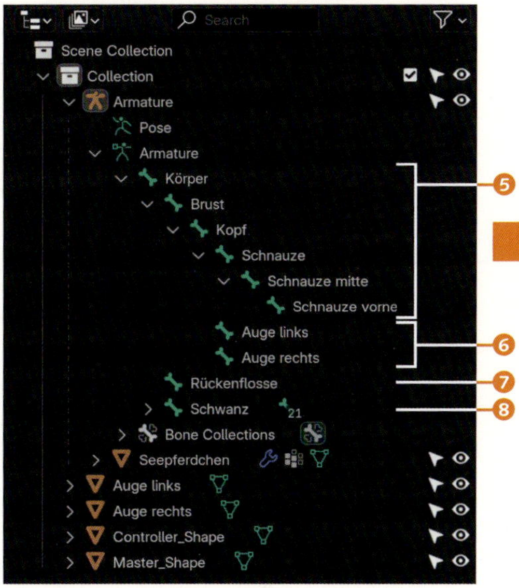

Abbildung 16.78 ►
Aufbau des Bone-Rigs im Outliner

1 Blender-Szene laden und analysieren

Rufen Sie über den Befehl File • Open (Taste Strg/Cmd + O) den File Browser auf und navigieren Sie zum Verzeichnis *5_Animation*. Öffnen Sie dort die Datei *5_Animation_Seepferdchen_1_Rig_Weight.blend* als Startpunkt für diesen Workshop. Ich habe schon etwas vorgearbeitet und das Seepferdchen mit einem Bone-Gerüst und funktionierenden Wichtungen versehen. Jetzt wollen wir uns auf die Funktionalität des Bone-Gerüsts, die Kontrollelemente und die Animation des Characters konzentrieren.

Der Outliner (Abbildung 16.78) zeigt den Aufbau des Bone-Rigs. Zum einen gibt es eine Bone-Kette 5, die sich vom Körper des Seepferdchens bis zur Spitze der Schnauze zieht. Eine weitere, aus 21 Bones bestehende Kette 8 ist für den Schwanz vorgesehen. Zur Animation der Rückenflosse dient ein einzelner Bone 7, für die Animation der Augen 6 steht ebenfalls jeweils ein Bone bereit.

Wie Sie zudem erkennen, ist das Mesh-Objekt des Seepferdchens ⑦ bereits Unterobjekt der Armature. Es ist bereits mit Wichtungen versehen, nur die Augen müssen wir noch an das Rig binden.

2 Parenting der Augen

Die Bones für die Augen sind bereits Unterobjekte des Kopf-Bones und folgen jeder Bewegung des Kopfes. Was liegt also näher, als die Mesh-Objekte der Augen diesen Bones unterzuordnen?

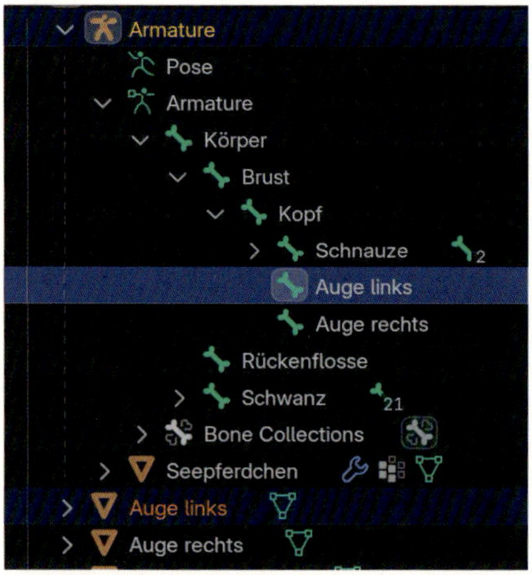

▲ **Abbildung 16.79**
Selektion der Objekte im Outliner

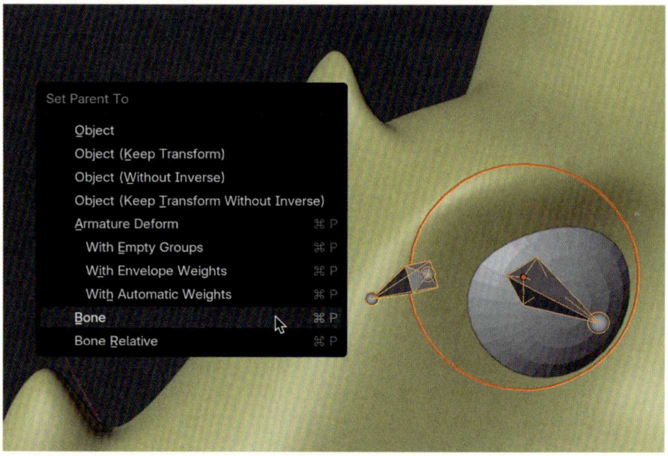

▲ **Abbildung 16.80**
Parenting des Augen-Objekts an den Augen-Bone

Vergewissern Sie sich, dass der Object Mode aktiv ist, und selektieren Sie mit gedrückt gehaltener [⇧]-Taste das Mesh-Objekt des linken Auges und danach den zugehörigen Bone (Abbildung 16.79). Rufen Sie über die Tasten [Strg]/[Cmd] + [P] den Befehl SET PARENT TO • BONE auf (Abbildung 16.80).

Abbildung 16.81 ►
Panel RELATIONS im Object-Tab des Properties Editors

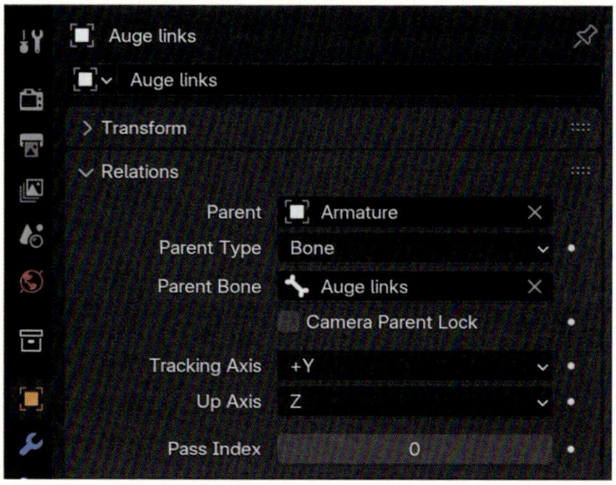

Nach diesem Schritt ist das Mesh-Objekt des Auges ein Unterobjekt der Armature, das korrekte Parenting sehen Sie im Panel RELATIONS im Object-Tab des Auge-Objekts (Abbildung 16.81). Wenden Sie dieses Parenting jetzt auch auf das andere Auge mit dem dafür abgestellten Bone an.

3 Inverse Kinematics für die Schnauze

Bemühen wir uns um eine möglichst einfache Steuerung der Animationselemente. Wir beginnen bei der Schnauze, die über den letzten Bone der Kette dirigiert werden soll.

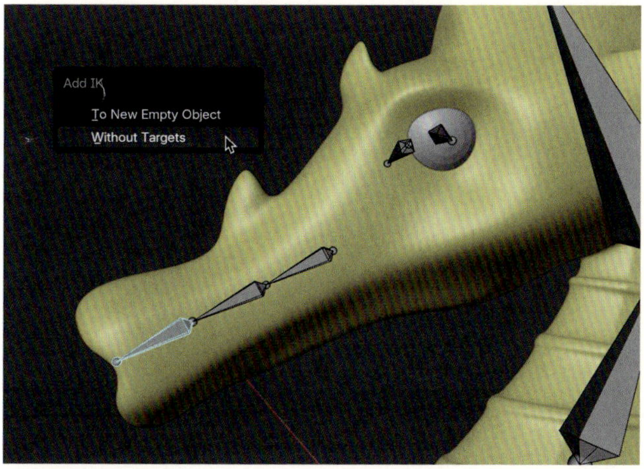

▲ **Abbildung 16.82**
IK-Constraint für das Ende der Schnauze-Kette

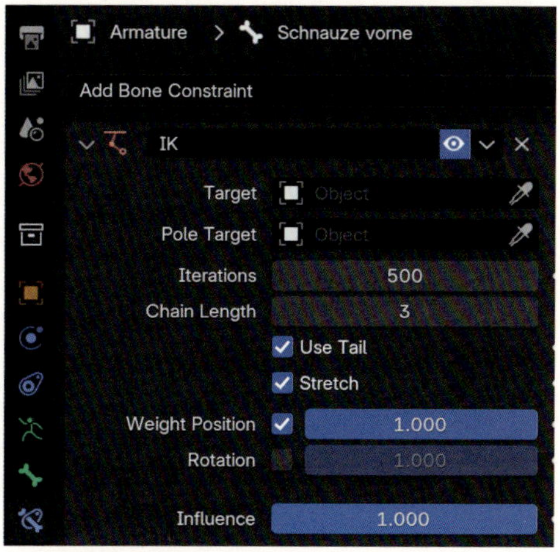

▲ **Abbildung 16.83**
Einstellungen für den IK-Constraint

Selektieren Sie die Armature, und wechseln Sie über das Menü der Arbeitsmodi in den POSE MODE. Damit die Schnauze auf Bewegungen des letzten Bones reagiert, fügen wir ein IK-Constraint an. Wählen Sie dazu den vorderen Bone aus, und rufen Sie den Befehl ADD IK • WITHOUT TARGETS mit den Tasten [⇧] + [I] auf.

Im Bone Constraint-Tab (Abbildung 16.83) bestätigt sich, dass kein TARGET vorliegt. Erhöhen Sie die Kettenlänge (CHAIN LENGTH) auf 3, damit die Inverse Kinematics nur bis zum Anfang der Schnauze-Kette wirken.

Wenn wir die Schnauze animieren möchten, stehen uns nun zwei Wege zur Verfügung: zum einen die direkte Animation der Bones per Forward Kinematics (FK) und zum anderen das Bewegen der Kette über das letzte Glied per Inverse Kinematics (IK). Testen Sie dies gerne, versetzen Sie danach aber über den Befehl UNDO (Tasten [Strg]/[Cmd] + [Z]) wieder alles in den Ausgangszustand.

4 Finalisieren des Rigs mit Kontrollelementen

Das Seepferdchen besitzt noch keinen übergeordneten Root-Bone, dem alle anderen Elemente zugehören. Wechseln Sie in den EDIT MODE und versetzen Sie den 3D Cursor über das Pie-Menü SNAPPING (Tasten ⇧ + S) auf den Weltursprung, und erzeugen Sie dort über die Tasten ⇧ + A einen neuen Bone, den Sie als »Root« benennen.

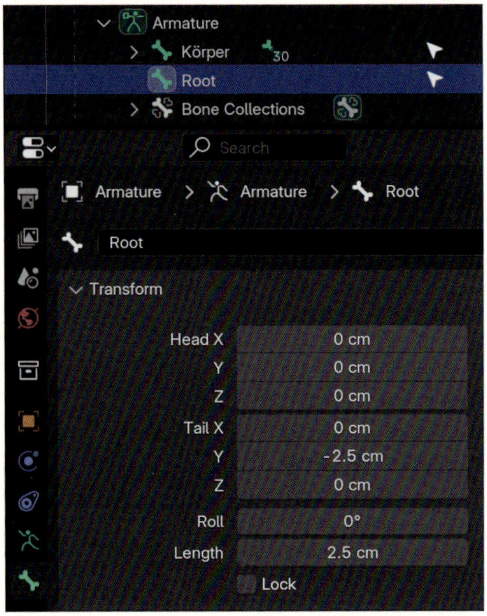

◂ **Abbildung 16.84**
Einstellungen für den Root-Bone

▾ **Abbildung 16.85**
Root-Bone für das Seepferdchen

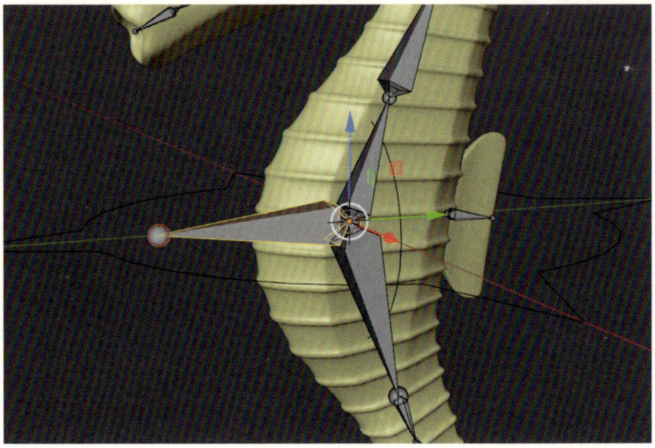

Legen Sie den PIVOT POINT für die Transformation temporär auf 3D CURSOR, um den Bone über die Tasten R, X und 9 0 nach vorne zu kippen. In seinen Einstellungen im Bone-Tab (Abbildung 16.84) können Sie eine passende Länge (LENGTH) festlegen. Dieser Root-Bone soll nun als Parent für alle Bone-Ketten und IK-Ziele dienen.

Abbildung 16.86 ▸
Selektion von Schwanz-Bone-Kette und Root-Bone

Beginnen wir mit dem Schwanz, hier selektieren Sie bei gedrückter [⇧]-Taste den ersten Bone der Kette sowie den Root-Bone (Abbildung 16.86). Rufen Sie über die Tasten [Strg]/[Cmd]+[P] den Befehl Make Parent • Keep Offset auf, um den Root-Bone als Parent zu deklarieren (Abbildung 16.87).

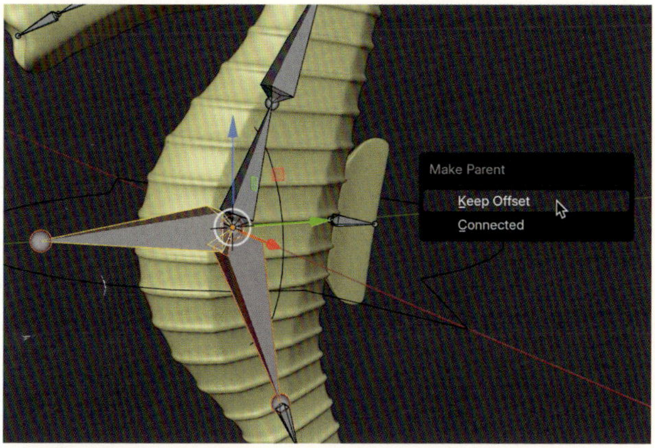

▲ **Abbildung 16.87**
Parenting des Schwanzes

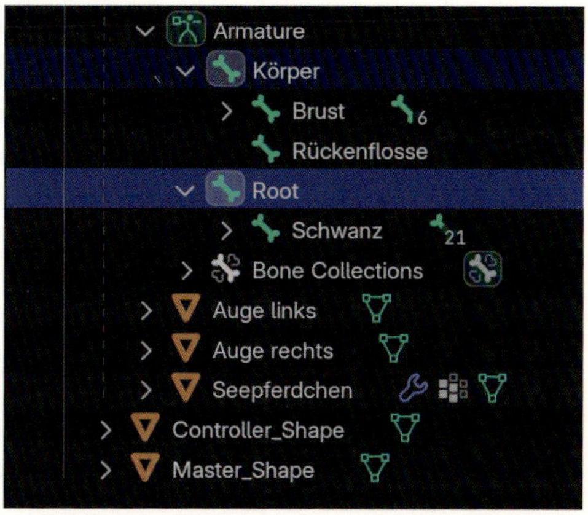

▲ **Abbildung 16.88**
Selektion von Körper-Bone-Kette und Root

Ordnen Sie auf die gleiche Weise den Körper-Bone dem Root-Bone per Parenting unter, so dass dem Root-Bone alle anderen Bones hierarchisch untergeordnet sind (Abbildung 16.89).

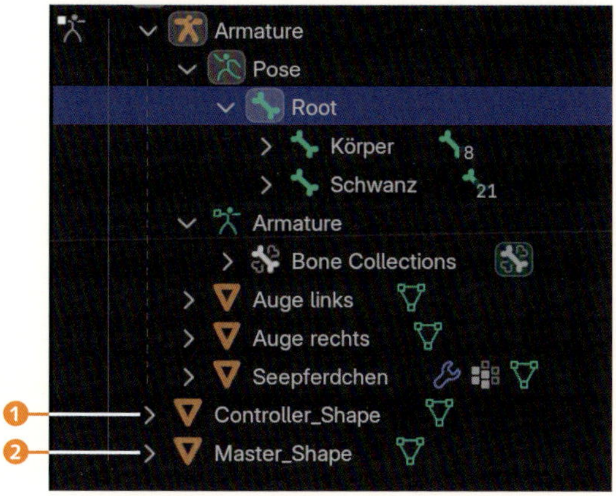

▲ **Abbildung 16.89**
Root-Bone als oberstes Element

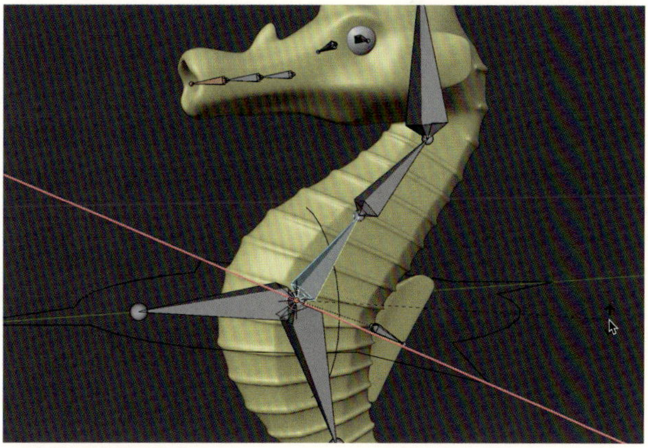

▲ **Abbildung 16.90**
Test des Körper-Bones mit Hierarchie

Nach diesem Schritt ist der Körper-Bone nun nicht mehr an oberster Stelle der Hierarchie und lässt sich unabhängig von der Schwanz-Bone-Kette transformieren (Abbildung 16.90).

Um das Character-Rig des Seepferdchens übersichtlicher zu gestalten, weisen wir allen Kontroll-Bones sogenannte Custom Shapes zu, also Formen zur Darstellung im VIEWPORT. Hierfür habe ich Ihnen mit den Objekten MASTER_SHAPE ❷ sowie CONTROLLER_SHAPE ❶ (Abbildung 16.89) zwei Objekte vorbereitet.

Der Root-Bone soll das »Master_Shape« bekommen. Selektieren Sie den Root-Bone und öffnen Sie den zugehörigen Bone-Tab ❷ im Properties Editor (Abbildung 16.91). Klappen Sie die Panels VIEWPORT DISPLAY sowie CUSTOM SHAPE auf und setzen Sie im Auswahlmenü CUSTOM OBJECT das »Master_Shape« ein. Deaktivieren Sie SCALE TO BONE LENGTH, um die Größe des Master-Shape-Objekts zu verwenden. Deaktivieren Sie außerdem die Option DEFORM ❶ für den Bone, da der Root-Bone keinerlei Deformation ausübt.

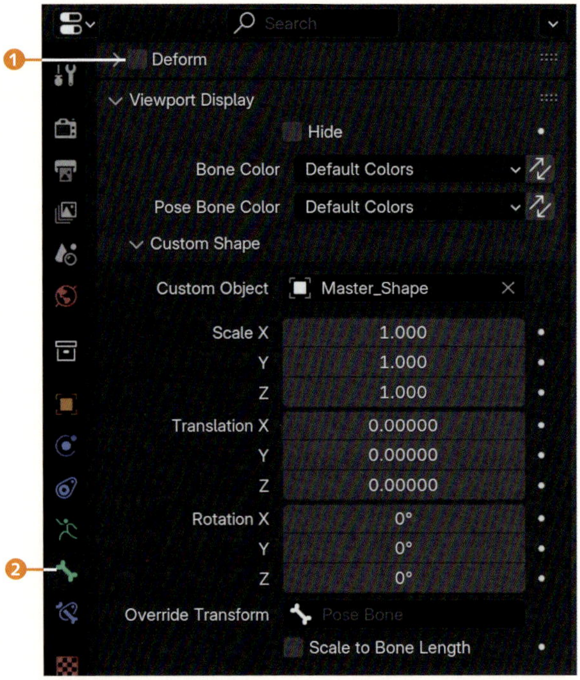

▲ **Abbildung 16.91**
Custom-Shape für den Root-Bone

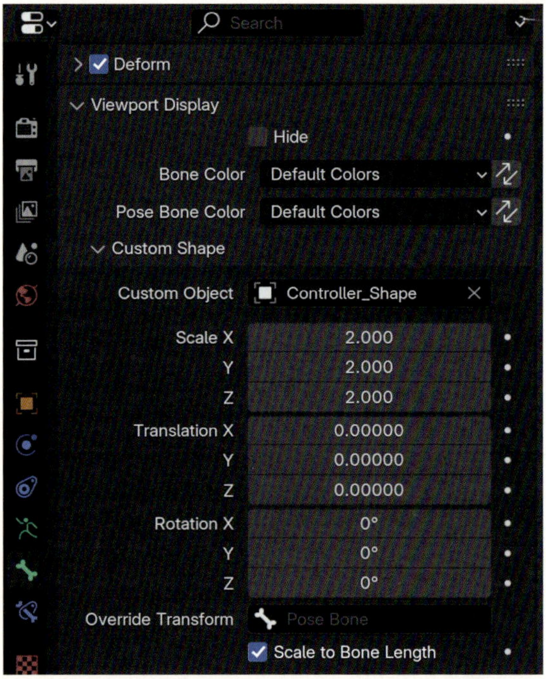

▲ **Abbildung 16.92**
Custom-Shape für die Controller-Bones

Das »Controller_Shape« (Abbildung 16.92) erhalten der Körper-, Brust-, Kopf-, der Rückenflossen-Bone, der oberste Schwanz-Bone und der Bone an der Schnauzen-Spitze. Aktivieren Sie hier jeweils die Option SCALE TO BONE LENGTH und passen Sie die Größe des Controller-Shapes über die Scale-Parameter so an, dass die Shapes etwas außerhalb der Seepferdchen-Geometrie liegen.

Auch die Augen-Bones erhalten den »Controller_Shape«, aufgrund der Lage innerhalb des Auges sollten Sie das Shape aber über die TRANSLATION in Y-Richtung etwas in Tail-Richtung versetzen (Abbildung 16.93), damit er gut erreichbar ist (Abbildung 16.94).

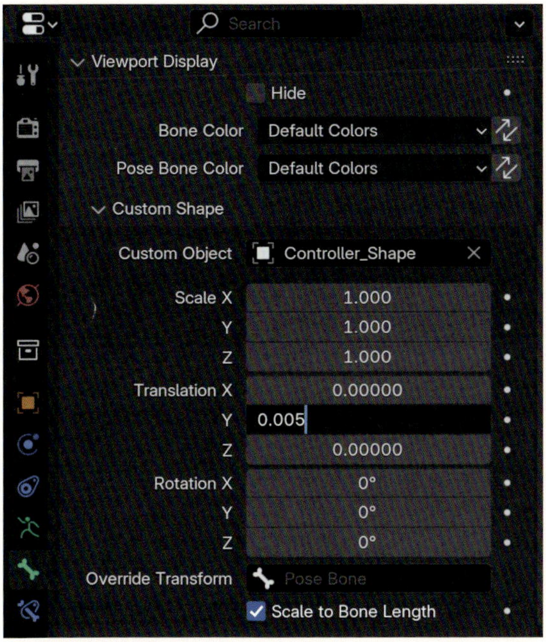

◂ **Abbildung 16.93**
Custom-Shape für die Augen-Bones

▾ **Abbildung 16.94**
Versetztes Custom-Shape des linken Augen-Bones

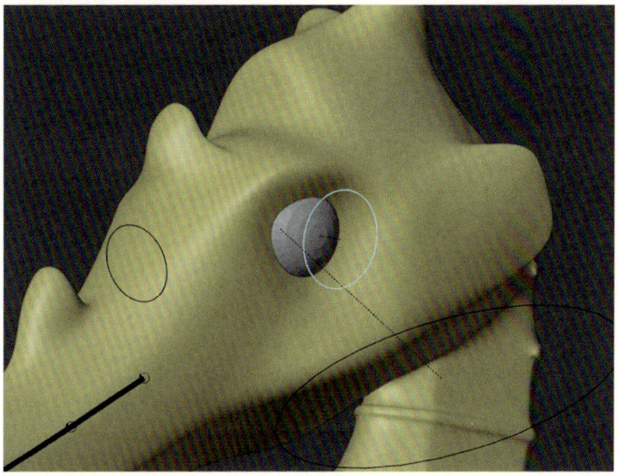

Nach diesen letzten beiden Controllern ist das Seepferdchen fertig mit den Bones animierbar. Ändern Sie der Übersichtlichkeit halber die Anzeige der Bones noch im Armature-Tab auf STICK (Abbildung 16.95), so dass wir uns den Shape Keys zuwenden können.

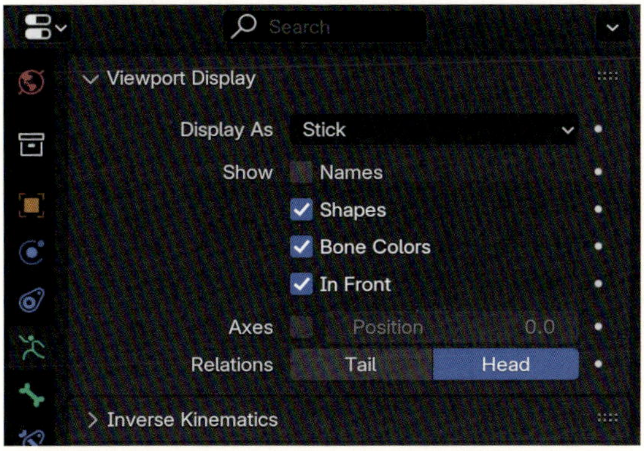

▴ **Abbildung 16.95**
Panel VIEWPORT DISPLAY im Armature-Tab

Abbildung 16.96 ▸
Fertiges Bone-Rig

5 Einsetzen von Shape Keys

Für die Animation der Stirn des Seepferdchens setzen wir Shape Keys ein. Für eine gute Ausgangsposition wechseln Sie über die Taste [1] [Num] in die orthogonale Frontansicht (Abbildung 16.97).

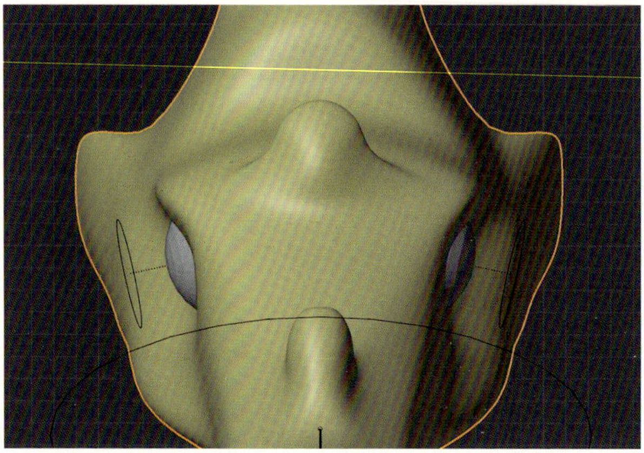

▲ **Abbildung 16.97**
Selektion des Meshes im OBJECT MODE

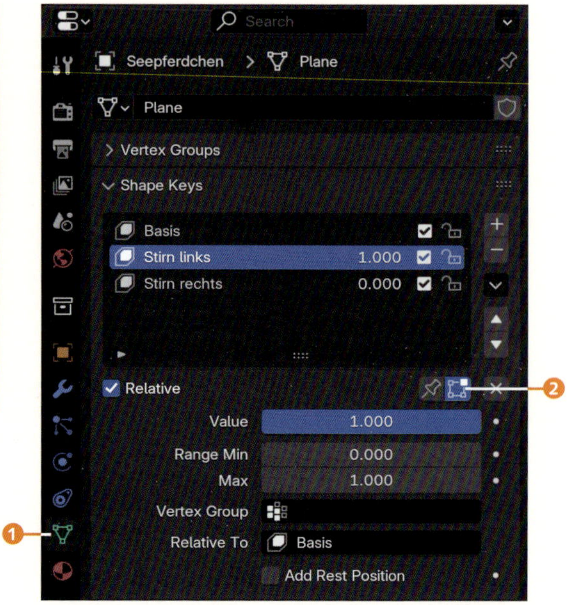

Abbildung 16.98 ►
Anlegen der Shape Keys im Object Data-Tab

Zum Anlegen von Shape Keys selektieren Sie das Mesh-Objekt des Seepferdchens und wechseln in den OBJECT MODE (Taste [⇆]). Öffnen Sie den Object Data-Tab ①, und klappen Sie dort das Panel SHAPE KEYS auf (Abbildung 16.98). Klicken Sie dreimal auf den +-Button, um einen Basis-Key sowie zwei weitere Shape Keys für zwei Posen für den Character anzulegen. Geben Sie den Keys nach Doppelklick auf deren Einträge passende Namen, und setzen Sie den Wert für die linke Stirnseite (VALUE) auf 1.000, also auf vollen Einfluss für die nun folgende Arbeit am Mesh des Seepferdchens. Damit dies auch im EDIT MODE stattfinden kann, aktivieren Sie den Button ②.

Wechseln Sie nun mit der [⇆]-Taste in den EDIT MODE sowie in den Vertex Select-Mode (Taste [1]), um das Mesh für den Shape Key bearbeiten zu können. Für ein Hochziehen der linken Stirnseite über den Shape Key selektieren Sie die betroffenen Vertices und verschieben diese in Z-Richtung zum gewünschten Extrempunkt der hochgezogenen Stirnseite nach oben (Abbildung 16.99). Kopieren Sie sich anschließend den Z-Wert im Panel TRANSFORM der Sidebar (Taste [N]) für die andere Seite der Stirn ③.

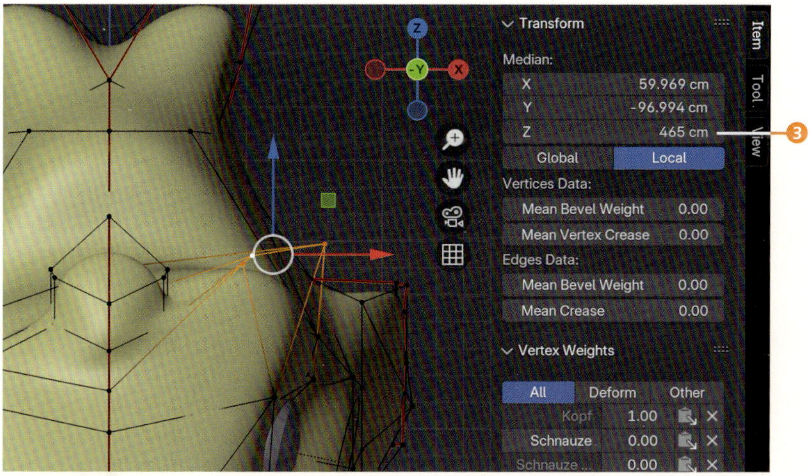

◂ **Abbildung 16.99**
Bearbeiten des Meshes für den erste Shape Key

Für das Hochziehen der rechten Stirnseite hatten wir bereits einen zweiten Shape Key angelegt. Wechseln Sie über den Object Data-Tab zu diesem zweiten Shape Key, und setzen Sie seinen Wert (Value) auf 1.000. Nun müssen Sie nur noch die Faces auf der rechten Stirnseite selektieren und über den kopierten Z-Wert nach oben setzen. Die spätere Animation der Seepferdchen-Stirn läuft komfortabel über die Werte (Values) dieser beiden Shape Keys (Abbildung 16.100), doch dazu später mehr.

▾ **Abbildung 16.100**
Shape Key für die rechte Seite der Stirn

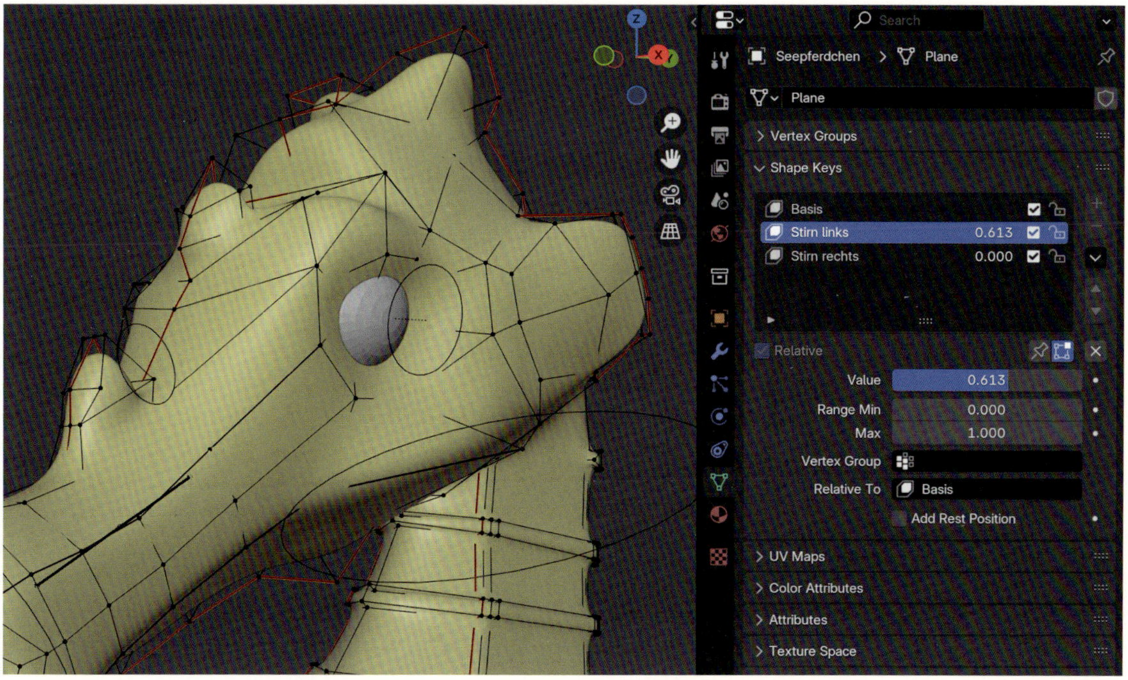

Damit der nun einsatzbereite Character wohlbehalten in seiner Unterwasser-Umgebung ankommt, spendieren Sie der Collection noch einen aussagekräftigen Namen und über das Kontextmenü per rechter Maustaste eine Farbe nach Wahl (Abbildung 16.101).

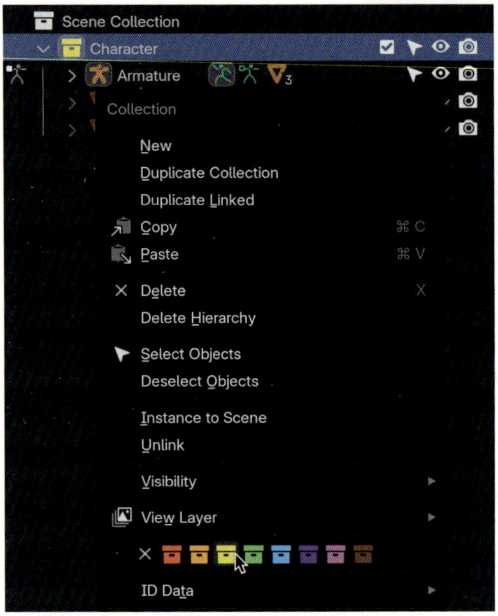

▲ **Abbildung 16.101**
Kontextmenü für die Collection

▲ **Abbildung 16.102**
Einsatzbereiter, animierbarer Seepferdchen-Character

6 Importieren des Characters in eine Unterwasserszene

Speichern Sie den fertigen Character ab (Tasten Strg/Cmd + S) und öffnen Sie wahlweise aus dem Verzeichnis *4_Inszenierung* das Blend-File *4_Inszenierung_Unterwasserszene.blend* oder die von Ihnen angefertigte Szene.

Abbildung 16.103 ▶
Aufruf des Befehls File • Link aus der Unterwasserszene

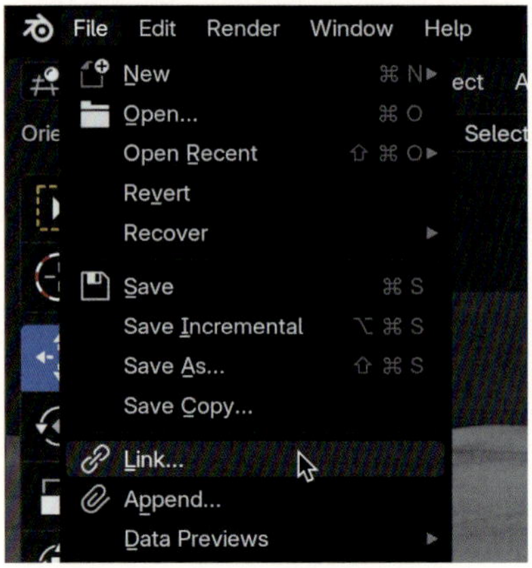

Zum Import unseres Seepferdchen-Characters rufen Sie den Befehl LINK aus dem Menü FILE auf (Abbildung 16.103). Im File Browser navigieren Sie zur Blender-Datei des geriggten Oktopus und öffnen dort das Datenblock-Verzeichnis COLLECTION (Abbildung 16.104).

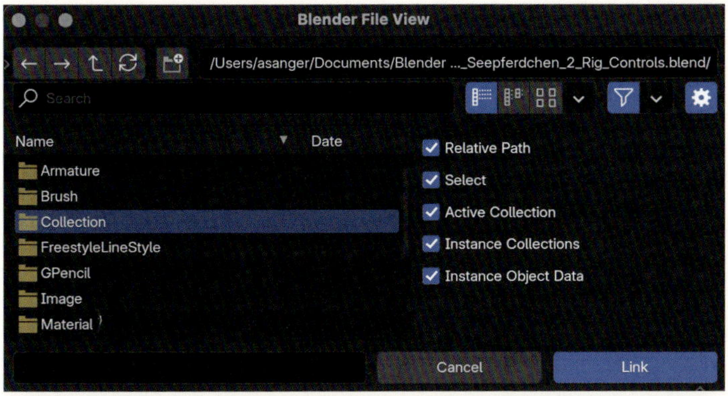

◀ **Abbildung 16.104**
Datenblöcke des Character-Blend-Files im File Browser

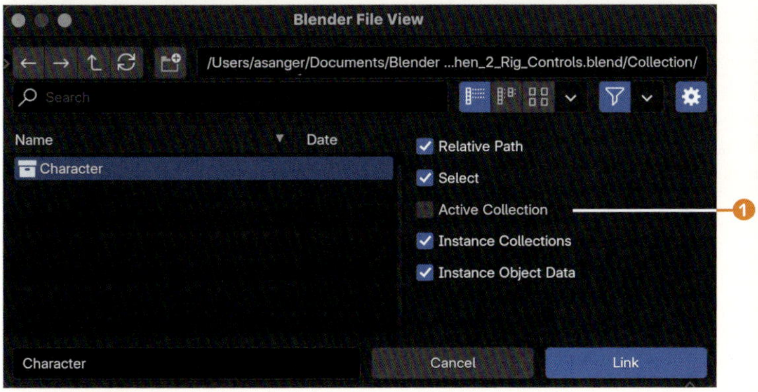

▲ **Abbildung 16.105**
Import der Collection CHARACTER in die Unterwasserszene

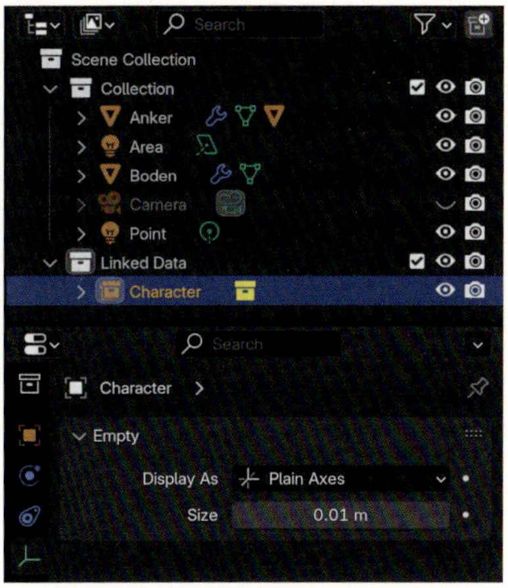

▲ **Abbildung 16.106**
Object Data-Tab der Collection

Selektieren Sie den einzigen Eintrag CHARACTER und deaktivieren Sie die Option ACTIVE COLLECTION ❶, bevor Sie durch Klick auf den Button LINK das Seepferdchen in die Unterwasserwelt importieren.

Das Seepferdchen wurde in eine neue Collection namens »Linked Data« übernommen, die wiederum die von uns kurz zuvor zugewiesene Collection »Character« enthält. Weil unser Seepferdchen im Verhältnis zur Szene extrem klein ist, reduzieren Sie im Object Data-Tab der Collection (Abbildung 16.106) die SIZE des zugehörigen Emptys auf 0.01 m. Wie im Viewport zu sehen, wurden neben allen Mesh-Objekten des Seepferdchens auch die Armature sowie die beiden Custom Shapes in unsere Unterwasserszene übernommen. Da all diese Objekte aber lediglich als Links importiert wurden, tauchen sie nicht im Outliner auf und lassen sich weder bearbeiten noch transformieren. Für die Animation des Seepferdchens müssen wir erst sogenannte Library Overrides einrichten.

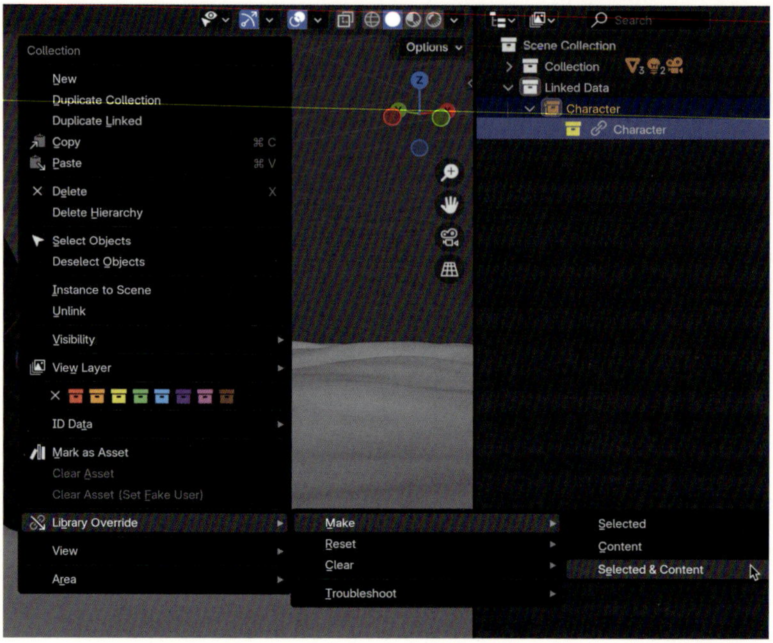

Abbildung 16.107 ▸ Erzeugen des Library Overrides über das Kontextmenü für die Collection

Selektieren Sie dazu die Collection des Characters über den Outliner und rufen Sie über das Kontextmenü per rechter Maustaste den Befehl LIBRARY OVERRIDE • MAKE • SELECTED & CONTENT auf. Dadurch werden automatisch für die Elemente des Characters und deren Inhalt Library Overrides erzeugt (Abbildung 16.108). Also, für fast alle, wie wir gleich sehen werden.

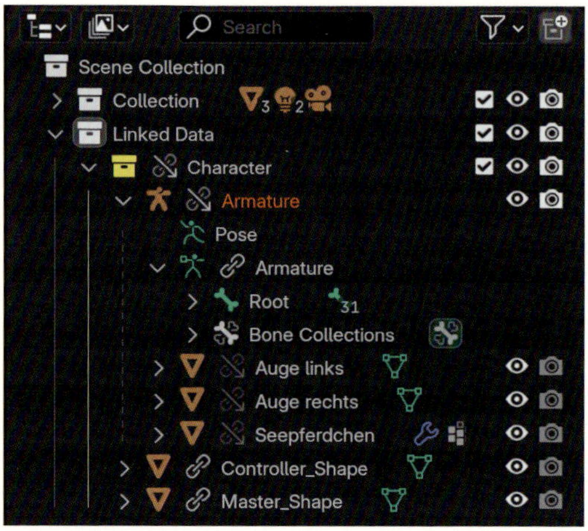

Abbildung 16.108 ▸ Die für den Character erzeugten Library Overrides

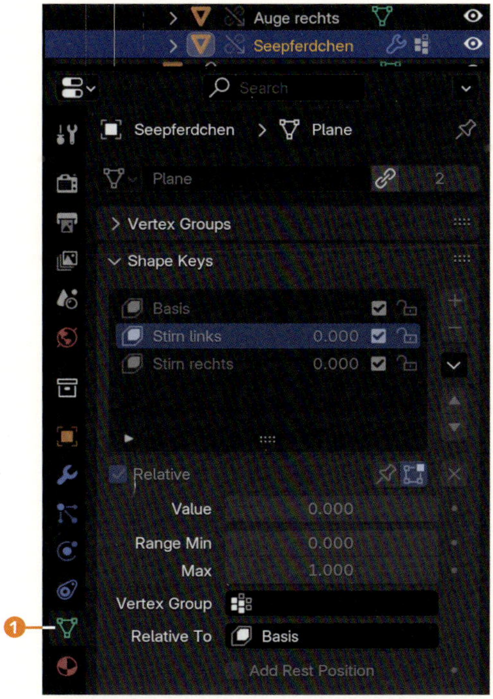

▲ **Abbildung 16.109**
Panel Shape Keys im Object Data-Tab

▲ **Abbildung 16.110**
Library Override für den Mesh-Datenblock

Im Object Data-Tab **1** des Mesh-Objekts unseres Seepferdchens sind die für die Animation relevanten Werte alle ausgegraut (Abbildung 16.109). Klicken Sie mit der rechten Maustaste auf den Mesh-Datenblock des Seepferdchens, um das Kontextmenü aufzurufen und auch ihn über den Befehl Library Override • Make • Selected & Content (Abbildung 16.110) veränderbar zu machen.

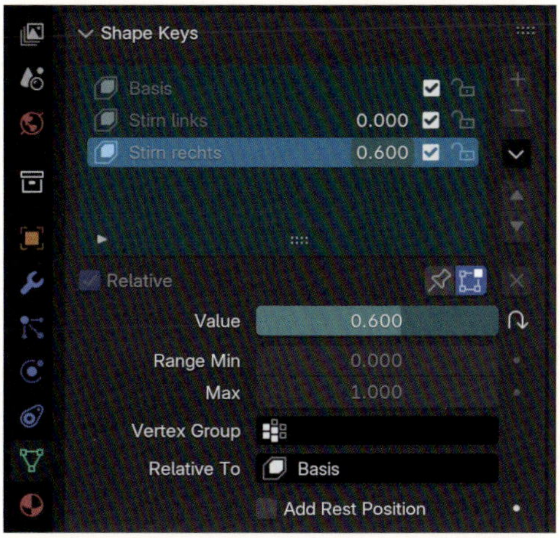

◂ **Abbildung 16.111**
Freigeschaltete Parameter für die Shape Keys

Nun ist der Bereich der Shape Keys grün hinterlegt (Abbildung 16.111) und signalisiert uns damit das Vorhandensein des Library Overrides. Die Parameter sind jetzt animierbar.

Das Seepferdchen befindet sich seit dem Hinzuladen im Weltursprung der Unterwasserszene. Selektieren Sie die Armature des Seepferdchens im OBJECT MODE und verschieben und drehen Sie den Character, wie in Abbildung 16.112 gezeigt, nach rechts versetzt hinter den Anker, damit wir es von dort aus losschwimmen lassen können.

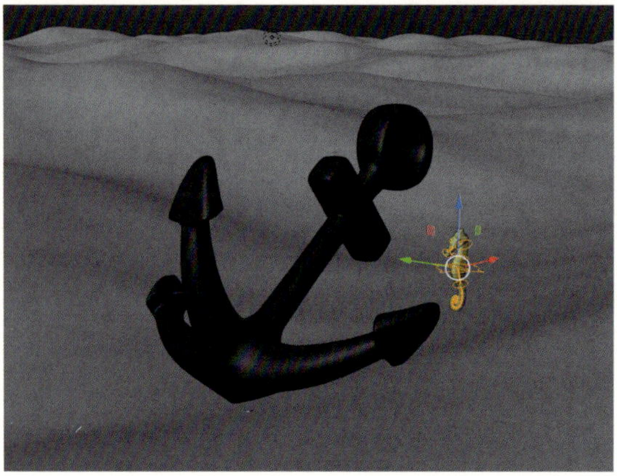

◂ **Abbildung 16.112**
Startposition des Seepferdchens

▾ **Abbildung 16.113**
Verlängern der FRAME RANGE

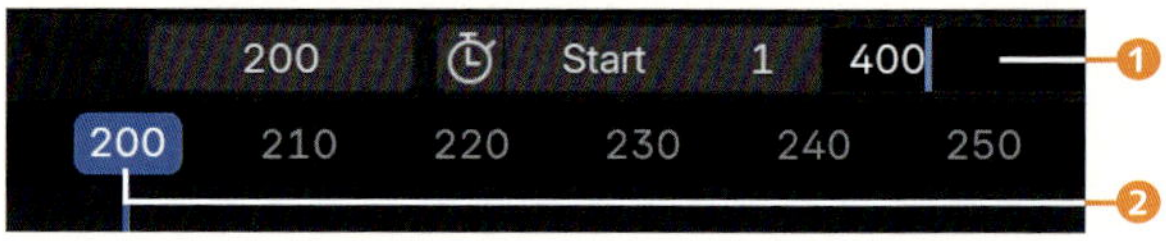

Wir werden die Character-Animation erst etwas später beginnen lassen, um vorher noch eine Kamerafahrt durch die Unterwasserwelt durchzuführen. Damit uns dafür genügend Bilder (FRAMES) zur Verfügung stehen, verlängern wir die Dauer der Szene (FRAME RANGE) über das zugehörige Feld 1 im Timeline Editor auf 400 Frames und setzen den blauen Abspielkopf 2 für den Start der Character-Animation auf Frame 200.

7 Character-Animation des Seepferdchens

Aktivieren Sie den POSE MODE, um nun mit der Animation des Seepferdchens beginnen zu können. Wir werden zunächst die Anfangs- und Endposition des Characters in Keyframes aufnehmen und anschließend diese grobe Animation immer weiter verfeinern.

Für die Bewegung des kompletten Seepferdchen-Characters ist der Master-Controller gedacht, den Sie über das zugehörige Custom Shape selektieren. Rufen Sie über die Taste K das Menü INSERT KEYFRAME (Abbildung 16.114) auf, und erzeugen Sie für das aktuelle Frame 200 Keys der Positions- und der Rotationsdaten des Seepferdchens.

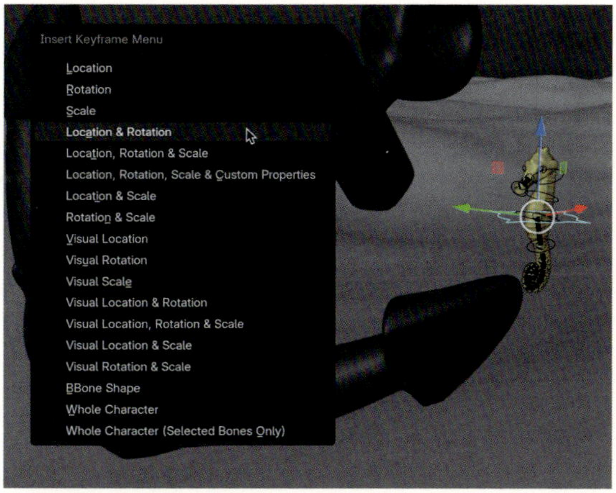

▲ **Abbildung 16.114**
Keys für Position und Location bei Frame 200

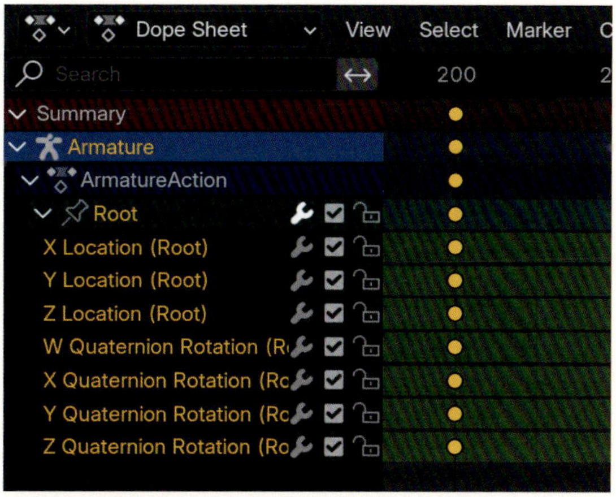

▲ **Abbildung 16.115**
Keys für den Root-Bone im Dope Sheet

Wechseln Sie vom Timeline Editor in den Dope Sheet Editor und klappen Sie die Hierarchie der Armature (Abbildung 16.115) komplett auf, um zu überprüfen, ob für den Root-Bone Keys für die Location und Rotation gespeichert wurden.

Die Endposition soll das Seepferdchen bei Frame 280 erreichen. Versetzen Sie also den Abspielkopf auf Frame 280 und platzieren Sie das Seepferdchen, so dass es sich innerhalb des Ankers befindet. Drehen Sie es gegebenenfalls noch etwas Richtung Kamera, bevor Sie für die neue Location und Rotation mit dem Befehl Insert Keyframes (Taste K) Keyframes erzeugen (Abbildung 16.116). Wenn Sie den Abspielkopf nun testweise von Frame 200 nach 280 ziehen, sollte das Seepferdchen diesen Weg zurücklegen.

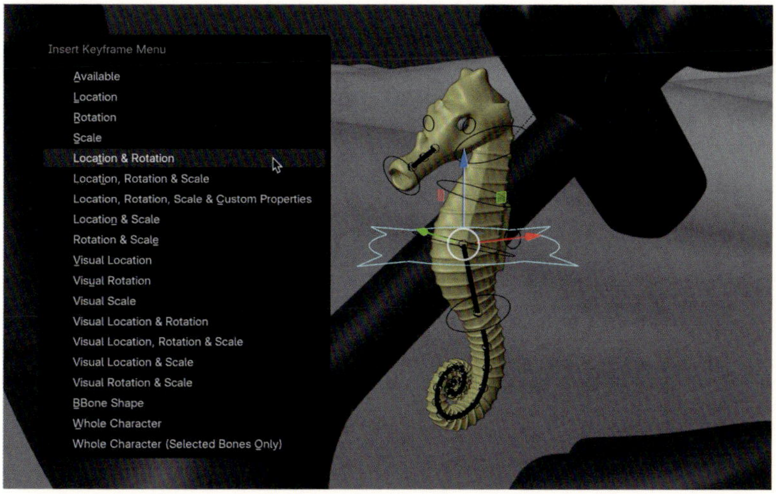

◂ **Abbildung 16.116**
Keys für Position und Location bei Frame 280

Damit unser Seepferdchen den Weg zurücklegen kann, muss es die Rückenflosse einsetzen. Setzen Sie den Abspielkopf auf Frame 200, selektieren Sie den Controller für die Rückenflosse und erzeugen Sie ein Keyframe (Taste K) für die ROTATION (Abbildung 16.117).

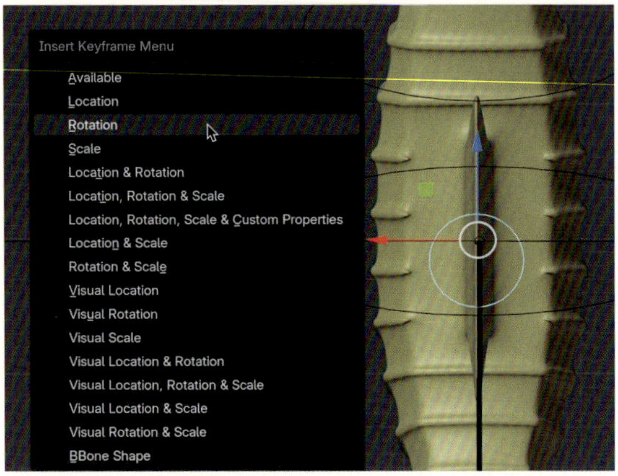

▲ **Abbildung 16.117**
Key für die ROTATION bei Frame 200

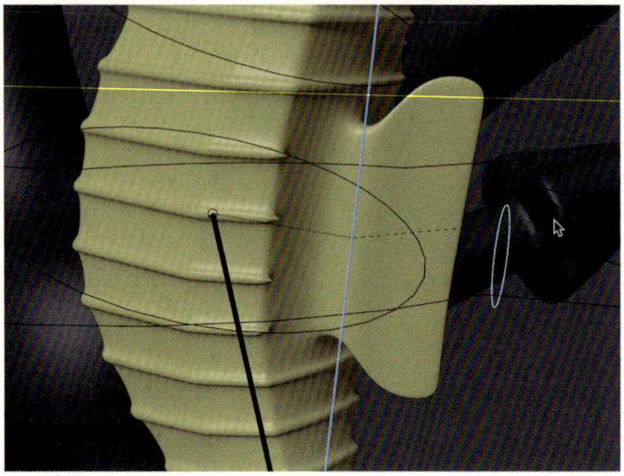

▲ **Abbildung 16.118**
Key für die ROTATION bei Frame 210

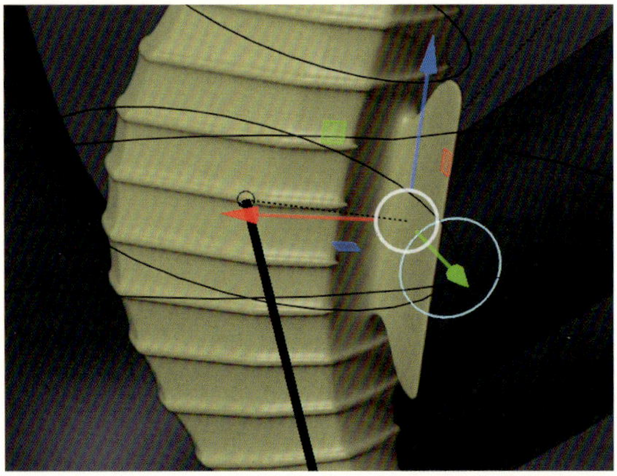

◂ **Abbildung 16.119**
Key für die ROTATION bei Frame 230

Ein kompletter Schlag der Rückenflosse soll insgesamt 20 Frames dauern. Für den ersten halben Ausschlag setzen wir den Abspielkopf also auf Frame 210 und rotieren die Rückenflosse über den Controller mit dem Befehl ROTATE über die lokale Z-Achse um 30° (Tasten R, Z, Z und 3 0). Nehmen Sie für diesen Rotationswert wieder ein Keyframe auf (Taste K) und versetzen Sie den Abspielkopf anschließend auf Frame 230, um dort ein Keyframe für den kompletten Ausschlag in die andere Richtung zu setzen. Führen Sie zunächst die komplette Rotation in die andere Richtung aus (Tasten R, Z, Z und - 6 0) und erzeugen Sie dann das Keyframe für das aktuelle Frame. Jetzt haben wir alle Keys für den Schlag mit der Rückenflosse parat, so dass wir die Animation bequem im Dope Sheet Editor (Abbildung 16.120) vervollständigen können.

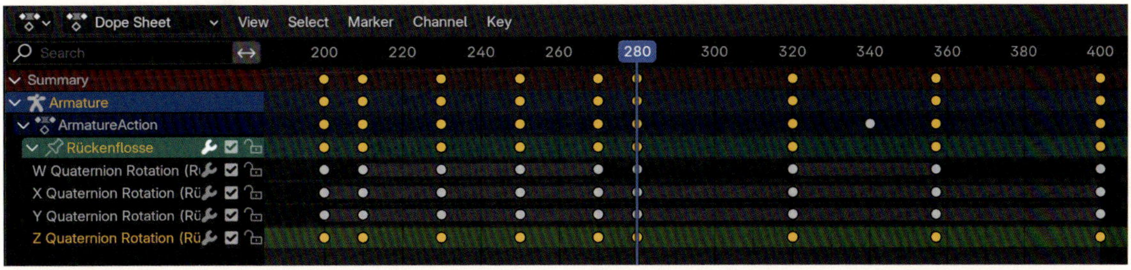

▲ **Abbildung 16.120**
Animation der Rückenflosse im Dope Sheet Editor

Selektieren Sie im Dope Sheet Editor das Key der Rückenflosse für die Rotationswerte bei Frame 210, duplizieren Sie diese (Tasten [⇧]+[D]) und verschieben Sie die duplizierten Keys nach Frame 250. Duplizieren Sie anschließend die Keys bei Frame 230 und verschieben Sie die Duplikate nach Frame 270. Ab Frame 280 bleibt unser Seepferdchen stehen, so dass wir für diesen Frame die Keys von Frame 200 weiterverwenden. Damit unser Seepferdchen für den Rest der Animation einen langsamen Schlag mit der Rückenflosse durchführt, duplizieren Sie sich weitere Keys, die Sie allerdings mit größerem Abstand setzen. So schlägt das Seepferdchen leicht mit der Flosse, um einfach nur auf der Stelle zu bleiben. Setzen Sie den Abspielkopf wieder auf Frame 200, um parallel auch den Körper und Kopf des Seepferdchens zu animieren.

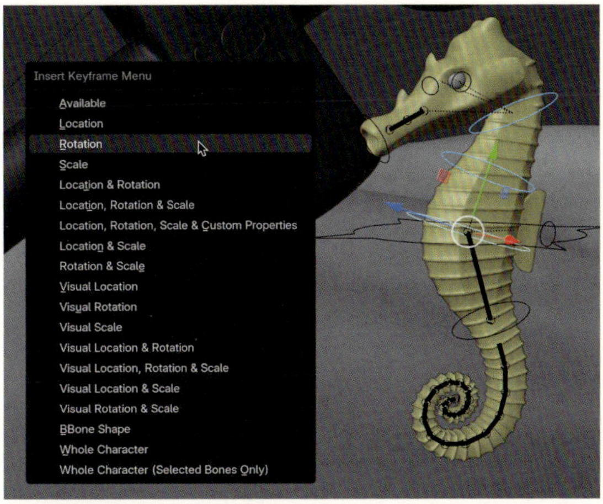

▲ **Abbildung 16.121**
Keys für die ROTATION der Bones bei Frame 200

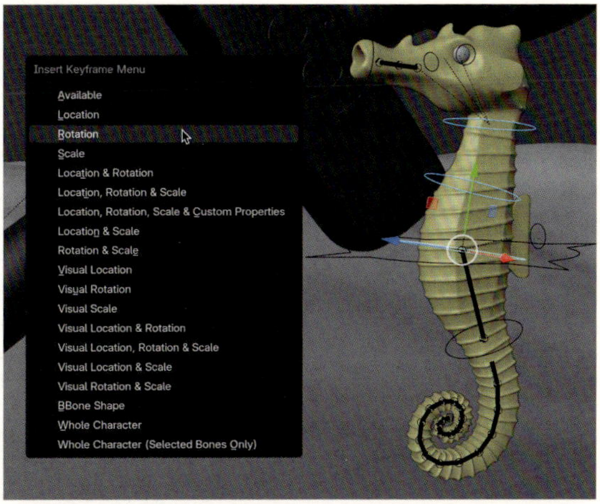

▲ **Abbildung 16.122**
Keys für die ROTATION der Bones bei Frame 220

Selektieren Sie den Körper-, Brust- und Kopf-Bone des Seepferdchens über die Custom Shapes und erzeugen Sie für alle drei Bones Keyframes für deren Rotationswerte (Abbildung 16.121). Setzen Sie den Abspielkopf anschließend auf Frame 220 und drehen Sie nacheinander die drei Bones entlang ihrer lokalen X-Achse (Tasten [R], [X], [X]), so dass sich das Seepferdchen leicht streckt (Abbildung 16.122). Speichern Sie die Werte der animierten Bones wieder in Keyframes (Taste [K]). Duplizieren (Tasten [⇧]+[D]) und verschieben Sie die Keys von Frame 220 nach Frame 260 sowie die Keys von Frame 200 nach Frame 240 und Frame 280. Jetzt streckt sich das Seepferdchen zwei Male, bevor es die Endposition einnimmt.

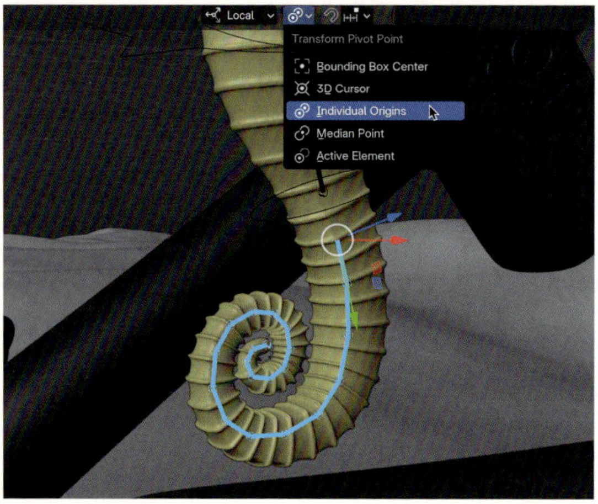

▲ **Abbildung 16.123**
Menü TRANSFORM PIVOT POINT

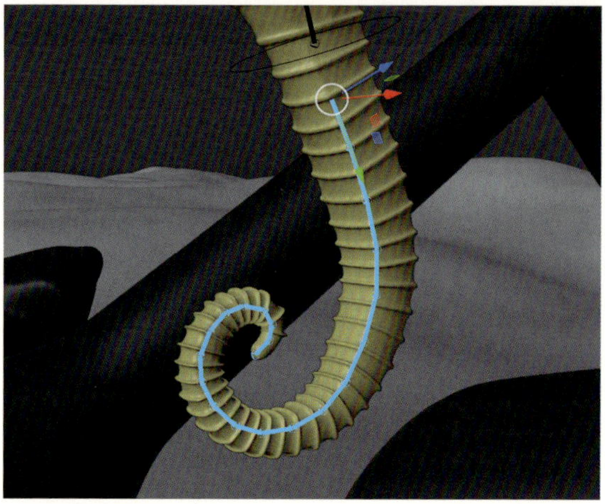

▲ **Abbildung 16.124**
Über die X-Achse leicht rotierte Bones

Es wäre schön, wenn sich auch der Schwanz des Seepferdchens während der Animation leicht ent- und wieder aufrollen würde. Selektieren Sie dazu die Bones der Schwanzkette (Abbildung 16.123) und erzeugen Sie bei Frame 260 für deren ROTATION Keys (Taste [K]). Setzen Sie den Abspielkopf danach auf Frame 320 und wählen Sie über das Pop-up-Menü TRANSFORM PIVOT POINT (Abbildung 16.123) INDIVIDUAL ORIGINS. Jetzt können Sie über die Tasten [R] und [X] die Schwanz-Bones um jede einzelne X-Achse rotieren und den Schwanz leicht ausrollen (Abbildung 16.124).

▼ **Abbildung 16.125**
Ausrollen und Einrollen des Seepferdchenschwanzes

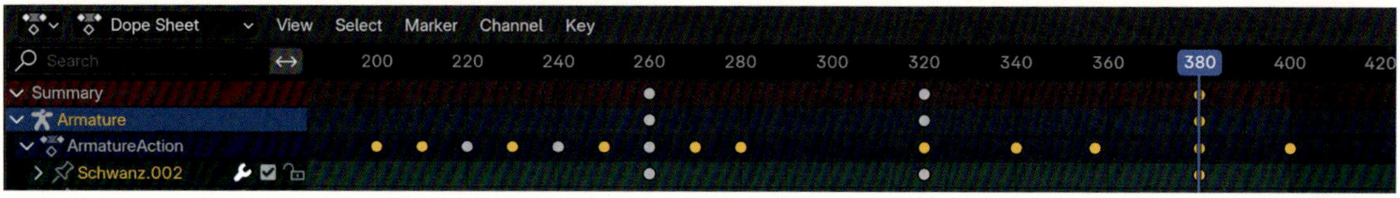

Um den Schwanz des Seepferdchens bis Frame 380 wieder einzurollen, duplizieren Sie einfach die Keys von Frame 260 und verschieben Sie die Duplikate nach Frame 380 (Abbildung 16.125).

▲ **Abbildung 16.126**
Leichte Drehung des Kopfes über den Kopf-Bone

▲ **Abbildung 16.127**
Rotation des linken Auges über den Auge-Bone

Kümmern wir uns um die Kür. Zwischen Frame 280 und Frame 320 soll das Seepferdchen seinen Kopf leicht in Richtung Kamera drehen, gleichzeitig soll auch das linke Auge den Blick in unsere Richtung werfen. Für die Kopfdrehung benötigen Sie dazu nur ein Keyframe bei Frame 320, bei dem Sie den Kopf ein kleines Stück über die lokale Y-Achse gedreht haben (Abbildung 16.126).

Zur Animation des Auges benötigen Sie das Viewport Shading Material Preview, sonst bekommen Sie die Pupille des Seepferdchens nicht angezeigt. Setzen Sie erst ein Keyframe bei Frame 280 für die ursprüngliche Ausrichtung des Auges, bei Frame 320 richten Sie das Auge mit Hilfe des linken Auge-Bones aus (Abbildung 16.127) und erzeugen das Keyframe für die Rotation.

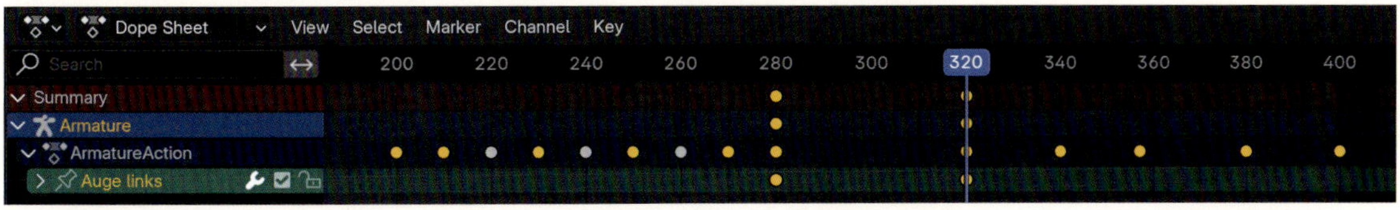

▲ **Abbildung 16.128**
Animation des linken Auges im Dope Sheet Editor

Zu guter Letzt sollen auch noch die Shape Keys zum Einsatz kommen. Wechseln Sie dazu in den Object Mode, und selektieren Sie das Mesh-Objekt des Seepferdchens, um dessen Object Data-Tab im Properties Editor zu öffnen (Abbildung 16.129).

Setzen Sie den Abspielkopf auf Frame 320 und klicken Sie auf den Diamanten **1** neben dem Value-Wert des Shape Keys, um die Stirn bis zu diesem Frame in ihrer Normalstellung zu belassen.

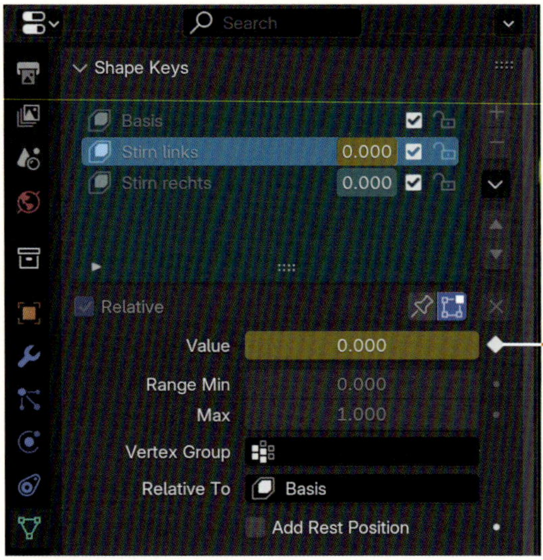

▲ **Abbildung 16.129**
Keyframe für die Stirn bei Frame 320

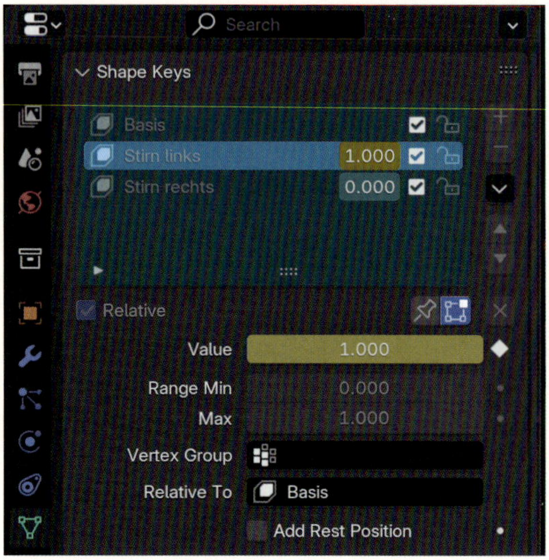

▲ **Abbildung 16.130**
Keyframe für die Stirn bei Frame 330

Verschieben Sie den Abspielkopf anschließend auf Frame 330 und geben Sie einen Value-Wert von 1.000 für den Shape Key vor, den Sie durch Klick auf den Diamanten für das aktuelle Frame speichern. Bei Frame 340 erzeugen Sie wieder einen Key für die Stirn in Normalposition, um mit dem Hochziehen der Stirn den letzten Schritt unserer Character-Animation abzuschließen.

Abbildung 16.131 ►
Fertige Character-Animation

Kapitel 17
Simulation

In diesem Abschnitt dreht sich alles um animierte Effekte – von der »einfachen« Ozeanwellen-Simulation per Modifier bis hin zu physikalisch-dynamischen Spezialeffekten wie Partikelsystemen, Hair, Kollisionen, Rigid- und Soft-Body-Simulationen, Cloth, Flüssigkeiten (Fluids), Rauch (Smoke) oder auch Volumen-Objekten. Auch wenn dieses Kapitel im Buchteil »Animation« eingegliedert ist, sind diese Effekte auch für Stills einsetzbar.

Da in Blender bekanntlich nahezu alles animierbar ist, wäre es unfair, hier nur die spektakulären Effekte zu erwähnen. So ist es ein Leichtes, über die zahlreichen Parameter der Modifier beispielsweise einen Bevel-Radius oder die Deformation eines Objekts über die Stärke des Displacements mittels Setzen von Keyframes zu unterschiedlichen Zeitpunkten (Frames) zu animieren. Auch durch Keyframe-Animation von Hilfsobjekten für Modifier oder auch Hooks lassen sich beachtliche Animationseffekte erzielen.

Hinter den in diesem Kapitel behandelten Simulationseffekten verbergen sich, obwohl sie scheinbar nahtlos in Blender integriert sind, teils vollkommen unterschiedliche Engines und Technologien. Daher kann es vorkommen, dass Sie manche physikalischen Effekte praktisch in Echtzeit im Viewport betrachten können, andere jedoch zunächst vorberechnet (»gebacken«) bzw. in einem Cache gespeichert werden müssen, bevor sie im Viewport auftauchen und im wahrsten Sinne des Wortes »flüssig« ablaufen.

Zugang zu den verschiedenen Simulationseffekten bieten Ihnen je nach Integration in Blender unterschiedliche Anlaufstellen. Auf einige Effekte beispielsweise sind wir bereits bei der Besprechung der Modifier gestoßen. Über den Button Add Modifier im Modifier-Tab (Abbildung 17.1) können Sie Objekten aus dem Untermenü Physics physikalische Effekte zuweisen.

Interne Konkurrenz Geometry Nodes

Die Möglichkeiten von Geometry Nodes werden mit fast jedem Blender-Update ausgebaut, so dass sich viele Simulationen aus diesem Kapitel mittlerweile auch über die Geometry Nodes realisieren lassen. Trotzdem sind die hier angebotenen Simulationen nach wie vor aktuell und auch praxisbewährt, so dass Sie nun verschiedene Alternativen haben.

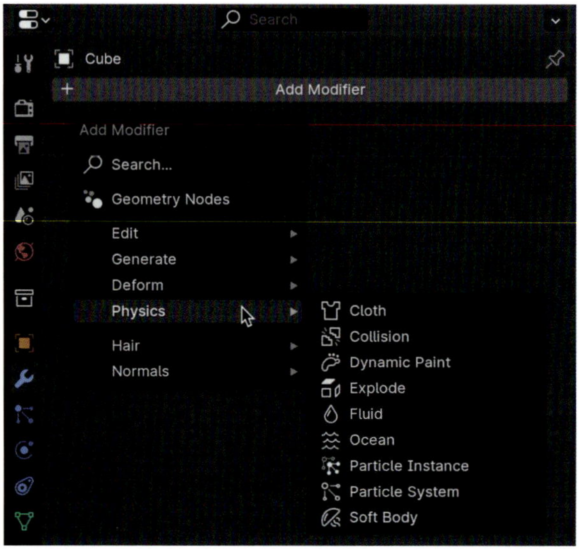

Abbildung 17.1 ▸
Untermenü PHYSICS aus dem Button ADD MODIFIER des Modifier-Tabs

Wenn es sich bei der Simulation um physikalische Effekte wie Kollisionen, Cloth, Fluids oder auch Partikelsysteme handeln soll, kommen das Physics- ❸ bzw. Particle System-Tab ❷ ins Spiel. Zusätzlich ist die in der Szene vorherrschende Gravitationskraft (GRAVITY) im Scene-Tab ❶ hinterlegt.

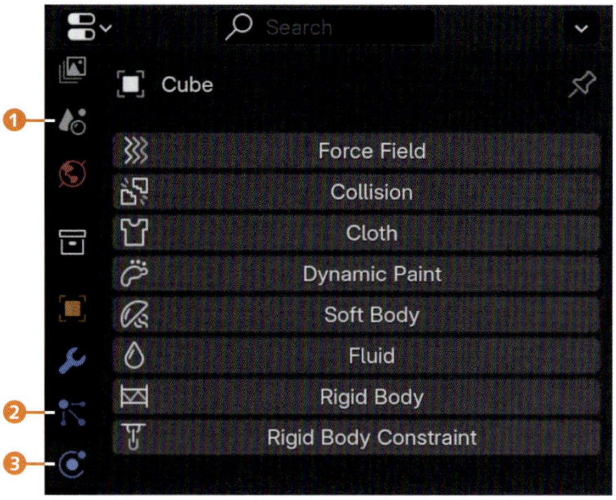

Abbildung 17.2 ▸
Physics-Tab im Properties Editor

17.1 Ocean

Den Anfang macht der Ocean-Modifier, mit dem Sie eine animierte Meeresoberfläche (Abbildung 17.3) mit zahlreichen Parametern simulieren und ausgestalten können.

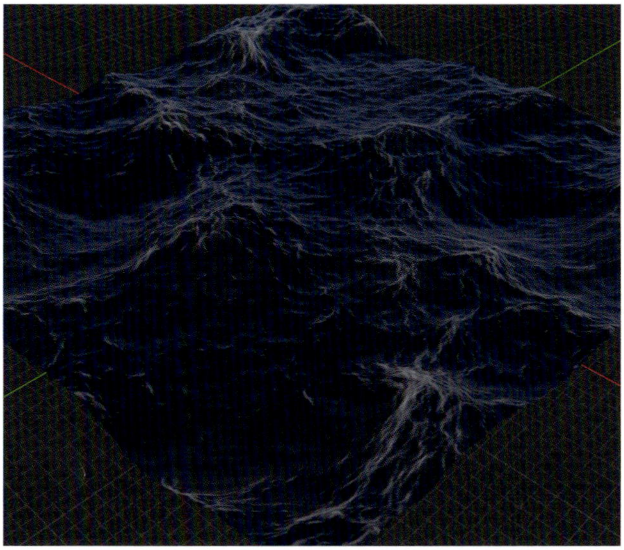

▲ **Abbildung 17.3**
Ocean-Modifier

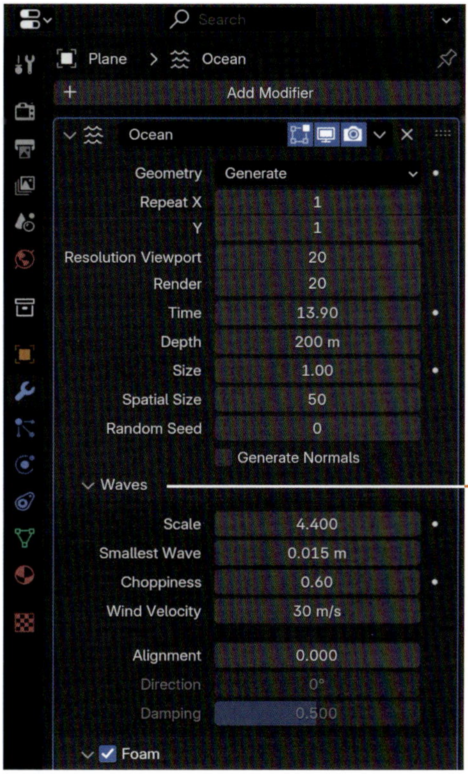

Abbildung 17.4 ▸
Einstellungen des Ocean-Modifiers im Modifier-Tab

Ob Sie die Meeresoberfläche als Objekt bereitstellen und verformt (DISPLACE) oder vom Modifier generiert (GENERATE) haben möchten, entscheiden Sie über das Menü GEOMETRY. Damit Sie für große Szenen keine riesigen Objekte brauchen, lassen Sie die Wellen über die Parameter REPEAT wiederholen. Für ausreichende Unterteilung der Oberfläche sorgen Sie getrennt für die Darstellung im VIEWPORT bzw. beim RENDERING über die beiden Parameter RESOLUTION. Die Animation des Ozeans läuft über den Parameter TIME, für den Sie Keyframes an den jeweiligen Zeitpunkten (Frames) setzen. Die Meerestiefe bestimmen Sie über den Parameter DEPTH, dabei ergeben kleinere Werte flacheres Gewässer und niedrigere, aber hochfrequentere Wellen. Im Gegensatz zur SPATIAL SIZE, mit der Sie die tatsächliche Größe des simulierten Ozeans festlegen, erreichen Sie mit der SIZE nur eine Skalierung der Oberflächendeformation. Über RANDOM SEED können Sie das Deformationsmuster variieren.

Im Unter-Panel WAVES ④ können Sie sich noch detaillierter mit den Wellenformen befassen. Mit dem dortigen Parameter SCALE regulieren Sie den Effekt der Deformation. Gleichzeitig können Sie die minimale Größe einer Welle (SMALLEST WAVE), die Bewegtheit der Wellenkämme (Choppiness) und die vorherrschende Windgeschwindigkeit (Wind Velocity) definieren. An dieser Stelle sei wieder ausgiebiges Experimentieren mit den Parametern empfohlen.

Sobald Sie die Wellen durch Ändern des Parameters Alignment zueinander ausrichten, können Sie die gemeinsame Richtung (Direction) vorgeben und eine Dämpfung durch entgegenkommenden Wind (Damping) berücksichtigen lassen.

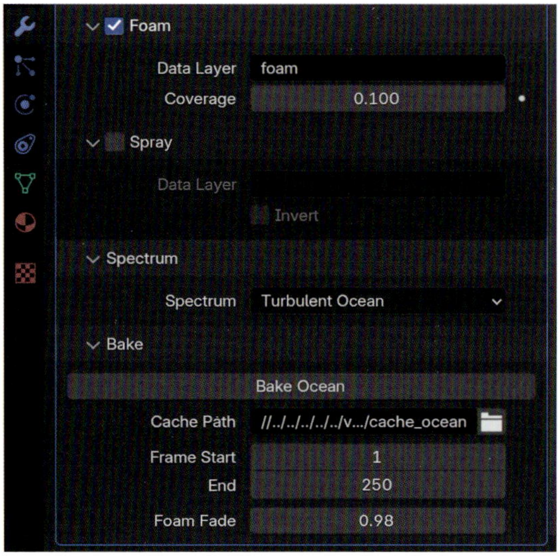

Abbildung 17.5 ▸ Panels Foam, Spray, Spectrum und Bake des Ocean-Modifiers

Doch der Ocean-Modifier kann noch mehr. Über die Panels Foam bzw. Spray (Abbildung 17.5) simulieren Sie Meeresschaum bzw. Gischt auf der Meeresoberfläche. Dazu aktivieren Sie die jeweilige Option und geben für den Meeresschaum unter Coverage die gewünschte Menge an. Im Feld Data Layer geben Sie dem generierten Foam einen Namen, da es sich hier um eine Vertex Color handelt, die Sie im Anschluss bei der Texturierung verwenden.

Einen relativ simplen Aufbau hierfür sehen Sie in Abbildung 17.6. Der vorherrschenden blauen Meeresfarbe des transmittierenden Materials, das in einem Principled BSDF-Shader definiert wurde, wird per Add Shader-Node ein Emission-Shader zugemischt. Dieser bezieht seine Daten aus dem Attribute-Node, in dem wir die über den Modifier produzierte Vertex Color foam wiederfinden. Zur besseren Regulierung der Meeresschaum-Stärke ist ein ColorRamp-Node dazwischengeschaltet.

Das Menü Spectrum (Abbildung 17.5) im gleichnamigen Panel des Ocean-Modifiers enthält die für die wellenförmige Deformation zuständige Methode, die je nach Art des Gewässers variiert.

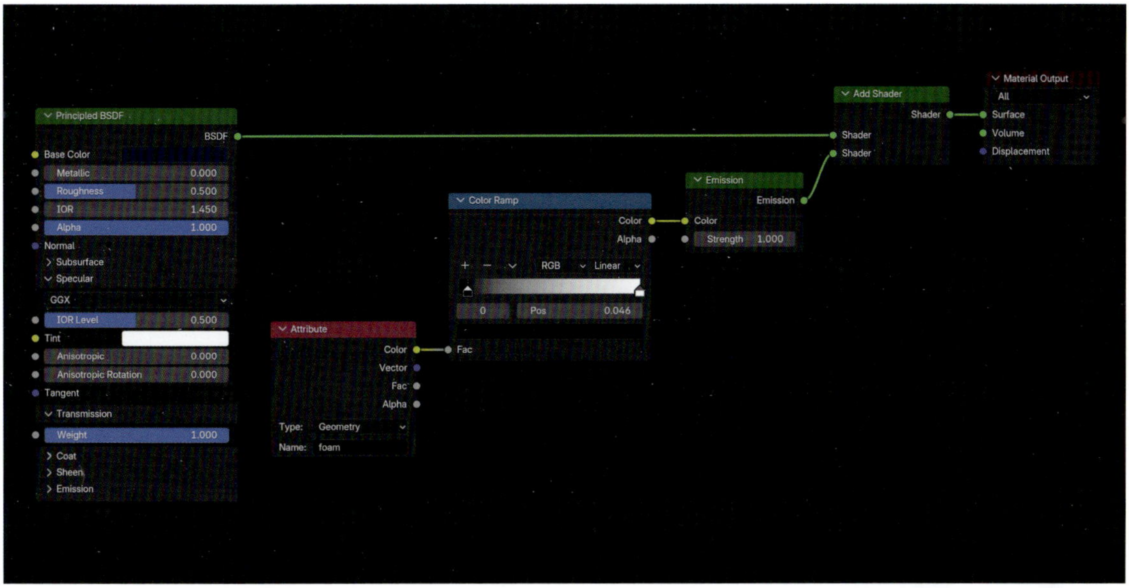

▲ **Abbildung 17.6**
Node-Aufbau für die Einbindung des Meeresschaums in das Material

Damit sich die animierte Meeresoberfläche nach Klick auf den Abspielbutton bzw. mit der Leertaste im Viewport bewundern lässt, müssen Sie die Simulation über den Button BAKE OCEAN im Panel BAKE für den gewünschten Zeitraum berechnen (»backen«) lassen.

17.2 Explode

Wie unschwer an seinem Namen zu erraten, kann der Explode-Modifier Ihre Objekte (oder auch nur Teile davon) explodieren lassen (Abbildung 17.7).

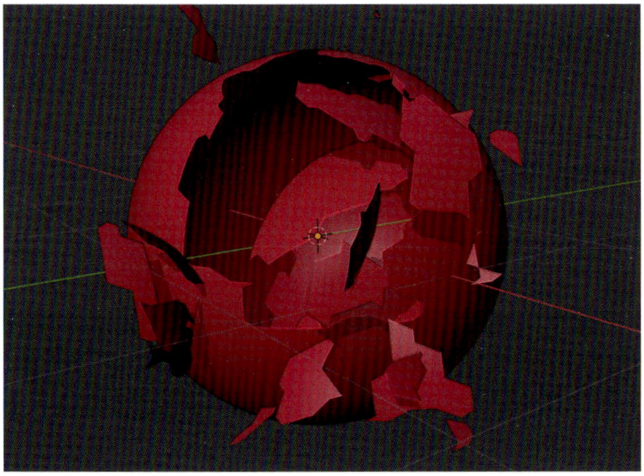

◄ **Abbildung 17.7**
Explode-Modifier

Da der Explode-Modifier nicht nur ausreichend Geometrie, sondern auch ein Partikelsystem zur Generierung und Steuerung der Objekt-Fragmente benötigt, ist ihm ein Particle System-Modifier (1) vorgeschaltet.

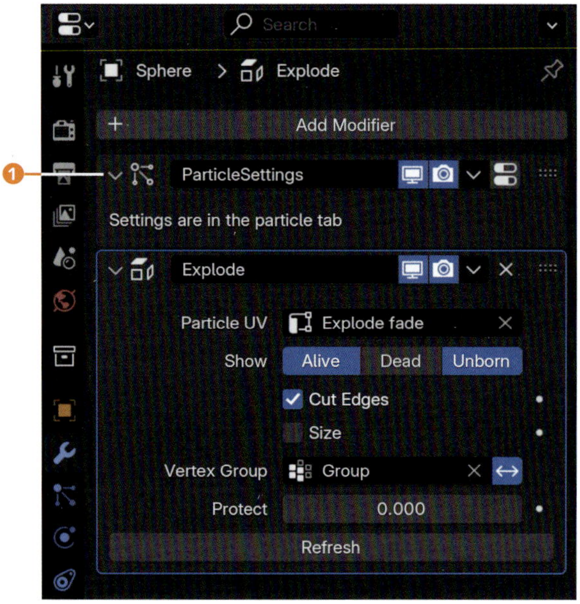

▲ **Abbildung 17.8**
Explode-Modifier im Modifier-Tab

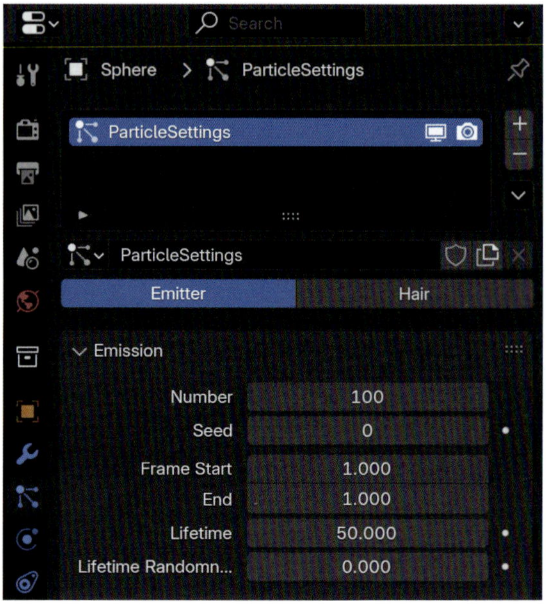

▲ **Abbildung 17.9**
Partikelsystem für den Modifier im Particle-Tab

Entsprechend übersichtlich fällt das Einstellungs-Panel des Explode-Modifiers (Abbildung 17.8) aus. Unter Particle UV lässt sich eine UV Map definieren, die für das Alter der Partikel bei der Explosion herangezogen wird. Unter Show geben Sie an, welche Objektteile bzw. Partikel sichtbar sein sollen. Die Option Cut Edges bewirkt realistischere Schnittkanten, indem nicht die vorliegenden Faces als Bruchkanten, sondern eigene Schnitte für die Partikel Verwendung finden. Durch Aktivieren der Option Size greift der Modifier für die Partikelgröße auf das Partikelsystem zurück.

Wenn Sie nicht das komplette Objekt, sondern, wie in Abbildung 17.7 zu sehen, nur einen Teil davon absprengen möchten, definieren Sie den nach der Explosion unversehrten Teil des Objekts über eine Vertex Group. Über den Parameter Protect entscheiden Sie, ob für Wichtungen in den Vertex Groups bei der Wirkung eher ab- oder aufgerundet werden soll. Nach Änderungen an den Modifier- bzw. Partikelsystem-Parametern sollten Sie den Explode-Modifier über den Button Refresh anschließend aktualisieren.

Quick Explode

Über den Befehl Quick Explode, den Sie im Menü Object • Quick Effects des Viewports finden, erzeugt Ihnen Blender automatisch Modifier, Partikelsystem und ein Material für das explodierende Objekt.

17.3 Partikelsysteme

Partikelsysteme bestehen zumeist aus drei Bestandteilen: einem Emitter, der die Partikel ausstößt, den Partikeln selbst und meist auch einigen Kräften und Kraftfeldern, die auf die Partikel wirken (Abbildung 17.10).

Das Partikelsystem von Blender teilt sich in zwei Aufgabenbereiche. Bei einem Emitter-System setzen Sie beliebige Teilchen (die Partikel), die einzeln viel zu aufwendig zu animieren wären, physikalischen Kräften oder auch intelligenten Schwarm-Funktionen (Boids) aus. Verwenden Sie die Partikel dagegen für ein Hair-System, so bleiben die emittierten Partikel an Ort und Stelle und fungieren als Platzhalter für Haare, Gras oder ganz gewöhnliche Objekte, die Sie in großer Zahl auf einem Mesh-Objekt verteilen möchten. Damit ist auch schon eine Voraussetzung des Partikelsystems genannt: Als Träger bzw. Emitter des Systems ist ein Mesh-Objekt – im gezeigten Beispiel die UV Sphere – erforderlich.

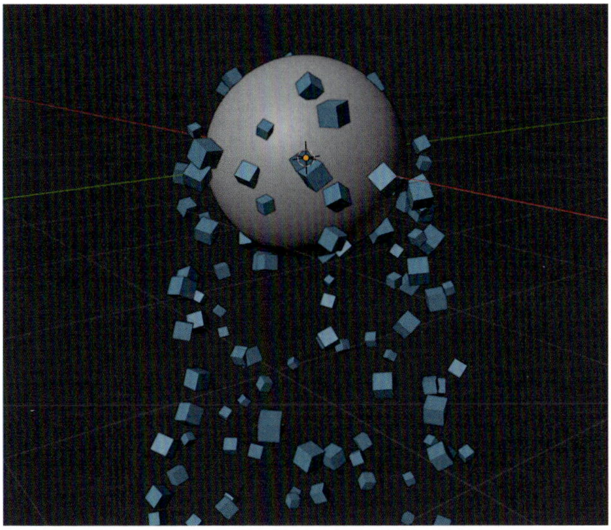

▲ **Abbildung 17.10**
UV Sphere als Emitter, Cubes als Partikel

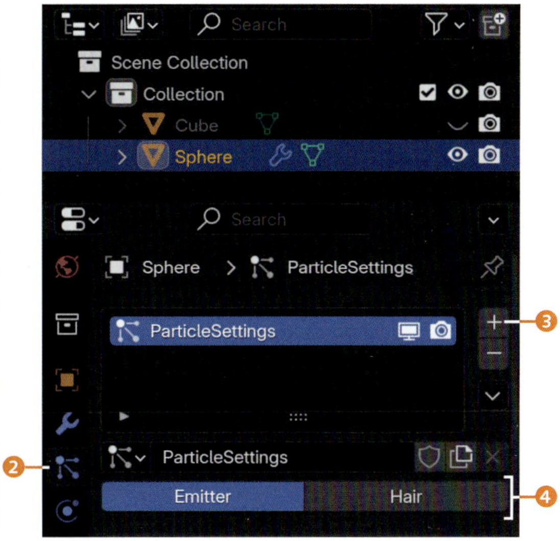

▲ **Abbildung 17.11**
Objekte und Partikelsystem

Emitter

Um ein Objekt zu einem Partikel-Emitter zu ernennen, öffnen Sie den Particle-Tab ❷ in seinem Properties Editor (Abbildung 17.11) und erzeugen mit dem +-Button ❸ ein neues Partikelsystem. Anschließend fällen Sie über die beiden Buttons ❹ die Entscheidung, ob Sie das Mesh-Objekt als Teilchen-Emitter für Ihre Partikel benötigen (EMITTER) oder ob Sie mit den generierten Partikeln Haare, Gras etc. wachsen lassen möchten (HAIR).

In der zweigeteilten Abbildung 17.12 sehen Sie alle Panels aufgeklappt, die für ein Partikelsystem mit Partikelausstoß eine entscheidende Rolle spielen. Auf die Verwendung des Cache gehen wir in Kürze noch genauer ein. Sehen wir uns zunächst die Einstellungen für die Emission von Partikeln an.

Im Panel EMISSION ❶ steuern Sie den Partikelausstoß von der Anzahl (NUMBER) der emittierten Partikel über den Start und das Ende der Emission bis zur Lebenszeit (LIFETIME) der Teilchen. Im untergeordneten Panel SOURCE können Sie wählen, ob die Partikel an den VERTICES, den FACES oder aus dem Inneren des Mesh-Objekts (VOLUME) erzeugt werden. Für die Verteilung (DISTRIBUTION) stehen Ihnen die Optionen JITTERED, RANDOM und GRID zur Verfügung, mit denen die Partikel wahlweise gleichmäßig, zufällig oder gitterförmig auf dem Mesh-Objekt entstehen.

Über das Panel VELOCITY ❷ geben Sie den Partikeln eine Anfangsgeschwindigkeit mit. Dabei können Sie die NORMALE bzw. TANGENTE der Oberfläche, aber auch das Objekt selbst als Faktoren heranziehen. Durch Aktivieren der Option ROTATION ❸ des gleichnamigen Panels übernehmen die Partikel die vorgegebene Orientation Axis als Ausrichtung. Zusätzlich lässt sich die Rotation um diese Achse (PHASE) steuern.

Im Panel PHYSICS ❹ definieren Sie die physikalischen Eigenschaften wie Masse (MASS), Zufallsbewegung (BROWNIAN), Reibung (DRAG) und Dämpfung (DAMP) für vier verschiedene Physikvarianten (PHYSICS TYPE). In der Einstellung NEWTONIAN unterliegen die Partikel realen Kräften wie Gravitation, Reibung etc. Mittels KEYED können Sie Ziel-Partikelsysteme definieren, um Partikel in eine vorgegebene Form zu bringen. Schwarm-Systeme mit Verfolgern und Verfolgten sind über die Einstellung BOIDS möglich. Das Partikel-Verhalten von Flüssigkeiten (dünnflüssig oder eher zäh) versucht die Option FLUID zu simulieren.

Über das Panel RENDER ❺ legen Sie die Art (DISPLAY AS) und Größe der Partikel (SCALE) fest und welche Elemente des Partikelsystems beim späteren Rendern berücksichtigt werden. Unter INSTANCE OBJECT ist das eigentliche Partikel als Objekt einzutragen. Unabhängig davon können Sie im Panel VIEWPORT DISPLAY ❻ auch das Aussehen der Partikel im Viewport bestimmen und ob das Mesh-Objekt des Emitters mitgerendert wird (SHOW EMITTER).

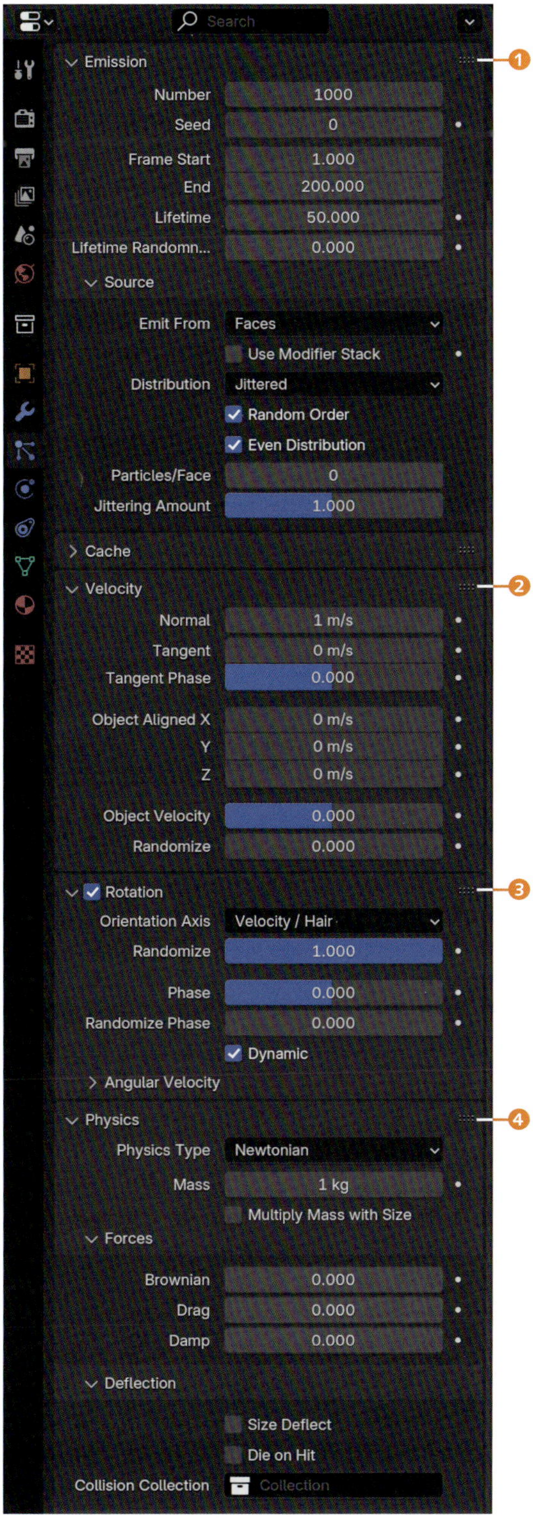

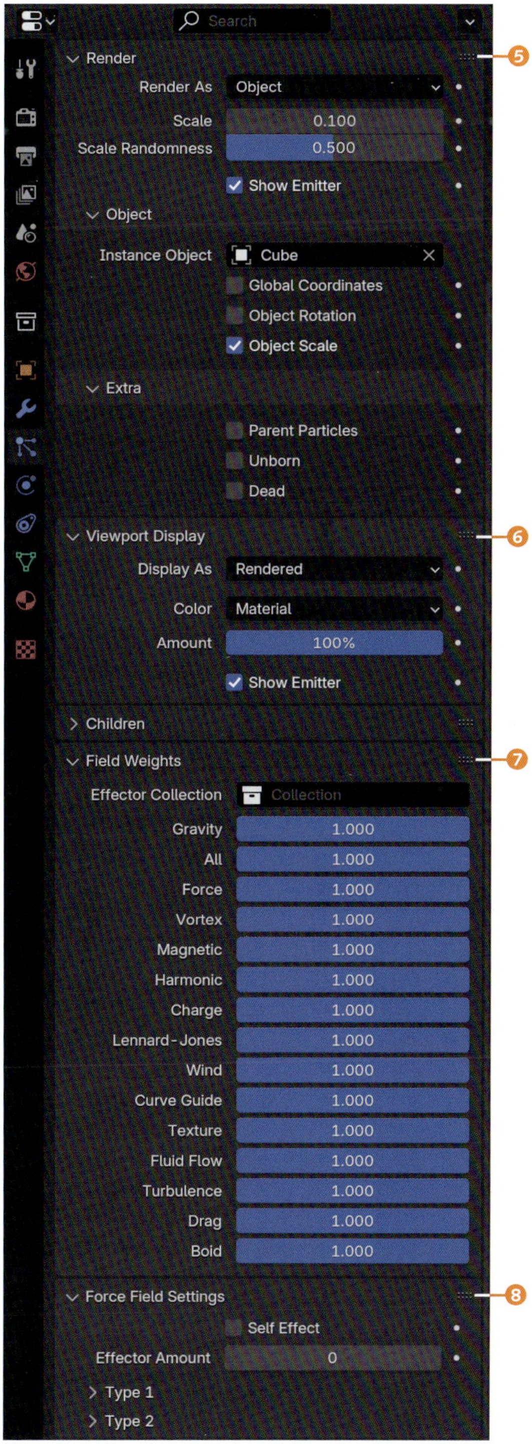

◂▴ **Abbildung 17.12**
Particle-Tab im Properties Editor

Auf welche Kräfte (FORCES) die Partikel des Systems wie stark reagieren, regulieren Sie im Panel FIELDS WEIGHTS ❼ (Abbildung 17.12). Dabei können Partikel auch selbst als Kraftfeld fungieren, hierfür ist das Panel FORCE FIELD SETTINGS ❽ zuständig.

Kräfte und Kraftfelder

Sobald Sie die Simulation eines Partikelsystems über die Leertaste starten, bemerken Sie die global im Panel GRAVITY des Scene-Tabs hinterlegte Gravitationskraft, die ohne weiteres Zutun auf alle Partikel und auch auf alle anderen physikalischen Körper wirkt (Abbildung 17.13) und die Sie je nach Bedarf anpassen können.

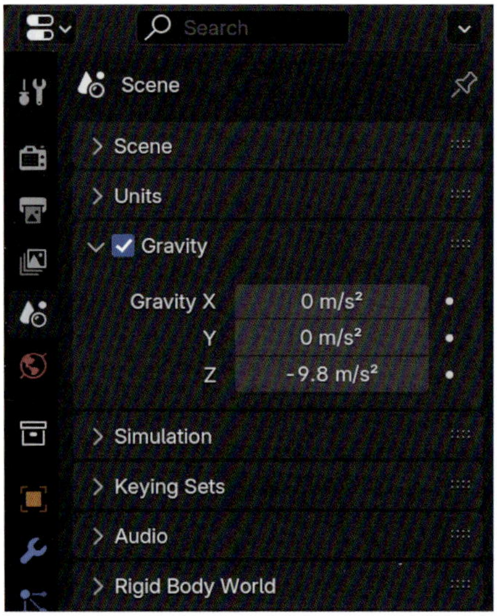

▲ **Abbildung 17.13**
Panel GRAVITY im Scene-Tab des Properties Editors

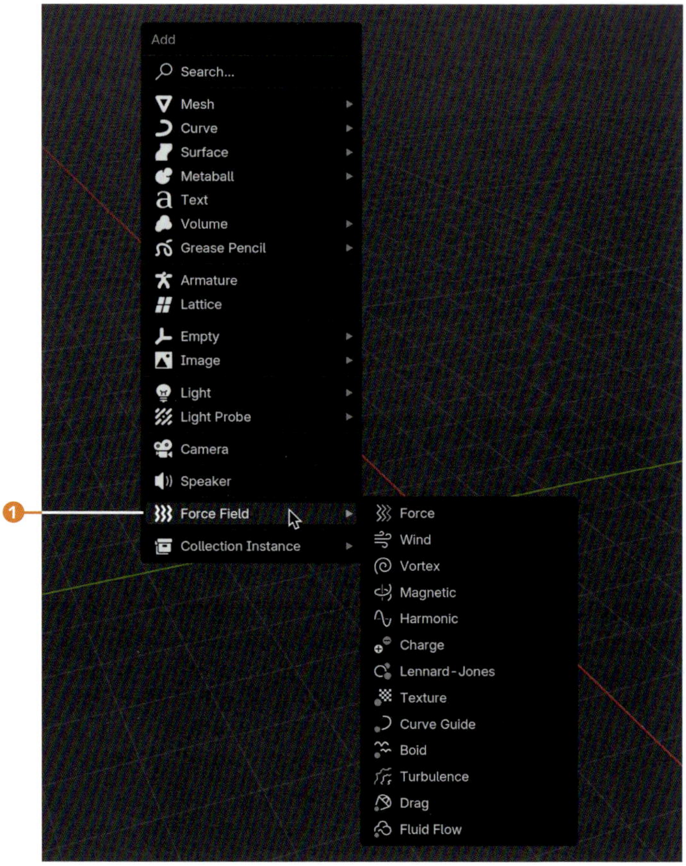

Abbildung 17.14 ▸
Menü ADD • FORCE FIELD

Für einige Partikel-Simulationen ist das tatsächlich ausreichend, doch Sie können noch wesentlich mehr Dynamik in Ihre physikalischen Animationen bringen, indem Sie die in der Natur ebenso vorherrschenden Kräfte wie Wind, Reibung, Magnetismus etc.

einbinden und wirken lassen. Dafür stehen Ihnen insgesamt 13 verschiedene Kräfte (FORCE FIELDS) im gleichnamigen Menü **1** unter ADD (Tasten [⇧] + [A]) zur Verfügung. Zu den Besonderheiten gehören sicher das Harmonic-Field, mit dem Sie Partikel in die Form von Mesh-Objekten bringen können, das Texture-Field, mit dem Sie das Kraftfeld über eine Textur definieren, oder auch das Curve Guide-Field, mit dem Sie Partikel entlang eines Pfades führen können.

Die Kraftfelder werden im Viewport durch unterschiedliche Empties dargestellt, meist geben diese optisch nicht nur einen Hinweis auf die Ausmaße, sondern auch auf die Funktion bzw. den Kraft-Typ (Abbildung 17.15).

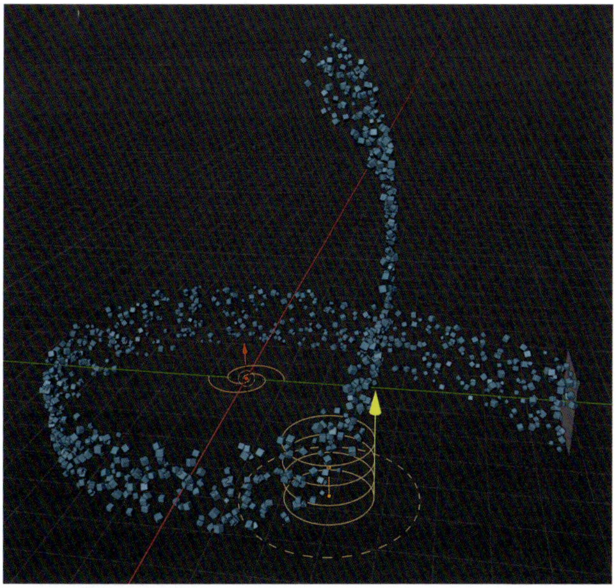

▲ **Abbildung 17.15**
Auf den Partikelstrom wirkende Force Fields

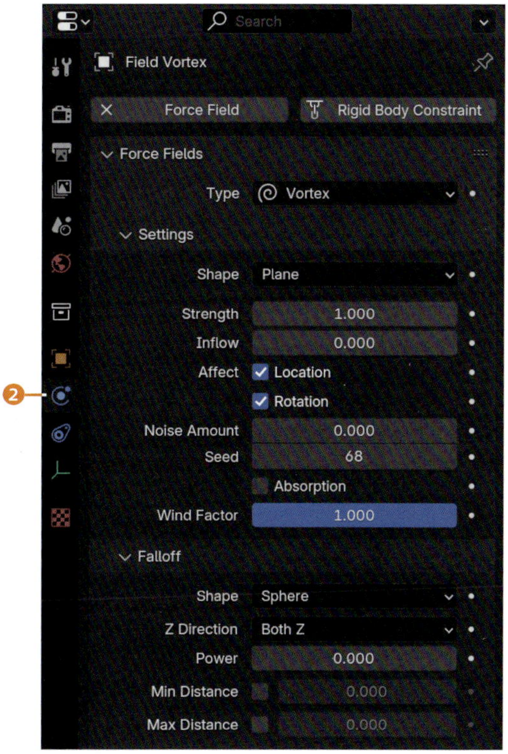

Abbildung 17.16 ▸
Panel FORCE FIELDS im Physics-Tab des Properties Editors

Die Einstellungen zu den Force Fields finden Sie im Physics-Tab **2** des Properties Editors. Dabei ähneln sich die Parameter der Field-Typen stark. Neben der Form (SHAPE) des jeweiligen Force Fields definieren Sie unter anderem die Stärke (STRENGTH), Unregelmäßigkeit (NOISE), den Zufallswert (SEED) und die Wirkung auf die Partikel. So können Sie unter AFFECT separat bestimmen, ob die Position (LOCATION) oder ROTATION der Partikel beeinflusst werden.

Im untergeordneten Panel FALLOFF regeln Sie die Stärke und Form der Abnahme des Kraftfelds – hier stehen Kugel (SPHERE), Zylinder (TUBE) und Konus (CONE) zur Auswahl. Dessen Wirkung schwächt sich dann mit zunehmender Entfernung vom Kraftfeld-Zentrum ab. Neben der axialen Richtung können Sie auch eine radiale Richtung für die Wirkung vorgeben. Für die Stärke der Kraft ist jeweils der Parameter POWER zuständig.

Übrigens haben wir an dieser Stelle etwas den Physics-Simulationen vorgegriffen, denn die Kräfte und Kraftfelder arbeiten natürlich nicht nur mit Partikelsystemen, sondern auch mit den anderen Elementen aus Blenders Physics-Baukasten wie Rigid und Soft Bodies, Cloth, Fluids oder auch Smoke zusammen. Dazu in Kürze mehr.

Qual der Wahl

Die Simulation von Haaren gehörte zu den naheliegendsten Aufgaben der Geometry Nodes. Zusammen mit den dafür ausgebauten Curve-Objekten und -Werkzeugen ergibt sich ein beeindruckendes Gesamtpaket für Haare, auf das wir in Kapitel 18, »Geometry Nodes«, genauer eingehen.

Hair

Befassen wir uns mit dem zweiten Einsatzbereich eines Partikelsystems – der Verwendung als Hair-System (Abbildung 17.17). Wie eingangs schon erwähnt, sind Sie bei einem Hair-System natürlich keineswegs auf Haare festgelegt – Sie können beliebige Objekte aus dem Emitter wachsen lassen bzw. auf ihm verteilen.

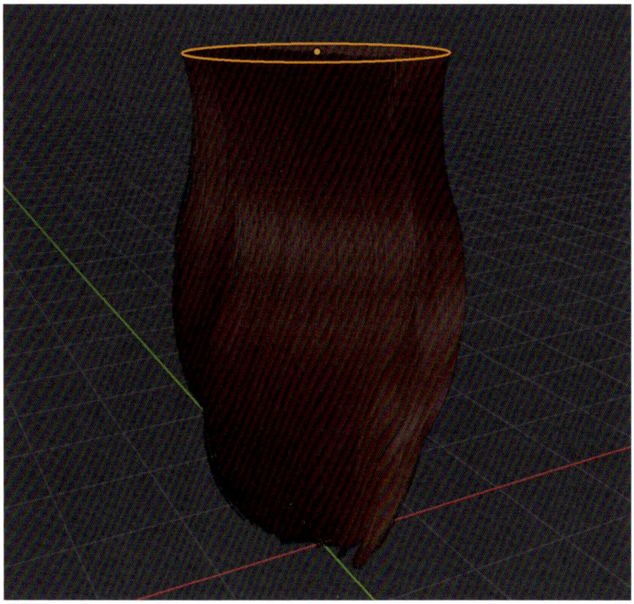

Abbildung 17.17 ▸
Partikel als Haare

In diesem Fall wählen Sie den Typ HAIR ❶ im Particle-Tab des Properties Editors für das Partikelsystem. Sowohl die Panels als auch die zugehörigen Parameter unterscheiden sich beim Hair-

System nur in Details vom Emitter-System. Konzentrieren wir uns auf die Hair-spezifischen Besonderheiten. Im Panel Emission beispielsweise geben Sie statt der Anzahl der emittierten Partikel, der Lebensdauer etc. nun eben die Anzahl der Haare (Number), ihre Länge (Hair Length) und die vorgesehene Wuchsstelle vor.

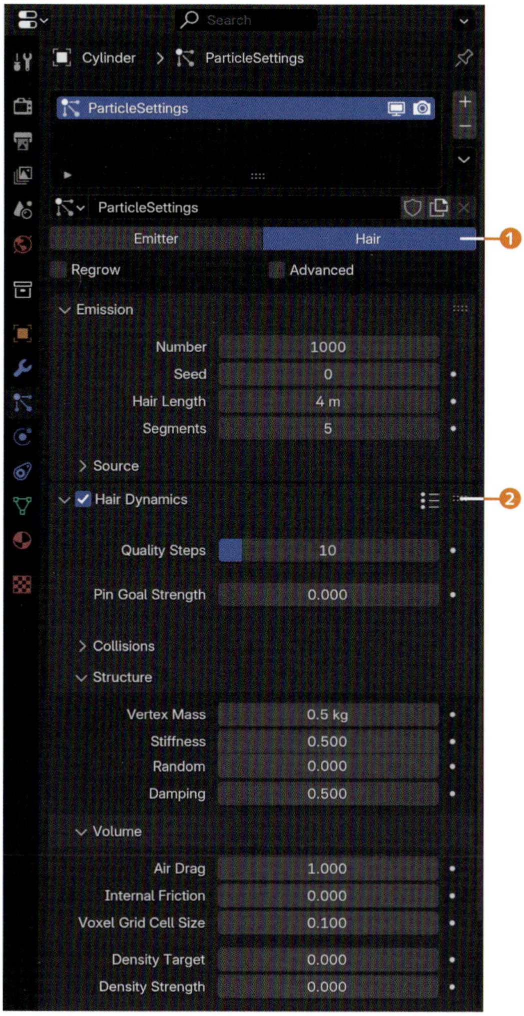

◂ **Abbildung 17.18**
Panels Emission und Hair Dynamics im Particle-Tab des Properties Editors

Bei der Animation von Hair-Eigenschaften empfiehlt sich die Option Regrow, die eine Neuberechnung für jedes Frame bewirkt. Über das Panel Hair Dynamics 2 verleihen Sie den Haaren dynamische Eigenschaften. Sie aktivieren die Dynamics durch Setzen des Häkchens, alle weiteren Parameter wie Biegsamkeit (Stiffness), Masse, Dämpfung (Damping), Luftwiderstand (Air Drag) etc. stellen Sie in den untergeordneten Panels ein.

Die Panels Render ❶ und Viewport Display ❷ spielen auch beim Hair-System eine wichtige Rolle. Hier geben Sie an, welche Objekte als Haare, Gräser, Fasern etc. Verwendung finden und wie sich die Hair-Partikel im Viewport präsentieren sollen. Ob das Mesh-Objekt des Emitters angezeigt bzw. mitgerendert werden soll, entscheiden Sie über beide Panels getrennt.

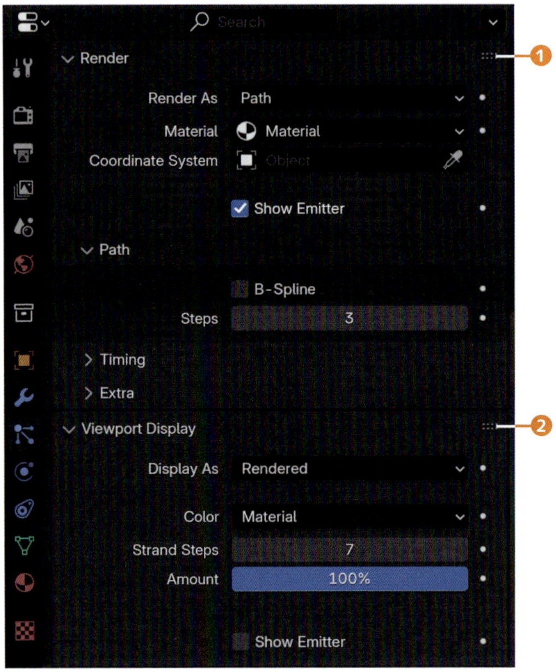

▲ **Abbildung 17.19**
Panels Render und Viewport Display im Particle-Tab des Properties Editors

Abbildung 17.20 ▸
Panels Children und Hair Shape im Particle-Tab des Properties Editors

Aufgrund der schieren Menge der benötigten Haare bzw. Grashalme ist die Interpolation, also das Auffüllen mit virtuellen Hair-Partikeln, meist unumgänglich. Das dafür zuständige Panel Child-

REN ❸ bietet hier außerdem zahlreiche Optionen, um die Haare zu bündeln (CLUMPING), zu formen oder auch auf verschiedene Art zu kräuseln (KINK).

Die Form und Dicke eines Hair-Partikels definieren Sie im Panel HAIR SHAPE ❹. Dabei geben Sie den gewünschten Durchmesser (DIAMETER) getrennt für die Wurzel (ROOT) und die Spitze (TIP) vor. Den Übergang von der Wurzel zur Spitze steuert der Parameter STRAND SHAPE. Negative Werte betonen eher die Spitze, positive Werte die Wurzel des Haars. Über DIAMETER SCALE regeln Sie die Dicke des Hair-Partikels im Ganzen.

Um bestimmte Eigenschaften der Hair-Partikel wie den Wuchs (Dichte bzw. DENSITY) oder die Länge (LENGTH) zu steuern, erzeugen Sie VERTEX GROUPS, die Sie im gleichnamigen Panel ❺ des Hair-Systems ansprechen.

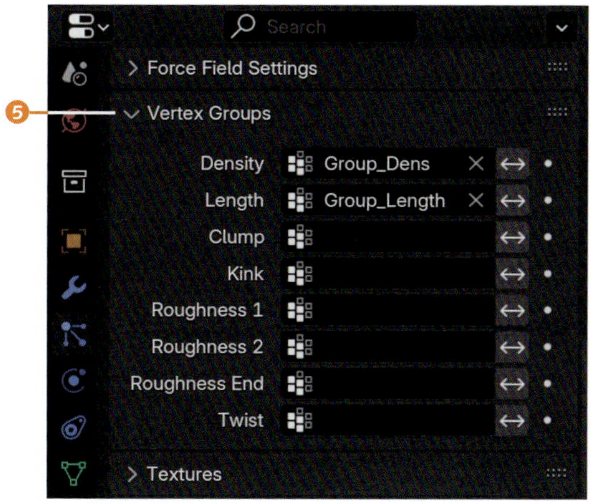

▲ **Abbildung 17.21**
Panel VERTEX GROUPS im Particle-Tab des Properties Editors

▲ **Abbildung 17.22**
Steuerung des Haarwuchses über eine Vertex Group

Sind die Hair-Partikel einmal erzeugt und an den vorgesehenen Stellen auf dem Mesh-Objekt – respektive Emitter – verteilt, können Sie sich um die Ausgestaltung kümmern. Hier kann zum einen HAIR DYNAMICS gute Dienste leisten, um die Haare zunächst der Schwerkraft auszusetzen.

Hair-Partikel lassen sich zum anderen aber auch ganz gezielt manuell in eine bestimmte Form bringen bzw. zu einer richtigen Frisur drapieren. Blender bietet hierfür den PARTICLE EDIT MODE, den Sie wie alle anderen Arbeitsmodi über das zugehörige Menü (Abbildung 17.23) aufrufen.

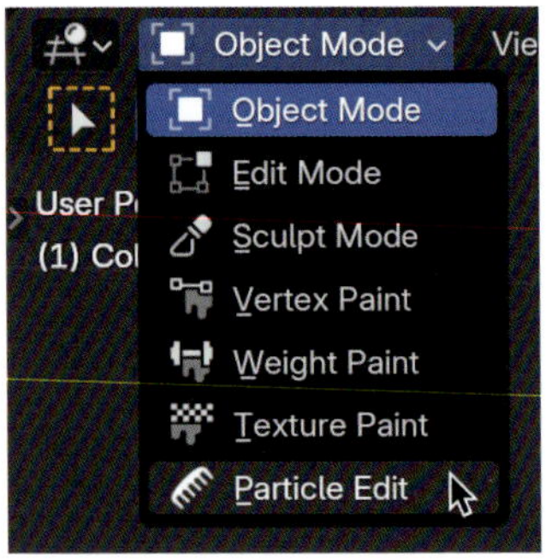

▲ **Abbildung 17.23**
Menü der Arbeitsmodi

Sobald Sie den Particle Edit Mode über das Menü der Arbeitsmodi (Abbildung 17.23) aktivieren, finden Sie in der Toolbar (Taste T) insgesamt sieben Hair-Werkzeuge, mit welchen Sie den Haarwuchs bändigen können (Abbildung 17.24). Gleichzeitig wechselt die Anzeige der Hair-Partikel in eine reduzierte Voransicht der Strands, damit Sie möglichst verzögerungsfrei im Viewport arbeiten können.

Neben Werkzeugen zum Kämmen (Comb), Glätten (Smooth) oder auch Anheben (Puff) der Hair-Partikel haben Sie auch die Möglichkeit, Haare zu schneiden (Cut), zu längen (Length) oder sogar neu wachsen (Add) zu lassen. Das Weight-Tool ist weniger für Hair-Partikel, sondern eher für das Anbringen von Wichtungen bei Soft-Body-Animationen gedacht.

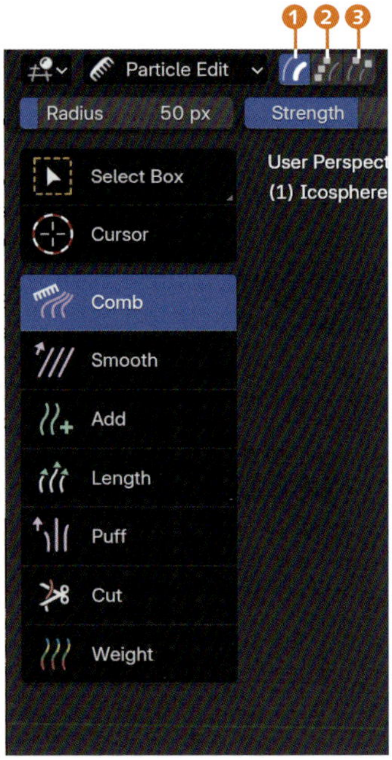

▲ **Abbildung 17.24**
Partikel-Werkzeuge in der Toolbar

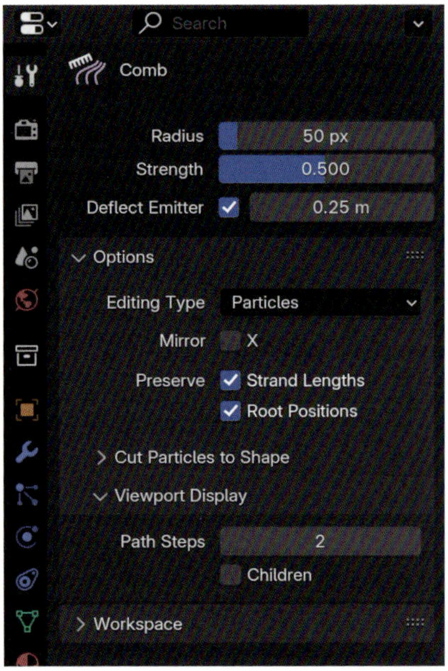

▲ **Abbildung 17.25**
Werkzeug-Einstellungen im Tool-Tab des Properties Editors

Welche Elemente der Hair-Partikel Sie mit dem ausgewählten Partikel-Werkzeug bearbeiten, bestimmen Sie analog zum Modelling über die Select Modes. So können Sie sich auf den Hair-Partikel-Pfad (Path ❶), die Segment-Punkte (Point ❷), auf die Hair-Spitzen (Tip ❸) oder eine Kombination dieser Modi konzentrieren. In den mittlerweile gewohnten Anlaufstellen finden Sie zu jedem

Hair-Werkzeug die verfügbaren Einstellungen (Abbildung 17.25). Um den Radius bzw. die Stärke (Strength) eines Hair-Werkzeugs während der Arbeit im Viewport zu ändern, verwenden Sie ebenso die gewohnten Tasten [F] bzw. [⇧]+[F].

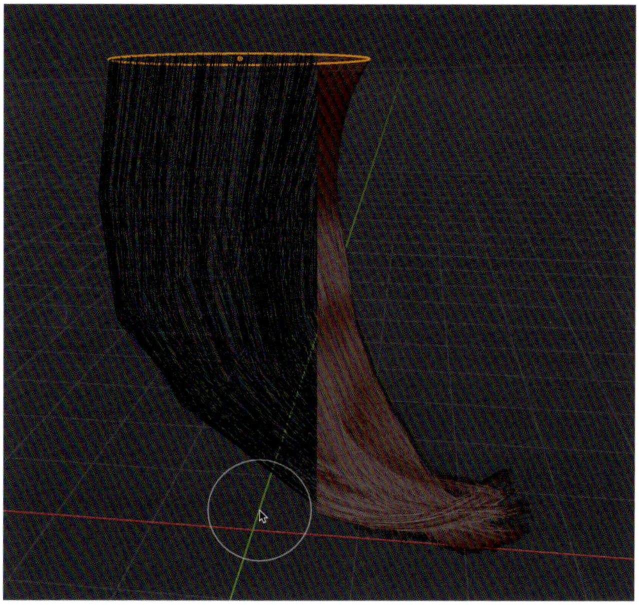

▲ **Abbildung 17.26**
Bearbeiten der Hair-Partikel mit dem Hair-Werkzeug

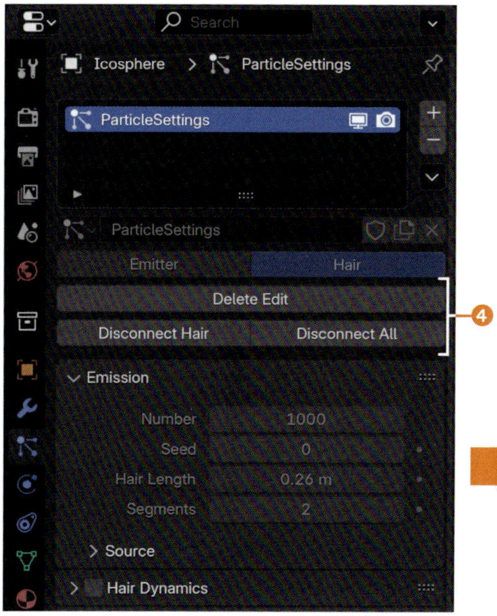

▲ **Abbildung 17.27**
Particle-Tab im Properties Editor

Sobald Sie über das Menü der Arbeitsmodi in den Particle Edit Mode wechseln, werden viele der Einstellungen für das Partikelsystem im Particle-Tab ausgegraut (Abbildung 17.27). Sie können also nicht während der Arbeit im Viewport kurzerhand die Anzahl der emittierten Basis-Haare oder deren Segmentierung ändern.

Stattdessen finden Sie in diesem Stadium drei zusätzliche Buttons 4 im Particle-Tab. Über den Button Delete Edit verwerfen Sie alle mit den Hair-Werkzeugen angebrachten Modifikationen und kehren zur ursprünglichen Hair-Partikel-Anordnung zurück. Mit den Buttons Disconnect Hair bzw. Disconnect All lösen Sie die Verbindung von den Partikeln zum Emitter-Objekt. Mit den dann verfügbaren Buttons Connect Hair bzw. Connect All können Sie dies wieder rückgängig machen, die Hair-Partikel springen dadurch wieder an ihren vorherigen Platz auf dem Emitter zurück.

Bei der Verwendung des Partikelsystems als Hair-System könnte nach getaner Arbeit der Wunsch entstehen, die emittierten und platzierten Haare, Gräser, Bäume oder sonstigen Objekte aus dem

Partikelsystem zu entlassen und zur individuelleren Bearbeitung, zum Beispiel zur Texturierung, in ein Mesh-Objekt umzuwandeln. Dies können Sie jederzeit über den Modifier-Tab des Properties Editors (Abbildung 17.28) erreichen. Klicken Sie zum gegebenen Zeitpunkt (und erst dann, denn eine spätere Rückumwandlung ist nicht möglich) im OBJECT MODE auf den Button CONVERT TO MESH.

Abbildung 17.28 ▸
Modifier-Tab im Properties Editor

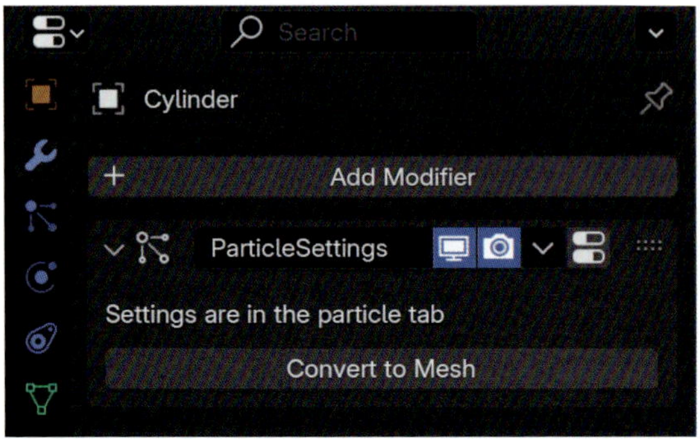

Cache

Sobald Sie eine Partikelsystem-Simulation über den Abspielbutton bzw. die Leertaste starten, werden alle berechneten Frames automatisch in einen Cache geschrieben, damit die Simulation anschließend problemlos in Echtzeit vorwärts oder auch rückwärts abgespielt werden kann. Sie erkennen im Cache befindliche Frames an der deutlichen Färbung ❶ in der Timeline.

Abbildung 17.29 ▸
Cache eines Partikelsystems in der Timeline

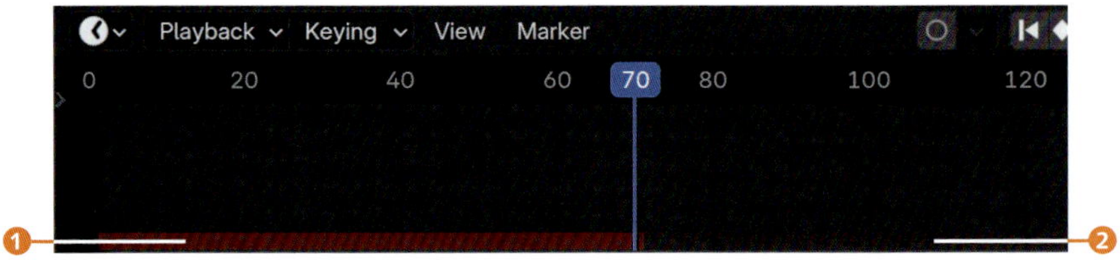

Bereiche der Simulation, die noch nicht berechnet wurden, sind dagegen schwach farbig hinterlegt ❷. Sobald Sie das Partikelsystem modifizieren, wird der komplette Cache geleert, so dass erst wieder ein erneutes Abspielen erforderlich ist, um diesen temporären Cache neu zu befüllen.

Im Panel CACHE des Particle-Tabs (Abbildung 17.30) haben Sie die Möglichkeit, die Partikel-Emission zu backen und in einer Cache-Datei abzulegen. Dadurch haben Sie eine flüssige Animation im Viewport und ein festgeschriebenes Ergebnis. Natürlich kann dies durchaus zeit- und rechenintensiv sein. Vor einer Änderung an den Einstellungen des Partikelsystems müssen Sie das gespeicherte Ergebnis zunächst über den Button DELETE BAKE löschen. Nach erfolgter Änderung ist eine Neuberechnung erforderlich, die Sie wie anfangs über den Button BAKE anstoßen.

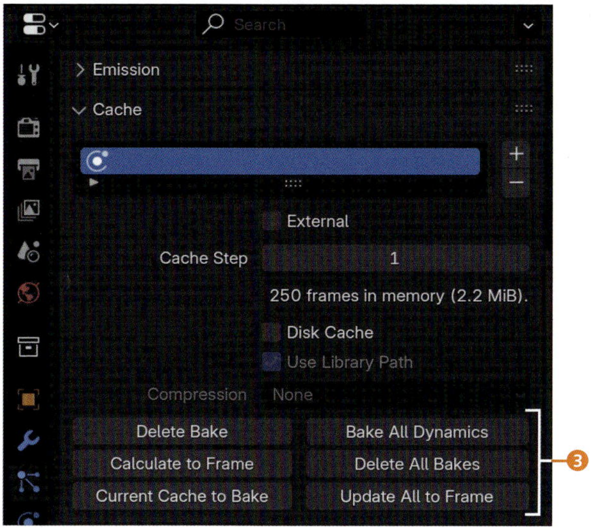

Abbildung 17.30
Panel CACHE im Particle-Tab des Properties Editors

Das Backen von Simulationen in einen Cache wird uns noch öfter in diesem Kapitel begegnen. Dazu aktivieren Sie die Option DISK CACHE, bevor Sie das Backen starten. Über die Option EXTERNAL lesen Sie diese extern gespeicherten Caches ein. Mit den verschiedenen Buttons 3 am unteren Ende des Panels backen Sie wahlweise nur die aktuelle oder alle in der Szene enthaltenen Simulationen (BAKE ALL DYNAMICS), backen nur bis zum aktuellen Frame (CALCULATE TO FRAME), wandeln den temporären Cache in einen gebackenen Cache um (CURRENT CACHE TO BAKE) oder stoßen eine Aktualisierung bis zum aktuellen Frame an (UPDATE ALL TO FRAME).

Schritt für Schritt
Malen mit Hair-Partikeln

Sehen wir uns in diesem kurzen Workshop an, wie Sie ein Hair-Partikelsystem für eine Wiese aufsetzen und gezielt Grashalme malen.

1 Blender-Szene laden

Rufen Sie über den Befehl FILE • OPEN (Taste [Strg]/[Cmd]+[O]) den File Browser auf und navigieren Sie zum Verzeichnis *5_Ani-*

mation. Öffnen Sie dort die Datei *5_Animation_Simulation_Partikel_Start.blend*. Diese Blender-Szene enthält eine Plane als Boden sowie das Mesh-Objekt eines Grashalms (Abbildung 17.31).

Abbildung 17.31 ▸
Ausgangssituation mit Plane und Grashalm

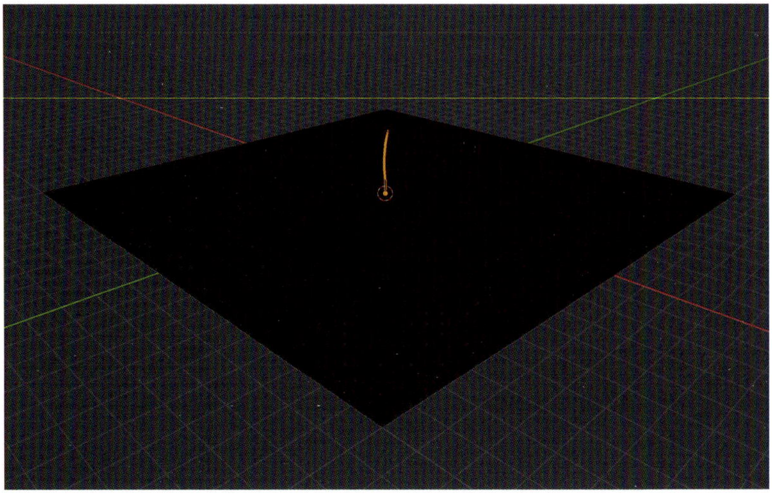

2 Partikelsystem erzeugen und einrichten

Damit aus dem Grashalm eine Wiese wird, selektieren Sie die Plane des Bodens und erzeugen im Particle-Tab ① des Properties Editors über den +-Button ② ein Partikelsystem.

Abbildung 17.32 ▸
Particle-Tab des Plane-Objekts im Properties Editor

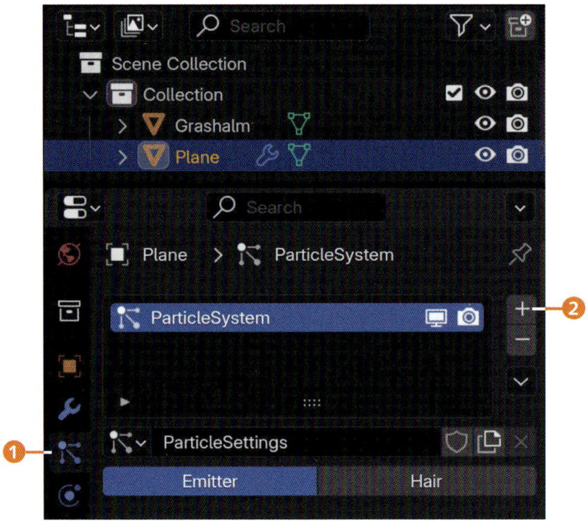

Stellen Sie das Partikelsystem auf HAIR ③ um und aktivieren Sie die Option ADVANCED ④, um an das Panel ROTATION ⑥ zu gelangen. Im Panel EMISSION ⑤ vergeben Sie eine Anzahl (NUMBER) von 3000 bei einer Länge der Hair-Partikel von 5 m.

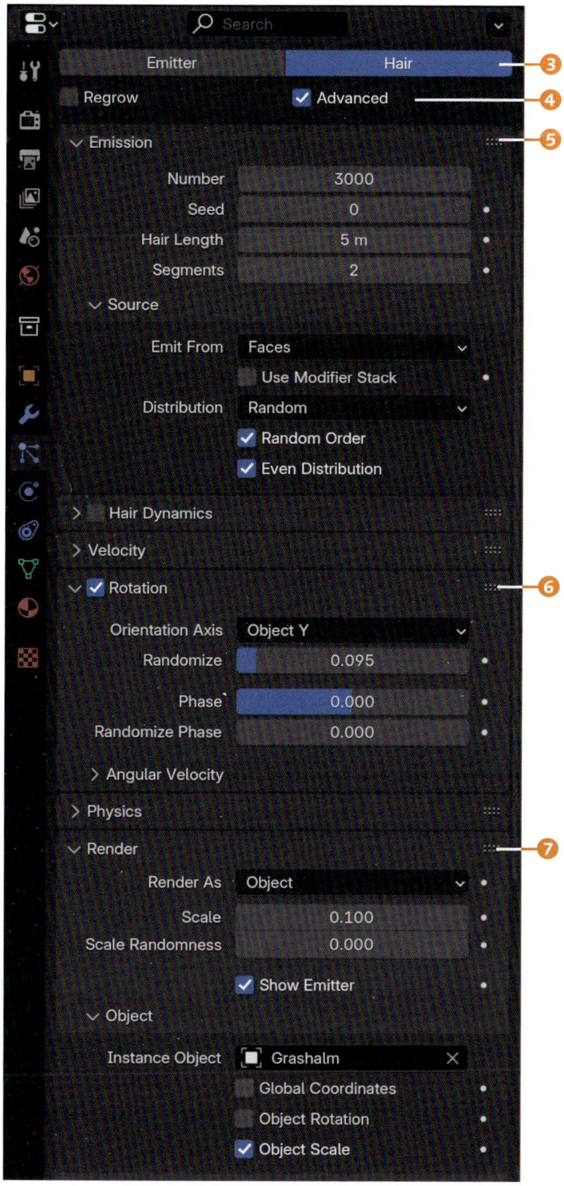

◂ **Abbildung 17.33**
Panels Emission, Rotation und Render im Particle-Tab

▾ **Abbildung 17.34**
Panels Viewport Display und Children im Particle-Tab

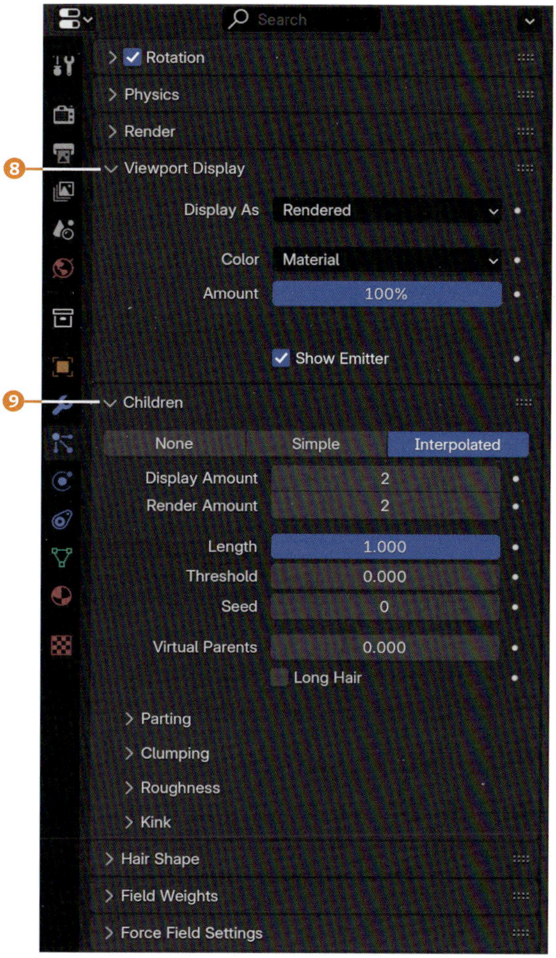

Klappen Sie nun das untergeordnete Panel Source auf, wo Sie angeben, dass die Hair-Partikel auf den Faces entstehen, die Verteilung (Distribution) beliebig und gleichmäßig (Even Distribution) erfolgen soll.

Damit die Grashalme sich weitestgehend in unterschiedliche Richtungen drehen, aktivieren Sie das Panel Rotation 6 und definieren die Y-Achse des Objekts als Orientation Axis. Geben Sie einen Zufallswert von 0.095 für die Rotation vor.

Im Panel RENDER 7 (Abbildung 17.33) kommt nun der Grashalm als Hair-Objekt zum Einsatz. Für RENDER AS benötigen wir dafür die Einstellung OBJECT, damit Sie im gleichnamigen untergeordneten Panel den Grashalm als INSTANCE OBJECT wählen können. Die Größe können Sie über den Parameter SCALE jederzeit Ihren Vorstellungen anpassen.

An den Einstellungen im Panel VIEWPORT DISPLAY 8 (Abbildung 17.34) muss nichts geändert werden, denn wir möchten ein gerendertes Ergebnis sehen und auch der EMITTER, unsere Boden-Plane, soll sichtbar sein.

Im Panel CHILDREN 9 (Abbildung 17.34) dagegen erhöhen wir die Anzahl der Grashalme mit interpolierten virtuellen Halmen (INTERPOLATED). Aufgrund der hohen Basisanzahl reicht hier ein relativ geringer Wert für DISPLAY und RENDER AMOUNT, um einen dichten Grasteppich zu erhalten.

Abbildung 17.35 ▸
Grashalme als Hair-Partikel

3 Vertex Group anlegen und zuweisen

Nun könnten wir so weit mit dem Ergebnis (Abbildung 17.35) zufrieden sein und uns entspannt zurücklehnen, doch probieren wir an dieser Stelle noch aus, wie wir mittels Vertex Groups mit Grashalm-Partikeln malen können.

Um eine neue, vorerst leere Vertex Group anzulegen, öffnen Sie den Object Data-Tab 1 des Bodens und klicken im Panel VERTEX GROUP auf den +-Button. Klicken Sie doppelt auf den Namen der Group und geben Sie ihr einen aussagekräftigen Namen (Abbildung 17.36).

Springen Sie zurück in den Particle-Tab ② und definieren Sie die eben definierte Vertex Group im gleichnamigen Panel für die Dichte (Density) der Hair-Partikel.

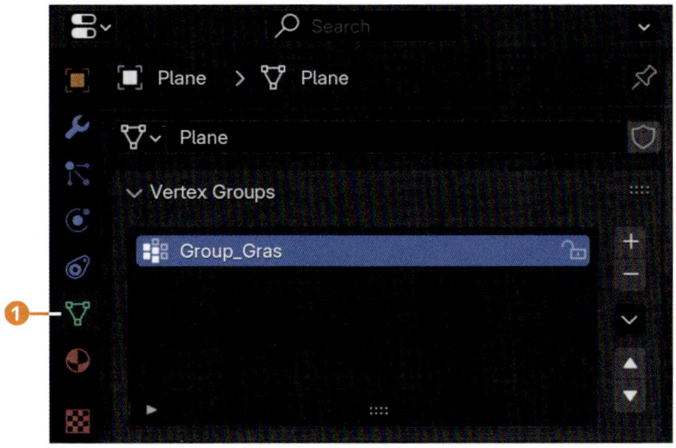

▲ **Abbildung 17.36**
Panel Vertex Groups im Object Data-Tab

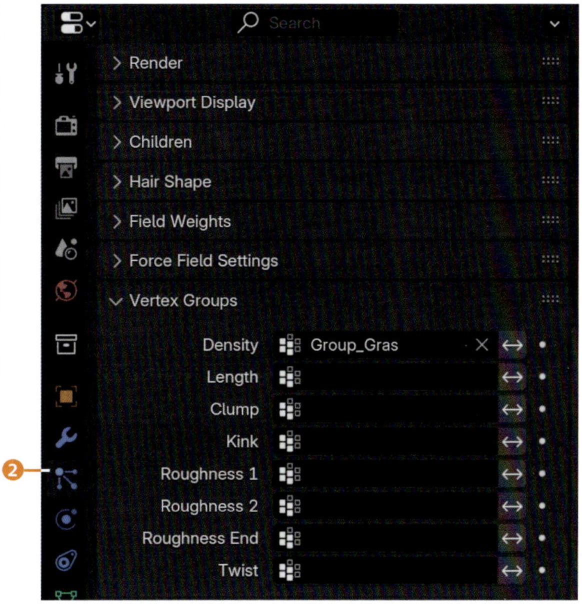

Abbildung 17.37 ▸
Panel Vertex Groups im Particle-Tab

4 Malen mit Grashalm-Partikeln

Das Aufmalen der Grashalm-Partikel erfolgt also auf der Grundlage der Vertex Group, die wir eben angelegt haben. Um diese Vertex Group optimal im Viewport bearbeiten zu können, öffnen Sie zunächst das Pop-up-Menü Viewport Display (Abbildung 17.38) und wechseln unter Color in den Modus Object.

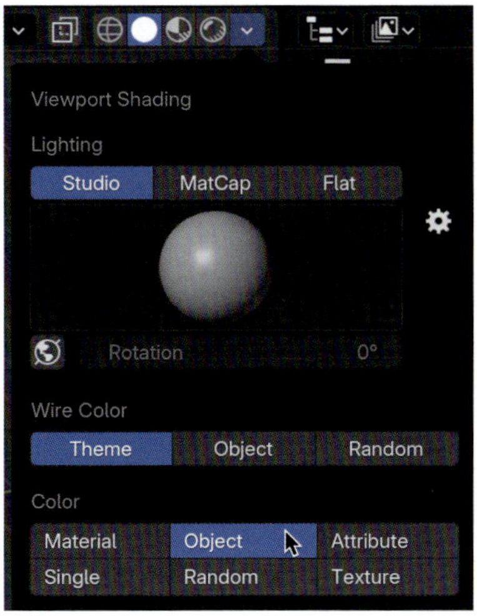

◂ **Abbildung 17.38**
Pop-up-Menü Viewport Display

Zum nun folgenden Malen auf die Vertex Group wechseln Sie über das Menü der Arbeitsmodi in den WEIGHT PAINT MODE (Abbildung 17.39).

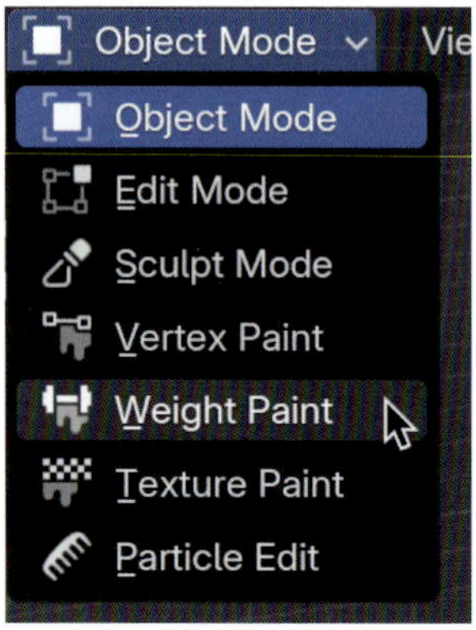

Abbildung 17.39 ▸ Menü der Arbeitsmodi

Wählen Sie jetzt noch in den Werkzeug-Einstellungen im Properties Editor einen nicht zu kleinen RADIUS für den standardmäßig aktivierten Draw-Brush im Tool-Tab (Abbildung 17.40) sowie eine Perspektive im Viewport, in der Sie gut alle Bereiche in einem Arbeitsgang erfassen können. Jetzt kann das Malen von Grashalmen beginnen.

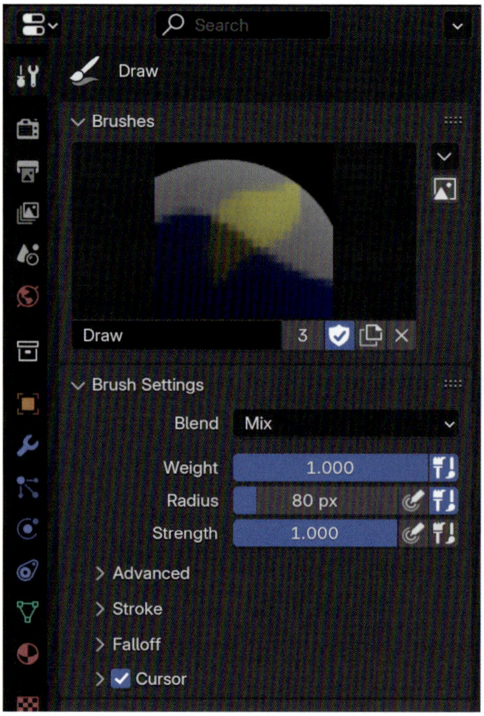

Abbildung 17.40 ▸ Panel BRUSH SETTINGS im Tool-Tab des Properties Editors

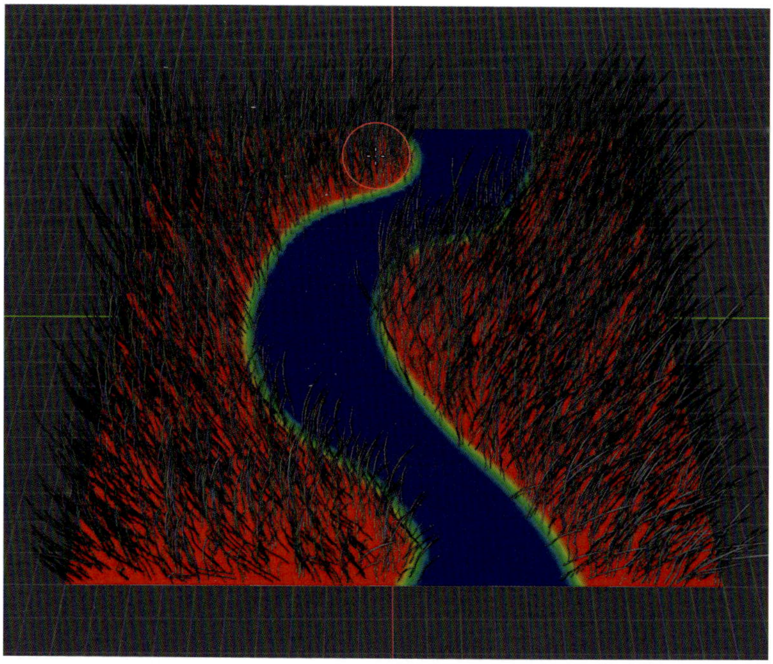

◂ **Abbildung 17.41**
Malen mit Hair-Partikeln durch Definieren der Vertex-Wichtungen

Durch das Auftragen der im Draw-Brush eingestellten Wichtung (WEIGHT) von 1.000 färbt sich die ungewichtete, blaue Vertex-Map rot – an diesen Stellen entstehen also 100 % Grashalme. Entsprechend lässt sich durch Variieren der aufgetragenen Wichtung der Wuchs der Grashalme auf der Oberfläche kontrollieren. Auf diese Weise entsteht in unserem Beispiel eine Schneise in der Wiese (Abbildung 17.42).

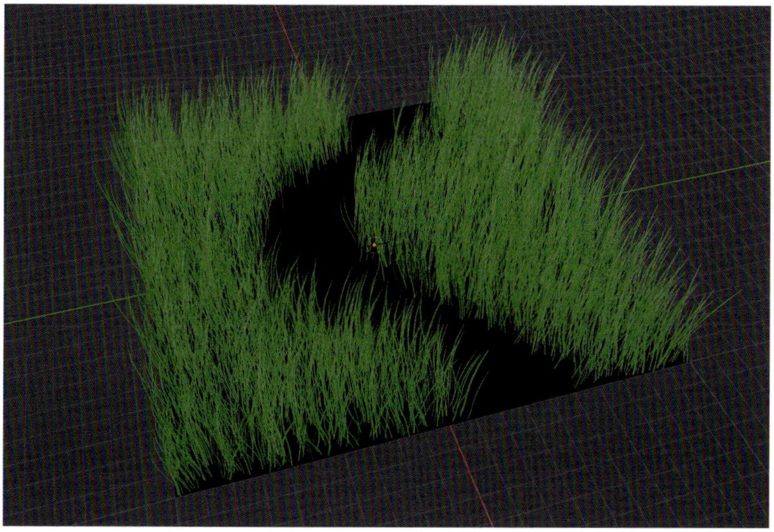

◂ **Abbildung 17.42**
Durch Vertex-Wichtung erzeugte Schneise in der Wiese

17.4 Physics

Ein herabfallender Würfel, der auf eine Oberfläche prallt, oder ein Gummiball, der beim Aufspringen eine Verformung vollzieht, sind Animationsbeispiele, die sich zur Not auch mit einer Keyframe-Animation lösen lassen. Mit steigender Anzahl an beteiligten Objekten wird der Aufwand dabei aber schnell unbeherrschbar. Neben diesem klassischen Aufgabengebiet der Rigid und Soft Bodies sind mit dem Physik-Baukasten in Blender aber auch realistische Animationen mit Stoffen (Cloth), Rauch und Feuer (Fluid) sowie das dynamische Malen auf Objekten (Dynamic Paint) möglich.

Um die Objekte mit den dafür nötigen physikalischen bzw. dynamischen Eigenschaften auszustatten, steht Ihnen der Physics-Tab 1 im Properties Editor zur Verfügung.

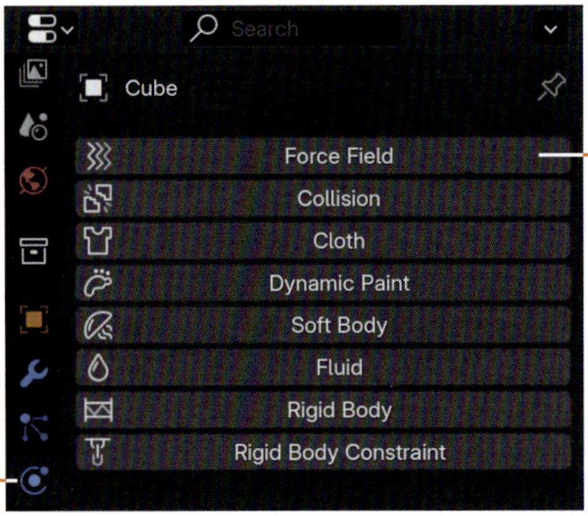

▲ **Abbildung 17.43**
Physics-Tab im Properties Editor

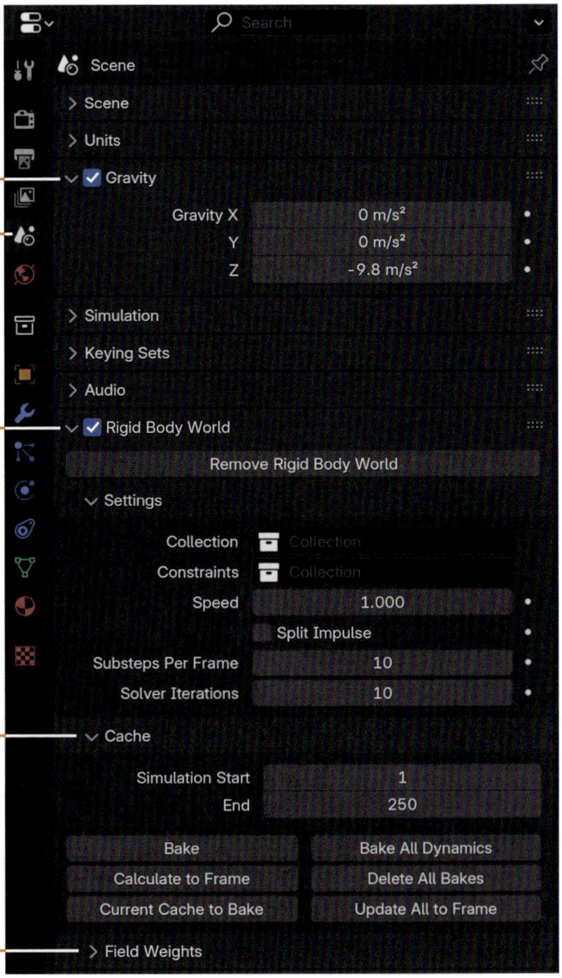

Abbildung 17.44 ►
Panels Gravity und Rigid Body World im Scene-Tab des Properties Editors

Einen Ausflug in den Bereich der Physics haben wir bereits bei der Betrachtung der Kräfte und Kraftfelder unternommen. Die behandelten FORCE FIELDS ❷ wirken nicht nur auf Partikelsysteme, sondern auch auf mit physikalischen Eigenschaften versehene Objekte.

Ein Objekt kann natürlich mehrere dieser Eigenschaften verliehen bekommen: Im Prinzip weisen Sie Ihren Objekten über die verschiedenen Buttons die benötigten Physics-Modifier zu, die über den bekannten Modifier-Stack abgearbeitet werden.

Im Scene-Tab ❹ des Properties Editors finden Sie im Panel GRAVITY ❸ die szenenweit vorherrschende Gravitationskraft hinterlegt und aktiviert. Hier wirkt standardmäßig die Erdanziehungskraft in gewohnter negativer Z-Richtung.

Damit physikalische Simulationen in der Szene überhaupt berechnet werden, muss eine sogenannte RIGID BODY WORLD im gleichnamigen Panel ❺ vorhanden und aktiv sein. Im untergeordneten Panel SETTINGS finden Sie Voreinstellungen für die Berechnung der Simulation. So können Sie die Simulation auf die Objekte (COLLECTION) bzw. RIGID BODY CONSTRAINTS (CONSTRAINTS) bestimmter Collections beschränken. Mit dem Parameter SPEED kontrollieren Sie die Geschwindigkeit der Simulation. Sollten Sie feststellen, dass sich Objekte durch wiederholte Kollisionen problematisch aufschaukeln, aktivieren Sie die Option SPLIT IMPULSE. Die Genauigkeit der Berechnung erhöhen Sie für die Simulation durch Erhöhen der SUBSTEPS PER FRAME, für die Constraints durch Anheben der SOLVER ITERATIONS – beides erkaufen Sie dabei durch längere Berechnungszeiten.

Das von den Partikelsystemen bekannte Backen einer Simulation in einen CACHE ❻ bietet sich auch bei den Physics an, wenn Sie ein Ergebnis nicht nur flüssig abspielen, sondern auch unverändert beibehalten möchten.

Das letzte untergeordnete Panel FIELD WEIGHTS ❼ enthält die globalen Einstellungen für die Wirkung aller Kräfte und Kraftfelder in der Szene.

Rigid und Soft Bodies

Beginnen wir mit den wohl gängigsten Vertretern der Physics-Simulationen, den Festkörpern (»Rigid Bodies«), die sich bei der Simulation nicht verformen, sowie den Weichkörpern (»Soft Bodies«), deren Form sich während der Simulation durch Krafteinfluss oder Kollision bleibend oder temporär verändern kann.

Rigid Bodies | Rigid Bodies (»Festkörper«) verformen sich bei der Simulation nicht, sie ändern lediglich aufgrund der auf sie wirkenden Kräfte ihre Position und Ausrichtung. Als Rigid Body können ausschließlich Mesh-Objekte zum Einsatz kommen.

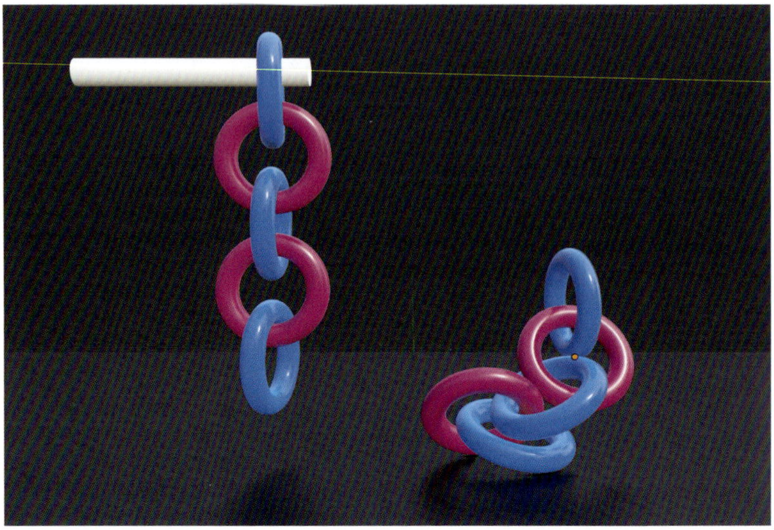

Abbildung 17.45 ▸
Aktive und passive Rigid-Body-Objekte

Rigid Bodies sind wahlweise aktiv oder passiv. Aktive Rigid Bodies sind allen vorherrschenden Kräften ausgeliefert, während passive Rigid Bodies lediglich bei Kollisionen erkannt werden. Im Beispiel in Abbildung 17.45 sind alle farbigen Ringe aktive Rigid Bodies, während der weiße Stab und auch der Boden als passive Rigid Bodies fungieren.

Nach der Definition eines Mesh-Objekts als Rigid Body finden Sie die zugehörigen Einstellungen im Panel Rigid Body ❶ des Physics-Tabs ❷ (Abbildungen 17.46 und 17.47). Je nach gewähltem Type – aktiv oder passiv – unterscheiden sich die verfügbaren Einstellungen naturgemäß. Bei aktiven Rigid Bodies geben Sie zunächst die Masse (Mass) des Objekts in der Einheit Kilogramm vor. Nur bei aktivierter Option Dynamic nimmt das Objekt an der Rigid-Body-Simulation teil. Eine Besonderheit der Rigid Bodies ist außerdem, dass die Objekte mit Keyframe-Animationen zusammenarbeiten können, in diesem Fall aktivieren Sie die Option Animated.

Sowohl für die Genauigkeit als auch für die Performance der Simulation ist die Auswahl einer geeigneten Kollisionsform (Shape) im untergeordneten Panel Collisions wichtig. Im Menü Shape finden Sie einige Standardformen wie Sphere oder Box, auch die Convex Hull ist oft brauchbar, wenn auch rechenintensiver. Bei

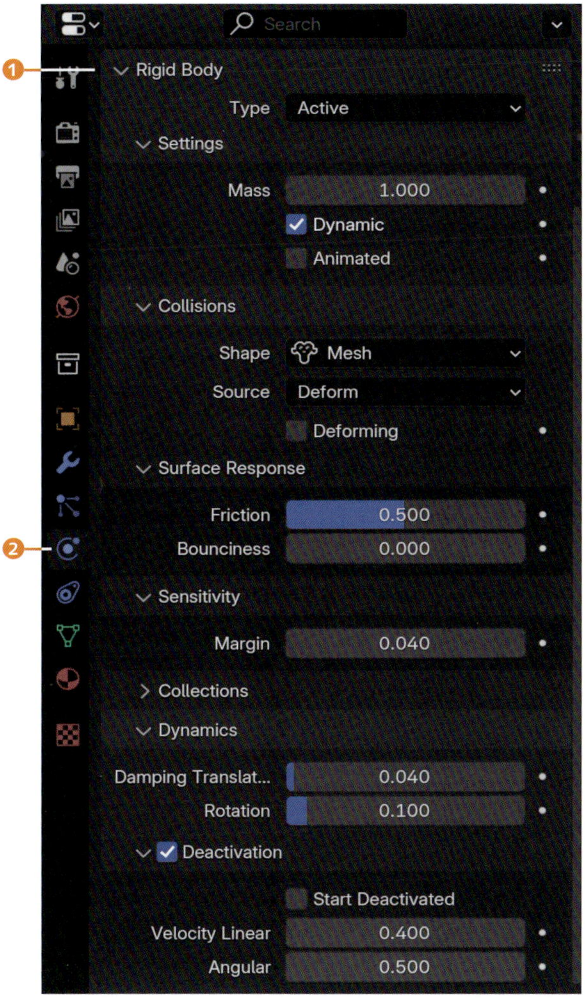

▲ **Abbildung 17.47**
Panel Rigid Body eines passiven Rigid Bodies im Physics-Tab des Properties Editors

◂ **Abbildung 17.46**
Panel Rigid Body eines aktiven Rigid Bodies im Physics-Tab des Properties Editors

speziellen Formen, wie den ineinanderhängenden Ringen in unserem Beispiel, kommen Sie um die aufwendige Form Mesh nicht herum. Sollte der Rigid Body aus mehreren hierarchisch gegliederten Objekten bestehen, kann die Shape Compound Parent eine gute und performante Lösung sein. Über das Menü Source bzw. die Option Deforming bestimmen Sie zusätzlich, ob lediglich das Basis-Mesh oder die gegebenenfalls deformierte Version des Objekts bei der Kollisionsberechnung Verwendung findet. Die Empfindlichkeit (Sensitivity), ab der eine Kollision zwischen zwei Rigid Bodies erkannt wird, regelt die Margin.

In den Panels Surface Response und Dynamics finden Sie zusätzliche Parameter, um unter anderem die Reibung (Friction), Sprungkraft (Bounciness) oder Dämpfung (Damping) für den Rigid

Body festzulegen. Mit den untergeordneten Deactivation-Optionen haben Sie die Möglichkeit, die Simulation für das Objekt gezielt an- bzw. auszuschalten. Auf diese Weise vermeiden Sie, dass sich Objekte schon frühzeitig selbstständig machen oder zum Ende hin nicht zur Ruhe kommen.

Um ausschließlich Kollisionen mit Objekten aus bestimmten Collections zu erlauben, definieren Sie diese im gleichnamigen Panel für den Rigid Body.

Rigid Body Constraints | Sie haben Constraints bereits als sehr praktische Möglichkeit kennengelernt, um die Bewegungsfreiheit von Objekten einzuschränken und damit zu steuern.

Rigid Body Constraints haben die gleiche Aufgabe, indem sie bei Ihrer physikalischen Simulation unter anderem als Aufhänger (POINT), Gelenk (HINGE), Schiene (SLIDER) oder auch Antrieb (MOTOR) dienen. Zu beachten ist dabei, dass Sie den Rigid Body Constraint dabei nicht dem Rigid Body direkt, sondern einem eigenen Empty ❶ zuweisen müssen.

Abbildung 17.48 ▸
Per Rigid Body Constraint verbundene Rigid Bodies

Organisation der Rigid Body Constraint Empties

Vergessen Sie nicht, dass der Rigid Body Constraint als separates (Empty-)Objekt vorliegt. Gegebenenfalls müssen Sie seine Position anpassen und zum Unterobjekt (Child) des führenden Objekts machen, damit es bei einer Animation tatsächlich mitgeführt wird.

Im Panel RIGID BODY CONSTRAINT ❷ des Physics-Tabs (Abbildung 17.49) wählen Sie den gewünschten Type des Constraints und stellen die je nach dessen Funktion unterschiedlichen benötigten Vorgaben ein. So tragen Sie im untergeordneten Panel OBJECTS die an der Funktion des Constraints beteiligten Objekte ein. Über das Panel SETTINGS haben Sie die Möglichkeit, Rigid Body Constraints gezielt zu aktivieren bzw. zu deaktivieren oder auch eine Schwelle

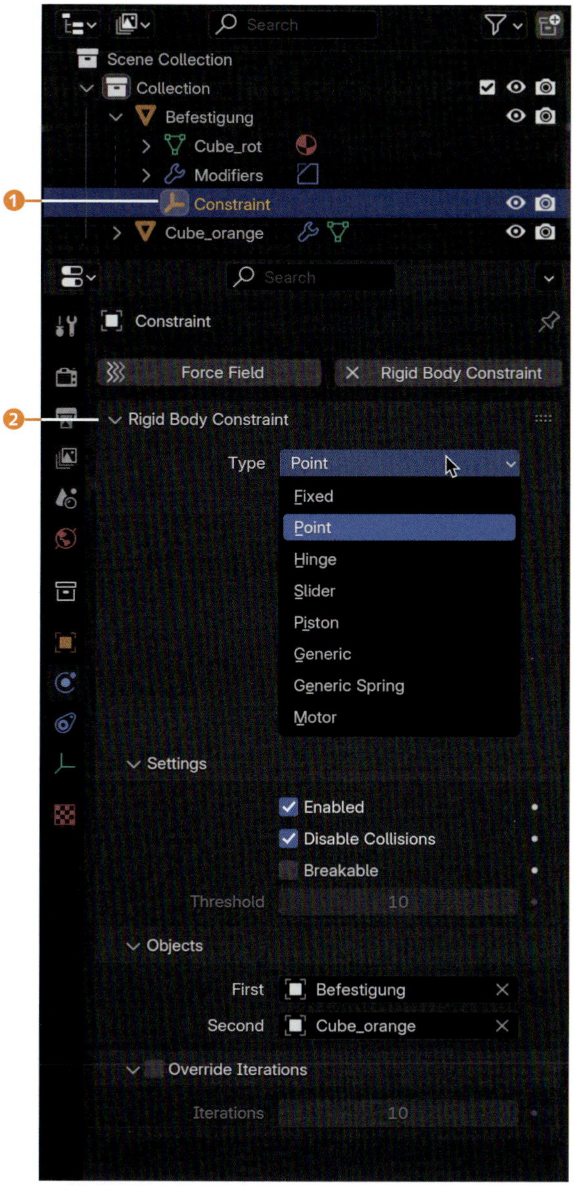

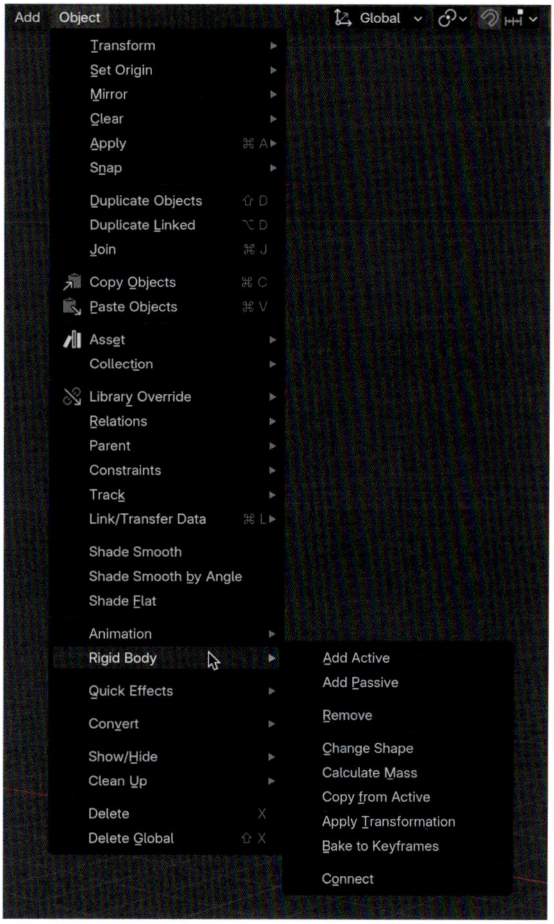

▲ **Abbildung 17.50**
Menü OBJECT • RIGID BODY

◀ **Abbildung 17.49**
Panel RIGID BODY CONSTRAINT eines aktiven Rigid Bodys im Physics-Tab des Properties Editors

(THRESHOLD) für eine Kollision festzulegen, ab der die Verbindung des Constraints gelöst wird (BREAKABLE). Wenn Sie Rigid Body Constraints mehr Gewicht, als in der Rigid Body World hinterlegt ist, geben möchten, erhöhen Sie den Wert der OVERRIDE ITERATIONS.

Um Ihnen die Arbeit bei der Erstellung und Zuweisung von Verbindungen per Rigid Body Constraints etwas zu erleichtern, finden Sie im Menü OBJECT • RIGID BODY (Abbildung 17.50) den Befehl CONNECT. Sobald Sie zwei Mesh-Objekte (über die praktischerweise ebenfalls in diesem Menü befindlichen Befehle) als aktive bzw. passive Rigid Bodies deklariert haben, schaffen Sie per CONNECT die Verbindung mit einem Rigid Body Constraint und müssen sich nur noch um die korrekte Unterbringung des Empty kümmern.

In diesem Menü finden Sie außerdem Befehle, mit denen Sie sehr schnell den Kollisions-Shape austauschen (CHANGE SHAPE), die Masse des Rigid Bodys berechnen (CALCULATE MASS) oder auch die Rigid-Body-Einstellungen auf weitere Objekte übertragen können (COPY FROM ACTIVE).

Soft Bodies | Im Gegensatz zu Rigid Bodies sind Soft Bodies (»Weichkörper«) elastisch und verformbar. Dabei fungieren die Edges des Mesh-Objekts als Federn, deren Zug- und Biegefestigkeit Sie für den Soft Body beschreiben.

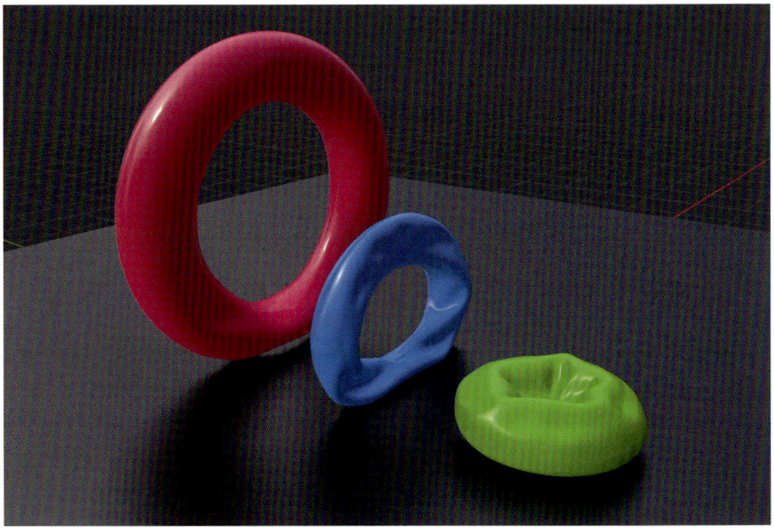

Abbildung 17.51 ►
Soft-Body-Objekt mit unterschiedlichen Federhärten bzw. Biegefestigkeiten

Für die Definition der Objekteigenschaften finden Sie nach der Bestimmung eines Objekts als Soft Body wie üblich das gleichnamige Panel im Physics-Tab 1 des Properties Editors (Abbildung 17.52). Grundlegende Eigenschaften, die Sie auch von den Rigid Bodies kennen, finden Sie in den untergeordneten Panels OBJECT, SIMULATION und CACHE. Über die Option GOAL erreichen Sie ein Nachschwingen bei einem per Keyframe animierten Soft Body.

Zur Definition der elastischen Eigenschaften öffnen Sie das untergeordnete Panel EDGES. Hier legen Sie also für die enthaltenen Edges (oder eine bestimmte Group) die Steifheit (PULL) bzw. den Biegewiderstand (PUSH) fest. Je niedriger diese Werte, desto elas-

Curves und Surfaces als Soft Bodies

Im Gegensatz zu Rigid Bodies, die nur Mesh-Objekte akzeptieren, sind Soft Bodies nicht so wählerisch. Auch Curves oder Surfaces eignen sich als Weichkörper.

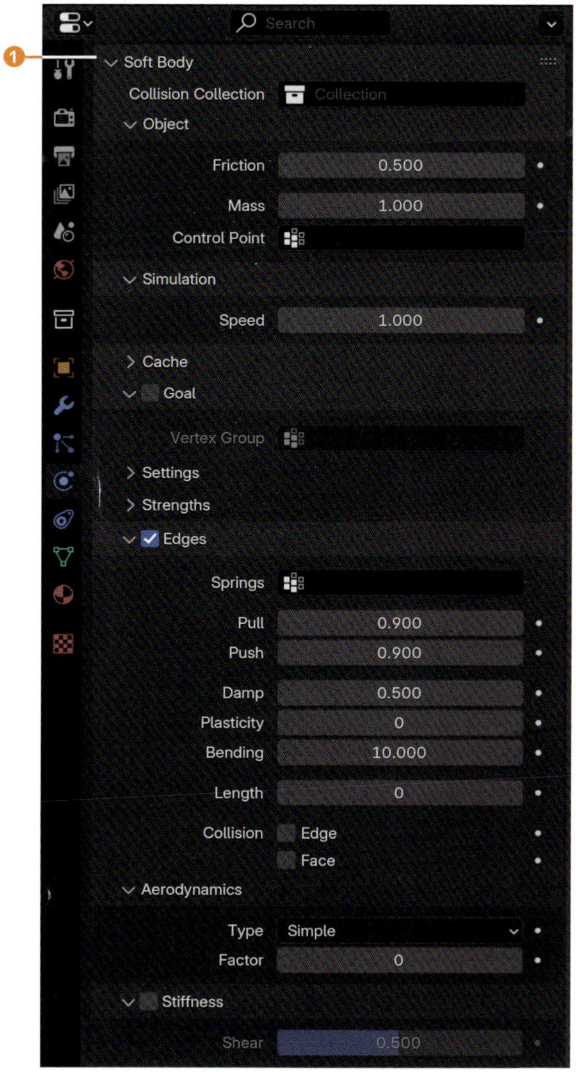

◂ **Abbildung 17.52**
Panel Soft Body im Physics-Tab des Properties Editors

▴ **Abbildung 17.53**
Untergeordnete Panels Self Collision, Solver, Diagnostics, Helpers und Field Weights

tischer das Material. Über den Parameter Damp dämpfen Sie beide Eigenschaften. Mit einer Vorgabe bei Plasticity erreichen Sie, dass sich der Soft Body bleibend verformt. Zusätzliche, auch diagonale Verbindungen schaffen Sie mit dem prozentualen Wert Bending, zugleich steuern Sie die Länge (Length) der Edges. Erweiterte Steifheit bei vierseitigen Faces lässt sich per Stiffness vergeben. Ob und wie stark der Soft Body auf aerodynamische Einflüsse reagiert, kontrollieren Sie im Panel Aerodynamics.

Bei sehr biegsamen Soft Bodies ist nicht auszuschließen, dass sie mit sich selbst kollidieren. Über das Panel Self Collision (Abbildung 17.53) verhindern Sie gezielt diese unerwünschten Überschneidungen. Da dies natürlich den Rechenaufwand zusätzlich erhöht, lässt sich die Genauigkeit der Kollisionsberechnung (CALCULATION TYPE) mit den zugehörigen Parametern optimieren.

Die Genauigkeit der Soft-Body-Simulation ist im Panel SOLVER hinterlegt. Je mehr Schritte (STEPS) Sie pro Frame erlauben, desto genauer, aber auch zeitintensiver die Berechnung. Mit den untergeordneten Panels DIAGNOSTICS und HELPERS lässt sich das Verhalten der Simulation in der Console beobachten bzw. weiter verfeinern.

Wie bei den anderen Physics-Objekten können Sie den Einfluss der FIELD WEIGHTS auch bei den Soft Bodys über das zugehörige Panel gezielt beschränken.

Collisions

Während Sie bei reinen Rigid-Body-Simulationen zwischen aktiven und passiven Objekten unterscheiden und bestimmen, welche Objekte nur zur Kollision dienen, benötigen Sie bei Soft Bodies, Partikeln oder auch für Cloth den Collision-Modifier.

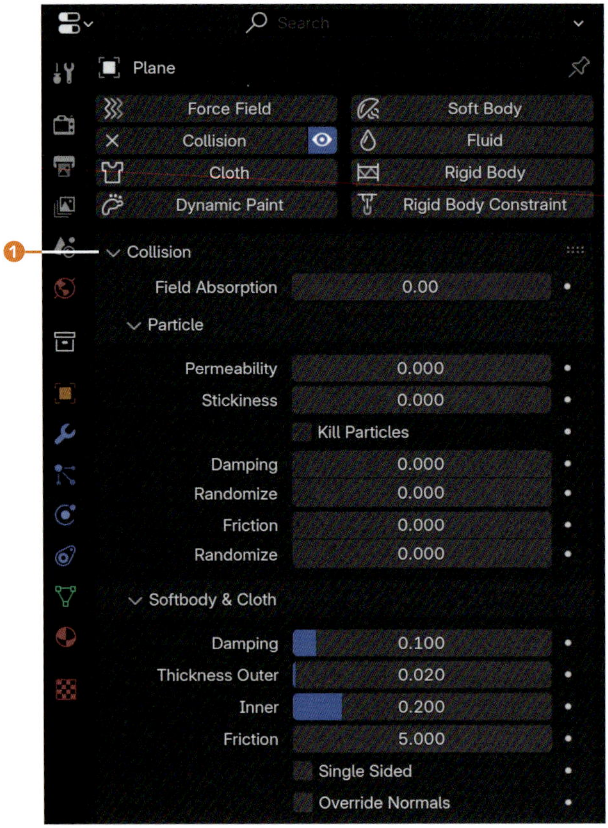

Abbildung 17.54 ▸
Panel COLLISION im Physics-Tab des Properties Editors

Sie finden ihn wie üblich als Button im Physics-Tab (Abbildung 17.54). Über das zugehörige Panel COLLISION ❶ haben Sie zunächst über den Parameter FIELD ABSORPTION eine Möglichkeit, die allgemeine Wirkung des Collisions-Objekts auf vorherrschende Kräfte prozentual zu regulieren. Die weiteren Einstellungen teilen sich auf in die Beeinflussung von Partikeln (Panel PARTICLE) sowie Soft Bodies und Cloth (Panel SOFTBODY & CLOTH).

Im Unter-Panel PARTICLE geben Sie vor, wie durchlässig das Hindernis für Partikel ist (PERMEABILITY), ob Partikel haften bleiben (STICKINESS) oder ob kollidierende Partikel dabei ihr Leben aushauchen (KILL PARTICLES). Weitere Parameter kümmern sich um die Dämpfung (DAMPING) und die Reibung (FRICTION) bei der Kollision.

In ganz ähnlicher Weise kontrollieren Sie im Panel SOFTBODY & CLOTH das Kollisionsverhalten für diese Simulationen. Über THICKNESS OUTER bzw. INNER definieren Sie dabei eine Kollisionszone, innerhalb deren Soft Bodies und Cloth entsprechend gestoppt werden. Mit den Optionen SINGLE SIDED bzw. OVERRIDE NORMALS beschränken Sie die Kollisionen auf die Normalenrichtung bzw. ersetzen diese mit der Ausrichtung des Collision-Objekts.

Schritt für Schritt
Rigid Body-Simulation eines Kugellawinen-Brettspiels

In diesem Workshop setzen wir sowohl passive und aktive Rigid Bodies als auch Rigid Body Constraints ein, um einen Brettspiel-Klassiker als Simulation nachzuahmen.

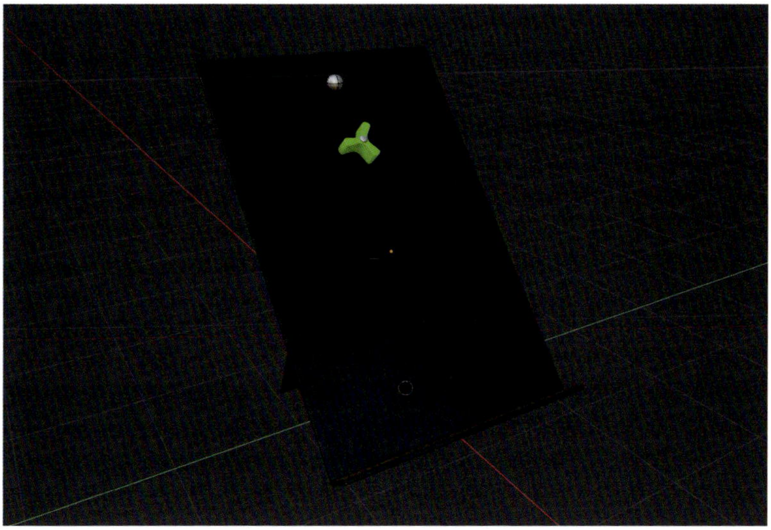

◂ **Abbildung 17.55**
Ausgangssituation für den Workshop

1 Blender-Szene laden
Rufen Sie über den Befehl FILE • OPEN (Taste [Strg]/[Cmd]+[O]) den File Browser auf und navigieren Sie zum Verzeichnis *5_Animation*. Öffnen Sie dort die Datei *5_Animation_Simulation_RigidBodies_Start.blend*. In dieser Blender-Szene finden Sie neben dem Spielbrett eine Metallkugel sowie einen ersten dreiarmigen Flügel als Unterobjekt ① einer Metallachse (Abbildung 17.56).

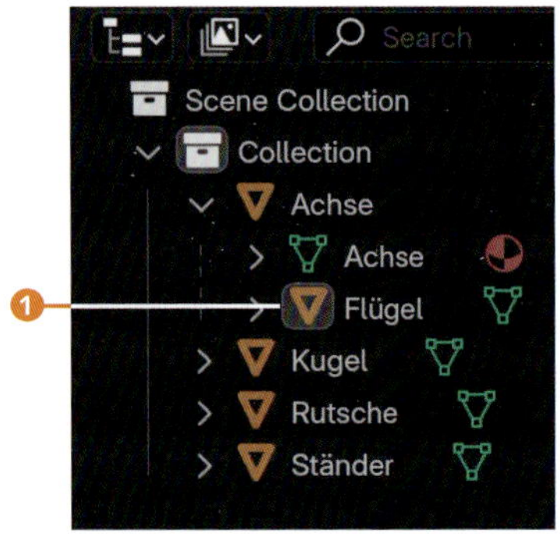

▲ **Abbildung 17.56**
Aufbau des Spielbretts

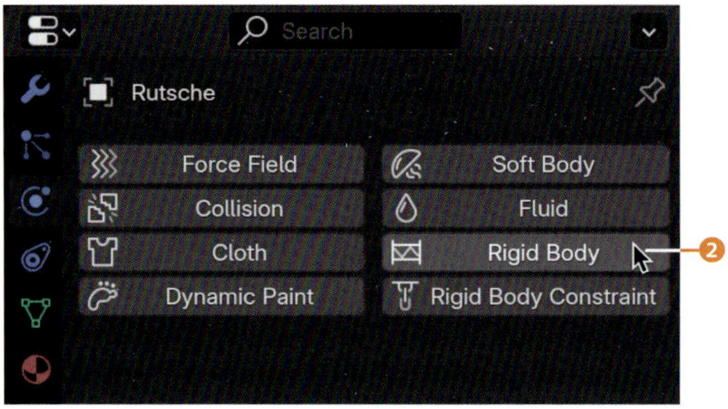

▲ **Abbildung 17.57**
Physics-Tab im Properties Editor

2 Rutsche als passiven Rigid Body einrichten
Wir beginnen mit der Rutsche des Spielbretts. Auf dieser Fläche rollt die Kugel nach unten und dreht möglichst viele befestigte Flügel. Öffnen Sie den Physics-Tab im Properties Editor und definieren Sie die Rutsche über den Button RIGID BODY ② als Festkörper (Abbildung 17.58).

Abbildung 17.58 ►
Panel RIGID BODY im Physics-Tab der Rutsche

Wählen Sie als TYPE für den Rigid Body PASSIVE, damit die Rutsche nur für Kollisionen zum Einsatz kommt. Wählen Sie als Form (SHAPE) die Einstellung MESH, weil die Rutsche am unteren Ende eine Aufprallfläche hat, die sonst eventuell nicht korrekt berechnet würde. Die restlichen Parameter bleiben auf den Standardwerten.

3 Metallkugel als aktiven Rigid Body einrichten

Nun ist die Metallkugel dran. Selektieren Sie das Objekt der Metallkugel und definieren Sie die Kugel über das Physics-Tab als Rigid Body ③. Diesmal wählen Sie als TYPE aus dem Menü ACTIVE und achten darauf, dass die Option DYNAMIC aktiviert ist.

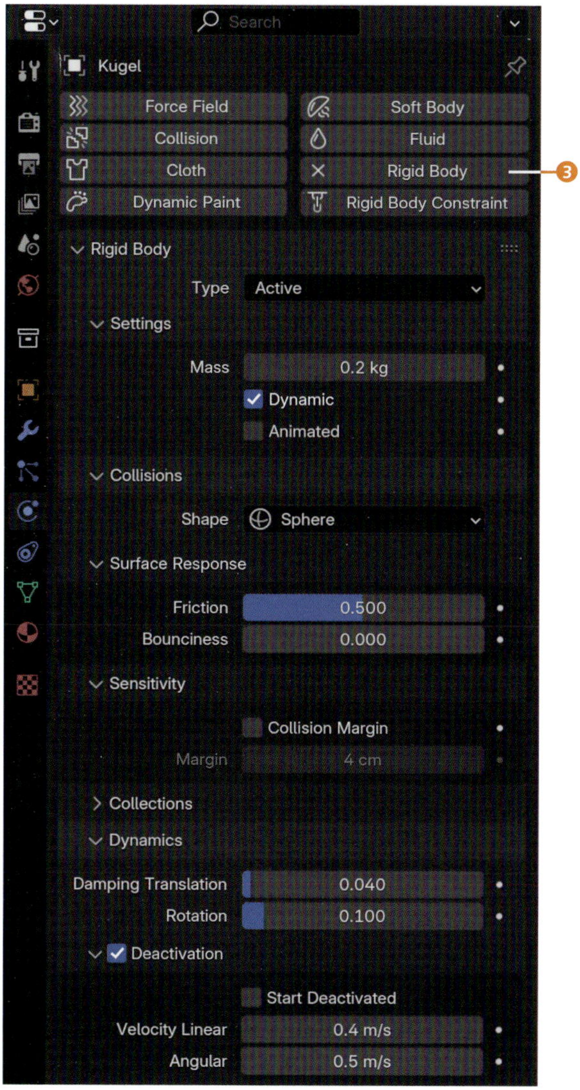

◂ **Abbildung 17.59**
Panel RIGID BODY im Physics-Tab der Metallkugel

Als Masse (MASS) geben wir 0.2 kg an. Dieser Wert ist deshalb von Belang, weil wir mit ihm die Kollision mit den Flügeln und den daraus resultierenden Schwung steuern können. Die Wahl des SHAPE liegt nahe, hier eignet sich die SPHERE perfekt. Klappen Sie das untergeordnete Panel DYNAMICS auf und aktivieren Sie die Option DEACTIVATION. Erhöhen Sie den Wert der Rotationsgeschwindigkeit bei ANGULAR auf 0.5 m/s, damit sich die Kugeln in absehbarer Zeit beruhigen und zum Stillstand kommen.

Abbildung 17.60 ▸
Test von Metallkugel und Rutsche

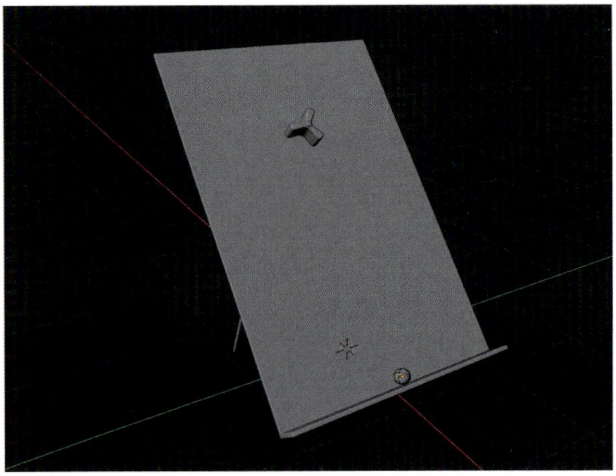

Machen wir einen kurzen Testlauf, um zu sehen, ob bislang alles korrekt funktioniert. Wenn Sie auf den Abspielbutton der Timeline klicken, sollte die Kugel auf der Rutsche nach unten rollen und nach kurzem Aufprall liegen bleiben (Abbildung 17.60).

4 Achse mit Flügeln als Rigid Bodies einrichten

Nachdem Sie die Animation wieder über die Abspielbuttons zurückgesetzt haben, kümmern wir uns um den interessantesten Teil dieser Simulation, die Animation der Flügel. Wie eingangs erwähnt, besteht das Objekt aus der Achse und dem Flügel selbst, entsprechend müssen wir beide als Rigid Bodies definieren.

Beginnen wir mit dem übergeordneten Objekt der Achse. Weisen Sie ihr über den Physics-Tab die Funktion als Rigid Body zu (Abbildung 17.61). Da sie sich drehen können soll, legen wir sie als ACTIVE an. Als Masse (MASS) geben wir ihr die Hälfte der Masse der Metallkugel, also 0.1 kg. Weil bei der Simulation auch das untergeordnete Objekt des Flügels berücksichtigt werden soll, wählen Sie als Shape das Compound Parent. In den Einstellungen für die Dynamics setzen wir die Dämpfung der ROTATION auf 0.500 und

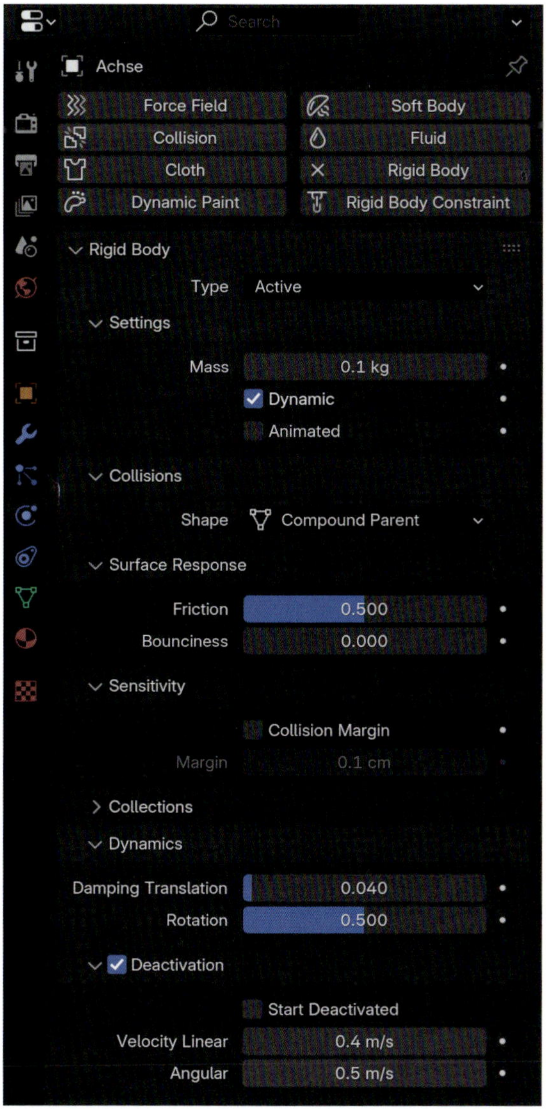

◂ **Abbildung 17.61**
Panel Rigid Body im Physics-Tab der Achse

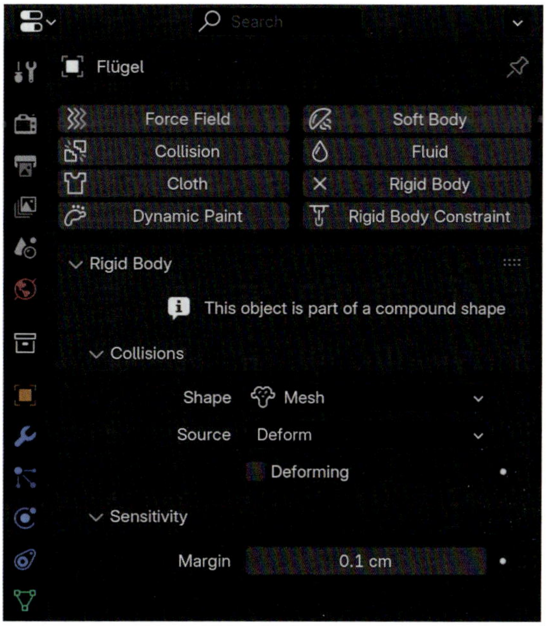

▴ **Abbildung 17.62**
Panel Rigid Body im Physics-Tab des Flügels

aktivieren die Deactivation, wieder mit einem erhöhten Wert für die Rotationsgeschwindigkeit von 0.5 m/s. Beides wird dafür sorgen, dass sich die drehenden Flügel nicht zu schnell drehen und bald zur Ruhe kommen. Die Definition des untergeordneten Flügels läuft vergleichsweise einfach. Auch hier vergeben Sie über das Physics-Tab die Funktion als Rigid Body, doch da der Flügel als Unterobjekt der Achse fungiert, sind die verfügbaren Parameter sehr überschaubar (Abbildung 17.62). Wir wählen hier als Shape Mesh, um die genaue Form des Flügels zu berücksichtigen, und als Empfindlichkeit für die Kollisionserkennung (Sensitivity) einen

Wert für die Margin von 0.1mm. Auch wenn wir mit dem Flügel noch nicht ganz fertig sind, testen wir ihn über den Abspielbutton der Timeline.

Abbildung 17.63 ▸
Test von Metallkugel und Flügel auf der Rutsche

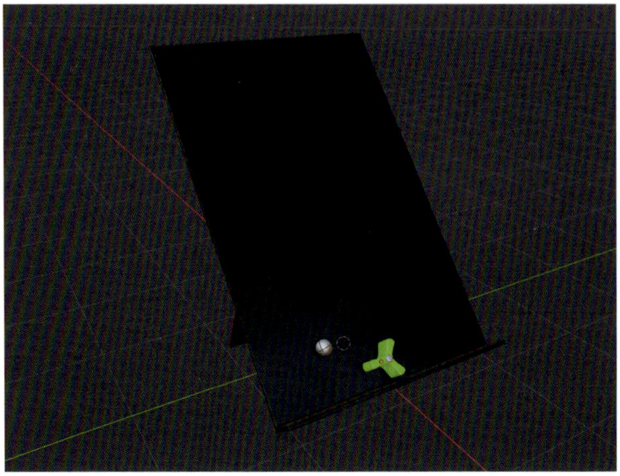

Wie nicht anders zu erwarten, fällt er einfach auf der Rutsche nach unten, die Kollision mit Metallkugel und Rutsche funktioniert aber bereits (Abbildung 17.63). Nun müssen wir den Flügel noch drehbar an der Rutsche befestigen.

5 Flügelachse per Rigid Body Constraint befestigen

Exakt für diese Aufgaben sind die Rigid Body Constraints gedacht, für unseren Fall brauchen wir ein Drehgelenk. Bevor wir dieses Constraint verwenden können, benötigen wir als Träger ein korrekt platziertes Empty.

Abbildung 17.64 ▸
Pie-Menü Snapping

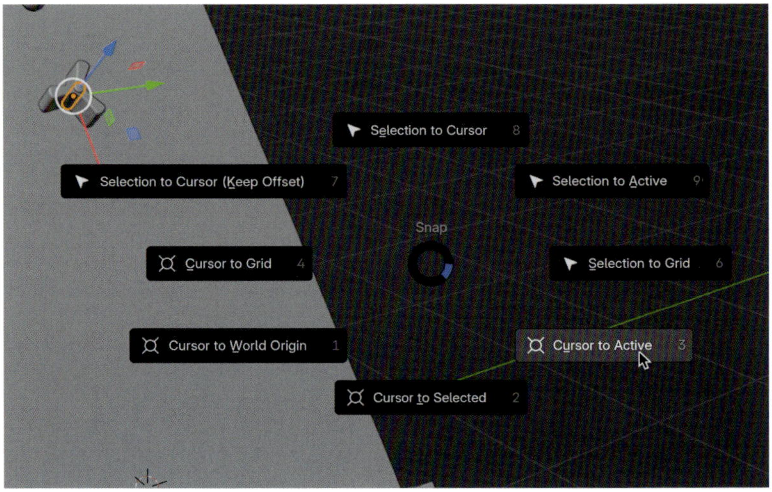

Die einzig richtige Position ist natürlich identisch mit der Achse des Flügels, weshalb wir dieses Objekt im Viewport selektieren und den 3D Cursor über das Pie-Menü SNAPPING (Tasten [⇧]+[S]) dorthin versetzen (Abbildung 17.64).

▲ **Abbildung 17.65**
Menü ADD • EMPTY

▲ **Abbildung 17.66**
Unterordnen und Einstellen des Emptys

An dieser Stelle erzeugen Sie nun über den Befehl ADD • EMPTY (Tasten [⇧]+[A]) ein Empty-Objekt (Abbildung 17.65). Ich habe mich für ein Plain Axes-Empty entschieden, mit Ausnahme des Image-Emptys ist es aber eigentlich egal, wofür Sie sich entscheiden.

Weil dieses Empty, das wir in Kürze zum Rigid Body Constraint küren, fester Bestandteil des Flügels sein soll, ordnen Sie es über den Outliner dem Objekt der Achse unter ❷ (Abbildung 17.66). Halten Sie dazu die [⇧]-Taste gedrückt und ziehen Sie das Empty per Drag & Drop auf das Objekt der Achse.

Sollten Sie wie ich ein Plain Axes-Empty verwendet haben, rufen Sie noch kurz sein Object Data-Tab ❶ im Properties Editor auf und kürzen Sie die doch etwas lang geratenen Achslinien auf 20 cm. Nun müssen wir das Empty noch korrekt ausrichten, damit das Drehgelenk des späteren Rigid Body Constraints sich um die korrekte Achslage und im richtigen Winkel dreht. Praktischerweise habe ich den Winkel der Rutsche noch im Kopf, weshalb wir hier leichtes Spiel haben. Verwenden Sie einfach die Tasten [R], [Y] und [5][0], um das Empty um 50° um seine Y-Achse zu rotieren.

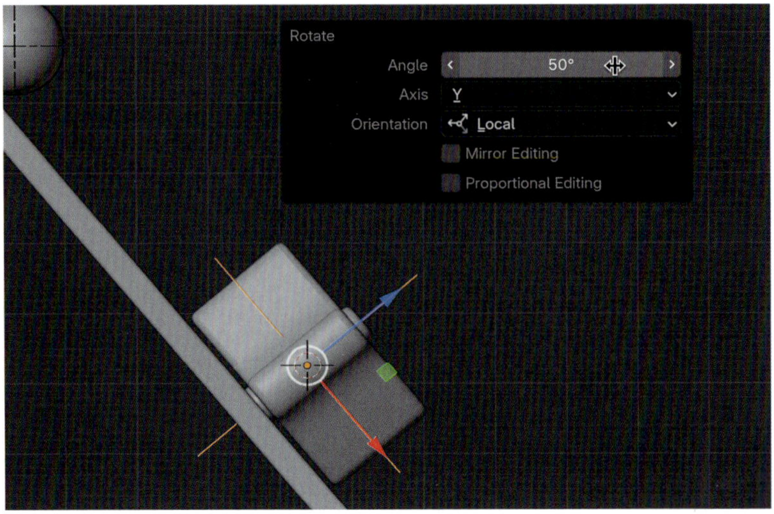

Abbildung 17.67 ►
Rotation des Emptys analog zur Achse des Flügels

Die Achse des Emptys sollte nun exakt mit der Achse des Flügels übereinstimmen (Abbildung 17.67). Jetzt bekommt das Empty über das Physics-Tab auch endlich seine Funktion als Rigid Body Constraint ❶ spendiert, als Type wählen wir Hinge, das Scharnier bzw. Drehgelenk (Abbildung 17.68).

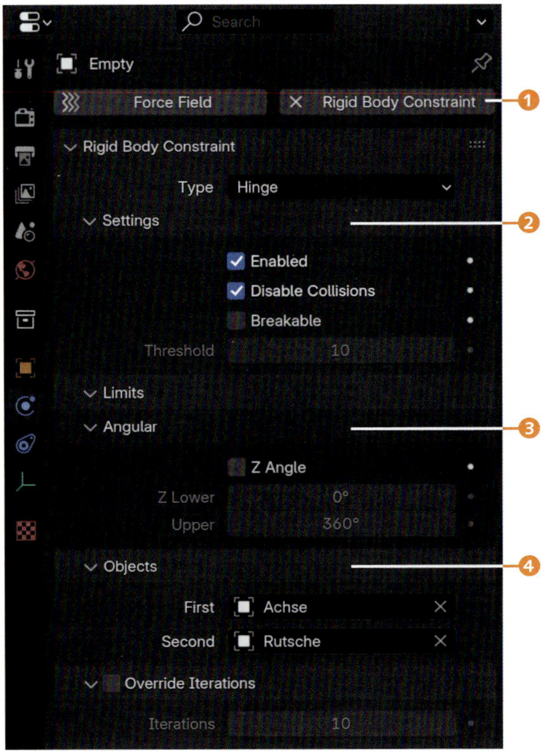

Abbildung 17.68 ►
Panel Rigid Body Constraint im Physics-Tab des Emptys

Das Rigid Body Constraint muss selbst keine Kollisionen erkennen und auch nur ungern wortwörtlich abbrechen, weshalb wir in den SETTINGS ❷ bei den Standardparametern bleiben. Weil wir die Drehung auch nicht einschränken möchten, ist das Panel ANGULAR ❸ ebenfalls uninteressant. Im Panel OBJECTS ❹ dagegen finden wir die wichtigen Felder, um die Achse über das Rigid Body Constraint an der Rutsche zu befestigen.

Damit ist das Rigid Body Constraint auch schon eingerichtet und kann wieder per Klick auf den Abspielbutton getestet werden (Abbildung 17.69). Funktioniert die per Metallkugel ausgelöste Drehung des Flügels einwandfrei, können wir uns um die Duplikate der Flügel kümmern.

▲ **Abbildung 17.69**
Test des Rigid Body Constraints

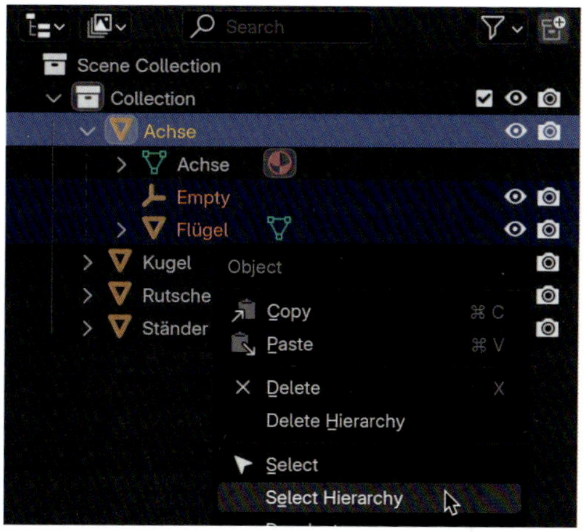

▲ **Abbildung 17.70**
Auswahl der kompletten Flügel-Hierarchie

6 Erstellen der Duplikate des Flügels

Für das Duplizieren benötigen wir natürlich das komplette, aus Achse, Flügel und Empty bestehende Gespann. Sie können die ganze Hierarchie der Objekte ganz einfach über das Kontextmenü des Outliners per Rechtsklick auf das Objekt der Achse mit dem Befehl SELECT HIERARCHY selektieren (Abbildung 17.70).

Aktivieren Sie nun den Befehl DUPLICATE (Tasten ⇧ + D) für den Flügel und drücken Sie gleich anschließend die Esc-Taste, um die dem Duplizieren-Befehl folgende interaktive Transformation abzubrechen. Klappen oder rufen Sie stattdessen das Adjust Last Operation-Panel auf (Taste F9) und geben Sie als Versatz in lokaler Y-Richtung einen Wert von −40 cm vor (Abbildung 17.71). Damit wäre das erste Duplikat auch schon erstellt.

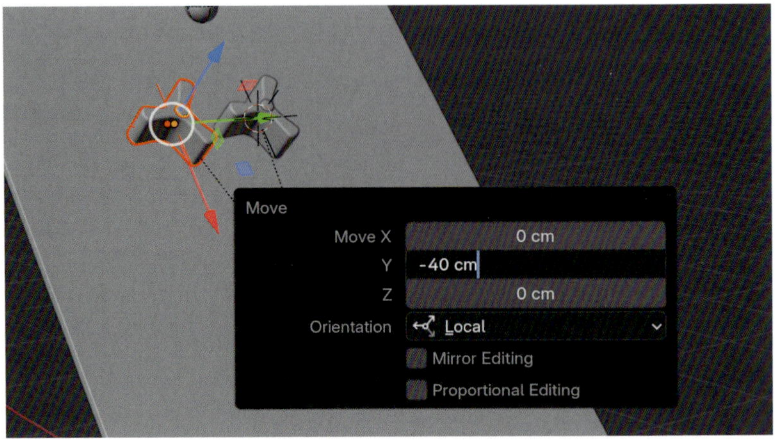

Abbildung 17.71 ▸
Transformation des duplizierten Flügels

Vervollständigen Sie die obere Reihe, indem Sie über den identischen Weg weitere Duplikate erzeugen und in negativer bzw. positiver Y-Richtung mit einem Versatz von 40 cm verschieben. Selektieren Sie anschließend alle duplizierten Flügel inklusive des Ausgangs-Flügels, um zusätzliche vertikale Reihen zu ergänzen.

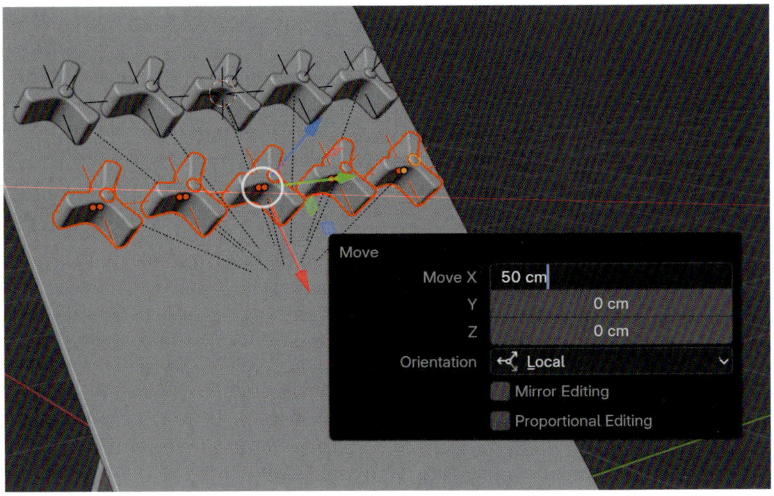

Abbildung 17.72 ▸
Transformation der duplizierten Flügelreihe

Auch dies läuft über die gleiche Vorgehensweise, nur, dass Sie für den Versatz diesmal 50 cm in lokaler X-Richtung verwenden (Abbildung 17.72). Wiederholen Sie auch diesen Schritt drei weitere Male, bis Sie insgesamt fünf horizontale und vertikale Reihen mit Flügeln auf dem Spielbrett angeordnet haben.

Bringen Sie noch etwas mehr Farbe ins Spiel, und versehen Sie die Flügel mit unterschiedlichen Materialien (ich habe Ihnen ein paar Materialien als Datenblöcke mitgeliefert).

Gerne können Sie zusätzliche Metallkugeln durch Duplizieren und Platzieren anbringen, bevor Sie die nun fertige Simulation per Klick auf den Abspielbutton starten (Abbildung 17.73).

◂ **Abbildung 17.73**
Fertige Rigid-Body-Simulation

Cloth

Mit Cloth (Abbildung 17.74) verwandeln Sie Mesh-Objekte in Stoffe – von der wehenden Fahne über Vorhänge bis zum Tischtuch. Das Mesh-Objekt sollte eine ausreichende Unterteilung und zur Glättung der Oberfläche einen SubSurf-Modifier mitbringen.

◂ **Abbildung 17.74**
Cloth-Simulation

Die Einstellungsparameter für CLOTH (Abbildungen 17.75 und 17.76) dürften Sie stark an die der Soft Bodies erinnern, auch hier definieren Sie über Masse, Federstärken und Biegefestigkeit die Art des Stoffs. Im Menü PRESETS ❶ finden Sie eine Auswahl an gängigen Textil-Materialien.

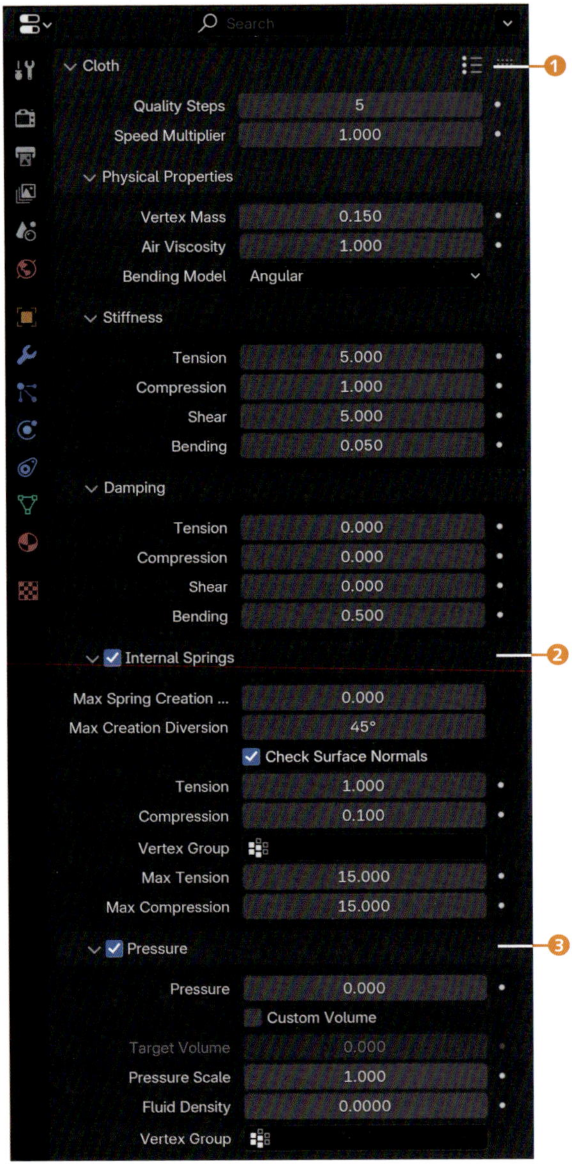

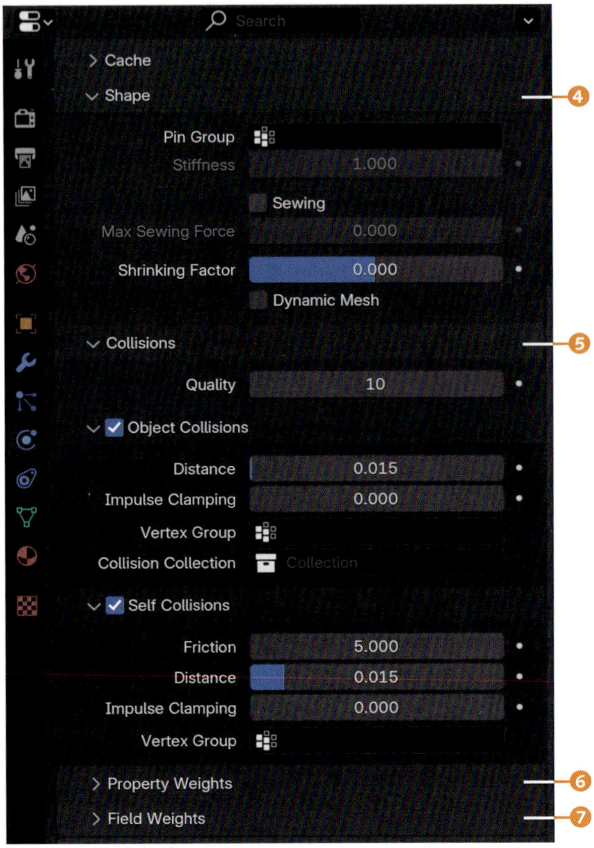

▲ **Abbildung 17.76**
Untergeordnete Panels CACHE, COLLISIONS, SELF COLLISIONS, PROPERTY WEIGHTS und FIELD WEIGHTS

◄ **Abbildung 17.75**
Panel CLOTH im Physics-Tab des Properties Editors

Zu den Besonderheiten bei Cloth gehört die Möglichkeit, das Verhalten von Soft Bodies durch die Verwendung zusätzlicher Federn (INTERNAL SPRINGS ❷) nachzuahmen. Mit dieser Option lassen sich beispielsweise Kissen mittels CLOTH simulieren (Abbildung 17.77). Voraussetzung ist dafür ein geschlossenes Mesh-Objekt. Über die Parameter TENSION und COMPRESSION regulieren Sie dabei die Dehn- und Komprimierbarkeit des Cloth-Objekts. Damit die Kissen dabei miteinander kollidieren können, benötigen die Cloth-Objekte zusätzlich den Collision-Modifier.

◂ **Abbildung 17.77**
Aufeinanderfallende Kissen dank INTERNAL SPRINGS bei der Cloth-Simulation

Mit Flüssigkeit gefüllte, dünnwandige Volumen lassen sich über das Panel PRESSURE ❸ realisieren. In diesem Fall definieren Sie den von der Füllung verursachten Druck (PRESSURE) sowie die Dichte der Flüssigkeit (FLUID DENSITY).

Im Panel SHAPE ❹ finden Sie Funktionen, um den Stoff an bestimmten Stellen zu befestigen. Die Vertices in der als PIN GROUP bezeichneten Vertex Group reagieren anschließend nicht mehr oder nur noch eingeschränkt auf physikalische Einflüsse – ideal für Vorhangstangen oder Fahnenmaste. Durch Aktivieren der Option DYNAMIC MESH bleibt das Cloth-Objekt weiterhin per Keyframe oder Modifier animierbar.

Über das Panel COLLISIONS ❺ bestimmen Sie, wie Sie es von den Rigid und Soft Bodies kennen, wie der Stoff bei Fremd- (OBJECT COLLISIONS) oder Eigenkontakt (SELF COLLISIONS) reagieren soll.

Damit Sie die Eigenschaften des Stoffs noch exakter steuern können, lassen sich diese im Panel PROPERTY WEIGHTS ❻ über Vertex Groups kontrollieren. Die Einflussnahme der herrschenden Kräfte und Kraftfelder auf den Stoff ist wie üblich im Panel FIELD WEIGHTS ❼ justierbar.

Fluids

Auch wenn es auf den ersten Blick nicht wirklich logisch erscheinen mag: Mit dem Fluids-Modul von Blender realisieren Sie sowohl Flüssigkeiten (Liquids) als auch Rauch bzw. Feuer-Effekte (Smoke bzw. Gas). Vergleicht man jedoch den Aufbau und die Berechnungsmethoden beider Simulationen (Abbildungen 17.78 und 17.79), werden die Überschneidungen deutlich:

Die räumliche Ausdehnung der Fluid-Simulation wird stets über die sogenannte Domain festgelegt. Letztere ist nicht nur für die Berechnung der Simulation unerlässlich, alle teilnehmenden Objekte müssen sich zudem innerhalb des durch die Domain vorgegebenen dreidimensionalen Rahmens befinden. Als Quelle der Flüssigkeit bzw. des Rauchs fungieren als Flow definierte Objekte. Damit andere Objekte mit den Fluids interagieren können, müssen sie als Effector definiert sein. Das Backen der Fluid-Simulation in einen Cache ist natürlich obligatorisch.

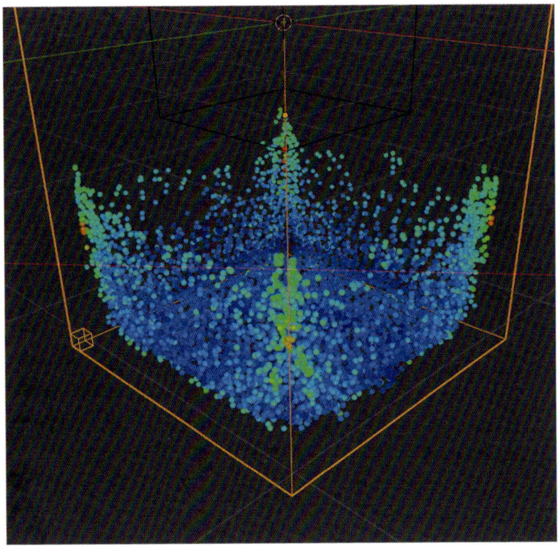

▲ **Abbildung 17.78**
Fluid-Simulation Liquid (Flüssigkeit)

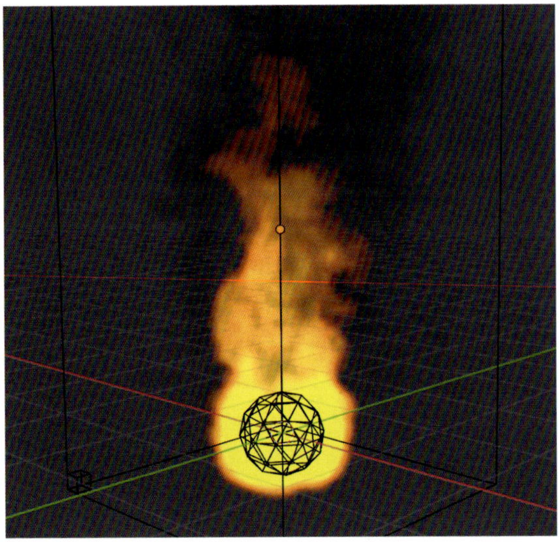

▲ **Abbildung 17.79**
Fluid-Simulation Gas (Rauch und Feuer)

Eine hervorragende Ausgangsbasis für die Fluid-Simulationen können Sie sich mit den vorbereiteten Quick Effects schaffen, die Sie wahlweise über das Menü Object • Quick Effects des Viewports oder über die Suchfunktion (Taste F3) aufrufen. Selektieren Sie zuvor das Objekt, das Sie verflüssigen oder in Brand setzen möchten, und wenden Sie entsprechend den Effekt Quick Liquid (Abbildung 17.80) oder Quick Smoke an.

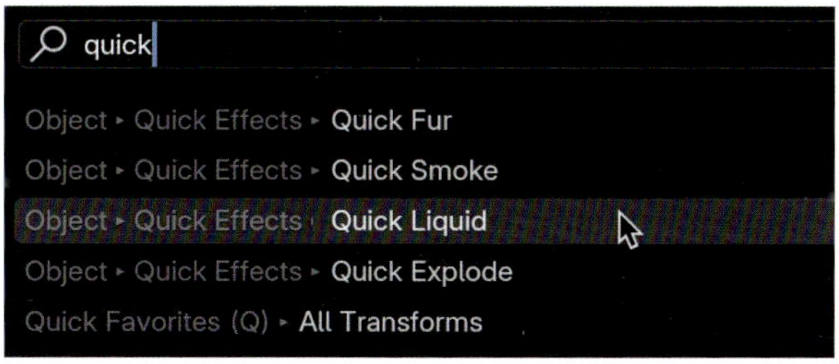

▲ **Abbildung 17.80**
Aufruf der QUICK EFFECTS über die Suchfunktion

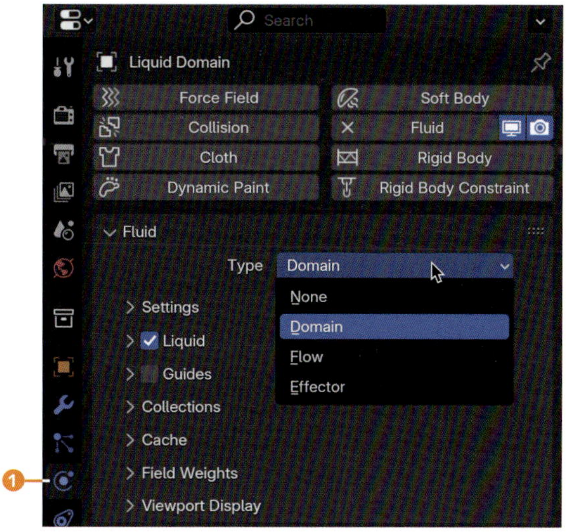

Abbildung 17.81 ▸
Panel FLUID im Physics-Tab des Properties Editors

Bei der Verwendung der Quick Effects wird automatisch eine Domain für die Fluid-Simulation eingerichtet und mit einem Basis-Material ausgestattet. Gleichzeitig erhält das zuvor designierte Flow-Objekt seinen Fluid-Modifier und im Falle einer Liquid-Simulation die Liquid-Domain ein zugewiesenes Partikelsystem.

Beim Aufbau der Fluid-Simulation über den herkömmlichen (Abbildung 17.81) beginnen Sie mit dem Zuweisen des jeweiligen Objekt-Typs.

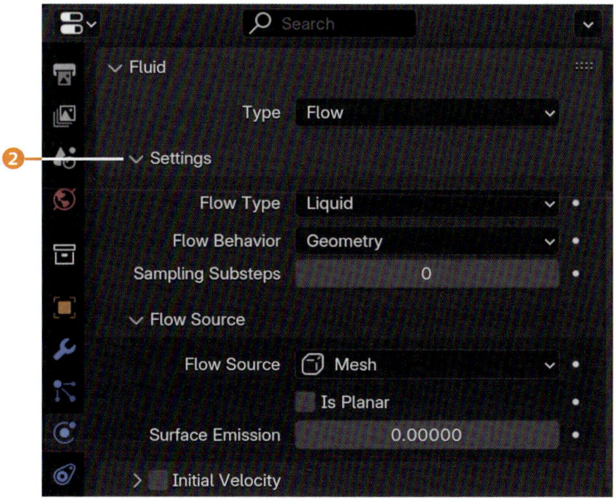

◂ **Abbildung 17.82**
Panel FLUID im Physics-Tab eines Flow-Objekts

Liquid | Beginnen wir mit dem Flow-Objekt bei einer Flüssigkeitssimulation (Abbildung 17.82). Über das Menü FLOW BEHAVIOR im untergeordneten Panel SETTINGS ❷ entscheiden Sie zunächst, ob Sie das Flow-Objekt direkt in eine Flüssigkeit verwandeln (GEOMETRY), die Flüssigkeit über einen Einlass einbringen (INFLOW) oder einen Auslass integrieren, um Flüssigkeit abzulassen (OUTFLOW). Lassen Sie zusätzliche SAMPLING SUBSTEPS berechnen, wenn die Flüssigkeit sich sehr schnell bewegt. Das untergeordnete Panel FLOW SOURCE geht näher auf die Flüssigkeitsquelle ein. Hier kann ein Mesh oder Volumen definiert werden, dabei beschränkt die Option IS PLANAR zusammen mit dem in SURFACE EMISSION angegebenen Abstand den Flüssigkeitsaustritt auf die Oberfläche. Wenn Sie der LIQUID eine zusätzliche Anfangsgeschwindigkeit mitgeben möchten, aktivieren und verwenden Sie die Option bzw. das untergeordnete Panel INITIAL VELOCITY.

Wenden wir uns der Domain zu, in der sämtliche Eigenschaften der Flüssigkeiten definiert sind; entsprechend umfangreich fallen die zugehörigen Einstellungen im Panel FLUID ❶ aus. In den SETTINGS ❷ legen Sie die Auflösung (RESOLUTION DIVISIONS) der Domain und damit der Flüssigkeit fest. Des Weiteren finden Sie hier Möglichkeiten, die Geschwindigkeit der Simulation im Gesamten (TIME SCALE) sowie für die Domainzellen (CFL NUMBER) zu regulieren. Unter BORDER COLLISIONS ❸ finden Sie die sechs Seiten der Domain, für die Sie einzeln entscheiden, ob Flüssigkeit entweichen darf oder zurückgeworfen wird. Weitere Einstellungen zu den Liquid-Partikeln finden Sie im Panel PARTICLES ❽, wo Sie die animierte Flüssigkeit mit Sekundärpartikeln zur Simulation von Gischt (SPRAY), Schaum (FOAM) und Luftblasen (BUBBLES) ausbauen können.

Wie eingangs kurz erwähnt, arbeitet die Liquid-Simulation mit einem eigens dafür abgestellten Partikelsystem. Unter LIQUID ❹ sind die Einstellungen für das Verhalten der zugehörigen Partikel hinterlegt. Zwei SIMULATION METHODS sorgen für wahlweise eher spritzige (FLIP) oder stabilere Flüssigkeiten (APIC). Über die Option FRACTIONAL OBSTACLES können Sie die insbesondere beim Umfließen von Hindernissen (OBSTACLES) auftretenden Stufen lindern.

Zusammen mit den unter DIFFUSION ❺ angegebenen Parametern bestimmt der HIGH VISCOSITY SOLVER ❻ die Art der Flüssigkeit. Je höher Sie die Stärke (STRENGTH) ansetzen, desto dickflüssiger benimmt sich die Flüssigkeit. Für den Einstieg empfehlen sich die unter ❼ hinterlegten Presets.

Letztendlich dienen die Liquid-Partikel dazu, das MESH ❾ einer Flüssigkeit zu generieren. Im gleichnamigen Unter-Panel finden Sie deshalb weitere Parameter zur Definition des berechneten Meshes.

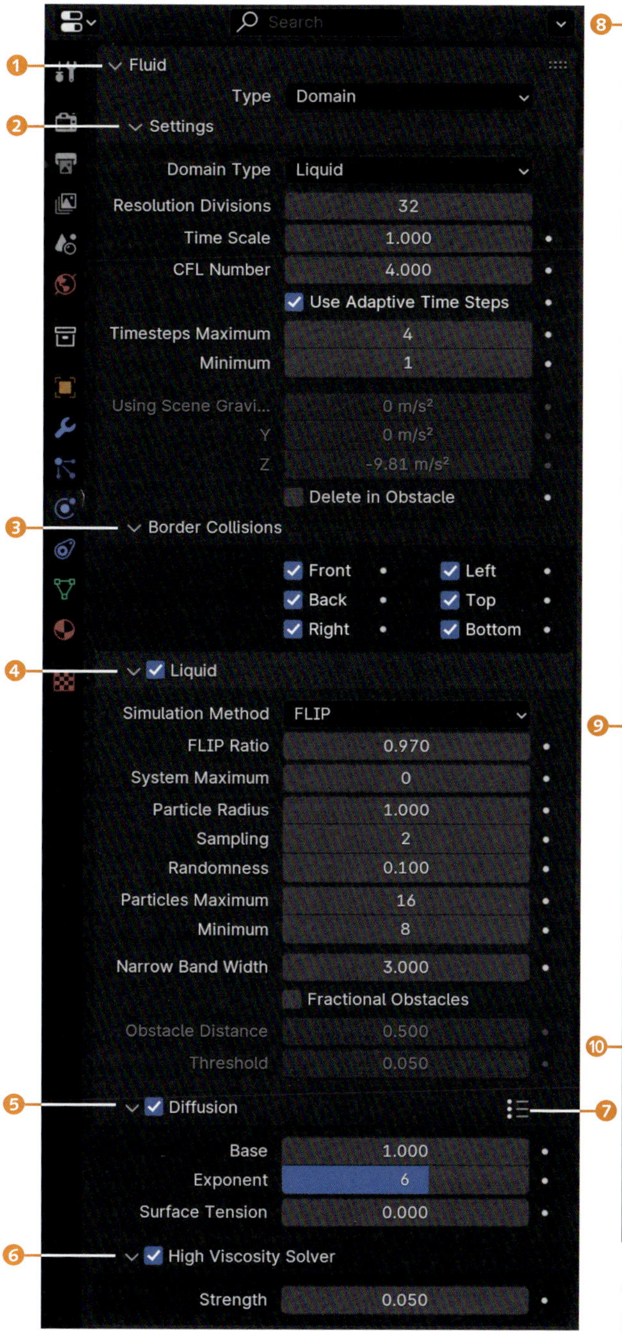

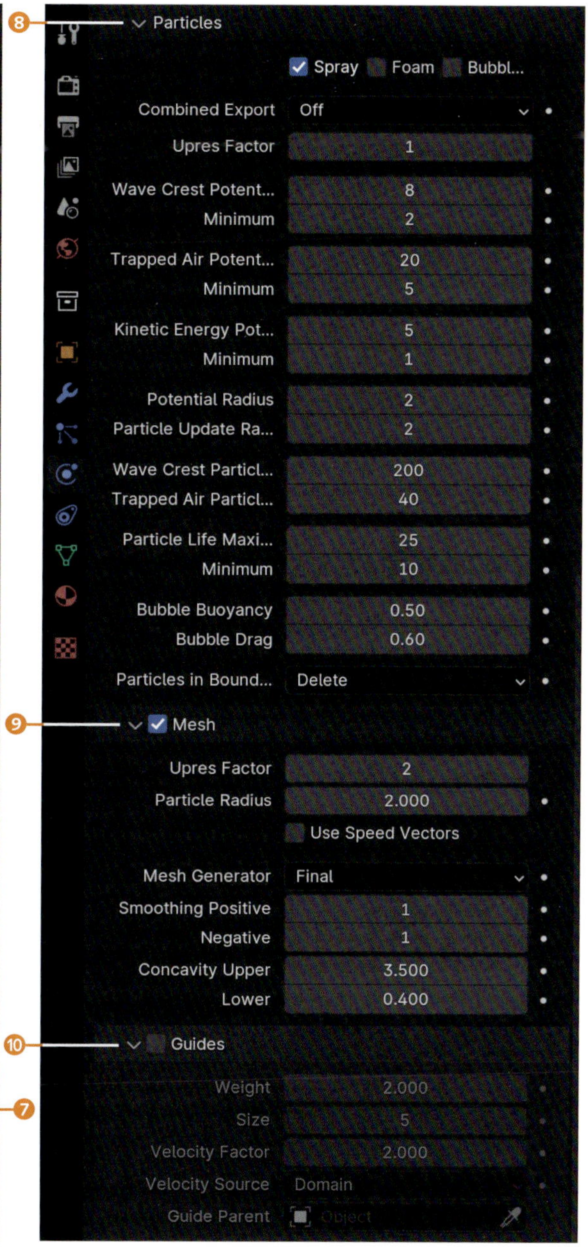

◂▴ **Abbildungen 17.83 und 17.84**
Panel FLUID im Physics-Tab eines Domain-Objekts

Kräfte, die zur Lenkung von Liquids dienen sollen, lassen sich über das untergeordnete Panel GUIDES ⑩ in Form von anderen Domains einbinden. Aktivieren Sie diese rechenintensive Option nur, wenn Sie tatsächliche Guides in der Simulation verwenden.

Das unabdingbare Backen der Fluid-Simulation erfolgt über einen eigenen CACHE, den Sie im gleichnamigen untergeordneten Panel ① des Domain-Objekts antreffen. Auch hier definieren Sie den gewünschten Zeitraum, können aber über das Menü TYPE entscheiden, ob das Backen durch Abspielen der Simulation (REPLAY), separat für die jeweiligen Bestandteile wie Settings, Particle, Mesh (MODULAR) oder gemeinsam (ALL) erfolgt.

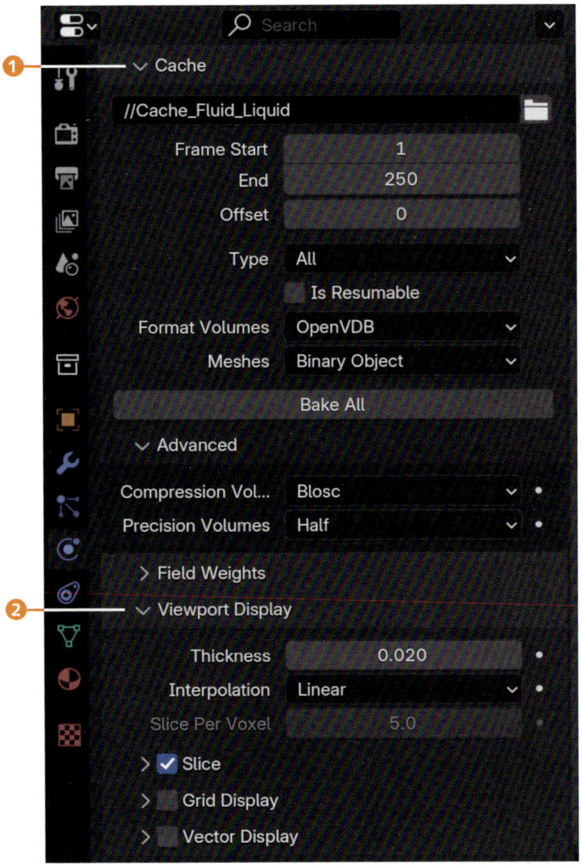

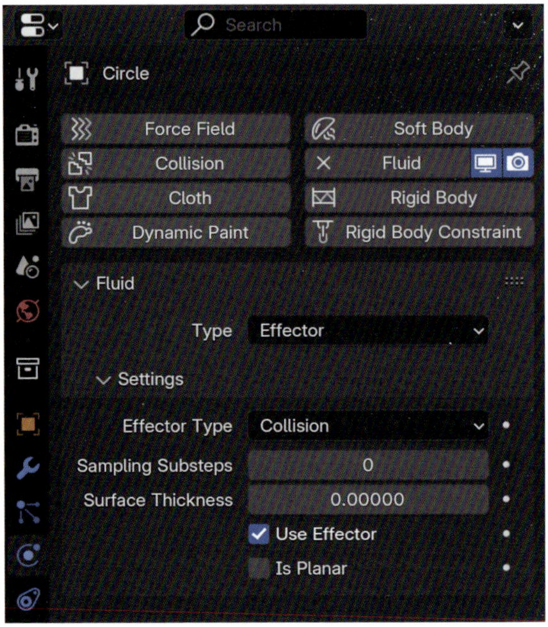

▲ **Abbildung 17.86**
Panel FLUID im Physics-Tab eines Effector-Objekts

◂ **Abbildung 17.85**
Panels CACHE und VIEWPORT DISPLAY im Physics-Tab eines Domain-Objekts

Bei der Cache-Generierung können Sie außerdem für das Volume, das Mesh (bei Liquids) sowie für die Komprimierung ein Format vorgeben. Ein Klick auf den Button BAKE ALL bzw. FREE ALL schließlich startet das Backen bzw. löscht das gebackene Ergebnis.

Die Darstellungsoptionen im untergeordneten Panel VIEWPORT DISPLAY ② dienen in erster Linie der Analyse der Simulation. So können Sie sich beispielsweise die Geschwindigkeit oder Temperatur einer Fluid-Simulation auf verschiedene grafische Weise aussagekräftiger visualisieren lassen.

Wie Sie es bereits von den anderen Physics-Simulationen kennen, können Sie auch Fluids mit COLLECTIONS und FIELD WEIGHTS über deren jeweilige Panel beeinflussen.

Deutlich übersichtlicher fallen die Einstellungen für einen Effector aus (Abbildung 17.86), bei dem Sie über den EFFECTOR TYPE bestimmen, ob Sie das LIQUID bzw. GAS/SMOKE blockieren bzw. ablenken (COLLISION) oder führen (GUIDE) möchten. Analog zum Flow-Objekt richten Sie das Sampling bzw. die Behandlung der Oberfläche ein. Denken Sie daran, dass auch ein Effector sich immer innerhalb der vorgegebenen Domain befinden muss, um korrekt zu arbeiten.

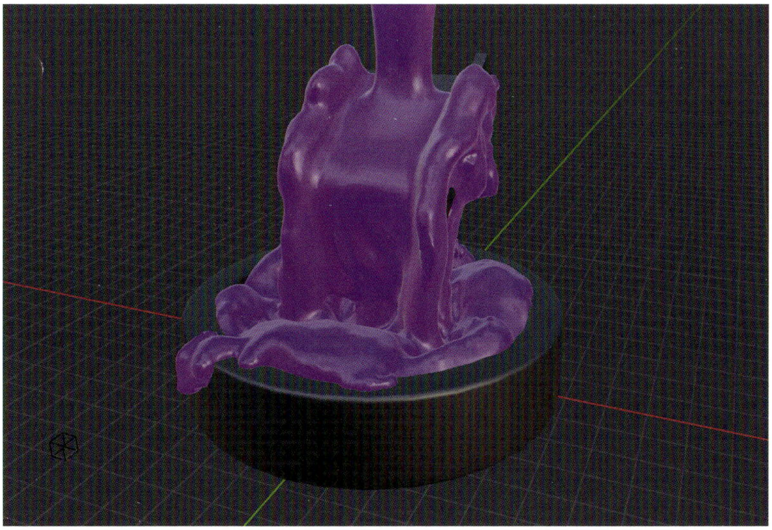

◂ **Abbildung 17.87**
Liquid-Simulation mit Flow-, Effector- und Domain-Objekt

Gas/Smoke | Wie anfangs schon erwähnt, ähneln sich Aufbau und Parameter von Liquid- und Gas-Simulation stark, weshalb ich mich nun bei der Behandlung der Gas- bzw. Smoke-Simulation (in Blender tauchen beide Begriffe auf) in erster Linie auf die spezifischen Unterschiede konzentriere. Die drei Grundelemente Flow, Domain und Effector sind nämlich auch bei der Gas-Simulation maßgebend.

Sehen wir uns wieder als Erstes das Flow-Objekt an. Über dessen FLOW TYPE im untergeordneten Panel SETTINGS ❶ (Abbildung 17.88) bestimmen Sie, ob Rauch (SMOKE), Feuer (FIRE) oder beides zusammen (FIRE + SMOKE) generiert werden soll. Über den Farbchip SMOKE COLOR bestimmen Sie die Farbe des Rauchs, während Sie durch Aktivieren der Option ABSOLUTE DENSITY erreichen, dass zusätzlicher Rauch nie über den Maximalwert hinausgeht.

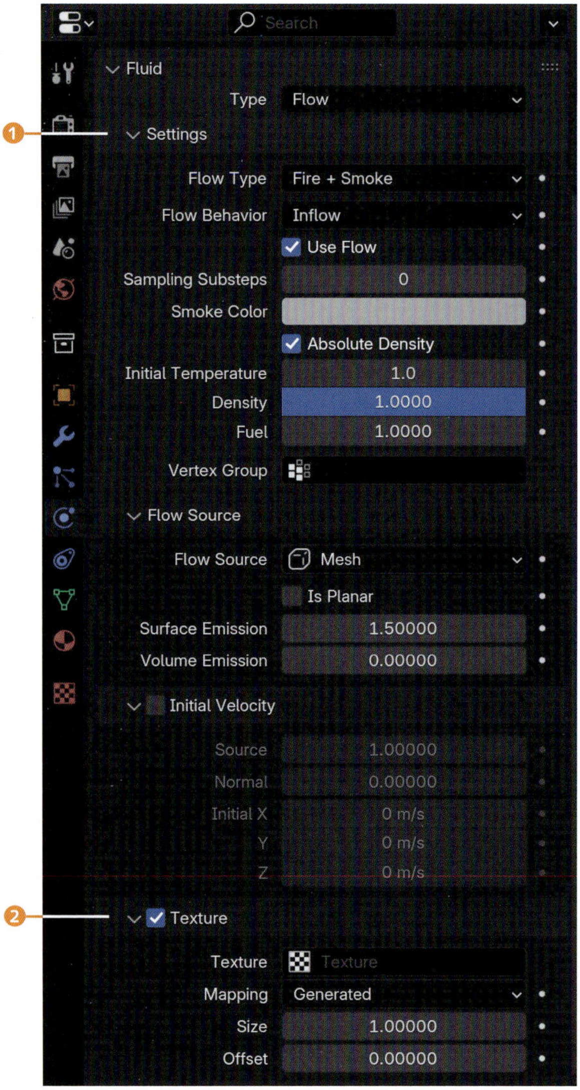

▲ **Abbildung 17.88**
Panel FLUID im Physics-Tab des Flow-Objekts einer Gas-Simulation

Abbildung 17.89 ▶
Panel FLUID im Physics-Tab des Domain-Objekts einer Gas-Simulation

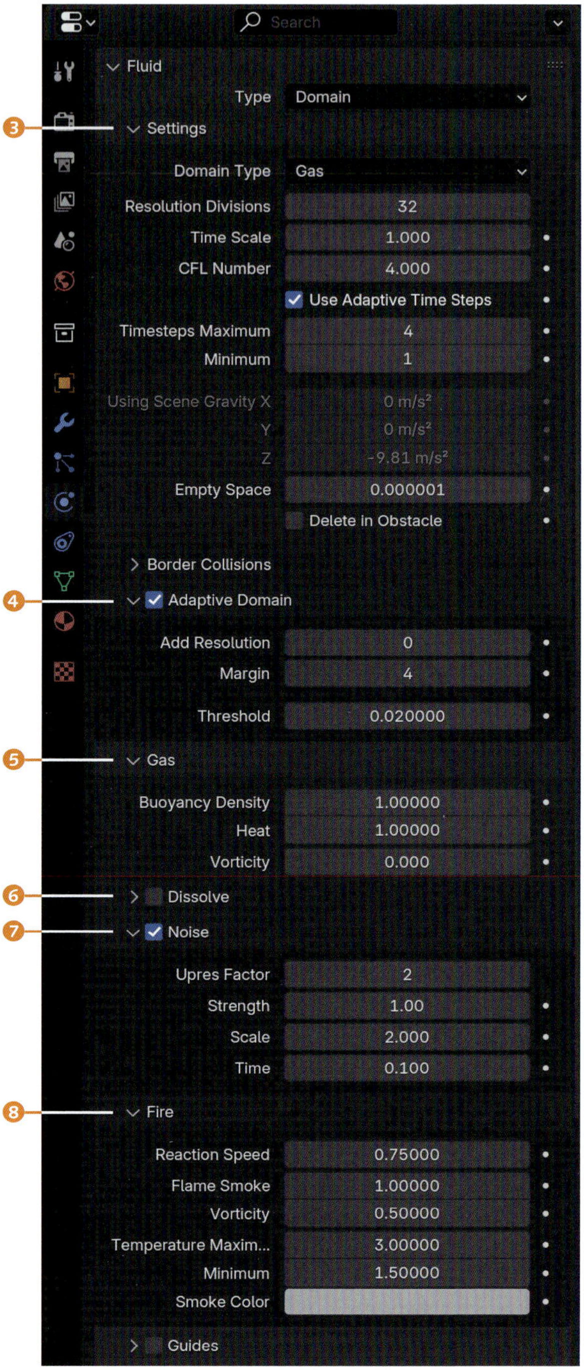

Die Menge an emittiertem Rauch regulieren Sie über den Parameter DENSITY, während Sie durch eine Erhöhung des Wertes FUEL im wahrsten Sinne des Wortes Öl ins Feuer gießen – die Flammen steigen entsprechend in die Höhe. Sie können die Emission von GAS/SMOKE zum einen über das Mesh des Flows selbst, zum anderen aber auch über eine dort definierte VERTEX GROUP steuern. Eine weitere Möglichkeit bietet das untergeordnete Panel TEXTURE ②, über das sich eine Textur (beispielsweise CLOUDS oder NOISE) zur Bestimmung der Emissionsbereiche verwenden lässt.

Auch die untergeordneten Panels für das Domain-Objekt für GAS/SMOKE (Abbildung 17.89) erinnern stark an die Liquid-Simulation. Entscheidend für die Produktion von GAS bzw. SMOKE ist der DOMAIN TYPE GAS im Panel SETTINGS ③. Da sich die Ausbreitung von Rauch naturgemäß etwas schwerer über eine Domain definieren lässt, bietet die Option bzw. das Panel ADAPTIVE DOMAIN ④ eine praktische Möglichkeit, die Domain automatisch an die für den Rauch benötigte Größe anpassen zu lassen. Geben Sie unter ADD RESOLUTION eine gewünschte Ausweitung der Domain an, ansonsten wird sich die adaptive Domain immer innerhalb der Grenzen der Ausgangs-Domain bewegen.

Maßgebend für die physikalischen Eigenschaften des GAS/SMOKE sind die Parameter im untergeordneten Panel GAS ⑤. Zunächst legen Sie über den Parameter BUOYANCY DENSITY fest, wie sich der Rauch im Verhältnis zur Umgebung verhält. Positive Werte lassen den Rauch nach oben steigen, negative Werte nach unten sinken. Über die BUOYANCY HEAT bestimmen Sie den Einfluss der Temperatur des Rauchs. Den Bezugspunkt bildet hier der Parameter INITIAL TEMPERATURE aus dem Flow-Objekt (Abbildung 17.86). Positive Werte erhalten den hinterlegten Bezugspunkt mit dem zugehörigen Verhalten, negative Werte drehen das Temperaturverhalten des jeweiligen Flow-Objekts mit der INITIAL TEMPERATURE um. Mit dem Parameter VORTICITY erreichen Sie eine Verwirbelung des emittierten Rauchs. Je höher der Wert, desto feiner die Turbulenzen.

Wenn Sie möchten, dass sich der Rauch nach einer bestimmten Zeit komplett auflöst, aktivieren Sie das Panel DISSOLVE ⑥ und geben den gewünschten Zeitraum (TIME) vor. Um dem GAS/SMOKE zusätzliche bzw. feinere Details zu verleihen, aktivieren Sie das Panel NOISE ⑦ und geben den benötigten Skalierungsfaktor (UPRES FACTOR) zusammen mit den Noise-Parametern wie Stärke (STRENGTH), Skalierung (SCALE) und Zeitversatz (TIME) vor.

Im Panel FIRE ⑧ steuern Sie die Höhe bzw. Geschwindigkeit der Flammen (REACTION SPEED bzw. TEMPERATURE), den von den Flammen verursachten Rauch (FLAME SMOKE und FLAME COLOR) sowie auf Wunsch eine zusätzliche Verwirbelung (VORTICITY).

Mantaflow

Die Fluid-Simulation in Blender basiert auf dem Open-Source-Framework MANTAFLOW, das von der Technischen Universität München entwickelt und gepflegt wird. Unter *www.mantaflow.com* können Sie mehr über die Entwicklung und die zugrunde liegenden Methoden erfahren.

Projekt Doppeldecker: Auspuffgase für den Doppeldecker per Fluid-Simulation

Gehen wir in die Praxis über und sehen uns im folgenden Projekt-Workshop an, wie wir die Auspuffrohre des Doppeldeckers per Smoke-Simulation mit Auspuffgasen versehen.

1 Blender-Szene laden

Rufen Sie über den Befehl File • Open (Taste [Strg]/[Cmd]+[O]) den File Browser auf und öffnen Sie das Blend-File Ihres animierten Doppeldeckers bzw. navigieren Sie zum Verzeichnis *5_Animation*, wo Sie als *5_Animation_Doppeldecker_1_Keyframes.blend* meine Version finden.

2 Flow-Objekt erzeugen

Ein Flow-Objekt, also der Emitter der Auspuffgase, soll sich in beiden Auspuffrohren befinden. Wir können uns dabei mit der vorhandenen Geometrie behelfen. Selektieren Sie dafür zunächst das Objekt des linken Auspuffs über den Outliner und versetzen Sie es über die [⇥]-Taste in den Edit Mode (Abbildung 17.90).

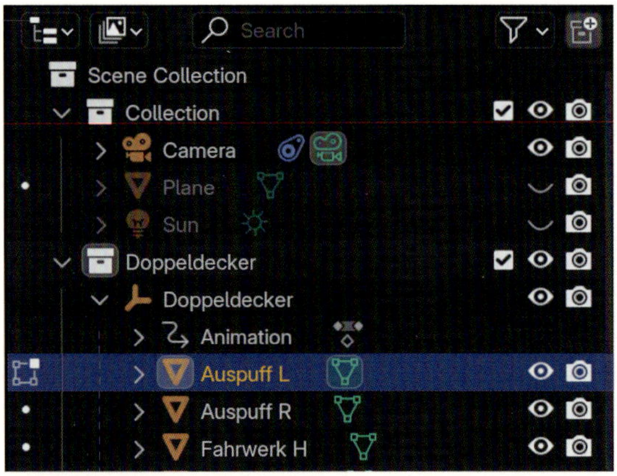

▲ **Abbildung 17.90**
Objekt des linken Auspuffs

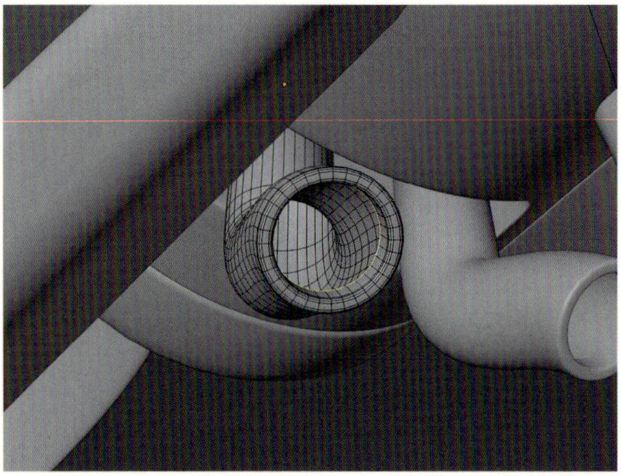

▲ **Abbildung 17.91**
Selektieren des Edge Loops

Aktivieren Sie den Edge Select-Mode (Taste [2]) und selektieren Sie den innenliegenden Edge Loop per Klick mit gedrückt gehaltener [Alt]-Taste (Abbildung 17.91).

Wir werden aus diesem Edge Loop ein separates Objekt generieren. Verwenden Sie dazu als Erstes den Befehl Fill (Taste [F]), um den Edge Loop mit einem N-Gon zu füllen. Drücken Sie anschließend die Taste P, um das Menü SEPARATE (Abbildung 17.92) aufzurufen und das selektierte N-Gon in ein eigenes Objekt zu überführen.

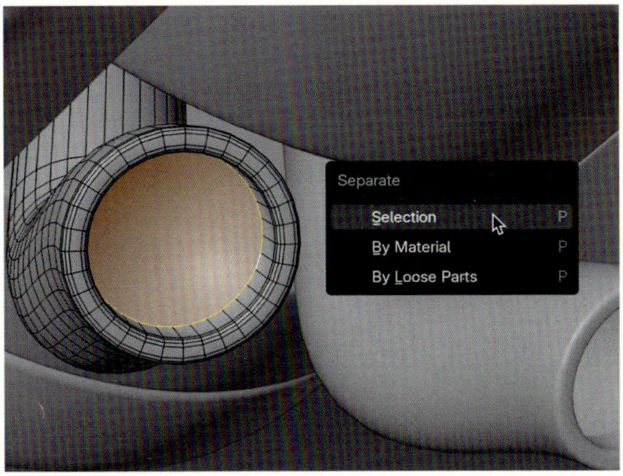

▲ **Abbildung 17.92**
Menü SEPARATE

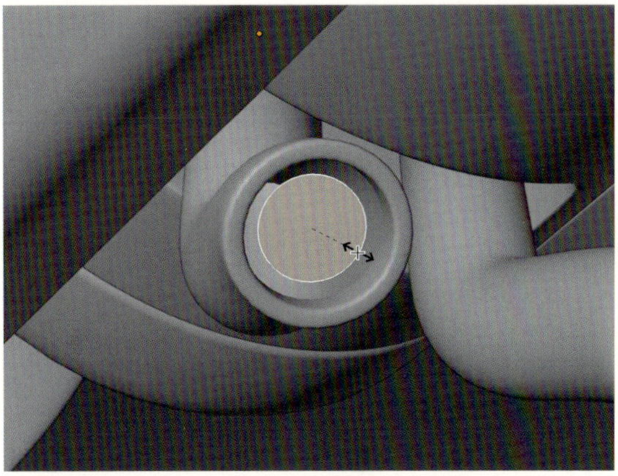

▲ **Abbildung 17.93**
Skalieren des separierten N-Gons

Belassen Sie das N-Gon selektiert und skalieren Sie es im Durchmesser auf 75 % (Abbildung 17.93), am einfachsten über das Scale-Tool mit den Tasten S und 0 . 7 5.

Wiederholen Sie diese Schritte beim rechten Auspuffrohr, so dass Sie schließlich zwei N-Gons als separate Objekte vorliegen haben. Wechseln Sie mit der ⇆-Taste in den OBJECT MODE und wählen Sie beide Objekte aus, um sie über den Befehl JOIN (Taste Strg/Cmd + J) zu vereinigen (Abbildung 17.94), so dass wir uns nur auf ein einzelnes Flow-Objekt konzentrieren müssen.

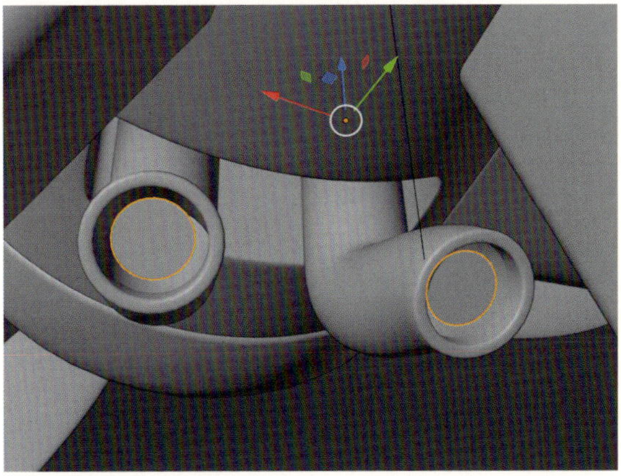

▲ **Abbildung 17.94**
Vereinigen der beiden Auspuffgas-Objekte

▲ **Abbildung 17.95**
Benennen des vereinten Objekts im Outliner

Geben Sie jetzt noch dem neu entstandenen Objekt einen aussagekräftigen Namen über den Outliner, so dass wir mit der Fluid-Simulation für die Auspuffgase beginnen können.

3 Gas/Smoke-Simulation über Quick Smoke generieren

Lassen Sie das Objekt für die Auspuffgase selektiert und rufen Sie über die Taste F3 das Such-Menü auf, wo Sie nach Eingabe einiger Buchstaben den Quick Smoke auswählen (Abbildung 17.96).

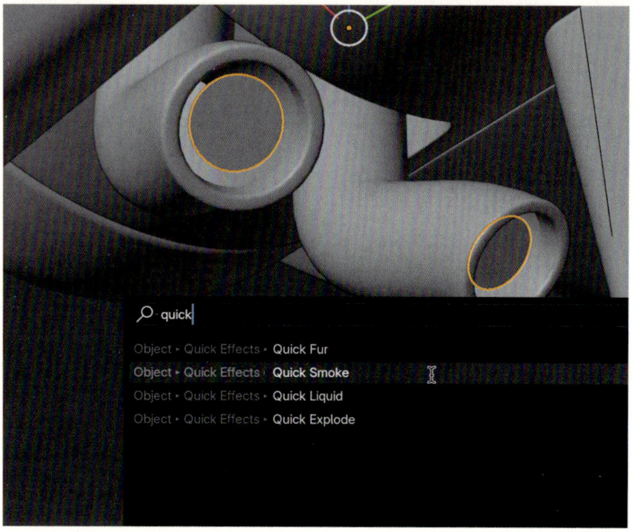

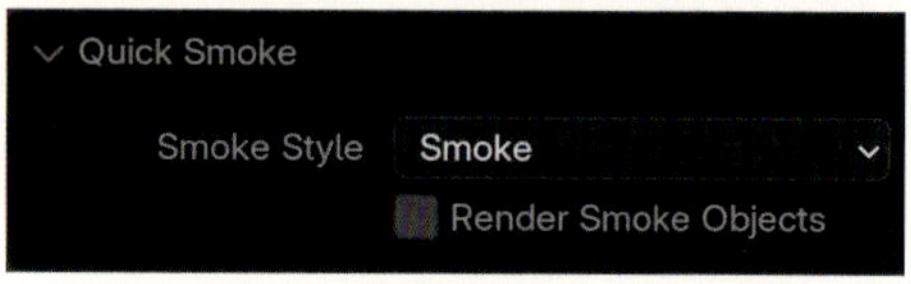

▲ **Abbildung 17.97**
Adjust Last Operation-Panel für den Befehl Quick Smoke

◀ **Abbildung 17.96**
Aufruf des Befehls Quick Smoke

Nach dem Aufruf dieses Befehls hat sich einiges getan. Das Auspuffgas-Objekt wurde als Smoke Flow-Objekt angelegt und zusätzlich ein quaderförmiges Cube-Objekt als Smoke Domain erzeugt. Selektieren Sie diese Smoke Domain und wechseln Sie per ⇆-Taste in den Edit Mode. Verwenden Sie am besten die orthogonalen Ansichten, um nun die Smoke Domain optimal an die beiden Auspuffrohre sowie an die Form des Doppeldeckers anzupassen. Vergessen Sie nicht, den X-Ray-Mode zu aktivieren, so können Sie aus der orthogonalen Ansicht alle auf einer Höhe liegenden Vertices auswählen und bearbeiten.

In Abbildung 17.88 sowie Abbildung 17.89 sehen Sie meine angepasste Smoke Domain. Ich habe sie kurz vor der Auspufföffnung platziert und in der Länge bis zum hinteren Ende des Doppeldeckers erweitert. In der Breite reicht es, die Smoke Domain in etwa in der Größe des Propellers zu skalieren. Mit unserer Smoke Domain definieren wir sozusagen den Raum für die maximale Größe der Auspuffgase.

▲ **Abbildung 17.98**
Angepasste Smoke-Domain in X-Richtung

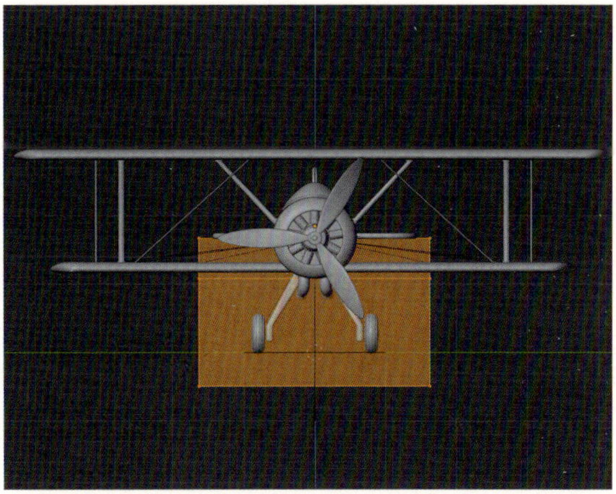

▲ **Abbildung 17.99**
Angepasste Smoke-Domain in Y-Richtung

Vergessen Sie nicht, die Skalierung und Positionierung über das Menü Apply (Tasten [Strg]/[Cmd] + [A]) anzuwenden, da der Smoke ansonsten nicht korrekt berechnet wird (Abbildung 17.100). Verwenden Sie am besten All Transforms, um damit auf einen Schlag alle Transformationen zu berücksichtigen.

Nach Fertigstellung der Smoke Domain geben Sie ihr nach Doppelklick auf ihren Eintrag im Outliner einen passenden Namen. Da unser Doppeldecker bereits animiert ist, müssen wir die Smoke Domain mit in die Hierarchie der Doppeldecker-Objekte integrieren. Ziehen Sie die Domain im Outliner bei gedrückter [⇧]-Taste auf das Empty des Doppeldeckers (Abbildung 17.101).

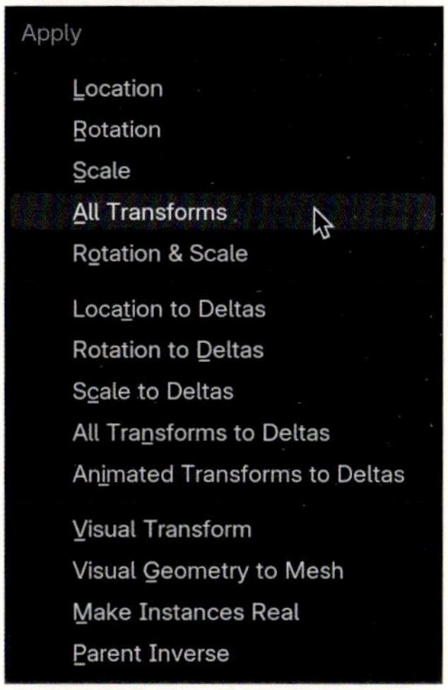

▲ **Abbildung 17.100**
Menü Apply

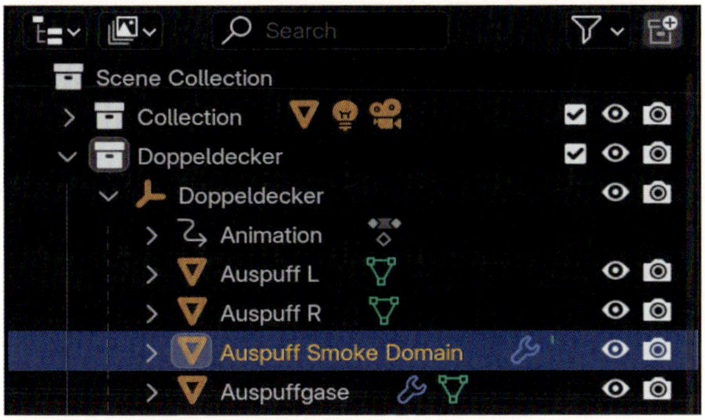

◀ **Abbildung 17.101**
Parenting der Smoke Domain

4 Domain- und Flow-Objekt einrichten

Da die Smoke Domain nun die geforderten Maße besitzt, öffnen Sie im Properties Editor den Physics-Tab 1 (Abbildung 17.102) für die Smoke Domain, um ihre Parameter anzupassen.

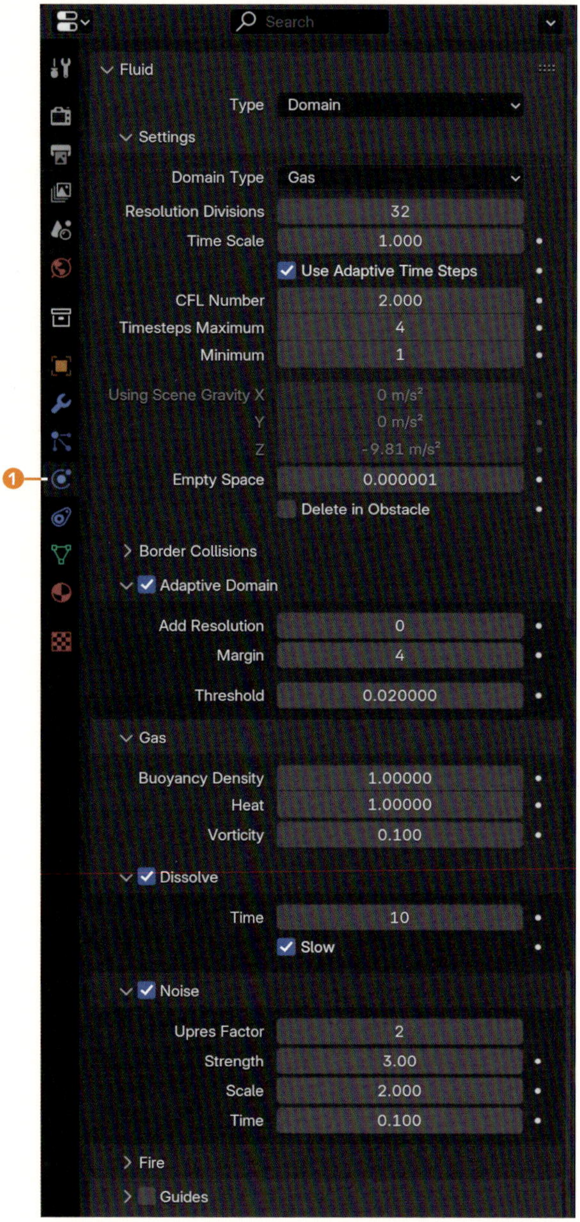

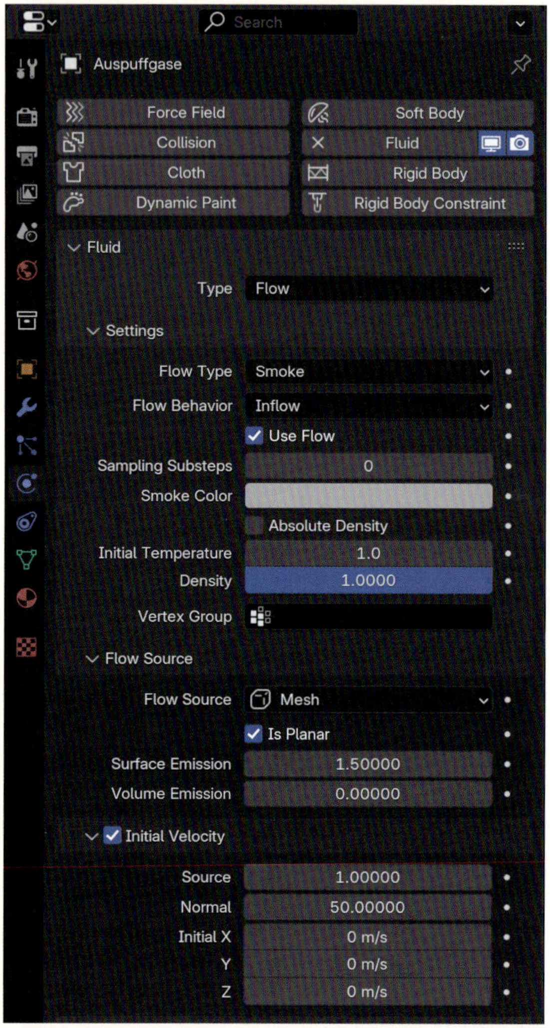

▲ **Abbildung 17.103**
Panel FLUID im Physics-Tab des Flow-Objekts

◄ **Abbildung 17.102**
Panel FLUID im Physics-Tab der Smoke Domain

Zur Steigerung von Qualität und Rechnerperformance aktivieren Sie die Option ADAPTIVE DOMAIN über das gleichnamige Panel. Auf diese Weise wird nur der benötigte Teil der Domain berechnet.

Öffnen Sie das Panel GAS und stellen Sie eine VORTICITY von 0.100 ein, um den Rauch etwas mehr zu verwirbeln. Über die Option DISSOLVE erreichen wir, dass sich der Rauch nach der angegebenen Zeit von 10 (TIME), aber nicht zu schnell (SLOW) auflöst.

Damit der ausgestoßene Rauch etwas feiner aufgelöst wird, aktivieren Sie die Option NOISE über das gleichnamige Panel und erhöhen die Stärke (STRENGTH) dabei auf 3.00.

Selektieren Sie anschließend das Objekt für das Auspuffgas und öffnen Sie seinen Physics-Tab im Properties Editor (Abbildung 17.103). Im Panel SETTINGS sind FLOW TYPE und BEHAVIOR durch den Quick Smoke-Kurzbefehl schon korrekt angelegt. Deaktivieren Sie hier die Option ABSOLUTE DENSITY, damit der Rauch nicht zu dick wird, die Dichte (DENSITY) bleibt unberührt.

Da es sich beim Auspuffgas-Objekt um zwei plane Oberflächen handelt, aktivieren Sie die Option IS PLANAR im untergeordneten Panel FLOW SOURCE. Aktivieren Sie außerdem noch die Option INITIAL VELOCITY, um den Emissionen eine Startgeschwindigkeit in Normalenrichtung (NORMAL) von 50 mitzugeben.

5 Turbulenz erzeugen und einrichten

Sollte Ihnen das von unserem Doppeldecker ausgestoßene Abgas viel zu gleichförmig erscheinen, haben Sie nur auf die nun folgende Einbindung eines Force Fields gewartet.

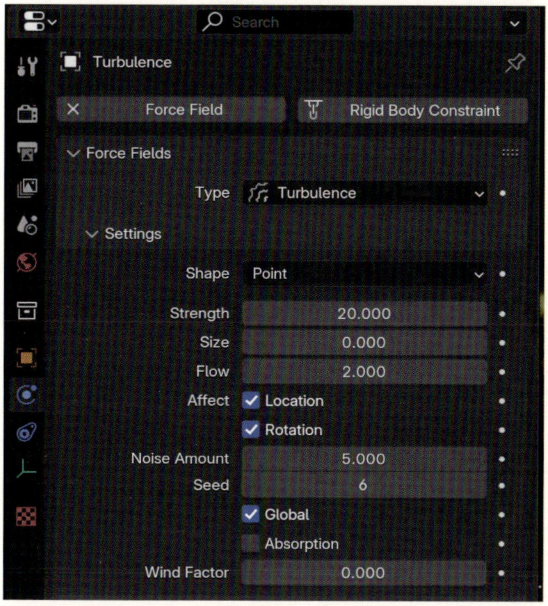

▲ **Abbildung 17.105**
Verwirbelte Auspuffgase

◄ **Abbildung 17.104**
Panel FORCE FIELDS im Physics-Tab der Turbulence

Rufen Sie das Menü ADD • FORCE FIELD (Tasten [⇧] + [A]) auf, und fügen Sie eine TURBULENCE in die Szene ein. Öffnen Sie deren Physics-Tab im Properties Editor (Abbildung 17.104) und erhöhen Sie hier die Stärke (STRENGTH) der Turbulenz auf 20 und den NOISE auf 5.

Aktivieren Sie außerdem die Option GLOBAL, um die Turbulence szenenweit wirken zu lassen. Das vom Doppeldecker ausgestoßene Abgas wirkt nun realistischer (Abbildung 17.105).

Abbildung 17.106 ▸
Backen der Smoke-Simulation in einen Cache

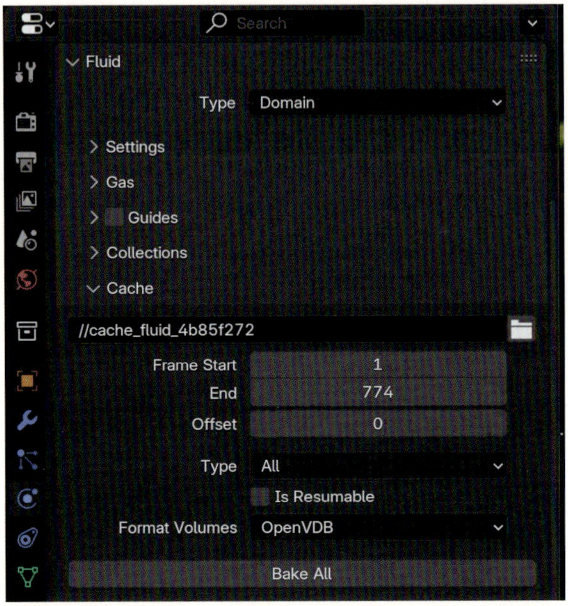

Damit ist die Smoke-Simulation des Doppeldeckers fertiggestellt. Rufen Sie das Panel CACHE des Domain-Objekts im Properties Editor auf (Abbildung 17.106), ändern Sie den TYPE für den Cache auf ALL und backen Sie die Simulation per Klick auf den Button BAKE ALL, um sie im Viewport flüssig abspielen zu können.

Abbildung 17.107 ▸
Fertige Smoke-Simulation

17.5 Volume-Objekt

Das Volume-Objekt eignet sich perfekt, um die Fluid-Simulationen abzurunden. Mit dem Volume-Objekt erzeugen Sie volumetrische Objekte auf Basis von OpenVDB-Daten, die Ihnen entweder aus externer Quelle oder durch das gerade eben besprochene Backen von Fluid-Simulationen (Abbildung 17.106) vorliegen.

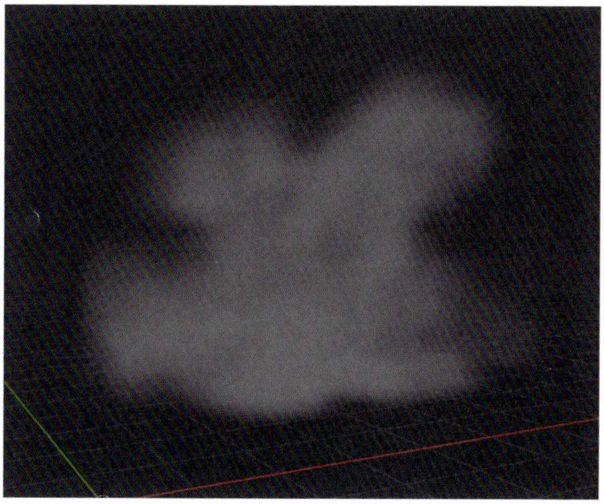

▲ **Abbildung 17.108**
Volume-Objekt aus dem OpenVDB-Cache

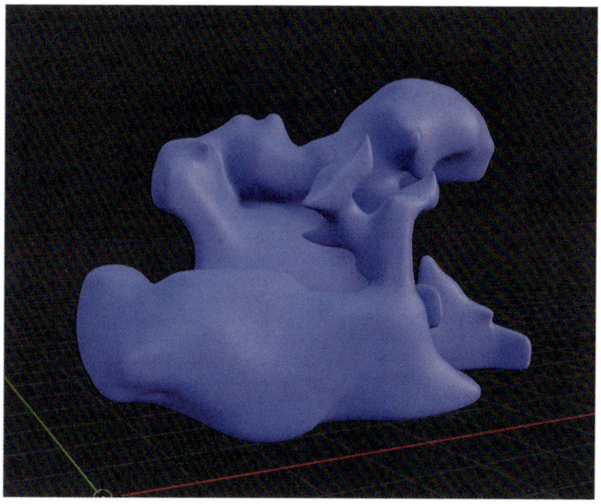

▲ **Abbildung 17.109**
In ein Mesh umgewandeltes Volume

Neben der reinen Übernahme von volumetrischen Objekten in Blender bietet Ihnen das Volume-Objekt die Möglichkeit, Volumen in ein Mesh umzuwandeln (Abbildung 17.108 und 17.109) oder umgekehrt Mesh-Objekte in Volumen zu konvertieren. Beides geschieht über Modifier, die Sie dem Ziel-Objekt zuweisen. Beim Erzeugen eines Volume-Objekts über das Menü ADD • VOLUME (Abbildung 17.110) wählen Sie, ob Sie eine OpenVDB-Datei importieren oder mit einem leeren »Container« beginnen.

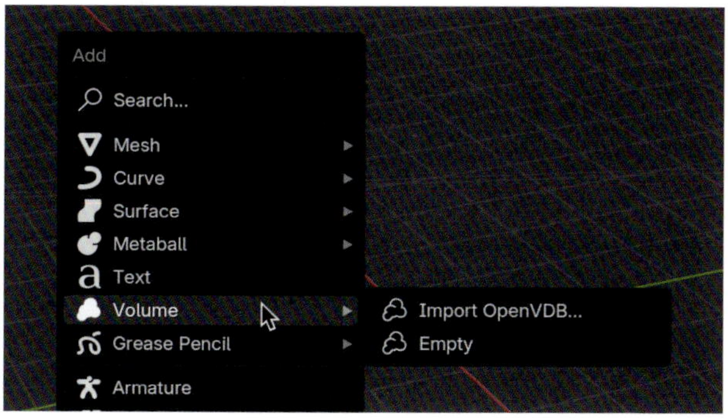

◂ **Abbildung 17.110**
Menü ADD • VOLUME

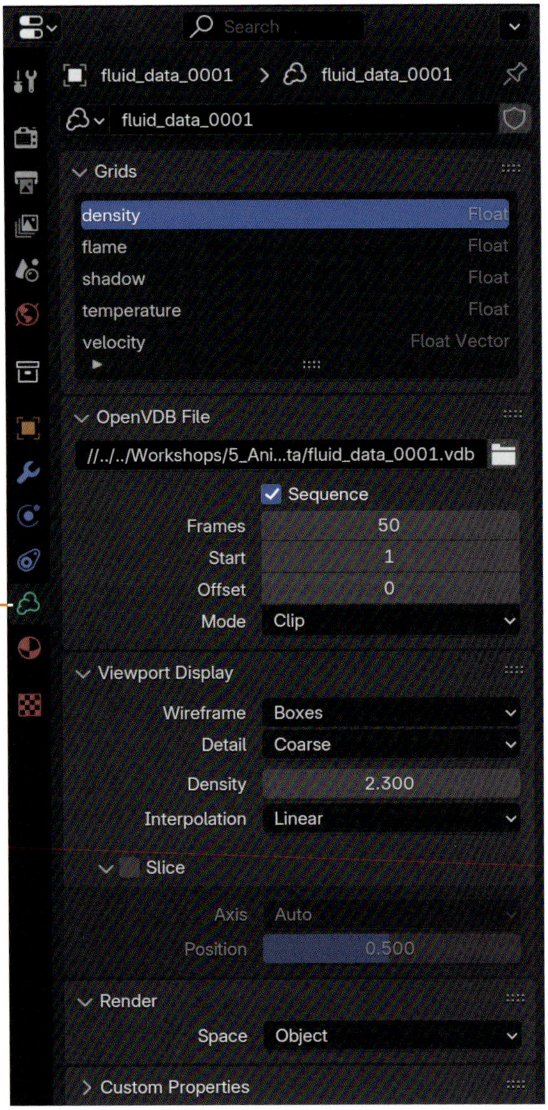

▲ **Abbildung 17.111**
Object Data-Tab des Volume-Objekts

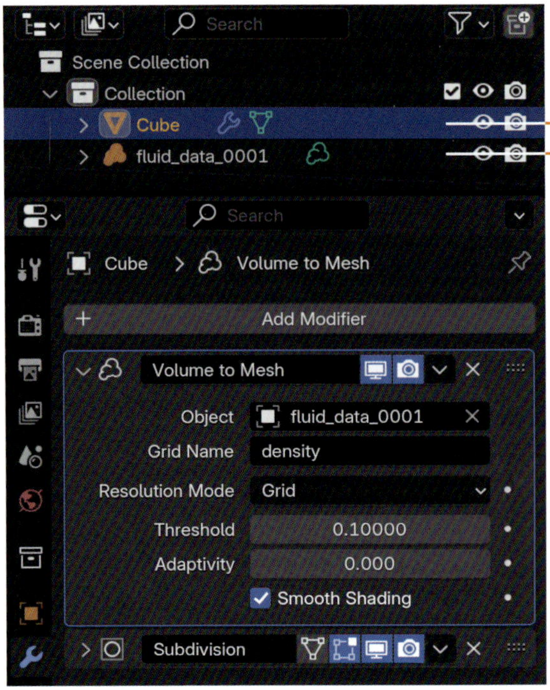

▲ **Abbildung 17.112**
Einstellungen des Volume to Mesh-Modifiers

Abbildung 17.111 zeigt die in ein Volume-Objekt importierten OpenVDB-Daten aus einer Smoke-Simulation im Object Data-Tab ①. Im Panel Grids sehen Sie die für das Volumen hinterlegten Informationen, in diesem Fall die Daten für den Smoke. Über das Panel OpenVDB File bestimmen Sie, welche Daten aus der Datei zum Einsatz kommen. Wie immer finden Sie im Panel Viewport Display Möglichkeiten, um die Darstellung im Viewport zu optimieren. Im Panel Render legen Sie fest, welcher Bezugspunkt (Object oder World) für die Auflösung und Dichte des Volume-Objekts herangezogen wird.

Um Volumen-Daten in ein Mesh zu überführen, weisen Sie einem beliebigen Mesh-Objekt ② einen Volume to Mesh-Modifier zu und geben das umzuwandelnde Volume ③ als OBJECT mit den zu interpretierenden Informationen aus der OpenVDB-Daten an. Über die Parameter THRESHOLD und ADAPTIVITY regulieren Sie anschließend, wie exakt das Volumen in ein Mesh umgesetzt wird. Die Ähnlichkeit mit dem Remesh-Modifier kommt übrigens nicht von ungefähr.

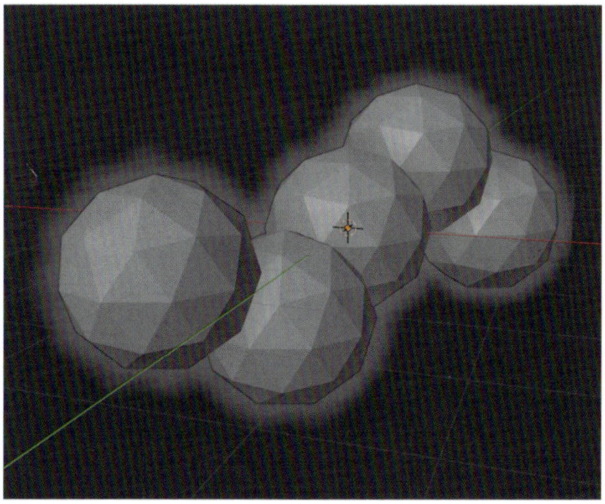

▲ **Abbildung 17.113**
In ein Volume umgewandeltes Mesh

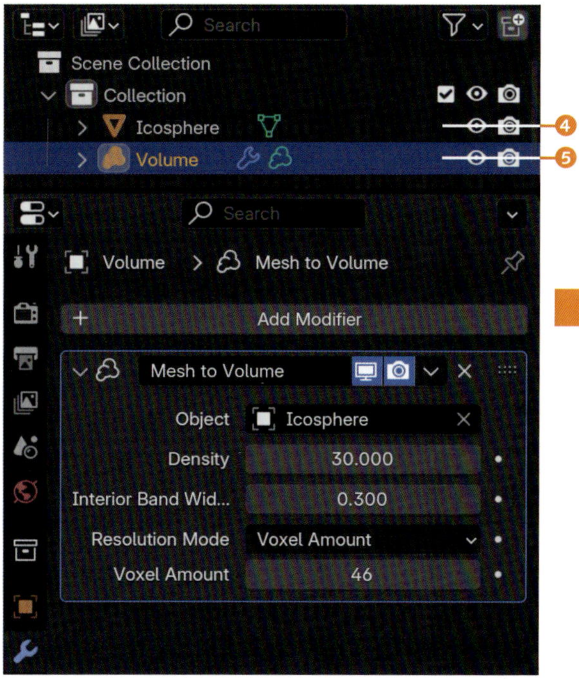

Abbildung 17.114 ▸
Einstellungen des Mesh to Volume-Modifiers

Wie bereits angedeutet, können Sie auch den umgekehrten Weg gehen, indem Sie ein Mesh-Objekt ④ in ein Volume konvertieren (Abbildung 17.113). Dazu weisen Sie einem leeren Volume-Objekt ⑤ einen Mesh to Volume-Modifier zu (und nur in diesem Fall taucht der Modifier im Modifier-Menü überhaupt auf).

In den zugehörigen Einstellungen (Abbildung 17.114) wählen Sie das Mesh-Objekt aus, das Sie in ein Volume wandeln möchten, und definieren die gewünschte Dichte (DENSITY) sowie den Abstand der sogenannten Voxel zum Mesh-Objekt (EXTERIOR bzw. INTERIOR BAND WIDTH). Über den RESOLUTION MODE kontrollieren Sie die Auflösung des Volumens wahlweise über die Angabe einer Anzahl von Voxeln (VOXEL AMOUNT) oder über die Größe der Voxel (VOXEL SIZE).

OpenVDB

Bei OpenVDB handelt es sich um eine von Dreamworks Animation entwickelte Open-Source-Bibliothek für volumetrische Daten, basierend auf dreidimensionalen Feldern (Grids). Mittlerweile nutzen praktisch alle namhaften 3D-Programme dieses sehr effiziente Volumen-Datenformat.

17.6 Dynamic Paint

Dynamic Paint erlaubt das dynamische Malen während der Animation. Neben dem simplen Bemalen eines Objekts lassen sich zum Beispiel auch zerfließende Farben, Spuren und Einschläge auf einer Oberfläche (Abbildung 17.115) oder auch Regentropfen auf einer Wasseroberfläche per Dynamic Paint generieren.

Abbildung 17.115 ▸
Dynamic-Paint-Simulation

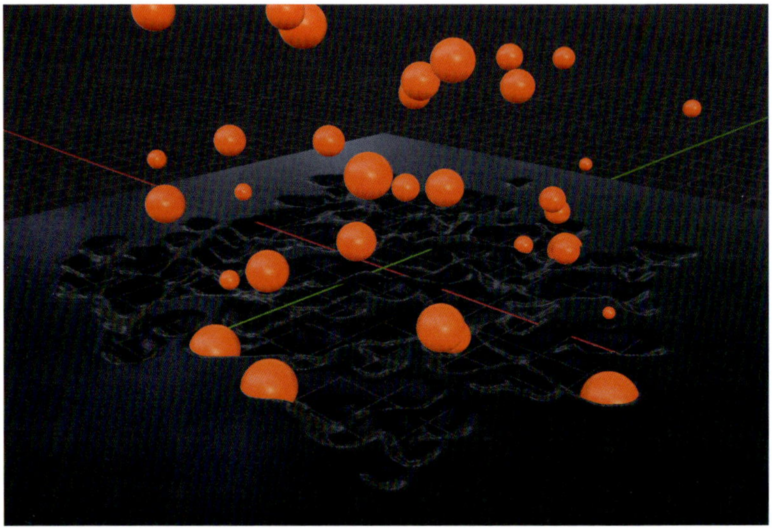

Jedes an der Dynamic-Paint-Simulation beteiligte Objekt – wahlweise Leinwand (CANVAS) oder Pinsel (BRUSH) – erhält über den Physics-Tab ❶ in seinem Properties Editor einen Dynamic Paint-Modifier, dessen TYPE Sie als Erstes im Panel DYNAMIC PAINT bestimmen und über den Button ADD anlegen.

Abbildung 17.116 ▸
Panel DYNAMIC PAINT im Physics-Tab

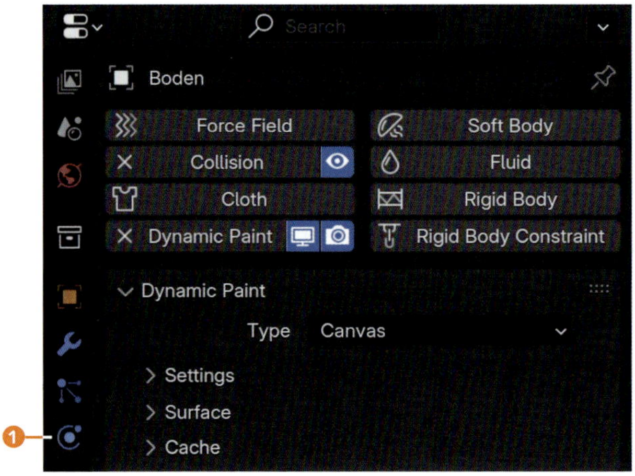

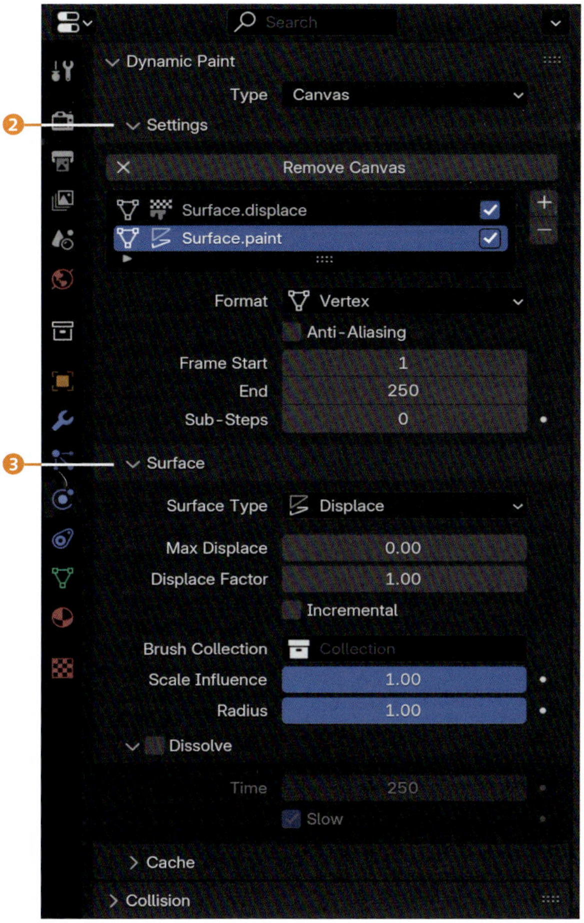

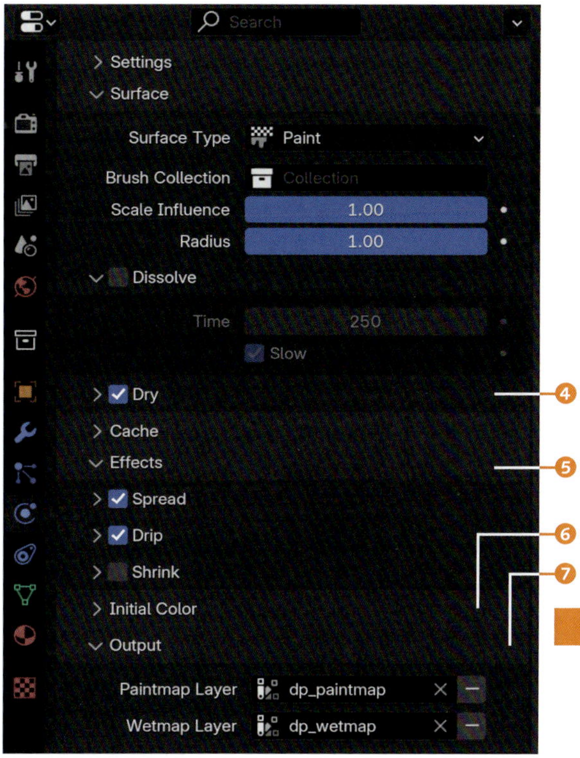

▲ **Abbildung 17.118**
Panels einer Canvas im SURFACE TYPE PAINT

◂ **Abbildung 17.117**
Panels einer Canvas im SURFACE TYPE DISPLACE

Die Entscheidung, was genau auf der Leinwand entsteht, fällen Sie im Panel SETTINGS ❷. IMAGE SEQUENCE gibt eine Bildsequenz aus, während VERTEX für Sie Vertex Color-Ebenen generiert, die Sie in den Materialien der Objekte einbinden. Die Qualität bzw. Feinheit des Dynamic Paintings hängt bei der IMAGE SEQUENCE von der angegebenen Auflösung (RESOLUTION), bei VERTEX von der Unterteilung des Canvas-Objekts ab.

Eine Canvas kann natürlich mehrere Effekte gleichzeitig aufnehmen. Dafür stehen Ihnen im Panel SURFACE ❸ die Types WAVES (Verformung mit Wellen), WEIGHT (Malen von Wichtungen), DISPLACE (Verformung) und PAINT (Farbe und Nässe) zur Verfügung.

Je nach gewähltem SURFACE TYPE finden Sie zusätzliche Panels mit Einstellungen für das Displacement (Abbildung 17.117) oder auch das Painting (Abbildung 17.118). So können Sie die Eigenschaften der Malfarbe über die Panels DRY ❹ und EFFECTS ❺ bestimmen und mit zusätzlichen Effekten versehen. Um der Leinwand (CANVAS) eine Eigenfarbe zu verleihen, klappen Sie das Panel INITIAL COLOR 6 (Abbildung 17.118) auf und wählen zwischen einer einfachen Farbe (COLOR), einer UV TEXTURE und einer Vertex Color-Ebene. Letztere finden Sie im Panel OUTPUT 7 aufgelistet. Zum Backen der Simulation steht Ihnen, wie gewohnt, das Panel CACHE 8 zur Verfügung.

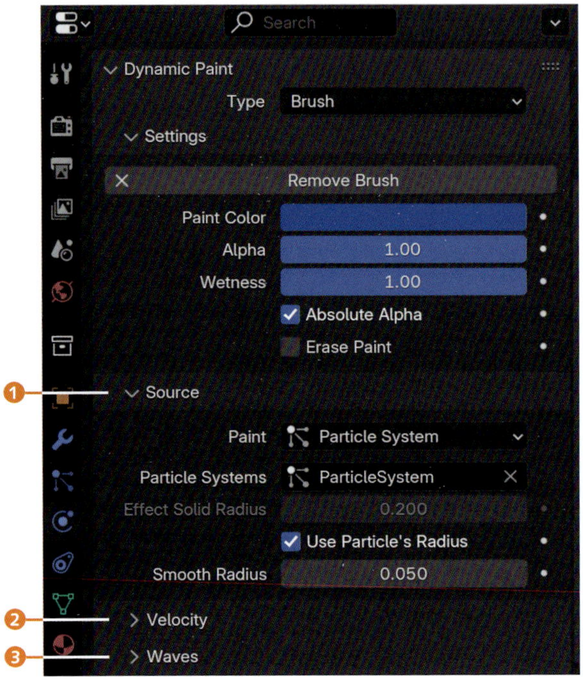

Abbildung 17.119 ▸ Panels eines Brushes im Panel DYNAMIC PAINT des Physics-Tabs

Wenden wir uns nun dem Pinsel (BRUSH) zu, mit dem Sie den Farbauftrag und die Art des Pinsels festlegen. Dazu finden Sie im Panel SOURCE 1 eine Auswahl an Objektquellen (SOURCES): das Objekt-Volumen (MESH VOLUME) und/oder dessen Entfernung (PROXIMITY), den Abstand zum Mittelpunkt (OBJECT CENTER) oder vom BRUSH emittierte Partikel (PARTICLE SYSTEM).

Weil es sich bei Animationen naturgemäß selten um konstante Geschwindigkeiten handelt, bietet das Panel VELOCITY 2 zusätzliche Optionen zur entsprechenden Beeinflussung der Deckkraft (ALPHA), Verformung (DEPTH) und Farbe (COLOR) des Pinsels.

Sofern Sie mit dem BRUSH über den SURFACE TYPE WAVE auf der Leinwand-Oberfläche Wellen erzeugen möchten, finden Sie im Panel WAVES 3 weitere Einstellungen, mit denen Sie die vom Pinsel generierten Wellen verfeinern können.

Kapitel 18

Geometry Nodes

Die Geometry Nodes stammen aus dem groß angelegten Projekt »Everything Nodes«, dessen Ziel es ist, möglichst viele Bereiche von Blender mit einem prozeduralen Workflow zu versehen. Wie der Name schon sagt, kümmern sich Geometry Nodes um alle Arten von Geometrie – das Besondere dabei: Sie können Geometrie nicht nur deformieren und transformieren, sondern auch frisch erzeugen, instanzieren sowie animieren.

In Anbetracht dieser vielfältigen Möglichkeiten stellt sich die Frage, warum ich Ihnen diesen Modifier (Abbildung 18.1), den Sie wie gewohnt im Menü der Modifier finden, so lange vorenthalten habe.

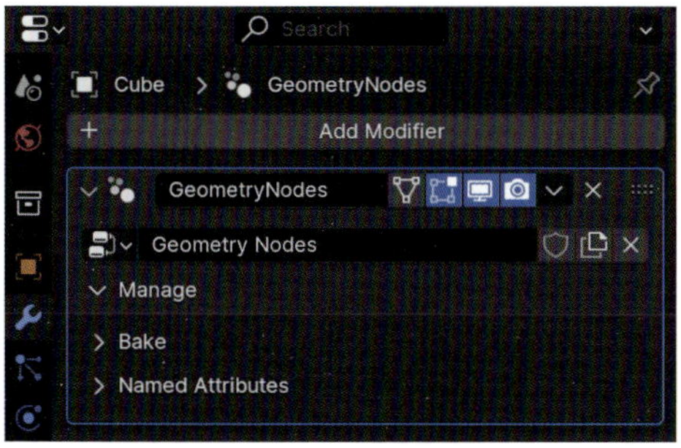

▲ **Abbildung 18.1**
Geometry Nodes-Modifier im Modifier-Tab

Meine Antwort darauf ist der vorgesehene Einsatzzweck. Mit jeder neuen Blender-Version sind die Funktionen für prozedurales Modelling ergänzt und ausgebaut worden, doch die Geometry Nodes sind schlichtweg ein faszinierendes Werkzeug, um geometriebasierte Simulationen zu kreieren. Einen optimalen Einstieg möchte ich schaffen, indem wir uns zunächst mit der Umsetzung des prozeduralen Ansatzes auseinandersetzen.

Everything Nodes

Die sogenannte »Nodifizierung« von Blender ist schon seit langer Zeit ein großes Thema in der Entwicklung. Richtigen Schwung bekam es aber erst, als man den Entwickler der vormals separat als Add-on erhältlichen »Animation Nodes« für sich gewinnen konnte. Statt einer simplen Integration in Blender hat man sich vorgenommen, die Einbindung des Node-Workflows so sinnvoll und nutzbar wie möglich zu machen.

18.1 Prozeduraler Ansatz

Nodes begegnen uns an dieser Stelle nicht zum ersten und auch nicht zum letzten Mal. Wir haben die Vorteile dieser prozeduralen Vorgehensweise bereits bei der Definition von Materialien im Shader Editor kennengelernt und werden sie demnächst für das Compositing von 3D- mit 2D-Elementen verwenden. Wie der Name schon sagt, dienen die Geometry Nodes zur Be- und Verarbeitung von Geometrie.

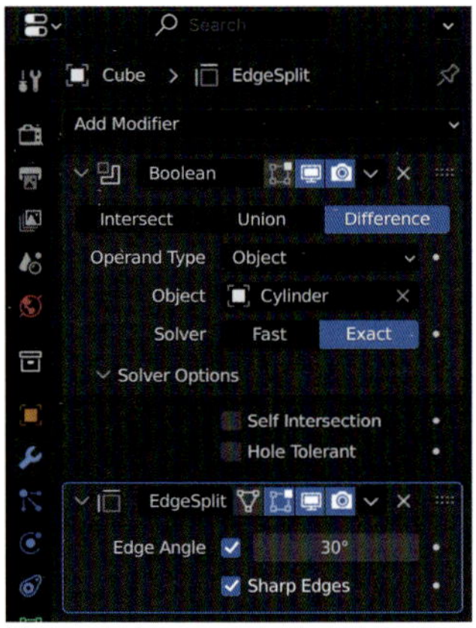

▲ **Abbildung 18.2**
Boolesche Operation mit zwei Modifiern

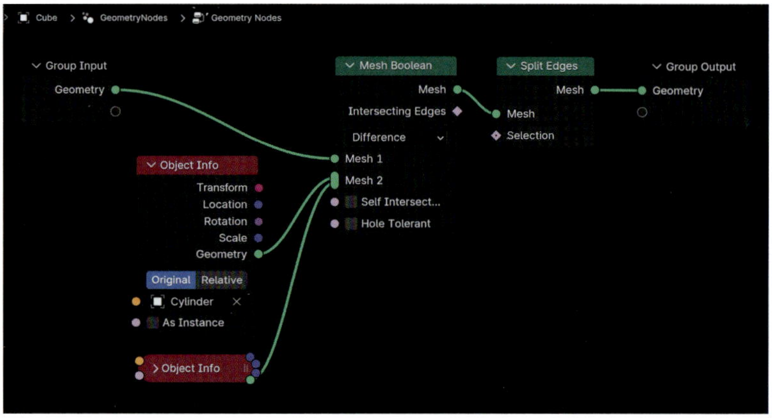

▲ **Abbildung 18.3**
Umsetzung der Operation per Geometry Nodes

Als prozedural sowie nicht-destruktiv sind uns auch die Modifier im Modifier Stack (Abbildung 18.2) bekannt. Die einzelnen Modifier werden der Reihe nach von oben nach unten abgearbeitet und lassen sich jederzeit umsortieren oder auch rückstandsfrei entfernen. Abbildung 18.3 zeigt, wie sich die identische Operation über einen Node-Tree mittels Geometry Nodes bewerkstelligen lässt.

Wie Sie es von den Shader Nodes kennen, läuft die Verarbeitung vom linken Group Input-Node, der die Ausgangsgeometrie bereithält, durch bis zum rechten Group Output-Node, der die modifizierte Geometrie empfängt. Dazwischen hängt, analog zum Modifier Stack, zunächst ein Mesh Boolean-Node, der die Geometrie des Träger-Objekts mit der Geometrie der ihm per Object Info-Node zugelieferten Objekte (!) verrechnet. Für scharfe Schnittkanten sorgt wiederum ein Split Edge-Node. Wie Sie sehen, sind auch die in den Modifiern bzw. Nodes enthaltenen Parameter weitestgehend identisch. Ob Sie nun den Modifier Stack oder den Node-Tree aufgeräumter und übersichtlicher empfinden, ist sicherlich Gewöhnungssache. Doch mit den Nodes ergeben sich noch unzählige weitere Möglichkeiten, um zusätzliche Abhängigkeiten bzw. Bedingungen einzubinden.

Points

Da die Geometry Nodes auf einem Modifier basieren, den Sie wie jeden anderen Modifier auch im Modifier Stack verwalten, können Sie ihn allen Objekten zuweisen, die mit Modifiern etwas anfangen können. Oft kann dies das Ausgangsobjekt einer Deformation oder Instanzierung sein, doch eigentlich sind Sie absolut flexibel, denn bei den Geometry Nodes dreht sich alles um Points, die Sie auf verschiedene Arten erhalten bzw. erzeugen.

Points aus dem Basis-Mesh | Die naheliegendste Point-Basis ist das zugrunde liegende Mesh des Objekts. Die Geometrie-Daten stehen Ihnen über den Group Input-Node ② zur Verfügung. Im Beispiel in Abbildung 18.4 wird der Standard-Cube von Blender mittels eines Mesh Subdivide-Nodes ③ einmal unterteilt und über einen Instance on Points-Node ④ an jedem seiner Points (die Vertices) mit einer Instanz eines kleinen Cubes aus einem Object Info-Node ① versehen (Abbildung 18.5).

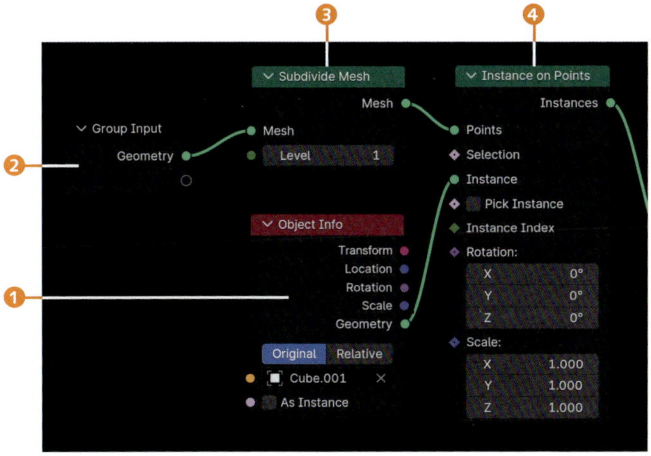

▲ **Abbildung 18.4**
Unterteilen und Instanzieren per Nodes

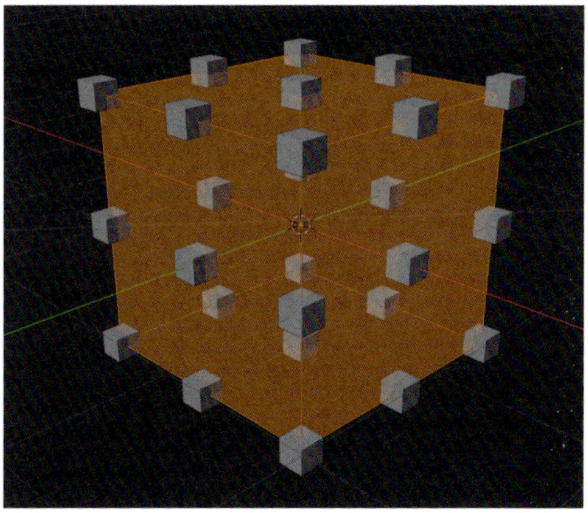

▲ **Abbildung 18.5**
Verwenden der Points aus Meshes

Point Clouds | Eine andere Möglichkeit zur Generierung von Points ist die Verwendung der Oberfläche oder des Volumens einer Basis-Geometrie, um darauf zufällig Points platzieren zu lassen. In diesem Fall spricht man von einer Punktewolke bzw. Point Cloud. Auch wenn dies an die bereits bekannten Partikel erinnert, sollten Sie immer im Hinterkopf behalten, dass es sich dabei um generierte Points handelt.

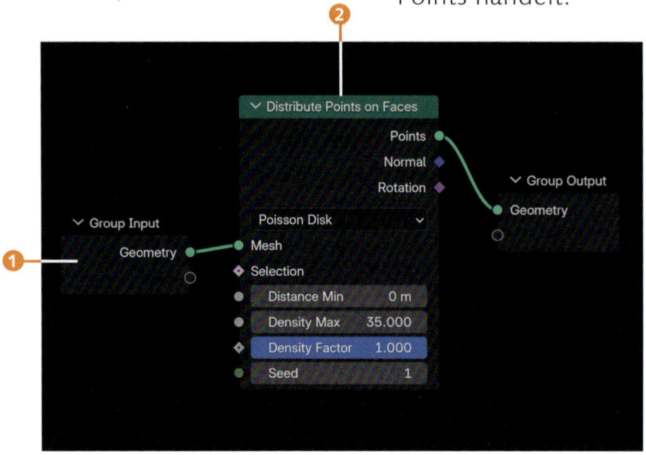

▲ **Abbildung 18.6**
Verteilen von Points auf einem Mesh

▲ **Abbildung 18.7**
Verteilte Points auf der Cube-Oberfläche

Im Beispiel in Abbildung 18.6 kommt wieder die Basis-Geometrie des Cubes zum Einsatz (1), diesmal allerdings dessen Oberfläche, denn der zwischengeschaltete Distribute Points on Faces-Node (2) sorgt für eine zufällige Verteilung generierter Points auf den sechs Seiten des Cubes. Die Parameter der Density steuern dabei die Dichte der Point Cloud (Abbildung 18.7).

Points von anderen bzw. generierten Objekten | Natürlich ist es auch möglich, die Basis-Geometrie des Träger-Objekts komplett außen vor zu lassen und alle benötigte Geometrie mittels Nodes zu generieren. Dazu verzichten Sie einfach komplett auf den Group Input-Node und verwenden stattdessen die Geometrie eines anderen Objekts im Geometry Nodes-Modifier.

Die erste Möglichkeit besteht darin, ein ebenfalls in der Szene vorhandenes Objekt als Geometrie-Spender einzubinden. Zugriff auf alle in der Szene enthaltenen Objekte bietet der Object Info-Node, der auch im Beispiel in Abbildung 18.3 zur Bereitstellung des zweiten Objekts für die Boolesche Operation eingesetzt wurde.

Doch Sie sind gar nicht darauf angewiesen, dass ein Objekt zur Szene gehört, denn die zweite Möglichkeit besteht darin, das Objekt einfach frisch im Node-Tree zu generieren. Dazu stehen Ihnen neben den gebräuchlichen Mesh Primitives auch eine Reihe an Curve Primitives zur Verfügung, die Sie als Node einbinden können. Im Beispiel in Abbildung 18.8 dient die Geometrie eines Curve Spiral-Nodes 3 zum Generieren der Points für die Instanzierung der Cubes (Abbildung 18.9) per Instance on Points-Node 4.

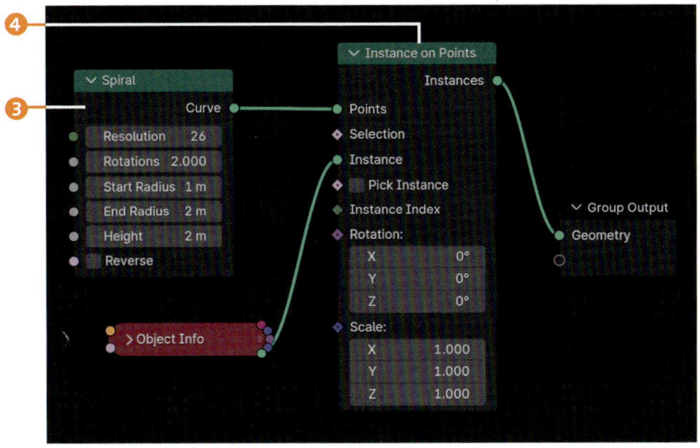

▲ **Abbildung 18.8**
Generieren und Instanzieren per Nodes

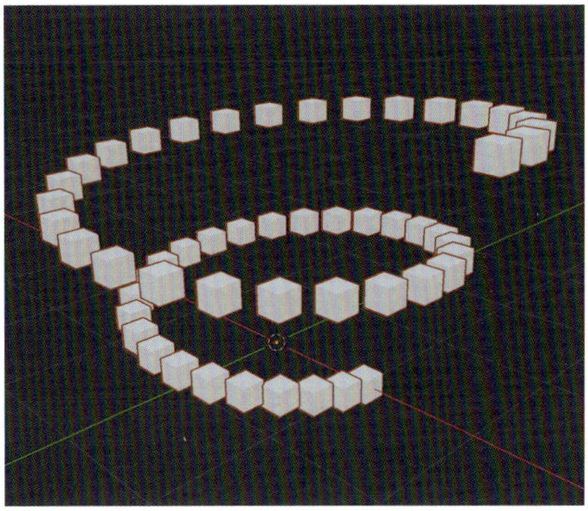

▲ **Abbildung 18.9**
Verwenden der Points einer Curve Spiral

Beachten Sie, dass der Mesh-Datenblock des Träger-Objekts nach wie vor vorhanden ist, auch wenn Sie ihn im Geometry Nodes-Modifier nicht verwenden. Sobald Sie das Objekt in den EDIT MODE versetzen, bekommen Sie das ursprüngliche Mesh zu sehen.

Points und Instances | Auch wenn Points und Instances eng miteinander verknüpft sind, werden beide Elemente getrennt behandelt. So finden Sie im Menü ADD • POINT (Tasten ⇧ + A) des Geometry Node Editors verschiedene Werkzeuge in Node-Form.

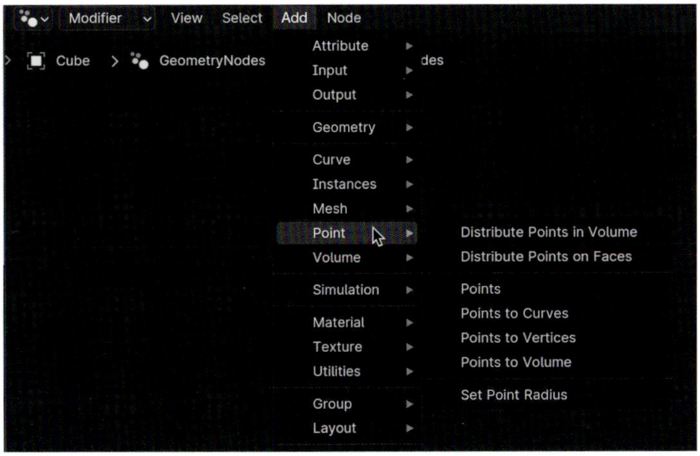

◂ **Abbildung 18.10**
Menü ADD • POINT des Geometry Node Editors

Mit diesen Nodes lassen sich die Points (die, wie wir wissen, nicht zwingend dem Mesh entsprechen müssen) verteilen, in Vertices oder Volumes umwandeln sowie der Point-Radius definieren.

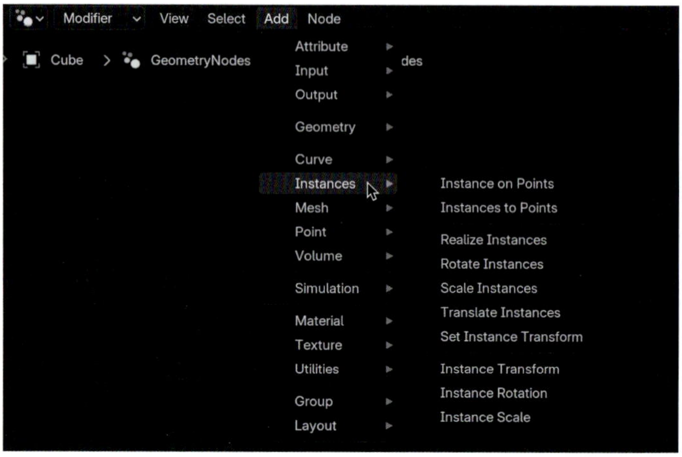

Abbildung 18.11 ▸
Menü Add • Instances des Geometry Node Editors

Mit den Nodes im Menü Add • Instances (Abbildung 18.11) dagegen verteilen Sie Instanzen oder wandeln sie in Points oder echte Objekte (Realize Instances) zur Weiterverarbeitung um. Die Transformations-Nodes (Rotate/Scale/Translate Instances/ Set Instance Transform) dienen zur gezielten Transformation der Instanzen, während Sie über Instance Rotation bzw. Scale die zugehörige Eigenschaft auslesen.

Fields

Womit wir schon beim nächsten großen Thema der Geometry Nodes angelangt sind: Fields. Tatsächlich sind es nämlich die Fields, die Ihnen erst die ganze Fülle an Möglichkeiten bei der Arbeit mit Geometry Nodes verschaffen.

Dabei kommen wir nicht umhin, zunächst einmal den Begriff der »Fields« im Gesamtkonzept der Geometry Nodes zu klären. Die Informationen, die zwischen den verbundenen Node-Sockets fließen und die Sie auch von den Shader Nodes her kennen, lassen sich bei den Geometry Nodes in die zwei Kategorien Daten (»Dataflow«) und Funktionen bzw. Operationen (»Fields«) aufteilen. Während sich also die Daten-Nodes um die Weitergabe der Informationen zur Geometrie kümmern, konzentrieren sich die Field-Nodes auf die Vorbereitung, Konvertierung, Modifikation und Berechnung der Zusatzinformationen für die Handhabung der vorhandenen bzw. bereitgestellten Daten. Es ist also das gleiche flexible Prinzip, wie Sie es auch beim Aufbau eines Node-Trees bei der Definition eines Shaders für ein Material verwenden.

Field-Sockets | Damit Sie sofort erkennen, welche Art von Information an welchem Socket verlangt wird, unterscheiden sich Field-Sockets nicht nur in der Farbe, sondern auch in ihrer Form.

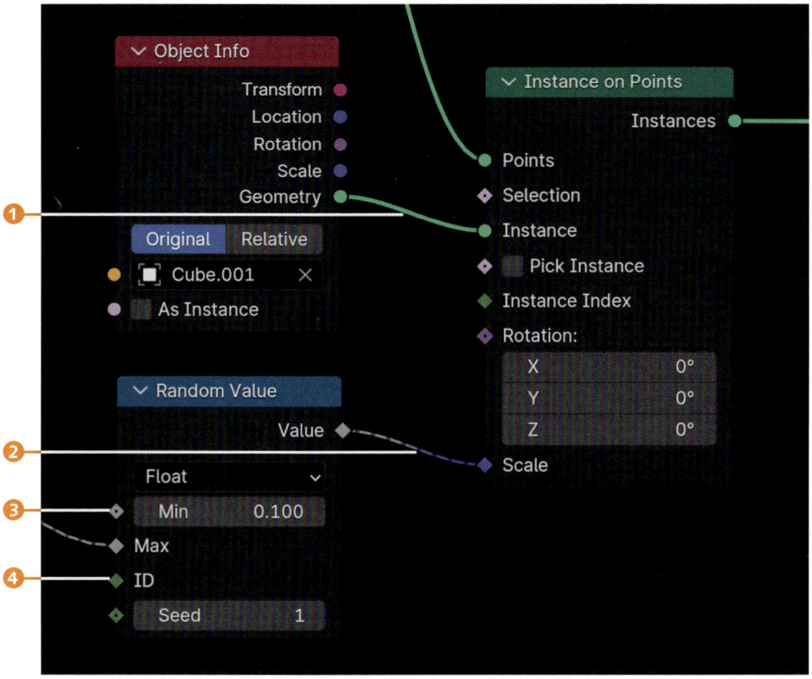

◀ **Abbildung 18.12**
Dataflow- und Field-Nodes mit ihren Sockets

Sockets, die Fields unterstützen, erkennen Sie an ihrer eckigen (Diamanten-)Form 4. Befindet sich in ihrer Mitte ein kleiner Punkt 3, so ist der Socket nur für einen einzelnen Wert ausgelegt. Auch an den Verbindungen zwischen den Sockets lässt sich ablesen, welche Art von Information fließt. Eine durchgängige Linie 1 kennzeichnet den Fluss von Daten bzw. Geometrie, eine gestrichelte Linie 2 dagegen weist auf anliegende Funktionen bzw. Operationen mittels Fields hin.

Dank der Einfärbung der Verbindungen sehen Sie auch sofort, ob die fließenden Informationen direkt übergeben werden oder eine Anpassung erfolgt. Abbildung 18.13 zeigt Ihnen bekannte und auch neue Farbcodierungen für an den Sockets anliegende Daten. Inkompatible Datenverbindungen signalisieren auch die Geometry Nodes mit rot gefärbten Linien.

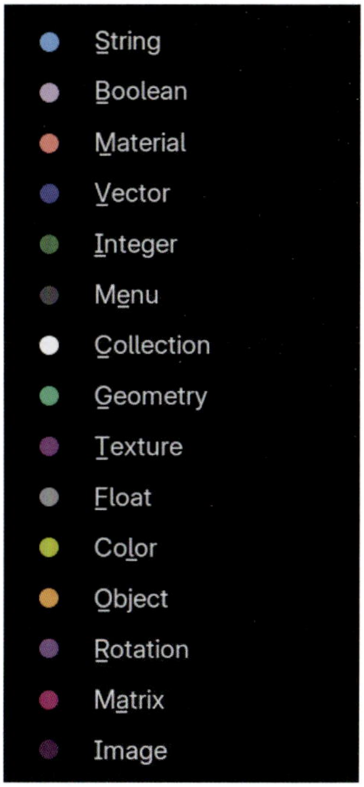

▲ **Abbildung 18.13**
Socket-Farben

Field-Operationen | Unter den Geometry Nodes finden sich Nodes, die ausschließlich für den Dataflow von Geometrie gedacht sind, Nodes, die den Dataflow mit Field-Funktionen modifizieren, sowie Nodes, die rein für die Funktionen und Operationen von Fields bereitstehen. Viele Nodes aus der letzten Gruppe sind alte Bekannte von den Shader Nodes, die Ihnen dank der Fields-Methodik den Einstieg erleichtern.

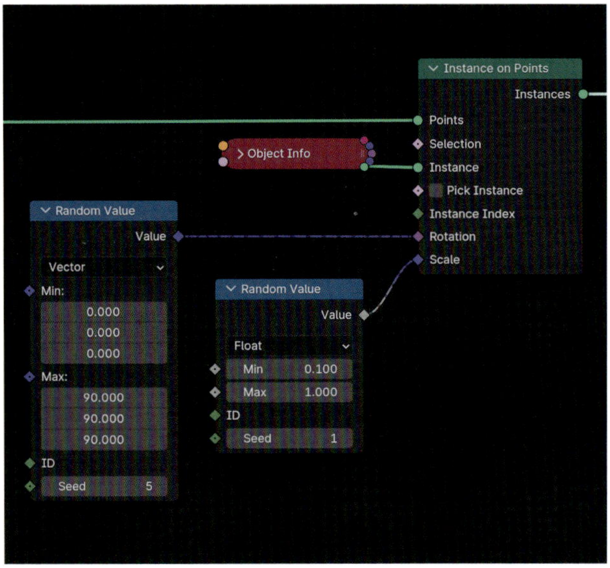

◂ **Abbildung 18.14**
Rotieren und Skalieren mit Field-Nodes

▾ **Abbildung 18.15**
Zufällig rotierte und skalierte Points

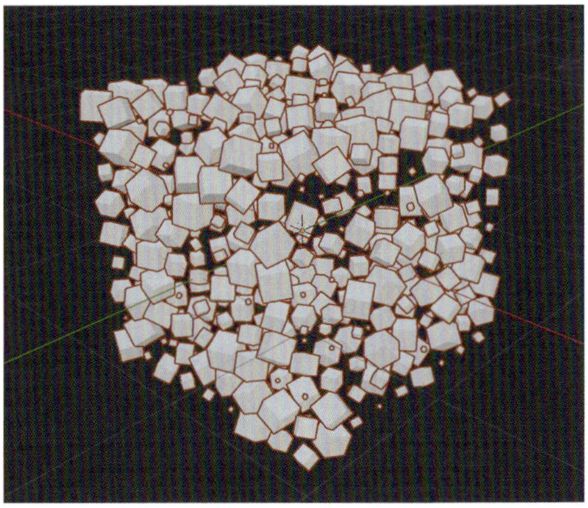

Im einfachen Beispiel in Abbildung 18.14 dienen zwei Random Value-Nodes aus dem Menü ADD • UTILITIES dazu, die Rotation und Skalierung der Points mit einem Zufallswert zu versehen. Entsprechend sind alle auf dem Cube platzierten Instanzen mit einer anderen Rotation bzw. Skalierung versehen (Abbildung 18.15).

18.2 Geometry Node Editor

Nach dieser Einführung in die prozedurale Erzeugung und Modifikation von Points und Instanzen mittels Nodes sehen wir uns als Nächstes den Schauplatz für die Erstellung der Geometry Nodes im Detail an, den Geometry Node Editor.

Abbildung 18.16 ▸
Workspace GEOMETRY NODES

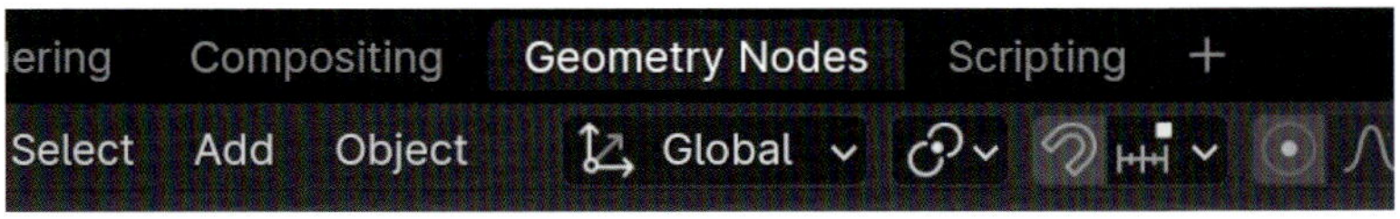

Dabei bleibt es Ihnen überlassen, ob Sie diesen Editor in einem nicht benötigten Fenster aufrufen oder auf den für die Arbeit mit Geometry Nodes vorgesehenen Workspace wechseln. Wie Sie sehen, ist auch der Workspace eher im hinteren, weiter rechts befindlichen Bereich des Workflows angesiedelt.

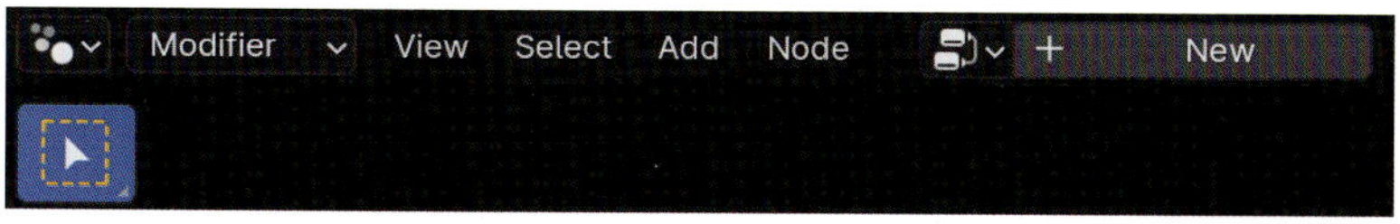

◂ **Abbildung 18.17**
Erzeugen eines Geometry Nodes-Modifiers über den Geometry Node Editor

Der leere Geometry Node Editor bietet uns über den Button New direkt an, den obligatorischen Geometry Nodes-Modifier für das aktive Objekt zu erzeugen (Abbildung 18.17).

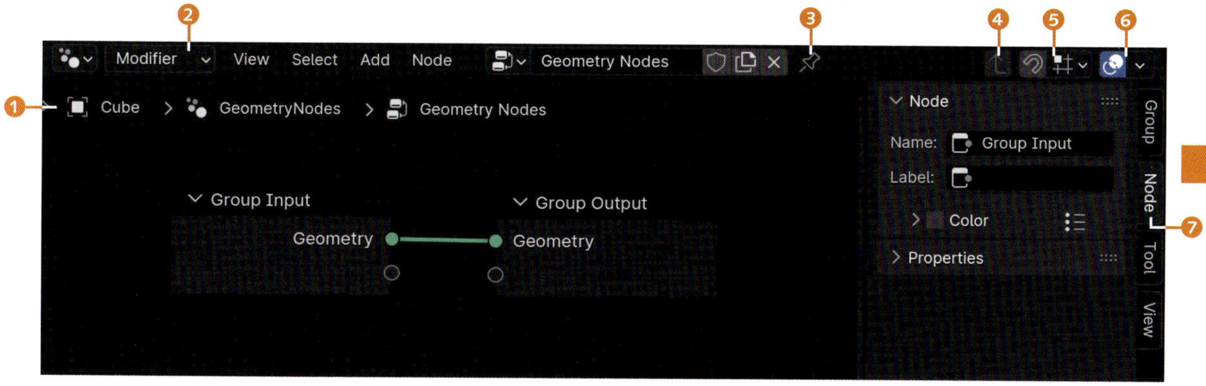

▴ **Abbildung 18.18**
Basis-Node-Tree eines neu angelegten Geometry Nodes-Modifiers

Nach diesem Schritt finden wir im Geometry Node Editor die Basis für den späteren Node-Tree vor: einen Group Input- sowie einen Group Output-Node, die miteinander verbunden sind. Ein sehr wichtiges und praktisches Detail sollten Sie sich gleich einprägen, den neben der Datenblock-Zeile befindlichen Pin ❸. Sobald Sie ihn aktivieren, bleibt Ihnen diese Ansicht dauerhaft erhalten. Auch wenn Sie zwischenzeitlich kein bzw. ein anderes Objekt statt des Träger-Objekts oder einen anderen Modifier auswählen, können Sie trotzdem an den Geometry Nodes ungehindert weiterarbeiten.

Über den Geometry Nodes Type ❷ entscheiden Sie, ob Sie das Node-Setup als Modifier oder als Operator (Tool) für Mesh- und Curve-Objekte verwenden möchten. Der Operator lässt sich später direkt über ein eigenes Menü im Viewport Editor aufrufen.

Die restlichen Elemente des Geometry Node Editors, wie der Button für die nächsthöhere Node-Tree-Ebene ❹, die Snapping-Funktionen ❺ sowie der Context Path ❶, sollten Ihnen ebenfalls

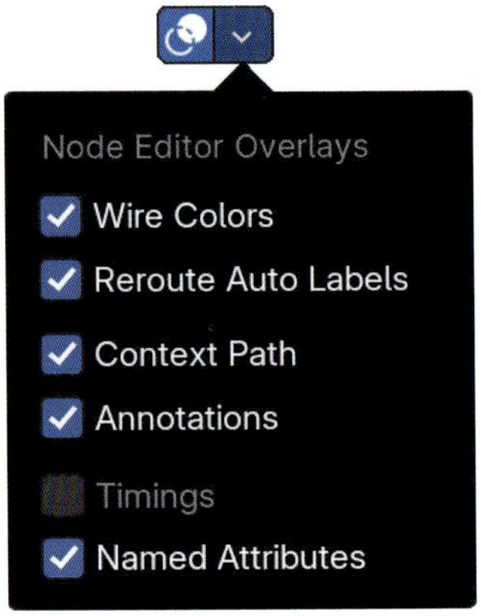

▲ **Abbildung 18.19**
Pop-up-Menü Node Editor Overlays

bekannt vorkommen. In den Overlays ❻ (Abbildung 18.18) für den Geometry Node Editor finden Sie wie gewohnt Darstellungsoptionen. Neben den Farben für die Verbindungslinien, der Markierung weitergeleiteter Daten per Label, dem Kontextpfad und Annotations lassen sich auf Wunsch auch die letzte Verarbeitungszeit (Timings) der einzelnen Nodes und die Verwendung eigener, sogenannter Named Attributes anzeigen (Abbildung 18.19).

Auch die vielen verschiedenen Geometry Nodes selbst sind ihrer Funktion entsprechend mit bestimmten Farben versehen, so dass sie sich schnell nach Nodes, die sich um die Verarbeitung von Geometrie, die Bereitstellung von Informationen oder um Fields kümmern, visuell unterscheiden lassen. Zusätzliche Einstellungen für die einzelnen Nodes, wie Name, Label oder eine individuelle Farbe (Color), finden Sie im Tab Node ❼ (Abbildung 18.18) der Sidebar (Taste N) des Geometry Node Editors. Der Tab Group ❸ (Abbildung 18.20) dagegen bereitet die an den jeweiligen Group-Nodes anliegenden Informationen detailliert für Sie auf.

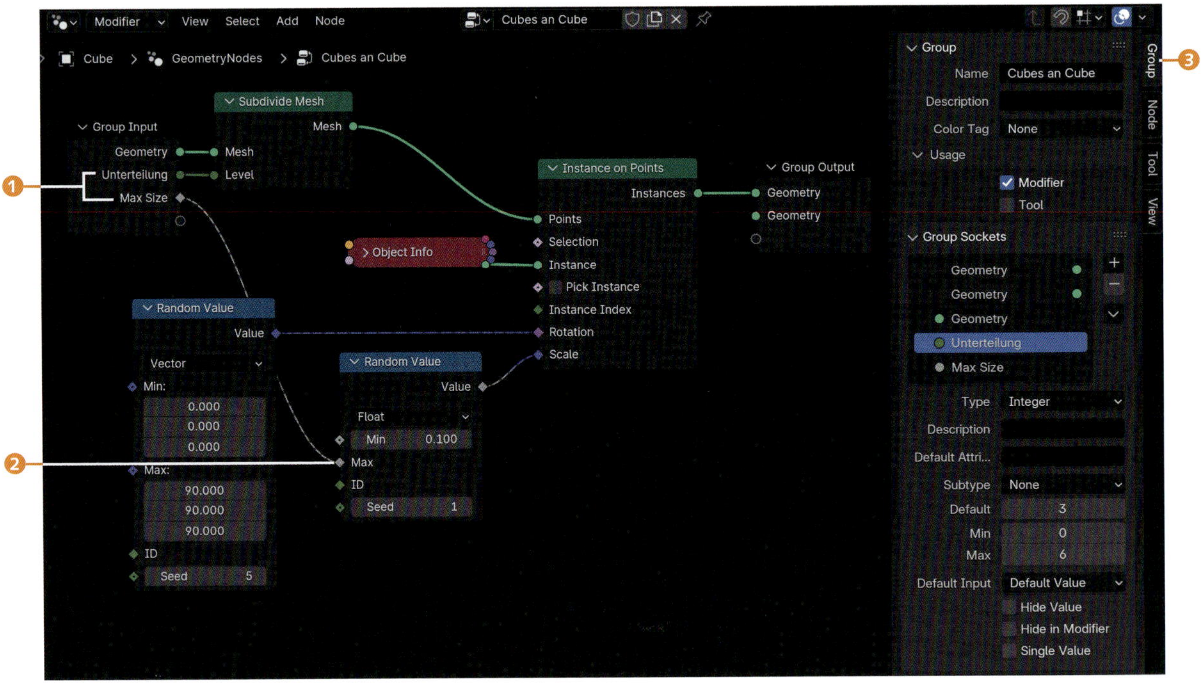

▲ **Abbildung 18.20**
Geometry Node Editor

Dabei lassen sich durch einfaches Ziehen eines Node-Sockets ❷ per Drag & Drop auf den Group-Node beliebige Eingabe- bzw. Ausgabefelder gezielt verlegen ❶ und wunschgemäß umbenennen, mit Default-Werten sowie Limits versehen. Anschließend stehen

Ihnen diese Felder direkt im Geometry Nodes-Modifier (Abbildung 18.21) zur Verfügung, so dass Sie sich zum Ändern der Parameter nicht mehr in den Node-Tree bemühen müssen und Ihre Geometry Nodes komfortabel aus dem Modifier ❹ steuern können.

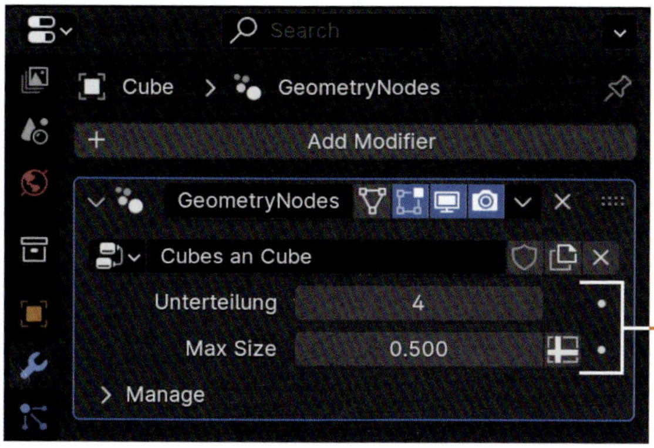

◂ **Abbildung 18.21**
Steuerung von Node-Werten über den Geometry Nodes-Modifier

Eine extreme Arbeitserleichterung beim Umgang mit den vielen verfügbaren Nodes ist die sogenannte Context Aware Search, also die kontextsensitive Suche nach passenden, sinnvollen Nodes. Anstatt sich den gewünschten Node aus der Vielzahl an Menüs herauszusuchen, ziehen Sie einfach eine Verbindungslinie aus dem Socket, an den der gesuchte Node angeschlossen werden soll (Abbildung 18.22). Es öffnet sich ein Suchmenü, aus dem Sie dann entweder einen der gelisteten Vorschläge direkt auswählen oder mit Hilfe des Suchfelds zunächst die Auswahl einschränken, bis Sie den richtigen Node gefunden haben (Abbildung 18.23). Dabei wird nicht nur der Node erzeugt, sondern natürlich auch gleich mit dem Ausgangs-Socket verbunden.

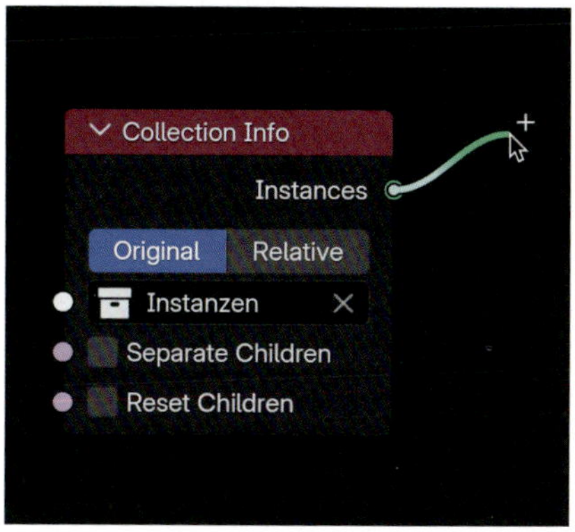

▴ **Abbildung 18.22**
Aufruf der Context Aware Search

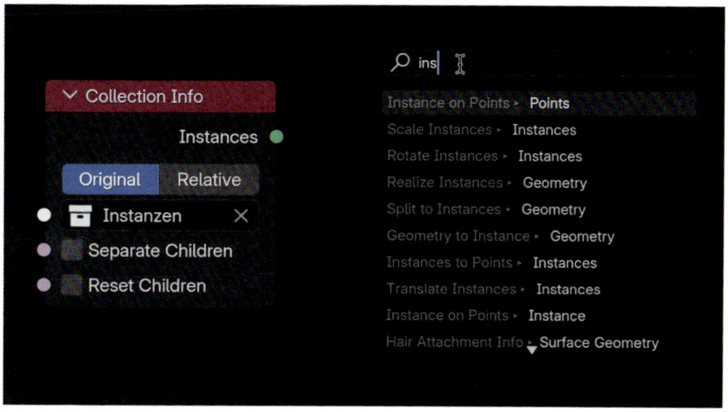

▴ **Abbildung 18.23**
Auswahl des Nodes über das Suchfeld

18.3 Node Types und Nodes

Node-Momentaufnahme
Die schiere Anzahl der Nodes und der damit verbundenen Möglichkeiten der Geometry Nodes ist beeindruckend und hoffentlich nicht allzu einschüchternd. Dabei ist klar, dass es sich hier um eine Momentaufnahme handelt, denn die Funktionalität der Geometry Nodes unterliegt stetiger Weiterentwicklung.

Wir kennen Nodes, um Points zu generieren und zu transformieren, Meshes zu erzeugen oder auch Instances zu modifizieren. Doch im Menü ADD (Tasten [⇧] + [A]) des Geometry Node Editors befinden sich noch zahlreiche weitere Untermenüs und Einträge mit verschiedensten Node Types. Sehen wir uns diese Nodearten und deren Einsatzmöglichkeiten etwas genauer an; die Spezialgebiete SIMULATION und HAIR folgen dann in einem eigenen Abschnitt.

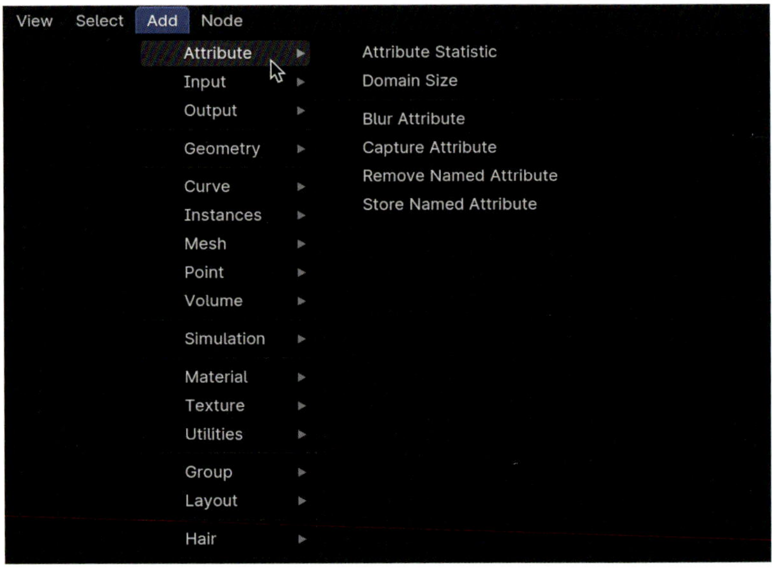

Abbildung 18.24 ►
Menü ADD • ATTRIBUTE des Geometry Node Editors

Attribute

Vereinfacht gesagt, sind die Attribute-Nodes (Abbildung 18.24) zum Auslesen, Speichern und Übertragen von Objektinformationen bzw. -daten gedacht. Neben den eingebauten Objektdaten, die jede Geometrie in Blender besitzt, können Sie auch eigene Attribute erzeugen und aus den Field-Sockets bespeisen lassen, um mit diesen Daten weiterzuarbeiten.

Input und Output

Die Input- bzw. Output-Nodes kümmern sich um Eingaben in Form von Konstanten oder mittels der Node-Gruppen, wie sie am Anfang jedes Node Trees stehen. Ein hilfreiches Tool zur Prüfung und Beurteilung von Nodeinformationen findet sich ebenfalls im

Untermenü OUTPUT, der Viewer Node **2**. Mit ihm können Sie sich Daten aus einer Node Group im Viewport sowie im Spreadsheet Editor anzeigen lassen (Abbildung 18.25). Dazu aktivieren Sie im Pop-up-Menü VIEWPORT OVERLAYS unter VIEWER NODE **1** für die Farbe COLOR OPACITY und/oder für den Wert ATTRIBUTE TEXT.

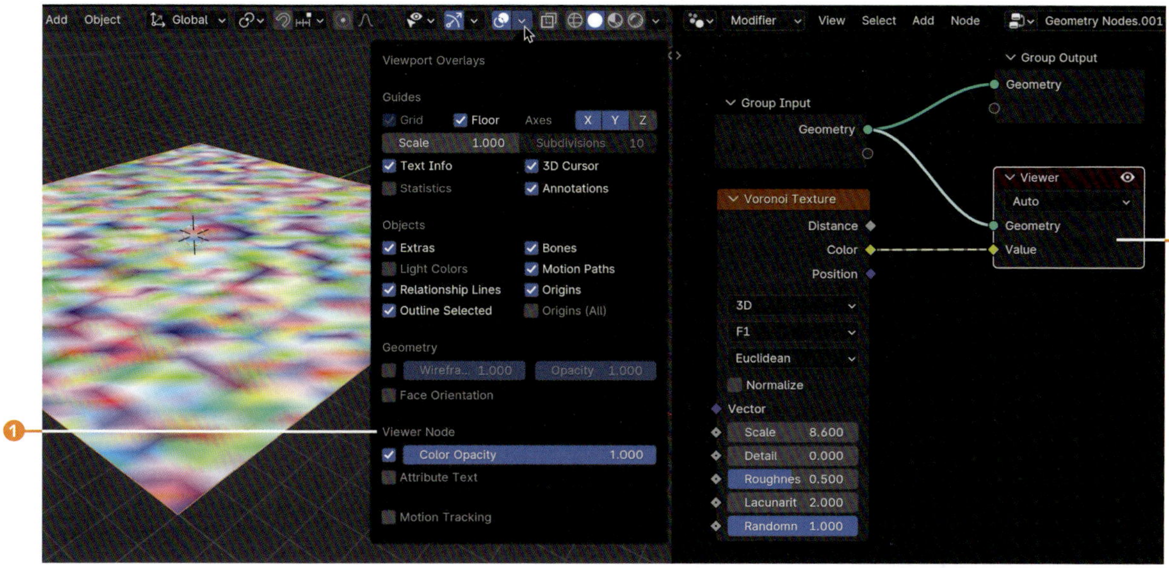

▲ **Abbildung 18.25**
Anzeige der Voronoi Texture über den Viewer Node

Um Nodes gezielt und schnell mit dem Viewer Node zu verbinden, klicken Sie mit der linken Maustaste sowie gedrückt gehaltener [Strg]/[Cmd]- und [⇧]-Taste auf den zu prüfenden Node. Die Verbindung wird automatisch hergestellt und die Ansicht aktualisiert.

Geometry

Im Untermenü GEOMETRY finden Sie zahlreiche Nodes für den Umgang mit Geometrie-Daten als solches. Dazu gehören der bekannte Node JOIN GEOMETRY, um Geometrien für die Weiterleitung zusammenzufassen, oder GEOMETRY TO INSTANCE, mit dem Sie Geometrien in Instanzen verwandeln.

Womit wir bei den drei oben angeordneten Menüs READ, SAMPLE und WRITE **1** (Abbildung 18.26) angelangt sind, die Sie auch bei anderen Node Types finden werden. Die enthaltenen Nodes sind natürlich unterschiedlich, doch deren Einsatzzweck klar erkennbar. Die im Untermenü READ zusammengefassten Nodes dienen zum Auslesen vorliegender bzw. vorgegebener Geometrie. Unter SAMPLE versammeln sich Nodes, mit denen Sie Abfragen erledigen können, beispielsweise über das nächstgelegene Element einer Geometrie. Zu den Einträgen im Menü WRITE gehören folgerichtig Nodes für das Zurückschreiben von veränderten Daten zur Modifikation der Geometrie.

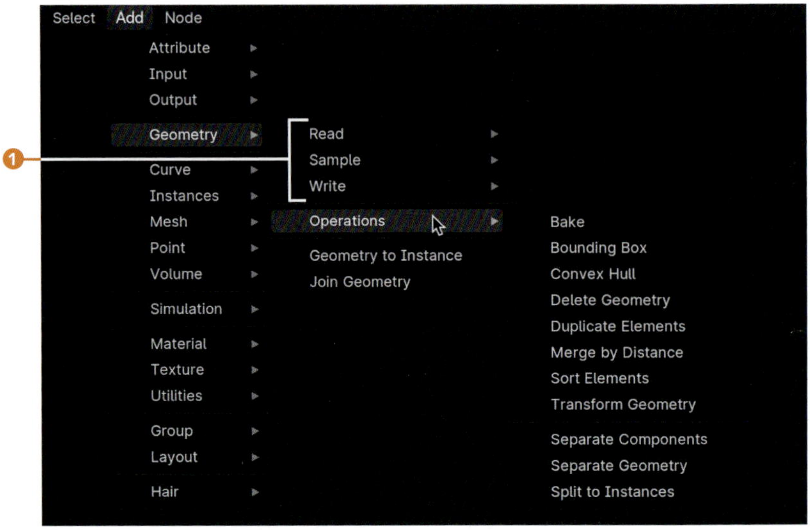

Abbildung 18.26 ▸
Menü ADD • GEOMETRY des Geometry Node Editors

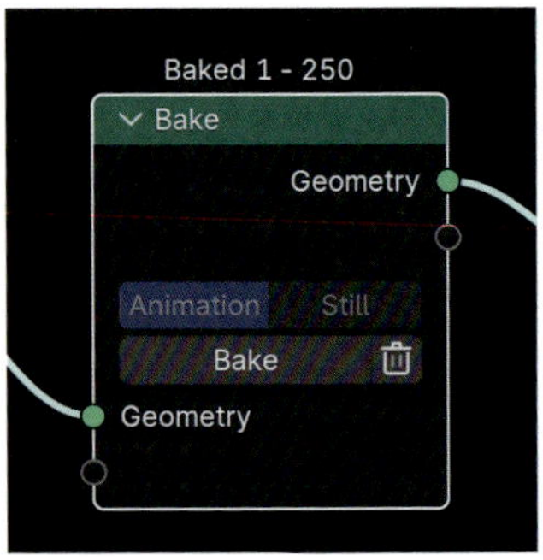

▲ **Abbildung 18.27**
Backen von Geometry Nodes-Geometrie mit dem Bake-Node

Zu den untergeordneten OPERATIONS zählen klassische Modelling-Operatoren, mit denen Sie Geometrie transformieren, duplizieren, verschmelzen oder auch gezielt löschen können. Die meisten dieser Befehle sind Ihnen bereits aus dem Modelling-Teil dieses Buches ein Begriff, hier kommen sie eben als Nodes zur Verarbeitung von Geometrie zum Einsatz.

Analog zum Backen von Texturen, Beleuchtungs-Caches oder auch physikalischen Simulationen ermöglicht Ihnen der Bake-Node (Abbildung 18.27) der Geometry Nodes das Speichern der generierten und animierten Geometrie in einen Cache. Sobald Sie an den Parametern des Node-Trees Änderungen vornehmen, müssen Sie natürlich einen erneuten Baking-Vorgang anstoßen.

Curve, Mesh und Volume

Analog zu den für die Geometrie bereitgestellten Nodes bietet Ihnen der Geometry Node Editor eigene Nodes für die Arbeit mit Curves, Meshes und Volumes an.

Der Aufbau des jeweiligen Untermenüs folgt dem bewährten Muster (Abbildung 18.28). Oben finden Sie die drei Menüs mit Nodes zum Auslesen, Abfragen und Zurückschreiben der Daten, anschließend folgen Operatoren, mit denen Sie die Elemente bearbeiten können. Über das Menü PRIMITIVES ② erzeugen Sie unabhängig vom Trägerobjekt des Geometry Node-Modifiers neue Geometrie vom jeweiligen Typ. Sofern vorhanden, stehen Ihnen im Untermenü TOPOLOGY Nodes zum Auslesen bestimmter Topologie-Daten wie die Points einer Curve oder auch die Eckpunkte von Faces etc. zur Verfügung. Gleiches gilt für die Nodes des Menüs UV, mit denen Sie vorhandene UV-Daten abfragen können.

▲ **Abbildung 18.28**
Menü ADD • CURVE

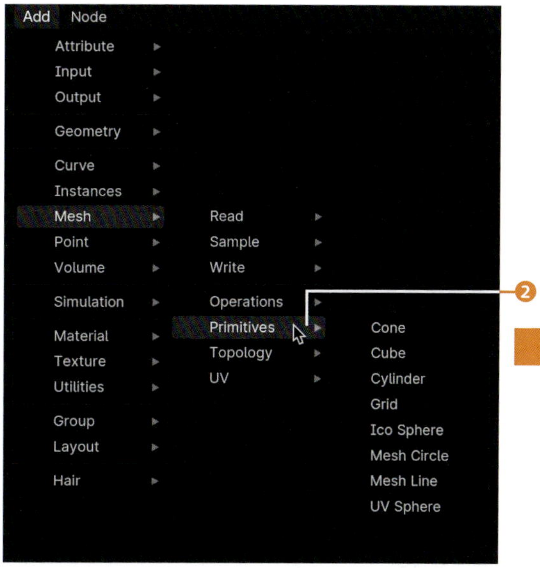

▲ **Abbildung 18.29**
Menü ADD • MESH

Angesichts dieser umfangreichen Funktionspalette werden Sie sich nun vielleicht fragen, ob Modelling in Zukunft im Node Editor möglich sein wird: Im Grunde genommen ist es das bereits, es ist dabei aber ganz Ihnen überlassen, ob und wie Sie diese Methode nutzen möchten.

Vergessen wir nicht die Nodes aus dem Untermenü VOLUME. Mit Ihnen können Sie Volumes erzeugen oder diese anhand ihrer Oberfläche in ein Mesh konvertieren.

Material und Texture

Über die Nodes im Untermenü MATERIAL lassen sich Materialien zuweisen oder auch austauschen. Dabei sind Sie nicht auf die Ebene des Materials beschränkt, sondern haben auch – falls notwendig

– Zugriff auf den MATERIAL INDEX, also die Einträge in der Liste der dem Objekt zugewiesenen Materialien sowie gegebenenfalls vorliegende Selektionen (SELECTIONS).

Das Untermenü TEXTURE entspricht zu großen Teilen dem gleichnamigen Node-Menü, das Sie bereits aus dem Shader Editor kennen, und so wird es auch im Geometry Node Editor eingesetzt.

Utilities

Womit wir bei den wichtigen Nodes aus dem Untermenü UTILITIES angelangt wären (Abbildung 18.30). Sie sind die Werkzeuge, um Daten auf ihrem Weg von Node zu Node zu modifizieren.

Abbildung 18.30 ▸
Menü ADD • UTILITIES

Die Nodes aus dem Menü COLOR wie COLOR RAMP oder MIX COLOR kennen wir bereits aus dem Shader Editor. Auch bei den Geometry Nodes eignen sie sich, um Informationen, die als Farbdaten vorliegen, zu bearbeiten.

Den Umgang mit Text (»Strings«) bei Funktionen, aber auch bei der Verwendung als Geometrie ermöglichen die Nodes aus dem Untermenü TEXT.

In den Untermenüs VECTOR, FIELD, MATH und ROTATION finden Sie verschiedene Nodes für die Manipulation von Vektor-, Field- und Rotationsdaten bzw. mathematische Operationen wie boolesche Funktionen, Vergleiche oder auch Wertelimitierung.

Das Generieren von oft benötigten Zufallsdaten erledigt der Random Value-Node für Sie, wir haben ihn in diesem Kapitel schon kennengelernt. Dabei haben Sie die Wahl zwischen FLOAT, INTEGER, VECTOR oder auch BOOLEAN.

Die Switch-Nodes schließlich fungieren als Vermittler. Abhängig von der Erfüllung einer Bedingung bzw. einer gewählten Option wird der entsprechende Dateninput weitergeschleust.

18.4 Spreadsheet Editor

Vielleicht haben Sie sich schon gefragt, wie Sie bei der schnell wachsenden Menge an verschiedensten Daten auf lange Sicht den Überblick in den Geometry Nodes behalten sollen. Genau für diesen Zweck gibt es den Spreadsheet Editor (Abbildung 18.31), den Sie wie üblich im Menü der Editoren, aber auch im Workspace GEOMETRY NODES finden.

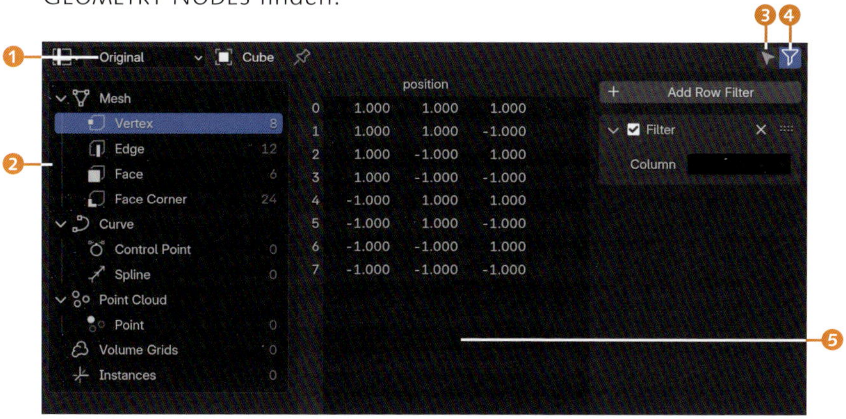

◂ **Abbildung 18.31**
Spreadsheet Editor im Modus ORIGINAL

Zunächst entscheiden Sie über den Modus **1**, ob Sie die Daten des unveränderten Objekts (ORIGINAL) oder des per Modifier (nicht nur des Geometry Modifiers!) modifizierten Objekts (EVALUATED) bzw. ob Sie Daten aus einem Viewer-Node auslesen möchten. Dazu bekommen Sie in der linken Spalte **2** die jeweiligen Elemente des Meshes, der Curves, der Point Cloud sowie der Instances zusammen mit der entsprechenden Anzahl aufgelistet.

Nach Auswahl eines der Elemente bekommen Sie im Hauptbereich **5** des Spreadsheet Editors alle zugehörigen Attribute – beim vorliegenden Beispiel des Standard-Cubes also die Positionen der insgesamt acht vorhandenen Vertices – präsentiert. Um auch bei wesentlich umfangreicheren Datenmengen Herr der Lage zu bleiben, können Sie die Anzeige wahlweise auf selektierte Elemente beschränken ❸ oder die Spalten per Filter ❹ gezielt ausdünnen (Abbildung 18.31).

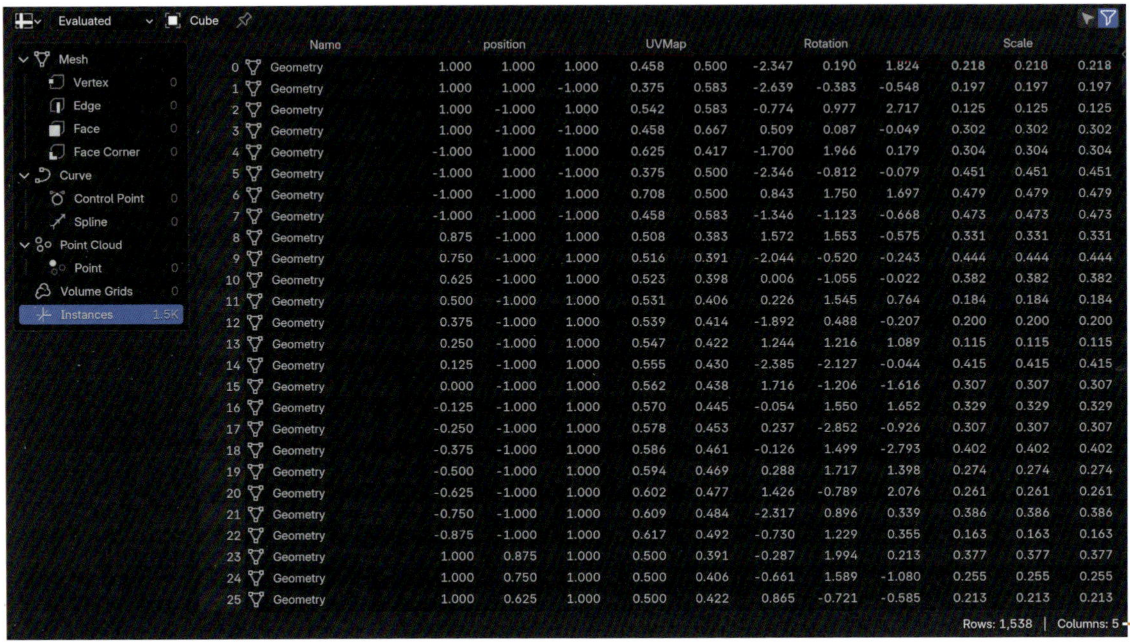

	Name	position			UVMap		Rotation			Scale		
0	Geometry	1.000	1.000	1.000	0.458	0.500	-2.347	0.190	1.824	0.218	0.218	0.218
1	Geometry	1.000	1.000	-1.000	0.375	0.583	-2.639	-0.383	-0.548	0.197	0.197	0.197
2	Geometry	1.000	-1.000	1.000	0.542	0.583	-0.774	0.977	2.717	0.125	0.125	0.125
3	Geometry	1.000	-1.000	-1.000	0.458	0.667	0.509	0.087	-0.049	0.302	0.302	0.302
4	Geometry	-1.000	1.000	1.000	0.625	0.417	-1.700	1.966	0.179	0.304	0.304	0.304
5	Geometry	-1.000	1.000	-1.000	0.375	0.500	-2.346	-0.812	-0.079	0.451	0.451	0.451
6	Geometry	-1.000	-1.000	1.000	0.708	0.500	0.843	1.750	1.697	0.479	0.479	0.479
7	Geometry	-1.000	-1.000	-1.000	0.458	0.583	-1.346	-1.123	-0.668	0.473	0.473	0.473
8	Geometry	0.875	-1.000	1.000	0.508	0.383	1.572	1.553	-0.575	0.331	0.331	0.331
9	Geometry	0.750	-1.000	1.000	0.516	0.391	-2.044	-0.520	-0.243	0.444	0.444	0.444
10	Geometry	0.625	-1.000	1.000	0.523	0.398	0.006	-1.055	-0.022	0.382	0.382	0.382
11	Geometry	0.500	-1.000	1.000	0.531	0.406	0.226	1.545	0.764	0.184	0.184	0.184
12	Geometry	0.375	-1.000	1.000	0.539	0.414	-1.892	0.488	-0.207	0.200	0.200	0.200
13	Geometry	0.250	-1.000	1.000	0.547	0.422	1.244	1.216	1.089	0.115	0.115	0.115
14	Geometry	0.125	-1.000	1.000	0.555	0.430	-2.385	-2.127	-0.044	0.415	0.415	0.415
15	Geometry	0.000	-1.000	1.000	0.562	0.438	1.716	-1.206	-1.616	0.307	0.307	0.307
16	Geometry	-0.125	-1.000	1.000	0.570	0.445	-0.054	1.550	1.652	0.329	0.329	0.329
17	Geometry	-0.250	-1.000	1.000	0.578	0.453	0.237	-2.852	-0.926	0.307	0.307	0.307
18	Geometry	-0.375	-1.000	1.000	0.586	0.461	-0.126	1.499	-2.793	0.402	0.402	0.402
19	Geometry	-0.500	-1.000	1.000	0.594	0.469	0.288	1.717	1.398	0.274	0.274	0.274
20	Geometry	-0.625	-1.000	1.000	0.602	0.477	1.426	-0.789	2.076	0.261	0.261	0.261
21	Geometry	-0.750	-1.000	1.000	0.609	0.484	-2.317	0.896	0.339	0.386	0.386	0.386
22	Geometry	-0.875	-1.000	1.000	0.617	0.492	-0.730	1.229	0.355	0.163	0.163	0.163
23	Geometry	1.000	0.875	1.000	0.500	0.391	-0.287	1.994	0.213	0.377	0.377	0.377
24	Geometry	1.000	0.750	1.000	0.500	0.406	-0.661	1.589	-1.080	0.255	0.255	0.255
25	Geometry	1.000	0.625	1.000	0.500	0.422	0.865	-0.721	-0.585	0.213	0.213	0.213

▲ **Abbildung 18.32**
Spreadsheet Editor im Modus EVALUATED

Im Modus EVALUATED (Abbildung 18.32) erhalten Sie alle Informationen über Points, Instances und Attributes nach Auswertung aller Modifier säuberlich in Zeilen (ROWS) und Spalten (COLUMNS) ❶ strukturiert aufgelistet.

So mächtig und aussagekräftig der Spreadsheet Editor auch ist – wenn Sie nur mal eben einen kurzen, prüfenden Einblick in die am jeweiligen Node-Socket anliegenden Werte haben möchten, müssen Sie sich nicht zwingend in den Editor bemühen: Setzen Sie den Mauszeiger einfach auf den gewünschten Socket, so bekommen Sie die Dateninformation in einem eigenen Tooltip angezeigt (Abbildung 18.33).

Abbildung 18.33 ►
Abfrage der anliegenden Daten über die Sockets

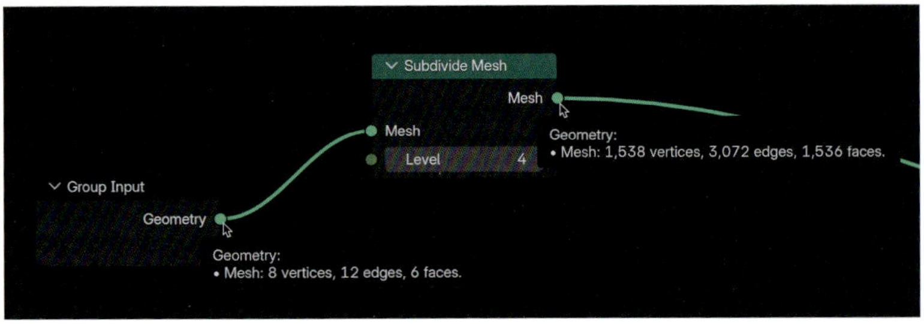

18.5 Simulation Zone

Eine der am meisten herbeigesehnten Neuerungen von Blender über die letzten Jahre waren die sogenannten »Simulation Nodes«, also die Verwendung von Geometry Nodes zur Simulation physikalischer Eigenschaften. Mit der SIMULATION ZONE wurde dieser Wunsch Wirklichkeit, dabei möchte ich allerdings gleich vorausschicken, dass die physikalischen Eigenschaften und Gegebenheiten, wie beispielsweise Gravitation, Beschleunigung oder auch Kollisionen, zumindest im aktuellen Stand von Ihnen mit Hilfe der auf den vorangegangenen Seiten behandelten Methoden aufzubauen sind.

Ermöglicht werden die physikalischen Simulationen durch die SIMULATION ZONE, die Sie sich aus dem Menü ADD • SIMULATION des Geometry Node Editors holen.

Physik-Baukasten

Im Moment wirkt die Umsetzung der »Simulation Nodes« noch arg hemdsärmelig und wenig intuitiv, doch es dürfte nur eine Frage der Zeit sein, bis Sie tatsächlich Physik-Nodes im Geometry Nodes-Baukasten finden.

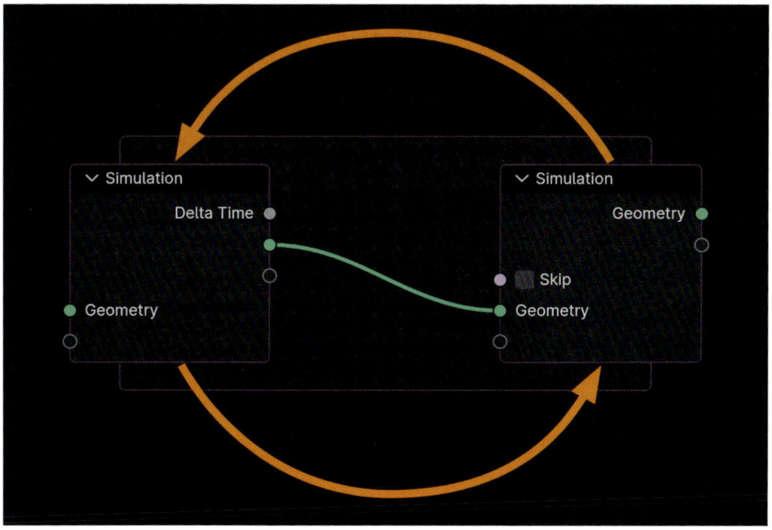

◂ **Abbildung 18.34**
Simulation Zone im Geometry Node Editor

Und damit ist auch schon das Geheimnis hinter den Simulation Nodes gelüftet, denn innerhalb der Simulation Zone (Abbildung 18.34) wiederholen sich alle darin befindlichen Operationen, aufbauend Frame für Frame. Alle Datenwerte, die sich außerhalb der Simulation Zone befinden, werden zum jeweiligen Zeitpunkt bzw. Frame betrachtet und verarbeitet, die innerhalb der Zone befindlichen Operationen wiederholen sich als Schleife. Sie können die Elemente in der Simulation Zone von außerhalb nach Belieben mit Daten beschicken; der umgekehrte Weg, also die Entnahme von Daten, ist ausschließlich über den SIMULATION OUTPUT möglich.

Somit ist auch klar, dass diese Simulation auf das bewährte Animationssystem von Blender setzt, allerdings mit der wichtigen Eigenschaft, dass auch Sub-Frames, also die Werte zwischen zwei aufeinanderfolgenden Frames, berücksichtigt bzw. interpoliert werden.

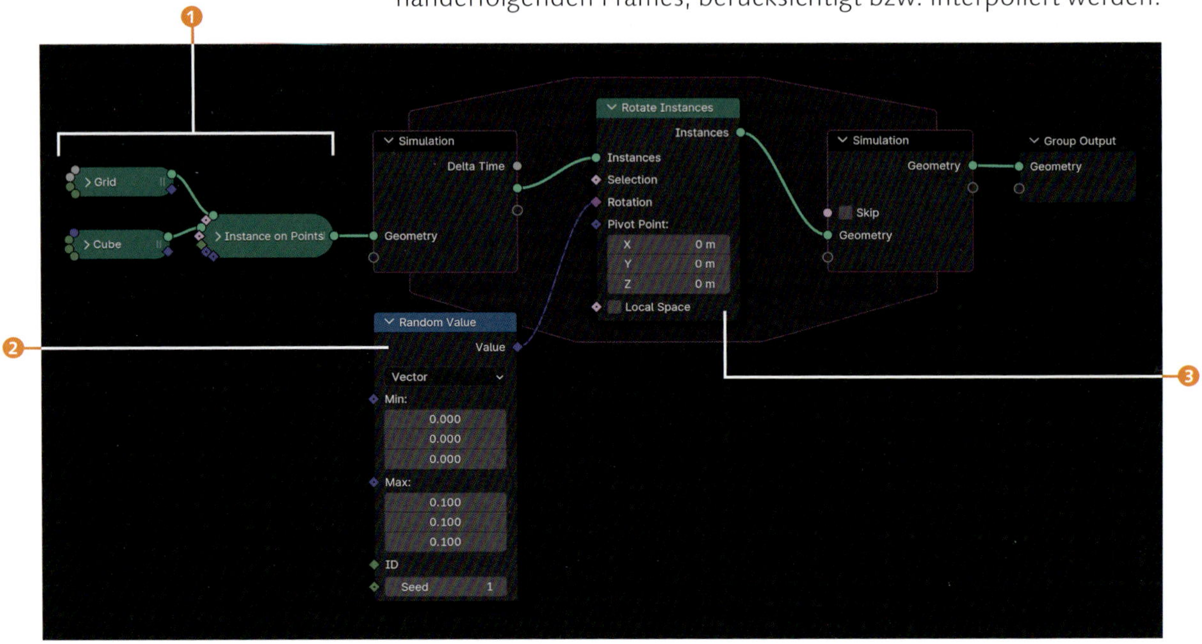

▲ **Abbildung 18.35**
Node-Tree der sich drehenden Cube-Instanzen

Dank der sich von Frame zu Frame aufbauenden Operationen können Sie mit relativ überschaubarem Aufwand ansehnliche Simulationen kreieren. Sehen wir uns dazu ein Beispiel mit einer einzigen, sich wiederholenden Operation in der Simulation Zone an (Abbildung 18.35).

Außerhalb wird ein Raster aus insgesamt 25 Cubes als Instanzen erzeugt ❶ und als Geometrie in die Simulation Zone übergeben. Die Operation, die für jede einzelne Instanz über den Node Rotate Instances ❸ durchgeführt wird, ist eine Rotation um den vorgegebenen Pivot Point, in unserem Fall, den Mittelpunkt des Grids, der im Weltursprung liegt. Die Vorgaben für die Rotation erhält der Rotate Instances-Node von außerhalb, durch einen Random Value-Node ❷. Dieser sorgt für zufällige Drehvektoren im Bereich zwischen 0 und 0.1 und übergibt sie an den Rotation-Socket.

Beim Abspielen der Simulation entsteht ein Schwarm aus Cubes, die sich allesamt um ihren gemeinsamen Mittelpunkt drehen (Abbildung 18.36). Diesen könnten Sie jetzt wiederum an ein animiertes Objekt binden, um dieses stetig von einem Schwarm verfolgen zu lassen.

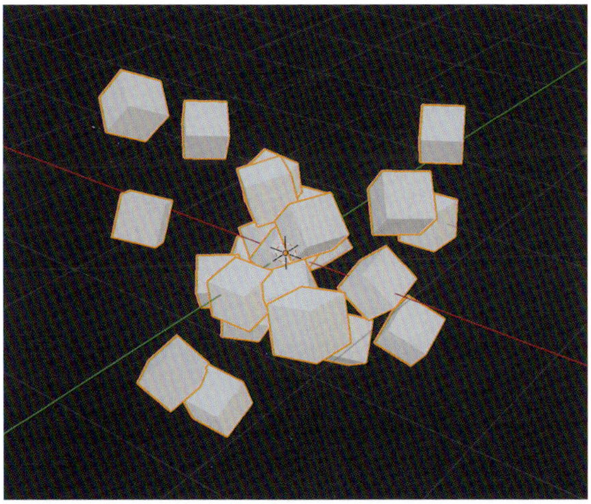

◂ **Abbildung 18.36**
Rotierender Cube-Schwarm

Lassen Sie uns diese Idee in einem zweiten, etwas aufwendigeren Beispiel weiterverfolgen. Bisher hatten wir es ja lediglich mit einer einzigen Operation zu tun, der wir beim Werkeln zugesehen haben. Jetzt soll der wiederkehrende Durchlauf zum Generieren von neuer Geometrie, zum Skalieren und auch zur Abfrage des Alters der generierten Geometrie genutzt werden. Dabei kommen auch Attribute zu ihrem Einsatz.

Sehen wir uns zunächst an, was genau passieren soll (Abbildung 18.37). An der Position eines bewegten Emptys entstehen laufend UV Spheres, die immer kleiner werden und schließlich komplett verschwinden. Dadurch entsteht eine Art Nachzieh-Effekt beim Zeichnen dieser Partikel.

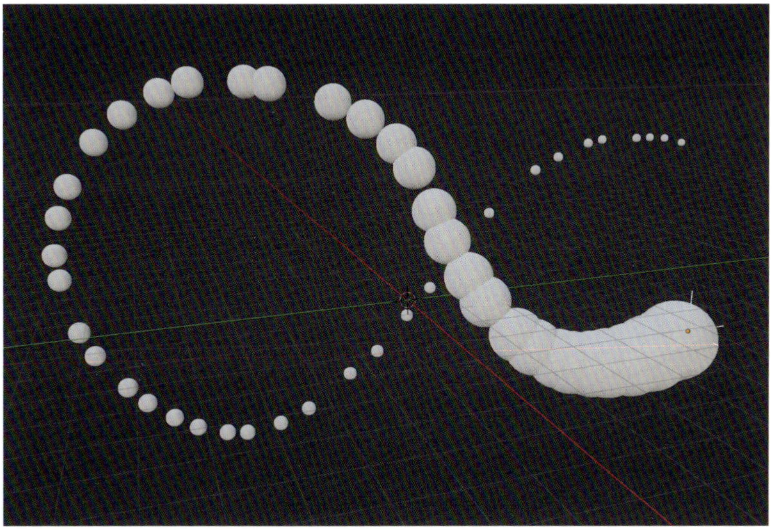

◂ **Abbildung 18.37**
Interaktives Zeichnen von Partikeln mit Nachzieh-Effekt

Beginnen wir bei der Analyse des Node-Trees (Abbildung 18.38) außerhalb der Simulation Zone, wo ein Transform Node dafür sorgt, dass die Position (LOCATION) eines per Object Info-Node definierten Emptys automatisch als Position der generierten Geometrie gilt ❶. Die neu erzeugte Geometrie (die Partikel) bleibt dank des Join Geometry-Nodes ❺ in der Szene und vermehrt sich bei jedem Durchlauf der Simulation Zone.

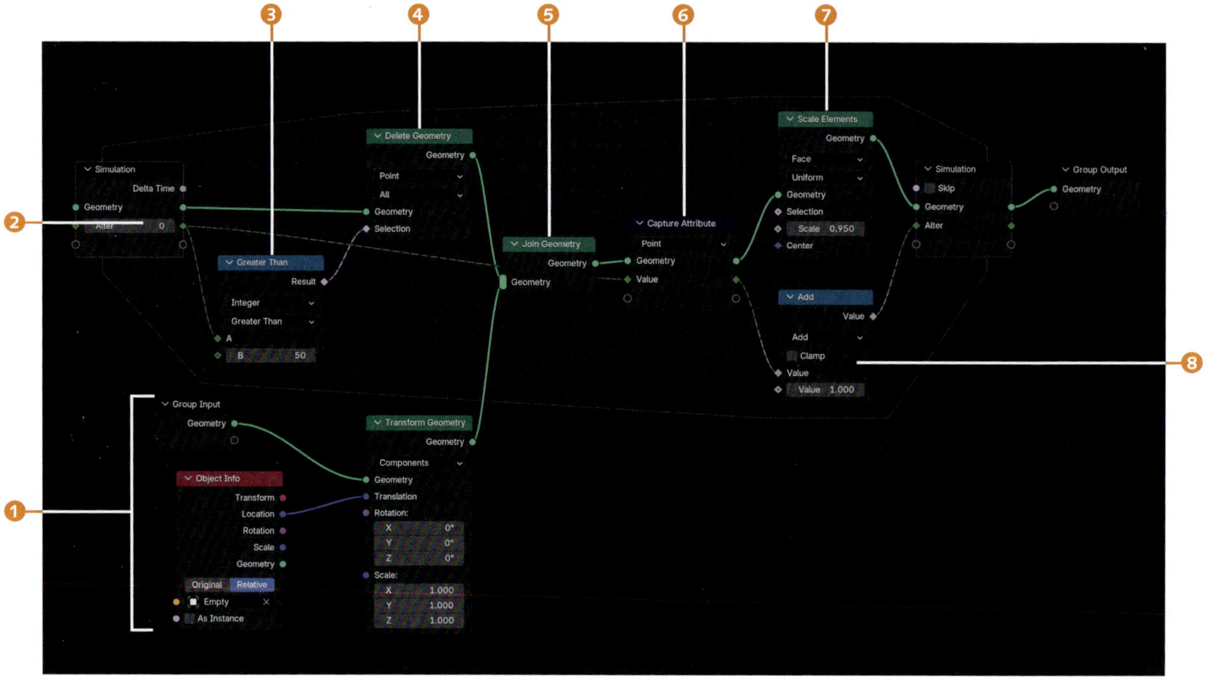

▲ **Abbildung 18.38**
Node-Tree der Simulation zum Zeichnen mit Partikeln

Wir befinden uns jetzt schon in der Simulation Zone, also sehen wir uns die erste Operation an, die auf die generierten Partikel zukommt. Es handelt sich um eine Skalierung, die der Scale Elements-Node ❼ durchführt. Die dort angegebene SCALE von 0.950 sorgt dafür, dass die Partikel bei jedem Durchlauf um 5% schrumpfen. Mit dieser Konstellation ließe sich durch Starten der Animation und durch Bewegen des Emptys schon sehr gut im Viewport mit Partikeln malen, doch damit nicht zu viele Partikel gleichzeitig zu sehen sind, sollen sie nach einer Lebenszeit von 50 Frames verschwinden.

Für diese Abfrage nach dem Alter der generierten Partikel sind Attribute erforderlich. Ein Zähler also, der das Alter der Partikel mit jedem Durchlauf um einen Schritt erhöht und nach 50 Schritten bzw. Frames die Partikel entfernt. Beim Standard-Partikelsystem von Blender ließe sich diese Lebenszeit ganz einfach über den Parameter LIFETIME steuern, doch in diesem Fall sind wir selbst für die Kontrolle des Alters und für das Entfernen der Partikel verantwortlich.

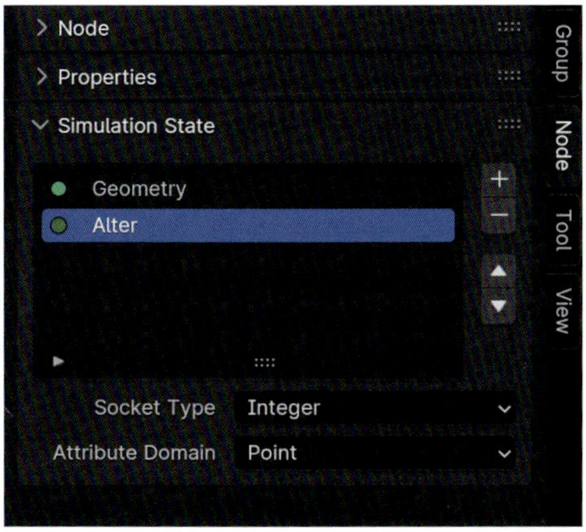

◂ **Abbildung 18.39**
Panel SIMULATION STATE im Tab NODE der Sidebar des Geometry Node Editors

Zur Einführung dieses Attributes in der Simulation Zone 2 ist im Panel SIMULATION STATE des Simulation Input-Nodes (Abbildung 18.39) ein neuer Eintrag ALTER vom Typ INTEGER angelegt. Für das Hochzählen bei jedem Durchlauf sorgt der Math-Node 8 mit der Einstellung ADD, der das Attribut ALTER bei jedem Frame um den Value 1 erhöht. Damit dieser Zähler bestehen bleibt und nicht jedes Mal am Anfang wieder zurückgesetzt wird, ist ein Capture Attribute-Node 6 zwischengeschaltet.

Um die Kontrolle des Zählerstands kümmert sich ein Compare-Node 3 in der Einstellung GREATER THAN (größer als). Er fragt das Attribut ALTER an seinem Socket A bei jedem Durchgang ab und vergleicht es mit der Vorgabe von 50. Endet die Auswertung positiv, so meldet es der Compare-Node als Ergebnis an den Delete Geometry-Node 4. Dieser sorgt nun für die Löschung des als Selection angekündigten Partikels und lässt die jüngeren Partikel wie vorgesehen zum Join Geometry-Node durch.

Dieses etwas aufwendigere Beispiel sollte Ihnen in erster Linie illustrieren, dass für die Simulation Nodes deutlich mehr Basisarbeit zu leisten ist, derer Sie sich bei der Verwendung des Standard-Partikelsystems oder auch der Physics-Engine von Blender zunächst gar nicht bewusst gewesen sind. Gleichzeitig sind die Möglichkeiten der Simulation mit den Geometry Nodes natürlich jetzt schon immens, auch wenn wir vermutlich noch etwas warten müssen, bis die Physik-Werkzeugkiste wirklich intuitiv zu bedienen ist.

Repeat Zone

Etwas versteckt im Menü ADD • UTILITIES liegt die REPEAT ZONE, eine Variante der Simulation Zone, bei der Sie eine Anzahl an Wiederholungen für die Simulation vorgeben können.

Wie bei physikalischen Simulationen üblich, werden die beim Abspielen berechneten Frames automatisch in einen Cache geschrieben. Auf diese Weise können Sie die Geometry Nodes-Simulation nach ihrer Berechnung jederzeit zurück- und vorspulen.

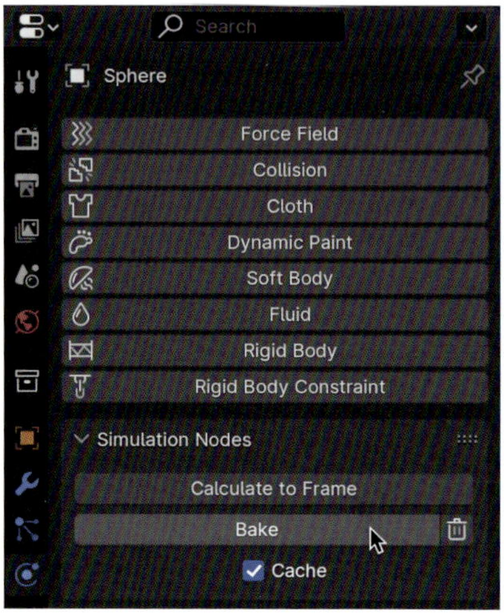

Abbildung 18.40 ▸
Panel SIMULATION NODES im Physics-Tab des Properties Editors

Die Befehle zum manuellen Aufruf bzw. Löschen des Bakings sowie zum Berechnen bis zum aktuellen Frame (CALCULATE TO FRAME) finden Sie konsequenterweise im Panel SIMULATION NODES des Physics-Tabs (Abbildung 18.40). Mit dem Befehl BAKE erfolgt die Berechnung aller Simulationen der selektierten Objekte.

18.6 Hair

Wir haben eine erste Möglichkeit zur Simulation von Haaren, Fell, Gräsern und vielem mehr mittels Partikelsystem in Kapitel 17, »Simulation«, kennengelernt. In Verbindung mit den Curve-Objekten ergeben Geometry Nodes ein extrem mächtiges, flexibles (weil prozedurales) und modernes System, das Ihnen einen zweiten Weg zur Hair-Simulation in Blender anbietet.

Die praktisch nahtlose Integration des Hair-Systems unter Verwendung der Geometry Nodes ist insbesondere deswegen interessant, weil es eine hervorragende Pausvorlage für die Weiterentwicklung der Simulation Nodes im Hinblick auf eine schnelle, intuitive Arbeitsweise und die Schaffung häufig benötigter Basisfunktionen wie Gravitation, Beschleunigung oder auch Kollision abgibt. Sehen wir uns also an, wie Haare in Geometry Nodes funktionieren.

Hair erzeugen

Um Haare auf einem selektierten Objekt wachsen zu lassen, rufen Sie über die Tasten ⇧ + A das Menü ADD • CURVE auf (Abbildung 18.41) und wählen den Eintrag EMPTY HAIR.

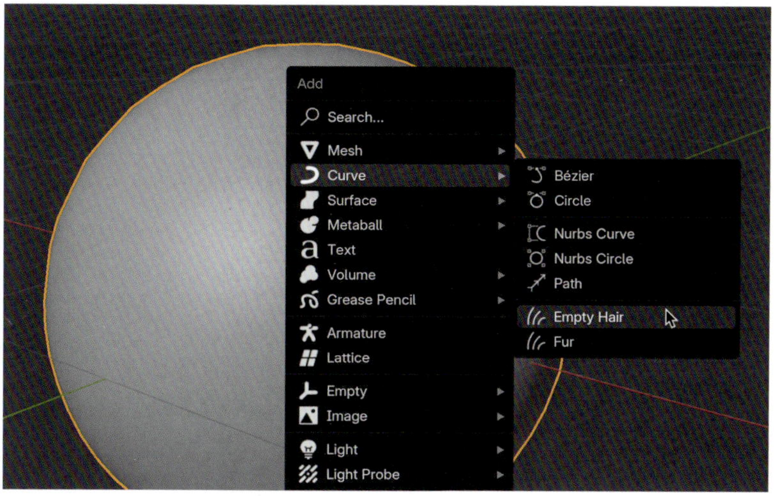

Abbildung 18.41
Menü ADD • CURVE

Bei der Ausführung des Befehls wird ein neues Curve-Objekt erzeugt und dem selektierten Träger-Objekt für die Haare untergeordnet ①. Das Curve-Objekt besitzt außerdem einen Modifier ②, der sich bei genauerer Betrachtung als Geometry Nodes-Modifier entpuppt (Abbildung 18.42).

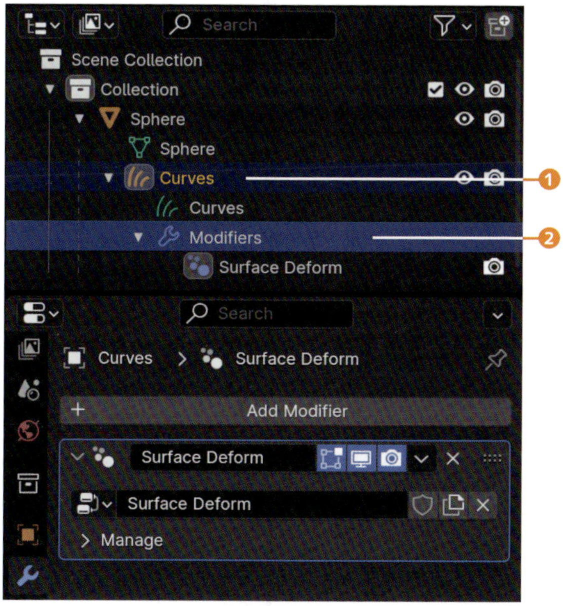

Abbildung 18.42
Untergeordnetes Curve-Objekt mit Geometry Nodes-Modifier

Der Modifier enthält nichts weiter als den Curves-Node Deform Curves on Surface, der dafür sorgt, dass alle Curves, die Sie nun mit den Werkzeugen auf das Träger-Objekt aufbringen und bearbeiten können, auf der Oberfläche bleiben. Blender bietet Ihnen eine Vielzahl von Hair-Nodes und vorgefertigten Assets an, mit denen Sie die Haare sehr komfortabel individualisieren können. Dazu in Kürze mehr.

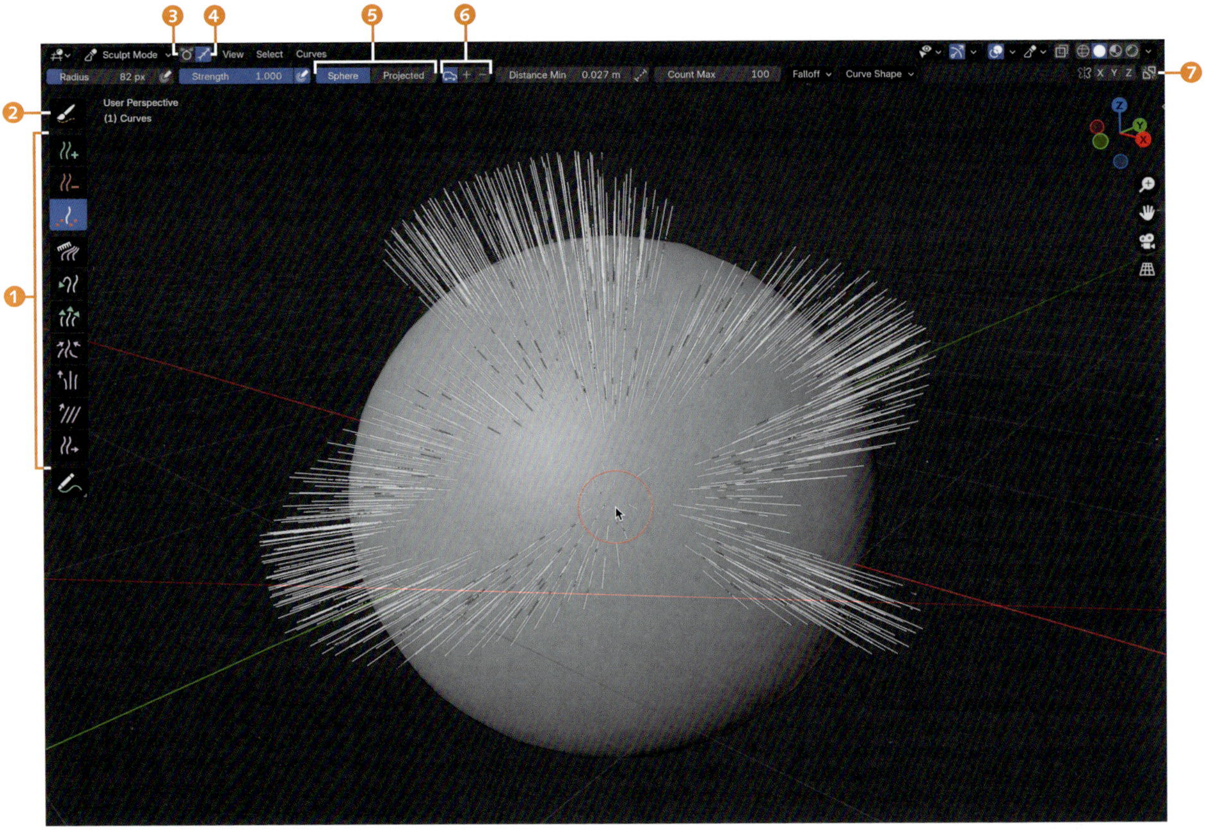

▲ **Abbildung 18.43**
Aufbringen von Hair im Sculpt Mode

Damit sind nämlich auch schon alle Vorarbeiten erledigt. Sobald Sie das Curve-Objekt nun in den Sculpt Mode versetzen, können Sie mit den Hair-Werkzeugen 1 mittels Geometry Nodes Haare erzeugen und bearbeiten (Abbildung 18.43).

Hair bearbeiten

Die Werkzeuge, die Ihnen hierfür zur Verfügung stehen, ähneln nicht zufällig den Brushes, die Sie vom Sculpting her kennen. Wir werden uns daher an dieser Stelle eher mit den Besonderheiten bei der Arbeit mit Hair-Curves befassen. Für die Selektion von Hair-Elementen verwenden Sie den Brush Paint Selection ❷ in Kombination mit dem jeweiligen Select Mode für die Kontrollpunkte ❸ oder die Kurven ❹ dazwischen. Für den Einfluss des Bearbeitungs-Brushes können Sie zwischen einer kugelförmigen Abnahme vom Brush-Mittelpunkt (Sphere) und einer kreisförmigen, projizierten Abnahme (Projected) wählen ❺. Eine sehr unauffällige, aber extrem hilfreiche Option ist Use Sculpt Collision ❼. Sie verhindert, dass Hair-Curves bei der Bearbeitung unabsichtlich in die Objekt-Oberfläche eindringen. Die Einstellungen zum Density Mode ❻ sind auf den Brush Density zugeschnitten. Ausgehend von der angegebenen minimalen Distanz zwischen den Hair-Elementen ergänzt (im +-Mode) bzw. entfernt (im –-Mode) der Brush Hair-Curves. Im Modus Auto erfolgt diese Entscheidung automatisch.

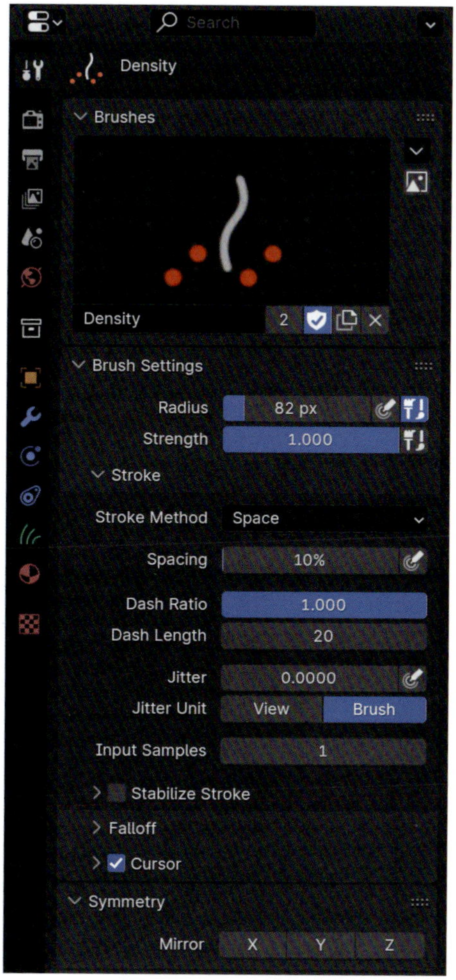

◂ **Abbildung 18.44**
Einstellungen für den Brush Density im Tool-Tab des Properties Editors

Bleiben wir noch kurz beim Density-Brush, um uns dessen Einstellungsdialog anzusehen (Abbildung 18.44). Neben den wichtigsten Grundoptionen wie RADIUS, Stärke (STRENGTH) und den Symmetrie-Optionen, die Sie direkt im Viewport im Zugriff haben, finden sich hier noch die vom Sculpting bekannten Einstellungen zum Strich (STROKE) und zur Abnahme (FALLOFF). Auch die beiden Kurzbefehle [F] bzw. [⇧] + [F] zum interaktiven Einstellen des RADIUS bzw. der STRENGTH funktionieren bei den Hair-Curves. Um die DENSITY im Viewport zu verändern (Abbildung 18.45), drücken Sie die Taste [R].

Abbildung 18.45 ▸
Einstellen der DENSITY

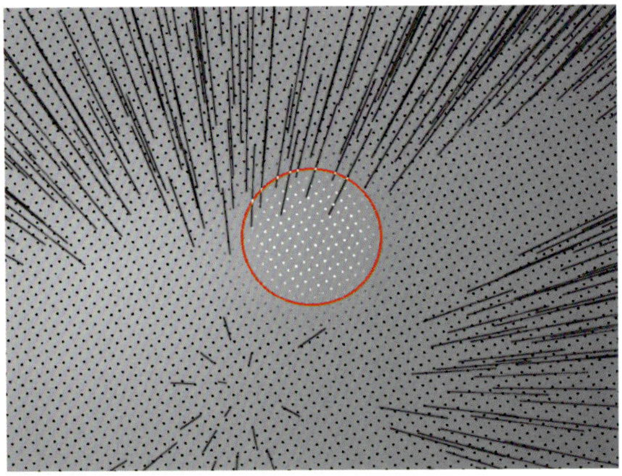

▴ **Abbildung 18.46**
Hair-Werkzeuge in der Toolbar

Werfen wir nun noch einen Blick auf die weiteren Hair-Werkzeuge, die Ihnen die Toolbar (Taste [T]) für die Bearbeitung der Haare bereitstellt (Abbildung 18.46). Außer mit dem bereits besprochenen Density-Brush lassen sich Haare auch mit dem Add-Brush platzieren, dabei aber einzeln bzw. in einer Reihe und sehr zielgenau. Um Hair-Elemente zu entfernen, verwenden Sie den Delete-Brush.

Für die Bearbeitung der generierten Haare bieten sich insgesamt sieben Brushes an. Mit dem Kamm (COMB) legen Sie die Haare in die gewünschte Richtung.

Während Sie mit SNAKE HOOK selektierte Haare verlängern und dabei formen können, konzentriert sich GROW/SHRINK auf das reine Erweitern bzw. Kürzen der Haare. Durch Drücken der [Strg]-/[Ctrl]-Taste wechseln Sie während der Arbeit zwischen GROW und SHRINK. Sowohl SNAKE HOOK als auch GROW/SHRINK verändern nicht die Anzahl der Kontrollpunkte.

Mit dem Pinch-Brush ziehen Sie Haare zu Bündeln zusammen, bei Hinzunahme der [Strg]-/[Ctrl]-Taste kehren Sie die Wirkung um. Um gekrümmte Haare wieder aufzurichten, verwenden Sie den

Puff-Brush. Zum Glätten der Hair-Curves eignet sich der Smooth-Brush, während Sie mit dem Slide-Brush je nach gewähltem Select Mode die Kontrollpunkte oder die Haare inklusive Haarwurzel verschieben.

Hair-Einstellungen

Rufen wir uns nochmal in Erinnerung, dass es sich bei Geometry Nodes-Hair um Curve-Objekte handelt, die auf einer Oberfläche platziert sind. Welche Einstellmöglichkeiten ergeben sich daraus?

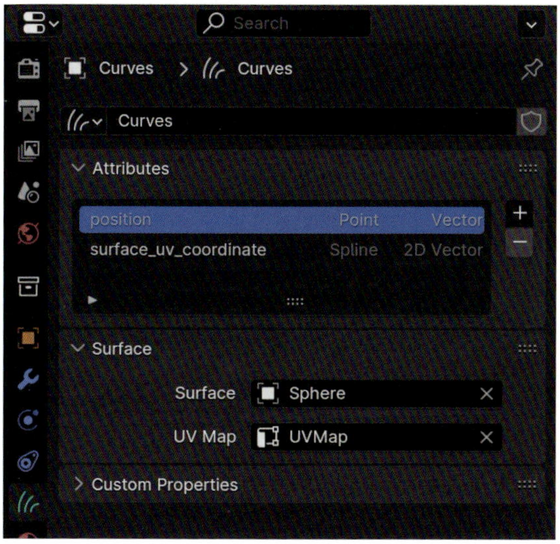

◂ **Abbildung 18.47**
Panels ATTRIBUTES und SURFACE im Object Data-Tab

▾ **Abbildung 18.48**
Panel CURVES im Render-Tab

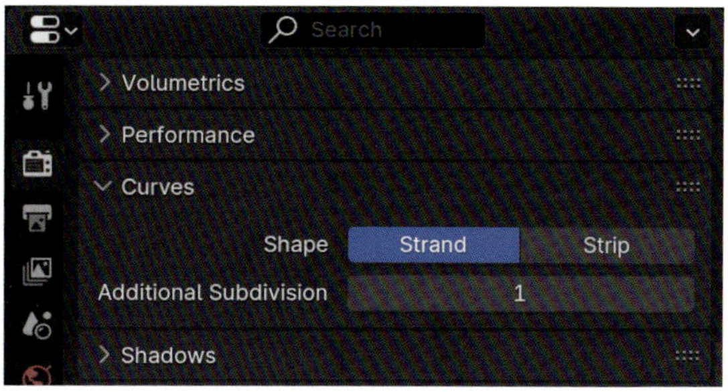

Anstatt eines langen Einstellungsdialogs finden wir im Object Data-Tab des Properties Editors (Abbildung 18.47) ein Panel ATTRIBUTES mit den für das Träger-Objekt benötigten Vorgaben sowie ein Panel SURFACE mit den zwei essentiellen Voraussetzungen für Geometry Nodes-Hair: das Träger-Objekt und eine existierende UV-Map.

Im Panel CURVES des Render-Tabs (Abbildung 18.48) finden Sie Optionen für die Darstellung der Haare als dünnen Faden (STRAND) oder als Streifen (STRIP). Über die zusätzliche Unterteilung (Additional Subdivision) können Sie hier noch weichere Curves erzielen.

Ohne UV-Map keine Geometry Nodes-Haare

Wenn Sie beim Versuch, über den Befehl CURVES • EMPTY HAIR Geometry Nodes-Haare zu erzeugen, eine Fehlermeldung bekommen, besitzt das Träger-Objekt vermutlich keine UV-Map.

Hair-Nodes und -Assets

Trotz des prozeduralen Unterbaus ist die Arbeit mit Geometry Nodes-Hair sehr intuitiv gelungen, genau genommen ist von den Hair-Nodes kaum etwas zu bemerken. Doch natürlich haben Sie diese speziellen Hair-Nodes schon beim Überblick über die verschiedenen Nodes-Typen im Geometry Node Editor (Abbildung 18.49) bemerkt.

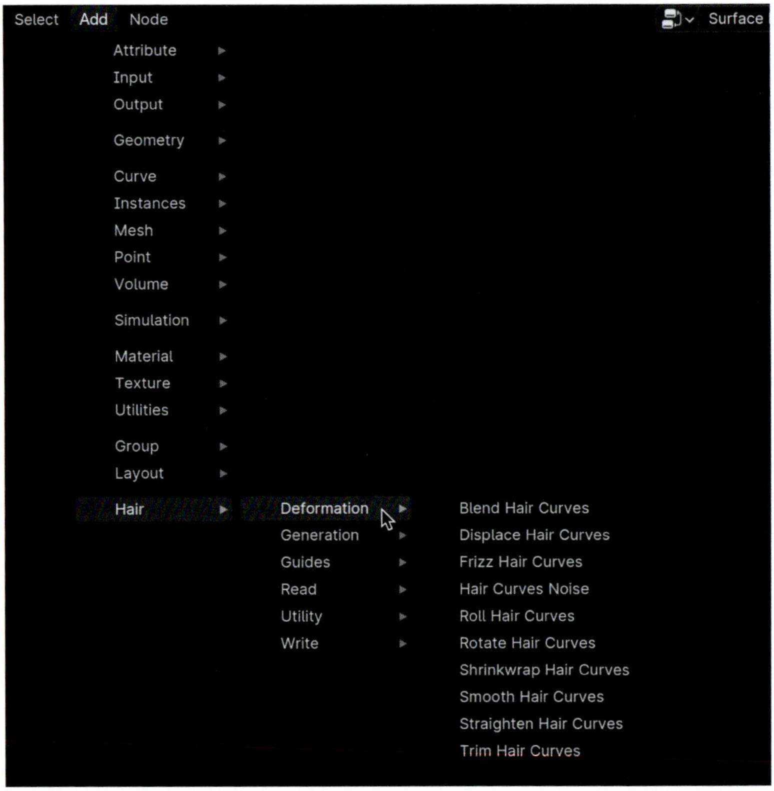

Abbildung 18.49 ▸
Menü ADD • HAIR

Hier finden Sie, wie gewohnt fein säuberlich sortiert, verschiedenste Hair-Nodes, mit denen Sie Haare generieren (GENERATION), deformieren (DEFORMATION) bzw. über GUIDES gezielt leiten und drapieren können. Wie Sie es von den Geometry Nodes her kennen, stehen außerdem in den Untermenüs READ, UTILITY und WRITE spezielle Nodes zum Auslesen, Verarbeiten und Schreiben von Hair-Curves bereit.

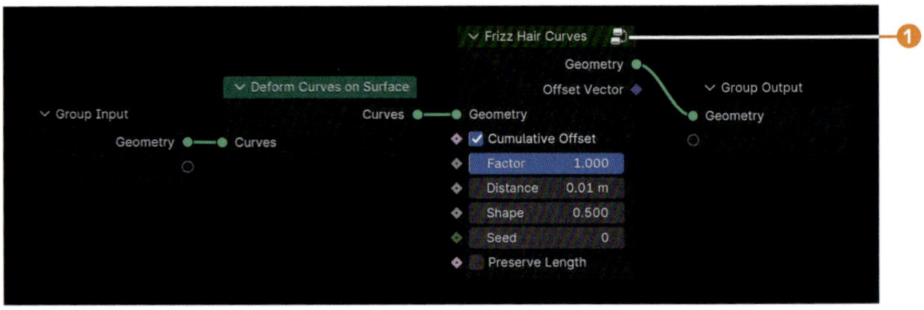

Abbildung 18.50 ▸
Eingebundener Frizz Hair Curves-Node

Um einen oder mehrere dieser Nodes einzusetzen, hängen Sie ihn bzw. sie einfach im Geometry Nodes-Editor (Abbildung 18.50) hinter den Node, der für die Generierung der Haare zuständig ist.

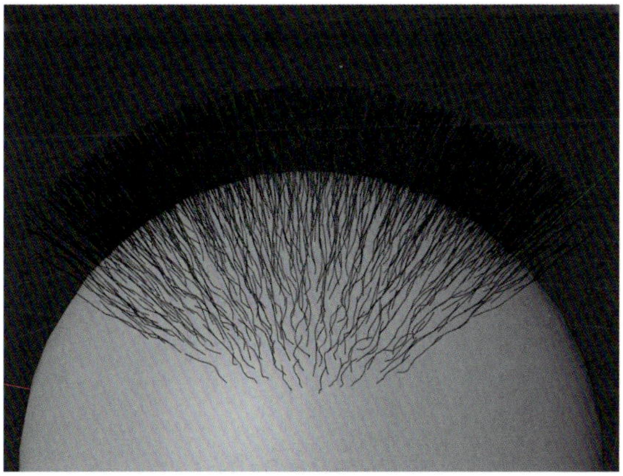

◄ Abbildung 18.51
Kräuseln der Haare mit dem Frizz Hair Curves-Node

Die Wirkung des Hair-Nodes, in diesem Fall das Kräuseln der Haare (Abbildung 18.51), lässt sich anschließend über die Parameter des Nodes nach Wunsch einstellen. Wie das kleine Node-Symbol ❶ andeutet, verbirgt sich hinter dem vermeintlich simplen Frizz Hair Curve-Node ein ziemlich umfangreicher Node-Tree, den ich hier gar nicht darstellen kann. Das ist aber auch gar nicht nötig, denn Ziel von Geometry Nodes-Hair war immer die komfortable und flexible Anwendbarkeit, ohne Sie zwingend mit komplexen Node-Trees zu konfrontieren. Die Nodes lassen sich deshalb sogar per Drag & Drop aus dem Asset Browser (Abbildung 18.52) anwenden.

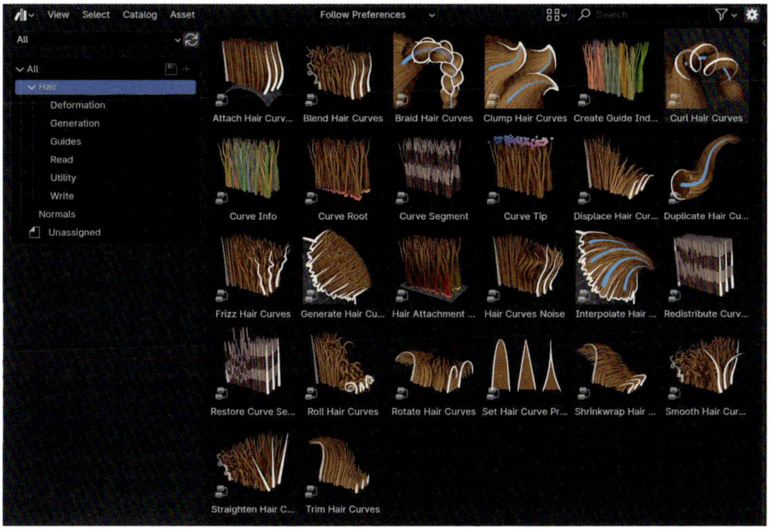

◄ Abbildung 18.52
Hair-Assets im Asset Browser

Sehen wir uns dazu als Beispiel die automatische Generierung von Fell (Fur) an, die uns im Menü Add • Curve (Abbildung 18.41) neben dem Anlegen des leeren Hair-Curve-Objekts zur Verfügung steht.

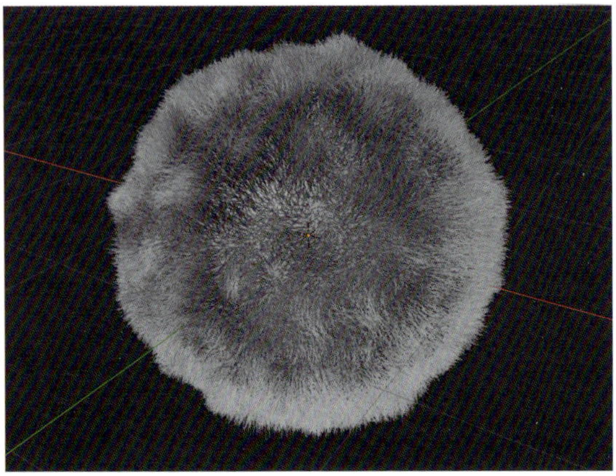

▲ **Abbildung 18.53**
Fellbewuchs mit Geometry Nodes-Fur

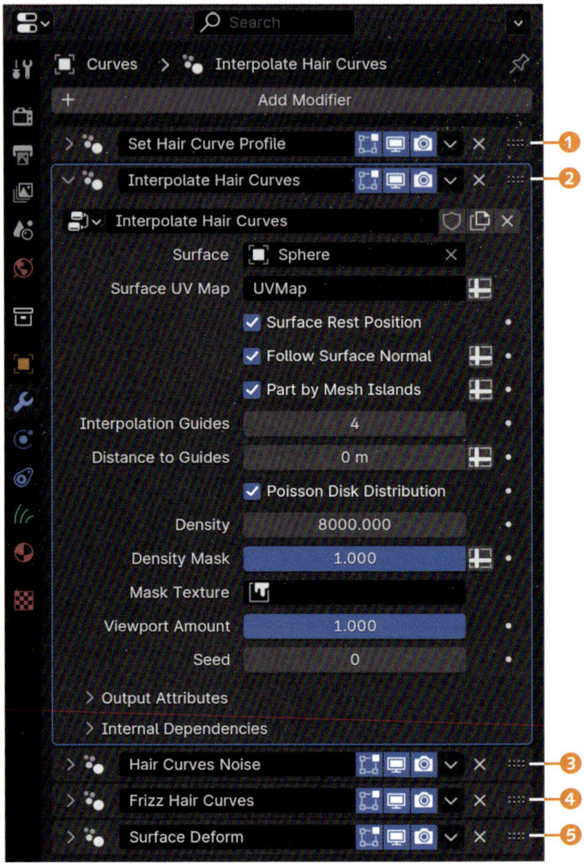

Abbildung 18.54 ►
Modifier-Stack des Geometry Nodes-Fur im Modifier-Tab des Properties Editors

Direkt nach dem Aufruf des Geometry Nodes-Fur ist das Träger-Objekt mit einer Vielzahl an kurzen, leicht gekräuselten und in alle Richtung stehenden Hair-Curves versehen (Abbildung 18.53). Ein Blick in den Modifier-Tab gibt Aufschluss darüber, welche Hair-Nodes bzw. -Assets hier zum Einsatz gekommen sind.

Der Surface Deform-Node 5 definiert das Träger-Objekt für die Hair-Curves. Der Frizz Hair Curves-Node 4 sorgt für die Kräuselung der Fellhaare, während der Hair Curves Noise-Node 3 hier noch zusätzliche Verwirbelungen beisteuert. Die Dichte des Fells kontrolliert der Interpolate Hair Curves-Node 2 mit einer Vielzahl von Einstellungsparametern. Die Form bzw. das Profil des einzelnen Haars schließlich ist im Set Hair Curve Profile-Node 1 hinterlegt.

Projekt Seepferdchen: Steine und animierte Pflanzen für den Meeresboden

Lassen Sie uns Geometry Nodes einsetzen, um unsere Unterwasserszene lebendiger zu gestalten. Dabei können wir Objekte nicht nur einfach prozedural auf einer Oberfläche verteilen, sondern auch ohne größeren Aufwand deren Bewegungen animieren.

1 Blender-Szene laden

Rufen Sie über den Befehl File • Open (Taste Strg/Cmd + O) den File Browser auf und navigieren Sie zum Verzeichnis *5_Animation*. Öffnen Sie dort die Datei *5_Animation_Seepferdchen_4_Animation.blend* bzw. Ihren letzten Stand der Seepferdchen-Animation.

2 Steine und Halme als Objekte hinzuladen

Die Dekoration für den Meeresboden habe ich Ihnen mit der Datei *Halme+Steine.blend* im Verzeichnis *5_Animation* bereitgestellt. Rufen Sie den Befehl File • Append auf, und navigieren Sie zum Verzeichnis mit den Collection-Datenblöcken (Abbildung 18.55).

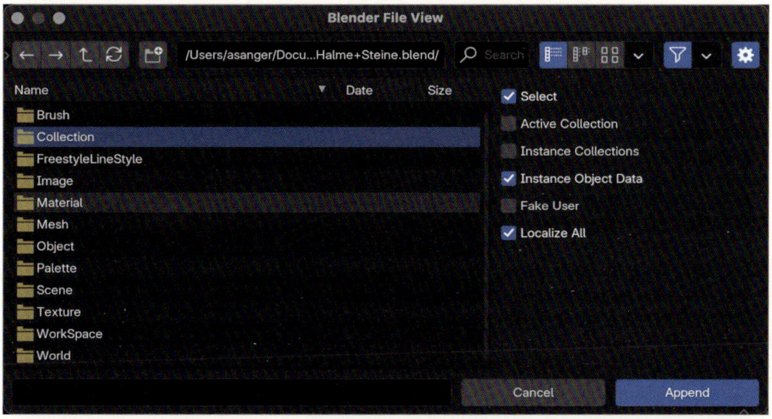

◂ **Abbildung 18.55**
Verzeichnis der Collections der Blend-Datei

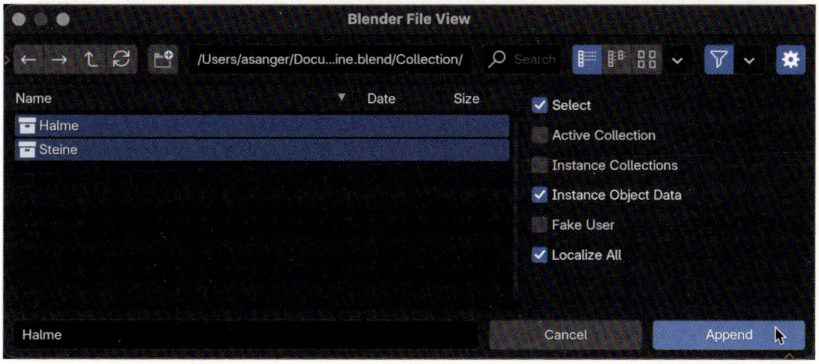

◂ **Abbildung 18.56**
Selektion der beiden Collections

Öffnen Sie das Verzeichnis der Collections per Doppelklick und selektieren Sie die beiden Collections für die Halme und Steine. Über den Button Append laden Sie anschließend alle Objekte der Collections in die Unterwasserszene (Abbildung 18.56).

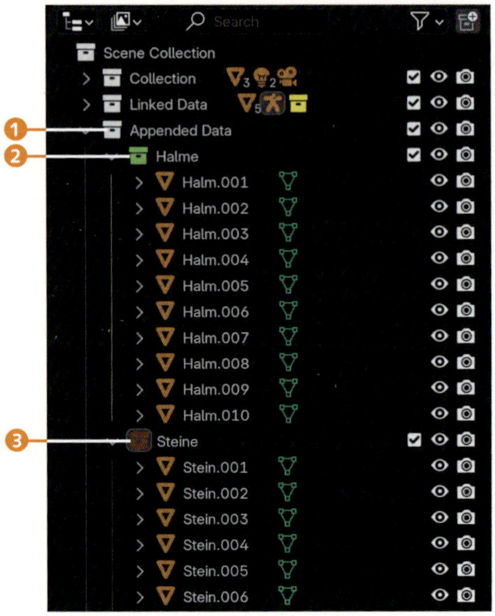

◂ **Abbildung 18.57**
Importierte Collections mit Objekten

▾ **Abbildung 18.58**
Halme und Steine aus der Blend-Datei

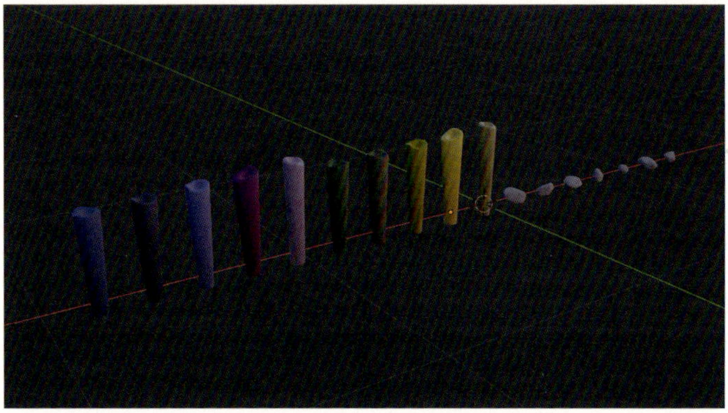

Im Outliner befindet sich nun eine neue Collection »Appended Data« ❶ mit den beiden Collections der Halme ❷ und Steine ❸. Abbildung 18.58 zeigt deren Inhalt und, wie Sie sehen, ein bläuliches sowie ein grünliches Farbschema für die Halme.

Abbildung 18.59 ▸
Zusammenstellung der Objekte im Outliner

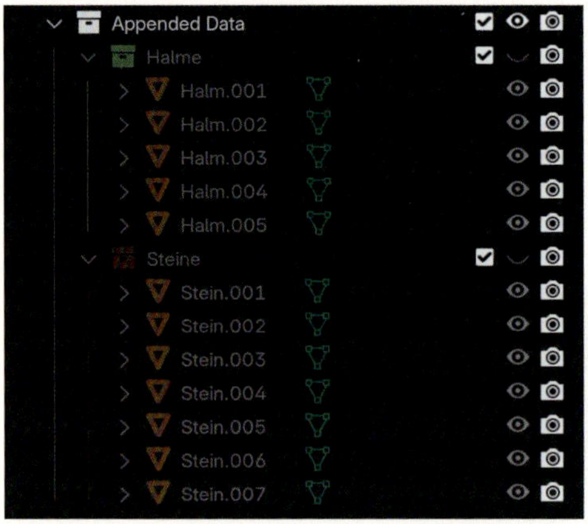

Löschen Sie alle Halme, deren Farbe Sie nicht in Ihrer Unterwasserwelt haben möchten, aus der Collection – ich habe mich für die grünliche Variante entschieden. Blenden Sie schließlich die importierten Objekte im Outliner über deren Sichtbarkeit im Viewport aus (Abbildung 18.59), bevor Sie in den Workspace GEOMETRY NODES ④ wechseln.

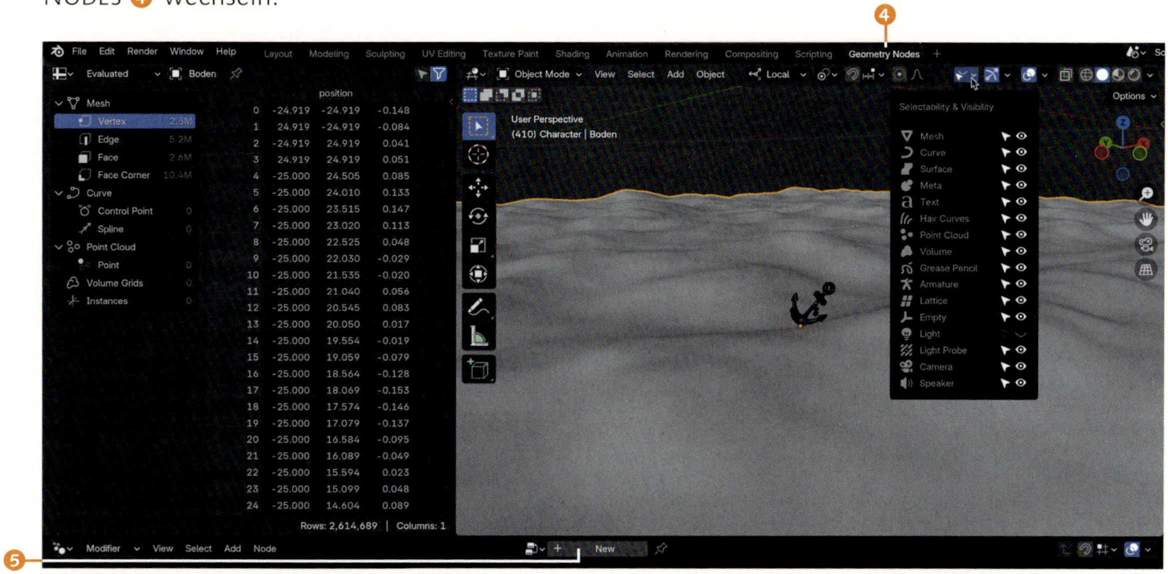

▲ **Abbildung 18.60**
Workspace GEOMETRY NODES

Deaktivieren Sie noch über das Pop-up-Menü OBJECT TYPES VISIBILITY die Anzeige von Empties, Lights und Light Probes, um sich auf den Meeresboden konzentrieren zu können (Abbildung 18.60).

3 Geometry Nodes-Modifier für den Boden erzeugen

Selektieren Sie nun über den Viewport das Objekt des Meeresbodens und klicken Sie auf den Button NEW ⑤ des Geometry Node Editors, um einen Geometry Nodes-Modifier zu erzeugen.

Im Modifier-Tab ⑥ des Properties Editors sehen wir, dass der Modifier an unterster Stelle des Modifier Stacks steht und damit als Letztes ausgewertet wird, das ist auch so gewünscht. Benennen Sie den Modifier gerne in »Halme+Steine« um.

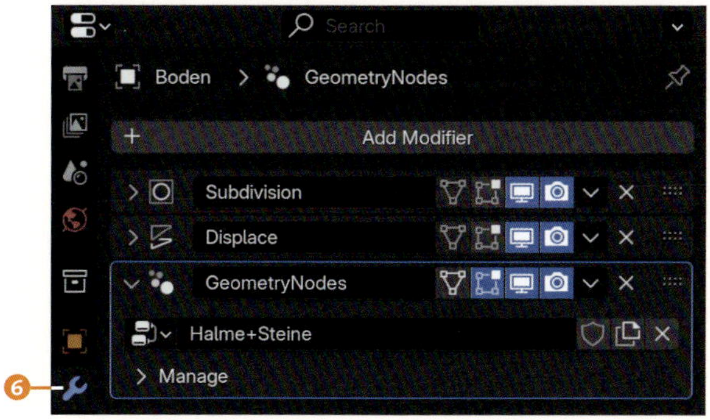

◄ **Abbildung 18.61**
Modifier Stack des Bodens im Modifier-Tab

4 Points und Instances für die Halme erzeugen

Wenden Sie sich nun dem Geometry Node Editor zu und stellen Sie durch Aktivieren des Pins 1 sicher, dass die Node-Ansicht auch bei der Selektion eines anderen Objekts bestehen bleibt.

Wir beginnen mit der Erzeugung von Points auf der Oberfläche des Meeresbodens. Setzen Sie dazu einen Distribute Points on Faces-Node aus dem Menü ADD • POINTS (Tasten ⇧ + A) zwischen die beiden Group Input- und Group Output-Nodes.

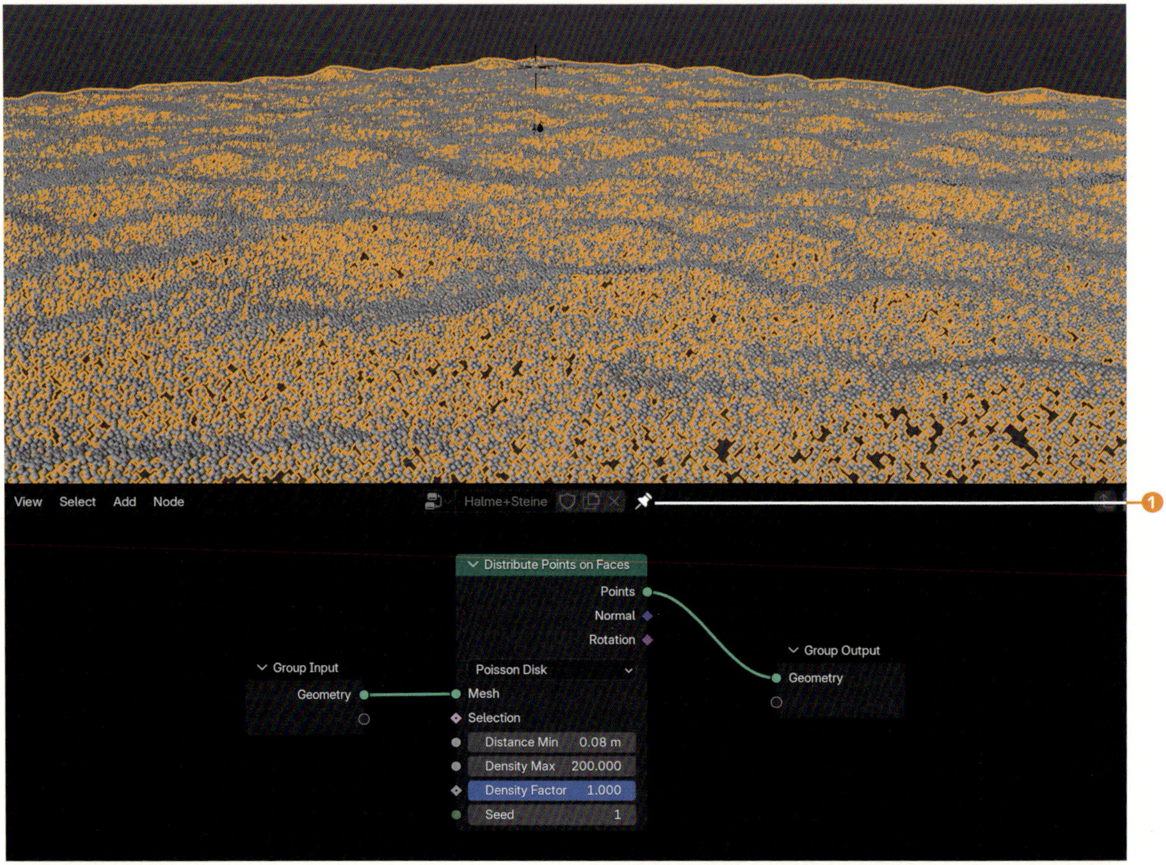

▲ **Abbildung 18.62**
Verteilen der Points auf der Oberfläche des Meeresbodens

Wählen Sie für die Verteilung der Points die Einstellung POISSON DISK, zusammen mit einer minimalen DISTANCE von 0.08 m sowie einer maximalen DENSITY von 200. Auf diese Weise haben wir gleich den Radius des Halms berücksichtigt, von dem wir schließlich nicht möchten, dass es Überschneidungen gibt. Auf dem Meeresboden hat sich nun eine Unmenge an beliebig verteilten Points angesiedelt (Abbildung 18.62), die wir nun mit Instances aus der Halme-Collection bestücken.

Damit nun jeder Point für eine Instance des Halmes verwendet werden kann, erzeugen Sie über das Menü ADD • INSTANCES (Tasten [⇧] + [A]) einen Instance on Points-Node und setzen ihn zwischen Distribute Points on Faces-Node und Group Output-Node (Abbildung 18.63). Die für die Verarbeitung der Geometrie benötigten grünen Sockets verbinden sich automatisch korrekt.

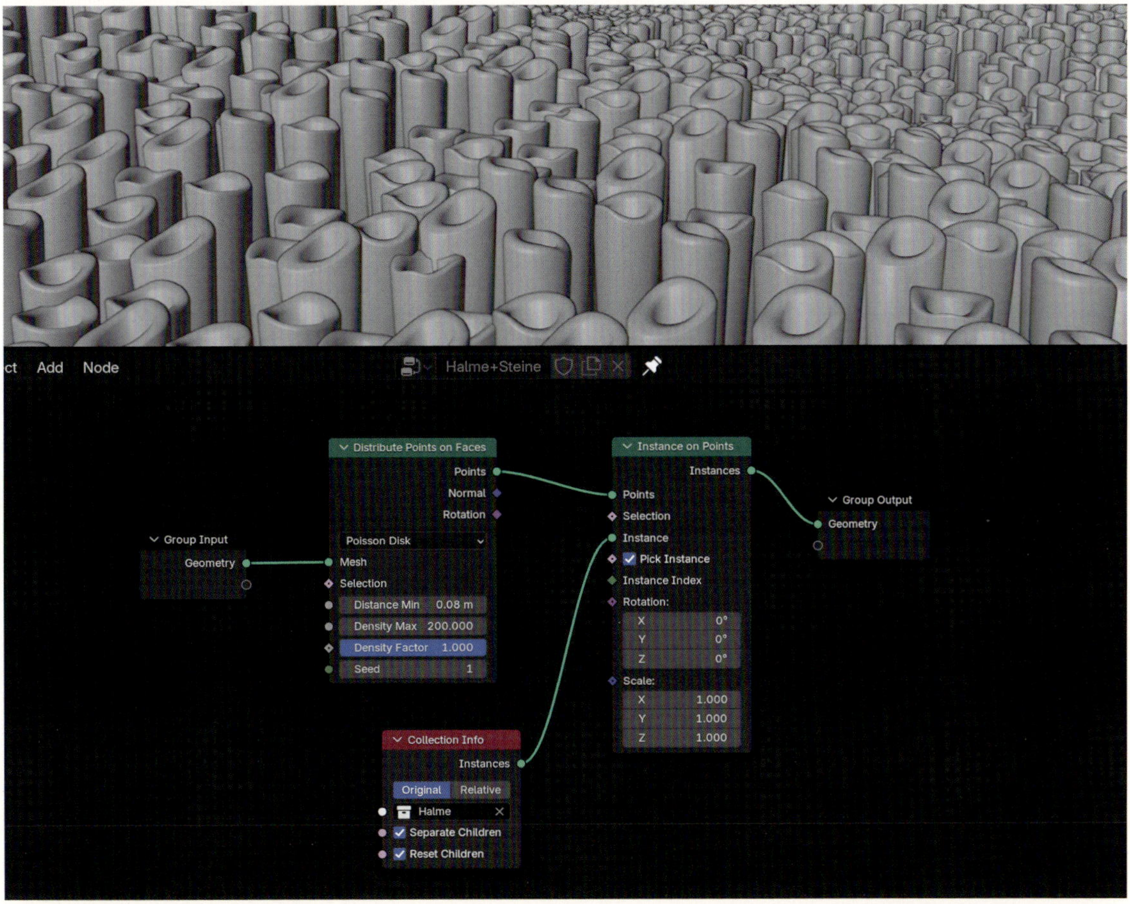

▲ **Abbildung 18.63**
Verwenden der Objekte der Halm-Collection als Instances

Um einen Halm für jede Instance auf dem Meeresboden zu verwenden, müssen wir die Geometrie der Halme als Instance anbinden. Ziehen Sie dazu einfach die Halm-Collection aus dem Outliner an eine freie Stelle im Geometry Node Editor und verbinden Sie den Geometry-Socket des entstandenen Collection Info-Nodes mit dem Instance-Socket des Instance on Points-Nodes.

Derzeit ersetzen die Halm-Instances die Geometrie des Meeresbodens, anstatt auf ihm zu stehen. Erzeugen Sie daher einen Join Geometry-Node aus dem Menü ADD • GEOMETRY (Tasten [⇧] + [A]) und setzen Sie ihn ❶ vor den Group Output-Node, um die Geometrie aus dem Group Input-Node und den Instances davor miteinander zu vereinigen (Abbildung 18.64).

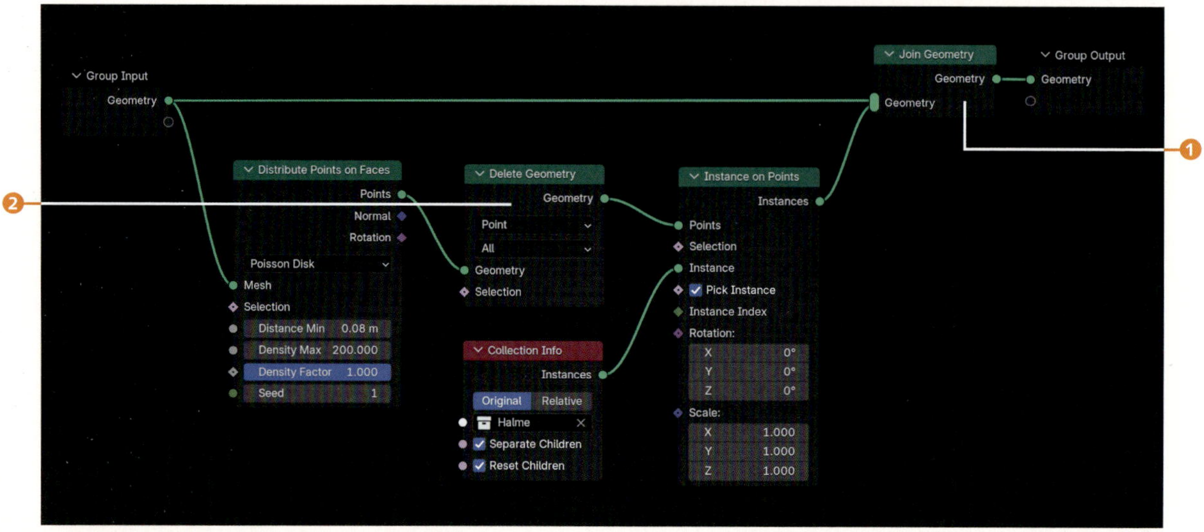

▲ **Abbildung 18.64**
Vereinigen der Geometrien des Meeresbodens und der Halme

5 Halm-Verteilung mittels Textur steuern

Weil sich der Wuchs der Halme eigentlich nur auf bestimmte »Inseln« verteilen soll, reduzieren wir in diesem Schritt die zur Verfügung stehende Geometrie mit einer Textur. Hängen Sie dazu als Erstes einen Delete Geometry-Node ❷ vor den Instance on Points-Node (Abbildung 18.64). Die Einstellung POINTS teilt dem Node mit, die über die SELECTION definierten Points zu löschen.

▼ **Abbildung 18.65**
Anbinden einer Textur für den Wuchs der Halme

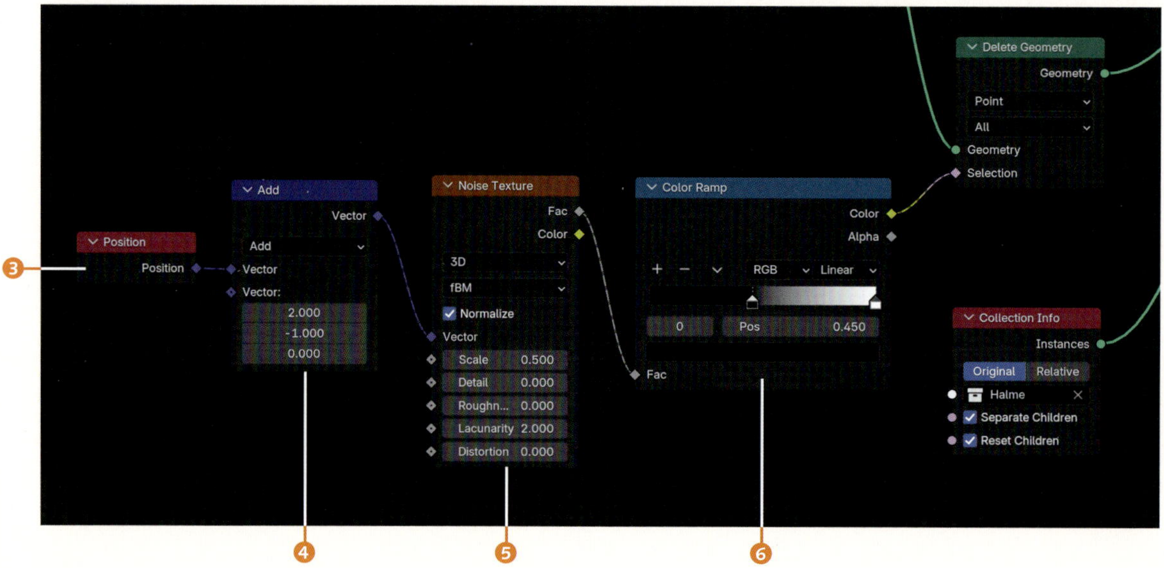

Bei dieser SELECTION kommen nun zum ersten Mal FIELDS zum Einsatz. Abbildung 18.65 zeigt den dafür verwendeten Aufbau. Den Anfang macht ein Position-Node ❸ aus dem Menü ADD • INPUT, der die aktuelle Position als Vektor an den Noise Texture-Node ❹ aus dem Menü ADD • TEXTURE übermittelt. Damit wir eingreifen und die Textur nach Wunsch verschieben können, ist ein Vector Math-Node ❺ im Modus ADD dazwischengeschaltet. Der niedrige Scale-Wert der Noise-Texture sorgt für ein ausreichend großes Muster, dessen Kontrast durch einen Color Ramp-Node ❻ aus dem Menü ADD • COLOR mit Verschieben des linken Greifers der Farbe Schwarz noch erhöht wird.

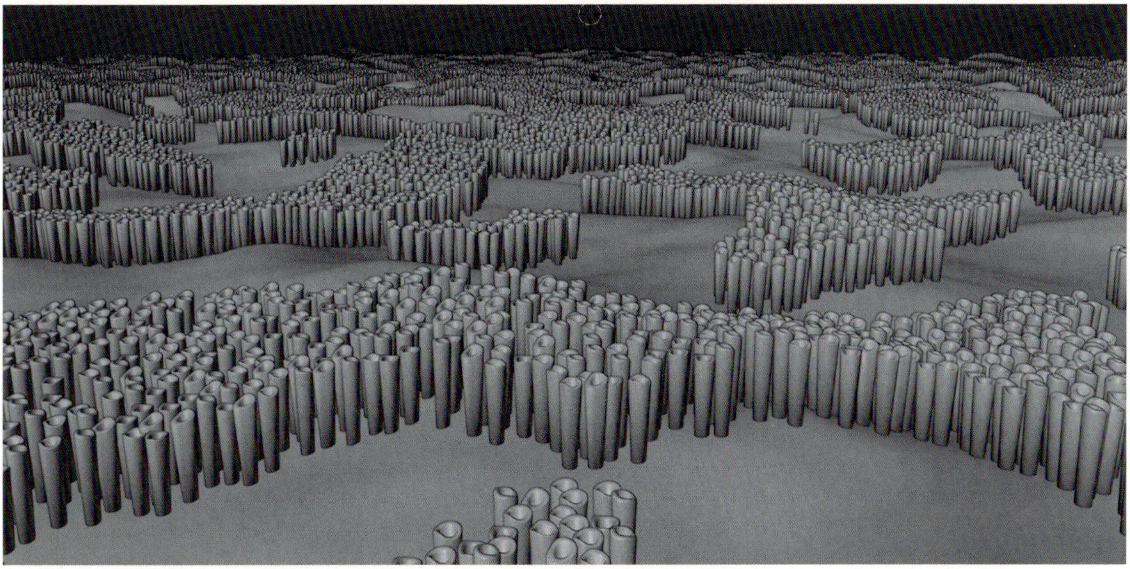

▲ **Abbildung 18.66**
Mittels Textur gesteuerter Halm-Wuchs

Experimentieren Sie mit den Parametern der einzelnen Nodes, bis die Begrünung des Meeresbodens Ihren Vorstellungen entspricht (Abbildung 18.66). Zum einfachen Verschieben des vorliegenden Halm-Wuchses dienen die Vektoren im Vector Add-Node ❹.

6 Halme zufällig skalieren

Nachdem die unterschiedlichen Halme nun auf dem Meeresboden verteilt sind, kümmern wir uns um die Größe der Halme. Auch hier verwenden wir wieder Fields, in diesem Fall, um die Skalierung der Halm-Instances dem (leicht eingeschränkten) Zufall zu überlassen. Holen Sie sich dazu einen Random Value-Node aus dem Menü ADD • UTILITIES und schließen Sie ihn an den Scale-Socket des Instance on Points-Nodes an (Abbildung 18.67).

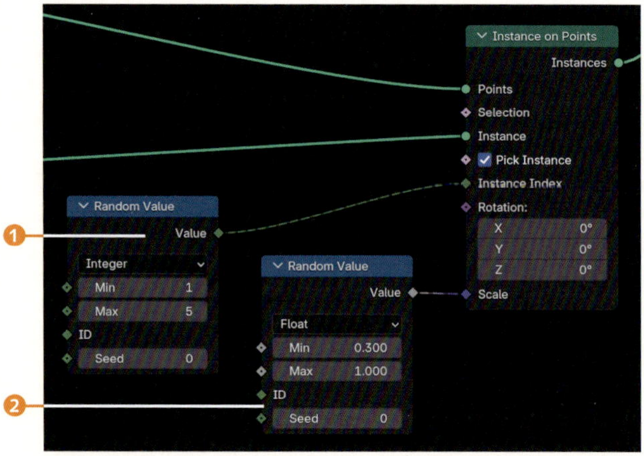

▲ **Abbildung 18.67**
Random Value-Node im Float-Modus

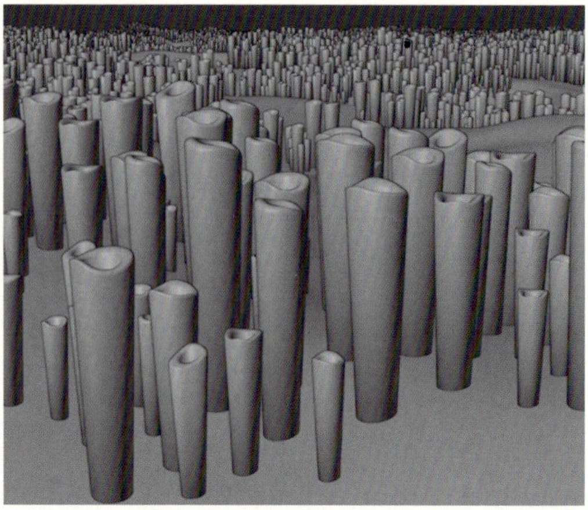

▲ **Abbildung 18.68**
Zufällige Skalierung der Halme

Versetzen Sie den für die Skalierung zuständigen Random Value-Node ❷ in den Modus FLOAT, und gestatten Sie Werte zwischen 0.300 und 1.000 für die Größe der Halme. Damit alle Halme der Collection zufällig als Instances zum Einsatz kommen, erzeugen Sie einen zweiten Random Value-Node ❶, setzen den Mode auf INTEGER mit MIN bei 1 und MAX bei 5.

7 Nodes der Halme für die Steine duplizieren und anpassen

Da zwischen den Halm-Inseln auf dem Meeresboden Steine verteilt werden sollen, verwenden wir den größten Teil des Node-Konstrukts für die Verteilung der Steine einfach wieder.

Abbildung 18.69 ▸
Duplizieren der weiterverwendbaren Nodes für die Steine

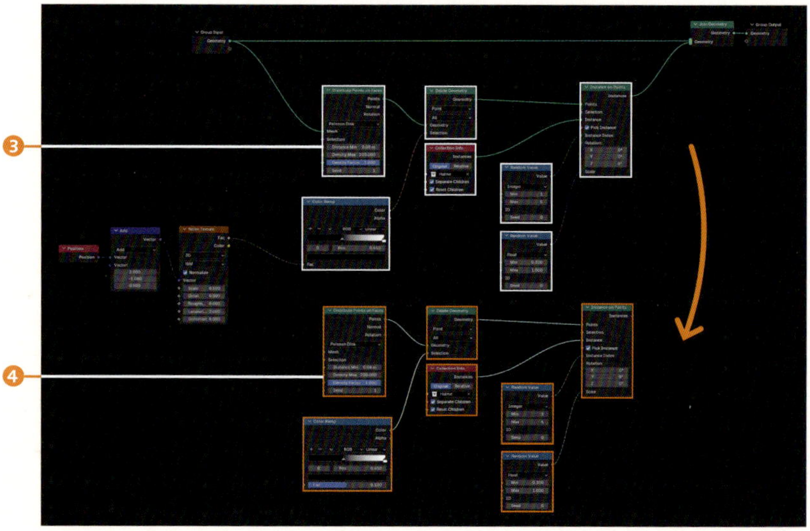

Selektieren Sie dazu mit gedrückt gehaltener [⇧]-Taste die in Abbildung 18.69 weiß umrandeten Nodes ❸ und rufen Sie über die Tasten [⇧] + [D] den Befehl DUPLICATE auf. Verschieben Sie die duplizierten Nodes anschließend an eine freie Stelle im Editor nach unten ❹. Schließen Sie das neu entstandene Node-Konstrukt analog zu den Halmen am Group Input-Node, am Noise Texture-Node und am Join Geometry-Node an.

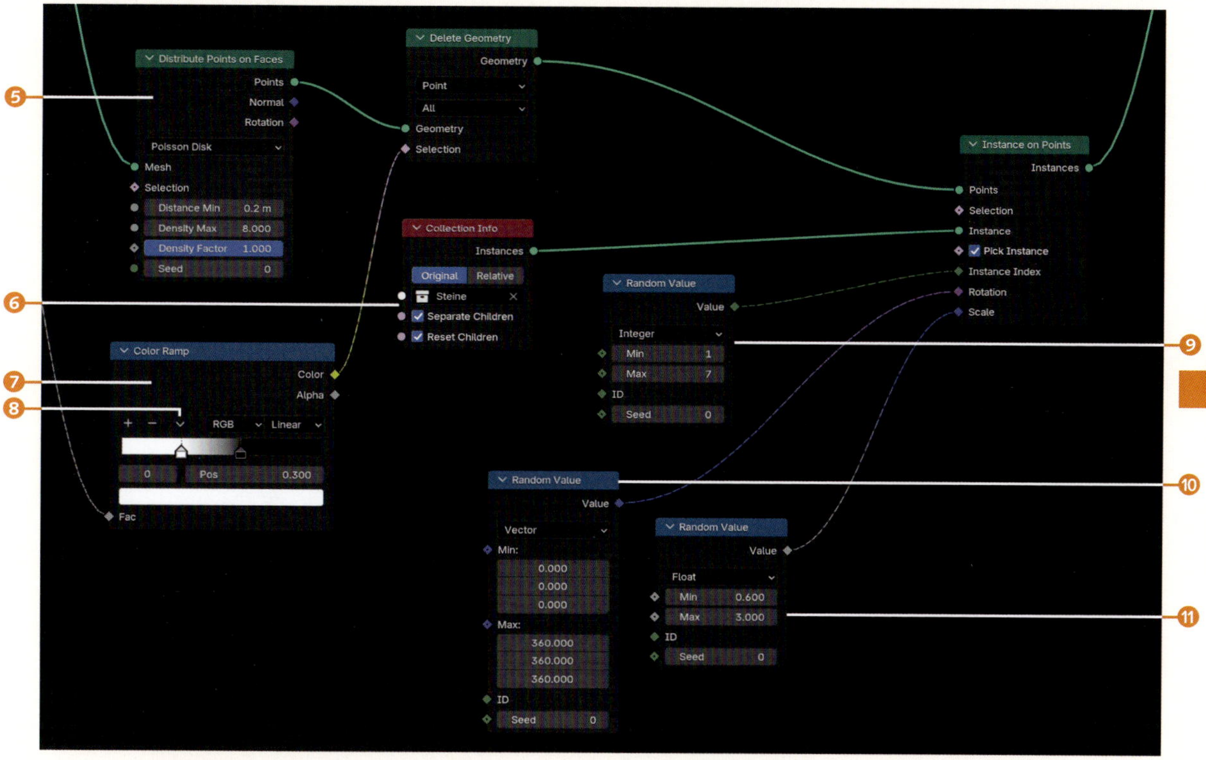

▲ **Abbildung 18.70**
Node-Konstrukt für die Steine

Der duplizierte Collection Info-Node ❻ bekommt natürlich statt der Halme die Steine-Collection zugeteilt. Damit alle sieben Steine zufällig als Instances zum Einsatz kommen, setzen Sie den Mode auf INTEGER mit MIN bei 1 und MAX bei 7 ❾. Erlauben Sie für die Skalierung der Steine im zugehörigen Random Value-Node ⓫ ein Minimum von 0.6 sowie ein Maximum von 3. Duplizieren Sie sich diesen Random Value-Node (Tasten [⇧] + [D]), und versetzen Sie ihn in den Modus VECTOR ❿, und geben Sie die zufällige Rotation der Steine für alle Achsen um 360 Grad frei. Im Distribute Points on Faces-Node ❺ reduzieren Sie die DENSITY MIN auf 0.2 und die DENSITY MAX auf 8. Damit die Steine nur dort verteilt werden, wo keine Halme stehen, drehen Sie die Farbchips im Color Ramp-

Node 7 (Abbildung 18.70) über den Befehl FLIP COLOR RAMP aus dem Pfeilmenü 8 einfach um und justieren die Farbgrenzen noch etwas nach, damit auch bei der Prüfung im Viewport (Abbildung 18.71) möglichst keine Überschneidungen von Halmen und Steinen entstehen.

Abbildung 18.71 ▸
Per Geometry Nodes verteilte Halme und Steine

8 Halme animieren

Unsere Unterwasserwelt wird deutlich lebendiger und glaubhafter wirken, wenn wir Strömungen durch leichtes Bewegen der Halme simulieren. Dafür benötigen wir nicht mal eine Simulation Zone, denn die Parameter der Geometry Nodes lassen sich problemlos mittels Driver animieren.

Abbildung 18.72 ▸
Einbindung einer Noise Texture für die Steuerung der Rotation der Halme

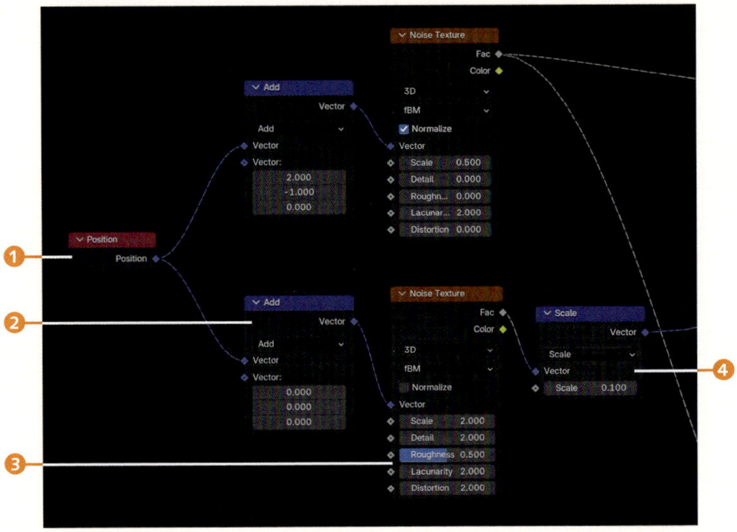

Damit die Animation der Halme in Wellen durchgeführt wird, verwenden wir analog zur Festlegung des Halmwuchses einen Noise Texture-Node. Sie können sich dafür den bereits vorhandenen Vector Math-Node sowie den Noise Texture-Node duplizieren (Tasten [⇧] + [D]) und mit dem bereits vorhandenen Position-Node (1) verbinden (Abbildung 18.72).

Setzen Sie alle Vektor-Parameter im Add-Node (2) auf 0, während Sie im Noise Texture-Node (3) die Option NORMALIZE deaktivieren und die gezeigten Werte auf eine etwas gröbere Variante des Noise-Musters einstellen. Ein zusätzlicher Vector Math-Node (4) im Modus SCALE sorgt dafür, dass die Rotation der einzelnen Halme nicht zu groß ausfällt.

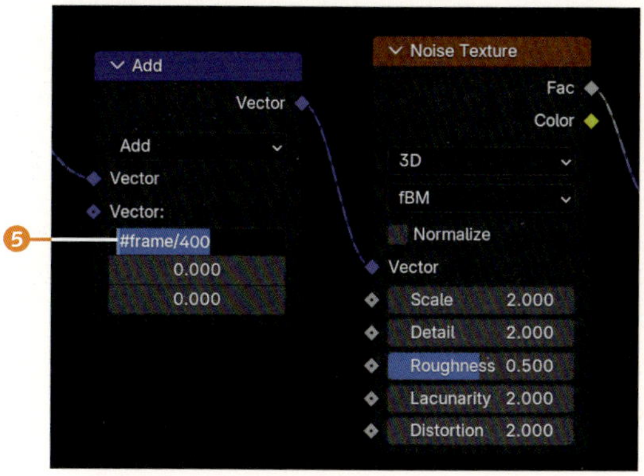

◂ **Abbildung 18.73**
Animation der Noise-Vektordaten per Driver

Die Animation der Noise-Texture erledigen wir über einen recht einfachen Driver. Da wir die Position der Texture über den Vector Math-Node steuern, ist hier wahlweise der X- oder Y-Wert der passende Ansatzpunkt. Tragen Sie hier (5) die Zeichenfolge `#frame/400` ein, damit sich der Noise bei jedem Frame um diesen Bruchteil der Framezahl verschiebt.

Zu guter Letzt müssen wir das Konstrukt für die Animation der Halme (1) (Abbildung 18.74) nur noch mit dem richtigen, für die Rotation der Instances zuständigen Node-Socket verbinden. Dieser befindet sich am Instance on Points-Node (2) und kümmert sich um die Rotation. Mit diesem Schritt ist die animierte Unterwasserwelt mittels Geometry Nodes eigentlich fertiggestellt, in Abbildung 18.74 sehen Sie den gesamten Node-Tree im Überblick. Experimentieren Sie mit den Parametern, um deren Auswirkungen kennenzulernen und Ihren Vorstellungen anzupassen. Wenn Sie mit dem Ergebnis zufrieden sind, finalisieren wir die Animation noch mit einer Kamerafahrt über den Meeresboden.

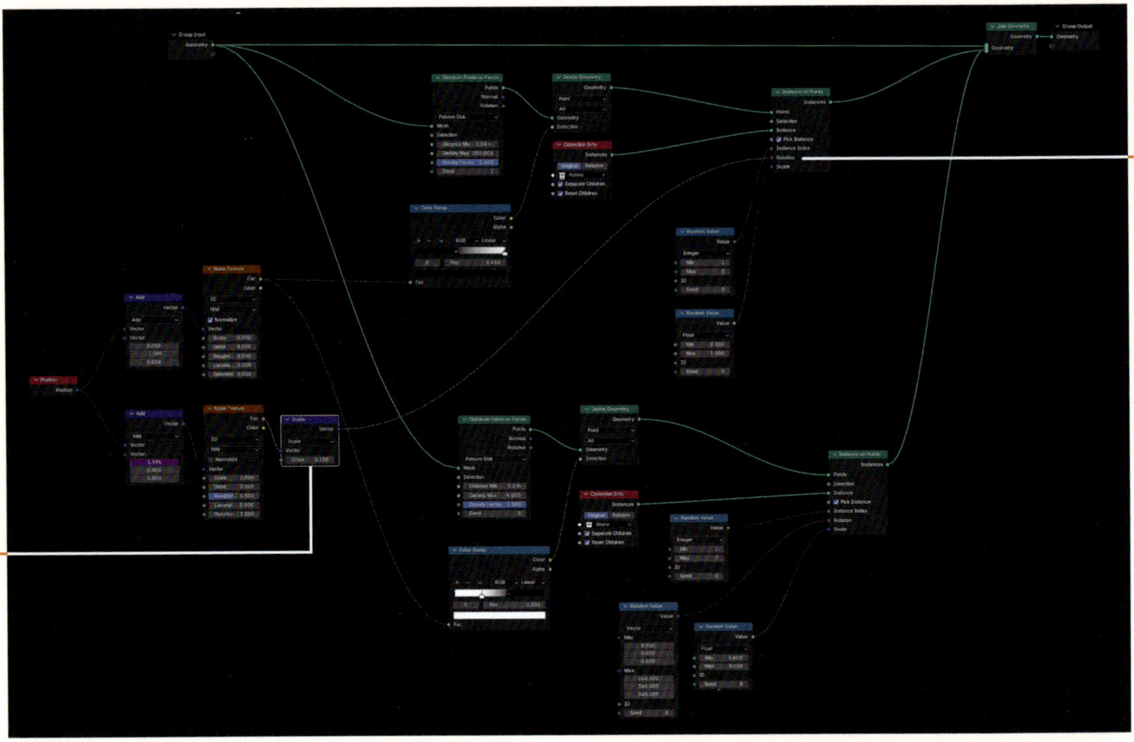

▲ **Abbildung 18.74**
Node-Tree für die animierte Unterwasserwelt

9 Kamerafahrt über den Meeresboden

Als Einführung in unsere Character-Animation soll eine Kamerafahrt über die Unterwasserszene mit den animierten Pflanzen dienen – dafür hatten wir ja bei der Erstellung der Animation die ersten 200 Frames reserviert. Wir wechseln dafür wieder in den Workspace LAYOUT zurück.

Abbildung 18.75 ▸
Einblenden der Kamera im Viewport

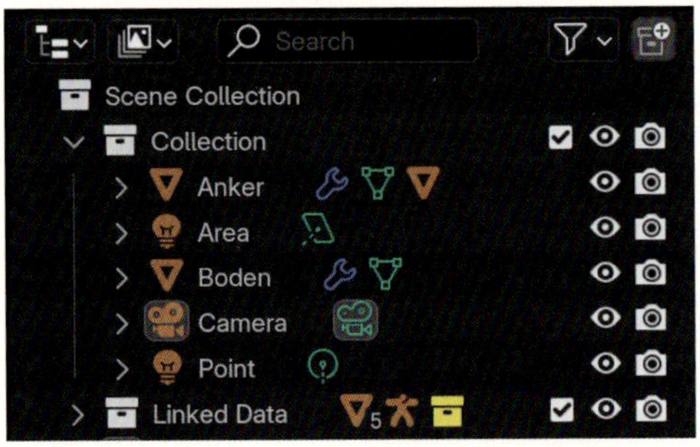

Sollten Sie das Objekt der Kamera im Viewport über den Outliner vorübergehend ausgeblendet haben, so blenden Sie diese wieder ein (Abbildung 18.75), da wir unsere Kamera-Einstellungen an die Szene anpassen müssen.

▲ **Abbildung 18.76**
Kameraposition für die Character-Animation

Beginnen wir mit dem Ende der Kamerafahrt, also mit der Kameraposition für die Character-Animation. Wechseln Sie dazu in die Kamera-Ansicht und setzen Sie den Abspielkopf auf Frame 300 oder später, hier hat das Seepferdchen seine Endposition erreicht. Klicken Sie auf das Kamera-Symbol ③ der Navigations-Gizmos, um die Kamera für den Viewport zu aktivieren, und zusätzlich den View Lock Toggle ④ für die Camera to View, um die Kameraperspektive so einzustellen, dass das Seepferdchen im Mittelpunkt ist, aber noch genügend vom Anker und der umliegenden Landschaft zu sehen ist (Abbildung 18.76).

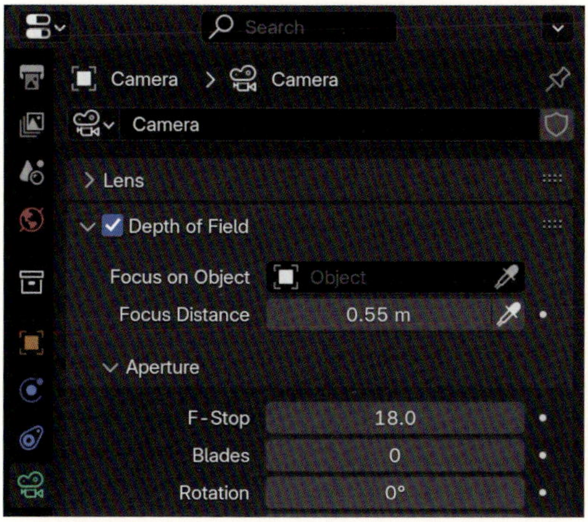

◂ **Abbildung 18.77**
Panel Depth of Field im Object Data-Tab

Wechseln Sie zurück in die Viewport-Perspektive (Taste [0] [Num]) sowie in die Ansicht von oben (Taste [7] [Num]) und öffnen Sie im Properties Editor das Panel DEPTH OF FIELD (Abbildung 18.77), um die Fokusdistanz neu auszurichten. Statt des Ankers tragen Sie im Feld FOCUS DISTANCE den Wert ein, bei dem die gelbe Linie ❶ exakt auf dem Seepferdchen liegt (Abbildung 18.78).

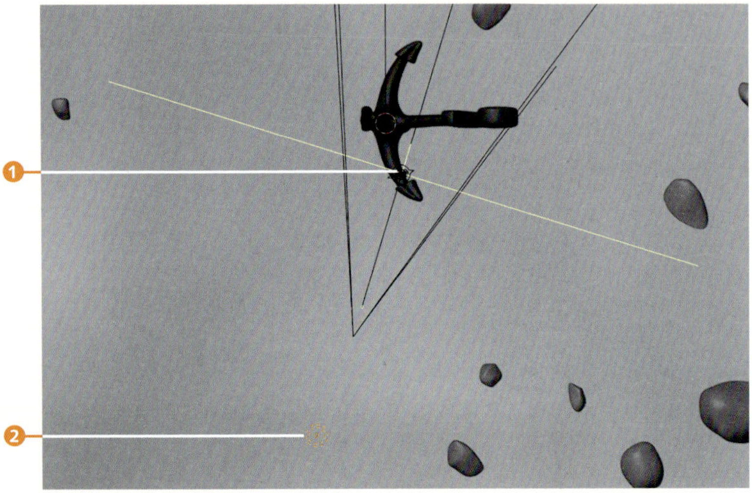

◂ **Abbildung 18.78**
Einstellen der Fokusdistanz

▾ **Abbildung 18.79**
Parenting des Point-Lichts

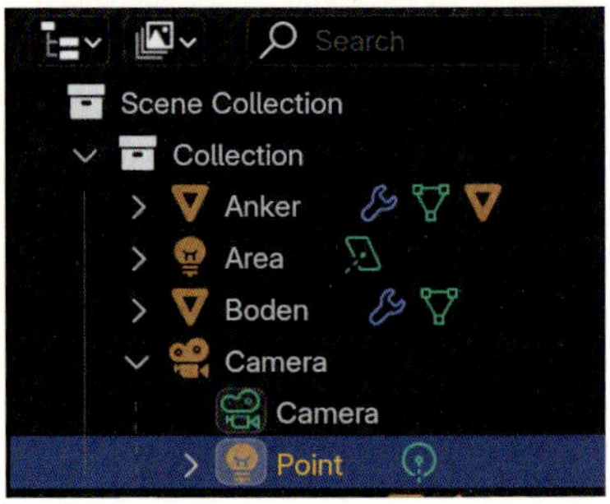

Da wir mit dem Point-Licht ja letztlich den Scheinwerfer eines Tauchers imitieren, muss diese Lichtquelle bei der Kamerafahrt natürlich ebenfalls bewegt werden. Achten Sie in der Viewport-Ansicht zunächst darauf, dass das Point-Licht auf einer Achse mit der Kamera liegt ❶, und ziehen Sie im Outliner das Point-Licht mit gedrückt gehaltener [⇧]-Taste auf die Kamera, um das Licht der Kamera per Parenting unterzuordnen (Abbildung 18.79).

Abbildung 18.80 ▸
Einstellen der Schärfentiefe (DEPTH OF FIELD)

Zurück in der Kameraperspektive (Taste [0] [Num]) und im Viewport Shading-Modus Material Preview stellen Sie nun noch die gewünschte Schärfentiefe über den Parameter F-Stop (Abbildung 18.77) ein. In meiner Szene sind die im hinteren Bereich der Szene liegenden Halme leicht unscharf, bei den Halmen im Vordergrund ist die einsetzende Unschärfe zu erkennen (Abbildung 18.80).

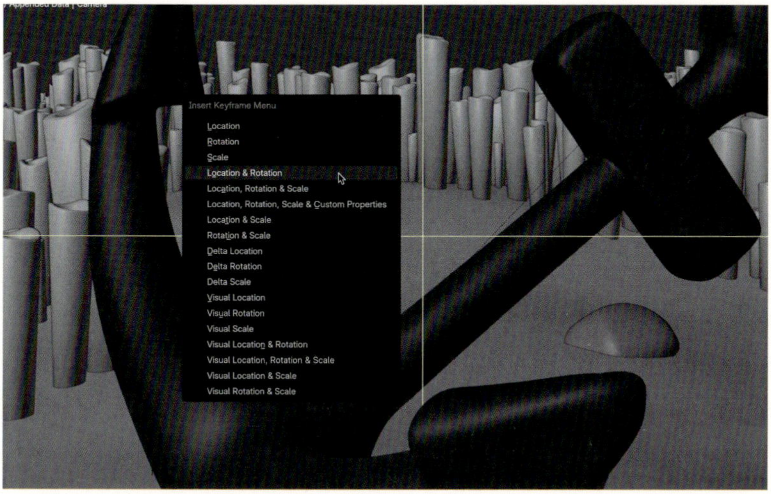

◂ **Abbildung 18.81**
Keyframes für die Kamera bei Frame 220

Jetzt können wir mit der Animation der Kamerafahrt beginnen. Setzen Sie den Abspielkopf auf Frame 220, damit sich das Seepferdchen bereits in Bewegung gesetzt hat, bevor die Kamera am Zielpunkt angekommen ist. Selektieren Sie die Kamera im Outliner und erzeugen Sie über den Befehl Insert Keyframe (Taste [K]) Keyframes für die Location & Rotation (Abbildung 18.81).

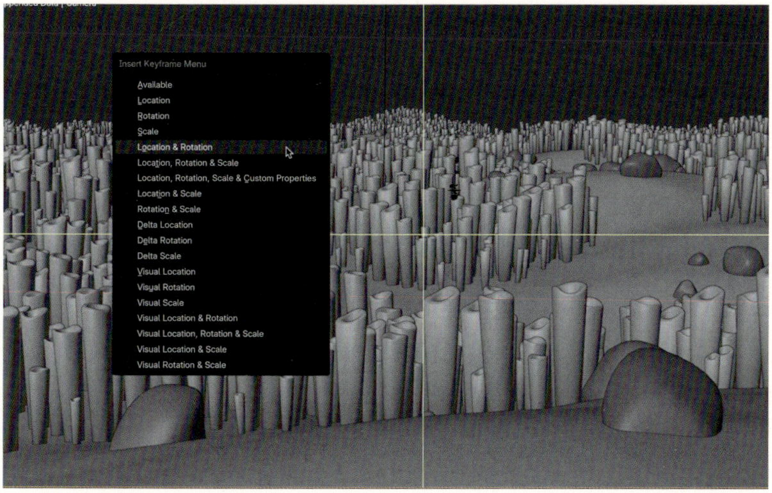

◂ **Abbildung 18.82**
Keyframes für die Kamera bei Frame 1

Verschieben Sie den Abspielkopf zurück auf Frame 1 und zoomen Sie in der Kameraperspektive ein gutes Stück aus der Szene heraus, um die Kamera zu versetzen. Wenn Sie eine gute Ausgangsposition für die Kamerafahrt gefunden haben, nehmen Sie auch hier über den Befehl INSERT KEYFRAME (Taste K) Keyframes für die LOCATION & ROTATION (Abbildung 18.82) auf.

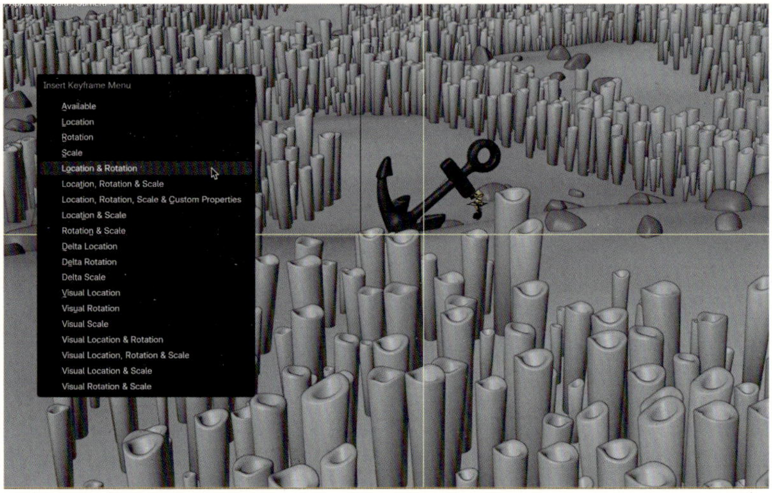

Abbildung 18.83 ▸
Keyframes für die Kamera bei Frame 100

Beim Überprüfen der Kamerafahrt habe ich festgestellt, dass die Kamera doch arg mit den Halmen kollidiert. Abhilfe schafft ein Keyframe bei Frame 100, bei dem die Kamera etwas in Z-Richtung nach oben verschoben wurde (Abbildung 18.83). Nach diesem Schritt ist unsere Animation des Seepferdchens und der Unterwasserszene fertiggestellt.

Abbildung 18.84 ▸
Fertige Unterwasserwelt mit Seepferdchen-Animation und Kamerafahrt

Kapitel 19
2D-Animation

Eigentlich ist die 2D-Animation nur ein Teilbereich dessen, was Sie mit Grease Pencil in Blender erschaffen können. Grundsätzlich ist Grease Pencil Ihr digitaler Zeichenstift, um zweidimensionale Objekte zu kreieren und anschließend in drei Dimensionen zu animieren. Andererseits eignet sich Grease Pencil auch hervorragend für Scherenschnitt-Animationen, Motion Graphics aller Art und in der Funktion eines Storyboard-Tools als Wegbereiter für Ihre 3D-Animationen.

Wenn Sie das Workspace-Layout 2D Animation über den Splash-Screen oder das Menü File • New (Abbildung 19.1) aufrufen, entsteht leicht der Eindruck, Sie befänden sich in einer völlig anderen Applikation.

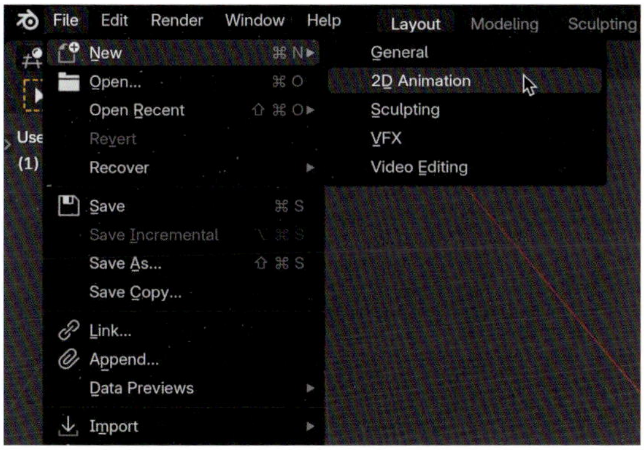

▲ **Abbildung 19.1**
Menü File • New

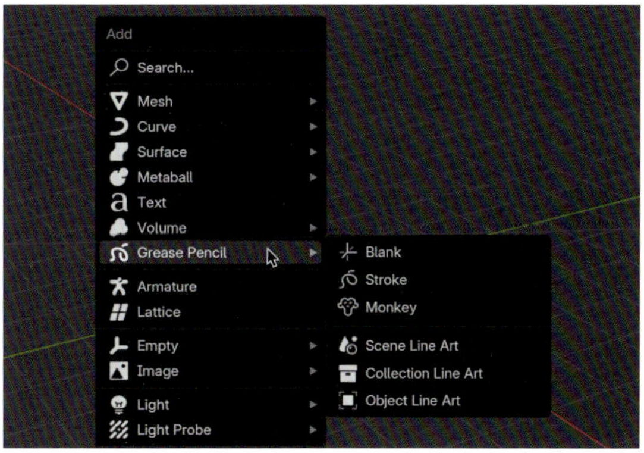

▲ **Abbildung 19.2**
Menü Add • Grease Pencil

Doch keine Sorge, Ihnen ist nun weder die dritte Dimension verloren gegangen noch müssen Sie alles bis dato im 3D-Bereich Gelernte über Bord werfen. Sie haben vielmehr eine neue Objektart, das Grease Pencil-Objekt aus dem Menü Add • Grease Pencil

(Abbildung 19.2) hinzugewonnen, mit dem Sie zweidimensionale Objekte alleine oder auch zusätzlich in Ihre 3D-Szene integrieren können. Anstatt mit Vertices, Edges und Faces arbeiten Sie bei einem Grease Pencil-Objekt eben mit Points, Strokes und Fills.

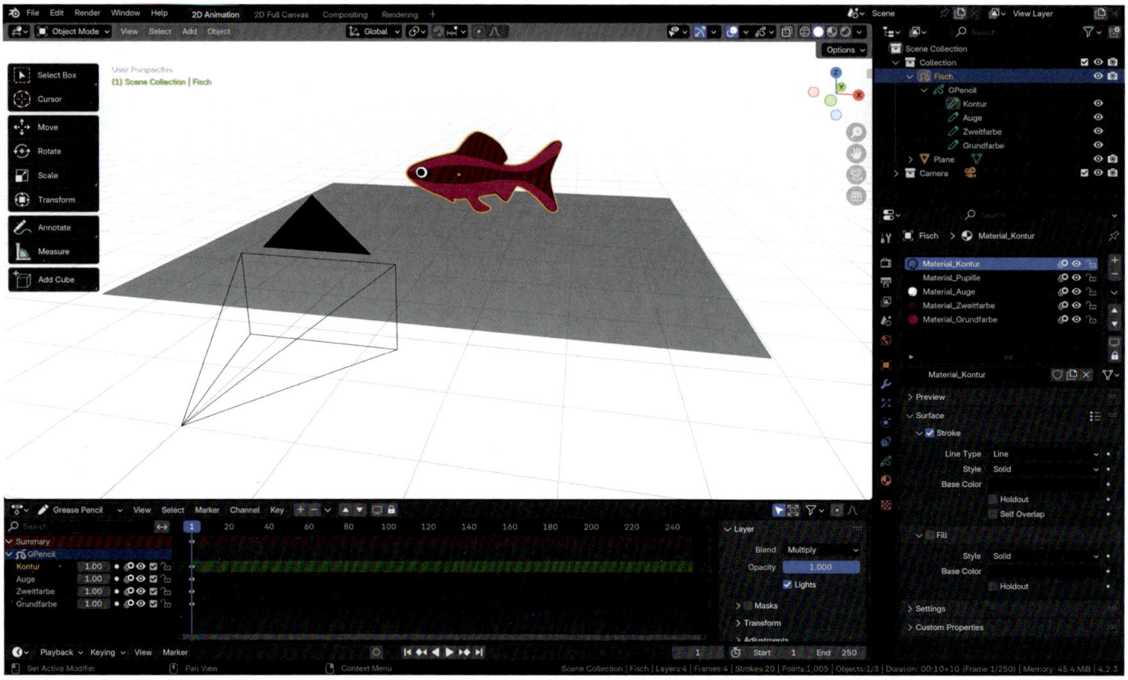

▲ **Abbildung 19.3**
Grease Pencil-Objekt im LAYOUT 2D ANIMATION

Sie werden also viele Übereinstimmungen mit der bisher gewohnten Arbeitsweise feststellen, doch es gibt auch eklatante Unterschiede. Spätestens bei der Animation wird deutlich, dass sich Grease Pencil am klassischen, traditionellen Trickfilm orientiert, bei dem die Illusion der Bewegung durch eine geschickte Abfolge von Einzelbildern entsteht. Damit ist klar, dass dieses Kapitel nur eine Einführung in die faszinierende Welt der 2D-Animation sein kann. Dabei sehen wir uns die verschiedenen Elemente, die Logik und den Workflow in Grease Pencil an.

> **Kompatibilität**
> Mit Blender 4.3 erfährt Grease Pencil eine starke Überarbeitung unter der Haube. Beachten Sie daher, dass sich Grease Pencil-Objekte bzw. -Daten ab Version 4.3 nicht mit Version 4.2 oder älter öffnen lassen werden.

19.1 Aufbau eines Grease Pencil-Objekts

Wenn wir die spätere Animation mit Grease Pencil einmal gedanklich ausblenden, finden wir ein umfangreiches 2D-Grafikprogramm vor, in dem Sie mit Ebenen (Layern), Blendmodi, Masken, Linienkonturen (Strokes), Füllungen (Fills) und Materialien arbeiten.

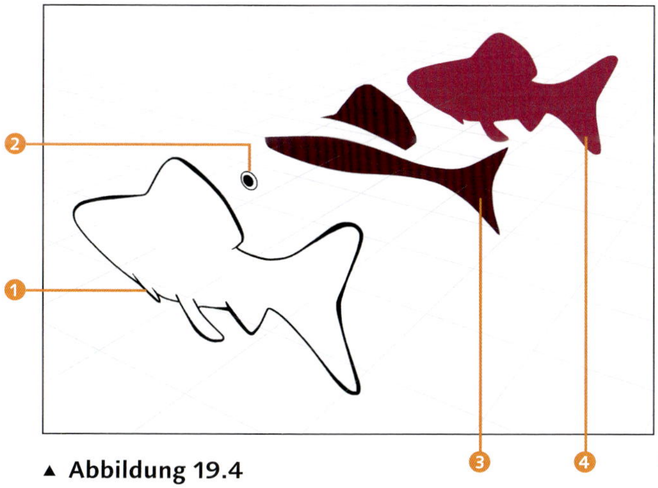

▲ **Abbildung 19.4**
Die vier Layer des Fisches

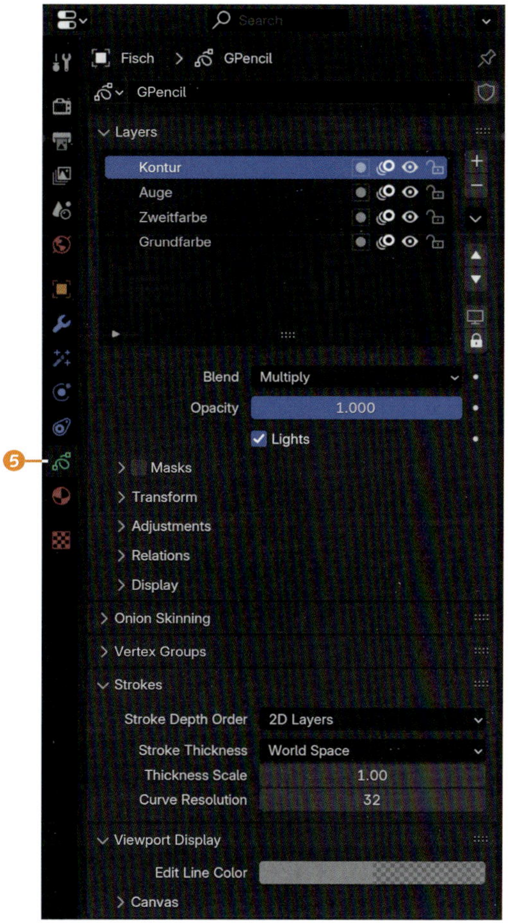

Abbildung 19.5 ▸
Panels LAYERS, STROKES und VIEWPORT DISPLAY im Object Data-Tab des Properties Editors

Sehen wir uns zum besseren Verständnis den Aufbau des Fisches aus Abbildung 19.3 mit seinen Bestandteilen an. Dieses Grease Pencil-Objekt besitzt insgesamt vier Layer, zwischen der im Vordergrund liegenden Kontur 1 und der Grundfarbe 4 befinden sich noch je ein Layer für das Auge 2 sowie für die Zierfarbe 3.

Insgesamt fünf Materialien werden für den Fisch gebraucht. Die Kontur besteht nur aus dem STROKE (Umrandung), während die beiden Farb-Layer für die FILLS (Füllung) zuständig sind. Beim Auge sind beide Elemente im Einsatz.

Layer

Die Verwaltung der Layer eines Grease Pencil-Objekts erfolgt im Panel LAYERS des Object Data-Tabs 5. Hier können Sie für jede Ebene (LAYER) neben dem Blendmodus (BLEND) und der Opazität

Layer Groups

Eine äußerst praktische Neuerung von Blender 4.3 wird die Möglichkeit sein, Ihre Grease Pencil-Layer zu Gruppen zusammenzufassen und zu organisieren.

(Opacity) auch bestimmen, ob die Lichtquellen in der Szene auf das Grease Pencil-Objekt wirken (Use Lights). Wie Sie an den untergeordneten Panels sehen, können Sie für die Layerinhalte auch Masken (Masks) verwenden, diese separat transformieren (Transform), einfärben bzw. die Stroke-Stärke regulieren (Adjustments), Parenting betreiben (Relations) sowie eine eigene Farbe für den Layer bei der Animation festlegen (Display).

Auch Grease Pencil-Objekte arbeiten mit Vertex Groups, weshalb Sie dieses Panel auch hier vorfinden. Einstellungen für die Anordnung der Strokes im Raum, deren Stärke-Faktor (Thickness Scale) sowie die Auflösung bei der Bearbeitung (Curve Resolution) bietet das Panel Stroke. Im Panel Viewport Display schließlich haben Sie die Möglichkeit, neben der Farbe der Bearbeitungslinie (Edit Line) die Farbe, Größe und Auflösung der Bearbeitungsebene (Canvas) zu wählen, die als Orientierungshilfe dient.

Vor dem Malen Material anlegen

Gewöhnen Sie sich an, vor dem Zeichnen mit Grease Pencil bereits das gewünschte Material in Stroke und Fill anzulegen. Auf diese Weise müssen Sie das Material nicht nachträglich über den Edit Mode zuweisen.

Materialien, Strokes und Fills

Die Materialien des Grease Pencil-Objekts befinden sich im Material-Tab ❶, funktionieren aber unabhängig und kommen anderen Materialien Ihrer Szene nicht ins Gehege.

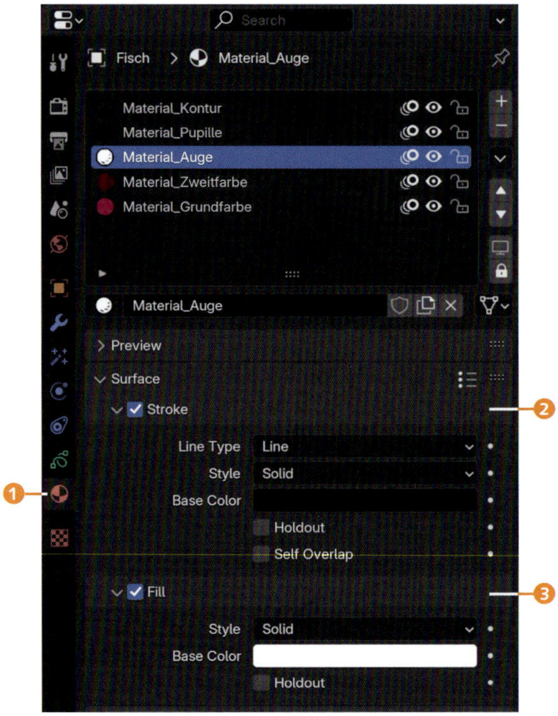

Abbildung 19.6 ▸
Material-Tab des Grease Pencil-Objekts im Properties Editor

Der dafür zuständige, eigene Grease Pencil-Shader teilt das Material in die Information für den STROKE und den FILL auf. Beides können Sie für das Material getrennt voneinander aktivieren bzw. deaktivieren.

Für den STROKE ② können Sie als Linienart (LINE TYPE) eine durchgehende (LINE), eine punktierte (DOTS) oder eine aus Quadraten (SQUARES) bestehende Linie festlegen. Über das Menü STYLE lässt sich zwischen einer durchgängigen Linienfarbe (SOLID) und einer Textur (TEXTURE) wählen. Mit HOLDOUT erreichen Sie, dass der STROKE zu einer Stanze wird und als Maske fungiert. Durch SELF OVERLAP erlauben Sie für den STROKE die Selbstüberlappung.

Die Einstellungen für den FILL ③ des Materials sind nahezu identisch. Hier haben Sie als STYLE zusätzlich einen Farbverlauf (GRADIENT) zur Auswahl.

Brushes im Asset Shelf

Mit Blender 4.3 werden auch die Malwerkzeuge von Grease Pencil in ein eigenes ASSET SHELF ausgelagert, das Sie am unteren Editor-Rand finden.

Modifier

Auch bei Grease Pencil-Objekten können Sie Modifier einsetzen, um Objekte nicht-destruktiv auf verschiedenste Art zu modifizieren, zu verformen bzw. zu verfremden oder auch zu kolorieren. Die zur Verfügung stehenden Modifier stehen wie gewohnt nach Einsatzzweck sortiert im Modifier-Tab ④ des Properties Editors bereit.

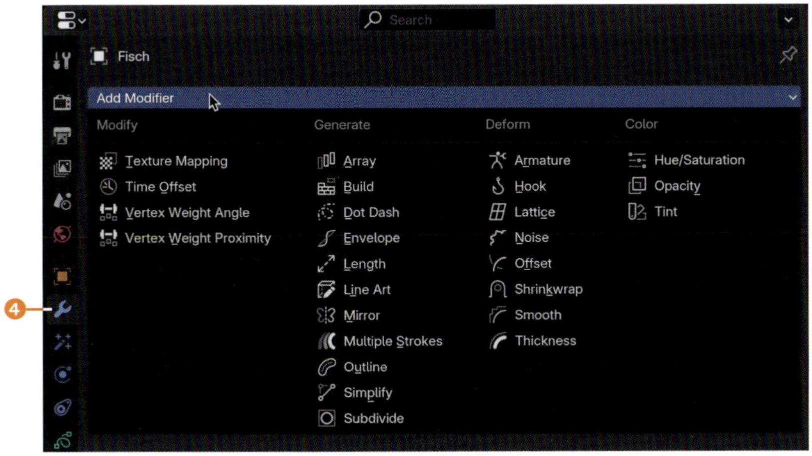

◂ **Abbildung 19.7**
Menü der Modifier für ein Grease Pencil-Objekt

Viele der Modifier sollten Ihnen bekannt vorkommen. Speziell für die Grease Pencil-Objekte ausgelegt sind DOT DASH, MULTIPLE STROKES, OUTLINE oder auch LINE ART bei den Generate-Modifiern, mit denen Sie Strokes mit Punkten und Linien umsetzen, gezielt duplizieren bzw. in Line Art verwandeln.

Auch die Modifier des Typs DEFORM kennen Sie bereits. Speziell zum Verfremden des Grease Pencil-Objekts eignen sich der Noise- sowie der Thickness-Modifier.

Ganz auf die grafischen Grease Pencil-Besonderheiten sind die Modifier des Typs Color ausgerichtet. Mit ihnen lassen sich Farbton und Sättigung (HUE/SATURATION), Opazität (OPACITY), das TEXTURE MAPPING oder auch eine Einfärbung (TINT) wahlweise getrennt oder gemeinsam für STROKES und FILLS modifizieren.

▲ **Abbildung 19.8**
Per Array-Modifier erzeugter Fischschwarm

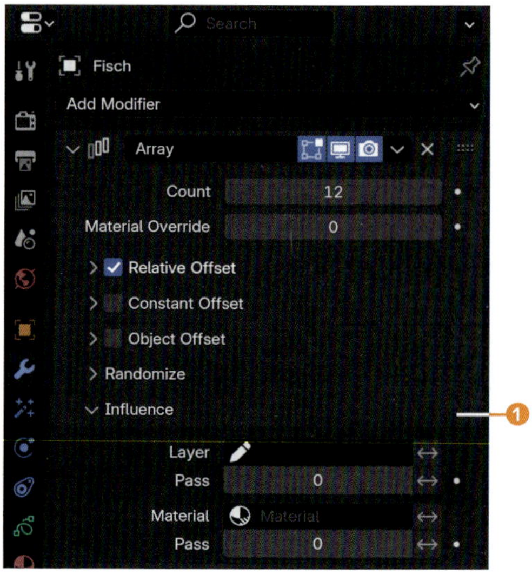

Abbildung 19.9 ▸
Einstellungen des Array-Modifiers

Als Besonderheit besitzen die Modifier ein Panel INFLUENCE (1), in welchem Sie die Wirkung des Modifiers explizit auf bestimmte Layer und Materialien beschränken können.

Sehen wir uns den komplexen Line Art-Modifier genauer an. Mit ihm lassen sich Objekte, Collections oder Szenen in Strichzeichnungen verwandeln, zusätzlich zum vorliegenden Shading der beteiligten Objekte. Sie könnten einen Grease Pencil-Stroke erzeugen, im EDIT MODE dessen Inhalt löschen und ihm einen Line Art-Modifier zuweisen. Schneller geht der Weg über das Menü ADD • GREASE PENCIL (Abbildung 19.2), bei dem Sie direkt angeben, ob das selektierte Objekt, eine COLLECTION oder SCENE zum Einsatz kommt.

In den Einstellungen des Line Art-Modifiers (Abbildung 19.10) würden Sie dies ansonsten unter SOURCE TYPE zusammen mit dem bzw. der gewünschten SOURCE OBJECT bzw. COLLECTION festlegen. Linien und Fills definieren Sie auf Basis des Stroke-Objekts in den Feldern LAYER und MATERIAL sowie über die Dicke (THICKNESS) und Opazität (OPACITY). In den EDGE TYPES legen Sie fest, welche Edges

Line Art vs. Freestyle

In Abschnitt 20.6, »Non-photorealistic Rendering (NPR)«, lernen Sie das Modul FREESTYLE kennen, mit dem Sie ebenfalls NPR-Renderings (nicht-photorealistische) anfertigen können. Die Ähnlichkeit kommt nicht von ungefähr, hinter beiden Modulen steckt der gleiche Entwickler.

◀ **Abbildung 19.10**
Einstellungen des Line Art-Modifiers

▼ **Abbildung 19.11**
Panels des Line Art-Modifiers

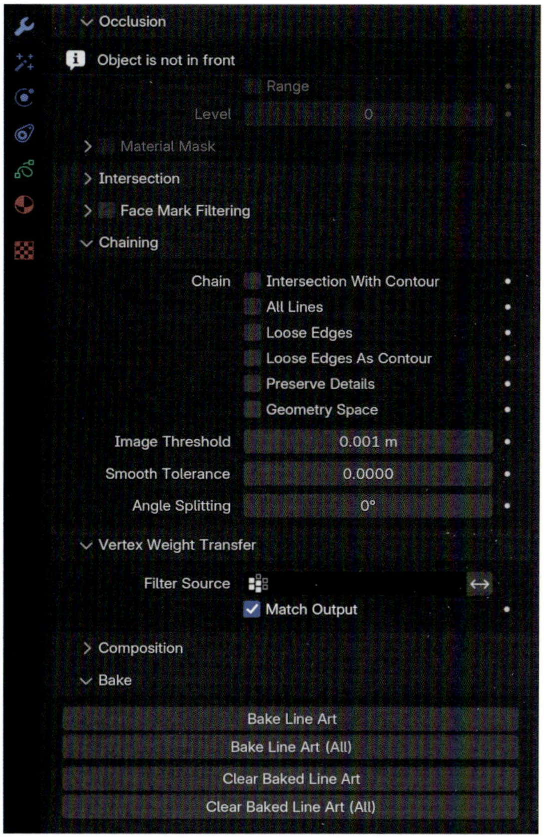

erkannt und nachgezeichnet werden. Zur Auswahl stehen unter anderem der Umriss (CONTOUR), die Materialgrenzen (MATERIAL BORDERS), manuell markierte Edges (EDGE MARKS), Überschneidungen (INTERSECTIONS) und Falten (CREASE). Auch die Beleuchtung (ILLUMINATION) sowie deren Auswirkung in Umrissen (LIGHT CONTOUR) und Schatten (CAST SHADOW) lassen sich berücksichtigen. Im Panel LIGHT REFERENCE definieren Sie das maßgebende Licht-Objekt. Über das Panel GEOMETRY PROCESSING lassen sich doppelte Vertices bzw. rückseitige Geometrie ignorieren (REMOVE DOUBLES bzw. BACK FACE CULLING), überlappende Edges als Umrisse übernehmen (OVERLAPPING EDGES AS CONTOUR), Instances und Partikel berücksichtigen (INSTANCED OBJECTS) oder mit CLIPPING BOUNDARIES Grenzlinien zeichnen. Unter OCCLUSION (Abbildung 19.11) lassen sich Ebenen für die Verdeckung von Edges einführen, um sie gezielt ein- bzw. auszublenden oder mit einer Transparenz zu versehen. Überschneidungen steuern Sie im Panel INTERSECTION mittels Collection Masks, während Sie im Panel FACE MARK FILTERING gezielt Bereiche einbinden bzw. aussparen. Im Panel CHAINING finden Sie Optionen, um gezeichnete Linien je nach Typ bzw. anliegendem Winkel (ANGLE) verbinden zu lassen.

Abbildung 19.12 ▸
Texturiertes Mesh-Objekt mit Line Art-Modifier

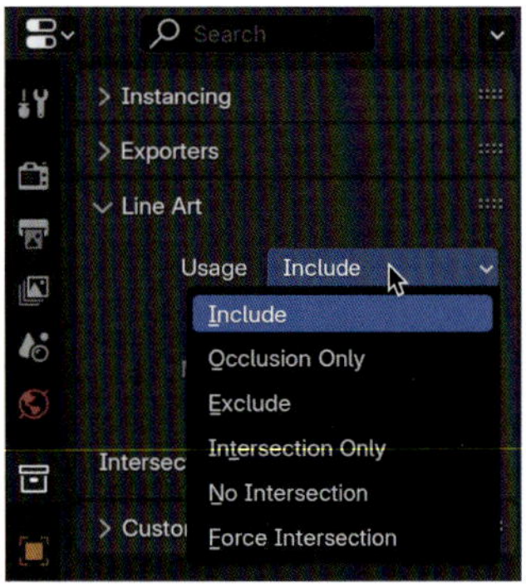

▲ Abbildung 19.13
Panel LINE ART im Collection-Tab

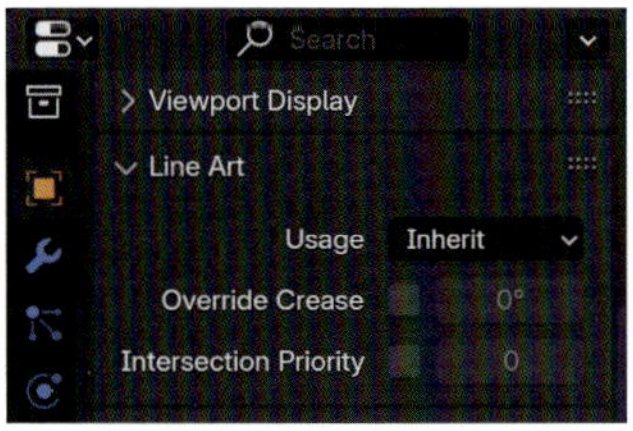

▲ Abbildung 19.14
Panel LINE ART im Object-Tab

Vorhandene Vertex Weights lassen sich auf Wunsch über das Panel VERTEX WEIGHT TRANSFER auch in Grease Pencil nutzen. Da der Line Art-Modifier die Linienzüge stets aus der Kamera-Perspektive berechnet, ist eine in der Szene vorhandene Kamera obligatorisch. So erklärt sich auch die Notwendigkeit, die berechnete Line Art über die Befehle im Panel BAKE (Abbildung 19.11) zu backen, um sie für eine Animation verwenden zu können.

Damit Sie den Line Art-Modifier mit den Collections bzw. Objekten abstimmen können, finden Sie im jeweiligen Panel LINE ART im Collection-Tab (Abbildung 19.13) sowie im Object-Tab (Abbildung 19.14) eigene Modi zur Verwendung (USAGE). Dabei wählen Sie, ob die Collection bzw. das Objekt ein- bzw. ausgeschlossen werden (INCLUDE bzw. EXCLUDE), nur zur Verdeckung beitragen (OCCLUSION ONLY), ausschließlich für die Berechnung von Überschneidungen herangezogen oder ausgeschlossen (INTERSECTION ONLY bzw. NO INTERSECTION) oder erzwungen werden (FORCE INTERSECTION).

Visual Effects rendern

Damit Sie die Visual Effects im Viewport angezeigt bekommen, aktivieren Sie das VIEWPORT SHADING RENDERED.

Visual Effects

Visual Effects bieten schnelle und unkomplizierte Echtzeit-Effekte für Grease Pencil-Objekte im Viewport, analog zu den Effekten, die Sie aus der Bildbearbeitung kennen. Sie finden die VISUAL EFFECTS im gleichnamigen Tab **1** im Properties Editor (Abbildung 19.15).

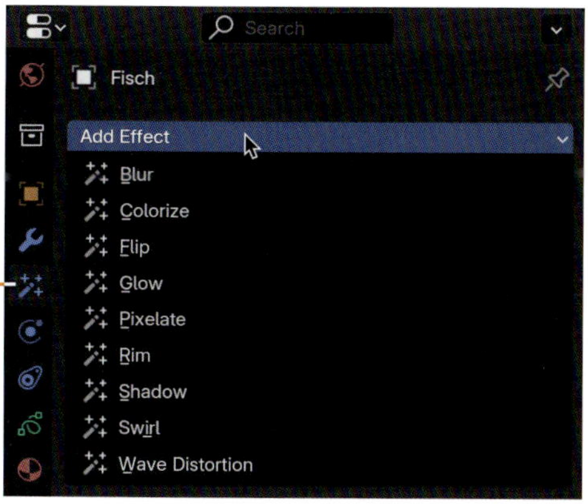

▲ **Abbildung 19.15**
Menü der Visual Effects für ein Grease Pencil-Objekt

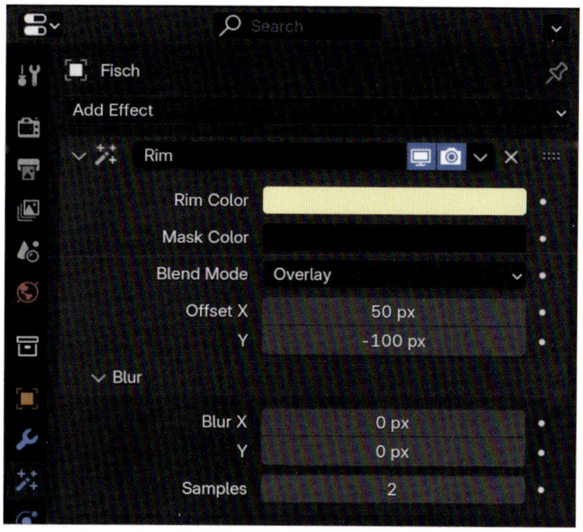

▲ **Abbildung 19.16**
Einstellungen des Rim-Effects

Wie auch bei den Modifiern können Sie einem Objekt mehrere Visual Effects zuweisen, die von oben nach unten in der Effects-Liste abgearbeitet werden. Zu den Visual Effects gehören das Weichzeichnen (Blur), die Kolorierung (Colorize), horizontales und vertikales Spiegeln (Flip), eine Art Glüh-Effekt (Glow), das gezielte Auflösen in Pixel (Pixelate), die Simulation von Beleuchtung durch einen Lichtrand (Rim, siehe auch Abbildung 19.16), ein Schlagschatten (Shadow), ein Wirbel-Effekt (Swirl) sowie eine wellenförmige Verzerrung (Wave Distortion).

▼ **Abbildung 19.17**
Die Visual Effects Blur, Colorize, Flip, Glow, Pixelate, Rim, Shadow, Swirl und Wave Distortion (jeweils von links nach rechts)

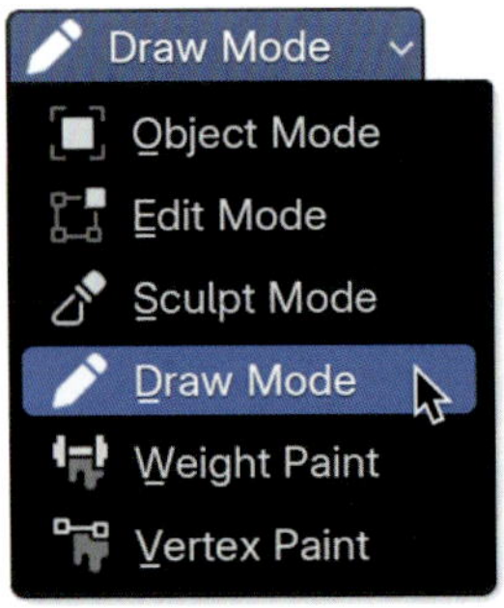

▲ **Abbildung 19.18**
Menü der Arbeitsmodi

19.2 Arbeitsmodi für Grease Pencil

Für die Arbeit an und mit den Grease Pencil-Objekten bietet Blender unterschiedliche Arbeitsmodi an, die Sie über das zugehörige Menü (Abbildung 19.18) aktivieren. Sehen wir uns die einzelnen Modi an, dabei beginnen wir mit den Zeichen-Umgebungen.

Draw und Sculpt Mode

Direkt nach Aufruf des Layouts 2D Animation landen Sie im Draw Mode, Sie können also sofort mit dem Zeichnen bzw. dem Aufbau des neuen bzw. ersten Grease Pencil-Objekts beginnen (Abbildung 19.19).

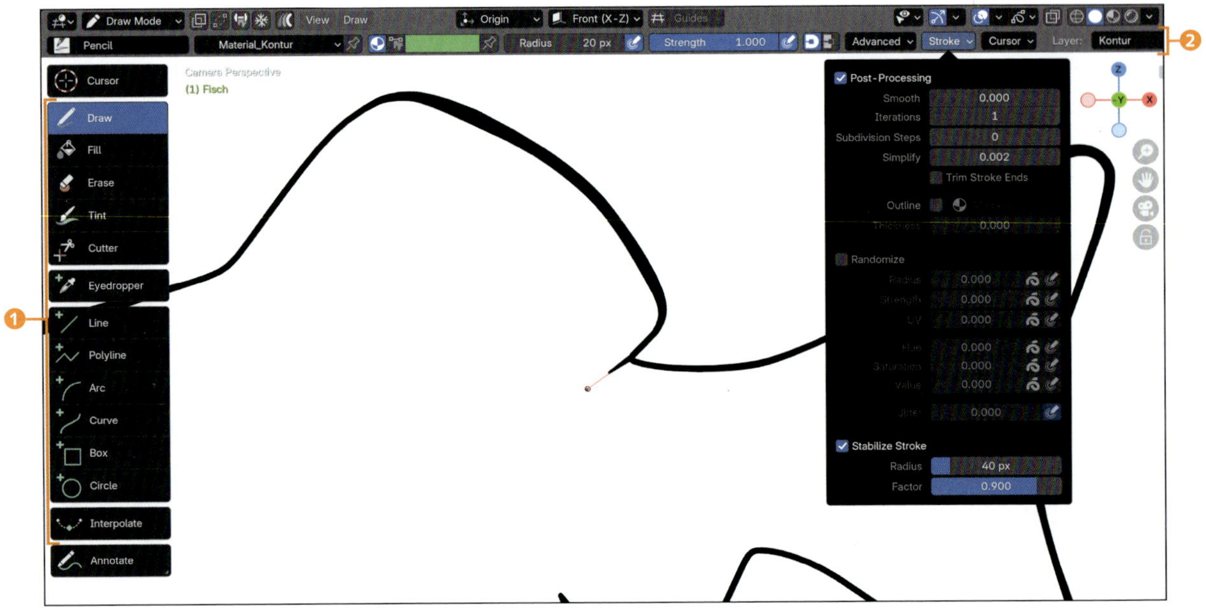

▲ **Abbildung 19.19**
Zeichnen im Draw Mode

Die Zeichen-Werkzeuge in der Toolbar ❶ (Taste T) dürften alle Ansprüche erfüllen. Zuerst kommen insgesamt fünf Pinsel bzw. Brushes, mit denen Sie frei zeichnen (Draw), Bereiche füllen (Fill), löschen bzw. radieren (Erase), färben (Tint) und Strokes schneiden (Cutter) können. Mit dem Eyedropper erzeugen Sie aus einer im Viewport vorliegenden Farbe ein neues Material. Es folgen Werkzeuge zum Anfertigen von Linien, Bögen (Arc bzw. Curve) sowie Quadern (Box) und Kreisen (Circle). Direkt nach dem Zeichnen bieten Ihnen praktische Anfasser umfangreiche Anpassungsmöglichkeiten, die Sie mit der ↵-Taste bestätigen müssen. Das

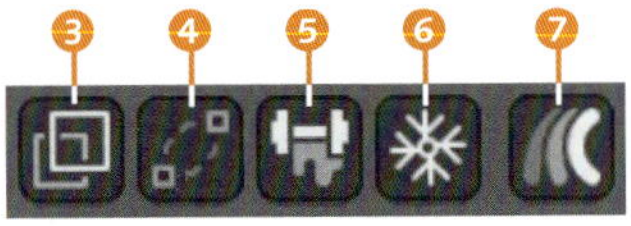

▲ **Abbildung 19.20**
Optionen im Mode Draw

Werkzeug Interpolate gibt einen ersten Vorgeschmack auf den Animationsprozess. Mit ihm erzeugen Sie zwischen zwei Frames eine Interpolation aus den vorliegenden Strokes, um nahezu automatisch ein geeignetes Zwischen-Frame zu generieren.

Beim Arbeiten im Draw Mode stehen Ihnen verschiedene Optionen zur Verfügung (Abbildung 19.20). So erreichen Sie, dass neue Strokes im Hintergrund des Layers entstehen ❸ bzw. sich je nach Distanz mit einem vorliegenden Stroke verbinden ❹, automatisch mit einer Vertex-Wichtung versehen ❺ oder auch zu vorhandenen Strokes hinzuaddiert ❻ werden. Das gleichzeitige Bearbeiten mehrerer Frames ermöglicht die Option Multiframe ❼.

Zu dem jeweils gewählten Werkzeug finden Sie die zugehörigen Einstellungen am oberen Rand ❷, in der Sidebar (Taste N) und im Tool-Tab des Properties Editors. Neben Pinsel-Typ, -Radius und Stärke (Strength) wählen Sie hier unter anderem das Material und den Grease Pencil-Layer aus. In den Pop-up-Menüs Advanced, Stroke und Cursor finden Sie zusätzliche Optionen, die Ihnen bei der Arbeit weiterhelfen. So lässt sich der Pinselstrich (Stroke) beispielsweise im Nachgang automatisch glätten bzw. verzerren (Post Processing bzw. Randomize) oder auch über ein leichtes Nachziehen direkt stabilisieren (Stabilize Stroke).

Für die Nacharbeit an den gezeichneten Strokes und natürlich auch für die Modifikation in den Frames bietet Grease Pencil einen eigenen Arbeitsmodus, den Sculpt Mode (Abbildung 19.21).

Grafiktablett

Die Draw-Werkzeuge für Grease Pencil unterstützen Sie zwar so gut es irgend geht beim Zeichnen im Viewport, für professionelles Arbeiten sollten Sie sich jedoch unbedingt ein Grafiktablett zulegen.

▼ **Abbildung 19.21**
Sculpting im Sculpt Mode

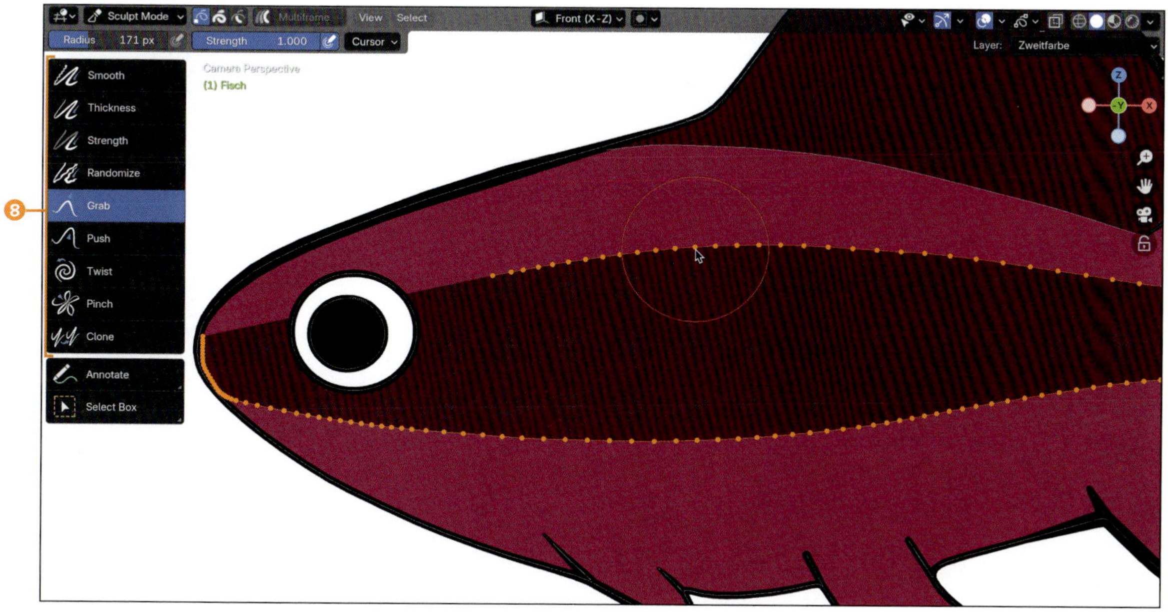

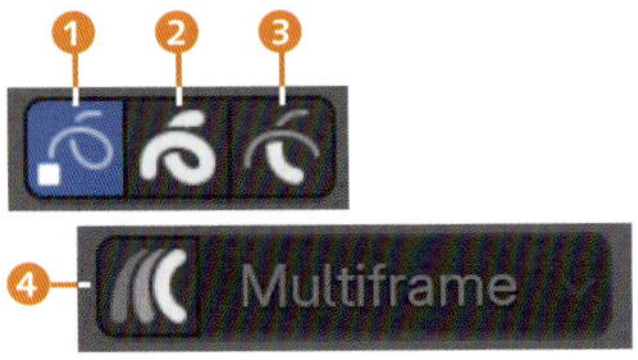

▲ **Abbildung 19.22**
Selection Masks im Sculpt Mode

Die Sculpting-Werkzeuge für die Bearbeitung der Grease Pencil-Elemente finden sich wie gewohnt in der Toolbar (Taste T). Dabei können Sie auf Tools zum Glätten (Smooth), zum Skalieren der Stroke-Dicke (Thickness), zum Ändern der Stärke (Strength), zum absichtlichen Verwackeln des Strokes (Randomize), zum Ziehen (Grab) und Schieben (Push), zum Verdrehen (Twist), zum Quetschen (Pinch) oder auch zum Duplizieren (Clone) zurückgreifen ❽ (Abbildung 19.21).

Analog zu der Arbeit mit Vertices, Edges und Faces beim Modelling legen Sie zuvor über die Selection Masks (Abbildung 19.22) fest, welche Elemente Sie bearbeiten möchten. Sie können dabei wählen zwischen den Points ❶, dem Stroke selbst ❷ sowie den zwischen Strokes liegenden selektierten Points ❸. Auch beim Sculpt Mode haben Sie über die Option Multiframe ❹ die Möglichkeit, mehrere Frames gleichzeitig zu modifizieren.

Modifier-Keys

Auch beim Zeichnen mit Grease Pencil stehen Ihnen Modifier-Keys zur Verfügung. Bei gedrückter ⇧-Taste stabilisieren Sie den Stroke, mit der Alt-Taste zeichnen Sie gerade Linien und mit der Strg/Cmd-Taste aktivieren Sie temporär den Eraser. Bei den Linien-Werkzeugen dagegen erhalten Sie mit der ⇧-Taste das gewohnte Einrast-Verhalten.

Vertex Paint und Weight Paint

Diese beiden Arbeitsmodi sind natürlich nicht Grease Pencil-spezifisch, sie bringen vielmehr deren Funktionalität in den Bereich der 2D-Animation mit ein.

Im Fall des Vertex Paint Modes bietet sich Ihnen dadurch die Möglichkeit, die Strokes und auch Fills mit den Vertex Paint-Mal-Werkzeugen auf Basis der Vertices, respektive Points, gezielt einzufärben (Abbildung 19.23).

Abbildung 19.23 ▸
Einfärben der Kontur im Vertex Paint-Mode

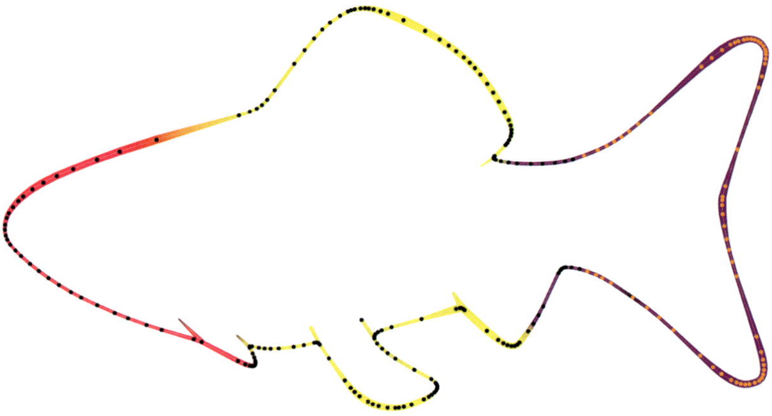

Über den Weight Paint Mode können Sie die Grease Pencil-Objekte mit Wichtungen versehen – ebenfalls auf Basis der enthaltenen Points. Wie auch beim Weight-Painting bei der 3D-Animation dient dies dem Rigging des Grease Pencil-Objekts für die Anbindung an die Bones einer Armature. Dabei verfahren Sie, wie Sie es vom Mesh-Rigging her kennen, nur eben mit den in den Strokes enthaltenen Points (Abbildung 19.24).

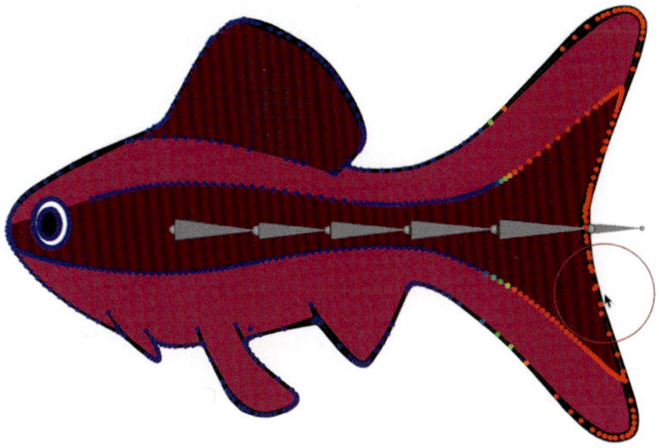

▲ **Abbildung 19.24**
Weight-Painting an den Points des Fisches

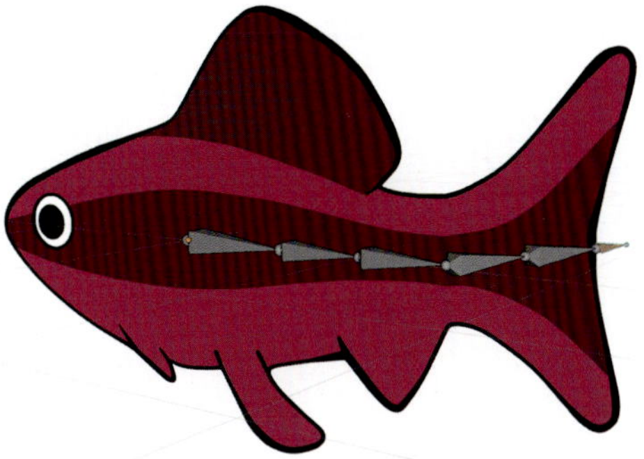

▲ **Abbildung 19.25**
Deformation des Grease Pencil-Objekts per Bones

Anschließend lässt sich das Grease Pencil-Objekt über die Bones einer Armature deformieren und animieren (Abbildung 19.25). Dafür kommt der gewohnte Armature-Modifier zum Einsatz.

Object und Edit Mode

Neben seiner bekannten Funktion als übergeordneter Arbeitsmodus beim Umgang mit Objekten bietet der Object Mode im Menü Object • Convert (Abbildung 19.26) einige Befehle zur Konvertierung von Objekten für und von Grease Pencil.

◂ **Abbildung 19.26**
Menü Object • Convert für ein Mesh-Objekt

So können Sie über den Befehl CONVERT TO GREASE PENCIL problemlos 3D-Objekte in Grease Pencil-Objekte konvertieren. Den umgekehrten Weg bietet das gleiche Menü für ein Grease Pencil-Objekt (Abbildung 19.27), um es in eine Curve (und im Nachgang auf Wunsch in ein Mesh-Objekt) wandeln zu können.

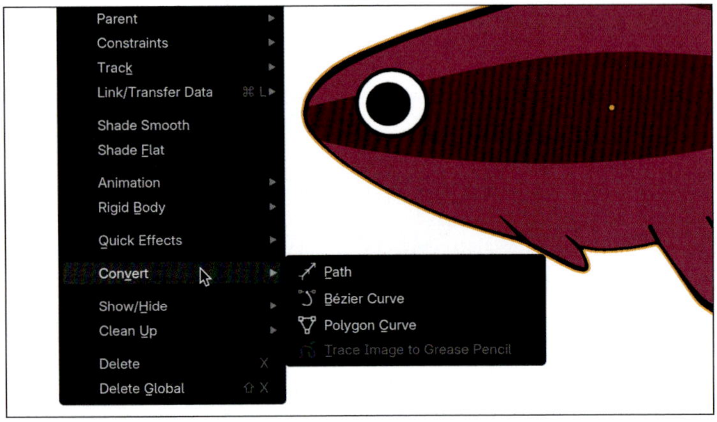

▲ **Abbildung 19.27**
Menü OBJECT • CONVERT für ein Grease Pencil-Objekt

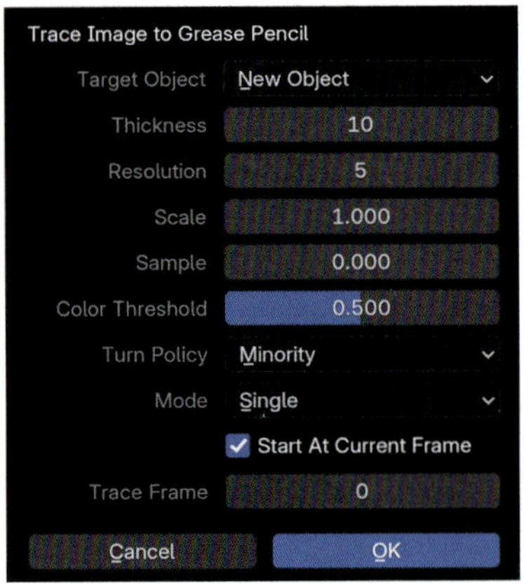

▲ **Abbildung 19.28**
Einstellungen für TRACE IMAGE

Ein weiterer Weg zur Generierung eines Grease Pencil-Objekts bietet der Befehl TRACE IMAGE TO GREASE PENCIL (Abbildung 19.28). Mit ihm wandeln Sie Bilder (oder auch Bildsequenzen), die Sie zuvor als Image Empty in Blender geholt haben, auf Basis ihrer Schwarz-Weiß-Informationen in ein Grease Pencil-Objekt um.

▼ **Abbildung 19.29**
Bearbeitung im EDIT MODE

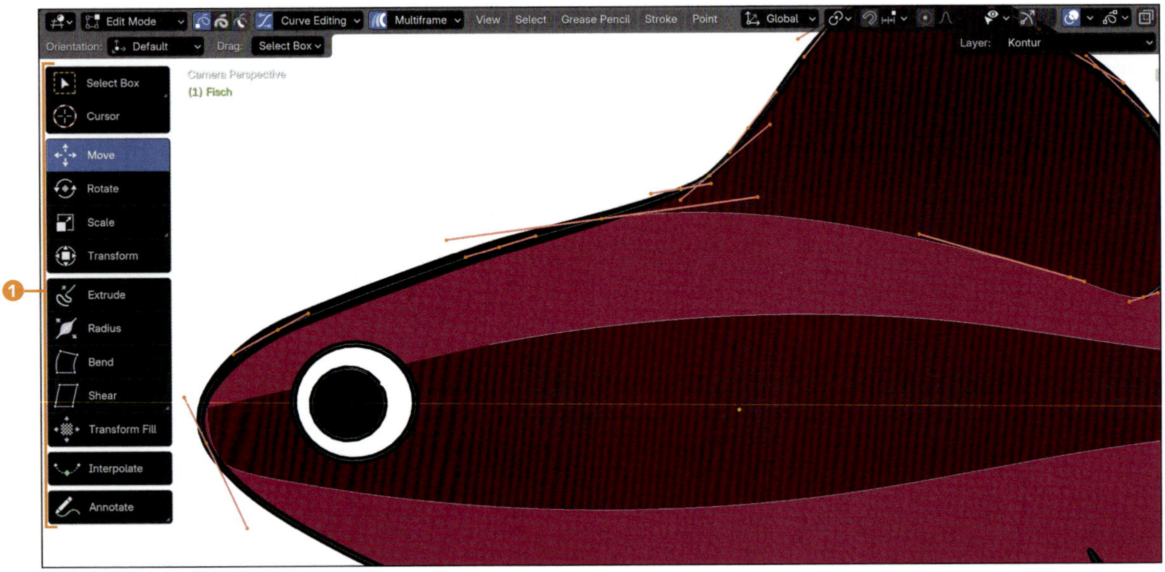

Für die Bearbeitung der Points bzw. Strokes steht Ihnen auch der EDIT MODE (Taste [⇆]) zur Verfügung (Abbildung 19.29). Neben der gewünschten SELECTION MASK können Sie dabei entscheiden, ob Sie zur Modifikation der Strokes mit CURVE HANDLES (CURVE EDITING) arbeiten und ob Sie dabei mehrere Frames gleichzeitig modifizieren (MULTIFRAME). In der Toolbar (Taste [T]) ❶ finden Sie außer den gebräuchlichen Transformations-Tools auch Werkzeuge zum Extrudieren (EXTRUDE), Skalieren des Point-Radius (RADIUS), Biegen (BEND), Scheren (SHEAR) und zum Transformieren des Stroke Fills (TRANSFORM FILL).

19.3 Animation in Grease Pencil

Nachdem wir uns nun eingehend mit den Grease Pencil-Objekten und deren Erstellung befasst haben, wenden wir uns den Animationsmöglichkeiten zu. Grundsätzlich sind Grease Pencil-Objekte als ganz normale Objekte im dreidimensionalen Raum zu sehen. Bei der Animation haben Sie dadurch die Wahl, den gewohnten Weg der 3D-Animation zu nehmen oder den traditionellen Weg der 2D-Trickfilm-Animation zu beschreiten.

Animation im Blender-Animationssystem

So gut wie alle Animationstechniken, die Sie bis dato kennengelernt haben, lassen sich auch bei Grease Pencil-Objekten einsetzen. Eben haben wir gesehen, wie das Character-Rig des Fisches an das Grease Pencil-Objekt gebunden und eingesetzt wurde.

Bei der Keyframe-Animation im Dope Sheet Editor nehmen Sie den Start- und Endpunkt für die Animation in Keyframes auf (Abbildung 19.30) und lassen sich die dazwischenliegenden Objektzustände ganz bequem automatisch errechnen.

▾ Abbildung 19.30
Keyframe-Animation im Dope Sheet Editor

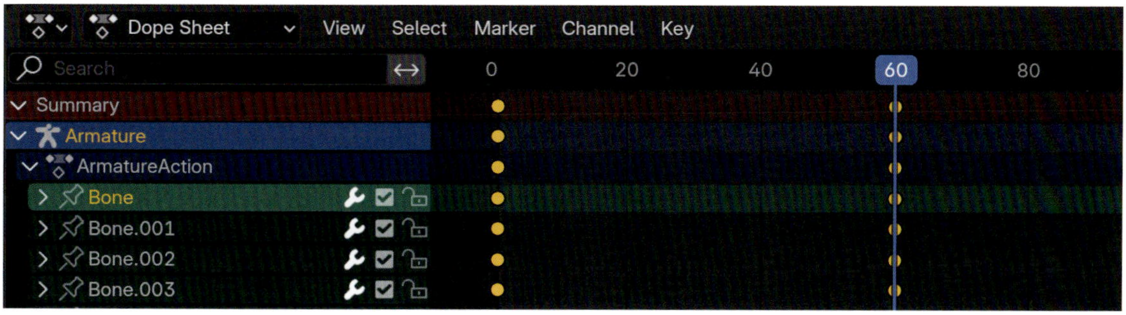

Grease Pencil-Objekte lassen sich beispielsweise auch als Partikel verwenden, per Parenting in Abhängigkeit zu anderen Objekten animieren oder über die dafür geschaffenen Modifier deformieren.

Traditionelle 2D-Animation

Bei der traditionellen 2D-Animation sind Sie selbst dafür verantwortlich, die Stadien eines animierten Objekts zwischen zwei sogenannten EXTREMES zu erstellen. Je mehr Frames Sie dazwischen »zeichnen« (Abbildung 19.31), desto flüssiger wird die Animation, desto mehr nähern Sie sich allerdings wieder der automatisch interpolierten 3D-Animation.

▼ **Abbildung 19.31**
Keyframe-Animation im Modus GREASE PENCIL

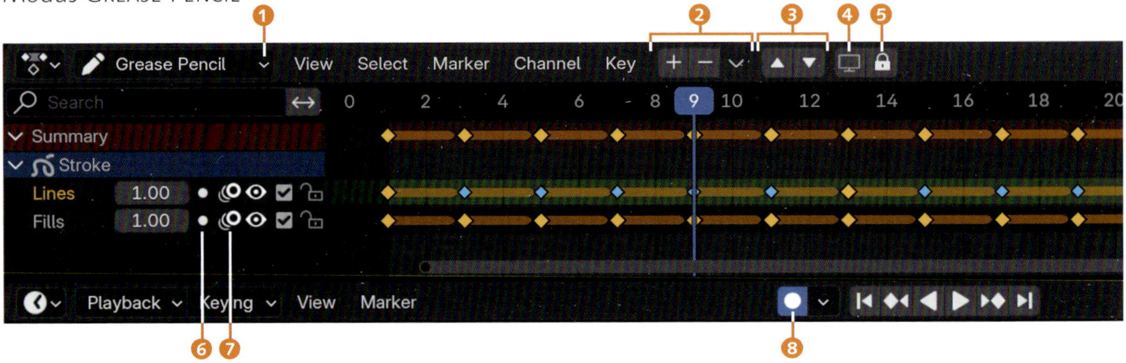

Für diese Art der Animation ist der Modus GREASE PENCIL ❶ des Dope Sheet Editors prädestiniert. Hier haben Sie außerdem direkt die Möglichkeit, ohne Umwege in andere Editoren Layer anzulegen und zu löschen ❷, Layer umzuordnen ❸, auszublenden ❹ oder zu schützen ❺. Speziell für die Grease Pencil-Objekte lassen sich in den Layers vorhandene Masken ❻ aktivieren bzw. das ONION SKINNING ❼ an- bzw. ausschalten.

Abbildung 19.32 ▸
Per Onion Skinning dargestellte Keyframes einer Grease Pencil-Animation

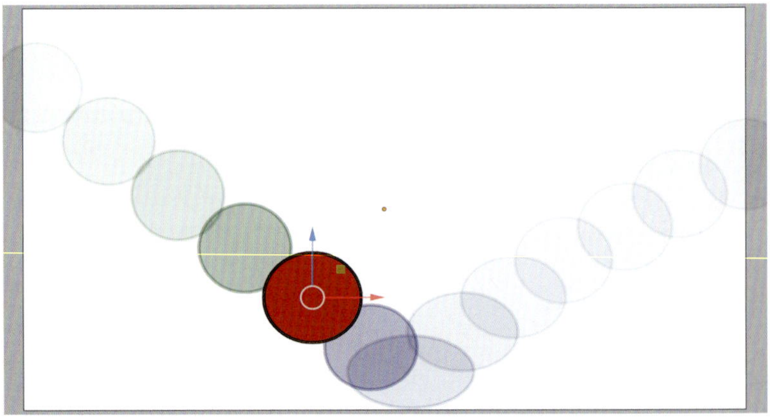

Das Onion Skinning (Abbildung 19.32), bei dem Ihnen die Keyframes vor und nach dem aktuellen Zeitpunkt farbig abgeschwächt angezeigt werden, ist eine unverzichtbare Hilfestellung bei der Erarbeitung der Zwischenstadien. Im Panel ONION SKINNING des Object Data-Tabs (Abbildung 19.33) für das Grease Pencil-Objekt entscheiden Sie in den Einstellungen unter anderem, welche Frames bzw. Keyframes Ihnen auf welche Weise angezeigt werden und wie groß die Anzahl der angezeigten Keyframes sein soll.

Ebenso wichtig und daher standardmäßig bei der 2D-Animation mit Grease Pencil aktiviert ist das AUTO KEYING ❽. Auf diese Weise wird, sobald Sie in einem neuen Frame zu zeichnen beginnen, automatisch ein neues Keyframe angelegt.

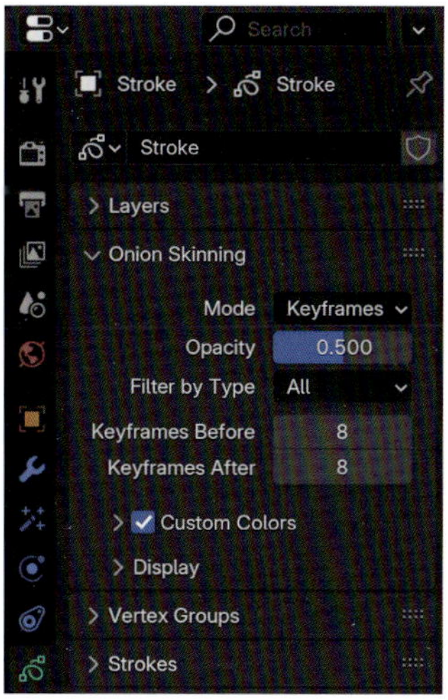

▲ **Abbildung 19.33**
Panel ONION SKINNING im Object Data-Tab

Schritt für Schritt
2D-Animation mit Grease Pencil

In diesem Workshop soll es nun nicht darum gehen, ein Grease Pencil-Objekt mit den Standard-Tools in Blender zu animieren. Wir versuchen uns an der traditionellen 2D-Animationstechnik.

1 Blender-Szene laden

Rufen Sie über den Befehl FILE • OPEN (Taste `Strg`/`Cmd`+`O`) den File Browser auf und navigieren Sie zum Verzeichnis *5_Animation*. Öffnen Sie dort die Datei *5_Animation_GreasePencil_Fisch_Unterwasser_Start.blend*. Diese Blender-Szene (Abbildung 19.34) enthält das Grease Pencil-Objekt des Fisches – einmal für diesen Workshop ❾ sowie in geriggter Variante ❿, falls Sie alternativ lieber mit den gewohnten Tools animieren möchten.

◂ **Abbildung 19.34**
Der 2D-Fisch als reines Grease Pencil-Objekt sowie in geriggter Version

▲ **Abbildung 19.35**
Ausgangssituation in der Szene

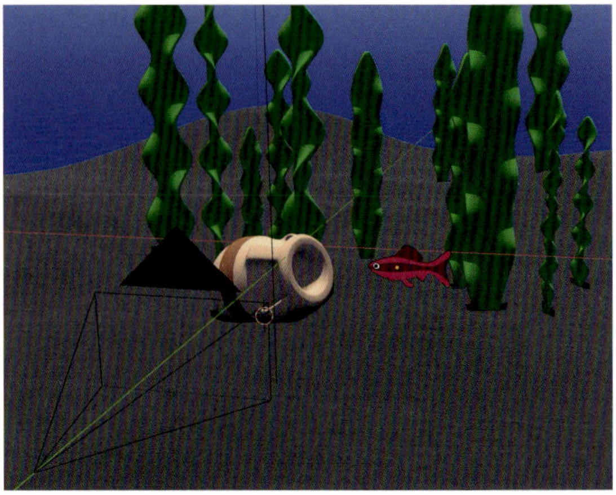

▲ **Abbildung 19.36**
Aufbau der Szene

Damit wir uns ganz auf die 2D-Animation konzentrieren können, ist die Szene schon so weit vorbereitet und die enthaltenen 3D-Objekte sind in ihrem Look etwas an den 2D-Fisch angepasst (Abbildungen 19.35 und 19.36).

2 Animationsumgebung einrichten

Bevor wir den ersten Keyframe setzen, optimieren wir die Einstellungen noch ein wenig. So ist im Panel Onion Skinning im Object Data-Tab 1 als Keyframes Before bzw. After standardmäßig lediglich ein einzelnes Keyframe eingestellt. Erhöhen Sie diesen Wert vorübergehend auf 3 oder auch mehr (Abbildung 19.37). Aktivieren Sie außerdem das automatische Aufnehmen von Keyframes 2 (Auto Keying) bei einer Änderung des Grease Pencil-Objekts (Abbildung 19.38).

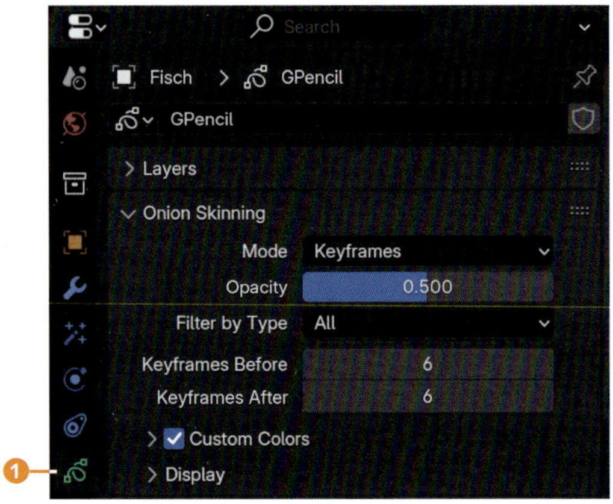

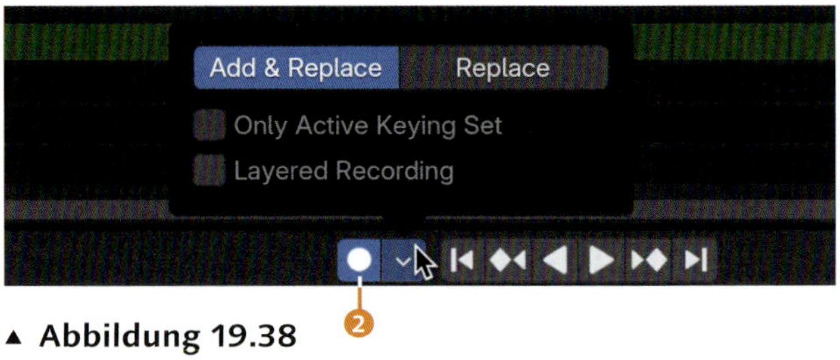

▲ **Abbildung 19.38**
Aktivieren des Auto Keying

◀ **Abbildung 19.37**
Panel Onion Skinning im Object Data-Tab

3 Keyframes für die Extremes setzen

Wir beginnen die Animation des Fisches so, wie wir auch bei der »normalen« 3D-Animation anfangen würden, bei den Extremes, die der Fisch an bestimmten Zeitpunkten einnehmen soll. Selektieren Sie dazu den Fisch und aktivieren Sie über die Taste [Tab] den Edit Mode. Bei der 2D-Animation verschieben wir nicht das Objekt als solches, sondern ändern dessen Inhalt. Selektieren Sie über die Taste [A] alle Points und verschieben Sie den Fisch (Taste [G]) an das rechte untere Ende (Abbildung 19.39) als Startposition.

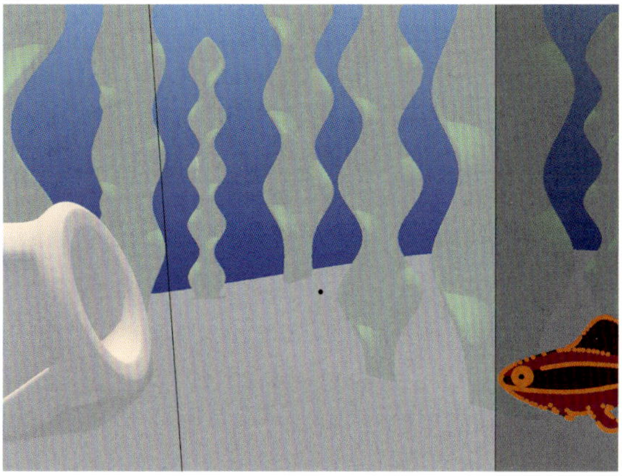

▲ **Abbildung 19.39**
Keyframe für den Fisch bei Frame 1

▲ **Abbildung 19.40**
Keyframe für den Fisch bei Frame 50

Versetzen Sie anschließend den blauen Zeitregler auf Frame 50, lassen Sie die Selektion des Fisches bestehen und verschieben Sie den Fisch nahe an die Amphore heran (Abbildung 19.40). Um das Keyframe müssen wir uns dank Auto Keying nicht kümmern. Die aktuelle Position soll der Fisch über die nächsten 70 Frames beibehalten.

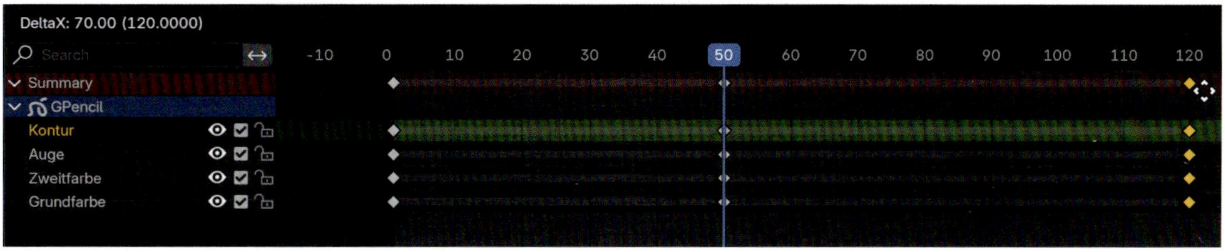

▲ **Abbildung 19.41**
Verschieben der duplizierten Keyframes

Dazu selektieren Sie im Dope Sheet Editor (Abbildung 19.41) die Keys für die vier Layer bei Frame 50, erzeugen mit den Tasten [⇧] + [D] Duplikate und verschieben diese auf Frame 120.

Beim letzten Extreme ist der Fisch nicht mehr zu sehen. Setzen Sie dazu den Zeitregler auf Bild 180 und verschieben Sie den Fisch nach oben links außerhalb des Blickfelds (Abbildung 19.42).

Abbildung 19.42 ▸
Keyframe für den Fisch bei Frame 180

4 Inbetweens erzeugen

Wenn Sie den Zeitregler auf Frame 25 setzen, ist kein Fisch an interpolierter Stelle zu sehen, dafür müssen wir selbst sorgen. Nehmen Sie also wieder alle selektierten Points des Fisches und verschieben Sie diese zwischen die vom Onion Skinning angezeigten blauen bzw. grünen Extremes (Abbildung 19.44).

Abbildung 19.43 ▸
Inbetween für den Fisch bei Frame 25

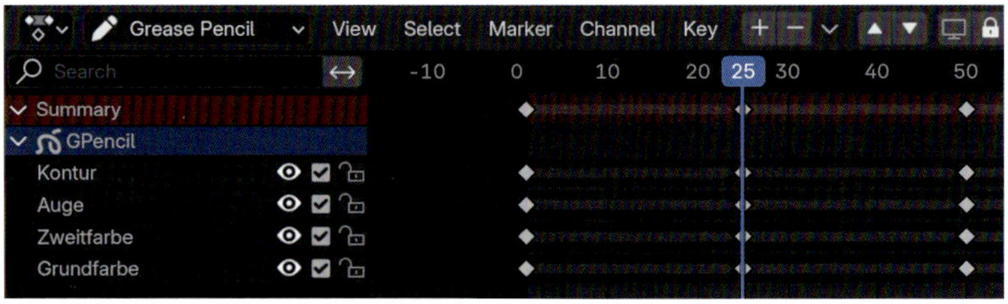

Abbildung 19.44 ▸
Keyframe für den Fisch bei Frame 25

Womit wir bei der Fleißarbeit angekommen wären, die beim traditionellen Trickfilm eben unvermeidlich ist. Wiederholen Sie den eben durchgeführten Schritt beim Erzeugen des Inbetweens, indem Sie die Keyframe-Zeitpunkte weiter unterteilen und den Fisch an die vorgesehene Stelle platzieren. Das Onion Skinning bietet Ihnen dabei jeweils eine Orientierungshilfe (Abbildung 19.45).

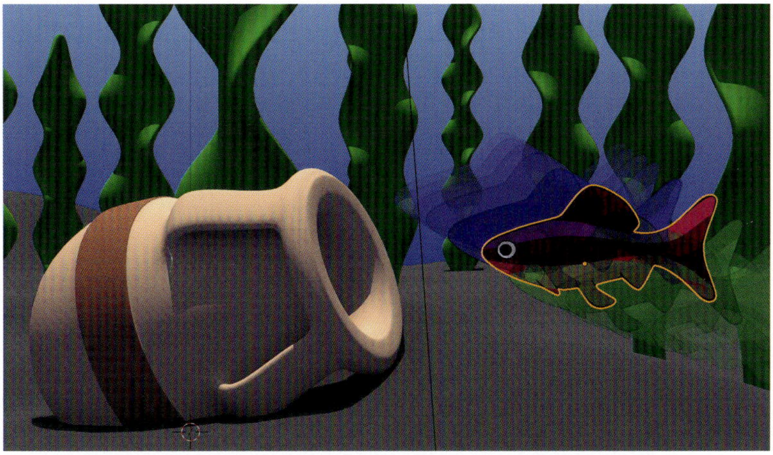

◄ **Abbildung 19.45**
Inbetweens mit Onion Skinning

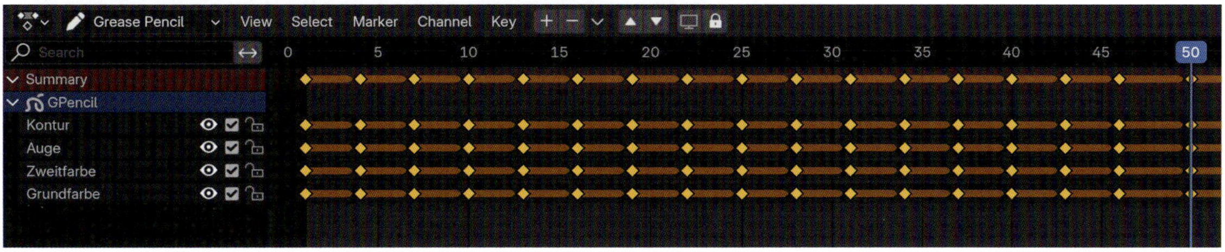

▲ **Abbildung 19.46**
Anlegen der Inbetween-Frames

Versuchen Sie, beim Erstellen der Inbetweens allzu lineare Bewegungsrichtungen zu vermeiden. Lassen Sie den Fisch ruhig leichte Bögen durchlaufen. Ein sanftes Abbremsen des Fisches, insbesondere bei dem Zwischenstopp vor der Amphore, erreichen Sie durch enger zusammenliegende Keyframes. Versuchen Sie, für mindestens jedes dritte Frame ein Keyframe für den Fisch anzulegen (Abbildung 19.46).

5 Animation des Auges

Nach der mühsamen Arbeit bei der Animation der Bewegung des Fisches gehen wir näher ins Detail und lassen den Fisch während seines Stopps die Amphore eingehend begutachten. Setzen Sie dazu den Zeitregler auf Bild 80, um dem Fisch eine Gedenksekunde zu spendieren, und selektieren Sie das Auge des Fisches, indem Sie einen POINT der Pupille auswählen und per SELECT LINKED (Tasten [Strg]/[Cmd]+[L]) den Rest hinzunehmen. Animieren Sie das Auge, indem Sie die Position der Pupille alle 2–3 Frames am linken Rand des Auges etwas versetzen (Abbildung 19.47).

▲ **Abbildung 19.47**
Verschieben des Auge-Strokes

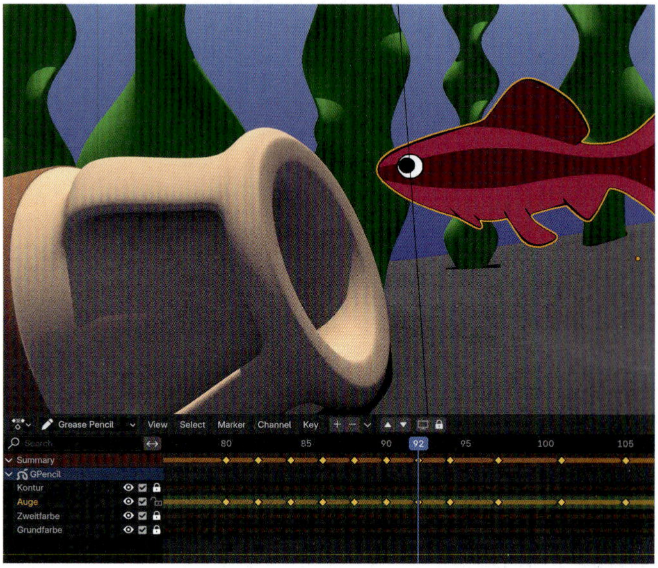

Abbildung 19.48 ▶
Keyframes für die Animation des Auges

Nach dem Begutachten der Amphore bekommt der Fisch noch eine knappe Gedenksekunde (Abbildung 19.48). Wie wäre es, wenn Sie im Nachgang zu diesem Projekt-Workshop ein leichtes Rudern der Schwanzflosse auf diese Weise animieren? Verwenden Sie dazu am besten den SCULPT MODE und das Push-Tool bei sehr hohem Radius. Skalieren Sie die Schwanzflosse bei jedem zweiten Keyframe etwas, um eine Flossenbewegung zu simulieren.

Abbildung 19.49 ▶
Fertige 2D-Animation des Fisches

TEIL VI

Rendering, Compositing und Ausgabe

Kapitel 20

Rendering

Mit dem Rendering, der digitalen Berechnung des Bildes bzw. der Bilder einer Animation, beginnt die Finalisierung Ihres Projekts. Dabei geht es zum einen darum, die Qualität der Ergebnisse durch die vielfältigen Optionen zu maximieren, zum anderen sollen gleichzeitig die Renderzeiten im erträglichen Rahmen bleiben. In diesem Kapitel sehen wir uns die verschiedenen in Blender verfügbaren Renderer und die damit verbundenen Möglichkeiten im Einzelnen an.

Das Thema Rendering begleitet uns schon seit geraumer Zeit in diesem Buch. So haben wir uns beim Shading bzw. Texturing für einen Renderer entschieden, und auch die Ausleuchtung und Inszenierung wird maßgeblich von der im Render-Tab ❶ des Properties Editors (Abbildung 20.1) gewählten Render Engine beeinflusst.

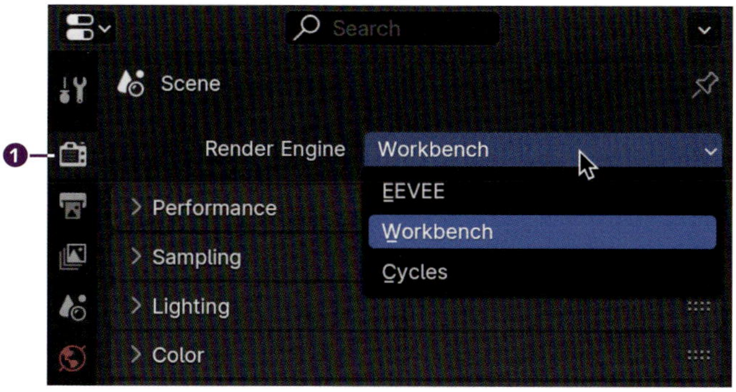

◂ **Abbildung 20.1**
Render-Tab des Properties Editors

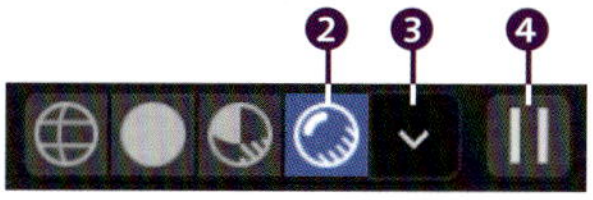

▴ **Abbildung 20.2**
Buttons Viewport Shading

Eigentlich ist das, was Sie in Ihrem Viewport sehen, bereits ein Renderergebnis, welches Sie bequem über das Pop-up-Menü Viewport Shading ❸ vordefinieren konnten. Mit dem Viewport Shading Rendered ❷ schalten Sie direkt in die gewählte Render Engine mit den zugehörigen Einstellungen. Weil diese Art des Renderings je nach gewählter Qualität ziemlich rechenintensiv ist und daher eigentlich in einem separaten Arbeitsgang abläuft, können Sie den Rendervorgang im Viewport jederzeit über den Button ❹ (Abbildung 20.2) stoppen.

Um ein Rendering der Szene bzw. der Animation auf Basis des aktuell gewählten Renderers in einem eigenen, temporären Fenster anzustoßen, verwenden Sie den Befehl RENDER IMAGE (Taste F12) bzw. RENDER ANIMATION (Tasten Strg/Cmd + F12) aus dem Menü RENDER (Abbildung 20.3).

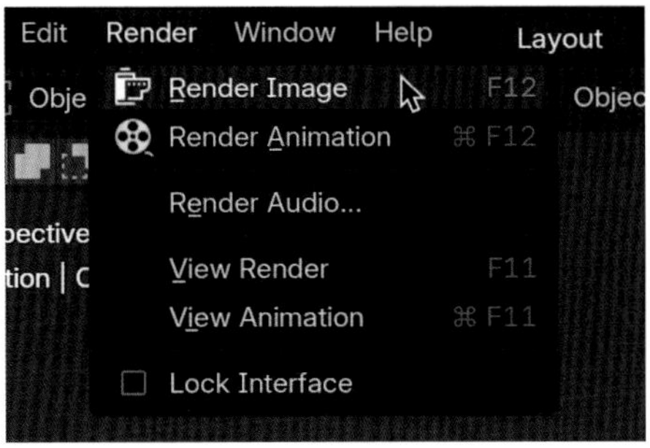

Abbildung 20.3 ►
Menü RENDER

Render-Fenster wählen
In den Blender Preferences können Sie unter INTERFACE • EDITORS • TEMPORARY EDITORS über das Menü RENDER IN entscheiden, in welchem Editor das Renderergebnis landen soll.

Über den Befehl RENDER AUDIO... lassen Sie die in der Szene befindlichen Audiodateien zu einem einzelnen Soundfile rendern. Mittels VIEW RENDER (Taste F11) bzw. VIEW ANIMATION (Tasten Strg/Cmd + F11) springen Sie direkt zum Renderergebnis bzw. in ein zum Abspielen der gerenderten Animation geeignetes Programm. Wenn Sie während des Renderns nicht zeitgleich arbeiten müssen und Blender daher so viel Rechenperformance wie möglich spendieren möchten, aktivieren Sie die Option LOCK INTERFACE.

20.1 Allgemeine Render-Einstellungen

Bevor wir uns um die Besonderheiten der einzelnen Render Engines kümmern, sehen wir uns deren Gemeinsamkeiten in Form der übergreifenden Render-Einstellungen an, die Sie im Output-Tab ❶ des Properties Editors (Abbildungen 20.4 und 20.5) finden.

Im Panel FORMAT ❷ legen Sie die Auflösung (RESOLUTION) Ihres Renderings fest. Das Menü RENDER PRESETS ❸ bietet Ihnen dazu gebräuchliche Formate an. Um für Test-Renderings nicht ständig die RESOLUTION umrechnen zu müssen, reduzieren Sie die Größe über den Prozent-Regler zeitweilig. Wenn Sie statt quadratischer Pixel ein anderes Pixel-Seitenverhältnis benötigen, verändern Sie den ASPECT in X und Y entsprechend.

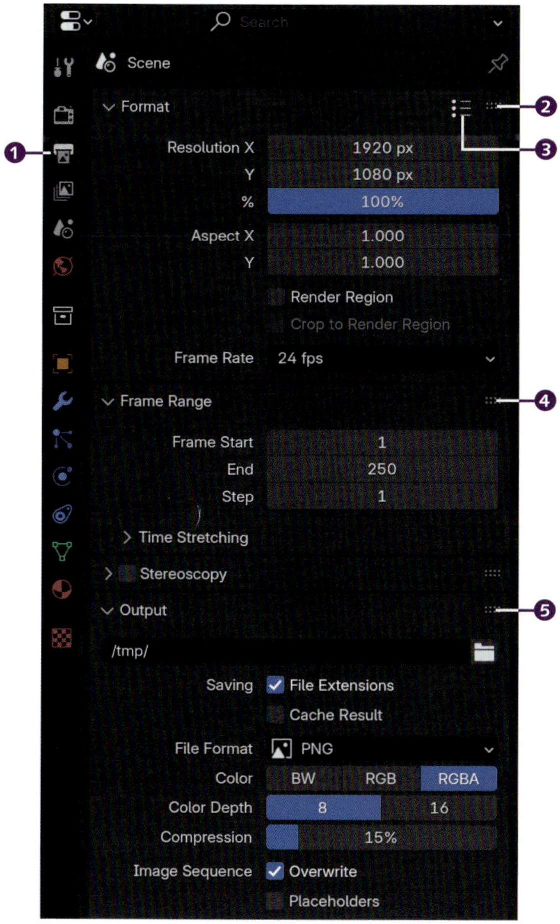

Auflösung für den Druck

Anders als bei Ausgabe als reines Digitalbild oder Animation ist bei der Ausgabe für den Druck etwas weitere Überlegung erforderlich. Für den hochwertigen Vierfarbdruck ist allgemein eine Auflösung von 300 ppi (Pixel per Inch, Pixel pro Zoll) üblich. Geben Sie Ihrem Rendering also eine Render-Auflösung von 3000 × 3000 Pixeln, so erhalten Sie für das Bild eine Druckauflösung von 10 × 10 Zoll, entsprechend 25,4 × 25,4 Zentimetern. Je nach Betrachtungsabstand kann diese Auflösung aber auch niedriger ausfallen.

◂ **Abbildung 20.4**
Panels FORMAT, FRAME RANGE und OUTPUT im Output-Tab des Properties Editors

Über die Option RENDER REGION beschränken Sie das Rendering auf einen Auswahlbereich, den dafür benötigten Rahmen ziehen Sie aus der gewünschten Ansicht der Kamera über den Kurzbefehl Strg/Cmd + B auf. Die Zusatzoption CROP TO RENDER REGION beschneidet das Rendering direkt auf diesen Rahmen. Mit der FRAME RATE legen Sie die Abspielgeschwindigkeit in Bildern pro Sekunde (FRAMES PER SECOND; fps) fest.

Im Panel FRAME RANGE ❹ definieren Sie mittels FRAME START und END den zu rendernden Animationsbereich Ihrer Szene. Sollten Sie die Länge Ihrer Animation nachträglich skalieren wollen, verwenden Sie das TIME STRETCHING.

Über das Panel OUTPUT ❺ definieren Sie den Verzeichnispfad, einen Dateinamen und das Speicherformat der Ausgabedatei. Für das Rendering selbst bestimmen Sie, ob ein Graustufenbild (BW), ein Farbbild (RGB) oder ein Farbbild mit Alpha-Kanal (RGBA) ausgegeben wird. Für die Farbtiefe (Color Depth) können Sie zwischen 8 und 16 Bit wählen. Beim Rendering von Animationen geben Sie unter Image Sequence an, ob bereits vorhandene Einzeldaten überschrieben (Overwrite) werden dürfen bzw. ob vorher sicherheitshalber Platzhalter (Placeholders) geschaffen werden sollen.

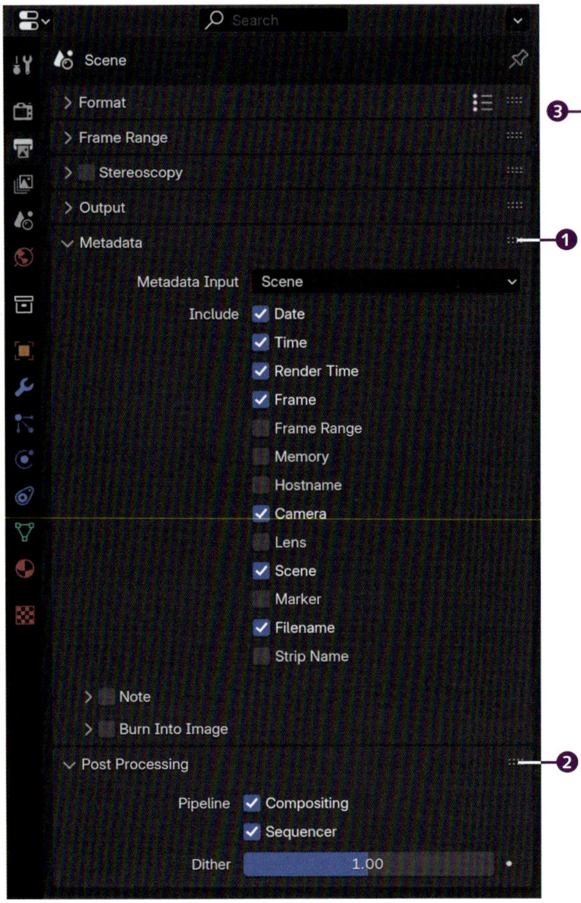

▲ **Abbildung 20.5**
Panels Metadata und Post Processing im Output-Tab

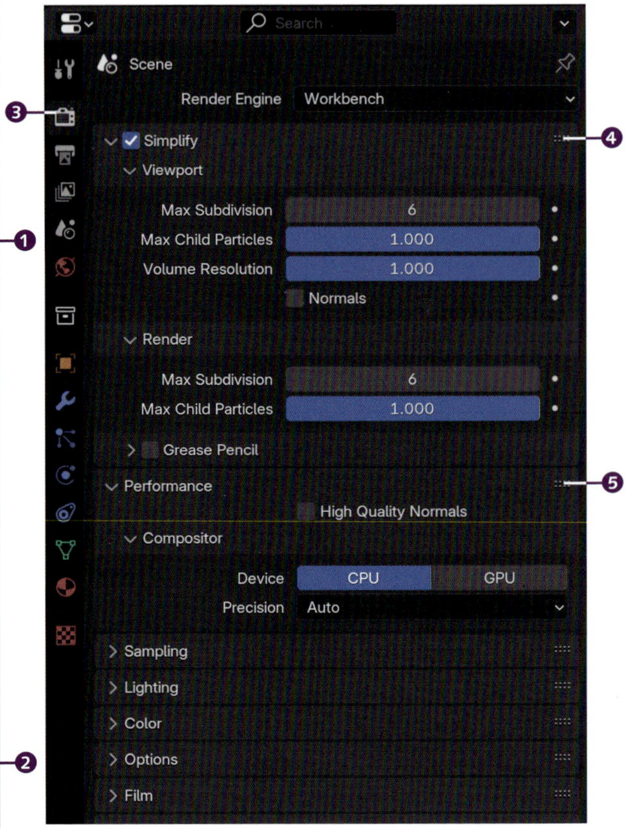

▲ **Abbildung 20.6**
Panels Simplify und Performance im Render-Tab

Speziell für Test- und Abstimmungs-Renderdurchgänge sind die Optionen im Panel Metadata ❶ gedacht. Hier lassen sich zahlreiche Metadata-Informationen über Ihre Szene und Ihren Rechner auswählen, um sie dem Renderergebnis mitzugeben. Durch Aktivieren der Option Burn Into Image können Sie diese Informationen auch als Overlay über das eigentliche Rendering einblenden lassen.

Im Panel Post Processing ❷ entscheiden Sie, ob das Renderergebnis an ein Compositing bzw. den Sequencer weitergegeben wird. Für den Compositor können Sie im Panel Performance ❺ außerdem bestimmen, ob die CPU oder GPU zum Einsatz kommt.

Ressourcenschonende Optionen für das Rendering finden sich im Panel SIMPLIFY ❹ im Render-Tab ❸ des Properties Editors. Da es beispielsweise beim Feintuning der Lichtverhältnisse oder auch der Samplings unerheblich ist, ob Mesh-Objekte fein geglättet (SUBDIVISION) oder CHILD PARTICLES in voller Anzahl zum Dienst erscheinen, können Sie hier global Maximal-Vorgaben für den VIEWPORT bzw. das RENDERING machen, ohne sich in die Tiefen der einzelnen Szenen-Elemente zu bemühen. Für das finale Rendering schalten Sie die Option SIMPLIFY dann einfach aus.

Stereoscopy

Die dreidimensionale Wirkung beim Betrachten eines 3D-Filmes ist bereits seit Jahren Teil des Kinoerlebnisses. An der grundsätzlichen Vorgehensweise bei der Erzeugung hat sich bei allem technischen Fortschritt nicht viel verändert. Beim Betrachten wird für jedes Auge eine leicht unterschiedliche Perspektive gezeigt, die durch den Augenabstand während des Ansehens rückkorrigiert den dreidimensionalen Eindruck vermittelt.

Damit Sie Ihre Kamera um diese zusätzlichen Funktionen der STEREOSCOPY erweitern, aktivieren Sie das Panel STEREOSCOPY im Output-Tab (Abbildung 20.7).

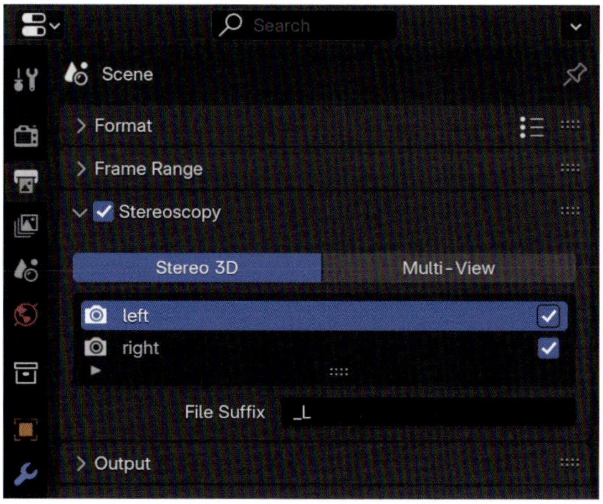

▲ **Abbildung 20.7**
Panel STEREOSCOPY im Output-Tab

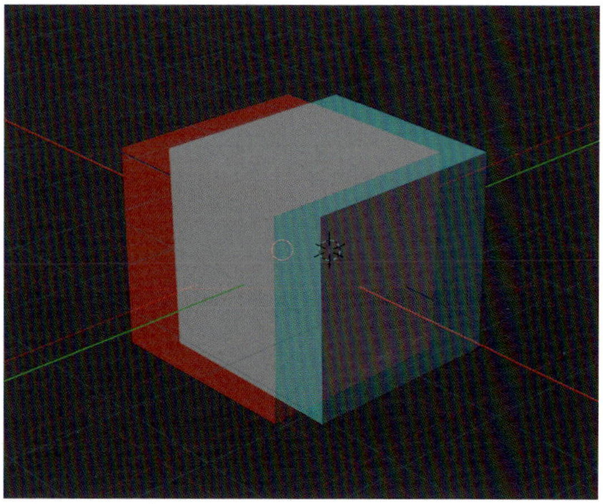

▲ **Abbildung 20.8**
Ansicht des Links-/Rechts-Versatzes im Viewport

Die Einstellungen im Output-Tab beschränken sich lediglich auf die Angabe der Suffixe für die Render-Ausgabe der Bildinformation für die linke bzw. rechte Seite, die Ihnen als Vorschau (Abbildung 20.8) im Viewport angezeigt wird. Die für die STEREOSCOPY relevanten Optionen finden Sie im Panel STEREOSCOPY im Object Data-Tab ❶ der Kamera.

Abbildung 20.9 ▸
Panel STEREOSCOPY im Object Data-Tab der Kamera unter Cycles

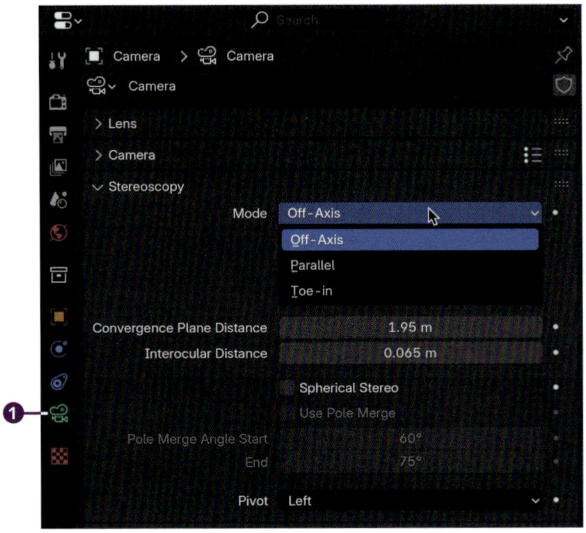

Hier gilt es nun, die für die Generierung der Stereoskopie benötigte zweite, virtuelle Kamera zu definieren. Je nach gewähltem Renderer kann die Zahl der verfügbaren Parameter variieren.

Der MODE PARALLEL setzt die zweite Kamera gleichgerichtet daneben, während OFF-AXIS beide Kameras per Offset überschneidet. Bei TOE-IN werden die Kameras gedreht auf die CONVERGENCE PLANE ausgerichtet. Diese CONVERGENCE PLANE, auch Null-Parallaxe genannt, definiert vereinfacht gesagt die Nullposition bzw. Ebene, von der aus sich die Objekte dreidimensional zur betrachtenden Person oder von ihr weg ausbreiten, und wird über den Parameter CONVERGENCE PLANE DISTANCE gesteuert. Am voreingestellten Wert der INTEROCULAR DISTANCE von 6,5 cm dürfte es keinen Änderungsbedarf geben, denn hier handelt es sich um den menschlichen Augenabstand.

Bei aktiviertem Cycles Renderer haben Sie die Möglichkeit, SPHERICAL STEREO zu erzeugen. Dabei wird die Kamera aus der Mitte der INTEROCULAR DISTANCE gedreht. Durch zusätzliches Aktivieren der Option USE POLE MERGE können Sie die Limits für den Start und das Ende des Ausblendens definieren.

Über das Menü PIVOT schließlich legen Sie den Bezugspunkt fest (LEFT, RIGHT oder CENTER), von dem aus die zweite, virtuelle Kamera erzeugt wird.

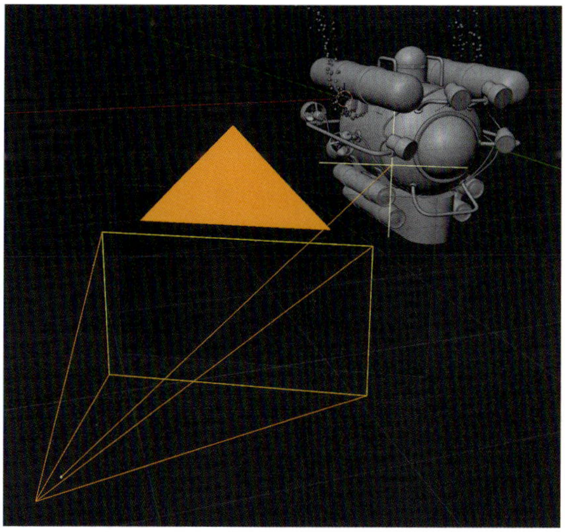

▲ **Abbildung 20.10**
Stereoskopische Kamera im Viewport

▲ **Abbildung 20.11**
Stereoskopisches Rendering

Image Editor

Sobald Sie das Rendering Ihres Bildes bzw. Ihrer Animation anstoßen, öffnet sich automatisch der Image Editor und zeigt Ihnen den aktuellen Fortschritt der Berechnung. Nachdem diese abgeschlossen ist, können Sie das Resultat über die Befehle SAVE (Tasten [Alt] + [S]) bzw. SAVE AS… (Tasten [⇧] + [Alt] + [S]) aus dem Menü IMAGE (Abbildung 20.12) speichern. Doch der Image Editor hält durchaus noch mehr Funktionen für Sie bereit, um Ihre Renderergebnisse zu optimieren.

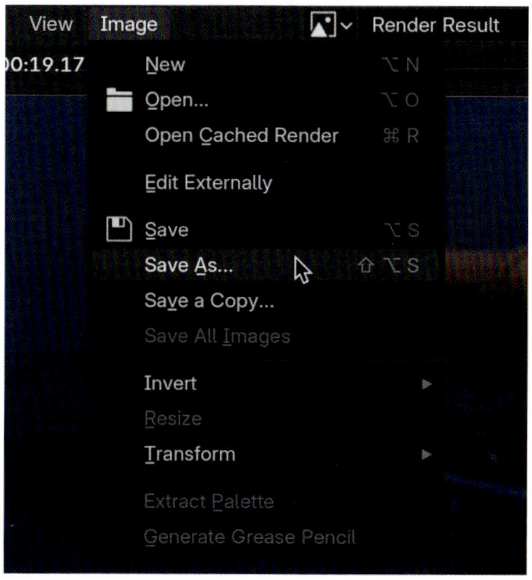

◀ **Abbildung 20.12**
Menü IMAGE des Image Editors

So finden Sie in der Toolbar (Taste [T]) mit der Pipette ❶ ein praktisches Werkzeug, um bestimmte Bildinformationen des Renderings zu analysieren ⓬, ohne dafür zwingend auf ein externes Bildbearbeitungsprogramm zurückgreifen zu müssen.

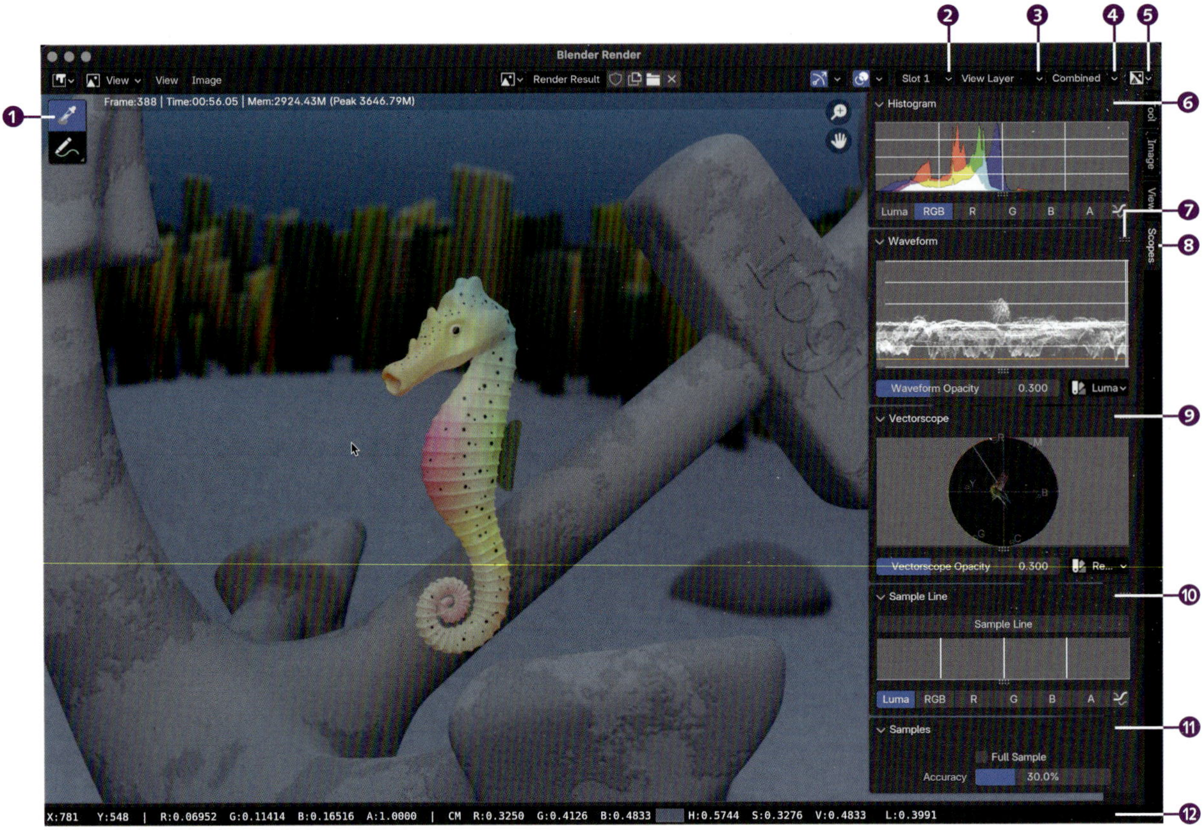

▲ **Abbildung 20.13**
Analyse des Renderings im Image Editor

Auf verschiedene grafische Aufarbeitungen der Bildinformationen des gerenderten Bildes können Sie im Panel Scopes ❽ der Sidebar (Taste [N]) zurückgreifen. Das Histogramm (Histogram ❻) stellt Ihnen die Verteilung der Farbinformation dar, während die Wellenform-(Waveform ❼-)Ansicht wie auch Vectorscope ❾ eine Übersicht über die Opazität der Bildpunkte liefert. Um ein explizites Histogramm auf Basis einer selbst in das Rendering gezeichneten Linie zu erhalten, klicken Sie auf den Button Sample Line im gleichnamigen Panel ❿ und legen den gewünschten Bereich per Linie fest. Im Panel Samples ⓫ definieren Sie, welche prozentuale Genauigkeit (Accuracy) beim Sampling der Pixel verwendet werden soll, durch Aktivieren der Option Full Sample erreichen Sie, dass tatsächlich jedes Pixel dabei berücksichtigt wird.

Damit Sie verschiedene Renderings miteinander vergleichen können, bietet Ihnen der Image Editor insgesamt bis zu acht Speicher-Slots. Wählen Sie dazu vor dem jeweiligen Rendering einen anderen Slot, um das nächste Renderergebnis dorthin abzulegen. Über das Slot-Menü ❷ schalten Sie anschließend komfortabel zwischen den Render-Versionen hin und her.

Sollten Sie für Ihre Szene eigene VIEW LAYER ❸ oder auch zusätzliche PASSES ❹ eingerichtet haben, lassen sich diese über die zugehörigen Menüs gezielt abrufen und zwischen ihnen wechseln. Mehr zu diesen eng mit dem Rendering verbundenen Themen erfahren Sie im nächsten Kapitel 21, »Compositing«.

Über das Menü DISPLAY CHANNELS ❺ greifen Sie auf die verschiedenen Farbkanäle des gerenderten Bildes zu (Abbildung 20.14). Neben Farbe (COLOR) und ALPHA bzw. beiden in getrennter Version greifen Sie einzeln auf die Kanäle Rot, Grün und Blau sowie den Tiefen-Kanal (Z-BUFFER) zu.

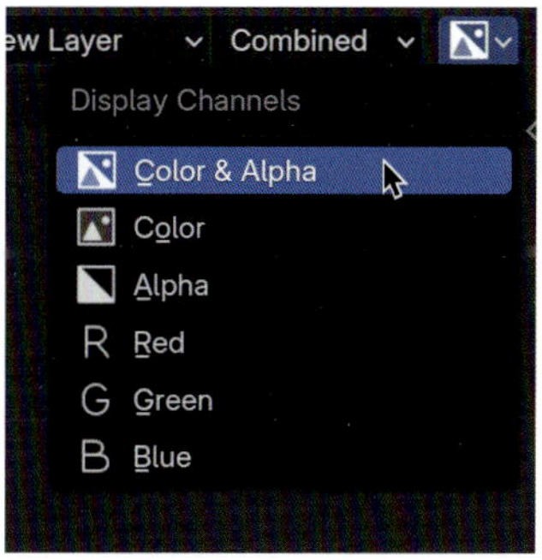

▲ **Abbildung 20.14**
Menü DISPLAY CHANNELS

20.2 Workbench

Die Render Engine Workbench ist darauf ausgelegt, Ihnen während der Arbeit im Viewport, egal ob beim Modelling oder der Animation, eine optimale und möglichst performante Vorschau zu bieten (Abbildung 20.15). Doch natürlich spricht nichts dagegen, die durchaus ansehnlichen Resultate, beispielsweise zum Zweck der Visualisierung, als Rendering auszugeben.

◄ **Abbildung 20.15**
Rendering in der Render Engine WORKBENCH

Weil wir uns die weitaus meiste Zeit während der Arbeit in Blender in dieser Render Engine aufgehalten und uns die Umgebung über die Optionen im Viewport Shading angepasst haben, wundert es nicht, dass uns auch die Render-Einstellungen von Workbench im Render-Tab ❶ des Properties Editors bis auf wenige Ausnahmen sehr bekannt vorkommen.

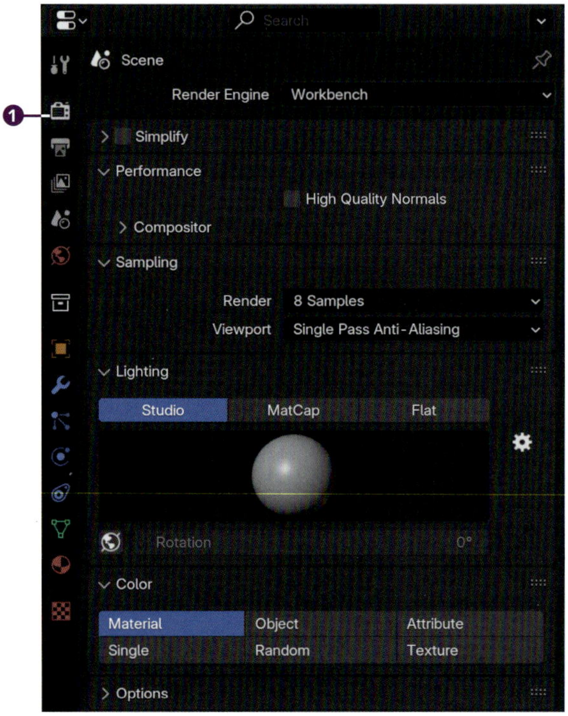

Abbildung 20.16 ▸
Render-Tab unter der Render Engine Workbench

> **EEVEE Next**
> Die Render Engine EEVEE (Extra Easy Virtual Environment Engine) wurde mit Version 2.8 in Blender implementiert und seither immer weiter verbessert. Obwohl eigentlich für Blender 4.0 geplant, sollte es noch bis Blender 4.2 LTE dauern, bis die neue Generation EEVEE Next endlich final für die Anwenderschaft freigegeben wurde.

Zu den Ausnahmen gehört zum einen das Panel Performance, über das Sie die Option High Quality Normals aktivieren können, um die Darstellungsqualität bei sehr dichten Meshes auf Kosten zusätzlichen Speicherbedarfs zu verbessern. Zum anderen haben Sie im Panel Sampling die Möglichkeit, die Kantenglättung (Anti-Aliasing) getrennt für Render und Viewport an Ihre Bedürfnisse anzupassen.

20.3 EEVEE

EEVEE ist Blenders Echtzeit-Render-Engine, bei deren auf OpenGL basierender Entwicklung in erster Linie auf Geschwindigkeit und Interaktivität geachtet wurde. Technisch gesehen ist EEVEE kein

Path Tracer wie Cycles, sondern verwendet die Methode der Rasterization für die schnelle Bildberechnung, ausschließlich über die GPU. Wie wir in den vorangegangenen Buchteilen »Texturing« sowie »Ausleuchtung und Inszenierung« festgestellt haben, arbeitet EEVEE mit PBR-(Physic-Based-Rendering-)Materialien. EEVEE ist anders als Cycles gar nicht dafür ausgelegt, physikalisch perfekte Renderings zu erzeugen. EEVEE punktet durch seine erstaunlich hohe Qualität in der Echtzeitdarstellung.

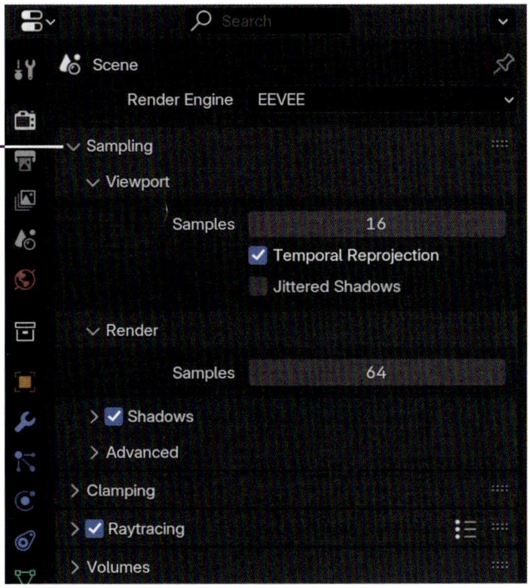

▲ **Abbildung 20.17**
Panel SAMPLING im Render-Tab unter EEVEE

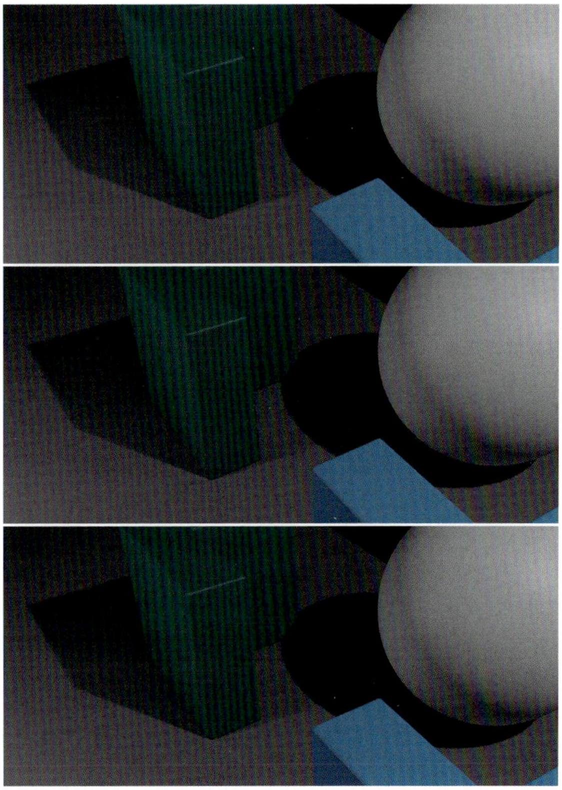

Abbildung 20.18 ▶
Sampling mit 2, 8 und 32 Samples

Sampling

In den Render-Einstellungen für EEVEE im Render-Tab (Abbildung 20.17) definieren Sie im Panel SAMPLING ❷ getrennt für VIEWPORT und RENDER die Darstellungsqualität. Je mehr Samples, desto feiner aufgelöst erscheint das Rendering (Abbildung 20.18). Aktivieren Sie die Option TEMPORAL REPROJECTION, um das Rauschen bei Animationen oder bei Kamerabewegungen im Viewport zu reduzieren. JITTERED SHADOWS ermöglicht weichere Schattenberechnungen, ist aber sehr rechenintensiv, weshalb diese Option im Viewport standardmäßig deaktiviert ist. Im Panel SAMPLING befindet sich auch das untergeordnete Panel SHADOWS ❶ mit den Vorgaben für die von EEVEE verwendeten Shadow Maps. Über den Wert Ray geben Sie an, wie viele Shadow Rays für jede Lichtquelle zum Einsatz kommen. Steps gibt die Anzahl der Samples an, die für jeden Shadow Ray aufgebracht werden. Ein Wert von 1 lässt entsprechend keine Abstufung zu ❹, während der Default-Wert von 6 eine für viele Fälle ausreichende Abstufung ❺ ermöglicht.

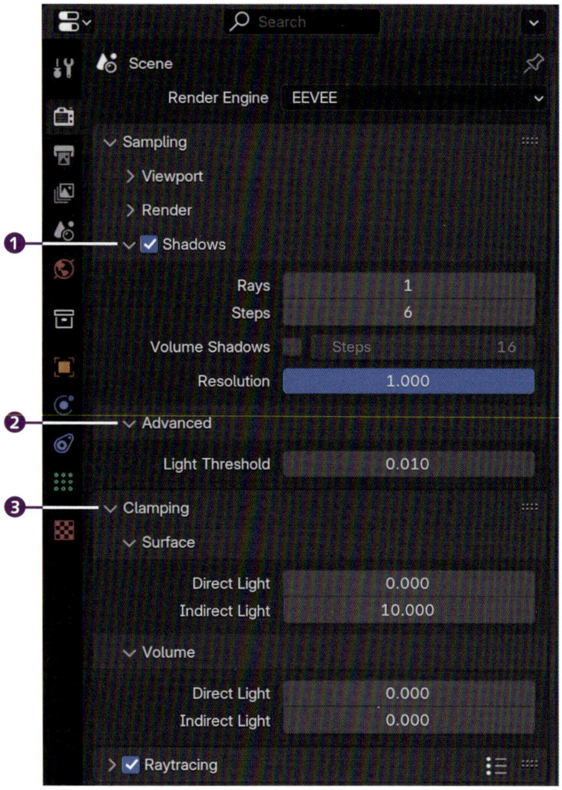

▲ **Abbildung 20.19**
Panels SAMPLING und CLAMPING im Render-Tab unter EEVEE

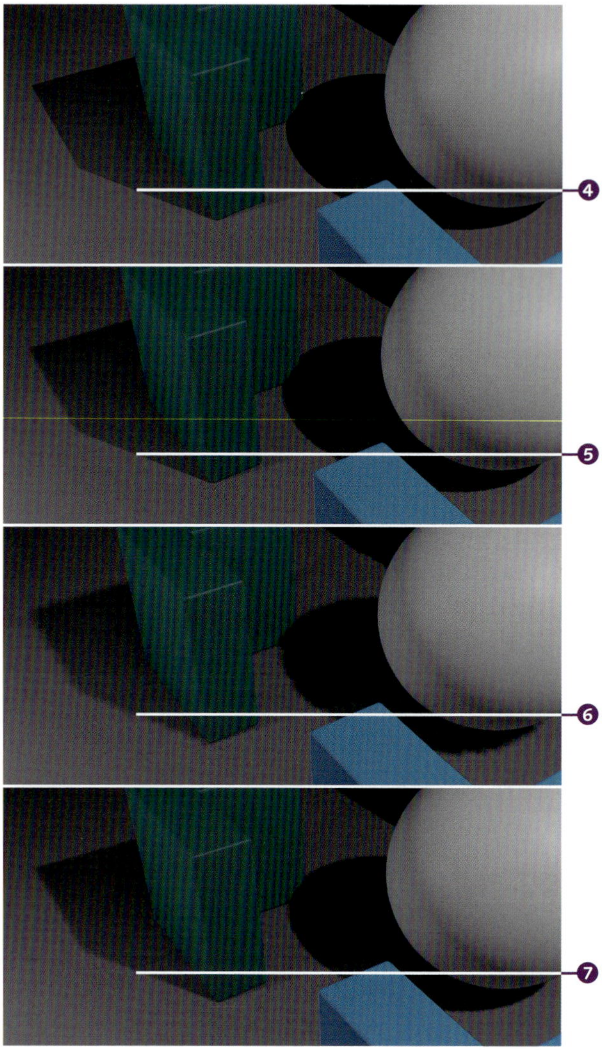

Abbildung 20.20 ►
Shadow Maps mit 1 Step, 6 Steps, 6 Steps mit Resolution 0.1 sowie 6 Steps mit Resolution 0.5

Die performancelastige Berechnung von Volumenschatten (VOLUME SHADOWS) erfolgt über eine separate Option, die Sie aktivieren und mit den gewünschten Sample-Steps definieren.

Mit der Resolution steuern Sie die Auflösung der Schatten, ein Herabsetzen auf ein Zehntel ❻ bzw. die Hälfte ❼ ist deutlich zu erkennen, weshalb dieser Parameter standardmäßig auf 1.0 steht.

Im Panel ADVANCED ❷ finden Sie den LIGHT THRESHOLD, einen Schwellwert für die minimale Lichtintensität, die eine Lichtquelle beisteuert. Sollten Sie für eine Lichtquelle eine CUSTOM DISTANCE festgelegt haben, wird dieser Parameter übergangen.

Mit der Begrenzung zu hoher Lichtintensität beschäftigt sich auch das Panel CLAMPING ❸. Um unerwünschte Effekte wie Artefakte oder Lichthöfe zu minimieren, haben Sie hier die Möglichkeit, die maximale Intensität des Beitrags von Lichtquellen (DIRECT LIGHT) sowie die maximale Intensität des Beitrags von indirektem Licht und Light Probes (INDIRECT LIGHT) zu beschränken – jeweils separat für Oberflächen (SURFACE) und Volumen (VOLUME).

Shadow Maps

Die Verwendung von Shadow Maps zur Berechnung der Schatten ist bewährt und vergleichsweise schnell, basiert aber auf keiner physikalischen Grundlage. Ein Rendering in Cycles wird daher immer andere, realitätsgetreuere Schatten bieten.

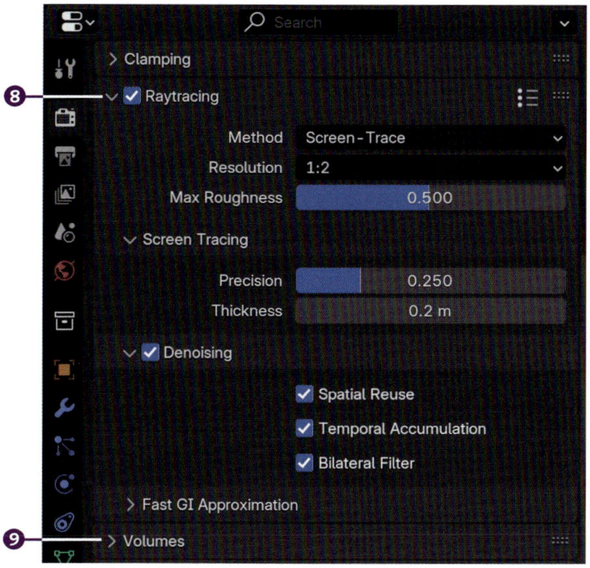

◂ **Abbildung 20.21**
Panel RAYTRACING im Render-Tab unter EEVEE

Raytracing

Die Panels RAYTRACING ❽ und VOLUMES ❾ (Abbildung 20.21) kennen wir bereits aus Kapitel 12.2, »Beleuchtungseffekte«. Deshalb möchte ich mich an dieser Stelle auf die noch offenen renderspezifischen Optionen konzentrieren.

Nachdem Sie die indirekte Beleuchtung, das RAYTRACING, über das gleichnamige Panel aktiviert haben, können Sie unter METHOD wählen, ob Sie eine vorhandene Light Probe oder das Screen-Tracing für die Berechnung verwenden möchten. Mit der RESOLUTION steuern Sie die Anzahl an Strahlen per Pixel in Bezug auf das angegebene Verhältnis zur Renderauflösung. Mit der maximalen Rauheit (MAX ROUGHNESS) kontrollieren Sie die verwendete FAST GI APPROXIMATION. Je mehr Rauheit Sie erlauben, desto performanter arbeitet EEVEE, begleitet von den entsprechenden Qualitätseinbußen.

Wenn Sie als Raytracing-Methode SCREEN-TRACE gewählt haben, finden Sie im untergeordneten Panel SCREEN TRACING (Abbildung 20.21) zwei zusätzliche Parameter. Mit PRECISION regulieren Sie die allgemeine Präzision des Screen Space Raytracings, während Sie mit THICKNESS eine virtuelle Oberflächenstärke definieren, anhand deren Überschneidungen detektiert werden. Ist dieser Wert zu niedrig angesetzt, finden weniger Raytracing-Strahlen ein Ziel.

Natürlich darf auch ein optionales Entrauschen (DENOISING) unter EEVEE nicht fehlen, das Sie im gleichnamigen Panel aktivieren und einstellen (Abbildung 20.21). Wie bei jedem Denoising ist eine leichte Weichzeichnung des Resultats fast unvermeidlich. Sie können das Entrauschen durch das Aktivieren bzw. Deaktivieren der Zusatzoptionen wie die Wiederverwendung der Strahlen von Nachbarpixeln (SPATIAL REUSE), das Sammeln von Sample-Strahlen (TEMPORAL ACCUMULATION) und einen Weichzeichnungsfilter (BILATERAL FILTER) anpassen.

Depth of Field und Motion Blur

Im Panel DEPTH OF FIELD ❶ finden Sie die Render-Einstellungen zur Schärfentiefe. Zusätzlich zu den kameraspezifischen Parametern regulieren Sie hier die Berechnung des Post-Effekts der Schärfentiefe beim Rendering.

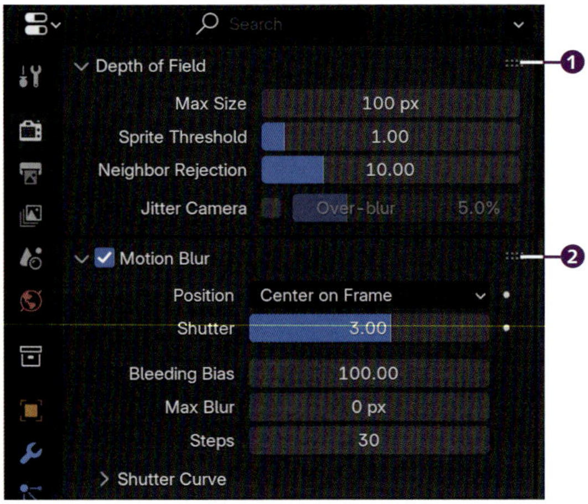

Abbildung 20.22 ▸
Panels DEPTH OF FIELD und MOTION BLUR im Render-Tab unter EEVEE

Über MAX SIZE definieren Sie die maximale Größe des Effekts in Pixeln. Als SPRITE THRESHOLD geben Sie die minimale Helligkeit für ein Pixel an, um berücksichtigt zu werden, während die NEIGHBOR REJECTION das Maximum für Nachbarspixel angibt. Der Parameter JITTER CAMERA verfolgt das Ziel, zu scharfe Bereiche und somit »Flickering« (Flimmern) zu vermeiden.

Neben der Schärfentiefe (DEPTH OF FIELD) spielt auch die Bewegungsunschärfe (MOTION BLUR) eine große Rolle für realistische Renderings, da sie dem Verhalten von realen Kameras entspricht, die, anders als die Blender-interne Kamera, mit Verschlusszeiten arbeiten.

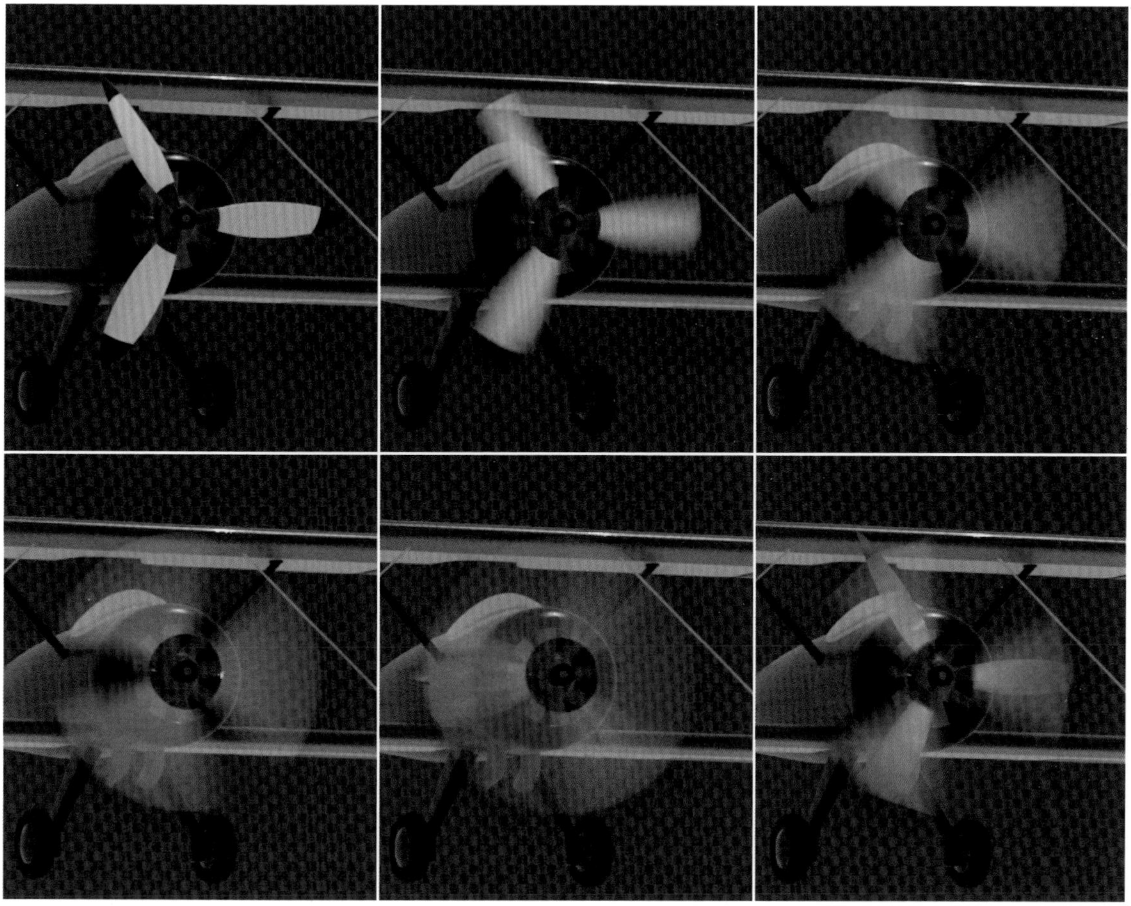

▲ **Abbildung 20.23**
MOTION BLUR deaktiviert, 0.1 Frames, 0.3 Frames, 0.5 Frames, 1 Frame sowie 0.3 Frames mit nur 1 Step

Diese Bewegungsunschärfe entsteht selbstredend bei animierten Objekten, findet sich aber auch bei statischen Objekten, wenn sich einfach nur die Kamera bewegt. In Abbildung 20.23 sehen Sie, wie sich die Verschlusszeit (SHUTTER) auf den Motion Blur bei einem animierten Objekt auswirkt. In diesem Beispiel sind zur besseren Beurteilung der Bewegungsunschärfe lediglich die Propellerblätter animiert. Je höher Sie den Wert SHUTTER im Panel MOTION BLUR ❷ (Abbildung 20.22) und damit die Verschlusszeit in FRAMES ansetzen, desto stärker fällt die Bewegungsunschärfe aus. Neben dieser Haupt-Drehschraube für den Motion Blur können Sie im Menü POSITION bestimmen, wann (am Anfang, in der Mitte oder am Ende des Frames) sich der virtuelle Verschluss öffnet bzw. schließt. Über den Wert BLEEDING BIAS lässt sich der Einfluss des Hintergrunds auf die Unschärfe regulieren, die maximale Ausbreitung aufgrund der Unschärfe für ein Pixel bestimmen Sie über MAX BLUR. Die Anzahl der Zwischenschritte (Abbildung 20.23 rechts unten) für die Bewegungsunschärfe erhöhen Sie über die STEPS, entsprechend verlängert sich auch die Renderzeit.

Weitere Renderoptionen

Das Panel CURVES ❶ kennen wir von der Implementierung von Hair mittels Geometrie Nodes aus dem gleichnamigen Kapitel 18. Unter SHAPE wählen Sie die Form der (Hair-)Curves und können bei Bedarf die Unterteilung per ADDITIONAL SUBDIVISIONS erhöhen.

Abbildung 20.24 ▸
Panels CURVES und FILM im Render-Tab unter EEVEE

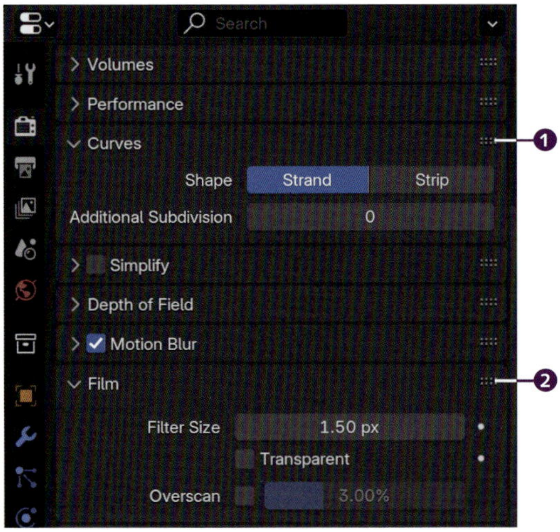

Brauchbare Standards

Die Standard-Einstellungen für den Renderer EEVEE sind so gewählt, dass sie eine hervorragende Ausgangsbasis bieten. So können Sie gezielt mit dem Feintuning Ihres Renderings beginnen.

Dem Panel FILM ❷ begegnen Sie in jedem Renderer – mit leicht abweichenden Optionen. Über die FILTER SIZE regulieren Sie das ANTI-ALIASING des gerenderten Bildes zur Vermeidung von unerwünschten, sichtbaren Abstufungen. Höhere Werte ergeben weichere Renderings, verlieren aber an Schärfe und Details. Für das

Compositing ist es obligatorisch, den Hintergrund transparent zu halten, aktivieren Sie dazu die Option TRANSPARENT. Mittels OVERSCAN weisen Sie EEVEE an, einen bestimmten Prozentsatz der außerhalb des Renderbereichs liegenden Regionen mit zu berücksichtigen, um fehlerhafte Stellen zu beseitigen.

Materialspezifische Renderoptionen

Nicht nur im Render-Tab, sondern auch in den materialspezifischen Einstellungen, die Sie im Material-Tab (Abbildung 20.25) finden, gibt es für EEVEE spezielle Renderoptionen.

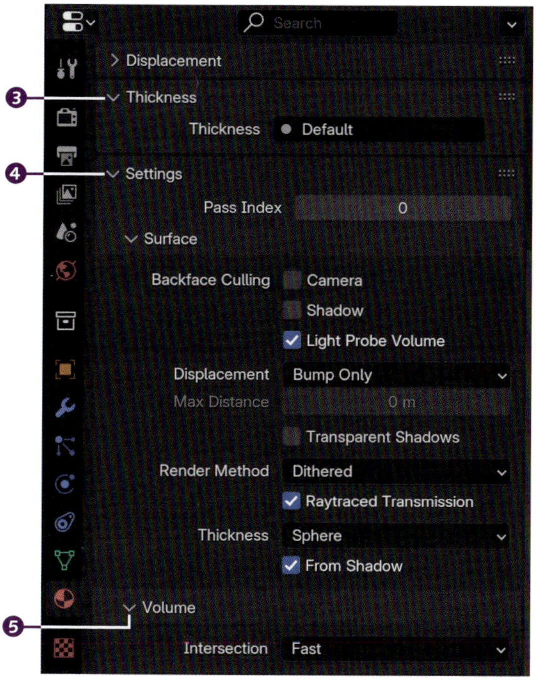

◂ **Abbildung 20.25**
Panels THICKNESS, SETTINGS und VOLUME im Material-Tab des Properties Editors

▴ **Abbildung 20.26**
Links ohne und rechts mit aktivierten RAYTRACED TRANSMISSIONS

Dazu gehört das Panel THICKNESS ❸, das Ihnen den Material Output-Node des nodebasierten Materials anzeigt. Die hier zur schnellen Simulation von durchscheinenden Materialien hinterlegte Information können Sie im Panel SETTINGS ❹ über das Menü THICKNESS weiterverwenden, um die Dicke wahlweise als Kugel (SPHERE) oder als unendlich große Scheibe (SLAB) genähert umzusetzen. Auch der durch Shadow Maps berechnete Schatten lässt sich zur Umsetzung heranziehen (FROM SHADOW). Im Panel SETTINGS finden Sie neben der Möglichkeit, dem Material einen Render Pass-Index zuzuweisen, noch weitere Optionen zur Behandlung der

Oberfläche (SURFACE). Zur Steigerung der Performance lassen sich die Rückseiten der Faces mittels BACKFACE CULLING ausblenden. Unter DISPLACEMENT wählen Sie aus, ob für das Rendering des Materials eine Bump-Map, eine Displacement-Map oder beides berücksichtigt wird. Die Option TRANSPARENT SHADOWS sorgt dafür, dass EEVEE durch einen Transparent BSDF-Shader generierte Schatten auch tatsächlich durchscheinend rendert.

Im Menü RENDER METHOD haben Sie die Wahl zwischen dem DITHERED und dem BLENDED Rendering. Während DITHERED Ihnen Kompatibilität mit Render Passes, Layers und Raytracing liefert, können Sie durch BLENDED farbige Transparenzen erzielen. Die Option RAYTRACED TRANSMISSION stellt beim DITHERED RENDERING sicher, dass die Transparenzen auch ohne Light Probes durch das Raytracing korrekt umgesetzt werden (Abbildung 20.26).

Das Panel VOLUME ❺ (Abbildung 20.25) bietet Ihnen über das Menü INTERSECTION eine schnelle (FAST) sowie eine rechenintensive genaue (ACCURATE) Berechnung für das Volumeninnere an.

Projekt Seepferdchen: Rendering der Seepferdchen-Animation in EEVEE

Nun ist es an der Zeit, das Echtzeit-Rendering in EEVEE auf ein höheres Level zu schrauben, um unsere Seepferdchen-Animation per Rendering als Film auszugeben.

1 Blender-Szene laden

Rufen Sie über den Befehl FILE • OPEN (Taste [Strg]/[Cmd]+[O]) den File Browser auf und navigieren Sie zur fertigen Animation Ihres Seepferdchens.

2 Finale Render-Einstellungen

Im Projekt-Workshop der Unterwasserszene in Kapitel 13, »Kamera«, haben wir die Szene unter EEVEE schon sehr weit ausgearbeitet, so dass es nur noch um die Anlaufstellen für das Feintuning geht. Im Panel SAMPLING ❶ des Render-Tabs erhöhen Sie die Anzahl Samples für RENDER auf mindestens 200.

Aktivieren Sie das RAYTRACING über das gleichnamige Panel ❷, und aktivieren Sie das DENOISING mit den zugehörigen Optionen. Setzen Sie die MAX ROUGHNESS auf 0.200, um den Anteil an FAST GI APPROXIMATION zu reduzieren. Auf Bewegungsunschärfe (MOTION BLUR ❸) können wir in unserem Fall verzichten.

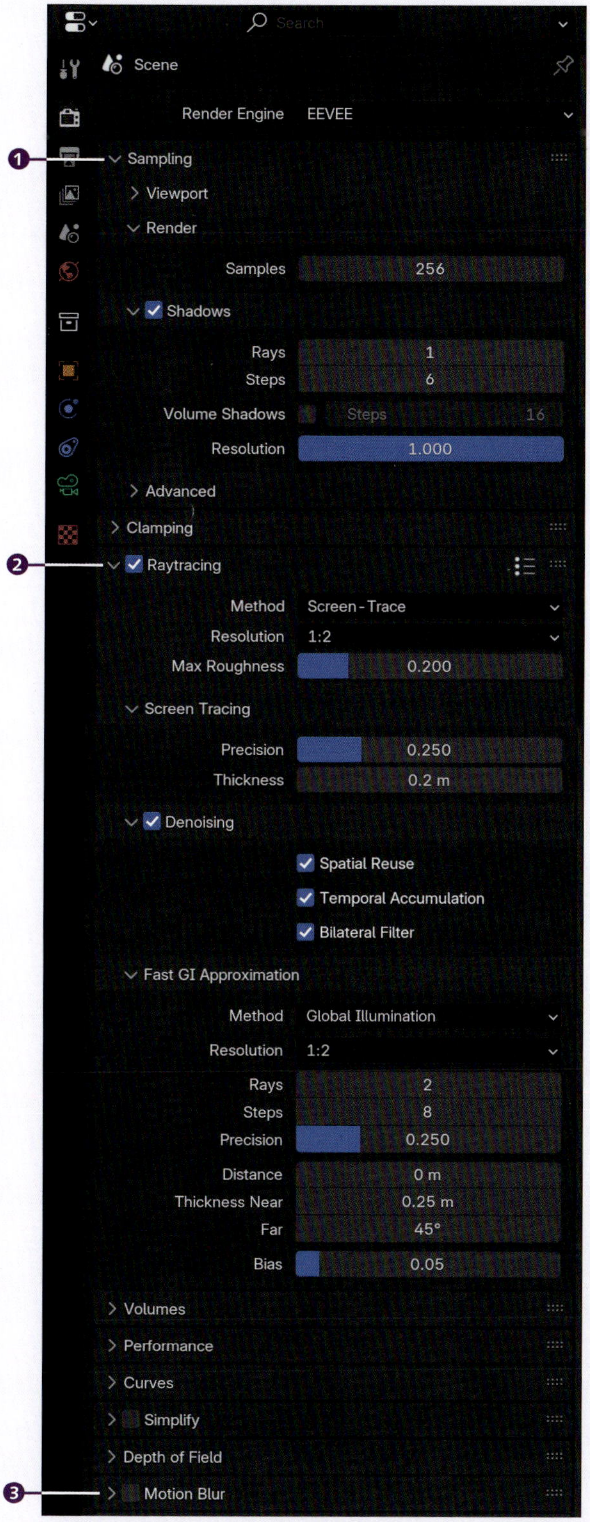

◀ Abbildung 20.27
Panels Sampling, Raytracing und Motion Blur im Render-Tab

▼ Abbildung 20.28
Panels Format, Frame Range und Output im Output-Tab

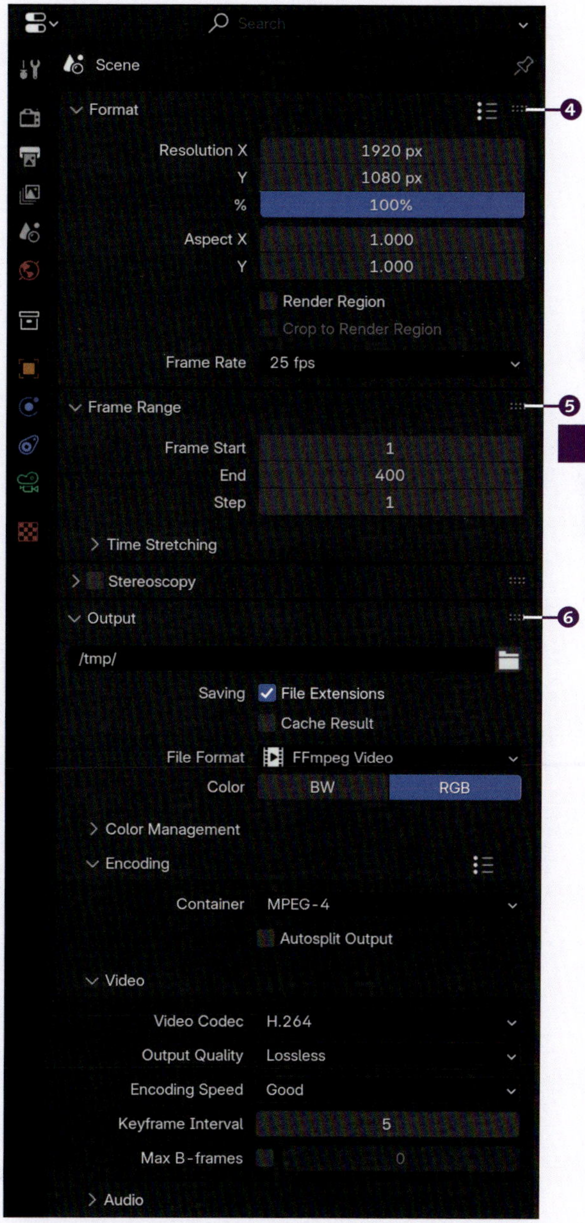

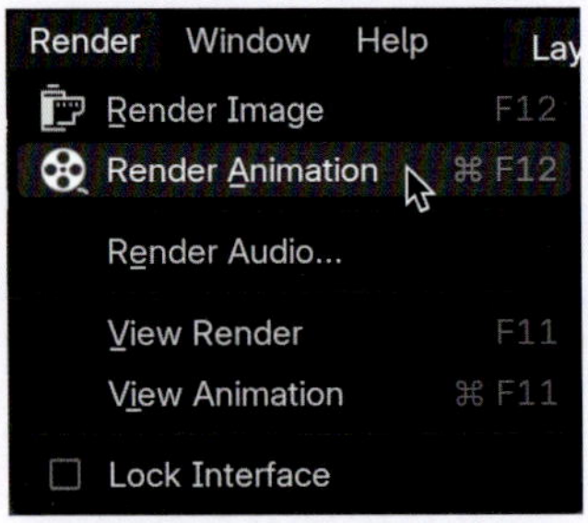

▲ **Abbildung 20.29**
Menü RENDER

3 Einstellungen für die Ausgabe anpassen

Stellen Sie im Panel FORMAT ❹ des Output-Tabs (Abbildung 20.28) die gewünschte Auflösung (RESOLUTION) ein. Vergeben Sie eine FRAME RATE von 25 fps, falls Sie eine Animation rendern möchten. Bild 400 als FRAME END im Panel FRAME RANGE ❺ ergibt eine Länge von sechzehn Sekunden.

Nun geben Sie im Panel OUTPUT ❻ noch einen Ausgabepfad und ein Dateiformat (FILE FORMAT) vor, im Falle unserer Seepferdchen-Animation ein FFmpeg-Video mit MPEG-4-Encoding und verlustfreier (LOSSLESS) Qualität.

Es ist auch möglich, eine Animation als Ganzes zu rendern oder auch als Bildsequenz auszugeben und diese später zu einem Film zusammenzufassen. Möchten Sie dagegen ein einzelnes Bild der Animation rendern, können Sie das Dateiformat auch erst nach dem Rendern angeben. Setzen Sie dafür den Zeitregler auf das gewünschte Frame und stoßen Sie das Rendering über den Befehl RENDER IMAGE (Taste [F12]) an.

▼ **Abbildung 20.30**
Rendering der Seepferdchen-Animation mit EEVEE

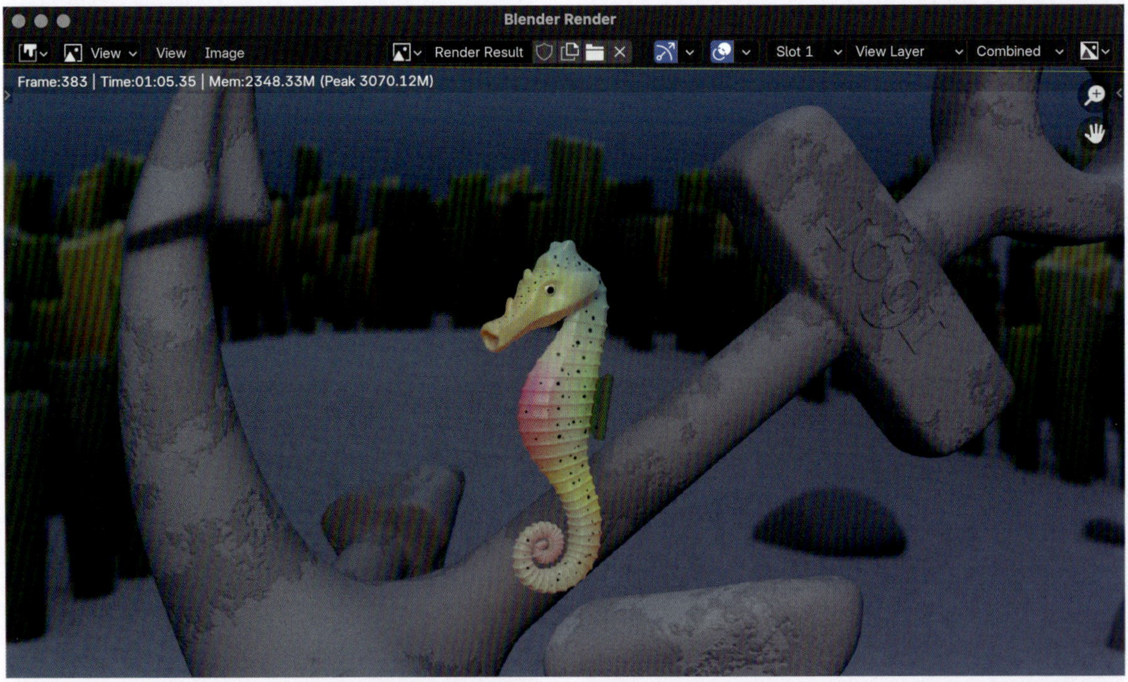

4 Rendering starten

Nachdem nun alle Vorbereitungen getroffen sind, starten Sie das Rendering über den Befehl RENDER ANIMATION (Tasten [Strg]/[Cmd] + [F12]) aus dem Menü RENDER (Abbildung 20.29).

20.4 Cycles

Der Renderer Cycles ist ein moderner, physikbasierter Path-Trace-Renderer, der alle aktuellen Render-Features wie Global Illumination (GI) oder auch Caustics beherrscht. Sie aktivieren ihn über das Menü RENDER ENGINE ❷ im Render-Tab ❶ des Properties Editors (Abbildung 20.31).

Die Standardeinstellungen von Cycles, die Sie natürlich ebenfalls im Render-Tab finden, bieten Ihnen immer einen recht guten Ausgangspunkt, um das spätere finale Rendering durch Feintuning der Parameter in Funktionsumfang, Qualität und Rechenzeit zu optimieren.

Cycles X

Seit dem Major-Update auf Blender 3 läuft eine groß angelegte Überarbeitung des Cycles-Renderers. Im Fokus stehen dabei eine neue Architektur für künftige Entwicklungen, modernere Algorithmen und eine erheblich verbesserte Renderperformance.

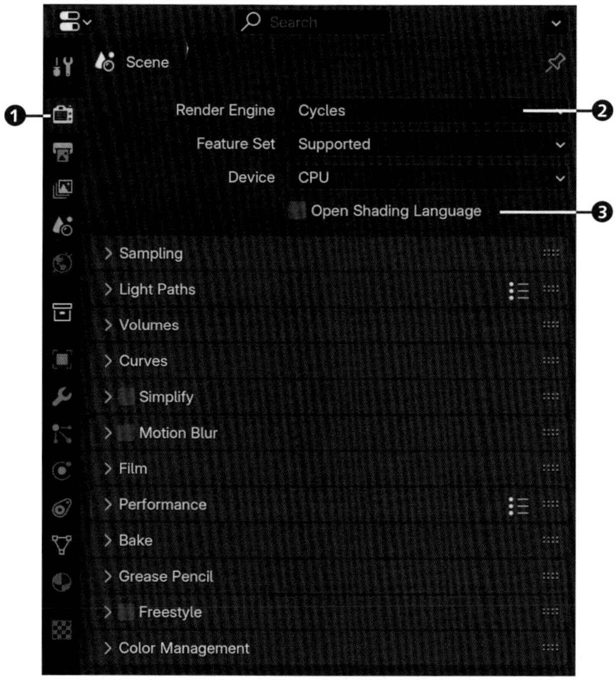

◂ **Abbildung 20.31**
Render-Tab im Properties Editor unter Cycles

Im oberen Bereich des Render-Tabs finden Sie Optionen, um für Cycles gegebenenfalls noch experimentelle Funktionen freizuschalten (FEATURE SET), statt der CPU die bei entsprechender Hardwareausstattung oftmals schnellere GPU für das Rendering zu verwenden (DEVICE) oder auch die OPEN SHADING LANGUAGE (OSL) ❸ zur Einbindung eigener Shading-Skripte zu aktivieren.

Wie Sie an den weiteren Panels im Render-Tab sehen, zieht sich auch Cycles durch nahezu alle Bereiche von Blender. Sehen wir uns aber zunächst die cycles-spezifischen Rendereinstellungen an.

Sampling

Im Panel SAMPLING ❶ legen Sie getrennt für VIEWPORT und RENDER die Anzahl von Samples fest, die dem Renderer pro Pixel des Bildes zur Verfügung stehen. Mit steigender Sample-Zahl wird das Bild zunehmend rauschfrei, die Rechenzeit nimmt dementsprechend zu.

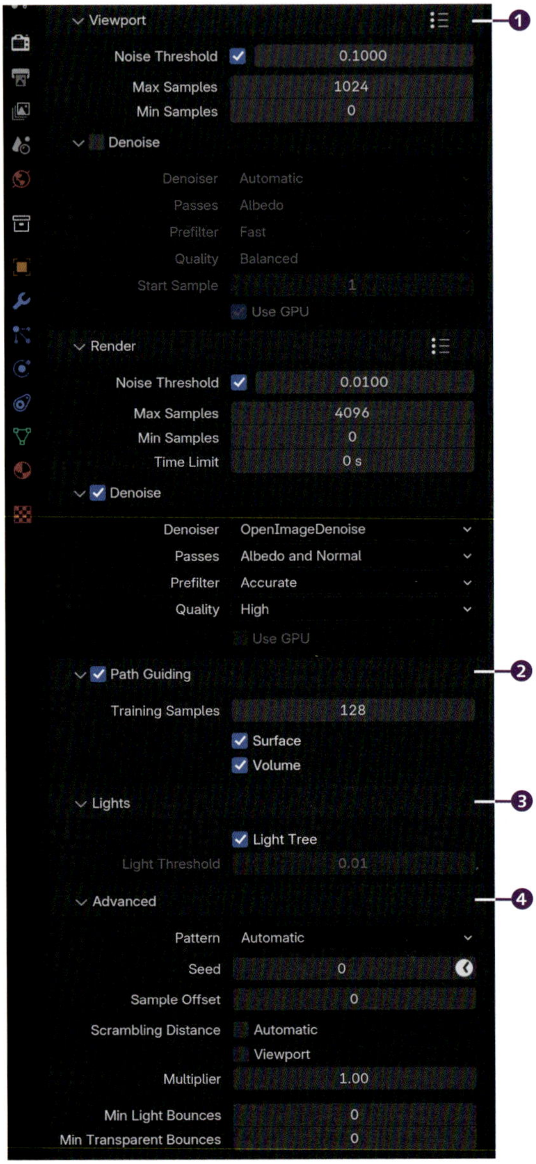

Abbildung 20.32 ►
Panel SAMPLING im Render-Tab unter Cycles

Als zusätzliche Kontrollmöglichkeit bietet sich die Option NOISE THRESHOLD an, über die Sie einen Schwellwert für das Rauschen vorgeben. Sobald dieser unterschritten wird, beendet Cycles das

Rendering. Alternativ können Sie für den finalen Render auch ein Zeitlimit (Time Limit) definieren. In Abbildung 20.33 sehen Sie in der oberen Reihe, wie sich das Rauschen mit zunehmender Anzahl der Samples verbessert, gleichzeitig erhöht sich selbstredend auch die benötigte Renderzeit.

▲ **Abbildung 20.33**
Rendering mit 10, 70, 150 und 250 Samples (obere Reihe) sowie mit aktivem Denoising (untere Reihe)

Um nicht ausschließlich auf hohe Sample-Zahlen setzen und mit langen Renderzeiten leben zu müssen, bietet Cycles für den Viewport und das finale Rendering ein Entrauschen (Denoise) an.

Je nach Hardwareausstattung stehen Ihnen hierfür die Denoising-Algorithmen OptiX und/oder OpenImageDenoise zur Verfügung, wobei Sie die Entscheidung im Falle des Viewports durch die Einstellung Automatic auch an Cycles selbst delegieren können. Um dem Denoiser weiter auf die Sprünge zu helfen, lassen Sie unter Passes die Informationen der Farbe (Color), des Rückstrahlvermögens (ALBEDO) sowie der Normalen (NORMAL) einbeziehen. Durch Vorfilterung (PREFILTER) sowie eine allgemeine Qualitätseinstellung (QUALITY) haben Sie weitere Optimierungsmöglichkeiten zur Hand. Die untere Reihe der Abbildung 20.33 zeigt, wie das Denoising zu einer deutlich besseren Qualität beiträgt und dabei hilft, die Sample-Zahlen im Zaum zu halten.

Eine weitere Möglichkeit zum Entrauschen von Renderings ist das PATH GUIDING ❷ (Abbildung 20.32). Mit ihm können Sie dem Cycles Renderer bei schwierigen Lichtverhältnissen unter die Arme greifen. Dabei trainiert sich Cycles sozusagen selbst über die vorgegebenen TRAINING SAMPLES auf die wichtigen Lichtrichtungen in der Szene. PATH GUIDING lässt sich für Oberflächen (SURFACES) und/oder Volumes getrennt aktivieren. Standardmäßig ist Path Guiding ausgeschaltet und funktioniert nur beim Rendering mit der CPU.

Automatisch aktiviert ist die Verwendung des LIGHT TREE im Panel LIGHTS ❸, der insbesondere bei zahlreich verbauten Lichtquellen zur Reduzierung von Rauschen beitragen kann. Es wird empfohlen, bei der Ausleuchtung der Szene physikalisch korrekt vorzugehen, also auf unrealistische Lichtabnahme-Funktionen oder spezielle Lichtstrahl-Einschränkungen zu verzichten, um die besten Ergebnisse mit dem LIGHT TREE zu erzielen.

Im untergeordneten Panel ADVANCED ❹ dient das PATTERN zur Optimierung der Rauschverteilung. Für Animationen dient der Seed-Wert als Initialwert für das zufallsgenerierte Rauschen. Damit dieses Rauschen natürlich wirkt, animieren Sie den Seed-Wert über den kleinen Button abhängig vom Bild (Frame) automatisch. Rendering über die GPU lässt sich über die Option SCRAMBLING DISTANCE durch verringerte Zufallsverteilung beschleunigen. Über die MIN LIGHT bzw. MIN TRANSPARENT BOUNCES lässt sich Noise durch Anhebung der Mindestanzahl an Bounces verringern. Das Menü für die Layer Samples sehen Sie nur, wenn Sie zusätzliche Render Layer mit abweichenden Sample-Einstellungen in der Szene haben. In diesem Fall können Sie entscheiden, ob Sie diese verwenden (USE), Ignorieren (IGNORE) oder auf die global festgelegte Samplezahl beschränken wollen (BOUNDED).

Light Paths

Im Panel LIGHT PATHS (Abbildung 20.34) finden Sie die Einstellungen zu den verschiedenen für die Berechnung der Szene verwendeten Strahlen (»Rays«).

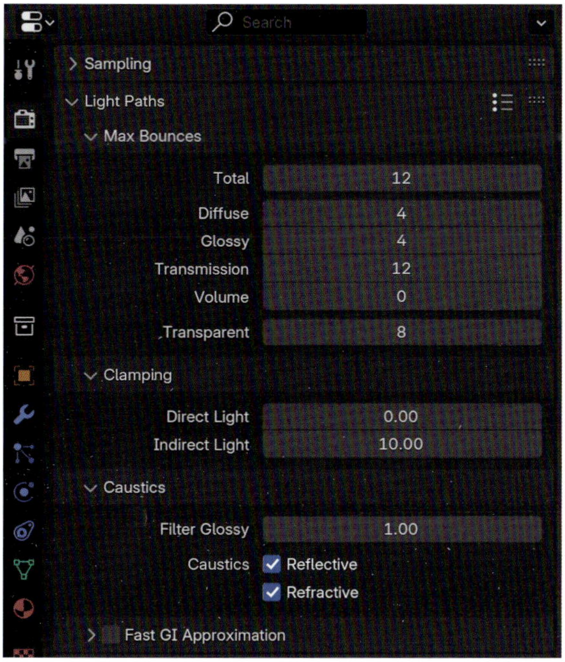

Abbildung 20.34
Panel Light Paths im Render-Tab unter Cycles

Rein theoretisch wäre es natürlich wünschenswert, so viele Rays wie möglich durch die Szene zu schicken, doch dies würde die Renderzeiten unnötig in die Höhe treiben. Die Anzahl, wie oft ein Lichtstrahl je Komponente reflektiert wird, die sogenannten Bounces, geben Sie wahlweise über den Wert Total als Maximum an oder auch separat für jede einzelne Komponente wie Diffuse, Glossy, Transmission etc.

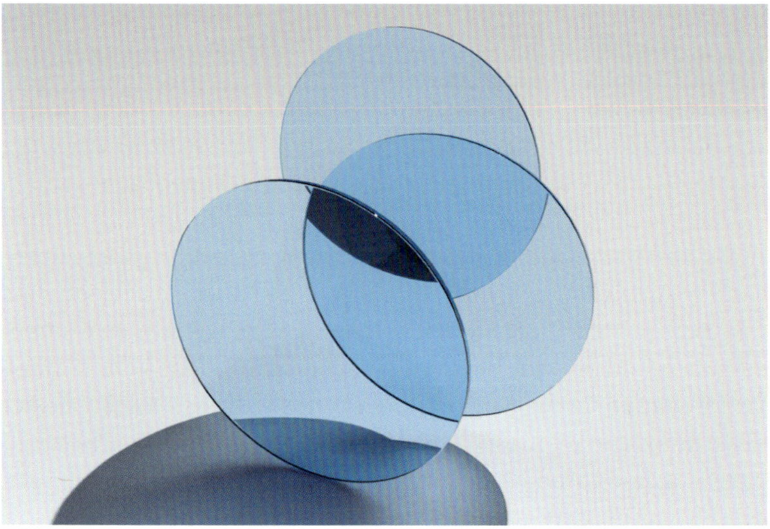

Abbildung 20.35
Rendering mit nur fünf Transmission-Bounces

Für die Durchdringung der drei Glasscheiben in Abbildung 20.35 beispielsweise benötigt der Lichtstrahl sicher sechs Transmission-Bounces, da für den Ein- und Austritt aus jeder Scheibe jeweils zwei Bounces fällig sind. Da für das Rendering aber nur insgesamt fünf Bounces gestattet wurden, funktioniert das Rendering zwar bei zwei hintereinanderliegenden Scheiben, bei drei hintereinanderliegenden Scheiben jedoch nicht mehr.

Mittels CLAMPING begrenzen Sie die maximale Helligkeit eines Pixels, um sogenannte »Fireflies«, überhelle Pixel, zu vermeiden. Im untergeordneten Panel CLAMPING können Sie dies getrennt für direktes und indirektes Licht vornehmen.

Durch Interferenzen bei gebrochenen oder reflektierten Lichtstrahlen bei transparenten oder spiegelnden Materialien entstehen Lichtmuster, die sogenannten CAUSTICS. Beide aufwendigen Effekte sind im gleichnamigen untergeordneten Panel standardmäßig aktiviert und lassen sich bei Problemen wie den erwähnten Fireflies deaktivieren bzw. über FILTER GLOSSY weichzeichnen.

▲ **Abbildung 20.36**
Rendering von Caustics mit 300 Samples

▲ **Abbildung 20.37**
Glättung der Caustics durch Denoising

Tatsächlich sind die Standardwerte von CLAMPING und FILTER GLOSSY zugunsten der Vermeidung von Fireflies so ausgelegt, dass Caustics nur sehr zaghaft erscheinen bzw. spätestens mit einem darauffolgenden Denoising praktisch verschwinden. In Abbildung 20.36 wurden CLAMPING und FILTER GLOSSY zugunsten der Caustics deaktiviert. Um die Caustics ohne übertriebene Samples-Zahlen zu glätten, kam in Abbildung 20.37 gezieltes Denoising zum Einsatz, dessen Glättung für eine schöne Zeichnung der Caustics sorgt.

Die Fast GI Approximation als Möglichkeit, schnelle Vorab- oder interaktive Viewport-Renderings mit reduzierter Qualität zu nutzen, haben wir in Abschnitt 12.2, »Beleuchtungseffekte«, behandelt.

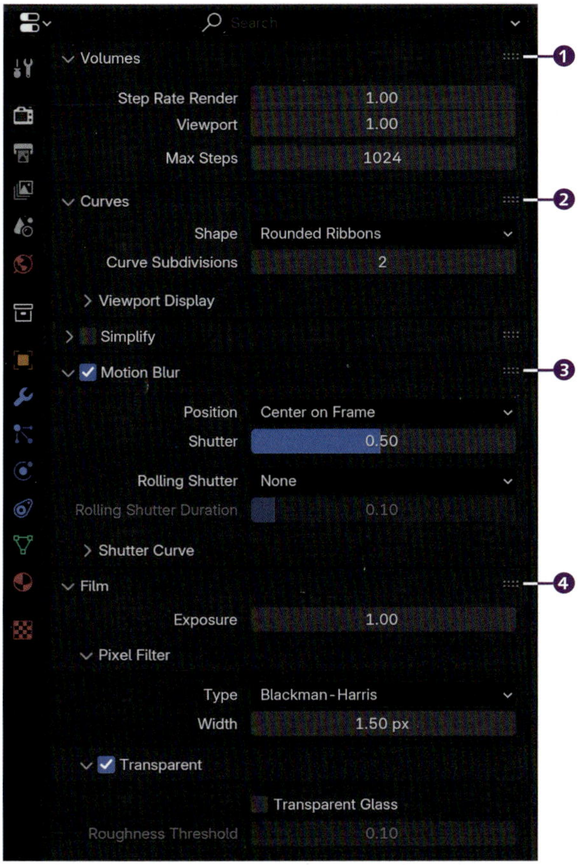

◂ **Abbildung 20.38**
Panels Volumes, Curves, Motion Blur und Film im Render-Tab unter Cycles

Weitere Renderoptionen

Von dort kennen Sie auch volumetrische Effekte wie sichtbaren Lichtschein, Rauch oder Nebel. Im Panel Volumes ❶ des Render-Tabs finden Sie die zugehörigen Sample-Einstellungen für das Rendering.

Für die Darstellung im Viewport (Viewport Display) und das Rendering von Curves definieren Sie im gleichnamigen Panel ❷ über die Shape, welche Art und Form und welche Unterteilung (Curve Subdivisions) die Curve besitzen soll.

Die wesentlichen Einstellungen für die Berechnung von Bewegungsunschärfe (Motion Blur ❸) bei animierten Objekten oder einer bewegten Kamera entsprechen im Prinzip denen aus EEVEE.

Unter Cycles haben Sie zusätzlich die Möglichkeit, den Verschluss (SHUTTER) analog zu Rollläden (ROLLING SHUTTER) mit definierbarer Verschlusszeit zu gestalten.

Das Panel FILM ❹ orientiert sich an den Eigenschaften eines realen belichteten Films. Hier können Sie die Belichtungszeit (EXPOSURE) und auch einen Weichzeichnungsfilter (PIXEL FILTER) einstellen. Die Option TRANSPARENT sorgt auch hier dafür, dass der Hintergrund der Szene transparent gerendert wird. Ansonsten kommt der im World-Tab hinterlegte Hintergrund zum Einsatz. Um auch transmissive Materialien dabei zu berücksichtigen, aktivieren Sie die Option TRANSPARENT GLASS.

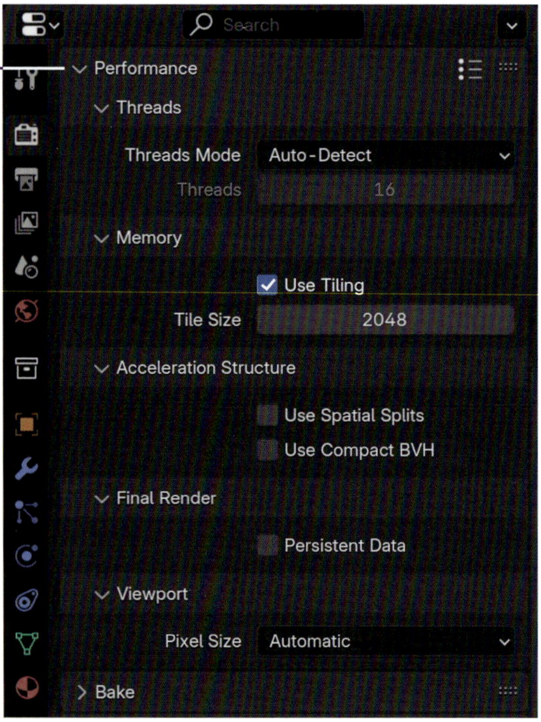

▲ **Abbildung 20.39**
Panel PERFORMANCE im Render-Tab unter Cycles

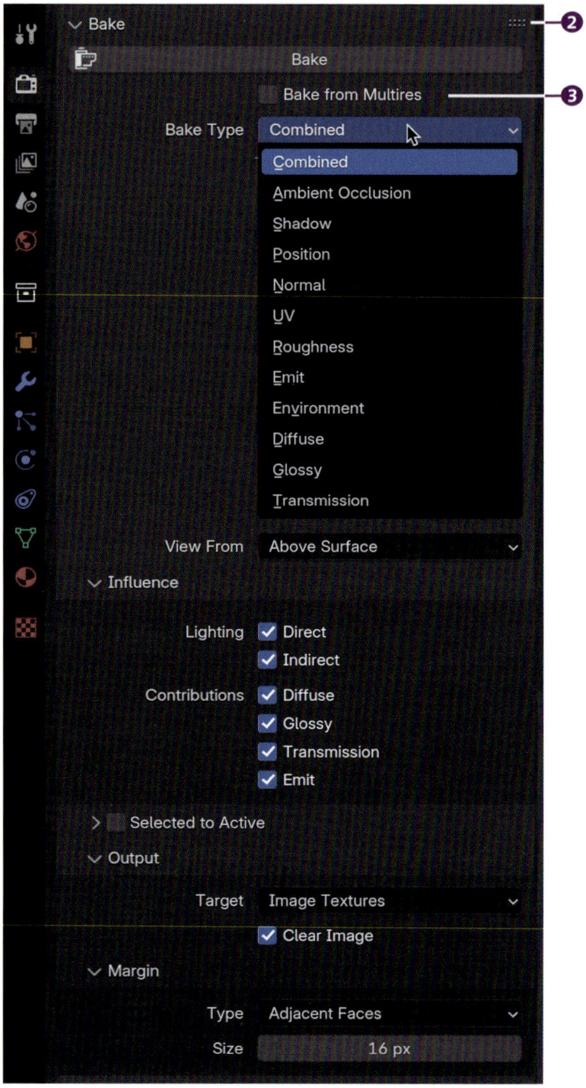

Abbildung 20.40 ▶
Panel BAKE im Render-Tab unter Cycles

Das Panel PERFORMANCE ❶ ist uns bereits vom Renderer Workbench bekannt. Cycles bietet hier ein paar ganz spezielle Optionen, um die Performance im VIEWPORT und beim FINAL RENDER zu verbessern.

Im untergeordneten Panel THREADS lässt sich die maximale Anzahl an THREADS bzw. CPU-Cores festlegen, ansonsten wird die Anzahl automatisch von Cycles ermittelt (AUTO-DETECT). Die Render-Threads teilen sich in die sogenannten TILES auf, deren Größe Sie im gleichnamigen Panel festlegen können. Die standardmäßig aktivierte Option AUTO TILES sorgt dafür, dass hochaufgelöste Bilder automatisch in Tiles verarbeitet werden, um den Speicherbedarf zu reduzieren. Über die Angabe einer niedrigeren Tile-Größe (TILE SIZE) können Sie, falls erforderlich, den Speicherbedarf reduzieren.

Im Panel ACCELERATION STRUCTURE finden Sie Optionen zur Beschleunigung des Renderings, indem Sie dem Renderer mitteilen, dass die Szene sowohl kleine als auch große Polygone besitzt (USE SPATIAL SPLITS) bzw. BVHs (siehe Kasten) verwenden soll (USE COMPACT BVH). Das Ergebnis sind in der Regel längere Zeiten bei der Vorbereitung, dafür aber insgesamt kürzere Renderzeiten.

Das Panel FINAL RENDER hält die Optionen SAVE BUFFERS bzw. PERSISTENT DATA für Sie bereit, mit denen Sie erreichen, dass alle RENDER-LAYER und -PASSES bzw. Daten im Speicher bleiben, um ein Neu-Rendern zu beschleunigen. Über das Panel VIEWPORT schließlich lässt sich die Voransicht im Viewport beschleunigen, indem Sie eine Auflösung für das Display (PIXEL SIZE) festlegen.

Im Panel BAKE ❷ können Sie Oberflächen- oder Licht- bzw. Schatteninformationen als Texturen backen. Anstatt mit einem performancelastigen, hochaufgelösten Mesh zu arbeiten, haben wir die Informationen aus dem Multires-Modifier ❸ in eine Normalen-Textur gebacken. Über das Menü BAKE TYPE wählen Sie, welche Informationen Sie in eine Textur backen möchten. Voraussetzung für das erfolgreiche Backen der Informationen ist eine für das Mesh vorliegende UV-Map sowie ein Image Texture-Node bzw. Color Attributes. Die Richtung der Back-Strahlen legen Sie im Menü VIEW FROM fest, entweder senkrecht zur Oberfläche (ABOVE SURFACE) oder aus Kamerasicht (ACTIVE CAMERA).

Alle Optionen im untergeordneten Panel INFLUENCE sind standardmäßig aktiviert, so dass alle an der Szene beteiligten Beleuchtungs- und Materialeinflüsse berücksichtigt werden. Falls dies nicht erwünscht ist, deaktivieren Sie die störenden bzw. nicht benötigten Einflüsse. Eine Abkürzung für eine der meistverwendeten Baking-

Bounding Volume Hierarchy (BVH)

Geometrische Objekte besitzen eine Art Hülle, das Bounding Volume, mit der sie in einer Art Baumstruktur – der Hierarchy – gegliedert sind. Dies erleichtert die Berechnung von Kollisionen und auch das Raytracing. Vereinfacht gesagt, beschleunigt sich die Berechnung, weil Geometrien einer unteren Stufe gar nicht erst berechnet werden müssen, wenn die Geometrie einer übergeordneten Stufe nicht betroffen ist.

Aufgaben findet sich im untergeordneten Panel SELECTED TO ACTIVE. Um die Shading-Informationen eines hochaufgelösten Objekts auf ein niedrig aufgelöstes Objekt zu übertragen, selektieren Sie die Objekte in dieser Reihenfolge, aktivieren das Panel SELECTED TO ACTIVE mit den gewünschten Einstellungen und starten das Backen.

Im Panel OUTPUT geben Sie über das Menü TARGET an, ob Sie eine IMAGE TEXTURE oder einen VERTEX COLOR LAYER backen möchten. Im Falle der IMAGE TEXTURE haben Sie zusätzlich die Möglichkeit, für jede UV-Insel den Rand (»MARGIN«) um die angegebenen Pixel zu erweitern. EXTEND vergrößert den Rand nur nach außen, während ADJACENT FACES die benachbarte Geometrie berücksichtigt und wesentlich bessere Übergänge an den UV Seams ermöglicht.

Materialspezifische Renderoptionen

Analog zum Rendering mit EEVEE haben die Materialien auch unter Cycles spezifische Renderoptionen, die Sie im Panel SETTINGS ❶ des Material-Tabs im Properties Editor (Abbildung 20.41) finden. Neben der Möglichkeit, dem Material einen Render Pass-Index zuzuweisen, bieten sich Optionen zur Behandlung der Oberfläche (SURFACE) sowie zur Berücksichtigung des Volumens (VOLUME).

Im untergeordneten Panel SURFACE ❷ wählen Sie unter DISPLACEMENT aus, ob für das Rendering des Materials eine Bump-Map, eine Displacement-Map oder beides berücksichtigt wird. Das Menü EMISSION SAMPLING enthält verschiedene Optionen für das Rendering lichtemittierender Oberflächen. So können Sie wahlweise nur die Vorder- bzw. Rückseite (FRONT bzw. BACK), beide Seiten in Kombination oder auch nach beitragender Lichtintensität (AUTO) berücksichtigen lassen. Auch das Abschalten der Emission (NONE) ist möglich. Die Option TRANSPARENT SHADOWS sorgt auch unter Cycles dafür, dass durch einen Transparent BSDF-Shader generierte Schatten auch tatsächlich durchscheinend gerendert werden. Die standardmäßig aktivierte Option BUMP MAP CORRECTION minimiert eventuelle Artefakte in problematischen Schattenbereichen.

Für das Rendering von Volumes unter Cycles hält das untergeordnete Panel VOLUME ❸ zusätzliche Optionen für das Material bereit. Zunächst können Sie Cycles über das Menü SAMPLING auf die Sprünge helfen. Hier geht es um die Frage, ob sich das Volume eher entfernt (DISTANCE) oder in der Nähe bzw. innerhalb eines Volumes (EQUIANGULAR) befindet. Die Option MULTIPLE IMPORTANCE deckt beides ab und ist deshalb auch voreingestellt.

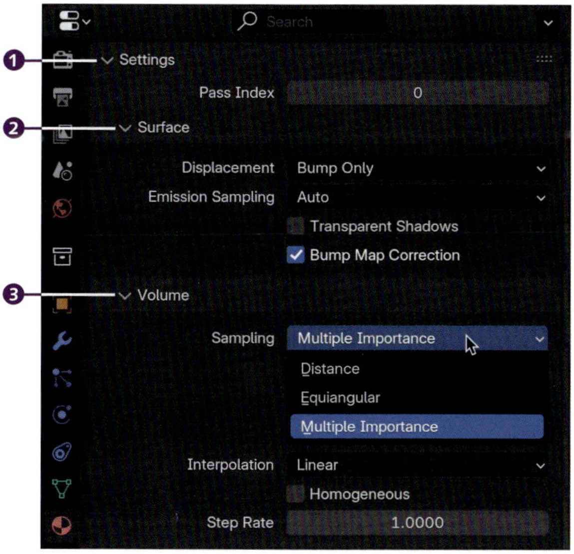

◂ **Abbildung 20.41**
Panel SETTINGS im Material-Tab des Properties Editors

Die Einstellung im Menü INTERPOLATION bezieht sich auf das Volume-Objekt bzw. das Rendering des zugehörigen Volume-Grids (z. B. für Rauch und/oder Feuer). Während dünnere Volumes von der qualitativ guten und schnellen Option LINEAR profitieren, sollten dichtere Volumes die langsamere, doch qualitativ bessere Option CUBIC zugestanden bekommen.

HOMOGENEOUS ist eine Option, mit der Sie manuell sicherstellen können, dass Volumen an allen Stellen die gleiche Dichte vorweisen. Der Cycles-Renderer erledigt das eigentlich automatisch, kann aber mit dieser Funktion überstimmt werden. Mit dem Wert STEP RATE lässt sich eine materialspezifische Sampledichte angeben, die von der globalen, in den Rendereinstellungen angegebenen Sampledichte für Volumes abweicht.

20.5 Color Management

Einen kleinen Vorgeschmack auf das Compositing, die Nachbearbeitung und Finalisierung Ihrer Renderings bietet das Panel COLOR MANAGEMENT im Render-Tab des Properties Editors (Abbildung 20.42) ganz unabhängig von der gewählten Render Engine.

Beim Color Management geht es darum, im Idealfall auf allen Ausgabegeräten ein identisches Ergebnis zu bekommen. In Blender haben Sie die Möglichkeit, den Farbraum für das DISPLAY, das RENDERING und den SEQUENCER separat zu kontrollieren.

Um das Renderergebnis direkt zu beeinflussen, stehen Ihnen neben der Änderung der Belichtungszeit (EXPOSURE) bzw. des Gamma-Werts nach Aktivierung der Option USE CURVES zusätzlich Kurven zur Steuerung der Farbkanäle zur Verfügung (Abbildung 20.43).

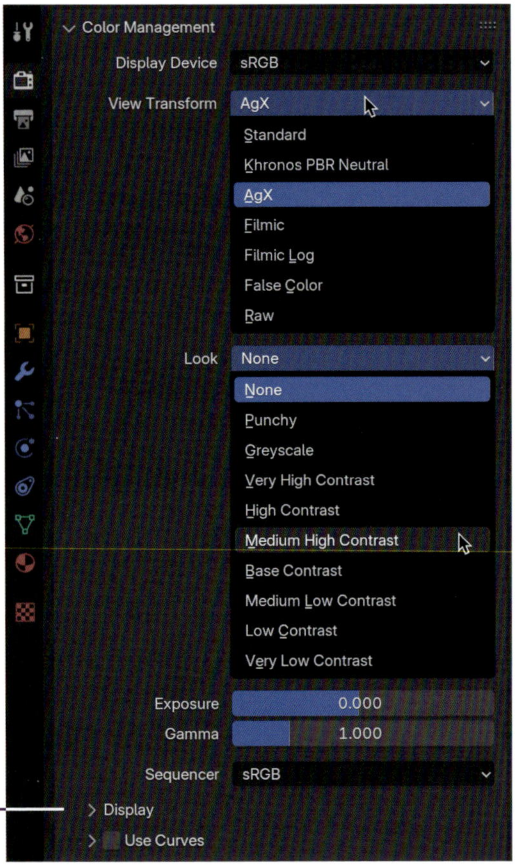

◂ Abbildung 20.42
Panel COLOR MANAGEMENT im Render-Tab

▾ Abbildung 20.43
Kontrolle des Color Managements über RGB-Kurven

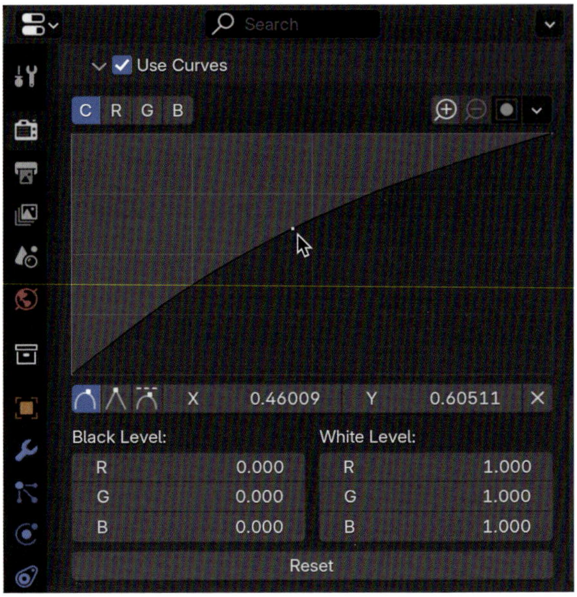

HDR-Displays

Stolze Besitzer eines HDR-(High-Dynamic-Range-) Displays unter macOS können die HDR-Darstellung im Viewport, Image Editor und in den Render Previews nutzen. Dazu ist die View Transform STANDARD und die Aktivierung der HD-Anzeige über das Panel DISPLAY ❶ nötig.

Einfluss auf das Rendering durch Transformation des Farbraums können Sie außerdem über das Menü VIEW TRANSFORM nehmen. Einige der sogenannten VIEW TRANSFORMS wie RAW und FILMIC LOG eignen sich eher zur Bildanalyse, andere wie AGX oder FILMIC verleihen dem Rendering durch Nachahmen des Looks von analogem Filmmaterial eine neue Dynamik hin zum Fotorealismus.

Einen eher künstlerischen Ansatz verfolgt das Menü LOOK. Hier haben Sie diverse Bildkontraste zur Auswahl, um einen bestimmten Look von Filmmaterialien noch vor der Transformation des Farbraums anzubringen. In Abbildung 20.44 sehen Sie nebeneinander, wie sich die VIEW TRANSFORMS auf das Standard-Bildmaterial auswirken.

▲ **Abbildung 20.44**
View Transforms Standard, Filmic, Filmic mit Low Contrast sowie Filmic mit Very High Constrast

20.6 Non-Photorealistic Rendering (NPR)

Wie der Name schon andeutet, geht es beim Non-Photorealistic Rendering (NPR) ausdrücklich darum, keine fotorealistischen Bilder oder Animationen zu generieren, sondern den Renderings einen comichaften, oft auch zeichnerischen Look zu verleihen.

Das dafür integrierte Modul Freestyle steht Ihnen sowohl in EEVEE als auch in Cycles zur Verfügung. Dabei liegt es ganz in Ihrer Hand, ob Sie die über das Rendering gelegten Linien als reine Strichzeichnung verwenden, mit einem Toon Shader versehen (Abbildung 20.45) oder über Ihre gewohnten PBR-Materialien legen (Abbildung 20.46).

◂ **Abbildung 20.45**
Rendering mit einem Toon Shader und Freestyle

Abbildung 20.46 ▸
Rendering mit PBR-Materialien und Freestyle

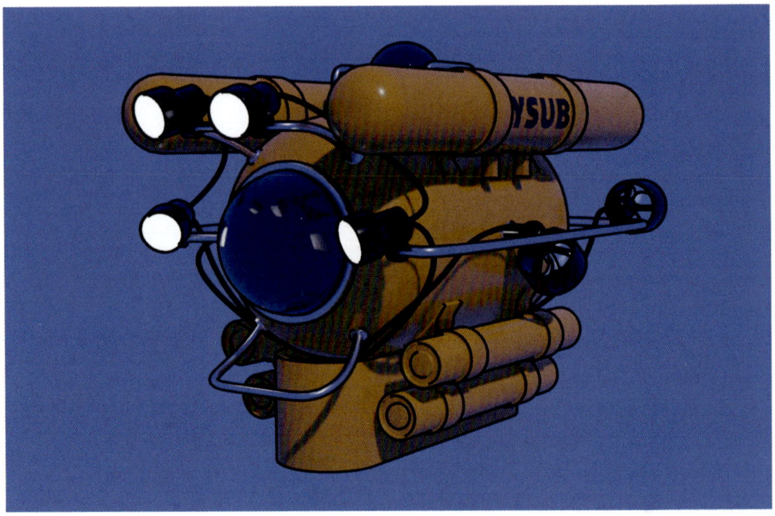

Sie aktivieren FREESTYLE über das gleichnamige Panel ❷ im Render-Tab ❶ des Properties Editors. Hier legen Sie zunächst fest, ob die Linienstärke (LINE THICKNESS) über den angegebenen Pixel-Wert (ABSOLUTE) gelten soll oder ausgehend von einer Y-Höhe des Renderings von 480 skaliert wird.

Abbildung 20.47 ▸
Panel FREESTYLE im Render-Tab

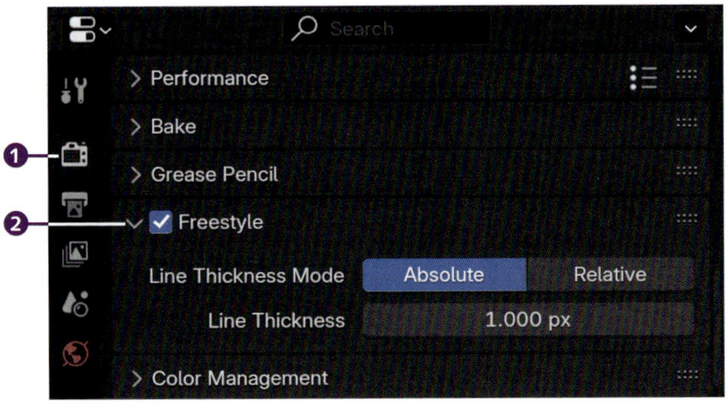

Python Style Modes

Wer tiefer in die NPR-Materie einsteigen will und dabei auch noch Python beherrscht, kann über den CONTROL MODE »PYTHON SCRIPTING MODE« im Panel FREESTYLE des View Layer-Tabs (Abbildung 20.48) selbst geschriebene Style Modes für Freestyle verwenden.

Die weiteren, sehr umfangreichen Einstellungen für das Freestyle-Rendering finden Sie im View Layer-Tab ❸. Das ergibt insoweit Sinn, als dem Render-Layer auch die sogenannte VIEWMAP zugewiesen ist, welche Ihre Objekte über die im Panel FREESTYLE ❹ hinterlegten Einstellungen analysiert und anhand des vorliegenden Winkels (CREASE ANGLE) jeweils entscheidet, ob ein Linienzug entsteht oder nicht. Weil die Erstellung dieser VIEWMAP einen beträchtlichen Teil der Renderzeit mit FREESTYLE in Anspruch nimmt, empfiehlt es sich, sobald sich an der Geometrie nichts mehr ändert, einen Cache durch Aktivieren der Option VIEW MAP CACHE anzulegen.

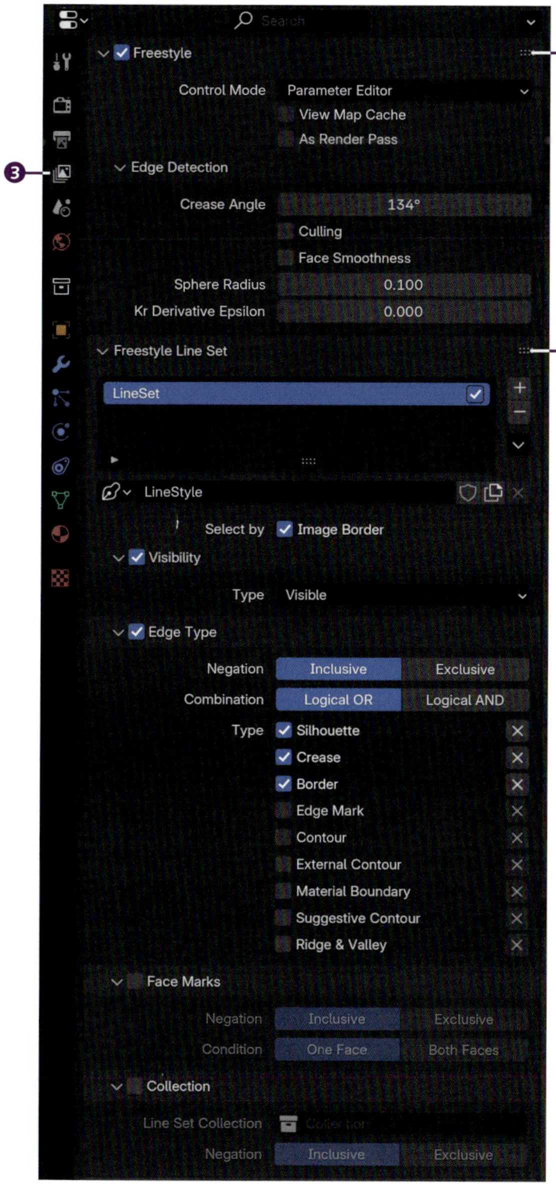

◂ **Abbildung 20.48**
Panels FREESTYLE und FREESTYLE LINE SET im View Layer-Tab

▾ **Abbildung 20.49**
Manuelles Definieren eines selektierten Edge Loops als FREESTYLE EDGE

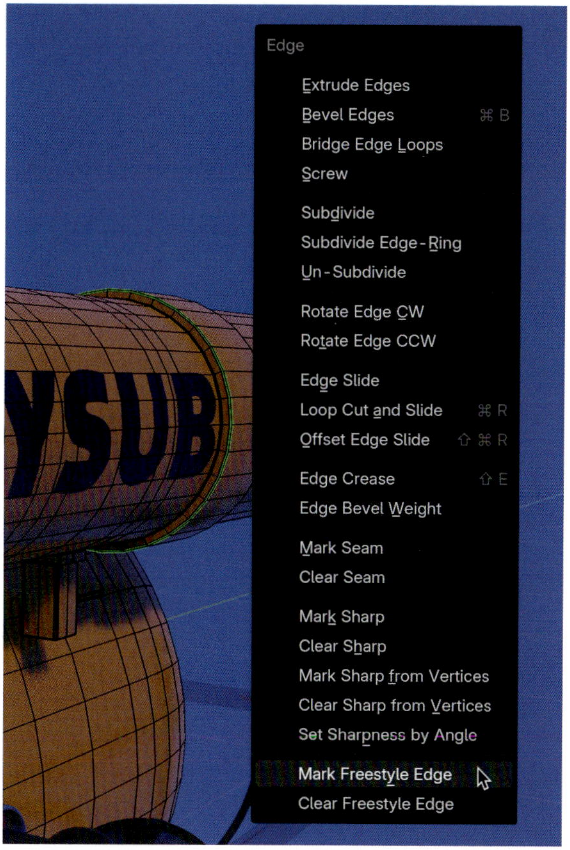

Im Panel FREESTYLE LINE SET ❺ sind dann Sie am Zug. Hier können Sie unterschiedliche LINE SETS anlegen und über die zugehörigen Visibility- und Edge Type-Vorgaben festlegen, welche über die VIEW-MAP ermittelten Linienzüge des Objekts beim Rendering erscheinen sollen. Sollten Sie wichtige Linienzüge vermissen, erzeugen Sie eine Selektion im Edge Select Mode und rufen über die Tasten [Strg]/[Cmd] + [E] das Menü EDGE mit dem Befehl MARK FREESTYLE EDGE auf, um diese Edges zu markieren (Abbildung 20.49).

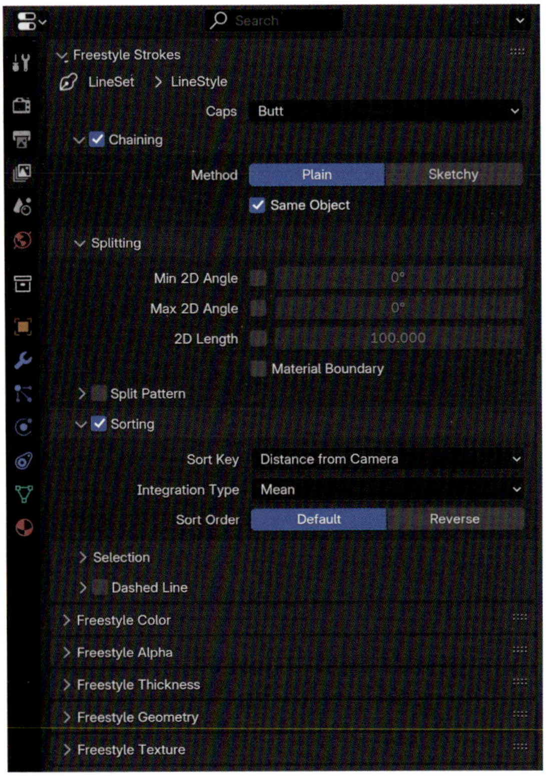

▲ **Abbildung 20.50**
Panel FREESTYLE LINE STYLE im View Layer-Tab

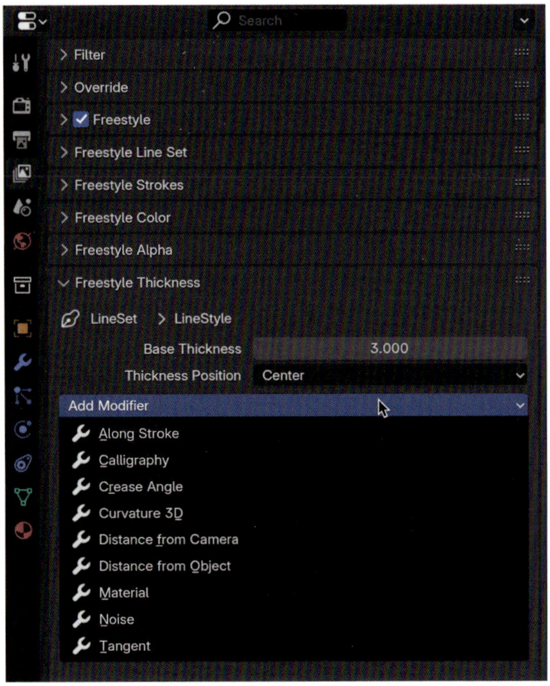

▲ **Abbildung 20.51**
Modifier für FREESTYLE LINE STYLES

Ihre kreative Ader ist in den umfangreichen Panels für den LINE STYLE des per Freestyle gezeichneten Linienzugs gefragt (Abbildung 20.50). Dabei können Sie Einfluss auf die Linienart (STROKES), auf die Farbe der Linie (COLOR), die Transparenz (ALPHA), die Dicke (THICKNESS) und die Nachverfolgung der Geometrie (GEOMETRY) nehmen bzw. eine Textur als Pinsel definieren (TEXTURE).

In vielen Bereichen stehen Ihnen zusätzlich unterschiedliche Modifier zur Verfügung, um den Zeichenstil zu modifizieren oder auch zu verfremden (Abbildung 20.51). So können Sie beispielsweise die Dicke (THICKNESS) der gezeichneten Linie entlang des Striches (ALONG STROKE) mit einem Farbverlauf versehen, die Dicke von der Distanz von der Kamera bzw. dem Objekt (DISTANCE FROM CAMERA bzw. OBJECT) abhängig machen oder auch einfach eine Verwackelung des Strichs per NOISE realisieren.

Die Ergebnisse des non-photorealistischen Renderings mit FREESTYLE lassen sich übrigens nicht über das VIEWPORT SHADING RENDERED im Viewport, sondern ausschließlich nach Rendering über den Befehl RENDER IMAGE bzw. ANIMATION (Taste `F12` bzw. Tasten `Strg`/`Cmd` + `F12`) betrachten.

Kapitel 21

Compositing

Eine der großen Herausforderungen bei der Arbeit mit Blender (und natürlich auch mit allen anderen 3D-Programmen) ist es, bei der Fülle an Elementen, die Einfluss auf Ihre 3D-Szene nehmen, stets die richtige(n) Stellschraube(n) zu erwischen. Weil es häufig effizienter ist, den letzten Feinschliff erst nach dem Rendering anzubringen, bietet das Compositing mit Layern, Passes und Nodes nahezu unbegrenzte kreative Möglichkeiten.

Beim Compositing geht es zunächst um die Bestimmung der verschiedenen Ebenen (Layer). Bestimmte Funktionen wie Schatten, Tiefen- oder Bewegungsunschärfe benötigen sogenannte Passes, spezifische Informationen aus dem gerenderten Ergebnis, die Sie gezielt extrahieren können.

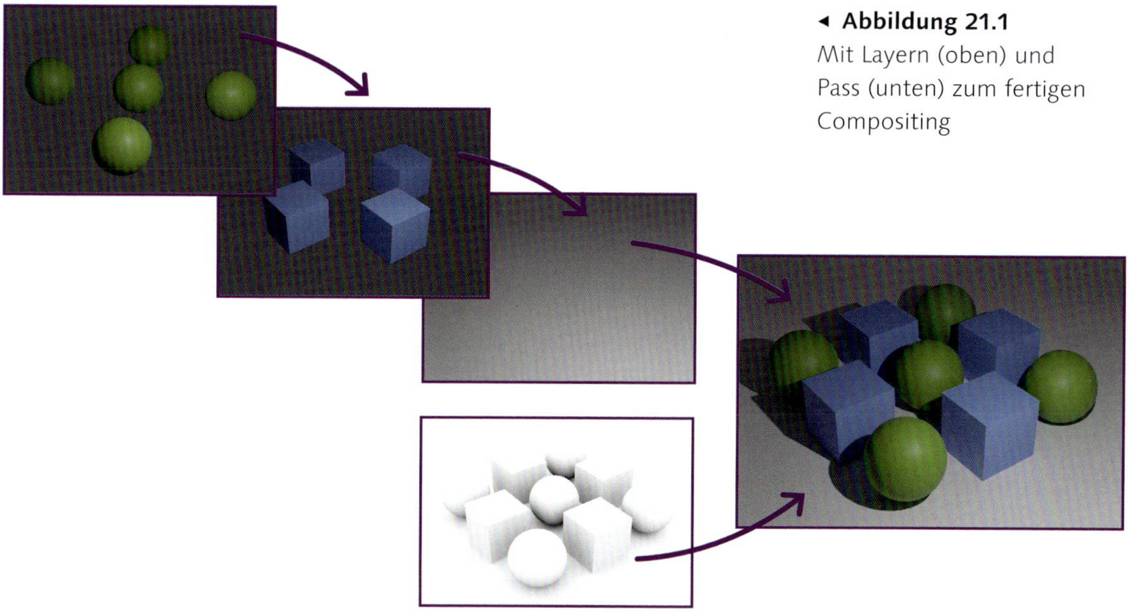

◂ **Abbildung 21.1**
Mit Layern (oben) und Pass (unten) zum fertigen Compositing

Das Beispiel in Abbildung 21.1 ist Ihnen sicherlich noch vom Grundlagen-Teil bekannt. Deshalb wissen Sie bereits, dass den Layern ❷ über an- ❺ bzw. abgeschaltete ❻ Collections mitgeteilt wird, welche Elemente zu ihnen gehören.

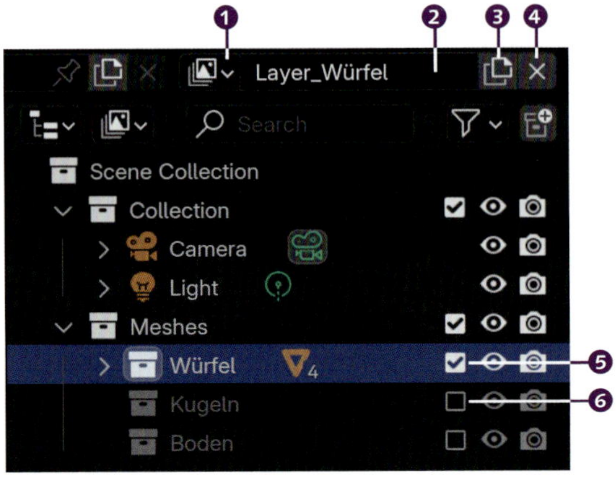

Abbildung 21.2 ▸
View Layer mit aktivierten und deaktivierten Collections

Abgesehen von den Layern greifen Sie beim Compositing auf Passes zurück, also Szenen-Informationen wie Ambient Occlusion, Tiefe u.v.m., die Sie getrennt und nach Ihren Vorstellungen erzeugen und modifizieren. Alle Modifikationen und der Zusammenbau erfolgen im Node Editor COMPOSITOR.

21.1 View Layer

Mit den View Layern erzeugen und konfigurieren Sie die Zusammenstellung von sichtbaren, unsichtbaren oder auch maskierten Layern zu den Ebenen, die Sie später per Compositing zusammenfügen möchten.

Zugriff auf die verfügbaren VIEW LAYER bietet das Menü ❶. Über den Button ❸ haben Sie die Möglichkeit, neue View Layer anzulegen, wahlweise als Kopie des bestehenden Layers (COPY SETTINGS) oder auch gänzlich neu (NEW) bzw. ohne aktive Layer (BLANK). Um einen bestehenden View Layer zu löschen, klicken Sie auf den Button ❹.

Die Einstellungen für den jeweiligen View Layer finden Sie im View Layer-Tab ❼ des Properties Editors. Im gleichnamigen Panel ❽ lässt sich der View Layer für das Rendering aktivieren bzw. deaktivieren (USE FOR RENDERING) oder auch einzeln separat rendern (RENDER SINGLE LAYER).

Über das Panel FILTER ❾ (nur unter Cycles verfügbar) können Sie gezielt Einfluss darauf nehmen, welche Renderfunktionen für den View Layer aktiviert sind. So können Sie die Umgebung (ENVIRONMENT), SURFACES, HAIR und VOLUMES ein- bzw. ausschließen sowie MOTION BLUR und DENOISING an- bzw. ausschalten.

Das Panel OVERRIDE ❿ (nur unter Cycles verfügbar) gibt Ihnen die Möglichkeit, alle in der Szene vorhandenen Materialien und World-Einstellungen auf einen Schlag mit den in den Override-Feldern vorgegebenen Daten zu ersetzen. Auch die für das Rendering veranschlagten SAMPLES lassen sich hier gezielt anheben.

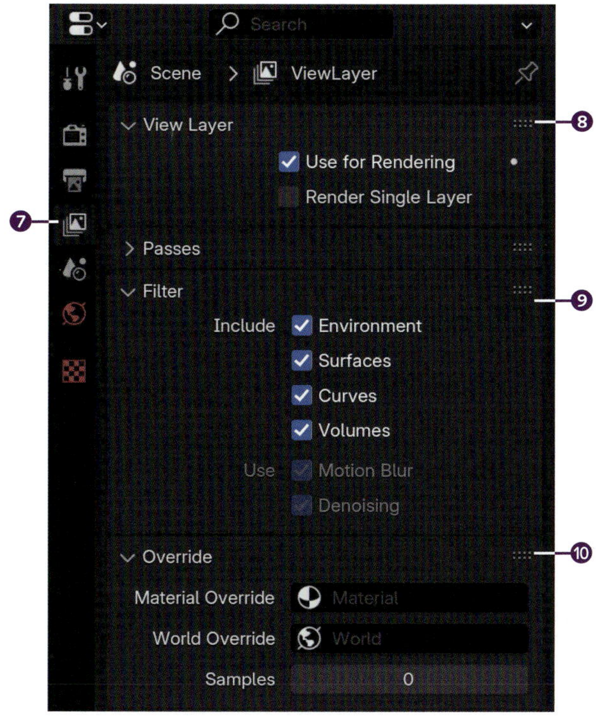

▲ **Abbildung 21.3**
View Layer-Tab des Properties Editors

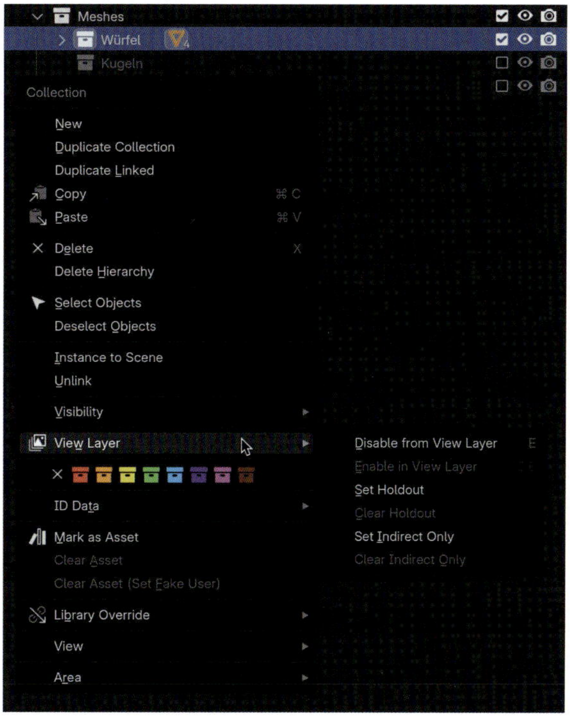

▲ **Abbildung 21.4**
Kontextmenü für Collections

Für das bequeme Zusammenspiel zwischen View Layer und Collections eignet sich das zugehörige Kontextmenü (Abbildung 21.4), das Sie wie üblich per Rechtsklick aufrufen. Über das dortige Untermenü VIEW LAYER lassen sich neben dem Aktivieren bzw. Deaktivieren für den aktuell gewählten Layer (DISABLE FROM/ENABLE IN LAYER) auch Collections auf den Beitrag von Schatten bzw. Reflexionen reduzieren (SET/CLEAR INDIRECT ONLY) oder als Maske verwenden (SET/CLEAR HOLDOUT).

21.2 Passes

Nicht alle für das Compositing wünschenswerten Bild- bzw. Szenen-Informationen lassen sich alleine mittels View Layern zusammenstellen. Bestimmte Szenen- bzw. Objekt-Informationen wie die Tiefe, Ambient Occlusion oder auch Mist und vieles mehr lassen sich dafür über die sogenannten Render-Passes gewinnen (Abbildung 21.5).

▾ **Abbildung 21.5**
Render-Passes Diffuse Color, Ambient Occlusion, Specular Light, Volume Light, Normal und Mist

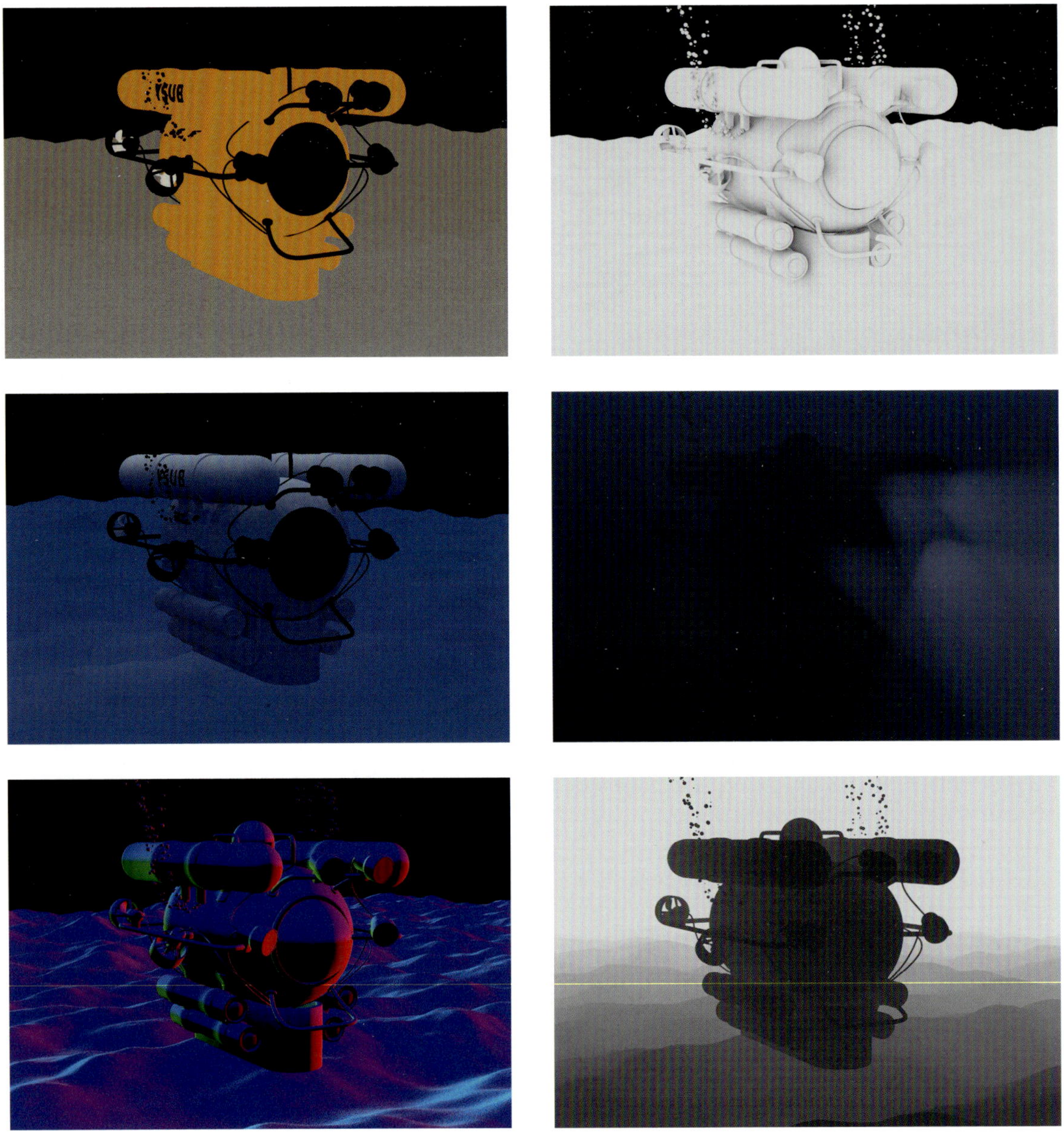

Nach dem Extrahieren der Bild- bzw. Szeneninformation aus dem Rendering können Sie die Passes separat modifizieren oder auch als Grundlage für Effekte wie Schärfentiefe oder auch Bewegungsunschärfe nutzen. Bei den auslesbaren Passes weisen die beiden Renderer (EEVEE bzw. Cycles) viele Gemeinsamkeiten auf. Aufgrund der unterschiedlichen Funktionsweise der Render Engines gibt es aber auch einige Spezialitäten wie Bloom, Vector oder UV, die Ihnen nur einer der beiden Renderer bereitstellt.

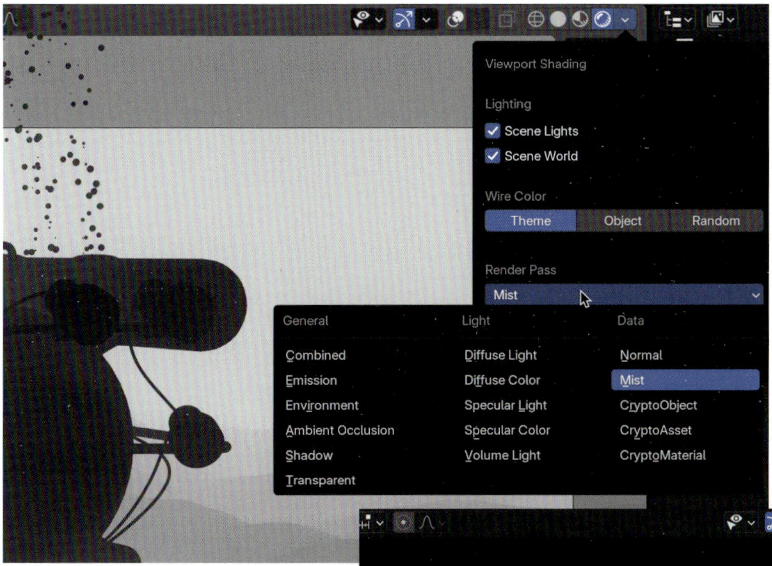

◂ Abbildung 21.6
Anzeige der Passes über das Pop-up-Menü VIEWPORT SHADING unter EEVEE

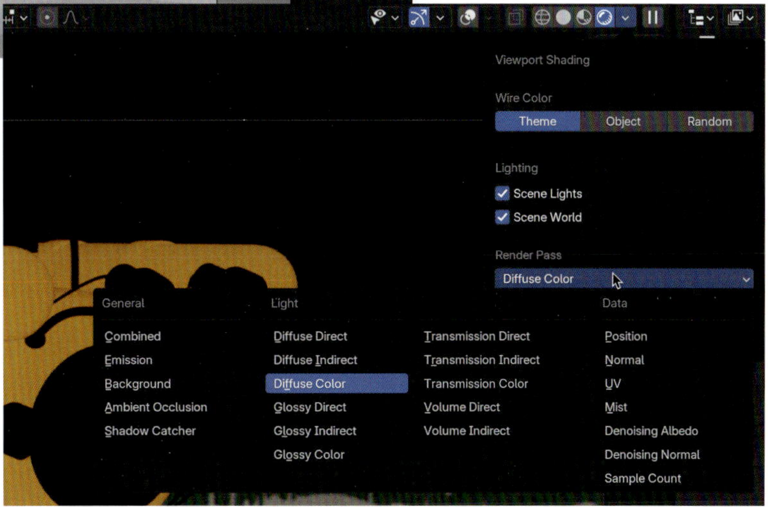

Abbildung 21.7 ▸
Anzeige der Passes über das Pop-up-Menü VIEWPORT SHADING unter Cycles

Eine sehr praktische Funktion zur Beurteilung der verschiedenen Passes, ohne dafür ein komplettes Rendering anzustoßen, finden Sie im Pop-up-Menü VIEWPORT. Sie können sich dort den gewünschten RENDER PASS auswählen und direkt im Viewport betrachten.

EEVEE

Sehen wir uns zunächst die Passes an, die uns EEVEE zur Verfügung stellt (Abbildung 21.8). Der Pass COMBINED entspricht dem aus allen einzelnen Render-Passes zusammengestellten Renderergebnis. Der Z-Pass enthält die Information über die Tiefe, genauer gesagt, die Entfernung der Objekte zur Kamera. Zu den Daten-Passes gehören außerdem der für Nebel zuständige MIST sowie die Anzeige aller Oberflächen-Normalen (NORMAL).

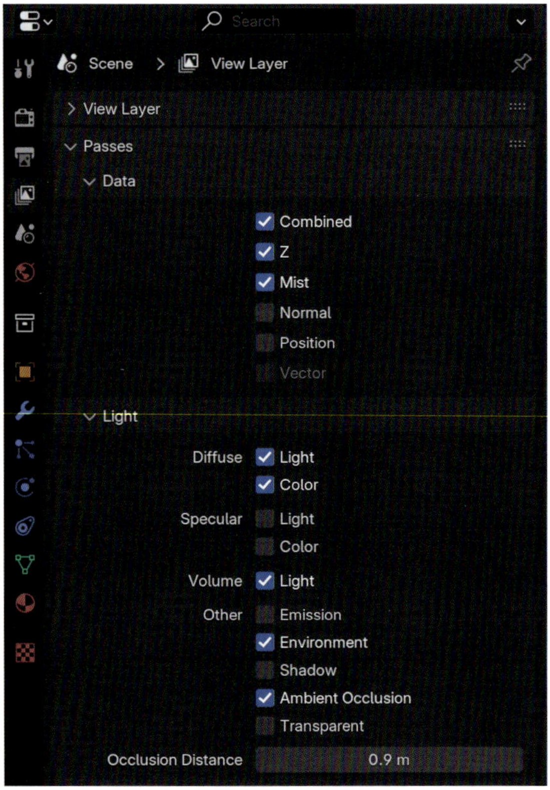

Abbildung 21.8 ▸
Panel PASSES im View Layer-Tab unter EEVEE

Bei den Light-Passes finden Sie objekt- und materialspezifische Passes für die gezielte Modifikation Ihrer Renderergebnisse, sei es, um eine bestimmte Material-Farbe zu bearbeiten oder die Schattenbereiche in der Szene gezielt anzuheben bzw. abzuschwächen.

Unter den EFFECTS bietet Ihnen EEVEE die renderspezifische Möglichkeit, den Bloom-Effekt als separaten Pass auszugeben. Bereiche der Szene, die durch Alpha-Werte Transparenzen aufweisen, lassen sich über den Transparent-Pass extrahieren. Dieser Pass arbeitet ausschließlich mit einfarbiger (monochromatischer) Transparenz bzw. Opazität.

Cycles

Alle Data- und Light-Passes, die Ihnen unter EEVEE zur Verfügung stehen, finden Sie auch unter Cycles im Panel Passes (Abbildung 21.9), doch Cycles beherrscht noch einiges mehr.

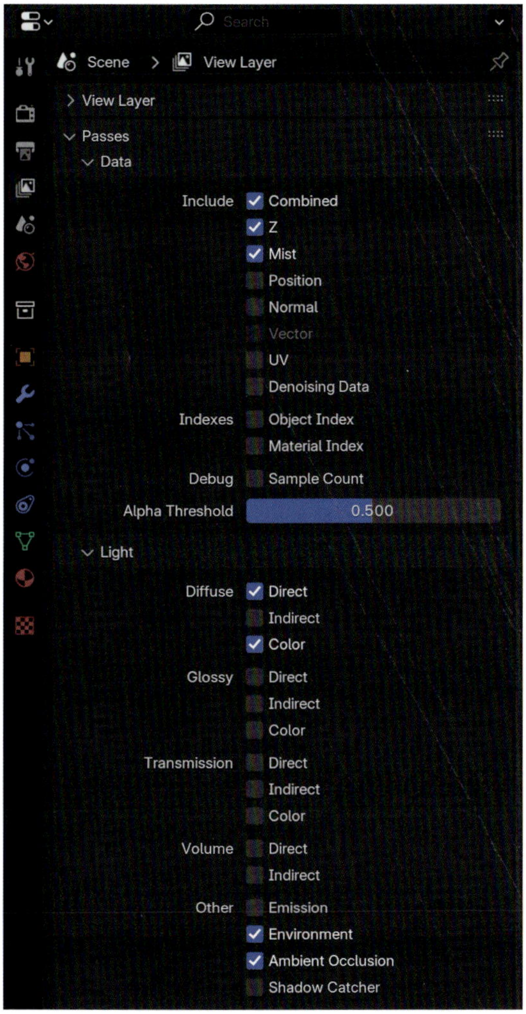

◂ **Abbildung 21.9**
Panel Passes im View Layer-Tab unter Cycles

Bei den Data-Passes lässt sich die Position der Objekte in Bezug auf den Weltursprung als Farbinformation auslesen. Der Pass Vector sorgt für die nötigen Informationen in Form von Bewegungsvektoren zur Generierung von Bewegungsunschärfe beim Compositing.

Als weitere Daten-Passes lassen sich auf Wunsch die gemappten UV-Koordinaten sowie die für das Denoising von Animationen verwendeten Informationen auslesen. Um Objekte oder Materialien als Masken einzusetzen, aktivieren Sie die jeweiligen Indexes, um sie später über den ID Mask-Node beim Compositing anzusprechen. Für die Fehlersuche könnten die RENDER TIME und die Samplezahl (SAMPLE COUNT) von Interesse sein.

Die materialspezifischen Light-Passes unter Cycles werden in direkte Beleuchtung (DIRECT), indirekte Beleuchtung (INDIRECT) sowie die Farbinformation (COLOR) unterteilt. Für Diffuse- bzw. Subsurface-BSDFs, für Glossy-BSDFs und für Transmission-BSDFs haben Sie alle drei Passes zur Verfügung, für Volume-BSDFs nur die beiden Passes der Beleuchtung.

Möchten Sie unter Cycles nachträglich einen weiteren Pass hinzufügen, so aktivieren Sie den benötigten Pass und starten ein erneutes Rendering. Erst nach diesem Schritt liegen die aktuellen Informationen am jeweiligen Node-Socket für das Compositing vor.

Cryptomatte

Wer das Maximum an Kontrolle für die Nachbearbeitung der Renderings beim Compositing haben möchte, kommt um den Quasi-Standard Cryptomatte nicht herum. Cryptomatte ist darauf spezialisiert, Ihnen die Objekte, Materialien und Objektgruppen (Assets) für das spätere Compositing im Compositor von Blender (oder auch in anderen Compositing-Programmen) optimal aufzubereiten. Dazu wählen Sie die gewünschten Passes im untergeordneten Panel CRYPTOMATTE des View Layer-Tabs (Abbildung 21.10) aus.

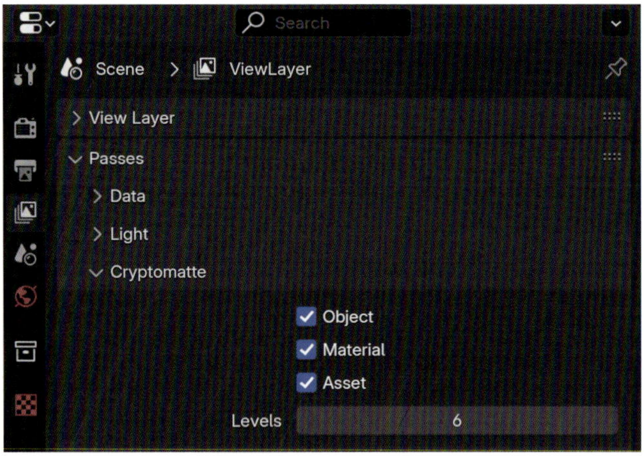

Abbildung 21.10 ▸ Cryptomatte-Passes im Panel PASSES des View Layer-Tabs

Der Parameter LEVELS gibt dabei die maximale Anzahl an Objekten an, zwischen denen Cryptomatte pro Pixel differenziert, die Option ACCURATE MODE garantiert dabei die höchstmögliche Genauigkeit.

Das Besondere an Cryptomatte ist nämlich, dass die von Cryptomatte erzeugten Masken (MATTES) nicht nur anti-aliased sind, sondern auch Transparenzen und Bewegungsunschärfe (Motion Blur) unterstützen.

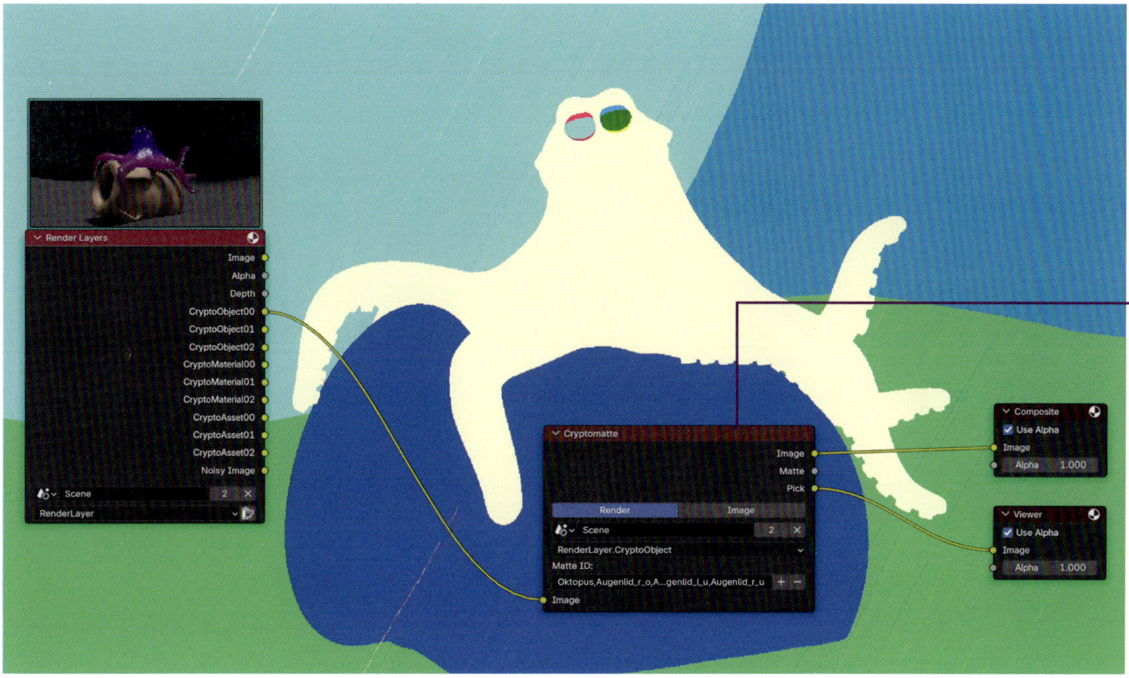

▲ **Abbildung 21.11**
Anzeige der von Cryptomatte erkannten Objekte

In der Praxis stellt sich die Arbeit mit Cryptomatte erfreulich unkompliziert dar. Nach erfolgtem Rendering mit den entsprechend aktivierten Cryptomatte-Passes finden sich im Render Layers-Node die zugehörigen Sockets für die Cryptomatte-Objekte, -Materialien und -Assets (Abbildung 21.11). In der gezeigten, sogenannten Pick-Ansicht sind die von Cryptomatte erkannten Objekte klar farblich voneinander abgesetzt.

Um nun beispielsweise die Farbe des Oktopus per Compositing zu modifizieren, legen Sie über den +-Button im Cryptomatte-Node ❶ sogenannte MATTE IDs für den Oktopus an, indem Sie mit der Pipette die jeweiligen Objekte, die Sie nachbearbeiten möchten (in diesem Beispiel der Körper und die Augenlider des Oktopus), nach und nach aufnehmen.

Die eigentliche Modifikation der Farbe erfolgt dann über die Compositing-Nodes, im gezeigten Fall dient die Cryptomatte-Matte als FACTOR für die per Hue Saturation Value-Node ❶ (Abbildung 21.12) veränderte Farbe des Oktopus.

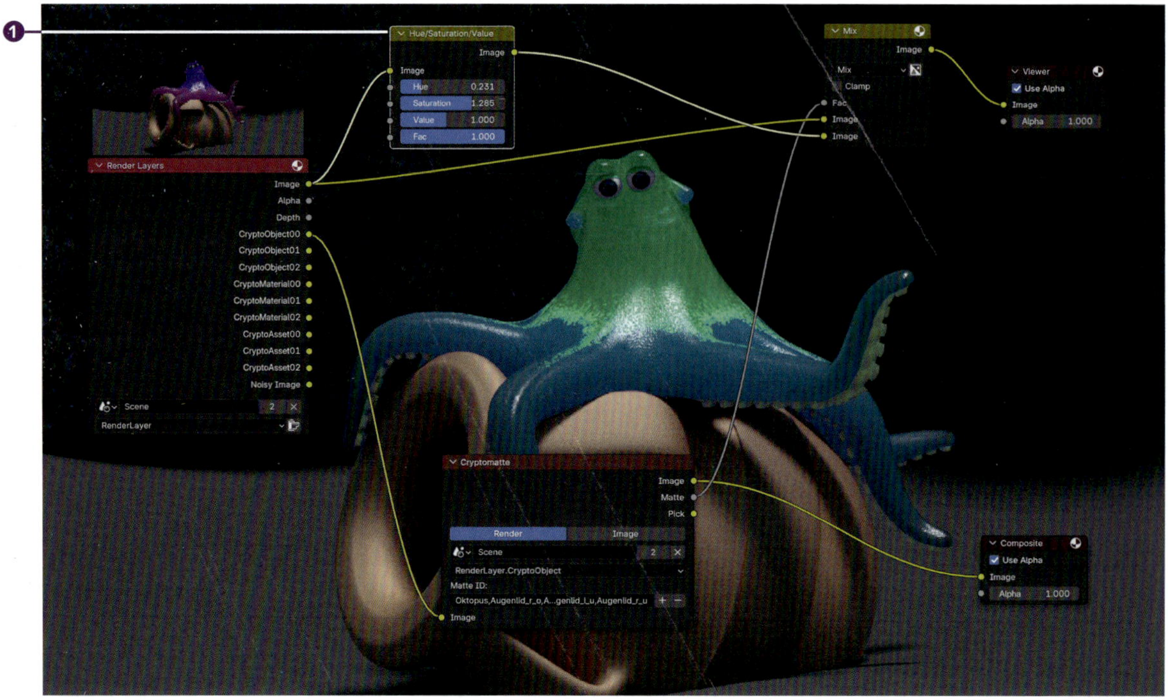

▲ **Abbildung 21.12**
Gezielte Modifikation der Oktopus-Farbe über den Cryptomatte-Node

Alles, was Sie über den Umgang mit Nodes beim Compositing wissen müssen, und welche Möglichkeiten sich Ihnen dadurch eröffnen, erfahren Sie in Kürze.

Shader AOV

Unter den Passes im View Layer-Tab finden sich außerdem Shader AOVs (Abbildung 21.13), ausgeschrieben »Arbitrary Output Variables«, auf gut Deutsch »beliebige Ausgabevariablen«.

Abbildung 21.13 ▸
Shader AOV-Passes im Panel Passes des View Layer-Tabs

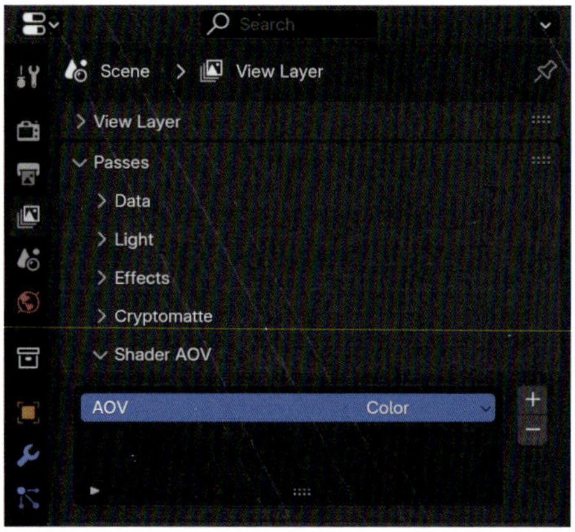

Wie der Zusatz »Shader« schon andeutet, setzen diese speziellen Passes auf Shadern auf. Um also über Shader AOV ein bestimmtes Element zu separieren, legen Sie in dessen Material einen AOV-Output-Node an und geben dort den exakten Namen des AOV-Passes ein.

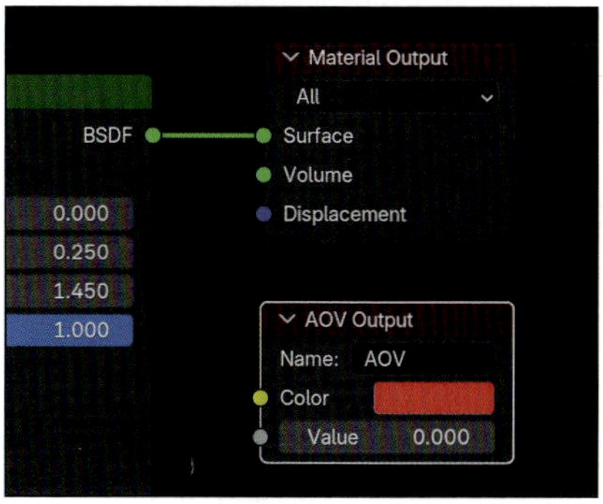

▲ **Abbildung 21.14**
AOV Output-Node für das Material

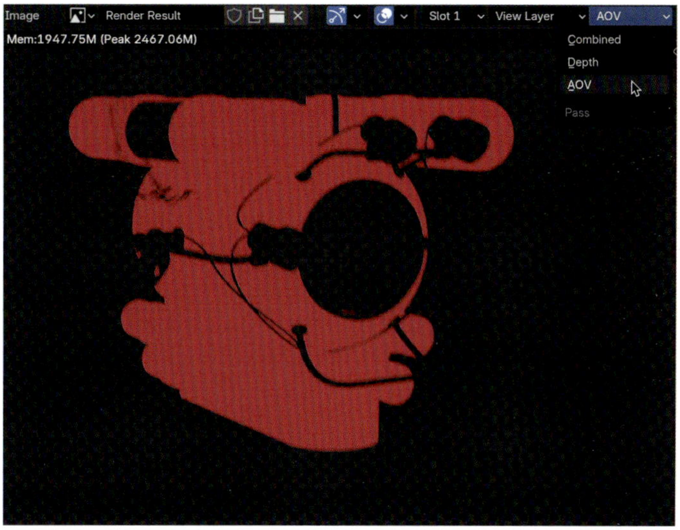

Abbildung 21.15 ►
Shader AOV-Pass

Über das Menü der Shader AOV-Passes im View Layer-Tab (Abbildung 21.14) können Sie für jeden Pass separat bestimmen, ob Sie die Farbe (COLOR) oder den vorliegenden Wert (VALUE) für die Weiterverarbeitung nutzen möchten.

Light Groups (nur Cycles)

Blender bietet Ihnen mit den unterschiedlichen Light-Passes für DIFFUSE, GLOSSY, TRANSMISSION oder auch AMBIENT OCCLUSION viele Möglichkeiten zur Einflussnahme auf direktes bzw. indirektes Licht sowie die Lichtfarbe. Doch natürlich wäre es auch wünschenswert, mehr Kontrolle über die einzelnen Lichtquellen und ihre Wirkung zu haben – wohlgemerkt, ohne erneutes Rendering, wie im Compositing üblich.

Die Lösung für diese Anforderung bietet Blender in Form der Light Groups. Wie der Name schon andeutet, lassen sich Lichtquellen in Gruppen organisieren und damit nach der benötigten Logik bzw. Beleuchtungsaufgabe für Ihre Zwecke als separate Passes ausgeben.

Bevor Sie Lichtquellen einer Light Group zuweisen können, müssen Sie diese natürlich zunächst anlegen. Dies geschieht beispielsweise im untergeordneten Panel LIGHT GROUPS der PASSES im View Layer-Tab des Properties Editors (Abbildung 21.16).

Abbildung 21.16 ▸
Light Groups im Panel PASSES des View Layer-Tabs

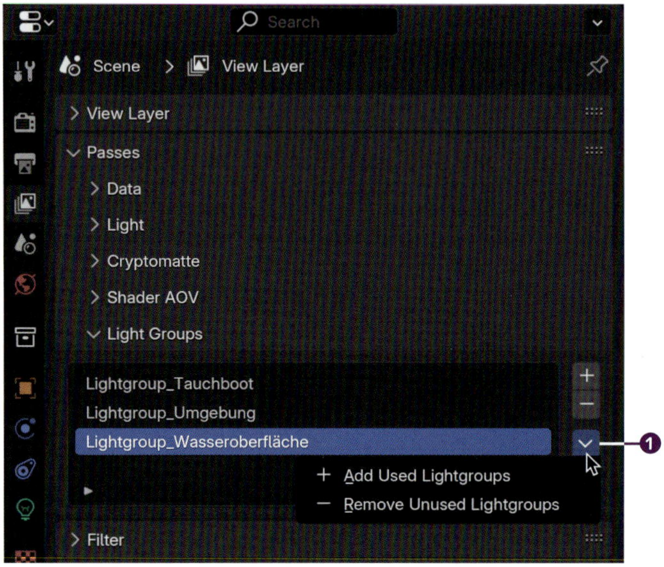

Neben dem Erzeugen und Löschen von Light Groups über die +- bzw. –-Buttons haben Sie über das Pfeil-Menü ❶ die Möglichkeit, alle an anderer Stelle erzeugten und verwendeten Light Groups anzufügen (ADD USED LIGHTGROUPS) bzw. hier aufgeführte, aber nicht verwendete Light Groups zu löschen (REMOVE UNUSED LIGHTGROUPS).

Wie ordnen Sie nun die verschiedenen lichtemittierenden Elemente Ihrer Szene einer bestimmten Light Group zu? Im Falle einer herkömmlichen Lichtquelle finden Sie das dafür zuständige Panel SHADING ❷ im Object-Tab des Properties Editors. Gleiches gilt für Objekte, die ein lichtemittierendes Material wie den Emission-Shader besitzen und damit ebenso als Lichtquelle fungieren. Nach Klick auf das Feld LIGHT GROUP bekommen Sie alle angelegten Light Groups zur Auswahl aufgelistet.

Sie können auch die von der World emittierte Umgebungsbeleuchtung einer Light Group zuweisen und per Compositing feintunen. Das Zuweisen zu einer Light Group erfolgt dabei über das Panel SETTINGS ❸ im World-Tab des Properties Editors, wo Sie ebenfalls ein untergeordnetes Panel LIGHT GROUPS für die Auswahl der gewünschten Light Group finden.

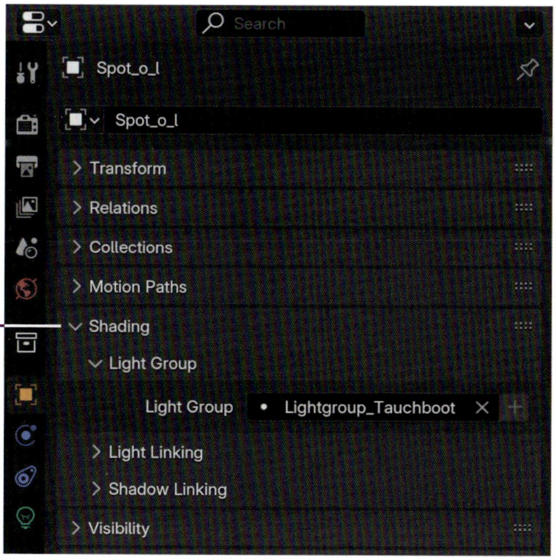

▲ **Abbildung 21.17**
Panel SHADING im Object-Tab der Lichtquelle

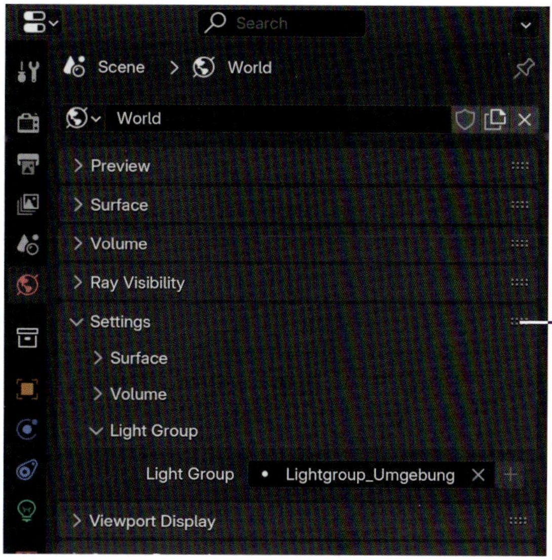

▲ **Abbildung 21.18**
Panel SETTINGS im World-Tab

Nach dem Anlegen der Light Groups stoßen Sie über den Befehl RENDER • RENDER IMAGE (Taste F12) das Rendering an: Nach dem Rendering liegt Ihnen für jede Light Group ein separater Pass (Abbildung 21.19) vor, im gezeigten Beispiel für die Beleuchtung der World (links), ein Area-Light für die Wasseroberfläche (mittig) sowie für die Spot-Lights der Scheinwerfer (rechts).

▼ **Abbildung 21.19**
Rendering verschiedener Light Group-Passes

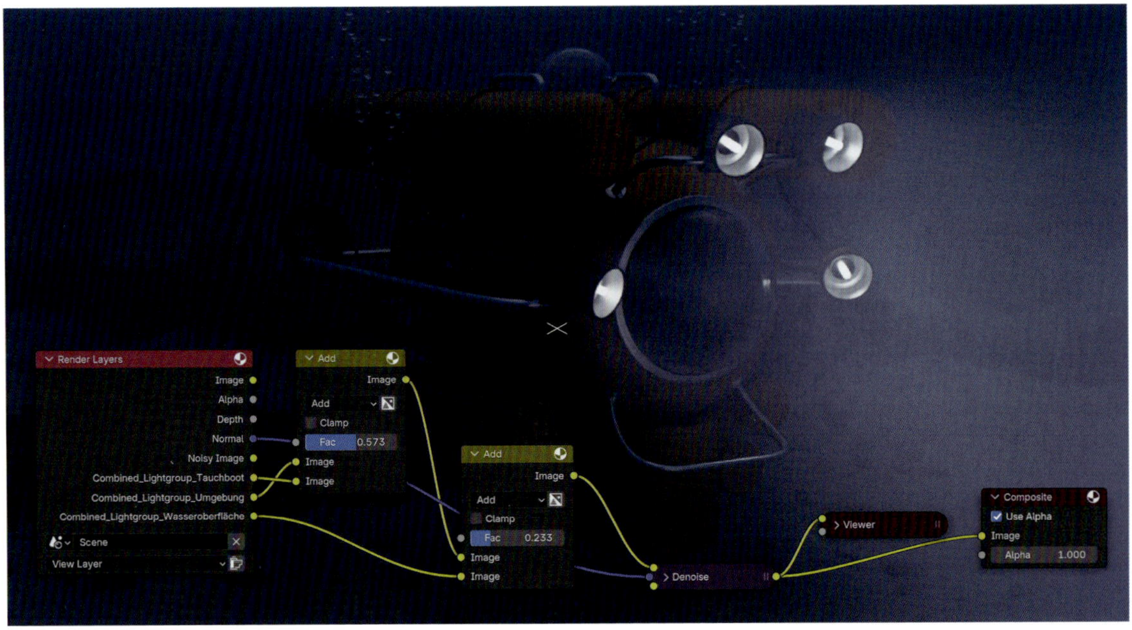

▲ **Abbildung 21.20**
Verknüpfung und Steuerung der Light Group-Passes im Compositor

Mittels Compositing lässt sich die Wirkung der einzelnen Light Groups anschließend nach den eigenen Vorstellungen anpassen. Dabei kommen Mix- bzw. Add-Nodes zum Einsatz, mit denen Sie die Bildinformationen der separaten Passes verknüpfen und über den zugehörigen Fac-Wert kontrollieren (Abbildung 21.20). Womit wir schon beim nächsten spannenden Thema dieses Kapitels angekommen sind: dem Compositing mittels Nodes im COMPOSITOR.

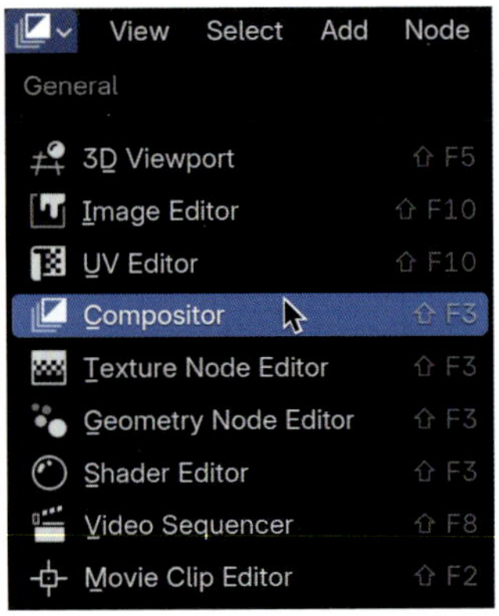

▲ **Abbildung 21.21**
Menü der Editoren

21.3 Compositing-Nodes

Sehen wir uns nun den Compositor, den Hauptaktionsbereich, sobald Sie mit der Zusammenstellung der Layer und Passes fertig sind und ein erstes Rendering angestoßen haben, genauer an.

Das Arbeiten in nodebasierten Editoren ist Ihnen mittlerweile bestens vertraut, und auch den Compositor erreichen Sie über das Editoren-Menü (Abbildung 21.21). Als üblichen Arbeitsschritt nach dem Rendering bietet Ihnen Blender einen eigenen Workspace ❼ für das COMPOSITING an (Abbildung 21.22). Falls noch nicht geschehen, aktivieren Sie die Option USE NODES ❹, um die für das Compositing vorgesehenen Nodes im Compositor angezeigt zu bekommen. Eine Besonderheit vieler Nodes im Compositor ist, dass Sie sich deren aktuellen Inhalt in einer kleinen Node-Vorschau ❸ über den Button ❷ ein- bzw. ausblenden können. Wie in den meisten Editoren üblich, finden Sie links eine Toolbar (Taste [T]) bzw. rechts eine Sidebar (Taste [N]) mit Zugriff auf Werkzeuge bzw. Einstellungen und Parameter für die Ansicht und die enthaltenen Elemente.

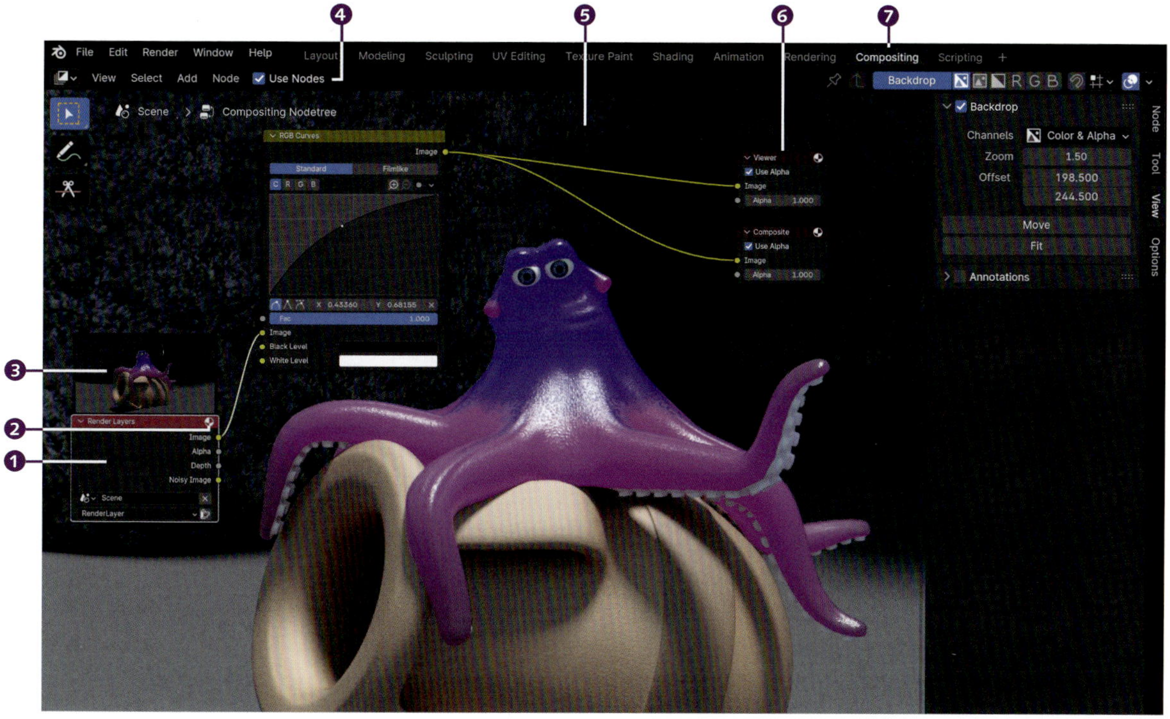

▲ **Abbildung 21.22**
Node Editor COMPOSITOR

Eine sehr wichtige Funktion beim Compositing ist der BACKDROP ❺. Sie können sich damit das aktuelle Compositing-Resultat oder auch den Inhalt eines Passes bzw. Farbkanals im Hintergrund des Editors anzeigen lassen. Holen Sie sich dazu über das Menü ADD • OUTPUT (Tasten [⇧] + [A]) einen Viewer-Node ❻ in den Editor, und verbinden Sie ihn mit dem gewünschten Image-Ausgangs-Socket. Über das Pop-up-Menü VIEWPORT SHADING können Sie auch den Viewport zur Anzeige des Compositing-Resultats verwenden.

Wie sind nun die von uns sorgfältig angelegten View Layer und Passes im Node Editor zu integrieren? Für die Render-Layer benötigen Sie einen Render Layer-Node ❶, der standardmäßig bereits vorliegt, den Sie über das Menü ADD • INPUT aber jederzeit zusätzlich integrieren können. Den jeweiligen View Layer wählen Sie in seinem Menü RENDER LAYER aus. Die für den View Layer aktivierten Passes erscheinen ebenfalls automatisch im Render Layer-Node, sobald die Information durch das Rendering vorliegt.

Viewport Compositor

Im Gegensatz zum BACKDROP des Compositors unterstützt der Viewport Compositor zum aktuellen Stand noch nicht alle Nodes. Sollte ein Setup nicht voll unterstützt werden, bekommen Sie dies als Text-Info im Viewport angezeigt.

Das Beispiel in Abbildung 21.22 zeigt eine klassische Nachbearbeitung an den Gradationskurven des Renderings. Dazu wurde zwischen dem Render Layer-Node und dem Viewer- bzw. Composite-Node ein RGB Curves-Node aus dem Menü ADD • COLOR (Tasten ⇧ + A) integriert.

Wie Sie es bereits von den Shader-Nodes beim Texturing kennen, ist auch der Umfang der Compositing-Nodes, die Ihnen über das Menü ADD des Compositors (Abbildung 21.23) bzw. die Tasten ⇧ + A zur Verfügung stehen, von beachtlicher Größe. Am schnellsten kommen Sie daher auch hier wieder über das Eintippen der ersten Buchstaben des gesuchten Nodes zum Ziel.

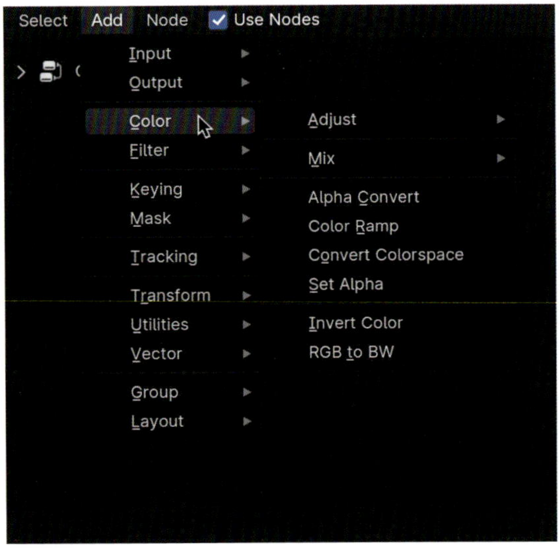

▲ **Abbildung 21.23**
Menü ADD • COLOR im Compositor

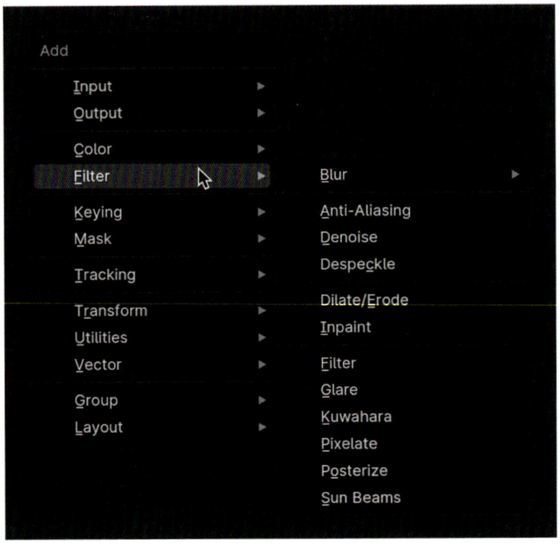

▲ **Abbildung 21.24**
Menü ADD • FILTER im Compositor

Unter den Input-Nodes befinden sich alle Compositing-Nodes, mit welchen Sie Daten wie Bilder (IMAGES), Filme (MOVIE CLIPS), Texturen, Masken, RGB-Farben und einiges mehr als Datenquelle für die Weiterverarbeitung bereitstellen. Auch der Render Layer-Node gehört hierzu.

Von den Output-Nodes kennen Sie bereits den Composite- und Viewer-Node, mit ihnen lassen sich an Ausgangs-Sockets anliegende Ergebnisse und Inhalte anzeigen, gegenüberstellen oder auch, wie mit dem enthaltenen File Output-Node, extern speichern.

Im Untermenü der Color-Nodes (Abbildung 21.23) finden Sie eine ganze Reihe von Nodes, die zur Modifikation und Kombination von Farbwerten dienen. Von der Farbsättigung über die

Gamma-Korrektur bis hin zu Blend-Modi per Mix-Node ist alles vorhanden, was Sie von einer klassischen Bildbearbeitung erwarten würden.

Verschiedene Effekte wie das Entrauschen (DENOISE), Weichzeichnung (BLUR), Unschärfe (DEFOCUS) oder auch Sonnenstrahlen (SUN BEAMS) finden sich bei den Filter-Nodes (Abbildung 21.24).

Die Keying-Nodes stellen Ihnen viele Funktionen für das KEYING von Filmmaterial, beispielsweise für die Arbeit mit Green Screens, bereit. Über den jeweiligen Keying-Node definieren Sie in der Regel die Farbe(n), die Sie aus dem Filmmaterial herausge»keyed« haben möchten, und geben diese Information aus dem Node beispielsweise an den Alpha-Socket eines Nodes weiter, der sich um die Weiterverarbeitung kümmert.

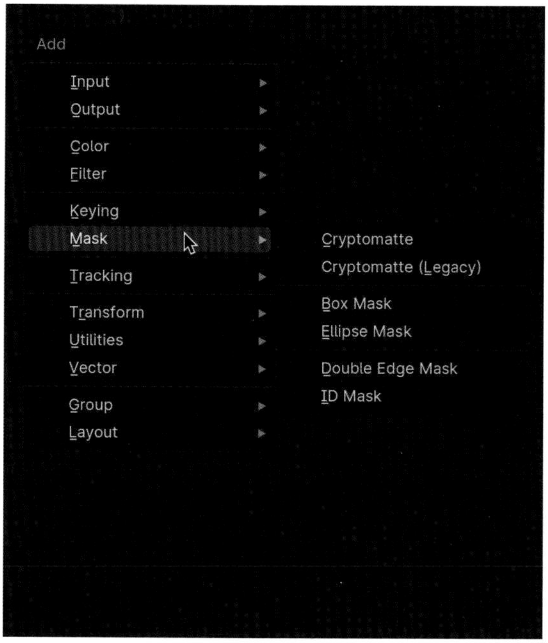

▲ **Abbildung 21.25**
Menü ADD • MASK im Compositor

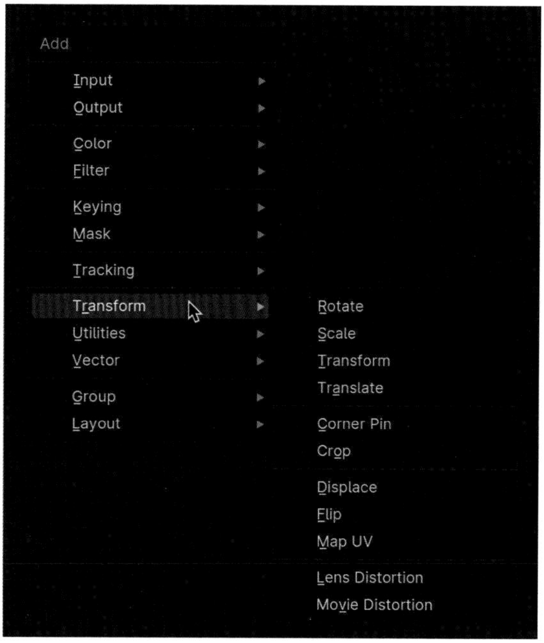

▲ **Abbildung 21.26**
Menü ADD • TRANSFORM im Compositor

Um die Verarbeitung von maskierten Elementen kümmern sich die Mask-Nodes (Abbildung 21.25). Neben dem vor kurzem vorgestellten Cryptomatte-Node finden Sie hier auch den ID Mask-Node für die per PASS definierten Masken.

Die für das TRACKING relevanten Nodes wie PLANE TRACK DEFORM, TRACK POSITION oder auch STABILIZE 2D sind bei den Tracking-Nodes untergebracht.

Möchten Sie Bilddaten beschneiden, rotieren, skalieren, transformieren oder verzerren, werden Sie im Menü TRANSFORM (Abbildung 21.26) sicher fündig. Mit dabei sind auch die für das MOTION-TRACKING relevanten Nodes wie CORNER PIN oder auch LENS DISTORTION.

Die Utilities-Nodes bieten verschiedene Werkzeuge, um Daten für bestimmte Wertbereiche aufzubereiten oder auch mathematische Funktionen zur Berechnung zu integrieren.

Mit den Vector-Nodes haben Sie die Möglichkeit, Vektordaten auszulesen, zu separieren und zu bearbeiten. Mit NORMAL und VECTOR CURVES stehen außerdem zwei spezielle Werkzeuge für Vektoren zur Verfügung.

Die Nodes in den Untermenüs GROUP bzw. LAYOUT sind identisch mit den gleichnamigen Shader-Nodes und auch beim COMPOSITING dazu da, funktionelle Node-Gruppen zusammenzufassen und für Ordnung zu sorgen.

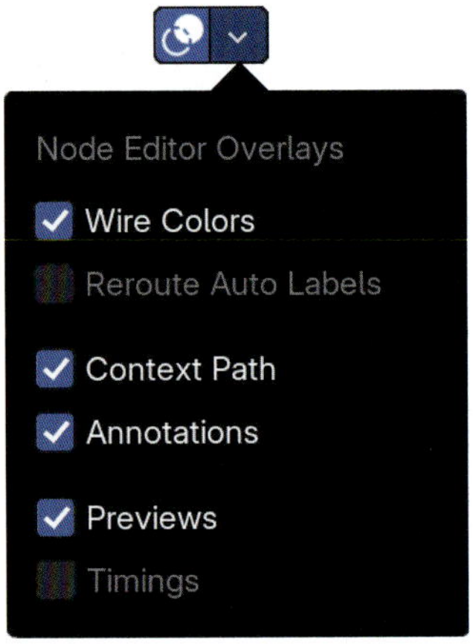

▲ **Abbildung 21.27**
Pop-up-Menü NODE EDITOR OVERLAYS

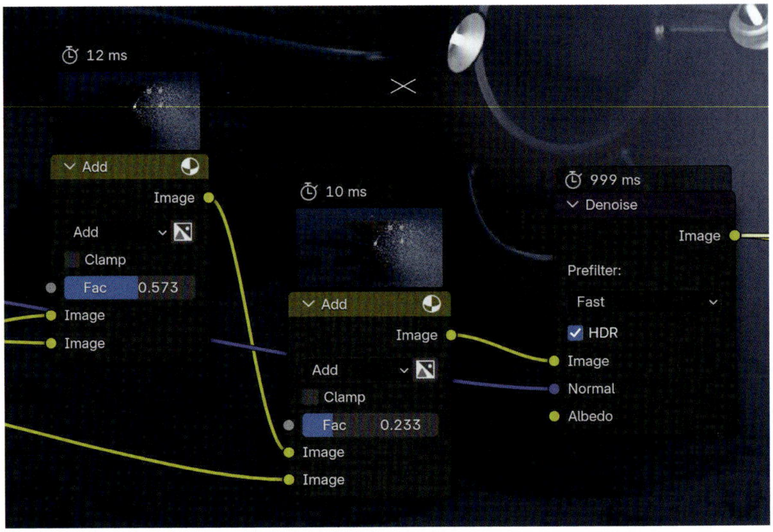

▲ **Abbildung 21.28**
Anzeige der Previews und Timings für die Nodes

So wie Sie es von anderen Editoren kennen, besitzt auch der Node-Editor des Compositors ein Pop-up-Menü mit eigenen Overlays (Abbildung 21.27), über das Sie sich auf Wunsch mit weiteren Informationen eindecken können. Für den Compositor lässt sich zusätzlich eine Vorschau für bestimmte Nodes einblenden (PREVIEWS) sowie eine Anzeige der für die Ausführung der Node-Operation benötigten Zeit (TIMINGS) in Millisekunden (ms).

Projekt Doppeldecker: Compositing der Doppeldecker-Animation

Damit beim Rendering der Doppeldecker-Animation der Realfilm-Hintergrund eingebunden wird, greifen wir auf Compositing zurück. Bei dieser Gelegenheit bauen wir zudem Bewegungsunschärfe sowie Schärfentiefe für den Doppeldecker bzw. die Kamera ein.

1 Blender-Szene laden

Rufen Sie über den Befehl File • Open (Taste `Strg`/`Cmd` + `O`) den File Browser auf und navigieren Sie zu Ihrer Doppeldecker-Animation. Meine Version finden Sie im Verzeichnis *5_Animation* als Datei *5_Animation_Doppeldecker_2_Auspuffe.blend*.

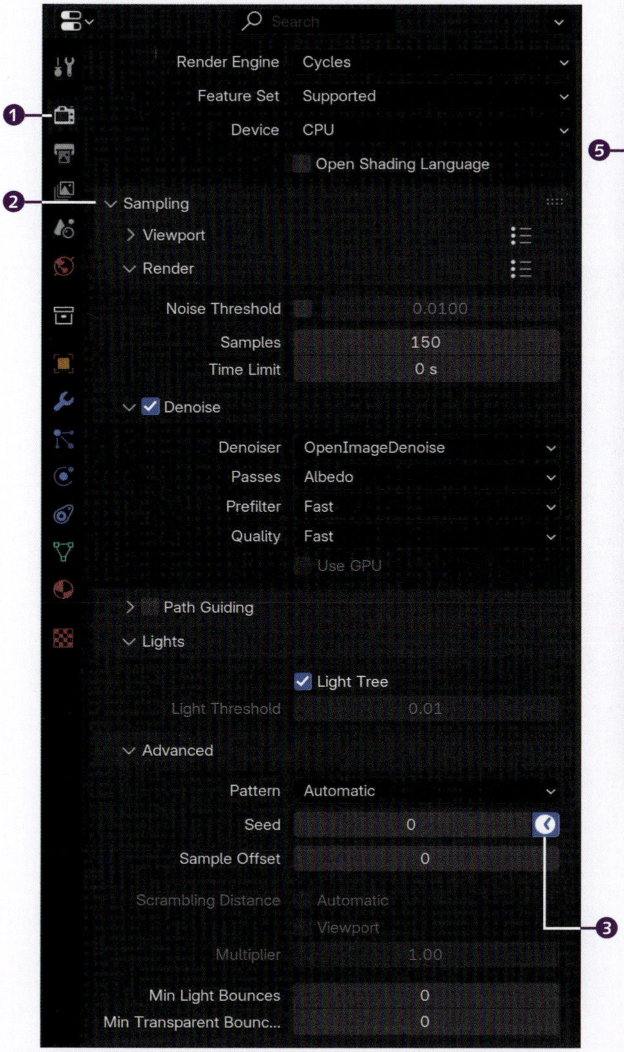

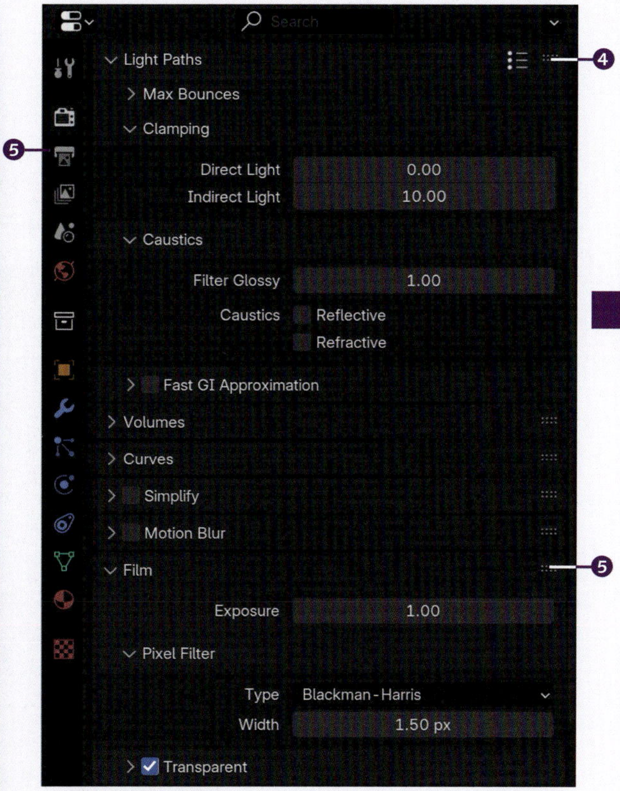

▲ **Abbildung 21.30**
Panels Light Paths und Film im Render-Tab

◄ **Abbildung 21.29**
Panel Sampling im Render-Tab

2 Render-Einstellungen definieren

Kümmern wir uns als Erstes um die für das qualitativ hochwertige Rendering mit Cycles wichtigen Parameter im Render-Tab ❶ des Properties Editors (Abbildung 21.29).

Öffnen Sie das Panel SAMPLING ❷, deaktivieren Sie den NOISE THRESHOLD und vergeben Sie für RENDER eine Anzahl von 150 SAMPLES. Schalten Sie das DENOISE an und wählen Sie den DENOISER OPENIMAGEDENOISE für RENDER mit den Standard-Einstellungen. Weil unsere Szene lediglich aus dem Doppeldecker und der Plane als Boden besteht, können wir auf PATH GUIDING verzichten, den LIGHT TREE lassen wir aktiviert.

Besonders wichtig beim Rendering von Filmen ist die Animation des Seed-Werts, der für das Rauschen im Rendering zuständig ist. Dazu müssen Sie lediglich im Panel ADVANCED auf das kleine Stoppuhr-Symbol ❸ (Abbildung 21.29) neben dem Seed-Wert klicken.

Die Einstellungen im Panel LIGHT PATHS ❹ (Abbildung 21.30) können auf den Standardwerten verbleiben, deaktivieren Sie lediglich die beiden Caustics-Optionen. Überprüfen Sie schließlich noch, ob die Option TRANSPARENT im Panel FILM ❺ aktiviert ist.

Abbildung 21.31 ▸ Panels FORMAT und POST PROCESSING im Output-Tab

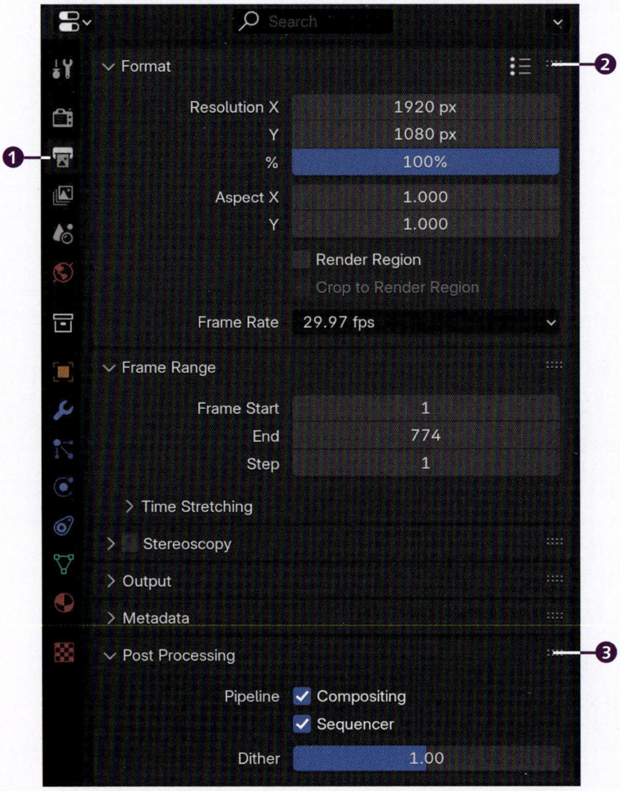

Im Panel Format ❷ des Output-Tabs ❶ ist durch das Motion Tracking bereits die korrekte Auflösung des getrackten 2D-Films als Resolution hinterlegt. Kontrollieren Sie aber, ob die prozentuale Render-Größe für das finale Rendering auf 100 % steht und als Bildrate (Frame Rate) 29.97 Bilder pro Sekunde (fps) eingetragen sind.

Klappen Sie schließlich noch das Panel Post Processing ❸ auf, um sicherzustellen, dass unser Rendering an das Compositing und später an den Sequencer weitergegeben wird.

3 View Layer einrichten

Damit wir den Schatten des Doppeldeckers separat bearbeiten können, verwenden wir zwei View Layer. Der erste Layer ist der 3D-Doppeldecker selbst, während der zweite Layer aus dem von ihm geworfenen Schatten besteht.

Selektieren Sie dazu die Plane im Outliner, und rufen Sie über die Taste [M] den Befehl Move to Collection auf. Erzeugen Sie über New Collection (Abbildung 21.32) eine neue Collection, die Sie im Anschluss über den Outliner nach Doppelklick in »Schatten« umbenennen (Abbildung 21.33).

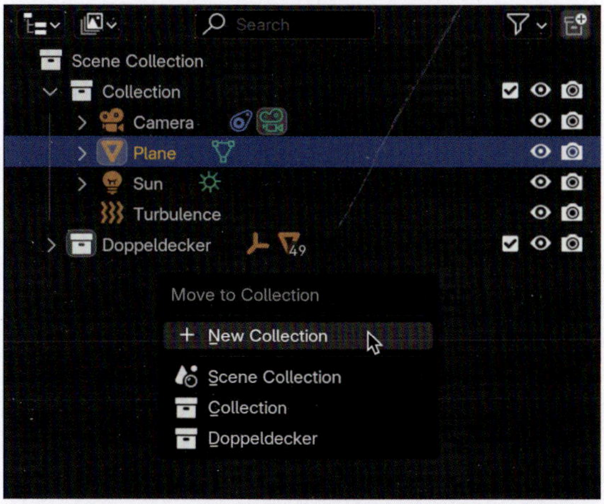

◂ **Abbildung 21.32**
Zuweisen der Plane zu einer neuen Collection

▾ **Abbildung 21.33**
Plane in der umbenannten Collection

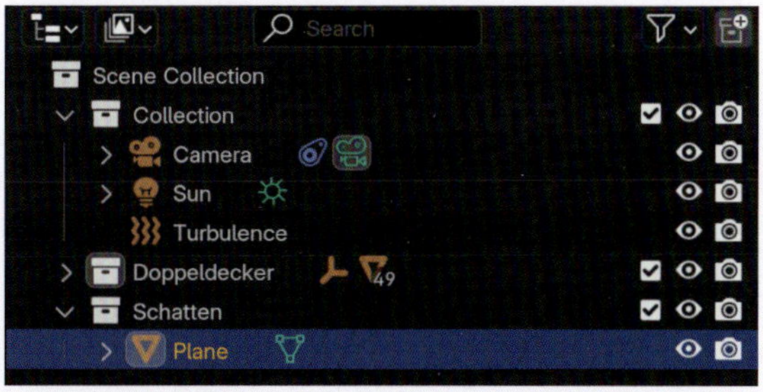

Wir können den standardmäßig vorhandenen View Layer direkt als ersten Layer für den 3D-Doppeldecker verwenden, indem wir den Layer nach Doppelklick auf das Menü ❶ (Abbildung 21.34) in »Doppeldecker« umbenennen.

Damit die Plane für diesen Layer ausschließlich indirekt durch Reflexion in diesem Layer wirkt, aktivieren Sie zunächst die Anzeige Restriction Indirects Only ❷ (Abbildung 21.34).

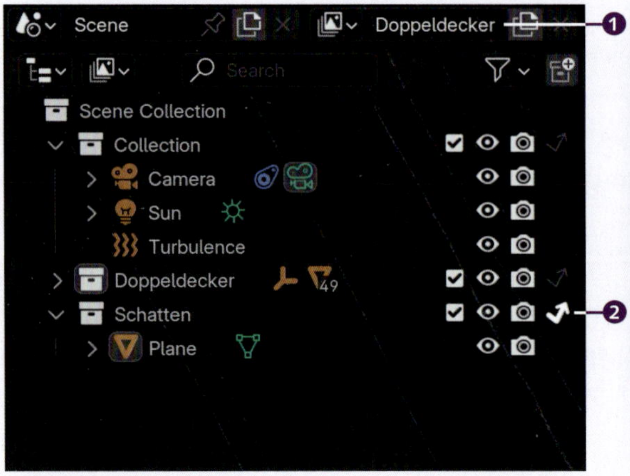

▲ **Abbildung 21.34**
Collections für den Layer »Doppeldecker«

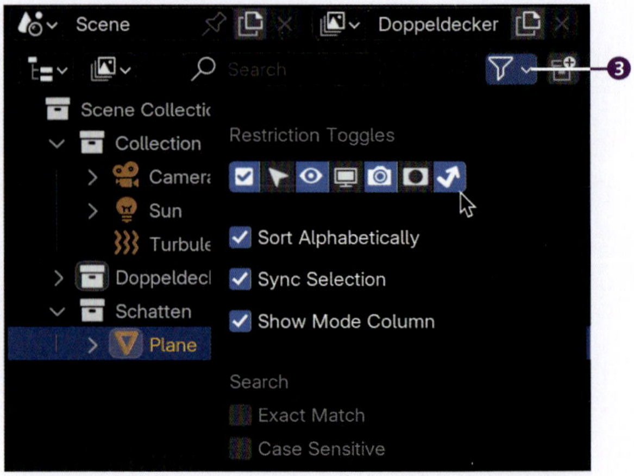

▲ **Abbildung 21.35**
Anzeige des Restriction Toggles Indirect Only

Sollten Sie diese Restriction in Ihrem Outliner nicht finden, klappen Sie sich einfach das Pop-up-Menü Filter ❸ auf und aktivieren Sie die Anzeige des von uns benötigten Restriction Toggles Indirect Only.

Für den zweiten View Layer, der ausschließlich den vom Doppeldecker geworfenen Schatten beinhalten soll, duplizieren Sie sich den View Layer nach Klick auf den Button ❹ und wählen Copy Settings für die Übernahme der Einstellungen. Benennen Sie diesen zweiten View Layer in »Schatten« ❺ um und verwenden Sie diesmal für die Collection des Doppeldeckers sowie für die Basis-Collection, die alle sonstigen Elemente der Szene enthält, die Restriction Indirects Only ❻.

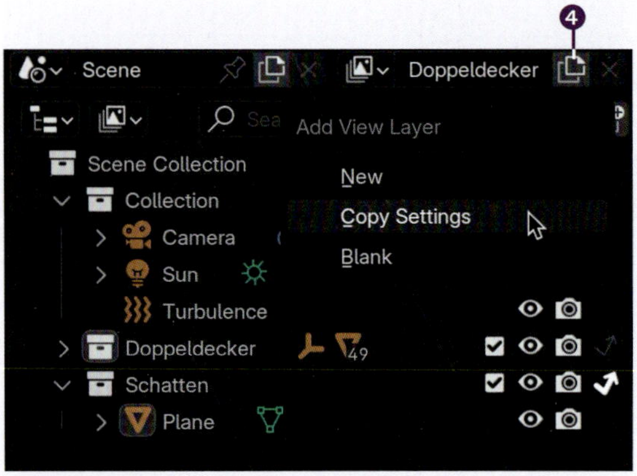

▲ **Abbildung 21.36**
Duplizieren des View Layers

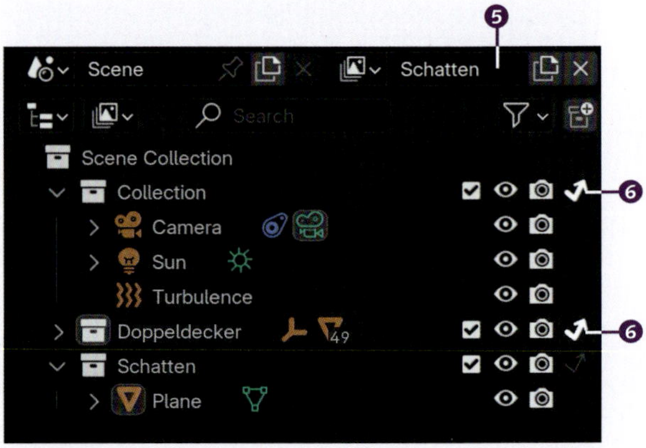

▲ **Abbildung 21.37**
Collections für den Layer »Schatten«

Bevor wir uns um die Render-Einstellungen für die beiden View Layer kümmern, sollten wir deren korrekte Zusammenstellung über den Viewport überprüfen. Wählen Sie über das Menü der View Layer den »Doppeldecker«, so sollte lediglich der Doppeldecker samt Auspuffgasen zu sehen sein (Abbildung 21.38). Für den View Layer »Schatten« dagegen sollte ausschließlich der auf die Plane geworfene Schatten (Abbildung 21.39) sichtbar sein.

◂ **Abbildung 21.38**
View Layer »Doppeldecker« im Viewport

◂ **Abbildung 21.39**
View Layer »Schatten« im Viewport

Kümmern wir uns nun um die Einstellungen der View Layer für das Compositing. Öffnen Sie dazu den View Layer-Tab ❷ im Properties Editor (Abbildung 21.40), um den Render-Layer für den »Doppeldecker« einzurichten. Damit wir dem Doppeldecker beim Compositing noch auf flexible Weise Schärfentiefe spendieren können, wählen Sie im Panel PASSES ❶ neben dem Combined-Pass den Mist-Pass, den Z(Depth)-Pass sowie den Vector-Pass.

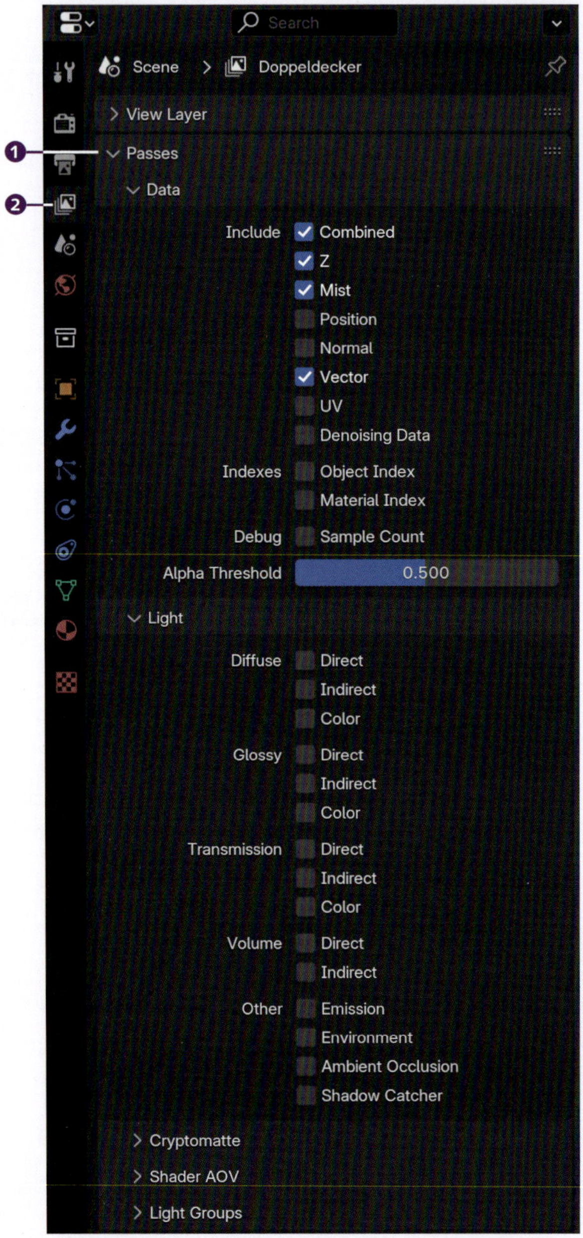

▲ **Abbildung 21.40**
Panel PASSES im View Layer-Tab für den Layer »Doppeldecker«

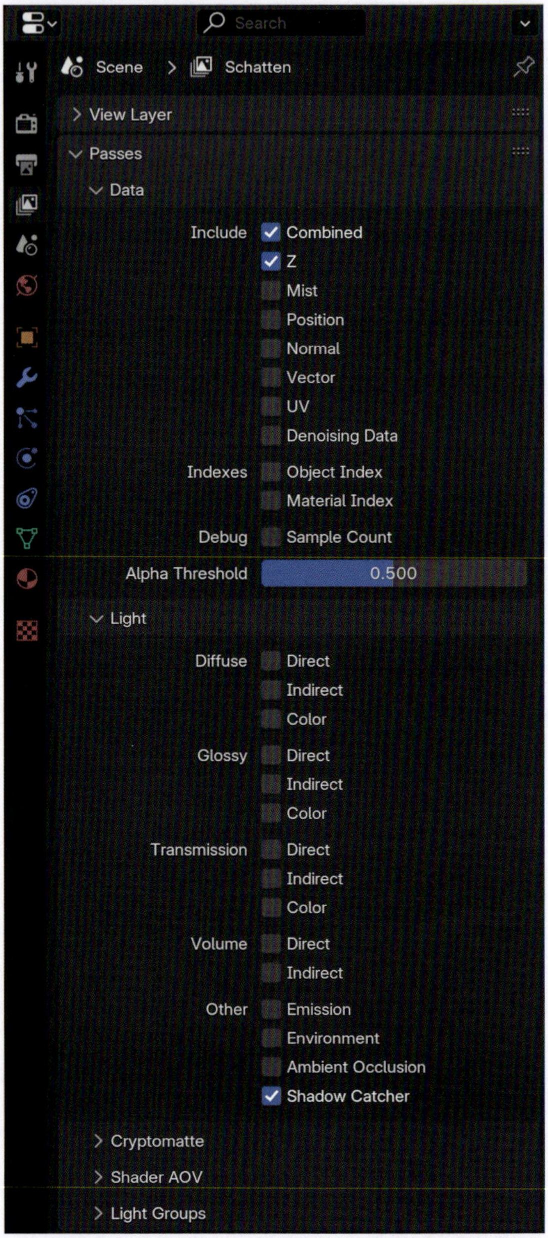

▲ **Abbildung 21.41**
Panel PASSES im View Layer-Tab für den Layer »Schatten«

Für den View Layer »Schatten« genügen die standardmäßig aktivierten Passes (Abbildung 21.41). Klappen Sie zusätzlich das untergeordnete Panel Light auf, und nehmen Sie den Shadow Catcher hinzu, damit wir den Schatten später optimieren können.

Damit sind alle Voreinstellungen getätigt, so dass wir das Compositing mit einem ersten Rendering beginnen können. Lassen Sie die Animation bis zum Frame 725 laufen und rendern Sie das aktuelle Bild über die Taste [F12] oder den Befehl Render Image aus dem Menü Render (Abbildung 21.42).

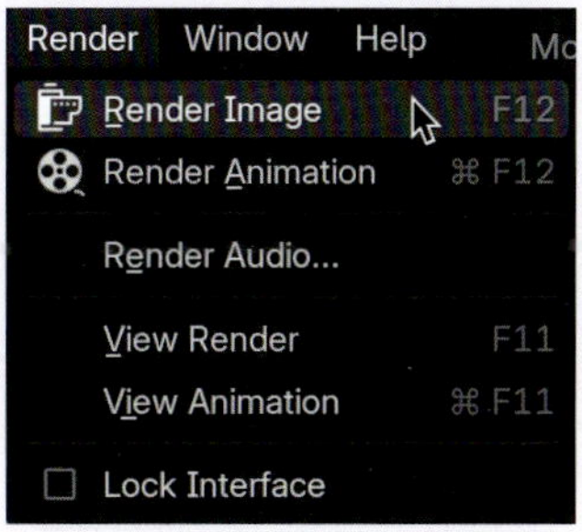

▲ **Abbildung 21.42**
Menü Render

4 Compositing der View Layer mit dem Realfilm

Wechseln Sie für das Compositing am besten in den gleichnamigen Workspace ❹. Aktivieren Sie falls nötig die Optionen Use Nodes ❸ und Backdrop ❻, um das Ergebnis des Compositings im Hintergrund anzeigen zu lassen.

Holen Sie sich dazu einen Viewer-Node ❺ aus dem Menü Add • Output (Tasten [⇧] + [A]) und verbinden Sie seinen Image-Eingangs-Socket mit dem Image-Ausgangs-Socket des Render Layer-Nodes. Um die Anzeige des Backdrops optimal an das Compositor-Fenster anzupassen, finden Sie in der Sidebar (Taste [N]) im View-Tab ❼ Einstellungen für die Größe der Anzeige (Zoom) sowie die Buttons Move bzw. Fit, um den Backdrop wahlweise per Offset zu verschieben bzw. direkt in das Fenster einzupassen.

▼ **Abbildung 21.43**
Backdrop im Compositor

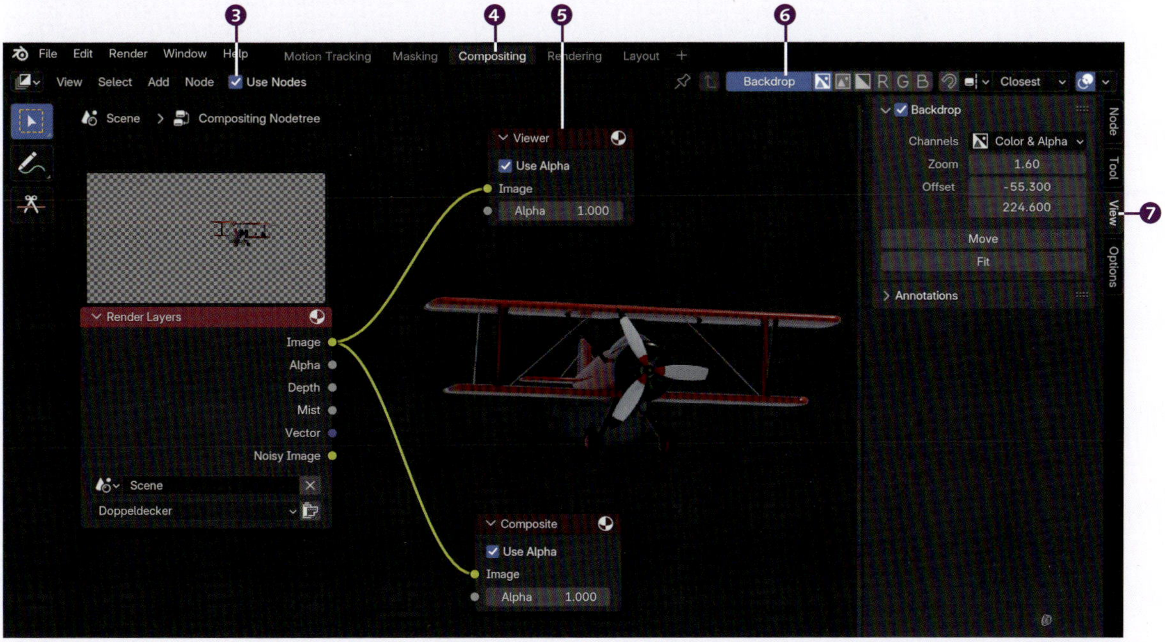

Um unseren 2D-Film in den Hintergrund des Compositings einzubinden, benötigen wir als Erstes einen Movie Clip-Node aus dem Menü ADD • INPUT.

Normalerweise sollte der Movie Clip-Node ❷ automatisch den verwendeten 2D-Film als Inhalt übernehmen. Ansonsten können Sie nachhelfen und dies über die Datenblock-Auswahl des Nodes erledigen. Damit sich der 2D-Film automatisch an die Render-Auflösung anpasst, holen Sie einen Scale-Node ❶ aus dem Menü ADD • DISTORT und wählen für den Node die Option RENDER SIZE.

▾ **Abbildung 21.44**
Einbinden des 2D-Films als Hintergrund

Um nun den View Layer »Doppeldecker« über den 2D-Film in den Vordergrund zu legen, erzeugen Sie über das Menü ADD • COLOR einen Alpha Over-Node ❸. Verbinden Sie den Image-Socket des Render Layer-Nodes mit dem unteren Image-Socket des Alpha Over-Nodes. An den oberen Image-Socket hängen Sie den per Scale-Node angepassten 2D-Film.

Für die Einbindung des Schattens, der ja auf dem separaten View Layer »Schatten« liegt, benötigen wir einen zweiten Render Layer-Node. Duplizieren Sie sich den Render Layer-Node des Doppeldeckers über die Tasten [⇧] + [D], und setzen Sie den Layer beim

Duplikat auf den »Schatten« (Abbildung 21.45). Der Render-Layer des Schattens wird per Mix-Node im Modus MULTIPLY ❺ aus dem Menü ADD • COLOR eingebunden und vor den Alpha Over-Node des Vordergrunds eingesetzt. Nun können Sie den Shadow Catcher-Socket vom Render Layer-Node des Schattens ❹ an den unteren Image-Eingangs-Socket des Mix-Nodes anbinden.

▲ **Abbildung 21.45**
Einbinden des Schatten-View Layers

Nach diesem Schritt ist das Compositing für das Renderergebnis komplett (Abbildung 21.46). Kümmern wir uns nun um die noch nicht ganz realistische Farbe des Schattens.

◂ **Abbildung 21.46**
Compositing der beiden View Layer mit dem 2D-Film im Hintergrund

Dieser Schatten wird ja durch den Shadow Catcher generiert, und auch wenn dieser durchaus die vorherrschende Umgebung bei seiner Berechnung in Betracht zieht – viel Umgebung ist nicht da, die Einfluss auf die Schattenfarbe nehmen kann. Das Blau des Himmels haben wir beispielsweise selbst durch die World-Umgebung in die Szene eingebracht.

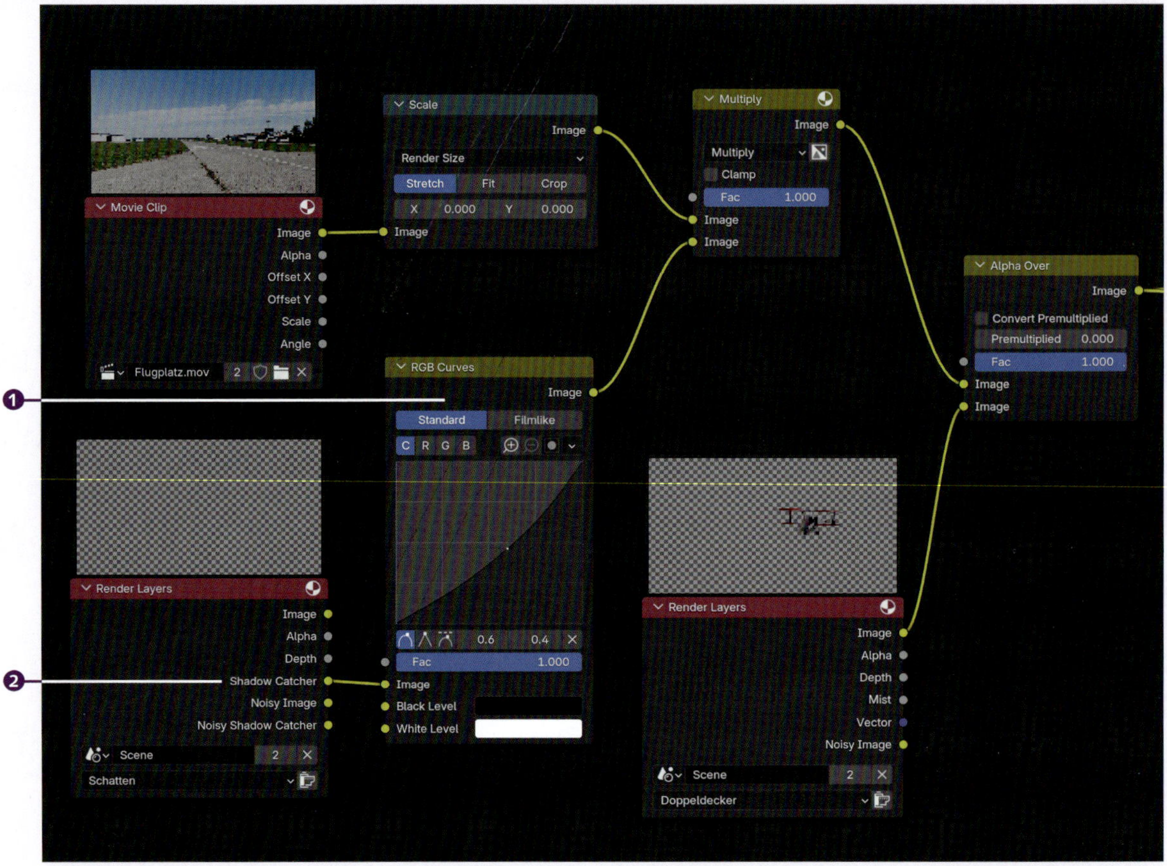

▲ **Abbildung 21.47**
Einfärbung des Hintergrunds für den Schatten

Da wir den Shadow Catcher aber als separaten Pass ❷ im Render-Layer des Schattens zur Verfügung haben, können wir seine Farbe sehr schnell und exakt modifizieren. Wir benötigen dazu lediglich einen RGB Curves-Node, den Sie im Menü Add • Color (Tasten ⇧ + A) finden. Setzen Sie diesen Node ❶ zwischen den Render Layer-Node des Schattens und den Mix-Node. Über die vier Buttons C, R, G und B des RGB Curves-Nodes können wir nun die einzelnen Farbkurven entsprechend anpassen. Dafür habe ich zunächst den Schwarzanteil durch Verschieben der Mitte der Kurve für C leicht erhöht.

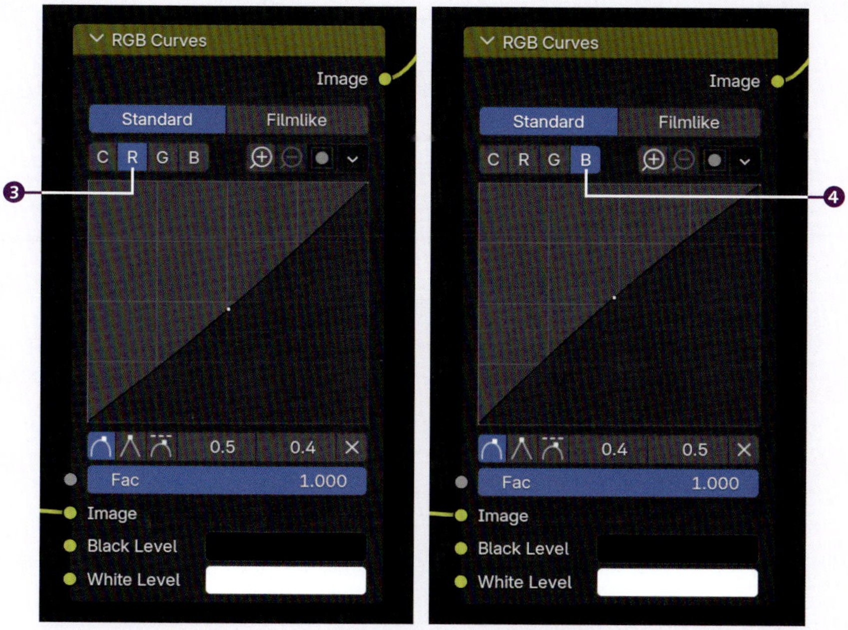

◄ **Abbildung 21.48**
Anpassen der Farbkurven für den Rot- und Blauanteil

Wechseln Sie anschließend über den Button R ❸ in die Farbkurve für den Rotanteil (Abbildung 21.48). Hier modifizieren wir den Rotanteil etwas, indem wir die Mitte der Kurve minimal nach unten ziehen, damit der Schatten nicht zu violett wirkt. Zu guter Letzt kümmern wir uns um den Blauanteil im Button B ❹. Hier ziehen wir die Kurve etwas nach oben. Justieren Sie die RGB-Kurven so nach, dass Sie möglichst genau die Farbe des Schattens im 2D-Film ❺ treffen. Oft sind es gerade diese Details, die ein Rendering glaubwürdig erscheinen lassen.

◄ **Abbildung 21.49**
Abgleich der Farbe des Schattens

5 Bewegungsunschärfe und Schärfentiefe einbinden

Die Bewegungsunschärfe soll direkt beim Rendering berechnet werden, damit wir die Schärfentiefe im Compositing darauflegen können. Aktivieren Sie dazu das Panel Motion Blur ❶ im Render-Tab, und klappen Sie es auf, um eine Verschlusszeit (Shutter) von 0.60 vorzugeben. Klappen Sie außerdem die Shutter Curve auf und verwenden Sie ein Preset ❷ Ihrer Wahl.

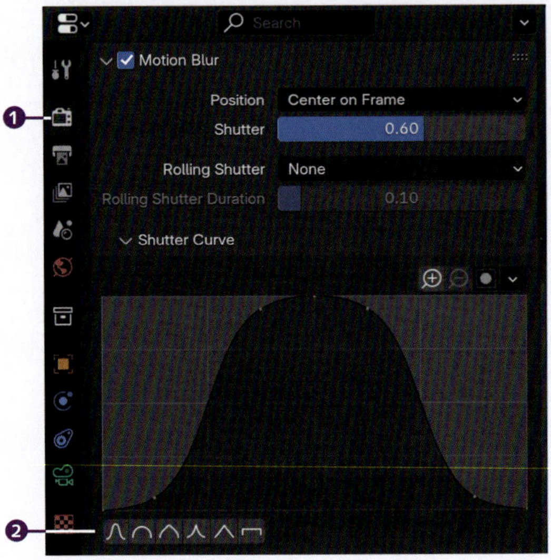

Abbildung 21.50 ▸ Panel Motion Blur im Render-Tab

Für die Einberechnung der Schärfentiefe beim Compositing benötigen wir neben den Tiefeninformationen aus den Passes noch die Angabe der Fokusdistanz.

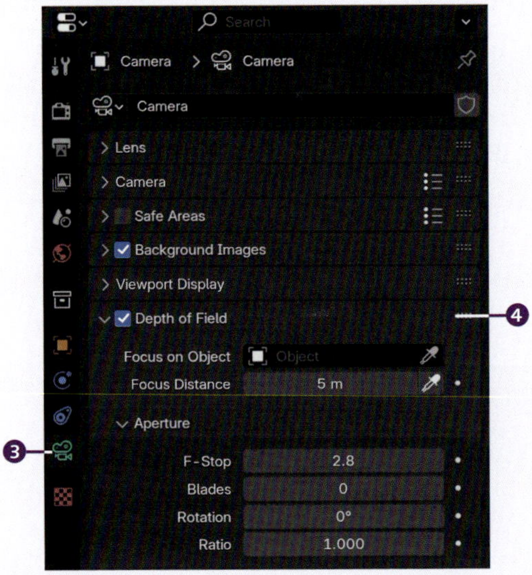

Abbildung 21.51 ▸ Panel Depth of Field im Object Data-Panel der Kamera

Selektieren Sie das Camera-Objekt im Outliner und öffnen Sie das Panel Depth of Field ❹ im Object Data-Tab ❸. Geben Sie für den Parameter Distance einen Wert von 5.00 an, damit der Doppeldecker bei einer Entfernung von 5 Metern von der Kamera im scharfen Bereich ist.

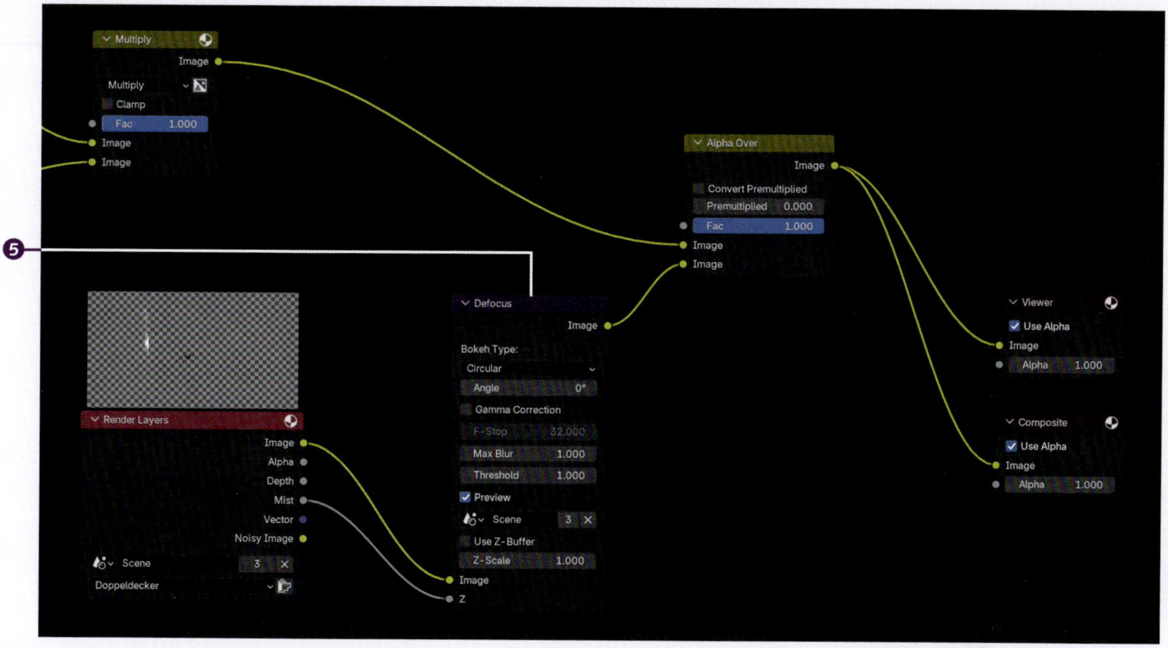

▲ **Abbildung 21.52**
Defocus-Node für die Schärfentiefe

Zum Einbinden der Schärfentiefe holen Sie sich aus dem Menü Add • Filter (Tasten ⇧ + A) einen Defocus-Node ❺. Setzen Sie ihn zwischen den Render Layer-Node und den Alpha Over-Node und verbinden Sie alle drei Nodes über deren Image-Sockets.

Wir waren bei der Auswahl der Render-Passes großzügig, weshalb uns nun unterschiedliche Möglichkeiten für die Berechnung der Schärfentiefe zur Verfügung stehen. Unser Doppeldecker bewegt sich ja nicht nur entlang der Start- und Landebahn, es läuft ebenso eine radiale Animation des Propellers ab. Dies ist der Grund, warum wir die Bewegungsunschärfe beim Rendering und nicht erst im Compositing berechnen lassen.

Sie können den Z-Socket des Defocus-Nodes wahlweise mit dem Depth-Socket oder dem Mist-Socket des Render Layer-Nodes versorgen, deaktivieren Sie in diesem Fall die Option Use Z-Buffer, und steuern Sie die Stärke der Unschärfe über den Parameter Max Blur. Eine etwas unorthodoxe, aber aus meiner Sicht ebenso gut funktionierende Lösung ist der Vector-Socket, der eigentlich eher für die Geschwindigkeit zur Berechnung der Bewegungsunschärfe in Verbindung mit einem Vector Blur-Node zum Einsatz kommt. In diesem Fall aktivieren Sie die Option Use Z-Buffer.

Abbildung 21.53 ▸
Bewegungsunschärfe und Schärfentiefe im Rendering

Testen Sie die Schärfentiefe beispielsweise bei Frame 650, wenn der Doppeldecker noch ein gutes Stück entfernt ist (Abbildung 21.53). Die Bewegungsunschärfe des Propellers steuern Sie über den Shutter-Wert. Je niedriger Sie diesen Wert setzen, desto schmäler und schärfer wird der Propeller gerendert. Experimentieren Sie mit diese verschiedenen Möglichkeiten, bis Sie das finale Compositing Ihrer Doppeldecker-Animation gefunden haben (Abbildung 21.54).

Abbildung 21.54 ▸
Fertiges Compositing

Kapitel 22
Schnitt und Ton

Mit dem Video Sequence Editor (VSE) beweist Blender einmal mehr seine Vielseitigkeit. Um aus Ihren Renderings Filme zu schneiden, sie zu vertonen oder ihnen mit letzten Farbanpassungen den finalen Look zu verleihen, benötigen Sie keine zusätzliche Software. Ob es sich dabei um gerenderte Bilder und Animationen, Fotos oder Realfilm handelt – im Video Sequence Editor können Sie alles miteinander verschmelzen.

In den meisten Fällen werden Sie, wenn Sie sich an den Schnitt und die Vertonung Ihrer Werke machen, den größten Teil des für die Finalisierung benötigten Materials zur Hand haben. Für den Einstieg in das Video Editing empfiehlt sich daher das genau für diesen Zweck im Menü FILE • NEW (Abbildung 22.1) hinterlegte gleichnamige Template, das Ihnen alle wichtigen Werkzeuge und Funktionen bereitstellt.

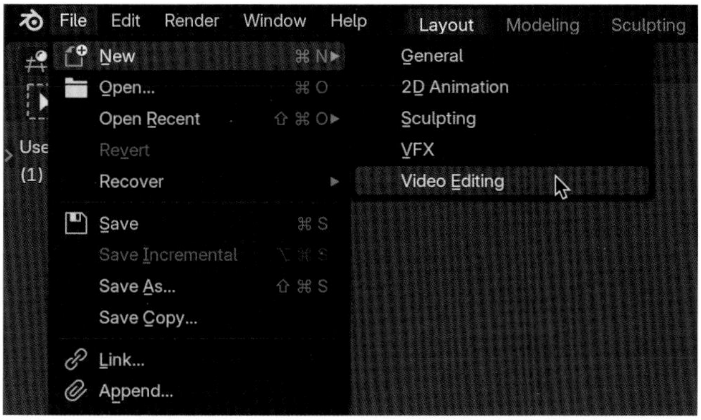

◂ **Abbildung 22.1**
Menü FILE • NEW

Zweiter Frühling für den Video Sequence Editor
Lange Zeit bekam der VSE kaum Zuwendung, wenn es um die Weiterentwicklung von Blender ging. Doch die mit den letzten Updates spendierten Verbesserungen beweisen, dass der VSE keinesfalls abgeschrieben ist.

Dort ist der Video Sequence Editor mit zwei WORKSPACES präsent (Abbildung 22.2). Im Workspace VIDEO EDITING ❹ bietet der bekannte File Browser Zugang zu den Ressourcen ❸. Der eigentliche VIDEO SEQUENCER ❷ bereitet die importierten Szenen, Filme, Bilder, Sounds, Masken oder auch Effekte und Übergänge (Transitions) in Form von Strips in bis zu 128 unterschiedlichen Kanälen (Channels) für die Bearbeitung auf. Der Mode PREVIEW ❻ des Video Sequencers zeigt Ihnen eine Vorschau der Inhalte der auf dem aktuellen Frame befindlichen Strips.

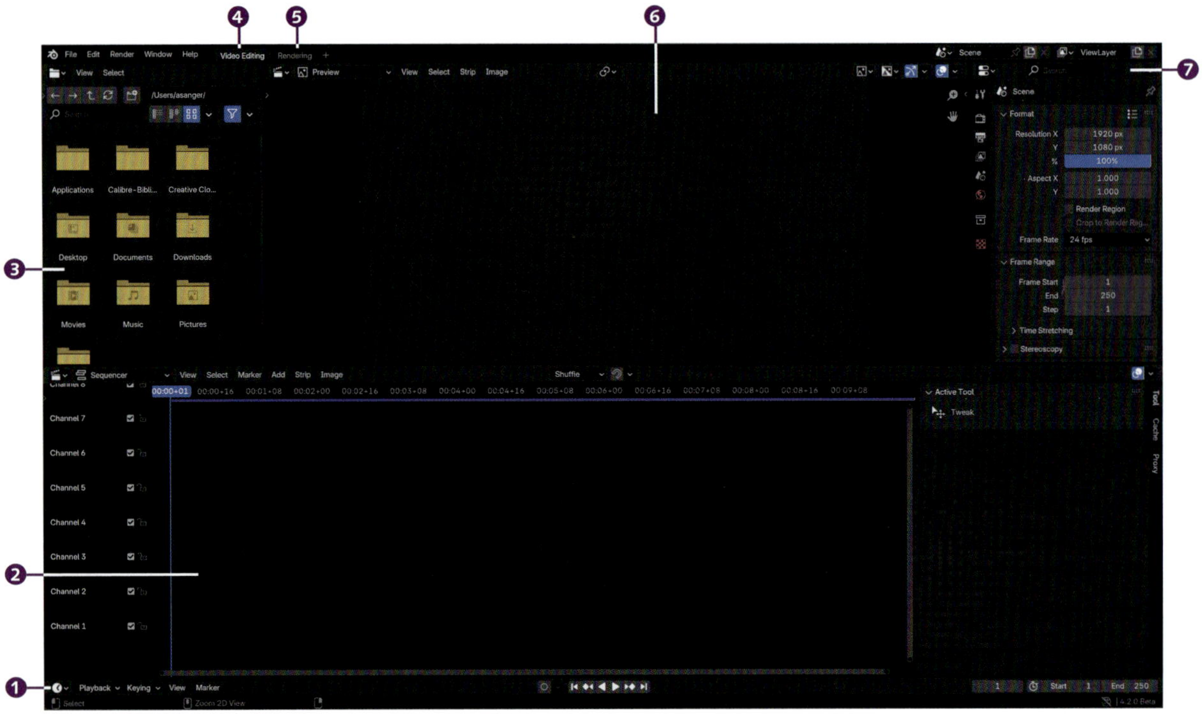

▲ **Abbildung 22.2**
Template VIDEO EDITING mit dem gleichnamigen Workspace

Die restlichen Elemente des Video Editing-Workspace sind Ihnen vertraut: Über den Properties Editor ❼ haben Sie Zugriff auf die Szenen- und Output-Einstellungen, während Ihnen über die Timeline ❶ eine Abspielsteuerung zur Verfügung steht. Der zweite Workspace RENDERING ❺ gestattet den schnellen Sprung zum gerenderten Ergebnis des Video Editings.

22.1 Strips und Channels

Um Inhalte in den Video Sequencer zu laden und damit einen sogenannten Strip im Sequencer zu erzeugen, verwenden Sie den Befehl ADD (Tasten [⇧] + [A]) und wählen den gewünschten Strip-Typ aus dem Menü aus (Abbildung 22.3). Noch intuitiver funktioniert der

Weg über den File Browser. Ziehen Sie einfach die gewünschten Elemente per Drag & Drop in den Sequencer. Der jeweilige Strip entsteht stets an der Position des Zeitreglers.

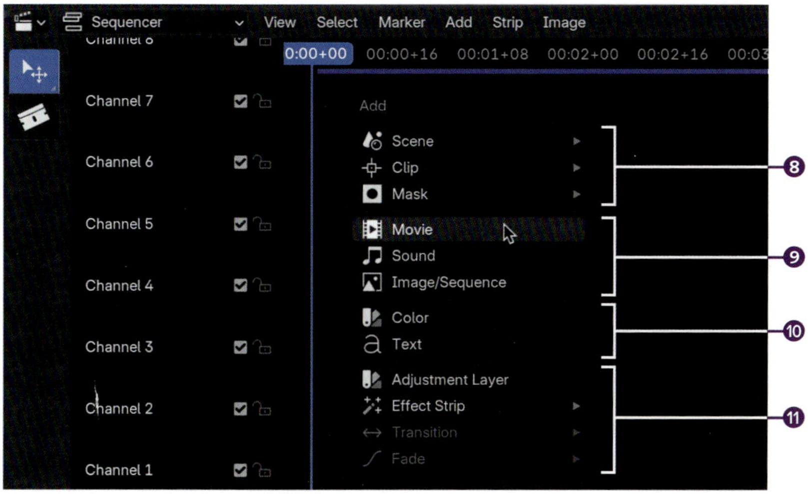

◂ Abbildung 22.3
Erzeugen eines Strips im Sequencer

Sie können ganze Blender-Szenen (SCENE) sowie bereits vorhandene CLIPS und Masken (MASK) integrieren ❽. Für den Import eignen sich Filme (MOVIE), Tonspuren (SOUND) und Bilder bzw. Bildsequenzen (IMAGE/SEQUENCE) ❾. Direkt im Sequencer lassen sich zur Gestaltung Farbebenen (COLOR) sowie Texteinblendungen (TEXT) erzeugen ❿. Farbanpassungen für alle darunter befindlichen STRIPS erreichen Sie mit ADJUSTMENT LAYERS, Bildeffekte (EFFECT STRIP) sowie Standardfunktionen wie Übergänge (TRANSITIONS) und Ein- bzw. Ausblendungen (FADE) fehlen natürlich auch nicht ⓫. Je nach Strip-Typ öffnet sich gegebenenfalls der File Browser (Abbildung 22.4), über den Sie Ihre Inhalte in den VSE laden.

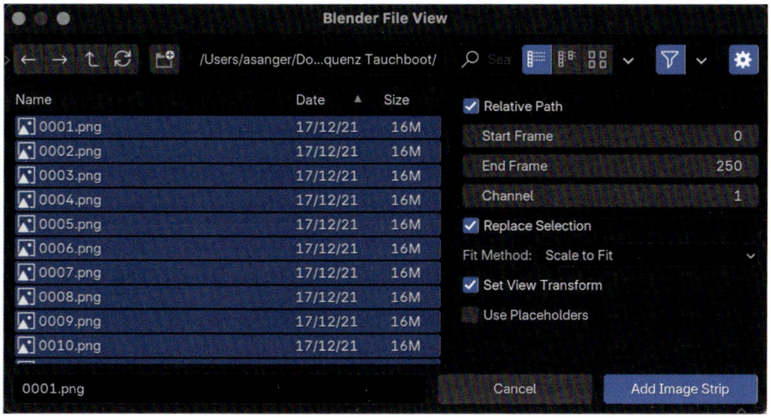

◂ Abbildung 22.4
Einstellungen für den Import einer Image Sequence

Bildrate beachten

Wichtig beim Umgang mit Movie-Strips ist die eingestellte Bildrate. Beim Import des Films passt Blender dessen Bildrate an die im Output-Tab des Properties Editors hinterlegte Bildrate (FRAME RATE) an.

In der Sidebar des File Browsers (Abbildung 22.4) finden Sie Einstellungen für den Import des Inhalts. Durch Aktivieren der Option RELATIVE PATH wird der Pfad ausgehend von Ihrem Blender-Objekt gespeichert. Über START bzw. END FRAME legen Sie die zeitliche Platzierung fest, durch die Angabe des CHANNELS die Position im Video Sequencer. REPLACE SELECTION bewirkt, dass der neu angelegte Strip die aktuelle Auswahl ersetzt. Über die weiteren Einstellungen veranlassen Sie den VSE, die Größe des Inhalts gegebenenfalls auf die Größe des Hintergrunds (CANVAS) anzupassen (FIT METHOD), den Farbraum (SET VIEW TRANSFORM) anzugleichen oder auch bei fehlenden Bildern Platzhalter zu verwenden (USE PLACEHOLDERS). Je nach Strip-Typ finden Sie noch weitere Optionen, beispielsweise um integrierten SOUND mit aufzunehmen.

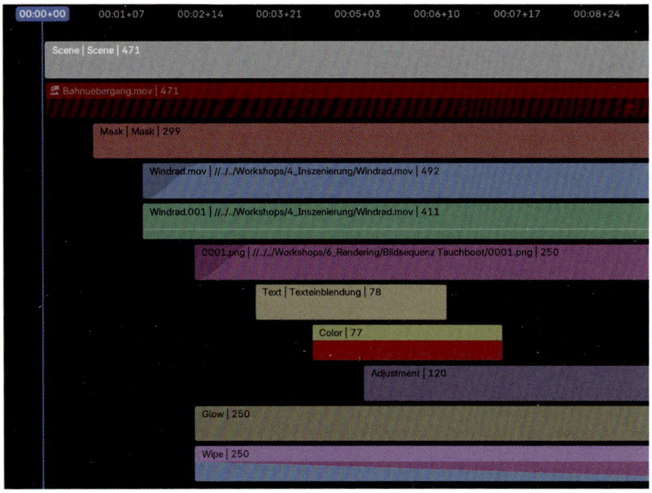

▲ **Abbildung 22.5**
Verschiedene Strip-Typen im Video Sequencer

▲ **Abbildung 22.6**
Pop-up-Menü SEQUENCER OVERLAYS

Die importierten Strips unterscheiden sich je nach Strip-Typ in ihrer Farbe im Sequencer (Abbildung 22.5) und liegen auf dem ihnen zugedachten Kanal (Channel). Beachten Sie, dass die Kanal-Ebenen von oben nach unten abgearbeitet werden und darunter befindliche Inhalte gegebenenfalls überdecken. Welche Informationen Sie über die Strips im Sequencer angezeigt bekommen, bestimmen Sie über das Pop-up-Menü SEQUENCER OVERLAYS (Abbildung 22.6).

Strip-Eigenschaften

Die Eigenschaften der Strips finden Sie im Strip-Tab der Sidebar (Taste [N]) des Sequencers. Jedem angelegten Strip können Sie zur individuellen, logischen Organisation ein Color Tag zuweisen ❶.

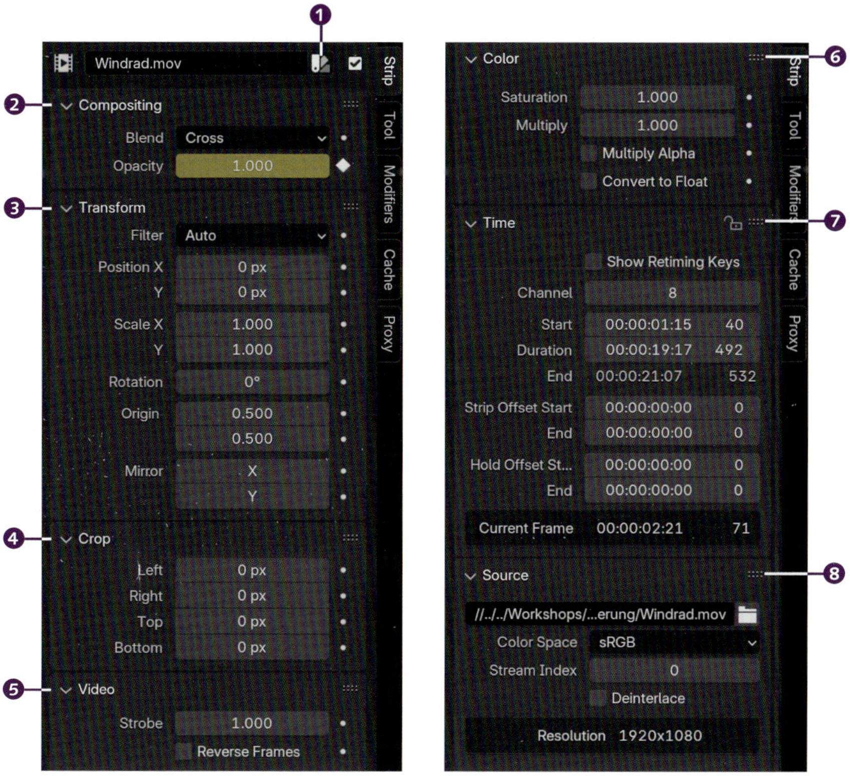

◂ **Abbildung 22.7**
Einstellungen für die Strips im Strip-Tab der Sidebar

Im Panel COMPOSITING ❷ legen Sie fest, wie der jeweilige Strip mit den Strips in den darunterliegenden Channels verrechnet wird. Über das Menü BLEND wählen Sie den Verrechnungsmodus, über die OPACITY den prozentualen Einfluss. Zusätzliche Farb-Einstellungen finden Sie im Panel COLOR ❻, hier können Sie Sättigung (SATURATION) und Farb-Multiplikator (MULTIPLY) des Strips justieren. MULTIPLY ALPHA bezieht einen vorhandenen Alpha-Kanal mit ein, während CONVERT TO FLOAT den für korrekte Farbreproduktion wichtigen linearen Farbraum verwendet.

Über das Panel TRANSFORM ❸ steuern Sie den Filter sowie die Position, Skalierung und Rotation des Strips. Auch eine Spiegelung um die X- bzw. Y-Achse ist möglich. Um den Inhalt des Strips an seinen Seiten bzw. oben oder unten gezielt zu beschneiden, verwenden Sie die vier Parameter im Panel CROP ❹.

Im Panel VIDEO ❺ finden Sie den Parameter STROBE, der die Anzahl der Frameschritte beim Abspielen angibt. Mittels REVERSE FRAMES spielen Sie den Inhalt des Strips rückwärts ab. Das Panel TIME ❼ bietet unter anderem Zugriff auf die aktuellen Informationen zum Kanal (CHANNEL), zur Dauer des Inhalts und einer eventuell vorliegenden Modifikation. Unter dem Panel SOURCE ❽ sind

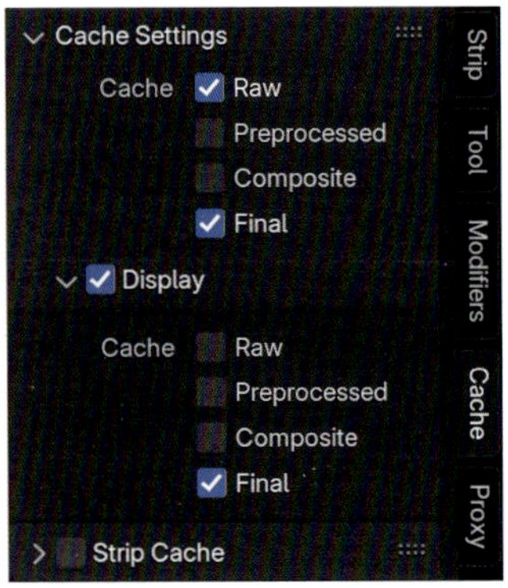

▲ **Abbildung 22.8**
Einstellungen für die Strips im Cache-Tab der Sidebar

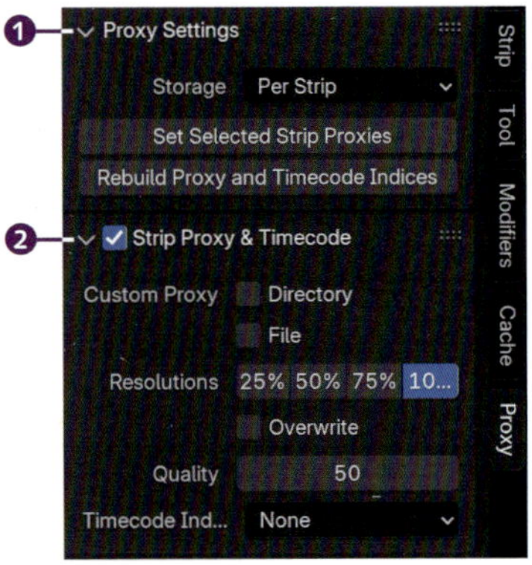

▲ **Abbildung 22.9**
Einstellungen für die Strips im Proxy-Tab der Sidebar

Informationen über den Pfad zum importierten Inhalt, den vorliegenden Farbraum (Color Space) sowie je nach Strip-Typ spezifische Angaben und Einstellungen versammelt.

Welche Daten der Video Sequencer im Cache hält, entscheiden Sie im zugehörigen Cache-Tab (Abbildung 22.8). Der zweifelsfreie Vorteil von Proxies, die Performance des Editors durch qualitativ reduzierte Versionen zu steigern, lässt sich auch im Video Sequencer nutzen. Im Proxy-Tab der Sidebar (Abbildung 22.9) legen Sie zunächst über das Menü Storage in den Proxy Settings ❶ fest, ob der Proxy-Strip beim Pfad des Strips (Per Strip) oder beim Blender-Projekt (Project) gespeichert werden soll. Die Einstellungen für den zu erzeugenden Proxy nehmen Sie im Panel Strip Proxy & Timecode ❷ vor. Schließlich wählen Sie über den Button Set Selected Strip Proxies, ob Sie einen Proxy für den bzw. die aktuell selektierten Strips erzeugen möchten, oder alternativ über den Button Rebuild Proxy and Timecode Indices, ob alle Proxies mit den angegebenen Einstellungen neu aufgebaut werden.

Strips bearbeiten

Die Arbeit im Video Sequence Editor läuft erwartungsgemäß, wie Sie es von Blender gewohnt sind. Um Strips zu selektieren, verwenden Sie die linke Maustaste, das Verschieben ganzer Strips erfolgt, während Sie die Maustaste gedrückt halten (Abbildung 22.10), bzw. über den Befehl Move (Taste G).

Abbildung 22.10 ▸
Verschieben eines ganzen Strips

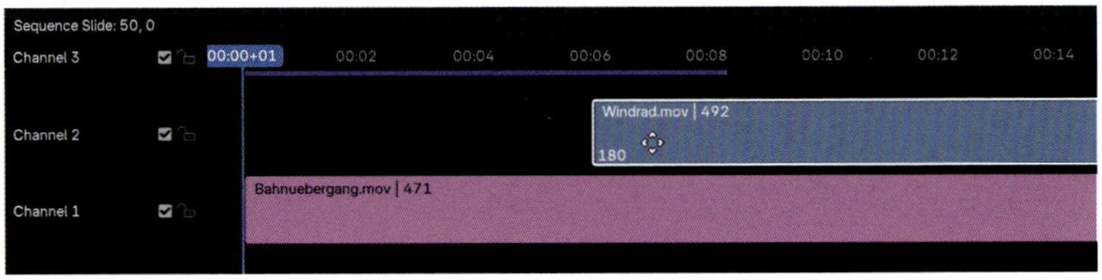

Möchten Sie Anfang oder Ende des Strips beschneiden, so selektieren Sie das jeweilige Ende und ziehen den weiß markierten Anfasser ❸ zum gewünschten Zeitpunkt.

Abbildung 22.11 ▸
Beschneiden eines Endes des Strips

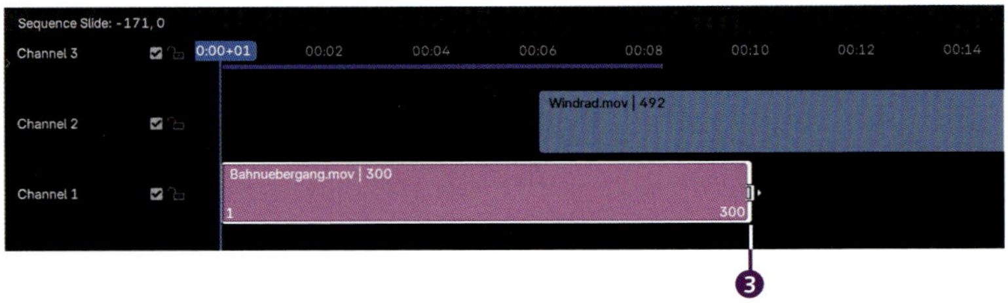

Mit der Taste [S] rufen Sie das Slip-Tool auf, das auf den ersten Blick wie eine Skalierung aussehen mag, doch Sie verschieben lediglich den Inhalt des Strips in die jeweilige zeitliche Richtung.

Selektierte Strips lassen sich horizontal auf einen anderen Zeitpunkt verschieben, aber auch vertikale in einen anderen Kanal (Channel). Beim Umgang mit mehreren Strips im gleichen Channel kommt das Menü OVERLAP MODE (Abbildung 22.12) ins Spiel. Je nach Einstellung wird ein Strip, der auf einen anderen Strip gezogen wird, direkt an das Ende des ersten Strips gesetzt (SHUFFLE), an die gewünschte Stelle eingefügt, indem der vorhandene Strip überschrieben, beschnitten bzw. geteilt wird (OVERWRITE), oder auch einfach so weit wie nötig nach rechts verschoben, bis genügend Platz vorhanden ist (EXPAND).

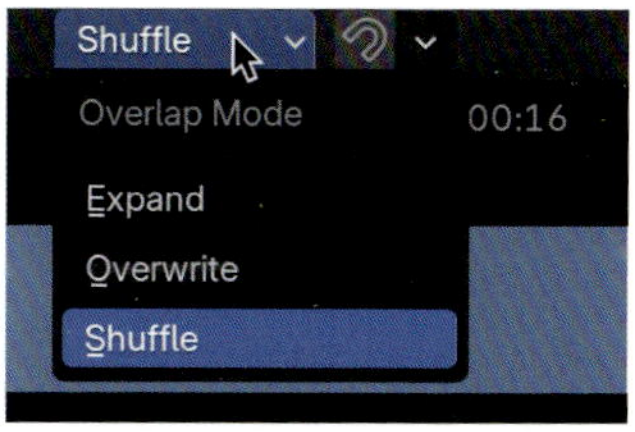

▲ **Abbildung 22.12**
Menü OVERLAP MODE im Header des Sequencers

Um einen selektierten Strip direkt am aktuellen Zeitpunkt des Zeitreglers zu platzieren, verwenden Sie die Tasten [⇧] + [S]. Sollte nicht ausreichend Platz vorhanden sein, wird der Strip in den darüberliegenden Channel verschoben.

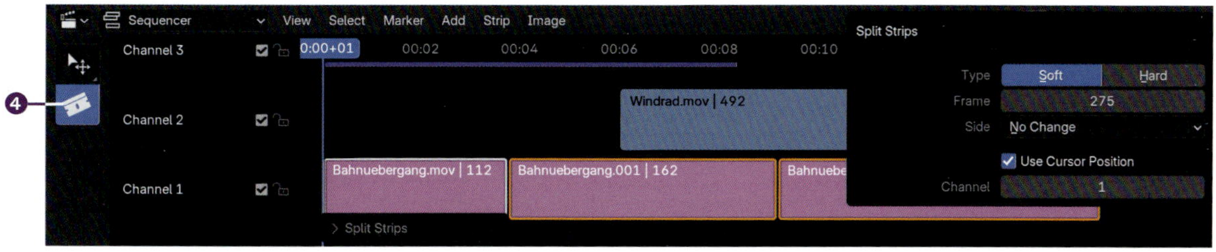

▲ **Abbildung 22.13**
Zerschneiden eines Strips in mehrere separate Strips

Um einen Strip in mehrere Teile aufzuspalten (Abbildung 22.13), verwenden Sie wahlweise das Blade-Werkzeug **4** aus der Toolbar (Taste [T]) und klicken mit dem Cursor auf die gewünschte Schnittstelle. Alternativ setzen Sie den Zeitregler auf den gewünschten Zeitpunkt für den Schnitt, selektieren den jeweiligen Strip und drücken die Taste [K]. In beiden Fällen steht Ihnen für die exaktere Definition des Schnitts wie immer das Adjust Last Operation-Panel (Taste [F9]) zur Verfügung. Die durch die Schnitte entstandenen eigenständigen Strips lassen sich nun beliebig weiterbearbeiten bzw. im Sequenzer verschieben.

Für das Duplizieren von Strips ist der bekannte Befehl DUPLICATE (Tasten [⇧] + [D]) zuständig. Anschließend ist wie gewohnt eine Transformation im Gange. Wenn Sie diese über die rechte Maustaste oder die [Esc]-Taste abbrechen, wird der duplizierte Strip auf den mit dem Ausgangsstrip identischen Zeitpunkt in die darüberliegenden Channels gesetzt.

Ein ganz besonderes Werkzeug für den Umgang mit Strips ist das Retiming-Tool. Mit ihm setzen Sie an beliebigen Strip-Zeitpunkten spezielle Keyframes, über die Sie dann anschließend die Abspielgeschwindigkeit in den Zwischenräumen steuern können.

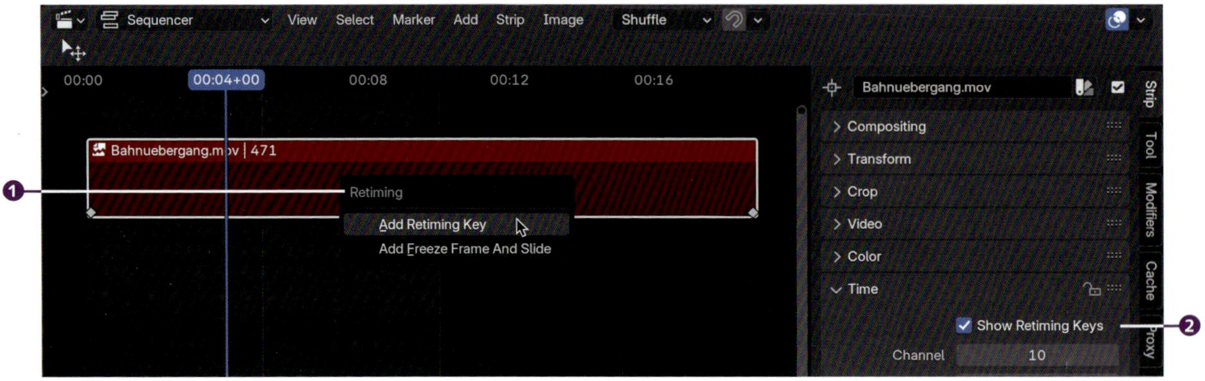

▲ **Abbildung 22.14**
Erzeugen eines Retiming-Keys

Um diese sogenannten Retiming Keys für den Strip anzeigen und erzeugen zu können, aktivieren Sie im Panel TIME des Strip-Tabs die Option SHOW RETIMING KEYS ❷ bzw. selektieren den Strip und rufen den Kurzbefehl [Strg]/[Cmd] + [R] auf. Anschließend können Sie mit der Taste [I] das Retiming-Menü ❶ aufrufen und einen Retiming Key an der Zeitregler-Position setzen.

Abbildung 22.15 ▸
Verschieben des Retiming Keys

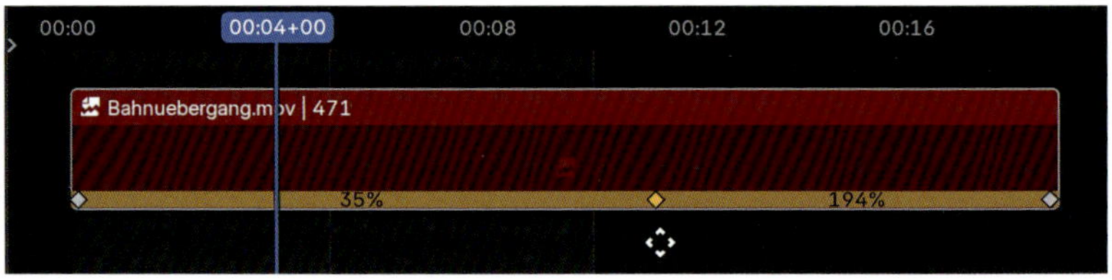

Jetzt können Sie die Abspielgeschwindigkeit wahlweise durch Verschieben der Retiming Keys (Abbildung 22.15) oder per manueller Eingabe durch Aufruf des Befehls SET SPEED (Taste [R]) angeben.

Auf die gleiche Weise lassen sich übrigens auch FREEZE FRAMES, also Standbilder des Strip-Inhalts, erzeugen. Hier beträgt die Geschwindigkeit entsprechend 0%, die Dauer des Freeze Frames lässt sich über die zugehörigen Keys steuern (Abbildung 22.16).

Abbildung 22.16 ▸
Verschieben des Freeze Frame Keys

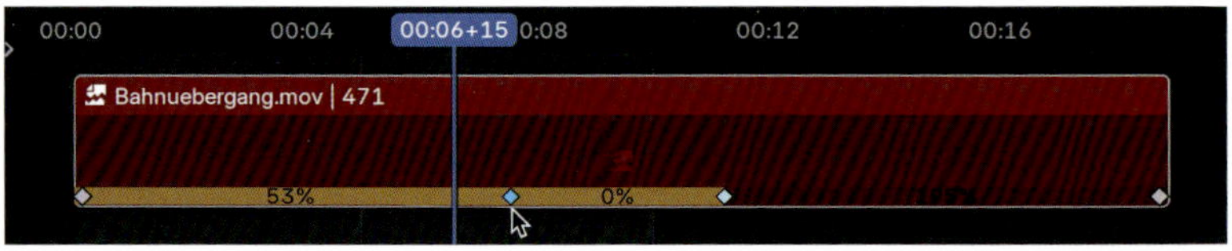

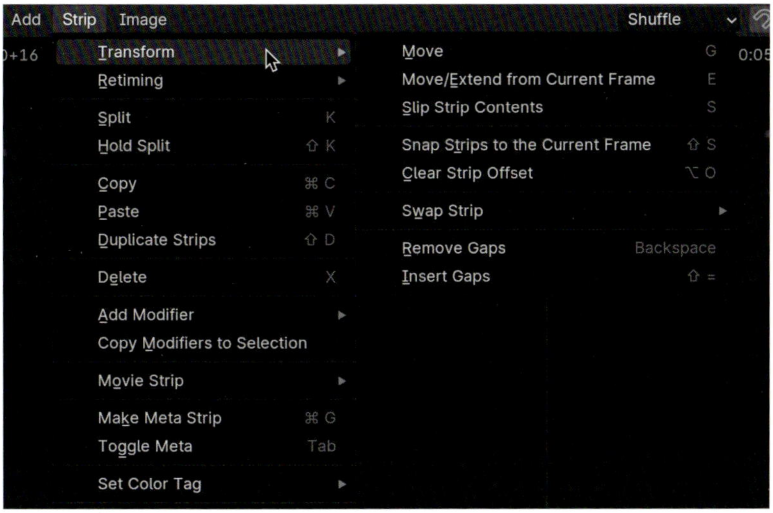

◂ **Abbildung 22.17**
Menü Strip des Sequencers

Zahlreiche weitere praktische Befehle für den Umgang mit Strips finden Sie auch im Menü Strip des Sequencers (Abbildung 22.17). Speziell auf die Transformation von Strips bezogene Funktionen finden Sie im Untermenü Transform. Hier sind Befehle zum Austauschen der Inhalte zweier Strips (Swap Strip), zum gezielten Entfernen oder auch Anbringen von Lücken nach der Position des Zeitreglers über alle Channels (Remove bzw. Insert Gaps).

Strips faden und überblenden

Zu den klassischen Aufgaben beim Filmschnitt gehört das Ein- und Ausblenden der Strip-Inhalte. Grundsätzlich steht Ihnen hierbei für jeden Strip der Parameter Opacity im Panel Compositing zur Verfügung. Damit Sie nicht mühsam Start- und Endzeitpunkt für das Ein- bzw. Ausblenden bei jedem Strip manuell per Keyframe animieren müssen, finden Sie im Menü Add • Fade des Sequencers bzw. im Kontextmenü des Strips die Befehle Fade In, Fade Out, Fade In and Out bzw. To/From Current Frame.

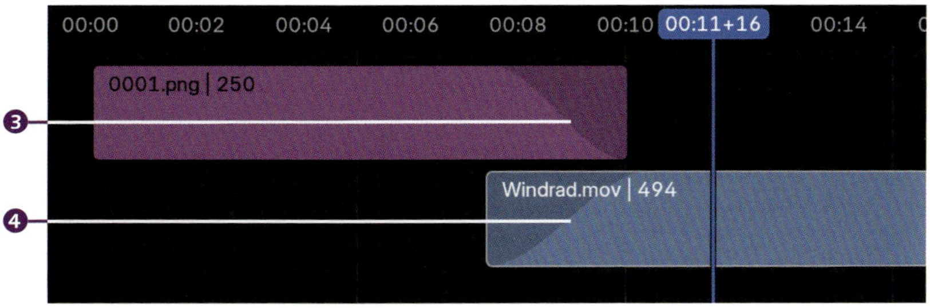

◂ **Abbildung 22.18**
Aus- und Einblenden von Strips

Mit diesen Befehlen lassen sich sehr bequem Ein- ❹, Aus- ❸ (Abbildung 22.18) und Überblendungen schaffen, die exakte Justierung erfolgt wie üblich über das Adjust Last Operation-Panel (Taste [F9]). Alternativ bietet sich die Verwendung einer TRANSITION als EFFECT STRIP an, dazu kommen wir in Kürze.

Strips gruppieren

Um den Video Sequencer möglichst übersichtlich zu halten, ist es möglich, mehrere Strips, die natürlich auch in verschiedenen Channels liegen dürfen, zu einem gemeinsamen, sogenannten Meta Strip zu gruppieren (Abbildung 22.19). Praktischerweise gibt die Farbe des zusammengefassten Meta Strips immer noch etwas Aufschluss über die Zusammensetzung des Inhalts.

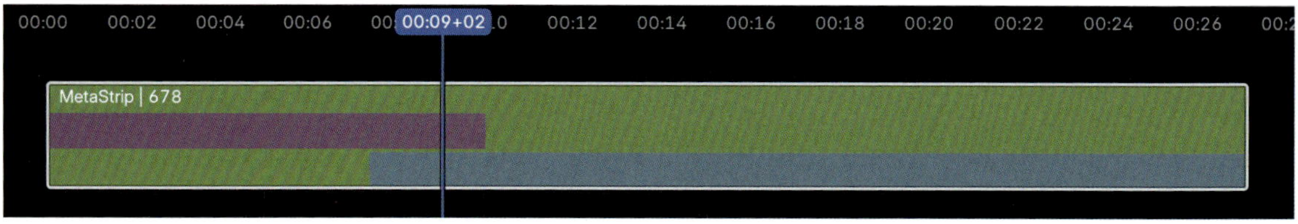

▲ **Abbildung 22.19**
Zu einem Meta Strip gruppierte Einzelstrips

Sollte Ihnen diese visuelle Hilfestellung nicht genügen, können Sie über die Taste [⇆] (TOGGLE META STRIP) jederzeit den Inhalt eines selektierten Meta Strips ein- und wieder ausblenden.

Um einen Meta Strip aus einer Anzahl an selektierten Strips zu erzeugen, rufen Sie einfach den Befehl MAKE META STRIP aus dem Menü STRIP des Sequencers auf (Abbildung 22.17) bzw. verwenden die Tasten [Strg]/[Cmd]+[G]. Das Auflösen eines Meta Strips in seine Einzelstrips erledigen Sie mit dem Befehl UNMETA STRIP bzw. den Tasten [Strg]/[Cmd]+[Alt]+[G].

22.2 Modifier und Effekte

Neben den einzelnen Parametern der verschiedenen Strips haben Sie über die Modifier und die Effect Strips umfangreiche und zudem nicht-destruktive Möglichkeiten zur Modifikation des Strip-Inhalts. Während sich die Modifier dabei eher um Farbanpassungen kümmern, die Sie aus der Bildbearbeitung kennen, bieten Ihnen die Effect Strips einen Werkzeugkasten aus Über- und Einblendungen, Farbe und Text, Transformationen und mehr.

Modifier

Sie finden die Modifier im gleichnamigen Tab ❶ der Sidebar (Taste [T]). Um einem oder mehreren selektierten Strips einen Modifier zuzuweisen, suchen Sie sich den gewünschten Modifier aus dem Menü Add Strip Modifier (Abbildung 22.20).

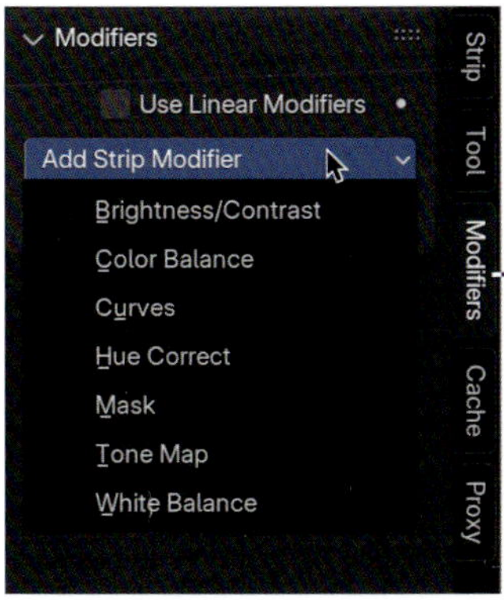

▲ **Abbildung 22.20**
Modifiers-Tab in der Sidebar des Sequencers

Abbildung 22.21 ▸
Einstellungen für den Color Balance-Modifier

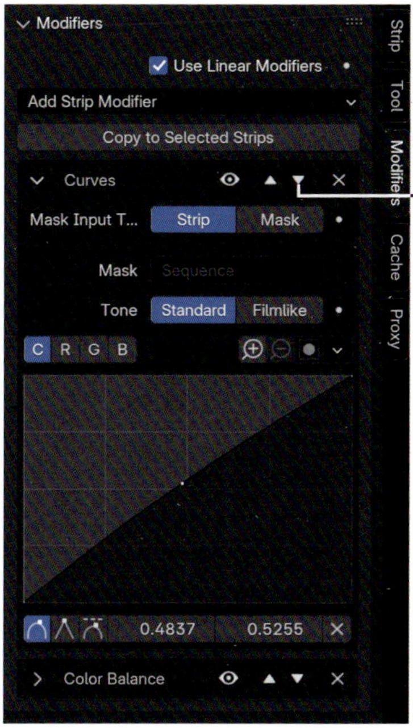

▲ **Abbildung 22.22**
Einstellungen für den Curves-Modifier

In diesem Tab entscheiden Sie auch, ob Sie für die Farbbearbeitung mit den Modifiern im linearen Farbraum arbeiten möchten (Use Linear Modifiers). Jeder Modifier erlaubt Ihnen, seine Wirkung wahlweise auf das gesamte Bild (Strip) wirken zu lassen oder auf eine zuvor erzeugte Maske (Mask) zu beschränken, die Sie im gleichnamigen Feld angeben (Abbildungen 22.21 und 22.22). Über den Button Copy to Selected Strips ❷ lassen sich fertig eingerichtete Modifier bequem auf andere Strips übertragen.

Für Farbabstimmungen, die sich auf die Tiefen (Lift), Mitteltöne (Gamma) und Lichter (Gain) beziehen, eignet sich der Modifier Color Balance (Abbildung 22.21). An die Bearbeitung der Gradationskurven, bis hin zu den einzelnen Farbkanälen, gelangen Sie über den Modifier Curves (Abbildung 22.22). Zur Justierung der Farbe (Hue), Sättigung (Saturation) und Helligkeit (Value), auch bekannt als HSV-Farbmodell, verwenden Sie den Modifier HUE CORRECT. Sehr einfachen Ansprüchen genügt der Modifier BRIGHTNESS/CONTRAST, mit dem Sie die Helligkeit (BRIGHTNESS) bzw. den Kontrast (CONTRAST) über zwei Parameter steuern. Möchten Sie für den Strip eine (natürlich animierbare) Maske einsetzen, so greifen Sie auf den Modifier MASK zurück. Der Modifier WHITE BALANCE dient zum Weißabgleich und lässt Sie einen beliebigen neuen Weißpunkt aus dem Strip-Inhalt definieren. Beim Umrechnen und Anpassen von HDR-(High Dynamic Range-)Bild- bzw. -Filmmaterial an die durch einen Monitor vorgegebenen einfacheren Gegebenheiten hilft der Modifier TONEMAP.

Abbildung 22.23 ▸
Farbveränderung mit Modifiern

Wie Sie es von den Modifiern in Blender gewohnt sind, werden die dem jeweiligen Strip zugewiesenen Modifier der Reihe nach von oben nach unten abgearbeitet. Um die Reihenfolge zu verändern, verwenden Sie die Pfeiltasten ❸ (Abbildung 22.22) des Modifiers.

Effect Strips

Noch mehr Effect Strips

Genau genommen sind auch die Strip-Typen COLOR, TEXT und der ADJUSTMENT LAYER lediglich Effect Strips, die von Anfang an ihren eigenen Strip-Inhalt mitbringen.

Während Sie Modifier den betroffenen Strips direkt zuweisen, bringen die mit den Effect Strips möglichen Spezialeffekte – wie der Name schon sagt – einen eigenen Strip mit, der auf den bzw. die darunter befindlichen Strips wirkt – im letzteren Fall beispielsweise, um eine Überblendung zu erzeugen.

Dazu selektieren Sie den bzw. die gewünschten Strips und weisen dem bzw. den Strips über das Menü ADD • EFFECT STRIP (Tasten [⇧]+[A]) den gewünschten Effect Strip (Abbildung 22.24) zu. Beachten Sie hierbei die Reihenfolge Ihrer Selektion, denn in dieser Reihenfolge erfolgt auch die Übernahme in die Effect Strip-Einstellungen, die Sie anschließend natürlich anpassen können.

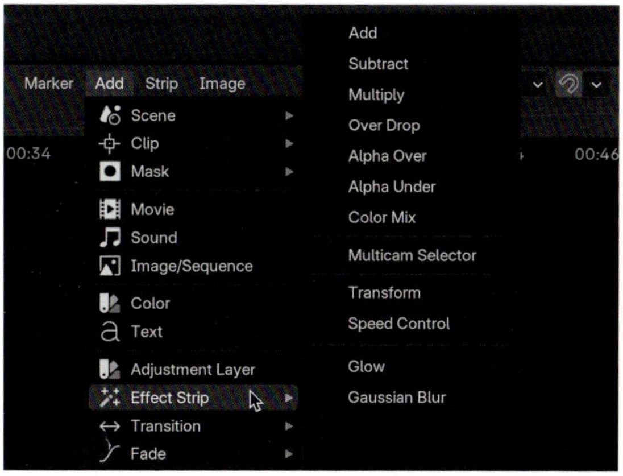

▲ **Abbildung 22.24**
Menü ADD • EFFECT STRIP des Sequencers

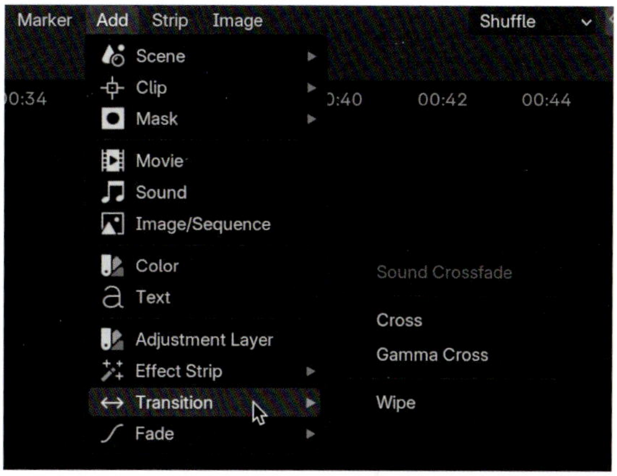

▲ **Abbildung 22.25**
Menü ADD • TRANSITION des Sequencers

Neben der Auswahl an Effect Strips im gleichnamigen Untermenü befinden sich weitere im Untermenü TRANSITION (Abbildung 22.25). Wie der Name schon andeutet, kümmern sich diese Effekte (CROSS, GAMMA CROSS, WIPE sowie SOUND CROSSFADE für Sounddateien) um Überblendungen zwischen zwei Strips.

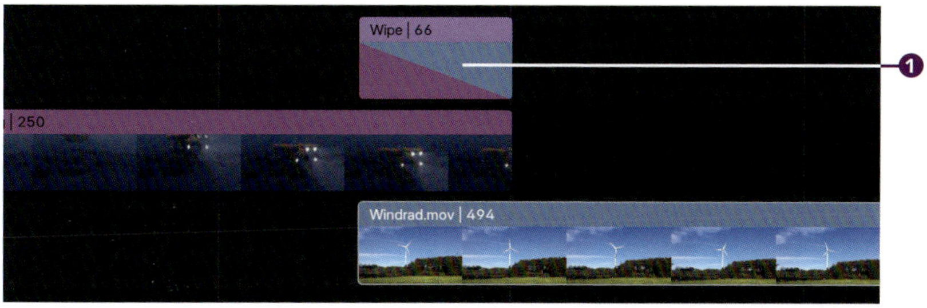

◂ **Abbildung 22.26**
Effect Strip einer Überblendung (TRANSITION)

Der für den Effekt erzeugte Effect Strip liegt nicht nur in einem eigenen Channel (Abbildung 22.26), er wird auch automatisch an die benötigte Länge – die Länge des Basis-Strips bzw. der Überlappung zweier Strips ❶ – angepasst. Da sich der Effect Strip stets auf den bzw. die ihm zugeordneten Ausgangs-Strips bezieht, passt sich der Effect Strip bei einer Modifikation eines der Ausgangs-Strips entsprechend an. Ansonsten verhält sich ein Effect Strip wie ein anderer Strip auch: Um seinen Effekt ein- bzw. auszublenden, können Sie bequem die Befehle aus dem Menü FADE verwenden.

Abbildung 22.27 ▸
Fading eines Effect Strips

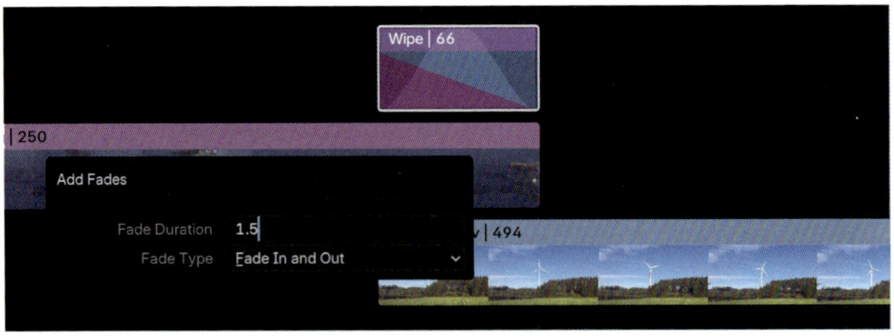

Zu den Einstellungen der Effekte gelangen Sie wieder über den Strip-Tab in der Sidebar (Abbildung 22.28). Dort finden Sie im Panel Effect Strip neben den effektspezifischen Parametern gegebenenfalls auch die beiden Strips, auf die sich der Effect Strip bezieht.

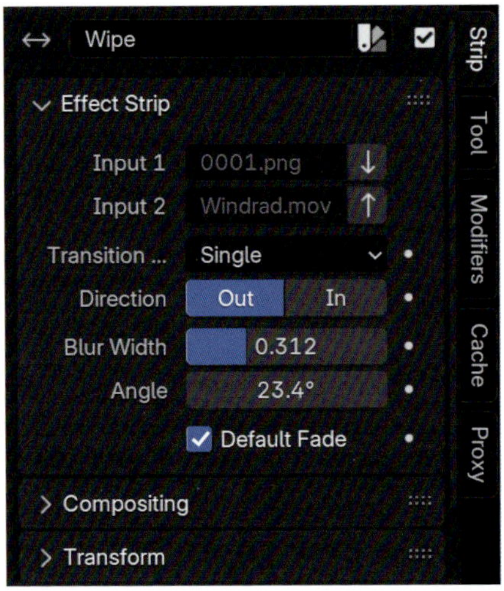

▲ **Abbildung 22.28**
Panel Effect Strip im Strip-Tab

▲ **Abbildung 22.29**
Überblendung zweier Strips mittels Effect Strip Wipe

Die Auswahl an Effekten, die Ihnen die Effect Strips liefern, kann sich durchaus sehen lassen. Da wären als Erstes die reinen Bildbearbeitungseffekte wie Add, Subtract, Multiply und Color Mix, mit denen Sie die Strips als Ebenen miteinander verrechnen. Verfügt ein Strip über einen Alpha-Kanal, lässt sich auch dieser über die Effekte Over Drop, Alpha Over sowie Alpha Under verwerten. Der Multicam Selector ermöglicht den Wechsel zwischen Szenen und Kameras, während Ihnen Transform und Speed Control Transformationen und Zeit-Effekte ermöglichen. Glow und Gaussian Blur sind wiederum klassische Bildeffekte, mit denen Sie ein Glühen bzw. ein Weichzeichnen des Strip-Inhalts erzielen.

Projekt Doppeldecker: Vertonung und Rendering der Doppeldecker-Animation

Nutzen wir den Video Sequence Editor, um der fertigen Doppeldecker-Animation im Nachgang noch eine adäquate Tonspur zu spendieren.

1 Blender-Szene erzeugen

Erzeugen Sie über den Befehl FILE • NEW • VIDEO EDITING (Taste Strg/Cmd + N) eine neue Blender-Szene mit dem Video Editing-Layout. In diese neue Szene werden wir die Doppeldecker-Animation verlinken.

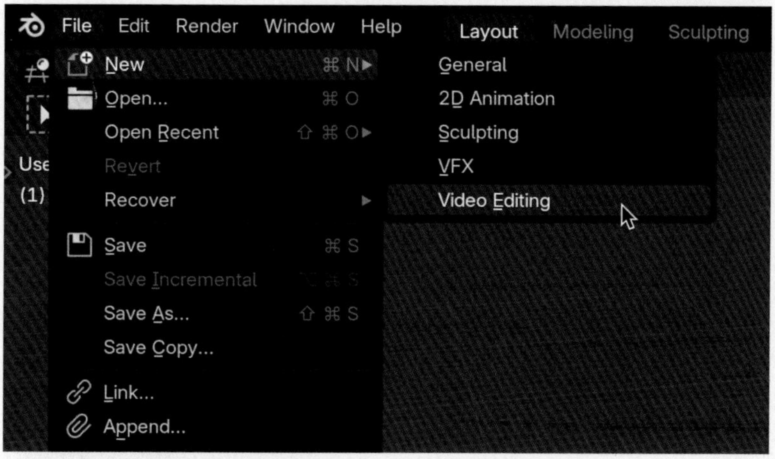

◂ **Abbildung 22.30**
Menü FILE • NEW

Wir behandeln die komplette Doppeldecker-Szene mitsamt Animation und Compositing also wie einen Movie Clip, den wir in ein leeres Blend-File importieren, um ihn mit Sound zu unterlegen. Das funktioniert nicht nur ganz hervorragend, es ergibt sich zudem auch der Vorteil, dass Sie bei einer nachträglichen Änderung an der Doppeldecker-Animation einfach nur die Blender-Szene mit der Vertonung aufrufen müssen und sofort mit dem neuen, vertonten Rendering beginnen können.

2 Ausgabe-Einstellungen definieren

Bevor wir aber die Doppeldecker-Animation in die Szene holen, passen wir zuvor deren Einstellungen im Output-Tab ❶ des Properties Editors (Abbildung 22.31) an.

Stellen Sie dazu im Panel FORMAT die Bildrate (FRAME RATE) auf 29.97 fps ein und setzen Sie im Panel FRAME RANGE das FRAME END auf Bild 774.

Abbildung 22.31 ▸
Panels FORMAT und FRAME RANGE im Output-Tab

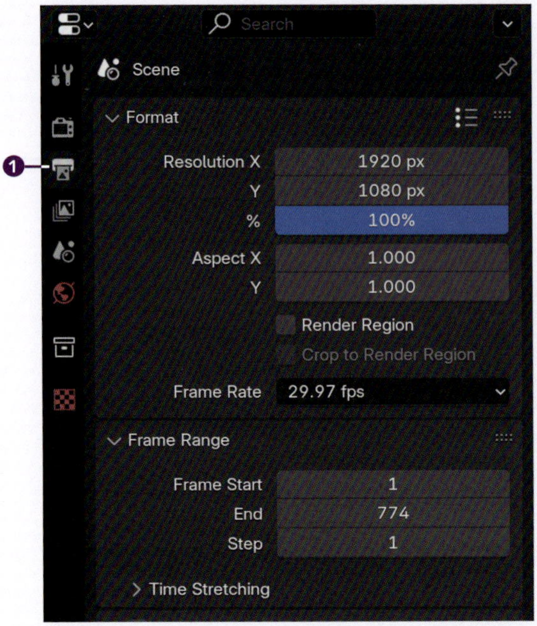

3 Voreinstellung des VSE anpassen

Bevor wir mit der Arbeit im Video Sequence Editor (VSE) beginnen, passen wir zur Arbeitserleichterung noch zwei Voreinstellungen an. Deaktivieren Sie für den VSE über das Menü VIEW (Abbildung 22.32) die Option USE TIMECODE, um stattdessen, wie von unserer Animation gewohnt, FRAMES angezeigt zu bekommen.

Abbildung 22.32 ▸
Menü VIEW des Sequencers

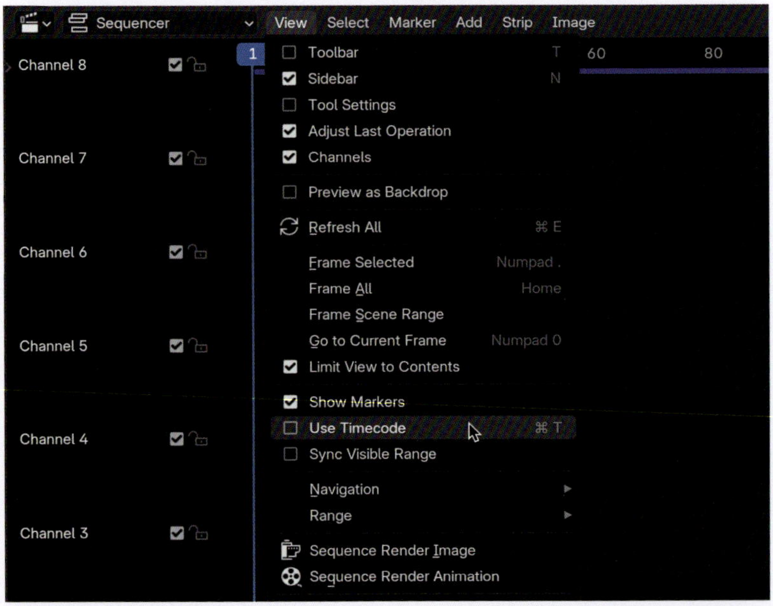

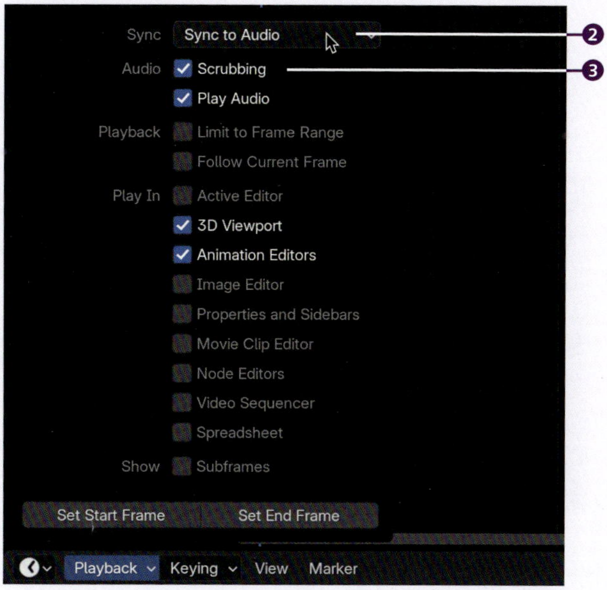

◄ **Abbildung 22.33**
Pop-up-Menü PLAYBACK der Timeline

Stellen Sie außerdem sicher, dass im Pop-up-Menü PLAYBACK der Timeline (Abbildung 22.33) die Abspieloption auf SYNC TO AUDIO ❷ steht, um sicherzustellen, dass der Ton synchron zur abgespielten Animation läuft. Wenn Sie möchten, dass der importierte Soundfile auch beim Verschieben des Abspielkopfs in der Timeline abgespielt wird, um die Vertonung noch exakter mit dem animierten Geschehen abstimmen zu können, aktivieren Sie außerdem die Option SCRUBBING ❸ im gleichen Menü.

4 Doppeldecker-Animation als Scene-Strip verlinken

Praktischerweise lässt sich die Blender-Szene der Doppeldecker-Animation als Strip anlegen, ohne sie vorher gerendert zu haben. Deshalb können wir jetzt auch schon mit der Vertonung beginnen. Das Rendering erledigen wir dann zum Schluss – zusammen mit dem unterlegten Ton.

Verwenden Sie den File Browser im Workspace VIDEO EDITING und navigieren Sie zu Ihrem Ergebnis des Compositing-Projekt-Workshops für den Doppeldecker. Alternativ öffnen Sie das Verzeichnis *6_Rendering*, wo Sie mit dem Blend-File *6_Rendering_Doppeldecker_1_Compositing.blend* mein Ergebnis finden. Sollte Ihnen der File Browser keine Blend-Files anzeigen, aktivieren Sie dies über das Pop-up-Menü des dortigen Anzeige-Filters. Ziehen Sie anschließend das Blend-File aus dem File Browser per Drag & Drop direkt in den Video Sequence Editor (Abbildung 22.34).

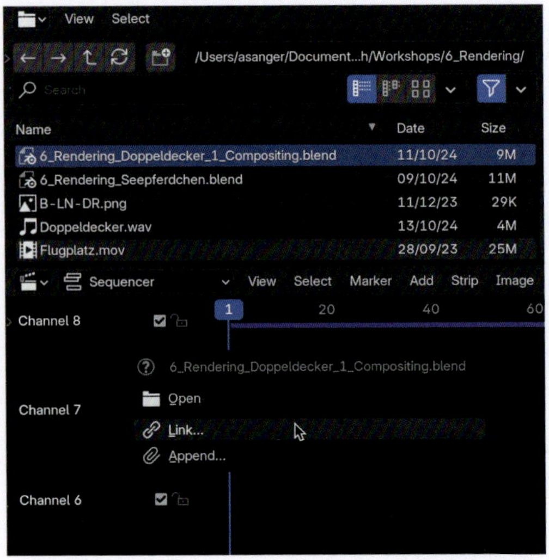

◀ **Abbildung 22.34**
Verlinken des Blend-Files der Dampflok-Animation

▼ **Abbildung 22.35**
Einstellungen für die Verlinkung der SCENE

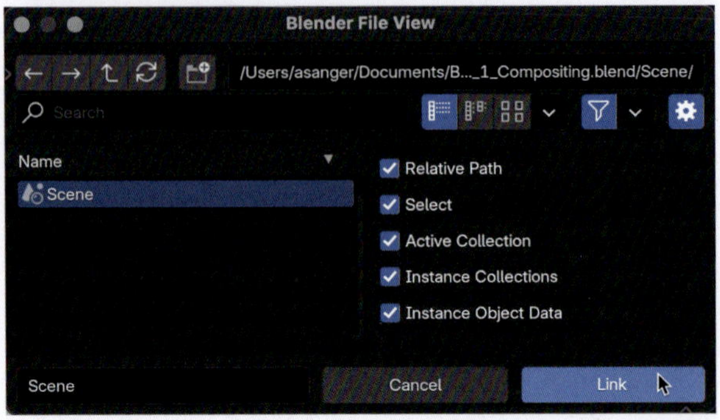

Es öffnet sich ein Auswahldialog (Abbildung 22.34), in dem wir gefragt werden, ob das Blend-File geöffnet oder per LINK bzw. APPEND eingebunden werden soll. Wir wählen die Option LINK… und suchen uns aus den Datenblöcken des Blend-Files die SCENE heraus (Abbildung 22.35).

Um nun diese Scene als ersten Strip in den Video Sequence Editor zu importieren, setzen Sie den blauen Abspielkopf zurück auf Frame 1 und rufen das Menü ADD • SCENE (Tasten ⇧ + A) auf, in dem wir nun die von uns zuvor bereitgestellte Scene der Doppeldecker-Animation finden (Abbildung 22.36).

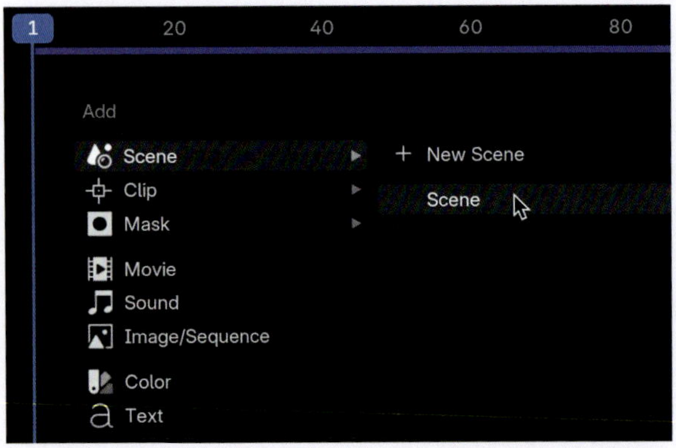

▲ **Abbildung 22.36**
Einbinden der Scene als Strip

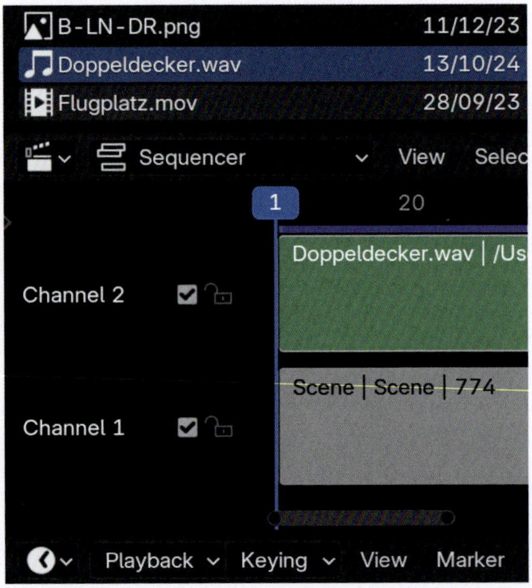

Abbildung 22.37 ▶
Einbinden des Sound-Files für den Doppeldecker

5 Sound als Strip einbinden und animieren

Im nach wie vor über den File Browser zugänglichen Verzeichnis *6_Rendering* finden Sie die Wave-Datei *Doppeldecker.wav* mit dem Sound eines startenden Doppeldeckers und passendem Motorensound. Belassen Sie den Zeitregler auf Frame 1 und ziehen Sie das Sound-File per Drag & Drop in den Sequencer, um einen Sound-Strip in CHANNEL 2 anzulegen (Abbildung 22.37).

Für die Synchronisation verwenden wir als Bezugspunkt das Überfliegen des Doppeldeckers und bringen diesen Zeitpunkt mit der höchsten Lautstärke in Einklang. Um sich dafür die Tonspur visuell anzeigen zu lassen, selektieren Sie den Sound-Strip, klappen das Panel SOUND in der Sidebar (Taste [N]) des VSE auf und aktivieren die Option DISPLAY WAVEFORM (Abbildung 22.38).

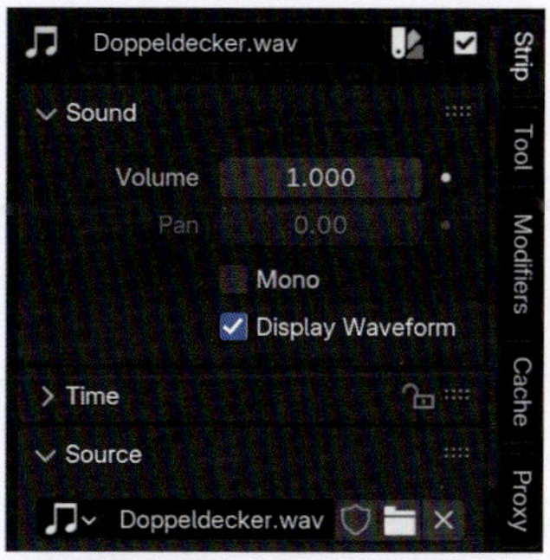

▲ **Abbildung 22.38**
Panel SOUND im Strip-Tab der Sidebar

◀ **Abbildung 22.39**
Verschieben des Sound-Strips

Verschieben Sie den Sound-Strip durch Ziehen mit der Maus bei gedrückt gehaltener Maustaste (kurz festhalten reicht) nach rechts, bis der Mittelpunkt ❶ des lauten Bereichs bei Frame 735 liegt.

Lassen wir den Sound passend zu unserer Animation ein- und ausfaden. Im Panel SOUND (Abbildung 22.40) finden Sie dazu den Parameter VOLUME ❷. Für das Ausfaden setzen Sie dessen Wert bei Frame 740 auf 1, und fügen Sie mit der Taste [K] ein Keyframe ein. Bei Frame 770 setzen Sie den Wert zurück auf 0 und erzeugen ein weiteres Keyframe kurz vor dem Ende der Animation. Für das Einfaden setzen Sie beim ersten Frame des Sounds ein Key für den Wert 0, etwas später bei Bild 520 ein Key für den Wert 1.

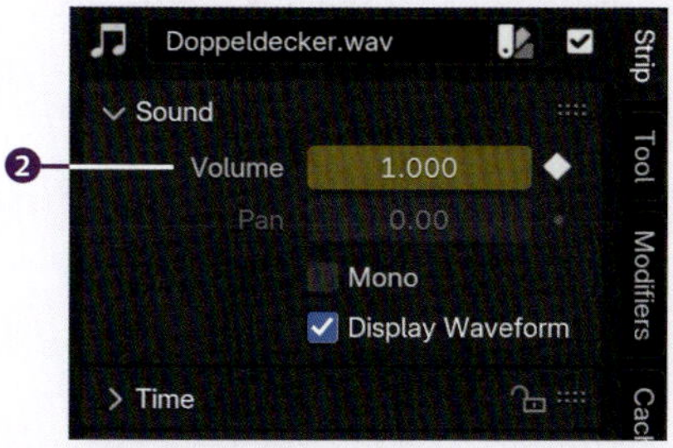

▲ **Abbildung 22.40**
Key bei Frame 740

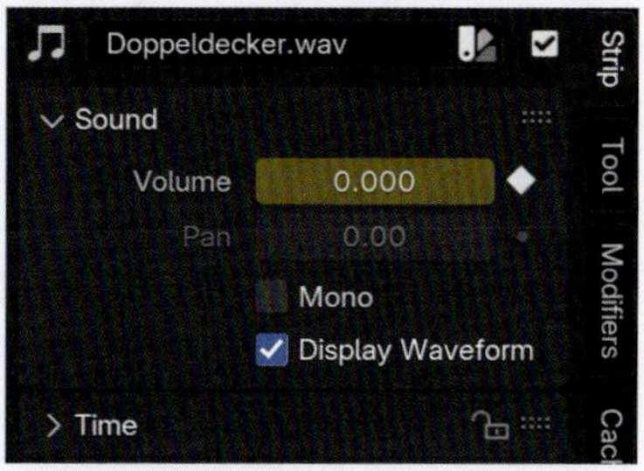

▲ **Abbildung 22.41**
Key bei Frame 770

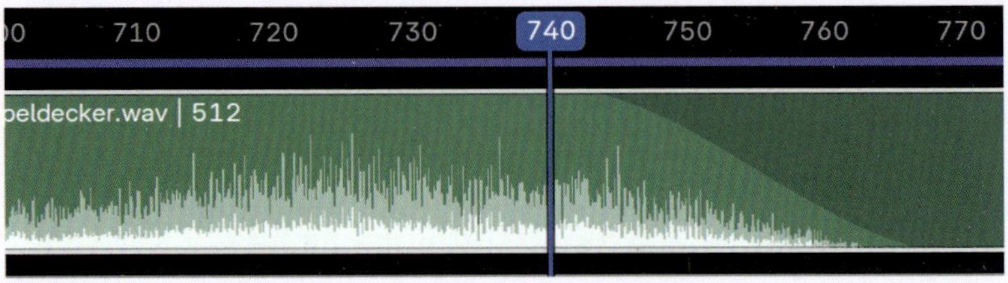

Abbildung 22.42 ▸ Ausblenden des Sounds im Sound-Strip

6 Rendering der finalen Animation starten

Navigieren Sie im Output-Tab ❶ des Properties Editors (Abbildung 22.43) über den Verzeichnis-Button ❷ zum Verzeichnis Ihrer Wahl und setzen Sie das FILE FORMAT auf FFMPEG VIDEO. Ich habe mich für das ENCODING MPEG-4 mit verlustfreier (LOSSLESS) Qualität entschieden. Als Keyframe-Intervall ❸ verwenden wir den standardmäßig eingestellten Wert. Für die Einbindung des Sounds nehmen Sie den Codec MP3 ❹.

Jetzt können Sie über den Befehl RENDER ANIMATION aus dem Menü RENDER bzw. die Tasten `Strg`/`Cmd` + `F12` das finale Rendering Ihres Films starten.

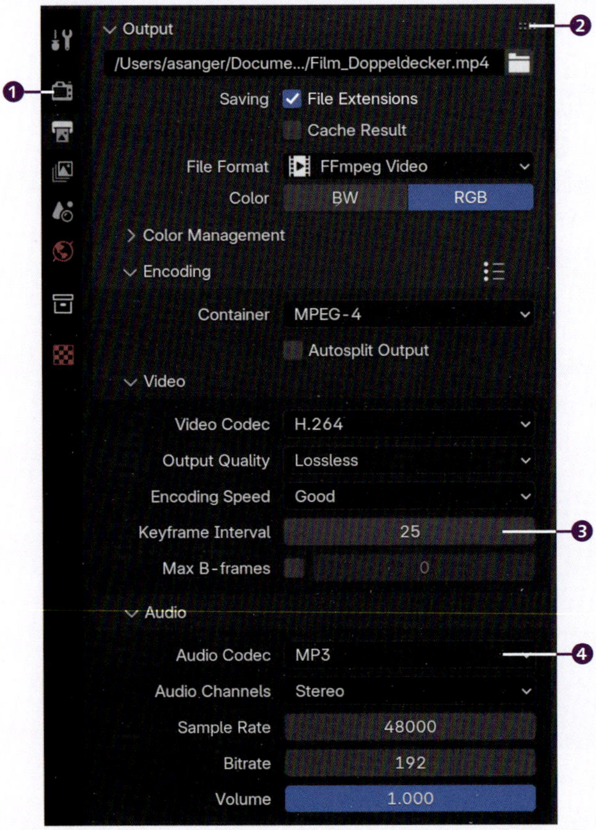

Abbildung 22.43 ▸ Output-Tab des Properties Editors

Kapitel 23
Import und Export

Es wird immer Aufgaben geben, die in einer anderen Applikation besser, schneller oder einfacher zu bewerkstelligen sind. Sei es, um 2D-Daten aus einem Illustrationsprogramm, 3D-Daten aus einer Konstruktionssoftware oder Animationsdaten einer Motion-Capture-Applikation zu verwenden. Blender muss auch nicht zwangsläufig die Endstation Ihres Projekts sein, die Exportoptionen bedienen auch 3D-Drucker oder Gaming Engines.

Blender lässt sich in vorhandene Workflows eingliedern, wie es auch viele Möglichkeiten bietet, für spezielle Aufgabengebiete wie Modelling, Shading oder Animation auf ein anderes Pferd zu setzen. Je nach Aufgabengebiet hat jede Software und jedes Format seine Eigenheiten, deshalb geht ein Datentausch über ein klassisches 3D-Datenformat meist auch mit Nacharbeit einher. Da es sich ja meist um Teilbereiche eines Projekts handelt, ist die Komplettübernahme einer Szene auch nicht unbedingt erforderlich.

Jüngere Datenformate wie FBX, Alembic und USD dagegen versuchen, einen gemeinsamen Nenner zu finden, um möglichst viel Kompatibilität zu gewährleisten. Hier können wir nur hoffen, dass viele Programmschmieden auf solch einen Zug aufspringen. Blender bietet für die Zusammenarbeit mit anderen 2D- oder 3D-Programmen eine stattliche Anzahl an Import- und Exportformaten an.

Reger Austausch

Die Unterstützung von Datenaustauschformaten, die entweder neu geschaffen oder um zusätzliche Kompatibilität erweitert werden, ist ein Dauerbrenner in der Weiterentwicklung von Blender. Sie können sich sicher sein, dass Blender zu den ersten Mitstreitern gehört, sobald es vielversprechende neue Ansätze beim Thema »Import und Export« gibt.

23.1 Import

Vor dem Import von Daten in Blender sind grundsätzlich zwei Dinge sicherzustellen: Zum einen sollte die Fremddatei im bestmöglichen Zustand (Unterteilung, Qualitätsstufe) abgespeichert sein. Viele Programme bieten diese Möglichkeit etwas versteckt beim Export an. Zum anderen sollten Sie bei der Wahl des Austauschformats nicht nur auf den kleinsten gemeinsamen Nenner achten, sondern auch darauf, ob das Format die gewünschten Daten unversehrt nach Blender bringt.

Abbildung 23.1 ▸
Menü File • Import

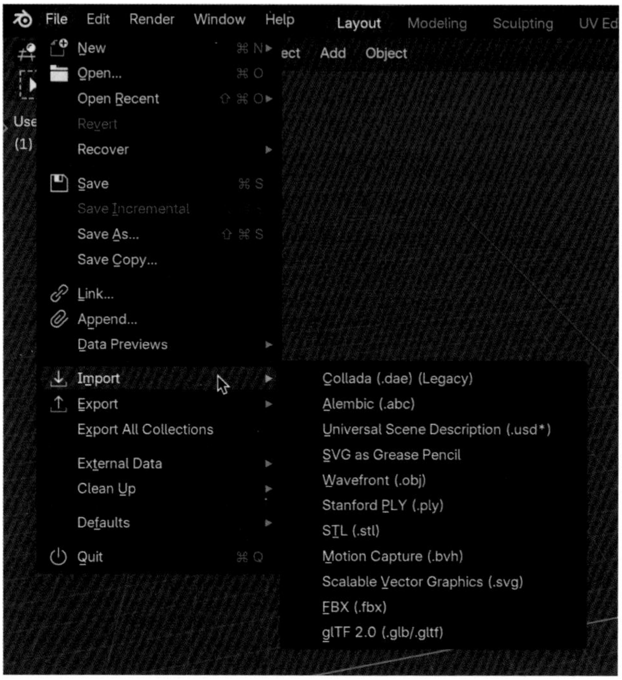

Um Daten aus einer fremden Applikation nach Blender zu importieren, rufen Sie das Menü File • Import (Abbildung 23.1) auf. Hier sehen Sie auch gleich alle Importformate aufgelistet, die Blender standardmäßig unterstützt.

Bei den 2D-Importformaten beschränkt sich Blender auf das skalierbare Vektorformat SVG (Scalable Vector Graphics), das Sie auf Wunsch auch gleich als Grease Pencil-Objekt anlegen lassen können. Wohlgemerkt geht es hier in erster Linie um den Erhalt der Vektordaten. 2D-Bildformate wie JPEG, TIFF oder PNG lassen sich per Drag & Drop als Image-Empties in Blender importieren.

Die 3D-Importformate kommen aus den verschiedensten Software- und Anwendungsbereichen. Zu den klassischen und gebräuchlichen programmspezifischen Formaten zählt Wavefront OBJ. Das Datenformat Stanford PLY (Polygon File Format) hat seinen Ursprung als Speicherformat für 3D-Scans, während das STL-Format in CAD-Programmen die Standardschnittstelle für 3D-Druck und Rapid Prototyping darstellt.

Weitere Austauschformate per Extensions

Noch mehr Möglichkeiten für den Datenaustausch bieten Ihnen die Extensions in Form von Addons. Zu den nicht standardmäßig aktivierten Austauschformaten, die Sie über die Extensions freischalten können, zählen beispielsweise 3D-Coat Applink, DXF, PC2, NewTek MDD, Nuke Animation CHAN oder auch X3D/VRML2.

Collada (DAE) besticht durch die Auswahl und Anzahl der unterstützten Objekte bzw. Elemente. Blender kann über Collada Polygongeometrien, Lichtquellen, Kameras zusammen mit gegebenenfalls vorliegenden Keyframe-Animationen importieren.

Alembic (ABC) ist auf den verlustfreien, speicheroptimierten Datenaustausch von animierter Geometrie spezialisiert. Es handelt sich also praktisch um »gebackene«, animierte Meshdaten, die sich übergreifend in vielen 3D-Programmen nutzen lassen.

Das relativ junge Universal Scene Description-(USD-)-Format unterstützt softwareübergreifend Layer, Overrides sowie externe Daten-Referenzen und wird beim Export noch genauer beleuchtet.

Beim Datenformat Biovision BHV handelt es sich um Bewegungsdaten, die beispielsweise beim Motion Capturing aufgezeichnet wurden und über dieses Austauschformat zur Animation von Characters in Blender Verwendung finden.

Auch das Format FBX ist auf den Austausch von Character-Animationen spezialisiert und hat sich dank der Unterstützung vieler 3D-Applikationen wie Maxon Cinema 4D und Autodesk 3dsMAX sowie etablierter Game Engines wie Unity4D und Unreal etabliert.

Das Dateiformat glTF 2.0 (GIB/GITF) ist ein typischer Vertreter von 3D-Formaten, die auf die Verwendung im Web bzw. in Game Engines ausgelegt sind – entsprechend optimiert werden die Daten aufbereitet.

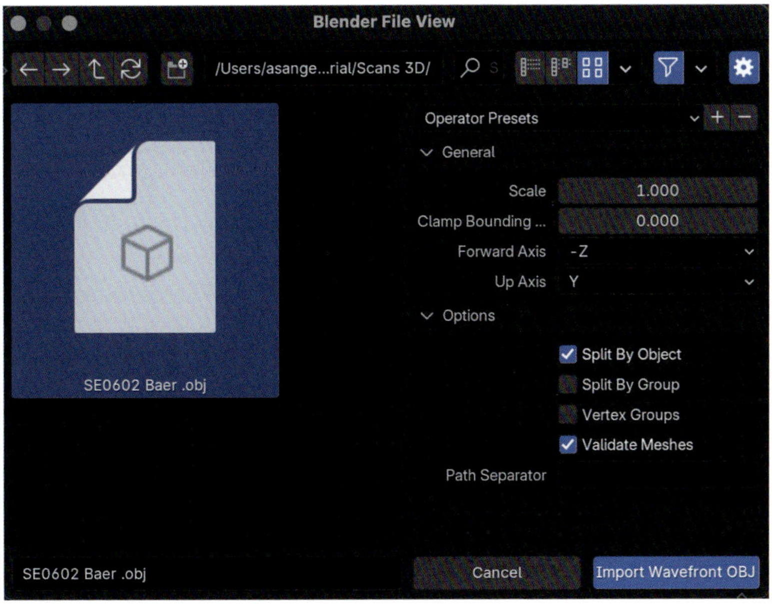

◂ **Abbildung 23.2**
Importoptionen für ein OBJ-File im File Browser

Nach dem Aufruf des Import-Befehls für das benötigte Datenformat öffnet sich der File Browser mit den Importeinstellungen (Abbildung 23.2). Je nach Importformat finden Sie im rechten Bereich spezifische Optionen, wie Blender beim Import mit den vorliegenden Elementen umgehen soll. Dazu gehören beispielsweise Achsrichtungen, Geometrie (Meshes oder auch Lines), UVs, Gruppen und Hierarchien (Bones bzw. Armatures).

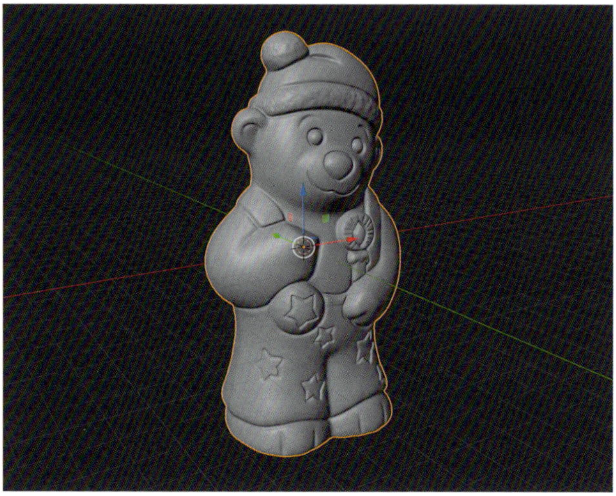

Abbildung 23.3 ▸ Importierte Schokoladenform, Modell von Anton Asanger für Hans Brunner GmbH

Eine Eigenheit von Blender ist bei den Import-Optionen bereits standardmäßig berücksichtigt: Die im Vergleich zu den meisten anderen 3D-Programmen vertauschten Z- und Y-Achsen werden als Up- bzw. Forward-Richtung neu interpretiert, so dass die importierten Elemente in der korrekten Ausrichtung in Blender ankommen (Abbildung 23.3).

23.2 Export

So offen, wie Blender für die Übernahme von Daten aus anderer 2D- und 3D-Software ist, so flexibel zeigt es sich auch bei der Übergabe an Daten. Zum einen kann dies zur Weiterverarbeitung der Elemente in einer anderen 3D-Software erfolgen, sei es zur Animation, zum Rendering oder auch für die Finalisierung mit speziellen Effekten. Nicht zu vergessen die Gaming Engines, die dankbare Empfänger von 3D-Elementen und -Animationen sind. Zum anderen lassen sich Blender-Daten auch für 3D-Druck aufbereiten, um vom virtuellen zum physischen Modell zu gelangen.

Export für andere Applikationen und Game Engines

Praktisch alle Datenformate, die Sie aus externen Quellen in Blender importieren können, lassen sich auch von Blender aus für diese Applikationen exportieren. Hierzu rufen Sie das Menü FILE • EXPORT auf, das Ihnen entsprechend alle Zielformate auflistet (Abbildung 23.4).

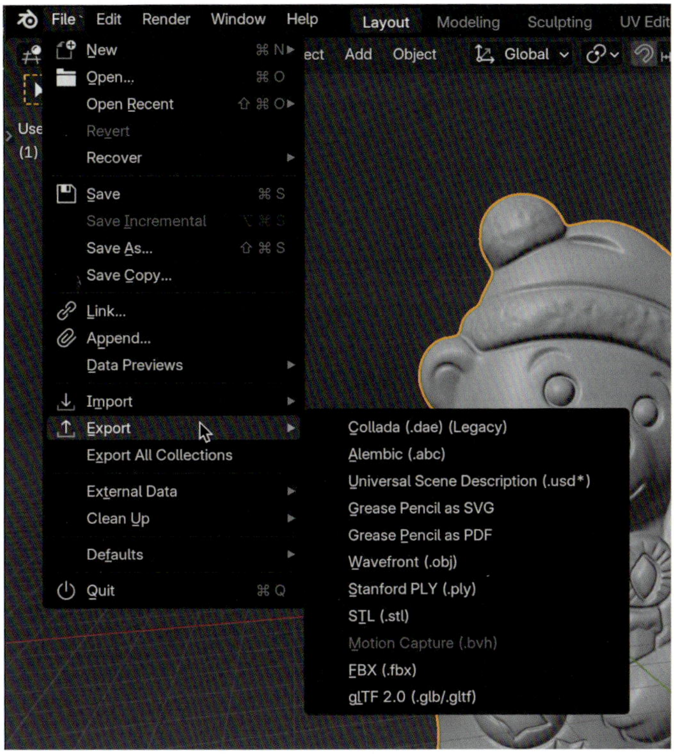

◂ **Abbildung 23.4**
Menü FILE • EXPORT

Im zweidimensionalen Bereich bieten sich dank dem 2D-Animations-Werkzeug Grease Pencil zwei Optionen an: der Export in das SVG- sowie in das PDF-Format. Beachten Sie dabei, dass beim Export stets die aktuelle Kameraperspektive verwendet wird – unabhängig davon, ob Sie eine Kamera in die Szene integriert haben oder nicht.

Beim Export in ein dreidimensionales Datenformat zeigt sich Blender überaus kooperativ. Neben den Optionen, die Blender auch beim Import von Daten des Formats gerne entgegennimmt, ermöglichen die Exporteinstellungen auf der rechten Seite (Abbildung 23.5) des nach dem Aufruf des Export-Befehls geöffneten File Browsers zusätzliche Optionen, um möglichst viele Informationen bei der Datenweitergabe zu erhalten.

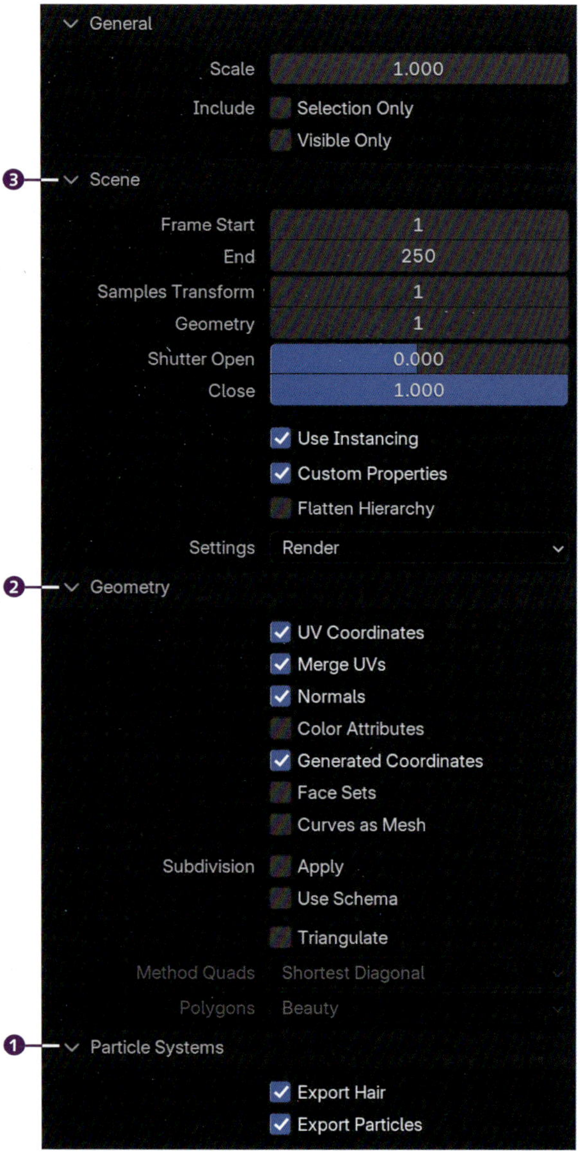

▲ **Abbildung 23.5**
Exportoptionen für ein Alembic-File im File Browser

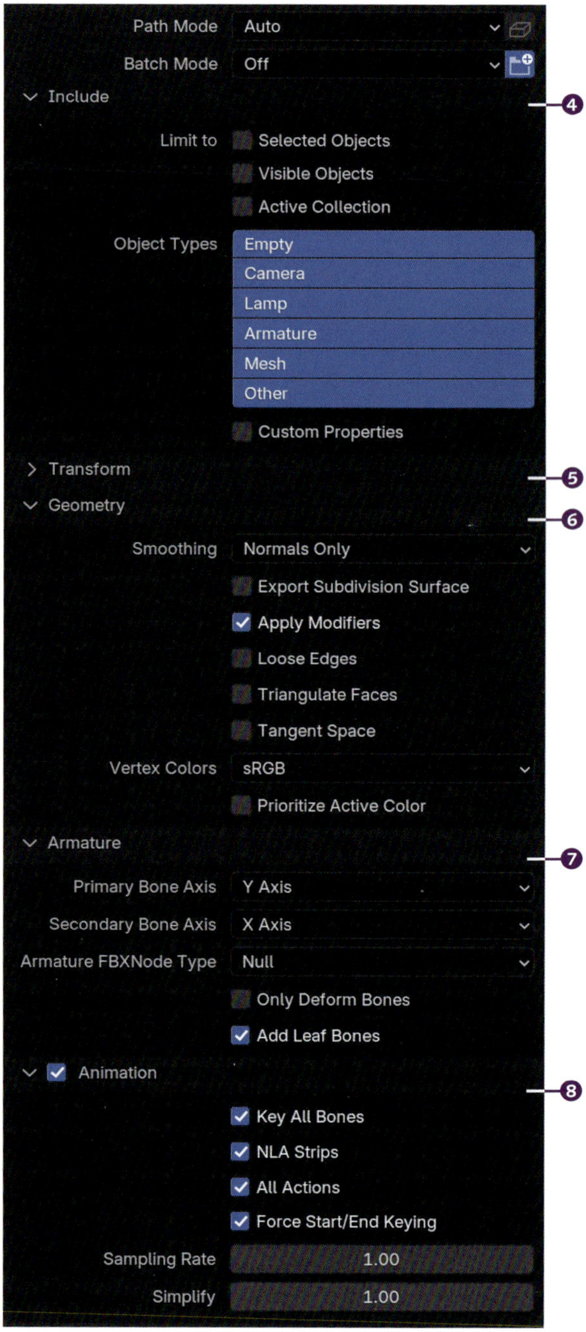

Abbildung 23.6 ▸
Exportoptionen für ein FBX-File im File Browser

Sehen wir uns die Exportformate am Beispiel von Alembic-Files etwas genauer an (Abbildung 23.5). Neben der allgemeinen Szenen-Skalierung (SCALE) gibt es drei weitere Bereiche mit Vorgaben für den Umgang mit szenen-, objekt- und partikelspezifischen

Informationen. Da es sich bei Alembic-Files meist um Animationen handelt, finden Sie in den SCENE OPTIONS ❸ Einstellungen für die Dauer und das Sampling der bewegten Geometrie sowie Optionen für die Berücksichtigung bestimmter Objekte. In den OBJECT OPTIONS ❷ entscheiden Sie, ob die UV-Maps und -Inseln, Normalen oder auch Vertex Colors der Objekte beim Export erhalten bleiben. Vorhandene Subdivision Surface-Modifier lassen sich anwenden (APPLY), um keine Überraschungen bei der Glättung in der Ziel-Software zu erleben. Zwar unterstützt Alembic keine Partikelsysteme ❶, Haare (HAIR) können jedoch als Curves und Partikel als einzelne Punkte erhalten bleiben.

Das FBX-Datenformat (Abbildung 23.6) eignet sich besonders für Workflows mit Characters. Zunächst bestimmen Sie über den PATH bzw. BATCH MODE, ob die hinterlegten Pfade erhalten oder justiert bzw. ob COLLECTIONS und SCENES in separate Files gespeichert werden sollen. Im Panel INCLUDE ❹ geben Sie an, welche Objektarten (OBJEKT TYPES) beim Export Berücksichtigung finden. Die bekannten Anpassungsmöglichkeiten für die Ausrichtung der Achsen bzw. Szenenskalierung finden Sie im Panel TRANSFORM ❺. Wie beim Export mit der enthaltenen Geometrie und angelegten Armatures bzw. Bones verfahren werden soll, legen Sie in den Panels GEOMETRY ❻ bzw. ARMATURE ❼ fest. Um eine Animation wahlweise inklusive aller Bones, NLA-Strips und Actions in Keyframes zu backen, aktivieren Sie das Panel BAKE ANIMATION ❽.

Der Export in das USD-Datenformat (Abbildung 23.7) gehört zu den jüngsten Erweiterungen für die Anbindung an Blender, hier kamen über den Lauf der letzten Blender-Updates die weitaus meisten zusätzlichen Import- und Exportfunktionen hinzu. Das Universal-Scene-Description-(USD-)Format ist grundsätzlich in der Lage, programmübergreifend Layer und Overrides sowie externe Daten-Referenzen zu unterstützen. Voraussetzung ist hierfür natürlich die entsprechende Umsetzung auf der Seite der korrespondierenden 3D-Software. In den Exportoptionen für USD (Abbildung 23.7) finden Sie alle für die Übergabe unterstützten Elemente und Daten als DATA TYPES aufgelistet. Dazu gehören statische, deformierende und animierte Meshes, Armatures, perspektivische Kameras, Lichtquellen (außer Area-Lights) sowie Hair (als Curves ohne Berücksichtigung der Children). Welche dem exportierten Mesh zugehörigen Daten wie UV Maps und Attributes mitgeliefert werden, geben Sie unter MESH DATA an. Unter INCLUDE, OPTIONS und MATERIALS finden Sie zusätzliche Möglichkeiten, zur Szene bzw.

Pixar-Entwicklung USD

Das von Pixar entwickelte Universal-Scene-Description-Format ist ein Open-Source-Projekt, das sich speziell auf die Belange einer kompletten Produktions-Pipeline von Modelling und Shading über die Animation bis hin zum Rendering mit allen zugehörigen Daten konzentriert. Mehr über das USD-Format erfahren Sie unter *graphics.pixar.com/usd*.

zum Blend-File gehörige Informationen weiterzugeben. Auch an die Übergabe enthaltener Texturen hat man gedacht, hierfür können Sie auch gleich ein Verzeichnis festlegen bzw. bestimmen, ob vorhandene Daten überschrieben werden sollen.

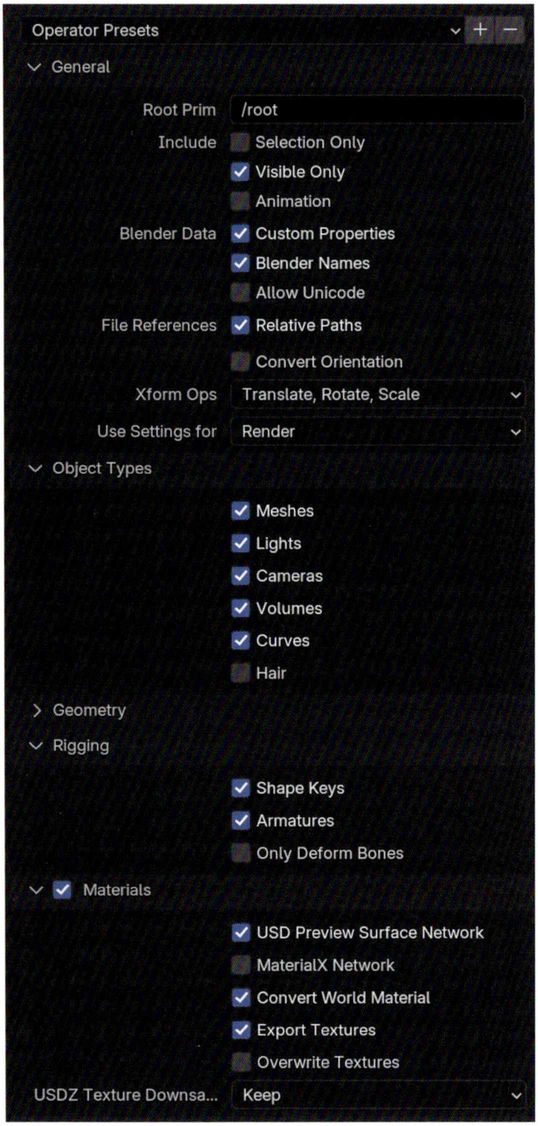

◂ **Abbildung 23.7**
Exportoptionen für ein USD-File im File Browser

▾ **Abbildung 23.8**
Exportoptionen für Collections im Collection-Tab des Properties Editors

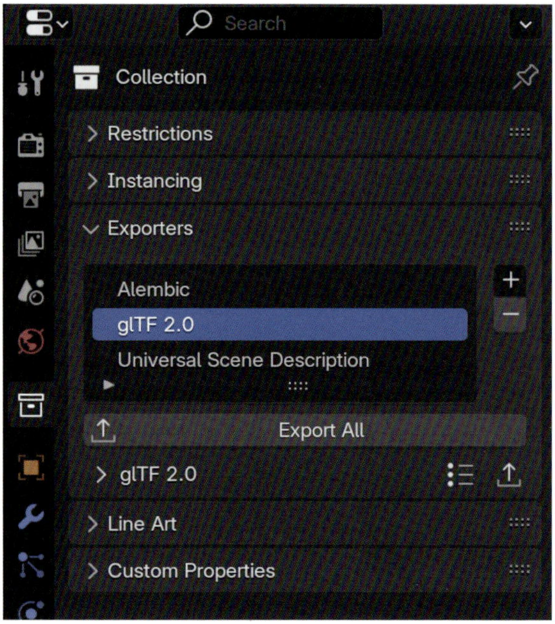

Zur Arbeitserleichterung können Sie Ihren Collections die gewünschten Exportformate bzw. -optionen zuweisen (Abbildung 23.8). So haben Sie nicht nur die Einstellungen schnell im Zugriff, Sie können den Export auch direkt aus dem Properties Editor anstoßen.

Export für den 3D-Druck

Mittlerweile hat der 3D-Druck längst seinen Exotenstatus abgelegt und ist auch für Hobbyanwender erschwinglich geworden. Während sich beim Export und Import von 3D-Daten zwischen Applikationen in der Regel alles um die Kompatibilität der unterstützten Funktionen dreht, kommen beim Export für den 3D-Druck noch weitere Faktoren ins Spiel, die zu beachten sind.

Zum einen sind da die rein technisch-physikalischen Einschränkungen bzw. Anforderungen, die unter anderem vom verwendeten 3D-Drucker bzw. vom gewünschten Druckmaterial (Filament) vorgegeben sind. Dazu gehört die durch den Bauraum definierte maximale Baugröße, die mit dem 3D-Drucker mögliche Schicht- bzw. Schrittweite respektive dadurch festgelegte minimale Auflösung und natürlich die vom Material benötigte minimale Wandstärke, damit das Modell nicht an zu filigranen Stellen bricht oder es gar nicht erst zum Materialauftrag kommen kann.

Zum anderen bestehen an ein für den 3D-Druck geeignetes Modell ganz andere Anforderungen wie beispielsweise für die Animation oder auch nur ein gelungenes Rendering. Bei einer geplanten Umsetzung eines virtuellen Modells in ein reales Objekt »zum Anfassen« sollten Sie sich unbedingt bereits während des Modellings mit den konstruktiven Restriktionen und Voraussetzungen befassen, damit Sie beim späteren Druck keine bösen und teureren Überraschungen erleben. Mehr dazu gleich, sehen wir uns zunächst an, wie Sie beim Export für den 3D-Druck vorgehen.

Bei der Auswahl des Export-Dateiformats orientieren Sie sich natürlich an dem Dateiformat, das Ihr 3D-Drucker oder auch Ihr 3D-Druck-Dienstleister verarbeiten kann. In den meisten Fällen kommt dabei das Stereo-Lithography-(STL-)Format zum Einsatz, das allerdings keinerlei Farbgebung seitens Blender unterstützt. Sollten Sie aber einen farbfähigen 3D-Drucker Ihr Eigen nennen oder einen entsprechenden Dienstleister an der Hand haben, ist als Exportformat eher Extensible 3D (X3D) geeignet, da dieses Format auch Texturen bzw. Vertex Colors unterstützt.

Die Exportoptionen für das STL-Dateiformat (Abbildung 23.9) sind übersichtlich. Die Daten lassen sich wahlweise im ASCII-Code speichern, falls Drucker bzw. Empfänger dies verlangen sollte, über den BATCH MODE OBJECT entsteht für jedes Objekt automatisch ein eigenes STL-File. Sollten Sie Ihre Szene schon im richtigen Maßstab angelegt haben (was grundsätzlich empfehlenswert ist), aktivieren Sie die Option SCENE UNIT, ansonsten können Sie über den Scale-

Automatische Triangulation

Beim Export in das STL-Datenformat werden alle enthaltenen vierseitigen Faces (Quads) automatisch in Dreiecke verwandelt (»trianguliert«). Da Sie über diese Triangulation keinerlei Kontrolle haben, empfiehlt es sich, kritische Bereiche des Meshes gegebenenfalls manuell selbst zu triangulieren.

Wert eine Skalierung anbringen. Die Korrektur der Ausrichtung über die Z- bzw. Y-Achse ist natürlich auch für den 3D-Druck sehr wichtig. Sollten Sie die auf das Mesh wirkenden Modifier nicht selbst angewendet bzw. aufgelöst haben, erledigt dies der STL-Exporter auf Wunsch über die Option Apply Modifiers gerne automatisch für Sie.

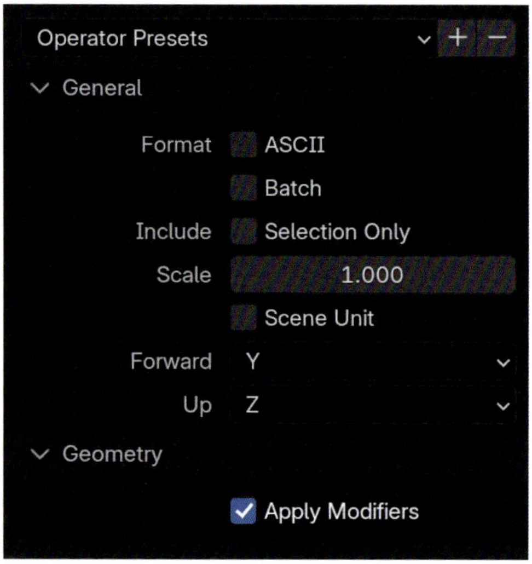

▲ **Abbildung 23.9**
Exportoptionen für ein STL-File im File Browser

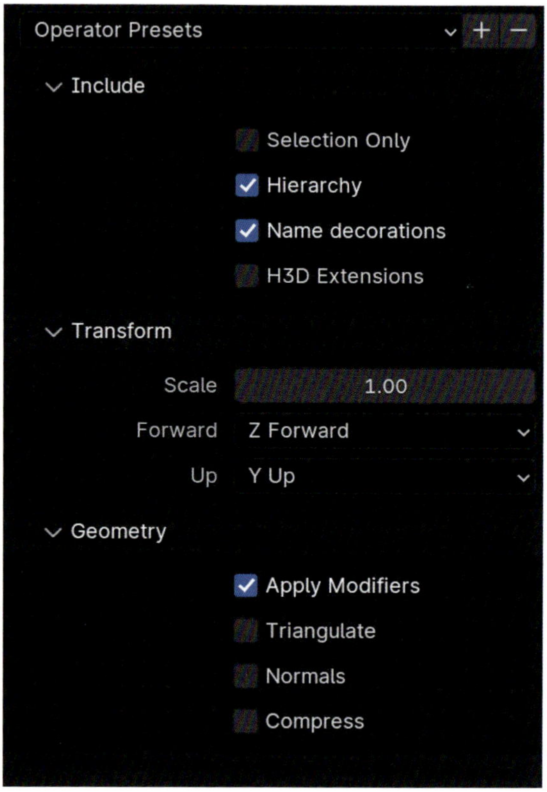

Abbildung 23.10 ►
Exportoptionen für ein X3D-File im File Browser

X3D-Dateiformat

Das X3D-Dateiformat gehört seit Blender 4.2 nicht mehr zu den Standard-Exportformaten. Um diese Exportfunktionalität zu erhalten, installieren Sie sich das zugehörige Add-on über die Extensions in den Preferences.

Beim Export in das X3D-Dateiformat stehen Ihnen ein paar mehr Optionen zur Verfügung (Abbildung 23.10). Dazu gehört die Berücksichtigung hierarchisch aufgebauter Modelle, die Umwandlung von vierseitigen Faces in Dreiecke (Triangulate), die Normalen-Richtung (Normals) sowie die Komprimierung der aufgrund der hohen Auflösung bzw. Unterteilung meist recht umfangreichen Datenmenge.

Keine Löcher im Mesh | Die erste und wohl auch selbstverständlichste Anforderung an ein druckfähiges 3D-Modell ist das geschlossene Volumen, oft wird auch von einem »water-tight«, also wasserdichten Modell gesprochen. Da Polygone bzw. Faces keinerlei Dicke aufweisen, findet hier bei solchen Konstellationen kein Materialauftrag statt. Greifen Sie in solch einem Fall auf den Solidify-Modifier zurück, um Polygonflächen zu echter Materialdicke zu verhelfen.

Keine Überschneidungen | Diese Anforderung bringt wohl die meiste Mehrarbeit mit sich, denn sie lässt sich am besten mit durchdachtem Modelling erfüllen. Anders als bei rein virtuellen Umsetzungen lässt sich beim 3D-Druck nichts kaschieren, verstecken oder per Unschärfe ausblenden.

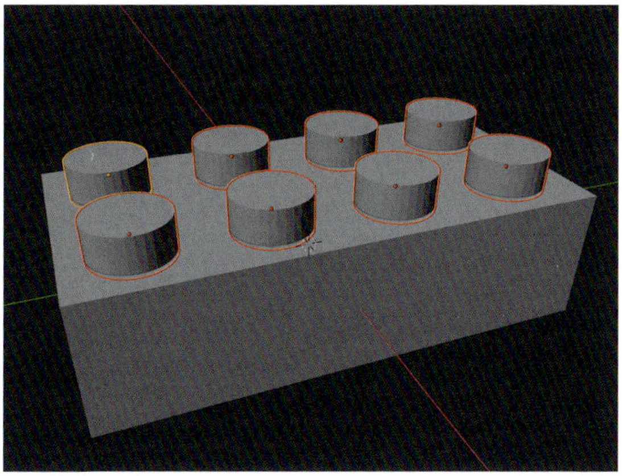

▲ **Abbildung 23.11**
Legostein aus neun Primitives

▲ **Abbildung 23.12**
Modellierte Noppen des Legosteins

Der mit einfachsten Mitteln zusammengebaute Legostein aus Abbildung 23.11 mag also für manche Zwecke durchaus funktionieren, bei Nahaufnahmen und erst recht beim 3D-Druck ist diese Vorgehensweise ungeeignet. Verbinden Sie daher zusammengehörige Elemente per Modelling zu einem Ganzen bzw. berücksichtigen Sie dies gleich beim Modelling. Für die extrudierten Noppen des Legosteins in Abbildung 23.12 beispielsweise wurde die benötigte Basisgeometrie zunächst mit dem Knife Project-Tool geschaffen. Acht auf den Quader projizierte Circles sorgten für die runden Schnitte im Legostein, die für die Extrusion benötigt wurden. Ein weiterer Vorteil dieser Methode: Es ergeben sich brauchbare Edge Loops ❶, um zwischen Noppen und Legostein ein Bevelling anzubringen.

Keine verzerrten Polygone (Faces) | Verzerrte vierseitige Faces sind ein vollkommen alltägliches Problem, das sich üblicherweise in Shading-Artefakten äußert. Dazu reicht es, einen einzelnen Vertex aus einer Ebene von Faces zu transformieren (Abbildung 23.13). Die Behebung kann zum einen durch Einebnen des Faces erfolgen – Sie müssen das Face dazu lediglich auf den Wert 0 skalieren (Tasten [S] + [0]). Eine andere Möglichkeit besteht in der Umwandlung des vierseitigen in ein dreiseitiges Face, also der Triangulation über den Befehl TRIANGULATE FACE (Tasten [Strg]/[Cmd] + [T]). Dazu gleich mehr.

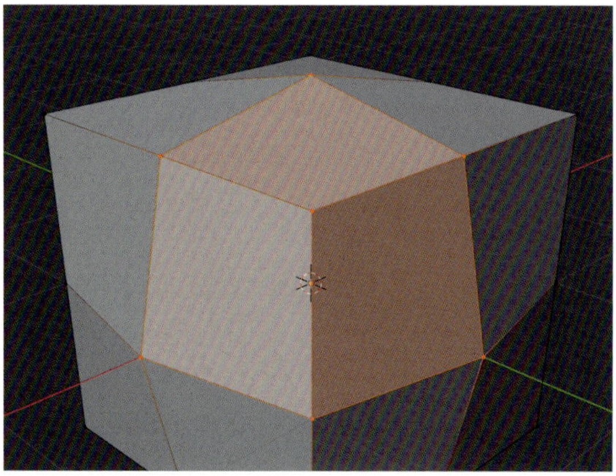

▲ **Abbildung 23.13**
Durch Verschieben von Vertices verzerrte Faces

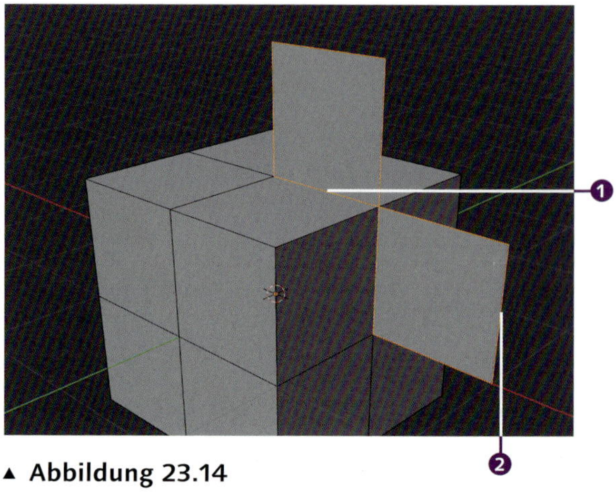

▲ **Abbildung 23.14**
Verschiedene »non-manifold« Edges

Keine »non-manifold« Edges | Ich verwende hier absichtlich den englischen Fachbegriff, da es sich einerseits um einen gängigen Terminus handelt und es andererseits auch keine sinnvollere deutsche Entsprechung gibt. Die Übersetzung von »manifold«, also »vielfältig, mehrfach, facettenreich« gibt zumindest schon den Hinweis, dass es hier eine Besonderheit bei der Topologie von Edges gibt.

Bei non-manifold Edges handelt es sich um Kanten, die entweder weniger ❷ oder auch mehr ❶ als zwei angrenzende Polygone (Faces) besitzen. Das mag auf den ersten Blick ziemlich einschränkend und wählerisch wirken, doch genau genommen beschreibt dies lediglich die Situation, wenn ein Mesh ein freistehendes Face besitzt. Alle in Bild 23.14 selektierten Edges sind also non-manifold, und wir sind uns sicher einig, dass diese Geometrie nicht von einem 3D-Drucker umgesetzt werden kann.

Keine zu scharfen Kanten oder zu dünnen Details | Natürlich liegt es auf der Hand, dass jedem 3D-Drucker technische Grenzen bei der Umsetzung filigraner, sehr dünner Details gesetzt sind. Gleiches gilt für zu scharfe Kanten, die Sie zum einen rein visuell ausfindig machen können oder auch nach Angabe eines Minimums bzw. Maximums über ein Analyse-Tool (Abbildung 23.15) wie die Mesh Analysis, auf die wir in Kürze eingehen.

▲ **Abbildung 23.15**
Per Mesh Analysis identifizierte scharfe Kante

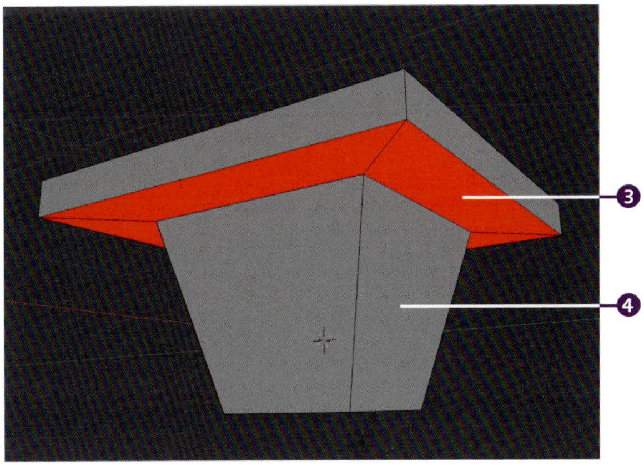

▲ **Abbildung 23.16**
Nicht druckbare Überhänge

Keine zu flachen Überhänge | Eine weitere technisch bedingte Anforderung, die sich auf 3D-Drucker mit Materialextrusion von Filament beschränkt, ist der minimale Winkel bei Überhängen. Meistens gilt hier ein 45°-Winkel als physikalisch machbare Grenze. Im Beispiel in Abbildung 23.16 ist der rot markierte »Overhang« ❸ absolut nachvollziehbar, schließlich hat die Schwerkraft auch beim 3D-Druck ein Wörtchen mitzureden. Die darunter befindliche Anschrägung ❹ dagegen ist ausreichend steil und stellt kein Problem dar. Um ein Modell mit solcher Form dennoch drucken zu können, drehen Sie es einfach um 180°.

Hochwertige Triangulation | Wie versprochen komme ich an dieser Stelle auf das Thema Triangulation zurück, das zum einen ein willkommener Problemlöser für verzerrte Polygone (Faces) ist, zum anderen aber auch eine obligatorische Gegebenheit beim Export in das STL-Datenformat. Nun könnten Sie sich im Prinzip entspannt zurücklehnen, sich auf die automatische Triangulation aller vorhandenen vierseitigen Faces und N-Gons mittels STL-Exporter verlassen und mit gedrückten Daumen das Ergebnis des 3D-Drucks erwarten.

Warum es vielleicht doch Sinn ergibt, sich über die Triangulation Gedanken zu machen, zeigt Abbildung 23.17. Hier habe ich ein als STL-Datei exportiertes Mesh einfach wieder in Blender zurückimportiert. Alle N-Gons und vierseitigen Faces wurden wie vorgegeben automatisch in Dreiecke konvertiert, doch insgesamt ist der Eindruck wenig homogen.

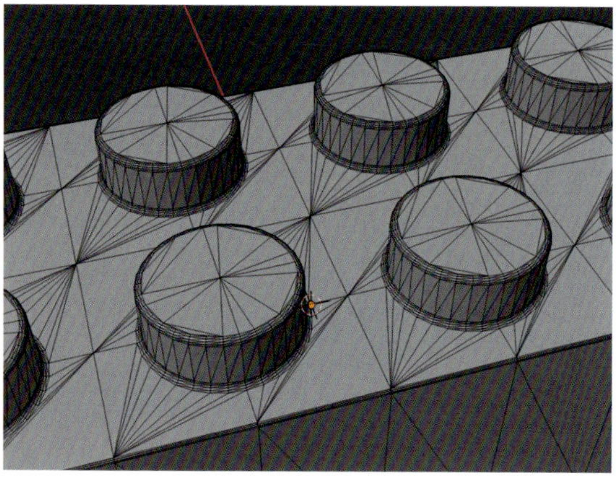

▲ **Abbildung 23.17**
Automatische Triangulation über den STL-Export

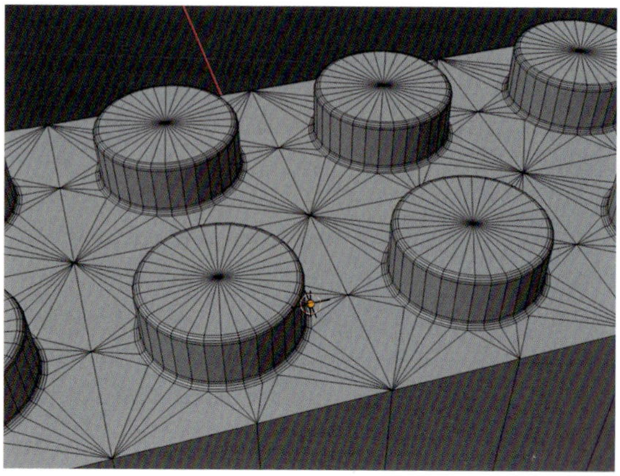

▲ **Abbildung 23.18**
Manuell angebrachte Triangulation

Abbildung 23.18 dagegen zeigt das Ergebnis einer manuellen Triangulation an den kritischen Stellen. Das Mesh wirkt doch wesentlich aufgeräumter und vertrauenswürdiger.

Mesh Analysis | Eine visuelle Hilfe bei der Analyse Ihrer Modelle bekommen Sie über das Pop-up-Menü MESH EDIT MODE OVERLAYS (Abbildung 23.19) im Viewport, sobald Sie die Option MESH ANALYSIS aktivieren.

Abbildung 23.19 ►
Bereich MESH ANALYSIS im Pop-up-Menü MESH EDIT MODE OVERLAYS

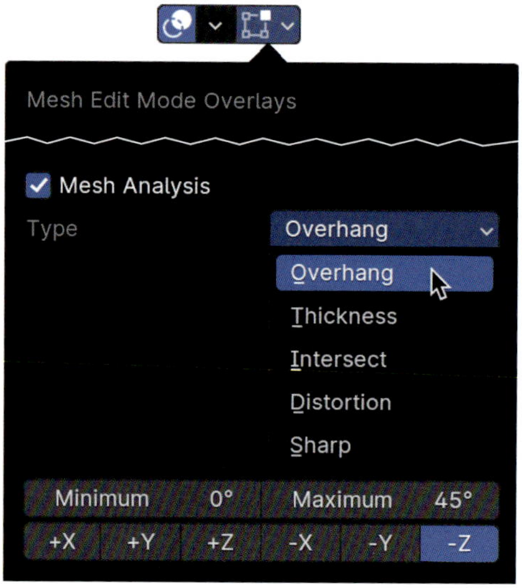

Im Menü TYPE wählen Sie dabei zunächst die potenziellen Problemstellen, die Sie anzeigen lassen möchten. Hier stehen Ihnen Überhänge (OVERHANG), Materialdicke (THICKNESS), Überschneidungen (INTERSECT), Verzerrungen (DISTORTION) sowie scharfe Kanten (SHARP) zur Verfügung, für die Sie entsprechende Minimal- bzw. Maximalwerte vergeben. Sobald Sie sich im EDIT MODE befinden, bekommen Sie die kritischen Stellen farblich markiert (Abbildungen 23.15 und 23.16).

Es erübrigt sich eigentlich zu erwähnen, dass Sie diese eingehende Meshüberprüfung grundsätzlich vor der Ausgabe auf Ihrem 3D-Drucker bzw. vor der Übergabe an den 3D-Druck-Dienstleister durchführen sollten, um unnötige Kosten bzw. Aufwand zu vermeiden.

3D-Print Toolbox | Noch mehr visuelle Kontrolle, umfangreiche Auswertungen, zusätzliche Werkzeuge und direkten Zugang zu den Exportfunktionen für den 3D-Druck ermöglicht Ihnen das Add-on 3D-PRINT TOOLBOX. Es gehört zum Standardumfang von Blender und lässt sich problemlos über die Preferences (Tasten [Strg]/[Cmd] + [,]) im Bereich ADD-ONS aufrufen und aktivieren. Anschließend finden Sie in der Sidebar (Taste [N]) des Viewports einen zusätzlichen 3D-Print-Tab (Abbildung 23.20), in dem sich die verschiedenen Panels mit allen Funktionen und Werkzeugen des Add-ons befinden.

So können Sie im Panel ANALYZE ❶ unter STATISTICS zunächst das Volumen (VOLUME) bzw. den Flächeninhalt (AREA) des selektierten Meshes ermitteln. Es folgen die CHECKS, die Sie explizit für das jeweilige Objekt unter Angabe des gewünschten Grenzwertes anstoßen müssen. Darunter fällt die Überprüfung der Ausrichtung aller Normalen (SOLID), auf Überschneidungen (INTERSECTIONS), auf Verzerrungen (DISTORTED), auf die Materialdicke (THICKNESS), auf scharfe Kanten (EDGE SHARP), auf Überhänge (OVERHANG) sowie defekte Geometrie (DEGENERATED). Letzteres äußert sich durch Faces, die keine Fläche besitzen, oder auch Edges, die keinerlei Länge aufweisen – beispielsweise eine Folge versehentlicher Skalierung. Nach der Überprüfung können Sie die Fundstellen separat selektieren und bearbeiten.

Zwei Werkzeuge zur Beseitigung von Problemen finden Sie im Panel CLEAN UP ❷. Mit DISTORTED unterteilen Sie verzerrte Faces, die den Grenzwert unterschreiten, während MAKE MANIFOLD die non-manifold Edges beseitigt.

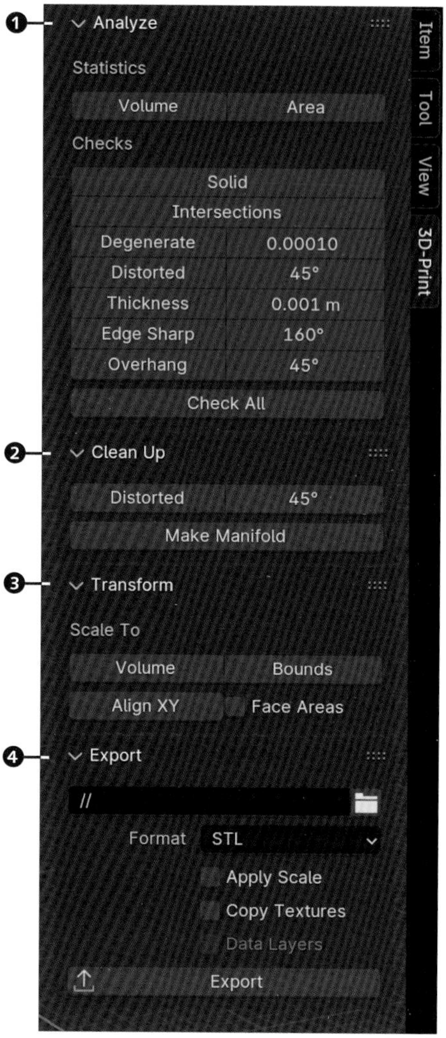

Abbildung 23.20 ▸
3D-Print-Tab des Add-ons in der Sidebar

Wenn Sie Ihr 3D-Modell auf ein bestimmtes Volumen oder auch auf eine gewünschte Seitenlänge bringen möchten, verwenden Sie die beiden zugehörigen Funktionen VOLUME bzw. BOUNDS im Panel TRANSFORM ❸.

Im Panel EXPORT ❹ können Sie das print-optimierte 3D-Modell direkt für den Druck exportieren. Neben dem Ausgabepfad und dem gewünschten Datenformat geben Sie an, ob vorliegende Skalierungen angewendet und verwendete Texturen mit exportiert werden sollen.

Index

A

B

C

D

E

F

L

M

Q

R

S

T

U

V

W

X

Z